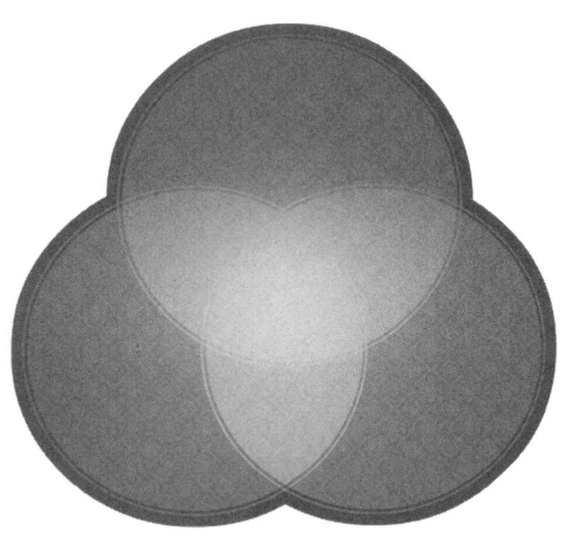

Corazones, mentes & manos

M. David Sills

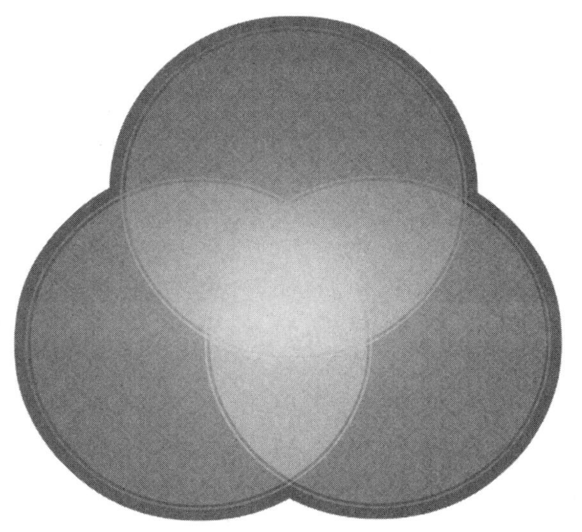

Corazones, mentes & manos

Un manual para enseñar a otros a enseñar

NASHVILLE, TENNESSEE

Corazones, mentes y manos: Un manual para enseñar a otros a enseñar

B&H Publishing Group
Nashville, TN 37234

Clasificación Decimal Dewey: 253
Clasifíquese: TEOLOGÍA PASTORAL / PSICOLOGÍA PASTORAL / TRABAJO DE LA IGLESIA

Publicado originalmente por B&H Publishing Group con el título *Hearts, Heads, and Hands* © 2016 por M. David Sills.

Traducción al español: Gabriela de Francesco, Grupo Scribere y Cecilia Romanenghi

ISBN: 978-1-4336-8971-0

Impreso en EE.UU.
1 2 3 4 5 * 19 18 17 16

Dedicatoria

Mis viajes, lecturas, investigaciones y mi ministerio de alcanzar, predicar y enseñar por todo el mundo y a lo largo de los años, me han demostrado una y otra vez la gran necesidad de un programa de capacitación contextualizable; uno que no fuera simplemente educación occidental traducida y enseñada a la fuerza a los pastores y líderes del mundo. Sin embargo, los quichuas de las tierras altas de Ecuador fueron los primeros en mostrarme la necesidad de tal modelo. También fueron los primeros en probarlo en la práctica, lo que hizo posible que se hicieran modificaciones y adaptaciones en el contenido y el método, además de incontables mejoras y agregados a lo largo del camino. Estos hermanos me ayudaron pacientemente a comprender qué y cómo necesitaban aprender, lo que me abrió los ojos a la necesidad global de una enseñanza para pastores y líderes que fuera culturalmente apropiada y, a la vez, fiel a la Biblia.

Esta capacitación está dedicada a todas las personas alrededor del mundo que luchan por servir a Dios y a Su iglesia en los ministerios que Él les ha dado, mientras sobrellevan la carga de la falta de conocimiento y la imposibilidad de obtener la capacitación que saben que necesitan. Más específicamente, está dedicada al pueblo quichua a quien tanto amo; a los pastores, los líderes y las iglesias que ya están establecidas como también a las que se establecerán.

Que puedan ser hallados fieles y que este recurso sea una herramienta que los ayude a lograrlo.

Reconocimientos

A un libro no lo concibe y lo publica una sola persona. Hay equipos enteros formados por gente dedicada y esforzada que colabora, conscientemente o no, en un proceso que culmina en el libro que ves junto a otros, alineados en los estantes de las bibliotecas o las librerías. Pocos libros les deben tanto a otros como el que sostienes en tus manos. Este es diferente a los otros que he escrito. Cubre áreas que van más allá de mi enseñanza y mi investigación habituales, para extenderse a lo largo de la enciclopedia teológica y de toda la preparación que se necesita para el liderazgo cristiano. Como tal, este recurso es el resultado de lo que he leído y aprendido durante toda mi vida cristiana. Todos los que han jugado algún papel en convertirme en lo que soy han aportado a este caudal que ahora termina en el océano y que, a su vez, influenciará todas las playas que toque. En estas páginas, he volcado la enseñanza y el ejemplo de mis padres, mi familia, los pastores y los miembros de las iglesias bautistas de mis años de crecimiento y de ministerio. Todos mis amigos y mis experiencias son hebras en el tapiz de mi vida y, ahora, de este libro. La instrucción y el ejemplo de mis profesores de la universidad y del seminario resuenan en mi mente cada vez que predico, enseño y escribo, pero tal vez nunca tanto como al escribir este libro. Gracias a Winn Kenyon, Dan Fredericks, Jack Glaze, Bill Warren, Sam Larsen, Paul Long y Elias Medeiros. Mi gratitud especial para Tom Nettles, por tu fiel ejemplo, enseñanza, consejo, predicación y amistad desde el día en que nos bautizaste a Mary y a mí hasta hoy.

Jamás hubiera podido imaginar cuánta energía creativa, trabajo duro y experiencia podía volcar LifeWay en este libro. Estoy especialmente agradecido a Jennifer Lyell por sus esfuerzos incansables, por su visión para la misión y por reunir a todos los equipos necesarios de LifeWay. Aunque sería imposible nombrar a todos los que han trabajado en LifeWay para colaborar en este proyecto y mejorarlo, quiero agradecer especialmente a Jennifer, Craig, Cris y Kim. Esto no hubiera podido llevarse a cabo sin ustedes y el resto del increíble equipo de LifeWay.

Estoy profundamente agradecido al liderazgo del Seminario Teológico Bautista Southern. Los Drs. R. Albert Mohler, Randy Stinson y Adam Greenway, junto con nuestros miembros del consejo de administración, no solo me otorgaron gentilmente un largo año sabático para que tuviera la libertad de investigar y escribir este libro en particular, sino que el Seminario del Sur siempre me ha alentado a investigar, escribir y viajar en relación con las misiones a lo largo de mis trece años como profesor. Muchas gracias, también, a Fred y Patty Boeninger por proporcionarme el mejor lugar para retirarme a escribir en *Lookout Mountain*.

Antes de lanzarme a la organización del contenido, busqué la perspectiva de otros. Gracias a Hannah Carter, Michael Haykin, Tom Nettles y Steve Weaver. Estoy profundamente agradecido a todos los que revisaron porciones del manuscrito completo para analizar, corregir y ofrecer sugerencias para mejorarlo. Muchas gracias a Steve Bond por revisar las porciones del Antiguo Testamento, a Brian Vickers por hacer lo propio con el Nuevo Testamento, a Devin Maddox en doctrina cristiana, a Rob Plummer en hermenéutica y Tom Nettles en historia de la iglesia. Su trabajo hace que este libro sea mucho mejor de lo que hubiera sido. Por favor, ten en cuenta que cualquier error que haya quedado es solo mío.

Muchas gracias también al personal y a los misioneros de *Reaching & Teaching International Ministries*. La necesidad y la visión de este libro surgieron de la experiencia y la enseñanza real de pastores. Jon Deedrick y Jason Wright cargaron hábilmente con mis responsabilidades de liderazgo en *Reaching & Teaching*, para darme la libertad de concentrarme en la escritura durante el último año y medio.

Este libro es más largo y el área de estudio es más amplia que todo lo que haya escrito antes. Por lo tanto, requirió mucho más de mí durante un tiempo mucho más largo. Gracias Mary por tu paciencia, apoyo y aliento a lo largo de todo el camino. Gracias Christopher, Carol, Molly y Daniel por su amor y apoyo (y por no permitir que mis nietos se olvidaran de quién soy mientras me encontraba alejado en mi cueva de escritura). Abraham, Anna Liz, Emma, Mary Elle, Naomi y Claire, el abuelo ya está de vuelta. ¡Gracias por esperar!

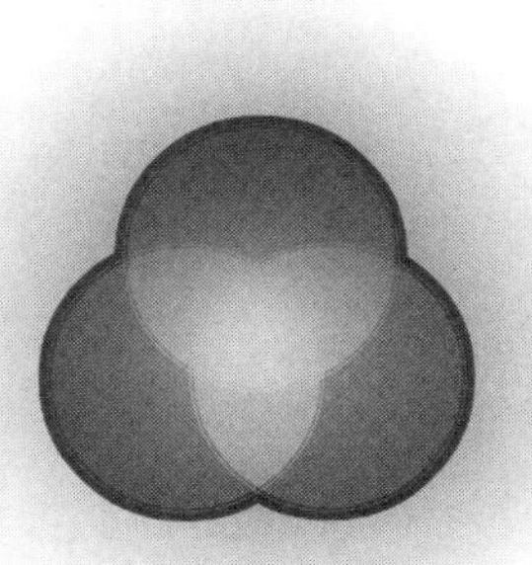

Contenido

Introducción

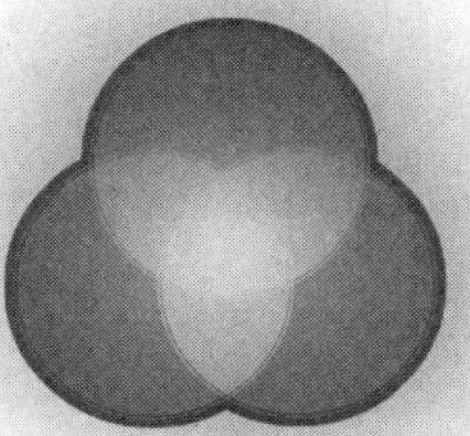

Filosofía del programa de formación para pastores

La mayor necesidad en el mundo de hoy es predicar el evangelio a los perdidos y contar con creyentes que sean discípulos sólidos, líderes entrenados y pastores instruidos. No lo digo porque sea el total de la suma de la tarea de las misiones, sino porque todos estos son elementos esenciales de las misiones y se incluyen muy pocos aspectos de capacitación para esta tarea en comparación con el evangelismo para alcanzar a los no alcanzados. Sin duda, debemos alcanzar a esta gente, pero a la vez debemos obedecer la Gran Comisión en su totalidad y enseñarles que guarden todo lo que Cristo ordenó. Los misioneros, las agencias de misiones y los obreros nacionales que se concentran en el evangelismo y en alcanzar a los no alcanzados ganan para Cristo a millones de creyentes que luego necesitan ser discipulados y enseñados para que la tarea de las misiones pueda completarse. Como tantos misioneros están concentrados en alcanzar a los no alcanzados, a menudo deben abandonar el campo de evangelización con demasiada rapidez, lo que trae como resultado el sincretismo y las herejías involuntarias en las iglesias. Si tomamos en cuenta todo lo que la Biblia ordena sobre el discipulado y la enseñanza, y cómo se ha desequilibrado el centro de atención, la gran tragedia del mundo no es que no ha sido alcanzado, sino que no ha sido discipulado.

¡LEA ESTO PRIMERO!

Sé que no quieres hacerlo, pero es importante. Cuando abro un producto recién comprado, soy de aquellos que quieren comenzar a usarlo de inmediato, sin leer todo el manual del fabricante. No obstante, cuando veo en letra mayúscula y resaltada las palabras que dicen: «Guía de inicio rápido» o «Lea esto primero», suelo detenerme lo suficiente como para leer al menos esa porción, y por lo general, me alegro de haberlo hecho. Esta sección se titula ¡Lea esto primero!, porque la información que sigue es una introducción crucial para el programa de formación para pastores y líderes, y explica la filosofía y la metodología de su diseño.

La importancia

Que leas este libro revela que hasta cierto punto estás de acuerdo en que es importante capacitar a los pastores y a los líderes. Veremos que no solo es importante, sino que es esencial. Dios bendice a quienes se comprometen a glorificarlo a través de vidas que viven y enseñan la verdad. Recordarás la vida de Esdras, el sacerdote y escriba durante el exilio babilonio. La Biblia nos enseña que la mano de Dios estaba sobre él, por lo que el rey le otorgó sus peticiones (7:6) y viajó seguro de Babilonia a Jerusalén (7:9; 8:31). La razón por la que disfrutó de estas grandes bendiciones se menciona en 7:10: «Porque Esdras había preparado su corazón para inquirir la ley de Jehová y para cumplirla, y para enseñar en Israel sus estatutos y decretos». A Dios le agrada que Sus siervos conozcan Su Palabra, la practiquen y la enseñen a otros. Pero este conocimiento no es habitual, automático ni posible en un mundo caído que está saturado de falsas cosmovisiones, religiones y cultos, a menos que exista un discipulado deliberado de los creyentes y que se enseñe a los maestros para que puedan enseñar a otros.

La enseñanza en las iglesias en el mundo, aun en las iglesias evangélicas, está mezclada con errores y vestigios de antiguas religiones. A los pastores se les pide que corrijan las falsas creencias y enseñanzas (2 Tim 4:2) y que mantengan la fidelidad bíblica. En Estados Unidos y otros países con siglos de seminarios, universidades, ministerios e iglesias en todas las ciudades con sólida formación evangélica, no es poco frecuente encontrar hombres autodidactas que conducen iglesias con habilidad y conocimiento. Quienes crecimos en familias creyentes, que participamos de la enseñanza bíblica en las reuniones de la iglesia, que asistimos a campamentos y a retiros para niños y adolescentes, y que aprendimos de pastores piadosos, estamos en condiciones de servir fielmente al Señor relativamente con poca enseñanza ministerial formal. Sin embargo, en todo el mundo, los nuevos creyentes que han venido al Señor de familias formadas dentro de falsas religiones y con cosmovisiones animistas interpretarán lo poco que saben sobre Cristo de acuerdo a ese trasfondo y el resultado, en el mejor de los casos, será el sincretismo.

Al considerar a grandes rasgos el Nuevo Testamento, vemos que los Evangelios son tratados biográficos evangelísticos para enseñarnos sobre Cristo y llamarnos a creer. El libro de Hechos nos enseña cómo se expandió el cristianismo desde la ascensión de Cristo hasta estar presente en todo el mundo romano. Las epístolas nos enseñan sobre la vida cristiana y sobre lo que la iglesia debería creer y practicar. Pablo también nos enseña cómo deberían ser los hombres que pastoreen estas iglesias y qué deberían enseñar.

Los dos roles esenciales y primarios de un pastor son enseñar la verdad y practicarla en su vida. Siempre existirán conceptos falsos sobre Dios y falsas doctrinas si no hay una visión correcta de Dios y una enseñanza sólida. La única fuente de verdad explícita y con autoridad sobre Dios es lo que Él ha revelado en Su Palabra. Pablo escribió que una de las responsabilidades claves del pastor es enseñar la verdad para mantener una iglesia doctrinalmente pura, corregir a quienes están en el error, reprender a los que enseñen herejías y ser ejemplo para el rebaño.

> Esto manda y enseña. (1 Tim. 4:11)
>
> Ten cuidado de ti mismo y de la doctrina; persiste en ello, pues haciendo esto, te salvarás a ti mismo y a los que te oyeren. (1 Tim. 4:16)
>
> Nunca te apresures cuando tengas que nombrar a un líder de la iglesia. (1 Tim. 5:22a, NTV)
>
> Lo que has oído de mí ante muchos testigos, esto encarga a hombres fieles que sean idóneos para enseñar también a otros. (2 Tim. 2:2)
>
> Toda la Escritura es inspirada por Dios, y útil para enseñar, para redargüir, para corregir, para instruir en justicia, a fin de que el hombre de Dios sea perfecto, enteramente preparado para toda buena obra. (2 Tim. 3:16-17)
>
> ... a quien anunciamos, amonestando a todo hombre, y enseñando a todo hombre en toda sabiduría, a fin de presentar perfecto en Cristo Jesús a todo hombre. (Col 1:28)
>
> Pero tú habla lo que está de acuerdo con la sana doctrina. (Tito 2:1)

Además, un hombre con gracia debería ser un hombre bondadoso. El pastor debe dar ejemplo de esta característica y no ser un capataz duro y exigente que le imponga a su gente normas imposibles que él mismo no puede alcanzar. Algunas veces, las iglesias del mundo sufren el abuso y la manipulación espiritual por parte de hombres que basan su poder en sus puestos. En muchos seminarios, escuelas de teología e instituciones de formación pastoral se gradúan hombres y mujeres con cabezas enormes, pero corazones pequeños. Sin una preparación integral deliberada, estas personas suelen entrar en una iglesia llenas de conocimiento, pero con un liderazgo carnal y con intimidación, y son culpables de mala praxis ministerial. El objetivo de este programa es preparar al hombre integralmente: mente, corazón y manos. Debemos concentrarnos en todo el ser, para formar individuos que tengan una mente para Dios, un corazón para la verdad y manos hábiles para la tarea.

En términos prácticos, la mejor manera de evitar la manipulación pastoral y la mala praxis ministerial es ser discipulado por alguien cuya vida sea un modelo de Cristo y cuya enseñanza fluya de Su Palabra. Pablo delineó los requisitos para los pastores en 1 Timoteo 3:1-7. En el v. 2, Pablo dice que el pastor debe ser apto para enseñar y para esto, debe saber *qué* enseñar. En Tito 1:5-9, da una lista paralela de requisitos pastorales. En el v. 9, Pablo escribe que el pastor debe ser «retenedor de la palabra fiel tal como ha sido enseñada, para que también pueda exhortar con sana enseñanza y convencer a los que contradicen». Esto requiere una formación ministerial integral, porque como escribió Santiago: «... no os hagáis maestros muchos de vosotros, sabiendo que recibiremos mayor condenación» (Sant. 3:1).

El pastor no debe ocuparse de todo el trabajo del ministerio en una iglesia local como si fuera alguien contratado para hacer todo lo necesario; debe preparar al pueblo de Dios para que *ellos* puedan hacer el trabajo de la iglesia.

> Y él mismo constituyó a unos, apóstoles; a otros, profetas; a otros, evangelistas; a otros, pastores y maestros, a fin de perfeccionar a los santos para la obra del ministerio, para la edificación del cuerpo de Cristo, hasta que todos lleguemos a la unidad de la fe y del conocimiento del Hijo de Dios, a un varón perfecto, a la medida de la estatura de la plenitud de Cristo; para que ya no seamos niños fluctuantes, llevados por doquiera de todo viento de doctrina, por estratagema de hombres que para engañar emplean con astucia las artimañas del error. (Ef. 4:11-14)

Una doctrina sólida y una enseñanza fiel a la Biblia son fundamentales para pastorear a su rebaño. En 1 Pedro 5:1-3, Pedro escribió: «Ruego a los ancianos que están entre vosotros, yo anciano también con ellos, y testigo de los padecimientos de Cristo, que soy también participante de la gloria que será revelada: Apacentad la grey de Dios que está entre vosotros, cuidando de ella, no por fuerza, sino voluntariamente; no por ganancia deshonesta, sino con ánimo pronto; no como teniendo señorío sobre los que están a vuestro cuidado, sino siendo ejemplos de la grey». Ser ejemplo es una parte crucial de la tarea del pastor. Pero, ¿cómo puede ser ejemplo de algo que nunca aprendió o adoptó? Conocer, hacer y decir son tres aspectos fundamentales del ministerio pastoral. Los pastores y los candidatos a pastor deben ser instruidos en la verdad por aquellos que son ejemplo de ella. En ausencia de modelos piadosos o de enseñanza bíblica, muchos han adoptado los modelos de liderazgo del mundo. Algunas veces, la misma congregación insiste en estos modelos, ya que desea líderes fuertes que reflejen los patrones que le resultan más familiares.

Mientras nos esforzamos por formar pastores, debemos tener cuidado de capacitar a las personas correctas. Muchas veces, hemos formado a los hombres equivocados de la manera equivocada. En muchos casos, hemos preparado a hombres y mujeres jóvenes libres de responsabilidades familiares, lo que les permitía mudarse sin problema a las grandes ciudades para asistir a un seminario o una escuela de capacitación. Luego de graduarse, muchos no regresan a la humilde comunidad rural de donde vinieron. Los mejores y los más brillantes se fueron a estudiar, pero prefirieron quedarse en la ciudad con más oportunidades. Esto termina en una fuga de cerebros que priva a la comunidad de su beneficio futuro. Los modelos de enseñanza occidental con su presentación lineal y secuencial, sus requerimientos de lectura y las tareas de escritura desarrollan las habilidades del alumno y, en última instancia, las preferencias de educación. Suponemos que el alumno podrá simplemente traducir las verdades que aprendió al lenguaje y el estilo de aprendizaje que serán más efectivos en sus comunidades de origen; sin embargo, esta es una habilidad que se adquiere y a la cual renuncian, al igual que los misioneros que los precedieron, y se van a vivir a otras culturas que aprenden según los modelos que recibieron en el seminario. Piensa en la cosmovisión, las preferencias de aprendizaje y los estilos de enseñanza de un grupo de personas con capacidad de aprendizaje oral como si fuera un sistema operativo. Los misioneros con alta erudición pueden tener una cosmovisión Mac, mientras que la mayoría de sus alumnos se parecen más a una PC. Ambos son máquinas electrónicas que procesan información, pero a menos que se hagan algunos ajustes, la comunicación será imposible. Lo mismo sucede con la enseñanza occidental y las culturas con aprendizaje oral.

Aun cuando los jóvenes incorporen la información de maneras culturalmente apropiadas que puedan comprender, recordar y transmitir —y que regresen a sus comunidades— pocas veces se los acepta como líderes de la iglesia. La expectativa cultural es que un líder debe estar casado, debe tener hijos y antecedentes de trabajo esforzado en la comunidad y toma de decisiones sabias. Son aquellos a quienes la gente naturalmente busca para el liderazgo. Algunas veces, los hombres y las mujeres han sido formados con gran esfuerzo para ser misioneros, pero no están capacitados para servir en el rol de pastor, y la necesidad de líderes continúa. Pablo proporciona los requisitos bíblicos para un pastor que deberían guiarnos.

> Palabra fiel: «Si alguno anhela obispado, buena obra desea». Pero es necesario que el obispo sea **irreprensible, marido de una sola mujer, sobrio, prudente, decoroso, hospedador, apto para enseñar; no dado al vino, no pendenciero, no codicioso de ganancias deshonestas, sino amable, apacible, no avaro; que gobierne bien su casa, que tenga a sus hijos en sujeción con toda honestidad** (pues el que no sabe gobernar su propia casa, ¿cómo cuidará de la iglesia de Dios?); **no un neófito,** no sea que envaneciéndose caiga en la condenación del diablo. También es necesario **que tenga buen testimonio de los de afuera,** para que no caiga en descrédito y en lazo del diablo. (1 Tim. 3:1-7, énfasis añadido)

> Por esta causa te dejé en Creta, para que corrigieses lo deficiente, y establecieses ancianos en cada ciudad, así como yo te mandé; el que fuere **irreprensible, marido de una sola mujer, y tenga hijos creyentes que no estén acusados de**

> **disolución ni de rebeldía.** Porque es necesario que el obispo sea **irreprensible,** como administrador de Dios; **no soberbio, no iracundo, no dado al vino, no pendenciero, no codicioso de ganancias deshonestas, sino hospedador, amante de lo bueno, sobrio, justo, santo, dueño de sí mismo, retenedor de la palabra fiel tal como ha sido enseñada,** para que también pueda exhortar con sana enseñanza y convencer a los que contradicen. (Tito 1:5-9, énfasis añadido)

Estas cualidades requeridas no son enumeraciones enigmáticas, sino descripciones muy claras. No son buenas ideas ni lineamientos superfluos para las iglesias más desarrolladas; son requisitos básicos que deberían estar presentes como algo normal. Al nombrar pastores sin considerar lo que la Biblia enseña sobre la clase de ministros que Dios acepta, preparamos a las iglesias para el sufrimiento y el error.

Las necesidades

Existe una abrumadora necesidad de pastores formados para interpretar y enseñar la Palabra de Dios fielmente a Su pueblo en todo el mundo. En Estados Unidos, hay un obrero cristiano entrenado cada 235 personas. En cuanto salimos de Estados Unidos, esa cifra cae a un obrero cristiano entrenado cada 450 000 personas. Se estima que aunque muchas iglesias no tienen pastores y que muchos ministros se ven obligados a trabajar en más de una iglesia en las regiones donde viven, el 85% de los pastores en todo el mundo no tiene educación teológica ni formación pastoral.[1] Aunque sería fácil simplemente traducir y entregar los libros que usamos en nuestra propia educación, la mayor parte del mundo no puede leer lo suficientemente bien como para aprender información nueva de ese modo.

---

[1] La fuente de esta estadística se desconoce, aunque tiene amplia aceptación para ilustrar que la experiencia y la observación realizada por varias organizaciones e individuos ha resultado ser consistente con anécdotas y observaciones. Entre las organizaciones que han citado esta estadística se encuentran *The Gospel Coalition, Training Leaders International, Equipping the Church International,* y *Leadership Resources.*

En el mundo, aproximadamente solo una de cada cinco personas puede tomar un libro que no ha visto, para leerlo y seguir la tesis y el argumento del autor, reflexionar sobre lo que ha leído y escribir una respuesta breve. Sin embargo, más del 90% de todas nuestras herramientas para la evangelización, el discipulado y la formación para el liderazgo han sido producidas por personas con elevado nivel de educación.[2] Los modelos de formación pastoral deben considerar las habilidades de lectura y los estilos de aprendizaje de las culturas del mundo.

La iglesia ha crecido fuera del occidente tradicional en respuesta a nuestras oraciones y nuestros esfuerzos, pero no hemos adaptado adecuadamente los programas de enseñanza. Mientras los nuevos creyentes se esfuerzan por comprender e incorporar a sus vidas la fe recién hallada, la ausencia de discipulado y enseñanza se evidencia dolorosamente en ellos, y tal vez incluso en los misioneros que los evangelizan. Suele suponerse que un nuevo creyente con el Espíritu y la Biblia no necesita nada más; después de todo, el Espíritu lo guiará a toda verdad. Además de ser una interpretación equivocada de Juan 16:13, esta suposición pasa por alto todos los mandatos bíblicos de discipular y enseñar a aquellos que vienen detrás de nosotros. Los seres humanos no manejan bien los vacíos y tratarán de llenarlos con el conocimiento que les parezca correcto; utilizarán las tradiciones del pasado y añadirán lo poco que conocen del cristianismo, para crear así un sincretismo y enseñar una doctrina aberrante.

Los desafíos

Cuando llegué al campo misionero en los Andes ecuatorianos, mi ministerio se concentró en los quichuas de las tierras altas de las provincias de Tungurahua y Chimborazo. Estaba ansioso por enseñarles la verdad y verlos crecer en su comprensión de la Palabra de Dios. Acababa de dejar un pastorado en Estados Unidos, donde predicaba todas las semanas con el estilo de enseñanza de sermones de 45 minutos y conducía a los

[2] Durk Meijer, una presentación de PowerPoint en presencia del autor.

miembros de aquella pequeña iglesia rural a abrazar las verdades que muchos de ellos jamás habían considerado. Descubrí que me encantaba enseñar y esperaba tener un ministerio similar entre los pueblos indígenas de Ecuador. En poco tiempo, me invadió la frustración.

Enseñaba la misma clase de lecciones, usaba los mismos argumentos y enfatizaba las mismas aplicaciones que me habían dado resultado en mi pastorado en Estados Unidos. Sabía que a mi español todavía le faltaba mucho, pero no podía comprender por qué no me conectaba con la gente. Pronto entendí que era mi estilo de enseñanza occidental lo que carecía de efectividad. Los quichuas aprenden principalmente de manera oral, con ilustraciones, canciones, historias y formas concretas de expresión en lugar de nuestras secuencias lógicas, nuestro razonamiento abstracto y nuestra enseñanza conceptual. Sabía que necesitaba encontrar la manera de comunicar las verdades que quería enseñar y que para mis oyentes fueran culturalmente apropiadas y valoradas.

Descubrí que sacar ideas del uso que Jesús hacía de las parábolas y de las ilustraciones contextuales era muy efectivo. También descubrí que el catecismo para niños era útil, ya que podíamos hacer que la principal idea de la enseñanza del día se basara en una pregunta y una respuesta como: «¿Quién te hizo? Dios me hizo». Aunque la enseñanza podía durar una hora o más, las lecciones se agrupaban alrededor de ese punto principal.

Me encanta ver cuando se enciende la lamparita mientras enseño y así me doy cuenta de que los alumnos comienzan a comprender. Albert Einstein dijo: «El supremo arte del maestro es despertar el gozo en la expresión creativa y el conocimiento». Otro dijo que la enseñanza es el arte del descubrimiento guiado, para llevar a la gente desde lo que saben hacia lo que les es desconocido, y en el proceso se les explica lo que se vuelve bien conocido. En el caso de los quichuas, descubrí que la repetición espaciada era la mejor maestra. Pero eso se aplica a todos nosotros, ¿no es cierto? La misma lección enseñada repetidas veces a intervalos regulares y abordada desde muchos ángulos para reforzar el mismo punto tiene mucha influencia en nuestra memoria.

Para formar a todos los pastores de todas las culturas del mundo, los maestros deben utilizar modelos de enseñanza culturalmente apropiados, que no sean los occidentales y que sean comprensibles para el grupo específico al cual se enseña. Deben considerarse las realidades culturales de cada grupo para convertirlas en modelos de entrenamiento efectivos. Por ejemplo, como destacamos anteriormente, la mayoría de los pueblos del mundo no tienen un elevado nivel cultural y los modelos de enseñanza occidentales como los de los seminarios tradicionales les resultarán imposibles. Aunque muchos alumnos pueden leer las palabras en una página, los titulares de los periódicos o un versículo en la Biblia, esto no prueba que puedan comprender el argumento o que puedan aprender y aplicar a sus vidas las verdades transformadoras que se encuentran en la hoja impresa. Nuestras formas occidentales para educar que requieren alfabetización nos parecen las mejores —o las únicas— maneras para enseñarles a nuestros alumnos. El uso de listados numéricos, de un ordenamiento progresivo de distintos puntos, los bosquejos, las estadísticas y los porcentajes, y el razonamiento lógico se pierden en los alumnos acostumbrados a la oralidad; la historia en sí misma debe contener la verdad que se enseña. Además, estos alumnos no separan fácilmente la verdad de quien la narra. Para ellos, la verdad es igual a la relación más la experiencia. Si alguna de las dos falta, la lección no será efectiva. Todo esto pretende demostrar que la formación pastoral efectiva en el mundo no se alcanzará reproduciendo las experiencias y los recursos de nuestros seminarios.

Andragogía o pedagogía

Por definición, la capacitación pastoral está dirigida a adultos; por lo tanto, no es lo mismo que enseñar a niños o jóvenes en las escuelas formales. Para que un programa de entrenamiento pastoral sea efectivo, el modelo debe incorporar medidas que eviten avergonzar a los alumnos, que admita diversos estilos de aprendizaje, de necesidades, de recompensas, de reconocimiento, de motivación y que facilite un ritmo propio. Los estilos y las metodologías tradicionales de enseñanza para niños en la escuela primaria y secundaria se llaman pedagogía; las técnicas y las filosofías dirigidas a la enseñanza de adultos se llaman andragogía. La formación pastoral en todo el mundo requiere el conocimiento y el uso de modelos de andragogía.[3]

Una de las principales diferencias entre la andragogía y la pedagogía es la motivación para aprender. Los adultos poseen automotivación en lugar de tener la necesidad de que se los motive mediante la obediencia a las leyes de ausentismo escolar o a las expectativas de los padres. Aunque algunos pastores pueden procurar credenciales educativas para cumplir con regulaciones gubernamentales o de sus denominaciones, la mayoría de los que no tienen educación saben que necesitan aprender. También deben contextualizarse las recompensas y la disciplina para los adultos, ya que un sistema exigente que califique con notas puede avergonzar a un estudiante deficiente y hacer que el adulto se excluya a sí mismo del programa para evitar la vergüenza. Por esta misma razón, algunos mentores de la andragogía prefieren medir el progreso en el aprendizaje a través de relaciones con el tutor en lugar de pruebas escritas. El fruto que se ve en el ministerio y en la vida del alumno es evidencia del aprendizaje y de la efectividad del programa. El objetivo no es lograr un cúmulo de memoria, sino motivar y transformar al alumno adulto.

David Wees escribió:

> Según Malcolm Knowles, existen seis componentes claves en la educación para adultos.
>
> - Los adultos necesitan conocer la razón por la cual aprender algo (Necesidad de conocer)
> - La experiencia (incluyendo el error) proporciona el fundamento para las actividades de aprendizaje (Cimiento).
> - Los adultos necesitan responsabilizarse por sus decisiones respecto a la educación, a la participación en la plani-

[3] 'Andragogía', que se refiere a «métodos o técnicas usados para enseñar a adultos» es un término nuevo que acuñó en los años 1800 Alexander Knapp, educador alemán, y popularizó en la década de 1960 Malcolm Knowles, educador norteamericano cuyo énfasis era la educación de adultos, consultada el 29 de febrero de 2016. http://www.diffen.com/difference/Andragogy_vs_Pedagogy.

ficación y la evaluación de su instrucción (Concepto de sí mismo).

- Los adultos están más interesados en aprender temas que tienen relevancia inmediata con su trabajo y con su vida personal (Disposición).
- El aprendizaje de los adultos se centra en los problemas en lugar de estar orientado al contenido (Orientación).
- Los adultos responden mejor a los motivadores internos más que a los externos (Motivación).[4]

Algunos sistemas educativos en el mundo requieren la memorización de grandes cantidades de información, pero muy poco desarrollo del razonamiento. Un mecánico que es producto de tal sistema puede ser capaz de nombrar cada parte de tu automóvil, pero tal vez no puede decirte por qué no arranca. En nuestro entrenamiento pastoral, a la vez que, sin duda, deseamos enseñar el contenido que los pastores necesitan conocer, queremos que aprendan a considerar toda la Biblia y la teología de un modo integral para encontrar respuestas a los problemas.

Por diversas razones, los seminarios tradicionales no han satisfecho la necesidad de pastores formados en contextos globales. Algunos programas se basan en el sistema de enseñanza, en la pedagogía, la currícula, el programa y los libros de texto de los seminarios donde los misioneros profesores recibieron su educación. La mayoría de los seminarios para formar pastores requieren niveles de educación tales como estudios secundarios o universitarios terminados, fondos para la matrícula y la colegiatura, elevado nivel cultural, conocimientos de computación y tiempo para asistir a las clases tradicionales. El nivel cultural de por sí excluye a unos cuantos de la posibilidad de asistir al seminario, pero el dinero que se necesita para la matrícula y para los gastos que genera la vida en las ciudades donde se encuentran estos seminarios excluye a muchos otros.

---

[4] David Wees, «Androgogy vs. Pedagogy», consultada el 29 de febrero de 2016. http://davidwees.com/content/andragogy-vs-pedagogy.

Los estudiantes de culturas marginales rurales no solo suelen carecer de ropa, fondos, conocimientos de computación o certificados académicos, sino que tampoco poseen las habilidades laborales necesarias para sostenerse ellos y a sus familias en la ciudad.

Satisfacer la necesidad

Tras años de trabajar con pastores y líderes de todo el mundo, algunos misioneros toman conciencia del sincretismo que ha pasado inadvertido durante mucho tiempo. Además, se dan cuenta de que debemos volver a enfatizar con fuerza la formación de líderes y pastores. Por cierto, debemos también regresar a regiones de las cuales los misioneros se han retirado afirmando que la gente había sido alcanzada y podía seguir adelante por su cuenta. Esta segunda ola de misiones es esencial para que se les pueda enseñar a los creyentes a guardar todo lo que Cristo ordenó y para que los pastores puedan interpretar y enseñar la Palabra de Dios. Solo entonces, los maestros e instructores enseñarán a las generaciones futuras de sus propios pueblos.

«En lugar de llevar todos estos equipos de maestros por el mundo para formar pastores, ¿por qué simplemente no los capacitan vía Skype o les envían DVD?». Esta pregunta me la han hecho muchas personas bien intencionadas y preocupadas en Estados Unidos, en especial aquellos que han recibido un email de un pastor internacional que conocieron en un viaje misionero. El problema no es solo que la mayor parte del mundo todavía no tiene Internet confiable con velocidad suficiente como para sacar provecho de este método, sino que el estilo mismo de enseñanza debe contextualizarse con un método culturalmente apropiado como ya hemos visto. Las formas digitales de enseñanza no son útiles para muchos. Incluso en nuestra propia cultura, son muy pocos los estudiantes que optan por una carrera en línea en vez de asistir a una universidad o un seminario. Prestemos atención a los miles de estudiantes que vienen a Estados Unidos con visas de estudio, luego de invertir grandes cantidades de dinero y de tiempo para negociar el proceso de aceptación y de traslado a una de nuestras universidades para obtener su diploma. Además, la mayoría de las culturas en el mundo tienen una relación cara a cara y el intercambio entre maestro y alumno es extremadamente importante.

El tutelaje tiene mucho poder en estas culturas. Al investigar para mi disertación, entrevisté a decenas de líderes quichuas y les pregunté de qué maneras enseñaban y capacitaban en su cultura. Prácticamente todos me respondieron: «Somos personas que observan y hacen». Enfatizaron que dan ejemplo de lo que enseñan hasta que el aprendiz puede hacer lo que se le pide. La formación de pastores es más efectiva en la mayoría de las culturas del mundo con esta clase de enseñanza de una vida a otra. El modelo que seguimos usando en el mundo moderno para formar médicos se usó alguna vez para formar pastores. Así como exigimos que a un título de grado, una maestría y la asistencia a la escuela de medicina, le siga un período de residencia en el que se rota por todos los departamentos pertinentes, en algún tiempo, los pastores eran «aprendices» de un pastor «maestro». Muchas iglesias han sufrido en manos de un pastor que pasó directamente de la escuela secundaria a la universidad, luego al seminario y luego al pastorado. Con mucha frecuencia, la experiencia que tuvieron con la iglesia durante los años de estudio careció de profundidad en la participación, ya que pensaban que se trataba solo de la iglesia a la que asistían mientras estaban en la universidad. Cuánto más preparados habrían estado si se les hubiera dado la oportunidad de estudiar en clase a la vez que se ponían bajo la tutela de un pastor piadoso y experimentado. En las culturas cara a cara, colectivas, orientadas al grupo, esto es aún más importante y crucial si se desea una formación pastoral completa.

En algún tiempo, los seminarios daban por sentado que sus estudiantes habían recibido un discipulado básico, poseían dones ministeriales antes de llegar al seminario y que el discipulado permanente y el desarrollo del carácter del candidato al ministerio estaba en curso. En tales casos, solo necesitaban entrenarlo en el conocimiento mental, con la idea de que estaría bajo la tutela de algún ministro piadoso para aprender las destrezas y la aplicación del ministerio. Tristemente, aquellos días han quedado en el pasado.

Cómo alcanzar y enseñar el modelo de formación pastoral

El modelo para la educación teológica, la formación para el liderazgo y el programa para la preparación pastoral que tienes en las manos surgió de la necesidad de formar pastores en todo el mundo. *Reaching & Teaching International Ministries* [Ministerio internacional para alcanzar y enseñar] ha usado este modelo de enseñanza con gran efectividad en más de una docena de países y con líderes de todos los niveles y trasfondos educativos.

Nuestro enfoque básico es dar una semana de clases intensivas cada cuatro meses, a lo largo de tres años, lo que suma un total de nueve semanas. Entrenamos los corazones, las mentes y las manos de un modo integral, conectando constantemente el discipulado personal con el contenido de la educación teológica tradicional y enseñando aplicaciones prácticas del ministerio pastoral. Comenzamos cada día de enseñanza con una disciplina espiritual personal, explicamos lo que es, cómo practicarla, por qué es importante; luego la ponemos en práctica para ejemplificarla y, entonces, pasamos a la enseñanza del conocimiento mental, que se asemeja más a lo esperado en la educación pastoral. Concluimos el día con la parte dedicada a las manos, que se enfoca en la enseñanza de habilidades para los aspectos más prácticos del ministerio pastoral como la formación de líderes, el manejo de las finanzas de la iglesia, la administración, etc. Hay veces en que este último segmento de nuestro día de enseñanza se convierte en un momento de preguntas y respuestas en el que surgen algunas preocupaciones acuciantes de los alumnos y se las trata directamente. En la medida en que el tiempo lo permita, los instructores pueden actuar como un Google «cristiano» en lo que se podría llamar «La hora para preguntar lo que quieras». Usamos equipos pequeños de enseñanza de cuatro a siete maestros voluntarios que viajan a regiones aisladas y remotas o algunas veces a zonas urbanas congestionadas para enseñar donde se necesita la enseñanza.

Como el nivel de alfabetización y los desafíos lingüísticos en cada lugar son tan diversos, nuestro estilo de enseñanza es principalmente el de una conferencia que se desarrolla con intérpretes en traducción simultánea. De este modo, podemos enseñar a pastores de todos los niveles de alfabetización en clases con cualquier entorno cultural, cualquier lenguaje y en una variedad de contextos demográficos desde grandes capitales hasta zonas rurales en la selva amazónica. Lo ideal es que estas clases estén espaciadas en un período de semanas o meses. Este espaciado de las clases a intervalos de tres o cuatro meses permite que los estudiantes procesen y apliquen las lecciones.

Desafiamos a los estudiantes a que viertan en las vidas de otros lo que les enseñamos, como un paso para cumplir 2 Timoteo 2:2. No obstante, en la práctica, la enseñanza del material a otros logra varios beneficios más. Enseñar a otra persona le permite al alumno fijar la lección en otras partes del cerebro y de la memoria. También lo ayuda a examinar el material desde otros puntos de vista cuando sus alumnos le hacen preguntas que él no había considerado. Además, descubre lo que no ha aprendido tan bien como pensaba. El proceso en que cada uno le enseña a otro (o a más de uno) multiplica la influencia de la enseñanza a más personas. Por último, y tal vez lo más importante, es que la práctica de enseñar a otros les enseña a los estudiantes a enseñar. En el proceso de enseñar a otros en el tiempo entre medio de las semanas intensivas, los estudiantes aprenden a comunicar la verdad, ven dónde necesitan mejorar y tienen el gozo de ver a sus propios alumnos aprender y abrazar la verdad. Por supuesto, también deberían alentar a esos alumnos a que enseñen a otros y así, el principio de la multiplicación continúa.

El objetivo de los misioneros es evangelizar, discipular y enseñarles a otros a hacer lo mismo. Los misioneros quieren preparar hombres que sean más que meros graduados con éxito de un programa académico. Las iglesias necesitan pastores y líderes piadosos, bien entrenados, con un corazón para Dios, con una mente llena de la verdad y con manos hábiles para ministrar. La manera de avanzar es entrenar integralmente al hombre en toda verdad, para todo el ministerio.

El lugar de la alfabetización en la formación pastoral

Históricamente, el desafío ha sido encontrar un método para capacitar hombres que sea a la vez fiel en lo bíblico y culturalmente apropiado.

Los métodos para quienes saben leer y escribir no son efectivos en zonas donde la oralidad ha reinado durante generaciones. Algunos sugieren alfabetizar primero y luego entrenar mediante el uso de nuestros modelos occidentales para alfabetizados. Sin embargo, aunque los programas de alfabetización enseñan la técnica, no necesariamente inculcan su utilidad. Este valor recién se da después de largos períodos de tiempo.

Me encanta leer historias misioneras y biografías de misioneros, y he leído muchas historias sobre las experiencias de *Wycliffe Bible Translators* [Traductores Wycliffe de la Biblia] para proveer la Palabra de Dios en lenguajes que antes carecían de escritura. Un tema que se repite es que el día más feliz de sus vidas llegaba cuando terminaban el proyecto de traducción, publicaban e imprimían Biblias y las entregaban en una reunión de celebración. Luego de regresar a los Estados Unidos o de trasladarse a otro campo misionero, algunas veces volvían de visita. El día más triste de sus vidas era cuando regresaban a visitar a sus viejos amigos con quienes habían vivido y entre los cuales habían trabajado durante tanto tiempo, y se encontraban con que las Biblias impresas seguían en sus cajas almacenadas en un cuarto. Habían podido reducir el lenguaje a la escritura, habían traducido la Biblia y le habían enseñado a la gente a leer, pero no habían podido inculcarles el valor del alfabetismo.

El uso de recursos impresos para enseñar a un alumno es útil cuando se trata de alguien alfabetizado, pero es de muy poco beneficio en las culturas orales. Aunque se enseñe a leer palabras en una página a una persona primariamente oral, no por eso se la convierte en alfabetizada. Muchos que han aprendido las habilidades de la lectura igual prefieren aprender y comunicarse dentro de la oralidad.

Muchos misioneros están frustrados en su deseo de capacitar pastores y líderes debido a la falta de alfabetización entre ellos o a la ausencia de materiales en la lengua madre. Las bibliotecas teológicas y los recursos impresos para enseñar, como los programas por correspondencia, no se consiguen. Los misioneros y los pastores han deseado un recurso conciso que pueda adaptarse a múltiples culturas y a diversos niveles de alfabetización para formar pastores y líderes en sus ministerios. Muchos misioneros han buscado un programa de enseñanza integral y fácil de usar, que no requiera un entrenamiento previo para el programa específico, que también proporcione más que el mero conocimiento mental de la enciclopedia teológica, algo que prepare al ministro en su totalidad para toda la tarea. Este es ese método.

Ante la ausencia de un programa así, muchos misioneros han seguido adelante para alcanzar al siguiente grupo con la suposición equivocada de que es imposible enseñar a los menos alfabetizados o en desventaja socioeconómica. Algunos tienen la idea equivocada de que ellos mismos no tienen el entrenamiento suficiente para enseñar a pastores, discipularlos e instruirlos en el ministerio pastoral, además de enseñarles cómo enseñar a aquellos que vengan detrás, en muchos contextos globales. Dios ha hecho arder mi corazón por los pastores y líderes de la iglesia de Cristo en todo el mundo que no tienen la educación, la formación, el entrenamiento y la orientación esenciales para ministrar fielmente tal como Él los ha llamado a hacer. Mi llamado es a ayudar a los pastores y los líderes del mundo a cumplir con su llamado.

Qué esperar de este modelo

Este libro les enseña a los maestros cómo y qué enseñar a los pastores y líderes en el programa de capacitación; por tanto, el contenido de estos módulos es principalmente para el maestro, para enseñarle a enseñar a otros, más que un contenido detallado de todo lo que un pastor necesita saber. Aunque estos módulos están diseñados inicialmente para maestros, los estudiantes deberían verse desafiados constantemente a llegar a la meta de convertirse en maestros en sus propios programas de entrenamiento en el futuro, y que este texto les resulte útil para sus ministerios de formar a otros. El objetivo de todo ministerio bíblico debería ser la reproducción: evangelizar evangelistas, discipular discipuladores, entrenar entrenadores y enseñar a maestros.

En las secciones inmediatamente a continuación de los nueve módulos que guían a los maestros para formar a los pastores y líderes, se proporcionan bosquejos sólidos diseñados para verdaderas sesiones de enseñanza, para los estudiantes de las clases. Tanto maestros como alumnos pueden utilizar estos bosquejos del material para enseñar como una guía de referencia y como un mapa de ruta para comprender cabalmente cada módulo. Como se ha expresado, el programa de Alcanzar y Enseñar está dividido en nueve cursos intensivos de una semana con un ritmo de instrucción que fluya diariamente del corazón a la mente y a las manos. Emplea una filosofía andragógica muy específica y presenta los contenidos en un flujo lógico de temas. Integramos el corazón, la mente y las manos porque el hombre de Dios debe estar preparado integral y cabalmente. A medida que se aprende y se incorpora el material, el hombre de Dios se desarrolla de manera progresiva y acumulativa, de una manera natural e integral. Cada módulo está diseñado para el instructor y sirve como una breve reseña de los temas a tratar, para ayudar en la comprensión, y acota reflexiones globales o ilustraciones para contextualizar la enseñanza.

Algunos alumnos tendrán un alto nivel de alfabetización y con entusiasmo querrán seguir adelante y profundizar. Otros tendrán un nivel más bajo de alfabetización y se los podrá describir con más precisión como funcionalmente alfabetizados o funcionalmente analfabetos. El programa de capacitación resultante deberá esforzarse por encontrar el equilibrio para desafiar a cada alumno sin abrumar a aquellos que recién comienzan sus estudios.

Estos módulos no tienen como objetivo tratar los temas en profundidad al estilo académico; tampoco pretenden ofrecer nuevos puntos de vista o refutar los trabajos de erudición contemporáneos. No están escritos para los eruditos académicos, sino que son los componentes de un discipulado profundo o un programa de formación pastoral. Mi único «derecho», certificación o incluso audacia para escribir este libro y recopilar este programa es simplemente el llamado y la pasión que Dios ha puesto en mi vida: ver a los pastores y a los líderes de la iglesia global de Cristo completamente preparados y equipados para toda buena obra.

Para los alumnos que deseen profundizar y para los maestros que deseen más contenidos al prepararse para enseñar, cada módulo concluye con una breve lista de lecturas sugeridas. Algunos estudiantes querrán y necesitarán más de lo que el texto está diseñado para alcanzar, pero no pueden acceder a la educación formal del seminario por diversas razones. Muchos maestros quieren contar con más información para tener un cimiento más amplio de lo que le enseñarán al alumno; esta mayor profundidad facilita la confianza en el salón de clases y también su capacidad para responder preguntas con conocimiento sólido. Las listas cortas de trabajos sugeridos para profundizar se enumeran al final de cada módulo para estos alumnos y profesores.

Aunque el contenido de cada módulo está dividido de acuerdo a las secciones naturales de enseñanza, el material puede dividirse fácilmente de otra forma que sea más propicia para el contexto específico de instrucción. El módulo incorpora el contenido que se enseñará en *Corazones, mentes y manos*, ilustraciones esporádicas, aplicaciones, pautas de contextualización intercultural, como también reflexiones sobre cómo enseñar el material. Le corresponde al misionero profesor conocer su contexto cultural específico y realizar los ajustes apropiados en su enseñanza para permitir que los alumnos comprendan, recuerden y estén en condiciones de repetir las lecciones. Si alguna de estas tres cosas falta, entonces la enseñanza con ese grupo termina al finalizar la clase. Las secciones se presentan y desarrollan en el siguiente orden:

EL CORAZÓN: EL DESARROLLO ESPIRITUAL DEL LÍDER

Disciplinas espirituales personales

- El alimento de la Biblia
- La oración
- La adoración
- La memorización de la Escritura, la meditacion y la aplicación de la Escritura
- El servicio
- Evangelismo
- Mayordomía del tiempo y del dinero
- El ayuno
- Silencio y tiempo a solas

Los nueve aspectos de Gálatas 5:22-23: Llenura del Espíritu

- Amor
- Gozo
- Paz
- Paciencia
- Benignidad
- Bondad
- Fe
- Mansedumbre
- Templanza

Los nueve aspectos de Filipenses 4:8-9: Pensamientos

- Lo verdadero
- Lo honesto
- Lo justo
- Lo puro
- Lo amable
- Lo de buen nombre
- La virtud
- Lo digno de alabanza
- La paz

LA MENTE: EL CIMIENTO BÍBLICO DEL LÍDER

- Panorama del Antiguo Testamento
- Panorama del Nuevo Testamento
- La doctrina cristiana
- La historia de la iglesia
- La hermenéutica
- Las misiones y plantación de iglesias
- Homilética y narración
- Ministerio a la familia y consejería
- Liderazgo en la adoración

LAS MANOS: LA RESPONSABILIDAD ADMINISTRATIVA DEL LÍDER

- El llamado de Dios al ministerio
- El carácter del pastor
- El pastoreo del rebaño de Dios
- Las ordenanzas
- El liderazgo
- El mentor
- Participación en la comunidad
- Finanzas de la iglesia
- Disciplina en la iglesia

El programa incluye estas partes integradas:

- Módulo uno
  1. El alimento de la Biblia – Amor – Lo verdadero
  2. Panorama del Antiguo Testamento
  3. El llamado de Dios al ministerio
- Módulo dos
  1. La oración – Gozo – Lo honesto
  2. Panorama del Nuevo Testamento
  3. El carácter del pastor
- Módulo tres
  1. La adoración – Paz – Lo justo
  2. La doctrina cristiana
  3. El pastoreo del rebaño de Dios
- Módulo cuatro
  1. La memorización, la meditación y la aplicación de la Escritura – Paciencia – Lo puro
  2. La historia de la iglesia
  3. Las ordenanzas
- Módulo cinco
  1. El servicio – Benignidad – Lo amable
  2. La hermenéutica
  3. El liderazgo

- Módulo seis
  1. Evangelismo – Bondad – Lo de buen nombre
  2. Las misiones y plantación de iglesias
  3. El mentor
- Módulo siete
  1. Mayordomía del tiempo y del dinero – Fe – La virtud
  2. Homilética y narración
  3. Participación en la comunidad
- Módulo ocho
  1. El ayuno – Mansedumbre – Lo digno de alabanza
  2. Ministerio a la familia y consejería
  3. Finanzas de la iglesia
- Módulo nueve
  1. Silencio y tiempo a solas – Templanza – La paz
  2. Liderazgo en la adoración
  3. Disciplina en la iglesia

Nota para los maestros

Para el nivel de instrucción que está dirigido a las habilidades académicas de los pastores en programas de entrenamiento no formales, deberías procurar alcanzar unas 30-35 horas por módulo en tiempo de enseñanza. En algunos entornos, los hombres solo podrán asistir a clases de capacitación por las tardes y las noches si trabajan durante el día, lo que descarta el día completo de clases de lunes a viernes. En estos casos, es bueno añadir un día completo de enseñanza los sábados para recuperar el tiempo perdido.

La división de la enseñanza durante la semana de clases debería enfocarse aproximadamente 5 horas en el corazón y 5 horas en las manos. Las 20 o 25 horas restantes deberían concentrarse en el conocimiento mental. Cuando tienes profesores invitados que no hablan el idioma de los alumnos, recuerda que solo alrededor de la mitad del tiempo de la clase será de verdadera enseñanza por parte del profesor, ya que la otra mitad se requiere para que el intérprete traduzca de manera consecutiva frase por frase.

Se recomienda enfáticamente que el maestro tome tiempo para leer los versículos que se incluyen en los bosquejos de enseñanza. No se trata de versículos de referencia para defender lo que se enseña, sino que forman parte de la lección y la instrucción. En el caso de las clases con Biblias, tómate el tiempo para permitir que abran sus Biblias y ayúdales a encontrar el pasaje a leer. Los versículos no se enumeran como algo adicional, sino que son esenciales para una sólida comprensión del tema que se enseña.

En contextos donde los alumnos tienen el nivel de alfabetización suficiente, debes enseñarles el contenido, pero es útil presentarles herramientas tales como atlas bíblicos, comentarios, concordancias y diccionarios. Una buena Biblia de estudio con una traducción aceptada es un recurso útil que proporciona muchas de estas herramientas junto con el texto bíblico en un mismo volumen. De este modo, los pastores tienen una biblioteca pastoral personal portátil en la cual pueden confiar, que pueden saber cómo usar y experimentar usándola en sus clases. Como la mayor parte del contenido detallado puede extraerse de una buena Biblia de estudio como la Biblia Plenitud, o La Biblia del Diario Vivir, y como algunas de ellas se encuentran traducidas al español, recomiendo presentar este material si se encuentra disponible.

Aunque los bosquejos que se proporcionan son para los estudiantes y se complementan con los módulos para los maestros, la enseñanza puede ampliarse como se desee. Se puede obtener mayor profundidad y amplitud mediante la lectura sugerida o la bibliografía complementaria a la par que se usan estos bosquejos básicos para guiar la enseñanza. Además de los recursos en tus manos, a continuación vendrá una serie de nueve libros más pequeños en diversos idiomas para los alumnos que deseen un libro que contenga tanto el bosquejo como el contenido enseñado que los guíe en la semana de estudio y como referencia futura. Para quienes deseen enseñanza adicional, o para casos en los que el misionero viva cerca de los alumnos y pueda continuar el entrenamiento en los meses intermedios con una instrucción aún más profunda, pueden incluirse otros recursos. Al añadir otros materiales, intercálalos en lugar de presentarlos como recursos opcionales o que pueden utilizarse de manera independiente del curso, para que no dé la impresión de que estas clases adicionales son optativas o, peor aún, solo para los más espirituales.

Si se siguen los lineamientos básicos proporcionados en este texto y si se adapta la instrucción según los niveles de alfabetización y los contextos culturales, el resultado será un grupo de pastores cabalmente entrenados, que no solo están equipados para sus propios ministerios, sino también para entrenar a otros.

> A quien anunciamos, amonestando a todo hombre, y enseñando a todo hombre en toda sabiduría, a fin de presentar perfecto en Cristo Jesús a todo hombre. (Col. 1:28)

> Lo que has oído de mí ante muchos testigos, esto encarga a hombres fieles que sean idóneos para enseñar también a otros. (2 Tim. 2:2)

Lecturas recomendadas

Diccionario Bíblico Ilustrado Holman. Actualizado y aumentado, Nashville, TN: B&H Publishing Group, 2014.

Gregory, J. M. *Las siete leyes de la enseñanza*. El Paso, TX: Casa Bautista, 1961.

RVR 1960 Biblia de estudio Holman. Nashville, TN: Holman Bible Publishers, 2014.

Sills, M. David. *Reaching and Teaching: A Call to Great Commission Obedience*. Chicago, IL: Moody, 2010.

Módulo 1 Objetivos de aprendizaje

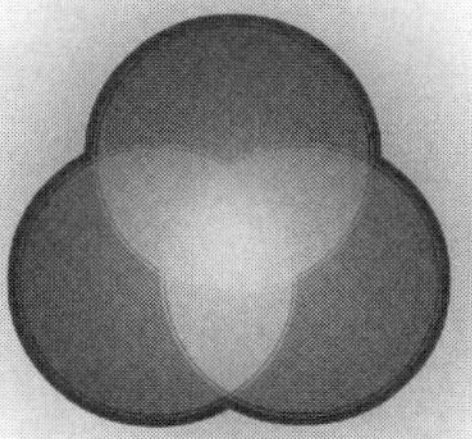

El alimento de la Biblia
Panorama del Antiguo Testamento
El llamado de Dios al ministerio

Al finalizar este módulo, los alumnos podrán:

1. **El corazón: El alimento de la Biblia**
   a) Comprender la importancia del discipulado personal constante en la vida de un pastor.
   b) Comprender el programa de *Corazones, mentes y manos*.
   c) Establecer un tiempo diario para alimentarse con la Biblia, mediante un plan de lectura para la formación del carácter.
   d) Comprender el fruto del Espíritu con un énfasis especial en el aspecto del amor.
   e) Concentrar sus pensamientos en el desafío de Pablo para tener la mente de Cristo y Su amor.

2. **La mente: Panorama del Antiguo Testamento**
   a) Identificar secciones de la Biblia, el número de libros en cada Testamento y los idiomas originales en que fueron escritos.

b) Conocer las divisiones del Antiguo Testamento, los autores de cada libro, la fecha en que se escribieron y las diferentes maneras en que se han interpretado pasajes claves.
c) Explicar los siguientes términos: Suficiencia, autoridad, inerrancia, inspiración.
d) Describir la diferencia entre las traducciones literales, las traducciones por equivalencias dinámicas de la Biblia, y las paráfrasis.
e) Tener conciencia de la importancia de familiarizarse con el Antiguo Testamento para comprender el Nuevo, es decir, la importancia de toda la narrativa redentora.
f) Explicar el argumento para proporcionar la trama de la Biblia a través de historias bíblicas.
g) Enumerar y explicar los cinco temas que *Corazones, mentes y manos* traza a lo largo de la Biblia para demostrar la continuidad y consistencia de las verdades de Dios: La soberanía de Dios, Su ley, Su gracia, Cristo, la responsabilidad del hombre.
h) Explicar la importancia de los pactos con Adán, Noé, Abraham, Moisés, David y los nuevos pactos relativos a la interacción de Dios con la humanidad y nuestra salvación.
i) Dar una breve reseña del Pentateuco, de los libros históricos, de los escritos y de los profetas.
j) Citar el autor, la fecha de escritura si se conoce y señalar los cinco temas a través de los 39 libros del AT.

3. **Las manos: El llamado de Dios al ministerio**
   a) Conocer y explicar un llamado al ministerio pastoral y testificar sobre su llamado.
   b) Comprender la diferencia entre los aspectos internos y externos del llamado.
   c) Evaluar las dificultades en el ministerio pastoral que requieren un llamado para poder seguir a pesar de todo.
   d) Comprender que el llamado de Dios no es simplemente situacional: la necesidad no es el llamado.

e) Citar y describir el llamado de un personaje bíblico y la enseñanza relativa al llamado de Dios.

Módulo 1

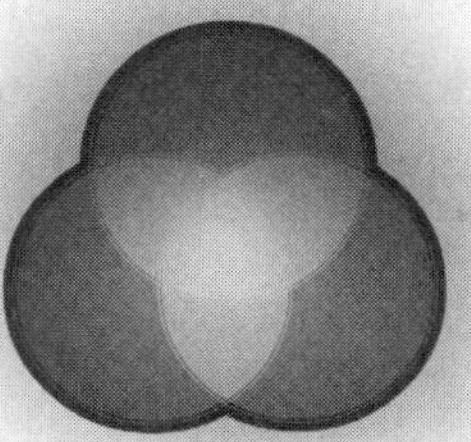

El alimento de la Biblia
Panorama del Antiguo Testamento
El llamado de Dios al ministerio

El corazón

Breve reseña del corazón

La formación del pastor debería integrar a toda la persona: el corazón, la mente y las manos. Para garantizar que el ministro no está meramente preparado en el aspecto académico, el programa debe centrarse en el desarrollo del carácter. La primera hora de cada día se concentra en el discipulado del pastor. Las disciplinas que aprenda y practique lo capacitarán para continuar este proceso el resto de su vida terrenal, aun cuando se vea privado de la comunión con otros creyentes. En este primer módulo, la instrucción de los corazones, las mentes y las manos comprende el alimento de la Biblia, un panorama del Antiguo Testamento y el llamado de Dios al ministerio.

La porción dedicada al corazón aborda la formación del carácter, principalmente mediante la enseñanza de la disciplina espiritual de alimentarse de la Biblia. Los nueve módulos de este programa también procuran tratar la comprensión y el desarrollo de los nueve aspectos del fruto del espíritu tal como lo describe Pablo en Gálatas 5:22-23. En este primer módulo, nos concentraremos en el amor. Se guiará a los alumnos a comprender los nueve aspectos del pensamiento de un cristiano tal como exhorta Pablo en Filipenses 4:8-9. El primer módulo se concentrará en todo lo que es verdadero. Practicar disciplinas espirituales personales, estar llenos del Espíritu y ordenar los pensamientos son aspectos claves para preparar el corazón del ministro. Martyn Lloyd-Jones escribió: «El hombre que se disciplina sobresale y posee el sello de la grandeza sobre él».[1] No buscamos la grandeza para nosotros mismos, sino para que Dios nos use grandemente para Su gloria.

Disciplina espiritual personal: El alimento de la Biblia

En la primera hora de cada día de clases, el alumno comienza por aprender la importancia de la lectura diaria de la Biblia como si fuera un alimento y, en efecto, lo practica en clase. La parte central de este programa le debe mucho a Donald Whitney por su magistral obra *Spiritual Disciplines for the Christian Life* [Disciplinas espirituales para la vida cristiana]. Él señala correctamente la necesidad de pasar un tiempo diario con la Palabra de Dios y lo muestra como una disciplina. Para muchos alumnos, estudiar con concentración y dedicarle un tiempo diario a la Palabra de Dios será un esfuerzo y un desafío, pero estas disciplinas son pautas, métodos, actividades y prácticas que nos guían para parecernos más a Cristo, como se disciplina a una vid para que crezca contra la espaldera (1 Tim. 4:7). Su propósito y su meta es Cristo mismo, no una perfección que nos llene de orgullo y nos haga merecedores de un premio. Es un medio para acercarnos lo más posible a Jesús, parecernos más a Él y permanecer allí. Jerry Bridges escribió: «No existe absolutamente

[1] Martyn Lloyd-Jones, *Studies in the Sermon on the Mount* (Grand Rapids, MI: Wm. B. Eerdmans, 1984), 322.

ningún atajo hacia la santidad que pase por encima o le adjudique poca prioridad a una lectura constante de la Biblia».[2]

Al presentar esta disciplina espiritual en particular, ten cuidado de no limitarla simplemente a leer la Biblia. La disciplina trasciende la mera lectura de la página impresa (recuerda que algunos de tus alumnos tal vez no sepan leer o su nivel de alfabetización sea tan rudimentario que el aprendizaje y la adoración a través de la lectura esté fuera de su alcance). Semejante desafío puede desalentarlos y hacer que se sientan derrotados incluso antes de comenzar el programa de enseñanza.

Una de las maneras de practicar la alimentación con la Biblia, además de leerla por ti mismo, es oír su lectura. Jesús dijo que quienes la oyen son bienaventurados (Luc. 11:28) y Pablo enseñó que la fe viene por el oír (Rom. 10:17). La Biblia enseña en Nehemías 8, 9 y 13 que toda la congregación del pueblo de Dios se juntó para oír la lectura del libro de Moisés. Pablo exhorta a los colosenses a que lean sus cartas en público (Col. 4:16) y a Timoteo a que se dedique a leer la Escritura en público en su ministerio. (1 Tim 4:13). En Apocalipsis 1:3 se pronuncia bendición sobre aquellos que leen y sobre los que oyen la lectura de la Palabra de Dios. Aunque tal vez no lo hayan aprendido en su iglesia madre, los misioneros que fundan iglesias deberían tener presente y deberían practicar la lectura pública de la Palabra de Dios. Es probable que esta lectura sea el único acceso a la Biblia que tienen los creyentes analfabetos.

La Palabra de Dios puede leerse en voz alta en la reunión de la iglesia o en el contexto del culto hogareño en una familia creyente. Además, muchos creyentes que no tienen acceso a su propia copia de la Biblia o que no pueden leerla, pueden oírla a diario en programas radiales cristianos. A partir del comienzo de la radio cristiana mundial con HCJB (ahora *Reach Beyond*) en Ecuador en 1931, un sinnúmero de otros ministerios radiales ha comenzado a leer la Palabra de Dios diariamente y a transmitirla a todo el mundo en muchos idiomas. El fundador de HCJB, Clarence Jones, afirmó que la radio cristiana era el misionero que nunca necesitaba licencia.

---

[2] Jerry Bridges, *The Pursuit of Holiness* (Colorado Springs, CO: NavPress, 2006), 125.

Además de la radio, la programación cristiana en televisión, los sitios en internet y los DVD son medios para que los que no leen puedan recibir a diario la Palabra. Las nuevas tecnologías también proporcionan una amplia variedad de otros medios de acceso. Recursos portátiles como *Proclaimers*[3] y *Sabers*[4] contienen lecturas de la Biblia grabadas en microchips. Muchos de estos pequeños recursos portátiles se cargan con baterías, enchufes de CA, manivelas y paneles solares, que les permiten a los usuarios acceder a la Biblia incluso en las regiones más remotas. He dejado estos dispositivos en comunidades andinas donde todos sus habitantes eran analfabetos. Los domingos, se reúnen a escuchar la «lectura» de un capítulo de la Biblia mediante estos dispositivos y luego, el pastor predica sobre ese pasaje. *Bible Stick* es un dispositivo pequeño del tamaño de una unidad flash con audífonos. Mediante el uso de botones para navegar, el oyente puede llevar consigo en el bolsillo de una camisa una versión de la Biblia en audio.[5] Con la tecnología moderna, la Biblia también puede distribuirse y disfrutarse mediante el uso de una tarjeta SIM en s*martphone*. No poder leer las palabras en una página impresa no es impedimento para alimentarse diariamente de la Biblia. Debes desafiar a tus alumnos a encontrar la manera que sea necesaria para dedicar un tiempo diario a la Palabra de Dios.

La forma más fácil de alimentarnos con la Biblia para la mayoría es, por supuesto, la lectura personal. Aunque deberíamos tener mucho cuidado de no considerar que la lectura es la única forma de acceso a la Biblia que tienen nuestros alumnos, tampoco deberíamos tomar a la ligera la gran bendición que tenemos de poder leer la Palabra de Dios. Recuerda que Él decidió revelarse a sí mismo y preservar esa revelación en forma escrita. El Espíritu Santo inspiró la Biblia, guio a los autores humanos y supervisó su transmisión. Peter Adam enfatiza: «Dios ha hablado, Está

---

[3] Para más información, véase https://www.faithcomesbyhearing.com/news/blog-post/proclaiming-good-news. Originalmente consultada el 29 de febrero de 2016.

[4] Para más información, véase http://globalrecordings.net/en/saber. Originalmente consultada el 29 de febrero de 2016.

[5] Para más información, véase http://the-ctc.org/products/prod_biblestick.html. Originalmente consultada el 29 de febrero de 2016.

escrito y Predica la Palabra».[6] Dios les dijo a Moisés y a los profetas que escribieran la revelación que les daba en un libro. A Él le preocupa la alfabetización, así que a nosotros también debería preocuparnos. Pero no puedes encontrar a la gente donde desearías que estuvieran para enseñarles ni esperar hasta que lleguen; debes ministrarles donde se encuentran hoy. Es absolutamente apropiado que alentemos a los alumnos a alfabetizarse y que les presentemos el valor de poder leer la Palabra de Dios por sí mismos. Sin embargo, no podemos hacerlo limitando la alimentación con la Biblia a ese medio.

Para muchos, la mera idea de leer es algo completamente nuevo. Incluso en los Estados Unidos, la perspectiva de la lectura es desalentadora.

> El estadounidense promedio mira más de cinco horas de televisión en vivo por día. Más si es afroamericano. Bastante más. Menos si es un estadounidense hispano o asiático. En todos los grupos étnicos, el tiempo delante del televisor aumenta incesantemente a medida que envejecemos, según el «Cross-Platform Report» de marzo de 2014, publicado por la compañía de medición de audiencia Nielsen. Cuando pasamos los 65, miramos más de siete horas por día de televisión. Entonces, el estadounidense promedio pasa otros 32 minutos por día mirando programas diferidos, 1 hora en internet en una computadora, 1 hora y 7 minutos en un teléfono celular y 2 horas, 46 minutos escuchando la radio.[7]

La revista *Time* informa: «Un estudio reciente de la Agencia de Estadísticas Laborales de Estados Unidos ha descubierto que el estadounidense promedio dedica solo 19 minutos diarios a la lectura; los jóvenes leen menos que nunca, aparentemente, y la población entre los 25 y 34

---

[6] Peter Adam, *Speaking God's Words: A Practical Theology of Preaching* (Vancouver, Canada: Regent College Publishing, 2004), 56.

[7] David Hinckley, «The Average American Watches 5 Hours of TV Daily», *New York Daily News*, el 5 de marzo de 2014, consultada el 29 de febrero de 2016. http://www.nydailynews.com/life-style/average-american-watches-5-hours-tv-day-article-1.1711954.

años lee 8 minutos por día los fines de semana y los feriados, mientras que la población entre 20 y 24 años lee en promedio 10 minutos».[8] En países donde el alfabetismo no cuenta con el arraigado privilegio del que disfruta en los Estados Unidos, la situación es mucho más desafiante. Si el hábito de la lectura diaria mengua en occidente, imagina cuál será la situación de los alumnos de nuestros programas de entrenamiento en los contextos con menor educación.

Para desarrollar la práctica de lectura diaria de la Palabra de Dios se requiere disciplina y dedicación. Se puede ayudar considerablemente este esfuerzo mediante un plan de lectura. Ya sea que los alumnos adopten un plan que los lleve por toda la Biblia en un año o cualquier otro método, el plan les ahorrará el trabajo de pensar: «¿Qué debo leer hoy?». Hay numerosos planes para leer la Biblia y muchos se encuentran en los apéndices de las Biblias de estudio. Algunos pueden requerir un solo versículo por día, otros algunos capítulos y aun otros guían al lector a través de toda la Biblia en solo 90 días.[9] Por cierto, la lectura de determinado número de capítulos prescritos cada mañana puede convertirse en algo superficial como tildar el casillero del tiempo devocional, pero el desarrollo del hábito de pasar tiempo en la lectura de la Palabra de Dios sobrepasa cualquier peligro de que se convierta en una tarea frívola. El pastor puritano, John Bunyan, escribió al comienzo de su Biblia: «Este libro te alejará del pecado o el pecado te alejará de este libro».

La disciplina del estudio de la Biblia debe convertirse en un hábito, lo que significa que es tan normal comenzar el día escuchando a Dios a través de Su Palabra que cuando esta práctica se interrumpe existe una clara sensación de pérdida. Para ayudar a los alumnos a que desarrollen el hábito de nutrirse de la Biblia, dales algunas pautas prácticas y aliéntalos a incorporar en su enfoque las ideas a continuación.

Lee la Biblia con un alto concepto de la Escritura. Sin duda, habrá pasajes que no sean claros, que sean difíciles de comprender o que parezcan

---

[8] Bijan Stephen, «You Won't Believe How Little Americans Read», *Time Magazine*, el 22 de junio de 2014, consultada el 29 de febrero de 2016. http://time.com/2909743/americans-reading.

[9] Para más información, véase https://www.biblegateway.com/reading-plans.

contradecir la naturaleza de Dios u otras partes de la Biblia. Enséñales a abordar estas tensiones con la idea clara de que la Palabra de Dios es infalible y que algo así es imposible; por lo tanto, seguramente hay algo que todavía no han comprendido. Al mismo tiempo, no leas la Biblia encerrando a Dios en una caja; mantente alerta a nuevas ideas y verdades. Dios instruye a Su pueblo cuando leen Su Palabra y todos los creyentes aprenden constantemente al estudiar lo que Él nos ha revelado. Por más conocido que pueda ser un pasaje, leerlo y releerlo revela detalles y matices que antes no se habían visto. Ten un cuaderno y un lápiz cerca para anotar nuevas percepciones; detente en preguntas que te lleven a una mayor investigación o en una oración que fluya espontáneamente de tu corazón mientras lees. Lee la Biblia diariamente, a la misma hora si es posible, y haz de esto una rutina que no sea opcional. Busca las palabras que no conozcas en un diccionario o en un diccionario bíblico y rastrea los sucesos en un mapa bíblico mediante el uso de los nombres de lugares que aparecen en el pasaje.

Además de enseñar sobre el valor de dedicar un tiempo diario a alimentarnos de la Biblia, dedica una parte de la primera hora de instrucción a la práctica de esta disciplina. Leer porciones del salmo 119, de otros salmos elegidos o historias de los Evangelios les permite a algunos leer, a otros escuchar y a todos apreciar el beneficio de oír la Palabra de Dios leída en público. En los módulos siguientes, algunas de las disciplinas espirituales se concentrarán en la meditación, la aplicación y la memorización de la Biblia. Estas herramientas para el estudio y la aplicación de la Palabra de Dios motivarán a los alumnos a dedicar más tiempo a sus Biblias cada día, al apreciar lo útil que es en su caminar con Dios.

El fruto del Espíritu: Amor

Durante esta primera hora de cada día de clase, consideraremos cada uno de los nueve aspectos del fruto del Espíritu tal como lo describe Pablo en Gálatas 5:22-23: «Mas el fruto del Espíritu es amor, gozo, paz, paciencia, benignidad, fe, mansedumbre, templanza».

En el primer módulo, nos concentraremos en el amor. Estas descripciones del fruto del Espíritu no son como frutos que pueden encontrarse en un árbol; más bien, son maneras de describir lo que debe fluir de la vida de alguien lleno del Espíritu. En todo verdadero creyente mora el Espíritu, pero Pablo nos exhorta a *ser llenos* del Espíritu (Ef. 5:18). La llenura del Espíritu le proporciona al pastor todo lo que necesita para caminar al compás del Espíritu (Luc. 4:14; Hech. 1:8; 10:38; Rom. 15:13; 1 Cor. 2:4; Ef. 3:16; 1 Tes. 1:5; 2 Tim. 1:7). Aunque por nuestra propia fuerza no podemos siquiera soñar con parecernos a la piedra preciosa que hemos sido llamados a ser, con Su llenura y poder podemos hacer todo lo que Él nos pida (Fil.4:13). El Señor da lo que demanda.

Estos aspectos no son casilleros que debemos tildar en una lista de tareas. Sin embargo, deberías desafiar a tus alumnos a pensar cómo pueden hacer para que estos aspectos se manifiesten en sus vidas. Al centrar cada módulo de instrucción en uno de los nueve aspectos, los alumnos pueden meditar en cada uno, considerar estudios bíblicos sobre cada aspecto, aprender un coro que los resalte o hablar sobre un personaje bíblico o un creyente contemporáneo que lo ejemplifique. Pregunta: «¿Cómo viviría Jesús si regresara mañana a vivir a través de ti para demostrarles a los que te rodean qué aspecto tiene el amor (por ejemplo) en la vida de un cristiano moderno? ¿Qué debería cambiar en tu vida?».

Cuando a Jesús le pidieron que identificara el mayor mandamiento, Él dijo: «Amarás al Señor tu Dios con todo tu corazón, y con toda tu alma, y con toda tu mente. Este es el primero y grande mandamiento. Y el segundo es semejante: Amarás a tu prójimo como a ti mismo. De estos dos mandamiento depende toda la ley y los profetas» (Mat. 22:37-40). Como Jesús enseñó que cumplir con toda la revelación de Dios en todo el registro bíblico depende de amar a Dios y a los demás, haríamos bien en desarrollar este aspecto de nuestras vidas. El mandamiento de que nos amemos unos a otros llena las páginas de la Biblia. El ministro de Dios debería procurar destacarse por ser ejemplo de lo que significa amar a Dios y al hombre. Por cierto, debemos aborrecer el pecado y a la vez amar al pecador. Recuerda que tenemos el modelo perfecto a seguir: «Porque de tal manera amó Dios al mundo, que ha dado a su Hijo unigénito, para que todo aquel que en él cree, no se pierda, mas tenga vida eterna» (Juan 3:16). Amar a aquellos que actúan como si te odiaran y que te lastiman es lo más difícil del amor. Debemos amar a las personas desagradables y antipáticas, y debemos hacerlo de manera incondicional.

En 1 Corintios 13, el apóstol Pablo describe la clase de amor que debemos desarrollar en nuestra vida y del que debemos dar ejemplo. Escribió que si pudiéramos hablar todas las lenguas humanas y angélicas, pero no tenemos amor, solo seremos un bullicioso estruendo. Si tenemos dones como el de profecía y comprendemos los misterios del universo, si poseemos un conocimiento profundo, si tenemos una fe que puede mover montañas, si damos todo lo que tenemos al pobre y sacrificamos nuestros cuerpos, pero no tenemos amor, nada somos. Nada. Él describe esta clase de amor como paciente, amable, que se goza en la verdad, que sufre, soporta, cree y todo lo espera. No es jactancioso ni envidioso, no hace nada indebido, no se acuerda de las ofensas ni se goza en la injusticia. No es engreído ni egoísta, y no es fácil provocarlo. Nunca termina. De la fe, la esperanza y el amor, Pablo dice que el amor es el mayor. Al concentrarnos en el fruto del Espíritu, el primer aspecto del amor es un buen cimiento. Los otros se construyen sobre él y fluyen de él. El amor a Dios y a los demás es el combustible para vivir de un modo agradable para Él y efectivo para los hombres.

Los pensamientos del pastor: Lo verdadero

A los alumnos también se los guiará a considerar los nueve aspectos de los pensamientos de un cristiano, tal como Pablo nos exhorta en Filipenses 4:8-9: «Por lo demás, hermanos, todo lo que es verdadero, todo lo honesto, todo lo justo, todo lo puro, todo lo amable, todo lo que es de buen nombre; si hay virtud alguna, si algo digno de alabanza, en esto pensad. Lo que aprendisteis y recibisteis y oísteis y visteis en mí, esto haced; y el Dios de paz estará con vosotros». Aunque Pablo solo menciona ocho características, incluiremos la paz de Dios que menciona como consecuencia de ordenar nuestros pensamientos de acuerdo al patrón de pensar en lo que es verdadero, honesto, justo, puro, amable, de buen nombre, virtuoso, digno de alabanza; esto nos conduce a la paz como el noveno aspecto. En el primer módulo, ayuda a los alumnos a que disciplinen sus pensamientos para permanecer en línea con lo que es verdadero.

Los caminos y los pensamientos de Dios son más altos que los nuestros y debemos esforzarnos por ser como Él. Anhelamos tener la mente de Cristo (1 Cor. 2:16). Tener los pensamientos de Cristo trae paz y confianza, mientras que los patrones de pensamiento con los que nos tienta el enemigo traen caos, temor y ansiedad. Dios es un Dios de orden y todo lo que hacemos debería estar hecho decentemente y con orden (1 Cor. 14:40). A los estudiantes suele producirles ansiedad y temor comenzar un programa de estudio como este. ¿Serán capaces de realizar el trabajo y evitar la vergüenza delante de sus pares? ¿Sus familias y sus trabajos estarán seguros si se toman toda una semana cada tanto para dedicarse al programa?

La manera de pensar de Dios es completamente diferente a la del enemigo. El diablo no quiere que tus alumnos se concentren en sus estudios y aprendan más sobre Dios y Su Palabra; entonces, llenará sus mentes con pensamientos basura. En este ciclo, hasta la remota posibilidad de una mala noticia se transforma en algo muy probable, luego en algo seguro y finalmente, se convierte en el peor escenario posible. Pablo no nos dice que dejemos de pensar de ese modo. No podemos cambiar un patrón de pensamientos negativos simplemente a demanda. Si le decimos a alguien propenso a la preocupación que sencillamente deje de preocuparse porque eso es pecado, no lo ayudaremos; incluso comenzará a preocuparle también esto. Es como decirle a alguien que no piense en elefantes rosados: no podrá pensar en ninguna otra cosa. Debemos reemplazar los patrones de pensamiento negativo con otro patrón.

Pablo nos ayuda a hacerlo al decirnos: «No piensen en eso; ¡piensen en esto!». El primer elemento a tener en cuenta es si algo es verdadero. ¿Lo que nos trae pensamientos negativos es verdad? ¿La seguridad del peor desenlace posible es verdad? Aprender los nueve aspectos de los patrones de pensamiento llenos del Espíritu y ponerlos en práctica de a poco durante el transcurso de este programa ayudará a los estudiantes en su crecimiento espiritual a tener los pensamientos de Dios, la mente de Cristo, un corazón conforme al de Dios y a estar llenos del Espíritu.

La mente

Panorama de la Biblia

Como ya hemos mencionado, muchos pastores y líderes en todo el mundo son analfabetos bíblicos. Sin embargo, saberlo en teoría es diferente a creer que este es el caso cuando estás frente a un pastor bien intencionado que aparentemente tiene cierto conocimiento. Nunca supongas que un pastor que habla sobre un tema doctrinal o un libro de la Biblia de manera erudita está cabalmente capacitado en todo el consejo de la Palabra de Dios. Quizás acaba de asistir a un seminario, el único en su vida, donde justo se trató ese tema. Aunque use lentes, pueda leer un versículo o dos durante una reunión de adoración y tenga una bonita Biblia que lleva a todas partes consigo, tal vez no ha alcanzado el nivel de competencia requerido para aprender información nueva. Leer algo en su idioma puede ser para él como para ti leer el Quijote, y su comprensión o capacidad para aprender a través de la página escrita puede rayar en la nada. Te encontrarás con algunos pastores que han asistido a talleres sobre escatología, alguna secta popular o el estudio de un libro de la Biblia. Aunque parecen instruidos, si indagas sobre otro tema, es probable que te encuentres con una reacción como la del ciervo encandilado por los faros de un auto: queda paralizado.

El cimiento de todo ministerio cristiano es la Biblia y ella dicta los parámetros, por lo tanto, es esencial que los pastores conozcan el fluir de la narrativa de la redención, los componentes de su estructura y los temas de la Escritura. Una porción de un solo capítulo dedicado a una breve reseña del Antiguo Testamento no puede enseñar todo esto en detalle, pero se presentan los aspectos básicos que deberían ser esenciales para pastores y líderes de iglesias en el mundo, de modo que el alumno crezca en el correcto manejo de la Biblia para pastorear el rebaño y edificar la parte de la Iglesia que se le ha confiado. Un módulo posterior tratará asuntos necesarios para la hermenéutica, así que este presentará principalmente a la Biblia en sí y algunos aspectos cruciales de la doctrina de la Escritura, para luego concentrarse en el Antiguo Testamento libro por libro.

Cuando se dispone de un buen estudio bíblico en el idioma de enseñanza y aunque los alumnos no estén alfabetizados, es buena idea presentar este recurso en la mismísima primera clase. En lugar de entregar gratuitamente Biblias de estudio donadas como si fueran tratados que damos en la esquina, enfatizamos que los estudiantes deben realizar alguna inversión, para inculcarles el sentido del costo y de la valoración. Las donaciones obtenidas pueden subsidiar el gasto, pero es importante que el alumno vea el valor de la Biblia aun en términos económicos. Cuando se compra una Biblia es menos probable que se deje olvidada en el autobús o en la casa, en manos de los niños con marcadores. Las clases bíblicas deberían usar la Biblia en sí como libro de texto, y una buena Biblia de estudio en una traducción aceptada que les permita a los alumnos tener un texto de calidad mientras aprenden. Los alumnos pueden ver las verdades ilustradas en sus propias Biblias de estudio mientras se enseña el contenido y aprenden a usar herramientas básicas como notas al pie, referencias, concordancia, diccionario, mapas, líneas del tiempo bíblico, introducciones a los libros, ensayos pertinentes y otras ayudas que incluyen muchas Biblias de estudio. De esta manera, el pastor no solo tiene una Biblia para el ministerio con la cual conseguir conocimiento bíblico y confianza, sino que también se da cuenta de que tiene una verdadera biblioteca pastoral en miniatura que puede llevar consigo mientras enseña, predica y aconseja.

El autor de la Biblia es el Espíritu Santo, pero Él usó más de 30 autores humanos distintos pertenecientes a diversos trasfondos para escribirla en tres idiomas: hebreo y arameo en el Antiguo Testamento, y griego en el Nuevo Testamento. Esta información puede ser bien conocida para nosotros, pero puede sorprender e inquietar a algunos que se enteran de ella por primera vez. La información de que los escritos de la Biblia les fueron confiados a hombres debe ir acompañada por un énfasis en la verdad de que el Espíritu Santo es el verdadero autor. La inspiración de la Biblia y la supervisión de su pureza y perfección son importantes para los alumnos.

La Biblia consta de 66 libros que contienen más de 30 000 versículos, divididos en 39 libros del Antiguo Testamento y 27 del Nuevo Testamento. En la Biblia hay diversos géneros literarios y estilos de escritura, como la ley, la historia, la poesía, la profecía, los evangelios, las epístolas y la literatura apocalíptica. En el curso de hermenéutica, los alumnos aprenderán más sobre el proceso de inspiración, sobre cómo estos libros llegaron a formar parte de la Biblia y cómo deberían interpretarse y aplicarse los diferentes tipos de literatura bíblica.

En las primeras páginas de cualquier Biblia, encontrarán un listado de todos los libros del Antiguo y del Nuevo Testamento. Muéstraselos a los alumnos en el listado alfabético y en el orden de los libros para que puedan encontrarlos rápidamente. Por supuesto, los comentarios y los libros de texto suelen referirse a los libros de la Biblia en la forma abreviada. Asegúrate de que tus alumnos comprendan las abreviaturas que se usarán en clase y que probablemente vean impresas. En las primeras etapas de tu programa de enseñanza, ayudarás a algunos de los líderes a familiarizarse con partes de la Biblia que antes no habían estudiado. Tómate el tiempo para mostrarles que cuando se hace referencia a un versículo de la Biblia, por ej. Romanos 3:23, se habla del libro de Romanos, capítulo 3 y versículo 23. Esta instrucción básica puede ser innecesaria en algunos niveles, pero con aquellos alumnos que son más nuevos en el uso de la Biblia, la instrucción paciente demanda ir despacio para asegurarse de que capten tales ideas básicas. Por ejemplo, en una clase que fui a observar, un estudiante le preguntó al maestro por qué escribía la hora del día en el pizarrón luego de los nombres masculinos; es decir, Juan 3:16, Marcos 1:15.

Al comienzo de tu programa de entrenamiento, no des por sentado ningún conocimiento previo. Recuerda que tus alumnos pueden ser creyentes sin educación, anteriores imanes con trasfondo musulmán, o líderes tribales que viven en la selva que no han tenido ninguna enseñanza bíblica previa. A algunos occidentales les cuesta entender cómo alguien puede llegar a conocer al Señor, crecer como creyente y llegar a la posición de pastor sin una competencia básica o un discipulado profundo, pero esa es la realidad en muchas iglesias en el mundo. Imagina que eres un misionero que ministra en evangelismo, discipulado, formación pastoral y plantación de iglesias en un país con poca presencia cristiana.

En lugar de ilustrarlo con algunos de los casos más difíciles, como por ejemplo los países de Asia central, piensa en un país como Bután, que representa bien a docenas de países en el mundo. Bután tienen solo 13 000 evangélicos en una población de más de 700 000 personas. Allí, hace varios años que el budismo reemplazó a una religión indígena, pero sigue saturado de influencias demoníacas ocultas. Bután estuvo cerrado prácticamente a todo testimonio cristiano hasta 1965.[10] De las 35 lenguas de la nación, solo está la Biblia en el idioma oficial; los otros idiomas no tienen ninguna Escritura. Todo avance del cristianismo sufre una seria persecución. En tales entornos, no puedes suponer que existe algún conocimiento previo del cristianismo que sea preciso y útil. Si encuentras una pizca, es un don de gracia, pero no puedes avanzar con un programa de formación pastoral que dé por sentado nada.

A medida que se desarrolle tu programa, te familiarizarás mucho con los niveles de comprensión en la lectura y la competencia bíblica de los estudiantes. Si supones que existe un conocimiento previo, tu enseñanza puede terminar beneficiando a un pequeño porcentaje de la clase. Muchas veces, a los estudiantes les cuesta encontrar los versículos que se mencionan en clase o seguir la instrucción, y desafortunadamente, los que quedan rezagados se autodiscriminan y no regresan a las siguientes clases; creen que el programa es demasiado avanzado para ellos. Lo trágico es que ya se encuentran pastoreando iglesias, pero sin tener formación. No querrás que crean que tu clase no es accesible para ellos.

Al enseñar la Biblia, asegúrate de relacionar la confianza que tenemos en ella al recalcar las siguientes verdades:

Suficiencia — Esta doctrina enseña que la Biblia contiene toda la información que necesitamos para la fe y la práctica del cristianismo. Al ser la revelación de Dios de sí mismo, es todo lo que Él decidió revelarnos en forma escrita para que lo conozcamos y lo demos a conocer. No se necesitan otros libros ni escritos sagrados. «Toda la Escritura es inspirada por Dios, y útil para enseñar, para redargüir, para corregir, para instruir

---

[10] Molly Wall y Operation World, *Pray for the World*, ed. abr. (Downers Grove, IL: InterVarsity Press, 2015), 124.

en justicia, a fin de que el hombre de Dios sea perfecto, enteramente preparado para toda buena obra» (2 Tim. 3:16-17).

Autoridad — Esta doctrina enseña que la Biblia, como Palabra de Dios, posee Su autoridad. La Biblia nos enseña que el pueblo de Dios en todas las edades debe oírla, aprender de ella y obedecerla. Jesús apeló a la autoridad del Antiguo Testamento en Su enseñanza. En la Biblia, se nos enseña repetidas veces que la Palabra de Dios es verdad (Jos. 1:8; Sal. 119:142, Juan 17:17).

Inerrabilidad — Esta doctrina enseña que la Biblia, escrita de mano de su propio autor, no contiene errores y está libre de toda falsedad. Aunque algunos de los que copiaron la Biblia en los años subsiguientes pueden haber introducido variaciones en los nombres o las cantidades, la Biblia no contiene errores en cuanto a todas las doctrinas que afirma.[11] Esta doctrina está estrechamente relacionada con la doctrina de la infalibilidad, que enfatiza que no se falta a la verdad y, por lo tanto, no hay error. Al ser la Palabra de Dios mismo, que no miente (Heb. 6:18), Él no falsea la Palabra que nos da ni puede cometer errores en lo que enseña (Sal. 18:30, Mat. 5:18).

Inspiración — Esta doctrina enseña que el Espíritu Santo instiló la Biblia en los corazones y las mentes de aquellos que la escribieron (2 Tim. 3:16). Esto no enseña que la Biblia fue dictada a los hombres ni que ellos fueron instrumentos mecánicos como si hubieran entrado en trance y Dios los hubiera usado como un lápiz para escribir Su Palabra; esta doctrina tampoco habla de la inspiración como la «musa» de un poeta. Más bien, el término bíblico en el original se traduce mejor como el soplo de Dios y se refiere a un proceso que no podemos explicar cabalmente, pero que aceptamos por fe para comprender que Dios mismo está detrás de las verdades que encontramos en Su Palabra, y que Él la ha preservado para nuestra fe y práctica, para que nos relacionemos con Él y lo adoremos.

Traducciones — Existen muchas traducciones del Antiguo y del Nuevo Testamento. En tanto que algunas copias de la Biblia, como la Septuaginta

---

[11] Este programa de capacitación pastoral se apoya en las verdades del *Chicago Statement on Biblical Inerrancy*, consultado el 29 de febrero de 2016. http://www.bible-researcher.com/chicago1.html.

(Antiguo Testamento), la Vulgata latina o traducciones más recientes al inglés como la versión King James fueron patrocinadas por las autoridades, otras les costaron la vida a los traductores. Aunque la historia de las traducciones, la distribución y la impresión de la Biblia a través de los siglos es fascinante, y se tratará brevemente en los cursos de historia, hermenéutica y misiones, existe otro aspecto importante de las traducciones. En algunos idiomas, existen muchas traducciones o versiones de la Biblia. Algunas de ellas siguen un estilo literal que procura acercarse lo más posible al original; otras son una equivalencia dinámica que intenta comunicar las ideas que se encuentran en el original a la vez que son de fácil lectura; y existen otras que son más una paráfrasis de lo que dice la Biblia.

¿Cuál traducción deberíamos usar? El objetivo a lo largo de este programa de formación pastoral es hacer que el contenido sea comprensible, fácil de recordar y de reproducir. Esto también debe tenerse en mente al elegir la traducción de la Biblia. Yo prefiero una versión equivalente y dinámica que sea respetada y aceptada por los creyentes evangélicos en las iglesias. Si tu traducción es la más literal, y tal vez la más cercana a la traducción de la Biblia en tu propio idioma, quizás estés un poco más cerca de las palabras precisas de los idiomas originales, pero no puedas comunicarte con tus oyentes. Si decides usar la versión con lenguaje más moderno y entonces optas por una paráfrasis, puedes diluir la fuerza de algunas de las verdades que necesitarás enseñar. A algunos de mis alumnos que prefieren versiones como la Nueva Versión Internacional, los invitan a predicar en una iglesia donde solo se usa la versión Reina Valera 1960 y me preguntan qué deberían hacer. Siempre les aconsejo que usen la versión que la congregación acepta. Si eres pastor y tienes tiempo para enseñarles las diferencias y por qué prefieres la traducción de otra versión, esto te llevará algún tiempo, pero es posible y tal vez sea muy valioso. Pero el predicador o maestro de la Biblia invitado que usa una traducción «sospechosa» no comunicará tan bien debido a las dudas que planteará. Cuando exista una traducción de la Biblia confiable, aceptada, popular y fácil de conseguir, basa tu instrucción en ella.

Panorama del Antiguo Testamento

Una clara comprensión del Antiguo Testamento es esencial para entender bien el Nuevo Testamento y viceversa. El Antiguo Testamento explica el origen del universo y todo lo que hay en él, de dónde vino el pecado y por qué vino Jesús. Como hay tanto en el Nuevo Testamento que depende de las respuestas a estas y otras preguntas, los traductores contemporáneos de la Biblia comienzan por Génesis en lugar del Evangelio de Lucas o de Juan, o algún otro libro del Nuevo Testamento que presente más rápidamente a Jesús y Su obra en la cruz. Por cierto, cuando hablamos de «narrativa»[12] bíblica para evangelizar o discipular, es importante comenzar con la creación y explicar la caída en el pecado, el juicio posterior de Dios y la lucha del ser humano con el pecado antes de presentar la provisión divina para nuestro pecado. De otro modo, los oyentes que no poseen este trasfondo interpretarán las lecciones y los sermones dentro de su cosmovisión tradicional y llegarán a conclusiones erradas.

Este programa de formación pastoral se basa por completo en la Palabra de Dios y, por lo tanto, la Biblia se presenta en el mismo orden en que lo dio el Dios de la Biblia, desde la creación hasta Apocalipsis. Al decir que comenzamos y nos afirmamos sobre el fundamento de la Biblia, no pretendemos tener una comprensión exhaustiva de todo su contenido. Pero recuerda que sin ella, conoceríamos muy poco sobre Dios además de que existe y que ha hecho todo cuanto hay (Sal. 19:1-4; Rom. 1:18-20). Al estudiar Su Palabra revelada, llegamos a conocer lo que Él nos ha dicho sobre sí mismo, cómo podemos adorarlo correctamente y cómo vivir de un modo que le agrade.

Los eruditos han estudiado la Biblia durante siglos y nunca han agotado sus riquezas. Los seminarios teológicos ofrecen cursos avanzados en estudios del Antiguo Testamento que requieren una inversión de cientos de horas en el salón de clases y miles más de investigación. Se han escrito

---

[12] Para más información sobre narrativa bíblica como método de evangelismo y discipulado, recomiendo el libro *Tell the Story* publicado por el *International Mission Board* o el *Ee-Taow* video disponible en DVD y también en línea, consultado el 29 de febrero de 2016. http://www.biblicalstorying.com.

incontables libros en muchos idiomas a lo largo de los años para describir, analizar, criticar y explicar el Antiguo Testamento. Se han escrito comentarios tanto de las perspectivas académicas críticas como de las explicaciones devocionales para creyentes individuales.

En este programa de formación pastoral, solo intentaremos acercarnos a una introducción del Antiguo Testamento. Tus alumnos deben conocer las divisiones del Antiguo Testamento, los autores de cada libro, cuándo se escribieron y, en algunos casos, las distintas maneras en que se han interpretado ciertos pasajes. En un tratamiento tan breve del Antiguo Testamento es imposible enseñar la profundidad y la amplitud de las riquezas de este tesoro que Dios nos ha dado. Sin embargo, puedes ayudar a tus alumnos a apreciar su valor y belleza dándoles un conocimiento básico de las Escrituras hebreas.

Temas bíblicos

Además de introducir los aspectos básicos del Antiguo Testamento, este programa delinea cinco temas que se presentan en toda la Biblia. De este modo, el alumno verá la continuidad, la consistencia y el entretejido de las verdades de Dios de principio a fin. Por supuesto, los cinco temas no son los únicos que aparecen a lo largo de la Biblia, pero ilustran el orden de Dios, el plan eterno y el deseo de que los perdidos se salven. Los cinco temas que destacaremos mientras recorremos la Biblia son la soberanía de Dios, la ley de Dios, la gracia de Dios, Cristo y la responsabilidad del hombre.

La soberanía — La Biblia enseña que Dios tiene el control de todo aspecto del universo, hace lo que le place y no está limitado por ninguna fuerza externa. Su gobierno absoluto de todo cuanto existe se ve a lo largo de la Biblia, desde la creación del universo hasta la última página de Apocalipsis.

La ley — Dios es un Dios de orden, no de desorden, y no ha dejado a los hombres y las mujeres en un caos, sin comprender Su diseño y deseo de cómo debemos vivir. Él les dio a nuestros primeros padres el mandamiento de ser mayordomos de la creación (Gén. 1:28). Junto a esta bendición, solo se les prohibió una cosa: no debían comer del árbol del conocimiento del bien y del mal (2:17). Adán y Eva desobedecieron Su ley para vivir en el jardín. Sus descendientes no se comportaron mucho mejor. La ley inicial de Dios que prohibía comer del fruto especificado se expandió a «multiplicaos; llenad la tierra, y sojuzgadla» (Gén. 1:28). Luego de que Dios sacara a Su pueblo de Egipto, donde estaba esclavizado por el faraón, Moisés recibió la ley divina y la registró en el Pentateuco, los primeros cinco libros de la Biblia. Cada libro contiene alguna referencia a la ley de Dios y las instancias en que se desobedeció esta ley son igualmente frecuentes.

La gracia — Uso la palabra 'gracia' para referirme a las múltiples expresiones de la *kjésed* de Dios, de Su amor compasivo, Su bondad amorosa, Su misericordia y bondad para con el hombre, aunque estos términos no necesariamente son sinónimos. La sucesión de la justicia, la misericordia y la gracia demuestra que lo que muchos ven como sinónimos no lo son. La justicia se da cuando una persona recibe lo que merece, ya sea el bien de las recompensas o el dolor del castigo. La misericordia se manifiesta cuando una persona no recibe el mal que merece, como el castigo adecuado a su culpa y que la mano de la justa retribución retiene e impide que caiga sobre el culpable. La gracia se presenta cuando una persona recibe algo bueno que no merece. No es solo que la justicia no recae sobre el culpable debido a la intervención de la misericordia, sino que la gracia otorga bendiciones en lugar de castigo. Superior a todo esto y más misteriosa es la *kjésed*: la bondad amorosa o el amor compasivo de Dios. Como es comprensible, a los traductores de la Biblia les ha costado traducir este término hebreo *kjésed*, y sus esfuerzos se ven en las diversas maneras en que se presenta en las distintas versiones de la Biblia. El mejor intento para comunicar esta idea es: «Cuando la persona de la cual no tengo derecho a esperar nada, me da todo».[13] Esta idea describe el rango de la misericordia y de la gracia, y se encuentra en toda la Biblia.

Cristo — La segunda persona de la Trinidad es coeterna con el Padre y el Espíritu. Nuestro Redentor recibe muchos nombres a lo largo de

[13] Michael Card, *Luke: The Gospel of Amazement* (Downers Grove, IL: IVP, 2011), 29.

la Biblia: el Cristo, la cabeza de la Iglesia, Hijo de David, Hijo de Dios, Hijo del hombre, Señor, la imagen misma de Dios, el Alfa y la Omega, la Palabra de Dios, el postrer Adán, lucero de la mañana, el sol de justicia, el que vive, el amén, la luz verdadera, el justo, el león de Judá, rey de los judíos, la puerta, el pan de vida, el buen pastor, la resurrección y la vida, el camino, la verdad y la vida, la vid verdadera, la raíz y el descendiente de David, la simiente de Abraham, el testigo fiel, Emanuel, la piedra angular, la roca, el esposo, el primogénito entre muchos hermanos, las primicias, el primogénito de entre los muertos, heredero de todas las cosas, cabeza de la iglesia, el jefe de los pastores, Príncipe, rabí, varón de dolores, el cordero de la Pascua, poderoso Salvador, consolación de Israel, libertador, autor y perfeccionador de la salvación, mediador, gran sumo sacerdote, abogado, todopoderoso, Amén, bienaventurado y solo Soberano, autor de la salvación, la aurora, el deseado de las naciones, precursor, Dios, el santo, Yo soy, Rey de reyes, Señor de señores, cordero de Dios, luz del mundo, Mesías, Autor de la vida, Salvador, Sol de justicia, Palabra de Dios y el nombre que es sobre todo nombre, Jesús. Numerosos pasajes del Antiguo Testamento predicen, profetizan y describen a Jesús y Su obra, y los comentaristas explican que incluso a veces se lo ve en una forma preencarnada. La demostración de esta verdad fortalecerá la comprensión de los alumnos de porciones que de otro modo serían enigmáticas, profundizará su comprensión de Jesucristo y les permitirá predicar y enseñar la plenitud de nuestro Salvador, y a su vez, desentrañar los ricos tesoros de Cristo.

La responsabilidad — Este término se refiere a la responsabilidad que tienen los seres humanos de amar a Dios y confiar en Él, de obedecer Su ley, de amarse los unos a los otros, de ser llenos del Espíritu, de ser conformados, transformados mediante la renovación de sus mentes, de evangelizar y hacer discípulos de todo grupo humano en el mundo. A lo largo del libro se añadirán a esta lista muchos otros aspectos de la responsabilidad del ser humano, pero la enseñanza más importante es enfatizarles a los alumnos que aunque Dios es absolutamente soberano y omnipotente, omnisciente, omnipresente y hace todas las cosas según el designio de Su voluntad (Ef. 1:11), los seres humanos siguen siendo responsables de las decisiones que toman.

Instrucción en teología e historia de manera natural sobre la marcha

Hay muchos temas que recorren la Biblia. Aparecen de tanto en tanto en nuestra lectura bíblica como los rostros familiares de viejos amigos. Se podría añadir fácilmente otros temas a estos cinco. Simplemente son representativos de los tópicos que atraviesan como hebras de oro el texto desde Génesis hasta Apocalipsis, porque hay un único Autor de la Palabra de Dios. No importa cuántos autores humanos fueron inspirados para escribir; en la Palabra de Dios se ve un tema constante: Su gloria y nuestro bien. En el módulo 3, verás que muchos prefieren enseñar la doctrina cristiana mediante la teología bíblica en lugar de la teología sistemática. Lee la presentación en las páginas 187-188 del módulo 3 respecto a las diferencias y a la preferencia de algunos maestros en cuanto a este enfoque, antes de comenzar a enseñar las reseñas del Antiguo y del Nuevo Testamento. Además de los cinco temas que examinaremos, señala verdades teológicas que aparecen a medida que la Biblia avanza. De este modo, puedes enseñar teología bíblica e historia de la Biblia mientras enseñas las reseñas del Antiguo y el Nuevo Testamento. Este enfoque facilitará además una mejor contextualización de la verdad bíblica y de la comprensión del Evangelio.[14]

Los géneros del Antiguo Testamento también guían al alumno en la interpretación, como se marcará en el módulo sobre hermenéutica. Es útil reconocer a cada uno y tener conciencia de los principios rectores al leer, estudiar, interpretar y aplicar diferentes libros de la Biblia. Esto será nuevo para muchos alumnos, pero será extremadamente útil para desentrañar porciones de la Biblia que antes se malinterpretaban. Por lo tanto, es sabio señalarles el género de cada libro a los alumnos cuando se lo presenta y ayudarles a ver por qué cuando lo conocemos abordamos el libro de otra manera. Un excelente enfoque para mostrar los temas, los géneros y la

---

[14] Para más información sobre el uso de la teología bíblica, véase *One Gospel for All Nations: A Practical Approach to Biblical Contextualization* por Jackson Wu (Pasadena, CA: William Carey Library, 2015).

línea de la historia en general de la Biblia es conocer la sección sobre la que estás enseñando lo suficientemente bien como para comenzar el tiempo de enseñanza abriendo la porción de la Biblia correspondiente y mientras pasas las páginas, guiar a los alumnos mientras señalas notas de interés y aspectos sobresalientes sobre la marcha. En esta breve reseña, nos concentraremos solo en los géneros de la ley, el histórico, el poético y el profético.

Los pactos

Un pacto es un contrato, acuerdo o promesa vinculante entre dos partes. Dios decidió revelar Su persona y Sus promesas al pueblo de Israel a través de pactos. La Biblia es un pacto; es más, nuestra palabra *testamento* proviene del término en latín para la palabra «pacto». Entre Dios Padre y Dios Hijo había un pacto eterno (Heb. 13:20), mediante el cual el Hijo sufriría y salvaría a todos los que creyeran en Él. Esto resultó en un pacto de gracia entre Dios y Su pueblo. La Palabra de Dios revela Su pacto para con nosotros y en él encontramos Sus promesas; como Dios no puede mentir, no cabe duda de que se cumplirán Sus pactos. Los teólogos y eruditos bíblicos difieren en la cantidad de pactos, pero es importante entender su concepto y reconocerlos en la Escritura para descubrir cómo Dios interactúa con nosotros, cómo nos salva y lo que espera de nuestra parte.

Pacto adámico (Gén. 2:16-17; 3:14-19). Este era un pacto por obras que dependía de la perfección sin pecado, lo cual habría sido posible para Adán en su condición anterior a la caída. El acuerdo era «perfección de por vida»; el pecado traería muerte. Este pacto nos enseña sobre la condenación de Dios hacia el pecado del hombre, que trajo como consecuencia la muerte y la maldición divina sobre la naturaleza y ciertos aspectos de la vida y el trabajo. No obstante, Dios prometió proveer una salida para el pecado.

Pacto con Noé (Gén. 8:20–9:6). Dios prometió no volver a destruir la tierra con un diluvio y enviar un Redentor que vendría del linaje de Sem.

Pacto abrahámico (Gén. 12:1-3, 6-7; 13:14-17; 15; 17:1-14; 22:15-18). Dios prometió que el nombre de Abraham sería grande, que le daría muchos descendientes, lo transformaría en el padre de muchas naciones y que toda la tierra sería bendita a través de él, lo cual se cumplió cuando vino Cristo. Abraham recibió la circuncisión como señal del pacto.

Pacto mosaico (Deut. 11). Este pacto prometió la bendición de Dios por la obediencia y la maldición por la desobediencia. Israel se estableció como una teocracia santa y recibió la condición de la santidad para recibir la bendición de Dios. Israel aceptó el pacto y el derramamiento de sangre lo ratificó (Ex. 24:4-8).

Pacto davídico (2 Sam. 7:4-17; Sal. 89:3-4). Este pacto continuó y amplió la idea de la «simiente» de Abraham; prometió además que el linaje y el trono de David durarían para siempre. Ambas cosas se cumplieron con la llegada del Mesías, el Hijo de David (Luc. 1:32-33).

El nuevo pacto (Jer. 31:31-33; Mat. 26:28; Mar. 14:24; Luc. 22:20; Heb. 8:8-12; Gál. 3:13-20). Dios hizo este pacto primero con Israel y luego con el resto de Su pueblo. Prometió perdonar los pecados, escribir Su ley en el corazón de los hombres y que todo el mundo llegaría a saber de Él. Jesús vino a cumplir el nuevo pacto.

La siguiente definición sirve para explicar la palabra *pacto* y las razones por las cuales esta idea es importante para tus alumnos:

> *Pacto* se refiere a lo que hizo Dios al establecer voluntariamente una relación de obligación mutua con la humanidad. A través del pacto, Dios derrama Su bendición sobre los seres humanos de manera condicional e incondicional. Dios bendice a los seres humanos en forma condicional si ellos obedecen los términos del pacto. En forma incondicional, el Señor derrama bendiciones sobre los humanos, independientemente de su obediencia o desobediencia a los términos del pacto. Dios hizo pactos con Noé, Abraham, Moisés y David. Pero, sobre todas las cosas, cumplió estos pactos e inauguró el nuevo pacto con Cristo, el cual es para todos los que confíen en Él (Heb. 9:15, 27-28). La teología de los pactos es el sistema teológico que se concentra en Dios como un Dios de pactos y ve en la historia de la creación dos grandes pactos: el

de las obras y el de la gracia. Esta teología afirma que antes de la caída, Dios hizo un pacto por obras con Adán, como representante de toda la humanidad. En respuesta a su desobediencia, Él estableció un nuevo pacto a través del segundo Adán, Jesucristo. Todos aquellos que ponen su fe en Cristo comienzan a beneficiarse de este nuevo pacto de gracia.[15]

El Pentateuco o la Torá

A los primeros cinco libros de la Biblia se los suele llamar la Torá, del término hebreo que significa instrucción o ley, ya que contienen las leyes ceremoniales, civiles y morales para gobernar y guiar al pueblo de Israel. Otro nombre para esta sección es Pentateuco, del griego, que significa que es un libro con cinco volúmenes. Recuerda enseñarles a los alumnos el autor de cada libro de la Biblia (si es conocido) al hacer la introducción, cuándo se escribió y otros datos pertinentes de su trasfondo. A los alumnos también les sirve de ayuda si indicas en un atlas bíblico o en los mapas que se encuentran en los apéndices de sus Biblias dónde tuvieron lugar los sucesos del libro.

Moisés fue el autor del Pentateuco y lo escribió bajo la inspiración del Espíritu Santo alrededor de 1400 años antes de que Cristo naciera. Los hijos de Israel fueron los primeros receptores, en un comienzo, luego del éxodo de Egipto y nuevamente mientras se preparaban para entrar a la tierra prometida. Estos cinco libros cubren el período de la historia desde la creación del mundo hasta la llegada del pueblo de Dios al río Jordán alrededor del año 1400 a.C. Al llegar a su fin, los hijos de Israel se encuentran sobre la ribera del río Jordán desbordado en época de crecida, a punto de embarcarse en la conquista de la tierra prometida y en medio de los crecientes sufrimientos para convertirse en la nación geopolítica del pueblo de Dios.

---

[15] Stanley Grenz, David Guretzki y Cherith Fee Nordling, s.v. «covenant», *Pocket Dictionary of Theological Terms* (Downers Grove, IL: InterVarsity Press, 1999).

Para analizar cada libro de la Biblia como su contenido lo merece se necesitaría una serie de libros y un breve resumen de puntos representativos de enseñanza trazados y resaltados sobre los temas escogidos, y esto podría llenar volúmenes de exposición. Algunas de estas verdades pueden enfatizarse más que otras, y otras que no he mencionado podrían enfatizarse cuando fuera apropiado. Las realidades culturales deberían influenciar los matices y contornos de la enseñanza y de su aplicación. Toda la Palabra de Dios es para todo el pueblo de Dios en todos los lugares y todos los tiempos; no obstante, la cosmovisión, el lenguaje y la cultura de cada contexto deberían influenciar los aspectos escogidos para los puntos de enseñanza, como también su aplicación.

Lamentablemente, no hay manera de tratar los argumentos y teorías relativos a la autoría de cada libro, a su fecha de escritura y a la audiencia original en este único módulo, en un panorama del Antiguo Testamento. Un estudio así requeriría toda una serie de libros para este único componente del entrenamiento. Además, aunque se proporcionara tal profundidad de información, te frustrarías en los esfuerzos por enseñarlo todo. El diseño de este programa de formación pastoral supone alrededor de 25 horas para enseñar la sección de la reseña del Antiguo Testamento. Dividimos la reseña del Antiguo Testamento en cinco horas para cada una de las secciones: el Pentateuco, los libros históricos, los escritos, los profetas mayores y los profetas menores. Ten en cuenta que si la enseñanza debe traducirse simultáneamente, tu tiempo para enseñar se acorta a la mitad, ya que la otra mitad la necesita el traductor. Recuerda también que este curso es simplemente una reseña introductoria para proporcionar un discipulado profundo y una educación pastoral básica, no una exégesis del hebreo ni el desarrollo de teorías controversiales tales como la múltiple autoría de Isaías.

Por lo tanto, la reseña de este módulo simplemente enumerará los componentes principales que deberían tratarse. Además de estas viñetas, el maestro debería referirse a una Biblia de estudio de calidad, un manual o diccionario bíblico para tales detalles o para el trasfondo que necesite para su propia preparación. El maestro también proporcionará en cada hora de enseñanza comentarios sobre pasajes específicos, temas o enseñanzas adicionales e ilustraciones para las lecciones extraídos de Biblias de estudio y de otras ayudas de estudio disponibles en la medida en que sean necesarias. Este libro te guiará en los núcleos de contenido que necesitas para enseñar sobre la marcha. Al enseñarles la Biblia a tus estudiantes, señala los sucesos claves que se relacionarán y proporciona un orden cronológico para las historias. Por ejemplo, te conviene presentar los pactos en el orden en que aparecen (el edénico, el que hizo con Noé, con Abraham, con David, etc.) mientras les explicas a los alumnos la naturaleza de un pacto y lo que aprendemos sobre Dios y Sus tratos con el hombre a través de ellos.

Tal vez resulte desafiante presentar los sucesos principales de cada libro, pero es mucho más fácil que un tratamiento capítulo por capítulo, ya que todo el Pentateuco debe cubrirse en cinco horas de enseñanza. Los sucesos que se incluirán deben adaptarse según el contexto cultural de la clase. Por ejemplo, el poderoso encuentro de Elías con los profetas de Baal en el monte Carmelo debería incluirse categóricamente en lugares donde se practica el animismo o donde el sincretismo trae como resultado la mezcla del cristianismo con otras religiones. Los cinco temas que seguimos a lo largo de la Biblia pueden expandirse en la medida que sea necesario. Por cierto, la única oración o las dos que se mencionan bajo cada título simplemente son representativas de muchas que se podrían añadir a cada tema en cada libro. Además, también se podrían rastrear muchos otros temas a lo largo de la Biblia, como hombres y mujeres fieles, o la fidelidad de Dios. El maestro y el programa de formación más efectivos contextualizarán para incorporar aspectos culturales y adaptarán el contenido y el método de enseñanza a situaciones específicas.

Génesis

Autor: Moisés.

Fecha: Alrededor de 1400 a.C.

Destinatarios: Israel.

Sucesos: Los principales sucesos de Génesis son la creación del universo, la caída en el pecado, el diluvio, los cimientos de la historia mundial y el comienzo de la nación hebrea.[16]

Temas:

La soberanía — La soberanía de Dios se ve de inmediato en las primeras páginas de la Biblia a través de la creación de todo cuanto existe.

La ley — Al comienzo, antes de la caída, las leyes eran pocas y simples; cada pecado era una ofensa capital y merecía la pena de muerte.

La gracia — La gracia de Dios se ve en la restauración de Adán y Eva, en que Él vino a ellos y les predicó las buenas noticias cuando se escondían detrás de patéticas cubiertas que ellos mismos habían diseñado.

Cristo — Cristo es el descendiente anunciado por el primer evangelista en Génesis 3. Él vendría en el cumplimiento de los tiempos y pagaría por los pecados no solo de Adán y Eva, sino por los de todo el mundo; llevaría sobre sí los pecados de los que creyeran y a cambio les daría Su perfecta santidad que se requiere para entrar en la presencia de Dios. Se dice que Adán es un tipo[17] de Cristo, que se cumple en Jesucristo, como enseña Pablo en Romanos 5:14. Cristo es también el agente de la creación (Col. 1:16, 17). También está presente en las apariciones preencarnadas en los pasajes que hablan del ángel de Jehová, en el uso que hace Dios de pronombres en primera persona del plural para referirse a sí mismo y en los tipos de Cristo que se ven en imágenes como el arca de Noé (1 Ped. 3:20-21), la sangre de Abel y numerosos aspectos de las vidas de Adán, Isaac, José y Melquisedec.

La responsabilidad — Aunque Dios es soberano y gobierna sobre cada molécula de Su universo, los seres humanos son responsables.

---

[16] Los resúmenes de una oración de los sucesos en cada libro del Antiguo Testamento fueron tomados en gran parte de *Halley's Bible Handbook* (Grand Rapids, MI: Zondervan, 1993).

[17] La tipología es una manera de interpretar el Antiguo Testamento mediante el reconocimiento de similitudes o paralelos entre las personas o los sucesos. La instancia en el Antiguo Testamento se llama el tipo y el cumplimiento en el Nuevo Testamento o el correspondiente «eco» es el antitipo. Entonces, Adán, Moisés, José, etc., son todos ejemplos de un tipo y Cristo es el antitipo en el Nuevo Testamento. Esto ayuda al estudiante a comprender mejor la continuidad y armonía de toda la Biblia y la manera en que Cristo cumple lo que fue dicho y prefigurado.

Éxodo

Autor: Moisés.

Fecha: Alrededor de 1400 a.C.

Destinatarios: La nación de Israel.

Sucesos: El éxodo de Israel, al salir de la esclavitud del faraón en Egipto en cumplimiento de las promesas de Dios hechas a Abraham y a los patriarcas.

Temas:

La soberanía — Dios llama a un pastor de 80 años, buscado por asesinato en Egipto, para que regrese allí y libere a Su pueblo que era la mano de obra esclavizada. Entonces, Dios obra su liberación a través de una serie de milagros que avergonzaron a las deidades egipcias y exhibían poderosamente el poder y la autoridad de Dios.

La ley — Además de las leyes rectoras en lo civil y religioso, Dios da leyes morales como los Diez Mandamientos escritos con Su propia mano.

La gracia — Mientras Moisés está en el monte recibiendo instrucciones de Dios para el pueblo, ellos se vuelven a la idolatría y adoran un becerro de oro. Sin embargo, Dios no solo los libra de Su ira, sino que también les da Sus mandamientos por segunda vez.

Cristo — Moisés sirve como un tipo de Cristo que libera al pueblo de la esclavitud a través de señales milagrosas hechas por el poder de Dios; les enseña a adorarlo y a tratar a los demás, los pastorea y les trae provisión milagrosamente. El antitipo que cumple lo que esto anuncia es Cristo, que nos libró de la esclavitud de Satanás a través de muchos milagros.

La responsabilidad — La Biblia dice que Faraón endureció su corazón de dos maneras diferentes: la mitad de las veces dice que él endureció su propio corazón y la otra mitad dice que Dios lo endureció. El libro de Hebreos nos recuerda repetidas veces que cuando oímos Su voz, debemos tener cuidado de no endurecer nuestros corazones.

Levítico

Autor: Moisés.

Fecha: Alrededor de 1400 a.C.

Destinatarios: La nación de Israel.

Sucesos: Las leyes, las tareas sacerdotales y las reglas relativas al servicio en el tabernáculo en la nación hebrea. El énfasis principal en este libro es la santidad: la de Dios y la de Su pueblo (19:2; 22:16).

Temas:

La soberanía — El Señor se revela como un ser santo y soberano, que requiere que Su pueblo también lo sea. Revela bendiciones para los que buscan la santidad y castigos para la desobediencia.

La ley — Levítico es prácticamente sinónimo del tema de la ley, ya que gran parte de su contenido es la esencia de la ley de Dios. En este libro hay leyes, normas y regulaciones relativas al sacerdocio, a los sacrificios, las ofrendas, la consagración de los sacerdotes, la designación de los animales puros e impuros, la lepra, la limpieza de las viviendas, la dieta, el trato hacia los demás, las fiestas, las leyes de propiedad y el cumplimiento de los votos.

La gracia — La gracia de Dios brilla con fulgor en todos los sacrificios prescriptos que permitían que Su pueblo regresara a Él, pero el mayor brillo se da en el día de la expiación (cap. 16) cuando el sacerdote entraba en el lugar santísimo y hacía expiación por los pecados del pueblo.

Cristo — A Cristo se lo ve en todos los tipos de sacrificios y se presenta un cuadro de Su muerte expiatoria por los creyentes. Hebreos nos enseña que sin el derramamiento de sangre no hay perdón de los pecados (9:22), pero también que la sangre de todos los sacrificios de animales no puede expiar el pecado (10:4). Son una imagen del sacrificio perfecto: el Cordero de Dios que habría de venir.

La responsabilidad — El Señor dio leyes y regulaciones detalladas para guiar y ordenar a Su pueblo. Describió maneras en que los hombres y las mujeres pueden acercarse a Él para recibir perdón, para ser restaurados y encontrar liberación. Los hombres y las mujeres son responsables de oír y actuar, de creer y obedecer.

Números

Autor: Moisés.

Fecha: Alrededor de 1400 a.C.

Destinatarios: La nación de Israel.

Sucesos: El viaje a la tierra prometida.

Temas:

La soberanía — El poder soberano de Dios se muestra al liberar a la nación de Israel y sacarla de Egipto, al disciplinarlos por su murmuración y castigarlos por su cobardía al no querer entrar en la tierra como Él había mandado.

La ley — Dios continúa dando leyes para el servicio sacerdotal en el tabernáculo y regulaciones civiles. Su Palabra como ley se ve en el temor de Balaam de contradecir lo que Dios le había dicho.

La gracia — La misericordia y la gracia de Dios se ven cuando perdona al pueblo de Israel en sus incontables transgresiones y cuando se rehúsan a confiar y obedecer. También se ve en Su mandamiento de que se establezcan ciudades de refugio donde los parientes que buscaban vengarse por muertes accidentales no pudieran echar mano de los «fugitivos».

Cristo — El libro presenta un poderoso tipo de Cristo en la serpiente de bronce que Moisés colocó sobre la vara, de modo que todo el que hubiera sido mordido por una de las serpientes que Dios había enviado debido a la murmuración contra Él pudiera mirarla y ser sanado. Aunque ellos eran responsables de esta prueba debido a su pecado, Dios proveyó una vía de escape: lo mismo que hace por nosotros.

La responsabilidad — Dios proveyó leyes para vivir correctamente, una tierra rica para que habitaran y un líder para que siguieran, pero ellos tenían que decidir seguirlo. Dios ha provisto ricamente para todo lo que necesitamos para la vida y la piedad, pero debemos obedecerlo para recibir estas bendiciones.

Deuteronomio

Autor: Moisés.

Fecha: Alrededor de 1400 a.C.

Destinatarios: La generación de israelitas posterior al éxodo, cuyos padres habían muerto en el desierto por no creer en la promesa de Dios.

Sucesos: La reiteración de la ley para Israel.

Temas:

La soberanía — Dios determina los días de vida de Moisés y su muerte, y designa un líder para que lo suceda.

La ley — Este libro es la segunda entrega de la ley de Dios, ya que aquellos que la habían oído y a quienes se les había enseñado la ley habían muerto en el desierto como castigo por no confiar en Dios y rehusarse a hacer Su voluntad. La generación que recibe esta segunda iteración de la ley son sus hijos, que habrían sido muy pequeños como para recibir la primera.

La gracia — La nación de Israel no tenía derecho a exigir la liberación de Egipto, ni la protección de Dios y Su provisión en el desierto, ni las palabras mismas de Dios para que los guiaran, y esto quedó demostrado vez tras vez. Sin embargo, aunque Dios los castigó, mantuvo Su mano sobre Sus hijos, les dio Su ley y les proveyó un nuevo líder.

Cristo — En la Pascua, Israel recuerda al ángel de la muerte que pasó por alto sus hogares debido a la sangre del cordero sacrificado. Este es un tipo poderoso de la liberación que es nuestra a través de la sangre del Cordero.

La responsabilidad — La responsabilidad del pueblo de Dios de obedecer y seguirlo no puede pasarse por alto. La generación que recibió este libro había llorado sobre las tumbas de sus padres en el desierto y acababan de perder al único líder que habían conocido, porque él también había desobedecido a Dios. El Señor provee y protege, pero nos manda que confiemos y obedezcamos.

Los libros históricos

Los doce libros de Josué, Jueces, Rut, 1 y 2 Samuel, 1 y 2 Reyes, 1 y 2 Crónicas, Esdras, Nehemías y Ester cubren el período desde el comienzo de la conquista de la tierra prometida, el paso por el exilio y el regreso. Al ser libros históricos, deberían leerse como una narración.

Josué

Autor: Josué.

Fecha: 1406-1380 a.C.

Destinatarios: Israel.

Sucesos: La conquista de Canaán.

Temas:

La soberanía — Dios detuvo las aguas del río Jordán en época de crecida para permitir que Su pueblo cruzara, con reminiscencias de la división del mar Rojo, hizo caer los impenetrables muros de la ciudad de Jericó, hizo que el sol se detuviera durante una batalla y endureció el corazón de los cananeos de modo que vinieran contra Israel en batalla y fueran destruidos sin misericordia.

La ley — La ley de Dios decía que todo lo que había en Hai debía ser destruido, pero Acán codició algo más que la paz con Dios que viene a través de la obediencia. Como consecuencia, Acán y su familia experimentaron el juicio de Dios.

La gracia — El Señor salvó a la prostituta Rahab y a su familia, porque escondió a los espías, no solo del ejército invasor de Israel cuando entraron, sino también de los muros de Jericó cuando cayeron Aunque era gentil, se la homenajea en la nómina de los fieles (Heb. 11:31) y se la menciona en la genealogía de Jesús (Mat. 1:5).

Cristo — A Josué se lo suele mencionar como tipo de Cristo. Sus nombres tienen el mismo significado —uno en hebreo y el otro en griego— además de que Josué guio a los hijos de Israel en el cruce del Jordán hacia la tierra prometida, mientras que muchos consideran que la muerte es nuestro río Jordán y Cristo nos ha preparado el camino para cruzarlo El comandante del ejército del Señor bien puede ser una aparición preencarnada de Cristo (Jos. 5:13-15).

La responsabilidad — La responsabilidad implica acción, confianza y riesgo. Las bendiciones que provienen de la mano de Dios requerían que Israel fuera fiel y actuara como Él había mandado. No existe camino seguro ni sana razón para rechazar los mandamientos de Dios o huir de ellos.

Jueces

Autor: Anónimo en sí mismo y en la tradición, aunque algunos lo atribuyen a Samuel.

Fecha: 1380-1050 a.C.

Destinatarios: Israel.

Sucesos: Los primeros 300 años en la tierra prometida durante el período oscuro y negativo de los jueces, cuando cada uno hacía lo que bien le parecía.

Temas:

La soberanía — Aunque Dios le había ordenado a Israel que destruyera a los cananeos, en Su soberanía permitió que algunos quedaran para probar a Israel, para darles a los israelitas una razón para aprender a combatir y para saber si Israel obedecería los mandamientos del Señor.

La ley — Mientras que muchos tomaban los mandamientos de Dios tan a la ligera como para dejarlos de lado cuando les convenía o cuando tenía un costo obedecerlos, Jefté cumplió un voto que había hecho a la ligera, aun cuando descubrió que le costaría la vida de su amada hija a quien tendría que matar con sus manos. Este no es un modelo a imitar, sino un ejemplo de una clase de obediencia rígida que Israel había perdido.

La gracia — La gracia de Dios se muestra en ciclos que se repiten en el libro de Jueces. El pueblo de Dios se aparta de Él y se rebela contra Sus leyes. Entonces, Dios permite que sean conquistados y gobernados por sus enemigos. Esto los insta a clamar por liberación. Dios oye su clamor y les envía un libertador para rescatarlos. Su gracia es inmerecida y claramente poco valorada, por más que clamaran pidiéndola cuando sufrían. La repetición de este ciclo refleja la gracia de Dios.

Cristo — Algunos comentaristas creen que los pasajes que hacen referencia al ángel de Jehová en Jueces son ejemplos del Cristo preencarnado en teofanías, es decir, apariciones de Dios al hombre de una manera en que este pudiera verlo y seguir con vida.

La responsabilidad — En la liberación que Dios trajo a través del remanente del ejército de Gedeón, vemos que el grito de guerra era: «¡Por la espada de Jehová y de Gedeón!». El pueblo comprendió que, sin la ayuda del Señor, la batalla estaba perdida; aun así, ellos debían pelearla y seguir a sus líderes.

RUT

Autor: Anónimo, pero la tradición considera que fue Samuel. La fecha sería posterior si lo hubiera escrito otro autor, más adelante, en base a las tradiciones orales.

Fecha: 1200-1150 a.C.

Destinatarios: Israel.

Sucesos: El origen de la familia del Mesías davídico a través de la línea de una viuda moabita, Rut, y el pariente redentor de Belén, Booz.

Temas:

La soberanía — Dios orquesta sucesos como el hambre que llevó a una familia judía a residir temporalmente en Moab y a regresar tiempo después luego de enterrar a todos los hombres de la familia. Esto le permite a Rut espigar en el campo de Booz y termina casándose con él.

La ley — Las leyes de Dios proporcionan orden y pautas que muchas veces no tienen sentido para las mentes modernas. El matrimonio por levirato es una de estas leyes para los judíos del Antiguo Testamento, pero Dios la usó para crear un linaje: Obed, Isaí, David… y Jesús.

La gracia — Rut es un ejemplo de bondad amorosa y compasión *kjésed* cuando deja su tierra natal para quedarse con Noemí, que regresaba a Israel, y cuidar de su suegra viuda, a pesar de que ella también era una viuda joven.

Cristo — Booz, como pariente redentor, es un tipo de Cristo en esta historia elocuente y magistralmente escrita. La palabra redentor, o alguna variación, aparece 23 veces en este breve libro.

La responsabilidad — Dios nos manda cuidar de las viudas, de los huérfanos y de los necesitados entre nosotros. Rut hizo esto con Noemí; y a su vez Noemí lo hizo con Rut al explicarle la costumbre hebrea del levirato; Booz lo hizo al proteger y proveer para Rut mientras trabajaba y al cumplir su responsabilidad de casarse con ella para continuar la línea de herederos.

1 Samuel

Autor: Anónimo. El contenido de 1 y 2 Samuel y de 1 y 2 Reyes fue dividido así por los traductores de la Septuaginta. Con seguridad, Samuel escribió al menos algunas porciones.

Fecha: 1100-1010 a.C.

Destinatarios: Israel.

Sucesos: La organización del reino que estableció firmemente el pacto de David y su reino, y la elección de la ciudad santa de Jerusalén como el futuro lugar para el templo.

Temas:

La soberanía — Aunque hay incontables pasajes que demuestran la soberanía de Dios, el regreso del arca a Israel luego de que los filisteos la capturaran solo puede explicarse a través de esta soberanía. Además, que sucediera mientras el ídolo pagano filisteo la «adoraba» y la gente sufría de tumores, que finalmente usaran terneros para enviar el arca a casa, todo forma un notable ejemplo de la soberanía de Dios aun sobre los propósitos más perversos.

La ley — Dios había especificado leyes respecto a la adoración mediante sacrificios y las obligaciones sacerdotales. El rey de Israel se tomó la atribución de ofrecer estos sacrificios y luego de perdonarle la vida a lo que Dios había mandado que se destruyera.

La gracia — Dios rechazó a Saúl como rey y escogió a David; entonces, Saúl se puso celoso y procuró matarlo. En múltiples ocasiones, David hubiera podido matar a su perseguidor, pero le mostró gracia y misericordia, se encomendó al cuidado de Dios y permitió que Saúl siguiera vivo.

Cristo — En muchos sentidos, David sirve como un tipo de Cristo. Un caso se produce luego de que Saúl mata a los sacerdotes que habían protegido a David. Este les pidió a los sobrevivientes de las familias que se quedaran con él ya que los que procuraban matarlos también procuraban matarlo a él: «... conmigo estarás a salvo» (22:23). Cuando nos identificamos con Cristo, el diablo y el mundo nos aborrecerán, pero en el Señor hay seguridad.

La responsabilidad — Saúl fue elegido rey y recibió el poder el Espíritu Santo. Como rey del pueblo de Dios, debía encargarse de que fuera una nación santa y recordar que su gobierno seguía siendo una teocracia, pero descuidó su responsabilidad.

2 Samuel

Autor: Anónimo.

Fecha: 1010-971 a.C.

Destinatarios: Israel.

Sucesos: El reino de David expandió los límites de Israel, pero también vio grandes tragedias, en especial luego del pecado con Betsabé y el asesinato de su esposo.

Temas:

La soberanía — David sufrió muchos ataques durante su reinado; de afuera, de sus propios hijos y de sus propios deseos pecaminosos: con Betsabé, contra Urías y en el vanidoso censo. Pero Dios hizo un pacto con David y soberanamente lo cumplió al vencer en todos los ataques, incluso las decisiones pecaminosas de David.

La ley — Cuando David traía de regreso el arca a Jerusalén, su corazón era recto, pero no se obedeció la ley. El modo de transportarla y el descuido de Uza al sostenerla fueron transgresiones, y Uza cayó muerto. El rey y su pueblo debían sujetarse a la ley de Dios.

La gracia — El bebé que David tuvo con Betsabé murió, pero la gracia de Dios se ve en que le dio tanto el perdón como otro hijo a esta pareja que comenzó de tan mala manera. Conocemos a este hijo como Salomón. Dios le dio el nombre Jedidías, que significa «amado de Jehová», y él es el antepasado de nuestro Señor Jesús. Eso es *kjésed*, bondad amorosa y gracia compasiva y misericordiosa.

Cristo — Cuando David tuvo el deseo de construir una casa para Dios, se le dijo que él no era el indicado, pero en cambio, Dios haría una casa para David. Su hijo construiría el templo de Dios, como por cierto hizo Salomón, pero Dios hace un pacto con David por el cual su Hijo establecería el verdadero trono davídico.

La responsabilidad — Toda la tragedia del pecado con Betsabé, que condujo a David a asesinar a su esposo, uno de sus hombres más poderosos, trajo como consecuencia el caos a la familia del rey. Un hijo condujo un sangriento intento de sublevación y otro violó a su media hermana. Todo comenzó cuando David dejó de ser responsable en su rol como rey: «Aconteció al año siguiente, en el tiempo que salen los reyes a la guerra...».

1 Reyes

Autor: Anónimo.

Fecha: 971-853 a.C.

Destinatarios: Israel.

Sucesos: La división del reino luego del reinado de Salomón y el ministerio de Elías.

Temas:

La soberanía — La «competencia de Dios» en el monte Carmelo entre Elías y los sacerdotes de Baal revela que su religión era una adoración vacía a dioses falsos, y Dios demuestra ser el soberano Dios con poder sobrenatural. El libro claramente enseña que Dios controla toda la naturaleza y toda la historia. Además, cuando el profeta Micaías predijo que Acab moriría en batalla, este se disfrazó, pero de todos modos lo asesinó un soldado que lanzó su flecha al azar y esta encontró su objetivo.

La ley — Aunque la ley de Dios lo prohibía, Salomón tuvo 700 esposas y 300 concubinas que desviaron su corazón y dejó de seguir al Señor. Estas mujeres lo llevaron al sincretismo e incluso a adoptar a granel deidades religiosas paganas, tal como Dios, en Su Ley, había advertido que sucedería.

La gracia — En la oración de Salomón al dedicar el templo, vemos que Dios siempre está dispuesto a responder una oración que busca misericordia y perdón, cuando la gente se vuelve a Él arrepentida en busca de reconciliación.

Cristo — Aunque el corazón de Salomón no es como el de su padre David y aunque el reino se divide después de él y los reyes del norte son en su mayoría perversos, la esperanza sigue viva en el reino del sur, donde continuaría la línea mesiánica y el Cristo vendría.

La responsabilidad — Dios respondió el pedido de sabiduría que le hizo Salomón de manera sobreabundante, al punto que los gobernantes del mundo vinieron a sentarse a sus pies. Su riqueza era incalculable y hubo paz en todas las fronteras, pero Salomón descuidó su responsabilidad de vivir como debía y el resultado fue la devastación nacional.

2 Reyes

Autor: Anónimo.

Fecha: 853-560 a.C.

Destinatarios: Israel.

Sucesos: La historia del reino dividido y el ministerio de Eliseo.

Temas:

La soberanía — Dios había dado Su palabra y había sido fiel a ella a lo largo de la historia de Israel, sin embargo, en todas sus fluctuaciones de arrepentimiento y rebelión, este pueblo no prestó atención a las advertencias de los profetas. Antes de que el libro termine, Dios permite que los reinos del norte y del sur caigan en manos del enemigo, y sean llevados al exilio como castigo.

La ley — El Señor le dio a Judá un rey bueno como Josías, que anduvo en los caminos de David y ordenó que se reparara el templo. En el proceso, descubrieron la ley que había estado oculta y olvidada, y en respuesta, él se rasgó las vestiduras para indicar su arrepentimiento y la humillación de su corazón.

La gracia — Cuando Ezequías se enfermó y estuvo al borde de la muerte, el profeta Isaías vino a decirle que se preparara porque moriría. Cuando clamó al Señor y lloró amargamente, Dios tuvo misericordia de él y le concedió la salud y quince años más de vida.

Cristo — Durante el tiempo del ministerio de Eliseo en Israel (850-798 a.C.?), el Señor proveyó abundancia de aceite para una viuda endeudada. También resucitó de los muertos al hijo de la sunamita. Esto milagros son ilustraciones del ministerio y del corazón de Jesús.

La responsabilidad — Josías era hijo de un rey malvado, en un tiempo en que estos reyes se habían convertido en la norma. Tenía solo ocho años cuando comenzó a reinar, pero asumió la responsabilidad de cambiar el curso del legado de su familia y siguió al Señor.

1 Crónicas

Autor: Originalmente, 1 y 2 Crónicas fueron un solo libro, escrito cuando los exiliados comenzaron a regresar de Babilonia. Aunque es anónimo, Esdras pudo haber sido el autor de gran parte de estos libros.

Fecha: 1010-971 a.C.

Destinatarios: Los exiliados que regresaban, para alentarlos a confiar en la fidelidad de Dios.

Sucesos: El reino de David y su importancia para Israel.

Temas:

La soberanía — Los exiliados repatriados encontraron esperanza en la soberanía de Dios y en Su poder y fidelidad para cumplir Su promesa a David. Aunque habían recibido una severa disciplina por su pecado, Dios los preservó durante el exilio y comenzó a restaurar nuevamente a la nación.

La ley — Las extensas genealogías les dan a los israelitas un sentido de continuidad con su anterior grandeza y bendición divina, luego de sufrir el exilio como castigo por ignorar la ley de Dios.

La gracia — En su oración en presencia de toda la asamblea, David reconoce que no merecen el favor y la bendición de Dios. Todo lo que tenían provenía de la pura gracia de Dios.

Cristo — El lugar donde David ofrece el sacrificio para detener la peste enviada en respuesta a su censo es una valiosa propiedad. Es el lugar donde Abraham ofrece a Isaac en sacrificio, donde David ofrenda en 1 Crónicas 21, donde se edificó el templo de Salomón y la ciudad donde Jesús sería ofrecido como el sacrificio perfecto por nuestros pecados.

La responsabilidad — Pocos libros presentan la responsabilidad del hombre como este. Dios había bendecido a los israelitas repetidas veces frente a sus ciclos de pecado, pero finalmente, los envió al exilio y ahora, los que habían regresado leen la historia de su pueblo. David había recibido misericordia a pesar de sus antecedentes y este primer libro termina cuando Salomón recién es ordenado rey. Seguramente, la gente escuchó expectante mientras se leía el rollo para ver cuán responsable había sido la nación en respuesta a la misericordia y la gracia de Dios.

2 Crónicas

Autor: Originalmente, 1 y 2 Crónicas fueron un solo libro, escrito cuando los exiliados comenzaron a regresar de Babilonia. Aunque es anónimo, Esdras pudo haber sido el autor de gran parte de estos libros.

Fecha: 971-539 a.C.

Destinatarios: Los exiliados que regresaban, para alentarlos a confiar en la fidelidad de Dios.

Sucesos: La mayor parte del libro habla de la historia del reino del sur, de los buenos reyes que hubo allí y del decreto que finalmente les permitió regresar del exilio.

Temas:

La soberanía — La lectura de la recopilación de relatos históricos en 1 y 2 Samuel, 1 y 2 Reyes, y 1 y 2 Crónicas ilustra cuánto se enfocan las Crónicas en el supremo cumplimiento de los propósitos soberanos de Dios, mucho más que en los detallados relatos previos. El soberano plan de Dios que continuó sin cesar es la esperanza generalizada de los exiliados repatriados.

La ley — En gran parte como Saúl, el rey del sur, Uzías, supuso que tenía un nivel de intimidad con Dios como para acercarse descuidadamente a Su altar, y esto le costó caro. Entró al templo para quemar incienso sobre el altar y como castigo, quedó leproso el resto de su vida.

La gracia — El rey del sur Manasés se arrepintió al final de una vida muy perversa, pero recién después de que lo quebrantaran y lo encadenaran. Sin embargo, Dios se conmovió por su oración y lo trajo de vuelta a su reino en Jerusalén.

Cristo — En 2 Crónicas 30:18b-20, el rey Ezequías ora por su pueblo durante la celebración de la Pascua: «"Jehová, que es bueno, sea propicio a todo aquel que ha preparado su corazón para buscar a Dios, a Jehová el Dios de sus padres, aunque no esté purificado según los ritos de purificación del santuario". Y oyó Jehová a Ezequías, y sanó al pueblo».

Este perdón y esta sanidad son posibles para nosotros hoy a través del Cordero pascual, Jesucristo.

La responsabilidad — Anteriormente en el mismo pasaje, Ezequías exhorta al pueblo a no ser duros de cerviz, sino a servir al Señor como Él ordena. «Porque si os volviereis a Jehová, vuestros hermanos y vuestros hijos hallarán misericordia delante de los que los tienen cautivos, y volverán a esta tierra; porque Jehová vuestro Dios es clemente y misericordioso, y no apartará de vosotros su rostro, si vosotros os volviereis a él» (30:9).

Esdras

Autor: Probablemente Esdras.

Fecha: 539-450 a.C.

Destinatarios: Los exiliados que regresaban de Babilonia.

Sucesos: Continuación del relato que termina en 2 Crónicas, para contar sobre el regreso de la cautividad y el exilio.

Temas:

La soberanía — La soberanía de Dios se ve en cómo cambió el parecer y el corazón de reyes paganos para que trataran a Su pueblo con favor.

La ley — Esdras 7 enseña que Dios les permitió conseguir todo sin riesgos, porque Su buena mano de favor estaba sobre Esdras, y esto era así porque este hombre se había dedicado a estudiar la ley de Dios, a aplicarla a su propia vida y a enseñarla a otros.

La gracia — En esta mezcla de pecadores en el exilio, Dios preserva un remanente de fieles y les concede gracia mediante Su mano de favor, para permitirles regresar, reconstruir el templo, escapar de sus enemigos y ser restaurados.

Cristo — Aunque los que regresaron en un principio reconstruyeron el altar y ofrecieron sacrificios, y aunque Esdras procuró enseñarles mejor la ley de Jehová, el verdadero sacrificio y el cumplimiento supremo estaban por venir. Todo lo que para ellos era preciado empalidece en comparación con el Mesías que la adoración en el templo auguraba.

La responsabilidad — Dios obró soberanamente en el corazón del rey para permitir que Esdras regresara y que lo hiciera con favor. No obstante, Esdras tuvo que hacerlo. Tuvo que confiar en la protección de Dios para el camino y el pueblo tuvo que dar un paso de fe creyendo que Él lo haría.

Nehemías

Autor: Esdras es el posible autor, aunque puede haber recurrido a los registros de Nehemías.

Fecha: 445-410 a.C.

Destinatarios: Israel luego de que regresara el tercer grupo de exiliados.

Sucesos: La reconstrucción del muro alrededor de Jerusalén.

Temas:

La soberanía — El Señor había obrado en las mentes y los corazones de los reyes para permitir que estas tres oleadas de exiliados regresaran, los guardó de los bandidos del camino en sus viajes sin custodia y los preservó de sus enemigos durante los vulnerables días cuando Jerusalén no tenía una muralla de protección.

La ley — Todo el pueblo se reunió y Esdras les leyó el libro de la ley de Dios desde temprano en la mañana hasta el mediodía, a la vez que les daba explicaciones para que el pueblo pudiera entender.

La gracia — Los israelitas confesaron su pecado con ayuno y cilicio, se arrepintieron de sus pecados, pero confiaron mientras oraban. «Pero tú eres Dios que perdonas, clemente y piadoso, tardo para la ira, y grande en misericordia...» (9:17).

Cristo — Así como Nehemías enfrentó mucha oposición a su trabajo porque era una gran obra de Dios y recibió amenazas de muerte y mentiras, Cristo sufrió de manera similar mientras llevaba a cabo Su inmensa obra por nosotros.

La responsabilidad — Nehemías tenía una vida cómoda como copero del rey y hubiera podido orar pasivamente para que algún otro hiciera algo respecto a la situación de Jerusalén. Pero como era un hombre piadoso de acción y que se preocupaba, salió de su zona de confort y lo arriesgó todo.

Ester

Autor: Anónimo, pero pudo haberlo escrito Mardoqueo, Esdras o Nehemías.

Fecha: 483-474 a.C.

Destinatarios: Israel, para documentar el origen de Purim.

Sucesos: La liberación de Israel del genocidio.

Temas:

La soberanía — Aunque nunca se menciona explícitamente el nombre de Dios, Su cuidado soberano y la preservación de Su pueblo es inconfundible a lo largo del libro, que claramente refleja que los planes y los propósitos de Dios son amplios y personales.

La ley — Nunca se menciona, lee o expone la ley de Dios en todo el libro, pero el lector claramente ve las diferencias en las vidas de aquellos que vivían de acuerdo a ella.

La gracia — Enseñar a los alumnos sobre la gracia de Dios puede ser difícil, especialmente en culturas donde el perdón, la gracia y la misericordia no son valores muy elevados. El simple hecho de que el rey le extendiera el cetro a Ester cuando no había sido mandada a llamar ilustra este principio.

Cristo — Continuando con la metáfora del cetro, no tenemos derecho a acercarnos a un Dios santo que no puede admitir en Su presencia a criaturas pecadoras, pero Él «extiende Su cetro» para recibirnos cuando nos acercamos a Él en el nombre de Jesús.

La responsabilidad — Como sucedió con Nehemías, Ester hubiera podido mantener la boca cerrada y confiar en que Dios proporcionaría un medio de rescate para su pueblo a través de otra fuente. Por cierto, Mardoqueo se lo había dicho. Pero como alguien comprometido que teme a Dios, Ester escogió arriesgar todo para hacerse responsable en lo que podía.

Los escritos: Poesía y sabiduría

Los cinco libros de Job, Salmos, Proverbios, Eclesiastés y Cantar de los Cantares constituyen cerca de un tercio del Antiguo Testamento. La poesía hebrea no se basa en rimas fonéticas, como sucede en algunos casos de la poesía española, sino más bien en rimas de ideas y conceptos. A estos libros también se los llama literatura de sabiduría, porque procuran instruir en la vida desde la perspectiva de Dios, en especial frente al problema filosófico del dolor. Esta es una pregunta crucial que enfrenta toda cultura en el mundo: ¿Cómo es posible que Dios sea omnipotente y bueno, y exista el dolor y el sufrimiento en el mundo?

Job

Autor: Anónimo.

Fecha: Desconocida.

Destinatarios: Los hebreos.

Sucesos: El problema del dolor y el sufrimiento.

Temas:

La soberanía — Job comienza la sección de la Escritura conocida como literatura sapiencial. Estos libros se debaten frente a la pregunta de cómo es posible que un Dios soberano y todopoderoso sea bueno mientras el mundo sufre con dolor. Las luchas de Job son personales y se pregunta por qué tiene tantos problemas ya que ha intentado ser un hombre pío. El lector puede ver detrás de escena y sabe lo que Job no: Dios tiene soberanamente el control de todo cuanto existe y es completamente bueno.

La ley — Los amigos de Job adoptaron un sistema legal con un código penal muy específico. Razonaron que Dios siempre y únicamente bendice a los que hacen bien, y que las cosas malas solo vienen como resultado del pecado personal. Esta perspectiva legalista llegó hasta los días de Jesús y sobrevivió a Sus correcciones hasta el día de hoy.

La gracia — La gracia de Dios brilla al final del libro, cuando Job recibe el doble de todo lo que había tenido antes de que comenzaran sus problemas. Solo recibe diez hijos más y uno podría sentirse tentado a razonar: «el doble de todo, menos de los hijos», pero al final, sí tiene el doble de hijos. Recibió diez hijos más y los diez primeros seguían vivos, solo que en el cielo.

Cristo — Job se da cuenta de la gran brecha que existe entre Dios y él. Comprende que necesita un mediador para salvar la distancia, uno que "ponga sus manos sobre nosotros dos" (9:33). Cristo responde perfectamente a esa necesidad humana.

La responsabilidad — Aunque Job cumplía con su responsabilidad en la comunidad y en su hogar como padre, sufrió grandemente. De manera correcta, continuó temiendo a Dios y confiando en Él en medio de un gran sufrimiento. Todos tenemos la responsabilidad de reaccionar frente a las cosas que Dios permite que vengan sobre nosotros de una manera que lo honre.

Salmos

Autores: David, Salomón, Moisés, Asaf, los hijos de Coré.

Fecha: Desconocida.

Destinatarios: Israel, principalmente para usarlo como su himnario.

Sucesos: Himnario de adoración y manual de instrucciones.

Temas:

La soberanía — Los salmos de David a menudo relatan cómo Dios lo libró de sus enemigos. Otros cantan sobre la creación del mundo, la elección de Dios de Su pueblo y el pacto que hizo con ellos, y llega a predecir sucesos futuros. Solo un Dios soberano pudo hacer esto.

La ley — Salmos completos se dedican a celebrar la ley de Dios, como el salmo 19 y el 119. Se dice que el hombre piadoso medita en la ley de Dios de día y de noche. El salmista declara un profundo amor por la ley de Dios.

La gracia — La gracia de Dios se ve en salmos donde el escritor confiesa y reconoce un gran pecado que merece la ira de Dios. Los salmos 32 y 51 son ejemplos evidentes de cómo Dios responde al corazón humilde, quebrantado, penitente y contrito de quienes lo buscan.

Cristo — Los salmos mesiánicos describen la relación del Padre y el Hijo, e incluso relatan conversaciones entre ellos como en el salmo 2. El salmo 22 describe con dolorosos detalles la crucifixión de Jesús, aunque fue escrito mil años antes de que ocurriera y cientos de años antes de que los romanos emplearan ese método de ejecución.

La responsabilidad — El salmo 1 es una especie de salmo introductorio y sirve como una muestra de la clase de enseñanza que encontrará el lector en el resto del libro. Presenta dos modos de vida, o dos clases de personas, y describe el resultado de vivir de una u otra manera. Claramente, los salmos enseñan que tenemos la responsabilidad de escoger con sabiduría.

PROVERBIOS

Autores: Salomón, Agur y Lemuel.

Fecha: Desconocida.

Destinatarios: Israel.

Sucesos: La sabiduría de Salomón y de otros.

Temas:

La soberanía — Dios tiene el control de los sucesos de la historia, y aun dirige los deseos del corazón de un rey, como ya se destacó en Esdras, Nehemías y Ester. Proverbios enseña el camino de la sabiduría, que es vivir desde la perspectiva de Dios. Él dirige soberanamente Su universo para bendecir o disciplinar.

La ley — La sabiduría que el lector debe buscar es vivir de acuerdo a la ley de Jehová, debe evitar la insensatez de vivir para la carne, ser perezoso, adular para sacar ventaja egoísta y ser orgulloso.

La gracia — Algunos hacen una mueca al leer el libro de Proverbios, ya que parece tener una dura prescripción para cada fracaso en la vida, con poco o nada de gracia. Sin embargo, el libro en sí es un regalo de gracia para advertirnos de estos peligros. Es además un libro de proverbios, principios de práctica que no necesariamente son garantías de sucesos futuros, sino más bien patrones predecibles. Por ejemplo, las advertencias sobre el adulterio y la pena de muerte no le acarrearon la muerte a David. Este libro es una guía para la vida sabia y santa. Y en esto hay grande gracia.

Cristo — Muchos comentaristas ven los pasajes que hablan de la sabiduría en forma personificada como una descripción de Cristo. Por cierto, Pablo y otros escritores del Nuevo Testamento parecen usar estos pasajes para describir a Jesús.

La responsabilidad — La responsabilidad del lector es procurar la sabiduría de Dios al vivir de acuerdo a las enseñanzas de este libro, al sostener como valores las virtudes que describe y al enseñar estas verdades a sus hijos y a los que vengan detrás.

ECLESIASTÉS

Autor: El «Predicador», probablemente Salomón.

Fecha: Desconocida.

Destinatarios: Israel.

Sucesos: La naturaleza temporal de la vida terrenal.

Temas:

La soberanía — Dios ha puesto eternidad en el corazón del hombre. El resultado de tener conciencia de la verdad que la vida continúa luego de esta vida terrenal es el combustible de muchas religiones en el mundo. Dios nos hizo de este modo y estableció un tiempo para todo lo que sucede. Debemos temer a Dios y guardar Sus manda mientos.

La ley — A primera vista, puede parecer que la ley de Dios tiene poco lugar en el libro o en la vida de su escritor. Pero la conclusión que nos interesa es que se debe temer a Dios y guardar Sus mandamientos.

La gracia — El escritor reconoce que no existe hombre justo sobre la tierra, que haga bien y nunca peque. Sin embargo, la ira de nuestro Dios santo no nos consume ni nos destruye. La gracia que muestra es guiarnos al arrepentimiento.

Cristo — Existen paralelos entre el Predicador y Jesucristo, entre un hijo de David y *El* Hijo de David. Muchos ven a Cristo en la sabiduría que se expresa y también en los capítulos finales que hablan del único Pastor.

La responsabilidad — Se amonesta a los lectores de este libro a temer a Dios, a disfrutar de la vida que nos ha dado en este mundo, a guardar Sus mandamientos y reconocer que Él ha establecido un orden y un tiempo para todo.

Cantar de los Cantares

Autor: Es muy probable que Salomón sea el autor, aunque los primeros versículos pueden referirse a una colección de canciones de amor dedicadas a él.

Fecha: Desconocida.

Destinatarios: Dado a Israel para enseñarles sobre el amor y la fidelidad sexual en el matrimonio.

Sucesos: La celebración del amor matrimonial como Dios lo planeó.

Temas:

La soberanía — Los comentaristas a través de los años han considerado que Cantar de los Cantares se refiere a la relación de Dios con Israel o a la de Cristo con la Iglesia. La opinión mayoritaria hoy en día es que se refiere al amor matrimonial y a la fidelidad que Dios espera. Cualquiera sea la forma en que se lo interprete, la enseñanza de que «las muchas aguas no podrán apagar el amor» es ilustrativa del poder limitado del hombre dentro del diseño de un Dios soberano.

La ley — La relación exclusiva refleja el modelo bíblico de la relación matrimonial para evitar el pecado del adulterio. «Yo soy de mi amado, y mi amado es mío».

La gracia — La gracia, la bondadosa amabilidad, el amor compasivo son la base de la misericordia y la gracia de Dios para con Su pueblo, en lugar de la justicia que merecen. Esta misma gracia que recibimos de Dios debería otorgarse mutuamente en la relación matrimonial.

Cristo — La interpretación de este libro que sostiene que se trata de una descripción del amor que Cristo tiene por Su esposa, y los sentimientos exclusivos que Su esposa tiene hacia Él es, por cierto, adecuada. Es fácil ver por qué se lo ha interpretado así a lo largo de los años. Al menos, deberíamos buscar esta clase de pasión en nuestro amor hacia Él.

La responsabilidad — Todo lector casado debería comprender la responsabilidad que tiene de esforzarse por tener este amor romántico en su relación matrimonial. Los solteros también son responsables de garantizar que se preserve esta clase de amor en los matrimonios que los rodean, por ejemplo, alentando la armonía matrimonial, no quejándose ni escuchando las quejas que un cónyuge tiene del otro, manteniendo la pureza en pensamiento y acción y no vistiéndose de maneras que alienten al cónyuge ajeno a desviarse del modelo que presenta este libro.

Los profetas mayores

Los cinco libros de Isaías, Jeremías, Lamentaciones, Ezequiel y Daniel son los Profetas Mayores. Junto con los Profetas Menores, cubren cerca de la cuarta parte de la Biblia. Un profeta es aquel que predica a la vez que predice la Palabra de Dios. No solo predice el futuro, sino que también proclama la Palabra de Dios. Algunos de los libros como Daniel, Ezequiel y Zacarías contienen porciones que son apocalípticas en su naturaleza y que, por lo tanto, deben interpretarse de manera acorde.

Isaías

Autor: Isaías.

Fecha: 739-685 a.C.

Destinatarios: Israel y Judá.

Sucesos: El ministerio y el mensaje del profeta mesiánico.

Temas:

La soberanía — Isaías predice detalles sobre el Mesías y el exilio del pueblo de Dios, y da profecías tan precisas como el nombre del rey que facilitaría su regreso. También predice que la tierra se cubrirá con el conocimiento de Dios y habla de la nueva creación que vendrá. Solo un profeta de un Dios absolutamente soberano pudo predecir estas cosas que sucederían.

La ley — El pueblo cumplía continuamente con los requisitos externos de los rituales religiosos, pero sin arrepentimiento, sin corazones humillados ni adoración interna. Isaías enseñó que el Señor habita con aquel que es humilde, tiene un espíritu contrito, y que además tiembla ante Su palabra.

La gracia — Una y otra vez, Isaías les promete a los malvados que la bondad de Dios está a disposición de ellos. «Buscad a Jehová mientas puede ser hallado, llamadle en tanto que está cercano. Deje el impío su camino, y el hombre inicuo sus pensamientos, y vuélvase a Jehová, el cual tendrá de él misericordia, y al Dios nuestro, el cual será amplio en perdonar» (55:6-7).

Cristo — Además de muchas profecías mesiánicas y pasajes que los escritores del Nuevo Testamento aplican a Cristo, Isaías contiene pasajes del Siervo sufriente que se refieren a Cristo y a Su obra. Uno de ellos es, en verdad, una palabra del Padre para el Hijo, sobre el alcance de Su ministerio: «Poco es para mí que tú seas mi siervo para levantar las tribus de Jacob, y para que restaures el remanente de Israel; también te di por luz de las naciones, para que seas mi salvación hasta lo postrero de la tierra» (49:6).

La responsabilidad — La soberanía de Dios y la responsabilidad del hombre se ven en 65:12: «Yo también os destinaré a la espada, y todos vosotros os arrodillaréis al degolladero, por cuanto llamé, y no respondisteis; hablé, y no oísteis, sino que hicisteis lo malo delante de mis ojos, y escogisteis lo que me desagrada». Dios es quien llama, pero nosotros somos responsables de responder.

Jeremías

Autor: Jeremías.

Fecha: 627-580 a.C.

Destinatarios: Judá.

Sucesos: El profeta llorón.

Temas:

La soberanía — Dios le asegura a Jeremías que sus oyentes rechazarán el mensaje, pero que Él luchará por él y ellos no prevalecerán. Jeremías profetiza las palabras que el Señor declara en 24:6-7: «Porque pondré mis ojos sobre ellos para bien, y los volveré a esta tierra, Y los edificaré, y no los destruiré; los plantaré y no los arrancaré. Y les daré corazón para que me conozcan que yo soy Jehová; y me serán por pueblo, y yo les seré a ellos por Dios; porque se volverán a mí de todo su corazón».

La ley — La actitud del pueblo hacia la ley de Dios en este período queda ilustrada en las acciones del rey cuando Jehudí lee la profecía de Jeremías. Corta el rollo pedazo a pedazo a medida que se iba leyendo y lo arroja al fuego.

La gracia — Aun a pesar de tanto pecado, rebelión y rechazo a prestar atención a las palabras de Sus profetas, Dios promete restaurarlos si se arrepienten. Promete que hará un nuevo pacto con ellos y no se acordará más de sus pecados.

Cristo — La promesa de perdón y redención de los pecadores es persistente en Jeremías, en especial cuando el pueblo se va al exilio. Mientras Judá está en el exilio, Dios le dice: «El redentor de ellos es el Fuerte; Jehová de los ejércitos es su nombre; de cierto abogará la causa de ellos para hacer reposar la tierra, y turbar a los moradores de Babilonia» (50:34). Nuestro Redentor es Jesucristo y Él sigue siendo fuerte para nosotros.

La responsabilidad — En un libro como Jeremías, la responsabilidad de la gente es clara: crean las palabras del profeta, arrepiéntanse y regresen al Señor en obediencia a Su Palabra. Pero el pueblo se negó a humillarse, entonces Dios los humilló con el exilio.

Lamentaciones

Autor: Muy probablemente, Jeremías es el autor.

Fecha: 586 a.C.

Destinatarios: Judá.

Sucesos: Las reflexiones del profeta sobre la destrucción de Jerusalén.

Temas:

La soberanía — El Señor prometió una y otra vez que si no se arrepentían, Él traería juicio y los enviaría al exilio como había sucedido con el reino del norte. Ellos pensaron que no lo haría o que no podría hacerlo. En Lamentaciones, la promesa se ha cumplido exactamente como Él había dicho.

La ley — El resultado final de aquellos que se niegan a obedecer la ley del Señor y que no desean oírla queda ilustrado con dolorosos detalles en este lamento.

La gracia — Aun así, Jeremías conoce el corazón de Dios y tiene fe para orar luego de todo lo que ha sucedido: «Vuélvenos, oh Jehová, a ti, y nos volveremos; renueva nuestros días como al principio» (5:21). Jeremías enseñó en 3:22 que la misericordia del Señor nunca cesa y nunca se acaba; es nueva cada mañana.

Cristo — Cristo enseñó que todos los que están cansados y cargados pueden venir a Él y encontrar descanso, y que Él da paz, no como el mundo la da. Aun en los tiempos más oscuros como los que vemos en Lamentaciones, Cristo está presente para consolar a todo el que viene a Él arrepentido.

La responsabilidad — Dios los restaurará; por cierto, ha prometido hacerlo. Pero ellos aún tienen la responsabilidad de arrepentirse de corazón antes de regresar a sus hogares.

Ezequiel

Autor: Ezequiel.

Fecha: 593-570 a.C.

Destinatarios: Los exiliados y el pueblo que quedó en Judá.

Sucesos: La profecía desde el exilio durante los 23 años de ministerio de Ezequiel.

Temas:

La soberanía — La visión de los huesos secos es una potente metáfora de lo que Dios puede hacer. Su soberano poder vence el orden natural del mundo y revierte el proceso habitual de la muerte y la descomposición al otorgarles cuerpo y vida a esqueletos humanos que yacen como basura en un valle.

La ley — En Ezequiel, Dios habla una y otra vez sobre el día que vendrá cuando Él nos dé un corazón nuevo que nos haga caminar en Sus estatutos y obedecer Sus mandamientos. Apartarse de este camino trajo el pecado en Edén, el diluvio mundial y ahora la caída y el exilio para los dos reinos de Su pueblo.

La gracia — Aunque los israelitas se negaron a arrepentirse y a prestar atención a las advertencias de los profetas para evitar la disciplina divina del exilio, Dios sigue declarando Su gracia. «Y les daré un corazón, y un espíritu nuevo pondré dentro de ellos; y quitaré el corazón de piedra de en medio de su carne, y les daré un corazón de carne, para que anden en mis ordenanzas, y guarden mis decretos y los cumplan, y me sean por pueblo, y yo sea a ellos por Dios» (11:19-20).

Cristo — Dios promete que en el futuro: «Mi siervo David será rey sobre ellos, y todos ellos tendrán un solo pastor; y andarán en mis preceptos, y mis estatutos guardarán, y los pondrán por obra» (37:24). Ese siervo David nos recuerda al Hijo de David, que vino a servir y no a ser servido, y que ahora reina para siempre, y al nuevo espíritu y el nuevo corazón que Dios promete en 36:24-27, que recuerda el nuevo nacimiento que Jesús le subrayó a Nicodemo.

La responsabilidad — Aunque Dios promete un nuevo día que vendrá cuando Él los restaurará y les permitirá obedecer, no es automático ni descarta los esfuerzos de parte de ellos. El pueblo debía decidir regresar y obedecer. *Deseo que se arrepientan y regresen. No me deleito en la muerte de los malvados. Vuélvanse, vuélvanse de sus malos caminos. ¿Por qué han de morir?* Todas estas declaraciones son los latidos del corazón de Dios en Ezequiel, para indicar la necesidad del hombre de volverse y arrepentirse para recibir la compasiva bondad amorosa de Dios.

Daniel

Autor: Daniel.

Fecha: 605-530 a.C.

Destinatarios: Judá.

Sucesos: Cómo Dios usó y liberó a Su pueblo aun en la cautividad.

Temas:

La soberanía — La soberanía de Dios sobre reyes y reinos es un tema constante en Daniel. Su profecía sobre sucesos futuros específicos e incluso las revelaciones apocalípticas demuestran la soberanía de Dios sobre los asuntos humanos. La manera en que Dios rescata a Daniel y a sus amigos mediante la revelación e interpretación de un sueño, cómo los protege en el horno de fuego y salva a Daniel de la boca de los leones proporcionan más evidencia.

La ley — Daniel y sus amigos permanecieron fieles a las enseñanzas de la ley de Dios aun en una tierra pagana con otra cosmovisión y cuando sus vidas se veían amenazadas.

La gracia — Cuando el rey Nabucodonosor ordenó a los amigos de Daniel que lo adoraran o de lo contrario serían arrojados al horno de fuego, Dios envío Su ángel para protegerlos y librarlos. «Entonces Nabucodonosor dijo: Bendito sea el Dios de ellos, de Sadrac, Mesac y Abed-nego, que envió su ángel y libró a sus siervos que confiaron en él, y que no cumplieron el edicto del rey, y entregaron sus cuerpos antes que servir y adorar a otro dios que su Dios» (3:28). Como hacen los mártires, arriesgaron sus vidas y entregaron sus cuerpos antes que deshonrar a Dios, y Él, en Su compasiva bondad amorosa, los libró.

Cristo — La visión de Daniel del Hijo del Hombre que desciende en las nubes del cielo, que se acerca al Anciano de Días, que recibe el dominio eterno y a quien los pueblos de todas las naciones y lenguas sirven se refiere a Jesucristo (Mar. 13:26; Fil. 2:9; Apoc. 11:15).

La responsabilidad — El libro de Daniel está lleno de personas que oyen la Palabra de Jehová y la obedecen, y tristemente, de aquellos que la oyen y se niegan a prestarle atención. Daniel termina con la profecía que habla de muchos que se purificarán y serán emblanquecidos, pero los impíos procederán impíamente. Cada uno de nosotros tiene la responsabilidad de responder con sabiduría a la Palabra de Dios.

Los profetas menores

Los doce libros de Oseas, Joel, Amós, Abdías, Jonás, Miqueas, Nahum, Habacuc, Sofonías, Hageo, Zacarías y Malaquías se encuentran en una sección que se conoce como Profetas Menores. Se los llama «profetas menores» porque son más breves, no porque tengan menor importancia.

Oseas

Autor: Oseas.

Fecha: 760-720 a.C.

Destinatarios: Israel justo antes de la caída y el exilio.

Sucesos: La apostasía de Israel ilustrada poderosamente en la orden que Dios le da a Oseas de casarse con una prostituta para simbolizar la infidelidad espiritual de Israel.

Temas:

La soberanía — Dios parece pasearse sobre el pueblo para examinar todas sus obras y enviarles advertencias. Al hacerlo, no está imposibilitado para juzgar ni limitado de ninguna manera; en cambio, exige que se arrepientan y regresen, y les promete que si lo hacen, Él los recibirá. De todos modos, Él ha establecido soberanamente el fin del camino que ellos elijan, ya sea el arrepentimiento y el regreso, o el continuo rechazo y la infidelidad espiritual.

La ley — Oseas se refiere una y otra vez a la ley del Pentateuco, ya que esta debería ser la base para una correcta relación del pueblo con Dios. No obstante, Israel no solo no ha practicado la ley que Dios les dio, sino que tampoco sabe siquiera lo que dice (4:6; 8:12).

La gracia — El profeta les asegura a los israelitas que si se arrepienten (si escuchan las palabras y se vuelven a Él), el Señor los sanará, los perdonará y los amará, así como Oseas recibiría a Gomer luego de sus repetidas infidelidades. «Yo sanaré su rebelión, los amaré de pura gracia» (14:4).

Cristo — En Mateo 9:13, Jesús cita una de las enseñanzas principales de Oseas: «Id, pues, y aprended lo que significa: Misericordia quiero, y no sacrificio. Porque no he venido a llamar a justos, sino a pecadores, al arrepentimiento». Jesús veía el adulterio espiritual de aquellos que decían pertenecer a Dios, pero cuyos corazones estaban puestos en el dinero, el orgullo y en una adoración vacía, tal como Oseas lo menciona en 6:1-4, 8:13 y en 10:4.

La responsabilidad — Un tema repetido en Oseas es el juicio de Dios sobre los israelitas, debido a su falta de conocimiento de Dios y de la ley. Como el hombre no puede ascender al cielo, hacer una investigación y luego regresar para enseñarles a los demás cómo es Él y qué requiere, Dios se ha revelado en Su Palabra. Nuestra responsabilidad es conocerlo mediante el estudio y la práctica de Su ley, Su voluntad revelada.

JOEL

Autor: Joel.

Fecha: Desconocida.

Destinatarios: Judá.

Sucesos: Profecías sobre el día de Jehová y el derramamiento del Espíritu Santo.

Temas:

La soberanía — Mediante el uso de una plaga de langostas como ilustración, Joel describe el día de Jehová cuando la destrucción total caiga sobre Sus enemigos. El Señor juzgará a las naciones sin excepción.

La ley — La ley de Dios tal como está revelada en Su Palabra es segura y fiel. Joel nos recuerda que Su inmutable verdad será la base de Su juicio.

La gracia — El Señor llama a los rebeldes en 2:12-13 a regresar a Él porque es bueno y misericordioso, lento para la ira y grande en misericordia, y se duele ante el desastre.

Cristo — El día de Jehová que está por venir será un día de horror para todos Sus enemigos, pero Joel les asegura a quienes lo buscan: «... pero Jehová será la esperanza de su pueblo, y la fortaleza de los hijos de Israel» (3:16). Respecto al día del juicio, los que estamos en Cristo tenemos confianza y paz; según Romanos 8:1, no hay ninguna condenación para los que estamos en Cristo Jesús. Él es nuestro refugio.

La responsabilidad — Joel 3:14 es el pasaje que describe a la población del mundo en toda generación: «Muchos pueblos en el valle de la decisión; porque cercano está el día de Jehová en el valle de la decisión». Toda persona en el mundo tiene la responsabilidad y la orden de arrepentirse y creer en el Evangelio.

Amós

Autor: Amós.

Fecha: 760 a.C.

Destinatarios: Los reinos del norte y del sur.

Sucesos: El reino universal del reinado de David.

Temas:

La soberanía — La soberanía de Dios se declara explícitamente en 4:13: «Porque he aquí, el que forma los montes, y crea el viento, y anuncia al hombre su pensamiento; el que hace de las tinieblas mañana, y pasa sobre las alturas de la tierra; Jehová Dios de los ejércitos es su nombre». Solo el Dios trascendente, omnisciente, omnipotente y soberano puede hacer estas cosas.

La ley — Como los israelitas habían descuidado la Palabra de Dios y rechazado a Sus profetas, Dios los amenaza con la peor clase de hambre, el hambre de oír las palabras de Jehová en su tierra. Aun aquellos que busquen la Palabra del Señor, no la encontrarán (8:11-12).

La gracia — En una visión de advertencia que se le da a Amós, él predice la completa devastación y clama a Dios, que amorosamente responde con misericordia: «... yo dije: Señor Jehová, perdona ahora; ¿quién levantará a Jacob? porque es pequeño. Se arrepintió Jehová de esto: No será, dijo Jehová» (7:2-3). Dios también oye nuestro clamor pidiendo misericordia. Aunque viene un día cuando no se mostrará más gracia, hoy es el día de arrepentimiento.

Cristo — Jesús es el epítome de la gracia y la misericordia de la que se habla y que se muestra en Amós. Entonces, muchas son las profecías sobre el día de Jehová que se han dado, muchas las advertencias y la misericordia que se ha mostrado, pero todas encuentran su cumplimiento supremo y más firme en Cristo, quien es nuestro sustituto y Redentor.

La responsabilidad — Amós insta a sus oyentes a buscar el bien, no el mal, para que vivan. Aborrecer el mal y amar el bien. Establecer la justicia en juicio y dejar que corra como las aguas. Esa es nuestra responsabilidad.

Abdías

Autor: Abdías.

Fecha: Desconocida.

Destinatarios: Judá y Edom.

Sucesos: La destrucción de Edom por ayudar en la destrucción de Judá y capturar a los israelitas que huían.

Temas:

La soberanía — Dios permitió que los babilonios conquistaran Judá y llevaran a sus habitantes al exilio. Sin embargo, que los edomitas sacaran ventaja de sus sufrimientos fue considerado pecado, en especial porque eran parientes. Se le dice a Edom que Dios los humillará y que en 100 años quedarán en ruinas.

La ley — La ley de Dios rige aun a aquellos que no la aceptan, y será la base del juicio a los pueblos de todas las naciones.

La gracia — La gracia que le pedimos a Dios en oración y que recibimos de Él es la que debemos mostrar a otros. La enseñanza de Cristo de tratar a los demás como nos gustaría que nos traten a nosotros y de amar a los demás como nos amamos a nosotros mismos es la norma. Los hombres y las mujeres de la gracia deberían ser quienes la otorgaran más sobreabundantemente.

Cristo — Abdías termina afirmando que el reino será del Señor. Aunque esto se dijo como juicio para Edom, esta verdad es para ellos y para todos los pueblos. Jesús es el Rey de reyes y el que gobierna sobre toda la creación.

La responsabilidad — Las dificultades y las luchas de los demás nunca deberían llevarnos a burlarnos de ellos, por más que parezca que están cosechando lo que sembraron. Abdías nos enseña que aun cuando Dios disciplina a alguien, no debemos agregar juicio ni sacar ventaja de su sufrimiento.

Jonás

Autor: Jonás.

Fecha: 782 a.C.

Destinatarios: Israel.

Sucesos: El llamado de Jonás y la respuesta al deseo de Dios para Asiria y su capital: Nínive.

Temas:

La soberanía — Dios llamó a Jonás para que fuera a predicar a Nínive, pero él decidió huir de Su voluntad. Como muchos han aprendido, pero pocos de manera tan dramática, Dios es soberano y nadie puede torcer Su voluntad o Su mano. Aquí se ve la soberanía de Dios sobre el océano, las criaturas marítimas y la humanidad.

La ley — El mensaje de Jonás fue corto: «De aquí a cuarenta días Nínive será destruida» (3:4). El pueblo respondió con arrepentimiento y Dios lo aceptó. No debemos pasar por alto su arrepentimiento con ayuno, cilicio y cenizas (¡aun los animales!). Se arrepintieron de pecar contra la ley de Dios.

La gracia — Nínive, un lugar que humanamente hablando no la merecía, conoció la gracia. Habían saqueado al pueblo de Dios y se habían ganado la condición de nación más odiada a los ojos de Jonás. Sin embargo, cuando se arrepintieron, Dios les mostró misericordia. En este breve libro se declara y se demuestra la compasiva amorosa bondad de Dios.

Cristo — Jesús se refiere a Jonás y a su experiencia, lo que demuestra la historicidad del libro, y utiliza el rescate de Jonás del vientre del pez como una metáfora de Su muerte y resurrección (Mat. 12:39-40).

La responsabilidad — Cuando Dios llama, nuestra respuesta debe ser: «¡Sí, Señor!». Los detalles de qué, dónde o cuándo no importan; nuestra responsabilidad es obedecer con prontitud.

Miqueas

Autor: Miqueas.

Fecha: 737-690 a.C.

Destinatarios: Judá.

Sucesos: La profecía sobre el nacimiento del Mesías en Belén.

Temas:

La soberanía — Las profecías de Miqueas no se prestan a la especulación o al razonamiento del hombre, sino más bien predicen la segura destrucción de los enemigos de Dios. Miqueas declara que este mensaje que proclama vino del Señor y que Él es un testigo contra ellos. También profetiza con precisión respecto a los detalles concernientes a la venida del Mesías.

La ley — En 4:2a, Miqueas profetiza que muchas naciones vendrán y desearán una relación con el verdadero Dios y pedirán ser enseñadas en Su ley, para poder andar en Sus caminos. En tiempos de Miqueas, no se valoraba la ley de Dios, pero se les asegura a las naciones que llegará el día en que tendrán sed de ella.

La gracia — Miqueas enseña abiertamente en 7:18-20 que por más grande que sea nuestro pecado y nuestra rebelión, la gracia de Dios es aún mayor.

Cristo — Las profecías mesiánicas que se encuentran en 5:2, 4-5a enriquecieron la comprensión de nuestros antepasados espirituales respecto a de dónde vendría el Cristo y qué haría.

La responsabilidad — ¿Qué debemos hacer para tener una vida que agrade a Dios? ¿Debemos traer y ofrecer muchos sacrificios? ¿Qué hay de ofrecer ofrendas incalculables? En este libro, Dios ha dejado en claro lo que desea de nosotros: «Oh hombre, él te ha declarado lo que es bueno, y qué pide Jehová de ti: solamente hacer justicia, y amar misericordia, y humillarte ante tu Dios» (6:8).

Nahum

Autor: Nahum.

Fecha: 650 a.C.

Destinatarios: Nínive.

Sucesos: Otro profeta le predica a Nínive, pero esta vez el final es su destrucción.

Temas:

La soberanía — El mensaje del profeta Nahum para Nínive transmitió la decidida y segura destrucción de Dios. Les asegura que traerá sobre ellos completa devastación y que tiene todo el poder para hacerlo. Nahum 1:3b-6 ofrece una narración muy clara de la soberanía de Dios.

La ley — La ley de Jehová trae sabiduría, vida, contentamiento y paz, pero si se la descuida o si alguien se rebela contra ella trae lo opuesto. Nínive está a punto de experimentar el juicio de rechazar la ley de Dios.

La gracia — Nahum contiene el pasaje frecuentemente citado sobre el carácter de Dios, que es tardo para la ira y grande en poder. También destaca que el Señor es bueno y fortaleza en el día de la angustia, y que conoce a los que en Él confían.

Cristo — Un pasaje similar a Isaías 52:7 que el apóstol Pablo cita en Romanos 10 es el de Nahum 1:15: «He aquí sobre los montes los pies del que trae buenas nuevas, del que anuncia la paz». Este pasaje continúa y llega a declarar la destrucción de los impíos, pero aun así proclama una preciosa verdad sobre la belleza de aquellos que traen las buenas nuevas. La buena noticia que nosotros proclamamos, la que Nínive no podía oír, es el evangelio salvador de Jesucristo. Y sabemos que mientras hay vida, hay esperanza. Proclamemos esta verdad a todos los que nunca han oído o entendido.

La responsabilidad — La diferencia entre las respuestas de Nínive al primer ministerio profético registrado y al segundo es abismal. Una generación actuó con responsabilidad y la siguiente fue trágicamente irresponsable. El mandamiento de escoger en este día a quién serviremos es una sobrecogedora responsabilidad con resultados eternos.

Habacuc

Autor: Habacuc.

Fecha: 609 a.C.

Destinatarios: Judá.

Sucesos: La profecía y el dilema de Habacuc, justo antes de la caída de Judá ante Babilonia, era cómo Dios podía usar a una nación tan impía para castigar el pecado de Judá.

Temas:

La soberanía — Dios usará a la poderosa, aunque pagana, nación de Babilonia para conquistar y exiliar a Su pueblo, así como usó a Asiria para que hiciera lo mismo con Israel. Estas naciones no son simplemente más poderosas, son herramientas en la mano de un Dios soberano.

La ley — Dios ha dado Su ley para que los hombres la obedezcan y requiere santidad en medio de ellos. No obstante, el camino a la salvación siempre ha sido la fe, no las obras legalistas para ganarse la justicia. Habacuc declaró: «Mas el justo por su fe vivirá». Esto se cita tres veces en el Nuevo Testamento (Rom. 1:17; Gál. 3:11; Heb. 10:38) y se convirtió en el grito de batalla de la Reforma.

La gracia — Habacuc profetiza respecto a un tiempo de desastre y lamento nacional que hará tambalear a los hombres más valientes, pero continúa para expresar la esperanza en un Dios compasivo, de amor misericordioso y gracia (3:17-19).

Cristo — Habacuc declara que la tierra se llenará con el conocimiento de la gloria de Jehová como las aguas cubren el mar. Esto anticipa y predice el triunfo de la obra misionera. Dios ha usado a los misioneros, y continuará haciéndolo, para declarar las buenas nuevas de Jesucristo por todo el mundo hasta la culminación de la historia.

La responsabilidad — La responsabilidad del hombre no es ganar su salvación ni la de otros. Más bien, es vivir por fe, y proclamar y explicar las buenas noticias a todos.

Sofonías

Autor: Sofonías.

Fecha: 640 a.C.

Destinatarios: Judá.

Sucesos: La llegada de la «pureza de labios».

Temas:

La soberanía — Aunque los hombres y las mujeres planean sus vidas, construyen casas y planifican las cosechas, el Señor tiene la última palabra y trae un juicio inevitable sobre los impíos.

La ley — El gran día de Jehová que Sofonías profetiza está por llegar debido a la pecaminosa rebelión y a no haber obedecido la ley de Dios. Se acusa al pueblo de darle la espalda al Señor, de no buscarlo y ni siquiera consultarlo.

La gracia — La gracia se pone a disposición con el mandato de buscarla: «Buscad a Jehová todos los humildes de la tierra, los que pusisteis por obra su juicio; buscad justicia, buscad mansedumbre; quizá seréis guardados en el día del enojo de Jehová» (2:3).

Cristo — En Sofonías, los que menosprecian al Señor y los que dependen de su propia justicia tienen muchas razones para temer. La única esperanza está en Jesucristo. El gozo y la restauración de Israel predichos en los últimos capítulos solo se cumplirá cabalmente a través de una correcta relación con Dios a través de Cristo.

La responsabilidad — La responsabilidad del ser humano es adorar a su Rey y servirlo de común consentimiento (3:9). No solo estamos llamados a servirlo simplemente, sino que somos responsables de hacerlo en armonía.

Hageo

Autor: Hageo.

Fecha: 520 a.C.

Destinatarios: Los repatriados.

Sucesos: La reconstrucción del templo.

Temas:

La soberanía — Dios declara que Él sacudirá a las naciones para llenar Su casa con gloria. Él es soberano sobre todos los pueblos; no se cruza de brazos mientras espera para ver cómo responderán a Su Palabra o ley.

La ley — Dios había ordenado obediencia, pero el pueblo decidió esperar para obedecer Su Palabra. No rechazaron Su palabra de plano, pero le dieron muy poco valor en sus vidas al dejarla de lado para cumplirla posteriormente. Decidirse a esperar para obedecer por completo es decidirse a desobedecer.

La gracia — Dios afirma que no se han vuelto a Él; entonces, los hiere con plagas y moho. Aunque habían trabajado esforzadamente y habían procurado enriquecerse, lo habían hecho a expensas de terminar el templo. No obstante, Dios en Su gracia declara que de aquel día en adelante, Él los bendecirá.

Cristo — Cristo mandó en Mateo 28:18-20 que hagamos discípulos de todas las naciones. El cumplimiento de la Gran Comisión se ve alrededor del trono en el Apocalipsis de Juan, pero en Hageo 2:7 se lo insinúa. Cristo es la esperanza de gloria.

La responsabilidad — Debemos adorar al Señor, no al templo. La iglesia es el pueblo de Dios, no el edificio. Sin embargo, vemos en este breve libro que existe una conexión entre el honor que se le muestra al templo físico y la condición de nuestro corazón hacia Dios. ¿Honramos a Aquel que es un Dios de orden y no de desorden del mismo modo en que respetamos y honramos Su casa?

Zacarías

Autor: Zacarías.

Fecha: 520 a.C.

Destinatarios: Judá.

Sucesos: La renovación del pacto con Dios y la reconstrucción del templo.

Temas:

La soberanía — Las declaraciones de sucesos futuros demuestran la soberanía de Dios. Él es quien los determina y quien hará que sucedan.

La ley — El pueblo había ayunado y observado los rituales durante los años de exilio, tal vez por temor a que algo peor les pudiera suceder. Sin embargo, el Señor dice que lo hacían de un modo vacío para sí mismos y no para Él. Los insta a honrarlo de verdad y no con meros rituales externos.

La gracia — La gracia que se necesita para una correcta relación con Dios se proclama repetidas veces en Zacarías. En una visión registrada en 3:4, Dios declara que había quitado el pecado del sacerdote Josué, y en el versículo 9, que quitaría la iniquidad de la tierra en un solo día.

Cristo — El libro de Zacarías abunda en profecías mesiánicas que incluyen la predicción de eventos tales como la entrada de Cristo en

Jerusalén montando un pollino, la piedra angular que es el Señor, las 30 piezas de plata que pagaron por Él, que mirarían a aquel a quien habían traspasado y llorarían por Él como por un primogénito, y sobre el manantial abierto para limpiarlos de sus pecados e inmundicia.

La responsabilidad — Nuestra responsabilidad se establece al comienzo del libro: volver a Él para que Él se vuelva a nosotros. Ese regreso debe ser continuo, un estado del corazón en permanente confesión, arrepentimiento, retorno y renovación.

Malaquías

Autor: Malaquías.

Fecha: 433 a.C.

Destinatarios: Los repatriados.

Sucesos: El último mensaje a un pueblo rebelde y la predicción de la venida de Juan el Bautista y de Jesús.

Temas:

La soberanía — Se vuelve a predecir el gran día de Jehová, lo que significa que el soberano Señor de todos los sucesos de la historia tiene un plan que se desenvuelve de acuerdo a Su voluntad.

La ley — Los repatriados ya habían comenzado a transgredir Su ley de muchas maneras: un sacerdocio y una adoración corruptos, el divorcio generalizado, la injusticia social y el robo a Dios al quedarse con los diezmos. Malaquías es el mensajero de Dios (su nombre significa «mi mensajero») para reprenderlos por estos pecados.

La gracia — Dios promete enviar un mensajero a preparar el camino delante de Él (Juan el Bautista). Ese mensajero que preparará al pueblo para Su venida es la gracia. De otro modo, el pueblo hubiera quedado librado a sus propios recursos y caminos, lo que habría terminado en la inequívoca condenación por el pecado. El mensajero por venir es un regalo de gracia.

Cristo — Malaquías 1:11 dice: «Porque desde donde el sol nace hasta donde se pone, es grande mi nombre entre las naciones; y en todo lugar se ofrece a mi nombre incienso y ofrenda limpia, porque grande es mi nombre entre las naciones, dice Jehová de los ejércitos». El culto que se le ofrece a Cristo en cada iglesia en todo el mundo es el cumplimiento de esta profecía. El incienso representa las oraciones de los santos (Apoc. 8:4) y la ofrenda limpia es nuestra vida (Rom. 12:1).

La responsabilidad — La responsabilidad del hombre se ve al final del Antiguo Testamento tal como ha sucedido desde el comienzo; no importa si se tiene una actitud de rebelión arrogante o si se busca una vida santa y se fracasa constantemente, nunca debemos dejar de arrepentirnos y de volver al Señor. Su soberana y constante provisión y protección son tan indiscutibles a lo largo de Su Palabra como lo es nuestra responsabilidad de actuar rectamente, de amar con fidelidad y de caminar humildemente con nuestro Dios, siempre arrepintiéndonos y regresando cuando nos descarriamos.

Las manos: El llamado de Dios al ministerio

Al comienzo de este programa de formación pastoral, al final de cada día del primer módulo de estudio, queremos ayudar a los alumnos a analizar su llamado al ministerio. Soy consciente de que algunos que no han sido llamados al ministerio tomarán estas clases por el deseo de profundizar su comprensión de la Palabra y de aprender más sobre la fe cristiana, y no quiero desalentar esto. También sé que habrá algunos en la clase que suponen que han sido llamados al pastorado solo debido a las circunstancias que los empujaron a esa posición e incluso porque algún hombre, un misionero o su madre, les dijo que debían ser pastores. Estudiar lo que la Biblia tiene para decir sobre el llamado del ministro es instructivo en más de una manera. Otros que estudian sencillamente para mejorar su comprensión, algunas veces oyen el llamado de Dios mientras estudian y con el tiempo se dan cuenta de que fue Dios quien los impulsó a dar el paso de profundizar sus estudios. Sin importar cuándo llegue, el llamado a servir trae aparejado el llamado a prepararse.

Es difícil describir el llamado al ministerio a alguien que no lo tiene. Es intangible, es un anhelo interior y un fuego que arde en los huesos, pero es más que una mera ambición, una elección o un deseo humano. El pastor puritano Matthew Henry habló del llamado como algo que tiene componentes internos y externos. El aspecto interior es ese sentido del deber que es tan difícil de describirle a otro, algo parecido a tratar de describirle a un niño de ocho años la diferencia entre gustar de una persona, amarla y estar enamorado. Puede comprender los conceptos de gustar y amar, pero al no haberse enamorado nunca, este último aspecto sin duda será difícil de comunicar. Aquellos alumnos que genuinamente tengan un llamado al ministerio, comprenderán bien esta explicación y valorarán las amonestaciones y las pautas bíblicas.

Jeremías habló de un tiempo en el que guardó silencio respecto de la carga y el mensaje del Señor. Cuando no declaró ese mensaje, este se convirtió en un fuego que ardía en sus huesos. Los llamados al ministerio describen esta sensación como el impulso interior que no pudieron silenciar y esa fue la razón para comenzar. El pastor bautista Charles Spurgeon trataba de disuadir a los hombres que querían entrar en el ministerio cuando le expresaban el llamado que sentían. Posteriormente explicó que si él podía convencerlos de que no siguieran el llamado, entonces el Señor no los había llamado y esto es esencial para atravesar los tiempos difíciles que inevitablemente llegan al ministerio de cada pastor.

El aspecto externo del llamado al ministerio lo ven aquellos que están alrededor del que fue llamado. La capacidad evidente para el ministerio, la pasión por las almas, el servicio sacrificado a Dios y a los demás, y la unción divina para el ministerio son como una ciudad asentada sobre un monte que no se puede esconder. El deseo de servir que no tenga la confirmación de los creyentes cercanos al candidato debería actuar como señal de advertencia. Si un candidato en tus clases cree que la formación pastoral que le darás lo convertirá en un ministro llamado por Dios, adviértele que si no exhibe este llamado como laico, nada mágico le sucederá cuando reciba el certificado en la graduación. Será el mismo hombre de antes y otros suelen ver esto antes que él. El mismo apóstol

Pablo que dijo que el que anhela obispado, buena cosa desea, también escribió que no deberíamos imponer con ligereza las manos para separar a alguno.

Ejemplos bíblicos

La Biblia está llena de ejemplos del llamado de Dios a hombres y mujeres para que lo sirvan, algunos para que fueran donde Él los enviaba como Abraham, Jonás y Pablo, otros para tareas especiales que les demandarían el resto de sus vidas como Moisés, David, María y los discípulos, y aun otros que habiendo tenido un primer llamamiento, fueron separados para tareas especiales como Moisés, Jonás y prácticamente cada persona llamada en la Biblia. Dios tiene una tarea, un deber, un rol y un lugar preciso para cada uno de Sus hijos. Sin embargo, no todos en la Biblia están llamados específicamente al ministerio. Pablo escribió: «Doy gracias al que me fortaleció, a Cristo Jesús nuestro Señor, porque me tuvo por fiel, poniéndome en el ministerio» (1 Tim. 1:12).

Es importante comprender lo que no es un llamado al ministerio. Algunos creen equivocadamente que una aptitud natural para el ministerio es un prerrequisito para recibir o tener el llamado. Algunos ministros tienen problemas de ansiedad cuando hablan en público o carecen de habilidades para el liderazgo, y esto no se evapora milagrosamente cuando reciben un llamado y entran al ministerio. Algunos hombres se eximen de considerar el ministerio porque carecen de las habilidades naturales que se estiman necesarias. Muchas veces, los dones y las habilidades vienen cuando uno se rinde al llamado, lo que apoya la verdad tan citada de que cuando Dios llama, Él equipa, pero muchas veces no lo hace hasta que se dé el paso inicial.

El llamado al ministerio no debería ser una decisión centrada en el hombre, como la elección de cualquier otra carrera. Servir así es el llamado más alto, pero en realidad, en términos humanos es un trabajo terrible. El salario no llega a lo que la mayoría de los ministros podría ganar en trabajos seculares, la seguridad laboral suele fluctuar según las corrientes de moda en los círculos de poder, y arreglarse con el «trabajo de voluntario» es una tarea desafiante. Algunos consideran equivocadamente que el pastor debe ser la mano de obra contratada para hacer el trabajo de evangelismo, de relaciones públicas, del desarrollo de la iglesia y que debe poseer todo don espiritual. La mayoría de los pastores trabajan muchas horas, siempre están disponibles y deben ser diplomáticos creativos para que todas las facciones de la iglesia estén contentas con él y entre ellas. Además, la Biblia dice que aquellos que sirven como pastores en la iglesia serán juzgados por normas más estrictas y deberán rendir cuentas por las almas de las ovejas de su rebaño. Por supuesto, hay iglesias donde es un deleite servir, que procuran hacer que la tarea del pastor sea gratificante y efectiva, y he tenido el gozo de pastorear algunas de ellas. Sin embargo, los contextos difíciles ocurren con mucha frecuencia y habría que tenerlos en mente, para advertirles a aquellos que buscan un buen trabajo que no cometan un error trágico.

Los candidatos a pastor también deberían tener en mente que un llamado al ministerio no es una «burbuja de bendición» que protegerá al ministro de todo daño, dolor, depresión o sufrimiento. En realidad, pensemos en los héroes de la Biblia que muy ciertamente tenían un llamado al ministerio. Cada uno de ellos sufrió de algún modo o de varios. Abraham sufrió durante décadas la falta de un heredero, a pesar de la promesa de Dios de que tendría un hijo. Cuando procuró ayudar para que el plan de Dios se cumpliera, creó un desastre con el que aún hoy tenemos que lidiar. El llamado de Moisés lo condujo a regresar a la tierra donde era un fugitivo buscado por asesinato y su ministerio terminó siendo un trabajo con seguidores rebeldes durante toda su vida. El llamado de David incluyó huir por su vida y vivir escondiéndose, además de los sufrimientos de ver los pecados de sus hijos. Jeremías fue toda su vida un predicador de las calles, pero lo conocemos como el profeta llorón, porque nunca conoció a la gran iglesia exitosa ni a un ministerio que gozara de popularidad, sino que más bien sufrió el rechazo, el ridículo, las amenazas y la persecución por su fidelidad. El llamado de Pablo al ministerio y a las misiones se presenta claramente varias veces en Hechos, y él hace referencia a ese llamado en las cartas que escribió. También sufrió mucho en su vida, tanto como consecuencia de los enemigos del cristianismo como también de quienes pretendían ser predicadores del evangelio. Cristo mismo sufrió el rechazo durante todo Su ministerio, Sus discípulos lo abandonaron, las autoridades religiosas de esos días lo rechazaron, Su propia familia lo malinterpretó, lo traicionó un amigo a quien le había lavado los pies horas antes y luego fue asesinado. Jesús nos advirtió de los sufrimientos que tendríamos al servirle y nunca ocultó el camino pedregoso que Sus discípulos tendrían que transitar (Mat. 24:9). Pablo le dijo a Timoteo: «Y también todos los que quieren vivir piadosamente en Cristo Jesús padecerán persecución» (2 Tim. 3:12).

Un llamado al ministerio es crucial para permanecer firmes en las dificultades que traerá aparejadas. En esos días que parece que no puedes seguir adelante, cuando parece que todos están en tu contra y cuando el diablo te presenta mil razones para que te rindas, la absoluta seguridad de que Dios te ha llamado cambia todo el panorama y te da la energía para continuar un día más. Muchos graduados del seminario no se jubilan como ministros del evangelio porque dejan el ministerio debido al desaliento o al fracaso en algún lugar del camino. La confianza plena del llamado al ministerio es un ancla que lo sujeta durante las tormentas, hasta que el mar se calme.

Un llamado de Dios casi nunca sale de la nada. Los hombres que Dios llama al ministerio suelen ser conscientes de determinada necesidad que podrían ayudar a cubrir mediante el servicio desinteresado. Más que una mera conciencia de la necesidad, se preocupan por la falta de hombres calificados para cubrirla. Una breve entrevista con hombres que claramente han sido llamados al ministerio revelará que tienden a estar comprometidos con hacer la voluntad de Dios, sin importar lo que requiera ni dónde sea. Le dicen sí a Dios cuando Él los llama por nombre, antes de que les aclare lo que se les pedirá que hagan. Dios llama y usa a hombres así repetidas veces en situaciones ministeriales en todo el mundo. Como afirmamos, la urgencia interior y el sentido del deber estarán acompañados además por la confirmación de los que rodean al ministro. Los que mejor lo conocen darán testimonio de la presencia de dones, de pasión por el ministerio y de amor por Dios, por Su Palabra y por Su pueblo. Este llamado no les llega a hombres que lo aceptan solo cuando Dios les tuerce el brazo por detrás de la espalda y meramente acceden a servirlo bajo coerción. Cuando nos deleitamos en Él, el Señor nos da los deseos de nuestro corazón (Sal. 37:4). Esto significa que nos da un deseo que nos guiará en una dirección particular hacia donde Él quiere que caminemos. Entonces, él nos concede el anhelo al abrir las puertas para que se realice. De ese modo, nos da el deseo y también el cumplimiento de ese deseo. Él recibe más gloria cuando lo servimos con corazones gozosos y nos abocamos a la tarea con entusiasmo y celo.

El llamado de Dios al ministerio es el más alto y es la vida más gratificante que uno puede tener; por cierto, no podría haber una inversión mayor de la vida, de la energía y los recursos. Cuando recién nos damos cuenta de este llamado, o cuando comenzamos a responder, podemos sentir entusiasmo o temor. Puede tratarse del siguiente paso lógico en el camino que un hombre viene transitando o un cambio radical de dirección que le dé un giro diferente a la vida. Decirle sí a Dios es el comienzo de una aventura gratificante. Él estará presente cuando las familias le den la bienvenida a la vida nueva de un bebé y cuando otros exhalen su último suspiro para dejar este mundo y partir hacia la otra vida. Guiará a algunos a Cristo, los bautizará, los casará, los pastoreará y los sepultará. Será un guía espiritual y un consejero frente a las decisiones más grandes que la mayoría de la gente tome. No debería entrar en el ministerio a la ligera sin un llamado. Debe tener la seguridad de que Dios lo ha llamado y si lo ha hecho, debe proseguir con la confianza de que Dios está con él y que lo sostendrá.

> El Señor es quien va delante de ti. «Jehová va delante de ti; él estará contigo, no te dejará, ni te desamparará; no temas ni te intimides» (Deut. 31:8).

> Mira que te mando que te esfuerces y seas valiente; no temas ni desmayes, porque Jehová tu Dios estará contigo en dondequiera que vayas (Jos. 1:9).

Lecturas recomendadas

Diccionario Bíblico Ilustrado Holman. Actualizado y aumentado. Nashville, TN: B&H Publishing Group, 2014.

House, Paul R. y Eric Mitchell. *Old Testament Survey*. Nashville, TN: B&H Academic, 2007.

LaSor, William Sanford, David Allan Hubbard y Frederic William Bush. *Old Testament Survey: The Message, Form, and Background of the Old Testament,* 2da ed. Grand Rapids, MI: Eerdmans, 1996.

Manners and Customs of Bible Times. Nashville, TN: B&H Publishing Group, 2007.

Sills, M. David. *The Missionary Call: Find Your Place in God's Plan for the World*. Chicago, IL: Moody, 2008.

RVR 1960 Biblia de estudio Holman. Nashville, TN: Holman Bible Publishers, 2014.

Tyndale Handbook of Bible Charts and Maps. Carol Stream, IL: Tyndale House, 2001.

Whitney, Donald S. *Spiritual Disciplines for the Christian Life*. Colorado Springs, CO: NavPress, 2014.

Módulo 2 Objetivos de aprendizaje

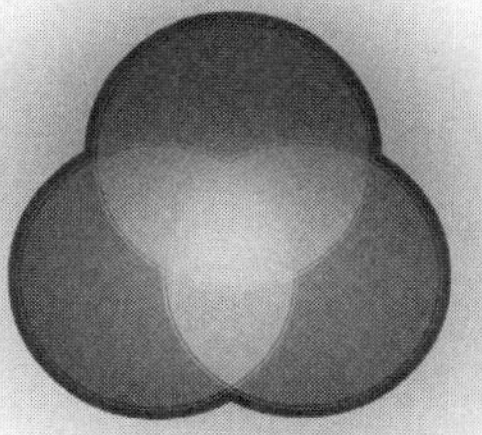

La oración
Panorama del Nuevo Testamento
El carácter del pastor

Al finalizar este módulo, los alumnos podrán:

1. **El corazón: La oración**
   a) Explicar por qué los pastores deben ser hombres de oración y deben esforzarse por alcanzar la santidad.
   b) Describir la vida de oración de Jesús y Sus enseñanzas sobre la oración.
   c) Explicar qué es la oración y cómo Dios suele responderla.
   d) Comprender la importancia de cultivar el fruto del Espíritu en una vida llena de gozo.
   e) Explicar cómo se benefician los pensamientos del pastor al concentrarse en lo que es honesto.

2. **La mente: Panorama del Nuevo Testamento**
   a) Nombrar los distintos géneros literarios que se encuentran en el Nuevo Testamento.

b) Identificar maneras en que el Antiguo Testamento se cumple en el Nuevo.
c) Explicar las diferencias entre los Evangelios al identificar a sus autores, las fechas y los destinatarios.
d) Seguir los cinco temas a través de los Evangelios.
e) Citar elementos claves de Hechos de los apóstoles; autor, fecha y rastrear los cinco temas.
f) Enumerar las Epístolas paulinas y mencionar sus audiencias, propósitos, sus particularidades y rastrear los cinco temas en ellas.
g) Mencionar y explicar la diferencia entre las epístolas pastorales y las de la prisión.
h) Enumerar los autores y las fechas de las Epístolas generales y rastrear los cinco temas en ellas.
i) Explicar la naturaleza del libro de Apocalipsis, su autor, su audiencia y la fecha en que se escribió.
j) Rastrear los cinco temas en el libro de Apocalipsis.
k) Explicar por qué se considera que este libro contiene literatura apocalíptica y mencionar su importancia para el cristiano de hoy.

3. **Las manos: El carácter del pastor**
   a) Describir a qué se refiere el carácter piadoso y su importancia para los pastores.
   b) Describir la clase de hombres a quienes Dios llama al ministerio pastoral.
   c) Mencionar las cualidades que Pablo enumera como requisitos para ser pastor o anciano en 1 Tim. 3:1-7 y Tito 1:6-9.
   d) Explicar a qué se refieren (y a qué no) las cualidades de carácter que Pablo requiere: Irreprensible, marido de una sola mujer, que gobierne bien su casa, que tenga a sus hijos en sujeción, hospedador, no codicioso de ganancias deshonestas ni avaro, dueño de sí mismo, sobrio, no dado al vino, decoroso, que tenga buen testimonio para con los de afuera, apto

para enseñar la sana doctrina, no pendenciero sino amable, no iracundo, santo, amante de lo bueno.

e) Comprender las tres clases de hombres que no poseen carácter pastoral: el hombre para las mujeres, el hombre para los hombres y el hombre egoísta. Y el hombre con el carácter deseado para un pastor: el hombre para Dios.

Módulo 2

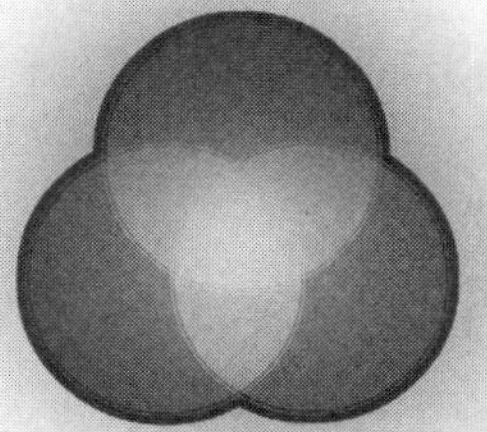

La oración
Panorama del Nuevo Testamento
El carácter del pastor

El ministro cristiano debe desarrollar una relación íntima con Dios, un conocimiento de lo que Él ha revelado sobre sí mismo y debe crecer en su carácter para llegar a reflejar el carácter de Dios en todo lo que es, dice y hace. Separado de Jesucristo, ningún ser humano ha podido lograrlo, ya sea antes de que Él caminara entre nosotros o después; sin embargo, esta meta debería definir el profundo deseo de un discipulado profundo en la vida del ministro. Los componentes del corazón, la mente y las manos de esta semana de estudio se entrelazan con mucha naturalidad entre sí en lo que procuramos desarrollar en las vidas de los alumnos que buscan una preparación pastoral. Una creciente vida de oración es esencial para comprender el Nuevo Testamento en profundidad y para lograr el gozo verdadero que debería estar presente en un pastor. Ese conocimiento bíblico y ese gozo lo guiarán a concentrar sus pensamientos en lo honesto, que a su tiempo, transformará su carácter para convertirse en un líder piadoso a quien será un placer seguir.

El corazón

Breve reseña

Los pastores deben ser hombres de oración que persigan la santidad, de modo que Dios pueda usarlos poderosamente en Su servicio. Un cirujano experimentado no puede, ni deseará, usar un bisturí desafilado y sucio. Charles Spurgeon decía: «Sea cual fuere el "llamado" que un hombre pretenda tener, si no ha sido llamado a la santidad, ciertamente no ha sido llamado al ministerio». Para esforzarse por alcanzar la santidad necesaria en un mundo caótico, el ministro debe procurar caminar con Dios a diario y aprender a reconocer Su voz. La vocecita suave de Dios que guía al ministro tanto en el andar diario como en las grandes decisiones que debe tomar es tan sutil como una suave brisa; el resto del mundo no la percibe, pero habla claramente al oído abierto de un discípulo. Para aprender a oír esa voz, debes acercarte lo más posible a Jesús y permanecer allí. Este es el fundamento del discipulado. Se ha citado que Dallas Willard dijo: «El discipulado es el proceso de convertirse en lo que sería Jesús si fuera tú».

La oración fue una parte muy importante de la vida y las enseñanzas de Jesús. Dedicaba tiempo para concentrarse en la oración, algunas veces toda la noche. En otras ocasiones, se levantaba a orar muy temprano, antes de que hubiera luz. Oró en busca de dirección, antes de escoger a Sus discípulos y cuando se enfrentó a tiempos de prueba. También espera que nosotros oremos. Comenzó algunas de Sus enseñanzas sobre la oración con las palabras: «y cuando ores…». También nos enseñó cómo orar a través de la historia de la viuda persistente, donde nos dijo que debemos insistir, seguir buscando y seguir pidiendo (Luc. 18).

Para un pastor, la oración no es optativa. John Owen escribió: «Aquel que pasa más tiempo en el púlpito frente a su gente que en su cuarto a favor de su gente no es más que un triste centinela». El único modo de conocer a Dios es conocer lo que ha revelado sobre sí mismo en la Biblia y empaparse de Sus enseñanzas. No obstante, para comprender cabalmente las verdades bíblicas, debes orar y pedirle a quien inspiró estas palabras que ilumine tu mente para comprenderlas. David oró: «Abre mis ojos, y miraré las maravillas de tu ley» (Sal. 119:18). Pablo explica más sobre esta verdad en 1 Corintios 1:18: «Porque la palabra de la cruz es locura a los que se pierden; pero a los que se salvan, esto es, a nosotros, es poder de Dios». Y en 2:14: «Pero el hombre natural no percibe las cosas que son del Espíritu de Dios, porque para él son locura, y no las puede entender, porque se han de discernir espiritualmente». Pablo enseña aquí que aunque cualquier persona alfabetizada pueda leer las palabras en una página, solo aquel que tiene al Espíritu, que camina a Su ritmo, puede comprender verdaderamente lo que significan. Por lo tanto, debemos orar mientras caminamos a diario con Dios, para pedirle que podamos aprender de Su palabra y podamos discernir Su voluntad.

La oración es esencial para desarrollar un estrecho caminar con Dios y mantener una constante comunión con Él. El enemigo lo sabe muy bien y se esfuerza por impedir que te pongas de rodillas. Algunos dicen que les resulta difícil encontrar el tiempo necesario para orar fervientemente o para mantenerse concentrados e impedir que sus mentes divaguen cuando oran. El esfuerzo para vencer estos desafíos es de vital importancia. Considera lo que algunos gigantes espirituales que nos precedieron sostuvieron sobre la necesidad de la oración en la vida del pastor. Ellos también conocían las dificultades, pero a la vez enfatizaron la importancia de vencerlas. El pastor Martyn Lloyd-Jones dijo: «Todo lo que hacemos en la vida cristiana es más fácil que orar».[1] Oswald Sanders dijo: «Si quieres humillar a un hombre, pregúntale sobre su vida de oración». Robert Murray M'Cheyne dijo: «Un hombre es lo que es sobre sus rodillas delante de Dios y nada más».[2] Si unimos estas declaraciones, veremos que estos héroes piadosos del pasado comprendían la difícil tarea que representa la oración. Pero a la vez, también conocían la estrecha conexión entre la oración ferviente y sostenida, y el combustible necesario para el crecimiento espiritual y el poder en el ministerio. El diablo sabe lo

---

[1] Martyn Lloyd Jones, página consultada el 29 de febrero de 2016. http://www.ravenhill.org/maxims3.htm.

[2] La fuente original de esta cita no es clara, pero se le atribuye ampliamente a M'Cheyne sin divergencia.

crucial que es una vida de oración ferviente para ti y luchará tenazmente para que no tengas éxito en este emprendimiento. También sabe que si puede mantener al pastor distraído, demasiado ocupado, o demasiado cansado como para orar fervientemente, la batalla seguirá el curso que él quiere. Es crucial que continuemos acercándonos cada vez más a Dios a través de la oración.

La Biblia nos dice cómo orar, nos ejemplifica la oración y hasta nos dice cuándo orar. Jesús nos enseñó cómo orar a través de la oración modelo, a la que algunos llaman el Padrenuestro. El Espíritu Santo también nos permite conocer otras oraciones de Jesús al haber inspirado a los escritores de los Evangelios para que las registraran en la Escritura. Además, podemos leer las oraciones de otros en la Biblia. La Palabra de Dios incluso nos dice cuándo orar en versículos como Colosenses 4:2 (énfasis añadido): «**Perseverad en la oración, velando en ella** con acción de gracias» y 1 Tesalonicenses 5:17 (énfasis añadido): «**Orad sin cesar**». Estos versículos dejan en claro que la oración no debería ser esporádica y que no deberíamos orar solo en tiempos de pánico o necesidad; debería formar parte de nuestra vida al igual que la respiración.

¿Qué es la oración?

Orar es simplemente hablar con Dios. Si lo piensas, cuando leemos Su Palabra Él nos habla, y cuando oramos, nosotros le hablamos a Él y así disfrutamos de una dulce conversación. Pero lo cierto es que oramos regularmente incluso cuando leemos Su Palabra, y Él nos habla incluso cuando oramos. Nuestro tiempo de oración y de lectura de la Biblia nos lleva a la comunión con Dios cada día. La oración no necesita seguir alguna fórmula litúrgica precisa para ser «bíblica» o para agradarle a Dios. Aunque las oraciones pueden ser tan poéticas y elaboradas como uno de los salmos de David, el Señor también escucha plegarias tan sencillas como el grito de Pedro: «¡Señor, sálvame!», cuando se hundía en el mar de Galilea. Cuando el Señor les enseñó a Sus discípulos la oración modelo, llamado también el Padrenuestro, no fue tanto para señalarnos qué palabras usar, sino para mostrarnos lo más importante y las clases de preocupaciones que deberíamos traer delante del Padre. La oración demuestra nuestra dependencia de Dios, reclama Sus promesas y nos muestra nuestra creencia de que Él está allí para escuchar y responder a aquellos que se acercan a Él en fe.

La oración no es un medio de manipulación y no deberíamos esperar que Dios nos conceda todo lo que pedimos, aunque Él siempre contesta cada oración de Sus hijos. Algunas veces dice sí; otras, no; y algunas otras, espera. Él sabe qué es lo mejor y si supiéramos todo lo que Él sabe, desearíamos todo lo que Él desea. Es probable que Dios demore una respuesta a la oración debido al pecado en nuestra vida, o la oración tal vez no esté de acuerdo con Su voluntad; también puede faltarnos fe. Cuando las respuestas a nuestras oraciones parecen demoradas, deberíamos examinar nuestras vidas para ver si alguna de estas razones puede ser la causa y luego de agotar todas las posibilidades, simplemente confiar en que Sus caminos y Sus tiempos son los mejores. Don Whitney escribió sobre la importancia de confiar mientras esperamos: «La fe nunca crecería si todas las oraciones fueran contestadas de inmediato».[3] Tal vez, Dios permite un tiempo de silencio para probarnos, y los maestros siempre guardan silencio durante el momento de la prueba.

Qué enseñar

Al explicarles a tus alumnos lo que la Biblia enseña sobre la oración, enfatiza su importancia, el rol clave que jugó la oración en la vida de Jesucristo y cuánto la necesitamos para acercarnos más a Dios y convertirnos en la persona que Él desea usar. Algunos alumnos desean aprender «los tres pasos fáciles para tener una vida poderosa de oración» o una «lista de componentes esenciales» para saber de qué maneras orar, pero por supuesto, es imposible crear un sistema perfecto de oración que se adapte a todas las personas y las situaciones. La oración debe ser tan natural y debe estar siempre presente como tu respiración o el latido de

---

[3] Donald Whitney, *Spiritual Disciplines for the Christian Life* (Colorado Springs, CO: NavPress, 2014), 98.

tu corazón, y los motivos de oración, las emociones que sientas durante la oración y la cantidad de tiempo que pases en oración variarán a lo largo del día, todos los días. La tendencia legalista a establecer reglas suele estar presente en la mentalidad de los nuevos creyentes que desean aprender «lo que se puede hacer y lo que no» de los misioneros que los trajeron a Cristo y que ahora los discipulan, y eso incluye sus vidas de oración. Las oraciones memorizadas no son el mejor modelo a establecer. No obstante, algunos modelos de oración pueden ser instructivos al comienzo, ya que demuestran las clases habituales de oración y pueden servir como el esqueleto de las oraciones del estudiante.

Un modelo que me ha parecido efectivo para creyentes en todas las instancias de su caminar con el Señor y también de diferentes culturas es el modelo ACTS. Este modelo es un acrónimo que representa los componentes del modelo de oración por sus siglas en inglés: Adoración, Confesión, Acción de gracias y Súplica [*Adoration, Confession, Thanksgiving, and Supplication*]. En este modelo, los creyentes nuevos ven la importancia de la adoración personal que reconoce la grandeza, los atributos y la perfección de Dios, y dedica tiempo a admirarlo, adorarlo y reverenciarlo antes de presentar sus peticiones. También se ejemplifica la confesión de pecados. A.W. Tozer escribió: «Todo hombre es tan santo como quiere serlo».[4] Dedicar tiempo a reconocer los pecados que cometemos a diario, renunciar a ellos, expresar un sincero arrepentimiento e invocar la promesa de 1 Juan 1:9 nos permite recordar el mensaje del Evangelio y su aplicación a nuestras vidas. Saber que la sangre de Cristo nos limpia de todo pecado nos da confianza para acercarnos a Dios.

Esto conduce naturalmente a la acción de gracias por el Evangelio y por todas las bendiciones que recibimos. Entonces, por último, con nuestros corazones preparados de este modo, clamamos a Él por nuestras necesidades, cargas, enfermedades, desafíos y por los temores que enfrentamos, e intercedemos por otros. Por supuesto, Él sabe todo lo que necesitamos antes de que se lo pidamos, pero nos dice que oremos y promete oír

---

[4] A. W. Tozer, *Man: The Dwelling Place of God*, página consultada el 29 de febrero de 2016. http://www.worldinvisible.com/library/tozer/5j00.0010/5j00.0010.09.htm.

nuestras oraciones y obrar a través de ellas. El modelo ACTS no es una estructura formal para cada oración que hacemos. Como mencionamos, cuando Pedro comenzó a hundirse exclamó correctamente: «¡Sálvame!», y Jesús oyó y actuó, aunque Pedro no dedicó tiempo a cada aspecto de este modelo. No obstante, puede servir como un útil bosquejo básico para las oraciones y peticiones diarias. Algunas guías instructivas sobre la oración añaden la necesidad de incluir expresiones de fe a este modelo, y como en otros idiomas no se apreciará el valor mnemotécnico del acróstico ACTS, es un agregado útil para enfatizar. Sin fe, es imposible agradar a Dios y pocas personas dedicarían tiempo a la constante «oración eficaz que puede mucho» si no tuvieran fe en que Él oye y responde.

De tanto en tanto, recuérdales a tus estudiantes que la adoración no debería ser algo que tenga lugar solo en el edificio de la iglesia y que nuestros afectos religiosos no deberían materializarse solo el domingo desde las nueve de la mañana hasta el mediodía. Del mismo modo, ayúdalos a comprender que la oración no es una actividad que gane méritos ni un deber que marcamos como hecho en nuestra lista de actividades religiosas. Más bien, los discípulos deberían mantener un espíritu constante de oración. Esta disciplina comprende toda la vida, no simplemente los cinco componentes de ACTS. A diario deberíamos acudir a nuestro Padre celestial, como cualquier niño acude a su padre terrenal. Nuestras preocupaciones, temores o cargas son motivos de oración legítimos, junto con cada detalle de nuestra vida. ¿Qué padre terrenal no estaría preocupado por algo que a su hijo le preocupa mucho? La Palabra de Dios nos ordena que echemos todas nuestras cargas sobre Él, grandes o pequeñas.

Algunas veces, los alumnos creen que el Dios del universo seguramente está demasiado ocupado como para preocuparse por nuestros temores, deseos, ansiedades, necesidades y preguntas. Llegan a la conclusión de que solo deberían mencionar en oración los problemas muy grandes. Recuérdales que Dios no está limitado como nosotros; Él conoce cada cabello de nuestra cabeza y ni un gorrión cae a tierra sin que Él lo sepa. Él puede oír todas las oraciones, aunque cada persona sobre la tierra orara al mismo tiempo. Recuérdales que no solo lleven a Dios sus necesidades, sino también sus alegrías, anhelos, planes y sus sinceros sentimientos ante las victorias. En Efesios 6:10-18, Pablo escribió que debemos vestirnos con toda la armadura de Dios cuando oramos y que debemos orar en el Espíritu. Fíjate cómo Pablo dice que debemos orar como guerreros:

> Por lo demás, hermanos míos, fortaleceos en el Señor, y en el poder de su fuerza. **Vestíos de toda la armadura de Dios, para que podáis estar firmes contra las asechanzas del diablo.** Porque no tenemos lucha contra sangre y carne, sino contra principados, contra potestades, contra los gobernadores de las tinieblas de este siglo, contra huestes espirituales de maldad en las regiones celestes. Por tanto, **tomad toda la armadura de Dios,** para que podáis resistir en el día malo, y habiendo acabado todo, estar firmes. Estad, pues, firmes, **ceñidos vuestros lomos con la verdad, y vestidos con la coraza de justicia, y calzados los pies con el apresto del evangelio de la paz.** Sobre todo, tomad el **escudo de la fe,** con que podáis apagar todos los dardos de fuego del maligno. Y tomad **el yelmo de la salvación,** y la **espada del Espíritu, que es la palabra de Dios; orando en todo tiempo con toda oración y súplica en el Espíritu,** y velando en ello con toda perseverancia **y súplica por todos los santos.** (Énfasis añadido).

Enséñales a los alumnos a orar con las palabras de la Biblia, a reclamar Sus promesas mientras las leen, a orar mientras leen y leer mientras oran. Cuando la Biblia menciona las promesas, los atributos, la fidelidad de Dios o cualquier otro aspecto relativo a su ferviente oración del momento, pueden recordar que este mismo Dios que actuó de manera tan poderosa a favor de Su pueblo en la Biblia es también su Dios. Al usar estos pasajes pertinentes y poderosos en sus oraciones, pueden recordarle al Señor —y recordarse a sí mismos— lo que Él ha dicho. Enséñales que, si lo hacen con reverencia, no deben temer ser irrespetuosos al recordarle al Señor Sus promesas. A Él le encanta oír que Sus hijos invocan Sus promesas, así como a nosotros nos encantaría oír lo mismo de nuestros hijos.

La Biblia dice que debemos orar en todo tiempo y en toda clase de situación. Leer los salmos en un espíritu de oración facilitará enormemente esta clase de vida de oración. La meta del discípulo es desarrollar un corazón que lata en sintonía con el del Padre. Para ser como David, que tenía un corazón conforme al de Dios, debemos aprender a amar lo que Dios ama y a desear lo que Él desea. Bob Pierce, un amigo de Billy Graham que fundó el Orfanato para Niños de Corea, solía orar: «Oh Dios, quebranta mi corazón con las cosas que quebrantan el tuyo». No procuramos que Dios se incline hacia nuestra voluntad, sino que oramos hasta que Su voluntad sea la nuestra. Se ha atribuido a C. S. Lewis la frase: «Oro porque no puedo evitarlo. Oro porque soy inútil. Oro porque la necesidad fluye de mí todo el tiempo, mientras estoy despierto y mientras duermo. No cambia a Dios, me cambia a mí». Deseamos avanzar en nuestro caminar con Dios a través de la oración al punto tal que esta se convierta también en el latido de nuestros corazones.

La Biblia nos enseña que debemos orar en el Espíritu, pero para hacerlo, debemos estar en el Espíritu y el Espíritu debe estar en nosotros. Dios tiene muchos hijos, pero no tiene nietos. Cuando hablamos con el Padre en oración, debemos hacerlo como Sus hijos. Nunca deberíamos ver la oración como una fórmula que intenta manipular a Dios. Eso es lo que tratan de hacer los paganos y los antropólogos lo categorizan como magia o hechicería. En cambio, en la oración cristiana, los verdaderos hijos del Padre claman a Él con mucha naturalidad cuando están dolidos, le dan gracias cuando desbordan de gozo y acuden a Él cuando están necesitados. Esta clase de intimidad crece como producto del caminar al paso de Su Espíritu.

Los cristianos de todos los tiempos han usado listas de oración como recordatorios de los asuntos que desean elevar al Padre a diario, en lugar de orar solo de manera improvisada. Esto no necesariamente disminuye el fervor de las oraciones escritas, aunque puede suceder. A. W. Tozer escribió sobre el peligro de convertirnos en un «fichero cristiano» si no tenemos cuidado. Este es aquel que saca la lista cuando comienza su tiempo de oración y, medio dormido, la lee como si recitara la lista del supermercado, luego tilda la casilla de oración en su lista de tareas para el día y guarda la tarjeta en el cajón hasta mañana. Lejos de ser el frío deber diario, una lista de oración (aun cuando esté confeccionada en una tarjeta de fichero) puede ser una manera útil de recordar todo aquello por lo que queremos orar cada día. Cuando la lista se vuelve demasiado larga, podemos dividir los pedidos de oración repartidos en los días de la semana o en momentos del día. Algunos usan otras clases de recordatorios para orar, como por ejemplo, las necesidades que vienen a la mente al desarrollar las actividades cotidianas, los lugares que se frecuentan o los sonidos rutinarios; por ejemplo, ora todos los días por un amigo misionero cuando te sientas a almorzar, en el parque durante tu caminata diaria, o cuando suena la campana entre una clase y otra en la escuela.

Si el problema son las distracciones o la dificultad para concentrarse, puede ser útil tener un bloc de notas y un lápiz a mano. Si todas las distracciones durante la oración fueran pensamientos descarriados o pecaminosos, se simplificaría nuestro esfuerzo por sofocarlos mediante una política de tolerancia cero que descarte cualquier pensamiento que nos venga a la mente. Lamentablemente, algunas distracciones que saltan en nuestra mente son cuestiones legítimas que necesitan atención. He descubierto que si las anoto en un bloc de notas para ocuparme de ellas luego de mi tiempo de oración, puedo volver a orar y permanecer concentrado sin sentirme irresponsable ni estar nervioso de que pueda olvidarme de algo importante. A algunos les resulta más fácil concentrarse en la oración cuando oran en voz alta. A otros les parece útil escribir sus oraciones. No existe una fórmula para decir las palabras en oración, para el orden en el cual se deben traer las preocupaciones a Dios ni cómo decirlas: ya sea en silencio, en voz alta o por escrito. Lo importante es hablar a diario con tu Padre. Un pastor piadoso desarrolla patrones que le den resultado para acercarse a Dios y mantenerse allí.

El fruto del Espíritu: Gozo

En el último módulo, hablamos sobre el amor como la primera característica del fruto del Espíritu que Pablo enumera en Gálatas 5:22-23.

En este módulo, hablaremos del gozo. Desafía a tus alumnos a imaginar su vida, su ministerio y sus relaciones llenos de gozo. Esta es una característica muy positiva que deseamos desarrollar en nuestra propia vida y en las de nuestros alumnos. Una humilde sugerencia en este punto es que como maestro, examines primero tu vida. Si no estás siendo ejemplo de la conducta y la actitud que enseñas, tu mensaje no será recibido ni adoptado. Recuerda que a la mayoría de los aprendices en el mundo les resulta difícil separar la verdad de quien la dice. La verdad es igual a la relación más la experiencia. Lo que tus alumnos aprendan al observarte será la lección que les quede. ¿Te acuerdas de tu profesor favorito de la universidad, aquel que produjo el mayor impacto en tu vida? Seguramente recuerdas su actitud, su personalidad y su amabilidad hacia ti, pero no las lecciones específicas. Lo mismo sucederá con tus estudiantes; aprenderán más de ti y de lo que eres que de lo que dices, en especial si no hay una coherencia entre las dos cosas.

El gozo no es una felicidad hilarante. Etimológicamente, la felicidad tiene que ver con la casualidad o con circunstancias que se presentan en un determinado momento. El gozo no se basa en las circunstancias, entonces no cambia cuando estas cambian. Se basa en una realidad interior perdurable. Aunque las dos palabras, *feliz* y *gozoso*, pueden describir a un cristiano en cualquier momento dado (y muchas veces lo hacen), no son sinónimos, así como *feliz* y *gracioso* tampoco son lo mismo. La felicidad hilarante no está mal, pero nunca deberíamos confundirla con el gozo. La felicidad pasajera la produce algo externo que nos trae sonrisas y carcajadas; el gozo es algo que fluye del interior hacia fuera. Proviene del Espíritu Santo que mora en nosotros, de la paz que fluye de una correcta relación con el Padre a través de Jesucristo, y de un profundo sentido de Su presencia y de Su mano de favor sobre tu vida.

Un discípulo que crece en Cristo, que desarrolla una intimidad cada vez más profunda con Él y que se deleita cada día en el brillo de Sus bendiciones, no debería pasar rápidamente de la tristeza a la felicidad, de la paz a la ansiedad o de las alturas emocionales a las profundidades de la depresión frente a cada cambio en las circunstancias. El gozo proviene de tener a Cristo en nuestro interior.

Hemos sido llamados a ser pescadores de hombres, no cazadores. Esa metáfora debería ejemplificar la manera en que tenemos que vivir. Como tales, debemos tener una vida que atraiga, que acerque a la gente para preguntarnos sobre la fuente de nuestro gozo interior, de nuestra paz y sí, también de nuestra felicidad. La risa puede ir y venir como las sombras, y el llanto también llega a nuestra vida algunas veces, pero solo están de paso; el gozo permanece. El fruto del Espíritu es gozo.

Los pensamientos del pastor: Lo honesto

Aprendimos en el módulo anterior que Pablo les enseñó a los creyentes en Fil. 4:8-9 a que dejaran de tener patrones de «pensamientos basura»; en otras palabras, esos ciclos de pensamiento destructivo que siempre giran hacia abajo. Una ilustración de ese ciclo de pensamiento es cuando alguien comienza a meditar en todo lo malo que le puede suceder y luego, comienza a creer que estas tragedias no solo son posibles, sino probables. A partir de allí, el impulso los lleva a creer que el desenlace negativo no es solo posible o probable, es definitivamente cierto, y será lo peor que se pueda imaginar. Pablo dijo que el discípulo de Cristo no debe pensar así. En cambio, debemos meditar en aquello que es verdadero. Esta semana, Pablo va más allá para enseñar que el discípulo debe añadir a este nuevo ciclo de pensamiento positivo todo lo que sea honesto. Esto significa que los pensamientos del pastor no solo deberían caracterizarse por aquello que es verdad, sino también por aquello que es digno de honra.

Los pensamientos son una parte importante donde debemos honrar al Señor en todo lo que somos, decimos y hacemos. Las cosas que aceptamos como verdad, la manera en que interpretamos los sucesos de la vida y el crédito que le damos a la enseñanza bíblica son indicadores del valor que Dios tiene en nuestra mente. Las cosas que pueden traerle a Él honor y gloria, pero que a mí me cuestan mucho, no solo *no* deberían disminuir mi gozo como si estuviera obligado a acceder o a aceptarlas de mala gana, sino que en cambio, debería aceptarlas con gozo al saber que esta es Su voluntad para mí en esta etapa de la vida. La palabra clave en la oración anterior es *deberían*. Una actitud así no es fácil, automática, ni está garantizada en la vida de un creyente, sino que debe aprenderse. Recuerda que Pablo también escribió en este mismo capítulo de Filipenses: «No lo digo porque tenga escasez, pues he *aprendido* a contentarme, cualquiera que sea mi situación» (4:11, énfasis añadido).

Los pensamientos del pastor deberían girar alrededor de cosas que son verdaderas y honestas. Cuando se agolpan los pensamientos en la mente para traer lujuria, orgullo, ansiedad, temor o preocupación, el discípulo debería detenerse y preguntarse: «Un momento, ¿esto es verdad? ¿Honra a Dios? ¿El Señor Jesús afirma esto como verdad y recibe honra si me concentro en esto?». Si la respuesta es no, entonces debemos reemplazar esta clase de pensamiento con todo lo que sea verdadero y honesto. Esta guía también será una bendición para muchas conversaciones entre cristianos, para ayudarlos a evitar el chisme, la calumnia y la murmuración.

Debemos orar, anhelar y esforzarnos por madurar al punto en que lo único que deseamos sea LO ÚNICO que Él desea, y que podamos orar: «no se haga mi voluntad, sino la tuya» (Luc. 22:42). Esto viene con el discipulado, la rendición y el reconocimiento del gozo que proviene del interior: el Espíritu Santo que mora en ti y que hace que te parezcas más a Jesús. Cuando te das cuenta de que Él sabe exactamente lo que necesitas para conformarte a la imagen de Cristo, y que obra todas las cosas según el propósito de Su voluntad, se hace más fácil sonreír en medio del dolor. Piensa en alguien que conozcas que haya alcanzado este gozo a pesar de las circunstancias difíciles, alguien que demuestra en sus palabras y en su actitud que se concentra regularmente en lo que es verdadero y honesto. Dales a los alumnos el ejemplo de la vida de esa persona y habla sobre cómo puede usarse como un modelo a imitar. Luego, llévalos a pensar en alguien en su vida que pueda encajar en este patrón para imitarlo.

La mente

Panorama del Nuevo Testamento

Como mencionamos en el módulo anterior, una clara comprensión del Antiguo Testamento es esencial para entender bien el Nuevo Testamento y viceversa. Lo dicho en el módulo previo sobre los aspectos básicos del Antiguo Testamento, como el origen y la naturaleza de la Escritura, los géneros literarios y los cinco temas que se rastrearán, se aplican también a este módulo, así que no los reiteraré aquí. Toma un momento para revisar el punto que enfatiza la importancia de enseñar teología bíblica e historia de la Biblia al enseñar esta breve reseña; lo encontrarás al comienzo de la sección sobre el Antiguo Testamento, en el módulo previo.

La reseña del Nuevo Testamento en este módulo simplemente resalta algunos de los componentes básicos que deberías abordar en tu enseñanza. Además de estos puntos, el maestro debería consultar una Biblia de estudio de calidad, un manual o diccionario bíblico, necesarios para obtener información adicional para preparar la lección. El maestro también necesitará proporcionar comentarios adicionales sobre pasajes y temas específicos, enseñanzas o aplicaciones específicas para cada cultura e ilustraciones útiles para las lecciones, que pueden obtenerse en las Biblias de estudio y otros recursos. Recuerda que el maestro y el programa de formación más efectivos contextualizan el material tomando en cuenta las consideraciones culturales y adaptando el método de enseñanza a situaciones específicas. Como se mencionó en el módulo anterior, un excelente enfoque para mostrar los temas, los géneros y la línea de la historia en general de la Biblia es conocer la sección sobre la que estás enseñando lo suficientemente bien como para comenzar el tiempo de enseñanza abriendo la porción de la Biblia correspondiente y a la vez que pasas las páginas, guiar a los alumnos mientras señalas notas de interés y aspectos sobresalientes en el camino.

Los Evangelios

Los primeros cuatro libros del Nuevo Testamento son los Evangelios de Mateo, Marcos, Lucas y Juan. No se trata de biografías en el sentido técnico, aunque describen en mayor o menor detalle el origen humano de Jesucristo y los aspectos relacionados con Su vida. No obstante, hay poca información sobre los primeros años de la vida de Jesús, porque se concentran en Su ministerio público, en Sus enseñanzas y en los sucesos de la semana de la Pasión. Estos Evangelios fueron escritos con una intención evangelística para explicar quién es Jesús y qué enseñó, más que como verdaderas biografías. A los tres primeros Evangelios se los conoce como Evangelios sinópticos, ya que «ven juntos», es decir, presentan muchas de las mismas enseñanzas, parábolas, milagros y orden cronológico, y lo hacen prácticamente desde el mismo punto de vista. El Evangelio de Juan fue el último que se escribió y refleja más un énfasis teológico que incluye componentes de la vida y de las enseñanzas de Jesús que no se encuentran en los tres primeros Evangelios.

MATEO

Autor: El apóstol Mateo, un recaudador de impuestos.

Fecha: 50-70 d.C.

Destinatarios: Escrito dentro del género de un Evangelio biográfico dirigido a lectores con trasfondo hebreo. Los sucesos históricos que Mateo presenta no necesariamente ocurren en orden cronológico. Los escritores de los Evangelios presentan los sucesos en un formato temático para enseñar y explicar.

Sucesos: Mateo es el más «judío» de los cuatro Evangelios. Enfatiza que Jesús es el Mesías, lo que lo convierte en la transición perfecta entre el Antiguo y el Nuevo Testamento.

Temas:

La soberanía — Mateo enfatiza el cumplimiento de las profecías del Antiguo Testamento en el nacimiento, el ministerio y la pasión de Jesús. Sus milagros, como el de la alimentación de los 5000, las sanidades, Su transfiguración, la enseñanza con autoridad, las profecías y el cumplimiento de ellas y, sin duda, Su resurrección de entre los muertos son todas demostraciones de Su soberanía.

La ley — Aunque muchos creen que el Antiguo Testamento se concentra en la ley y que el Nuevo Testamento habla solo de la gracia, debemos recordar que Jesús dijo: «No penséis que he venido para abrogar la ley o los profetas; no he venido para abrogar, sino para cumplir. Porque de cierto os digo que hasta que pasen el cielo y la tierra, ni una jota ni una tilde pasará de la ley, hasta que todo se haya cumplido» (5:17-18).

La gracia — En el Sermón del Monte, Jesús enseña que debemos dar a otros sin reservas el amor que hemos recibido: «Oísteis que fue dicho: Amarás a tu prójimo, y aborrecerás a tu enemigo. Pero yo os digo: Amad a vuestros enemigos [...] y orad por los que os ultrajan y os persiguen» (5:43-45). «Porque si perdonáis a los hombres sus ofensas, os perdonará también a vosotros vuestro Padre celestial; mas si no perdonáis a los hombres sus ofensas, tampoco vuestro Padre os perdonará vuestras ofensas» (6:14-15).

Cristo — Mateo termina su Evangelio cuando Cristo promete estar con nosotros. Lo hace dentro del contexto de Su último mandamiento a Su pueblo. En la Gran Comisión, dijo que hagamos discípulos a todas las naciones, que les enseñemos a obedecer todo lo que Él dijo y que Él estará con nosotros hasta el fin del mundo. Él está aquí.

La responsabilidad — La responsabilidad que Cristo le da a la iglesia, y a cada creyente, respecto a lo que debemos hacer hasta que Él regrese se encuentra en ese mismo pasaje. Hay muchas cosas buenas que los cristianos y las iglesias deben hacer, pero el mandamiento claro dice que debemos predicar el Evangelio, hacer discípulos, bautizarlos y enseñarles a obedecer todo lo que nos mandó.

Marcos

Autor: Marcos es el autor, pero se basa en gran medida en la perspectiva del apóstol Pedro, así que algunas veces, se lo llama el Evangelio de Pedro. Probablemente, el Evangelio de Marcos fue el primero que se escribió.

Fecha: 50-70 d.C.

Destinatarios: Fue escrito para cristianos gentiles, con un estilo vertiginoso orientado a la acción.

Sucesos: Marcos presenta a Jesús como el Hijo del Hombre y lo describe como alguien que poseía todas las emociones humanas.[5]

Temas:

La soberanía — El poder soberano de Jesús sobre la naturaleza se presenta poderosamente cuando calma la tempestad en el mar de Galilea y también cuando inmediatamente después demuestra Su potestad sobre los demonios al sanar al endemoniado.

La ley — Jesús no solo cumplió todos los mandamientos de la ley, sino que también exhortó a quienes pretendían guardarla, que lo hicieran fielmente. Su celo por la pureza de vivir según la ley de Dios se ve cuando limpia el templo.

La gracia — En el pasaje que describe el encuentro del joven rico con Jesús, Marcos nos narra que el Señor sabía que aquel joven adoraba a otro dios (el dinero) y le pidió que recibiera a un nuevo Rey en su corazón, pero el hombre se alejó con tristeza. Marcos escribe que a pesar de esto, cuando el joven se alejaba, Jesús lo miró *y lo amó*. Esta clase de amor que sigue firme aun cuando prefiramos nuestro pecado debería partirnos el corazón.

Cristo — Durante Su entrada triunfal en Jerusalén al comienzo de la semana santa, el pueblo le da la bienvenida a Cristo y lo alaba. «Y los que iban delante y los que venían detrás daban voces, diciendo: ¡Hosanna! ¡Bendito el que viene en el nombre del Señor! ¡Bendito el reino de nuestro padre David que viene! ¡Hosanna en las alturas!» (11:9-10). Aun cuando muchos de los que estaban allí se volvieron contra Él cuando vieron que no era la clase de Mesías que esperaban, igualmente esto cumple las profecías mesiánicas en la vida de Jesús.

La responsabilidad — En Mateo, Jesús dio la Gran Comisión que impulsa muchos ministerios evangelísticos y misioneros. En Marcos, ese

---

[5] *Diccionario Bíblico Ilustrado Holman* (Nashville, TN: B&H Publishing Group), 1043.

énfasis continúa, pero también vemos otro «Gran». Jesús dio el Gran Mandamiento, que es amar al Señor tu Dios con todo tu corazón, alma, mente y fuerzas, y en segundo lugar, amar a tu prójimo como a ti mismo. Enseñó que toda la ley y los profetas se basaban en este Gran Mandamiento. Nuestra responsabilidad es cumplirlo en todo lo que somos, decimos y hacemos.

Lucas

Autor: El Dr. Lucas, médico y compañero de Pablo en sus viajes misioneros.

Fecha: 60-70 d.C.

Destinatarios: El Evangelio más largo de todos fue dirigido a Teófilo. Posiblemente, era amigo o patrón de Lucas, aunque algunos dicen que el Evangelio está dirigido a todos los cristianos, dado el significado del nombre (Teófilo = *el que ama a Dios*).

Sucesos: Lucas enfatiza la enseñanza de Jesús, Su ministerio hacia los pobres y los marginados, y Su venida para buscar y salvar al perdido.

Temas:

La soberanía — Jesús se declara Señor del día de reposo, sana a muchos y echa fuera demonios en ese día; así demuestra que tiene la aprobación divina en todo lo que dice y hace.

La ley — Luego de resucitar de los muertos, se apareció a Sus discípulos. En una de esas apariciones, caminó con dos discípulos que viajaban hacia Emaús. Cuando quedó claro que no entendían por qué Jesús había muerto, Él les dijo: «¡Oh insensatos, y tardos de corazón para creer todo lo que los profetas han dicho! ¿No era necesario que el Cristo padeciera estas cosas, y que entrara en su gloria? **Y comenzando desde Moisés, y siguiendo por todos los profetas, les declaraba en todas las Escrituras lo que de él decían**» (24:25-27, énfasis añadido).

La gracia — Solo Lucas nos narra la historia del hijo pródigo, que se encuentra en el capítulo 15, cuando Jesús cuenta otras dos historias sobre objetos perdidos: una moneda y una oveja. Los tres relatos hablan sobre algo perdido que a continuación se encuentra y la restauración trae gran regocijo. En cada una de ellos, enseñó que cuando un pecador se arrepiente y regresa hay un regocijo similar en el cielo; así subraya que siempre puedes volver a casa. Jesús vino a buscar y salvar al perdido.

Cristo — Lucas registra más detalles referidos al nacimiento de Jesús que los demás escritores bíblicos. Comienza con el anuncio del ángel que predice Su nacimiento, sigue con la respuesta de María, la bendición de Elizabeth, la profecía de Zacarías de cómo su hijo prepararía el camino para el Señor y luego, narra los sucesos del nacimiento: la hueste angélica que anuncia las buenas nuevas de gran gozo a los pastores y la adoración de estos. También nos narra que cuando María y José llevaron a Jesús al templo para dedicarlo, Simeón y Ana, dos que esperaban Su venida, lo reconocieron y lo adoraron. Simeón tomó al bebé Jesús en los brazos y citó Isaías 49:6, un pasaje sobre el siervo sufriente que narra el alcance de Su ministerio.

La responsabilidad — Lucas nos da el único registro de la historia del buen samaritano. El inverosímil héroe es alguien que los oyentes de Jesús consideraban un forastero odiado e impuro. El Señor les enseña a Sus seguidores cómo reconocer a nuestro prójimo (todo el que tiene necesidad) y cómo ser un buen prójimo (al ministrar para las necesidades de los que sufren y están necesitados).

Juan

Autor: El apóstol Juan.

Fecha: Alrededor de 85 d.C.

Destinatarios: Juan escribió para persuadir a sus lectores a creer que Jesús es el Cristo y así, tener vida en Su nombre. Se concentra en la deidad de Cristo y en la vida eterna que tenemos a través de Él.

Sucesos: El Evangelio de Juan es la presentación más reflexiva y teológica de los relatos de los Evangelios.

Temas:

La soberanía — Se presenta a Jesús como Dios, igual a Dios el Padre. Como agente de la creación, todas las cosas fueron hechas a través de Jesucristo. Su poder soberano se ve en la resurrección de Lázaro luego de pasar tres días muerto y en la tumba, un milagro que no registra ninguno de los otros escritores de los Evangelios. En total, Juan presenta siete señales milagrosas representativas para demostrar la soberanía y la deidad de Jesús.

La ley — Felipe le dijo a Natanael que Jesús era aquel de quien Moisés había escrito en la ley. Jesús confirma que Moisés era el autor de la Torá y afirma la ley.

La gracia — Jesús le anunció al fariseo Nicodemo que el amor de Dios es tan grande que envió a Su Hijo a morir por los que se rebelaban contra Él (3:16). Además, tuvo misericordia de la mujer samaritana en el pozo de agua y de una mujer sorprendida en el acto mismo de adulterio. Nadie ha sido demasiado malo ni lo ha sido durante demasiado tiempo como para no recibir misericordia.

Cristo — El énfasis en Juan de que Jesús es el Mesías, y como tal es Dios, trae frecuente tensión en su Evangelio. Peor aún, los judíos de Sus días notaron claramente que una y otra vez Él se hacía igual a Dios y procuraron matarlo por semejante «blasfemia». Jesús dijo: «Yo y el Padre uno somos» (10:30). Para aclarar aún más esta enseñanza, afirmó: «El que no honra al Hijo, no honra al Padre que le envió» (5:23). Jesús es el Cristo, y el Cristo es Dios. Jesús también afirma esta verdad en las siete frases que comienzan con *yo soy*.

La responsabilidad — Juan les declaró su intención a los lectores. «Hizo además Jesús muchas otras señales en presencia de sus discípulos, las cuales no están escritas en este libro. Pero éstas se han escrito para que creáis que Jesús es el Cristo, el Hijo de Dios, y para que creyendo, tengáis vida en su nombre» (20:30-31). Nuestra responsabilidad frente al Evangelio es creer que Jesús es el Mesías, el Hijo de Dios.

Historia

El libro titulado *Hechos de los apóstoles* (al que suele referirse simplemente como *Hechos*) viene a continuación de los cuatro Evangelios y cuenta la historia de los comienzos de la expansión del cristianismo desde Jerusalén hacia todo el Imperio romano. Se lo considera cercano al género histórico, pero más técnicamente se trata de un documento probatorio, que busca proporcionar evidencia para apoyar un argumento, específicamente para explicar el origen y la enseñanza de la iglesia primitiva.[6] El libro de Hechos también incluye elementos biográficos de la vida de varios hombres como Pedro y Pablo, y contiene segmentos de narrativa magistral.

Hechos

Autor: El Dr. Lucas, en el segundo volumen de su obra en dos partes que comenzó en el Evangelio de Lucas. Considerando el cambio en los pronombres personales de tercera a primera persona del plural, Lucas parece haberse unido a Pablo en 16:10.

Fecha: Alrededor de 62-70 d.C.

Destinatarios: Este es el segundo volumen dirigido a Teófilo para explicar el origen de la iglesia primitiva.

Sucesos: Lucas comienza con una reiteración de la Gran Comisión y de la venida del Espíritu Santo para darle poder a la expansión del cristianismo por todo el mundo, y presenta una narración de cómo se dispersó la Iglesia por todo el Imperio romano.

[6] Darrell Bock en *Understanding the Big Picture of the Bible: A Guide to Reading the Bible Well* por Wayne Grudem, C. John Collins y Thomas Schreiner (Wheaton, IL: Crossway, 2012), 119.

Temas:

La soberanía — Los milagros en Hechos que facilitaron la expansión del cristianismo demuestran la soberanía de Dios, que se ve en particular en la ascensión de Cristo, en la venida del Espíritu Santo, en las sanidades y en el cuidado, la liberación y la protección de los creyentes.

La ley — El lector del libro de Hechos no debería perder de vista que la mayoría de aquellos que aborrecían a Cristo y a Su Iglesia eran los que pretendían defender la ley de Dios.

La gracia — A la vez que Pedro le hablaba a la multitud en Pentecostés explicándoles cómo habían asesinado al Cristo de Dios que era el enviado de Dios al mundo, también les predicó el Evangelio y los llamó a arrepentirse y a creer, ofreciendo perdón y vida eterna a aquellos que habían matado a Jesús.

Cristo — El libro comienza cuando Jesús deja a Sus discípulos, les encomienda la tarea de hacer discípulos en todo el mundo comenzando desde Jerusalén, luego de que hubiera venido el Espíritu Santo, y concluye con la narración de Lucas que nos dice que este mismo Cristo era el contenido de la osada predicación de Pablo en Roma.

La responsabilidad — Todos tienen la responsabilidad de arrepentirse y regresar, de creer en el Señor Jesucristo; y todos los creyentes tienen el deber de evangelizar, hacer discípulos y cuidar unos de otros como, por ejemplo, compartiendo las posesiones según la necesidad de cada uno.

Epístolas paulinas

Las cartas de Pablo son los libros bíblicos de Romanos, 1 y 2 Corintios, Gálatas, Efesios, Filipenses, Colosenses, 1 y 2 Tesalonicenses, 1 y 2 Timoteo, Tito y Filemón. Mientras que los Evangelios enseñan sobre la vida de Cristo y el libro de Hechos sobre la expansión del cristianismo, las epístolas les enseñan a los miembros de la Iglesia lo que deben creer, cómo se deben conducir y qué deben hacer.

Romanos

Autor: El apóstol Pablo.

Fecha: 57 d.C.

Destinatarios: A la iglesia en Roma que Pablo nunca había visitado.

Sucesos: Romanos es la más larga de las trece cartas de Pablo y la más sistemática en cuanto a su conocimiento teológico. Se concentra en el Evangelio y en su poder para salvar a todos los pecadores, tanto judíos como gentiles, al explicar que a través de la obra de Cristo, Dios es justo y el que justifica en la salvación del culpable.

Temas:

La soberanía — Pablo escribió en Romanos 8 que Dios obra todas las cosas para el bien de aquellos que han sido llamados por Él, para Su gloria. En Romanos 9, el que puede ser uno de los capítulos de la Biblia más difíciles y más descuidados, Pablo explica que Dios es quien salva según Su elección soberana.

La ley — Pablo establece que la ley es un tutor que nos enseña que todos han transgredido la ley de Dios y que no podemos ganar la justificación mediante el intento de perfección a través de esa ley. Cristo la cumplió por nosotros. Romanos 8:1: «Ahora, pues, ninguna condenación hay para los que están en Cristo Jesús». Romanos 10:4: «porque el fin de la ley es Cristo, para justicia a todo aquel que cree».

La gracia — Luego de esgrimir las razones por las que tanto gentiles como judíos son pecadores y no tienen esperanza en la justicia legalista, Pablo afirma en 5:8-11 que la salvación es solo por gracia y que todo lo que necesitamos se encuentra en Cristo.

> Mas Dios muestra su amor para con nosotros, en que siendo aún pecadores, Cristo murió por nosotros. Pues

> mucho más, estando ya justificados en su sangre, por él seremos salvos de la ira. Porque si siendo enemigos, fuimos reconciliados con Dios por la muerte de su Hijo, mucho más, estando reconciliados, seremos salvos por su vida. Y no sólo esto, sino que también nos gloriamos en Dios por el Señor nuestro Jesucristo, por quien hemos recibido ahora la reconciliación.

Cristo — El libro de Romanos es cristocéntrico de principio a fin. Pablo enfatiza al comienzo que es un siervo de Cristo, que predica el Evangelio del Hijo y a lo largo del libro insiste en que no hay esperanza fuera de Jesucristo. El verdadero tema de Romanos es Jesucristo. Pablo afirma que no se avergüenza del Evangelio de Cristo porque es poder de Dios para salvación a todo aquel que cree.

La responsabilidad — La responsabilidad del hombre es creer y luego compartir, ir o ser enviado a las naciones para que todos puedan oír, creer y ser salvos.

> Esta es la palabra de fe que predicamos: que si confesares con tu boca que Jesús es el Señor, y creyeres en tu corazón que Dios le levantó de los muertos, serás salvo. Porque con el corazón se cree para justicia, pero con la boca se confiesa para salvación. Pues la Escritura dice: Todo aquel que en él creyere, no será avergonzado. Porque no hay diferencia entre judío y griego, pues el mismo que es Señor de todos, es rico para con todos los que le invocan; porque todo aquel que invocare el nombre del Señor, será salvo. ¿Cómo, pues, invocarán a aquel en el cual no han creído? ¿Y cómo creerán en aquel de quien no han oído? ¿Y cómo oirán sin haber quien les predique? ¿Y cómo predicarán si no fueren enviados? Como está escrito: ¡Cuán hermosos son los pies de los que anuncian la paz, de los que anuncian buenas nuevas! (10:8b-15).

1 Corintios

Autor: El apóstol Pablo.

Fecha: 53-55 d.C.

Destinatarios: La iglesia de Corinto, una ciudad conocida por la depravación sexual, la diversidad religiosa y la corrupción.

Sucesos: Pablo aborda diversos temas que causaban divisiones en la iglesia y llama a la unidad.

Temas:

La soberanía — Pablo enseña que muchos han enfermado y muerto por haber participado de la Cena del Señor estando en pecado, lo cual enseña que Dios es soberano sobre cada latido de nuestro corazón. Por lo tanto, deberíamos vivir sobriamente delante de Él.

La ley — Pablo le explica a la iglesia de Corinto cómo comprender el uso adecuado de la ley y de la libertad. Algunos actos pueden ser legales, pero pueden esclavizar al cristiano que los practica u ofender a un hermano en Cristo, por lo tanto, no sería una conducta piadosa para alguien que ama al Señor.

La gracia — Pablo enseña en 1:18 y 2:14 que el mensaje de la cruz y las cosas de Dios son locura para los que se pierden, pero son vida para Sus hijos mediante el Espíritu. Esto es evidencia de la gracia de Dios que les ha manifestado a los creyentes.

Cristo — El mensaje de Pablo nunca era sobre sí mismo, sino siempre sobre Cristo. Pablo defiende la resurrección de Cristo y basa el cristianismo totalmente sobre la veracidad de esta doctrina. O bien la Biblia tiene razón respecto a las enseñanzas sobre Jesús, o todavía estamos en pecado y sin esperanza. «Pues me propuse no saber entre vosotros cosa alguna sino a Jesucristo, y a éste crucificado» (2:2). Los argumentos que Pablo expone y la base para la unidad a la que llama es Jesucristo. «Sed imitadores de mí, así como yo de Cristo» (11:1).

La responsabilidad — Pablo les da a los creyentes la responsabilidad de vivir en unidad, de abandonar el pecado sexual, de amarse los unos a los otros, de estar vigilantes, firmes en la fe, de actuar como hombres, ser fuertes y procurar que todo lo que hacemos lo hagamos en amor.

2 Corintios

Autor: El apóstol Pablo.

Fecha: 55-56 d.C.

Destinatarios: La iglesia en Corinto.

Sucesos: Pablo escribe apelando a la iglesia de Corinto para que se pongan de su lado contra los ataques de sus enemigos. Enseña que su sufrimiento no indica que él no ha sido enviado por Dios, sino que manifiesta la verdad de que en esta vida sufriremos.

Temas:

La soberanía — Dios suple todo lo que necesitamos y nos hace cosechar de acuerdo a lo que sembramos. Él es soberano sobre las dificultades que vienen a nuestras vidas, como la espina en la carne de Pablo, por razones que solo Dios conoce.

La ley — Pablo afirma que la ley que vino a través de Moisés trajo muerte, en el sentido en que todos nos rebelamos y nadie puede obedecer a la perfección todo lo que requiere la ley; por lo tanto, seríamos culpables y merecedores de la muerte.

La gracia — El nuevo pacto que Dios hizo con nosotros trae vida, pero es todo por gracia. Pablo dice que esta esperanza en el mensaje del Evangelio es para los cristianos: «para que abundando la gracia por medio de muchos, la acción de gracias sobreabunde para gloria de Dios» (4:15b).

Cristo — Pablo enseña que Cristo es nuestra esperanza. Se llevó nuestros pecados para reconciliarnos con Dios a través de sí mismo. Nos hemos convertido en la justicia de Dios a través de Cristo (5:18-21).

La responsabilidad — Como Dios nos ha encomendado el ministerio de la reconciliación, debemos predicar el evangelio y rogarle a la gente que se reconcilie con Él, como si fuéramos Sus embajadores. Este es el trabajo misionero y de evangelismo que Cristo le ha dado a la Iglesia en la Gran Comisión. Pablo también dice que tenemos la responsabilidad de purificarnos de toda contaminación de alma y cuerpo, procurando perfeccionar la santidad en temor reverente de Dios.

Gálatas

Autor: El apóstol Pablo.

Fecha: 48-58 d.C.

Destinatarios: Las iglesias al sur de Galacia, para contrarrestar la creencia herética de que los cristianos debían guardar las leyes del Antiguo Testamento para ser salvos; a la vez que pensaban que eran salvos por gracia, tenían que seguir siéndolo por las obras.

Sucesos: Pablo escribe para enfatizar que hay gozo en el Evangelio y libertad del legalismo, aunque la vida piadosa sigue siendo nuestra meta.

Temas:

La soberanía — Dios puede salvar a todos, en todo lugar y en todo momento. No solo salva a los que han sido criados en la iglesia y que tratan de ser obedientes para amoldarse, sino que salvó a Saulo, el cazador de cristianos y lo dejó ciego por varios días; luego, lo convirtió en el cristiano más grande que jamás haya vivido.

La ley — Pablo enfatiza repetidas veces en esta carta que los cristianos son salvos por gracia a través de la fe en Jesucristo y no por las obras de la ley. Afirma que nadie será justificado por las obras de la ley y les recuerda que hasta Abraham fue aceptado como justo por Dios debido a su fe.

La gracia — Pablo nunca olvidó que había sido salvo y servía al Señor como apóstol por pura gracia. Lo reconoce en 1:15-16 justo después de narrar su carrera como perseguidor de cristianos en sus esfuerzos por destruir la Iglesia antes de conocer a Cristo. Dios lo detuvo en esa carrera de pecado y derramó gracia abundante sobre él, al punto que lo llamó para ser el apóstol a los gentiles.

Cristo — Pablo dice que Cristo nos hizo libres para vivir en libertad. También declara que su única gloria está en la cruz de Jesucristo. Él sufrió mucho por identificarse con Cristo y llevó en su cuerpo las marcas de Jesús. Debemos recordarles a los alumnos que esta es una insignia de honor.

La responsabilidad — Nuestra responsabilidad es abrazar la gracia y alabar a Dios por habernos libertado de tener que ganar nuestra salvación por las obras, pero debemos seguir luchando en pos de la santidad para permanecer en comunión con el Espíritu. Aunque somos libres de la ley, debemos andar según el Espíritu y evitar gratificar los deseos de la carne.

Las epístolas de la prisión

Pablo escribió Efesios, Filipenses, Colosenses y Filemón, conocidas como epístolas de la prisión, durante un período de encarcelamiento, alrededor de 62-64 d.C.

Efesios

Autor: El apóstol Pablo.

Fecha: 62 d.C.

Destinatarios: Escrita desde una prisión en Roma a las iglesias en Asia Menor.

Sucesos: Pablo escribe para referirse a los planes eternos de Dios para la humanidad.

Temas:

La soberanía — Pablo les recuerda a los efesios que Dios tiene un plan predestinado para cada uno y que Él obra todas las cosas según el designio de Su voluntad (1:11).

La ley — En sus escritos, Pablo tiende a dedicar la primera mitad para enseñarles a los cristianos lo que deben creer y luego cambia con un recurso literario como la frase «por tanto» para enseñarles cómo comportarse a la luz de aquello. En Efesios, enfatiza que aunque no podemos ganar la salvación, debemos caminar como hijos de la luz, haciendo las cosas que agradan a Dios para estar en comunión con Él. En 2:15, habla sobre cómo Cristo abolió la ley de mandamientos expresados en ordenanzas, por ser superior a ella. Pablo explica que Cristo hizo esto para traernos paz, al hablar tanto del lugar de la ley como del propósito supremo de Dios.

La gracia — Uno de los pasajes más conocidos que enfatizan nuestra salvación por gracia a través de la fe se encuentra en 2:8-9: «Porque por gracia sois salvos por medio de la fe; y esto no de vosotros, pues es don de Dios; no por obras, para que nadie se gloríe». Esta enseñanza de Pablo es aún más poderosa cuando se la entiende en su contexto. Comienza el capítulo 8 recordándonos: «Y él os dio vida a vosotros, cuando estabais muertos en vuestros delitos y pecados», lo que deja absolutamente en claro que toda bendición que tengamos es por gracia, ya que los muertos nada pueden hacer.

Cristo — Para Pablo, ser salvo o estar en una correcta relación con Dios es estar «en Cristo». Demuestra esta estrecha conexión en su mente cuando usa el término «en Cristo» o en Él, en el amado, etc., siete veces en los vv. 3-14, que son una sola oración en el original. En 3:6, Pablo se refiere al misterio de que los gentiles son copartícipes de la promesa de salvación *en Cristo Jesús* a través del Evangelio.

La responsabilidad — Debemos vivir en armonía, caminar en la luz como agrada a Dios, mostrar amor los unos a los otros, mantener relaciones familiares piadosas y trabajar esforzadamente en nuestros empleos, como si lo hiciéramos para el Señor. Pablo nos amonesta a orar siempre y a estar preparados para el ataque espiritual vistiéndonos con la armadura del Señor.

Filipenses

Autor: El apóstol Pablo.

Fecha: 62 d.C.

Destinatarios: A la iglesia en Filipos, para agradecerles por el regalo que le habían enviado.

Sucesos: Se había producido una división en el cuerpo de Cristo en Filipos y Pablo escribe para alentar la paz y el entendimiento, y les pide a otros que los ayuden. Esta es una epístola de paz y gozo, escrita en un lugar inhóspito para personas que vivían tiempos difíciles.

Temas:

La soberanía — Pablo hace promesas que para el mundo serían extravagantes, pero él ya había probado que eran ciertas en su vida. Sabe que Dios obrará en él hasta que haya completado Su plan. Esto aleja el temor de que todo se salga de control o de que Dios se dé por vencido con nosotros.

> Filipenses 1:6: «... estando persuadido de esto, que el que comenzó en vosotros la buena obra, la perfeccionará hasta el día de Jesucristo».
>
> Filipenses 4:13: «Todo lo puedo en Cristo que me fortalece».
>
> Filipenses 4:19: «Mi Dios, pues, suplirá todo lo que os falta conforme a sus riquezas en gloria en Cristo Jesús».

Aunque estos versículos deben considerarse en contexto, la Palabra de Dios hace estas promesas para asegurarnos de que proveerá para nosotros y nos capacitará para cumplir Sus deseos, no necesariamente las cosas que nosotros escogeríamos.

La ley — Los judíos pensaban que eran irreprensibles para Dios a través de la circuncisión y mediante el cumplimiento de la ley; sin embargo, Pablo deja en claro en 3:3-7 que esto no era así:

> Porque nosotros somos la circuncisión, los que en espíritu servimos a Dios y nos gloriamos en Cristo Jesús, no teniendo confianza en la carne. Aunque yo tengo también de qué confiar en la carne. Si alguno piensa que tiene de qué confiar en la carne, yo más: circuncidado al octavo día, del linaje de Israel, de la tribu de Benjamín, hebreo de hebreos; en cuanto a la ley, fariseo; en cuanto a celo, perseguidor de la iglesia; en cuanto a la justicia que es en la ley, irreprensible. Pero cuantas cosas eran para mí ganancia, las he estimado como pérdida por amor de Cristo.

La gracia — La gracia que hemos recibido de Dios —todo de parte de Él a cambio de nada de nuestra parte— debemos mostrársela a los demás. Nos recuerda que los que pertenecen a Cristo buscan el bien y los intereses de los demás antes que sus propios deseos. Esa clase de amor compasivo y bondadoso no se encuentra en el mundo, pero debemos recordarles a los alumnos que debe encontrarse en ellos.

Cristo — Filipenses 1:21: «Porque para mí el vivir es Cristo, y el morir es ganancia». Esto significa que Él lo es todo. Cristo no es solo gozo, paz, provisión y protección, sino que es vida en sí mismo. Estar en Su presencia, en esta vida o en la por venir, debe ser nuestro objetivo.

La responsabilidad — Pablo apela a los creyentes para que ayuden a quienes tienen problemas con otros creyentes, de modo que todos podamos vivir en paz y armonía, al tiempo que recordamos de quién somos y para qué estamos. Nos llama a regocijarnos siempre y a tener los patrones de pensamiento positivos que estamos estudiando en los pensamientos del pastor. Esto debería caracterizar a todos los creyentes.

Colosenses

Autor: El apóstol Pablo.

Fecha: 62 d.C.

Destinatarios: La iglesia en Colosas.

Sucesos: Pablo reprende a los falsos maestros y escribe para corregir su herejía.

Temas:

La soberanía — Pablo escribe sobre la soberanía de Cristo y lo muestra como el agente de la creación, que existió antes de todas las cosas y es Señor sobre todo, incluyendo cada autoridad que pueda nombrarse. Cristo es el gobernante soberano. Toda la plenitud de Dios habita en Él.

La ley — Pablo enseña que los requerimientos de la ley tal como los judíos la entendían y usaban (para ganarse la justicia) fueron clavados en la cruz junto con la deuda que teníamos en nuestra carne. En su lugar, tenemos salvación por gracia a través de la fe y procuramos llevar vidas santas, no para ser salvos, sino porque hemos sido salvos.

La gracia — En Colosenses hay abundante gracia. Presta atención a la evidencia de la gracia en acción en la vida de Pablo. Luego del primer viaje misionero, Bernabé y Pablo sufrieron una lamentable separación debido a que Juan Marcos los había abandonado durante ese viaje. Cuando llegó el momento del segundo viaje, Bernabé quiso llevar nuevamente a su primo Juan Marcos, pero Pablo se opuso con tanta vehemencia que se separaron y en el registro bíblico, nunca se los vuelve a ver trabajar juntos. Me duele pensar lo amargo que habrá sido esto. Sin embargo, al final de Colosenses, vemos a Pablo que elogia el ministerio de Juan Marcos. Para mí, esto es una medida de gracia. Dios puede traer sanidad y la traerá cuando les mostremos a otros la gracia que Él nos ha mostrado a nosotros.

Cristo — En el pasaje donde Pablo habla sobre la preeminencia de Cristo, también nos recuerda la verdad más gloriosa que un pecador jamás pueda oír: «por cuanto agradó al Padre que en él habitase toda plenitud, y por medio de él reconciliar consigo todas las cosas, así las que están en la tierra como las que están en los cielos, haciendo la paz mediante la sangre de su cruz» (1:19-20).

La responsabilidad — Aunque muchas de las instrucciones que Pablo da en este libro nos recuerdan a las de la carta a la iglesia en Éfeso, una que deberíamos resaltar y practicar cada día, todo el día es: «Si, pues, habéis resucitado con Cristo, buscad las cosas de arriba, donde está Cristo sentado a la diestra de Dios. Poned la mira en las cosas de arriba, no en las de la tierra» (3:1-2).

1 Tesalonicenses

Autor: El apóstol Pablo.

Fecha: Una de sus primeras cartas escritas en 49-51 d.C.

Destinatarios: La iglesia en Tesalónica, para alentarlos y exhortarlos en la fe.

Sucesos: Pablo había sido animado por la fe de ellos y ahora anhela verlos nuevamente, pero mientras tanto, les envía esta carta de instrucción y exhortación.

Temas:

La soberanía — El Señor vendrá de repente, en el momento perfecto, aunque el resto del mundo piense que todo es paz y seguridad, mientras viven de manera egoísta y pecaminosa. Cuando venga, no habrá escape de la culpa.

La ley — Aunque ya no estamos atados al código escrito de la ley mosaica, debemos vivir según la ley moral para evitar el pecado y vivir de un modo que agrade a Dios. En 4:1-7, Pablo ilustra el lugar de la ley en la vida del creyente en Cristo. No es un medio de juicio, sino un llamado a la santidad.

La gracia — Aun en las exhortaciones de Pablo a la santidad, no hay por qué desesperar, ya que da la esperanza de que nuestra salvación no esté en duda. «Y el mismo Dios de paz os santifique por completo; y todo vuestro ser, espíritu, alma y cuerpo, sea guardado irreprensible para la venida de nuestro Señor Jesucristo. Fiel es el que os llama, el cual también lo hará» (5:23-24).

Cristo — El Señor Jesús regresará con voz de mando y recibirá primero a los creyentes que han muerto; luego recibirá a Su iglesia cuando nos encontremos con Él en el aire.

La responsabilidad — Pablo nos recuerda que caminemos de tal manera que agrademos a Dios y no apaguemos al Espíritu, recordando que esta es Su voluntad para cada creyente, aun tu santificación.

2 Tesalonicenses

Autor: El apóstol Pablo.

Fecha: 49-51 d.C.

Destinatarios: La iglesia en Tesalónica.

Sucesos: Pablo escribe para enseñarles más sobre la venida del Señor y para advertirles contra el ocio.

Temas:

La soberanía — El Señor puede proporcionar paz en todos los tiempos y de todas las maneras. Por tanto, debemos confiar en Él y en Su Palabra, debemos vivir fructíferamente y buscar Su voluntad para cada uno de nosotros.

La ley — Los perseguidores y quienes se oponen a la voluntad de Dios revelada en Su Palabra sufrirán el castigo de la destrucción eterna.

La gracia — Pablo le pide al Señor que haga lo que ha prometido, con la absoluta seguridad de la gracia que es suya y de ellos. «Y el mismo Jesucristo Señor nuestro, y Dios nuestro Padre, el cual nos amó y nos dio consolación eterna y buena esperanza por gracia, conforte vuestros corazones, y os confirme en toda buena palabra y obra» (2:16-17).

Cristo — Pablo exhorta a los tesalonicenses a que permanezcan firmes para recibir la gloria de Jesucristo, para que Cristo consuele sus corazones y les conceda permanecer firmes, y para que la gracia de nuestro Señor Jesucristo esté con ellos.

La responsabilidad — Pablo los exhorta a trabajar para ganar su sustento y a no estar ociosos pensando: «El Señor volverá en cualquier momento, así que ¿para qué trabajar?». Les recuerda que él trabajó haciendo tiendas para ganarse su sustento mientras estaba entre ellos.

Epístolas pastorales

El apóstol Pablo escribió 1 y 2 Timoteo, y Tito, conocidas como las epístolas pastorales, específicamente para aconsejar a Timoteo y a Tito respecto al ministerio pastoral y el orden en la iglesia.

1 Timoteo

Autor: El apóstol Pablo.

Fecha: 62-64 d.C.

Destinatarios: Timoteo, pastor de la iglesia en Éfeso.

Sucesos: Pablo escribe para instruir al joven pastor sobre el orden y el liderazgo correctos en la Iglesia, para saber cómo refutar a los falsos maestros entre ellos y para exhortarlos a vivir de un modo digno de ser imitado.

Temas:

La soberanía — El Espíritu dice expresamente que algunos se apartarán de la fe. Esto no toma por sorpresa a Dios ni vulnera Su soberanía. Él conoce lo que hay en el corazón del hombre y ha planeado todo lo que sucede.

La ley — Pablo explica que la ley es buena, si uno la usa legítimamente. Enseña que la ley no es para los justos, sino para los pecadores y que como tal, debería revelarles que son pecadores rebeldes necesitados de Su perdón.

La gracia — Pablo reconoce que fue Dios quien lo escogió para el ministerio. Anteriormente había sido un blasfemo, perseguidor y un insolente opositor de la iglesia; incluso al momento de escribir esta carta, seguía considerándose el primero de los pecadores. Pero la gracia de Dios es mayor que todo nuestro pecado.

Cristo — Pablo presenta a Jesucristo nuestro Señor como aquel que exhibió perfecta paciencia en la salvación, y resalta la verdad de que Cristo vino al mundo para salvar a los pecadores.

La responsabilidad — Pablo exhorta a Timoteo a que se dedique a la lectura pública de la Escritura, a que desarrolle los dones que Dios le ha dado y a que guarde estrictamente su vida y la doctrina, a la vez que afirma que si persiste en esto, verá la salvación tanto de sí mismo como de los que lo oyen.

2 Timoteo

Autor: El apóstol Pablo.

Fecha: 64-67 d.C., mientras espera su ejecución en una cárcel de Roma.

Destinatarios: Timoteo.

Sucesos: Pablo le escribe esta última carta de su vida a su joven discípulo Timoteo y le recuerda la importancia de la Palabra, de la sana doctrina, de la vida piadosa y le cuenta que se ha quedado solo ya que los otros lo han abandonado.

Temas:

La soberanía — Pablo relaciona la soberanía de Dios con los dones espirituales. Los dones que tiene cada creyente son para el ministerio, no para promoverse a sí mismos, y Dios es quien los da. Él es quien otorga soberanamente los dones, y nos son dados como un depósito.

La ley — Pablo enseña en el cap. 3 que toda la Escritura es inspirada por Dios, no solo la Torá de la ley del Antiguo Testamento. También reconoce el gran valor de las escrituras del Antiguo Testamento, que pueden hacernos sabios para la salvación.

La gracia — Pablo exhorta a Timoteo a permanecer firme frente a la persecución del maligno y de este mundo contra los seguidores de Cristo, pero reconoce que solo la gracia de Dios es la que nos puede permitir estar firmes. Él conoce bien esta gracia al enfrentarse al final de su vida.

Cristo — Cristo es la razón del sufrimiento que enfrentan los piadosos. Pablo ha sufrido por el Evangelio y por servir al Señor, ahora incluso hasta el punto de la muerte a medida que se acerca al fin. Exhorta a Timoteo a ser fiel a Cristo: «Acuérdate de Jesucristo, del linaje de David, resucitado de los muertos conforme a mi evangelio, en el cual sufro penalidades, hasta prisiones a modo de malhechor; mas la palabra de Dios no está presa» (2:8-9).

La responsabilidad — Los creyentes mayores deberían examinar sus vidas, considerar las lecciones que Dios les ha enseñado a través de los años y transmitírselas a aquellos que vienen detrás, así como Pablo hizo con Timoteo. «Lo que has oído de mí ante muchos testigos, esto encarga a hombres fieles que sean idóneos para enseñar también a otros» (2:2).

Tito

Autor: El apóstol Pablo.

Fecha: 62-64 d.C.

Destinatarios: Tito, a quien había dejado a cargo de establecer iglesias en Creta.

Sucesos: Pablo le escribe al joven pastor para recordarle que sea fiel a la tarea de establecer ancianos y le explica qué clase de hombres deberían ser; lo exhorta a enseñar la sana doctrina y a guiar a los creyentes a vivir vidas santas.

Temas:

La soberanía — Pablo comienza esta carta recordándole que Dios nunca miente y que ha prometido salvación, el conocimiento de la verdad y la esperanza de vida eterna para Sus elegidos antes del comienzo de los tiempos. A veces, la batalla se torna encarnizada, pero el resultado nunca se ha puesto en duda.

La ley — Pablo describe a los creyentes como personas que una vez fuimos rebeldes y quebrantamos la ley, que vivíamos en los pecados más deplorables, pero Cristo nuestro Dios y Salvador apareció y nos salvó. Ahora debemos tener cuidado de dedicarnos a las buenas obras.

La gracia — La salvación que necesitaban todos los impíos rebeldes ha venido por pura gracia en el evangelio de Jesucristo. Este es el evangelio que Pablo predicaba y que le encomendó a Tito que predicara en Creta. «Porque la gracia de Dios se ha manifestado para salvación a todos los hombres» (2:11).

Cristo — Pablo llama a Cristo nuestro gran Dios y Salvador que se dio a sí mismo por nosotros para redimirnos y purificarnos (2:13).

La responsabilidad — Pablo escribe que Cristo murió para purificar para sí un pueblo que sea celoso de buenas obras. «Porque la gracia de Dios se ha manifestado para salvación a todos los hombres, enseñándonos que, renunciando a la impiedad y a los deseos mundanos, vivamos en este siglo sobria, justa y piadosamente» (2:11-12).

Filemón

Autor: El apóstol Pablo.

Fecha: 62 d.C.

Destinatarios: Filemón.

Sucesos: Pablo le escribe a su amigo para informarle que su esclavo fugitivo se había entregado al Señor y ahora regresaba. Apela a Filemón para que lo reciba como a un hermano.

Temas:

La soberanía — Pablo le sugiere a Filemón que tal vez la razón por la que Dios permitió que esto sucediera fue para que el esclavo se convirtiera a Cristo.

La ley — Filemón tenía el derecho legal de aplicar una acción punitiva contra su esclavo fugitivo, sin embargo, Pablo apela a una ley superior, la del amor en Cristo hacia un hermano.

La gracia — Onésimo no tenía derecho a esperar nada más que el castigo de su dueño; sin embargo, Pablo lo envía de regreso con la esperanza de que reciba una demostración de la gracia que Filemón había recibido de Dios ante la predicación de Pablo. Aquel que no tenía derecho a esperar nada más que el castigo por sus pecados pasados, ahora recibe una bienvenida a la familia; eso es gracia.

Cristo — Pablo habla mucho de Cristo en esta brevísima carta. Le dice a Filemón que ha oído de su fe y que espera que al transmitirla a otros lleve mucho fruto para Cristo.

La responsabilidad — Como creyentes, tenemos la responsabilidad de vivir según la ley de Cristo, la ley superior. Aunque podemos exigir indemnización o castigo cuando la gente nos hace mal, dentro del cuerpo de Cristo existe una ley superior que deberíamos obedecer.

Epístolas generales

Juan, Pedro, Santiago, Judas y el autor anónimo del libro de Hebreos escribieron las cartas restantes en la Biblia.

Hebreos

Autor: Anónimo.

Fecha: 60-70 d.C.

Destinatarios: Los judíos cristianos, para alentarlos en sus pruebas.

Sucesos: Esta carta está llena de referencias a las Escrituras del Antiguo Testamento y muestra cómo Cristo es el cumplimiento de ellas. Alienta a los creyentes a que no abandonen a Cristo ni regresen al mundo cuando les toca sufrir a causa de la fe.

Temas:

La soberanía — Dios ha hablado de muchas maneras a través de los siglos, pero ahora, lo ha hecho a través de Su Hijo, nuestro Señor Jesucristo, quien es el cumplimiento de todo lo anterior. Él es el Señor soberano.

La ley — Aunque la ley vino a través de Moisés, a Jesús se lo considera digno de más gloria que Moisés. La ley mostró que necesitábamos al Mesías, nuestro Redentor.

La gracia — Debido a la perfección de Cristo y Su obra acabada, podemos acercarnos a Dios en el nombre de Jesús y encontrar la esperanza, la ayuda y la gracia que necesitamos. «Acerquémonos, pues, confiadamente al trono de la gracia, para alcanzar misericordia y hallar gracia para el oportuno socorro» (4:16).

Cristo — A Cristo se lo presenta en Hebreos como el cumplimiento de muchos tipos del Antiguo Testamento, superior a Moisés, el Autor de nuestra salvación, nuestro gran sumo sacerdote, el verdadero Cordero de Dios, el perfeccionador de nuestra fe y el gran pastor de las ovejas.

La responsabilidad — Aunque es imposible perder nuestra salvación, la Palabra de Dios presenta varios pasajes de advertencia en Hebreos que algunos han malinterpretado pensando que enseñan lo contrario. El objetivo de estos pasajes es explicar que podemos dejar de seguir al Señor y perder la gracia de Dios. No obstante, considerado en el contexto más amplio del resto de la revelación de Dios, la verdad es que los que no prestaron atención a las advertencias y volvieron al mundo, nunca habían sido verdaderamente salvos. Estos individuos lo ponen de manifiesto al regresar al campamento del enemigo.

Santiago

Autor: Santiago, medio hermano de Jesús.

Fecha: 40-45 d.C.

Destinatarios: Uno de los primeros documentos del Nuevo Testamento, escrito para dar pautas prácticas a fin de poner por obra la fe.

Sucesos: Algunos han llamado a este libro el «Proverbios» del Nuevo Testamento, o cristianismo práctico y básico.

Temas:

La soberanía — Santiago enseña que las dificultades y las pruebas de la vida están bajo el control de Dios y que Él las permite para probar nuestra fe.

La ley — No es suficiente con que los creyentes oigan la Palabra, es decir, que tengan conciencia de su enseñanza, sino que debemos vivir de acuerdo a la perfecta ley de libertad de Dios.

«Pero sed hacedores de la palabra, y no tan solamente oidores, engañándoos a vosotros mismos [...]. Mas el que mira atentamente en la perfecta ley, la de la libertad, y persevera en ella, no siendo oidor olvidadizo, sino hacedor de la obra, éste será bienaventurado en lo que hace» (1:22,25).

La gracia — Santiago enfatiza que siempre deberíamos mostrar a otros la misma gracia, misericordia y bendición que Dios nos ha mostrado a nosotros. Por cierto, argumenta que la persona que pretende estar en Cristo, pero que no vive de esta manera, muestra que nunca ha conocido la gracia.

Cristo — Más de una vez en este corto libro, Santiago se refiere a Jesús como el Señor Jesucristo. No debe pasarse por alto a la ligera una asombrosa verdad que hay aquí; recuerda que Santiago y Jesús eran hermanos y crecieron juntos. Aunque muchos aceptan que Jesús es Dios, Señor y Rey de reyes, no consideran Su humanidad. Jesús debía ser perfecto para cumplir el rol de sustituto por el pecado de la humanidad, y si hubiera tenido algunos defectos o pecados, ciertamente su hermano los habría conocido. Sin embargo, Santiago sabe que Él fue, es y será siempre nuestro perfecto y santo Señor Jesucristo.

La responsabilidad — La lista de responsabilidades humanas que prescribe Santiago es larga, pero se basa en la verdad de que Dios ha ordenado, Jesús ha dado ejemplo y el Espíritu ahora nos guía para conocer y hacer la voluntad de Dios declarada en la Palabra. Santiago apela a que los cristianos seamos diferentes del mundo y que lo demos a conocer en nuestra vida diaria.

1 Pedro

Autor: El apóstol Pedro.

Fecha: 62-63 d.C.

Destinatarios: Las iglesias en las provincias romanas en Asia Menor.

Sucesos: Pedro escribe para recordarle a la iglesia que mantenga la esperanza en medio de la persecución y el sufrimiento.

Temas:

La soberanía — Pedro reconoce los sufrimientos que experimentamos, pero nos recuerda que Dios tiene el control. Deberíamos humillarnos bajo Su poderosa mano, con la confianza de que Él nos levantará en el momento adecuado.

La ley — Pedro le recuerda a la Iglesia que Dios juzgará imparcialmente y que, por lo tanto, debemos vivir vidas santas, absteniéndonos de las pasiones que luchan en contra de nuestras almas.

La gracia — Pedro exhorta a los creyentes a que nos ministremos unos a otros usando los dones que Dios ha dado, porque se nos exige que seamos mayordomos de la gracia de Dios. Les recuerda a sus lectores que el Dios de toda gracia los ha llamado a Su gloria eterna en Cristo.

Cristo — Pedro les encomienda a los pastores que apacienten el rebaño de Dios y que lo hagan de buen grado, con Su ojo alerta puesto sobre sus ministerios, y a la espera de la imperecedera corona de gloria con la que un día los recompensará.

La responsabilidad — Como Santiago, Pedro encomienda una serie de responsabilidades a la iglesia para que vivan como agrada al Señor. Aun los más legalistas en guardar reglas entre nosotros tienden a tener dificultad con dos de las amonestaciones de Pedro: humíllense y resistan al diablo.

2 Pedro

Autor: El apóstol Pedro.

Fecha: 64-67 d.C., desde la prisión, poco antes de que lo ejecutaran.

Destinatarios: Las iglesias en Asia Menor.

Sucesos: Pedro escribe para reprender a los falsos maestros y para recordarles a los creyentes sobre el seguro regreso del Señor.

Temas:

La soberanía — El divino poder de Dios les ha concedido a los creyentes todo lo necesario para la vida y la piedad. Él es quien controla Su mundo.

La ley — Pedro nos recuerda que la Palabra de Dios no proviene de la imaginación de autores humanos, sino del Espíritu Santo. Como tal, la ley de Dios tiene Su misma autoridad. Los que procuran torcer las Escrituras lo hacen a costa de su perdición eterna.

La gracia — Pedro desafía a la iglesia para que crezca en la gracia y el conocimiento de nuestro Señor y Salvador Jesucristo. La gracia que nos pertenece es una gracia viva, siempre efectiva y poderosa. Pedro nos dice que crezcamos espiritualmente confiando en esa gracia.

Cristo — Pedro les recuerda a sus lectores la voz de Dios el Padre en la transfiguración de Cristo en el monte. Enfatiza que las enseñanzas sobre Jesús no son mitos fabricados, sino que Dios el Padre mismo las ha confirmado.

La responsabilidad — Pedro llama a los cristianos a que aseguren su llamado y su elección. Esta responsabilidad es necesaria hoy, ya que muchas personas en las iglesias están allí por razones que nada tienen que ver con haber nacido de nuevo a una esperanza viva. Ya sea por pertenecer a la tradición, por los esfuerzos para alcanzar la justicia propia o por la manipulación de otros, muchos que están en la iglesia, luego de examinarse a sí mismos, se darían cuenta de que todavía necesitan nacer de nuevo.

1 Juan

Autor: El apóstol Juan.

Fecha: 85-95 d.C.

Destinatarios: Las iglesias en Éfeso y Asia Menor y sus alrededores.

Sucesos: Juan escribe para enseñar sobre la encarnación de Cristo, sobre cómo distinguir a aquellos que han sido salvos de los que están en el mundo, y para advertir sobre el anticristo.

Temas:

La soberanía — Jesús es el que era desde el principio. De una manera muy similar a como comienza el Evangelio, al principio de la carta, Juan nos recuerda también el comienzo de toda la Biblia. Jesús es el soberano Señor de la creación, no un ser creado.

La ley — Juan escribe para darnos un nuevo mandamiento, sin abolir ninguno de la ley: nos recuerda que debemos amar como Cristo nos ha amado. Para muchos de sus lectores, este es un mandamiento nuevo e inusual.

La gracia — La necesidad de misericordia, gracia y amorosa bondad compasiva en un mundo caído, donde nosotros participamos en la rebelión de nuestros pecados aun como creyentes, es grande pero tenemos esperanza. Juan escribió en 1:7-9, un pasaje muy conocido que nos enseña sobre nuestra esperanza:

> Pero si andamos en luz, como él está en luz, tenemos comunión unos con otros, y la sangre de Jesucristo su Hijo nos limpia de todo pecado. Si decimos que no tenemos pecado, nos engañamos a nosotros mismos, y la verdad no está en nosotros. Si confesamos nuestros pecados, él es fiel y justo para perdonar nuestros pecados, y limpiarnos de toda maldad.

Cristo — Juan mantiene a sus lectores concentrados en la esperanza al recordarles la salvación que no solo es posible, sino que Jesucristo compró y efectivizó de verdad. «Y él es la propiciación por nuestros pecados; y no solamente por los nuestros, sino también por los de todo el mundo» (2:2).

La responsabilidad — Juan enseña en esta primera carta cómo podemos saber quiénes son los hijos de la luz y quiénes los hijos de las tinieblas: por el fruto de sus vidas y la confesión de que Jesús es el Hijo de Dios. Él nos dice que nos amemos unos a otros, pero que no amemos al mundo.

2 Juan

Autor: El apóstol Juan.

Fecha: 85-95 d.C.

Destinatarios: Una iglesia cerca de Éfeso.

Sucesos: Juan exhorta a sus lectores a que se amen unos a otros y a que se cuiden de los falsos maestros.

Temas:

La soberanía — Por designio de Dios, los que permanecen en Su enseñanza también tienen al Padre y al Hijo. Esto es algo que jamás podríamos ganar, sino que más bien es lo que Él nos ha concedido soberanamente según Su voluntad.

La ley — A Juan le agrada cuando se entera de que sus discípulos caminan en la verdad, así como Dios ordenó. Este también debería ser nuestro objetivo.

La gracia — Juan escribe que la gracia, la misericordia y la paz estarán con nosotros. La gracia que se promete no está en duda. El apóstol Juan lo expresa con certeza.

Cristo — Juan escribe para contrarrestar la falsa enseñanza de algunos que decían que Cristo no había venido en carne. Tal maestro falso es un engañador y es el anticristo. Juan afirma que muchos engañadores así han salido por el mundo y les advierte a sus lectores que no reciban a herejes con enseñanzas no ortodoxas sobre Cristo, porque si lo hiciéramos, participaríamos de su obra.

La responsabilidad — Debemos vivir en amor, que según describe Juan aquí es caminar de acuerdo a los mandamientos de Dios.

3 Juan

Autor: El apóstol Juan.

Fecha: 85-95 d.C.

Destinatarios: Gayo, miembro de una de las iglesias de Juan.

Sucesos: Juan le escribe a la iglesia para que se cuide de los falsos maestros que procuran traer divisiones. En cambio, deben reconocer a los verdaderos maestros y apoyarlos.

Temas:

La soberanía — Estos misioneros, u obreros de la iglesia, habían salido por fe, por amor al nombre de Jesús. Como hace la mayoría de los misioneros hoy en día, servían sin ningún ingreso garantizado ni provisión mensual. Dios no será deudor de nadie; los que confían en Su provisión pueden lanzarse a seguir Su llamado con la certeza de que Él nunca los guiará adonde no pueda proveer para ellos.

La ley — El primer error de Diótrefes fue no reconocer la autoridad del apóstol Juan ni someterse a ella. Todo el que conocía a Cristo hubiera sabido que este apóstol había sido enviado con Su autoridad y en Su nombre. ¿Qué medida de arrogancia y orgullo pondría la autoridad propia por encima de la que tenía Juan? La ley que nos guía hoy debería estar caracterizada por la humildad y la sumisión a las autoridades legítimas que Dios gentilmente ha puesto sobre nosotros en nuestras vidas.

La gracia — También deberíamos alentar a los que están bajo nuestro ministerio de enseñanza, para ayudarlos a reconocer el error y orar por su salud física y espiritual, como Juan lo hace en esta carta a Gayo.

Cristo — Juan ama realmente a Gayo, está agradecido por verlo caminar en la verdad y lo alienta a que apoye a los compañeros que trabajan por esa verdad. Jesús es el camino, la verdad y la vida. Pilato lo vio a Él, pero no vio la verdad. Los falsos maestros y aquellos que no tienen el espíritu nunca reconocerán la verdad cuando la vean.

La responsabilidad — Juan afirma muy claramente que aquellos que sirven a la verdad y viven por fe agradan a Dios y deberían recibir apoyo. También en nuestros días corresponde, y es la responsabilidad del pueblo de Dios, apoyar a estos obreros.

Judas

Autor: Judas, medio hermano de Jesús.

Fecha: 65-70 d.C.

Destinatarios: Los judíos cristianos.

Sucesos: Judas escribió para reprender a los falsos maestros y alentar la perseverancia.

Temas:

La soberanía — Se habían infiltrado en la iglesia algunos que pervertían la gracia de Dios al convertirla en una licencia para el libertinaje. Judas les recuerda sobre el juicio de Dios que vendrá.

La ley — Aquellos que son su propia ley, que deciden lo que está permitido mientras que rechazan la clara voluntad de Dios en Su Palabra, siguen sus pasiones impías, son personas mundanas y no tienen el Espíritu.

La gracia — Judas nos recuerda la preciosa verdad de que todos los que estamos en Cristo podemos permanecer allí solo porque Él nos guarda de tropezar y nos protege. Dirige su carta a los que son guardados de este modo y termina con esta preciosa promesa: «Y a aquel que es poderoso para guardaros sin caída, y presentaros sin mancha delante de su gloria con gran alegría» (24).

Cristo — Judas concluye su carta con una hermosa doxología de alabanza: «al único y sabio Dios, nuestro Salvador, sea gloria y majestad, imperio y potencia, ahora y por todos los siglos. Amén» (25).

La responsabilidad — Judas nos llama a perseverar. Nos recuerda que hemos sido advertidos a través de las Escrituras que habrá mofadores y personas que persigan sus propias pasiones impías. Llama a los creyentes a edificarse en la fe y a orar en el Espíritu Santo, a que tengan misericordia de aquellos que dudan (como alguna vez lo hicimos), y que arrebaten a otros del fuego. Mantengámonos en el amor de Dios, a la espera de la misericordia de Cristo para la vida eterna.

Literatura apocalíptica

El libro de Apocalipsis fue escrito por el apóstol Juan, pero no es una de sus cartas. Es una revelación que Dios le dio y tiene la forma de la literatura apocalíptica, que es extremadamente simbólica en naturaleza. La mayor parte no debe leerse ni interpretarse literalmente como la historia o la biografía. El libro también incluye porciones proféticas.

Apocalipsis

Autor: El apóstol Juan.

Fecha: 95-96 d.C., mientras estaba exiliado en la isla de Patmos a causa del Evangelio.

Destinatarios: A las siete iglesias en Asia Menor.

Sucesos: El libro comienza con cartas de Jesús a las iglesias; luego desarrolla una serie de visiones que describen el juicio y la guerra que terminan con un Cristo victorioso y el cielo nuevo y la tierra nueva que vendrán.

Temas:

La soberanía — La revelación de Juan claramente describe que a través de Su vida, muerte y resurrección, Jesús ha conquistado a Satanás y a sus huestes, ha redimido a Su Iglesia de toda tribu, lengua, pueblo y nación, y reina desde ahora y para siempre.

La ley — Apocalipsis refleja claramente que Dios gobierna Su universo según Su Palabra y voluntad. Hay un juicio que vendrá y todos serán juzgados según el gobierno justo de Dios.

La gracia — Luego de todas las visiones de la guerra espiritual, de la guerra de las naciones, de las negaciones a arrepentirse y del anuncio del juicio según sus obras, todavía queda gracia para derramar. «Y el Espíritu y la Esposa dicen: Ven. Y el que oye, diga: Ven. Y el que tiene sed, venga; y el que quiera, tome del agua de la vida gratuitamente» (22:17).

Cristo — El libro comienza afirmando que esta es la revelación de Jesucristo y termina con Su promesa de que ciertamente viene pronto. Esta revelación que recibió Juan y que nosotros recibimos a través de él sirve para ayudarnos a comprender correctamente el rol de Jesucristo y para exaltarlo.

La responsabilidad — A través de la enseñanza del Espíritu en este libro, vemos que la responsabilidad del hombre es múltiple. Los que se identifiquen con alguna de las siete iglesias deberían prestar atención a la instrucción que allí se da. Los que llegan a ver al Rey de la historia a través de esta revelación, deberían arrodillarse delante de Él y rendirse a Su señorío. Los que se ven sucios debido a un despótico pecado deliberado deberían lavar sus ropas en la sangre del Cordero, ya que Él dice que quienes lo hagan serán bendecidos. Cada uno de los lectores de este libro quizás descubra que tiene necesidad de la gracia, ya sea por primera o por millonésima vez, pero no hay escasez de la gracia de la sangre que se nos ordena implorar y que jamás pierde su poder. Ven, lávate y queda limpio; ¡arrepiéntete y regresa!

«La gracia de nuestro Señor Jesucristo sea con todos vosotros. Amén» (22:21).

Las manos: El carácter del pastor

A Dios le preocupa más lo que eres que lo que haces. No quiero decir que a Dios no le interese lo que haces, porque no es así. Sin embargo, Él sabe que el fruto de tu vida nunca será lo que debe ser a menos que la raíz sea también lo que debe ser. Las ideas tienen consecuencias y la filosofía es el fundamento de la metodología. Lo que piensas se transforma automáticamente en lo que haces. El carácter tiene que ver con lo que haces cuando nadie mira, cuando no existe manera en que alguien llegue a saber lo que has hecho, cuando está oscuro. El carácter piadoso hace lo correcto, por el motivo correcto, aunque pienses que nadie está mirando y que nadie jamás se enterará. Nadie puede inducir a la fuerza el carácter adecuado de un pastor y él tampoco puede fingirlo. Sencillamente, es una parte de su ser.

En el primer módulo de instrucción nos concentramos en el llamado del ministro. En este módulo, continuamos estableciendo el cimiento de lo que debe ser un pastor. Este cimiento sólido, o su ausencia, influenciará el resto de la vida del pastor y de su ministerio. Debemos ayudar a nuestros alumnos a conocer lo que es el llamado al ministerio y a qué clase de hombres llama Dios. Al entenderlo, podrán discernir si Dios los ha llamado y que tienen que esforzarse por ser ese tipo de hombres.

Cuando ayudes a tus alumnos a determinar su llamado al ministerio, te resultará útil señalar las clases de hombres a los que Dios llama y qué clase de hombre deberían aspirar a ser. Primero y principal, recuerda que Dios no cambia; entonces, al mirarlo a Él en busca de pautas y ver las que dio en el pasado, debemos entender que todavía siguen en vigencia. Los hombres que Dios llama son aquellos que cumplen con las condiciones y los requerimientos que Él ha dicho que son necesarios para servir en el ministerio. El apóstol Pablo enumera estas características en las cartas a Timoteo y a Tito, ya que estaban plantando iglesias y nombrando ancianos para que las condujeran. La enseñanza de Pablo en 1 Timoteo 3:1-7 expone los requisitos que deben cumplir los pastores y describe los rasgos de carácter que deberían describirlos.

> [1] Palabra fiel: Si alguno anhela obispado, buena obra desea.
> [2] Pero es necesario que el obispo sea irreprensible, marido de una sola mujer, sobrio, prudente, decoroso, hospedador, apto para enseñar;
> [3] no dado al vino, no pendenciero, no codicioso de ganancias deshonestas, sino amable, apacible, no avaro;
> [4] que gobierne bien su casa, que tenga a sus hijos en sujeción con toda honestidad
> [5] (pues el que no sabe gobernar su propia casa, ¿cómo cuidará de la iglesia de Dios?);
> [6] no un neófito, no sea que envaneciéndose caiga en la condenación del diablo.
> [7] También es necesario que tenga buen testimonio de los de afuera, para que no caiga en descrédito y en lazo del diablo.

Tito 1:6-9 reitera y amplía estos requisitos.

> [6] el que fuere irreprensible, marido de una sola mujer, y tenga hijos creyentes que no estén acusados de disolución ni de rebeldía.
> [7] Porque es necesario que el obispo sea irreprensible, como administrador de Dios; no soberbio, no iracundo, no dado al vino, no pendenciero, no codicioso de ganancias deshonestas,

> [8] sino hospedador, amante de lo bueno, sobrio, justo, santo, dueño de sí mismo,
> [9] retenedor de la palabra fiel tal como ha sido enseñada, para que también pueda exhortar con sana enseñanza y convencer a los que contradicen.

Ni la necesidad urgente del momento actual, ni que el pasaje que escribió Pablo bajo la inspiración del Espíritu Santo date de siglos atrás cambian la realidad de que estos son los requisitos de Dios para servir como un anciano en la Iglesia de Cristo. Para algunos, la lista de cualidades de los pastores que enumera Pablo puede parecer extremadamente exigente para los misioneros que plantan iglesias y que luchan por encontrar líderes para pequeños grupos de creyentes en áreas que eran paganas. No obstante, recuerda que también había una gran necesidad de pastores en entornos similares en los días de Pablo. Sin embargo, cabe destacar el sumo cuidado que tiene para asegurarse de que estos líderes sean hombres que cumplan con los requisitos bíblicos. Es asombroso que aunque Pablo fue tan explícito respecto a los requerimientos pastorales, algunos plantadores de iglesias de hoy sean tan descuidados y dejen de lado estas condiciones, o las diluyan hasta que lleguen a adaptarse solo a lo que es expeditivo para el rápido establecimiento de una iglesia y de un ministerio de multiplicación.

Los candidatos jóvenes a pastores no tienen que manifestar todas las características en su estado de mayor desarrollo y madurez, pero al menos, claramente no deben estar descalificados en lo que es una realidad en sus vidas. Consideremos qué clase de cualidades de carácter describe Pablo en estos pasajes.

Irreprensible: Ser irreprensible no significa haber alcanzado la perfección sin pecados. Si esto fuera así, nadie jamás podría llegar a servir como pastor, incluyendo al misionero que plantó la iglesia. Significa que no debe haber un pecado evidente que le dé mala reputación, que pueda imputársele al pastor en su práctica o en su carácter. El pastor que predica la santidad, pero que hipócritamente vive en abierto pecado no es irreprensible.

Marido de una sola mujer: Esta frase ha sido tema de muchas conversaciones en las iglesias y, en muchas de ellas, ha terminado en más oscuridad que luz. Dedicamos un poco más de espacio a esta frase por el continuo desafío que presenta en culturas no cristianas, donde los matrimonios monógamos no son la norma o carecen de estima. Como este modelo de capacitación pastoral pretende usarse en campos misioneros donde la fidelidad marital monógama puede ser un concepto virtualmente desconocido antes de que llegue el Evangelio, debemos dedicarle un poco más de atención.

En principio, la frase «marido de una sola mujer» significa un hombre, una mujer. No solo descalifica para ser un anciano al hombre polígamo, sino también al que está casado con una mujer, pero tiene a otras mujeres a su lado. Algunos interpretan que significa que nunca se haya divorciado, o que no tenga más de una esposa viva; por cierto, algunos creen que ni siquiera un viudo puede volver a casarse y servir como pastor. Si se lleva a posturas extremas, esta prohibición podría descalificar a un hombre fielmente casado que tuvo otra novia formal antes del matrimonio. Tal extremo haría que muchos se vean eliminados para considerar el liderazgo de la iglesia, en especial en áreas donde el Evangelio recién ha llegado.

Otros creen que la frase simplemente requiere que un hombre esté dedicado a la mujer que es su esposa (hombre de una mujer), y que no debería extenderse para abarcar toda su vida, en especial porque el Nuevo Testamento reconoce situaciones donde se permite el divorcio. No obstante, en casos polémicos, donde no hay una clara prohibición bíblica, una congregación puede seguir en duda respecto a la calificación de un hombre. No cabe duda de que este es un tema complejo y que las implicancias para los vastos escenarios posibles no es clara. Sin embargo, lo que sí es claro es que la pregunta no necesariamente es si *puede* ser el pastor, sino si *debería* serlo. Si la gente no tiene la confianza de considerarlo sin reproche, su ministerio se verá obstaculizado, se dudará de su consejo matrimonial y se cuestionará su enseñanza. Esto siempre es un desafío para las iglesias que desean restaurar a un hombre al ministerio luego de una falta moral pública o un divorcio bíblicamente legítimo, y es la razón por la cual algunas nunca lo hacen.

En culturas donde la poligamia ha sido la norma aceptada para la estructura familiar durante generaciones, las esposas se dan y se reciben para pagar deudas, se intercambian para realizar alianzas que protejan al grupo durante hambrunas, inundaciones o guerras, e incluso para facilitar grandes familias donde la seguridad consiste en muchas manos que trabajen. El misionero debe corregir este sistema y enseñar el propósito de Dios para el matrimonio y la familia; no obstante, el antiguo sistema no se evapora luego de orar para recibir a Cristo como Señor y Salvador. Los cambios inmediatos no siempre son posibles; más bien, las nuevas normas deben contextualizarse, enseñarse y algunas veces, instituirse lentamente. La amonestación de Pablo en cuanto a que un pastor debe ser marido de una esposa significa que los hombres con varias esposas no pueden ser pastores. Aunque esto puede retrasar el trabajo de los modelos para una rápida plantación y multiplicación de iglesias, el modelo bíblico demanda que las iglesias tengan hombres calificados para conducirlas, no simplemente que tengan la mayor cantidad de líderes posibles lo más pronto posible. Algunos misioneros pueden requerir que los hombres con más de una esposa se divorcien de las esposas «adicionales», pero que sigan sosteniéndolas financieramente. Sin embargo, para quienes comprenden que el divorcio o el haber tenido alguna vez más de una mujer es descalificativo esto no resuelve el dilema de los candidatos pastorales. Se trata de un tema que debería enseñar y plantear con cuidado el misionero que esté más familiarizado tanto con la enseñanza bíblica como con la cultura.

Que gobierne bien su casa, que tenga a sus hijos en sujeción: Estos requerimientos están estrechamente relacionados con los dos primeros. Ser un hombre conocido por su sabiduría, sus buenas decisiones, su trabajo arduo, su compromiso familiar y su madurez es una consideración importante. Por cierto, en algunas culturas tradicionales, los misioneros han hecho posible que hombres jóvenes estudien en un seminario y luego los han devuelto a sus comunidades para servir como pastores. Lamentablemente, volvieron y se unieron otra vez al grupo de jóvenes, porque solo se aceptan ancianos (hombres maduros) como ancianos (pastores en la iglesia). Algunos comentaristas bíblicos han tomado la posición de que un hombre que tiene hijos abiertamente rebeldes y no creyentes que todavía viven en su casa queda descalificado para el ministerio, porque argumentan que, aunque el pastor no puede obligarlos a creer (Juan 1:13), puede educarlos para que respeten su autoridad mientras viven bajo su techo. La mayoría está de acuerdo en que al menos, el pastor debe ser un hombre con un probado liderazgo familiar.

Hospedador: Los pastores y misioneros más efectivos que he conocido son aquellos cuyas casas son famosas por estar abiertas para todo el que necesite una comida o un lugar donde pasar la noche. Muchas veces, he visitado los hogares de los misioneros y he visto un bolso en un rincón, que pertenece a un hombre que vino a la ciudad por negocios y se quedó a dormir en el sillón la noche anterior. Nate y Marj Saint vivían en las inmediaciones de la selva ecuatoriana, junto a la pista de aterrizaje que él usaba para llevar provisiones a los misioneros esparcidos por el lado Este de la jungla. Antes del martirio de Nate y de sus cuatro amigos, su hogar era el habitual refugio para decenas de familias misioneras, y algunas veces, hasta tenían a veinte personas necesitadas de cama y comida. Elisabeth Elliot hasta dio a luz a su hija en esta casa. Los misioneros y los pastores que son hospitalarios y que tienen hogares abiertos son confiables, amados y escuchados. Pablo dice que los pastores deberían ser lo opuesto a avaros; deberían ser hospitalarios.

No codicioso de ganancias deshonestas ni avaro: Un pastor piadoso ve que todo lo que necesita le llega todos los días, como el pan diario, y ora con las manos abiertas, y le permite a Dios que le dé lo que tiene que compartir con otro o que le dé aún más, como le parezca conveniente. El enfoque del hombre codicioso es «conseguir todo lo que puede, guardar todo lo que consigue y luego sentarse sobre lo guardado». Cuando una persona vive para el amor al dinero y a la ganancia personal es cuando menos se parece a Jesús. El amor al dinero es la raíz de toda clase de males. Un dicho indígena dice: «Un hombre no puede perseguir a dos conejos al mismo tiempo». O bien buscamos el reino de Dios y Su justicia, o codiciosamente buscamos la ganancia personal y la ambición egoísta. Un pastor no es codicioso de ganancias ni amante del dinero.

Sobrio, no dado al vino: Uno de los aspectos del fruto del Espíritu es la templanza; entonces, lo opuesto es contristar, irritar e incluso apagar la obra del Espíritu Santo en nuestras vidas. Estar lleno del Espíritu es agradar a Dios; lo opuesto es ser dado al vino o a las drogas. En muchas culturas del mundo que nunca pasaron por la ley seca y donde el cristianismo evangélico nunca ha tenido una presencia fuerte, el alcohol es una bebida común. Puede tratarse del *masato* o la chicha entre las tribus del Amazonas (que es la única bebida que se consigue, hecha con la raíz de la yuca que se fermenta luego de unos días antes de que se la consuma totalmente) o el vino en la cena en las culturas francesas. Cada misionero debe encontrar el equilibrio entre el consumo moderado y la abstinencia total dentro de la realidad de la cultura en la que se encuentra, pero la embriaguez siempre es pecado. A un hombre dado a la embriaguez no debería considerárselo para el pastorado.

Decoroso, que goce de buen testimonio de los de afuera: Un hombre con una buena reputación entre los de afuera es como el vendedor soñado. Es el mecánico o vendedor de autos usados que siempre dice la verdad, el contratista de la construcción que siempre llega a tiempo a las citas y que da más de lo que promete en su trabajo. Esa clase de persona tiene los requisitos buscados a los ojos de la comunidad. Por otra parte, un hombre conocido por ser un charlatán en los negocios, que engaña y se abusa de los vulnerables en sus asuntos de negocio, no debería ser pastor. Luego de ser engañada en un trato comercial, la víctima que ha sufrido el abuso puede preguntarse en qué más le mintió este hombre. Cuando se entera de que el mentiroso es un pastor local, esto trae reproche al nombre de Cristo y la iglesia sufre.

Que sea apto para enseñar la sana doctrina: Para poder enseñar esta doctrina, primero hay que conocerla. El llamado al ministerio es también un llamado a prepararse. El ministerio no es un lugar para las opiniones personales que no están basadas en la Escritura, ni tampoco es un foro de entretenimiento; es para ministrar la Palabra y orar.

El argumento de que apto para enseñar significa conocer lo que se debe enseñar ya se ha planteado y estuvo basado en este versículo, por lo tanto, consideremos otro aspecto de esta amonestación paulina: el pastor debe *saber* enseñar. Hace algunos años, durante un concilio para ordenar pastores, a un amigo mío le preguntaron cómo explicaría determinado pasaje de la Escritura. Supuse que quien lo interrogaba deseaba conocer la postura doctrinal del hombre sobre el pasaje mencionado, pero también quería escucharlo dar una explicación de un pasaje bíblico mientras enseñaba sus ricas verdades a quien quisiera aprender. Lamentablemente, mi amigo no pudo articular ninguna respuesta, ya sea porque no entendía el significado del pasaje o porque no sabía enseñar. La recomendación fue que debería pasar más tiempo preparándose para alcanzar estos requisitos bíblicos antes de procurar que se lo ordenara como ministro. Un pastor debe ser apto para enseñar. Esto no es optativo.

No pendenciero sino amable, no iracundo: Estos requisitos son similares, pero no sinónimos. Todos los requisitos están en armonía unos con otros en las listas de Pablo en 1 Timoteo y Tito. Por ejemplo, alguien que no es amable, sino iracundo y violento no dirigirá bien su casa. Es probable que dirija su casa —a través del terror y el miedo— pero no lo hará *bien*. Sus hijos serán tímidos y temerosos, y otros verán su abuso; por tanto, no tendrá una buena reputación entre los de afuera. El pastor debe ser una persona amable que no se apresura a entrar en discusiones ni en griterías, y que jamás llegará a la violencia para imponer su voluntad. Una buena pregunta para hacerse cuando se desarrolla esta cualidad de carácter es: «¿Qué haría Jesús?».

No soberbio: La soberbia es la suma del orgullo, del engreimiento y de la autopromoción. El hombre arrogante hace que la vida gire en torno a sí mismo y exige que los demás hagan lo mismo. Tal persona demuestra que no ha muerto a sí mismo ni le ha rendido todo a Dios.

Santo, amante de lo bueno: Ser *santo* significa estar «separado». Los utensilios del tabernáculo eran santos para el Señor ya que habían sido dedicados a Su servicio. Pero la palabra *santidad* también conlleva la idea de perfección moral, cualidad por la que siempre estamos luchando, pero a la que solo llegamos en el sentido de que somos moralmente perfectos a los ojos de Dios al estar en Cristo. La cualidad de ser apartados para perseguir la perfección moral y la justicia muestra que somos amantes de lo bueno. No vamos detrás del mal ni lo deseamos; por cierto, que luchemos contra malos deseos en tiempos de tentación demuestra que todavía no hemos llegado a la perfección libre de pecado. No obstante, anhelamos ser santos y amamos lo que es bueno. A un pastor se lo debería conocer por esto.

Nadie ha alcanzado todas estas características o cualidades. De hecho, ningún pastor además de Cristo ha llegado jamás a dominar una de ellas. No consideramos que un hombre esté calificado para ser un candidato pastoral debido a su nivel de perfección, sino por su deseo de alcanzarlo. ¿El deseo de ser lo que Dios quiere es más fuerte que sus propios deseos egoístas? ¿Se esfuerza por progresar en su santificación y los demás reconocen este esfuerzo? Si es así, es una buena señal. Aunque nadie que todavía viva de este lado de las puertas del cielo haya llegado a la meta, la dirección del peregrinaje del pastor y el deseo de su corazón es el que describe Pablo en estas cartas a Timoteo y a Tito.

Al considerar el carácter del pastor, es útil recordar que existen cuatro clases de hombres: el hombre para las mujeres, el hombre para los hombres, el hombre egoísta y el hombre para Dios. El hombre para las mujeres es aquel que se viste y actúa para atraer la atención de las damas, y procura ser atractivo en su interacción con ellas. Vive para las mujeres y no es un hombre que deba ser pastor.

El hombre para los hombres es aquel que está tan concentrado en los deportes, en la caza, en la pesca y en otras actividades «masculinas», tal como las define su cultura, que no puede relacionarse con personas como las viudas, los niños o las familias jóvenes en la iglesia. O bien no ha regresado de su última actividad competitiva con «los muchachos» o todavía está hablando de la anterior. Vive para hacerles pensar a los otros hombres que es el pináculo de la hombría.

El hombre egoísta es el que vive para sus propios deseos: para ser perezoso, glotón, derrochador, para gastar todo en él mismo y es insensible para con los demás. Tal vez come frente al hambriento, se niega a servir a otros si esto interrumpe sus planes egoístas o hace ostentación de sus posesiones frente a los pobres desempleados en la congregación. Un pastor no debe ser un hombre que vive para sí mismo.

Más bien, debe ser un «hombre para Dios»; alguien que vive para Dios con los ojos puestos en agradarle y que a la vez mantiene un corazón para Dios y una mente para la verdad. Cuando imaginamos a Dios al decidir usar a un hombre, mirando hacia la tierra para escoger a alguien o con el deseo de encontrar a alguien que lo sirva a Él y a los demás, deberíamos imaginar a un hombre como pastor que sea la clase de hombre que Él elegiría. No debería ser un hombre para las mujeres, un hombre para los hombres ni un hombre egoísta, sino un hombre para Dios en cada sentido de la palabra.

Lecturas recomendadas

Dever, Mark. *The Message of the New Testament: Promises Kept.* Wheaton, IL: Crossway, 2005.

Diccionario Bíblico Ilustrado Holman. Actualizado y aumentado. Nashville, TN: B&H Publishing Group, 2014.

Elwell, Walter A. y Robert W. Yarbrough. *Encountering the New Testament: A Historical and Theological Survey.* Grand Rapids, MI: Baker Academic, 2013.

House, H. Wayne. *Chronological and Background Charts of the New Testament.* Grand Rapids, MI: Zondervan, 1981.

Lea, Thomas y David Alan Black. *The New Testament: Its Background and Message.* Nashville, TN: B&H Publishing Group, 2003.

RVR 1960 Biblia de Estudio Holman. Nashville, TN: Holman Bible Publishers, 2014.

Whitney, Donald S. *Praying the Bible.* Wheaton, IL: Crossway, 2015.

———. *Spiritual Disciplines for the Christian Life.* Colorado Springs, CO: NavPress, 2014.

Módulo 3 Objetivos de aprendizaje

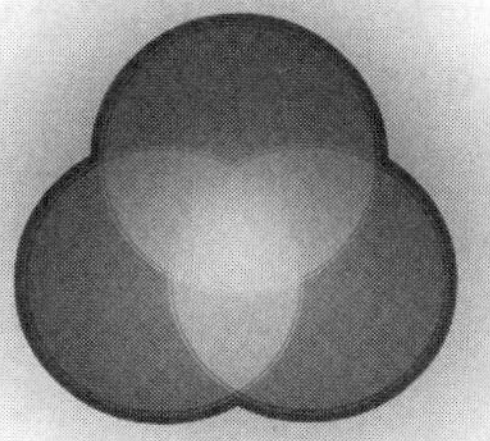

La adoración
La doctrina cristiana
El pastoreo del rebaño de Dios

Al finalizar este módulo, los alumnos podrán:

1. **El corazón: La adoración**
   a) Describir una práctica devocional personal de adoración como expresión sincera de amor, alabanza, honor, veneración y reverencia a Dios.
   b) Explicar las razones por las cuales la Biblia es nuestro manual para la adoración, y los peligros de otras guías.
   c) Citar ejemplos bíblicos de adoración pública (colectiva) y privada (personal) en el Antiguo Testamento, el Nuevo Testamento (en especial, en la vida de Jesús) y su importancia.
   d) Hablar de la importancia pastoral de desarrollar la paz como fruto del Espíritu.
   e) Explicar lo que Pablo quiere decir al pedir que el pastor concentre sus pensamientos en lo que es justo.

2. **La mente: La doctrina cristiana**
   a) Explicar las diferencias entre las teologías bíblica y sistemática y las ventajas de cada una.
   b) Describir las características singulares de la teología católica y sus diferencias con las demás.
   c) Describir las características únicas de la teología de la liberación.
   d) Explicar las siguientes doctrinas según la doctrina cristiana evangélica: la revelación; la naturaleza y los atributos de Dios; la Trinidad; la creación; la providencia; el nacimiento virginal; la humanidad y la deidad de Jesucristo; la expiación; la resurrección y la ascensión; las tres funciones de Cristo como profeta, sacerdote y rey; el Espíritu Santo; la humanidad y la caída; la salvación; la elección; la regeneración; la conversión; la fe salvadora; el arrepentimiento; la justificación; la adopción; la santificación; el bautismo y la llenura del Espíritu Santo; la perseverancia de los santos; la muerte; el estado intermedio; la glorificación; la Iglesia; la escatología; las posturas sobre el milenio; el juicio final; el infierno y el cielo.

3. **Las manos: El pastoreo del rebaño de Dios**
   a) Explicar el plan de Dios para el liderazgo de la Iglesia y cómo deberían ser sus pastores.
   b) Mediante citas de pasajes y términos del Nuevo Testamento, debatir los roles que cumplen los pastores.
   c) Describir lo que enseña la Palabra de Dios sobre el rebaño a través de metáforas.
   d) Abordar mandamientos, descripciones y modelos bíblicos para entender cómo debe ser la guía del pastor en cuanto a lo que la iglesia tiene que ser y hacer.
   e) Explicar con base bíblica por qué los evangélicos creen que el rebaño le pertenece a Cristo.

Módulo 3

La adoración
La doctrina cristiana
El pastoreo del rebaño de Dios

El corazón

Breve reseña

El ministro cristiano debe estar preparado para liderar en adoración, estar afianzado en una doctrina sólida y pastorear el rebaño de Dios según la instrucción divina. A menudo, se dice que «la iglesia sigue al pastor». Un pastor no puede guiar al rebaño más allá de donde él mismo ha llegado. Es aleccionador que el Espíritu Santo haya elegido ovejas en lugar de cabras como metáfora para el pueblo de Dios. Aunque a las cabras se las puede llevar, las ovejas necesitan guía. A medida que el pastor alcanza mayores niveles de devoción y pureza doctrinal, los que lo siguen también pueden hacerlo. En toda la Biblia, hay mandamientos, ejemplos e información sobre las responsabilidades de los pastores.

Este módulo instruirá el corazón a adorar; no la adoración colectiva que practicamos los domingos, sino la adoración a Dios en nuestro tiempo devocional, como disciplina espiritual personal. Esta práctica de la adoración personal a Dios en la vida del pastor se hará evidente a los que lo rodean, así como su ausencia. Una profunda devoción y adoración personal forman y cambian a una persona, para bien o para mal, según cuál sea el objeto de adoración. Prepara y desafía a tus estudiantes para pastores para que tengan un corazón que anhele la comunión con el único y verdadero Dios vivo más que cualquier otra cosa.

Como se observa en las sinopsis del Antiguo y el Nuevo Testamento, todas las culturas del mundo adoptan alguna religión, lo cual significa que ya rinden adoración a algo. Los pueblos del mundo deben oír las verdades del evangelio y aceptar al Único que es la verdad, el camino y la vida, para poder conocerlo y adorarlo de verdad. Observamos que la fuente de la verdad que necesitan es la Biblia. Como nadie puede ascender al cielo para investigar y luego regresar a enseñarnos al resto, Dios se nos reveló en Su Palabra. En la Biblia, aprendemos lo que debemos creer sobre Dios, y lo que quiere que seamos y hagamos.

Como muchas culturas del mundo están saturadas de religiones falsas tradicionales, es imperativo que los nuevos creyentes reciban un discipulado profundo y que los líderes realicen una capacitación pastoral que incluya estudio bíblico y educación teológica. Las cosmovisiones explican los sucesos cotidianos, el origen del universo y el funcionamiento interno de la realidad de los pueblos. Estas creencias de toda una vida no se evaporan simplemente al orar y recibir a Jesús; los nuevos creyentes necesitan una nueva instrucción. La Biblia exige y ejemplifica el discipulado por una buena razón. Las nuevas comprensiones sobre Dios, el pecado, la salvación y la vida eterna deben estar arraigadas en la Palabra de Dios, para reemplazar las convicciones religiosas anteriores. Como algunos de tus alumnos quizás estén estudiando la Biblia por primera vez, puede ser acertado enseñar la doctrina cristiana a través de la teología sistemática y la teología bíblica.

La teología bíblica y la sistemática presentan las mismas verdades, pero tienen una organización diferente. La teología bíblica es gradual y cronológica, y demuestra lo que Dios ha revelado a medida que se estudia la Biblia libro por libro. Destaca realidades históricas de la época en que las doctrinas se revelaron por primera vez y el énfasis del autor. La teología sistemática toma todo lo que Dios ha revelado y organiza este conocimiento en categorías, por ejemplo, las doctrinas sobre la Escritura, Dios, el hombre, Cristo, el Espíritu Santo, el pecado, la salvación y demás. La teología bíblica no es más bíblica que la sistemática; en cambio, se refiere fundamentalmente a la manera en que se presentan las verdades que Dios ha dado. Wayne Grudem escribió: «La teología sistemática es todo estudio que responda a la pregunta: "¿Qué nos enseña toda la Biblia hoy?" sobre cualquier tema».[1]

La capacitación práctica de los pastores debe incluir cómo pastorear el pueblo de Dios. Los pastores que se dedicaban al ministerio en el pasado seguramente estaban mucho más familiarizados con el modelo de maestro-alumno que los occidentales contemporáneos. En este modelo, un pastor experimentado instruía a uno más joven. Aunque el candidato más joven era un discípulo comprometido, había leído muchos libros y rendido exámenes, se consideraba que aprender las habilidades prácticas para pastorear el rebaño de Dios a través de una capacitación pragmática era de igual importancia.

Un pastor no debe imitar los modelos de líderes corporativos, sargentos instructores, jefes empresariales, directores sociales o artistas populares; tiene que pastorear el rebaño de Dios según la instrucción de Su Palabra. Los elementos esenciales para formar el corazón, la mente y las manos en este módulo son la adoración personal, la doctrina cristiana y cómo pastorear el rebaño de Dios como Él quiere.

Disciplina espiritual personal: Adoración

La adoración es la expresión sincera de amor, alabanza, honor, veneración y reverencia a Dios. Wayne Grudem definió la adoración como «la

---

[1] Wayne Grudem, *Systematic Theology: An Introduction to Biblical Doctrine* (Grand Rapids, MI: Zondervan, 1994), 21.

actividad de glorificar a Dios en Su presencia con nuestra voz y nuestro corazón».[2] Se trata de darle a Dios todo lo que somos (corazón, mente y manos) todos los días hasta que Él vuelva o nos llame a nuestro eterno hogar (Rom. 12:1). Incluso la creación declara sin palabras la gloria de Dios: todo lo que Él hizo la proclama. El contraste inevitable entre el Dios omnipotente e infinito con nuestra propia persona débil y temporal debe llevarnos a postrarnos ante Él en adoración. Por cierto, un vistazo a las culturas del mundo revela que, aunque tienen alguna clase de religión y rinden adoración a algo, su expresión nunca será adoración bíblica al Dios verdadero si no escuchan la proclamación y la enseñanza del evangelio. Vivimos en un mundo que venera toda clase de cosas, está perdido y se dirige al infierno, a menos que escuche la buena noticia del evangelio. Todos necesitan escuchar lo que Dios reveló sobre sí mismo.

La Biblia es nuestro manual de adoración. Desde la época en que Adán y Eva tuvieron a Set, el padre de Enós, los hombres comenzaron a invocar el nombre de Jehová. Noé construyó un altar y adoró a Dios con un holocausto una vez que las aguas del diluvio descendieron. Abram edificó un altar al Señor en Bet-el e invocó Su nombre. Cuando fue a ofrecer a Isaac como sacrificio, instruyó a sus siervos: «Esperad aquí con el asno, y yo y el muchacho iremos hasta allí y *adoraremos*, y volveremos a vosotros» (Gén. 22:5, énfasis añadido). Moisés adoró a Dios y recibió requisitos específicos para Israel, para poder guiarlo en su adoración al Señor. En los Diez Mandamientos, Dios prohibió adorar a otros dioses (Ex. 20:3-6). Estableció el tabernáculo —y, más adelante, el templo en Jerusalén— como el lugar de adoración y sacrificio, y proporcionó pautas para la adoración a Jehová. Dios les advirtió sobre el grave pecado de adorar a otros dioses, prometió juicio si lo hacían y los castigó cuando se rebelaron contra Él en idolatría. Además, Dios bendijo a los que se negaron a adorar a otros dioses. La historia de Sadrac, Mesac y Abed-nego demuestra poderosamente el honor que Dios otorga a aquellos que permanecen en adoración fiel a un Dios fiel.

---

[2] Ibíd., 1003.

El libro de los Salmos era el himnario y la guía de adoración para Israel, y también lo ha sido para la Iglesia. David y los demás salmistas cantaban himnos de alabanza, gratitud y oraciones de súplica. Los salmos sirven como guía para todo el que quiere conocer la esencia de la adoración, ya sea en su expresión colectiva en el templo o en la adoración personal de un pastorcito que agradecía al Todopoderoso por librarlo del peligro.

En el Nuevo Testamento, el diablo tentó a Jesús a pecar y le prometió darle todo, si tan solo lo adoraba. Jesús le recordó a él, y a todos los lectores de los Evangelios desde entonces, que el pueblo de Dios debe adorar exclusivamente al Señor. También enseñó que era necesario corregir la falsa adoración de los fariseos. Habían reemplazado a Dios como objeto y destinatario de su adoración, al honrarse unos a otros. Oraban para su propio beneficio y cumplían reglas establecidas por ellos para alcanzar una pretensión de superioridad moral, y crearon una religión que adoraba y honraba a sus creadores. Quizás muchos de los fariseos eran hombres buenos cegados por el sistema aceptado en esa época y, sin quererlo, eran engañados y convencidos de que sus esfuerzos constituían una adoración genuina a Dios; después de todo, era lo que los líderes religiosos exigían. Lamentablemente, por definición, cualquiera que es engañado no se da cuenta de lo que sucede. Pablo declaró que adorar no es tan solo ofrecer una porción de lo que tenemos, sino una devoción sincera a Dios con toda nuestra vida. «Así que, hermanos, os ruego por las misericordias de Dios, que presentéis vuestros cuerpos en sacrificio vivo, santo, agradable a Dios, que es vuestro culto racional» (Rom. 12:1).

Para protegernos del engaño demoníaco presente en las religiones falsas o sectas, debemos adorar según lo que Dios ha revelado en la Biblia. Es necesaria una vigilancia constante y evaluar nuestra adoración de acuerdo con lo que encontramos en la Palabra, con cuidado de no adorar al Señor solo como imaginamos que debemos hacerlo ni según las religiones tradicionales falsas que solían guiarnos. Para adorar de verdad a Dios tenemos que conocerlo, y para conocerlo realmente debemos conocer Su Palabra y recibir la guía del Espíritu Santo para entenderla. Esto significa que, para conocer y adorar a Dios de verdad, tenemos que nacer de nuevo y ser llenos de Su Espíritu.

Jesús le enseñó a la mujer samaritana junto al pozo a quién debemos adorar y cómo debemos hacerlo. Le dijo:

> Mujer, créeme, que la hora viene cuando ni en este monte ni en Jerusalén adoraréis al Padre. Vosotros adoráis lo que no sabéis; nosotros adoramos lo que sabemos; porque la salvación viene de los judíos. Mas la hora viene, y ahora es, cuando los verdaderos adoradores adorarán al Padre en espíritu y en verdad; porque también el Padre tales adoradores busca que le adoren. Dios es Espíritu; y los que le adoran, en espíritu y en verdad es necesario que adoren. (Juan 4:21-24)

El Nuevo Testamento revela que Jesús es el verdadero templo, el único sacrificio y el objeto de la adoración real. La verdadera adoración al Padre debe estar de acuerdo con Su Palabra y realizarse en espíritu y en verdad. Todos los que afirman adorar a Dios el Padre, pero que no adoran al Hijo y al Espíritu como Dios, no están adorando al Dios de la Biblia. El único Dios verdadero se ha revelado como el Dios trino.

El libro de Apocalipsis también proporciona un enfoque perspicaz de la verdadera adoración. Esta adoración debe fluir con libertad del corazón y la mente del pueblo de Dios. La verdadera adoración contrasta con la veneración de dioses falsos y demonios, la cual siempre existirá en ausencia de la adoración auténtica al único Dios verdadero.

La adoración que fluye de un corazón conforme al de Dios, con la mente de Cristo y la presencia interior del Espíritu Santo no tiene por qué ser forzada o fingida; es más, es imposible que lo sea. Más bien, es lo que se desborda naturalmente de una vida de amor con Dios. Don Whitney escribió: «La adoración suele incluir palabras y acciones, pero va más allá de ellas y se concentra en la mente y el corazón».[3] A medida que practicamos la presencia de Dios, la adoración es la expresión de emociones que fluye del corazón y la mente, no solo la consecuencia ló-

---

[3] Donald S. Whitney, *Spiritual Disciplines for the Christian Life* (Colorado Springs, CO: NavPress, 2014), 106.

gica de lo que merece un Salvador como Él, aunque la adoración bíblica conlleve un equilibrio de ambas cosas.

La adoración pública es esencial para la vida del cristiano (Heb. 10:25), pero no puede ser la única vez que adoremos a Dios. Si el pastor solo adora a Dios en la iglesia los domingos, la adoración pública que dirija será débil. Sin duda, la Biblia establece la adoración pública y proporciona ejemplos, pero no quiere decir que sea el único momento para adorar. La adoración personal cotidiana tiene que ser evidente en la vida del cristiano.

Caminar en comunión con Dios a diario, vivir en amor con Jesús y permanecer en Su Palabra producen un estilo de vida de oración. La persona que practica esto adora a Dios continuamente, no solo los domingos por la mañana, en lo que solemos llamar adoración pública o colectiva. Aunque un hombre piadoso guíe a su familia a diario en oración y adoración, también debe practicar la adoración en privado. Durante su tiempo devocional con el Señor de lectura de la Biblia y oración, el pastor tiene que concentrar su corazón y su mente en Dios y participar de un tiempo de adoración en privado.

Pasar tiempo con las personas que amamos es una expresión de nuestro amor. Les comunicamos nuestros temores más profundos, nuestras mayores alegrías e incluso los detalles prosaicos de la vida cotidiana. De esta manera, llegamos a conocerlas y ellas nos conocen; es más, si pasamos mucho tiempo con ellas, incluso terminamos adoptando rasgos de personalidad, compartimos valores y adoptamos ideas similares sobre la vida. También recibimos estas bendiciones cuando pasamos tiempo de calidad y adoración con Dios. Wayne Grudem enumeró algunos resultados y bendiciones de la adoración genuina: nos deleitamos en Dios, nos acercamos a Él, Él se acerca a nosotros, percibimos cómo nos ministra y somos testigos de que hace huir a nuestros enemigos.[4] Mientras compartimos la vida con nuestros seres queridos, tenemos una comunión cada vez más profunda con ellos, y esto hace que nuestro amor y aprecio mutuo crezca. Este mismo principio se aplica a nuestro tiempo con Dios, pero

---

[4] Grudem, *Systematic Theology*, 1005-9.

de manera mucho más enriquecedora. Con Dios, se añade la dimensión creciente de reconocer Su valor y expresarle nuestro amor y gratitud, confesarle cuánto lo necesitamos y meditar en Sus atributos.

La adoración también incluye declarar al Señor cuánto lo valoramos. Nuestro aprecio por Él siempre crece, porque Dios es infinito, eterno y, bueno…, es Dios. Adorar es atribuir valor al Señor. En otras palabras, una manera de medir la profundidad de tu adoración diaria a Dios es considerar la pregunta: «¿Cuánto vale Dios para mí?». Imagina una balanza antigua de doble platillo, como la que usaban los mercaderes para pesar todo, desde cereal hasta oro. Si colocáramos a Dios a un lado de la balanza de lo que consideras valioso e importante, ¿qué tendrías que poner del otro lado para equilibrarla? Por más que colocaras todo el universo del otro lado, no podrías levantar a Dios, por el peso de Su gloria. El valor de Dios es infinito. Cuando a C. T. Studd sus amigos y familiares lo instaban a no abandonar su futuro, su fama y su riqueza para entrar al campo misionero, con el razonamiento de que Dios no esperaba tanto de él, el misionero respondió: «Si Jesús es Dios y murió por mi pecado, ningún sacrificio que yo pueda hacer será demasiado grande». ¿Cuánto vale Dios para ti? Cuando le expresas el valor que tiene para ti, lo estás adorando.

Sin duda, Dios tiene un lugar de gran valor en la vida de tus alumnos; ellos lo aman y quieren crecer en su relación con Él. Entonces, ¿por qué es necesario enseñarles a los pastores lo que debería ser un componente fundamental de sus vidas? Por desgracia, no podemos dar por sentado ningún nivel de formación espiritual, sino que debemos dar el ejemplo, instruir y moldear a los pastores para que valoren la adoración diaria al Señor; ya que lo que debería ser no siempre es automático en un mundo caído. La adoración personal es una disciplina y, como cualquier disciplina saludable, debemos practicarla hasta que se transforme en un hábito y, después, seguir disciplinándonos como parte de un patrón arraigado de la vida. Tenemos que esforzarnos por evitar que el mundo nos obligue a adaptarnos a su molde y, además, buscar con afán parecernos cada vez más a Jesús y ser formados a Su imagen. Don Whitney escribió que la adoración es una disciplina espiritual que es tanto «un fin como un medio. La adoración a Dios es un *fin* en sí misma porque, adorar, según lo definimos, es concentrarse en Dios y responder a Él. [...] Sin embargo, la adoración también es un *medio,* en el sentido de que nos ayuda a perfeccionarnos en la piedad».[5] Debemos esmerarnos en la adoración. Dios merece nuestra adoración, la exige, prohíbe rendírsela a cualquier otra cosa, y, para nuestro propio beneficio, al concentrarnos en Él, podemos adorar de una manera que nos brinde paz y gozo.

La capacitación pastoral debe incluir enseñanza sobre *a Quién* hay que adorar. Esto es importante porque, como ya observamos, todos rinden adoración a algo. Adoptar el cristianismo no implica simplemente colocar una cruz encima de lo que se creía antes de la predicación del evangelio. Respecto a la importancia de practicar esta disciplina a diario, también debemos garantizar que los alumnos entiendan el *porqué* y el *cuándo* de la adoración, es decir, que comprendan por qué debemos adorar a Dios y en qué momento. Explicar a los alumnos *dónde* adorar los ayuda a entender que no es algo que solo sucede en la iglesia o durante su devocional, sino que puede practicarse dondequiera que estén en el día. Además, tenemos que enseñar *cómo* adorar en forma personal y explicar las maneras en que esta clase de adoración difiere de la adoración colectiva. Se puede enseñar a considerar los atributos de Dios en la adoración personal y todo lo que Él ha hecho, por los estudiantes en particular y a lo largo de la historia. Los cinco días de enseñanza de la semana podrían organizarse alrededor de los temas *a quién, por qué, cuándo, dónde* y *cómo.*

La adoración fluye de todo nuestro ser y no solo de nuestra mente. Todos nuestros sentidos suelen participar cuando nos encontramos en ambientes de adoración. Por ejemplo, la belleza solemne de un santuario de techo alto con bancos de madera oscura y vitrales, el sonido de instrumentos afinados que acompañan hermosas armonías de alabanza, el aroma de la madera añeja, las flores y las velas, y la sensación de la Biblia en tus manos pueden ayudarte a tener una actitud de adoración. Pero, incluso cuando estás solo en tu casa, se pueden emplear los sentidos para realzar la adoración.

---

[5] Whitney, *Spiritual Disciplines*, 114.

El ambiente donde uno está influye de muchas maneras sobre la adoración. Un lugar ordenado es mucho más propicio para la adoración que el desorden y el caos. Caminar al aire libre por un campo o un camino en el bosque, o incluso por las calles del vecindario, son maneras de tener comunión con Dios mientras oramos y adoramos. Para evitar distracciones e interrupciones, en lo posible, debemos estructurar nuestro lugar de oración, pero nunca tenemos que depender tanto de estas condiciones como para no adorar a Dios si hay distracciones presentes. Muchos han descubierto que la música enriquece en gran medida los tiempos de adoración personal. Sin duda, la música fue de gran influencia en la vida de David. Muchos de los grandes teólogos de la historia cristiana también eran compositores de himnos. Hoy en día, muchas personas guardan himnarios cerca del lugar donde pasan tiempo a solas con Dios y adoran cantando un himno o dos. Aun si el lugar donde realizas tu devocional no permite que cantes, puedes leer un himno y entonarlo en voz baja o en tu mente. Los pastores a quienes enseñamos tal vez no tengan un himnario, pero probablemente hayan memorizado diversas canciones de alabanza. Esta es una práctica sencilla. Lo más importante es que la adoración personal a Dios se transforme en una disciplina diaria.

El fruto del Espíritu: Paz

Pablo les escribió a los gálatas que el fruto en la vida de un hombre lleno del Espíritu es amor, gozo, paz, paciencia, benignidad, bondad, fe, mansedumbre y templanza. De estas cosas, ya consideramos los aspectos del amor y el gozo. Esta semana, nos concentraremos en la paz. Nos referimos a la paz que surge de conocer y hacer la voluntad de Dios, crecer en gracia, entender más Su Palabra y vivir en comunión con Él. Isaías declaró: «Tú guardarás en completa paz a aquel cuyo pensamiento en ti persevera; porque en ti ha confiado» (Isa. 26:3).

Todas las disciplinas espirituales personales fluyen en perfecta armonía, según Dios nos las dio. A medida que el fruto del Espíritu se desarrolla en nuestra vida, debemos recordar que no es algo que logramos por nuestros propios medios, sino que Dios obra en nosotros para llevarnos a donde Él quiere. Los pensamientos del pastor que consideramos cada semana dentro de la instrucción del corazón se expresan con la paz de Dios. Sobre la vida interior y la paz, Pablo exhortó:

> Por nada estéis afanosos, sino sean conocidas vuestras peticiones delante de Dios en toda oración y ruego, con acción de gracias. Y la paz de Dios, que sobrepasa todo entendimiento, guardará vuestros corazones y vuestros pensamientos en Cristo Jesús. Por lo demás, hermanos, todo lo que es verdadero, todo lo honesto, todo lo justo, todo lo puro, todo lo amable, todo lo que es de buen nombre; si hay virtud alguna, si algo digno de alabanza, en esto pensad. Lo que aprendisteis y recibisteis y oísteis y visteis en mí, esto haced; y el Dios de paz estará con vosotros. (Fil. 4:6-9)

Pablo enseña que la paz de Dios guardará nuestro corazón y nuestra mente porque el Dios de paz estará con nosotros.

Una mente saturada de la Biblia puede recordar las promesas de Dios rápidamente en una crisis. Alguien que camina en sintonía con el Espíritu no va por la vida con pies de plomo, lleno de ansiedad y temor, sino que avanza a paso audaz hacia el plan de Dios todo el tiempo, con la convicción de que Él tiene un plan y tiene el control soberano. ¡Saber esto nos da paz para abrazar Su plan y seguir adelante con valentía! Jim Elliot escribió: «Dondequiera que estés, ¡está bien presente! Vive al máximo cada situación que creas que está dentro de la voluntad de Dios». Solo el que vive con la paz que trae saber que Dios es soberano tiene la seguridad para vivir de esta manera.

Es tan difícil tener paz mental que los que no la tienen tal vez cuestionen la cordura de los que sí la demuestran. Sin embargo, la paz no es la ausencia de las crisis, sino la presencia de Cristo. Es difícil predicar sobre la soberanía de Dios y sobre echar toda ansiedad a los pies de Aquel que nos cuida si vivimos llenos de ansiedad y sufrimos ataques de pánico. Una vida de paz en medio del caos es evidencia del Espíritu que habita en el interior. El cristiano lleno del Espíritu debe ser lo opuesto de esos pequeños globos de cristal con nieve artificial en el interior, que sacudimos para crear una hermosa escena invernal de Navidad con una pintoresca iglesia campestre. Quizás estés sentado a la luz de la vela, en una habitación cálida frente a una chimenea y con villancicos que suenan en el fondo, pero en tu interior del globo de cristal, ¡hay una tormenta de nieve! Los cristianos deben ser lo opuesto de eso. Aunque pasemos por crisis, peligros y caos, debemos estar en paz y confiar en la mano invisible de nuestro Dios soberano. El pastor debe ser ejemplo de esta calma y paz en la vida cotidiana, de tal manera que atraiga a los demás y los impulse a descubrir la fuente de esa paz. Esto solo es posible cuando el Espíritu llena el corazón y produce el fruto de la paz. No podemos culpar a las circunstancias de la vida por nuestro carácter y nuestra actitud. Las pruebas y las dificultades son oportunidades de demostrar la paz que solo el Espíritu puede dar. Vance Havner afirmó: «¡Lo que está en lo profundo del pozo es lo que saldrá en la cubeta!».[6] Las tribulaciones no nos transforman en lo que somos; revelan quiénes somos.

Los pensamientos del pastor: Lo justo

Pablo enseñó a los creyentes a disciplinar sus pensamientos para corregir los ciclos negativos de ideas erradas que estorban nuestros esfuerzos por honrar a Cristo. Ya consideramos lo que Pablo les escribió a los filipenses para que pensaran en todo lo que es verdadero y digno de honra. Esta semana, consideraremos su exhortación a pensar en todo lo que es justo. Cuando pensamos en lo que es justo, correcto o adecuado, dejamos de concentrarnos en nosotros mismos. Una causa fundamental detrás de nuestra vida ansiosa y desordenada es nuestro esfuerzo por manipular y maniobrar para alcanzar una ambición egoísta. Es útil considerar frecuentemente una pregunta sencilla antes de actuar: «¿Qué es lo correcto?». Esto debería guiar nuestros pensamientos, porque el Juez de toda la tierra siempre hará lo que es justo y correcto (Gén. 18:25), y nuestro objetivo es ser como Él.

---

[6]Vance Havner, *Pepper 'n Salt* (Grand Rapids, MI: Revell, 1966).

Cuando Pablo escribió para animar a los filipenses, les dijo que quería enviarles a Timoteo. «Espero en el Señor Jesús enviaros pronto a Timoteo, para que yo también esté de buen ánimo al saber de vuestro estado; pues a ninguno tengo del mismo ánimo, y que tan sinceramente se interese por vosotros. Porque todos buscan lo suyo propio, no lo que es de Cristo Jesús. Pero ya conocéis los méritos de él, que como hijo a padre ha servido conmigo en el evangelio». Timoteo había probado que no era una persona egoísta que buscaba su propio bienestar.

El pastor debe buscar la justicia para su rebaño. Las cuestiones de justicia social, libertad religiosa, discriminación, derechos legales y todo lo que es justo son una carga para él. Defiende a los oprimidos (Prov. 19:17; 21:13; 24:11). Recuerda que Jesús defendió celosamente el libre acceso a Dios cuando limpió el templo (Mar. 11:17). Declaró que la casa de Su Padre debía ser casa de oración para todas las naciones, pero la gente había transformado el patio de los gentiles en un mercado que excluía a los que no eran judíos de acceder a Dios en aquel día. Nuestras iglesias perpetuán esta clase de abuso si permiten que los prejuicios o la discriminación desalienten o no dejen que personas de otras razas, situación socioeconómica o nivel cultural se acerquen a Dios en nuestra evangelización, discipulado y adoración.

El cambio en la manera de pensar está en esta sección de disciplinas espirituales personales porque no es nada fácil ni automático. Debemos luchar para negarnos a las tendencias egoístas arraigadas en nosotros y cultivadas desde temprana edad. Para la naturaleza caída, lo más natural es buscar el bien y el beneficio personal, y esto produce una gran ansiedad.

El pastor del rebaño de Dios busca lo que es justo. Crecer en el carácter de Cristo nos ayuda a esto, ya que Jesús enseñó sobre este tema y dio el ejemplo. Esta consideración sobre lo que es «justo» puede producirnos angustia al recordar que, un día, compareceremos ante el Juez justo. La mayoría de nosotros no quisiera que nos trataran con justicia; es decir, que nos dieran lo que merecemos. Si recibiéramos lo que merecemos, no quedaría nadie en pie. Sin embargo, pensar en todo lo que es *verdadero, honesto y justo* nos da esperanza: el Hijo de Dios murió en nuestro lugar para que el Dios justo pudiera justificar a rebeldes impíos como nosotros. Cumplió a la perfección la exigencia divina, ya que Jesús honró la Ley en todos sus aspectos y nunca pecó. Era el único completamente justo y verdadero, y aceptó morir en la cruz para pagar por nuestro pecado y darnos Su justicia, sin la cual nadie verá al Señor. Cuando pensamos que el único Justo cumplió con todos los requisitos de justicia para que nosotros también fuéramos considerados justos, experimentamos una paz profunda y permanente. Que todo lo justo sea un tema recurrente en tus pensamientos.

La mente: La doctrina cristiana

Durante mi tiempo como misionero en Ecuador, a menudo dictaba un taller de todo el día en las iglesias locales, titulado: «Doctrinas bíblicas básicas». A los alumnos parecía interesarles y servirles el material, pero yo siempre sentía que era insuficiente para todo lo que en realidad necesitaban saber. Y así era, pero al menos servía como una buena base y una introducción que les abría el apetito para buscar más educación. El curso teológico de una semana que se describe en este módulo no es mucho más que eso. Sin embargo, ha sido gratificante ver que los que se gradúan de nuestro ciclo básico desean seguir adelante con su educación y solicitan una capacitación avanzada. A los profesores que creen que este es un curso demasiado básico para una información tan necesaria, permítanme decirles que estoy completamente de acuerdo. Pero recuerden que algunos de nuestros estudiantes para pastores nos han hecho preguntas como: «¿Cuándo fue salvo Jesús… antes o después de la resurrección?» y «¿Cómo se llamaba la señora que salvó y bautizó a Jesús?». Preguntas como estas revelan la triste falta de conciencia doctrinal y conocimiento bíblico, y es de esperar que un curso semanal como este los inste a desear más conocimiento, les dé un cimiento básico sobre el cual edificar la enseñanza futura y armonice con la teología que ya aprendieron cuando les hablaste de los bosquejos del Antiguo y el Nuevo Testamento. Estas son simplemente doctrinas elementales que queremos que los pastores sepan y puedan explicar.

Teología bíblica o sistemática

Lo que debemos creer sobre Dios puede presentarse de dos maneras distintas. Un enfoque es la teología bíblica y el otro es la teología sistemática. La teología bíblica presenta las doctrinas y los conceptos en el mismo orden progresivo en que se revelan en las Escrituras, desde el Pentateuco hasta el final de la Biblia. La teología sistemática reúne todo lo que Dios reveló en Su Palabra, considera las reflexiones de los hombres en los escritos teológicos, los comentarios bíblicos y los concilios eclesiásticos y se lo presenta al alumno bajo títulos o categorías.

La ventaja de la teología bíblica para nuestros alumnos es el desarrollo de la narrativa a medida que estudian la Biblia. La unidad y la armonía de todas las partes de la Biblia se aprecian como revelación progresiva y se acepta todo lo que Dios enseña en la Palabra (además de las creencias religiosas tradicionales correctas) en forma gradual, capítulo por capítulo, libro por libro y sección por sección. Como quizás sea la primera vez que muchos de los alumnos estén estudiando la Biblia en profundidad, el enfoque de la teología bíblica les resultaría lógico.

La ventaja de la teología sistemática para nuestros profesores es que las categorías permiten una más sencilla división e instrucción de las doctrinas para los estudiantes. Muchos de los pastores ya conocen algunas de las doctrinas y hacen preguntas específicas. La teología sistemática les permite considerar cada doctrina en mayor profundidad. Un beneficio evidente de reunir las doctrinas cristianas en categorías es que este enfoque presenta la revelación bíblica, las conclusiones de los concilios eclesiásticos y 2000 años de reflexión, investigación y escritos teológicos.

En los bosquejos del Antiguo y del Nuevo Testamento, intentamos establecer cinco enseñanzas bíblicas claves para cada libro de la Biblia. Al hacerlo, esperamos que el alumno haya observado la unidad, la armonía y la coherencia de la Biblia. En este capítulo, el enfoque se encuentra fundamentalmente bajo categorías doctrinales pero, dentro de cada una, el profesor tiene libertad para transitar por la Biblia y mostrar, sección por sección, cómo toda la doctrina se reveló en forma gradual, a lo cual se le pueden agregar las reflexiones de los teólogos y las conclusiones de los concilios eclesiásticos. Todos los profesores pueden utilizar el método que mejor presente las doctrinas necesarias en su contexto.

La teología de la liberación

Muchos de los contextos donde se necesita la capacitación pastoral son áreas donde hay personas marginadas y privadas de sus derechos. Es más, una de las principales razones por las cuales este modelo es tan popular entre ellas es su accesibilidad, bajo costo y disponibilidad. Muchas personas en el mundo todavía no han escuchado el evangelio porque se encuentran en lugares difíciles de alcanzar, escondidas en rincones de pobreza u opresión, o hablan idiomas diferentes a los de la clase cultural dominante. En estos contextos, la teología de la liberación encuentra un suelo fértil. Las enseñanzas políticas marxistas y socialistas se filtran en las mentes y los corazones de las personas y, cuando escuchan el evangelio, lo hacen a través del filtro de esa cosmovisión y ese contexto. Algunos activistas sociales han usado la Biblia con imprudencia y manipulado las enseñanzas del cristianismo para fomentar el cambio.

La teología de la liberación suele encontrarse donde hay pueblos oprimidos, lo que ha generado una teoría de la liberación latinoamericana, negra, feminista, asiática o indígena. Esta no se dedica a enseñar una serie de doctrinas eternas, sino más bien a diseñar y transformar textos en pretextos para facilitar un cambio social. «[La teología de la liberación] es más un movimiento que intenta unir las inquietudes de la teología y la sociología que una nueva escuela de teoría teológica».[7] A Dios se lo presenta como alguien que prefiere a los pobres, y Cristo siempre está de su lado, guiándolos a un cambio social y político. Presenta un sistema teológico que reinterpreta las enseñanzas de Jesús a través de las vidas y las realidades de los oprimidos. Este breve fragmento para presentar la teología de la liberación se incluye aquí solo porque suele influir en los contextos cristianos donde capacitamos a los pastores. Esta descripción sencilla no intenta ser suficiente para

---

[7] Walter A. Elwell y David G. Benner, *Baker Dictionary of Theology* (Grand Rapids, MI: Baker Books, 1984), 635.

entender un sistema teológico tan complejo, ni insinuar que es la única cosmovisión que hay que considerar a la hora de enseñar. El módulo 6 incluirá una visión global de las principales religiones del mundo y algunas formas de animismo que también surgirán. Con ese breve contexto, podemos concentrarnos en los aspectos fundamentales de la doctrina cristiana.

La doctrina de la revelación[8]

En esta sección sobre la doctrina de la revelación, nos referimos a revelación específica de la Biblia en sí, y no a la revelación general que vemos en la creación (Sal. 19:1-4; Rom. 1:18-20). Para tus alumnos, es útil tener seguridad en la autoridad de la Biblia, que es la Palabra de Dios y contiene todo lo que necesitan para la fe y la práctica. El Espíritu Santo inspiró la Biblia a través de 40 autores humanos diferentes, en tres idiomas y a lo largo de un período de más de 1500 años. La Biblia afirma que su verdad fue «inspirada por Dios» (2 Tim. 3:16). Aunque, a veces, Dios les indicaba directamente qué decir a los hombres y les mandaba que anotaran en un libro lo que les decía (Ex. 17:14), no toda la Biblia es un dictado de Dios. Tampoco fue dada en forma mecánica, como si el autor entrara en un trance y Dios lo usara como un bolígrafo humano para registrar Sus palabras. La inspiración tampoco fue como la de un poeta, que se inspira para escribir un soneto de amor. En cambio, el Espíritu Santo utilizó las personalidades y el vocabulario de los autores mientras supervisaba la comunicación precisa de los pensamientos y mensajes divinos a su forma estática en papel (1 Cor. 2:13; 2 Ped. 1:21).

El canon

Los libros de la Biblia fueron aceptados formalmente como parte del canon de la Escritura, que es una compilación de 66 libros: 39 del An-

---

[8] El contenido y las divisiones de este capítulo están tomados principalmente de las obras de Wayne Grudem, *Christian Beliefs: Twenty Basics Every Christian Should Know* (Grand Rapids, MI: Zondervan, 2005); *Systematic Theology: An Introduction to Biblical Doctrine* (Grand Rapids, MI: Zondervan, 1994) y la de Louis Berkhof, *Manual of Christian Doctrine* (Grand Rapids, MI: Wm. B. Eerdmans, 1979).

tiguo Testamento y 27 del Nuevo Testamento. La palabra *canon* viene del griego y significa «regla» o «norma» y, en este caso, se refiere a los libros aceptados como los libros de autoridad divina que conforman las colecciones del Antiguo y el Nuevo Testamento. Los padres de la iglesia primitiva y los primeros concilios eclesiásticos decidieron qué libros incluir. No confirieron autoridad a los 66 libros; tan solo reconocieron que cumplían con los criterios de inclusión. Desde que se cerró el canon, ya no es necesaria ninguna otra revelación o palabra nueva de Dios además de la Biblia. Los apócrifos no son parte del canon.

La autoridad

La autoridad de la Escritura se refiere a que la Biblia es la Palabra de Dios, así que no creer en cualquier parte de la Biblia es no creerle al mismo Dios. «En el Antiguo Testamento y según la versión, las palabras "dijo Jehová", "Jehová habló" y "vino palabra de Jehová" se usan 3808 veces».[9] La Biblia misma afirma ser la Palabra de Dios y el Espíritu Santo nos persuade al iluminar nuestra mente cuando la leemos (1 Cor. 2:13-14). Como la Biblia es la Palabra de Dios, no tiene error y nunca afirma algo errado (Sal. 19:7-11). Jesús enseñó que la Escritura no se puede quebrantar (Juan 10:35) y afirmó historias del Antiguo Testamento como hechos (como la realidad de la existencia de Adán y Eva, Noé y el arca durante un diluvio mundial y Jonás en el estómago de un gran pez.

La claridad

Nos referimos a la claridad de la Escritura cuando declaramos que, aunque hay partes difíciles de entender (2 Ped. 3:16), la Biblia es clara para guiarnos a la salvación. El término teológico para esta doctrina es *la perspicuidad de la Escritura*, lo cual significa que la Biblia es lo suficientemente clara como para que cualquiera que la lea y busque la ayuda de Dios la entienda (Sal. 119:18; 130; 1 Cor. 1:18; 2:14). Esta doctrina de la claridad de la Escritura no afirma que los creyentes siempre lleguen a

---

[9] Peter Jeffery, *Christian Handbook: A Straight Forward Guide to the Bible, Church History and Christian Doctrine* (Darlington, Reino Unido: Evangelical Press of Wales, 1988), 19.

la misma conclusión e interpretación de la Biblia. Como procesamos la verdad a través de cosmovisiones divergentes y debido al pecado, siempre habrá diferencias de opinión e incluso división entre los eruditos bíblicos.

La necesidad

Si Dios no se hubiera revelado en Su Palabra, no sabríamos nada definitivo sobre Él. A través de la creación (es decir, la revelación general), sabríamos que Él existe, que somos pecadores y que hay vida después de la muerte (Sal. 19:1-4; Rom. 1:18-20; 2:14-15; Ecles. 3:11), pero no sabríamos nada más sobre el Señor. Por lo tanto, era esencial que se revelara en Su Palabra. La Biblia es necesaria para que entendamos incluso la revelación general. Jesús afirmó que vivimos según toda palabra que sale de la boca de Dios (Mat. 4:4). Necesitamos la Palabra de Dios para conocerlo y para saber cómo ser salvos (Rom. 10:13-17; 2 Tim. 3:15). Sin duda, necesitamos la verdad, y Jesús declaró: «tu palabra es verdad» (Juan 17:17).

La suficiencia

Los cristianos no necesitan ni le adjudican autoridad a ningún libro que no sea la Biblia. Las sectas y las falsas religiones del mundo pueden aceptar el Antiguo y el Nuevo Testamento como libros religiosos con enseñanzas morales valiosas, pero no reconocen su autoridad ni su suficiencia. Le añaden a la Biblia otras enseñanzas que consideran necesarias. El cristiano cree que la Biblia sola es suficiente para lo que necesita saber. Sus enseñanzas son lo único necesario para mostrarnos cómo ser salvos y vivir en obediencia a Dios (Deut. 29:29). No hay ninguna exigencia que el cristiano deba cumplir que no esté en la Palabra de Dios.

La doctrina de la naturaleza y los atributos de Dios

La existencia de Dios

Todas las culturas del mundo tienen alguna noción de un dios creador. La convicción interior que Dios nos ha dado a cada uno y la naturaleza en sí declaran que el Señor existe (Rom. 1:19-25). Aunque esto es suficiente para condenar a la humanidad, ya que todos intentan suprimir la revelación que han visto e intercambiar la adoración al Creador por la adoración de cosas creadas, el testimonio de la creación no es suficiente para salvarnos. Debemos conocer y darnos a conocer a Dios. Como es imposible conocerlo de verdad solo a través de la naturaleza, tenemos que estudiar lo que ha revelado sobre sí mismo. Aunque podemos conocerlo de verdad, Su incomprensibilidad lo coloca fuera de nuestro alcance, y no llegamos a conocerlo plenamente en esta vida.

¿Cómo es el Señor? ¿Cómo nos ha mandado que seamos? Estas preguntas nos llevan a inquirir sobre Sus características o atributos. Algunos de estos atributos son exclusivos de Dios, y hay otros que debemos intentar imitar en nuestras propias vidas. A estos los llamamos atributos *incomunicables* y *comunicables*.[10]

Los atributos *incomunicables* se refieren a los que describen exclusivamente a Dios. Estos son Su independencia, que significa que no nos necesita a nosotros ni a nada más (Hech. 17:24-25), pero aun así nos permite tener comunión con Él, glorificarlo y amarlo (Isa. 43:7). Su *inmutabilidad* quiere decir que Dios nunca cambia. Si lo hiciera, significaría que pasa de ser inferior a ser mejor o que Su perfección declina en forma paulatina. En el Salmo 102:25-27, el salmista alaba a Dios porque nunca cambia. El Dios que es perfecto e inmutable declaró: «Porque yo Jehová no cambio; por esto, hijos de Jacob, no habéis sido consumidos» (Mal. 3:6; Mat. 5:48). Sus promesas nunca cambian, no puede mentir y Su fidelidad permanece para siempre. Su *eternidad* habla de la verdad de que el Señor no tuvo principio y jamás tendrá fin (Sal. 90:2). En cualquier momento de la eternidad en el pasado, presente o futuro, Él es. En estrecha relación con esto se encuentran la *inmensidad* y lo *infinito* de Dios; es decir, no tiene medida ni límite (1 Rey. 8:27; Jer. 23:23-24).

La *omnipotencia* de Dios habla de Su poder divino e infinito para llevar a cabo Su voluntad. Aunque hay algunas cosas que Dios no puede

---

[10] El enfoque siguiente es apenas una lista ilustrativa y parcial de los atributos comunicables e incomunicables de Dios. Para un estudio más exhaustivo y una explicación más extensa, consultar la obra de Grudem, Berkhof o Erickson.

hacer, como mentir, morir, cambiar, pecar y negarse a sí mismo, puede cumplir toda Su santa voluntad. Nadie puede frustrar Sus planes ni detener Su mano, porque es todopoderoso (Job 9:12; Jer. 32:17; Mat. 19:26; Ef. 1:11; 3:20; Apoc. 4:11). Dios es *omnipresente*, lo cual significa que está en todas partes al mismo tiempo (Sal. 139:7-10).

Es *invisible* y nadie lo ha visto jamás (Juan 1:18). Dios es *omnisciente*, completamente *sabio*, y conoce todo sobre Él y todo lo que existe (Rom. 16:27; Job 12:13). Él sabe todo lo que hay para saber (1 Jn 3:20). No hay nada ni nadie que se pueda esconder de Su mirada. Todo está manifiesto ante Él (Heb. 4:13). Dios nunca se entera de algo, sino que ya sabe todas las cosas; incluso cualquier palabra que vayamos a decir, antes de que salga de nuestra boca (Sal. 139:4,16). También podemos hablar de la *simpleza* o de la *unidad* de Dios. Esto se refiere a que Dios no puede dividirse; Su esencia divina no es un todo compuesto de otros ingredientes o atributos singulares que se mezclan.

La *santidad* de Dios hace referencia a Su perfección moral y a que está lejos de todo lo que no es moralmente perfecto. Es perfecto en Su santidad (Ex. 15:11; 1 Sam. 2:2; Isa. 57:15; Os. 11:9). Esta santidad ética significa que considerar Su perfección es abrumador en comparación con nuestra pecaminosidad (Job 34:10; Isa. 6:5; Hab. 1:13). Dios es completamente justo y Su perfección exige justicia por cualquier infracción contra Su santidad (Deut. 32:4). Es también *Espíritu* y no tiene un cuerpo como los hombres (Juan 4:24); por lo tanto no tiene límites de tamaño ni dimensión.

Los atributos *comunicables* de Dios son los que también podemos tener los seres humanos (o al menos tener atributos similares), pero los nuestros siempre son limitados e imperfectos en comparación con los de Dios. Dios es *veraz* y no puede mentir (Jer. 10:10). En estrecha relación a esto, está Su *fidelidad*, y que siempre cumple lo que dice (Núm. 23:19). Su *bondad* es completamente inalterable y eterna. Esta benevolencia de Dios se muestra en Su creación y en actos de misericordia (Sal. 36:6; 145:8-9,16; Mat. 5:45; 6:26; Hech. 14:17). Jesús le enseñó al joven rico que nadie es verdaderamente bueno además de Dios (Luc. 18:19). Como es un Dios perfectamente bueno, también es la fuente de todo lo bueno que tenemos (Sal. 73:25; 84:11; Gén. 1:31; Sant. 1:17).

El *amor* de Dios suele resaltarse como Su principal atributo, al menos en la religiosidad popular; sin embargo, este atributo no es ni más ni menos importante que los demás. Juan escribió que Dios es amor (1 Jn. 4:8) y Su amor puede considerarse desde distintas perspectivas como la gracia, la misericordia y la paciencia divinas. La *gracia* de Dios es Su favor inmerecido para aquellos que no solo no pueden ganárselo, sino que ni siquiera lo desean hasta que Él toca sus corazones (Ef. 1:6-7; 2:7-9; Tito 2:11; 3:4-7).

La *justicia* del Señor se manifiesta cuando recibimos lo que merecemos de Su parte, y *gracia* es recibir bien de parte de Dios en lugar del castigo que nos corresponde. La *misericordia* de Dios no se basa en lo que merecemos, sino que está llena de compasión. Sin embargo, para un Dios justo, solo es posible concederla gracias a los méritos de Cristo a nuestro favor (Luc. 1:54,72,78; Rom. 9:16; 15:9; Ef. 2:4). Su *paciencia* se manifiesta cuando Su amor soporta nuestro pecado persistente, aunque nos ha advertido muchas veces y nosotros le hemos hecho innumerables promesas de no volver a pecar de esa manera (Rom. 2:4; 9:22; 1 Ped. 3:20; 2 Ped. 3:15).

La doctrina de la Trinidad

La doctrina de la Trinidad aparece en toda la Biblia, aunque la palabra «trinidad» en sí no se encuentra en la Escritura (Deut. 6:4-5; Sal. 45:6-7; 110:1; Mat. 3:16-17; 28:19). Esta doctrina enseña que el único Dios existe en tres personas: Padre, Hijo y Espíritu Santo, en trinidad (Juan 1:1-2; 14:26). Cada una de estas personas es plenamente Dios y, como tal, es eterna y comparte los mismos atributos y naturaleza esencial. Los cristianos no creen en tres dioses ni en un Dios que se manifiesta de distintas maneras, según la ocasión o el propósito. El Concilio de Nicea, en 325 d.C., afirmó que Cristo tiene la misma naturaleza que el Padre, con lo que denunció el arrianismo como herejía (Col 2:9). El arrianismo es la enseñanza equivocada de que el Hijo fue un ser creado. Esto se reitera hoy en la herejía de los Testigos de Jehová. El Concilio de Constantinopla, en 381 d.C., afirmó la deidad del Espíritu Santo. Aunque las personas son iguales, hay una subordinación funcional, como cuando Jesús oró al Padre y se sometió a Su voluntad.

La doctrina de la Trinidad es una doctrina esencial. Sin la deidad de cada persona de la Trinidad, las doctrinas de la expiación y la justificación por la fe, para dar un ejemplo, no tendrían fundamento y estarían llenas de defectos. Aun así, la doctrina de la Trinidad es difícil de entender y explicar a los demás. En esto, es necesaria una advertencia. Algunos intentan usar ilustraciones para explicar la Trinidad, pero la mayoría son inadecuadas y pueden enseñar un error, aunque no sea la intención. Por ejemplo, una ilustración común es la de una manzana; está la cáscara, la fruta y las semillas. Algunos dicen que Dios puede describirse de esta manera, pero el resultado es una separación ilegítima de los miembros de la Deidad. Sería posible tener la piel y las semillas sin el fruto, o el fruto y las semillas sin la cáscara. No obstante, es imposible separar las tres personas de la Deidad trina de esta manera. Otros usan la ilustración del agua y afirman que puede ser hielo, líquido o vapor, pero son todas formas de agua. Esto se llama *modalismo* y enseña que Dios es una Persona que simplemente se manifiesta en diferentes formas y momentos. Esta es una herejía que hay que evitar. A modo de ilustración, algunos plantean: «Soy hijo, esposo y padre, pero soy una sola persona». Esto también es un modalismo. Estas verdades son demasiado cruciales como para arriesgarse a presentarlas con ilustraciones inadecuadas.

La doctrina de la creación

Dios creó el universo y todo lo que hay en él *ex nihilo;* es decir, de la nada. Habló con el poder de Su Palabra y todo fue creado. Después, declaró que era bueno (Gén. 1–2; Col. 1:16; Apoc. 4:11). Dios hizo todo lo que existe y la creación depende de Él. Si retuviera Su poder aunque fuera un instante, todo lo que existe se desvanecería (Job 12:10; Hech. 17:28; Col. 1:17). Él es diferente de Su creación, ya que es trascendente e inmanente. Aunque este es un mundo caído que ahora produce desastres naturales como huracanes, terremotos, erupciones volcánicas y sunamis, toda la creación glorifica a Dios.

La doctrina de la providencia

La providencia de Dios enseña que el Señor todavía interactúa con Su creación y es el que sustenta su existencia y mantiene el universo en funcionamiento, según le parece mejor. Él dirige todo lo que sucede en el mundo y hace todas las cosas según el designio de Su voluntad (Heb. 1:3; Ef. 1:11; Dan. 4:35). Aunque Dios estableció el universo y Su providencia soberana no tiene límites, los hombres siguen siendo responsables de sus acciones y decisiones. Dios de ninguna manera es el autor del pecado, ni obliga a nadie a pecar contra su voluntad (Sant. 1:13; Juan 16:24). Dios oye las oraciones de Su pueblo y obra a través de ellas, aunque, muchas veces, las usa para cambiar a Su pueblo en lugar de modificar sus circunstancias.

La providencia divina puede obrar de maneras sobrenaturales que llamamos milagros. Su participación constante e inmanente en el mundo que creó se ve en cada despertar diario, la restauración después de las heladas invernales, los ciclos estacionales, el nacimiento de nuestros hijos y las sanidades milagrosas después de diagnósticos fatales.

La doctrina del nacimiento virginal y la humanidad

Jesucristo es el Verbo encarnado de Dios, la segunda Persona de la Deidad trina, el Hijo de Dios y nuestro Redentor, quien se encarnó y se hizo hombre (Juan 1:14). Nació de la virgen María, a quien Dios había elegido, no porque no tuviera pecado a través de una inmaculada concepción, sino porque le plació elegirla. Jesucristo fue 100% Dios y 100% hombre en una persona, y siempre lo será, por los siglos de los siglos. El nacimiento virginal de Cristo fue necesario para que Jesús naciera sin la contaminación del pecado original pero aun así fuera plenamente humano, para cumplir con los requisitos necesarios para nuestra expiación (Rom. 5:18-19; Gál. 4:4-5; 1 Tim. 2:5). Como humano, Cristo sufrió hambre, sed y se cansó y tuvo sueño como cualquiera de nosotros, pero no pecó (Heb. 4:15-16).

Jesús es la forma griega del nombre hebreo *Josué*, que significa «Yahvéh salva». *Cristo* es la forma griega de la palabra hebrea que equivale a

Mesías y significa «el ungido». Cuando vino el cumplimiento del tiempo (Gál. 4:4), nació de una virgen (Mat. 1:18) y cumplió el plan eterno de revelar el misterio de cómo un Dios perfecto y justo podía salvar a pecadores como nosotros y seguir siendo justo (Rom. 3:26).

La doctrina de la deidad de Jesús

El Nuevo Testamento reconoce claramente la deidad de Jesús. Se lo llama Dios (Juan 1:1; 20:28), Señor (Juan 2:11) y habló sobre sí mismo como un ser divino, al usar títulos como «Yo soy» (Juan 8:58). En la visión de Juan, a Jesús se lo presenta como omnipotente, eterno, omnisciente, soberano y digno de adoración, todos atributos reservados para la Deidad (Apoc. 22:13). Su plena deidad es esencial para nuestra salvación, porque solo alguien que fuera completamente Dios podía pagar por los pecados de la humanidad; la muerte de un simple mortal solo podía pagar por su propio pecado, en el mejor de los casos (Isa. 56:3; Rom. 3:23). Además, la Biblia enseña que Dios salva y no el hombre; por lo tanto, era necesario que fuera Él quien proporcionara la salvación. Por otro lado, era necesario que fuera Dios y no un simple hombre, porque solo Dios podía ser el mediador entre Dios y el hombre. Ningún mortal podría haberlo hecho (1 Tim. 2:5).

Perspectivas falsas sobre Su deidad y humanidad

Ha habido muchas perspectivas erradas respecto a la deidad de Cristo. Estos enfoques siguen apareciendo en sectas y religiones falsas. Como no hay nada nuevo bajo el sol y el diablo repite sus mentiras a los incautos, una conciencia de las perspectivas falsas a lo largo de la historia será útil para identificarlas cuando vuelvan a aparecer. Algunas perspectivas erradas de la historia de la iglesia son el apolinarismo, que enseñaba que Cristo puede haber tenido un cuerpo humano, pero no creía que tuviera una mente o un espíritu humanos; el nestorianismo, que creía que Jesús era dos personas separadas (una divina y una humana); y el monofisismo, que afirmaba que Cristo solo tenía una naturaleza humana realzada, pero no del todo divina.

El Concilio de Calcedonia refutó estas visiones erradas en 451 d.C. y afirmó que Jesucristo fue y es el eterno Hijo de Dios, el cual tenía una naturaleza verdaderamente humana. Se afirmó que Su naturaleza humana y divina son plenas y singulares, tienen sus propias características, pero están unidas en forma eterna e inseparable en una persona. Una naturaleza logra lo que la otra no puede hacer, pero todo lo hace la única persona de Cristo.

La doctrina de la expiación

La expiación es la obra de Cristo para darnos salvación. Cristo tuvo una vida intachable y murió como sustituto en la cruz para realizar el gran intercambio de nuestros pecados por Su perfección; y así el Dios santo expió la culpa del hombre pecaminoso. Gracias a su *kjésed* o misericordia, Dios Padre envió a Su Hijo, que voluntariamente vino a la tierra y sufrió por nosotros para redimirnos (Juan 3:16; Rom. 3:25-26). Para nuestra expiación, era necesaria la obediencia sin pecado de Cristo (Rom. 5:19) y que Él sufriera nuestra muerte para pagar el castigo por el pecado (1 Ped. 2:24). La obra de Cristo por nosotros se anunció en el Antiguo Testamento con el día de la expiación en Levítico 16, cuando el sumo sacerdote colocaba sus manos sobre el chivo expiatorio y confesaba el pecado del pueblo, para que el pecado se transfiriera en forma simbólica a la víctima inocente y así fuera quitado. Hebreos 9:22 nos enseña que, sin derramamiento de sangre, no hay remisión del pecado. La sangre derramada de Cristo es fundamental para entender las enseñanzas bíblicas sobre nuestra expiación (Hech. 20:28; Rom. 3:25; 5:9; Ef. 1:7; 2:13; Col. 1:20; Heb. 9:14; 1 Ped. 1:2,19; 1 Jn. 1:7; Apoc. 1:5; 5:9). Una gota de la sangre de Jesús sería suficiente para salvar a cualquiera, pero tenía que ser la última gota; Él tuvo que pagar lo que nosotros merecíamos. Cristo sufrió y murió voluntariamente en nuestro lugar para expiar nuestra culpa.

La doctrina de la resurrección y la ascensión de Jesús

La Biblia nos enseña que la resurrección física de Jesús de la tumba garantiza nuestra regeneración, justificación y resurrección de los muertos cuando Cristo regrese (1 Ped. 1:3; Rom. 4:25; 2 Cor. 4:14). Pablo enseñó que, si Cristo no resucitó de entre los muertos, entonces el cristianismo es falso y sin poder, nuestra predicación es en vano, nuestro testimonio no es veraz, no recibimos el perdón de pecados y todos los creyentes que murieron convencidos de que todo era verdad están perdidos para siempre; en resumen, los cristianos son las personas más miserables y lastimosas de la tierra (1 Cor. 15:14-19). Está claro que Pablo y la iglesia primitiva creían que Jesús había resucitado de entre los muertos (Rom. 1:3-4). Jesús les mostró a los dos que iban camino a Emaús que Su muerte y resurrección eran una parte clave del mensaje del Antiguo Testamento (Luc. 24:25-27). Ya les había explicado a Sus oyentes que Su resurrección validaría todo lo que había enseñado (Mat. 12:38-40).

Lucas termina su Evangelio con la ascensión del Cristo resucitado (Luc. 24:37-39, 50-53) y retoma allí mismo al empezar su libro posterior, Hechos de los apóstoles, con un relato de la ascensión de Cristo al Padre (Hech. 1:9-11). La ascensión de Cristo anticipa nuestra ascensión cuando Él regrese (1 Tes. 4:17). Cristo ha ido a prepararnos un hogar y nos recibirá un día, cuando muramos o cuando Él vuelva (Juan 14:2-3). Ahora en el cielo, Cristo está sentado a la diestra del Padre e intercede por los Suyos, mientras gobierna y reina en las alturas.

Las tres funciones de Cristo como Profeta, Sacerdote y Rey

Jesucristo cumple las tres funciones de profeta, sacerdote y rey para el pueblo de Dios. Como Profeta, comunica la Palabra de Dios a la Iglesia (Deut. 18:15-18). Como Sacerdote, representa al pueblo ante Dios, intercede por él y hace el sacrificio necesario para purificarlo. Como Rey, fomenta el orden, gobierna, dirige y reina. Cristo cumplió a la perfección cada una de estas funciones (Rom. 8:34; 1 Cor. 15:25; Heb. 9:11-28; Apoc. 19:16).

La doctrina del Espíritu Santo

El Espíritu Santo es la tercera Persona de la Trinidad, y es plenamente Dios y eterno, tal como el Padre y el Hijo. No es simplemente un poder o una fuerza; es una persona y, como tal, se le puede mentir y se entristece (1 Sam. 16:14; Hech. 5:3; Ef. 4:30). Les da poder a los creyentes, habita en ellos y los llena (Ex. 31:3; Núm. 27:18; Jue. 6:34; 1 Sam. 11:6; Mat. 28:19; Hech. 1:8; 2:4; 19:6). El Espíritu Santo purifica (1 Cor. 6:11), aplica la Palabra y convence a los hombres de su verdad y del pecado de ellos (Juan 15:26; 16:8), revela y enseña la verdad (Juan 14:26, 2 Ped. 1:21), ilumina la mente de los creyentes para entender el verdadero significado de la Palabra (1 Cor. 2:9-11,14; Rom. 8:26-27), los guía (Juan 16:13; Hech. 8:29; 11:12; 13:2; 16:7) y les asegura que son hijos de Dios (Rom. 8:16; Gál. 4:6).

La presencia interior del Espíritu Santo en la vida de una persona produce el fruto del Espíritu. En la parte de cada módulo referente al corazón, veremos en detalle cada descriptor que Pablo usó para representar la clase de fruto que surge del Espíritu que habita en nuestro interior. «Mas el fruto del Espíritu es amor, gozo, paz, paciencia, benignidad, bondad, fe, mansedumbre, templanza» (Gál. 5:22-23). El Espíritu también les da dones a los creyentes para extender y edificar el Cuerpo de Cristo en el mundo (1 Cor. 12:11,28-31; 14:1). No todos los cristianos tienen los mismos dones del Espíritu, pero todos deben manifestar el mismo fruto en una medida cada vez mayor.

La doctrina de la humanidad y la caída

El origen de la humanidad

Dios creó al hombre y a la mujer a Su imagen y declaró que todo lo que había hecho era bueno (Gén. 1:26,31). La imagen de Dios, ese aspecto del ser humano que es moral, espiritual, mental, relacional y creativo, quedó dañado o distorsionado después de la caída del hombre en el pecado, pero no se destruyó (Gén. 9:6). Aunque Dios es espíritu y no tiene cuerpo como los hombres, la humanidad tiene una naturaleza esencial formada de lo espiritual y lo físico (2 Cor. 7:1). Los hombres y las mujeres recibieron desde el principio la tarea de multiplicarse, llenar la tierra y sojuzgarla (Gén. 1:28).

Dios creó al hombre y a la mujer y estableció la familia humana como la primera institución sobre la tierra. Desde el relato de la creación, podemos ver tanto igualdad como distinciones entre hombres y mujeres. Dios estableció el orden de la creación, que nunca cambia (1 Cor. 11:3; 1 Tim. 2:13) y que se traslada al liderazgo de la familia y la iglesia; sin embargo, los hombres y las mujeres son iguales en su condición de seres humanos, en su valor e importancia. Tienen roles diferentes y designados por Dios en el matrimonio y en la iglesia (Col. 3:18-19). Los cristianos reconocen y afirman la igualdad entre el hombre y la mujer, pero no la uniformidad, ya que reconocen los roles diferentes que deben cumplir en el hogar y la iglesia.

La caída en el pecado

Dios creó un mundo perfecto y bueno en todo sentido. Adán y Eva fueron colocados en el jardín del Edén y recibieron todo lo que necesitaban; sin embargo, el diablo se les apareció en forma de serpiente y los tentó. Ellos escucharon a la serpiente y cayeron en pecado, lo cual hundió al mundo y a todos los descendientes de Adán y Eva en el pecado y la ruina. La imagen de Dios en el hombre que, al principio, hacía que fuera tan natural reflejar Su santidad, había quedado dañada, manchada y distorsionada y, ahora, al hombre caído le resulta antinatural reflejar la santidad de Dios.

Todos los seres humanos nacen con una naturaleza pecaminosa y son culpables debido al pecado de Adán. En Romanos, Pablo enseña que el pecado de Adán se imputó a toda persona (Rom. 5:12-21). Nuestra naturaleza pecaminosa, que todos tenemos desde la concepción, hace que nos resulte imposible evitar el pecado (Sal. 51:1-5). No somos pecadores por haber pecado; pecamos porque somos pecadores. Somos culpables por nacimiento y por decisión. Tenemos una naturaleza rebelde y una trayectoria rebelde.

El pecado trae tanto culpa como contaminación. No solo hay una declaración legítima del pecado y la culpa, sino que la contaminación que proviene del pecado corrompe al hombre y disminuye su sensibilidad a Dios en forma progresiva. De la misma manera en que los anteojos de sol protegen nuestra vista del brillo del sol, y tal como aumentar las capas de lentes entre el ojo y el sol bloquea su luz cada vez más, el pecado que se acumula va adormeciendo la sensibilidad a Dios (1 Tim. 4:2). Un solo pecado es suficiente para separar a una persona de Dios, que es el Juez santo y justo (Rom. 3:23), y todas las buenas obras que podríamos hacer no expiarían los pecados pasados ni obtendrían perdón para los futuros (Gál. 3:10).

Además, la caída causó un gran desastre en el mundo natural. En el mundo caído, la naturaleza ha quedado «roja en diente y garra», las enfermedades causan estragos, los vientos se transforman en huracanes, los volcanes hacen erupción y los terremotos devastan ciudades y crean sunamis. Ninguna de estas cosas existía antes de que el primer Adán, junto con Eva, se rebelaran contra el claro mandamiento de Dios. El segundo Adán, Jesucristo, restaurará los efectos de la caída.

La doctrina de la salvación

«Jesús me buscó cuando era un extraño, lejos del redil de Dios» no es solo parte de un himno que cantamos en la iglesia; es mi testimonio y el tuyo. La salvación es de Dios; es Su idea y Él la ejecutó. Lo único que aportamos nosotros es nuestro pecado; Él provee todo lo demás. Antes de ser salvos, los seres humanos están muertos espiritualmente y son incapaces de ganarse la salvación o contribuir de forma alguna. Sin embargo, Dios, en Su misericordia, nos concedió la salvación puramente por gracia (Ef. 2:1-5). La salvación de hombres y mujeres es sobrenatural en todo sentido. Dios no coopera con nosotros para salvarnos; Él es el único Autor y Ejecutor de cada paso. No somos enfermos que llamamos a un médico, ni nos estamos ahogando y clamamos por un salvavidas. Estamos muertos e inánimes en el fondo del mar, cuando Dios extiende la mano y nos saca, por Su propia decisión y gracia, para darnos nueva vida.

La doctrina de la elección

Esta doctrina se encuentra en toda la Palabra de Dios y afirma que Él escoge a algunos. En el Antiguo Testamento, vemos que eligió a Noé,

Abram, Isaac y Jacob por encima de los demás. Escogió a los judíos entre todos los pueblos de la tierra para que fueran Su especial tesoro. En el Nuevo Testamento, el concepto de «elección» se usa para hablar de aquellos a quienes Dios escogió para la salvación (Hech. 13:48; Ef. 1:4-6,12). La Biblia enseña que Dios tomó esta decisión desde antes de la creación del universo (Ef. 1:4; Apoc. 17:8). Jesús enseñó: «Porque muchos son llamados, y pocos escogidos» (Mat. 22:14; Juan 6:44,65).

Saber que Dios tiene escogidos en el mundo no debe desalentar la evangelización. No tenemos que razonar: «Si la decisión ya fue tomada, ¿para qué molestarnos?». Por el contrario, debe alentar la evangelización, ya que sabemos que Dios conoce a los Suyos y los salvará a través de la Palabra predicada (Rom. 11:5; 2 Tes. 2:13; 2 Tim. 2:10). De hecho, ni siquiera los elegidos llegan al mundo ya salvos; son escogidos *para* salvación, pero deben escuchar el evangelio y nacer de nuevo. La doctrina de la elección está íntimamente relacionada con la de la *predestinación*, que se refiere a la decisión, el gobierno y la predeterminación soberanos de Dios sobre las vidas de hombres y mujeres (Sal. 139:16: Rom. 9). Recuerda que Jesús no vino al mundo para que la salvación fuera *posible,* sino que vino a salvar a los pecadores con Su obra completa. «Saber que fuimos escogidos nos infunde entonces tranquilidad y gozo».[11] Podemos encontrar paz al saber que la salvación no sucede por casualidad ni gracias a nuestra inteligencia, y que la salvación de otra persona no depende de nuestra capacidad de persuasión.

La doctrina del llamamiento eficaz

Dios llama y atrae a hombres y mujeres a sí mismo para salvarlos (Juan 6:44,65; Rom. 8:30). Los llama y atrae hacia sí por distintos medios; ya sea la Palabra predicada, la lectura de la Biblia, la presentación del evangelio por partes o un testigo individual. Dios, que or-

[11] J.I. Packer, «Election: God Chooses His Own», página consultada el 29 de febrero de 2016. http://www.Monergism.com/thethreshold/articles/onsite/packer/election.html.

questó todos los acontecimientos de nuestras vidas en forma soberana (Sal. 139:16; Ef. 1:11), usa estos sucesos para efectivizar los medios externos. Dios endurece (como en el caso del faraón, Ex. 14:4) y ablanda (Lidia, Hech. 16:14) el corazón de los seres humanos, y controla los pensamientos y los deseos de los reyes (Prov. 16:9; 19:21; 21:1).

Aunque hacemos énfasis en la soberanía de Dios y en que es Él quien escoge y llama, nadie debe temer que, aunque desea la salvación y el perdón de sus pecados, Dios no lo haya escogido y llamado y, por lo tanto, no pueda ser salvo. Jesús declaró: «Venid a mí todos los que estáis trabajados y cargados, y yo os haré descansar. Llevad mi yugo sobre vosotros, y aprended de mí, que soy manso y humilde de corazón; y hallaréis descanso para vuestras almas; porque mi yugo es fácil, y ligera mi carga» (Mat. 11:28-30). Enseñó que Dios amó al mundo de tal manera que envió a Su único Hijo para que muriera por los pecados y proporcionara vida eterna, y para que nadie que acudiera a Él fuera rechazado (Juan 3:16; 6:37).

La doctrina de la regeneración

Jesús le enseñó a Nicodemo: «De cierto, de cierto te digo, que el que no naciere de nuevo, no puede ver el reino de Dios» (Juan 3:3). Nadie puede tener una relación correcta con Dios en esta vida o entrar a Su presencia en la venidera a menos que sea regenerado; es decir, que nazca de nuevo. La Biblia habla de este cambio de diversas maneras. Ezequiel se refirió a esto diciendo que Dios quita el corazón de piedra del pecador y lo reemplaza por uno de carne (Ezeq. 36:26). En el próximo capítulo, registró una visión sobre cómo Dios colocaba carne y tendones sobre huesos secos en un valle y los hacía volver a la vida. Esta es una imagen física gráfica de lo que Dios hace espiritualmente por los hombres y mujeres perdidos cuando nacen de nuevo. Pablo habla de la regeneración de las personas como una metamorfosis completa, como cuando una mariposa sale de su capullo totalmente transformada en una nueva criatura: lo viejo quedó atrás y llegó lo nuevo (2 Cor. 5:17).

La doctrina de la conversión

«Conversión» se refiere a las maneras en que las personas cambian como resultado de tener un nuevo corazón. Aunque la regeneración y la conversión van de la mano, no hay que confundirlas. Cuando nos regenera, Dios nos cambia el corazón, nos abre los ojos y los oídos, y enciende la luz en nuestra mente entenebrecida. Como resultado, acudimos a Él y nos convertimos. No es que nos convirtamos a Cristo y que, por eso, Él nos regenere; es decir, nosotros no lo elegimos y ponemos nuestra fe en Él para que nos salve. Dios tampoco nos regenera sin nuestra subsiguiente conversión.

Dos aspectos de la conversión son el arrepentimiento y la fe, y los dos son regalos de Dios. Esto implica que respondamos a la predicación que escuchamos, que recibamos el llamado del evangelio, pongamos nuestra fe en Cristo y nos arrepintamos de nuestro pecado y nuestra rebelión (Juan 3:16). Todo esto sería imposible si todavía estuviéramos muertos espiritualmente, ya que los muertos no pueden hacer nada. El verdadero arrepentimiento y la fe no serían posibles si Dios no nos regenerara primero y, una vez que lo hace, seguimos arrepintiéndonos y poniendo nuestra fe en Cristo durante el resto de nuestra vida (Mat. 6:12; Rom. 7:14-24; Gál. 2:20).

La doctrina de la fe salvadora

Esta se refiere a confiar y creer en el evangelio, no solo a conocerlo o a creer en la realidad de una persona histórica llamada Jesús, ni a aceptar una serie de datos. La Biblia establece claramente que incluso los demonios creen y tiemblan, pero la fe que salva no es tan solo creer hechos históricos (Sant. 2:19). La salvación por fe es creer el mensaje del evangelio y confiar en Jesucristo (Juan 1:12; 3:16). La fe es un regalo de Dios (Ef. 2:8) y viene a través de la Palabra predicada (Rom. 10:17). Es un músculo que hay que ejercitar y desarrollar a lo largo de la vida cristiana. La fe salvadora es la clave para el misterio de los siglos (Heb. 11:1). Aunque tantos adeptos de las religiones del mundo han intentado ganar, sacrificar y dar para alcanzar la vida espiritual y la salvación, la Biblia deja en claro que los justos viven por fe (Hab. 2:4; Rom. 1:17; Gál. 3:11). Este se transformó en el grito de guerra de la Reforma en el siglo XVI y representó un viento nuevo que soplaba entre las obras muertas del catolicismo. Aunque no nos ganamos la salvación por obras, debemos recordar que las obras tienen su lugar en la verdadera fe salvadora (Sant. 2:14,17). Martín Lutero escribió: «Somos salvos solo por fe, pero la fe que salva nunca está sola». Entonces, ¿qué debe acompañar la fe?

La doctrina del arrepentimiento

Jesús empezó Su ministerio predicando un mensaje de arrepentimiento: «Después que Juan fue encarcelado, Jesús vino a Galilea predicando el evangelio del reino de Dios, diciendo: El tiempo se ha cumplido, y el reino de Dios se ha acercado; arrepentíos, y creed en el evangelio» (Mar. 1:14-15). Arrepentirse no es simplemente sentirse mal por haber pecado, sino cambiar de rumbo y alejarse de la rebelión para obedecer. La Biblia habla de un cambio de actitud que genera nuevos deseos y preferencias, así como un rechazo del pecado y la maldad (2 Cor. 7:9-10). Una buena representación es la de un hombre que va por un camino y, de repente, cambia de opinión, da media vuelta y empieza a caminar en la dirección opuesta, dando la espalda a sus viejos deseos. Cuando un hombre se arrepiente verdaderamente de su pecado, acude a Dios y le ruega que lo perdone y lo salve. Arrepentirse supone alejarse de la rebelión contra Dios y de cualquier cosa en la que uno haya confiado para salvación antes de Cristo, y acercarse a Dios en obediencia y fe (Heb. 6:1).

La doctrina de la justificación

Esta doctrina habla de una condición legítima ante Dios, la cual Él logró y mediante la cual nos ve perdonados y nos declara justos ante Sus ojos (Gál. 2:16). Él puede declarar justos a los pecadores porque Jesús ganó su justicia y pagó el precio de todos los pecados. Cuando se aplica esta expiación en favor del pecador, esta persona queda en una posición de absoluta justicia, completamente justificada. La justificación implica que, aunque soy un pecador, gracias a todo lo que Jesús hizo en mi favor, Dios puede verme como si jamás hubiera pecado. Esta declaración legal de parte de Dios no es algo ficticio; es un estado garantizado que Cristo obtuvo (Rom. 3:24; 2 Cor. 5:21). Todos los pecados que se cometen tienen un precio, pero la buena noticia del evangelio es que Jesús ya pagó por cada uno de nuestros pecados, pasados y futuros, y el Espíritu Santo aplicó ese pago a nuestro favor cuando confiamos en Él y creímos en el evangelio (Rom. 5:1). Ya no estamos bajo la condenación de la ley, sino que fuimos reconciliados (Rom. 5:10; Ef. 2:16; Col. 1:22).

La doctrina de la adopción

La buena noticia del evangelio, que anuncia que podemos recibir perdón de nuestros pecados y nacer de nuevo para vida eterna, también incluye la verdad de que ya no somos hijos de desobediencia y de ira, sino que el Padre nos adopta a una nueva familia, y Jesucristo se transforma en nuestro Hermano mayor (Rom. 8:15-17,23; Ef. 2:2-3; Heb. 2:12,17). Ahora, somos hijos de Dios y parte de Su familia (1 Jn 3:2). Tenemos una nueva relación que nadie puede quitarnos, pero aun así gemimos a la espera de la plenitud de nuestra adopción en el día final (Rom. 8:23-25).

La doctrina de la santificación

La regeneración es una obra *monergista*[12] que Dios realiza en nosotros; la santificación es una obra *sinergista* que el Espíritu Santo obra a través de nosotros y en la cual participamos (2 Cor. 7:1; Col. 3:1-14; 1 Tes. 4:7; 5:23; Heb. 12:14; 1 Ped. 1:22). En la justificación, se considera que somos hechos justos y santos al instante desde un punto de vista legal, pero, en la santificación, vamos creciendo en justicia y santidad. La santificación es una obra progresiva, mediante la cual crecemos en santidad y nuestra

[12] Una palabra que significa que solo uno obra; en lugar de sinergista, donde hay más de uno que obra.

mente y corazón son purificados en un proceso que dura toda la vida. Aunque los creyentes somos libres del poder del pecado (Rom. 6:11-14), no somos liberados de la presencia del pecado y, en esta vida, no alcanzaremos una santificación perfecta (1 Rey. 8:46; 1 Jn. 1:8). La Biblia enseña que solo en el cielo seremos libres de la presencia y el estorbo del pecado, lo cual revela que, recién cuando dejemos este mundo, se habrá completado el proceso de santificación (Fil. 3:21; Heb. 12:23; Apoc. 14:5; 21-27).

La doctrina del bautismo y la llenura del Espíritu Santo

El bautismo y la llenura del Espíritu Santo no son sinónimos. El bautismo del Espíritu Santo es un suceso que ocurre en el momento de la salvación, cuando el Espíritu aplica a cada persona la obra de Cristo. El Espíritu habita inmediatamente en el creyente y lo libera del poder del pecado (1 Cor. 12:13). Es un acontecimiento particular que acompaña la justificación en el momento de la salvación. En cambio, la llenura del Espíritu Santo es una obra que puede repetirse muchas veces en la vida del creyente. Se refiere a momentos de refrigerio, de renovación del arrepentimiento y el compromiso, lo cual resulta en una mayor santificación y eficacia para el ministerio y la vida cristiana.

Los cristianos usan estos términos de distintas maneras hoy en día, pero los puntos para resaltar son los siguientes:

1. No hay una obra posterior del Espíritu Santo mediante la cual uno es más o menos salvo después de la conversión.

2. El acto monergista de Dios al salvar a un pecador no es algo que pueda (ni deba) repetirse. Es imposible perder la salvación. Es posible apagar, agraviar y contristar al Espíritu cuando hay pecado en la vida del creyente. Cuando este se arrepiente, la presencia plena del Espíritu puede traer dulces momentos de comunión que eran imposibles mientras se permanecía en pecado; sin embargo, esto no indica una nueva salvación (Ef. 4:30; 1 Tes. 5:19).

La doctrina de la perseverancia de los santos

Esta doctrina enseña que cualquiera que sea salvo de verdad no puede perder nunca su salvación. Dios, quien empezó la buena obra, la perfeccionará hasta el día de Jesucristo (Fil. 1:6). Por supuesto, si estar a cuentas con el Señor dependiera de nuestros esfuerzos, fracasaríamos por completo, pero el poder de Dios nos sostiene hasta el final de la vida (Juan 10:27-29; Col. 1:22,23; Jud. 24,25). Es más, muchos han argumentado que la vida eterna que Jesús prometió en Juan 3:16 no sería eterna si pudiera perderse. Jesús prometió que, en el último día, Él resucitará a todos los que acudan a Él (Juan 6:40).

La doctrina de la muerte

La muerte es el último enemigo y es resultado de la caída (1 Cor. 15:26). Para los cristianos, la muerte no es un castigo, sino un simple puente que tenemos que cruzar para estar con Cristo, lo cual es mucho mejor que cualquier cosa que esta vida pueda ofrecer (1 Cor. 15:54,55; 2 Cor. 5:8; Fil. 1:21-23). La muerte no es el final de la vida; al morir, el cristiano alcanza la perfección de la santidad y está más vivo que nunca. Por cierto, es el último gran cambio, así que, a veces, produce temor simplemente por los detalles desconocidos que rodean el momento de la muerte. No obstante, es tan solo el acto de dejar de lado el cuerpo, como un manto que ya no se necesita.

Se dice que la certeza de la muerte y la enfermedad y las dolencias de la vejez que suelen precederla son formas en que Dios afloja nuestras raíces del suelo de este mundo. Al menos, Dios usa la inevitabilidad de la muerte para hacer que muchos consideren sus pecados con seriedad y se arrepientan. Thomas Watson declaró: «Todo aquel que puede mirar el perdón con fe puede considerar la muerte con gozo».[13] En *The Death of Death in the Death of Christ* [La muerte de la muerte en la muerte de Cristo], John Owen abordó el alcance de la expiación y, por lo tanto, la

---

[13] I. D. E. Thomas, *A Puritan Golden Treasury* (Carlisle, PA: Banner of Truth, 1977), 71.

esperanza que tenemos. Hebreos 2:14-15 nos recuerda que no debemos tenerle miedo a la muerte: «Así que, por cuanto los hijos participaron de carne y sangre, él también participó de lo mismo, para destruir por medio de la muerte al que tenía el imperio de la muerte, esto es, al diablo, y librar a todos los que por el temor de la muerte estaban durante toda la vida sujetos a servidumbre».

La doctrina del estado intermedio

Cuando una persona muere, solo perece su cuerpo. En general, colocamos el cuerpo del fallecido en una tumba, pero el alma de la persona sigue viva. Sin embargo, hay una diferencia entre lo que les sucede a los creyentes y a los no creyentes al morir. Cualquiera que no haya nacido de nuevo entrará de inmediato a una eternidad sin Cristo, una morada eterna de tormento constante. Sus cuerpos permanecerán en la tumba hasta el regreso de Cristo, cuando Él los levante y reúna los cuerpos con las almas para el juicio (Mat. 25:31-46; Juan 5:28-29; Hech. 24:15; Apoc. 2:11; 20:12). No habrá ningún encuentro evangelístico *post mortem* ni otra oportunidad para aceptar a Cristo y escapar del infierno. Todos los que están vivos están a un suspiro de un estado permanente de eternidad (Heb. 9:27).

Cuando los cristianos mueren, sus cuerpos también son colocados en una tumba a la espera de la resurrección, pero el alma entra al paraíso y al disfrute consciente de la presencia de Cristo. La Biblia enseña que el mensaje del evangelio nos libera del temor a la muerte y nos lleva a desear aquel día en que dejemos atrás este cuerpo para estar con Cristo (Heb. 2:15; 2 Cor. 5:8; Fil. 1:23). Sin embargo, es natural que lamentemos la pérdida de amigos y familiares. Las lágrimas y la tristeza no son demostraciones pecaminosas, ya que es natural hacer duelo, a veces por la manera trágica en que una persona murió o por la pérdida de su compañía (Juan 11:35). Sin embargo, dadas las promesas de Cristo y Su Palabra, aunque hacemos duelo, no lo hacemos de la misma manera que un mundo incrédulo (Juan 14:1-6; 1 Tes. 4:13).

No existe el purgatorio. Esta es una doctrina de la Iglesia católica romana que enseña que los hombres deben sufrir en un lugar de tormento para purgar sus pecados de esta vida, pero carece de fundamento bíblico. Por eso, los católicos romanos animan a los que todavía están en este mundo a orar por los muertos para que sean librados más rápido del tormento. No es necesario orar por los muertos, ya que los que están en el infierno no pueden cambiar su condición eterna y los que están en el cielo tampoco lo harían. Los creyentes que murieron están en la felicidad eterna del paraíso, a la espera del día de la resurrección, cuando se levantarán incorruptibles (1 Cor. 15:52).

La doctrina de la glorificación

Pablo escribió: «Y sabemos que a los que aman a Dios, todas las cosas les ayudan a bien, esto es, a los que conforme a su propósito son llamados. Porque a los que antes conoció, también los predestinó para que fuesen hechos conformes a la imagen de su Hijo, para que él sea el primogénito entre muchos hermanos. Y a los que predestinó, a éstos también llamó; y a los que llamó, a éstos también justificó; y a los que justificó, a éstos también glorificó» (Rom. 8:28-30). El último paso en esta bendita cadena de sucesos (la predestinación, el llamado, la justificación y la glorificación) que describe la obra salvadora de Dios en nuestra vida es la glorificación. Cuando Cristo regrese, resucitará a los muertos y les dará a ellos, así como a los creyentes que sigan vivos, cuerpos perfectos y redimidos (Rom. 8:23; 1 Cor. 15:12-58). R. C. Sproul escribió sobre la perfección que traerá nuestra futura glorificación: «Dios restaurará todas las cosas y las mantendrá así eternamente».[14]

La doctrina de la Iglesia

Esta es una doctrina crucial para hoy, en especial en las misiones globales. Algunos han actuado con la noción incorrecta de que una iglesia

---

[14] R.C. Sproul, *Essential Truths of the Christian Faith* (Carol Stream, IL: Tyndale, 1992), 211.

es tan solo un grupo de unos pocos creyentes, como si Jesús hubiera dicho: «Donde están dos o tres congregados en mi nombre, allí está la Iglesia», pero no lo hizo. Es de vital importancia entender lo que la Biblia enseña sobre la Iglesia, quién debería ser el líder y lo que tiene que hacer una congregación. La noción bienintencionada pero ingenua de que una iglesia es simplemente un grupo de algunos creyentes que se reúnen en el nombre de Jesús ha generado mucho sincretismo, herejías, liderazgo carnal y manipulación espiritual. En el Nuevo Testamento, «iglesia» puede referirse a un grupo que se reúne en una casa, a todos los creyentes de una ciudad, a las iglesias de determinada región o incluso a todos los cristianos del mundo (Rom. 16:5; 1 Cor. 1:2; 16:19; 2 Cor. 1:1; 1 Tes. 1:1; Hech. 9:31; Ef. 5:25; 1 Cor. 12:28). Además, el concepto de iglesia de todo el que planta una congregación determinará la metodología que use para establecer la iglesia y los objetivos que tiene para ella.

¿Qué es una iglesia?

Una iglesia no se define según la clase de edificio donde se reúne, la cantidad específica de miembros, la ropa que usan o la clase de música que cantan. Una iglesia es el cuerpo de los «escogidos» y proviene de la palabra *ekklesía*, que es el origen etimológico de la palabra *eclesiástico*. La iglesia es un cuerpo de creyentes, cada uno con su función o papel, según la distribución de dones que el Espíritu Santo ha dado, y Cristo es la Cabeza de este cuerpo.

La definición de *iglesia* es bien sencilla y podemos definir tres marcas de una verdadera iglesia. Históricamente, estas tres marcas son la predicación de la Palabra, las ordenanzas de la Cena del Señor y el bautismo, y la disciplina en la iglesia. Los misiólogos han intentado proporcionar una idea más amplia para el ministerio práctico. Por ejemplo, la Junta de Misiones Internacionales (JMI) ha proporcionado una definición muy útil de la iglesia:

1. La iglesia toma en serio su función. Los miembros se consideran una iglesia. Se comprometen unos con otros y con Dios (están

asociados mediante un pacto) a cumplir con todo lo que la Escritura requiere de una iglesia.

2. Una iglesia tiene una cantidad identificable de miembros bautizados que creen en Jesucristo.
3. Una iglesia bautiza a los creyentes sumergiéndolos en agua.
4. Celebra la Cena del Señor en forma habitual.
5. Bajo la autoridad y el liderazgo de la iglesia local, algunos miembros pueden llevar a cabo estas ordenanzas.
6. Una iglesia se somete a la infalible Palabra de Dios como autoridad suprema para todo lo que cree y hace.
7. La iglesia se reúne en forma habitual para adorar, orar, estudiar la Palabra de Dios y tener comunión. Los miembros de la iglesia suplen las necesidades mutuas, se rinden cuentas unos a otros y ejercen la disciplina bíblica según sea necesario. Los miembros se animan y se edifican unos a otros en santidad, madurez en Cristo y amor.
8. La iglesia acepta gustosa su responsabilidad de llevar a cabo la Gran Comisión, tanto en forma local como global desde sus comienzos.
9. Una iglesia es autónoma bajo el señorío de Jesucristo y la autoridad de Su Palabra.
10. La iglesia tiene líderes identificables que son examinados y seleccionados según las características que especifica la Escritura. La iglesia reconoce dos funciones bíblicas de liderazgo en la iglesia: los pastores/ancianos/obispos y los diáconos. Aunque tanto los hombres como las mujeres pueden servir en la iglesia, el oficio de pastor/anciano/obispo es exclusivo del hombre, según lo que determina la Escritura.

Mark Dever destacó las nueve marcas de una iglesia *saludable*. Es necesario observar que nadie está afirmando que todas estas marcas sean necesarias para que un grupo sea una iglesia; sencillamente, estas deben ser características de una iglesia saludable. Cada marca suele surgir directamente de la anterior y llevar, por lógica, a la siguiente.

1. Una predicación expositiva
2. Una teología bíblica
3. Una comprensión bíblica del evangelio
4. Una comprensión bíblica de la conversión
5. Una comprensión bíblica de la evangelización
6. Una comprensión bíblica de la membresía de la iglesia
7. La disciplina bíblica en la iglesia
8. Un interés en desarrollar el discipulado y el crecimiento del cristiano
9. El liderazgo bíblico de la iglesia

La Iglesia visible y la invisible

La Iglesia visible es la que vemos en el mundo. Algunos se han referido a esta como la Iglesia militante, porque seguimos en medio de la batalla espiritual de este lado de las puertas celestiales, mientras que la Iglesia triunfante se compone de los que ya están en el cielo. La Iglesia invisible es la Iglesia como Dios la ve, e incluye a todos los creyentes de todas las épocas (Ef. 1:22-23). La pureza de la Iglesia se refiere al grado de santificación, libertad del pecado, obediencia fiel y conformidad a los deseos de Dios para Su Iglesia. Las siete cartas a las iglesias de Asia Menor en Apocalipsis 2–3 revelan el carácter de muchas de las iglesias de la época de Juan y de hoy, junto con admoniciones de parte de Cristo.

La misión de la Iglesia

La misión de la Iglesia ha sido un tema de debate durante muchos años.[15] Las diferencias de opinión varían en diversos grados que van desde la proclamación del evangelio hasta el ministerio a los que sufren. Wayne Grudem enumera los propósitos principales de la iglesia como el ministerio a Dios a través de la adoración (Ef. 1:12; Col. 3:16), la capacitación de los creyentes (Col. 1:28) y al mundo en la forma de misiones y evangeliza-

[15] John Stott, *Christian Mission in the Modern World* (Downers Grove, IL: InterVarsity Press, 2015), David Hesselgrave, *Paradigms in Conflict: 10 Key Questions in Christian Missions Today* (Grand Rapids, MI: Kregel Publications, 2005) y Kevin DeYoung y Greg Gilbert, *What is the Mission of the Church?: Making Sense of Social Justice, Shalom, and the Great Commission* (Wheaton, IL: Crossway, 2011).

ción (Mat. 28:19-20; Hech. 1:8; 11:29; 2 Cor. 8:4; Gál. 2:10; Sant. 1:27; 1 Jn. 3:17).[16] Hoy en día, la iglesia y sus miembros participan en muchas clases de ministerios en todo el mundo. Algunas de las actividades de la iglesia están dedicadas a ministrar a los que sufren, pero el objetivo principal es conocer a Dios y darlo a conocer. Cualquier otra cosa a la que se dedique un ministerio o una iglesia, si no aporta a la proclamación del evangelio, es tan solo una buena acción, pero no se trata de la misión de la Iglesia.

Algunos han considerado que las exhortaciones bíblicas y los ejemplos de actividades, responsabilidades, ministerios y tareas de la iglesia son *medios de gracia*. Este término no sugiere que haya una adjudicación mecánica de la salvación por el simple hecho de participar en una actividad; más bien, estas son formas en que los creyentes que las practican como manera de adoración sincera reciben o perciben más gracia. Grudem enumera la enseñanza de la Palabra, el bautismo, la Cena del Señor, la oración unos por otros, la adoración, la disciplina en la iglesia, las ofrendas, el ejercicio de los dones espirituales, la comunión, la evangelización y el ministerio personal a los demás.[17]

Las autoridades de la Iglesia y la pluralidad de ancianos

Como establece la definición de la iglesia de la JMI, las autoridades bíblicas de la Iglesia son los pastores o ancianos y los diáconos.

> La iglesia tiene líderes identificables que son examinados y seleccionados según las características que especifica la Escritura. La iglesia reconoce dos funciones bíblicas de liderazgo en la iglesia: los pastores/ancianos/obispos y los diáconos. Aunque tanto los hombres como las mujeres pueden servir en la iglesia, el oficio de pastor/anciano/obispo es exclusivo del hombre, según lo que determina la Escritura.

---

[16] Grudem, *Christian Beliefs*, 116-117.

[17] Grudem, *Systematic Theology*, 951.

Pablo le proporciona a la iglesia los requisitos para estos hombres en 1 Timoteo 3:1-7 y Tito 1:5-9.

La doctrina de la escatología

La escatología es el estudio de los últimos tiempos. La Biblia enseña que Cristo regresará en forma corporal, repentina y visible para todos (Mat. 24:44; Luc. 17:22-24), pero no sabemos el día exacto en que sucederá; es imposible determinar este día (Mat. 24:36; 25:13; Mar. 13:32). Jesús sí enseñó que habrá señales del fin del mundo que podemos anticipar, pero, como muchas de estas parecen haberse presentado a lo largo de la historia, continúa la incertidumbre de cuándo llegará el momento preciso (Luc. 21:28). Algunos creen que todavía hay señales que no se han cumplido, así que el Señor no puede regresar hasta que la Iglesia las haya cumplido; esto se refiere a la predicación del evangelio a todos los grupos étnicos, por ejemplo. Sin embargo, esto significaría que los apóstoles que consideraban que el regreso de Cristo era inminente estaban equivocados, y que el Señor todavía depende de nuestra obediencia para poder culminar la historia, lo cual parece contradecir Su enseñanza de que el Padre ya conoce la fecha (Mar. 13:32).

Lo que sí sabemos con seguridad es que Cristo *regresará* y habrá una resurrección y un día de juicio (Hech. 1:11; 1 Tes. 4:16; Heb. 9:28; 2 Ped. 3:10; 1 Jn. 3:2). Es difícil ser dogmático sobre muchos de los detalles que van más allá de esto, aunque muchos insisten en serlo. La razón de los debates sobre el fin de los tiempos gira alrededor del reino milenial de Cristo; *milenio* implica «1000 años».

La mayor parte de la controversia se concentra en las diversas interpretaciones de Apocalipsis 20. Aunque nuestros estudiantes no deberían sumergirse innecesariamente en el remolino de estos debates o en las minucias de los argumentos, lo cierto es que a muchos ya les han hablado de estas opiniones con subterfugios y evaluaciones injustas. Por lo tanto, no está de más proporcionar un conocimiento básico de las posturas. En este material, no se presenta la gran cantidad de posturas que se dividen en perspectivas pre, meso y postribulacionales, como tampoco las posturas mileniales históricas y dispensacionales. Se darán simplemente las ideas más básicas para un conocimiento fundamental de los términos.

Posturas sobre el milenio

Pídeles a los alumnos que hagan una pausa y lean o escuchen la lectura de Apocalipsis 20:1-6. Antes de fundamentar opiniones en los versículos de este pasaje, recuérdales que se trata de un libro de literatura apocalíptica, lo cual significa que se revela un misterio o algo que ha estado escondido; es profético y, como define su género, altamente simbólico. Es más, George E. Ladd escribió: «En los apocalipsis, el simbolismo es una característica distintiva».[18] Este simbolismo es aparente desde el primer capítulo, donde Jesús le revela a Juan la interpretación de la visión de uno semejante al Hijo del Hombre, que caminaba entre siete candelabros de oro, con las siete estrellas en Su diestra y una espada de doble filo que salía de Su boca (Apoc. 1:13-20).

Además, el simbolismo numérico se ve repetidas veces en la Biblia, donde los números pueden no tomarse en forma literal. El número 1000 no siempre debe interpretarse en forma literal. El Salmo 50:10 afirma que el Señor no necesita sacrificios y ofrendas, porque los millares de animales en los collados le pertenecen. Por supuesto, esto simboliza a todos los animales en todos los collados, no solo a un millar de animales. Pedro escribió: «Mas, oh amados, no ignoréis esto: que para con el Señor un día es como mil años, y mil años como un día» (2 Ped. 3:8). Esto también es simbólico y no enseña que han pasado solo dos días en el cielo desde la crucifixión de Cristo. Algunas personas, aun con un libro tan simbólico y por más que conocen la numerología bíblica, han transformado sus posturas sobre el mileno en una prueba determinante para la comunión cristiana.

Estas son cuestiones importantes y un estudio sincero de todos los pasajes relevantes ha llevado a hombres y mujeres piadosos a distintas conclusiones. Cada una de estas posturas tiene su justificación bíblica. Eruditos que aman al Señor con todo su corazón han sostenido la pos-

[18] Elwell, *Evangelical Dictionary of Theology*, 63.

tura a la que más sentido le encuentran, y algunos han cambiado de una perspectiva a otra, a medida que ha cambiado su comprensión de los argumentos. A lo largo de la historia de la Iglesia, ha habido cristianos comprometidos que han defendido una de estas tres posturas. ¿Cuáles son las nociones básicas de estos términos?

Amilenialismo: Esta posición sostiene que no habrá un período literal de 1000 años ni un reino futuro. En cambio, cualquier reino al que se haga referencia ya se está cumpliendo, en lugar de llegar en el futuro, y no dura 1000 años literales. Los que sostienen esta postura interpretan que, cuando Cristo regrese, habrá una resurrección (tanto de los redimidos como de los condenados a juicio), después de la cual los creyentes vivirán para siempre en el cielo nuevo y la tierra nueva.

Premilenialismo: La postura premilenial sostiene que Cristo regresará de repente e inaugurará un reino de 1000 años literales. Algunos de los que defienden esta postura creen que habrá dos resurrecciones: la primera, de los justos, y una segunda, de los no creyentes para juicio, después de un reinado terrenal de 1000 años de Cristo con los creyentes, mientras Satanás permanece atado. La postura premilenial tiene algunas variantes, y algunos sostienen que habrá dos regresos de Cristo; el primero será secreto y solo los creyentes lo verán y el segundo ocurrirá siete años más tarde y resucitará a los no creyentes para el juicio. Muchos creen que el rapto de la Iglesia ocurrirá antes de la gran tribulación y que, más adelante, Cristo regresará a la tierra con los redimidos para que reinen con Él durante 1000 años.

Posmilenial: Esta postura sostiene que Cristo regresará después del milenio, que habrá sido un período durante el cual la Iglesia habrá crecido y se habrá extendido en cantidad e influencia. Afirma que la Iglesia disfrutará de una mayor paz y justicia en todo el mundo. Muchos creen que esta perspectiva presenta el cumplimiento de la parábola del reino que contó Cristo sobre la semilla de mostaza que crece hasta transformarse en un árbol grande, o de la levadura que leuda toda la masa. Esta postura enseña que solo habrá un regreso de Cristo y una resurrección, tanto para los creyentes como para los no creyentes.

La doctrina del juicio final

Habrá un juicio final en que todos, creyentes y no creyentes, se someterán ante el gran trono blanco al final de la historia (Apoc. 20:11-15). El Señor Jesús será el Juez (Hech. 10:42; 2 Tim. 4:1; Mat. 25:31-33) y todos serán juzgados de acuerdo a lo que hayan hecho (2 Cor. 5:10; Heb. 9:27; Apoc. 20:12). Incluso los creyentes serán llamados a rendir cuentas (Rom. 14:10-12). Sin embargo, los creyentes esperan en la promesa de Dios de que no serán condenados en este juicio (Juan 5:24; Rom. 8:1).

La doctrina del infierno

El infierno es un lugar de tormento y castigo eternos. La Biblia lo describe con términos que algunos interpretan en forma literal y otros, simbólica: las tinieblas de afuera, fuego y azufre, un lago de fuego, el pozo del abismo, el llanto y el crujir de dientes, el gusano que nunca muere y un lugar donde no hay descanso ni alivio de día ni de noche para siempre (Mat. 25:41; Mar. 9:48; Luc. 16:28; Apoc. 14:10,11; 20:14; 21:8). Aunque algunos creen que el diablo es el que gobierna el infierno, la Biblia enseña que el infierno fue preparado para torturar a Satanás y a los ángeles caídos, sus demonios (Mat. 25:41; 2 Ped. 2:4; Apoc. 20:14). Este es el destino eterno de todos los que mueren sin haber nacido de nuevo a través del arrepentimiento y la fe en Cristo.

La doctrina del cielo

El cielo es el hogar eterno de Dios, donde manifiesta plenamente Su presencia y donde van los santos al morir (Mat. 6:9; 25:34; Luc. 23:43; 1 Ped. 3:22). Es el lugar que Jesús ha ido a preparar para cada creyente (Juan 14:3; 1 Ped. 3:22). La Biblia habla del cielo nuevo y la tierra nueva, que serán el hogar eterno de los creyentes cuando abandonen este mundo (Isa. 65:17; 66:22; 2 Ped. 3:13). Esta restauración o renovación del cielo y la tierra será lo que habría sido el mundo sin la caída (Gén. 1:31); todos conocerán y adorarán al Señor, y no habrá pecado, enfermedad ni muerte (Rom. 8:21; Col. 1:10; Apoc. 21:1-4).

Las manos: El pastoreo del rebaño de Dios

La mayoría de los alumnos ya está guiando al pueblo de Dios o se está preparando para hacerlo. ¿Qué es guiar al pueblo de Dios? ¿Qué enseña la Biblia sobre los pastores y su tarea?

Esta semana, el conocimiento práctico sobre las manos se concentra en el rebaño de Dios. Este énfasis es cada vez más necesario en todo el mundo debido a la genuina falta de modelos bíblicos y a la manipulación y el abuso espiritual intencionales de algunos charlatanes que promueven las herejías y sectas que predican sobre la salud y las riquezas. Por desgracia, incluso algunos misioneros evangélicos piensan que el poder del liderazgo es el camino para obtener resultados rápidos y lograr que los demás hagan lo que ellos quieren. En la Palabra de Dios, encontramos ejemplos útiles y una clara instrucción. A lo largo de la Biblia, siempre hubo líderes al frente del pueblo de Dios: profetas, sacerdotes, jueces, reyes, pastores, apóstoles o ancianos. ¿Qué enseña la Biblia sobre la persona que debe pastorear, sobre cómo tiene que ser ese pastor y sobre el rebaño que tiene que llevar adelante?

¿Quién es el pastor?

Como ya mencionamos, las autoridades bíblicas de la Iglesia del Nuevo Testamento son los pastores o ancianos y los diáconos. Ya consideramos el llamado necesario para servir como pastor y la clase de hombre que debe ser según las pautas que Pablo estableció en 1 Timoteo 3:1-7 y Tito 1:5-9. Pero, más allá de su llamado y su carácter, ¿cuáles son sus tareas específicas? ¿A qué se refiere la frase «pastorear el rebaño de Dios»?

Esta pregunta es importante porque muchos suponen que los estilos de liderazgo eficaces en los modelos corporativos contemporáneos pueden incorporarse sin problemas a la tarea de pastorear la iglesia. Aunque podemos aprender mucho de los modelos de liderazgo eficaces (tanto del mundo de la política como también de las empresas, en lo referente a técnicas de gestión corporativas), no hay que importarlos en forma masiva a la iglesia, y los pastores no pueden imitarlos para pastorear el rebaño de Dios.

No obstante, hay algunos aspectos eficaces del liderazgo corporativo que los pastores serían sabios en recordar y practicar. Por ejemplo, cada vez más, los especialistas en liderazgo respaldan y promueven modelos de liderazgo de siervo, que se caracterizan por la honestidad, la humildad y la afirmación de los demás. Además de estas consideraciones, para tomar decisiones financieras sabias, los pastores necesitan un conocimiento básico de armado de presupuestos y contabilidad. Las habilidades de comercialización que enfaticen la investigación y contextualización para el público al que se apunta pueden ayudar al pastor mientras busca conocer el vecindario de su iglesia y ser consciente de los cambios, para tomar decisiones sabias.

Cuando Dios llama a un hombre al ministerio, podemos afirmar sin duda alguna que también lo ha llamado a la santidad, y esto debe teñir su liderazgo en todos los ámbitos. Sin embargo, Dios también lo ha llamado a una preparación personal para el ministerio. Un llamado al servicio implica una preparación en todo lo que el pastor tenga a su alcance. Esto puede significar aprender habilidades básicas de liderazgo y gestión pero, sobre todas las cosas, debe saber y hacer lo que la Biblia requiere de los pastores.

Mientras preparamos a los alumnos para servir con fidelidad en sus iglesias, es necesario ayudarlos a saber lo que la Biblia enseña sobre esa tarea. Algunos quizás vivan en culturas donde el evangelio ha entrado hace poco y las iglesias todavía sean pocas e incipientes. Tal vez no haya modelos para seguir o pastores mayores que puedan formarlos; entonces, se preguntan: «¿Qué debe hacer, decir y hacer un pastor?». Otros solo conocen modelos pastorales que no son demasiado saludables. Por ejemplo, en una región andina de Sudamérica, era común que pastores de iglesias más antiguas desa-lentarán la apertura de nuevas iglesias o la capacitación pastoral de hombres más jóvenes. La investigación reveló que esto se debía a que percibían que las nuevas iglesias y los pastores más jóvenes eran una amenaza a su seguridad laboral. A muchos les resultaba cómodo tener el monopolio local. La única manera de superar este desafío era entrenar a hombres más jóvenes y enseñarles lo que la Biblia dice sobre plantar iglesias y pastorear el rebaño de Dios.

¿Qué debe hacer un pastor?

El Nuevo Testamento describe al líder del pueblo de Dios como un pastor. También se lo llama siervo, mayordomo del evangelio, obispo, anciano, ministro, predicador, consejero, líder, maestro, reconciliador, intercesor, evangelista, protector, proveedor, el que prepara y traza un camino a seguir. Parece una descripción de trabajo sumamente pesada y, en realidad, lo es. La Biblia aclara que nadie debe aspirar con liviandad a la tarea pastoral ni abordarla sin la bendición de Dios, y desafía a las iglesias a no apurarse a imponer las manos. Los hombres que desean dedicarse al ministerio pastoral tienen que ser examinados en forma exhaustiva y cumplir con las normas más altas. Esto es para su beneficio, ya que los maestros tendrán un juicio mayor que los demás. Examinemos algunas de estas etiquetas y roles asignados a los pastores y preparemos a nuestros alumnos para entender su llamado supremo y la tarea exigente a la que Dios los ha llamado.

Mis hijos eran muy pequeños cuando empecé a servir como pastor. Aprendieron sobre la iglesia desde la nada envidiable posición de hijo de pastor. Sin embargo, las exigencias injustas que se les imponían muchas veces se equilibraban por la bondad de las personas de la iglesia... sencillamente, porque *eran* los hijos del pastor. Después de una reunión vespertina, estaba saliendo del santuario con mi hija de tres años de la mano. Ella me miró y dijo: «Papi, ¡eres el jefe de esta iglesia!». Me sonrojé al darme cuenta de que varios miembros de la iglesia la habían escuchado y estaban esperando escuchar mi respuesta. Les guiñé un ojo y corregí a mi hija, diciéndole: «No, mi amor, todos aquí son mis jefes». Por supuesto, ninguno de los dos tenía razón, pero estas dos opiniones del rol del pastor representan dos errores conceptuales muy comunes. ¿Qué enseña la Biblia?

Un pastor debe guiar a la iglesia con una actitud de siervo. Pablo se refería a sí mismo y a Timoteo como esclavos de Jesucristo. Ese servicio voluntario y de toda la vida para Cristo es el patrón que debemos imitar. Pero, aunque debemos servir a los demás como ministros y seguir el ejemplo de Jesús, quien vino a servir y no a ser servido, no quiere decir que el pastor sea el lacayo o el sirviente de cada miembro de la iglesia. Debemos guiar sirviendo a nuestro Señor como ejemplo para que los demás imiten. A menudo, esto significa que tenemos que servir con humildad a los otros, pero con la conciencia de que humildad y humillación no son sinónimos (Fil. 1:1, 1 Cor. 4:1, Rom. 14:7-12; 15:17-18).

Los pastores también son mayordomos del evangelio. Dios les ha confiado el mensaje del evangelio a Su Iglesia y a los pastores como mayordomos fieles que deben mantener su pureza y difundir su mensaje en todo el mundo. Como en la parábola de los talentos, los siervos fieles del evangelio deben utilizarlo con sabiduría para optimizar la ganancia de la inversión. Para lograrlo, los pastores tienen que permanecer en pureza, mantener sin mancha el mensaje del evangelio y ocuparse de predicar la buena noticia hasta que Cristo regrese. Por supuesto, para ser hallados fieles en este aspecto de la mayordomía del evangelio, uno tiene que conocer la diferencia entre el evangelio puro y el que se ha mezclado con enseñanzas del mundo. Por eso, nunca dejamos de aprender y de buscar la iluminación del Espíritu Santo que habita en nosotros, y de medir toda la enseñanza junto a la Palabra de Dios revelada, como hacían los habitantes de Berea (Hech. 17:11; 1 Cor. 4:1-3, 1 Tim. 1:3-5,11; 6:20-21; 2 Tim. 1:13-14).

En el Nuevo Testamento griego, hay tres palabras principales que se refieren al rol del pastor: *epískopos*, *poimén* y *presbúteros*. La traducción de la RVR1960 de *epískopos* es «obispo». Está compuesta por un prefijo que significa «sobre» más la palabra que equivale a «mirar, vigilar». La idea es la de una persona que examina, protege, vigila y escudriña. Quiere mantener su rebaño a salvo y en pureza. La palabra *poimén* se traduce «pastor» o «pastor de ovejas» e incluye todas las tareas que realizaba un pastor cuando cuidaba de su rebaño, como guiar, alimentar, proteger y proveer lo necesario. La tercera palabra es *presbúteros* y se refiere específicamente a un anciano. Puede aludir al rango o a la edad de la persona con este título. La idea principal en el uso eclesiástico deriva de la sabiduría que trae la edad junto con una enseñanza bíblica sólida para guiar y gobernar a la iglesia. Estas no son tres palabras griegas del Nuevo Testamento que describen tres oficios diferentes, sino que, como las facetas de la misma gema, son diferentes maneras de considerar el oficio, la función y la responsabilidad de un pastor.

Pablo enumeró a los «pastores y maestros» entre las clases de líderes que Dios le dio a la iglesia primitiva. «Y él mismo constituyó a unos, apóstoles; a otros, profetas; a otros, evangelistas; a otros, pastores y maestros» (Ef. 4:11). El apóstol hizo énfasis en que el rol del pastor debe incluir la enseñanza. Entre los requisitos de un pastor, establece que tiene que ser apto para enseñar. Le recuerda a Tito que la razón de esto es que pueda proclamar una enseñanza sólida y refute la mala doctrina. Pablo escribió para garantizar que sus discípulos también fomentaran este aspecto en sus ministerios (1 Tim. 4:6-8,11,13-16; 2 Tim. 2:2; 3:14-17; 4:2; Tito 2:1). Es interesante observar que el propósito de un pastor-maestro era preparar al pueblo de Dios para la obra del ministerio, en lugar de hacer todo el trabajo ministerial él mismo. Algunos creen erróneamente que el pastor debe hacer toda la obra ministerial; es decir, evangelizar, visitar, aconsejar y enseñar. Sin embargo, la Biblia deja en claro que el pastor-maestro debe preparar al Cuerpo de Cristo para que cada miembro cumpla con su propio llamado y tenga la capacitación necesaria para hacer lo que Dios lo ha llamado a hacer.

Cuando la iglesia primitiva reconoció la necesidad de que hubiera siervos que realizaran las tareas cotidianas del ministerio, designó a los primeros «diáconos», una palabra que significa «ayudantes, los que servían las mesas o realizaban tareas de servicio». En Hechos 6, surgió la necesidad porque la cantidad de creyentes era cada vez mayor y estos nuevos convertidos necesitaban ser discipulados. Sin embargo, la rutina de las tareas cotidianas, como la distribución justa del alimento para las viudas necesitadas que había entre ellos, se había vuelto abrumadora. Los apóstoles convocaron a los cristianos y les instruyeron que nombraran a algunos hombres para que sirvieran las mesas, para que ellos pudieran dedicarse al ministerio de la Palabra de Dios y a la oración: a predicar, enseñar y pastorear. Como resultado de esta decisión y de la elección de estos diáconos, «el número de los discípulos se multiplicaba grandemente en Jerusalén; también muchos de los sacerdotes obedecían a la fe» (Hech. 6:1-7). La Palabra de Dios enseña con claridad que cada uno debe ser fiel en las tareas específicas que le toca cumplir. Además, muestra que el pastor no está para realizar todos los ministerios prácticos de la iglesia. Sin embargo, aunque el pastor no debe hacer todo, tampoco tiene que usar su posición para subyugar a los miembros de la iglesia, como un jefe egocéntrico o un comandante supremo. Entonces, ¿cómo debería ser un pastor y qué tiene que hacer para pastorear bíblicamente el rebaño de Dios?

Predicador

Pablo se llamaba a sí mismo predicador y maestro (2 Tim. 1:11). El pastor debe enseñar y predicar la Biblia. Tiene que explicarla de tal manera que los no creyentes escuchen el evangelio y el pueblo de Dios pueda crecer con una dieta balanceada de todo el consejo de la Palabra de Dios. Ayudar a los oyentes a comprender y aplicar la verdad de la Biblia a sus vidas es una de las principales funciones del pastor-maestro. Proclamar y explicar la Biblia es una de las tareas fundamentales del pastor. Además, debe servir como evangelista y predicar la buena noticia a los perdidos y desesperados. Sin embargo, no todos los sermones pueden tener un contenido exclusivamente evangelístico, ya que el rebaño necesita alimentarse y nutrirse de toda la Palabra. Aun así, el predicador no puede olvidar que algunos de los que están en la congregación solo fingen ser creyentes y todavía necesitan escuchar el evangelio. Otros creen de verdad que son cristianos pero, al escuchar un sermón con el mensaje del evangelio, se dan cuenta de que no lo son. El pastor tiene que ejercer discernimiento para mantener un equilibrio en sus sermones y poder alimentar al rebaño y compartir la buena noticia del evangelio. El pastor nunca debe olvidar su rol de embajador de Cristo (2 Cor. 5:20) y, como embajador, no tiene permitido cambiar el mensaje; solo puede comunicarlo fielmente como le fue confiado.

Pastor

Cuando Jesús restauró a Pedro junto al mar de Galilea, le encargó que alimentara a Sus ovejas y las pastoreara (Juan 21:16). El pastoreo incluye aconsejar, reprender, instruir, animar, casar, sepultar, visitar, reconciliar, manejar cuestiones administrativas, capacitar al pueblo de Dios, evangelizar, orar y ofrecer hospitalidad (1 Ped. 5:1-4).

Protector

Una de las grandes bendiciones de Dios para los nuevos creyentes es poner a su disposición a hombres piadosos que los pastoreen con fidelidad. Los pastores deben proteger a la iglesia del error y los ataques (Jer. 3:15). Dios llama a los pastores a estar alerta y a servir como obispos, recordando que Él compró el rebaño con sangre (Hechos 20:28).

Proveedor

El pastor también debe ser un proveedor y alimentar al rebaño con el Pan de vida (Juan 6:35; Mat. 4:4). Así como Dios usó a Moisés para proveer maná para Su pueblo en el desierto, el pastor tiene que proveer el sustento espiritual de la Biblia de parte de Dios. Durante Su tentación en el desierto, Jesús le recordó al diablo que el hombre no vive solo de pan y, por lo tanto, entendemos que, aunque el pastor no tiene que proveer el alimento físico que necesitamos, sí debe alimentar al rebaño con la Palabra (2 Tim. 2:2).

Ejemplo

El pastor tiene que ser ejemplo de la vida cristiana en la práctica para poder guiar su rebaño. Tiene que buscar ser lo que Cristo sería si viviera a través de él (1 Tim. 5:17; 2 Tim. 1:13; Fil. 4:9). Por supuesto, ningún ser humano puede cumplir plenamente este objetivo, pero los pastores aspiran a vivir en armonía con el mensaje que predican. Sin duda, este deseo fervoroso de ser lo que Cristo desea no pasará inadvertido, y eso mismo puede servir de ejemplo para los demás.

Podemos tomar prestado el triple oficio de Cristo de profeta, sacerdote y rey que presentó Eusebio, y hablar de algo similar en la tarea del pastor.

Un profeta habla de parte de Dios. En el Antiguo Testamento, una de las marcas de un profeta era predecir con exactitud el futuro; sin embargo, esto no sucede hoy. También es cierto que el profeta debía anunciar la Palabra de Dios y, en este sentido, podemos referirnos al pastor como profeta. Habla de parte de Dios y declara Su Palabra al pueblo. El pastor también es un sacerdote, en el sentido de que representa al pueblo de Dios e intercede por él en oración. Por último, el oficio de rey se refiere a alguien que provee orden y gobierno para el pueblo de Dios, pero siempre bajo el señorío del mismo Dios. El pastor como profeta, sacerdote y rey busca hablar al rebaño de parte de Dios al proclamar Su Palabra, lo sirve como sacerdote al interceder por él y guiarlo a hacer el sacrificio adecuado (Rom. 12:1) y le proporciona orden mediante las pautas y los parámetros de la Palabra de Dios.

¿Quién conforma el rebaño?

La Biblia nos da una serie de metáforas para facilitar una clara comprensión de lo que debe ser la Iglesia: la esposa de Cristo (Ef. 5:25-27, Apoc. 19:7), el cuerpo (Ef. 1:22-23; 4:12, 15-16; Col. 2:19), un templo (1 Ped. 2:4-8), un sacerdocio santo (1 Ped. 2:5), un campo (1 Cor. 3:6-9), un edificio (1 Cor. 3:9-10; Ef. 2:19-22), el rebaño de Dios (Sal. 68:10; 77:20; Isa. 40:11), etc.

Los primeros oyentes y lectores del Antiguo y Nuevo Testamento entendían bien la metáfora del rebaño de Dios. La función del pastor que cuidaba un rebaño tenía sentido para ellos y era una parte natural de la vida cotidiana. El término también era adecuado porque todos conocían la incapacidad del rebaño de guiarse a sí mismo, conseguir alimento y agua o defenderse por sus propios medios y, por lo tanto, era una metáfora eficaz y la mayoría la interpretaba (Jer. 23:1-4; 1 Ped. 5:2).

¿A qué debería guiar el pastor al rebaño?

Las actividades principales de una iglesia local son la adoración, la evangelización, el discipulado, la oración, la comunión, el ministerio y las misiones. Hay una superposición entre estas, pero no estamos intentando establecer la obra de la iglesia en el mundo de manera definitiva ni exhaustiva. Más bien, queremos identificar algunas de las clases de ministerios que los pastores deben guiar a la iglesia a realizar de manera bíblica y responsable.

El rebaño es de Dios

Los pastores deben recordar siempre que el rebaño no les pertenece. La iglesia no es de ellos, aunque pueden olvidarse fácilmente de esto, ya que dedican su vida a servirla. El celo de un pastor por la pureza, la salud, la protección y la edificación de la iglesia local puede volverse personal. En el Antiguo Testamento, Jacob, Moisés y David son ejemplos de hombres que pastorearon un rebaño ajeno. Aunque podemos suponer que lo hicieron con la misma energía e interés que habrían demostrado si el rebaño hubiera sido de ellos (quizás incluso más), su servicio fiel al pastorear el rebaño ajeno tiene que ser un modelo para los que pastorean el rebaño de Dios.

Pedro les recuerda a los pastores que tienen que cuidar y pastorear el rebaño que tienen a cargo, pero también recordar que son simplemente ayudantes del gran Pastor de las ovejas, que es Cristo (1 Ped. 5:1-4). Un pasaje que enfatiza esta idea está en Ezequiel, donde Dios afirma que castigará a los pastores malvados y pastoreará Él mismo Su rebaño (Ezeq. 34). Sin duda, nuestra oración y deseo es que el rebaño crezca en conocimiento y cantidad, pero esto es obra de Dios y nunca el producto de nuestros propios esfuerzos. Cristo declaró: «*Yo* [...] edificaré mi iglesia» (Mat. 16:18, énfasis añadido). Jesús nos asegura que, como es el buen Pastor, conoce a Sus ovejas (Sal. 23; Juan 10:11,14,27).

Un pasaje clave para que los pastores tengan en mente respecto a su rol al pastorear la iglesia es la visión que Juan recibió en Apocalipsis 1:12-20. Allí, vio a uno semejante al Hijo del Hombre, que caminaba entre siete candelabros de oro, con las siete estrellas en Su diestra y una espada de doble filo que salía de Su boca. Jesús mismo le explica a Juan que la visión significa que Él camina entre las iglesias y sostiene a los mensajeros (los pastores) en Su mano. La espada representa la Palabra de Dios. Esto enseña a los pastores que Cristo está presente en medio de ellos y que pueden confiar en esta promesa (Deut. 31:8; Mat. 28:20). Los pastores también tienen el gran consuelo de que están seguros en Sus manos. Aunque el diablo y todas sus fuerzas hagan guerra contra la Iglesia y sus pastores en este mundo e intenten erradicarlos o destruirlos, Cristo los mantiene a salvo. Como estas cosas son ciertas, descansamos al saber que Cristo puede cuidar a Sus pastores y a los rebaños a los que sirven. Puede quitar a los pastores incompetentes o bendecir a los comprometidos porque está en medio de ellos y los sostiene con Su diestra poderosa. Los pastores harían bien en recordar lo que Dios les comunicó a través de Pedro.

> Apacentad la grey de Dios que está entre vosotros, cuidando de ella, no por fuerza, sino voluntariamente; no por ganancia deshonesta, sino con ánimo pronto; no como teniendo señorío sobre los que están a vuestro cuidado, sino siendo ejemplos de la grey. Y cuando aparezca el Príncipe de los pastores, vosotros recibiréis la corona incorruptible de gloria. (1 Ped. 5:2-4)

Lecturas recomendadas

Beardmore, Roger O., ed. *Shepherding God's Flock: Essays on Leadership in the Local Church*. Hinton, VA: Sprinkle Publications, 1988.

Berkhof, Louis. *Manual de doctrina cristiana*. Grand Rapids, MI: Libros Desafío, 2001.

Elwell, Walter A., ed. *Evangelical Dictionary of Theology*. Grand Rapids, MI: Baker Academic, 2001.

Erickson, Millard J. *Christian Theology*. Grand Rapids, MI: Baker Academic, 2013.

Jeffery, Peter. *Christian Handbook: A Straightforward Guide to the Bible, Church History, and Christian Doctrine*. Gales, Reino Unido: Bryntirion Press, 1988.

Goldsworthy, Graeme. *The Goldsworth Trilogy (Gospel and Kingdom, Gospel and Wisdom, The Gospel in Revelation)*. Milton Keynes, Reino

Unido: Paternoster, 2001.

Grudem, Wayne. *Doctrina bíblica: Enseñanzas esenciales de la fe cristiana*. Grand Rapids, MI: Vida, 2005.

———. *Doctrina cristiana: Veinte puntos básicos que todo cristiano debe conocer*. Grand Rapids, MI: Vida, 2013.

———. *Teología sistemática: Una introducción a la doctrina bíblica*. Grand Rapids, MI: Vida, 2007.

Helopoulos, Jason. *The New Pastor's Handbook: Help and Encouragement for the First Years in Ministry*. Grand Rapids, MI: Baker Books, 2015.

House, H. Wayne. *Charts of Christian Theology & Doctrine*. Grand Rapids, MI: Zondervan, 1992.

MacArthur, John, Jr. y la facultad de la Master's College. *Rediscovering Pastoral Ministry: Shaping Contemporary Ministry with Biblical Mandates*. Nashville, TN: Thomas Nelson, 1995.

Sproul, R. C. *Las grandes doctrinas de la Biblia*. Miami, FL: Unilit, 1996.

Spurgeon, C. H. *Discursos a mis estudiantes*. El Paso, TX: Casa Bautista, 2003.

Whitney, Donald S. *Disciplinas espirituales para la vida cristiana*. Colorado Springs, CO: Tyndale, 2016.

Módulo 4 Objetivos de aprendizaje

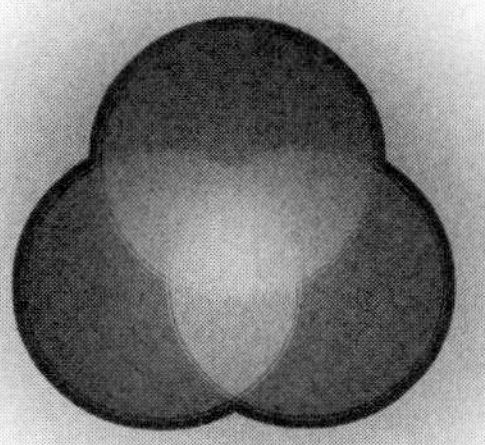

La memorización, la meditación y la aplicación de la Escritura
La historia de la Iglesia
Las ordenanzas

Al finalizar este módulo, los alumnos podrán:

1. **El corazón: Memorizar, meditar y aplicar la Palabra de Dios**
    a) Explicar la importancia de la memorización de la Escritura para el discipulado personal y cómo ayuda en el proceso de santificación para luchar contra la tentación, aconsejar, predicar y tomar decisiones.
    b) Explicar la importancia de la meditación en el discipulado personal y cómo ayuda en la vida de oración y en la adquisición de sabiduría.
    c) Enumerar y explicar algunos modelos para aplicar la Escritura.
    d) Describir cómo se manifiesta el fruto de la paciencia en la vida de un pastor.

e) Explicar la intención y la expectativa de Pablo para la vida de los cristianos al instarlos a pensar en todo lo puro.

2. **La mente: La historia de la Iglesia**
   a) Presentar argumentos sobre la importancia y los beneficios de aprender la historia de la Iglesia.
   b) Enumerar las diez épocas que condensan la historia de la humanidad.
   c) Esbozar el ciclo que se repitió en la historia del pueblo de Dios.
   d) Observar sucesos, personas y avances importantes para la expansión de la Iglesia:Los romanos: 0-400 d.C. Persecución, herejías, concilios.
      i. Los bárbaros: 400-1200 d.C. El Sacro Imperio Romano, el Gran Cisma.
      ii. ¿La evangelización de los musulmanes? 1200-1600 d.C. Especialmente, las Cruzadas, la Reforma, Lutero, Calvino, Zwinglio y la conquista española.
      iii. Hasta lo último de la tierra: 1600 d.C.-presente. Misiones protestantes, el Primer Gran Despertar, el Segundo Gran Despertar, Adoniram y Ann Judson.
   e) Citar razones para explicar el surgimiento del pentecostalismo.
   f) Enumerar los fundamentos de la fe.
   g) Enumerar y explicar las dinámicas del avance de las misiones del catolicismo y el protestantismo: los moravos, William Carey y otros misioneros de la época.

3. **Las manos: Las ordenanzas**
   a) Explicar las dos ordenanzas de los evangélicos y sus orígenes.
   b) Analizar el significado y la práctica de la Cena del Señor.
   c) Abordar el significado y la práctica del bautismo.
   d) Establecer quiénes deberían oficiar y participar de estas ordenanzas.
   e) Identificar la referencia bíblica que indica el cumplimiento de estas ordenanzas.

Módulo 4

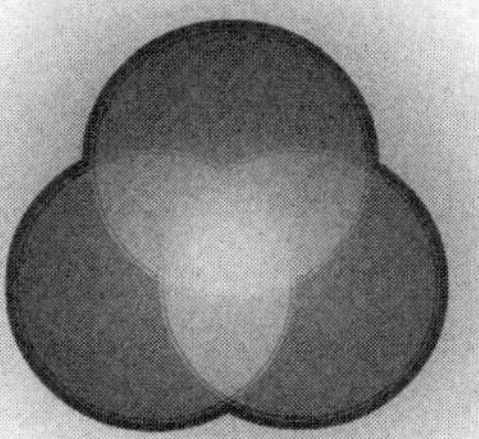

La memorización, la meditación y la aplicación de la Escritura La historia de la Iglesia Las ordenanzas

En este módulo, queremos guiar al pastor a mayores profundidades del mensaje de Dios para nosotros, a mirar atrás para entender cómo llegamos aquí y a llevar a cabo las ordenanzas de la Cena del Señor y el bautismo de una manera que honre a Dios. La sección dedicada al corazón se concentra en la meditación, la memorización y la aplicación de las verdades bíblicas. Estos métodos son maneras prescritas bíblicamente para sumergirnos en las profundidades de la Palabra de Dios (donde hallamos su significado y su variedad de aplicaciones para nuestras vidas) y para nutrirnos del Pan de vida. Los pastores deben conocer y usar la Biblia como más que un simple recurso para armar sermones. Para muchos de tus alumnos, la meditación, la memorización y la aplicación serán conceptos nuevos y radicales. Sin embargo, estos métodos pueden transformar su caminar con Dios y llevarlos a una comunión más profunda con Él.

En la parte dedicada a la mente en este módulo, veremos un resumen de la historia de la Iglesia. Es esencial que los pastores conozcan el pasado para que eviten cometer los mismos errores que los líderes bienintencionados de antaño y para que, al pararse sobre los hombros de antiguos líderes piadosos, puedan ver más allá de lo que ellos veían. Este módulo destaca los principales hitos de la historia de la Iglesia, expone los errores, las herejías, los concilios, los cismas, los avances, y presenta a los líderes claves de la Iglesia. Algunos alumnos quizás ya conozcan las historias de Jesús y la expresión contemporánea del cristianismo en su iglesia local, pero se pregunten cómo llegamos desde el punto A hasta el B. La parte dedicada a la mente en este módulo está diseñada para responder a estas incógnitas.

Las dos ordenanzas que Cristo le dio a la Iglesia son el centro de la sección dedicada a las manos en este módulo. Los pastores deben comprender lo que significan estas ordenanzas para poder guiar a sus iglesias a cumplirlas de manera correcta. Este módulo intentará capacitar al pastor en el trasfondo bíblico y su importancia, así como en la administración de las ordenanzas de la Cena del Señor y el bautismo en la iglesia local.

El corazón

Breve reseña

En este módulo, profundizaremos en la Palabra de Dios, para saber cómo transformarla en parte de nosotros. Nuestro objetivo es estar tan saturados de enseñanza bíblica que lleguemos a pensar según patrones escriturales. Las metáforas e ilustraciones que usamos en nuestras conversaciones, sermones, consejería y enseñanza fluyen naturalmente del depósito bíblico en nuestro interior. Una declaración sobre la Biblia que se le ha atribuido a D. L. Moody, John Bunyan y otros afirma: «Este libro te mantendrá alejado del pecado o el pecado te mantendrá alejado de este libro». Quizás se desconozca el origen de este axioma, pero su verdad es incuestionable. El camino para crecer en santidad se pavimenta con la Escritura. Hay tres métodos relacionados para crecer en gracia y comunión con Dios: la memorización, la meditación y la aplicación.

Disciplina espiritual personal: La memorización, la meditación y la aplicación de la Escritura

La sola mención de la palabra «memorización» hace retroceder a algunos. Tal vez seas uno de esos que creen que no pueden memorizar nada. Otros quieren pasar de largo esta sugerencia para ver cuál es la siguiente. Protestan porque lo que memorizan no les «queda grabado» como a otros. Saber de memoria distintas porciones de la Biblia presenta innumerables beneficios. Aun si aceptas el valor de memorizar pasajes bíblicos, tus experiencias pasadas de memorización en la escuela te hacen dudar de tu habilidad de lograrlo. Sin embargo, recuerda que no estás intentando aprender una lista de nombres de reyes, fechas de batallas o fórmulas científicas; tu objetivo es recordar la Palabra de Dios. Te aseguro que puedes memorizar la Escritura... y tus alumnos también pueden.

¿Alguna vez escuchaste admirado, sobrecogido o intimidado a un orador que citaba largos pasajes bíblicos de memoria? Tal vez era un predicador o tu compañero de discipulado el que podía citar un nuevo pasaje cada vez que se encontraban. Muchos países emplean un sistema pedagógico en la escuela que es simplemente un dictado del maestro seguido de un aprendizaje de memoria por parte del alumno. Tal vez esta no haya sido tu experiencia exacta, pero los recuerdos de tus vivencias pasadas pueden ser suficientes para disuadir el intento de memorización. Sin embargo, considera que los que memorizaron tantos versículos y pasajes largos pudieron hacerlo. No tienen ningún superpoder para memorizar y, si ellos pudieron hacerlo, tú también puedes desarrollar esa habilidad.

Todos los que tienen teléfono saben su número de memoria y, probablemente, el número de otras personas. Sabes los nombres de tus hijos, la fecha del cumpleaños de tu esposa y quizás hasta sepas cuál es tu número de seguridad social o de pasaporte. Yo solía pensar que no podía memorizar nada hasta que, un día, caí en la cuenta de que todavía recuerdo la dirección de todas las casas donde viví, el nombre de mis hijos, el cumpleaños de mi esposa, mi número de seguridad social y mi aniversario de casado. Sé todas estas cosas sin siquiera haber hecho un gran esfuerzo para memorizarlas. La información era importante para mí, así que la recordé.

Alguien dijo que la mejor manera de recordar los nombres es tratar a todos los que conoces como si fueran la persona más importante en tu vida. No olvidarías el nombre de tu jefe, de tu pastor o de tu mejor amigo. Cuando tomamos tiempo para concentrarnos en la información que es importante para nosotros (o que debería serlo), nos queda grabada. Va a una parte del cerebro donde se guarda. Además, hay muchos recursos mnemotécnicos que pueden usarse para memorizar, por ejemplo, puedes asociar partes de versículos con la distribución de tu casa: la puerta de entrada puede ser la primera frase, la sala de estar la próxima, luego el pasillo, etc. A otros les resulta útil inventar una canción con el pasaje, ya que la música ayuda al proceso. Sin duda, habrás notado que puedes recordar la letra de canciones que hace años no escuchas. Hay muchos trucos que se pueden emplear para aprender versículos bíblicos de memoria, pero, más allá del que elijas, lo más importante que puedes hacer es desarrollar un plan para lograrlo y luego comprometerte a cumplirlo.

Mientras consideramos cada uno de los módulos que deben formar parte de la capacitación para líderes, primero tenemos que asegurarnos de ser ejemplo de lo que enseñamos. La memorización de la Escritura es parte de esto. No tendrías que enseñar este contenido hasta que no lo hayas integrado a tu propia vida. Desarrolla un plan sistemático para este componente de tu discipulado que incluya una lista de los versículos o pasajes para memorizar. Si estás luchando con un pecado en particular o alguna tentación recurrente, elige versículos específicos sobre ese tema y apréndelos de memoria, para poder defenderte cuando estés bajo ataque o te sientas débil. Decide cuántos versículos memorizarás por semana y en qué orden. Escribe a mano los versículos varias veces. Al escribir a mano los versículos, en lugar de copiarlos y pegarlos de una Biblia digital y luego imprimirlos, facilitaremos el proceso de memorización. Asegúrate de memorizar los versículos palabra por palabra. Tendrás más seguridad y retendrás los pasajes durante más tiempo si los aprendes tal cual aparecen en la Biblia.

Otro componente útil de cualquier plan de memorización es la rendición de cuentas habitual. Si ya tienes una relación de discipulado con alguien, pídele que te escuche recitar los versículos que memorizaste cuando se reúnan. El simple hecho de saber que tendrás que rendir cuentas suele avivar el fuego de un mayor esfuerzo a la hora de memorizar. Por último, recuerda que solo retendrás lo que repases con frecuencia. En tu plan de memorización de la Escritura, tienes que incluir una revisión de los versículos que ya memorizaste. Algunos repasan versículos mientras conducen; otros mientras realizan tareas cotidianas como planchar la ropa o cortar el césped. A mí me gusta repasar versículos memorizados cuando salgo a correr cada día. Repasar todos los pasajes bíblicos que memorizaste al menos una vez a la semana te ayudará a no olvidarlos jamás.

Memorizar versículos no es un fin en sí mismo ni forma parte de un sistema de mérito según el cual Dios nos recompensa por la cantidad de pasajes que aprendemos de memoria. Lo importante es que los versículos que guardamos en el corazón nos ayudan a mantenernos en pureza, al estar siempre listos y dispuestos a aplicar la Palabra de Dios a nuestra vida. David preguntó: «¿Con qué limpiará el joven su camino? Con guardar tu palabra. [...] En mi corazón he guardado tus dichos, para no pecar contra ti» (Sal. 119:9,11). A medida que meditamos en la Palabra de Dios, podemos conocer Sus pensamientos y recibir Su guía. Tal vez no podamos abrir la Biblia constantemente durante el día, pero sí podemos llevar la Palabra de Dios a nuestras situaciones si la tenemos almacenada en el corazón.

Un instrumento de santificación

El proceso de crecer en santidad se llama santificación. Aunque solo Dios puede salvarnos, nos llama a participar del proceso de nuestra santificación. A medida que rechazamos las cuestiones incorrectas y aceptamos las correctas, nos parecemos más a Cristo. Este proceso no es automático y, en este mundo caído, requiere nadar contracorriente. El mundo siempre quiere alejarnos de Dios y de las normas que nos dio. Para seguir avanzando en la dirección correcta, es necesario esforzarse y estar siempre alerta. Permanecer en la Palabra de Dios nos lleva a tener deseos correctos y a saber cómo decidir con sabiduría, nos reprende y nos corrige cuando es necesario, y nos anima en el camino.

Tener la Biblia en el corazón y la mente fortalece nuestra fe al recordarnos las promesas de Dios y Su fidelidad para cumplirlas. Acordarnos de lo que Dios ha dicho nos ayuda a mitigar las tentaciones de pecar y buscar gratificación a corto plazo. Recordar Sus mandamientos y Su deseo de que vivamos en santidad nos impulsa a obedecer con fidelidad. Memorizar pasajes de la Biblia también es útil para guiarnos a saber cómo actuar bien. Cuando pensamos en las opciones que tenemos y buscamos la guía de la Escritura, podemos distinguir entre el bien y el mal, pero, a menudo, no tenemos tiempo para detenernos y buscar el consejo bíblico. Cuando la enseñanza de la Palabra de Dios satura nuestra mente, es tan poderosa que los pasajes pertinentes nos hacen parar en seco cuando necesitamos corrección. Un pasaje que memoricé hace años fue Colosenses 3:1-17. En mi plan de memorización, me refiero a él como «las reglas para vivir en santidad». En muchas ocasiones, Dios me llamó la atención y me detuvo cuando me encaminaba a pecar, recordándome una de las frases de ese pasaje. Cuando sabes versículos de memoria y meditas periódicamente en el patrón de piedad que enseñan, te resulta más sencillo encontrar y seguir el camino de la santidad. Quizás también te resulte útil memorizar pasajes relacionados con las promesas de Dios de bendecir la obediencia y disciplinarnos por pecar. Él es fiel a Sus promesas.

La lucha contra la tentación

Tal como vemos en la vida de Jesús, tener la Palabra de Dios atesorada en tu mente te permite recuperar el pasaje necesario en momentos cruciales, ya sea para evitar la tentación, aconsejar, predicar o enseñar. En los Evangelios, vemos cómo Jesús vivió, abordó la tentación, respondió a los que le hacían preguntas sinceras, manejó las críticas y enseñó usando la Escritura.

Mateo y Lucas registran la tentación de Jesús en el desierto. Después de que el Señor fue bautizado, el Espíritu lo guio al desierto para que estuviera solo y ayunara 40 días. El diablo se le acercó en un momento de gran debilidad. Jesús había estado solo y hambriento durante casi seis semanas. Satanás fue a tentarlo y hasta torció la Escritura para adaptarla a sus propósitos. El supuesto objetivo de cada tentación era legítimo (el alimento, la protección angelical y el gobierno de las naciones), ya que Dios le había prometido a Su Hijo todas estas cosas. Sin embargo, el diablo quería que las obtuviera probando a Dios o directamente pecando al adorar a otro. Aunque Jesús podría haber respondido con un simple «No», nos dejó un ejemplo a seguir. Citó la Escritura para resistir la tentación y contrarrestar el ataque diabólico. Es interesante que cada uno de los versículos que citó proviene de Deuteronomio 6–8. Es como si, con un pergamino abierto, hubiera estado meditando en esa parte y hubiese encontrado las municiones que necesitaba para la batalla.

El pasaje de David citado más arriba, en Salmos 119:11, es particularmente útil al considerar el valor de la memorización. David era un hombre conforme al corazón de Dios, pero sabía lo fácil que es tropezar. «En mi corazón he guardado tus dichos, para no pecar contra ti» (Sal. 119:11). En la Escritura, encontraba ayuda y esperanza para caminar en pureza. En la medida que amemos, obedezcamos a Dios y confiemos en Él y en Su Palabra, podremos despojarnos del pecado que nos asedia. Cuando preferimos nuestro pecado antes que el tesoro de instrucción de la Palabra de Dios, nos terminamos alejando.

En Su Palabra, Dios nos prometió que podemos enfrentar y resistir cualquier tentación. La Escritura tiene las respuestas que necesitamos. Sin embargo, no podemos usar herramientas que no conocemos. En 1 Corintios 10:13, Pablo nos asegura: «No os ha sobrevenido ninguna tentación que no sea humana; pero fiel es Dios, que no os dejará ser tentados más de lo que podéis resistir, sino que dará también juntamente con la tentación la salida, para que podáis soportar». Como Jesús nos dio el ejemplo al usar la Biblia para combatir las tentaciones diabólicas y tenemos la promesa de que Dios nos dará una salida, tenemos que esforzarnos por conocer bien la Palabra y tenerla lista para usar.

La consejería

La Biblia es la guía para aconsejar a otros en medio de los desafíos y las decisiones de la vida. En cierto sentido, la Palabra es el manual de instrucciones para vivir de la manera que más honre a Dios y cree la mayor armonía entre los hombres. Jesús usó la Escritura para corregir, instruir y guiar a otros. Les recordó a Sus oyentes las palabras de Moisés, David, Isaías, etc. Los puritanos eran hombres piadosos que tenían en alta estima la Palabra y la soberanía de Dios. Se consideraban médicos del alma, y la Palabra de Dios era la medicina que recetaban. Los consejeros bíblicos buscan alinear la vida con los preceptos y las normas que Dios ha dado, en lugar de usar medicamentos para tapar los síntomas. En Proverbios 22:17-18, se enseña: «Inclina tu oído y oye las palabras de los sabios, y aplica tu corazón a mi sabiduría; porque es cosa deliciosa, si las guardares dentro de ti; si juntamente se afirmaren sobre tus labios». La Biblia debería fluir de nuestra boca con facilidad cuando aconsejamos o corregimos a los que están equivocados.

Los demás pueden respetar tu opinión personal o no, pero, incluso si lo hacen, si alguna vez pierdes el favor de tus oyentes, tu opinión también perderá valor. Cuando pases a la próxima oportunidad ministerial o al siguiente campo misionero, tus opiniones y tu influencia te seguirán. Por lo tanto, debes fundamentar cualquier consejo en la Palabra de Dios y mostrarle a la persona dónde aparece esta enseñanza. Incluso en conversaciones informales en las que des consejos o tu opinión, debes cimentar tus pensamientos en la Biblia, para que tus palabras tengan el peso de la Palabra de Dios y el que te escucha confíe en tu consejo. Tener pasajes memorizados hará que este proceso sea natural y más confiable. Cada vez más, escucharás que las personas te preguntan: «¿Cómo sabías dónde encontrar en la Biblia exactamente lo que necesitaba?». Así como es verdad para ti, también es verdad para tus alumnos. Además, es probable que ellos vengan de un contexto donde el consejo suele basarse en tradición cultural o alguna otra cosmovisión religiosa. Es crucial que aprendan que la Palabra de Dios debe pautar su corazón y, de esa manera, dar forma a todo lo que hacen en el ministerio.

La predicación

A la hora de predicar, tienes que tomar en cuenta a tu congregación, los problemas que enfrenta, las crisis de la comunidad e incluso las cuestiones familiares dentro de la iglesia. Sin embargo, habrá momentos en los que prediques como invitado en alguna parte donde no conozcas a los miembros de la congregación. Sin duda, un sermón basado en la Biblia abordará las necesidades del lugar, si lo preparas con la ayuda y la guía del Espíritu. Lo más probable es que el Espíritu te indique que añadas u omitas partes sobre la marcha, incluso mientras predicas el sermón. Cuando te ves impulsado a incluir un pasaje o un versículo para añadir énfasis, es mejor si sabes el capítulo y el versículo y lo citas correctamente de memoria. Tus oyentes sabrán que pueden confiar en tu manejo de la Palabra de Dios. Muchas congregaciones confían en la Biblia y descansan en un pastor que puede citarla para sostener su argumento, más que en alguien que simplemente comparte su opinión, en especial, si difiere de la de los miembros de la iglesia.

Pedro y Pablo citaban pasajes de memoria en sus sermones. Cuando Pedro predicó el día de Pentecostés en Hechos 2:14-40, citó pasajes de Joel y David. A medida que memorices más pasajes bíblicos, descubrirás que enriqueces tus sermones al intercalar versículos específicos que te vengan a la mente mientras predicas. En las ocasiones en que te llamen a predicar y te encuentres sin una Biblia impresa o digital, estarás siempre preparado para defender la razón de la esperanza que hay en ti, del tesoro que tienes almacenado en tu interior. Esta es otra área en la que tu experiencia puede discrepar de la de tus alumnos. En cualquier parte del mundo, habrá distintos niveles de confianza en la Palabra de Dios dentro de las congregaciones. Entonces, es crucial que tus alumnos en este módulo entiendan la importancia de la coherencia a la hora de cimentar su predicación en la Palabra de Dios. Que la predicación dé fruto es obra del Espíritu, y el Espíritu obra con claridad a través de todo lo que está saturado de la Palabra de Dios.

Tomar decisiones según la voluntad de Dios

La memorización permite que la Palabra de Dios sature tu forma de pensar. Los pasajes pertinentes empiezan a influir en tu razonamiento, te proporcionan consejo piadoso y te guían a la hora de tomar decisiones. David escribió: «Pues tus testimonios son mis delicias y mis consejeros» (Sal. 119:24). La Biblia es un espejo del alma y refleja cuestiones de nuestras vidas que habíamos olvidado que existían, o que quizás intentamos suprimir o esconder. La Palabra de Dios no nos permite tapar una enfermedad grave con un simple parche. Esto sucede de distintas maneras. La sensación agradable pero temporal que tenemos al dedicar tiempo a realizar nuestras actividades favoritas con amigos o familiares nos ayuda a concentrarnos en otras cosas, pero, al sentarnos y absorber la Escritura, las cuestiones que necesitan atención saltan a la vista. Memorizar la Palabra de Dios mantiene vivos Su consejo y Sus mandamientos en nuestro corazón y delante de nuestros pensamientos. Al repasar habitualmente los pasajes que memorizamos, nuestras actividades cotidianas interactúan con el consejo eterno de la Biblia. Cuando la Escritura hace su intervención quirúrgica y parece abrirnos al medio para sacar la enfermedad mortal que es necesario erradicar, el dolor momentáneo cede ante el gozo de la salud y la vida eterna.

> Toda la Escritura es inspirada por Dios, y útil para enseñar, para redargüir, para corregir, para instruir en justicia, a fin de que el hombre de Dios sea perfecto, enteramente preparado para toda buena obra. (2 Tim. 3:16-17)

> Porque la palabra de Dios es viva y eficaz, y más cortante que toda espada de dos filos; y penetra hasta partir el alma y el espíritu, las coyunturas y los tuétanos, y discierne los pensamientos y las intenciones del corazón. Y no hay cosa creada que no sea manifiesta en su presencia; antes bien todas las cosas están desnudas y abiertas a los ojos de aquel a quien tenemos que dar cuenta. (Heb. 4:12-13)

La meditación

Memorizar versículos bíblicos también es valioso porque facilita la meditación y, a su vez, meditar en la Biblia te ayuda a memorizarla. Si anotas el pasaje en una tarjeta y la llevas contigo, siempre tendrás a mano los versículos para aprenderlos y repasarlos y, mientras tanto, podrás meditar en ellos. De los pasajes que hayas memorizado, puedes recordar y repasar los que te resulten particularmente útiles para determinado momento (como cuando sientas ansiedad o tentación de pecar) y meditar en la verdad bíblica que tú u otra persona necesiten.

La Biblia nos enseña a meditar en las verdades que Dios nos ha revelado. Leer la Palabra de Dios es como volar en helicóptero sobre un país desconocido para observar todo el territorio, las características geográficas principales y dónde vive la gente. La memorización puede compararse con volcar un país a un mapa, para luego estudiarlo y conocer la ubicación de cada bosque y río de memoria. La meditación sería como aterrizar el helicóptero y bajarse a explorar el lugar a pie, saludar a los habitantes y probar la comida local. En esta ilustración, sobrevolar, elaborar un mapa y caminar por la tierra son acciones para conocer el país, y cada una nos proporciona una mayor familiaridad y perspectiva.

La diferencia con la ilustración es que nosotros no estamos simplemente conociendo un país; estamos conociendo cada vez más las palabras del mismo Dios a Su pueblo. Buscamos que nuestro corazón esté en armonía con el de nuestro Hacedor y Redentor. Su Palabra para nosotros es como una carta de amor a un enamorado lejano. David exclamó: «¡Oh, cuánto amo yo tu ley! Todo el día es ella mi meditación» (Sal. 119:97). La Palabra de Dios es el objeto de nuestra meditación y, cuanto más meditamos en ella, más la deseamos y anhelamos al Señor que la proveyó.

La meditación nos ayuda a tomar la verdad que encontramos e incorporarla a nuestra vida, permitiendo que penetre y nos sustente. Spurgeon escribió: «Creer en algo es ver el agua fresca y cristalina que brilla en la copa. Pero meditar es beber de la copa. La lectura recolecta los racimos;

la contemplación exprime su generoso jugo».[1] Las vacas pasan el día en el campo pastando. Pero la sola ingesta del pasto no completa el proceso necesario para obtener nutrición. De la misma manera, nuestra lectura de la Biblia, e incluso la memorización de versículos, puede ser un proceso estéril que no afecte nuestra misma esencia. En una comparación de la ingesta de hierba fresca con el momento en que leemos o escuchamos la Palabra, el puritano Thomas Watson declaró: «La meditación es lo mismo que rumiar».[2]

La meditación también sirve como ayuda para la oración. Donald Whitney define la meditación como «una reflexión profunda sobre las verdades y las realidades espirituales reveladas en la Escritura, o sobre la vida desde una perspectiva escritural para poder entender, aplicar y orar».[3] Orar la Biblia es un buen punto de partida para tus oraciones y tiempo de meditación. Lleva contigo todo el día la oración que surja de tu tiempo de meditación en la Palabra, y vuelve a traerla a la noche. Matthew Henry escribió: «Las oraciones de David no eran solo sus palabras, sino sus meditaciones; así como la meditación es la mejor preparación para la oración, la oración es también lo que más nos lleva a meditar. La meditación y la oración deben ir de la mano. Solo cuando consideramos de tal manera nuestras oraciones, podemos esperar que Dios las considere y coloque cerca de Su corazón lo que proviene del nuestro».[4] Esta práctica hace que nuestra meditación fluya hacia la oración y que nuestra oración se mantenga fresca. John Piper proporciona guía práctica para lograrlo: «Abre la Biblia, empieza a leerla, haz una pausa en cada versículo y transfórmalo en una oración».[5]

La meditación también le da al creyente la instrucción y la guía de Dios. El Señor le enseñó a Josué que la meditación era esencial para guiar

---

[1] Charles H. Spurgeon, *2200 Quotations from the Writings of Charles H. Spurgeon*, Tom Carter, compilador (Grand Rapids, MI: Baker Books, 1988), 125.

[2] I. D. E. Thomas, *A Puritan Golden Treasury* (Carlisle, PA: Banner of Truth, 1977), 183.

[3] Donald S. Whitney, *Spiritual Disciplines for the Christian Life*, ed. rev. (Colorado Springs, CO: NavPress, 2014), 46-47.

[4] Matthew Henry, *3000 Quotations from the Writings of Matthew Henry*, William T. Summers, compilador (Grand Rapids, MI: Revell, 1988), 172.

[5] John Piper, citado por Donald S. Whitney, en *Praying the Bible* (Wheaton, IL: Crossway, 2015), 33.

a Su pueblo y tener éxito en el ministerio: «Nunca se apartará de tu boca este libro de la ley, sino que de día y de noche meditarás en él, para que guardes y hagas conforme a todo lo que en él está escrito; porque entonces harás prosperar tu camino, y todo te saldrá bien» (Jos. 1:8).

Leer o escuchar la lectura de la Biblia cada día es una disciplina que hay que desarrollar, pero, además de recibir la Palabra, debemos permitir que sature nuestra forma de pensar y razonar. Donald Whitney compara la meditación con quedarse junto a una fogata una noche helada hasta que ya no tenemos frío. Cita a George Müller, que dijo: «la simple lectura de la Palabra de Dios [puede transformarse en información que] solo pasa por nuestra mente, como el agua que corre por una tubería».[6] Dedicar tiempo a la meditación no solo nos provee instrucción, sino que nos hace sabios, a medida que Dios mismo nos revela Su Palabra. «Me has hecho más sabio que mis enemigos con tus mandamientos, porque siempre están conmigo. Más que todos mis enseñadores he entendido, porque tus testimonios son mi meditación» (Sal. 119:98-99).

Los pastores saben que el favor de Dios es fundamental para un ministerio gratificante y eficaz, pero muchos pasan por alto las pautas bíblicas para que el Señor extienda Su mano sobre nuestra obra y nuestra vida. Considera las promesas de Dios para el que medita.

> Bienaventurado el varón que no anduvo en consejo de malos, ni estuvo en camino de pecadores, ni en silla de escarnecedores se ha sentado; sino que en la ley de Jehová está su delicia, y en su ley medita de día y de noche. Será como árbol plantado junto a corrientes de aguas, que da su fruto en su tiempo, y su hoja no cae; y todo lo que hace, prosperará. (Sal. 1:1-3)

No estoy enseñando la herejía sobre la prosperidad de salud y riquezas. Recuerda que el verdadero éxito a ojos de Dios quizás no tenga sentido para la lógica humana. En Santiago 1:25, se afirma: «Mas el que mira

---

[6] Whitney, *Spiritual Disciplines*, 51.

atentamente en la perfecta ley, la de la libertad, y persevera en ella, no siendo oidor olvidadizo, sino hacedor de la obra, éste será bienaventurado en lo que hace». Una y otra vez en la Palabra de Dios, descubrimos promesas de bendición si meditamos en la Palabra de Dios.

Hay maneras de meditar en la Biblia que son útiles para cualquiera que esté dispuesto a comenzar. Una de ellas es leer el pasaje varias veces, haciendo énfasis en distintas palabras del texto cada vez que lo leemos.

> JEHOVÁ (recuerdo quién es Él) es mi pastor, nada me faltará.
>
> Jehová ES (tiempo presente) mi pastor, nada me faltará.
>
> Jehová es MI (algo personal, no solo para Su pueblo) pastor, nada me faltará.
>
> Jehová es mi PASTOR (¿qué significa tener un pastor?), nada me faltará.
>
> Jehová es mi pastor, NADA (una profecía y una declaración de fe) me faltará.
>
> Jehová es mi pastor, nada ME FALTARÁ (no pasaré necesidad).

Con cada lectura y sucesivo énfasis, considera lo que van añadiendo las nuevas palabras a la enseñanza del pasaje.

A algunos alumnos les resulta útil reescribir el pasaje en sus propias palabras. Después de considerar a fondo el versículo y lo que el autor original quería comunicarles a sus lectores, piensa en cómo expresarías el mensaje en lenguaje contemporáneo. Y, como ya mencionamos, tanto tú como los alumnos a quienes enseñes este módulo pueden hacer todo esto mientras pronuncian el texto en oración, considerando cómo aplicarlo a sus vidas y lo que el pasaje les enseña sobre Dios.

La aplicación

Es maravilloso leer la Palabra de Dios, mejor aún memorizarla y meditar en ella, pero el mayor beneficio viene al aplicarla a tu vida. La Biblia enseña claramente que aquellos que la escuchan, la ponen en práctica y se la enseñan a los demás recibirán bendición. Santiago enseña:

> Pero sed hacedores de la palabra, y no tan solamente oidores, engañándoos a vosotros mismos. Porque si alguno es oidor de la palabra pero no hacedor de ella, éste es semejante al hombre que considera en un espejo su rostro natural. Porque él se considera a sí mismo, y se va, y luego olvida cómo era. Mas el que mira atentamente en la perfecta ley, la de la libertad, y persevera en ella, no siendo oidor olvidadizo, sino hacedor de la obra, éste será bienaventurado en lo que hace. (Sant. 1:22-25)

La bendición del Señor es lo único que necesitamos y queremos para nuestra vida.

Piensa en el principio central del pasaje, ¿cuál es la enseñanza principal? Medita en eso. Piensa en qué maneras el texto señala a la Ley o al evangelio y qué está enseñando. ¿Qué dice sobre Jesús? ¿Qué pregunta o problema aborda en tu vida, en el mundo actual, en tu iglesia, en la situación de un amigo? Puedes hacer estas y otras preguntas útiles para ti sobre el pasaje, y luego tomar las respuestas y aplicarlas a tu situación.

Otro método de aplicación es aplicar al texto las preguntas de Filipenses 4:8. ¿Qué me enseña este pasaje que sea verdadero, honesto, justo, puro, amable, de buen nombre, que tenga virtud alguna o sea digno de alabanza? Esta es la clase de pregunta que el pastor debe aplicar a su forma de pensar. Aplica la Biblia de maneras que fomenten y desarrollen ese aspecto de tu vida.

Como observamos al principio de nuestro estudio, Esdras 7:6-10 nos muestra que conocer, aplicar y enseñar la Palabra de Dios trae Su favor sobre nuestras vidas y ministerios. Otras maneras en que podemos aplicar el texto a nuestra vida es hacer preguntas exploratorias de aplicación:

- ¿Este texto revela algo que yo debería creer sobre Dios?
- ¿Me muestra algo por lo que tengo que alabar, agradecer a Dios o confiar en Él?
- ¿Veo algo que debo poner en oración por mí mismo o los demás?
- ¿Me revela algo que me lleva a cambiar de actitud?
- ¿El texto me guía a tomar alguna decisión?
- Después de leerlo, ¿debo hacer algo por Cristo, por los demás o por mí?

No importa cuáles sean las respuestas; busca maneras de aplicar la Palabra de Dios meditando en el pasaje hasta que descubras sus tesoros. Ora junto con David: «Abre mis ojos, y miraré las maravillas de tu ley» (Sal. 119:18), y luego aplica lo que el Señor te revele.

El fruto del Espíritu: Paciencia

Seguimos examinando la exhortación de Pablo a los gálatas sobre el fruto en la vida de un hombre lleno del Espíritu; esta semana consideraremos el fruto de la paciencia. El pastor debe ser paciente, o tardo para la ira; alguien que pueda soportar a las personas y los momentos humanamente intolerables, como los que probaron la paciencia de Job. Una persona paciente es alguien que puede tolerar a otro. Sin embargo, para ser tardo para airarse, es necesario estar dispuesto a soportar el fastidio por tiempo indeterminado. Esta es la parte que no queremos aprender; es más, dedicamos un gran esfuerzo a evitarla. Aunque deseamos enseñar a los demás y ver cómo aprenden, predicar el evangelio y ver que lo acepten, y ayudar a otros a que acaten de buena gana nuestro consejo, muchas veces nos ponemos impacientes cuando no lo hacen. Una persona paciente recuerda la paciencia que Dios nos tuvo antes de que fuéramos salvos y que nos sigue teniendo ahora. ¿Cuántas veces oíste el evangelio antes de *escuchar* el evangelio?

¿Cómo se traduce la paciencia a la vida, la personalidad y el ministerio de un pastor? ¿A cuál de tus padres, maestros o amigos consideras una persona paciente? ¿Acaso palabras como *amable*, *gentil* y *alentador* también la describen? Eso pensé. Es a lo que deberíamos apuntar como pastores y líderes y lo que tenemos que fomentar en nuestros alumnos. Debemos representar a Cristo y, aunque tenemos que ser impacientes con el pecado deliberado, es necesario que seamos pacientes con cada esfuerzo y fracaso desgarrador por dejarlo atrás.

Los pensamientos del pastor: Lo puro

Los pensamientos del pastor también deben incluir el concepto de meditar en todo lo puro (Fil. 4:8). Cuando oyes la palabra *pureza*, ¿qué conceptos o ideas se te vienen a la mente? Haz una lista de las cosas que tú, el mundo y, en especial, la Palabra de Dios consideran puras. Esas son las cuestiones que tenemos que permitir que entren a nuestra mente y en las cuales debemos meditar. Si tu lista es breve, puede ayudarte considerar la idea opuesta, para ver lo que no es puro. ¿Qué clase de cosas son impuras? ¿Qué ideas o palabras te vienen a la mente? El hombre de Dios no debe entretener pensamientos como estos y, por cierto, no puede permitir que estos saturen su mente. Tiene que intentar pensar en todo lo que es puro, hasta que su vida comience a exhibir la pureza en la cual medita. Alguien dijo que un hombre es aquello en lo que piensa todo el día. Los pensamientos impuros deberían resultarle tan indeseables y desagradables como una chispa a un hombre que sostiene un barril de pólvora. Mientras enseñes este módulo, ayuda a tus alumnos a enumerar de forma similar lo que consideran puro y luego utiliza esto como punto de partida para enseñar sobre este tema.

El hombre de Dios debe esforzarse por memorizar la Palabra de Dios, meditar en ella, aplicarla a su propia vida y a la de sus oyentes; tiene que ser paciente con los defectos de los demás y pensar en todo lo que es puro. Esto es suficiente para mantenernos ocupados por ahora. Mi oración es que esta actividad ayude a los que enseñan y capacitan, así como a los alumnos, a acercarse más a Jesús y avanzar por el camino de la verdadera santificación.

La mente: La historia de la Iglesia

La Biblia resalta el valor de conocer el pasado. En Isaías 46:9, se declara: «Acordaos de las cosas pasadas desde los tiempos antiguos; porque yo soy Dios, y no hay otro Dios, y nada hay semejante a mí». Se nos insta a estudiar para saber lo que sucedió antes y aprender del pasado. «Porque pregunta ahora a las generaciones pasadas, y disponte para inquirir a los padres de ellas; pues nosotros somos de ayer, y nada sabemos, siendo nuestros días sobre la tierra como sombra. ¿No te enseñarán ellos, te hablarán, y de su corazón sacarán palabras?» (Job 8:8-10).

Es sabio recordar el pasado y sus lecciones, y nos permite ser mejores mayordomos de los tiempos que el Señor nos da. Estudiar la historia de la Iglesia tiene muchísimas ventajas. Como Eclesiastés nos enseña que no hay nada nuevo debajo del sol (Ecl. 1:9), sabemos que las herejías que vemos hoy son un eco de otras que ya ocurrieron en el pasado. La historia también nos muestra que, al principio, no parecen herejías. Al estudiar la historia de la Iglesia, podemos reconocer estas herejías, saber cómo la Iglesia las abordó y estar mejor preparados para proteger la pureza de la Iglesia hoy.

Ser conscientes de las oscilaciones teológicas pendulares en la Iglesia a lo largo de la historia nos permite evitar correcciones exageradas que a veces pueden ser más dañinas que la tendencia que deseamos eliminar. Debemos poder mantener una perspectiva amplia y a largo plazo. Sin duda, habrá días en los que el panorama parezca oscuro para la Iglesia y el futuro del cristianismo. Un estudio de la historia de la Iglesia nos recuerda que ya hubo días oscuros, pero el Señor siempre protegió a Su Iglesia y Su pueblo a través de las épocas. Además, podemos entender mejor de dónde surgieron ciertos aspectos del cristianismo y cómo han cambiado, como las distinciones y prácticas doctrinales de las distintas denominaciones.

Un estudio de la historia de la Iglesia nos permite pararnos sobre los hombros de gigantes espirituales que estuvieron antes que nosotros para tener una mirada más amplia del camino y evitar los errores que ellos cometieron. Es decir, podemos aprender de sus lecciones y no malgastar años y angustias al tener que volver a aprender cuestiones que Dios ya enseñó a Su Iglesia. Tal vez, esto es especialmente útil para los que enseñarán este módulo y que sirven en contextos donde pocos tienen una cosmovisión que explique el lugar de cada persona en el gran plan de Dios a través de los tiempos. Este módulo probablemente provea un tiempo para reflexionar y maravillarse de la provisión y la bondad del Señor a través de las épocas, y para lograr que tus alumnos sientan que pertenecen a algo mucho mayor de lo que pensaban. Además, estudiar los movimientos globales de Dios, como el avance de las misiones o Su obra en los despertares y avivamientos, tiene muchos beneficios enriquecedores para el crecimiento personal del maestro y sus alumnos. Muchos han descubierto el abundante tesoro de leer biografías de hombres y mujeres piadosos, al conocer a nuestros héroes y ver cómo Dios los usó en la historia de la Iglesia.

Las épocas de historia

El misiólogo Ralph Winter resumió la historia en diez intervalos de 400 años, desde los relatos bíblicos hasta el presente, lo cual nos ayuda a organizar nuestro estudio de un período histórico tan largo.[7] Es un tanto abrumador aprender 4000 años de sucesos, nombres, fechas, lugares, guerras, movimientos y avances religiosos sin alguna clase de sistema. Los diez períodos de 400 años no necesariamente son divisiones exactas con incrementos de 400 años, ni estamos hablando de una nueva variante del dispensacionalismo. Winter tan solo reconoció a su manera intuitiva que este parecía ser un patrón útil para señalar ciertos períodos de la historia. Dividió los segmentos temporales anteriores a la venida de Cristo y el nacimiento de la Iglesia en las siguientes épocas o eras:

---

[7] Ralph D. Winter y Steven C. Hawthorne, eds, *Perspectives on the World Christian Movement: A Reader*, 3ra ed. (Pasadena, CA: William Carey Library Publishers, 1999), 195-213.

Los patriarcas:	2000 a 1600 a.C.
El cautiverio:	1600 a 1200 a.C.
Los jueces:	1200 a 800 a.C.
Los reyes:	800 a 400 a.C.
Período posexílico:	400 a 0 a.C.

Nuestro estudio de los módulos que bosquejaron el Antiguo y el Nuevo Testamento nos dio una perspectiva general de los sucesos más importantes de la historia mundial, desde la creación hasta la formación de la Iglesia que sucedieron en estas primeras cinco épocas.

Este módulo retoma allí y sigue el rastro de la expansión del cristianismo, desde que Esteban fue apedreado hasta la actualidad. Sin duda, este enfoque breve no podrá proveer mucho más que una perspectiva superficial de los sucesos principales, y muchos eventos que tendrían que haber sido incluidos tuvieron que quedar afuera. Sugiero encarecidamente que incorpores a este módulo los acontecimientos principales de la cultura donde enseñarás este material. Por ejemplo, los sucesos históricos como la llegada del cristianismo al país, los misioneros principales, los líderes de la iglesia, la relación entre el gobierno y la Iglesia a lo largo de la historia y cualquier otra cuestión histórica pertinente al cristianismo en el contexto de tus alumnos. Este componente fundamental que atañe a lo local y formará parte del módulo de la historia de la Iglesia será más extenso en algunos lugares que en otros. Es importante que tus alumnos aprendan los aspectos de la historia de la Iglesia que necesitan saber para entender cómo el cristianismo llegó donde ellos están y por qué tomó la forma que tiene. Las cinco épocas de Winter que pueden ser útiles al enseñar la historia desde Cristo hasta la actualidad se dividen de la siguiente manera:

Los romanos:	0 a 400 d.C.
Los bárbaros:	400 a 800 d.C.
Los vikingos:	800 a 1200 d.C.
Los sarracenos:[8]	1200 a 1600 d.C.
Hasta lo último de la tierra:	1600 d.C. hasta el presente.

Estas divisiones son útiles para abordar muchos años de historia, pero ofrecen más que simple organización.

Hay un ciclo que se repite a lo largo de la Biblia y de estas épocas de la historia: Dios bendice a Su pueblo y le encomienda bendecir a las naciones. Luego, el reino avanza y el pueblo de Dios parece confiar en Él y obedecerle al principio. Por desgracia, la gente comienza a mirar para adentro, a desconfiar de sus vecinos o incluso detestarlos y termina guardándose las bendiciones de Dios en lugar de compartirlas. Por lo tanto, el reino se estanca y el pueblo de Dios no bendice a las naciones. Esto lleva a que el Señor traiga juicio sobre Su pueblo y misericordia sobre las naciones, y así cumpla la promesa que le hizo a Abraham de que, a través de él, todos los pueblos recibirían bendición. Podemos ver este patrón en cada una de las diez épocas. El pueblo de Dios se niega a obedecer Sus mandamientos; Él los juzga; ellos claman pidiendo salvación; Él envía a un salvador, un juez, un rey o un profeta y, al final, a Su Hijo. Durante un tiempo, obedecen, pero, luego, el ciclo vuelve a empezar.

El principio: Los romanos 0-400 d.C.

Poco después de la lapidación y el martirio de Esteban —tan solo unos años después de la muerte, la sepultura y la resurrección de Jesús—, comenzó una gran ola de persecución en medio de la Iglesia. Un fariseo

---

[8] Así se denominaba a las poblaciones musulmanas durante la época medieval.

llamado Saulo presenció la lapidación de Esteban y llevó adelante la persecución subsiguiente. Los que fueron esparcidos iban por todas partes predicando el evangelio (Hech. 8:4). Es interesante observar que Jesús les había mandado ir y hacer discípulos en todas las naciones, pero, hasta el momento, se habían quedado en Jerusalén.

El Señor convirtió a Saulo y lo usó con poder para extender el cristianismo. Hoy, es más conocido como el apóstol Pablo. La conversión de Pablo en el camino a Damasco mientras viajaba para perseguir a más cristianos fue un suceso revolucionario que afectó el avance del cristianismo, que había sido gradual hasta el momento. Pablo fue uno de los primeros misioneros y extendió el cristianismo por todo el Imperio romano. Además, escribió cerca de la mitad del Nuevo Testamento y se lo considera el cristiano más importante de la historia. Llevó el cristianismo a nuevas tierras, obligó a la Iglesia a enfrentar suposiciones teológicas incorrectas y estableció patrones misioneros que se siguen hasta la actualidad. Winter sostenía que Pablo había usado la estructura misionera de equipo que ya había empleado antes como fariseo. Otros han especulado que conocía los lugares a los que viajó primero en sus viajes misioneros por sus épocas de persecución itinerante.

El martirio de Esteban provocó una especie de obediencia forzada de salir a las naciones, gracias a la persecución que desencadenó. También resultó en un ministerio intencional, intercultural e internacional en la iglesia de Antioquía de Siria. Allí fue donde los creyentes empezaron a comunicar la buena noticia en forma intencional a personas de trasfondos diferentes. Estaban tan comprometidos con ser lo que Cristo les había mandado que, allí en Antioquía, los creyentes empezaron a ser conocidos como «cristianos». Era un término despectivo que significaba «pequeños Cristos», pero permaneció porque era adecuado.

Dios utilizó el Imperio romano para extender la huella del cristianismo de muchas maneras; entre ellas, la severa persecución de los cristianos. En 64 d.C., un incendio causó estragos en Roma, y se sospecha que el emperador Nerón fue el responsable. Él culpó a los cristianos y comenzó a perseguirlos. Pedro y Pablo fueron martirizados por el gobierno romano en 67 d.C. y, en 70 d.C., Tito, el hijo de Vespasiano, destruyó el templo de Jerusalén. Después de la destrucción del templo, empezó una marcada división entre los judíos y los cristianos, que separó sus trayectorias. De allí en adelante, los cristianos dejaron de ser bienvenidos en las sinagogas.

A medida que la persecución de los cristianos oscilaba a través de los siglos, los que predicaban sobre Jesús solían sufrir las consecuencias. Por cierto, muchos sufrieron al punto de morir por su testimonio. La palabra griega que da origen a *mártir* en realidad significa «testigo», pero tantos murieron por su testimonio que «mártir» terminó aludiendo a alguien que muere por la fe. Entre los primeros mártires, algunos de los más conocidos fueron Esteban, Santiago, Pablo, Pedro, Ignacio (entre 110-117 d.C.), Policarpo (156 d.C.) y Justino Mártir, unos diez años después. La vida y la muerte de Justino Mártir (100-165 d.C.) ejemplifican la participación y el conflicto entre la iglesia primitiva y el paganismo. Es un modelo para todos los que deben vivir en un estado secular hoy en día. Justino Mártir escribió una defensa del cristianismo en su obra *Apología* en 150 d.C.

La primera persecución se extendió a lo largo de los primeros siglos. En medio de esa época, Tertuliano escribió en *Apologeticus* (197 d.C.): «La sangre de los mártires es la semilla de la iglesia», lo cual enfatiza la verdad observada de que, cuanto más se persigue a los cristianos, más prospera y se extiende el cristianismo. Humanamente hablando, el martirio es algo trágico y doloroso, pero el Señor hace que todo ayude a bien a los que lo aman y son llamados según Su propósito.

La lista de los mártires es larga. Muchos de los países donde enseñarás tendrán una lista de aquellos que murieron por Cristo para llevar el evangelio a ese lugar. Es correcto y honorable que les enseñes a tus alumnos sobre la contribución que hicieron a la Iglesia local. En países con una historia rica y bien documentada, se pueden resumir los sucesos tempranos para dar tiempo a enfatizar lo que Dios ha hecho en medio de ellos.

En la iglesia primitiva, comenzaron a surgir herejías que amenazaron con destruir su unidad y pureza. El *gnosticismo* enseñaba que había un conocimiento secreto que había que obtener, y que ese era el objetivo del cristianismo. El *montanismo* era una herejía que valoraba la lógica humana por encima de la revelación bíblica, destacaba una nueva profecía y la vida espiritual, fomentaba el orgullo y le adjudicaba una mayor autoridad al sentimentalismo subjetivo que a la Biblia. El *arrianismo* surgió alrededor de 318 d.C., a partir de las enseñanzas de Arrio de Alejandría, quien enseñaba que Cristo era una creación de Dios y no existía antes de nacer; por lo tanto, negaba la deidad de Jesucristo. Las herejías trinitarias y cristológicas han surgido a lo largo de toda la historia de la Iglesia.

En un esfuerzo por abordar las amenazas crecientes a la doctrina pura y la división dentro del Cuerpo de Cristo que provocaba cada una, se convocaron concilios eclesiásticos. Se decidirían y establecerían las posturas oficiales de la Iglesia para combatir las enseñanzas herejes, pero en varios momentos de la historia y en todo el mundo, seguirían apareciendo herejías. La capacidad de reconocerlas cuando surgen y antes de que hagan un gran daño constituye uno de los principales beneficios de estudiar la historia de la Iglesia.

Aquí se presentan algunos concilios eclesiásticos claves para demostrar su valor y establecer lo que se resolvió en cada uno.[9]

> **El Concilio de Nicea** (325 d.C.): Se declaró al Hijo *homoousios,* que significa que es de igual importancia, sustancia y eternidad que Dios el Padre. Este concilio condenó a Arrio y esbozó el credo niceno.
>
> **El Concilio de Constantinopla** (381 d.C.): Confirmó el Concilio de Nicea y corrigió el credo niceno. Afirmó la deidad del Espíritu Santo y condenó el apolinarismo, que había afirmado que Cristo no tenía espíritu humano, sino el Logos.
>
> **El Concilio de Éfeso** (431 d.C.): Declaró hereje al nestorianismo, una doctrina que afirmaba que el Logos simplemente habitaba en Cristo y, por lo tanto, transformaba a Jesús en el «hombre portador de Dios» en lugar de la unión orgánica del «Dios-Hombre».

---

[9] Gran parte de la síntesis está tomada de Robert C. Walton, *Chronological and Background Charts of Church History*, (Grand Rapids, MI: Zondervan, 1986).

El Concilio de Calcedonia (451 d.C.): Demostró la absoluta importancia de la ortodoxia respecto a la persona de Cristo para una comprensión clara del resto de la teología bíblica. Declaró que Cristo tenía dos naturalezas puras, inalterables, indivisibles e inseparables.

En 312 d.C., Constantino contendía con Majencio por todos los tronos del imperio. Al levantar la mirada, vio la forma de una cruz encendida en el cielo, acompañada de las palabras «Con este signo, vencerás». Colocó ese símbolo de la cruz sobre sus soldados, ganó la batalla y le dio al Dios cristiano el crédito de la victoria. Se convirtió al cristianismo y puso fin a la persecución de los cristianos. Constantino gobernó en Occidente y Licinio en Oriente. Juntos, decretaron el Edicto de Milán en 313 d.C., el cual era un acta de tolerancia de la religión cristiana. Esta tolerancia permitió que la Iglesia se expandiera y avanzara, pero la nueva popularidad y comodidad generó una Iglesia débil. Algunos se unían al cristianismo por conveniencia o incluso para hallar favor político, y la fuerza de la Iglesia se diluyó.

Ralph Winter escribió sobre otro peligro. Ahora que el cristianismo podía «usar otras ropas además de las judías, se vestía de prendas romanas; pero si esta ropa nueva era normativa, no se esperaría que se extendieran más allá de los límites políticos del Imperio romano».[10] En otras palabras, el cristianismo se identificó con el Imperio romano, lo cual significó que su alcance y aceptación estaban ligados a todo lo que fuera romano. Cuando Roma cayó, también lo hizo la influencia del cristianismo. Esto es similar a lo que ha sucedido con la percepción del vínculo entre el cristianismo y Occidente hoy en día. Muchas personas en culturas asiáticas y árabes rechazan el cristianismo porque creen que es una religión occidental inventada por occidentales.

Durante esta era, la colección de libros bíblicos aceptados como definitivos y autorizados se fue unificando. En 367 d.C., Atanasio escribió una

[10] Ralph D. Winter, ed. gen., *Foundations of the World Christian Movement: A Larger Perspective* (Pasadena, CA: Institute of International Studies, 2008), 13.

carta pascual que enumeraba los mismos libros del Nuevo Testamento que hoy aceptamos. Él y otros abrazaron el concepto de un canon cerrado, una colección de libros aceptados como sagrados y con autoridad. Este énfasis fue significativo. Durante esa época, circulaban falsos Evangelios, que podrían haberse infiltrado en nuestras Biblias actuales. Además, sin un canon cerrado y completo, algunos podrían haber querido eliminar ciertos libros a través de los años. Por ejemplo, a Martín Lutero le incomodaban las enseñanzas de Santiago, porque creía que contradecían las de Pablo.

Teodosio el Grande fue el emperador de Roma desde 379 a 395 d.C. Su adopción del cristianismo como religión estatal sirve de ilustración de los peligros inherentes de que la Iglesia pierda su rol conversionista y su confrontación con el mundo. Para 380 d.C., el cristianismo ya era la religión estatal del Imperio romano. El teólogo Agustín de Hipona se convirtió y bautizó en 387 d.C. Escribió sus *Confesiones* en 399 d.C. y *La ciudad de Dios* después de que los visigodos saquearon Roma en 410 d.C.

Factores generales que afectaron la expansión de la Iglesia

No deberíamos dejar a los alumnos con una mera compilación de información histórica, sino sacar lecciones del pasado para aplicarlas al futuro. ¿Qué factores generales podrían explicar el rápido avance de esta nueva secta llamada cristianismo, que pasó de ser un grupo de hombres a cubrir todo el Imperio romano?

La frase «Todos los caminos llevan a Roma» alude a una de las razones. El sistema de caminos romano incorporaba más de 400 000 kilómetros de caminos. En 2 Samuel 11:1, la Biblia indica: «En el tiempo que salen los reyes a la guerra…». En algunas épocas del año, no se podía viajar debido a las lluvias invernales. Los caminos romanos allanaron literalmente el camino para los comerciantes, los ejércitos y los misioneros. Otro término familiar es la *Pax romana*, o la paz romana, que existía cuando Roma gobernaba todo. Los ciudadanos podían viajar por cualquier país del imperio, como si tuvieran una especie de visa estampada en el pasaporte. Esta libertad para viajar benefició a los que extendían el cristianismo.

Otra clave está en que el griego era la lengua franca del Imperio romano, lo cual facilitaba la comunicación hasta el último rincón del reino. La filosofía griega dominante prometía una cosmovisión común en todo el reino o, al menos, les permitía a los evangelistas entender lo que sus oyentes creían mientras les predicaban el evangelio. La dispersión de las sinagogas judías por todo el imperio les dio a los misioneros un lugar por donde empezar en todas partes donde había al menos diez familias judías. Sin duda, la conversión de Constantino y su consecuente tolerancia les dieron un respiro a los creyentes sinceros, aunque permitió que un cristianismo superficial diluyera la Iglesia. El Señor había preparado el mundo para la venida de Cristo, de manera que fuera posible la extensión del cristianismo. Sin embargo, la bendición divina de parte de Dios sobre la obra misionera fue la fuerza coordinadora y el motor que hizo surgir todos estos componentes y los llevó a funcionar en conjunto.

Además, el registro bíblico muestra patrones que facilitaron la expansión del evangelio y la plantación de iglesias en los lugares que visitaron los primeros misioneros. Por ejemplo, Pablo predicaba primero en las sinagogas. Esto garantizaba que predicara y defendiera la fe entre personas que compartían una sólida creencia en el monoteísmo, la oración, el cielo, los ángeles, la profecía y otras convicciones coherentes con el evangelio. Además, Pablo podía predicar usando la Palabra de Dios, ya que tenía la misma Biblia que ellos (el Nuevo Testamento todavía no existía) y los judíos tenían en alta estima la verdad revelada en la Palabra de Dios. Pablo establecía centros de enseñanza en algunos de los lugares que visitaba. Practicaba la evangelización casa por casa. Usaba instrucción oral para las personas analfabetas y hasta les indicaba a sus discípulos que se aseguraran de leer la Escritura y sus cartas en forma pública. Además, la escritura de sus cartas demuestra que también empleaba la alfabetización como herramienta. Estos son patrones que deberíamos utilizar y que tenemos que enseñar a nuestros alumnos a usar en sus ministerios.

La iglesia primitiva practicaba obras de misericordia entre los necesitados, ya fuera distribuyendo pan a las viudas, recibiendo colectas en masa para víctimas de hambruna o dando instrucciones para que se cuidara de las viudas. Cuando la Iglesia comenzó a expandirse, se empezó a predicar a personas de otros trasfondos; lo vemos cuando se nombraron los primeros diáconos o en el evangelismo y los miembros de la Iglesia de Antioquía de Siria. Un vistazo del ministerio de la iglesia primitiva muestra que su método misiológico tenía varias aristas, y que se adaptaban a la situación, en lugar de emplear un enfoque uniforme.

Para el año 500 d.C., la gran mayoría del Imperio romano era considerada cristiana, y el evangelio había llegado a muchas tierras fuera del imperio. El monacato y las órdenes religiosas de la Iglesia también ayudaron a extender el cristianismo. Dios usó la caída de Roma, las siguientes conquistas e invasiones e incluso las Cruzadas para extender Su reino.

Los bárbaros: 400-800 d.C.

Los bárbaros, personas de otras naciones fuera del mundo de habla griega y latina, invadieron territorios romanos y los conquistaron a principios de la década del 400 d.C. Cuando saquearon Roma y otros territorios, llevaron cautivos. Y, así como había sucedido con Naamán, cuando su esclava israelita le habló del único Dios verdadero, los cautivos de tierras cristianas compartieron la verdad con sus captores.

La misión de Patricio en Irlanda se extendió desde 432 a 460 d.C. Al principio, había sido uno de los esclavos, pero se escapó después de seis años y regresó a su hogar al sur de Gran Bretaña. Después de 25 años en su tierra, recibió una visión y un llamado misionero de regresar a evangelizar y convertir a las tribus paganas que había conocido en Irlanda. Su incansable obra misionera en Irlanda llevó al establecimiento de la iglesia celta. A la obra misionera bajo su liderazgo se le acredita la plantación de más de 700 iglesias, la designación de más de 1000 sacerdotes y obispos, la predicación a entre 30 y 40 tribus y la edificación de cientos de escuelas. A Patricio se le atribuye haber establecido el cristianismo en Irlanda, y la iglesia celta es el legado de su obra misionera.

Después de evangelizar Irlanda, un grupo de misioneros se dirigió a Escocia para comenzar la obra allí. Entre ellos, se encontraba Columba (521-597 d.C.), un hombre que inauguraría una escuela de capacitación misionera en 563 d.C. en una isla desierta de Iona, en la costa de Escocia.

La estrategia que Patricio había comenzado se transformó en el método celta de avance misionero. Un misionero llamado Aidan llevó ese método a Inglaterra en 633 d.C. y llegó a ser conocido como «el apóstol de Inglaterra». Otro misionero irlandés llamado Columbano empleó la estrategia celta para establecer comunidades monásticas en Europa continental en 600 d.C., y comenzó obras en Francia, Suiza, Italia y Austria. Esta estrategia celta era evangelizar en equipo y relacionarse con la gente de un pueblo de maneras adecuadas para la cultura, identificarse con los habitantes, desarrollar una relación, ministrar, practicar la hospitalidad, dar testimonio y formar a las personas con el objetivo de levantar una iglesia.

Los celtas no establecieron muchas iglesias pequeñas como quizás consideraríamos hoy; en cambio, empezaron comunidades o complejos misioneros. Con el concepto celta del *peregrini*, o evangelista itinerante, establecían comunidades cristianas, enseñaban a los creyentes y dispersaban grupos de creyentes más allá de la comunidad original, para repetir el proceso.

El papa Gregorio Magno, un exmonje, fue el primer papa verdadero. En 596 d.C., envió a un monje misionero llamado Agustín a Gran Bretaña. Cuando Agustín llegó, descubrió que ya había una presencia cristiana fuerte en la forma de la iglesia celta. Algunas leyendas sostienen que el cristianismo había llegado originalmente a Gran Bretaña con el ministerio del apóstol Pablo, y otros se lo atribuyen a José de Arimatea, pero no importa cómo ni cuándo llegó, el cristianismo ya había estado ahí durante siglos antes de 596 d.C.

El misionero Bonifacio llevó elementos de la estrategia celta a Alemania a principios del siglo VIII. Bonifacio, que vivió entre 675 y 754 d.C., fue uno de los líderes de la misión anglosajona a los francos y llegó a ser conocido como el «apóstol de los alemanes». Se lo suele recordar por su poderosa confrontación de poderes[11] con aquellos que adoraban el roble

[11] En las misiones, una confrontación de poderes se refiere a confrontar una creencia local directamente, en una clase de competencia entre deidades, de manera similar al combate entre Elías y los profetas de Baal en el monte Carmelo (1 Rey. 18).

de Donar, también llamado roble de Thor, ya que lo taló. La tradición sostiene que, después de unos cuantos golpes, el árbol cayó ante una gran ráfaga de viento. Como la deidad del árbol no castigó a Bonifacio, su audiencia quedó cautivada. Se dice que Bonifacio tuvo una profunda influencia en la formación del cristianismo occidental. Él y otras 52 personas fueron asesinados en Frisia en 754 d.C. Aunque Bonifacio cometió muchos errores, los remanentes de verdad que sostenía inspiraron un celo sacrificado.

Otro avance digno de destacar en este período de expansión del cristianismo es el ministerio de los nestorianos. Los nestorianos eran los seguidores heterodoxos exiliados del obispo desplazado Nestorio, un monje que se transformó en el patriarca de Constantinopla. El nestorianismo sostenía la creencia errónea de que Jesús era en realidad dos personas diferentes y, por lo tanto, tenía a Dios en Su interior, pero no era el Dios-Hombre. Nestorio también rechazaba el título de «madre de Dios» para María. El Concilio de Éfeso, en 431 d.C., declaró que sus enseñanzas eran herejías. Los nestorianos tenían una fuerte visión misionera y llevaron el evangelio a China en 635 d.C. No pudieron ganar a los chinos, principalmente porque sus creencias heterodoxas y el monacato no encajaban en una cultura que tenía en alta estima la familia. Sin embargo, es interesante destacar su tenacidad y compromiso con la tarea. Cuando los franciscanos llegaron a China en 1294 los nestorianos seguían estando allí para hacerles frente.

Mahoma, que sería el fundador del islam, nació en La Meca en 570 d.C. Huérfano desde temprana edad, se crio con un tío paterno para el cual trabajaba como pastor de ovejas y, a veces, viajaba con caravanas mercantiles. Trabajó para una adinerada comerciante, una viuda llamada Jadiya, con quien se casó a los 25 años, mientras que ella tenía casi 40. Algo incómodo con su nueva riqueza, empezó a retirarse durante períodos largos para ayunar y orar en cuevas. Allí, empezó a tener visiones en las cuales, según él, recibió hermosos mensajes. Comenzó a revelar sus incipientes creencias religiosas a los que lo rodeaban y consiguió adeptos. Sin embargo, otros rechazaron su herejía y, después de que alguien intentó asesinarlo, Mahoma huyó con sus seguidores a Medina. Con el tiempo, regresaron a La Meca después de que varias confrontaciones terminaron en un tratado de paz que les otorgaba a él y a sus seguidores libertad de movimiento por Arabia.

La religión que Mahoma formó se llamó islam y sus adeptos, musulmanes. El dios del islam se llama Alá y Mahoma es su principal profeta. Explicaremos más sobre el islam en el módulo sobre misiones y plantación de iglesias. A esta altura, debería ser evidente que, como esta religión no concuerda con el cristianismo, el avance de una solía ser a expensas de la otra. Después de la muerte de Mahoma, el islam comenzó a expandirse rápidamente a filo de espada. Esto era comprensible, ya que el mismo Mahoma había usado la espada para forzar un tratado y establecer el islam en La Meca. Los que estaban comprometidos con el avance del islam a través de la yihad (guerra santa) vieron cómo el islam se extendía por Arabia, el Medio Oriente, Jerusalén, el norte de África y Europa en menos de 100 años.

Los vikingos: 800-1200 d.C.

La era de los vikingos trajo la mayor amenaza que enfrentó la civilización cristiana. Las invasiones o amenazas anteriores habían traído ejércitos que al menos respetaban las iglesias, los monasterios o las comunidades religiosas. No obstante, los vikingos eran personas beligerantes y violentas que saqueaban comunidades misioneras, mataban a voluntad, quemaban iglesias y llevaban cautivos para venderlos como esclavos. Mostraban una extrema crueldad y hasta atacaban otras comunidades vikingas y vendían a sus mujeres como esclavas. Una de las razones por las cuales los vikingos solían atacar las comunidades cristianas era que los monasterios estaban empezando a adoptar ciertos lujos. Los invasores vikingos sabían que allí podían encontrar dinero.

Carlos el Grande, también conocido como Carlomagno por la forma latina de su nombre, fue el rey de los francos entre 771 y 814. La conversión de los francos en 599 los colocó como el único reino cristiano en Europa continental. La amenaza creciente de ataque llevó al papa a pedirle ayuda al rey de los francos. La relación que se forjó entre el papa y el rey llevó a que coronaran a Carlomagno como emperador del Sacro Imperio Romano el día de Navidad en el año 800. Este utilizó su poder y su influencia militar para extender el cristianismo, obligando a los pueblos a convertirse en cristianos. Por supuesto, este cristianismo obligatorio produjo muchos «convertidos» que eran solo cristianos nominales. Como veremos en la expansión colonial española y el avance misionero simultáneo de la Iglesia católica romana, un simple cambio de religión no garantiza la conversión verdadera. Sin embargo, Dios, en Su sabia providencia, puede usarlo para Sus propósitos.

Cirilo (nacido en 827) y Metodio (nacido en 826) fueron misioneros griegos de Tesalónica a los países eslavos. Llevaron el cristianismo ortodoxo oriental y la alfabetización a las tribus eslavas, que, hasta el momento, eran analfabetas. Estos misioneros diseñaron el alfabeto eslavo y ahora se los venera en las iglesias orientales ortodoxas como los «apóstoles a los eslavos».

En 1054, hubo una división entre la Iglesia católica romana occidental y la Iglesia ortodoxa oriental, que se conocería como el Cisma de Oriente y Occidente. Durante años, existieron diferencias teológicas, políticas y culturales entre las dos, pero con el aumento de estas discrepancias, el patriarca cerró las iglesias latinas en Constantinopla. Tomó este paso en respuesta a la demanda del papa de que todas las iglesias griegas en el sur de Italia se cerraran o fueran obligadas a conformarse al catolicismo romano en 1053. Como consecuencia, el papa católico romano y el patriarca ortodoxo oriental se excomulgaron mutuamente, lo cual cimentó el cisma entre estos dos sistemas de cristianismo.

¿La evangelización de los musulmanes? 1200-1600 d.C.

Las Cruzadas tuvieron un papel importante en este período de la historia y, por cierto, los efectos de su legado perduran en la actualidad. Como mencionamos, los musulmanes habían empezado una expansión militar agresiva de su territorio desde el principio. Forzaron la aceptación en La Meca y, después de la muerte de Mahoma, se expandieron por todo Oriente Medio, el norte de África y llegaron a Europa.

En apariencia, las cruzadas militares fueron un intento de recuperar lo que se consideraban tierras cristianas y glorificar así a Dios. Sin embargo, lo que impulsaba las Cruzadas casi nunca era la pureza del supuesto deseo de reclamar la tierra para la gloria de Cristo de manera digna de Su nombre. La crueldad violenta que se empleaba se deja entrever en que «todas las principales Cruzadas fueron lideradas por descendientes de vikingos».[12] A menudo, iban a la carga con soldados interesados en obtener gloria personal y riquezas. Las Cruzadas presentaron una imagen de un cristianismo violento y belicista que sigue grabado en las memorias y perspectivas de muchos musulmanes hoy. El legado de las Cruzadas sigue siendo una piedra de tropiezo cuando los cristianos les hablan a los musulmanes del amor de Cristo. Sin duda, hubo hombres piadosos con intenciones puras en esta historia, pero el legado predominante fue negativo; las Cruzadas no cumplieron su objetivo declarado de restaurar las tierras a los cristianos ni glorificaron a Dios. Una simple lista de las Cruzadas y sus fechas nos dará una breve línea del tiempo para ayudarnos a considerarlas en perspectiva.[13]

> 1096-1099: La primera Cruzada, llamada la Cruzada del Pueblo, apuntó a liberar Jerusalén de los turcos. Fue liderada por el conde Raimundo IV de Tolosa y proclamada por muchos predicadores itinerantes como Pedro el Ermitaño. Los cruzados capturaron Nicea, Antioquía, Edesa, Jerusalén y establecieron reinos feudales de los cruzados.
>
> 1144-1155: La segunda Cruzada fue liderada por el santo emperador romano Conrado III y el rey Luis VII de Francia. Bernardo de Claraval fue uno de los principales motivadores. Se buscó retomar Edesa.

---

[12] Winter, *Perspectives*, 18.

[13] Walton, *Chronological and Background Charts*, #23.

1187-1192: La tercera Cruzada fue liderada por Ricardo «Corazón de León» de Inglaterra, Felipe II de Francia y Federico I, emperador del Sacro Imperio Romano, e intentó recuperar Jerusalén de manos de Saladino. Ricardo I logró una tregua con el líder musulmán Saladino.

1202 -1204: La cuarta Cruzada fue liderada por el francés Fulco de Neuilly, quien avanzó sobre Constantinopla en un intento de socavar el poder sarraceno.

1212: La Cruzada de los Niños estuvo al frente de un joven campesino francés, Esteban de Cloyes. Fue una conquista sobrenatural de la Tierra Santa por parte de los «puros de corazón». Muchos de los niños se ahogaron en el mar, fueron vendidos como esclavos o asesinados.

1217-1221: La quinta Cruzada fue liderada por el rey Andrés II de Hungría, el duque Leopoldo VI de Austria y Juan de Brienne, que intentaron socavar el poder de los sarracenos.

1228-1229: La sexta Cruzada estuvo al frente de Federico II, emperador del Sacro Imperio Romano, y su objetivo fue recuperar Jerusalén.

1248-1254: La séptima Cruzada fue liderada por Luis IX de Francia, para traer alivio a la Tierra Santa a través de una invasión a Egipto, pero los cruzados fracasaron.

1270: La octava Cruzada estuvo al frente de Luis IX de Francia.

1271-1272: La novena Cruzada fue liderada por el príncipe Eduardo (más adelante, Eduardo I de Inglaterra).

La interacción entre los musulmanes árabes y los cristianos occidentales tuvo muchas repercusiones en las cosmovisiones y los valores europeos, como intercambios de vocabulario, conocimiento médico, arquitectura y especias. Durante esa época, el valor de las especias competía con el de los metales preciosos, y la alta demanda en el mercado impulsó la búsqueda de rutas para llegar a las fuentes de estas especias. Los cruzados que se percataron del valor de estas especias también impidieron el libre acceso a los caminos comerciales por tierra para obtenerlas.

En 1346, se vieron en Europa las primeras erupciones de la peste bubónica, que siguieron fluctuando durante 40 años, con efectos devastadores. La peste bubónica, o la muerte negra, fue una enfermedad que ahora se sabe que era transmitida principalmente por las ratas y las moscas, que abundaban en los barcos mercantiles, pero, por supuesto, la enfermedad también se esparcía por las rutas comerciales. Alteró para siempre las poblaciones donde llegó y mató a un tercio de los habitantes de Europa (casi un millón y medio de los cuatro millones). Golpeó duramente a las comunidades de frailes; solo en Alemania, murieron más de 120 000 franciscanos.[14] Como estas comunidades estaban al frente de la extensión del catolicismo romano, este fue un golpe particularmente doloroso para las misiones católicas.

Los precursores de la Reforma

El 31 de octubre de 1517, Martín Lutero clavó sus 95 tesis en la puerta de la Iglesia del Palacio en Wittenberg, Alemania. Esto marcó el comienzo de la Reforma. Sin embargo, la Reforma no salió de la nada, o *ex nihilo*. Antes de Lutero, hubo otros cuyos escritos, creencias, enseñanzas, seguidores y sufrimientos prepararon el camino. Debes saber quiénes son algunos de ellos porque les debemos una profunda gratitud.

El tumulto religioso en esa era se hace evidente si consideramos que, en un momento, hubo tres papas rivales que competían por el reconocimiento de ser el único papa del catolicismo. El papado había estado en decadencia moral por un tiempo debido a la naturaleza

---

[14] Winter, *Perspectives*, 19.

política del cargo. Se había transformado en el pináculo del poder y la riqueza, y había corrompido a muchos en esta posición, lo cual debilitó el cristianismo. Comenzaron a surgir iniciativas de grupos de cristianos que buscaban una forma más pura de cristianismo, frente a lo que se había transformado el catolicismo. Entre ellos, se encontraba el movimiento valdense, fundado por Pedro Valdo en el sur de Francia, a principios del siglo XIII. Practicaban un estilo de vida sencillo y comunitario, y predicaban la Biblia en el idioma local en lugar de la liturgia de la misa latina. Los valdenses estaban comprometidos con la clase de discipulado que se describe en el Sermón del Monte, apoyaban a los predicadores laicos (incluso mujeres) y negaban ciertas tradiciones católicas como el purgatorio. En consecuencia, la Iglesia católica los condenó y los persiguió con severidad. En 1532, los valdenses se unieron a la Reforma.

Otro grupo precursor fue el de los lolardos, un término despectivo que significaba «murmuradores». Seguían las enseñanzas de John Wycliffe en Oxford a fines del siglo XII. Aunque eran pacíficos, los persiguieron y a algunos los martirizaron. Al igual que los valdenses, rechazaban tradiciones católicas como el purgatorio, pero también la transubstanciación y el celibato sacerdotal. Además, condenaban la práctica católica de peregrinar por méritos, de confesar los pecados al sacerdote y de venerar imágenes. En vez de predicar en latín usando la Biblia Vulgata, usaban la traducción al inglés. A John Wycliffe se lo suele llamar «el lucero del alba de la Reforma».

Un grupo más que merece ser mencionado es el de los husitas, seguidores de Jan Hus. Hus había sido una suerte de héroe para Martín Lutero, que encontró sus escritos en la biblioteca. Los escritos de Wycliffe habían marcado a Hus y le habían dado un deseo de estudiar la Biblia por sí mismo. Más tarde, lo que Hus había escrito impactó a Martín Lutero de manera similar. Hus nació en la parte sur de lo que hoy es la República Checa. Al igual que Lutero, estaba en contra de muchos abusos del catolicismo como las indulgencias y, en cambio, prefería confiar solo en las enseñanzas halladas en la Escritura. Sus libros fueron condenados y quemados, y el mismo papa lo excomulgó.

A Hus le ordenaron que explicara sus convicciones ante el Concilio de Constanza, en 1414. Como le habían prometido que estaría a salvo y le darían una oportunidad de explicar lo que creía y por qué lo creía, asistió. Sin embargo, no le permitieron hablar, sino que lo arrojaron a la prisión. Lo amenazaron con dureza y le mandaron que se retractara. Cuando Hus se negó, lo vistieron con todas las vestiduras sacerdotales y luego se las quitaron con mucha ceremonia. Le dieron una última oportunidad de retractarse antes de quemarlo en la hoguera. Él no quiso hacerlo y, en cambio, murió recitando salmos, orando para que sus perseguidores hallaran perdón. Los husitas sostenían que la Escritura tenía más autoridad que la Iglesia, y les exigían a las autoridades católicas que los laicos recibieran tanto vino como pan en lugar de la práctica católica de recibir solo el pan. Los husitas también rechazaban la transubstanciación, las indulgencias, la veneración de los santos y la necesidad de confesar pecados al sacerdote para obtener perdón. Los descendientes espirituales de Jan Hus se llamarían los *Unitas Fratrum* o la Unidad de los Hermanos; fueron los precursores de la Hermandad de Moravia.

La Reforma y el Nuevo Mundo

Cuando llegó el momento indicado, el Señor unió todas las piezas y comenzó la Reforma Protestante. Uno de los componentes claves que dieron lugar a la Reforma fue un invento de Johan Gutenberg. A mediados del siglo XIII, Gutenberg inventó una imprenta de tipos móviles, que facilitaba una impresión más rápida y, por lo tanto, aceleraba la divulgación de ideas. Mientras que, en el pasado, a un equipo de monjes le llevaba años copiar e iluminar una Biblia, la nueva prensa de Gutenberg redujo en forma drástica el tiempo para producir ejemplares. Ahora, se podían producir múltiples copias de un material impreso con mayor rapidez, y esto ayudó a la traducción e impresión de Biblias en los diversos idiomas de Europa. Ahora era posible diseminar ideas, plasmar las lenguas vernáculas en la escritura y expresarlas en forma estática. Así, se empezó a valorar más la alfabetización. El momento en que Martín Lutero clavó sus 95 tesis sobre la puerta de la Iglesia del Palacio después de la llegada de la prensa de Gutenberg se podría comparar con publicar opiniones sobre el catolicismo en un blog. Sus ideas se esparcieron como reguero de pólvora y la reacción fue rápida y feroz.

Martín Lutero había nacido en 1483 en Alemania, en una familia pobre que tenía grandes esperanzas para él, para que tuviera una vida mejor. Estudiaba abogacía en la universidad, pero, mientras viajaba un día de tormenta, cayó un rayo cerca de él. Aterrorizado, exclamó: «Sálvame, santa Ana, y me haré monje». Dios lo libró de la tormenta y, fiel a su voto, entró al monasterio en Érfurt, Alemania.

La personalidad de Lutero tendía a la paranoia y la introspección mórbida. Pasaba largos ratos confesando minucias a su confidente y declarando cualquier pecado que pudiera imaginar. Practicaba el autoflagelo, realizaba peregrinaciones para ver las reliquias y hacer mérito, y usaba todos los métodos disponibles en el catolicismo para hallar alivio de la culpa que lo agobiaba... pero nada le traía paz.

El líder de la orden de san Agustín en Alemania, Johann Von Staupitz, lo instó a leer la Biblia, pero, al principio, esto solo le provocó una mayor convicción de pecado. Sin embargo, empezó a ver la luz al examinar la Escritura. Mientras Lutero estudiaba la Biblia, Dios le reveló la verdad de que «el justo por la fe vivirá». Esa frase bíblica se transformaría en el caballo de batalla de la Reforma. Lutero encontró paz con Dios, pero intensificó el conflicto con la Iglesia católica.

Una de las 95 tesis de Lutero hablaba de la venta de indulgencias por parte de la Iglesia católica. La Iglesia católica romana vendía indulgencias para juntar dinero para la edificación de la Catedral de San Pedro en Roma. Supuestamente, las indulgencias les permitían a los que las compraban salir más rápido del purgatorio, por una concesión especial del papa. Un monje llamado Tetzel estaba vendiendo indulgencias con un plan de comercialización que anunciaba: «Cuando una moneda cae en el arca, un alma del purgatorio desembarca». Hasta era posible pagar un determinado monto en efectivo para que los padres u otros fueran liberados del purgatorio. Tetzel usaba la culpa para manipular a las personas y lograr que pagaran para sacar a sus padres y abuelos del tormento del purgatorio. Lutero se preguntó con razón por qué el papa exigía dinero para liberar a las personas de los tormentos del purgatorio si tenía el poder para librarlos a voluntad.

Por sus quejas y el conflicto que generó con la Iglesia, a Lutero lo excomulgaron en 1520. La Iglesia quemó oficialmente sus escritos y lo convocó a un concilio de la Iglesia, llamado la Dieta de Worms, en Alemania. Los amigos que recordaban lo que le había sucedido a Jan Hus intentaron en vano convencerlo de que no fuera. Carlos V, el emperador del Sacro Imperio Romano, presidió la asamblea y a Lutero se le pidió que se retractara. Su famoso rechazo a este pedido a retractarse fue: «Esta es mi postura, ¡no puedo hacer otra cosa!». Cuando se fue, lo tomaron «por la fuerza» en un rapto fingido y lo llevaron a un lugar seguro, donde un líder gubernamental le dio refugio. Lutero permaneció en este oasis mientras traducía el Nuevo Testamento al alemán. La Reforma fue un viento fresco para el cristianismo. Nos enseña que hacer brillar la luz de la verdad, aunque sea sobre un solo error fundamental, puede producir una transformación radical. A Lutero se lo considera el padre fundador de las denominaciones luteranas de la Iglesia.

Juan Calvino fue otra figura clave en la Reforma y el desarrollo del cristianismo evangélico protestante. Calvino nació en Noyon, Francia, en 1509 y, al igual que Lutero, estudió abogacía antes de convertirse. En 1533, se unió a los protestantes en Francia, pero tuvo que huir de París por sus convicciones religiosas y se estableció en Basilea, en Suiza. Calvino sistematizó el pensamiento protestante en su obra *Principios de la religión cristiana,* la cual publicó cuando tenía tan solo 26 años. Sirvió en Ginebra antes de que lo exiliaran de allí, y vivió un tiempo en una iglesia francesa en Estrasburgo, la cual pastoreó. Más adelante, regresó a Ginebra para servir otra vez allí. En Ginebra, John Knox, junto con otros creyentes escoceses e ingleses, hallaron refugio y trabajaron en una nueva traducción inglesa de las Escrituras. Elaboraron la Biblia de Ginebra, que se publicó en 1560, 51 años antes de la versión del rey Jacobo. A Calvino se lo considera el padre fundador de las iglesias reformadas y, en especial, de las denominaciones presbiterianas.

Ulrico Zwinglio fue otro de los reformadores y predicó en Suiza en 1515. Él y sus seguidores llevaron a cabo muchas de las ideas de la

Reforma que se predicaban en Alemania en ese momento. Condenaron el uso de imágenes y reliquias en la práctica del cristianismo. Grandes multitudes empezaron a seguir y abrazar las enseñanzas de Zwinglio. La marcada división entre los católicos y los protestantes en Suiza generó una guerra civil en 1531. Los católicos atacaron Zúrich con 8000 hombres y mataron a Zwinglio, de 47 años.

Aunque la Reforma en Inglaterra empezó recién a principios del siglo XIV, John Wycliffe había predicado y ganado partidarios allí 150 años antes. En abril de 1519, una viuda fue quemada en la hoguera por el crimen de enseñarles a sus hijos el Padrenuestro y los Diez Mandamientos en inglés.[15]

El rey Enrique VIII obtuvo el título del «Defensor de la fe». Como católico comprometido, había escrito contra Lutero, pero, en 1534, se separó del catolicismo porque el papa no quiso anular su matrimonio con Catalina de Aragón. Entonces, se declaró a sí mismo el jefe supremo de la Iglesia de Inglaterra, pero, tanto él como su iglesia, siguieron siendo muy católicos en sus formas de adoración y sus rituales.

William Tyndale completó su traducción del Nuevo Testamento al inglés en 1525, por lo cual lo encarcelaron y lo quemaron en la hoguera once años más tarde. Cuando Hugh Latimer se convirtió y cambió su postura opuesta a la Reforma, Dios lo usó con poder no solo a él, sino también a otros como Thomas Cranmer. Cuando María Tudor subió al poder, comenzó a perseguir a los protestantes, en un esfuerzo por reinstituir el catolicismo en Inglaterra. En esta purga, Latimer y Cranmer, junto con 300 otros, fueron quemados en la hoguera.

John Knox fue una figura clave en la historia de la Reforma en Escocia a mediados del siglo XIV. A principios del siglo XV, la corona inglesa fomentó la persecución en un intento de forzar a los bautistas, los presbiterianos y los puritanos congregacionalistas a conformarse a la Iglesia de Inglaterra. Entre 1620 y 1640, unos 20 000 separatistas se unieron a las filas de los padres peregrinos y cruzaron el océano

---

[15] Peter Jeffery, *Christian Handbook: A Straightforward Guide to the Bible, Church History, and Christian Doctrine* (Gales, Reino Unido: Bryntirion Press, 1988), 92.

Atlántico para escapar de la persecución y empezar de cero en el Nuevo Mundo.

Las denominaciones protestantes surgieron de la Reforma. Los que denunciaban aquello en lo que la Iglesia católica romana se había transformado eran los «protestantes». La Reforma empezó en 1517, las iglesias luteranas y reformadas empezaron en 1520, los anabautistas en 1525, los anglicanos en 1534, los presbiterianos en 1560, los bautistas en 1620 y los metodistas en 1787.

Cuando Oliver Cromwell subió al poder después de la guerra civil en Inglaterra, surgió la oportunidad de establecer y afianzar la libertad religiosa. Los puritanos de cada uno de los grupos principales escribieron confesiones históricas de fe durante este período. Los presbiterianos escribieron la Confesión de fe de Westminster en 1647, los bautistas escribieron la Confesión bautista de Londres en 1689 y los independientes (congregacionalistas) elaboraron la Declaración de Savoy en 1658. Por supuesto, estos documentos estaban confeccionados especialmente para adaptarse a las creencias de cada grupo respecto a la organización política de la iglesia y al bautismo, pero concordaban en los fundamentos esenciales referentes a la salvación. Aunque, durante años, seguirían las luchas para encontrar equilibrio y a veces recuperar libertad religiosa, se habían ganado batallas claves.

Los católicos convocaron un concilio para abordar los peligros de la Reforma, y el Concilio de Trento se reunió al norte de Italia desde 1545 hasta 1563. Este afianzó la «tradición» y los sacramentos de la Iglesia católica, y esparció oscuridad a través de la agresión y el error con la Contrarreforma. El Concilio de Trento transformó la Vulgata en la versión oficial de la Biblia para los católicos, derogando así todas las demás Biblias vernáculas. Además, codificó la misa tridentina en latín litúrgico, la cual se convertiría en la misa oficial que repetirían los católicos durante los 400 años siguientes. Los católicos condenaron las doctrinas protestantes, reafirmaron la veneración de la virgen María y las reliquias, los peregrinajes y las indulgencias, y declararon que su iglesia era la intérprete oficial de la Escritura. El siguiente concilio ecuménico de la Iglesia católica romana sería el Vaticano I, unos 300 años después.

Como ya observamos, en el período medieval de la historia, había una obsesión con las especias. Sin embargo, era casi imposible acceder a las tierras donde había especias debido a las Cruzadas y las batallas que se desencadenaron al final del siglo XI. En el año 711, los moros cruzaron el estrecho de Gibraltar y empezaron la conquista de la península ibérica. En esa época, España estaba dividida en lo político y el catolicismo era la religión oficial, aunque no había demasiado fervor. En los primeros siglos del segundo milenio d.C., el papado estaba entrando en un período de abuso de poder político, un abierto libertinaje y decadencia moral. La supremacía y la pureza del catolicismo no eran una prioridad para los papas.

Desde la llegada de los moros a España, hacía siglos que los católicos y los musulmanes venían jugando al gato y el ratón. Cuando los católicos de España tenían el poder, permitían que los musulmanes mantuvieran su religión, sus tradiciones y su peculiar alimentación, siempre y cuando respetaran los impuestos y reconocieran el derecho español a gobernar. Cuando los musulmanes lograron tener la ventaja, lo mismo sucedió. La *dhimmitude* es una práctica de los conquistadores musulmanes en la cual se impone el islam como fuerza dominante y se permite la existencia de otras religiones bajo ciertas condiciones. Además de la presencia de los musulmanes, en los territorios españoles también había muchos judíos y practicantes de la brujería. Una vez más, todos vivieron juntos durante casi 800 años y compartieron e intercambiaron vocabulario; ideas sobre medicina, arte, arquitectura, astronomía, matemática y filosofía; e incluso ADN.

Sin embargo, las reglas del antiguo juego del gato y el ratón estaban a punto de cambiar. El rey Fernando II de Aragón y la reina Isabel I de Castilla se casaron en 1469. Esta unión fue, en gran parte, responsable de la unificación de la España moderna. Ella tenía 18 años de edad y él, 17. Tomaron el título de «reyes católicos» y empezaron una reconquista cristiana de la península ibérica. Además, intentaron restaurar el derecho divino de la monarquía española sobre la tierra. Establecieron una fuerza de seguridad llamada la Santa Hermandad y ordenaron a todos los judíos, las brujas y los musulmanes que abandonaran la tierra.

Para asegurarse de que obedecieran y garantizar la pureza del catolicismo, instituyeron la Inquisición española. Los agentes de la Inquisición reunían a todos los que pudieran ser judíos, musulmanes o practicar la brujería y los interrogaban bajo extrema tortura; muchas veces, terminaban quemándolos en la hoguera. En 1492, estos monarcas católicos acérrimos vencieron a los musulmanes después de una guerra de diez años que culminó en la Batalla de Granada al sur de España. La victoria española exigió que todos los judíos, las brujas y los musulmanes huyeran o se rindieran.

Cuando se declaró que la Reconquista española había terminado, Fernando e Isabel pudieron concentrarse en el explorador y navegante italiano Cristóbal Colón, quien les había pedido repetidas veces que apoyaran su plan de dar la vuelta al mundo hacia el oeste en barco, para llegar a las Indias y establecer rutas comerciales. Según Colón, la tierra no era plana sino esférica y, al navegar hacia el oeste, no se caería por el borde sino que llegaría al otro lado del continente. Hacía siglos que otros ya sabían que la tierra era redonda, pero los cálculos de Colón fueron muy desacertados y creía que el planeta era mucho más pequeño de lo que es en realidad. Por lo tanto, estimó que su viaje sería más breve de lo que fue en realidad.

En 1492, llegó a las islas Bahamas en el Caribe, a bordo de tres barcos: la Niña, la Pinta y la Santa María. Siguió rumbo a Cuba y luego a la isla La Española, que hoy se conoce como República Dominicana. Colón hizo cuatro viajes de ida y vuelta entre España y el Nuevo Mundo, y llevó en su estela la conquista española al Nuevo Mundo. La historia de la conquista de España y el catolicismo romano es a la vez fascinante y emocionalmente pasmosa, dada la manera arbitraria en que se impuso el gobierno colonial español y cómo se diezmaron pueblos, se incautaron tierras, se vendieron mujeres, se trajeron enfermedades y se destruyó la ecología.

Colón era un hombre que buscaba nuevas rutas a tierras desconocidas, pero, a través de la historia, desde que llegó al Nuevo Mundo, algunos lo demonizaron como el líder del tráfico transatlántico de esclavos y el responsable del genocidio de pueblos indígenas. Él se consideraba un navegador y explorador, pero también creía que estaba glorificando a Dios y a la Iglesia católica. Sin embargo, es necesario recordar que el catolicismo que fue a bordo de los barcos de Colón y durante varios siglos después era una forma inquisitorial de catolicismo, sumamente dura y rígida, que no daba cuartel y castigaba a los disidentes con la muerte. Además, fue anterior a la Reforma, ya que Lutero clavaría sus 95 tesis en la puerta de la Iglesia del Palacio en Wittenberg recién en 1517. Esto también explica su dureza, porque este catolicismo no había sido atemperado al enfrentar las ideas de la Reforma que llegaron al exterior como resultado de la imprenta de Gutenberg, la dieta de Lutero y la predicación en toda Europa. Es más, la Reforma no solo no había empezado en la época de Colón, sino que, al día de hoy, su impulso todavía no ha viajado al sur de los Pirineos, la cadena montañosa que separa a España de Francia hasta la actualidad. El catolicismo que Colón importó a las Américas junto con el gobierno colonial español no solo era duro y rígido, sino que tenía la bendición de la Iglesia católica romana para librar una guerra santa contra los habitantes del Nuevo Mundo, todo en el nombre de Jesús.

El cristianismo occidental

¿Por qué dedicar tanto tiempo al desarrollo y la expansión del cristianismo occidental en un manual de capacitación para pastores del sur global? ¿Acaso se trata de otro programa occidental de capacitación pastoral que obliga a los pastores del mundo a aprender cuestiones prácticamente irrelevantes para ellos? No; este es un programa de capacitación que está especialmente diseñado para evitar seguir ese patrón desafortunado de tantos otros modelos.

Seguimos el desarrollo y la expansión del cristianismo para entender cómo este llegó a ser lo que tenemos en la actualidad. Dios cerró el canon bíblico al final de la revelación a Juan en la isla de Patmos, pero, a través de Su providencia, ha guiado las reflexiones, la investigación, los debates, el estudio, los credos, las confesiones y las conclusiones de hombres piadosos a través de las épocas, incluido mucho de lo que surgió en los concilios eclesiásticos. Seríamos mayordomos insensatos si descuidáramos todo lo que Dios hizo en Su Iglesia y a través de ella en los últimos 2000 años. En cambio, queremos aprender de lo que sucedió y permitir que informe nuestra manera de pensar mientras avanzamos hacia el futuro y entramos en nuevas culturas.

De manera similar, para entender las expresiones de cristianismo que existen hoy en muchos países del mundo, debemos saber quién lo llevó allí y cuándo. Los que fueron allí como misioneros a evangelizar y plantar iglesias solían venir de naciones occidentales y, por lo tanto, traían consigo su cultura y eran producto de esa cosmovisión religiosa. En el caso del movimiento misionero moderno, Occidente fue la cuna del cristianismo que navegó por el mundo. Por lo tanto, vale la pena saber cómo llegó allí, cómo era y cómo formó la manera de pensar de los habitantes.

Me fascina viajar a culturas diferentes y descubrir lo que las iglesias locales consideran pecaminoso, cómo es un atuendo adecuado para la iglesia, a quién se puede considerar un líder en la congregación y cuál es la mejor música para adorar. Una vez que tengo esta información, suelo darme cuenta de cuándo llegó el cristianismo a ese lugar y cuál fue la denominación de los misioneros que lo llevaron. El estudio sobre el desarrollo y la expansión del cristianismo nos permite considerar cuestiones de contextualización para formar iglesias saludables y apropiadas para la cultura.

En nuestro estudio de la historia de la Iglesia, ya vimos que hubo veces en que el cristianismo se transformó en la religión del Estado y, por lo tanto, se volvió la religión que les convenía a los ambiciosos desde un punto de vista político, como sucedió en el siglo IV y con el requisito forzado, aunque bienintencionado, de Carlomagno de aceptar el cristianismo. Ahora, llegamos al punto histórico donde Colón arribó al «Nuevo Mundo», o el mundo que era nuevo para él y para Europa, y podemos ver nuevamente lo que sucede con los grupos a los que se les impuso el cristianismo a punta de espada. Consideremos la Conquista española de las Américas y la expansión de la huella católica romana en ese continente.

La conquista de las Américas

Colón llegó a las Américas en 1492, en busca de una ruta comercial a las Indias, la tierra de las especias. El viaje donde descubrió este nuevo mundo fue la primera de muchas otras travesías españolas. Aventureros sedientos de fama y oro siguieron la estela para ver qué podían conseguir. Estaban decididos a encontrar éxito y riquezas, y avanzaron con las promesas de bendición de la corona española y la Iglesia católica romana. En su conquista, no había prácticamente ninguna restricción. Seleccionaremos el imperio más grande que existió en Sudamérica para demostrar el impacto de la conquista. Antes de comenzar, debemos considerar qué había allí en primer lugar y no ser tan arrogantes como para pensar que no existía nada antes de los españoles. La siguiente historia de la conquista española de las Américas ilustra lo que sucede cuando se usan la fuerza y la influencia en lugar de una proclama adecuada para la cultura en la extensión del cristianismo. Es una ilustración detallada y extensa de un caso de la historia eclesiástica y política que, por desgracia, encontró paralelos en todo el mundo durante la expansión colonial, las iglesias estatales y el sincretismo religioso que surgió como resultado.

El Imperio inca

A principios del siglo XIV, el pequeño clan de incas empezó a expandir su territorio desde las orillas del lago Titicaca —que se extiende a ambos lados del límite entre Perú y Bolivia, al sur de Perú— y se expandió al norte hasta el sur de Colombia y al sur hasta Santiago de Chile; todo esto sucedió antes de la llegada de los españoles a Perú en 1532. Según la leyenda, una visión impulsó la expansión y la ubicación de una nueva «ciudad capital» desde la cual empezar un reino. La guía sobrenatural indicaba que el nuevo lugar sería Cuzco, considerado el centro del mundo y el punto de unión de las cuatro esquinas del universo.

Los incas empezaron su expansión con la fuerza de su poderoso ejército, pero con el gobierno de una dictadura benevolente. Resistir la asimilación al imperio no era una opción, pero, una vez que se incorporaba un lugar, el nuevo gobernante inca se transformaba en su benefactor y le garantizaba protección y provisión. En el poderoso Imperio inca, no había solo lanzas y mazas de los feroces guerreros, sino que también era un pueblo innovador e ingenioso. Los incas desarrollaron el primer proceso de liofilización, que les permitía almacenar alimentos durante largos períodos, e idearon el proceso de deshidratación y salado de la carne (con el que se obtiene el *charqui*, palabra quechua); además, importaban pescado seco de la costa y guardaban la cerveza de maíz en barriles. Todo esto se guardaba en lugares estratégicos a lo largo del imperio. Los incas organizaron su imperio de 2700 kilómetros de largo junto a un camino principal que ellos mismos hicieron sobre los Andes. Era un camino pavimentado de rocas que se extendía cientos de kilómetros para conectar sus distritos y ciudades, y por el cual los mensajeros podían llevar recados orales a 4000 metros de altitud y atravesar la distancia desde el sur de Colombia hasta Chile en siete días.

Los incas adoptaron un sistema religioso animista muy desarrollado. Su dios creador se llamaba Viracocha, pero los que oraban a esta deidad eran principalmente los sacerdotes. Viracocha había abandonado a los incas muchos años antes, ofendido por la pecaminosidad del hombre. Se decía que era más alto que los incas, que tenía ojos y cabello más claros y el rostro velludo (algo que los indígenas no tienen). La leyenda reza que se fue caminando por el océano y declaró que regresaría de la misma manera algún día en el futuro.

Los incas también adoraban al dios del sol. Esto era lógico, dado su naturaleza cotidiana y los beneficios que esta deidad ofrecía: proveía calidez en las alturas heladas de las montañas, hacía crecer las cosechas y derretía el hielo para que hubiera agua para beber. Adoraban al gobernante inca como la encarnación del sol y a la diosa de la tierra llamada Pachamama, de la cual provenía toda la vida. Además, el animismo inca incluía *apus*, o espíritus de las montañas y los desfiladeros, a quienes les ofrecían sacrificios de alimentos, flores, animales y, en ocasiones, personas, en lugares sagrados sobre las montañas. Los incas también valoraban el oro, pero no por su valor monetario, sino como un objeto religioso. Creían que el oro era las lágrimas del dios del sol, Inti, que habían caído a la tierra. Hacían muchos objetos religiosos de oro; entre ellos, jardines enteros con pájaros sobre los árboles, y revestían de oro las paredes de sus edificios sagrados.

Como el gobernante inca recibía adoración por ser la encarnación de dios, solo podía procrear con una hermana de sangre para proporcionar un heredero que fuera del mismo linaje. Por supuesto, tenía otras concubinas y esposas, pero el heredero del trono inca debía ser de sangre pura. Antes de que llegaran los españoles, se habían sucedido 17 gobernantes incas, y sus cuerpos estaban momificados, ya que se creía que así vivirían para siempre. En el día del solsticio de verano (el día santo para este pueblo adorador del sol), se sacaban las momias de su lugar de descanso en Curicancha y se las hacía desfilar por la ciudad de Cuzco.

Justo antes de que llegara Francisco Pizarro, el aventurero y conquistador español, el gobernante inca murió. El heredero natural era su hijo legítimo Huáscar, que vivía en la ciudad capital de Cuzco. Pero, cuando murió el rey inca, el medio hermano de Huáscar, Atahualpa, decidió que quería el trono y se desató una feroz guerra civil. Huáscar perdió la batalla y terminó bajo arresto domiciliario, mientras su hermano Atahualpa tomaba el poder.

Los conquistadores españoles llegaron bajo el mando de Francisco Pizarro en 1532 con poco más de 100 soldados aventureros, unos pocos caballos y algunos cañones y armas. Más que nada, tenían un deseo rabioso de conseguir oro. Como estos navegantes altos, de piel clara, ojos azules y rostro velludo habían llegado desde el otro lado del mar, se les otorgó una audiencia bajo firme custodia con el gobernador inca, que especulaba que quizás fueran mensajeros de Viracocha. Cuando, durante la reunión, el sacerdote dio una señal acordada de antemano, los soldados españoles salieron de sus escondites y capturaron al gobernante inca a punta de espada. Cuando sus súbditos, guardias y adoradores vieron que estaba en peligro, dejaron caer sus armas. Entonces, los españoles tomaron vidas a voluntad hasta que lograron capturar a Atahualpa y recluirlo en sus cuarteles temporales.

Mientras estaba cautivo, el monarca se dio cuenta de que los españoles querían oro y, como los incas tenían grandes cantidades, les ofreció llenar una habitación con ese metal si lo dejaban en libertad. Rápidamente, los españoles accedieron y empezó a llegar oro de todas las comunidades incas del imperio. Atahualpa temía que el pueblo frustrado liberara a su hermano Huáscar de su arresto domiciliario, lo nombrara rey (ya que, después de todo, era el heredero legítimo) y luego atacara a los españoles; por lo tanto, eliminó este peligro enviando mensajeros a que mataran a Huáscar en su hogar. Mientras la habitación se llenaba de oro, los españoles consideraron su vulnerabilidad y el peligro que correrían apenas liberaran al gobernante inca. Entonces, diseñaron un plan con la Inquisición española como pretexto, y juzgaron a Atahualpa por herejía, lo declararon hereje y sentenciaron que moriría en la hoguera. Él rogó que no lo quemaran porque, si su cuerpo era quemado, no viviría eternamente en forma momificada con sus antepasados. Ellos cedieron con la condición de que se convirtiera al catolicismo, y el rey aceptó. Lo bautizaron Juan Atahualpa, lo agarrotaron, lo enterraron y tomaron control de su imperio.

Hubo una resistencia residual en distintos grupos, y algunos incas intentaron reclamar su libertad de vez en cuando. Sin embargo, el mismo sistema de caminos inca construido para facilitar el tránsito del ejército inca a través de los escarpados Andes irónicamente fue su perdición. Los españoles no habrían podido usar sus caballos ni sus pesados cañones a no ser por los caminos, y habrían estado en desventaja sin estas «armas mágicas». Los incas no conocían los caballos, las herramientas de hierro ni la pólvora. Entonces, los conquistadores españoles pudieron irrumpir con relativa libertad en la dictadura benevolente de los incas, caracterizada por su buen manejo y organización. La reemplazaron con un reinado cruel sobre sus súbditos, robaron su oro y los explotaron como los animales sin alma que creían que eran.

Sin embargo, algunos intentaron tratar a los incas con compasión, como Bartolomé de las Casas, un sacerdote católico que, al principio, había participado del tráfico de esclavos indígenas, pero había llegado a creer que tenían alma y podían convertirse. Este hombre viajó a España y habló en favor de los indígenas ante la corte española. Con el tiempo, logró que fueran libres de la esclavitud, pero los abusos continuaron. La Iglesia católica decretó que el dueño de una tierra podía hacer trabajar a los que vivían allí (en lo que había sido su tierra) a cambio de convertirlos y enseñarles la fe cristiana. Los indígenas se convertían con una «explicación e invitación para aceptar a Cristo» como, por ejemplo, con una espada en la garganta del líder y la orden: «¡Ríndanse ante la autoridad del papa y el rey y la reina de España o mueran!». Entonces, por supuesto, se sometían. La «conversión» del animismo al catolicismo fue más como colocarse una camiseta católica... la mente y el corazón permanecieron iguales. La conquista española de México es un paralelo asombroso de las tácticas y los resultados de lo que ocurrió en Sudamérica, con los aztecas en lugar de los incas y Cortés en vez de Pizarro.

El resultado de esta conversión impuesta al cristianismo fue sincretismo puro. La práctica del sincretismo era natural para los incas. Ya habían aprendido a sincretizar su propio sistema animista con el de otras culturas indígenas antes de que llegaran los españoles, así que conocían los beneficios y los pasos para hacerlo. En el caso del catolicismo romano, les resultó natural por otras razones. Los incas no entendían español, ya que su idioma nativo era el quechua, pero los sacerdotes y terratenientes católicos al principio no estaban ansiosos de persuadir ni convencer al pueblo de la sabiduría del cristianismo sobre el animismo, y preferían simplemente imponer sus creencias.

Los factores que más facilitaron el sincretismo que resultó fueron los paralelos religiosos. Los incas adoraban al dios del sol, el gobernante inca era la encarnación de dios, la tierra era la diosa Pachamama y los lugares santos estaban en las montañas. Los sacerdotes católicos hablaban del Dios del cielo, quien, para los incas, tenía que ser el sol; hablaban de Jesús, la encarnación de ese Dios, y los incas razonaron que ese debía de ser otro nombre para su gobernante; adoraban a la virgen María, a quien, naturalmente, los incas asociaron con la Pachamama; y los católicos reemplazaron los lugares de adoración incas con iglesias, capillas, cruces o altares a María. El sincretismo fue una manera natural de mezclar las dos religiones, y así surgió un tercer culto diferente a los otros dos.

Una lección para aprender de esta historia

Las lecciones del desarrollo del cristianismo en España durante el siglo XV resultaron en la cosmovisión y las creencias religiosas que los misioneros españoles trajeron al Nuevo Mundo. La historia religiosa e incluso los sucesos políticos en la Sudamérica precolombina dieron como resultado la cultura particular que encontraron los españoles cuando llegaron.

Desde la envidiable perspectiva que brinda el tiempo, la interacción de estos dos sistemas revela varias lecciones de las que podemos aprender.

En primer lugar, al considerar el catolicismo en las Américas hoy en día, no esperes encontrarlo en la misma forma que existiría en Roma o incluso en Estados Unidos. El catolicismo que interactuó con la Reforma, la Contrarreforma y la lucha teológica que ocurrió en Europa al norte de los Pirineos fue la clase que llegó a Nueva Inglaterra, y parece mucho más moderado y distinto del descendiente latinoamericano del catolicismo inquisitorial, duro y anterior a la Reforma, donde la conversión era a punta de espada y el sincretismo era el camino de menor resistencia para sus seguidores.

Como vimos en la caída de Roma, todo lo que provenía de allí se volvió sospechoso para el resto del mundo; por lo tanto, la religión estatal de Roma, el cristianismo, también sufrió. La vestimenta y la práctica del cristianismo se identificaban con Roma. De manera similar, el cristianismo de España viajó con los españoles a las Américas y solo fue posible adoptarlo y practicarlo de esa forma. Los pueblos quechuas analfabetos de la Sudamérica andina se colocaron la camiseta católica, edificaron catedrales católicas y sirvieron a sus nuevos dueños católicos, pero, en realidad, en su corazón, no cambió lo que eran ni lo que creían.

No hace falta tener demasiada imaginación para considerar los resultados que habría tenido una presentación diferente del cristianismo. Los incas ya pensaban que los españoles eran mensajeros del dios altísimo, el creador Viracocha. ¿Y si Pizarro y sus hombres hubieran usado esa conexión como puente para explicar al verdadero Dios creador? ¿Y si hubieran utilizado los paralelos en las deidades como metáforas para explicar la Trinidad y la verdad revelada? En un módulo posterior, trataremos este tema crucial de contextualización con más detalle. En este momento, la conquista española del Imperio inca nos sirvió para mostrar la necesidad de entender el trasfondo del cristianismo que traen los misioneros, así como el contexto histórico, cultural, político y lingüístico de la cultura meta. A medida que enseñes este material a tus alumnos en contextos globales, prepárate examinando tu propio trasfondo religioso y las fuentes de todo lo que consideras sagrado. Luego, considera las religiones tradicionales y la cosmovisión de las personas a las que enseñes. ¿Cómo puedes asegurarte de evitar algunos de los errores de la conquista de América y el sincretismo que surgió de la manipulación?

Si consideras el trasfondo de la expansión del cristianismo desde la lapidación de Esteban hasta su expresión en la congregación donde asistes, ¿qué impacto tiene ese legado en lo que crees? Considera este mismo trasfondo en el caso de los misioneros que plantaron la bandera del cristianismo y establecieron las primeras iglesias en los lugares donde enseñarás. Piensa en cómo las creencias tradicionales y las cosmovisiones religiosas anteriores interactuaron con lo que trajeron los primeros misioneros y dieron como resultado la suma total de la realidad religiosa de tus alumnos. Todo este trasfondo es historia de la Iglesia y, para establecer pastores firmes y maestros ortodoxos con nuestro programa de capacitación, debemos saber de dónde venimos para planificar un camino directo hacia nuestro objetivo. Hemos llegado al punto de la historia donde empezó el movimiento misionero moderno y los misioneros evangélicos protestantes navegaron desde Occidente al resto del mundo.

Hasta lo último de la tierra: 1600 d.C.-presente

Este período de la historia está marcado por el avance de las misiones protestantes que, a menudo, fue posible gracias a la expansión colonial de los poderes europeos por el mundo. Winter escribió: «Para 1945, los europeos controlaban casi el 99,5% del mundo no occidental».[16] El dominio europeo no duraría, y el péndulo ya se dirige al otro lado en la actualidad, ya que muchos países del sur global ejercen influencia en las naciones occidentales. Es cierto que los reformadores no participaron demasiado en el avance misionero; en parte, debido a una mala exégesis e interpretación de los pasajes sobre misiones en la Biblia, pero también porque estaban ocupados intentando mantenerse con vida durante los primeros años de la Reforma. Sin embargo, para fines del siglo XVIII, todavía había una deficiencia vergonzosa de avance misionero protestante. Hubo

[16] Winter, *Perspectives*, 16.

cierto avance y algunos misioneros destacables, pero la aceptación global del desafío de las misiones internacionales aún no había cobrado ímpetu.

Así como la imprenta de tipos móviles de Johann Gutenberg ayudó a la Reforma, también permitió la impresión de Biblias y la extensión del cristianismo. La traducción de la Biblia de Jerónimo al latín en 405 d.C. se usó durante más de 1000 años, antes de transformarse en la versión oficial de la Escritura para los católicos en el Concilio de Trento. Sin embargo, ya llegarían otras versiones.

Un equipo de eruditos, incluidos Miles Coverdale y John Knox, usaron la traducción al inglés de William Tyndale y publicaron la Biblia de Ginebra en 1560. Casiodoro de Reina tradujo la Biblia al español en 1569, Cipriano de Valera la revisó y se publicó en 1602. Hoy en día, todavía se usa la versión Reina-Valera en sus diversas ediciones y actualizaciones, y se la tiene en alta estima en todo el mundo de habla hispana. La versión inglesa del rey Jacobo, que apareció en 1611, formó e influenció el idioma y la literatura inglesa por más de 400 años.

Desde entonces, los misioneros transformaron la traducción de la Biblia en una de las herramientas más poderosas para llegar a los campos misioneros y enseñar en todo el mundo. Uno de los esfuerzos misioneros más conocidos de traducción bíblica es el de William Carey y su Trío de Serampore. Estos misioneros tradujeron y publicaron Biblias en más de 40 idiomas en India en el siglo XIX. Otro emprendimiento famoso de traducción bíblica estuvo al frente de Cameron Townsend, un exmisionero de la Misión Centroamericana (ahora llamada Camino Global). Como vendedor ambulante de libros religiosos, tenía una carga por los que no hablaban o leían en el idioma de la cultura dominante en los países donde vivían. Al ver la gran necesidad de una Biblia en los idiomas y dialectos locales, estableció un campamento de capacitación para enseñar lingüística, el *Summer Institute of Linguistics* [Instituto lingüístico de verano] o SIL, e inauguró una agencia misionera para la traducción de la Biblia a los idiomas del mundo llamada *Wycliffe Bible Translators* en honor al famoso John Wycliffe, que tradujo la Biblia al inglés.

El movimiento misionero moderno data de finales del siglo XVIII, pero, incluso antes, había misioneros y predicadores protestantes sobre los cuales tus alumnos deberían aprender. Mientras las colonias estaban empezando a tener dificultades bajo un gobierno exigente al otro lado del océano, la Iglesia avanzaba en Nueva Inglaterra. John Eliot (1604-1690) fue un misionero a los indios algonquinos en Nueva Inglaterra. Aprendió su idioma para predicarles y establecer «pueblos de oración» en medio de ellos.

David Brainerd (1718-1747) sirvió como misionero entre los indios de Delaware en Nueva Inglaterra. Vivió en el bosque entre ellos y sufrió los efectos del medio ambiente, que, para él, eran más severos, ya que sufría de tuberculosis. Tuvo una vida trágica y breve, acelerada por las tribulaciones que sufrió, pero tuvo algunas victorias entre los indígenas y dejó un diario. Durante los últimos días de su enfermedad, estuvo en su lecho de muerte en la casa de Jonathan Edwards. Cuando David falleció, Edwards publicó el diario de Brainerd, el cual tuvo un profundo impacto en cientos de misioneros respecto a su comprensión del llamado y su compromiso. Cuando el padre de las misiones modernas, William Carey, fue al campo misionero de la India, navegó con una copia de este diario, ya que había sido de gran influencia para su vida.

El primer Gran Despertar: 1730-1750

El Gran Despertar fue un avivamiento y un movimiento de renovación que impactó a miles de personas en Nueva Inglaterra durante la primera mitad del siglo XVIII. Dios usó a predicadores poderosos como los hermanos Wesley —John (1703-1791), que fue el fundador de las iglesias metodistas, y su hermano Charles (1707-1788)—, George Whitefield (1714-1770) y Jonathan Edwards (1703-1758), quien posiblemente fue la mente teológica más importante que surgió de Estados Unidos. El Gran Despertar avivó la llama espiritual y religiosa en las iglesias y trajo convicción de pecado y salvación para miles de personas.

El segundo Gran Despertar fue un avivamiento subsecuente que empezó a fines del siglo XVIII y llegó hasta el siglo XIX. En este avivamiento, los pastores itinerantes metodistas y bautistas fueron figuras prominentes. Se hizo énfasis en eliminar el pecado de las comunidades y hubo un poderoso impulso en los movimientos de reforma como el de templanza, el abolicionista y el de los derechos de la mujer. Charles Finney, el precursor de los avivamientos modernos, fue un predicador poderoso de este período de renovación y reuniones de campaña que a veces convocaban a miles y miles de personas. En el aspecto teológico, el énfasis sobre la pecaminosidad debida a la depravación humana que había existido en el primer Gran Despertar cambió en el segundo a un enfoque que se concentraba en el libre albedrío del hombre. Otra poderosa influencia en la formación del cristianismo del siglo XIX fue la abolición del tráfico británico de esclavos, liderada por William Wilberforce en 1807. Por desgracia, la esclavitud seguiría durante décadas en Estados Unidos y, solo después de una guerra civil y la muerte de cientos de miles de personas, esta práctica se detendría y sería derogada. Lo más triste es que, al día de hoy, la esclavitud sigue en vigencia en muchos países.

En 1814, se formó la Convención Misionera General de la Denominación Bautista en los Estados Unidos para las Misiones Foráneas con el objetivo de apoyar a los misioneros bautistas en el exterior. Congregacionalistas paidobautistas designaron a Adoniram y Ann Judson, junto con Luther Rice, para que sirvieran como sus primeros tres misioneros en Birmania. Sin embargo, en su viaje a destino, tuvieron la convicción de que la Biblia enseña la postura credobautista y, cuando llegaron, pidieron que los bautizaran. Como ya no podían representar a la denominación paidobautista y recibir una subvención de su parte, decidieron renunciar y Rice regresó a Estados Unidos para ayudar a formar la convención bautista que mencionamos antes, también llamada Convención Trienal, porque se reunía cada tres años. Lamentablemente, debido a disensiones y divisiones dentro de Estados Unidos por el problema de la esclavitud, la Convención Trienal no enviaba como misionero a ningún habitante de un estado esclavista, sin importar cuál fuera la postura del candidato. La tensión empeoró hasta que las iglesias bautistas del sur formaron su propia Convención Bautista del Sur (SBC) en 1845 con el propósito expreso de las misiones. Empezaron con dos comités, el Comité de misiones extranjeras y el Comité de misiones locales. El primer campo internacional para la incipiente SBC fue China, seguida por Nigeria pocos años después.

La influencia del movimiento pentecostal y la pentecostalización de iglesias de otras denominaciones por todo el sur global impactaron las formas del cristianismo en esa región. El comienzo del movimiento pentecostal se remonta a un avivamiento que empezó en la calle Asuza en Los Ángeles en 1906 y siguió hasta 1915. Esas reuniones estaban al frente de un predicador afroamericano llamado William J. Seymour, y estaban llenas de sanidades milagrosas, gente que hablaba en lenguas y un estilo exuberante de adoración que muchos protestantes de la época consideraban escandaloso. El movimiento siguió expandiéndose. Hoy, por todo el mundo, hay iglesias con estilo pentecostal, ya sea que estén afiliadas a alguna denominación o no. Algunos atribuyen el éxito a una cercanía a la enseñanza sobre la prosperidad, algo siempre popular en los contextos más pobres. Otros se la adjudican a la adoración animada y expresiva que llena el vacío que dejaron los estilos de adoración «más fríos» de las denominaciones tradicionales. En las culturas tradicionales del sur global, muchos prefieren un estilo de adoración más exuberante y carismático, y la adoración pentecostal satisface la demanda.

La controversia entre fundamentalistas y liberales en las décadas de 1920 y 1930 nos recuerda que todas las generaciones deben contender por «la fe que ha sido una vez dada a los santos». Esta controversia empezó entre presbiterianos, pero, rápidamente, se extendió a otras denominaciones. Los liberales o modernistas preferían un método para estudiar la Biblia que empleaba la «alta crítica» y adoptaba un método científico para lograrlo, ya que suponían que había una buena parte de leyenda, tradición y mitos. Los fundamentalistas defendieron correctamente la plena inspiración verbal de la Palabra de Dios y sostuvieron los «fundamentos» del cristianismo. Estos eran: 1) la inspiración del Espíritu Santo de la Biblia inerrante, 2) el nacimiento virginal de Cristo, 3) la expiación sustitutiva de Cristo, 4) la resurrección corporal de Cristo y 5) la realidad histórica de los milagros de Cristo. Como resultado de esta controversia, la cultura norteamericana empezó a deslizarse con mayor facilidad por una cuesta resbalosa hacia una cosmovisión secular humanista, mientras que otros cristianos que entendían lo que estaba en juego empezaron a esforzarse por conservar la verdad.

El resurgimiento conservador en la Convención Bautista del Sur (1979-2000) es un hecho histórico digno de mención porque fue una de las pocas ocasiones en las que algún segmento del cristianismo adoptó una perspectiva teológica moderna o de izquierda y luego regresó a una teología sólida. Dios usó a líderes conservadores en la denominación bautista del sur para que diseñaran estrategias, oraran y se organizaran a fin de fomentar un movimiento de inquietud piadosa y acción responsable.

Los avances de las misiones católicas romanas

Antes de ver algunos de los misioneros protestantes del «gran siglo de avance global protestante»,[17] consideremos algunos misioneros de la Iglesia católica romana. La Reforma protestante empezó recién en 1517; por lo tanto, técnicamente, todo el avance misionero anterior a esa fecha figuraría en la lista de los esfuerzos misioneros de la Iglesia oriental ortodoxa o de la Iglesia católica romana. Ya nombramos a Bonifacio, misionero en las partes germanas del Imperio franco; Cirilo y Metodio, misioneros en los pueblos eslavos; y Bartolomé de las Casas, entre los pueblos indígenas de las Américas. Raimundo Lulio, un franciscano español (1232-1315), fue misionero entre los musulmanes y murió como mártir en Túnez. Francisco Javier (1506-1552) era amigo de Ignacio y cofundador de la Compañía de Jesús, la orden de los jesuitas. Fue uno de los primeros siete en hacer un voto de pobreza y castidad. Fue como misionero a India, Japón, Borneo, las islas Molucas y, al final, a China, donde murió. Los católicos lo conocen como el «apóstol de las Indias» y el «apóstol de Japón». Matteo Ricci (1552-1610) fue un sacerdote jesuita italiano en China durante 30 años. Obtuvo favor gracias a sus habilidades como matemático y cartógrafo. Sus dones para el trazado de mapas y sus habilidades lingüísticas (hablaba y escribía chino clásico, el idioma de los eruditos) le ganaron el respeto y la entrada como el primer occidental con acceso libre a la ciudad prohibida.

---

[17] Este término fue acuñado por Kenneth Scott Latourette, autor de una obra de seis tomos, *History of Christianity*. Usó este término para referirse a la era de avance misionero prolífico y trascendente que empezó en 1782 con el viaje de William Carey como el padre de las misiones modernas y llegó hasta la primera Conferencia Misionera Mundial en Edimburgo, Escocia, en 1910.

Como misioneros y maestros de escuela, los jesuitas conformaron la orden religiosa más grande del catolicismo romano. Eran uno de los principales brazos de la fuerza misionera católica romana. Los jesuitas solo recibían órdenes de sus líderes y del papa, lo cual, en ciertos contextos, levantaba sospechas. Los jesuitas empleaban reglas de lógica para encontrar evasivas e interpretar las reglas como más les convenía, lo que daba lugar a una conducta pecaminosa. Debido a las presiones políticas que tenía el papa de parte de los líderes internacionales de gobiernos poderosos, los jesuitas se disolvieron en 1773 y permanecieron así hasta 1814. A finales del siglo XIX, el control monolítico de la Iglesia católica romana sobre gran parte del mundo recibió otros golpes.

La Revolución francesa y la americana cortaron gran parte del control que esgrimía Roma. Además, el Gran Despertar en las colonias americanas resultó en el crecimiento de las iglesias protestantes y contribuyó al debilitamiento del catolicismo. Dios usó con poder la predicación de George Whitefield, John y Charles Wesley, Jonathan Edwards y Samuel Davies, y las iglesias evangélicas protestantes crecieron y se fortalecieron en las colonias.

Los avances misioneros protestantes

Además de los precursores del movimiento misionero moderno protestante que ya mencionamos, como John Eliot, David Brainerd e incluso Jonathan Edwards, a la Hermandad de Moravia se la conoce por su extraordinario celo misionero.

El conde Nicholas Ludwig von Zinzendorf (1700-1760) era un noble acaudalado y fiel al rey de Sajonia. Refugió en su hacienda a los moravos, los descendientes de Jan Hus de la Unitas Fratrum, que huían de la persecución. En 1772, ellos edificaron allí la comunidad de Herrnhut (el redil del Señor), con el lema: «*Vicit agnus noster, eum sequamur*», que significa «Nuestro Cordero ha conquistado; sigámoslo». Como tenían mucha carga por las misiones, enviaron los primeros misioneros a las Antillas a los cinco años. Muchos más seguirían su ejemplo y harían grandes sacrificios por la causa misionera. Algunos hasta se vendieron como esclavos para obtener el acceso necesario para evangelizar a los esclavos en las plantaciones de azúcar.

William Carey (1761-1834) no fue el primer protestante en servir como misionero, pero se lo considera el padre de las misiones modernas, principalmente por su estrategia y metodología misionera, y por su prodigioso legado para las misiones. A medida que el avance misionero protestante empezó a expandirse a finales del siglo XVIII, Carey estuvo al frente de este impulso. Su vida y su ministerio demuestran una pasión por el uso de medios coherentes con el evangelio para la conversión de las naciones.

Carey había sido un pastor bautista autodidacta en Londres que también enseñaba a niños y remendaba zapatos. Entre sus pasatiempos, se encontraban la botánica, la geografía y los idiomas. Usó restos de cuero de zapatos remendados para hacer un mapamundi y enseñar geografía. Fascinado con los países del mundo, leía los libros del capitán Cook a medida que se publicaban y anotaba en sus mapas los nombres, los pueblos, la cantidad de habitantes y los idiomas de cada país. Además, aprendió latín, italiano, griego, hebreo y holandés de forma autodidacta. Su don para los idiomas probaría ser de gran utilidad en India.

Para Carey, fueron de gran influencia la vida y los escritos del apóstol Pablo, Eliot y Brainerd, y empezó a sentir una carga de llevar el evangelio a las naciones. Cuando mencionó esta idea a los demás pastores bautistas, le dijeron: «Siéntate, jovencito; cuando Dios se prepare para salvar a los paganos, lo hará sin tu ayuda ni la mía». Sin inmutarse, Carey siguió orando y estudiando y, en 1792, terminó publicando un ensayo titulado *Una investigación sobre la obligación que tienen los cristianos de usar medios para la conversión de los paganos*. Predicó el sermón «Intenta grandes cosas; espera grandes cosas» tomado de Isaías 54:2-3 para desafiar a sus hermanos pastores a ensanchar el sitio de sus tiendas. Sus compañeros pastores fueron a apoyar su partida; en especial, Andrew Fuller, John Sutcliffe y John Ryland Jr. Este trío de hombres londinenses apoyó la obra misionera y a Carey mientras se establecía en India. Después de los primeros años difíciles, otros fueron a ayudarlo.

Cuando Carey emprendió su misión, su presencia en India era indeseable; la Compañía Británica de las Indias Orientales no quería ninguna interferencia religiosa que pudiera trastornar su negocio con los ciudadanos. Así que Carey fue el primer misionero de la era moderna en usar la creatividad para acceder a un lugar y usar un «negocio como misión». Al principio, manejaba una fábrica de índigo y pudo quedarse en India porque los daneses le permitieron estar en su colonia en Serampore y le concedieron un pasaporte que franqueaba el gobierno británico. Pasaron siete años hasta que se convirtió la primera persona.

El trío de Serampore formado por Carey, John Marshman y William Ward era un equipo misionero sinérgico en el cual cada uno aportaba sus habilidades para lograr que la comunidad misionera tuviera grandes resultados. La filosofía de Carey y su equipo tenía cinco principios: una amplia predicación, la distribución de la Biblia en la lengua vernácula, la plantación de iglesias, el estudio de las religiones no cristianas y un programa integral de capacitación ministerial. Dejó un legado de más de 40 traducciones de la Biblia, una decena de estaciones misioneras en India, gramáticas y diccionarios en muchos idiomas, tres hijos que se transformaron en misioneros, la abolición del *sati,*[18] la traducción de clásicos hindúes al inglés y una investigación y capacitación hortícolas de primera calidad. Muchas de las plantas catalogadas en la India contienen «Carey» en su nombre latino.

Hablar de la vida y la obra de incluso los más conocidos entre los misioneros protestantes llevaría varios tomos. Esta es una breve mención de algunos para representar las principales áreas de la obra misionera en el mundo. La vida y los escritos de David Brainerd y William Carey dejaron una huella profunda en Henry Martyn (1781-1812). Martyn fue un pastor anglicano que sirvió como misionero en India y Persia, y tradujo el Nuevo Testamento al urdú y al persa. Murió en Tokat, Turquía, camino a Constantinopla, a los 31 años de edad. Robert Morrison (1782-1834) tradujo la Biblia al chino, desarrolló un diccionario chino y, aunque solo bautizó a 10 creyentes chinos en más de 25 años de servicio misionero, estos fueron cristianos fieles. Poco después de llegar a China, le preguntaron si pensaba que produciría un impacto en los chinos y él respondió: «No, señor, pero espero que Dios sí lo haga».

---

[18] La práctica del *sati* o la quema de viudas. Cuando un hombre moría, su viuda debía unirse a él en la pira funeraria y era quemada viva.

Adoniram Judson (1788-1850), junto con su esposa Ann y el misionero Luther Rice, fueron designados misioneros congregacionalistas de Massachusetts a Birmania, pero, en su viaje hacia el campo misionero, adoptaron una postura credobautista. Entonces, se pidió que otra organización enviara a los Judson y a Rice. Luther Rice regresó a Estados Unidos y organizó a iglesias bautistas para que apoyaran a los misioneros, lo cual transformó a los Judson en los primeros misioneros internacionales designados desde Estados Unidos. Rice tradujo la Biblia al birmano, compiló un diccionario de inglés-birmano y dejó como legado más de 100 iglesias y 8000 creyentes. Si bien Adoniram y Ann Judson fueron los primeros misioneros designados, no fueron los primeros en irse de Estados Unidos para plantar una iglesia en el exterior.

George Liele (1750-1820) era un esclavo emancipado que sirvió como pastor fundador de la primera iglesia bautista africana en Savannah, Georgia. Cuando su antiguo dueño, Henry Sharp, que lo había liberado para permitir que predicara, murió en la guerra de Independencia de los Estados Unidos peleando para los británicos, los herederos de Sharp intentaron recuperar a su esclavo. Lo mantuvieron cautivo un tiempo, hasta que él pudo conseguir sus documentos. Como temía represalias, pero no tenía los medios para escapar, firmó contrato con un oficial británico y, en 1782, navegó para Jamaica. Sirvió a este oficial hasta saldar su deuda y luego predicó a diestra y siniestra entre los negros libres y antiguos esclavos. En 1784, plantó una iglesia, casi 10 años antes de que William Carey navegara a India y 30 años antes de que Judson llegara a Birmania. Aunque no tenía educación formal, aprendió lo suficiente como para leer la Biblia y, en los primeros 7 años, tuvo más de 500 convertidos.

Robert Moffat (1795-1883) fue un misionero congregacionalista escocés que predicó en África; además, fue el suegro de David Livingstone. Tradujo la Biblia y *El progreso del peregrino* al setsuana y tomó un solo permiso de ausencia en 52 años de servicio misionero. Persuadió a Livingstone de ir a África en vez de China, diciéndole que, en África, había visto el «humo de mil aldeas donde ningún misionero había llegado aún».

J. Hudson Taylor (1832-1905), misionero en China y fundador de la Misión al Interior de China, es considerado el «padre de las misiones de la fe». Como quería contextualizar su vida y su ministerio, se trenzaba el cabello como los hombres chinos y usaba la típica vestimenta local. Criticaba a los demás misioneros por dedicar demasiado tiempo a los expatriados y, a su vez, ellos lo criticaban por exagerar en su apariencia. También cuestionaron su plan de enviar hombres y mujeres a partes desconocidas del interior de China y Mongolia. Su nueva organización no podía garantizar el sostén a los misioneros y no les permitía pedir fondos. Sin embargo, ellos utilizaron la vestimenta china, se adentraron en el territorio y confiaron en que Dios supliría todas sus necesidades.

David Livingstone (1813-1873) fue un misionero en el este de África, aunque algunos lo clasificarían como un aventurero y explorador con causa. Nunca plantó una iglesia y no fue un predicador ni un evangelista misionero. La única persona que ganó para Cristo volvió después al animismo. Sus dos objetivos principales eran encontrar la fuente del Nilo y abolir el tráfico de esclavos en el este de África, aunque no pudo lograr ninguna de estas cosas. Sus superiores en la Sociedad Misionera de Londres creían que sus intereses de exploración lo distraían demasiado. Su función ecléctica y singular en el campo misionero se refleja en la lápida de su tumba en la abadía de Westminster: «David Livingstone: misionero, viajero, filántropo». Lo impulsaba una pasión de liberar a los demás de la esclavitud y un deseo de llevar la civilización y el cristianismo. Murió en una choza africana de rodillas junto a su cama.

John Paton (1824-1907) fue un misionero presbiteriano escocés en Nuevas Hébridas. Su autobiografía parece una novela de acción y aventuras, con emocionantes relatos de la evangelización en pueblos caníbales de los mares del sur. Tan solo tres meses después de su llegada, enterró a su primera esposa y su bebé de un mes. Volvió a casarse, continuó su tarea y Dios le dio la gracia para ver un gran fruto de su labor.

John Nevius (1829-1893) sirvió como misionero en China. Impulsó nuevas ideas sobre estrategia misionera que se utilizaron en Corea con mucho éxito. Sus ideas se basaban principalmente en eliminar el viejo estilo de establecer toda la obra alrededor del misionero y, en cambio, prefirió un enfoque indígena nacionalizado. Destacó la importancia de una tarea independiente con los líderes indígenas, para que pudieran autoabastecerse y financiarse sin la necesidad de misioneros expatriados.

C. T. Studd (1862-1931) provenía de una familia inglesa adinerada y tuvo una vida privilegiada. Se transformó en un famoso jugador de criquet en Inglaterra y parecía tener el mundo a sus pies. Después de escuchar hablar a D. L. Moody, empezó a apasionarse por hablar de Cristo. Heredó una gran cantidad de dinero de su padre, pero la donó toda a las misiones. Cuando sus amigos lo instaron a no desperdiciar su vida porque, seguramente, Dios no esperaba tanto, él respondió: «Si Jesucristo es Dios y murió por mí, ningún sacrificio que pueda hacer yo será demasiado grande».[19] Sirvió en China e India y luego navegó a África, con la esperanza de comenzar una obra en Sudán. Así resumió el supuesto sacrificio: «¿Cómo podría dedicar los mejores años de mi vida a disfrutar de los honores de este mundo cuando miles de almas perecen todos los días?».[20]

Lottie Moon (1840-1912) fue una misionera bautista del sur que sirvió en China. Nació en Virginia, en una familia adinerada. Después de graduarse, sirvió como maestra de escuela antes de empezar su obra misionera. Lottie se sacrificó para ayudar a los necesitados y ministró sin descanso para alcanzar y enseñar a las mujeres y niños chinos. Apeló a los bautistas del sur para que enviaran más misioneros y compartió su comida y su dinero para ayudar a los que la rodeaban en una época de hambruna. Sufrió tanto como resultado de su servicio altruista que, para 1912, pesaba solo 22 kilos. Estaba tan delicada de salud que los misioneros la obligaron a tomar un permiso de ausencia y regresar a Estados Unidos. Tristemente, murió en el camino, en la bahía de Kobe, Japón, en Nochebuena de 1912.

Amy Carmichael (1867-1951) sirvió en Japón un tiempo breve y luego en India durante 55 años sin tomar permiso de ausencia. Allí, se hizo conocida por su ministerio de rescatar jovencitas que habían sido dedicadas a deidades del templo y criarlas en un hogar que ella estableció y dirigía.

---

[19] C. T. Studd, «Sayings of C. T. Studd», página consultada el 15 de junio de 2016. http://www.inthebeginning.com/articles/studdsayings.htm.

[20] Ibíd.

Gladys Aylward (1902-1970) fue misionera en China. Aunque la habían reprobado en la escuela de capacitación misionera, desde su adolescencia le apasionaban las misiones en China. Ahorró dinero para llegar al campo misionero y ministró allí toda su vida. Cobijó a niños que nadie quería, mantuvo a salvo a más de 100 niños y los protegió durante la invasión del ejército japonés. Más adelante, después de pasar diez años en Gran Bretaña, volvió al campo misionero, pero el gobierno comunista chino le negó la entrada. Esto la llevó a empezar un nuevo ministerio en Taiwán, el cual continuó hasta morir en 1970.

Otros misioneros defendieron la causa de Cristo con ministerios que no se enfocaron en la predicación y la enseñanza. Clarence Jones (1900-1986) comenzó un ministerio radial internacional basado en Quito, Ecuador, llamado HCJB (*Hoy Cristo Jesús Bendice*) en 1931. Este ministerio emitió las enseñanzas del evangelio y la Biblia en muchos países e idiomas en todo el mundo. Ahora, añadió atención médica y capacitación en liderazgo a su ministerio global. Misioneros como Cam Townsend dedicaron sus vidas a la traducción de la Biblia. El «tío Cam» (1896-1982), como lo llamaban sus misioneros en Wycliffe Bible Translators y los traductores en el campo del instituto lingüístico SIL, defendieron la causa misionera en todo el mundo, al proporcionar Biblias traducidas en muchos idiomas. Betty Greene (1920-1997), de la organización Mission Aviation Fellowship (MAF), empezó como piloto en WASP (pilotos mujeres de la Fuerza Aérea de Estados Unidos) durante la Segunda Guerra Mundial y, después de la guerra, ayudó a fundar MAF. Fue su primera piloto y ayudó a expandir el servicio misionero a zonas aisladas y difíciles de alcanzar en el mundo.

Desde la lapidación de Esteban en Jerusalén, muchos mártires misioneros allanaron el camino para el avance del evangelio. Uno de los casos más famosos de martirio misionero contemporáneo es el de Jim Elliot, Pete Fleming, Ed McCully, Roger Youderian y Nate Saint en las junglas orientales de Ecuador el 8 de enero de 1956. Todos estos hombres dejaron atrás viudas y todos menos uno tenían hijos pequeños. Ellos se agruparon con una pasión y visión en común de alcanzar a los aucas (ahora conocidos como la tribu indígena huaorani). Nunca se había logrado hacer contacto con la tribu desde el exterior, pero estos hombres creyeron que, después de una larga serie de intercambio de regalos mediante una cubeta que enviaban por el aire, era hora de intentarlo. Aunque los primeros pasos parecieron prometedores, algunos hombres maliciosos de la tribu mintieron sobre la intención de los misioneros y, como resultado, la misión fue un fracaso catastrófico y estos jóvenes fueron asesinados. Sin embargo, la historia del esfuerzo heroico y el costoso sacrificio de estos hombres y sus familias hicieron que miles de jóvenes misioneros los siguieran al campo y, con el tiempo, alcanzaran a la misma tribu que había matado a los misioneros.

A través de la historia, el avance del evangelio ha estado empapado de sangre; desde la ensangrentada cruz en el Calvario, a lo largo de las páginas de la historia misionera y hasta las planas de los periódicos actuales. Satanás batallará contra la Iglesia hasta que Cristo venga en victoria y nos lleve a nuestro eterno hogar de paz y descanso. Hasta entonces, da vuelta la página y comienza a escribir tu propia historia en los anales de la Iglesia... además, instruye a tus alumnos a hacer lo mismo al entender que, de esta capacitación, puede surgir un fruto increíble del reino para las generaciones.

Las manos: Las ordenanzas

En este módulo, nos concentramos en lo que el pastor debe entender sobre las ordenanzas de la Cena del Señor y el bautismo, mientras guía a una iglesia del Nuevo Testamento. Aunque la mayoría de los miembros de la iglesia ha participado de estas dos ordenanzas, encuentro que muchos aspirantes a pastor tienen preguntas que producen tensión a la hora de guiar a una iglesia a cumplir con la Cena del Señor y el bautismo. Veamos las siguientes preguntas y orientemos a nuestros alumnos para que puedan familiarizarse con las ordenanzas y tengan las herramientas necesarias para guiar a sus iglesias.

- ¿Qué ordenanzas reconocemos y cómo empezaron?
- ¿Qué significan estas dos ordenanzas?
- ¿Quién puede administrarlas?

- ¿Dónde deberían llevarse a cabo y con qué frecuencia?
- ¿Qué pasos se siguen para realizarlas en el contexto de la iglesia local?

¿Qué ordenanzas reconocemos?

En primer lugar, observemos que usamos el término «ordenanza» en lugar de «sacramento». Para muchos, estas palabras son sinónimos y se usan de manera indistinta, pero, en realidad, hay una diferencia. Una ordenanza es una regla, decreto u orden, mientras que, históricamente, se entiende que «sacramento» se refiere a un rito que dispensa gracia. La frase «medio de gracia» puede ser problemática según la clase de gracia que se confiera y el medio que se utilice. Para algunas iglesias, los sacramentos son un intermediario mecánico; es decir, el mero cumplimiento confiere o comunica gracia a la persona en forma objetiva, más allá de cualquier subjetividad. Agustín defendía esto argumentando que la eficacia de un sacramento venía de Cristo, no de la persona que lo realizara o del mérito de la que lo recibía, y usaba la frase latina «*ex opere operato*», que significa «funciona por la misma obra que se realiza». Esto adopta la creencia de que los sacramentos no solo simbolizan la gracia que se recibe, sino que también la confieren a la persona que participa de ellos. Algunos evangélicos reformados usan el término «sacramento», pero no se refieren a que pueda existir un efecto objetivo amplio como el que defendía Agustín si no hay fe ni arrepentimiento de parte del participante. Históricamente, los bautistas han reaccionado en forma negativa a cualquier parecido con la noción de sacramento para evitar confusiones con el significado católico.

Aunque ninguno de los términos es más bíblico ni tiene más exactitud teológica que el otro cuando se entiende de manera correcta, los bautistas suelen preferir el término «ordenanza». Esto destaca su convicción de que ni el bautismo ni el cumplimiento de la Cena del Señor confiere gracia en forma automática si no hay fe, y que tampoco son esenciales para la salvación. El término «ordenanza» se prefiere en especial en contextos de cosmovisión religiosa donde se cree que los sacramentos son rituales necesarios como medio de gracia para obtener la salvación, y que es imposible recibir el perdón de pecados y la vida eterna sin haber participado de ellos.

Los bautistas consideran que estas dos ordenanzas fueron establecidas por Jesús en el Nuevo Testamento tal como ellos las observan y que están indicadas por Dios para la Iglesia. Los católicos romanos añadieron cinco sacramentos más a lo largo de los siglos (la confirmación, la confesión, la orden sacerdotal, el matrimonio y la unción de los enfermos), pero estos ritos no tienen un fundamento bíblico ni son medios de gracia. Además, la Cena del Señor y el bautismo, según los practican los evangélicos, no tienen nada de mágico; en cambio, son acciones externas que simbolizan realidades internas del corazón de los creyentes. La Cena del Señor se celebra para recordar la muerte de Cristo por nuestros pecados, y el bautismo representa nuestra identificación con Él en Su muerte, sepultura y resurrección. Agustín las llamó «la palabra visible».[21] ¿Cómo se originaron estas ordenanzas?

El bautismo

En los Evangelios, está claro que Juan el Bautista bautizó a Jesús. Mateo, Marcos y Lucas registran este suceso y, en el Evangelio de Juan, Juan el Bautista lo menciona. Pero ¿dónde empezó esta práctica? Algunos eruditos establecen su origen en rituales del Antiguo Testamento y lavados ceremoniales, con la convicción de que el patrón del bautismo en el Nuevo Testamento surgió de esas raíces. Los prosélitos judíos se bautizaban como señal de arrepentimiento y un nuevo comienzo. El bautismo de Juan parece ser un bautismo de arrepentimiento. No era el mismo que practican los cristianos hoy en día, ya que el Espíritu Santo no había venido cuando Juan ministraba y, por supuesto, no había una plena comprensión de la muerte, la sepultura y la resurrección de Jesús, que es lo que representa el bautismo para el creyente (Rom. 6:4).

---

[21] Kevin Knight, ed., «Tractates on the Gospel of John», Tractate 80.3, página consultada el 15 de junio de 2016. http://www.newadvent.org/fathers/1701080.htm.

Jesús quiso que Juan lo bautizara para dar el ejemplo a todos los que lo seguirían. Por supuesto, no tenía pecado ni necesitaba bautizarse para arrepentirse y purificar o lavar iniquidad alguna. Jesús se identificó con la humanidad desde el principio de Su ministerio público a través de Su bautismo, y seguiría sometiéndose al Padre en toda Su vida sobre la tierra, orando y haciendo Su voluntad. Se identificó a tal punto con nosotros que pagó la deuda de nuestro pecado en la cruz. El bautismo de Jesús se registra en Mateo 3:13-17, Marcos 1:9-11 y Lucas 3:21-22. Aunque no hay un relato del bautismo de Jesús en el Evangelio de Juan, sí se incluye el ministerio de Juan el Bautista y el testimonio de cómo reconoció a Jesús como el Mesías cuando lo bautizó. Declaró que Jesús era el cumplimiento de la señal profética que se le había indicado anticipar. Dios le reveló a Juan que la persona sobre la cual descendería la paloma sería el Mesías.

No hay una fórmula bíblica que paute detalles del bautismo como la vestimenta que los ministros y los candidatos tienen que usar, la clase de reunión donde debe realizarse, si hay que bautizar al principio o al final de la reunión, o dedicar todo el encuentro al bautismo. No está estipulado si los candidatos deben inclinarse hacia delante, echarse hacia atrás o directamente ponerse de cuclillas, como algunos hacen.

Mientras que algunos usan las palabras de la Gran Comisión para bautizar en el nombre de la Trinidad (en el nombre del Padre, del Hijo y del Espíritu Santo), otros bautizan solo en el nombre de Jesús, sin la intención de referirse a un modalismo, unitarismo ni a las herejías que solo reconocen a Jesús; sencillamente, toman el versículo de Hechos y lo aplican a sus reuniones de bautismo. Para muchos, el bautismo en el nombre de Jesús o en nombre del Padre, el Hijo y el Espíritu Santo distingue el bautismo cristiano del de Juan el Bautista, en el sentido de que implica una «transferencia de propiedad».[22] Como creyentes, ahora le pertenecemos a otro y declaramos públicamente la lealtad al nuevo Señor de nuestra vida.

---

[22] John S. Hammett, *40 Questions About Baptism and the Lord's Supper,* 40 Questions & Answers Series, Benjamin Merkle, ed. de la serie (Grand Rapids, MI: Kregel Academics, 2015), 118.

Observa los pasajes que describen una fuerte conexión entre el bautismo y el principio de la vida en Cristo para el creyente (Hech. 2:38,41; 8:36-38; 9:18; 10:48; 16:15,33; 18:18; 19:5; 22:16). Al examinar estos pasajes, vemos que el bautismo no era opcional para los creyentes, ni algo que se dilatara por años. Estaba íntimamente relacionado con el principio de la vida cristiana. Por eso, muchas iglesias consideran el bautismo como el acto inicial de obediencia para ser admitido como miembro de la iglesia, precedido solo por el arrepentimiento y la fe en el momento de la conversión. Es una declaración pública de nuestro testimonio respecto a lo que creemos sobre Jesús y nuestra nueva vida en Él. Pablo escribió sobre nuestra identificación con Jesús, nuestra unión con el Cuerpo de Cristo y sobre vestirnos de Él mediante el bautismo.

> Porque somos sepultados juntamente con él para muerte por el bautismo, a fin de que como Cristo resucitó de los muertos por la gloria del Padre, así también nosotros andemos en vida nueva. (Rom. 6:4)

> Porque por un solo Espíritu fuimos todos bautizados en un cuerpo, sean judíos o griegos, sean esclavos o libres; y a todos se nos dio a beber de un mismo Espíritu. (1 Cor. 12:13)

> Porque todos los que habéis sido bautizados en Cristo, de Cristo estáis revestidos. (Gál. 3:27)

Pablo también habla de nuestra salvación y usa el bautismo como metáfora: «En él también fuisteis circuncidados con circuncisión no hecha a mano, al echar de vosotros el cuerpo pecaminoso carnal, en la circuncisión de Cristo; sepultados con él en el bautismo, en el cual fuisteis también resucitados con él, mediante la fe en el poder de Dios que le levantó de los muertos» (Col. 2:11-12). Al incluir la frase «mediante la fe», Pablo destaca un punto esencial para considerar los límites del bautismo. Tom Schreiner escribió: «Sin embargo, el bautismo no es solo un suceso en el cual se aplica la naturaleza objetiva de la obra salvadora de Cristo a Su pueblo. También se combina con la apropiación subjetiva de esta salvación».[23]

La Cena del Señor

Algunas iglesias llaman a la Cena del Señor eucaristía, comunión, la mesa del Señor o el partimiento del pan. Cada término destaca una imagen o énfasis bíblico distinto relacionado con la Cena del Señor. Jesús instituyó esta ordenanza en el contexto de la comida pascual. Así como la Pascua conmemora la salvación de Israel de la esclavitud del faraón para seguir a su nuevo líder en el desierto y cruzar el río Jordán para vivir en la tierra prometida, nosotros, como cristianos, somos librados de la esclavitud de Satanás para seguir a nuestro nuevo Líder por el desierto de esta vida terrenal hasta cruzar a la tierra prometida de la eternidad.

Los Evangelios sinópticos describen el entorno donde Jesús comió con Sus discípulos la última cena o comida pascual e instituyó la Cena del Señor (Mat. 26:26-28; Mar. 14:22-24; Luc. 22:7-23). El libro de Hechos describe cómo la iglesia primitiva se reunía a partir el pan (Hech. 2:42), lo cual explica el nombre que se prefiere para el cumplimiento de esta ordenanza en muchas iglesias. Pablo proporciona la enseñanza más sucinta sobre el orden y el cumplimiento de la Cena del Señor en un pasaje más amplio de 1 Corintios 11:17-34, pero observa la guía clara y definitiva para llevarla a cabo en los versículos 23-26:

> Porque yo recibí del Señor lo que también os he enseñado: Que el Señor Jesús, la noche que fue entregado, tomó pan; y habiendo dado gracias, lo partió, y dijo: Tomad, comed; esto es mi cuerpo que por vosotros es partido; haced esto en memoria de mí. Asimismo tomó también la copa, después de haber cenado, diciendo: Esta copa es el nuevo pacto en mi sangre; haced esto todas las veces que la bebiereis, en

---

[23] Thomas R. Schreiner y Shawn D. Wright, eds., *Believer's Baptism: Sign of the New Covenant in Christ,* parte de la serie NAC Studies in Bible & Theology, E. Ray Clendenen, ed. de la serie (Nashville, TN: B&H Academic, 2006), 77.

> memoria de mí. Así, pues, todas las veces que comiereis este pan, y bebiereis esta copa, la muerte del Señor anunciáis hasta que él venga.

¿Qué significan estas ordenanzas?

Las ordenanzas de la Cena del Señor y el bautismo son actos externos que simbolizan realidades internas. El bautismo es una declaración exterior que refleja la realidad interior de la regeneración y la conversión. En la Escritura y la historia de la Iglesia, el bautismo siempre se identifica como el primer paso de la vida cristiana para el nuevo creyente; sin duda, con respecto a transformarse en miembro de una iglesia local. El bautismo simboliza la identificación del creyente con la muerte, la sepultura y la resurrección de Jesucristo. Además, representa la purificación, la limpieza y el perdón de los pecados. Es un paso necesario para unirse y pertenecer al cuerpo local de Cristo.

La Cena del Señor es un homenaje que los cristianos observamos en forma habitual para recordar la muerte, la sepultura y la resurrección de Cristo al salvarnos, para tener comunión espiritual con Cristo y con otros creyentes, para proclamar que creemos en lo que hizo por nosotros (1 Cor. 11:26), anticipando así Su regreso, y para promover nuestra acción de gracias.[24] Cada uno de los cuatro Evangelios y 1 Corintios 11:23-26 incluyen referencias a esta comida, que tuvo lugar en el contexto de la celebración de la Pascua.

En el Evangelio de Juan, Jesús hace referencia a la Cena del Señor al hablar de Su cuerpo como el pan y de Su sangre como el vino (Juan 6:32-58). El pan es Su cuerpo partido por nosotros y el vino es la sangre que derramó para expiar nuestros pecados. Jesús enseñó que el vino representaba la sangre del nuevo pacto. Esto puede referirse a la copa que tomó en el contexto de la comida Pascual al instituir la Cena del Señor. El inicio de un pacto seguido de una comida es coherente con el patrón del Antiguo Testamento (Gén. 26:30; 31:54; 2 Sam. 3:20).

---

[24] Hammett, *40 Questions*, 205-209.

Solo por fe, la Cena del Señor bendice al que la toma. De la misma forma que con el bautismo, el término latino *ex opere operato* describe la creencia de algunos de que la mera participación o realización de la Cena del Señor comunica la gracia salvadora a la persona. Esta perspectiva no se encuentra en la Biblia y no es la postura evangélica que enseñamos.

Es más, el sacrificio de Cristo fue un acto que se realizó y completó una sola vez, y no se reproduce al asistir a una misa ni al participar de la Cena del Señor. La visión católica romana de la *transubstanciación* enseña que el vino y el pan se transforman literalmente en la sangre y el cuerpo de Jesús cuando el sacerdote pronuncia las palabras de Cristo «este es mi cuerpo» durante la misa, aunque los accidentes (el vino y el pan) conservan su apariencia, textura, aroma y sabor. Además, los católicos sostienen que, como Dios existe fuera del tiempo, el sacrificio real de Cristo se repite en la misa cada vez que se ofrece.

La visión luterana es la *consubstanciación,* que enseña que Cristo está de alguna manera presente (en, con y debajo) en los elementos, como el agua en una esponja. Lutero hizo la comparación de colocar un hierro en el fuego hasta que se pone rojo. El fuego y el hierro están unidos, pero siguen siendo cosas separadas. Esta fue la metáfora que usó para intentar explicar la presencia de Cristo en la Cena del Señor.

La visión reformada de Calvino es que los participantes que reciben los elementos de la Cena con fe genuina reciben a Cristo que obra a través de los elementos. La visión del reformador Ulrico Zwinglio era que la Cena conmemorativa simplemente recuerda el sacrificio de Cristo por nosotros, pero negaba que hubiera una presencia física real del cuerpo y la sangre de Jesús.

¿Quién debería participar?

La doctrina de la omnipresencia de Dios enseña que el Señor está presente en todos los lugares y en todo momento; sin embargo, sabemos que no es lo único que quiso decir Jesús al afirmar que, cuando hay dos o más reunidos en Su nombre, Él está allí con ellos. Incluso no nos referimos a esto al hablar de Su presencia en la Cena del Señor, aunque no creemos en las doctrinas de la transubstanciación o la consubstanciación. Definir la distinción equivale a describir la diferencia entre el bautismo en el Espíritu Santo y la llenura del Espíritu. Aunque se reconoce la presencia del Señor en este acto de adoración y recuerdo, la sola presencia no regenera en forma automática a nadie que participe de esta ordenanza; no obstante, es lo suficientemente real como para que los que beben y comen de manera indigna acarreen juicio sobre sí mismos (1 Cor. 11:27).

Solo deben participar los creyentes bautizados que se hayan examinado a sí mismos y no estén en pecado deliberado. Más allá de lo que pueda significar tomar la Cena indignamente, al menos implica que los que se acercan a la mesa del Señor deben recordar la obra de Cristo y Su muerte hasta que Él venga (1 Cor. 11:26).

Como misionero, me invitaron a una iglesia a explicar la Cena del Señor y su conexión con los que mueren como castigo por tomarla en forma indigna. Todos los miembros de la iglesia sabían que eran pecadores y conocían lo que Pablo había escrito sobre los corintios que habían muerto después de la Cena del Señor. Su temor los había llevado a descuidar la mesa y a no participar de esta ordenanza. Me dio gusto aliviar a esta congregación extremadamente introspectiva y explicarles que la Cena del Señor no solo *no* estaba prohibida a los pecadores, sino que era *para* los pecadores. Sin embargo, es para los pecadores que desean arrepentirse, regresar y ser limpios. La situación también exigía que hablara de la obligación que tienen los creyentes de participar de esta ordenanza. La Cena del Señor no es opcional. Jesús dijo: «Tomad, comed», «bebed de ella todos» y «haced esto en memoria de mí» (Mat. 26:26-27; Luc. 22:19). No es un lenguaje que implique una opción.

¿Cuál es el propósito de estas ordenanzas?

Al recibir el bautismo, el candidato y la iglesia proclaman su convicción en el evangelio, la muerte, la sepultura y la resurrección de Jesucristo, y la vida eterna que nos ha dado. En la Cena del Señor, la iglesia proclama la identificación con la muerte de Cristo y su convicción en lo que sucedió en la Pasión de Cristo (Juan 6:47-58).

¿Quién tiene que bautizar y administrar la Cena del Señor?

En general, un pastor de la iglesia bautiza y preside la Cena del Señor, pero cualquiera designado por la iglesia puede hacerlo. La Biblia no prescribe ni determina un patrón que se deba seguir respecto a la administración del bautismo.

Algunos creen que el que gana a un perdido debería bautizarlo. En algunos contextos, es una opción sabia. Por ejemplo, en algunos campos misioneros donde no hay iglesia y los pocos grupos de creyentes no tienen ningún líder entrenado o pastor designado, el misionero que gana a los nuevos convertidos quizás tenga que bautizarlos. Sin embargo, en circunstancias normales donde hay una iglesia establecida y un liderazgo pastoral, la iglesia debería considerar la Cena del Señor y el bautismo como ordenanzas instructivas para los testigos y los participantes. Al mismo tiempo, aunque la Biblia no especifica quién debe administrar las ordenanzas, se requiere decoro para brindar el respeto que merecen. Un equipo de evangelización juvenil que predica en un centro comercial no puede llevar a los que acepten a Cristo a la fuente del patio de comidas y bautizarlos allí. En general, el bautismo se realiza en el contexto de la iglesia local a la que se une el candidato, y uno de los ancianos o una persona designada por la congregación preside el bautismo.

De la misma manera, algunos comparten la Cena del Señor en cualquier lugar, con cualquier clase de elementos y sin importar quién esté presente. Una vez más, un respeto profundo por lo que simboliza esta ordenanza estipula que lo más sabio es practicarla dentro de la iglesia, como una ordenanza instructiva. Sin duda, tiene que haber una gran reverencia, más allá del contexto donde se realice. En ocasiones, la Cena del Señor se celebra en grupos de estudio bíblico o en retiros de jóvenes. La iglesia local tiene que considerar cuáles son los parámetros correctos, pero, en el mundo evangélico, la postura aceptada es que la Cena del Señor tiene que celebrarse en una iglesia y, siempre que sea posible, debe ser presidida por el pastor o algún anciano, para enseñar y pastorear a los demás.

¿Cómo se administran?

La administración de la Cena del Señor implica comer el pan y beber el vino para recordar y proclamar la muerte del Señor hasta que Él venga. Los elementos son el pan y el vino. Muchos prefieren usar pan sin levadura u hostias, ya que la levadura en la Escritura muchas veces simboliza el pecado. Algunos prefieren el pan sin levadura para representar la pureza de Cristo, a quien representa el pan. Es más, como la Cena del Señor se instituyó en el contexto de la Pascua, la fiesta de los panes sin levadura, esta preferencia del uso de pan sin levadura es una progresión lógica (Ex. 12; Mat. 26). No obstante, no es pecado celebrar la Cena del Señor con cualquier clase de pan, o con el alimento básico si en cierta cultura no se conoce o no se consigue el pan, y puede comunicar el mismo significado.

Aunque Jesús afirmó que el vino es Su sangre, algunos prefieren usar jugo de uva como reemplazo. Usan jugo en lugar de vino fermentado con alcohol para no ofender a las culturas en que la norma es abstenerse de toda clase de alcohol, o para evitar tentar a miembros que pueden estar luchando con el alcoholismo. En contextos donde no se consiguen uvas, jugo de uvas ni vino, se utiliza alguna otra bebida adecuada para simbolizar la sangre de Cristo. Por cierto, siempre y cuando se trate de una necesidad práctica, la sustitución no es pecado. Sin embargo, para tener en alta estima la ordenanza y considerar adecuadamente lo que representa, debería usarse pan y jugo de uva o vino siempre que se consigan.

¿Dónde hay que observarlas?

En la medida de lo posible, la Cena del Señor debe observarse en el contexto de una reunión de adoración. Muchos deciden realizar una reunión normal de adoración con himnos o coros, oraciones, testimonios, lectura de la Palabra y un sermón adecuado que apunte a la observancia de la Cena del Señor y culmine en su administración. El pastor puede contar con la ayuda de otros ancianos, diáconos o líderes de la congregación. Es sabio desafiar a los que participan a que examinen su corazón y se preparen para participar de la mesa del Señor. Los que ayudan deben distribuir el pan. Cuando todos hayan recibido del pan, el pastor puede leer 1 Corintios 11:23-24 y luego invitar a la congregación a comer el pan. Luego, se distribuye el vino, seguido por la lectura de 1 Corintios 11:25, y se invita a los miembros de la iglesia a beberlo. Después, se puede leer 1 Corintios 11:26 y orar. Este patrón sencillo puede terminarse con un himno conocido, de manera similar a Mateo 26:30 y a Marcos 14:26 donde, una vez que Jesús había instituido la Cena del Señor, «cuando hubieron cantado el himno, salieron al monte de los Olivos».

No hay un orden litúrgico estricto ni una forma determinada de observar la Cena del Señor, y creo que esa fue la intención de Jesús. Todas las culturas deben tener la posibilidad de practicar la Cena del Señor de la manera más significativa para ellas y en la forma más cercana al patrón bíblico de esa primera vez antes de la Pasión de Cristo. Aunque algunos prefieren usar jugo de uvas en lugar de vino, he conocido creyentes de culturas donde nunca se practicó la Cena del Señor con otra cosa que no fuera vino, y donde el vino no tiene nada de pecaminoso, que se ofendieron al saber que nosotros usábamos jugo de uva. A la luz de las claras palabras de Cristo en la Escritura, ver que algunas iglesias no usaban vino les producía el mismo efecto que si nosotros viéramos que una congregación usa Coca Cola.

¿Con qué frecuencia es necesario observarlas?

Algunas congregaciones celebran la Cena del Señor cada vez que se reúnen a adorar; otros lo hacen una vez al mes, cada quince días o una vez al año. Algunos la observan en forma periódica, pero sin un patrón establecido. Puede administrarse al final de una reunión dominical matutina o ser el centro de toda una reunión vespertina. Algunos pueden celebrarla en una reunión a mitad de semana, pero, inevitablemente, surge la pregunta de cuál es el contexto adecuado para observar la Cena del Señor. ¿Es solo para la iglesia cuando se reúne en su santuario?

Como pastor, estaba visitando a unos miembros de mi iglesia que estaban cuidando a familiares con enfermedades y dolencias que no les permitían salir hasta que lo hicieran para ir al cielo. Al escuchar sus historias tristes de lo que más extrañaban de asistir a la iglesia, se me ocurrió que la mayoría no había podido participar de la Cena del Señor durante muchos años. Después de hacer algunos preparativos, volví para guiarlos en un encuentro de adoración, compartí un breve sermón sobre la Cena del Señor y conduje un servicio sencillo para recordar la muerte, la sepultura y la resurrección del Señor con estos miembros de la iglesia que me tocaba pastorear. Con lágrimas en los ojos, me expresaron lo importante que había sido poder adorar y participar de esa manera, y cómo el aislamiento les había quitado esa oportunidad durante tanto tiempo.

La administración correcta de la ordenanza del bautismo requiere que todo el cuerpo de un creyente nacido de nuevo se sumerja en agua como testimonio de su fe en Cristo para salvación. La palabra del Nuevo Testamento *baptízo* significa «sumergirse o hundir». La Biblia afirma que Jesús entró en el río Jordán para bautizarse y luego salió, lo cual significa que no lo salpicaron ni le derramaron agua encima (Mat. 3:16; Mar. 1:10). De la misma manera, cuando Felipe bautizó al eunuco etíope, se adentraron en el agua (Hech. 8:38). La inmersión completa de un creyente en el agua simboliza su identificación con la muerte, la sepultura y la resurrección de Cristo (Rom. 6:3-5; Col. 2:12). El bautismo no salva, añade ni completa la salvación; más bien, es un acto que simboliza la realidad interior de la regeneración y la conversión. Por esta razón, los bautistas somos *credobautistas,* lo cual significa que adherimos solo al bautismo de los creyentes. Algunos evangélicos protestantes, como los presbiterianos y los metodistas, practican el bautismo de niños (*paidobautismo*) y bautizan a los bebés de los padres creyentes. Creen que el bautismo de los bebés representa que los niños forman parte del pacto y que sirve como señal y sello, pero no necesariamente que el bautismo le confiera salvación al niño.

En algunos contextos de capacitación pastoral, la mayoría de las iglesias sostiene la visión bautista respecto al significado del bautismo, mientras que, en otros, la visión predominante puede ser la del bautismo infantil como señal, pero no como un simple ritual que confiera salvación en forma mecánica. En los casos en que los maestros no coincidan con la visión de la iglesia local, puede ser sabio enseñar las dos interpretaciones del bautismo y el fundamento bíblico de cada postura.

En las verdades doctrinales esenciales, debemos estar unificados.[25] Las verdades esenciales son fundamentalmente cuestiones doctrinales necesarias para la esencia o la constitución del cristianismo. Estas serían, por ejemplo, cuestiones como la deidad de Cristo, el nacimiento virginal, la resurrección, etc. Sin embargo, debemos entender que algunas cuestiones doctrinales de nivel secundario no son esenciales. No significa que no sean necesarias, sino que se precisan para el *bienestar* del cristianismo, pero no para su existencia. Esto implica que dos cristianos pueden diferir respecto a estas doctrinas y aún así ser nacidos de nuevo y dirigirse al cielo. Yo soy bautista en mis creencias, pero algunos de mis maestros, predicadores y autores bíblicos y teológicos favoritos son presbiterianos. No estamos de acuerdo en la organización política de la iglesia y en la manera y los participantes del bautismo, pero creo que aman a Jesús y Él los ama, y que irán al cielo cuando mueran. Otras cuestiones tienen una importancia terciaria para la vida cristiana, como el estilo musical, la preferencia de sentarse en bancos o sillas, o el uso de traje y corbata o pantalones vaqueros. Es necesario que les enseñes a tus alumnos a tener cuidado con las cuestiones que transforman en pruebas determinantes para la comunión. Aunque el modo y los participantes del bautismo y la Cena del Señor son importantes, no todas las diferencias de opinión son motivos que ameriten la división en la iglesia ni una razón para no tener comunión con los demás.

Jesús se sometió a que Juan lo bautizara y, después, el Espíritu Santo descendió sobre Él y el Padre declaró: «Tú eres mi Hijo amado; en ti tengo complacencia» (Luc. 3:21-22). Nos dejó un ejemplo para imitar. Es más,

---

[25] Para explorar la idea del «triaje teológico» que informa mi manera de pensar respecto a la mejor forma de enseñar sobre este tema y otros, véase el artículo del Dr. R. Albert Mohler Jr, «A Call for Theological Triage and Christian Maturity». Página consultada el 15 de junio de 2016. http://www.albertmohler.com/2005/07/12/a-call-for-theological-triage-and-christian-maturity.

se nos manda que nos arrepintamos y nos bauticemos, y la obediencia a un mandamiento bíblico no es opcional. Jesús nos mandó bautizar a los nuevos creyentes. Él es el Señor (Luc. 6:46). Aunque es importante que todos los nuevos creyentes imiten a Cristo en el bautismo, los que no pueden hacerlo por su avanzada edad, una enfermedad o alguna otra circunstancia extrema tienen la seguridad del ejemplo del ladrón sobre la cruz de que el bautismo y la Cena del Señor no son esenciales para la salvación (Luc. 23:43).

¿Cuándo deberíamos bautizar?

Algunas iglesias prefieren bautizar de inmediato luego de una profesión de fe. Por desgracia, esta práctica ha llevado a algunos a vincular el bautismo con un acto de obediencia necesario para completar la salvación. Otros exigen la realización de una clase para miembros nuevos, que puede durar horas o meses. Los que han hecho una profesión de fe deben asistir a esta clase para entender bien el paso que están dando, saber qué se espera de ellos y lo que ellos pueden esperar de la iglesia. Tristemente, en algunos contextos, los nuevos creyentes que no pudieron asistir a las clases dudan de que su salvación se haya completado, por no poder realizar el curso y bautizarse.

En culturas hostiles al evangelio, como algunas católicas, confucianas o musulmanas, la conversión al cristianismo evangélico es un golpe para las familias de los nuevos creyentes. A veces, hay una persecución activa o, al menos, cierta exclusión y vergüenza desde o hacia la familia de un nuevo creyente. En estas culturas, es habitual que el acto del bautismo público se retrase un tiempo, mientras los nuevos creyentes reúnen la audacia o la convicción para dar este paso. Mi intención no es juzgar ni criticar en forma injusta a nadie que esté en una situación peligrosa, pero esto nunca es ideal ni debería ser una decisión superficial. Sin duda, tiene que haber un tiempo de discernimiento para saber si la decisión fue genuina y se entendió, pero, siempre que sea posible, la brecha entre confiar en Cristo y declararlo públicamente mediante el bautismo tiene que acortarse en lugar de alargarse.

¿Cómo se bautiza?

La reunión de la iglesia debería incluir bautismos siempre que sea posible, para celebrar públicamente con el nuevo creyente. Esto también permite que sea un momento de enseñanza entre los miembros de la iglesia y los testigos, y que se establezca con claridad que ni el agua ni el acto del bautismo salvan. El que bautiza y el candidato tienen que entrar al agua hasta una profundidad de la cintura o el pecho, vestidos en forma adecuada y con alguien que se quede cerca para ayudarlos a llegar a un lugar privado a cambiarse y ponerse ropa seca para el resto de la reunión. Mientras está en el agua a la espera del bautismo, el candidato tiene que dar su testimonio o responder algunas preguntas para demostrar que entiende lo que es la salvación y el bautismo, y declarar su fe personal solo en Cristo. Entonces, el que preside el bautismo tiene que mirar a la congregación y decirle al candidato: «Según tu profesión de fe en Jesucristo solamente como tu Señor y Salvador, te bautizo, mi hermano (o hermana), en el nombre del Padre, del Hijo y del Espíritu Santo. Sepultado con Cristo y resucitado para caminar en una nueva vida». Después, sumerge al candidato reclinándolo en el agua y lo vuelve a levantar para comenzar su caminar con Cristo como miembro bautizado de la congregación. Siempre que sea posible, es importante terminar el servicio del bautismo celebrando la Cena del Señor, para que el candidato, luego de haberse cambiado y regresado a la congregación, pueda participar por primera vez de la Cena del Señor.

Jesús mando a Su Iglesia, nosotros, que fuéramos por todo el mundo haciendo discípulos en todos los pueblos y los bautizáramos en el nombre del Padre, del Hijo y del Espíritu Santo (Mat. 28:18-20), y nos dejó la ordenanza de la Cena del Señor para celebrar y así recordar y proclamar Su muerte hasta que regrese.

Lecturas recomendadas

Goodwin, Everett C. *The New Hiscox Guide for Baptist Churches*. Valley Forge, PA: Judson, 1995.

Hammett, John S. *40 Questions About Baptism and the Lord's Supper*.

40 Questions & Answers Series, Benjamin Merkle, ed. de la serie. Grand Rapids, MI: Kregel Academics, 2015.

Henry, Matthew. *3000 Quotations from the Writings of Matthew Henry*. William T. Summers, compilador. Grand Rapids, MI: Revell, 1998.

Hunter, George G., III. *The Celtic Way of Evangelism: How Christianity Can Reach the West ... AGAIN*. Nashville, TN: Abingdon Press, 2010.

Jeffery, Peter. *Christian Handbook: A Straightforward Guide to the Bible, Church History, and Christian Doctrine*. Gales, Reino Unido: Bryntirion Press, 1988.

Paton, John G. *Missionary Patriarch: The True Story of John G. Paton*. San Antonio, TX: Vision Forum, 2001.

Schreiner, Thomas R. y Shawn D. Wright, eds. *Believer's Baptism: Sign of the New Covenant in Christ*. Parte de la serie NAC Studies in Bible & Theology, E. Ray Clendenen, ed. de la serie. Nashville, TN: B&H Academic, 2006.

Spurgeon, Charles H. *2200 Quotations from the Writings of Charles H. Spurgeon*. Tom Carter, compilador. Grand Rapids, MI: Baker Books, 1998.

Thomas, I. D. E. *A Puritan Golden Treasury*. Carlisle, PA: Banner of Truth, 1977.

Tucker, Ruth A. *From Jerusalem to Irian Jaya: A Biographical History of Christian Missions*. Grand Rapids, MI: Zondervan, 2004.

Whitney, Donald S. *Disciplinas espirituales para la vida cristiana*. Colorado Springs, CO: Tyndale, 2016.

Módulo 5 Objetivos de aprendizaje

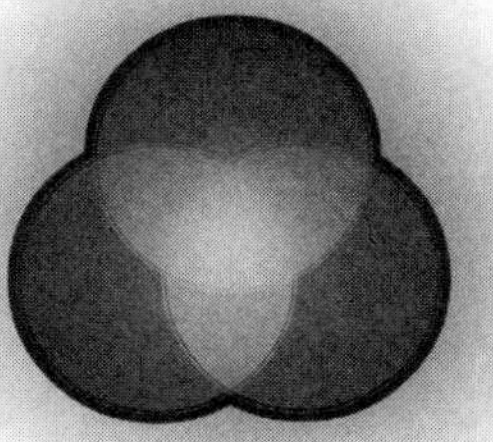

El servicio
La hermenéutica
El liderazgo

Al finalizar este módulo, los alumnos podrán:

1. **El corazón: El servicio**
   a) Entender el significado y las motivaciones de servir a los demás para glorificar a Cristo.
   b) Enumerar y analizar casos específicos de servicio ejemplificados por personajes claves en el Nuevo y el Antiguo Testamento.
   c) Explicar el uso de los dones espirituales en un ministerio de servicio.
   d) Enumerar y describir la vida de algunas personas claves en la historia de la Iglesia y cómo ejemplifican una vida de servicio.
   e) Explicar cómo es el servicio en la práctica del ministerio contemporáneo y los beneficios que este servicio tiene en el cuerpo; en especial, para el líder.

f) Hablar sobre la benignidad como característica de un pastor o un líder.
g) Explicar cómo desarrollar los pensamientos respecto a todo lo amable.

2. **La mente: La hermenéutica**
   a) Explicar qué significa el término hermenéutica y su importancia para el estudio bíblico y el ministerio basado en la Palabra.
   b) Describir algunos métodos históricos alternativos para interpretar la Biblia.
   c) Enumerar las secciones de la Biblia y explicar por qué es importante reconocer la porción que estás estudiando a la hora de interpretar.
   d) Explicar la importancia de entender las culturas y el trasfondo de los autores de la Biblia para la correcta interpretación.
   e) Enumerar y explicar brevemente los diferentes géneros literarios de la Biblia.
   f) Indicar algunas de las figuras retóricas de la Biblia y saber cómo interpretarlas.
   g) Debatir y explicar el significado de la frase: «La Biblia es el mejor comentario bíblico».
   h) Enumerar, describir y explicar el uso y la importancia de distintos recursos para el estudio bíblico.
   i) Interpretar un pasaje de la Escritura e identificar la aplicación correcta en determinado contexto cultural.
   j) Explicar e ilustrar el concepto de la contextualización crítica.

3. **Las manos: El liderazgo**
   a) Debatir sobre la importancia de identificar y desarrollar a otros líderes.
   b) Citar los requisitos necesarios de los posibles líderes.
   c) Identificar métodos culturalmente adecuados para capacitar a líderes.

d) Mencionar áreas claves que deben desarrollarse en la vida de los líderes de la iglesia y la mejor manera de lograrlo.

Módulo 5

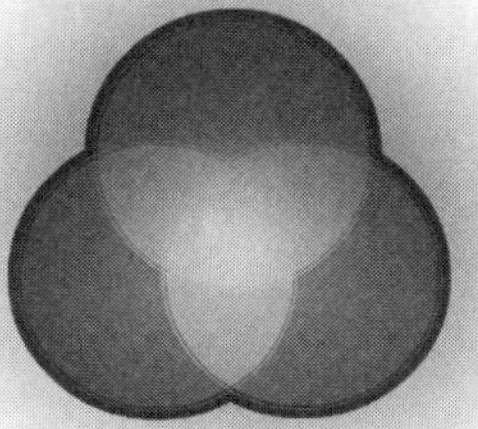

El servicio
La hermenéutica
El liderazgo

Este módulo aborda la disciplina espiritual personal del servicio a Dios y a los demás, la interpretación correcta de la Biblia y el desarrollo de líderes. Es fundamental que el líder tenga un espíritu de siervo. Jesús enseñó y dio el ejemplo de esta clase de liderazgo que debemos imitar. Muchos destacan la importancia de las habilidades administrativas, las convicciones valientes o el poder de persuasión para un liderazgo eficaz, pero la Biblia hace un énfasis constante en la humildad como rasgo esencial de los líderes piadosos.

Una interpretación correcta de la Biblia es el primer paso para entenderla, aplicarla y enseñarla bien a otros; estos fueron los tres pasos en la vida de Esdras que le concedieron el favor de Dios. Por último, los líderes más parecidos a Cristo son aquellos que identifican, alistan y desarrollan líderes a su alrededor. Los capacitan para el ministerio y les dan libertad para equivocarse; los ayudan a aprender de sus errores y a mejorar gracias a ellos. Los ministerios que se desarrollan alrededor de personas influyentes y populares suelen desplomarse cuando el líder ya no está, mientras que los ministerios más fuertes que soportan la prueba del tiempo son aquellos que están constantemente desarrollando líderes capacitados, maestros sólidos y siervos talentosos.

El corazón

Disciplina espiritual personal: El servicio

«Porque el Hijo del Hombre no vino para ser servido, sino para servir, y para dar su vida en rescate por muchos» (Mar. 10:45). Al declarar esto, Jesús describió Su propia vida y ministerio y, en Mateo 10:25, enseñó que un siervo no está por encima de su amo. Por supuesto, el estilo de liderazgo de Jesús no tiene ninguna deficiencia, y deberíamos imitarlo en todas las cosas, incluso en nuestro servicio a los demás. Al considerar la vida de Jesús, vemos todo lo contrario del concepto negativo contemporáneo del servicio.

La Biblia enseña que el servicio a los demás no es sinónimo de servidumbre, así como humildad tampoco equivale a humillación. En cambio, el servicio es la decisión de considerar a los demás como mejores que nosotros mismos y ministrar a Dios y a los demás con alegría. Esto presenta un marcado contraste con lo que se cree en muchas culturas individualistas, competitivas y ambiciosas sobre los objetivos personales para avanzar en la vida. Como el servicio a los demás se opone de tal manera al alto valor que nuestra era le asigna al orgullo, el poder, la popularidad y la preferencia, seguir el ejemplo de Jesús requerirá una gran disciplina personal y espiritual.

Oswald Sanders escribió: «Como nosotros, los hijos de Adán, queremos ser grandes, Él se hizo pequeño. Como no queríamos rebajarnos, Él se humilló. Como queremos reinar, Él vino a servir».[1]

La comprensión del ministerio del servicio

La idea básica del servicio es la realización de tareas. Existen tareas que cumplimos porque son requisitos de nuestro empleo y nos las exige un

[1] Oswald J. Sanders, *Spiritual Leadership: Principles of Excellence for Every Believer* (Chicago, IL: Moody, 2007), 16.

superior, pero, en este caso, nos referimos al servicio voluntario a Dios y a los demás, que incluye servir a aquellos a quien el mundo relegaría a una condición inferior a la nuestra. Por cierto, algunos dirían que nos referimos en especial a estas personas. En pocas palabras, el servicio implica acciones concretas para ayudar, rescatar, consolar, asistir a otros o proveerles lo que necesiten. Servir a otro requiere que nos humillemos e intentemos ministrarle de maneras que quizás no merezca. No se trata de una tarea rutinaria o pesada motivada por la culpa o por querer obtener el favor de Dios, sino de una compasión pura y sincera que nos lleva a ayudar a otros de maneras prácticas motivadas por el amor y la gratitud. En vista de todo lo que Dios ha hecho por nosotros, nuestro corazón anhela servirlo a Él y servir a otros en Su nombre.

Servir a Dios es agradable para Él y satisfactorio para nosotros. Dios siempre está buscando canales de bendición. No derrama Su bendición sobre personas que la acaparen, sino sobre aquellos que sean vías para compartir esta bondad con los demás. Le agrada que Su pueblo tome los dones y los recursos que Él ha derramado en sus vidas y los usen para bendecir a otros. Ver cómo el Señor nos ha bendecido sin medida, de maneras que nunca podríamos merecer ni ganar, nos lleva a hacer lo mismo por los demás, a medida que nos parecemos más a Cristo. Recuerda que desarrollar el corazón del cristiano es el fundamento del discipulado, y discipular a los demás los ayuda a crecer y parecerse cada día más a Cristo.

El servicio nos doblega y suele ser difícil; nos lleva a clamar a Dios pidiendo ayuda, lo cual, a su vez, nos permite desarrollar los músculos de la fe y crecer. Servir a los demás destruye nuestro orgullo, que es precisamente lo que se necesita en un mundo que está siempre llamándonos a buscar nuestro propio bien. Imagina la disciplina que necesitó Jesús para rechazar las tentaciones de Satanás cuando estaba hambriento, cansado y solo en el desierto, y para servir con fidelidad al Padre y al mundo al negarse a sí mismo, sufrir y morir en manos de aquellos a quienes serviría. De maneras infinitamente menores, tenemos que negarnos los privilegios y el poder que pueden correspondernos, para servir a otros hoy. Esta es una de las principales lecciones en la historia del buen samaritano. Sí, servir a los demás es difícil y nos enseña humildad, pero, como escribió Matthew Henry: «Si Pablo consideraba que valía la pena derramar su sangre por servir a la Iglesia, ¿cómo puede ser que nos cueste tanto sufrir un poco? ¿No vale la pena dedicar nuestro esfuerzo a aquello por lo cual el apóstol consideraba que valía la pena morir?».[2]

A Charles H. Spurgeon, el pastor bautista de Inglaterra en el siglo XIX, se lo conoce por su ministerio de predicación y por sus escritos, pero pocos conocen el gran legado de servicio que dejó, que incluyó cartas para animar a otros, un ministerio a los pobres, un orfanato, una universidad de capacitación para pastores y más de 60 organizaciones que él fundó para servir a otros. Su vida demuestra una convicción de que «el que no busca servir a Su Dios no es cristiano. El lema del cristiano debería ser: "Yo sirvo"».[3]

Motivación al servicio

Donald Whitney escribió que la Biblia menciona al menos seis motivaciones para servir a Dios y a los demás.[4] La Palabra enseña que debemos obedecer al Señor y servirlo solo a Él. Pasajes como Deuteronomio 6:13; 10:12; 13:4; Josué 22:5 y 1 Samuel 12:20 muestran que Dios quiere que Su pueblo lo sirva. El deseo de obediencia es la primera motivación que enumera Whitney. La gratitud es otro factor. Al recordar la desesperación y el temor que caracterizaban nuestra vida antes de ser salvos, nos inunda una sensación de gratitud, porque sabemos que Cristo nos liberó y nos perdonó. Su servicio y Su sacrificio por nosotros nos impulsan a servir a los demás. Este factor de motivación lleva naturalmente al próximo, que es el gozo que fluye de la misericordia de Dios y nuestra relación con Cristo. El Salmo 100:2 nos llama a servir al Señor con alegría y, a medida que lo hacemos, nuestro gozo

---

[2] Matthew Henry, *3000 Quotations from the Writings of Matthew Henry*, compilado por William T. Summers (Grand Rapids, MI: Revell, 1982), 284.

[3] Charles H. Spurgeon, *2200 Quotations from the Writings of Charles H. Spurgeon*, compilado por Tom Carter (Grand Rapids, MI: Baker Books, 1988), 188.

[4] Donald S. Whitney, *Spiritual Disciplines for the Christian Life*, ed. rev. (Colorado Springs, CO: NavPress, 2014), 144-151.

aumenta. También nos motiva el perdón, pero no por una sensación de culpa. Anhelamos servir a Aquel que nos mostró misericordia, o *kjésed*, cuando solo merecíamos ira. Además, nos motiva la humildad. Nos acordamos de que hubo millones antes que nosotros, hay millones que nos rodean y habrá millones después de nosotros que no han recibido la amabilidad y la compasión del perdón y las bendiciones del Señor. Es aleccionador saber que, a pesar de haber abusado de Aquel que se entregó por nosotros, Él ordenó nuestra vida para que oyéramos el evangelio. Nos humillamos ante Él y ante otros y buscamos servir, así como el Señor nos dio el ejemplo y nos sirvió. Por último, Whitney observa que nos motiva el amor. Amamos a Dios con todo nuestro corazón, nuestra alma, nuestra mente y nuestra fuerza, y amamos a nuestro prójimo como a nosotros mismos. Este amor que Él sembró en nuestro corazón florece y se transforma en servicio al Señor y a los demás para Su gloria y para el bien eterno de ellos.

Ejemplos bíblicos del servicio

Hay muchos personajes del Antiguo Testamento que tuvieron vidas ejemplares de servicio a Dios y a los demás. Podemos aprender sobre esta abnegación y servicio de la vida de Noé, quien fue ejemplo de un corazón de siervo; Dios lo usó para construir el arca, predicar sobre la ira venidera del Señor y preservar la raza humana. Moisés también sirvió a Dios cuando el Señor se le apareció a este fugitivo de la justicia y lo llamó a regresar a Egipto para liberar al pueblo de Israel de la esclavitud del faraón. Aun después del éxodo, Moisés siguió sirviendo durante los siguientes (y últimos) 40 años de su vida. David sirvió al Señor y al pueblo de Israel como guerrero, rey y escritor. Pablo dijo que David sirvió a su generación y luego murió, pero su vida y su legado, que quedaron registrados en la Palabra, han seguido sirviendo a todas las generaciones del pueblo de Dios (Hech. 13:36). Esdras sirvió al Señor y a Israel al guiar a un grupo de judíos exiliados que habían sido liberados y conducirlos de regreso a Jerusalén para restaurar la adoración en el templo. También los sirvió enseñándoles la Palabra de Dios, y el Señor lo bendijo por su servicio mostrándole Su favor. De manera similar, Nehemías llevó adelante un regreso posterior a Jerusalén y se encargó de reconstruir la muralla que rodeaba la ciudad para protegerla de sus enemigos. Cada uno de los profetas sirvió al Señor en su época, al proclamar la Palabra de Dios a Su pueblo y proveerle liderazgo mediante instrucción piadosa.

En el Nuevo Testamento, tenemos el ejemplo de Juan el Bautista, quien no solo brindó un servicio fiel hasta la muerte, sino que también rechazó con humildad cualquier elogio o aplauso que los demás quisieran darle. Declaró que el Siervo sufriente vendría después de él. Jesús es ese Siervo sufriente que Isaías profetizó y Juan anunció. Si consideramos que Jesús dejó la gloria del cielo y la adoración de los ángeles para venir a sufrir a la tierra y morir por Su pueblo, debemos reconocer que toda Su vida fue un ejemplo de servicio. Sin embargo, la última noche que estuvo con Sus discípulos antes de la crucifixión nos permite vislumbrar otro detalle de Su vida de servicio. En Juan 13, vemos que Jesús se humilló y lavó los pies de los discípulos después de la última cena juntos, y recordamos que Judas todavía estaba entre ellos. Sí, Jesús incluso lavó los pies del que lo entregaría a los judíos que querían matarlo. Además, el Señor nos sirvió de manera suprema al morir en nuestro lugar y derramar Su sangre para pagar por nuestros pecados. Aunque no encontráramos otro ejemplo de servicio en la Biblia, el de Jesús sería suficiente para que entendiéramos la importancia de esta área de formación espiritual.

Pablo era un siervo de Jesús que disfrutaba del título de esclavo. Se llamaba a sí mismo esclavo de Jesucristo (Rom. 1:1). Fue un siervo dispuesto para su Redentor y sirvió con alegría a los que nunca habían escuchado el evangelio. Pablo llamó a Onésimo, un esclavo fugitivo, a que volviera a servir aunque podría haber permanecido en libertad, y le pidió a Filemón que sirviera a Onésimo y le diera otra oportunidad, aunque pudiera vengarse y castigarlo.

La Biblia también habla de los dones espirituales que recibimos para servir. En 1 Corintios 12, Pablo escribió sobre la diversidad de dones para servir en el Cuerpo de Cristo. El Espíritu Santo distribuye estos dones para edificar a la Iglesia, lo cual es una manera de servir al Señor y a otros creyentes. Nos produce mucha alegría y satisfacción servir en áreas que nos apasionan y para las cuales tenemos talento. Por ejemplo, el servicio a los demás le resultará más estimulante al que tenga el don de servir y administrar que al que tenga algún otro don. El servicio se hace más apasionante para aquellos que pueden usar sus talentos en áreas que los apasionan y les interesan. Por ejemplo, un creyente con el don de la enseñanza a quien le encanta enseñar a los jóvenes servirá con mayor eficacia en esa área que en la formación de niños. Sin embargo, así como los que no tienen un don para la evangelización igual tienen que evangelizar, y los que no tienen un don de generosidad igualmente deben diezmar, los que carecen del don del servicio tienen que servir también como parte de una disciplina personal y espiritual en su vida cristiana. Los creyentes son llamados a servir al Señor y a los demás sin excepción, y la Biblia presenta abundante evidencia del valor que esto tiene (1 Sam. 12:24, 1 Cor. 3:5-9, Gál. 5:13-15, Fil. 2:1-4, 1 Tes. 4:9-10, Tito 1:1).

Hechos 6 registra un conflicto cada vez más serio en la iglesia primitiva que requirió que se nombraran diáconos para servir en la distribución del pan a las viudas pobres. Este pasaje describe el principio de la función del diácono en las iglesias. Nuestra palabra «diácono» viene del griego *diákonos* que, literalmente, significa: «alguien que sirve las mesas o hace recados». En esencia, es la palabra para «siervo». Los diáconos servían en la iglesia pero no eran los únicos. Sencillamente, eran las personas que llevaban a cabo estos ministerios para que los ancianos pudieran dedicarse al ministerio de la Palabra y la oración.

¿Quiénes son algunos de los siervos de la historia de la Iglesia?

Considera a algunos siervos de la historia de la Iglesia como los pastores, profesores, monjes, reformadores y misioneros que ya estudiamos. Los pastores que predicaron y pastorearon el rebaño de Dios durante tiempos de gran persecución e incluso sufrieron el martirio por sus esfuerzos, junto con héroes olvidados que se esforzaron en el anonimato y fueron enterrados en la oscuridad con el propósito de extender el evangelio con su servicio, merecen nuestro respeto y honor. Aprendimos sobre el servicio abnegado en las vidas de misioneros como C. T. Studd, quien le dio la espalda a una vida de riquezas y comodidad afirmando: «Si Jesús es Dios y murió por mí, ningún sacrificio que pueda hacer será demasiado grande». David Brainerd y Lottie Moon son ejemplos de misioneros que se sacrificaron de tal manera para servir que aceleraron su propia muerte.

Los mártires nos enseñan sobre el servicio que les costó la vida a muchos hombres y mujeres. John y Betty Stam, Nate Saint, Jim Elliot, Roger Youderian, Pete Fleming y Ed McCulley son ejemplos de hombres y mujeres que sufrieron el martirio en su servicio al Señor. El piloto misionero Nate Saint tuvo que responder por qué arriesgaría todo para servir en un lugar tan difícil. Esta pregunta surgió durante la Segunda Guerra Mundial, cuando muchos estaban dispuestos a dar la vida en su servicio a Estados Unidos. Saint consideraba que el mismo compromiso y servicio eran necesarios para servir al Señor. «Los que no conocen a Dios preguntan por qué malgastamos la vida como misioneros. Olvidan que ellos también están gastando la vida... y cuando la burbuja se haya reventado, todos los años que malgastaron no habrán dejado nada de valor eterno». Su compañero Jim Elliot, otro mártir, escribió en su diario personal mientras estaba en la universidad: «No es un tonto aquel que entrega lo que no puede retener para obtener lo que jamás puede perder». Más adelante, escribió sobre su tristeza al ver el poco esfuerzo de muchos cristianos para servir al Señor y a otros.

> Me hace hervir la sangre pensar en el poder que profesamos y la impotencia absoluta de nuestras acciones. Hay creyentes que saben la décima parte de lo que nosotros sabemos y están haciendo cien veces más para Dios, con Su bendición y nuestra crítica. Ah, si tan solo pudiera escribirlo, predicarlo, decirlo, pintarlo, cualquier cosa... si tan solo el poder de Dios se manifestara en medio de nosotros.

Estas actitudes de abnegación y compromiso absoluto al Señor son ejemplos de lo que debería verse en nuestras vidas también.

Ejemplos del servicio en el ministerio contemporáneo Servir al Señor y a los demás tendría que traducirse en una vida que siga el ejemplo de Jesús. La oración habitual de todo pastor debería ser que los que lo rodean vean a Jesús en él. Jesús es el Siervo sufriente sobre el cual profetizó Isaías y que describieron los Evangelios. Entonces, el que desea parecerse a Él debe tener una vida que exprese la misma esencia. Anticipar las necesidades de los demás, dar de tus propias provisiones o recursos al menesteroso o ayudar a un amigo, a un hermano de la iglesia o a un extraño a llevar la carga de trabajo que lo agobia puede ser el mejor ejemplo para presentar a Cristo hoy. Hay muchísimas formas de servir a Dios y a los demás, y ninguna lista podría describirlas en forma exhaustiva, pero tener una actitud que busque bendecir a todo el que Dios coloque en mi camino es la mejor manera de empezar. Spurgeon escribió: «Creo que ningún siervo de Dios está cansado de servir a su Amo. Tal vez estemos cansados *en* el servicio, pero no cansados *de* servir».[5] Los pastores y los líderes deben ser creyentes que sirvan al Señor y a los demás con tal compromiso que sus vidas prediquen el mismo mensaje que enseñan con la boca desde el púlpito.

Beneficios del servicio

La vida de un siervo ayuda a luchar contra el egoísmo, el orgullo, la avaricia y la codicia, porque servir a los demás debilita estas actitudes. Nuestra percepción egoísta de lo que merecemos se transforma cuando consideramos las necesidades de los demás por encima de las nuestras. El orgullo ya no es una bestia voraz en nuestro interior que necesita alimento diario, sino que empezamos a mirar hacia afuera y a bendecir a los demás, edificarlos y ayudarlos a alcanzar sus metas. La codicia desaparece cuando dejamos de buscar nuestro propio bien, de acaparar bendiciones y alimentar la carne. En cambio, ahora nos preguntamos cómo podemos usar lo que Dios nos dio para bendecir a los demás. La avaricia y la codicia son monstruos que crecen y devoran y, trágicamente, dominan a sus dueños cuando se los alimenta a demanda. La forma de reducir su tamaño y su poder es tomar lo que exigen para ellos y sembrarlo en campos ajenos, sirviendo al Señor y a Su pueblo. Este debería ser tu motor al discipular creyentes con este programa, y tiene que ser tu cimiento para desarrollarlos para su ministerio. Aunque algunas

---

[5] Spurgeon, *2200 Quotations...*, 188.

de las prácticas eclesiásticas o incluso ilustraciones pedagógicas están contextualizadas dentro de cada cultura, el corazón del siervo tiene una pureza que trasciende la cultura y que debe manifestarse en la vida de tus alumnos así como en la tuya.

El fruto del Espíritu: Benignidad

«Mas el fruto del Espíritu es amor, gozo, paz, paciencia, *benignidad*, bondad, fe, mansedumbre, templanza; contra tales cosas no hay ley» (Gál. 5:22-23, énfasis añadido). En este módulo, nos concentraremos en el fruto de la benignidad. Ser benigno es ser afable, amigable y mostrar compasión por los demás. El pastor, al igual que todos los creyentes, debe ser un pescador de hombres. Los pescadores usan carnada y señuelos para atraer a los peces. Si aplicamos esto a la vida cristiana, podemos observar que la benignidad es sumamente atractiva en medio de un mundo perverso. El pastor debe mantener una vida y una personalidad cálidas y sinceras, para que los demás se sientan en libertad de pedir su consejo, confíen en que guardará sus secretos y sepan que se interesa por ellos. Más que nadie en la iglesia, el pastor debe ser un hombre benigno. Las palabras crueles, el enojo, la amargura y las interacciones hirientes arruinan la eficacia de cualquier ministerio con rapidez. Por el contrario, la benignidad suele aplacar las sospechas y el temor.

Tal vez hayas escuchado la frase: «Mata a tus enemigos con amabilidad». No quiere decir que haya que dañar a nadie, sino transformar al otro en tu amigo y, de esa manera, matar al enemigo. La mejor manera de librarse de un enemigo es transformarlo en tu amigo, y la benignidad es una poderosa herramienta para lograrlo. Otra frase que escuchamos hoy en día es: «Practicar actos espontáneos de amabilidad». Esto se refiere a ser amable con otros cuando menos lo esperan y, podríamos decir, cuando menos lo merecen. Los cristianos debemos practicar esta clase de benignidad, pero no solo para ganar algo en una relación, sino porque vemos este atributo en nuestro modelo y ejemplo de vida, el Señor, y entendemos que es un aspecto del fruto del Espíritu de Dios que habita en nosotros. Tus alumnos quizás no hayan escuchado estas frases, así que este punto de enseñanza proporciona la oportunidad de preguntar cómo se considera la benignidad en su cultura general en comparación con la cultura evangélica de la comunidad.

Los pensamientos del pastor: Lo amable

«Por lo demás, hermanos, todo lo que es verdadero, todo lo honesto, todo lo justo, todo lo puro, todo lo *amable*, todo lo que es de buen nombre; si hay virtud alguna, si algo digno de alabanza, en esto pensad» (Fil. 4:8, énfasis añadido). Pablo llama a los creyentes a saturar sus mentes de todo lo que sea amable. Entonces, debemos preguntarnos: ¿qué quiere decir? Otras versiones traducen este término como *bello* (NTV) o *agradable* (DHH). Podría referirse a la belleza exterior, como la que puedes ver en los Andes nevados, las playas prístinas o incluso en el rostro de tu hijo, pero, para adecuarnos al tono del pasaje de Pablo, lo más probable es que esté hablando de la excelencia moral y la pureza espiritual.

El apóstol enfatiza que esta belleza debe ser el centro de los pensamientos del pastor. Hay demasiada fealdad y maldad en el mundo. Las noticias diarias nos dañan la vista, abunda el chisme hiriente, y el dolor del pecado que destruye tanto a nuestro alrededor puede arrojar un manto de desesperación sobre el más optimista. Tenemos que amar a los que son difíciles de amar y no estimar a los demás según cuestiones externas o por lo agradables que nos resulten. El Señor nos ama en forma incondicional aunque, muchas veces, somos la epítome de lo desagradable. Pablo desafía a los creyentes a meditar en todo lo amable y así contrarresta la manera de pensar del mundo y la ansiedad que suele provenir de una actitud negativa.

Los puritanos nos recordaron en muchos de sus escritos que no hay nada más amable que Cristo mismo. Concéntrate en Él y permite que la hermosura que está en Él fluya en ti y hacia los demás. Anima a tus alumnos a desarrollar este aspecto en su manera de pensar y podrán ver más y más lo que es hermoso en el mundo que los rodea.

La mente: La hermenéutica

Breve reseña

Una correcta interpretación de la Biblia es el primer paso para entenderla bien, aplicarla y enseñársela a los demás. La palabra técnica que suele usarse para el proceso de interpretación, *hermenéutica*, es uno de los componentes esenciales de cualquier capacitación pastoral exhaustiva. La Biblia es la Palabra autorizada de Dios «viva y eficaz, y más cortante que toda espada de dos filos» (Heb. 4:12), pero, para aplicarla y enseñarla de manera correcta, primero es necesario entenderla.

La Biblia no es un libro mágico ni un amuleto que funciona por el simple hecho de llevarla con uno; hace falta leerla y entenderla bien. Por desgracia, la mera lectura del texto no garantiza su correcta interpretación, y, si lo malinterpretamos, no lo aplicaremos como corresponde. A veces de manera sabia y otras, lamentable, muchas iglesias y creyentes se han separado por interpretaciones distintas de la Biblia. Los que no la usan bien pueden abusar de la Palabra, como cuando el diablo la torció y la citó fuera de contexto para tentar a Cristo. Como la Biblia es esencial para los cristianos, debemos tomarnos el tiempo necesario para garantizar que nuestros alumnos la entiendan y la enseñen bien. Los miembros de la iglesia se alimentan con la Palabra de Dios cuando se la explican en sermones y lecciones bíblicas en las congregaciones locales.

En este módulo, aprenderemos a entender cómo la organización de la Biblia, sus mensajes predominantes, sus géneros literarios y figuras retóricas afectan la fidelidad de nuestra interpretación. Nos familiarizaremos con herramientas que pueden ser útiles para los pastores en el proceso de interpretación y aprenderemos un método sencillo que nuestros alumnos pueden utilizar para interpretar y aplicar la Biblia en sus vidas y ministerios. Además, consideraremos cómo contextualizar de manera crítica la Biblia en otras culturas, para que todos puedan entender y conservar la pureza del cristianismo del Nuevo Testamento, y evitar así el sincretismo.

Los cristianos evangélicos somos un «pueblo del Libro», lo cual significa que hemos edificado nuestras creencias y prácticas con un fundamento bíblico. Una de las cinco *solas*[6] de la Reforma protestante era *Sola Scriptura,* que significa «solo por la Escritura». Creemos que la Biblia es suficiente y tiene autoridad; por lo tanto, es lo único que rige nuestra fe y nuestra práctica. Además creemos en la plena inspiración verbal de la Escritura, lo cual significa que cada una de sus palabras tiene autoridad, fue inspirada por Dios y está allí por una razón. Creemos que la Biblia es infalible[7] y que su mensaje es fidedigno. La Biblia es la revelación singular y especial del único Dios verdadero a Su pueblo. En ningún otro libro Dios reveló Su persona, lo que demanda, cómo podemos ser salvos y lo que le agrada. La Biblia no es un manual ni un libro de reglas; es la misma Palabra de Dios. Por cierto, nuestras manos deberían temblar un poco cuando la tomamos para leerla. Una vez, escuché una ilustración de un sermón sobre los caballeros de Polonia que se ponían de pie y sacaban sus espadas hasta la mitad de la vaina siempre que se leía la Biblia. Me encanta esta historia porque comunica que estamos dispuestos a luchar por el honor de la Palabra. Pablo enseña que, para nosotros, la Biblia es la espada del Espíritu; sin embargo, solo podemos blandirla con destreza si la interpretamos bien y la aplicamos con fidelidad.

Los reformadores hicieron énfasis en la vuelta *ad fontes* (a las fuentes), según su convicción de que solo un regreso a la fidelidad bíblica a través de una exégesis adecuada podía restaurar la verdadera fe de todas las capas de tradiciones que había impuesto la Iglesia católica romana a través de los siglos. Defendían la perspicuidad de la Escritura, que enfatiza la claridad de la Palabra, en un intento de librar a los cristianos de la creencia católica romana de que solo la Iglesia podía interpretar y entender correctamente el significado del texto bíblico. Al mismo tiempo, los reformadores sostuvieron la necesidad de una hermenéutica adecuada y de la ayuda del Espíritu Santo en el proceso de interpretación, y observaron que la Biblia misma enseña en 1 Corintios 1:18: «Porque la

[6] Las cinco solas son Sola Fide, solo por fe, Sola Scriptura, solo por la Escritura, Solus Christus, solo a través de Cristo, Sola Gratia, solo por gracia y Soli Deo Gloria, solo a Dios la gloria.

[7] Para entender mejor a qué nos referimos y a qué no nos referimos con el término infalibilidad, véase «The Chicago Statement on Biblical Inerrancy», página consultada el 29 de febrero de 2016. http://www.bible-researcher.com/chicago1.html.

palabra de la cruz es locura a los que se pierden; pero a los que se salvan, esto es, a nosotros, es poder de Dios». Y también: «Pero el hombre natural no percibe las cosas que son del Espíritu de Dios, porque para él son locura, y no las puede entender, porque se han de discernir espiritualmente» (1 Cor 2:14).

¿Qué es la Biblia?

La Biblia es un libro, pero como ningún otro. Es una colección de enseñanzas que Dios inspiró y autorizó, y que escribieron autores humanos utilizando sus propios idiomas y vocabulario para registrar Su mensaje. La Biblia se divide en 66 libros más breves ubicados en dos secciones principales. La primera sección, llamada Antiguo Testamento, se escribió principalmente en hebreo y consta de 39 libros. La segunda parte es el Nuevo Testamento, que fue escrito en griego y consta de 27 libros. El antiguo apologista cristiano Tertuliano empezó a usar la palabra «testamento» al referirse a las secciones de la Biblia utilizando «la palabra latina *testamentum,* que significa "pacto" o "acuerdo"».[8] Cada Testamento puede subdividirse en secciones de géneros literarios particulares como historia, poesía, cartas, etc., que deben considerarse en cualquier intento de interpretar y aplicar un pasaje. Cada uno de los libros se divide en capítulos y versículos en nuestras Biblias modernas, aunque esto no estaba en los manuscritos originales. Las divisiones en capítulos y versículos fueron diseñadas para nuestra comodidad y referencia, pero no se agregaron hasta más de 1000 años después de su escritura.

Muchos escritos religiosos podrían haberse añadido a la Biblia a través de los años, pero no fue así, porque el *canon* está cerrado. El *canon* bíblico es la colección de escritos, libros y cartas autorizados que se consideran la revelación especial de Dios para Su pueblo. El Antiguo Testamento consta de las Escrituras hebreas que usaban los judíos e incluye el Pentateuco, los libros

---

[8] Robert L. Plummer, *40 Questions about Interpreting the Bible*, parte de la serie 40 Questions & Answers Series, Benjamin L. Merkle, ed. de la serie (Grand Rapids, MI: Kregel Academics, 2010), 23.

históricos, los libros poéticos y los profetas mayores y menores. Cuando se escribió el Nuevo Testamento, había varios evangelios y cartas en circulación que fueron examinados y considerados, pero que no se aceptaron. Para que se incluyera un documento en el canon de libros autorizados, tenía que pasar tres pruebas: la apostólica, la universal y la ortodoxa.[9] Esto significa que un libro tenía que tener una conexión directa con uno de los apóstoles, la iglesia primitiva debía haberlo aceptado en forma universal, y sus enseñanzas tenían que estar de acuerdo con el resto de la revelación divina.

Otra razón por la cual la Biblia es única es que es el único libro que tiene tanto un Autor como otros autores. El Espíritu Santo es el verdadero Autor de la Biblia, ya que inspiró todo lo que contiene (2 Tim. 3:16). Sin embargo, aunque la inspiró, usó unos 40 autores humanos para dejarla por escrito. La Biblia se escribió principalmente en hebreo y en griego, aunque algunos capítulos del Antiguo Testamento se escribieron en arameo. Los autores que hablaban estos idiomas vivieron en diferentes culturas y períodos de la historia, y tenían distintos niveles de educación. Cada uno de los autores humanos escribió con su propio estilo, su gramática, su vocabulario y las expresiones de la época, pero el Espíritu Santo supervisó el proceso para garantizar su inerrancia e infalibilidad. Toda la Palabra de Dios es fidedigna.

El proceso de escritura de todos los libros del canon bíblico llevó unos 1500 años, con la participación de los autores en sus determinados contextos culturales y realidades históricas; sin embargo, hay un mensaje constante que se mantiene de principio a fin. No hay contradicciones ni errores en la Biblia, y la historia de Dios entreteje los libros en perfecta armonía; cada uno concuerda con los demás y complementa al que vino antes y al que sigue después. La trama de la Biblia es la historia redentora que hombres y mujeres deben escuchar para conocer a Dios y Su plan de salvación para nosotros.

Los dos Testamentos con sus 66 libros individuales no deben abordarse como documentos aislados con mensajes singulares ni como versiones alternativas de la verdad. Hay una sola corriente de la revelación de

---

[9] Ibíd., 58.

Dios al hombre en la Biblia que va adquiriendo más y más luz desde el Génesis hasta el libro de Apocalipsis. Aunque cada libro tiene su propio énfasis, autor, audiencia y mensaje que puede compartir con los demás o no, todos están en armonía con la historia bíblica y cada uno contribuye a que podamos comprenderla mejor.

Uno de los primeros pasos para interpretar la Biblia con exactitud y fidelidad es aprender de la Escritura leyéndola. Consigue una traducción respetada y léela a diario. Si lees tan solo cuatro capítulos por día, terminarás de leer la Biblia en un año, y la lectura de toda la Palabra una vez por año es una buena manera de saturar tu mente con los pensamientos de Dios. Leer una traducción de confianza te ayuda a familiarizarte con la Biblia y tener la suficiente confianza para reflexionar y debatir su contenido, y luego enseñarlo.

Aunque la Biblia solo se tradujo a unos 500 idiomas de los aproximadamente 7000 que hay en el mundo, algunos idiomas con una larga historia de cristianismo en su cultura tienen varias versiones y traducciones de la Palabra. Algunos de tus alumnos quizás no tengan la Biblia en su lengua madre y tengan que usar una Biblia escrita en su segundo idioma. Aunque tal vez tengan un conocimiento suficiente del segundo idioma como para leer y entender las palabras de cada página, no es la manera ideal de aprender la Biblia. Mientras lean, traducirán mentalmente una gran parte para entender las enseñanzas. Esto presenta un desafío para la clara interpretación y aplicación de la Biblia, porque cada traducción requiere cierto nivel de interpretación. Como en la mayoría de nuestras iglesias no se adora en griego ni en hebreo, nosotros también usamos traducciones de la Biblia a nuestro idioma. No obstante, una traducción de los idiomas originales suele ser más exacta que una traducción o paráfrasis tomada de otro idioma. El proceso de estas traducciones y paráfrasis sucesivas puede alterar la fuerza y la precisión de la revelación original. Por lo tanto, al seleccionar y recomendar Biblias a los alumnos, ayúdalos a identificar y obtener una traducción fiel en la que puedan confiar. La traducción es una tarea precisa que exige habilidad lingüística, conocimiento cultural y bíblico.

¿Cómo pueden los traductores comunicar conceptos en idiomas en los cuales no existen ciertas palabras para esos mismos conceptos?

Algunas culturas no tienen palabras para todos los colores del arcoíris, para contar por encima de dos o tres, para las cuatro estaciones o para comunicar el perdón o la gratitud, así que los traductores deben decidir cómo interpretar esas ideas en el idioma meta. En otras instancias, un concepto teológico puede interpretarse de varias maneras, lo que obliga al traductor a elegir la manera que le parezca más adecuada. Tal vez el idioma meta se haya desarrollado de muchas maneras y algunas palabras hayan cambiado de significado o en el uso desde que se hizo la traducción original. Por ejemplo, a través de los siglos, una palabra como «aposento» en la traducción Reina-Valera, tenía matices que han cambiado con el correr de los siglos. Una traducción moderna puede ser más exacta y comprensible para los oídos contemporáneos, pero algunos creyentes pueden no tenerle demasiada confianza. Siempre y cuando haya traducciones ortodoxas en lo teológico y fieles en la enseñanza bíblica, deben identificarse y presentarse en el contexto de las clases de capacitación pastoral, y es necesario explicar las diferencias entre versiones y traducciones. En la medida de lo posible, es sabio proporcionar una buena Biblia de estudio a un precio subvencionado para los alumnos. No des por sentado que entenderán los peligros de las malas traducciones o cómo evitarlas. En algunos lugares donde se capacita a los pastores, he visto a pastores que no tienen ninguna Biblia; solo un Nuevo Testamento o una Biblia de los Testigos de Jehová. Cerciórate de que tus alumnos tengan una traducción fiel de la Biblia y, siempre y cuando sea posible, una Biblia de estudio.

¿Qué dice la Biblia?

Desde principio a fin, la Biblia tiene un mensaje general que fluye en forma continua. Un erudito afirmó: «La Biblia deja en claro que *Dios tiene un plan unificado para toda la historia*».[10] Al enseñarles a tus alumnos,

---

[10] Vern S. Poythress, «An Overview of the Bible's Storyline», en *Understanding the Big Picture of the Bible: A Guide to Reading the Bible Well,* Wayne Grudem, C. John Collins y Thomas R. Schreiner, eds. (Wheaton, IL: Crossway, 2012), 7.

enfatiza que el Nuevo Testamento no narra una época en que Dios decidió hacer algo nuevo porque Su primer plan se había frustrado. ¿Qué idea general de la Biblia tienen que considerar mientras leen, interpretan y aplican cualquier porción de la Palabra?

El mensaje de la Biblia empieza con la magnífica verdad de que Dios creó todo lo que hay de la nada, y luego puso a nuestros primeros padres en un jardín hermoso con todo lo que podían llegar a necesitar. Sin embargo, el diablo se les apareció en forma de serpiente y los tentó, y ellos cedieron a la tentación y así entró el pecado al mundo. El mal sigue afectando todo y a todos hoy. La naturaleza está «roja en diente y garra», hay desastres naturales que hacen estragos, enfermedades devastadoras, y hombres y mujeres que siguen rebelándose contra Dios. El pecado nos separa de Él y todos merecen Su ira. Sin embargo, a través de la historia registrada en Su Palabra, Él declaró que odia el pecado, pero ama a Su pueblo. Mediante relatos históricos, escritos poéticos, profecías y literatura de sabiduría, el Señor declaró que juzgará el pecado, pero proveerá un camino de regreso para todos los que se arrepientan. En el Antiguo Testamento, este camino apareció representado en tipos y sombras, pero, cuando vino el cumplimiento del tiempo, Dios envió a Su Hijo Jesús para que fuera ese Camino. Nació de una virgen y nos enseñó a vivir y creer. Después, murió en nuestro lugar, pagando por nuestros pecados con Su vida santa. Los Evangelios del Nuevo Testamento nos enseñan la historia de la vida de Jesús y todo lo que podemos saber de Él y Sus enseñanzas. El libro de Hechos nos enseña cómo se expandió la Iglesia y confrontó a todos los que estaban perdidos, incluso a gobiernos hostiles. Las epístolas nos enseñan lo que debemos creer y practicar como Iglesia, y el libro de Apocalipsis nos instruye en la superioridad soberana de Dios sobre todo lo que existe y sobre el fin de este mundo.

Dios no tenía un plan A en el Antiguo Testamento que tuvo que reemplazar con un plan B en el Nuevo Testamento. La Biblia es, fundamentalmente, un libro sobre Jesús (Luc. 24:27), aunque no lo veas en cada versículo. Jesús es el Rey prometido en todo el Antiguo Testamento, el Rey que llegó en el Nuevo y el que ahora reina y regresará. Jesús es el Cordero de Dios que anunciaron los sacrificios por el pecado en el

Antiguo Testamento y que vino a cumplirlos. El relato redentor de la Biblia enseña que todos los que se arrepienten del pecado y ponen su fe en Jesucristo serán salvos de sus pecados y del castigo eterno.

Leer el Antiguo y el Nuevo Testamento juntos nos da un sentido de compleción, al observar las promesas y su cumplimiento. Sin embargo, también nos queda la sensación de que algo falta, ya que esperamos la venida de Cristo y la consumación de todo lo que nos prometió. La Biblia es un libro con un mensaje principal, y ese mensaje se trata de Jesucristo, el Señor de la gloria, a través de la historia y la eternidad.

Como nadie podría haber ido al cielo a investigar lo que hay allí y volver a registrar sus hallazgos, nadie podía conocer a Dios excepto por lo que se ve en la revelación general de la naturaleza. Por lo tanto, Dios se reveló a la humanidad en la Biblia. Nos dio Su Palabra para que pudiéramos conocerlo, para que supiéramos que somos pecadores distanciados de Él y que pudiéramos conocer a Jesucristo, Su Hijo, nuestro Salvador y Redentor. A medida que leemos la Biblia, descubrimos que tenemos que conocer más y más a Dios, y darlo a conocer. Conocer y hacer conocer a Dios es el mensaje y la misión de la Biblia.

¿Cómo comunica la Biblia su mensaje?

La Biblia usa la gramática, los estilos literarios y el vocabulario de decenas de autores humanos, así como las expresiones idiomáticas y figuras retóricas de la época. El género literario es un aspecto que a veces pasamos por alto en nuestro apuro de leer y aplicar versículos bíblicos. No consideramos su importancia porque, en nuestro uso contemporáneo, reconocemos los distintos géneros con facilidad y hacemos los ajustes mentales necesarios. Por ejemplo, cuando ves una comedia de televisión, te ríes, aunque pueda sucederle una tragedia a alguno de los personajes del programa. Es más, a veces eso mismo es lo que te hace reír, porque sabes que son simplemente actores que volverán sanos y salvos a su casa al final del día. Sin embargo, cuando miras las noticias vespertinas en el mismo televisor, te sacuden y te entristecen las tragedias reales de la vida cotidiana. La diferencia en tu reacción a las dos experiencias es que tu cerebro procesó la primera en el género del entretenimiento y la comedia, mientras que la segunda es un retrato veraz de los sucesos trágicos del momento. Así como no leerías de la misma manera una carta de amor y un documento histórico de una batalla, es necesario considerar los diversos géneros literarios de la Biblia para interpretar bien su contenido.

Los géneros literarios

Los géneros de la Biblia incluyen **narrativa histórica**, como en Génesis; **genealogía**, como en Mateo 1 y Lucas 3; **profecía**, como en Isaías y Malaquías; **poesía** y **salmos**, como en Salmos; **literatura sapiencial**, como en Proverbios y Job; **lamentaciones**, como en el libro de Lamentaciones; **evangelios**, como en Mateo, Marcos, Lucas y Juan; **cartas**, como en las epístolas de Pablo y las generales; y **literatura apocalíptica**, como en Daniel y en Apocalipsis. Cada uno de estos géneros requiere un enfoque singular para poder interpretar los pasajes que los eligen para su expresión. Las siguientes breves descripciones introductorias no intentan explicar cada género en profundidad, sino presentarlos y mostrar que no se pueden leer todos de la misma manera.

Aproximadamente un 40% de la Biblia es material **narrativo** que relata sucesos de la historia bíblica, especifica quiénes eran los principales personajes y proporciona algunos de los detalles del trasfondo. No podemos llevar forzosamente una historia bíblica a un ambiente moderno con realidades políticas contemporáneas para interpretar los sucesos y las lecciones de una historia. Tenemos que usar el punto de vista y la lente histórica del autor. Recuerda que las porciones narrativas no simplemente enseñan teología y, por lo tanto, hay que leerlas de manera distinta a un libro como Romanos.

Las **genealogías** bíblicas incluyen muchos ancestros, pero no son listas exhaustivas como las que esperaríamos en una genealogía moderna. Las genealogías antiguas no tenían por qué nombrar a todos los ancestros ni proporcionar una lista completa de las generaciones. Algunas usan una técnica que mira hacia el pasado y condensa la información, enumerando solo los ancestros claves, quizás para demostrar el linaje tribal y familiar del sacerdocio. También es importante saber que ciertos términos de referencia varían entre las culturas; la palabra para «padre» tal vez se refiera a un abuelo, o incluso a alguien anterior en la genealogía.

Está claro que la **profecía** no es narrativa histórica y no debe leerse como tal. A menudo, la profecía usa un lenguaje sumamente simbólico, así que, para interpretar estas secciones, es necesario recordar que las descripciones proféticas no pueden leerse como una noticia de un periódico. El profeta puede describir eventos futuros con términos que eran conocidos en su época. Por lo tanto, la descripción de una batalla futura puede usar la terminología bélica de la época del autor, pero estos pasajes no quieren decir que, en el futuro, se volverá a pelear con lanzas y escudos. El profeta también puede describir sucesos futuros separados por grandes períodos de tiempo como si fueran un solo suceso en su imaginación; entonces, al leer sus descripciones proféticas, tal vez parezca que todo sucederá al mismo tiempo, pero estos eventos pueden estar separados por muchos años.

Aunque una regla básica de la hermenéutica es tomar las palabras de la manera más literal posible siempre que se pueda, los libros **poéticos** no siempre deben leerse literalmente, porque el lenguaje poético es muy expresivo y simbólico. Por ejemplo, el salmista declara que los millares de animales en los collados le pertenecen al Señor, pero, por supuesto, todo le pertenece al Señor (no solo los animales de los collados), ¡hasta las montañas! Este es tan solo un ejemplo de gran parte de la Biblia que contiene lenguaje simbólico y poético. Los salmos suelen utilizar lenguaje simbólico que atribuye un cuerpo humano a Dios Padre, quien es espíritu y no tiene cuerpo aparte de Dios Hijo.

En muchos idiomas, la poesía se reconoce según la métrica o cierto patrón de rima, pero, en la Biblia, se trata más de rimar y conectar ideas que de las palabras. La poesía bíblica usa palabras para pintar imágenes que expresan emociones y deseos. La poesía bíblica emplea distintas clases de paralelismo para comunicar un énfasis o una idea. El paralelismo puede destacar una idea mediante la repetición: «Como el padre se compadece de los hijos, se compadece Jehová de los que le temen»

(Sal. 103:13). También puede enseñar algo haciendo énfasis en dos conceptos opuestos: «Porque Jehová conoce el camino de los justos; mas la senda de los malos perecerá» (Sal. 1:6).

La literatura **sapiencial** en la Biblia nos guía a medida que buscamos conocer la mente y el corazón de Dios y entendemos que Sus caminos son infinitamente más altos que los nuestros. Las secciones de literatura sapiencial se encuentran en especial en Job, Salmos, Proverbios, Eclesiastés y Cantar de los Cantares, donde descubrimos la perspectiva de Dios, cómo suele responder las oraciones y las lecciones sobre el significado de la vida. En la Biblia, un necio es alguien que vive como si no hubiera Dios, y un sabio es alguien que adopta la perspectiva divina para la vida. La literatura sapiencial nos ayuda a tener esta visión.

Los **cantares** o **salmos** pueden contar historias, expresar alabanza o angustia, confesar pecados y arrepentimiento, e incluso profetizar eventos futuros. El libro de los Salmos era el himnario del pueblo de Dios en el pasado, y nos resulta útil para recordar que los salmos fueron escritos para cantarse más que leerse como un relato. Aunque hay canciones por toda la Biblia, en el libro de los Salmos hay muchas clases distintas de salmos divididos en cinco secciones o libros. Podemos ver esta diversidad en esta breve lista de clases de salmos:

1. Mesiánicos (Sal. 110).
2. De alabanza y acción de gracias (Sal. 9).
3. De lamento (Sal. 3–7).
4. De sabiduría (Sal. 73).
5. De testimonio (Sal. 30).
6. Históricos (Sal. 78).
7. Sobre la naturaleza (Sal. 8).
8. Sobre el peregrinaje (Sal. 43).
9. Imprecatorios (Sal. 140).[11]

---

[11] Michael Vlach, «Interpreting the Psalms», *Theological Studies.org*, página consultada el 16 de junio de 2016. http://theologicalstudies.org/resource-library/how-to-study-the-bible/365-interpreting-the-psalms.

Las **lamentaciones** son porciones de la Biblia que reflejan una profunda tristeza en momentos trágicos o difíciles, en especial, en el libro del mismo nombre. Tanto el libro como el género literario toman su nombre de una palabra griega que implica llorar a gritos, mientras que el nombre hebreo del libro significa ¡Ay! o *Cómo*. Las lamentaciones bíblicas pueden compararse con las expresiones de alguien que acaba de sufrir un horrible golpe emocional, mental o físico y todavía no se recupera. Clama a Dios mientras intenta entender lo que ha sucedido y lo que Dios permitió. Las lamentaciones bíblicas demuestran cómo podemos responder en tiempos de tragedia, mientras que también nos guían a llegar a la conclusión de que vale la pena confiar en Dios después de todo.

Los cuatro **Evangelios** enseñan sobre la vida de Jesús, presentan Su enseñanza, Sus interacciones con los demás y registran verdades que debemos creer sobre Él. El mensaje del evangelio es la buena noticia sobre Jesucristo, y los Evangelios se la presentan al lector según la visión de Mateo, Marcos, Lucas y Juan. Los alumnos no deben leer los Evangelios como si estuvieran sacados directamente del diario de Jesús o de uno de Sus discípulos. A sus autores no los limitaba ninguna regla que exigiera relatos cronológicos que coincidieran entre sí, sino que tenían la libertad de organizarlos e incluir o excluir eventos. Juan afirma que, si se hubiera registrado todo lo que Jesucristo hizo y dijo, no habría espacio en el mundo para contenerlo. Podemos considerar cada uno de los cuatro Evangelios como una cara de un diamante, cada uno con su propia faceta, pero todos representan la misma gema. Tomados en conjunto, los cuatro Evangelios añaden textura, profundidad y una comprensión más profunda de la vida de Jesús.

Dentro de los Evangelios, encontramos una manera de enseñar conocida como **parábola**, una palabra que significa literalmente «poner al lado». Se trataba de historias que Jesús contaba para aclarar Sus enseñanzas a algunos de los que las oían, mientras que confundía a otros. A la hora de interpretar las parábolas, no hay que dejarse llevar. No todos los elementos tienen un significado escondido o alegórico que hay que descubrir y aplicar. La mayoría de las parábolas destaca una enseñanza principal y los demás componentes sirven de trasfondo contextual.

Las **cartas** o epístolas fueron escritas por Pablo, Pedro, Juan, Santiago y Judas. La mayoría eran cartas a las iglesias o a individuos, aunque algunas no nombran una audiencia específica. Cuando interpretamos las epístolas, es útil recordar el patrón general: el nombre del autor, el destinatario, un saludo y una oración o deseo general, el cuerpo de la carta y la despedida. A veces, las cartas tratan un problema en particular que hizo necesario que se escribieran. Esto debería influir en tu interpretación del contenido. Algunas buenas preguntas para hacer al interpretar una carta son: ¿Quién escribió la carta y a quién estaba destinada? ¿Por qué la escribió? ¿Qué lo llevó a escribirla? ¿Cuál era la situación de vida del autor mientras escribía? (Estaba encarcelado, viajando, etc.). ¿Qué soluciones sugiere el autor sobre la ocasión o el problema que lo llevaron a escribir la carta? ¿Qué se sabe sobre la geografía pertinente; puede ayudar a la interpretación de la carta? ¿Cuáles son los temas, las inquietudes o las enseñanzas principales de la carta?

El último género que consideraremos es el más problemático para la interpretación: la literatura **apocalíptica.** El nombre de este género viene de una palabra griega que significa *revelar* o *descubrir*. Este género no solo se encuentra en el Apocalipsis de Juan, sino también en capítulos de Daniel, Isaías, Ezequiel y Zacarías. La literatura apocalíptica es sumamente simbólica, e interpretar estos pasajes en forma adecuada es un desafío, en el mejor de los casos. Las partes simbólicas que presentan dragones y otras bestias extraterrestres no deben leerse en forma literal. Algunos comentaristas piadosos de la Biblia han evitado ofrecer comentarios sobre el libro de Apocalipsis. La literatura apocalíptica tiene algunas características en común:

1. La expectativa de la irrupción de Dios en la era presente para iniciar una existencia cualitativamente distinta en la era venidera.
2. El uso de un mediador o mediadores angelicales para comunicar el mensaje de Dios al destinatario o vocero escogido.
3. La travesía del destinatario humano a la esfera celestial, y la interacción y comunicación constantes con los mediadores angelicales.

4. Visiones o sueños con mucho simbolismo que describen tanto realidades espirituales ocultas como intervenciones divinas futuras.
5. Visiones de un juicio final de Dios.
6. Advertencias de pruebas y tragedias inminentes que deberán enfrentar los fieles.
7. Ánimo para los fieles que perseveren a la luz de las realidades espirituales auténticas y las futuras intervenciones divinas.[12]

A menudo, se llega a conclusiones distintas al interpretar estos libros, según la visión personal de la literatura apocalíptica. Los *preteristas* interpretan que todo lo que se describe en estos pasajes ya ocurrió durante la historia. Los *preteristas parciales* creen que la mayoría ya ocurrió, pero no todo. Por ejemplo, algunos de los sucesos que Jesús anunció en Mateo 24 se materializaron en la destrucción del templo en 70 d.C., mientras que otros no llegarán hasta el final y el regreso de Cristo. Los *historicistas* consideran el libro del Apocalipsis como un panorama de la historia de la Iglesia en un vistazo: pasado, presente y futuro. Los *idealistas* creen que el Apocalipsis presenta batallas e interacciones espirituales que ocurren y se repiten a través de la historia hasta el fin de los tiempos. Los *futuristas* interpretan que todos los sucesos ocurren justo antes de que Cristo regrese. Por supuesto, la visión del milenio (pre, pos o amilenial) de cada uno tiene un gran impacto sobre la interpretación de los últimos tiempos en la literatura apocalíptica. Esto proporciona una ilustración escueta de cómo nuestra perspectiva y nociones preconcebidas afectan nuestras conclusiones al interpretar un texto. Es decir, solemos ver en la Escritura lo que esperamos encontrar.

Como estos capítulos de la Biblia son tan difíciles de entender y tienen un marcado simbolismo, no deberíamos ser dogmáticos y secesionistas sobre nuestra visión particular ni juzgar a otros que no la comparten. Recuerda que muchos hombres y mujeres piadosos de la historia de la Iglesia han tenido distintas posturas respecto a estas cuestiones. Las

---

[12] Plummer, *40 Questions…*, 213-214.

porciones apocalípticas de la Biblia deben leerse e interpretarse según las reglas de ese género literario, y no de la misma manera que los libros narrativos.

Las figuras retóricas

Además del género literario, hay muchas figuras retóricas en la Biblia que deben identificarse y entenderse para interpretar de manera adecuada cualquier pasaje que las presente.[13] Las figuras retóricas son instancias donde se usa una palabra para comunicar un mensaje distinto de su significado literal.

Un ejemplo es la **hipérbole**, una exageración para marcar énfasis. Frases del Nuevo Testamento como «el mundo se va tras él» o «si tu mano derecha te es ocasión de caer, córtala, y échala de ti» no deben interpretarse de forma literal. Son casos de hipérbole que hay que reconocer para sacar la conclusión correcta. A continuación, veremos algunas pautas útiles para discernir si una afirmación es una hipérbole o es literal.[14] Es muy probable que sea una hipérbole cuando:

1. Lo que se afirma no es posible en la realidad (que un camello pase por el ojo de una aguja, Mat. 19:24).
2. Lo que se afirma se opone a la enseñanza de Jesús en otra parte («Si alguno viene a mí, y no aborrece a su padre, y madre», Luc. 14:26).
3. La expresión es contraria a las acciones de Jesús en otra parte (la enseñanza anterior en comparación con la preocupación que demostró Jesús por el cuidado de Su madre cuando estaba en la cruz).

---

[13] Las figuras retóricas y los géneros literarios se resumieron de la obra de Robert H. Stein, *A Basic Guide to Interpreting the Bible: Playing by the Rules* (Grand Rapids, MI: Baker Academic, 2011); Robert L. Plummer, *40 Questions about Interpreting the Bible,* parte de la serie 40 Questions & Answers Series, Benjamin L. Merkle, ed. de la serie (Grand Rapids, MI: Kregel Academics, 2010); Robert I. Bradshaw, «Figures of Speech in the Bible», *BiblicalStudies.org.uk*, página consultada el 7 de abril de 2016. http://www.biblicalstudies.org.uk/article_idioms.html.

[14] Plummer, *40 Questions...*, 220-225.

4. La afirmación está en conflicto con la enseñanza general de la Escritura (la exhortación de Jesús a no maldecir comparada con las fuertes palabras de Pablo para afirmar su enseñanza y cuando se presentó ante el tribunal).
5. Lo que se afirma no siempre se cumple literalmente en la práctica (la enseñanza de Jesús de que no quedaría piedra sobre piedra después de la destrucción del templo).
6. El cumplimiento literal de la afirmación no lograría el objetivo deseado (la enseñanza de Jesús de luchar contra la lujuria y el pecado al sacarse un ojo o cortarse la mano).
7. Lo que se afirma usa una forma particular que se entiende como exageración (mover montañas, más fuertes que leones).
8. La afirmación usa un lenguaje integral o universal (el evangelio se predicará a toda criatura).

Una **comparación** o **símil** es un paralelo directo con el uso de «como». Un ejemplo sería afirmar que un hombre es como un elefante en un bazar, o que una niña tiene manos suaves como el terciopelo. En la Biblia, vemos muchos ejemplos, como cuando el salmista afirma que se ha acallado «como un niño destetado de su madre» (Sal. 131:2). Jesús les dijo a Sus discípulos: «He aquí, yo os envío como a ovejas en medio de lobos; sed, pues, prudentes como serpientes, y sencillos como palomas» (Mat. 10:16).

Otra figura retórica es la **metáfora**, que es una comparación tácita donde se identifica un término con otro con el que guarda alguna similitud. Las palabras de Jesús son una forma de metáfora extendida. Salmos 84:11 declara: «Sol y escudo es Jehová Dios», aunque esto no sea cierto de forma literal. Todos los dichos de Jesús en Juan con «Yo soy» entran en esta categoría: «Yo soy la puerta», «yo soy la vid», «yo soy la luz del mundo» y «yo soy el pan vivo». Está claro que se está realizando una comparación, pero sin el uso del «como».

El **merismo** es el uso de dos palabras para representar la totalidad o plenitud de algo, como en las frases «el cielo y la tierra», «alfa y omega», «damas y caballeros» y «ni una jota ni una tilde». En la Biblia, vemos el merismo en Salmos 72:8: «Dominará de mar a mar, y desde el río hasta los confines de la tierra». Y también: «Mi socorro viene de Jehová, que hizo los cielos y la tierra» (Sal. 121:2). Observa que muchos ejemplos de figuras retóricas se encuentran en el libro de los Salmos. Este uso frecuente enfatiza que los salmos tienen una gran cualidad expresiva y no necesariamente hay que interpretarlos como historias literales.

La **endíadis** es la expresión de una sola idea o un mismo significado mediante el uso de palabras similares, como «en carne y hueso» o «estar a tontas y a locas». El salmista usa la endíadis en Salmos 27:1: «Jehová es mi luz y mi salvación». Pablo la usa en Tito 2:13: «Aguardando la esperanza bienaventurada y la manifestación gloriosa de nuestro gran Dios y Salvador Jesucristo».

La **sinécdoque** es usar la parte de algo para referirse al todo, como por ejemplo: «el heredero del trono», para referirse al que gobernará sobre un reino; trabajar para «ganarse el pan», que hace referencia a obtener un salario; o un joven que «pidió la mano de su novia», para decir que tiene la intención de casarse. David usa este recurso en Salmos 24:4: «El limpio de manos y puro de corazón». Pablo se refiere a los enemigos de la cruz declarando: «El fin de los cuales será perdición, cuyo dios es el vientre» (Fil. 3:19).

La **metonimia** es una figura retórica que usa una palabra o una frase para reemplazar otra relacionada, como por ejemplo: «La Casa Blanca hizo una declaración», para referirse al presidente de Estados Unidos; lo mismo sucede con el Vaticano. Es una sustitución más que una comparación. En Proverbios 20:1, leemos: «El vino es escarnecedor, la sidra alborotadora», aunque ninguna de estas cosas en realidad escarnece ni alborota. Proverbios 12:19 declara: «El labio veraz permanecerá para siempre; mas la lengua mentirosa sólo por un momento», para enfatizar el valor de la verdad.

La **personificación** se da cuando un escritor bíblico le atribuye cualidades humanas a algo, como cuando Jesús dijo en Mateo 6:3-4: «Mas cuando tú des limosna, no sepa tu izquierda lo que hace tu derecha, para que sea tu limosna en secreto». Es evidente que no nos estaba mandando esconder información de una de nuestras manos, como si tuviera su propia personalidad. Proverbios 1:20 usa la misma figura retórica: «La sabiduría clama en las calles». Aquí, se presenta a la sabiduría como si pudiera gritar por las calles.

El **antropomorfismo** es referirse a Dios como si tuviera un cuerpo, emociones o acciones humanas. La palabra griega *ándsropos* significa «hombre», y la palabra *morfé* es «forma» o «figura». Juntos, estos vocablos forman una figura retórica que los escritores bíblicos usan para hablar de Dios con términos humanos y así comunicar mejor ideas sobre Él a los lectores. Hablar del brazo potente del Señor o de los ojos de Jehová es un ejemplo de esta atribución de un cuerpo humano a Dios. Declarar que Dios cambió de opinión, se aplacó o se arrepintió es atribuirle acciones humanas. Los pasajes que muestran a Dios afligido o celoso le aplican emociones humanas.

La **lítotes** implica afirmar algo negando lo contrario. Por ejemplo, decir que alguien «no está en lo cierto» para comunicar que está equivocado. La lítotes se usa para atenuar una idea concentrándose en el concepto opuesto. Cuando Pablo habla de su ciudadanía, afirmando que es un ciudadano «de una ciudad no insignificante» (Hech. 21:39), está enfatizando la importancia de su ciudadanía romana.

Las **frases idiomáticas** son coloquiales y comunican ideas de maneras que no se entenderían con una interpretación literal de las palabras que las conforman. Muchas veces, ni siquiera somos conscientes de las frases idiomáticas que usamos. Cuando se nos pide que expliquemos una de estas frases, solemos usar otra para hacerlo.

En español, para comunicar que solo estamos bromeando, decimos: «Te estoy tomando el pelo». Pero, para expresar la misma idea en inglés, diríamos: «Te estoy tirando de la pierna». Para comunicar esa idea en ruso, la expresión literal es: «Estoy colgándote fideos de las orejas».

Génesis 15:5 declara: «Y tú vendrás a tus padres en paz, y serás sepultado en buena vejez». Es evidente que el pasaje no afirma que Abraham realizaría un viaje para visitar a su padre y su abuelo; más bien, está hablando de su muerte y entierro. De manera similar, Jesús no quiso decir que Lázaro estuviera durmiendo una siesta renovadora cuando afirmó en Juan 11:11: «Nuestro amigo Lázaro duerme». Estas eran frases eufemísticas, como decir «Pasó a mejor vida» en lugar de declarar a secas: «Murió». Es una expresión que atenúa la dureza de una idea.

Así como el género literario es importante para interpretar correctamente un pasaje bíblico, las figuras retóricas también juegan su papel. Considerar el significado literal de una palabra cuando se usó como una figura retórica te lleva a conclusiones incorrectas e interpretaciones erradas, lo cual garantiza errores a la hora de aplicar el pasaje a tu vida y la vida de tus oyentes.

¿Cómo debemos interpretar la Biblia?

A través de los siglos, se han usado distintos métodos de interpretación y, por desgracia, algunos se siguen usando hoy como el método preferido en la cultura. Uno de los más comunes al principio de la historia del cristianismo y que persiste hoy es el método *alegórico*. Este método se demuestra con facilidad en el libro de John Bunyan, *El progreso del peregrino*, donde cada personaje representa un aspecto de la vida cristiana. La alegoría es fundamental para interpretar esta obra. Algunos pueblos del mundo prefieren el enfoque alegórico para interpretar la Biblia y buscan significados ocultos en sus páginas. El resultado desafortunado es que las iglesias y los creyentes adoptan y fomentan una forma de cristianismo desatinado y completamente distinto del de otros cristianos del mundo.

Otro método que se ha visto a lo largo de la historia es el enfoque *cuádruple* de interpretación, según el cual había que estudiar cada pasaje para identificar cuatro significados: el literal, el moral, el espiritual y el celestial. Plummer ilustra el método con un poema que se suele citar:

> La *letra* nos muestra lo que Dios y nuestros padres supieron hacer;
> la *alegoría* nos marca en qué tenemos que creer;
> el significado *moral* nos da reglas para la vida cotidiana;
> la *analogía* muestra dónde termina nuestra lucha humana.[15]

---

[15] Robert M. Grant con David Tracy, *A Short History of the Interpretation of the Bible* (Minneapolis, MN: Augsburg, 1988), 85, «*Littera gesta docet, quid credas allegoria, Moralis quid agas, quo tendas anagogia*». Citado por Plummer, *40 Questions...*, 90.

El método de interpretación *cuádruple* reconocía que cada pasaje tiene varios significados y, por supuesto, las conclusiones de cada persona eran sumamente subjetivas e independientes de las de otros creyentes. Era necesario encontrar un método mejor para alcanzar y preservar la verdad y la enseñanza que Dios quiso revelar en la Biblia.

Una de las motivaciones y de los resultados de la Reforma protestante fue regresar a las Escrituras para discernir lo que Dios había revelado y quitar los siglos de tradiciones que habían ido cubriendo el cristianismo, a menudo, por el uso del modelo cuádruple de interpretación. Para lograrlo, los reformadores estudiaron la Biblia por lo que es en realidad: la Palabra de Dios revelada en la historia a los hombres que la escribieron bajo inspiración. Para interpretar la Escritura, usaron el conocimiento de los idiomas originales, la historia política pertinente, la geografía de las tierras bíblicas y la convicción de que las palabras tenían un sentido literal. Usaron todas estas herramientas para preguntarle al texto qué había querido decir el autor original en los escritos bíblicos.

A veces, cuando leo una nota o un correo electrónico, me pregunto: «¿Qué habrá querido decir el autor?». Las palabras están claras en la página y conozco la definición del diccionario, pero, por supuesto, no puedo ver las expresiones del rostro del autor, escuchar su tono de voz ni ver si hace algún ademán que aclare el significado de lo que escribió. ¿Habrá sido sarcástico o sincero? ¿Es humor o una franqueza sin tapujos? Si nos cuesta entender el significado en la comunicación contemporánea, imagina lo precario que puede ser el proceso de interpretación de documentos escritos hace cientos o miles de años en otro idioma o país. Por más difícil que pueda ser este paso, discernir la intención del autor es necesario y fundamental para lograr una interpretación correcta.

Cuando estudiamos un pasaje bíblico, es importante conocer la mayor cantidad de información posible: ¿Quién lo escribió? ¿Por qué? ¿Cuándo? ¿Bajo qué circunstancias? ¿Qué clase de documento es? Estas preguntas y otras son claves para identificar lo que el autor quiso comunicar a sus primeros lectores y para saber qué entendieron los que escucharon o leyeron sus palabras. Una manera en que los eruditos bíblicos intentan recuperar esta información se llama el método *histórico-gramatical* de interpretación.

En este método, el intérprete intenta desenvolver el pasaje e identificar toda la información posible que rodea su escritura. Esto incluye identificar el autor, la fecha y el lugar de escritura; el destinatario; cualquier elemento arqueológico, político o gramatical pertinente; el vocabulario y las expresiones idiomáticas de la época; la estructura social; los grupos religiosos existentes; y los distintos pueblos, culturas y experiencias del autor que rodean al material escrito. Un examen de esta lista parcial de datos importantes demuestra que cada aspecto podría arrojar luz y perspicacia sobre la correcta interpretación del pasaje.

Alguno podría argumentar que no es tan importante dedicar tanto tiempo a interpretar la Biblia, diciendo: «Tan solo lee la Biblia y predica las palabras tal cual las dice». Sin duda, parece espiritual, y es parte del proceso para llegar a la enseñanza del texto, pero es necesario un esfuerzo mayor. La Biblia misma indica que hace falta interpretarla. Considera los siguientes pasajes:[16]

> Procura con diligencia presentarte a Dios aprobado, como obrero que no tiene de qué avergonzarse, que usa bien la palabra de verdad. (2 Tim. 2:15)
>
> Abre mis ojos, y miraré las maravillas de tu ley. (Sal. 119:18)
>
> Y tened entendido que la paciencia de nuestro Señor es para salvación; como también nuestro amado hermano Pablo, según la sabiduría que le ha sido dada, os ha escrito, casi en todas sus epístolas, hablando en ellas de estas cosas; entre las cuales hay algunas difíciles de entender, las cuales los indoctos e inconstantes tuercen, como también las otras Escrituras, para su propia perdición. (2 Ped. 3:15-16)
>
> Y él mismo constituyó a unos, apóstoles; a otros, profetas; a otros, evangelistas; a otros, pastores y maestros, a fin de

---

[16] Plummer, *40 Questions…*, 80.

> perfeccionar a los santos para la obra del ministerio, para la edificación del cuerpo de Cristo, hasta que todos lleguemos a la unidad de la fe y del conocimiento del Hijo de Dios, a un varón perfecto, a la medida de la estatura de la plenitud de Cristo. (Ef. 4:11-13)
>
> Te encarezco [...] que prediques la palabra; que instes a tiempo y fuera de tiempo; redarguye, reprende, exhorta con toda paciencia y doctrina. Porque vendrá tiempo cuando no sufrirán la sana doctrina, sino que teniendo comezón de oír, se amontonarán maestros conforme a sus propias concupiscencias. (2 Tim. 4:1-3)

Cada uno de estos pasajes demuestra que el significado de la Biblia no siempre es claro en una primera lectura. En Nehemías 8, vemos que la Ley se leía ante el pueblo durante horas, pero ellos no entendían si los ancianos no se la explicaban. Cuando se redescubrió la Ley mientras Josías restauraba el templo, los líderes llamaron a Hulda para que los ayudara a entender bien su mensaje. Como ya observamos en 1 Corintios 1:18 y 2:14, Pablo enseña que el mensaje de Dios es espiritual y que un hombre sin el Espíritu no puede discernir todo lo que Dios quiere comunicar. Hechos 8:30-31 enseña que, aunque el eunuco etíope estaba leyendo el libro de Isaías, no podía entender su significado sin que Felipe lo ayudara a interpretarlo. Aunque creemos la verdad pura de las palabras literales de la Biblia, según expresa la perspicuidad de la Escritura, sabemos que hace falta cierta habilidad y esfuerzo para entender plenamente la Palabra de Dios.

Cuando abordamos la Biblia para estudiarla, interpretarla y aplicarla, lo que más necesitamos es que el Espíritu Santo que la inspiró ilumine nuestra mente y nos permita entenderla. De esta manera, somos como David, cuando oró para que Dios abriera su mente a las verdades maravillosas que contiene la Palabra. Por cierto, cualquier persona alfabetizada puede leer las palabras escritas sobre cada página, pero solo aquella que esté llena del Espíritu y tenga Su guía verá todos los tesoros que Dios escondió para que extrajéramos.

Por lo tanto, tenemos que abordar el estudio y la interpretación de la Biblia con una actitud de humildad y expectativa. Una actitud de humildad fluye al entender que se nos permite manejar la santa Palabra de Dios con nuestras manos pecaminosas y que la tenemos en nuestro propio idioma, mientras que miles de personas no gozan de esta ventaja. Una actitud de expectativa en el estudio bíblico surge de la promesa de Dios de hablarnos y revelarnos cosas que no conocemos (Juan 16:13).

La oración es el primer paso para un estudio bíblico eficaz. Nuestra actitud de humildad facilitará esta oración sincera y nos protegerá de la arrogancia. Algunos abordan el estudio bíblico con la idea de que ya saben lo que encontrarán. Esto lleva a una *eiségesis* en lugar de *exégesis;* es decir, se *inserta* un significado en la Biblia según lo que se espera encontrar y lo que uno quiere que diga, en vez de interpretar lo que dice. Una actitud humilde nos ayuda a recordar que la Biblia es la misma Palabra de Dios y, como tal, no tiene error, contradicción ni confusión. Cuando los alumnos se encuentran con aparentes errores o contradicciones, de manera involuntaria, juzgan a la Biblia en lugar de su propio razonamiento. La oración no solo debería ser el primer paso en nuestro estudio, sino también guiar el proceso de estudio bíblico. Ora y medita en todo lo que Dios te revele en tus estudios; en especial, por los pasajes que parecen difíciles de entender. Me reconforta saber que algunos de los puritanos escribieron en los márgenes de sus Biblias las palabras: «Más luz, oh, Señor», junto a ciertos pasajes para indicar que incluso estos piadosos eruditos no los entendían por completo.

Cuando te encuentres con pasajes que parecen contradecir lo que siempre te enseñaron sobre Dios o la Biblia, compáralos con otros pasajes escriturales. La Biblia es el mejor comentario bíblico. Casi todas las enseñanzas de la Biblia se explican en más detalle o se enseñan desde otra perspectiva en otra parte de la Escritura. Si llegas a la conclusión de que has encontrado alguna contradicción o error en la Biblia, que esto te muestre que no has terminado de estudiar, orar y meditar. Persiste y ora pidiendo más luz.

A medida que estudies el pasaje, te resultará útil pasar de lo más amplio a lo más específico. Recuerda la trama principal de la Biblia, luego considera el Testamento en el que estés, después la sección dentro de ese Testamento, el género literario (Ley, historia, poesía, profecía), y los pasajes que rodean el que estás leyendo. Una de las reglas básicas para la interpretación es mantener todo en contexto. Si hay palabras que no te resultan claras, toma el tiempo necesario para investigar sus significados con las herramientas que tengas a tu disposición.

Consideraciones prácticas para interpretar y aplicar la Escritura

Recuerda que, como instructor, estás ayudando a tu alumno a abordar la Biblia para aprender, crecer, aplicarla a su vida y enseñársela a otros. Destaca la importancia del tiempo y el esfuerzo necesarios para entender y aplicar lo que dice, en lugar de simplemente acudir a la Biblia como fuente para un sermón dominical. Cuando empieza el estudio bíblico, el primer paso es permitir que la Palabra de Dios hable. ¿Qué dice en realidad? Lee el pasaje varias veces y, si el alumno dispone de varias traducciones o paráfrasis, lean el pasaje en todas estas versiones para obtener una mejor perspectiva.

Recuérdales a tus alumnos que deben buscar el énfasis principal del pasaje, y pueden preguntar:

¿Cuál es la idea general?
¿Cuál es el contexto?
¿Cuál es el significado literal de estas palabras?
En el estilo literario, ¿hay algún indicio de que estas palabras no deban ser tomadas en forma literal?
¿Hay algún uso idiomático del lenguaje o figuras retóricas que puedan generar confusión?
¿El género sugiere una lectura literal del pasaje?
¿Quién escribió este pasaje y a quién estaba destinado?
¿Por qué lo escribió?
¿Qué lo llevó a escribirlo?
¿Cuál era la situación de vida del autor mientras escribía?
¿Qué soluciones sugiere el autor sobre la ocasión o el problema que lo llevaron a escribir?

¿Qué se conoce sobre la geografía pertinente?
¿Cuáles son los temas, las inquietudes o las enseñanzas principales?
¿Mi interpretación inicial concuerda con la enseñanza del resto de la Biblia?
¿Contradice alguna doctrina fundamental?

Como observamos, comparar la Escritura con la Escritura es la mejor prueba para discernir si la interpretación inicial es acertada, pero, para esto, es necesario un conocimiento bíblico y una habilidad que muchos de los alumnos todavía no poseen. Por lo tanto, es muy útil contar con otras herramientas de estudio bíblico (como libros y recursos fuera del texto bíblico).

Herramientas de estudio bíblico

Una buena traducción de la Biblia en la lengua madre de un alumno letrado y nacido de nuevo es la mejor herramienta para la interpretación bíblica. Por desgracia, la mayoría de la población mundial no tiene un nivel alto de alfabetización y poco se beneficiaría de una copia impresa de la Biblia; por cierto, miles de idiomas todavía no tienen una traducción de la Biblia. Siempre que exista una Biblia en el idioma de los pastores analfabetos, la alfabetización facilitaría en gran manera la protección de la verdad bíblica y la posibilidad de mantener precisión doctrinal para las generaciones futuras. Como esto no es posible por distintas razones en algunos casos, un anexo de este texto proporciona orientación y pautas para enseñar este modelo de capacitación pastoral a pueblos analfabetos. Es posible y prudente capacitar a pastores piadosos que no saben leer, más allá de su nivel cultural.

Este texto se escribió principalmente para pastores alfabetizados y para los maestros que los capacitarán. Sin embargo, incluso los pastores alfabetizados pueden tener una capacidad limitada de lectocomprensión debido a su educación limitada. Algunos de estos hombres se beneficiarán de tener al menos un diccionario básico y una gramática de su propio idioma. Mi tatarabuelo no tenía una gran educación, pero era un conocido pastor bautista en Mississippi, que tuvo un ministerio largo y exitoso y bautizó a más de 1500 personas; entre ellas, uno de los gobernadores del estado. Además, nombró pastores a decenas de jóvenes. En una carta a su hijo, describió su capacitación pastoral de esta manera: «Realizaba mi curso teológico junto a una pila de leña después de un día de trabajo manual. El libro que estudiaba era el más grande del mundo, la Biblia. Como ayuda, usaba una gramática inglesa y un diccionario general».[17] Las carreras universitarias y los seminarios son grandes bendiciones que ofrecen capacitación bíblica y teológica a muchos pastores, pero no son las únicas maneras de prepararse para el ministerio. Tenemos que ayudar a los alumnos a tener y usar todas las herramientas que tengan a su disposición.

Siempre y cuando sea factible, consigue y provéeles a tus alumnos una buena Biblia de estudio con una traducción aceptada. Esto es especialmente importante cuando hay pocas herramientas de estudio extra, ya que una buena Biblia de estudio tendrá notas y comentarios con explicaciones, referencias en la columna del centro, mapas históricos, una concordancia breve, introducciones a los libros, cronologías, ilustraciones como dibujos del templo, artículos sobre temas pertinentes y planes de lectura bíblica. En esencia, el pastor que tenga una Biblia de estudio tendrá en sus manos una biblioteca pastoral portátil que incluirá las herramientas básicas para el estudio bíblico, la enseñanza y la predicación. Si hay más recursos disponibles, es bueno que los alumnos los tengan a su disposición para un estudio más profundo. Se pueden conseguir donaciones de libros y los maestros pueden ir llevándolos poco a poco, para establecer una biblioteca pastoral de investigación en el centro de capacitación. Asegúrate de dedicar el tiempo necesario en las sesiones de formación para orientar sobre cómo usar estos recursos.

Un **atlas bíblico** es una buena herramienta para orientarse respecto a la geografía de las tierras de la Biblia. Es sumamente útil que los alumnos puedan ver en un mapa la ubicación de los personajes bíblicos a medida que viajaban o enseñaban. Ver dónde se bautizó Jesús, seguir Su ruta mientras viajaba o trazar el recorrido de los viajes misioneros de

[17] Tomado de una carta que J. C. Buckley le escribió a su hijo (en posesión del autor).

Pablo aporta perspectiva y hace que la Biblia cobre vida en la mente de tus alumnos.

Una **concordancia** es una lista de todas las palabras de la Biblia (al menos, las palabras claves en las concordancias más breves) con el capítulo y el versículo para cada una. Esto es útil cuando se realiza un estudio de palabras o se intenta entender cómo se usaba un vocablo en diversos contextos bíblicos. Sin embargo, en este caso, es necesaria una advertencia. Después de ver una concordancia, algunos pastores empiezan a predicar «sermones de concordancia». Estos son fáciles de reconocer: el pastor suele empezar pidiéndole a la congregación que busque un pasaje sobre un tema en particular, lo lee, hace un comentario, prosigue al siguiente pasaje y sigue así. Enseguida se hace evidente que está repasando la lista de la concordancia en lugar de haber preparado un mensaje.

Un **diccionario o manual bíblico** es útil para explicar las realidades culturales, históricas, políticas o sociales de la época bíblica, que pueden resultarle desconocidas al alumno. A veces, el resumen breve de un manual sobre una controversia o un debate intelectual respecto a la autoría de un libro, la fecha de escritura o el público al cual iba dirigido proporcionan puntos importantes para el alumno. Un buen manual también presenta hallazgos arqueológicos pertinentes de las tierras bíblicas que ayudarán al alumno a comprender mejor el trasfondo del pasaje.

A través de los años, se han escrito **comentarios** para guiar a los que estudian la Escritura a entenderla mejor. Los comentarios bíblicos no tienen autoridad ni inspiración divina; sencillamente, son las ideas de hombres y mujeres que han buscado preservar la enseñanza, la reflexión y la investigación bíblica, y la interpretación que Dios les ha dado a eruditos bíblicos en los últimos 2000 años. Muchos comentarios incorporan enfoques útiles de los idiomas originales que asistirán al alumno que no tiene un conocimiento práctico del hebreo o el griego. Los comentarios también explican el pasaje y consideran inquietudes teológicas, realidades históricas y políticas, y todo el alcance de la Escritura. Los alumnos deberían reservar la lectura de comentarios para una etapa más avanzada de su estudio bíblico. Esto permite que el Señor les hable sin la interferencia de conocidos eruditos bíblicos que pueden llegar a abrumar y a ahogar cualquier pensamiento original que, de lo contrario, tendría el alumno. Ayuda a tus alumnos a recordar que Dios les ha encargado a ellos el pastoreo de sus congregaciones, y no al comentarista que vivía en otro lugar y en otra época. Los comentarios son buenos para consultar después de orar, meditar y hacer la ardua tarea de exégesis, para verificar que el alumno está bien encaminado. Los comentarios ayudan al alumno a discernir si su interpretación concuerda con el resto de la Escritura y lo que los demás teólogos de la historia de la Iglesia sostuvieron sobre determinado pasaje. En otras palabras, son más útiles para mostrar qué no decir y no tanto para indicar qué decir.

Muchos pastores y estudiantes de la Biblia no podrán dedicarse a un estudio concentrado y un análisis minucioso de estas herramientas; quizás lo único que tengan sea una Biblia para preparar una lección o un sermón. Lo más habitual es que el alumno lea e interprete simplemente la Escritura en su estudio personal diario, y deba sacar conclusiones con mucha rapidez. A continuación, presentamos un método accesible para leer e interpretar la Biblia que sería beneficioso para todo creyente con cualquier nivel de educación o acceso a recursos de estudio bíblico. Este método básico debe memorizarse y practicarse en clase, como tarea y en forma periódica para garantizar que los alumnos estén abordando el texto de la manera adecuada y saquen las conclusiones pertinentes.

Un método práctico para interpretar la Biblia

El método siguiente proporciona una herramienta informal y accesible de interpretación para practicar en cualquier parte. Muchos de tus alumnos seguirán creciendo en su capacitación bíblica y teológica; quizás incluso aprendan hebreo y griego y asistan a un seminario bíblico. Sin embargo, la mayoría de los que reciben una capacitación informal necesitan un método sencillo que pueda practicarse haciendo y respondiendo algunas preguntas básicas. Es lo que este método ofrece, junto con algunos símbolos útiles para recordarlo. El método incorpora símbolos con flechas dibujados a mano y fáciles de recordar. Las flechas señalan en distintas direcciones para llevar al intérprete a hacer las preguntas correctas.[18]

¿Qué dice el pasaje?

La primera pregunta apunta a llegar al significado del texto en sí mediante las palabras que usa. El primer símbolo es un círculo que lleva a preguntar: «¿Qué dice el pasaje?». El estudiante de la Biblia debe intentar no traer ideas preconcebidas al texto, aunque es imposible evitarlo por completo. La idea es preguntar qué dice Dios en el texto. Como la Biblia es la Palabra inspirada, inerrante y revelada de Dios para Su pueblo, nuestro principal objetivo en el estudio bíblico debe ser saber lo que dice y permitir que hable. Esta clase de precisión tiene que transformarse en una pasión por el estudio bíblico del alumno. Siempre que añadimos algo a lo que Dios ha dicho, solemos inclinarnos al legalismo y acumulamos requisitos y tradiciones humanos. Como resultado, terminan importándonos más las reglas que amar a Dios y Su Palabra. Alguien dijo que podríamos ilustrar esto al imaginar la Palabra de Dios como una línea horizontal. Cuando le agregamos algo a la Palabra, estamos yendo hacia arriba de esa línea. Por otra parte, cuando le quitamos a la Escritura al desestimar mandamientos que preferimos no poner en práctica o considerar ciertos milagros como algo imposible, nos inclinamos al liberalismo y nos volvemos antinómicos que se rigen por sus propias reglas.

Debemos tomar en cuenta todo lo que hemos aprendido, considerar el contexto del pasaje (es decir, la parte del Antiguo o el Nuevo Testamento donde encontramos el texto), el género literario, las figuras retóricas, la situación de vida del autor en el momento de escribir, las realidades históricas y políticas, el idioma, la cultura bíblica, etc. Recuerda que el contexto puede marcar una gran diferencia; aunque la Biblia no miente ni comete errores, contiene mentiras y errores. Por ejemplo, registra las palabras del diablo cuando mintió y las acciones de Abraham, Moisés,

[18] Matt Rogers y Donny Mathis, *Seven Arrows: Aiming Bible Readers in the Right Direction* (Wheaton, IL: Equip to Grow Press, 2015).

Saúl, David, Judas, Pedro, etc. cuando se equivocaron y tomaron malas decisiones. El contexto es clave y el que estudia la Biblia debe tenerlo muy presente para interpretar adecuadamente cada pasaje. ¿Cuál fue la intención original del autor cuando escribió el libro, la profecía, el salmo o la carta? ¿Se repiten ideas o palabras para marcar un énfasis? ¿Hay algo que nos permita entrever el estado emocional o la condición física del autor en ese momento? Es necesario identificar los indicios que podrían ayudar al alumno a entender la intención del autor, para discernir lo que expresa el pasaje.

¿Qué significó este pasaje para su audiencia original? 

Esta segunda flecha apunta hacia atrás para indicar que estamos hablando del pasado. Ponernos en el lugar de las personas que escucharon la lectura de esta carta por primera vez nos ayuda a interpretarla. ¿Qué estaba sucediendo en esa época? ¿Dónde se encontraban cuando recibieron este libro o esta carta? Un buen ejemplo sería la carta de Pablo a Filemón. Conocer el trasfondo es fundamental para entender este libro: Pablo le estaba escribiendo a un hombre a quien había llevado al Señor años atrás, Filemón, con la intención de ayudar a un esclavo que se había escapado y ahora era cristiano y deseaba reconciliarse con el que había sido su amo. Sin esa información y cierto conocimiento sobre el funcionamiento de la esclavitud en el Imperio romano, sería difícil interpretar correctamente la carta de Pablo a Filemón.

Usar las herramientas de una Biblia de estudio puede ayudar al intérprete a descubrir el significado que tenía para la audiencia original. Las introducciones a los libros brindan una útil descripción del mundo político en el momento de escritura, la situación de Israel y otra información que el editor pensó que beneficiaría al lector. Los mapas al final de la Biblia orientan al alumno y le dan un panorama geográfico general. Por ejemplo, al observar dónde están Jope, Nínive y Tarsis, el lector puede entender que los viajes de Jonás después de recibir su llamado no fueron un descuido accidental del mandamiento de Dios. Las referencias en la columna central ayudan cuando se investiga para ver en qué otra parte de la Biblia se registra determinado suceso; por ejemplo, en dónde se encuentra la alimentación de los 5000 en los demás Evangelios, o dónde se presenta alguna enseñanza relacionada para estudiar y comparar.

Aquí también es útil un diccionario o manual bíblico. Algunos pasajes pueden ser especialmente confusos para el alumno que no esté familiarizado con los pesos y las medidas que suele usar la Biblia, o con los valores monetarios equivalentes de los siclos, los denarios y los talentos. Un diccionario bíblico también ayuda con los territorios geopolíticos y las fronteras antiguas, y permiten comparar a los reyes, los sátrapas y los tetrarcas con los gobernantes contemporáneos. Estas herramientas no deberían reemplazar nuestro propio esfuerzo de estudio y meditación, pero, sin duda, añaden profundidad y textura a nuestras consideraciones personales; en especial, para discernir la intención y recepción de los mensajes cuando se escribió cada libro.

¿Qué nos enseña este pasaje sobre Dios? ↑

Evidentemente, esta flecha apunta arriba y nos recuerda que consideremos a Aquel que inspiró el texto. Como ya observamos, solo podemos conocer la información definitiva sobre Dios que Él ha decidido revelarnos. Cuando leemos el pasaje e intentamos interpretarlo para su correcta aplicación, ¿qué nos dice sobre el Autor? Esta es una manera muchísimo más importante y profunda de considerar la intención del autor. Una vez que consideramos las realidades lingüísticas y sociales contemporáneas que afectaron la escritura de un pasaje, le pedimos a Dios que nos enseñe sobre sí mismo a través de Su Palabra.

En el módulo sobre doctrina cristiana, aprendimos que la teología bíblica es una manera de seguir la pista de distintos temas en toda la Biblia para descubrir lo que Dios dice sobre cada uno de manera progresiva. Estudiar lo que Dios revela sobre Su persona a lo largo de Su Palabra constituye el aspecto más importante de la interpretación bíblica. Descubrimos verdades como que Dios es todopoderoso, siempre fiel, ama a Sus hijos, detesta el pecado, siempre perdona, redime, reina sobre el universo, hace que todas las cosas obren según el designio de Su voluntad, y siempre hace lo correcto.

Preguntar qué enseña el pasaje sobre Dios, Su amor o cualquier otro aspecto de verdad revelada nos ayuda a entenderlo e incorporarlo a nuestras vidas. Una vez que lo hacemos, podemos enseñárselo mejor a los demás y ayudarlos a hacer lo mismo.

¿Qué nos dice este pasaje sobre el hombre? ↓

Esta flecha señala la raza humana y nos desafía a preguntar qué quiere Dios que sepamos sobre nosotros mismos. Nos vemos reflejados muchas veces en Su Palabra, ya sea que nos demos cuenta o no. Cuando recién me convertí, muchas veces me frustraba leer el Antiguo Testamento y ver cómo Israel desobedecía a Dios. Como resultado de su rebelión, sufrían la disciplina divina. Después de un tiempo de clamar pidiendo misericordia, Dios enviaba un libertador, un juez, un rey o un profeta para rescatarlos. Al principio, Israel agradecía, pero, con rapidez, volvía a caer en sus hábitos pecaminosos. Me maravillaba ante las repeticiones de este patrón insensato de pecado. Más adelante, me di cuenta de que el mismo patrón ocurría en mi vida. Dios me mostró cómo yo lo trataba a Él. El libro de Oseas muestra un microcosmos de esta dinámica bíblica. Dios le pidió que se casara con una prostituta para representar cómo el Señor recibía a Israel después de sus repetidos adulterios espirituales.

Aunque Dios es el personaje principal en este drama bíblico, las lecciones pronto se concentran en los hombres y las mujeres de sus historias. ¿Qué aprendemos sobre nosotros mismos en el pasaje, y cómo podemos aplicarlo a nuestras propias vidas y las vidas de nuestros oyentes? Relatos como el de los israelitas en el desierto nos enseñan sobre el corazón egoísta e inconstante de la humanidad. Descubrimos que el corazón de los hombres y las mujeres es incurablemente pecaminoso y que no tenemos esperanza, de no ser por la gracia redentora de Dios.

¿Qué pide este pasaje de mí? 

La aplicación personal de la Biblia es esencial para el crecimiento en el discipulado personal. Todos queremos crecer en santidad, obediencia y utilidad para el Señor. Por lo tanto, a medida que leemos la Biblia y que Él nos la revela, debemos buscar aplicarla a nuestras vidas. Aun sin una capacitación teológica formal, podemos estudiar la Biblia a diario, al escucharla grabada o leerla por nuestra cuenta. A medida que nos adentramos en el texto, tenemos que transformar sus verdades en oración y preguntar: «Señor, ¿qué deseas que sepa y haga como resultado de estas verdades?». O, al menos, eso deberíamos hacer.

Tenía poco más de 20 años y era empresario cuando el Señor me salvó. Como nuevo creyente, leía mi Biblia todos los días en mi pausa para almorzar. Una mañana, uno de mis obreros, que se llamaba justamente Santiago, cometió un error. Trabajó la tierra en un campo equivocado y no en el que yo le había indicado. Como le pagaba por trabajo y no era la primera vez que cometía el mismo error, en medio de mi frustración, decidí enseñarle una lección y le retuve el pago. Santiago respondió apenado que, aunque necesitaba el dinero, lo entendía. Mientras leía mi Biblia en la epístola de Santiago ese día, me encontré con estas palabras: «Oigan cómo clama contra ustedes el salario no pagado a los obreros que les trabajaron sus campos. El clamor de esos trabajadores ha llegado a oídos del Señor Todopoderoso. Ustedes han llevado en este mundo una vida de lujo y de placer desenfrenado. Lo que han hecho es engordar para el día de la matanza» (Sant. 5:4-5, NVI). ¡De más está decir que sentí tanta convicción de pecado que regresé a la oficina y le pagué esa misma tarde! No digo que todos deberían llegar a la misma conclusión, ni que la guía del Señor siempre sea tan específica para nuestra situación, pero Él nos habla a través de Su Palabra. Nuestra pregunta al estudiar la Biblia debería ser siempre: «Señor, ¿qué me estás diciendo en este pasaje?».

Todos hemos tenido convicción de pecado al leer la Palabra, o hemos sentido el desafío de predicar el evangelio más de lo que siempre hacemos o de buscar al Señor mientras pueda ser hallado. La Biblia misma nos habla de sus muchos usos. Un ejemplo es 2 Timoteo 3:16-17: «Toda la Escritura es inspirada por Dios, y útil para enseñar, para redargüir, para corregir, para instruir en justicia, a fin de que el hombre de Dios sea perfecto, enteramente preparado para toda buena obra». Otra referencia sobre la utilidad de la Palabra de Dios se encuentra en Hebreos 4:12: «Porque la palabra de Dios es viva y eficaz, y más cortante que toda espada de dos filos; y penetra hasta partir el alma y el espíritu, las coyunturas y los tuétanos, y discierne los pensamientos y las intenciones del corazón». Leer la Biblia trae convicción, nos enseña, reprende, corrige, nos instruye en justicia y, de vez en cuando, juzga el pecado en nuestras vidas. A medida que estudiamos la Palabra de Dios, aprendemos que, a veces, es necesario arrepentirnos, pedir perdón, perdonar a los demás, ser pacificadores o proclamar el nombre del Señor. Mientras leemos, siempre debemos tener una flecha que señale nuestro corazón y pregunte: «¿Qué pide este pasaje de mí?».

¿Cómo cambia este pasaje la forma en que me relaciono con la gente?

Esta flecha apunta tanto a nuestro corazón como a los demás. ¿Cómo debe cambiar mi relación con los demás como resultado de estudiar este pasaje? Todos los hombres y las mujeres son personas pecadoras. Antes de ser salvos, estamos muertos en nuestros delitos y pecados. No nos interesa agradar a Dios ni a los demás, excepto por razones egoístas. Nuestra situación antes de la salvación no es la de alguien que se está ahogando en medio del océano y grita pidiendo ayuda; estamos muertos y en el fondo del mar. Dios debe quitar nuestro corazón de piedra y darnos uno de carne, como declara Ezequiel (Ez. 36:26). Jesús dijo que nadie puede venir a Él si el Padre no lo trajere (Juan 6:44), porque estamos vivos al pecado y muertos a la justicia (Ef. 2:1). Por lo tanto, no debemos esperar que los que no son salvos actúen como buenos cristianos, que buscan lo correcto por las razones adecuadas, consideran a los demás como mejores que ellos mismos y viven según la ética del Sermón del Monte. Como creyente, Dios te ha llamado a vivir e interactuar en este mundo como pescador de hombres. Quiere que vivas de manera que los demás se sientan atraídos a Dios, que vive en ti.

Como resultado de estudiar distintos pasajes, preguntamos cómo Dios quiere que vivamos e interactuemos con los que nos rodean. A veces, nos llama a ir al otro lado del mundo como misioneros, o quizás a cruzar la calle para ayudar a algún vecino, o incluso a hacer evangelismo en nuestro propio hogar. Cada pasaje nos habla de manera única, si estamos escuchando. La forma en que escuchas cómo Dios te habla a través de Su Palabra determina en gran manera la clase de cristiano que eres. El mundo nos llama a ser egoístas y cuidar nuestros propios intereses, pero la Palabra de Dios enseña: «Porque yo por la ley soy muerto para la ley, a fin de vivir para Dios. Con Cristo estoy juntamente crucificado, y ya no vivo yo, mas vive Cristo en mí; y lo que ahora vivo en la carne, lo vivo en la fe del Hijo de Dios, el cual me amó y se entregó a sí mismo por mí» (Gál. 2:19-20). Ya sea que esté interactuando con personas salvas o con perdidos, la Palabra de Dios debe hablar a cada aspecto de mi vida cada vez más, a medida que estudio la Biblia.

¿Por qué motivo me impulsa a orar este pasaje? ⤴

La última flecha se curva hacia arriba desde mi lugar de estudio bíblico hacia el trono de Dios. ¿Por qué motivo me impulsa a orar este pasaje? Siempre debemos leer la Palabra de Dios en oración. En cierto sentido, la Biblia es Dios que nos habla, ya que es Su Palabra. A medida que la leemos, Él nos habla y, mientras oramos, le hablamos a Él. Por lo tanto, tenemos una especie de conversación divina durante nuestro estudio bíblico. La Palabra puede darme la carga de orar por los perdidos en mi familia mientras estudio la historia de David y sus hijos rebeldes o, al leer sobre Lázaro, llevarme a orar por un amigo cuyo hermano murió hace poco; incluso puede guiarme a orar sobre rendir mi vida a las misiones, cuando leo acerca de los viajes misioneros de Pablo. Dios usa Su Palabra para impulsarnos a orar y promete oír y obrar a través de las oraciones de Su pueblo.

A tus alumnos quizás les cueste interpretar algún pasaje difícil de la Escritura. Todos tenemos esos momentos. Enséñales a acudir al Señor primero y a menudo cuando interpreten Su Palabra. La Biblia misma nos dice que algunos pasajes son difíciles y necesitamos toda la luz que tenemos para alumbrarlos. A Dios le encanta que, con sinceridad y humildad, luchemos con Su Palabra para aprender y aplicar determinada lección a nuestra vida. Le agrada que le pidamos que nos muestre lo que desea que sepamos y que tengamos un corazón que anhela obedecer lo que nos dice.

Dios guía el estudio de Su Palabra

Una mujer contó cómo había recibido el llamado al campo misionero y confesó que, al principio, había aceptado el llamado, pero que después había retrocedido, al enterarse un poco más sobre los desafíos que implicaba. Meses después, estaba estudiando la restauración de Pedro después de haber negado a Jesús. El Señor le preguntó tres veces a Pedro: «¿Me amas?». A medida que leía, el Señor empezó a hacer que esta pregunta le ardiera en el corazón, y ella empezó a orar. Al llegar a la parte del pasaje donde Jesús le pregunta a Pedro por última vez «¿Me amas?», ella respondió con su propio «Sí». Entendió que Dios la estaba guiando por el pasaje para que recordara y aceptara Su llamado misionero. Cuando sintió la necesidad de orar mientras estudiaba, Dios le confirmó que era Su obra en su corazón.

En las clases con tus alumnos, sería sabio escoger algunos pasajes para practicar y ayudarlos a responder cada una de las preguntas de flecha para demostrarles cómo funciona el proceso y ayudarlos a familiarizarse con la aplicación personal. Asignar algunos pasajes a grupos pequeños o mesas de alumnos y permitirles que compartan sus conclusiones e interpretaciones demostrará que han entendido el uso de esta herramienta útil y sencilla. Algunos programas de capacitación pastoral han llegado a campos misioneros para decirles a los pastores lo que deben creer sobre ciertos pasajes. Por el contrario, este intenta enseñarles a discernirlo por su cuenta. Como afirma un viejo dicho: «Dale un pescado a un hombre y tendrá alimento para el día. Enséñale a pescar y lo habrás alimentado para siempre». Enseñar a los pastores a interpretar y aplicar la Biblia por su cuenta les permite descubrir la verdad de la Palabra de Dios para recibir alimento para ellos y para sus congregaciones para toda la vida.

Desafíos culturales

La Palabra de Dios no contiene una serie de verdades para un grupo de personas y otras verdades para otro; no obstante, cada cultura debe aplicar la Escritura de forma única. La aplicación adecuada es el objetivo de la interpretación, y una clara comprensión de lo que Dios dice en el texto es esencial para poder aplicarlo bien. También es importante entender con claridad la cultura donde se aplicará la Biblia. Los misioneros e incluso los pastores locales deben estudiar para entender las cosmovisiones tanto de la Biblia como de la cultura de aquellos a quienes se la comunicarán. Muchas culturas en todo el mundo han sufrido porque algunos misioneros o pastores que plantaron iglesias no entendían esta dinámica y solo intentaban trasplantar una iglesia desde su propia cultura y plantarla en el lugar adonde iban. Dios no ha enviado misioneros a lugares remotos del mundo como «importadores de plantas»; más bien, estos deben sembrar la semilla pura del evangelio en el suelo de la cultura meta y observar cómo el Espíritu Santo hace crecer la iglesia que Él desea. Para plantar bien la semilla, es necesario entender la cosmovisión de la cultura.

La cosmovisión

«Cosmovisión» se refiere a las maneras en que la gente de una cultura en particular entiende el mundo. La cosmovisión responde las grandes preguntas de la realidad, como por ejemplo, qué es real, de dónde venimos, adónde vamos cuando morimos, de dónde vienen las enfermedades, por qué a las personas buenas les pasan cosas malas y para qué estamos aquí en el mundo. La cosmovisión de un pueblo le explica la realidad y afecta lo que cree, valora y hace. Estas cosmovisiones se han inculcado a través de las generaciones, transmitido de padres a hijos, reforzado por los hermanos, amigos, maestros, la experiencia personal y las historias que se les cuentan a los niños a medida que crecen. En la cultura norteamericana, estas historias pueden venir del folclore popular o ser fábulas de Esopo, historias bíblicas o leyendas locales. Cada historia explica y afirma algún aspecto de la realidad y enseña por qué a algunos les pasan cosas buenas y a otros malas, por qué es importante el patriotismo o por qué es necesario adoptar ciertas creencias doctrinales.

A medida que estas cosmovisiones se van formando y se comparten con otros en la cultura, explican toda la realidad: por qué el volcán ruge y destila humo a veces y qué ritual es necesario para aplacarlo, por qué un aldeano murió de manera repentina o por qué la cosecha fracasó este año. Una cultura en Papúa Nueva Guinea creía que toda la humanidad había surgido de la unión de dos aves de la jungla. Si un misionero llegara a ir a esa comunidad y predicara Juan 3:16, las personas podrían sonreír y asentir en los momentos esperados, pero, cuando se fuera, ellos se preguntarían cuál ave de la jungla los amaba tanto como para haber enviado a su hijo. Interpretarían la presentación del evangelio contra el marco de su cosmovisión, de la cual, por desgracia, el misionero no sabía nada.

El modelo tricultural

Para interpretar y aplicar la Biblia correctamente, es necesario entender tres culturas. El lingüista misionero Eugene Nida y el misiólogo David Hesselgrave nos han ayudado a entender la importancia de un enfoque tricultural para una comunicación acertada de la Biblia en otras culturas, ya sea para traducir, predicar o plantar iglesias.[19] Si pensamos en estas tres culturas como un triángulo o una pirámide, la posición superior representa las culturas bíblicas. Si lo pensamos, hubo muchas de esta clase; la que vagó en el desierto, el exilio en Babilonia, Asia Menor, Jerusalén, el contexto de prisión en la isla de Patmos, etc. Es necesario considerar estas culturas para entender la intención del autor, como ya demostramos. El problema es que esta información no se puede enviar directamente al campo misionero, ya que los receptores no sabrían como leerla o interpretarla. Por eso Dios te ha llamado como maestro a las naciones. Sin embargo, cuando vayas, debes tener en mente tu propia cultura y cosmovisión, las cuales han tenido un impacto en tu manera de interpretar y aplicar la Biblia, y esmerarte por no transferirlas indiscriminadamente a los que estás intentando alcanzar y enseñar. Para ti, la escuela dominical empieza a las 9:45 y la reunión de adoración a las 11:00 en la mañana del día del Señor; tomas la Cena del Señor una vez cada quince días; en tu congregación, los adoradores se sientan en bancos

[19] Eugene A. Nida, *Message and Mission: The Communication of the Christian Faith* (Nueva York: Harper & Row, 1960), 33-61; David Hesselgrave, *Communicating Christ Cross-Culturally: An Introduction to Missionary Communication* (Grand Rapids, MI: Zondervan, 1991), 107-113.

y cantan himnos, acompañados por un órgano de tubos. Esa quizás haya sido la manera en que tu iglesia local interpretaba y aplicaba la Biblia, pero no necesariamente será la mejor expresión para la cultura donde enseñes. Por lo tanto, debes tomarte el tiempo de entender la cultura para poder contextualizar el cristianismo. Si no lo haces, los lugareños llegarán a la conclusión de que Cristo es para los extranjeros y para los que están dispuestos a abandonar su propia cultura para adoptar una foránea.

Entonces, ¿cómo se puede predicar la Biblia para que se pueda entender, aplicar y contextualizar en la cultura meta? Esto es sumamente importante y necesario para proteger la comprensión actual y la pureza constante del mensaje del evangelio, así como la fe y la práctica de los cristianos.

La contextualización[20]

A los nuevos misioneros les suele costar comunicar la Palabra de Dios fielmente a otras culturas... o, al menos, así debería ser. Hay muchas clases de diferencias culturales. Por ejemplo, algunas culturas tienen siete colores primarios, otras reconocen solo cuatro y otras tienen una mera idea de lo que es brillante y lo que es opaco. Dadas estas realidades, ¿cómo traducirías Isaías 1:18, «Venid luego, dice Jehová, y estemos a cuenta: si vuestros pecados fueren como la grana, como la nieve serán emblanquecidos; si fueren rojos como el carmesí, vendrán a ser como blanca lana», en una cultura donde no existe ni la grana, la nieve, el rojo, el blanco o la lana? En zulú, un idioma que tiene 120 vocablos para «caminar», ¿qué palabra describe mejor la travesía de Jesús a Emaús o el momento en que caminó sobre el agua? Un misionero en el Congo siempre usaba una frase para «clamar» para describir a Juan el Bautista o a los profetas del Antiguo Testamento, hasta que, un día, descubrió que se refería a la clase de clamor que expresa un bebé desde la cuna.[21]

---

[20] Esta sección sobre la contextualización es una adaptación del material ya publicado de M. David Sills, *Reaching and Teaching: A Call to Great Commission Obedience* (Chicago, IL: Moody, 2010).

[21] Eugene A. Nida, *God's Word in Man's Language* (Nueva York: Harper, 1952), 16.

Debemos reconocer que transmitir fielmente la Palabra de Dios a otra cultura y en otro idioma no es tarea fácil.

Los predicadores y misioneros deben esforzarse continuamente por comunicar el evangelio para que sus oyentes puedan entender el mensaje y aceptar a Cristo como su única esperanza para ser salvos. Los que comunican con eficacia el evangelio toman en cuenta el contexto cultural; en especial, cuando predican a los que nunca lo escucharon o en un lugar donde no hay iglesias.

Recuperar la contextualización

Algunos ministros creen que Pablo nunca contextualizó el evangelio, así que ellos tampoco tienen por qué hacerlo. Esta convicción indica que, o no entienden el término «contextualización» o lo han redefinido. La mayoría de los pastores contextualiza cada domingo. Predican en su propio idioma, no en griego ni en hebreo; usan traje y corbata en lugar de túnicas o togas; y emplean ilustraciones contemporáneas en sus sermones, en vez de las de la vida diaria de la época bíblica. Es más, cuando el pastor prepara su mensaje para el domingo por la mañana, lo contextualiza al pensar en la audiencia y en las palabras, los gestos y las ilustraciones que mejor lo comuniquen.

Si prohibimos la contextualización en las misiones, al percibirla como una amenaza al evangelio, nos estaremos permitiendo el lujo de tener algo que nuestros oyentes jamás tendrán: un evangelio que podemos entender. Cuando los pastores itinerantes predican o enseñan a personas con un nivel educativo inferior, simplifican el mismo sermón que predicaron antes a una congregación más letrada en su iglesia local. Es más, al viajar, contextualizan la vida cotidiana a medida que prueban la comida local, usan la moneda nacional o conducen en el lado opuesto de la carretera. La amenaza que enfrenta el evangelio y el avance del reino hoy no es la práctica de la contextualización, sino una mala interpretación y aplicación de lo que significa esta palabra.

¿La contextualización cambia el evangelio?

Algunos creen erróneamente que la contextualización implica cambiar aspectos del cristianismo para que se parezca a la cultura. No obstante, la contextualización es simplemente el proceso de hacer que el evangelio sea comprensible para la cultura. Para garantizar que nuestros oyentes entiendan el evangelio, debemos usar su lenguaje en lugar del nuestro, si el que hablamos les resulta confuso. Sin embargo, esto no implica que imitar el vocabulario o el estilo de vida profano de los que no han recibido formación cristiana sea una manera adecuada de contextualización.

Las cuestiones de contextualización suelen ser temas delicados para las distintas generaciones dentro de la misma cultura. Por ejemplo, mientras escribo esto, en Estados Unidos, muchos pastores intentan vestirse a la moda como forma de alcanzar a una cultura poscristiana y a menudo materialista en la cual viven y ministran. Como esto pasa a formar parte de su imagen pública y ministerial, cuando a estos hermanos los invitan a predicar en una iglesia o conferencia tradicional, donde todos los demás predicadores usan traje y corbata, ellos se niegan a «conformarse» e insisten en usar camisetas, pantalones vaqueros y zapatos deportivos. Esperan comunicar que están a tono con la cultura. Sin embargo, hay varias verdades en juego aquí. Aunque la Biblia no requiere el uso de traje y corbata, en ciertos lugares, esta vestimenta comunica respeto por el pueblo, la Palabra y la presencia de Dios. En otro contexto cultural, una guayabera puede tener el mismo propósito, o cualquier prenda informal que se utilice. No obstante, cuando los líderes usan ropa o un idioma o vocabulario inapropiados para el contexto de adoración, pueden comunicar lo opuesto y parecer irrespetuosos.

¿Qué clase de vocabulario y ministerio comunica respeto por la Palabra de Dios, reconoce Su presencia y lo honra con nuestra adoración? En una cultura, el traje y corbata puede ser necesario, mientras que en otras, las camisas hawaianas pueden comunicar lo mismo. Para los hermanos anabautistas, la barba es esencial para un hombre piadoso. Sin embargo, deben hacer algunos cambios para contextualizar el evangelio entre muchos pueblos indígenas lampiños. Algunas tradiciones cristianas prefieren adorar a Dios cantando salmos métricos, pero sus misioneros deben adaptarse o arriesgarse a comunicar que esta es la única manera de adorar a Dios. Los creyentes que se ponen su mejor ropa para adorar se visten de manera adecuada para la cultura y para honrar la presencia de

Dios en sus iglesias locales. De manera similar, mientras ministrábamos en los Andes, observamos que las mujeres quechuas que llegaban a la iglesia poco después del amanecer primero se destrenzaban el cabello, lo lavaban en el arroyo sustentado por deshielos, lo peinaban y volvían a trenzarlo antes de entrar a adorar. Nadie les enseñó a hacer eso; era su manera de honrar al Señor con lo mejor que tenían al entrar a Su presencia.

En Romanos 10:13-15, Pablo escribió que todos los que invocan el nombre del Señor serán salvos, y luego hizo una serie de preguntas que destacan la importancia de escuchar el evangelio para la salvación. Es útil considerar la pregunta del apóstol, «¿Cómo oirán?», en un debate sobre la contextualización. No tendría sentido predicar el evangelio en inglés a los que solo hablan el suajili. En cambio, debemos predicar el evangelio de maneras adecuadas para la cultura y que sean fieles a la Palabra de Dios. Los misioneros que trabajan para comunicar el evangelio en otros contextos etnolingüísticos deben esforzarse por contextualizar la verdad de la Palabra de Dios. Los que trabajan con el *Jesus Film Project* [Proyecto de la película Jesús] han dedicado muchísimas horas (y dinero del ministerio) a corregir y volver a doblar partes donde descubrieron que habían traducido de manera incorrecta la primera vez en muchos de los idiomas abordados. En algunos casos, la palabra elegida para «prostituta» era un término coloquial que podía ser ofensivo. En otros, se había elegido un dialecto de un grupo beligerante para la traducción y, por lo tanto, la cultura meta rechazaba el mensaje.

Para comunicar con eficacia el evangelio, es necesario que los nuevos misioneros y pastores aprendan el idioma, el dialecto y el acento que sus oyentes aceptarán, además de poder entenderlo. Imagina la recepción que tendría un misionero que, en la universidad de Harvard, en medio de un debate sobre la sabiduría del creacionismo frente a la evolución darwiniana, hablara un inglés pobre con la pronunciación arrastrada del sur o un marcado acento cajún de Luisiana. Esta situación hipotética destaca cómo algo aparentemente insignificante como un acento contribuye al respeto y la atención que se le concede a un mensajero. No considerar estas cuestiones de contextualización colocará piedras de tropiezo innecesarias para el evangelio.

¿La contextualización tiene límites?

A menudo, el tema de la contextualización ha estado rodeado de controversia. Hace algunos años, unos misioneros argumentaron que deberíamos permitirles a las iglesias locales que determinen el contenido del evangelio y la manera de practicar el cristianismo para cada pueblo. Con toda razón, los misioneros conservadores respondieron que la Biblia habla a todas las culturas y las trasciende; orienta a todas las culturas, pero ninguna orienta la Palabra. Ninguna cultura puede cambiar el evangelio ni parte de la instrucción bíblica porque alguien crea que sería lo mejor para la cultura. Aun así, los que comunican eficazmente el evangelio deben considerar la cultura meta al predicar.

Como la mayoría de los misioneros y predicadores quieren evitar cualquier cosa que altere el mensaje del evangelio, retroceden ante la ardua tarea de la contextualización. Sin embargo, si uno no contextualiza, cae justamente en ese error: cambia el evangelio. Se transforma en un judaizante moderno, y les comunica a sus oyentes que deben ser como él para salvarse. Aunque no queremos quitarle al evangelio su cualidad de *skándalon,* es decir, de ser piedra de tropiezo u ofensa, tampoco queremos añadirle nuestros requisitos que no son bíblicos. En Perú, conocí a una creyente indígena analfabeta que temía por su salvación, porque siempre le habían enseñado que era necesario saber leer y escribir para ser miembro de la iglesia. Ella asociaba esto con la salvación y creía que, como no sabía leer, no se le permitiría entrar al cielo cuando muriera. En el pasado, los misioneros no entendían que, al añadir el requisito de la alfabetización para la membresía de la iglesia, sin quererlo, estaban enseñando que era algo que la Biblia exigía. Por supuesto, la Biblia no afirma en ninguna parte que la salvación requiera determinado nivel cultural, pero lo único que muchos sabían sobre la Escritura y el cristianismo era lo que enseñaban los misioneros. Por lo tanto, cuando ellos añadieron la cláusula de lectoescritura para ser miembro de una iglesia, la añadieron a la salvación y se pasaron de la raya.

Cuando los misioneros (y los predicadores) intentan contextualizar el evangelio, quizás se pregunten hasta dónde es conveniente llegar y qué es demasiado. Pablo nos ofrece algunas pautas. En 1 Corintios 9:19-23, escribió que hizo toda clase de ajustes lícitos para que sus oyentes pudieran entender el evangelio e identificarse con él. Además, en el versículo 23, declaró: «Y esto hago por causa del evangelio». La gloria de Dios y la reverencia hacia Su revelación deberían guiarnos en los límites de la contextualización, para que nunca digamos ni hagamos algo que deshonre al Señor o altere el mensaje del evangelio. El objetivo de la contextualización es tener relevancia cultural y ser fiel a la Palabra de Dios.

El relativismo cultural es otro concepto malinterpretado que puede ayudarnos a comprender el proceso de contextualización. Cuando los antropólogos seculares estudian las culturas, suelen verlas como silos, distintas entre sí y un universo en sí mismas. Por ejemplo, con esta mentalidad, afirman que, cuando las personas en determinada cultura matan al segundo mellizo al nacer, esto no se considera asesinato si la cultura no lo ve como tal. Esta perspectiva se conoce como relativismo cultural, ya que estos antropólogos seculares creen que no es posible comparar una cultura con la otra de manera justa. Afirman que todo es relativo y que no hay ninguna ley moral supracultural. Por supuesto, los cristianos no adhieren a semejante tontería; hay un Dios que ha comunicado claramente qué es el pecado, y Su Palabra tiene autoridad en todas las culturas, más allá de lo que se piense en la cultura local.

Sin embargo, en cuestiones ajenas a la Biblia (los aspectos de la vida a los que Dios no les adjudica una importancia moral), tenemos libertad. Al respetar la igualdad, no es más o menos pecaminoso vivir en una casa hecha de madera, de ladrillos, de bambú o de barro. A Dios tampoco le importa si usamos zapatos de cuero, de lona, de madera o si estamos descalzos. Podemos entrar a otras culturas y comunicar el evangelio de maneras comprensibles y hacer los ajustes necesarios para que los lugareños lo «escuchen»; en especial, en cuestiones extrabíblicas. Los aspectos que se pueden contextualizar incluyen cuestiones como el lenguaje, el estilo y los instrumentos musicales, la vestimenta, y los materiales de construcción. La contextualización ajusta aspectos ajenos a la Biblia, pero el mensaje nunca cambia.

Además, no se limita a los misioneros y predicadores que extienden el evangelio. El término «glocalización» se refiere a las formas en que las empresas multinacionales llevan a cabo el mismo negocio en muchos países haciendo cambios sutiles. En Estados Unidos, McDonald's nunca hace las hamburguesas de cerdo, pero el nombre «hamburguesa» contiene el término «ham» —que significa jamón— dentro de la palabra. McDonald's vende hamburguesas en Malasia también, pero las muchachas detrás del mostrador se colocan sus sombreritos de papel encima del tocado que usan para cubrirse la cabeza, y le llaman a su producto «sándwiches de carne», para evitar ofender a los musulmanes, que nunca comerían jamón. Llamándolos «hamburguesas» puede resultar culturalmente ofensivo e impedir que los musulmanes se acerquen a averiguarlo; es exactamente el mismo producto, pero vestido con sensibilidad cultural. La contextualización es esencial en las misiones, no algo simplemente moderno o sofisticado, y no diluye el mensaje de Cristo.

Gran parte de la crítica sobre la práctica de la contextualización surge de los ministerios y los escritos de algunos misioneros, quienes, sin ningún tipo de criterio, permitieron que sus oyentes decidieran lo que el cristianismo debería enseñar y cómo tendría que ser en las culturas del mundo. Al parecer, algunos misioneros tenían la cultura al mismo nivel que la Biblia. Como resultado, las culturas dictaban qué partes de la Biblia eran adecuadas para ellas y cómo practicarían el cristianismo. Por ejemplo, según la creencia de que el bautismo significa «declarar públicamente que uno está muerto a la vieja manera de vivir y ahora camina con Cristo», algunos misioneros y culturas argumentaron que la manera de bautizar es irrelevante. Como resultado, una persona que se convertía podía arrimarse al fogón comunitario donde todos lo veían y declarar a viva voz que había aceptado a Cristo y que renunciaba a las viejas maneras de adoración a los ancestros, animismo y magia. Se quitaba los amuletos, fetiches y talismanes que solía creer protegían su cuerpo y alma, y los arrojaba al fuego. Para algunos misioneros, culturalmente hablando, eso había sido un bautismo. Sin duda, sería un poderoso testimonio público, pero, según lo que enseña la Biblia, eso no es bautismo.

La contextualización crítica

La contextualización crítica proporciona el equilibrio necesario para una correcta comprensión, interpretación y aplicación de la Biblia en las culturas donde comunicaremos el evangelio y la enseñanza bíblica. Por un lado, una falta absoluta de contextualización importa una religión extranjera y añade requisitos a la salvación que la Biblia no menciona. En el otro extremo, permitir que la cultura contextualice como crea apropiado, sin límites teológicos o bíblicos, resulta en sincretismo y expresiones aberrantes de cristianismo. Predicar el evangelio a personas con una cosmovisión pagana puede generar confusión. Al predicar Juan 3:16 a un pueblo que adora a un árbol, a las estrellas o a sus ancestros, y que no tiene una comprensión bíblica del pecado, puede haber manos levantadas como respuesta a la invitación, pero no habrán entendido el evangelio ni su necesidad de aceptar a Cristo.

Muchos misioneros proporcionan una cosmovisión bíblica al enseñar la gran historia de la revelación de Dios a través del método de narración cronológica bíblica. Algunos detractores de la contextualización creen que solo es necesario predicar el evangelio como se hace en su propia cultura. Sin embargo, los sermones deductivos o inductivos de tres puntos que funcionan tan bien en las sociedades alfabetizadas no comunican lo mismo en culturas fundamentalmente orales.

En otras áreas, como en las sociedades matriarcales, la madre es la figura más importante. Las mujeres son las jefas, las líderes de la comunidad, las que mandan en el hogar y reciben la herencia familiar. Si se conoce quién es el padre, se lo percibe como una necesidad biológica, pero no como una persona importante en la vida. Si hay una figura masculina importante, es el hermano de la madre. ¿Cómo deberíamos presentar el evangelio en sociedades como estas? Sin un estudio previo que permita conocer la cultura y contextualizar el evangelio de manera adecuada, un sermón sobre Dios el Padre les daría a los creyentes una visión deficiente de Dios. En estos casos, ¿tenemos que permitir que la cultura contextualice a voluntad y nos exija que prediquemos sobre Dios la Madre? ¿O quizás podríamos abordarlo desde un punto intermedio y predicar sobre Dios el Tío? Por supuesto, ninguna de estas dos opciones resulta en una comprensión bíblica del evangelio. El predicador misionero que ha estudiado la cultura debe reconocer los desafíos de una clara presentación del evangelio y enseñar a los pueblos la visión bíblica de Dios como Padre.

Aunque esta práctica hace caso omiso de la antropología moderna, es el enfoque bíblico para contextualizar adecuadamente el evangelio y el cristianismo en cualquier pueblo.

Un modelo cuádruple

Muchos misioneros han encontrado la guía que necesitaban en el modelo cuádruple de contextualización crítica que desarrolló Paul G. Hiebert.[22] Hiebert argumentó que el movimiento de misiones modernas empezó sin ninguna idea de contextualización. En las primeras épocas del período de las misiones modernas, los misioneros seguían el camino de colonización de sus países por todo el mundo e intentaban plantar iglesias iguales a las que había en su país, sin estudiar las culturas locales. El resultado de tal etnocentrismo e imperialismo teológico fue una religión que lucía extranjera por fuera y que tenía un profundo sincretismo en su interior.

Cuando los misioneros empezaron a entender la sabiduría y el valor de estudiar las culturas del mundo junto con sus idiomas y religiones, empezó la verdadera era de la contextualización. Sin embargo, la contextualización no crítica fue demasiado lejos y generó una distorsión bíblica. Los misioneros sobrevaloraban tanto la cultura que los lugareños terminaban determinando las formas, la práctica y el contenido del cristianismo. Se estudiaba cada cultura sin considerar las demás, y esto la dejaba sin conexión con la Iglesia mundial e histórica. Además, como se permitía que continuaran las categorías de pecado definidas por la cultura, había una visión pobre del pecado.

Hiebert expuso la contextualización crítica como una medida correctiva. En este enfoque, los misioneros debían permanecer fieles a la Escritura y sensibles a la cultura. Este modelo incorpora misioneros educados en la Biblia y en teología, que cumplen el papel de protectores del evangelio. Los cuatro pasos que Hiebert propuso son los siguientes:

---

[22] Paul G. Hiebert, *Anthropological Reflections on Missiological Issues* (Grand Rapids: Baker Books, 1994), 75-92.

1. Una **exégesis cultural**; es decir, estudiar la cultura sin realizar juicios de valor, para entender claramente lo que cree y hace la gente, y por qué.
2. Una **exégesis bíblica** en la comunidad hermenéutica, que se refiere a estudiar pasajes bíblicos pertinentes junto con creyentes de la cultura para identificar lo que dicen (los pasajes, en lugar de la iglesia local del misionero) sobre determinada práctica.
3. Llevar a los creyentes a una **respuesta crítica**, mediante la cual entiendan que la Palabra de Dios prohíbe determinada creencia o acción y exige un cambio.
4. Las **nuevas prácticas contextualizadas**, o sustitutos funcionales, que son los cambios que adoptan e instituyen como resultado de aprender lo que enseña la Biblia sobre sus prácticas culturales. Exploremos esto en la práctica.

Respecto a la exégesis cultural, lo primero que debe hacer el misionero es entender la cultura, en lugar de juzgarla inmediatamente. Así como el primer paso para la exégesis bíblica es desentrañar el pasaje antes de empezar a interpretarlo, los misioneros también tienen que estudiar la cultura, la historia, las motivaciones y la cosmovisión para tener un mejor panorama. Los informantes culturales y la observación participativa son particularmente eficaces en este sentido. En la historia de las misiones, algunos misioneros prohibieron el uso de tambores en grupos tribales, después de descubrir que los habitantes usaban estos instrumentos para invocar espíritus durante ceremonias paganas. Años más tarde, los misioneros se enteraron de que la gente usaba tambores tanto como instrumentos musicales como para comunicarse de diversas maneras. Solo utilizaban una cierta clase de tambor y un ritmo específico para invocar espíritus. Prohibir todos los tambores equivale a derogar el uso de Internet porque algunos lo usan para propósitos pecaminosos. Para algunos misioneros en China, fue problemático saber cómo responder al observar que un nuevo convertido colocaba flores e incienso junto a las fotografías de sus padres y ancestros, mientras parecía estar orando a ellos. Cuando lo confrontaron, el creyente chino respondió que solo estaba honrando a sus padres como la Biblia manda. Los misioneros incluso habían contado cómo llevaban flores a las tumbas de sus propios familiares, y esto confundía aún más al creyente. Desde su perspectiva, el misionero pensaba que el nuevo hermano seguía adorando a sus ancestros, mientras que el creyente chino estaba convencido de que solo obedecía la exhortación bíblica y la expectativa cultural.

El paso siguiente es realizar una exégesis de la Escritura (es decir, entenderla e interpretarla) en una comunidad hermenéutica formada por el maestro y los creyentes discipulados de la cultura. Estos creyentes aportan un profundo conocimiento cultural que a un misionero le llevaría décadas captar plenamente, y el misionero capacitado contribuye con 2000 años de reflexión e interpretación teológicas y bíblicas. Hiebert se refirió a esta reunión como la comunidad hermenéutica, donde los ciudadanos y los misioneros pueden estudiar juntos la Biblia. Las perspectivas que aportan los hermanos locales no solo infunden perspicacia a la aplicación de la Escritura en su cultura, sino que también ayudan a los misioneros a ver verdades en la Biblia que quizás nunca antes percibieron, debido a su propia parcialidad cultural.

A medida que la comunidad hermenéutica estudie la Escritura para aplicarla a determinado contexto cultural, surgirán cuestiones que requerirán un conocimiento cultural y bíblico para resolverlas en forma adecuada. En la cultura del misionero, probablemente se prohíba la poligamia, se vea mal el uso del alcohol y se desdeñen las hierbas naturales como remedio. Pero ¿cómo tiene que abordar el misionero la poligamia en una cultura donde se ha practicado durante decenas de generaciones, donde las comunidades están unidas por alianzas matrimoniales, donde no se conoce el divorcio y las esposas dependen completamente de sus maridos? ¿Cuál tiene que ser la postura del misionero respecto a la bebida de un jugo fermentado naturalmente que es una parte esencial de las tradiciones de la cultura? ¿Y qué sucede con los que mastican nuez de areca u hojas de coca? Por cierto, ¿qué hacemos con el sinnúmero de hierbas naturales del depósito farmacéutico de las culturas tradicionales del mundo? ¿Son alucinógenas, o solo estimulantes como el café? ¿Son permisibles, o acaso debemos condenarlas por su conexión con las hierbas de religiones animistas tradicionales? Muchas culturas, incluso la de Estados Unidos, tienen supersticiones animistas. Sin la ayuda de informantes culturales, el misionero tal vez no las reconozca o no entienda su conexión con el animismo; cuando logre comprender estas cuestiones, también necesitará la asistencia de un lugareño para saber si es un pecado que es necesario confrontar y que requiere arrepentimiento, o si se trata de una superstición inofensiva.

Cómo abordar el pecado y los sustitutos funcionales

El misionero o predicador que ha estudiado la cultura, discipulado a un grupo de hermanos que sirven con él en la comunidad hermenéutica y estudiado la Biblia con ellos seguramente ha podido identificar prácticas pecaminosas o creencias erróneas que, por su cuenta, quizás nunca habría percibido. Cuando se encuentre con prácticas como estas, en lugar de dictar el cambio necesario en forma autoritaria, puede preguntar con sencillez: «¿Qué enseña la Biblia al respecto?». Juntos, reconocerán pecados en la cultura y podrán desarrollar nuevos sustitutos funcionales. Las nuevas prácticas necesarias que proporciona la comunidad tienen una mejor recepción, ya que las sugirieron representantes culturales.

Por ejemplo, en algunas regiones de los Andes, cuando una pareja se casa, pasa el primer año en la casa de los padres del novio. Durante ese año, el novio reúne todos los materiales de construcción que necesitará para edificar su hogar. Cuando termina de juntar los materiales, se convoca a toda la comunidad a construir la casa con paredes de barro y techo de paja. Además de proporcionar los materiales de construcción, los obreros de la comunidad esperan que el novio les provea todo el alcohol que puedan consumir, como parte de este complejo cultural. Estos días de construcción y celebración suelen terminar en borracheras, peleas y cosas peores. Un misionero que se encuentra con semejante práctica quizás la prohíba de inmediato en su totalidad, en un intento de terminar con el desenfreno. El problema es que la gente verá una religión foránea que no entiende a su pueblo y que les impone reglas. La respuesta natural será rechazar la religión del extranjero; después de todo, ¿cómo puede una persona obtener una casa si acepta esta nueva religión?

Un enfoque distinto sería que el misionero que reconoce las prácticas pecaminosas asociadas con la construcción de una casa estudiara la Biblia en la comunidad hermenéutica y les señalara lo que enseña la Biblia sobre emborracharse y pelear. Cuando la cultura ve el problema, la Biblia obliga a la gente a responder en forma crítica. La respuesta genera una nueva práctica que sustituye la tradicional y, así, cumple la función de la construcción de la casa, dejando de lado la bebida y las peleas. La comunidad hermenéutica sugiere que la práctica continúe de la misma manera, excepto que el novio debería proveer comida, bebidas sin alcohol y música. De esta forma, se construye la casa y la cultura adopta una nueva versión «sin alcohol» como sustituto funcional.

Una verdad que se aplica a toda la interacción humana es que «no se puede no comunicar». Esta construcción gramatical complicada destaca que el receptor interpreta y le asigna significados a todos nuestros mensajes. Si no consideramos la cosmovisión y la cultura locales, habrá un error de comunicación. Esto se ve, por ejemplo, cuando un misionero le pregunta a un hindú si quiere nacer de nuevo o tener vida eterna. El hindú cree que está atrapado en un ciclo interminable de reencarnaciones y quiere terminar sus eternos renacimientos. Como declina la invitación del misionero, este a su vez atribuye esta respuesta a un corazón endurecido. En realidad, el oyente interpretó el mensaje del misionero a través de una cultura y una cosmovisión que el misionero no tomó en cuenta.

Cuando el predicador o misionero no entiende la cultura, el idioma o las reglas del juego de la vida en determinada sociedad, su presentación del evangelio suele ser ofensiva por razones incorrectas. Entonces, cuando los oyentes rechazan al inadaptado cultural que no los entiende ni a ellos ni a su herencia cultural, también rechazan el evangelio sin saberlo.

La armonía y la contextualización

Un proverbio de África oriental declara: «Cuando dos elefantes pelean, la hierba se daña». De manera similar, hay posibles víctimas en riesgo cuando debatimos sobre el valor y la legitimidad de la contextualización, y no podemos pasar por alto este peligro. Una de las posibles víctimas es la pureza del mensaje del evangelio. Otra es la unidad que Cristo nos llama a mantener. Jesús enseñó que este testimonio de unidad le anunciaría al mundo que el Padre lo envió y que nos ama (Juan 17:23). Aunque algunas convicciones necesariamente nos dividen (por cierto, el que no defiende algo, se deja engañar por cualquier cosa), debemos esforzarnos por mantener la unidad en cuestiones esenciales. Cuando nos dividimos y sucumbimos a peleas internas y facciosas, perdemos el testimonio que el mundo necesita ver y escuchar con desesperación. Una última víctima potencial es el método misiológico de contextualización crítica. Los predicadores y misioneros deben presentar el evangelio de maneras adecuadas para la cultura; de lo contrario, las personas nunca entenderán el mensaje del evangelio que Cristo nos envió a proclamar.

Mientras enseñaba sobre la exclusividad del evangelio en la comunidad andina de San Agustín, un hermano anciano preguntó por las almas de sus padres y abuelos. Explicó que habían creído en las religiones quechuas tradicionales y en el sincretismo entre estas religiones animistas y el catolicismo. Aunque el pueblito no tenía un sacerdote, había uno que iba una vez al año y realizaba una misa. Contó que todo lo que predicaba estaba en latín y que sus padres ni siquiera hablaban español; mucho menos latín. Entonces, me preguntó qué les había sucedido a sus padres al morir. «¿Adónde fueron?». Con humildad, expliqué que, según entiendo la Palabra de Dios, no fueron al cielo si no escucharon el evangelio ni nacieron de nuevo. El hombre pensó un momento y respondió: «Creo que esos sacerdotes tendrán mucho por lo cual responder algún día». Me sentí muy superior y reivindicado hasta volver a Quito, donde Dios me hizo acordar de todas las veces en que yo había predicado el evangelio de maneras que tenían sentido para mí, sin considerar si los demás entendían o no mi mensaje.

Los habitantes de las culturas donde predicamos suelen percibir el cristianismo como una religión extranjera porque muchos misioneros no pueden o no quieren contextualizar. Los misioneros deben entender que un evangelio sin contextualizar tiene la misma validez cultural que si predicamos en inglés a personas que hablan chino mandarín. Como ya observamos, al no contextualizar, el misionero se transforma en un judaizante contemporáneo que, de manera involuntaria, cambia el evangelio al expresarles a los lugareños que deben parecerse a lo que dicta su cultura antes de que Jesús los acepte. Por el contrario, permitir que la cultura contextualice por su cuenta, sin ningún parámetro o reflexión teológica, resulta en sincretismo y violencia al mensaje bíblico. El objetivo de la contextualización crítica es predicar, enseñar, traducir, interpretar, aplicar y ministrar de manera fiel a la Palabra de Dios y sensible a la cultura. Tenemos que contextualizar el mensaje del evangelio para que nuestros oyentes lo entiendan bien, y debemos ser críticos en el proceso.

La contextualización crítica proporciona una comprensión culturalmente relevante del evangelio, mientras que también garantiza controles contra el sincretismo y tiene un gran respeto por la autoridad y la suficiencia de la Biblia. Además, reconoce la obra del Espíritu Santo en la vida de los creyentes. Respeta con humildad la iluminación que Él aporta a su comprensión de la Biblia y su aplicación a la vida. Por otra parte, la contextualización crítica incorpora la protección de un misionero o predicador formado en teología, que mantiene la contextualización dentro de los límites de las creencias y prácticas evangélicas aceptadas. Esto genera un punto en común entre la iglesia en la cultura nueva y los creyentes en el resto del mundo.

Tal vez parecería mucho más fácil enseñarle español al mundo y luego reproducir los mismos seminarios y universidades en las cantidades y ubicaciones necesarias, para capacitar líderes que dirijan iglesias iguales a las nuestras. Sin embargo, los pueblos del mundo nunca adoptarán una religión extranjera ni escucharán con claridad el evangelio en otro idioma. La ardua labor de la contextualización crítica requiere aprender idiomas y las maneras en que las distintas culturas del mundo los usan en cada contexto. ¿Por qué querrías hacerlo? En 1 Corintios 13, Pablo responde que el amor es lo que impulsa la vida cristiana. Por más tediosa y laboriosa que sea la contextualización crítica, no se trata de un conocimiento gnóstico secreto, sino de entender y amar a las personas, de sostener en alto la Palabra de Dios y confiar en la guía del Espíritu Santo. Paradójicamente, si no tienes amor, por más que domines las lenguas de hombres y ángeles, no tendrás buenos resultados. Si tienes amor y te esfuerzas por aplicar el proceso necesario de la contextualización crítica, comunicarás ese amor con claridad tarde o temprano, de una u otra manera (1 Cor. 13).

La contextualización crítica y la hermenéutica

¿Para qué incluir un estudio de la contextualización crítica en un módulo que se concentra en la interpretación y la aplicación adecuada de la Palabra de Dios en las culturas del mundo? Los misioneros deben alcanzar a las culturas del mundo de maneras adecuadas para la cultura y que, a su vez, interpreten con fidelidad la Biblia. Para sobrevivir más allá de la primera generación y conservar su relevancia, las iglesias que resulten de esto deben ser congregaciones sensibles a las realidades culturales y no simplemente importaciones extrañas. Sin embargo, las iglesias también deben ser fieles a la Palabra de Dios y adoptar una teología evangélica sólida para agradar a Dios y gozar de Su bendición. Solo un misionero o pastor capacitado puede garantizar que este proceso sea fiel a la Palabra de Dios y a la doctrina evangélica en las culturas donde trabaja, y es fundamental que haya lugareños discipulados, entrenados y preparados para ayudarlo en el proceso de contextualización crítica. Los pastores capacitados deben formar instructores que puedan continuar con el proceso de interpretar, aplicar y practicar el cristianismo evangélico con fidelidad.

Las manos: El liderazgo

El llamado a desarrollar líderes

Los líderes más parecidos a Cristo son aquellos que identifican, reclutan y desarrollan líderes a su alrededor. Se parecen a Cristo porque eso es lo que hacía Jesús. Los mejores líderes capacitan a otros para el ministerio, les dan la libertad de equivocarse y los ayudan a aprender de sus errores y crecer. Existen demasiados ministerios que están formados alrededor de un líder influyente que ha llegado a ese lugar por ser alguien popular o porque es el misionero designado, capacitado, con contactos importantes y con acceso a equipos internacionales de corto plazo, dinero y tecnología. Los líderes ministeriales que desarrollan todo alrededor de ellos mismos se parecen al poste central de una tienda de circo. Tal vez construyan ministerios fabulosos, pero, cuando se vayan, quitarán el poste y todo colapsará. En cambio, los líderes de un ministerio deberían parecerse a un andamiaje. Cuando se está construyendo un gran edificio comercial, la estructura de andamiaje que lo rodea facilita el proceso de edificación. Cuando acaba la construcción y se inaugura el edificio, ya no hace falta el andamio y se quita, dejando en pie el edificio que se diseñó desde el principio. La única manera de garantizar un traspaso exitoso de liderazgo en el ministerio cristiano es identificar y entrenar líderes constantemente.

El ministerio no es un trabajo que uno deba proteger frente a los competidores y las estrellas en ascenso. En cambio, los ministros deben estar siempre buscando e identificando nuevos líderes en potencia, y discipularlos y capacitarlos para asumir posiciones de liderazgo. En esta sección, consideraremos algunas cuestiones esenciales para identificar y capacitar nuevos líderes. El desarrollo del liderazgo es crucial para el futuro de todo ministerio. Los líderes de hoy son responsables de formar a los líderes del mañana, y deben asegurarse de identificar y capacitar a los mejores candidatos posibles para que tomen las riendas cuando llegue el momento.

Es fundamental que todo pastor, ministro, anciano o líder tenga capacidad de liderazgo. Debe tener carácter y las habilidades necesarias para liderar el ministerio. Estas dos cualidades no son innatas, sino que es necesario desarrollarlas. Los jóvenes que están realizando programas de capacitación para el liderazgo deberían sentirse en libertad de cometer errores. Mientras se entrena a un nuevo líder, es una buena idea dejar en claro que está permitido equivocarse en el camino. Cuando haya errores, úsalos como momentos de enseñanza para ayudarlos a aprender qué salió mal y por qué, y ayúdalos a corregir el problema y evitarlo en el futuro. A medida que pase el tiempo, deberían cometer cada vez menos errores, pero no quedarán atrapados en la parálisis del análisis que ataca cuando el temor de equivocarse impide que un líder joven avance. Por más importante que sean los líderes, debemos recordar que un líder no nace, se desarrolla.

En todo el Antiguo Testamento, el pueblo de Dios siempre tuvo un líder humano de algún tipo, ya sea que fuera un patriarca, un profeta, un juez o un rey y, en más de una ocasión, vemos que Dios usó la experiencia de pastorear un rebaño como capacitación para liderar a Su pueblo. En el Nuevo Testamento, encontramos los roles de pastor o anciano e incluso apóstol como líderes del pueblo de Dios. En la lista de Pablo de requisitos para los pastores y ancianos de 1 Timoteo 3:2-7 y Tito 1:6-9, y las pautas de Pedro en 1 Pedro 5:1-3, vemos que el liderazgo es un requisito para servir en las iglesias, ya sea que esto implique que la persona maneje bien su hogar o pastoree como corresponde y por las razones correctas. Esperar que un hombre sea naturalmente un buen líder y criticarlo cuando no lo es equivale a condenar a un carpintero porque no puede realizar una neurocirugía. La identificación y el desarrollo de los líderes son inversiones esenciales para garantizar iglesias saludables en el futuro. A medida que identifiques a los líderes y los capacites en contenido y carácter, prepáralos también para las pruebas y cicatrices que les esperan. Los líderes en el ministerio cristiano enfrentan toda clase de problemas y ataques de todas partes. Nunca permitas que a uno de los hombres en tu clase lo tomen desprevenido las dificultades, las presiones y la frecuente soledad que acompañan el liderazgo.

Quiénes deberían ser los líderes

Por definición, los líderes son personas influyentes. Sin duda, hay líderes naturales. Cuando se deja a esta clase de persona a solas con un grupo de pares, siempre termina siendo el líder. Esta fuerza de personalidad natural no es negativa ni esencial para los líderes espirituales, aunque puede aprovecharse y utilizarse en el ministerio con grandes beneficios. El misionero o pastor que desea capacitar futuros líderes no debería limitarse a los pocos individuos que demuestren esta clase de personalidad fuerte. Aquellos que tienen habilidades y una personalidad naturales para el liderazgo y llegan rápido a la cima suelen enfrentar tentaciones más grandes de caer en el pecado del orgullo o de usar sus poderes de persuasión para manipular a otros. Algo mucho más importante es el llamado divino y la capacitación. A veces, Dios le otorga al cristiano los dones necesarios para un ministerio exitoso recién después de que este percibe el llamado a ministrar. Sin embargo, los líderes deben ser personas influyentes. Sanders escribió: «El liderazgo es influencia, la capacidad de una persona de influir a otros. Un hombre puede guiar a otros siempre y cuando pueda influirlos para que sigan su ejemplo».[23]

Hay muchos talentos y rasgos naturales que hacen que los hombres lideren en los deportes, en el campo de batalla, en los negocios y la política, y pueden usarse en el ministerio. Los dones naturales de una persona pueden consagrarse a Dios y ser de gran bendición para la iglesia. Después de todo, Dios mismo otorgó estas habilidades con un propósito. Pablo pregunta: «Porque ¿quién te distingue? ¿o qué tienes que no hayas recibido?» (1 Cor. 4:7). Sin embargo, incluso sin estos talentos naturales, grandes líderes surgen de hombres que no tienen dones sobresalientes, cuando la mano de Dios está sobre ellos. Un hombre cuya seguridad está en Dios y no en sí mismo, que está saturado de Él y de Su Palabra en vez de estar lleno de conocimiento terrenal, que no busca prosperar su camino, sino que guía a otros según Dios lo guía a hacerlo y que desea dar a conocer a Cristo en lugar de hacerse famoso, encontrará la bendición divina y tendrá éxito en el ministerio en donde otros líderes naturales podrían fracasar.

Aunque los requisitos y los dones espirituales son mucho más importantes que cualquier potencial natural para el liderazgo que el mundo ve en los líderes jóvenes, no debes desestimar toda la opinión de la sociedad. En algunos países, los misioneros entrenan a jóvenes en seminarios y universidades bíblicas durante años, pero descubren que todavía faltan líderes capacitados en sus iglesias. Cuando examinan la situación para encontrar la causa, ven que, a veces, preparan a las personas incorrectas.

En el contexto andino, jóvenes ambiciosos que anhelaban ir a vivir a la ciudad capital para estudiar en el seminario recibieron la ayuda de misioneros que querían que hubiera más y mejores líderes para las iglesias rurales. Estos jóvenes vivieron en la casa de los misioneros, disfrutaron

---

[23] J. Oswald Sanders, *Spiritual Leadership*, 31.

de una educación gratuita y hasta recibieron clases particulares de los misioneros que los hospedaban, para compensar su gran insuficiencia en lectoescritura. Por desgracia, muchos de estos jóvenes nunca volvieron al campo después de graduarse, dadas las atracciones de la vida de ciudad y las oportunidades que se presentaron gracias a su nueva educación. En otros casos, algunos sí volvieron, pero solo para sentarse en los bancos otra vez. Los misioneros sorprendidos descubrieron demasiado tarde que estas culturas solo aceptaban ancianos para la posición del anciano; es decir, para ser aceptado como pastor, era necesario estar casado, tener hijos y contar con una buena reputación en la comunidad como un líder que tomaba decisiones sabias. Por supuesto, a estos jóvenes les faltaban años para llegar a esa etapa de la vida y, a veces, pasaban a otras aspiraciones en el camino. Aunque los misioneros no deben rendirse a un prejuicio cultural contra los hombres más jóvenes —recordemos la situación de Timoteo y la admonición de Pablo de no permitir que los demás tuvieran en poco su juventud (1 Tim. 4:12)—, también deben asegurarse de entrenar a los hombres indicados de la manera correcta.

Como capacitarlos de maneras adecuadas para la cultura

Los métodos para identificar los hombres correctos para el liderazgo y capacitarlos de maneras culturalmente adecuadas varían de cultura en cultura. Por lo tanto, conocer la cultura es un componente esencial de la capacitación para el liderazgo, para identificar tanto a los hombres que recibirán entrenamiento como la metodología adecuada para hacerlo. Si bien los misioneros, los pastores y los instructores deben ser sensibles a las culturas, es necesario corregir a las personas que tienen una visión pecaminosa o errada del liderazgo, en lugar de darles cabida. Por ejemplo, en las regiones con diversas tribus o grupos étnicos y donde el prejuicio y las jerarquías sociales abusivas son cuestiones comunes, la pecaminosidad del prejuicio y el racismo no debe respetarse como el *statu quo* y un mal necesario que hay que soportar. En cambio, tiene que exponerse la instrucción bíblica para abordar estos pecados. Estaría mal pasar por alto esta cuestión como algo que se solucionará solo con el tiempo porque, al hacerlo, el misionero les da crédito a las instituciones pecaminosas desde el principio. Sin embargo, también estaría mal desestimar los pecados del prejuicio y el racismo y actuar como si no existieran; es necesario confrontarlos con la Escritura, y hay que contextualizar la instrucción piadosa en la iglesia. Esto vuelve a destacar la necesidad de que los misioneros conozcan la cultura. A menos que estas cuestiones pecaminosas que, para la gente, son solo normas culturales se conozcan, se entiendan y se aborden, seguirán en pie, quizás escondidas, pero continuarán. En otras culturas, tal vez se prefiera el liderazgo matriarcal. En estos contextos, las mujeres son líderes en el hogar y la sociedad y, naturalmente, esto se traducirá al liderazgo de la iglesia. El misionero complementarista se frustrará al descubrir que las mujeres lideran la iglesia y el hogar, a menos que este aspecto de la cultura se confronte con enseñanzas bíblicas respecto al rol de liderazgo del hombre.

Un método universal para contextualizar el desarrollo del liderazgo es simplemente usar la Biblia, permitir la aplicación cultural de las verdades bíblicas y reconocer las cualidades y los rasgos de líder en los personajes bíblicos. Al estudiar a líderes como Abraham, José, Moisés, Josué, Samuel, David, Nehemías, Daniel, Jesús, Pablo, Pedro o Juan, se pueden identificar características o rasgos específicos y aplicarlos sin temor de importar e imponerle a la cultura estilos y modelos occidentales de liderazgo. La Biblia fue escrita por decenas de hombres, en varios idiomas, a lo largo de cientos de años y en diversos contextos culturales, pero siempre es fidedigna, informativa y aplicable a todos en todas partes. Los líderes de la Biblia tienen lecciones para enseñar a nuestros alumnos, y deberíamos dejarlos hablar.

¿Qué deben saber, ser y hacer?

Este libro es la respuesta a esa pregunta. Los pastores y líderes de la iglesia deberían estar capacitados en todos los componentes de del corazón, la mente y las manos que se encuentran en este libro. Los aspectos del carácter, el conocimiento y las habilidades del líder son cruciales para un ministerio eficaz. Por lo tanto, el contenido y el método que se presentan en este curso para la formación de pastores deberían transmitirse a sus congregaciones en una capacitación de liderazgo en la iglesia. Este módulo te permite darles esa misión y resalta las categorías centrales para el proceso del desarrollo de líderes.

En algunos campos misioneros tradicionales, ha surgido la noción de que es esencial graduarse de un seminario de estilo occidental para tener una capacitación bíblica y un ministerio pastoral. Tal vez esto se generó a raíz de la opinión de un misionero o fue la idea de pastores nacionales que asistieron a uno de estos programas y se graduaron. En cualquier caso, para ellos, todo lo que no sea un seminario formal suele ser sospechoso e inadecuado. Es necesario corregir y reemplazar esta noción con un alto valor asignado a la capacitación pastoral informal para la mayoría de los líderes de la iglesia en el mundo que nunca tendrán la oportunidad de realizar un seminario tradicional y de estilo occidental. Si no combatimos y corregimos estas ideas tan erróneas, seguiremos teniendo una Iglesia global donde el 85% de los pastores no tiene capacitación ni forma de adquirirla.

Cuando los pastores que se capacitan con *Corazones, mentes y manos* regresan a sus iglesias, deberían sentir el desafío de transmitir la misma información a los miembros de su congregación. De esta manera, realizan un discipulado profundo y preparan líderes sólidos para el futuro de su propia iglesia, así como más líderes para la multiplicación de otros ministerios que la iglesia podría originar. En lugares donde hay pocas iglesias, los pastores con más antigüedad a veces se muestran reacios a capacitar a más líderes y plantar nuevas iglesias, porque lo perciben como una amenaza a su seguridad laboral. Piensan que se podría preferir a los pastores más jóvenes y mejor formados, y las otras iglesias podrían quitarles parte de sus miembros. Esto no es solo culpa del pastor; los misioneros que plantan iglesias deben hacer énfasis en 2 Timoteo 2:2 y en la multiplicación del ministerio desde el comienzo de cualquier obra nueva.

Algunos aspectos del liderazgo no se pueden enseñar, formar o desarrollar en una persona. Los dones espirituales entran en esta categoría. Solo se pueden reconocer y luego desarrollar y perfeccionar, pero es el Espíritu Santo el que distribuye estos dones como quiere. Aunque ningún instructor o profesor pueda enseñar ni desarrollar los dones espirituales, estos no deberían pasarse por alto en el programa de capacitación. En cambio, una capacitación para líderes debería proporcionar una orientación con pautas bíblicas respecto a los dones espirituales, sus usos, cómo discernirlos y cómo pueden desarrollarse o avivar su llama una vez que se identifican. Otros aspectos de los requisitos para el ministerio se captan mejor de lo que se enseñan. Los líderes tienen que ser hombres piadosos que puedan enseñar verdades bíblicas, discernir y reprender el error; deben ser sabios como para administrar los fondos de la iglesia para los pobres, los gastos y los salarios de la congregación, y tienen que ser hombres espirituales de oración que se interesen por los demás.

Considera los requisitos bíblicos para el ministerio que aparecen en las cartas de Pablo y Pedro. ¿Cómo pueden perfeccionarse o desarrollarse estas características en un programa de capacitación y enseñanza? Para resumir los requisitos, el candidato a líder debe ser alguien irreprochable, con autocontrol, prudente, respetable, hospitalario, apto para enseñar, que no sea adicto al vino ni contencioso, que sea amable, pacífico, no codicioso, que maneje bien su hogar y tenga una buena reputación entre los demás, que ame todo lo que es bueno, que sea justo, devoto, que pastoree el rebaño voluntariamente y sin esperar obtener nada a cambio, y que no imponga su posición pastoral sobre los demás. Esto no debe tomarse como una lista de verificación para exigir la perfección de los candidatos pastorales, aunque una abierta inobservancia de estos requisitos podría descalificar a un aspirante a pastor. En cambio, estos requisitos deben interpretarse como las normas que los mismos pastores se esfuerzan por mantener, y las cuales los guían a crecer más y más para transformarse en la persona descrita.

Otras áreas para el desarrollo de líderes incluyen la instrucción en una administración sabia del tiempo. Algunas culturas están más organizadas según el reloj, mientras que a otras les preocupan más los eventos. Los líderes de una comunidad africana les dijeron a unos misioneros: «Ustedes tienen relojes, mientras que los africanos tenemos tiempo». Para ellos, es hora de empezar una reunión en la iglesia cuando todos los que tienen que estar ahí ya llegaron, sin importar lo que diga el reloj. Sin embargo, también es cierto que debemos redimir el tiempo y ser buenos administradores de los días que el Señor nos da. Aunque tiene que haber un equilibrio entre la rigidez de las culturas orientadas al reloj y las culturas que se guían por los acontecimientos, lo que podemos sacar de todo esto es la necesidad de ser conscientes de la diferencia y no importar e imponer un seminario de administración del tiempo desde Estados Unidos.

Las finanzas son otra cuestión para instruir con pautas adecuadas en el desarrollo de líderes. Cuando un pastor pierde la confianza de los miembros de la iglesia en el manejo de las finanzas, es difícil recuperar esa confianza para cualquier tema. ¿Cómo puede un pastor guiar a la iglesia para usar sabiamente sus recursos, como por ejemplo, formarlos en cuestiones como la rendición de cuentas y el uso de los diezmos y las ofrendas, mantener una pureza absoluta y evitar la tentación? Cada cultura tiene su propio sistema de dinero, actitudes respecto a las riquezas y administración de recursos, así que, en cada contexto, habrá que ajustar distintos detalles. Lo importante aquí es garantizar que los pastores entiendan que un liderazgo piadoso muestra franqueza y sabiduría a la hora de manejar las finanzas.

La resolución de conflictos es un componente crucial del liderazgo en cualquier cultura, y las iglesias suelen buscar guía en sus líderes para esta cuestión. En las interacciones humanas, siempre que hay dos o más personas juntas, hay potencial para conflictos, y la respuesta para resolverlos puede no ser evidente. Un líder con la sabiduría de Salomón para discernir cuestiones esenciales e identificar las mejores respuestas a los dilemas será de gran bendición para cualquier iglesia. El desarrollo de líderes debería incorporar maneras culturalmente apropiadas de resolver diferencias y entender que quizás no se parezcan al enfoque occidental de resolución de problemas. En culturas que se rigen por el honor y la vergüenza, es común que los empresarios consideren la «negociación de la imagen», un método para llegar a determinado acuerdo mientras que todas las partes «guardan su dignidad» en el proceso. Estas cuestiones no son necesarias en un ámbito democrático o una cultura en la que un líder poderoso toma todas las decisiones, pero en culturas basadas en el honor y la vergüenza, donde las decisiones se toman por unanimidad, esto es crucial. Los líderes siempre necesitan habilidades para resolver conflictos y, por lo tanto, estas deben estar incluidas en una capacitación para el liderazgo, pero el enfoque puede variar de lugar en lugar. El maestro sabio incorpora la sabiduría local a la formación de los líderes del lugar.

La estrategia y el planeamiento también son esenciales para el liderazgo. Muchos pastores empiezan su ministerio con grandes sueños y oran para que sucedan milagros que hagan que su grupo de estudio bíblico se transforme en una megaiglesia, o conviertan el establo que funciona a modo de iglesia en un edificio hermoso y deslumbrante. Tal vez, los deseos de algunos pastores no son tan nobles como esos, pero, más allá de cuáles sean, no tienen un plan para llevar la iglesia desde donde está hasta donde la quieren ver. Debemos enseñarles a los líderes a entender y diseñar estrategias y metodologías para guiar a su grey. Tienen que preguntarse adónde creen que Dios los está llevando en el ministerio y luego levantar la mirada al horizonte para ver si se están dirigiendo allí. Siempre me sorprende ver la tristeza de algunos cuando se dan cuenta de que sus sueños no se volverán realidad en forma automática si siguen por el camino que están transitando. En general, no tienen un plan concreto para materializar sus sueños.

Enséñales a tus alumnos que, si desean tener una iglesia llena de líderes capacitados o plantar otras iglesias, o incluso evangelizar y bautizar a toda la provincia, tienen que considerar su objetivo y luego hacer el recorrido hacia atrás, hasta donde se encuentran ahora. Después, deben idear escalones que los lleven desde el punto de partida hasta donde desean llegar. Estos escalones tienen que ser mensurables y realistas. Una vez que hay un plan definido, tienen que iniciarlo al dar algunos pasos, hacer pausas de vez en cuando para examinar cómo va el proceso, realizar los cambios necesarios y seguir avanzando hacia el objetivo.

Un programa de formación de líderes también debe incluir un plan para la transferencia del liderazgo. El misionero o plantador de iglesias paternalista que controla el dinero, las decisiones, la dirección del ministerio y tiene todo el poder algún día saca el poste central de su tienda de circo y todos sus años de ministerio terminan siendo en vano. Hace unos años, estaba en el canal de Panamá y pude realizar una excursión privilegiada para ver la operación de las esclusas. El gobierno de Estados Unidos le entregó al gobierno panameño el canal y su operación a fines de 1999. Después de haberlo operado desde 1914, esta transferencia fue un gran paso. Todas las partes necesitaban que el canal siguiera funcionando de la manera planeada; el canal no es solo un orgullo nacional, sino que genera enormes ingresos para Panamá y es un punto fundamental de inquietud de seguridad nacional para la armada de Estados Unidos. Un empleado del canal me explicó que, antes de que llegara el gran día, hicieron una serie de prácticas en las que Panamá tomaba el control del canal y después volvía a cedérselo a Estados Unidos. Lo hicieron varias veces hasta que ambos lados se convencieron de que habían aprendido todo lo que necesitaban saber y que los nuevos operadores estaban listos. Desde que se terminó la transición final, el canal ha funcionado sin problemas. Se me ocurrió que deberíamos abordar la capacitación de líderes y la transición de los ministerios a liderazgos nacionales de maneras similares. Forma a tus alumnos para hacer la obra y luego muéstrales cómo hacerla, ayúdalos a medida que la hagan, obsérvalos y provéeles todos los recursos que puedan necesitar en el futuro, y está siempre dispuesto a intervenir si lo necesitan.

Lecturas recomendadas

Grudem, Wayne, C. John Collins y Thomas R. Schreiner, eds. *Understanding the Big Picture of the Bible: A Guide to Reading the Bible Well.* Wheaton, IL: Crossway, 2012.

Plummer, Robert L. *40 Questions about Interpreting the Bible.* Parte de la serie 40 Questions & Answers Series, Benjamin L. Merkle, ed. de la serie. Grand Rapids, MI: Kregel Academics, 2010.

Ramm, Bernard L., et. al. *Hermeneutics.* Grand Rapids, MI: Baker Books, 1987.

Rogers, Matt y Donny Mathis. *Seven Arrows: Aiming Bible Readers in the Right Direction.* Wheaton, IL: Equip to Grow Press, 2015.

Sanders, Oswald J. *Spiritual Leadership: Principles of Excellence for Every Believer.* Chicago, IL: Moody, 2007.

Sills, M. David. *Reaching and Teaching: A Call to Great Commission*

Obedience. Chicago, IL: Moody, 2010.

Stein, Robert H. *A Basic Guide to Interpreting the Bible: Playing by the Rules*. Grand Rapids, MI: Baker Academic, 2011.

Whitney, Donald S. *Disciplinas espirituales para la vida cristiana*. Colorado Springs, CO: Tyndale, 2016.

Módulo 6 Objetivos de aprendizaje

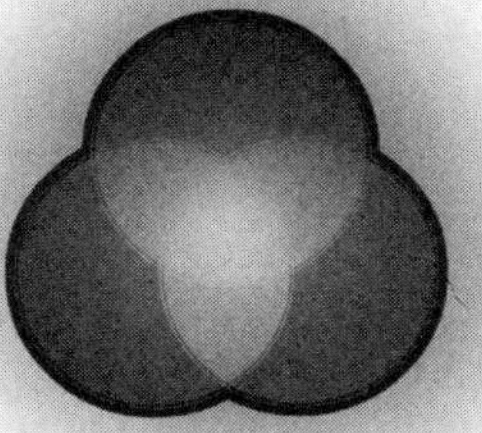

Evangelismo
Las misiones y plantación de iglesias
El mentor

Al finalizar este módulo, los alumnos podrán:

1. **El corazón: Evangelismo**
    a) Explicar el mensaje del evangelio en cuatro pasos y citar versículos e ilustraciones.
    b) Describir diversos métodos de evangelización y las ventajas de cada uno.
    c) Defender bíblicamente por qué los creyentes deberían priorizar el evangelismo.
    d) Enumerar las barreras comunes para el evangelismo y los puentes para superarlas.
    e) Explicar qué implica el fruto de la bondad y los pensamientos del pastor concentrándote en todo lo que es de buen nombre.

2. **La mente: Las misiones y la plantación de iglesias**
   a) Demostrar una comprensión bíblica de la tarea de la iglesia en las misiones.
   b) Explicar el llamado misionero y las maneras bíblicas de buscar la voluntad de Dios.
   c) Definir la misión de la iglesia.
   d) Explicar el concepto de grupo de personas y su uso en las misiones.
   e) Definir los significados y los usos de los términos claves en las misiones contemporáneas.
   f) Explicar las ventajas de incorporar la antropología a las misiones.
   g) Aplicar la teoría y la práctica de la comunicación en contextos interculturales.
   h) Explicar la necesidad de contextualización, su propósito y sus límites.
   i) Citar usos del modelo tricultural de misiones de Nida.
   j) Enumerar y explicar las creencias básicas de las religiones del mundo incluyendo al islam, el hinduismo, el budismo, el confucionismo y el animismo.
   k) Explicar las características comunes de los cultos y cómo distinguirlos de las diversas formas de cristianismo; mencionar cultos claves en la región.
   l) Enumerar y describir metodologías claves practicadas en las misiones globales.
   m) Describir los conceptos fundamentales en la plantación de iglesias y en los roles siempre cambiantes de los misioneros.
   n) Citar tendencias y consecuencias en las misiones del siglo XXI.

3. **Las manos: El mentor**
   a) Describir la historia y el proceso del modelo mentor-alumno.
   b) Citar ejemplos bíblicos que usen este modelo para formar líderes.

c) Justificar el valor de este modelo y mencionar su flexibilidad.
d) Explicar el proceso para comenzar un ministerio como mentor.
e) Mencionar la necesidad de establecer parámetros sabios entre el mentor y el alumno al comienzo del proceso.

Módulo 6

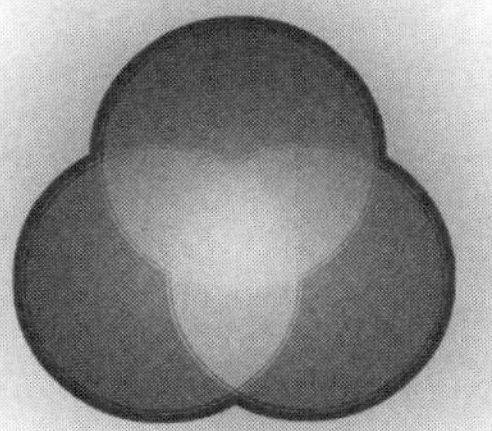

Evangelismo
Las misiones y plantación de iglesias
El mentor

Jesús llamó a todos los creyentes a dar fruto (Juan 15:8). Aunque el fruto al que se refirió no se limitaba solo a cristianos que traigan a otros de Cristo, el evangelismo es a la vez una expectativa y un mandamiento. Pedro exhortó: «… estad siempre preparados para presentar defensa con mansedumbre y reverencia ante todo el que os demande razón de la esperanza que hay en vosotros» (1 Ped. 3:15). Por encima de todos los que están en la iglesia, el pastor debería dar el ejemplo en el evangelismo. Más allá de que alguien tenga el don de evangelismo, transmitir el evangelio —sin el cual nadie puede ser salvo— es un acto de obediencia a Dios y una demostración de amor y preocupación por aquellos con quienes nos encontramos. Evangelizar a otros es una disciplina espiritual personal que les permite a los creyentes actuar en fe y luego ver cómo Dios obra; esto ejercita los músculos de la fe. El componente de la formación del carácter en el área del corazón de este módulo es el evangelismo.

Aunque este tiene lugar principalmente a nivel personal con aquellos que se encuentran cerca, también sentimos gran carga por las naciones.

La expansión global del cristianismo es evidencia de esta preocupación. La Gran Comisión es para cada cristiano. Los pastores deben guiar a su gente para que comprenda que todos debemos participar en las misiones mundiales, ya sea yendo o enviando. Al orar por las misiones globales, al ir o enviar a otros, aprendemos que en todo el mundo se necesitan iglesias con una doctrina neotestamentaria sólida, para que los creyentes rindan culto juntos y crezcan. En este módulo, las misiones y la plantación de iglesias son el tema del conocimiento de la mente.

Por último, el pastor siempre debe estar en el proceso de discipular a los que lo rodean. Una de las herramientas más efectivas de las que dispone todo pastor en todas las culturas es el discipulado, que es el componente de las manos de este módulo. Hombres que formen a otros hombres es un maravilloso sistema para transmitir el contenido de *Corazones, mentes y manos* a los discípulos dentro de una relación personal, además de ayudarles a los pastores a formar las vidas de los líderes jóvenes a su alrededor.

El corazón

Disciplina espiritual personal: El evangelismo

«El evangelismo no es más que un mendigo que le dice a otro mendigo dónde encontró pan».[1] Aun en el sentido ético humano más básico, el evangelismo es lo correcto. Si en medio de la gente que muere en las sequías o durante las hambrunas alguien encuentra abundantes fuentes de agua y comida, sería un crimen no compartir la buena noticia. Por cierto, las buenas noticias son vida en sí mismas. Pablo deja en claro que el mensaje del evangelio es la única esperanza para el que está muerto espiritualmente. «A griegos y a no griegos, a sabios y a no sabios soy deudor. Así que, en cuanto a mí, pronto estoy a anunciaros el evangelio también a vosotros que estáis en Roma. Porque no me avergüenzo del

[1] D.T. Niles, *QuotationsBook.com* (Reino Unido), página consultada el 17 de junio de 2016. http://www.quotationsbook.com/quote/12792.

evangelio, porque es poder de Dios para salvación a todo aquel que cree; al judío primeramente, y también al griego. Porque en el evangelio la justicia de Dios se revela por fe y para fe, como está escrito: Mas el justo por la fe vivirá» (Rom. 1:14-17). Pablo consideraba que estaba en deuda con aquellos que todavía no habían oído. Era un mendigo que había encontrado el pan de vida y dedicó su vida a decirles a los demás dónde podían encontrarlo.

El término *evangelio* proviene de una palabra griega que literalmente significa «buena nueva». También se convierte en verbo en la forma «evangelizar», que significa declarar las buenas nuevas del evangelio. ¿Cuál es el evangelio de las buenas nuevas que debemos transmitirles a otros en nuestro evangelismo? Si el mensaje de las buenas nuevas es el poder de Dios para la salvación, sin el cual nadie puede ser salvo, haríamos bien en detenernos a examinar su contenido preciso.

Las buenas nuevas

He descubierto que muchos se sienten confundidos al intentar resumir sucintamente la esencia del evangelio. No tiene por qué ser así. El evangelio es un mensaje con cuatro puntos principales. Primero, Dios es santo, y como tal, es moralmente perfecto y está separado de todo y de todos los que no sean santos. Segundo, el evangelio enseña que todos los hombres y las mujeres son pecadores y, por lo tanto, no pueden acercarse a Él por sus propios esfuerzos. Las buenas nuevas parecen ser malas noticias hasta que llegamos al tercer punto: que Jesús es la solución al problema del pecado del hombre. Vivió una vida perfectamente santa, murió para pagar por los pecados de los que creerían en Él y les otorga gratuitamente la justicia que Dios requiere. El cuarto punto del mensaje del evangelio enfatiza que estas verdades no les traen salvación a todos, sino a aquellos que se arrepienten de sus pecados y ponen su fe en Jesús.[2] En el evangelismo, les declaramos a los hombres y a las mujeres cuál es

---

[2] M. David Sills, *Reaching and Teaching: A Call to Great Commission Obedience* (Chicago, IL: Moody, 2010), 124.

su condición sin esperanza y que el evangelio es la única solución. En tal sentido, aquellos que lo declaren deben estar seguros de su contenido y convencidos de su verdad. Consideremos más detalladamente el evangelio que debemos transmitir.

Dios es santo

En nuestras interacciones evangelísticas con los perdidos es importante comenzar por explicar que Dios es santo. La santidad de Dios es un atributo que Él mismo enfatiza a lo largo de Su Palabra. Para amar a alguien, debemos conocerlo, o al menos, debemos conocer algunos aspectos de él. Cuando un joven dice que ama a una famosa estrella de cine a la que nunca ha conocido, se trata de un enamoramiento y no de verdadero amor. Pero nuestro Dios es amor y conocerlo es amarlo. En nuestro evangelismo, debemos hablar sobre quién es Dios y a qué se asemeja. En Levítico 19:2, Dios le ordena a Moisés: «Habla a toda la congregación de los hijos de Israel, y diles: Santos seréis, porque santo soy yo Jehová vuestro Dios». Una y otra vez, enfatiza Su santidad en toda la Biblia. En el hebreo del Antiguo Testamento y en el griego del Nuevo Testamento, los escritores no podían usar negrita, itálicas, subrayados o signos de exclamación para enfatizar una idea. El modo de hacerlo era repetirla. Para resaltar una idea o punto, podía repetirse tres veces; eso era lo que verdaderamente aumentaba su peso. De todos los atributos y características de Dios en la Biblia, la única que se repite de esta manera es Su santidad. El profeta Isaías registró la declaración del serafín: «Santo, santo, santo, Jehová de los ejércitos» (Isa. 6:3). Y para que no pasemos por alto este énfasis, la Biblia repite una y otra vez en el Nuevo Testamento: «Santo, santo, santo es el Señor Dios Todopoderoso, el que era, el que es, y el que ha de venir» (Apoc. 4:8).

La gente suele pensar que la santidad es la perfección moral o la ausencia de pecado; por cierto, ese es un aspecto de su significado. La santidad también significa estar apartado exclusivamente para Dios. Cuando hablamos de la santidad de Dios, nos referimos tanto a Su perfección moral como a que está separado de todo lo que carezca de ella. Dios no puede compartir Su presencia ni tener comunión con aquello que no sea santo. Trágicamente, los hombres y las mujeres no son santos, y hasta un solo pecado los separa de Él y seguirá haciéndolo por toda la eternidad. Si leemos el periódico o miramos las noticias por televisión vemos con dolor que evidentemente la gente es pecadora. Sin embargo, tendemos a comparar nuestra vida con la de los demás y llegamos a la conclusión de que, como somos mejores que ellos, seguramente Dios nos aceptará. Después de todo, razonamos, no somos asesinos seriales ni terroristas, y de hecho, parecemos bastante normales. No obstante, consideremos nuestra pecaminosidad.

La humanidad es pecadora

Cuando evangelizamos en otros contextos culturales, no es poco frecuente encontrarnos con aquellos que creen que la humanidad es básicamente buena; no todos son pecadores. Sin embargo, la Biblia nos enseña que todos somos pecadores por naturaleza *y* por elección. No somos pecadores porque hayamos pecado, pecamos porque somos pecadores. Al considerar la posibilidad de que el Señor mirara hacia abajo y encontrara a alguien que procurara ser santo por su cuenta, David escribió: «Dice el necio en su corazón: No hay Dios. Se han corrompido, hacen obras abominables; no hay quien haga el bien. Jehová miró desde los cielos sobre los hijos de los hombres, para ver si había algún entendido, que buscara a Dios. Todos se desviaron, a una se han corrompido; no hay quien haga lo bueno, no hay ni siquiera uno» (Sal. 14:1-3). Isaías escribió: «Todos nosotros nos descarriamos como ovejas, cada cual se apartó por su camino; mas Jehová cargó en él el pecado de todos nosotros» (Isa. 53:6). El apóstol Pablo afirmó: «Por cuanto todos pecaron, y están destituidos de la gloria de Dios» (Rom. 3:23).

Algunos discuten que aunque son pecadores, no son tan perversos como otros. Creen que hacen lo mejor que pueden y que Dios aprobará este esfuerzo. Pero Santiago escribió: «Porque cualquiera que guardare toda la ley, pero ofendiere en un punto, se hace culpable de todos» (Sant. 2:10). Esto queda claramente ilustrado en la repetida descripción de un hombre que cuelga de una cadena sobre el hoyo del infierno. Cada eslabón de esta cadena representa un mandamiento en la Biblia. Solo hace falta que un eslabón en la cadena se rompa para que el hombre caiga. Del mismo modo, hasta un pecado nos corta la cadena. Aunque un hombre conservara todos los otros eslabones perfectamente intactos, el único roto sería su destrucción. Todavía podría argumentar que no es tan malo como otros que ve, lo que indicaría que no comprende el poder condenatorio de un solo pecado.

Se suele citar el razonamiento de Martín Lutero al decir que si amar al Señor con todo el corazón, con toda la mente, con toda el alma y con todas las fuerzas es el mayor mandamiento, no hacerlo debe ser el pecado más grande. Ninguno de nosotros ama al Señor incesantemente de esta manera. Si añadimos la enseñanza de Jesús de que la codicia o el odio en el corazón son un pecado; queda claro que nadie se libra de la condenación cuando nuestro juez santo e irreprochable lo escudriña. Aun así, algunos pueden argumentar que esto representa solo unos pocos pecados al día. No obstante, tres pecados por día, multiplicados por los 365 días del año, multiplicados por unos 70 años de vida, darían más de 70 000 pecados. Para comprender el peso de nuestra condición pecaminosa, imagina si te acusaran de 70 000 delitos de los cuales tuvieras que defenderte ante una corte humana. Quien desee defenderse por la abundancia de buenas obras y, en comparación, los pocos pecados, debe recordar Gálatas 3:10: «Porque todos los que dependen de las obras de la ley están bajo maldición, pues escrito está: Maldito todo aquel que no permaneciere en todas las cosas escritas en el libro de la ley, para hacerlas».

A lo largo del Antiguo Testamento, Dios enfatiza Su propia santidad y Su mandamiento de que nosotros también seamos santos. En el Sermón del Monte, Jesús enseñó que las apariencias y la santidad externas no son suficientes. Dijo: «Porque os digo que si vuestra justicia no fuere mayor que la de los escribas y fariseos, no entraréis en el reino de los cielos» (Mat. 5:20). Esto no sobresalta a los lectores actuales del Evangelio de Mateo, porque no reverenciamos a los escribas y a los fariseos, pero recuerda que quienes oyeron el sermón de Jesús aquel día seguramente se sobresaltaron al oír estas palabras. Los fariseos formaban el grupo más estricto de quienes guardaban y enseñaban la ley. Recuerda la descripción de Pablo de su vida como fariseo: «En cuanto a celo, perseguidor de la iglesia; en cuanto a la justicia que es en la ley, irreprensible» (Fil. 3:6). Jesús les dijo que la justicia externa no era suficiente, y elevó la marca a niveles sorprendentes cuando afirmó: «Sed, pues, vosotros perfectos, como vuestro Padre que está en los cielos es perfecto» (Mat. 5:48). El escritor de Hebreos también desafió a sus lectores al decir: «Seguid la paz con todos, y la santidad, sin la cual nadie verá al Señor» (Heb. 12:14). A las claras, nadie está sin pecado y por tanto, nadie puede reclamar el derecho a entrar en la presencia del Padre en esta vida o en la venidera por su propia justicia y su perfección sin pecado.

Jesús es la respuesta

Hasta ahora, la buena noticia del evangelio es una noticia bastante mala: Dios es santo y está separado de todo y de todos los que no lo sean, y nosotros no lo somos. Pero el tercer punto del evangelio es que Jesús es la respuesta. Él es la solución al mayor problema que cualquiera pueda tener. Jesús le declaró a Nicodemo: «Porque de tal manera amó Dios al mundo, que ha dado a su Hijo unigénito, para que todo aquel que en él cree, no se pierda, mas tenga vida eterna» (Juan 3:16). Jesús enseñó que Él es la única respuesta a nuestro problema del pecado: «De cierto, de cierto os digo: El que oye mi palabra, y cree al que me envió, tiene vida eterna; y no vendrá a condenación, mas ha pasado de muerte a vida» (Juan 5:24). El apóstol Pablo escribió: «Mas Dios muestra su amor para con nosotros, en que siendo aún pecadores, Cristo murió por nosotros» (Rom. 5:8). El apóstol Pedro escribió: «Porque también Cristo padeció una sola vez por los pecados, el justo por los injustos, para llevarnos a Dios, siendo a la verdad muerto en la carne, pero vivificado en espíritu» (1 Ped. 3:18). El apóstol Juan se unió para enfatizar la misma verdad: «El que tiene al Hijo, tiene la vida; el que no tiene al Hijo de Dios no tiene la vida» (1 Juan 5:12).

Tal vez para muchos, el versículo bíblico más claro para comprender lo que Jesús ha hecho por nosotros lo presenta Pablo en 2 Corintios 5:21: «Al que no conoció pecado, por nosotros lo hizo pecado, para que nosotros fuésemos hechos justicia de Dios en él». Esto habla de la muerte vicaria y sustituta de Cristo por nosotros. Merecíamos la condenación eterna por nuestros pecados, pero Jesús, el perfecto sin pecado, que cumplió toda la justicia al detalle y que nunca pecó, sufrió voluntariamente en nuestro lugar y murió en la cruz para pagar por nuestros pecados. En evangelismo, muchos han usado la ilustración de una deuda que se debe al banco para explicar lo que Jesús hizo por nosotros, ya que Él les enseñó a Sus discípulos que oraran con esta frase: «Y perdónanos nuestras deudas, como también nosotros perdonamos a nuestros deudores». Todos tenemos una gran deuda de pecado que no podemos pagar.

Imagina si debieras millones de dólares a un banco en un país que todavía tiene una prisión para deudores que no pueden pagar sus cuentas. El banquero ha llamado para recordarte que tu préstamo expira mañana, pero no tienes dinero para pagar. Sabes que irás a la cárcel y que todo lo que tienes será vendido para costear los gastos. Tu familia quedará desamparada y en la calle. Al día siguiente, vas al banco a la hora en que abre para suplicar por tu caso. De repente, se abre la puerta y entra el hombre más rico del mundo. Luego de presentarse al banquero, le pide al banco que tome un poquito de su dinero para pagar tu préstamo en su totalidad. ¡Qué feliz estarías!

Muchos dicen que este es el evangelio: Jesús murió en la cruz para pagar una deuda que jamás hubiéramos podido pagar. Sin embargo, si eso fuera todo lo que Jesús hizo, todavía no tendríamos esperanza respecto a la vida eterna con Dios. Recuerda que Dios exige que seamos santos como Él es santo. Jesús dijo que nuestra justicia debe superar la de los escribas y fariseos, y nos ordenó ser perfectos como nuestro Padres celestial es perfecto. Se nos dijo que procuremos la paz con todos los hombres *y la santidad*, sin la cual, nadie verá a Dios (Heb. 12:14). No solo necesitamos la ausencia de pecado, sino también la presencia de la justicia. Pero regresando a nuestra ilustración, antes de que el hombre rico se vaya del banco, se da vuelta y le dice al banquero: «También me gustaría que colocara el nombre de este hombre en todas mis cuentas, de modo que junto conmigo, tenga todo el dinero del mundo». Esto se acerca a lo que Jesús hizo por nosotros en la cruz. Lutero se refirió a la obra redentora de Jesús como el gran intercambio, ya que llevó todos nuestros pecados sobre Él y a cambio, nos dio Su perfecta justicia. Por cierto, la justicia de Jesús satisface todas las demandas de la ley, y voluntariamente Él la imputa a todos aquellos con los que hace este gran intercambio.

Debes arrepentirte y nacer de nuevo

No obstante, por más maravillosa que sea esta noticia, no lo es para ti si permaneces en tu pecado. En el cuarto punto de la presentación del evangelio, enfatizamos que Jesús le dijo a Nicodemo: «Os es necesario nacer de nuevo». Para que este precioso mensaje del evangelio sea una buena noticia para ti también, debes arrepentirte de tus pecados y nacer de nuevo. Enfatizar el arrepentimiento de los pecados no es añadir obras humanas a la salvación, como si Jesús hubiera hecho todo lo que podía y ahora nosotros tuviéramos que finalizar la tarea. No, Jesús pagó toda la deuda y la salvación es por gracia, pero la verdadera salvación siempre va acompañada de arrepentimiento. El arrepentimiento incluye reconocer pecados específicos, confesarlos y apartarnos de ellos lo más que podamos. Esto no quiere decir que un pecado olvidado y pasado por alto termine condenándote al final, sino más bien que debe producirse un cambio en el corazón que te lleve a aborrecer el pecado que antes amabas. Deberíamos reconocer que todo pecado es rebelión, que nuestra condición está impregnada de pecado y se inclina a él, como lo expresa David en el Salmo 51. Dos palabras de los idiomas bíblicos originales que se traducen como arrepentimiento ayudan a explicar la idea. Una significa dar vuelta y caminar en la dirección opuesta. En un tiempo caminabas hacia el mundo con Dios a tus espaldas, pero al arrepentirte, esto se invirtió y ahora corres hacia Dios y le das la espalda al mundo. La otra palabra significa un cambio de mente. Dios quita las escamas de tus ojos y reemplaza tu corazón de piedra por un corazón de carne. Ahora tienes nuevas preferencias, nuevos deseos y eres leal a otras cosas.

Las buenas nuevas suelen ser nuevas noticias

He compartido este mensaje del evangelio en cuatro pasos en muchos países y en muchos contextos. Siempre tengo la bendición de ver a la gente llorar, arrepentirse y profesar la fe en Cristo luego de oírlo, mientras dicen: «¡Eso fue hermoso! Nunca antes lo había oído». Pero me sorprende que algunas veces, los «cristianos» —y hasta pastores en más de una ocasión— hagan esta declaración. Muchos han equiparado pasar adelante durante un llamado, levantar la mano al final de la presentación del evangelio o ser bautizados y unirse a una iglesia con la salvación. Luego de años de cumplir con las formalidades, oyen el verdadero evangelio y son salvos. Celebramos este glorioso suceso en sus vidas, pero nos preguntamos qué clase de mensaje les fue predicado antes. Deberías tener eso en cuenta al enseñar este contenido. Bien puede suceder que algunos de aquellos a quienes les estás enseñando a desarrollar la disciplina espiritual de la evangelización se den cuenta de que nunca fueron verdaderamente evangelizados. Esto ha sucedido muchas veces mientras enseñaba este contenido, así que aliento a los maestros a no suponer ninguna condición espiritual en particular cuando enseñan estos puntos del evangelio. Más bien, confía en que el Espíritu obre en aquellos cuyos ojos tal vez nunca hayan sido abiertos de verdad. Además, alienta a aquellos que reciban este mensaje y lo den por sentado a que comprendan que en sus congregaciones y comunidades puede haber algunos que digan creer en Cristo, pero que nunca hayan escuchado de verdad este mensaje ni se hayan arrepentido de sus pecados.

Dar las buenas nuevas

¿Cómo deberíamos evangelizar?

A lo largo de la historia cristiana, se han usado numerosos métodos para evangelizar. Algunas de las presentaciones contemporáneas del evangelio más famosas utilizan tratados evangelísticos. Lo bueno de estos tratados es que quien ha oído la predicación se queda con ellos para seguir considerando lo hablado una vez que termina el encuentro. La mayoría de estos conocidos tratados han sido traducidos y ya se encuentran disponibles en muchos idiomas, lo que les permite a los equipos misioneros y evangelísticos llevarlos adondequiera que viajen. Los diagramas que ayudan a explicar las ideas bíblicas ya están preimpresos en la página y dan ilustraciones inmediatas de puntos claves. Como el tratado contiene el mensaje del evangelio en forma estática, puede llegar a personas en lugares o en momentos en que una conversación personal no es factible.

La desventaja de usar estos tratados es depender en exceso de ellos en lugar de tener un encuentro personal que permita presentar el Evangelio según cada situación. Los tratados también emplearán el flujo secuencial lógico de la cosmovisión de quien lo diseñe y puede ser confuso para personas de otras culturas. La verdad más triste es que la mayoría de los pueblos del mundo, entre el 60 y el 70%, no están lo suficientemente alfabetizados como para leer y seguir los razonamientos de las palabras en una hoja escrita. Además, lamentablemente, cerca del 90% de nuestras herramientas y recursos para la capacitación en evangelismo, el discipulado y el liderazgo ha sido diseñado para la minoría alfabetizada. No es efectivo llevar valijas llenas de tratados para entregarlos a personas marginadas y analfabetas.

Algunos de los tratados y de las herramientas evangelísticas que se han usado ampliamente a través de los años son «Las cuatro leyes espirituales», «La vida eterna», «Explosión de Evangelismo», «FAITH», «*Continuous Witness Witnessing* [Testigos que testifican continuamente]» y un método para testificar de *Chick Publications* que consiste en libritos de historietas del tamaño de un tratado que presentan el evangelio con palabras y cuadros. Todos estos tratados son fáciles de llevar, relativamente económicos y fáciles de usar. Lamentablemente, los argumentos suelen perderse en aquellos que no comparten la cosmovisión del evangelista; pueden estar disponibles solo en una cantidad limitada, el destinatario puede no tener el nivel suficiente de alfabetización como para leer y seguir la lógica, tal vez no haya tiempo suficiente como para leer todo el tratado con las personas o estas pueden tener problemas que deberían tratarse de manera más directa de lo que puede conseguir una presentación genérica en un tratado.

Se han usado otros métodos que dependen menos de materiales escritos y, por supuesto, son aún más simples y más fáciles de transportar. El Camino de Romanos es un método que muchos han usado para compartir el evangelio; guía al oyente a través de los versículos de la carta de Pablo a los Romanos para mostrarles que están perdidos y necesitan a Cristo. Los versículos que normalmente se usan son:

> ... por cuanto todos pecaron, y están destituidos de la gloria de Dios. (Rom. 3:23)
> No hay justo, ni aun uno. (Rom. 3:10)
> Por tanto, como el pecado entró en el mundo por un hombre, y por el pecado la muerte, así la muerte pasó a todos los hombres, por cuanto todos pecaron. (Rom. 5:12)
> Porque la paga del pecado es muerte, mas la dádiva de Dios es vida eterna en Cristo Jesús Señor nuestro. (Rom. 6:23)
> Mas Dios muestra su amor para con nosotros, en que siendo aún pecadores, Cristo murió por nosotros. (Rom. 5:8)
> ... que si confesares con tu boca que Jesús es el Señor, y creyeres en tu corazón que Dios le levantó de los muertos, serás salvo. Porque con el corazón se cree para justicia, pero con la boca se confiesa para salvación. (Rom. 10:9-10)
> Porque todo aquel que invocare el nombre del Señor, será salvo. (Rom. 10:13)
> Así que la fe es por el oír, y el oír, por la palabra de Dios. (Rom. 10:17)

Estos versículos pueden memorizarse fácilmente para utilizarlos en el evangelismo personal o para señalarlos en una Biblia. Algunos han encontrado fruto en el ministerio al marcar estos versículos en Nuevos Testamentos y dejárselos a las personas que querían alcanzar y evangelizar.

Tal vez el método más fácil para transmitir el evangelio se encuentra en Juan 9. En ese pasaje, Jesús sana a un hombre ciego de nacimiento, un milagro inaudito en aquellos días. El hombre sufre un interrogatorio avasallador por parte de los fariseos que deseaban encontrar a toda costa una manera de desacreditar la milagrosa sanidad en día de reposo. Luego de exigirle al hombre que había sido sanado que describiera a quien lo había sanado y que precisara cómo lo había hecho, él sencillamente respondió: «Lo único que sé es que antes era ciego y ahora puedo ver». Todos podemos testificar de este modo en nuestra evangelización. Podemos describir nuestra vida antes de la salvación; desesperación, vacío, temores, ansiedad, una espiral descendente de depravación y muchas veces, depresión causada por un camino sin sentido. Podemos describir el cambio que produjo Jesús cuando abrió nuestros ojos espirituales para que viéramos nuestra condición y la esperanza que nos trajo en la salvación. Podemos hablar libremente de la vida que ahora gozamos y de aquella gloriosa que esperamos en la eternidad. Un testimonio personal tiene poder, porque la sincera descripción del vacío en nuestras vidas antes de conocer a Cristo se hará eco en los corazones de los perdidos y desearán la paz que hemos encontrado.

Ezequiel escribió sobre el proceso cuando Dios quita el corazón insensible de piedra y lo reemplaza por uno de carne, suceso imprescindible en la salvación (Ezeq. 36:26). Jesús dijo: «Ninguno puede venir a mí, si el Padre que me envió no le trajere; y yo le resucitaré en el día postrero» (Juan 6:44). Dios es quien salva y nosotros somos Sus testigos. Por mucho que deseemos que otra persona nazca de nuevo, no podemos obligarla a hacerlo. Juan escribió: «Mas a todos los que le recibieron, a los que creen en su nombre, les dio potestad de ser hechos hijos de Dios; los cuales no son engendrados de sangre, ni de voluntad de carne, ni de voluntad de varón, sino de Dios» (Juan 1:12-13).

No obstante, aunque el Espíritu Santo debe hacer Su obra, el trabajo de evangelización también es crucial. El puritano Richard Baxter dijo: «Ora, medita, oye, lee, haz tu mejor esfuerzo y espera Su bendición. Aunque la labranza y la siembra no producirán una cosecha si no hay sol, lluvia y la bendición de Dios, el sol y la lluvia tampoco traerán una cosecha a menos que hayas labrado y sembrado».[3] Cuando William Carey se sintió llamado a ir de misionero a la India, los otros pastores de la Asociación Bautista de Londres eran escépticos sobre la necesidad de que el hombre interviniera en la salvación de Dios en las naciones. Carey argumentó que tenían razón en decir que Dios es quien salva a los pecadores, pero Él usa medios (la proclama del evangelio) y nosotros somos esos medios. Aun así, por más que deseemos que otros sean salvos, por más cierto que sea que deben oír el evangelio, y por más absoluta que sea la capacidad del Señor para salvarlos, todavía nos resulta difícil evangelizar. Transmitir

---

[3] Richard Rushing, ed., *Voices from the Past: Puritan Devotional Readings* (Carlisle, PA: Banner of Truth, 2010), 20.

el evangelio con regularidad y compartir nuestro testimonio con otros requiere una gran disciplina personal.

¿Por qué debemos evangelizar?

La principal razón por la que debemos evangelizar es porque se nos ha ordenado que lo hagamos, y por tanto, lo hacemos por pura obediencia. Cada Evangelio y el libro de los Hechos incluyen una versión de la Gran Comisión en la cual Jesús les ordena a Sus seguidores que prediquen el evangelio a otros (Mat. 28:18-20; Marc. 16:15; Luc. 24:46-47; Juan 20:21; Hech. 1:8). Jesús es el Señor de nuestras vidas y esto debería producir un cambio en cómo vivimos. Francamente, algunos que dicen que Él es Señor no son muy obedientes. Jesús preguntó en Lucas 6:46: «¿Por qué me llamáis, Señor, Señor, y no hacéis lo que yo digo?». Su último mandamiento debería ser nuestra prioridad. Sin embargo, otra razón por la que nuestro corazón late por los perdidos de todo el mundo y por aquel que comparte nuestro desayuno es que sentimos carga por sus almas.

Rescata al perdido

Un viejo himno nos exhorta: «Rescata al perdido, cuida del moribundo» y nos da la razón para hacerlo con esperanza: «Jesús es misericordioso, Jesús salvará». A medida que crecemos en nuestra santificación para tener un corazón conforme al de Dios, nuestro corazón se emocionará o se quebrará en armonía con el de nuestro Señor. Bob Pierce, fundador de Visión Mundial y *Samaritan's Purse*, hizo la famosa oración: «Permite que mi corazón se quebrante por aquello que quebranta el corazón de Dios». Anhelamos ver a la gente y a las naciones que nos rodean venir a Cristo. Esto trae como resultado que algunos dejen sus hogares y familias para servir como misioneros internacionales. Pero no es necesario salir de nuestro país para compartir el evangelio con la gente. Charles Spurgeon escribió: «Si Jesús es precioso para ti, no podrás guardarte las buenas nuevas. Se las susurrarás al oído a tus hijos. Se las dirás a tu esposo. Se las contarás con seriedad a tu amigo. Sin tener los encantos de la elocuencia, serás más que elocuente: tu corazón hablará y tus ojos resplandecerán al hablar de Su dulce amor. Cada cristiano aquí es un misionero o un impostor. Recuérdalo. O tratas de extender el reino de Cristo, o de lo contrario, no lo amas en absoluto».[4]

Imagina que mientras lees este párrafo tu vida llega a su fin y el Señor te lleva de repente. Tu cuerpo se desploma, pero tu alma se eleva y se traslada de esta vida hacia la otra que es la verdadera vida. Mientras atraviesas este pasadizo, recuerdas todos los detalles de tu vida terrenal: la gente que conociste en cada etapa, la manera en que los trataste, las cosas que dijiste y tu fracaso en ministrarles como sabías que debías hacerlo. Mientras sigues adelante, se corre una cortina y puedes ver el hoyo del infierno, donde encuentras a personas que conociste y que ahora sufren un abyecto horror. Sabes intuitivamente que sufrirán de ese modo durante toda la eternidad sin esperanza de cambio. Y luego, de repente y de manera inexplicable, regresas nuevamente a tu cuerpo. Dios te da otra oportunidad en la vida y ahora, tienes años por delante. ¿Qué cambiarías? ¿Serías más proactivo en rescatar al perdido?

La evangelización debería formar parte de nuestro estilo de vida en lugar de ser un ítem más en una lista de cosas por hacer. No obstante, existen muchas guías, manuales y técnicas evangelizadoras que, sin duda, facilitan el proceso. Los consejos e ideas para captar la atención y llevar las conversaciones a cuestiones espirituales son útiles y deberíamos leerlos para tener una perspectiva de cómo ser más efectivo al compartir el evangelio. No obstante, recuerda y recuérdales a tus alumnos que el evangelismo personal se desarrolla mejor en el contexto de una relación personal, así que en lugar de acorralar presas para evangelizar, estos encuentros deberían surgir al mostrarte amigable, desarrollar relaciones en las cuales la preocupación por sus almas encuentre su expresión en la transmisión de la esperanza que tienen en Cristo.

Se han escrito algunos libros útiles para resaltar y vencer muchas de las barreras comunes para testificar.[5] Algunas de estas barreras son el

---

[4] Charles H. Spurgeon, «A Sermon and a Reminiscence», en *Sword and Trowel*, marzo de 1873, página consultada el 17 de junio de 2016. http://www.romans45.org/spurgeon/s_and_t/srmn1873.htm.

[5] En Internet se encuentran muchos artículos y blogs reveladores. En forma impresa, un buen ejemplo es Timothy Beougher, *Overcoming Walls to Witnessing* (Charlotte, NC: Billy Graham Evangelistic Association, 1993).

temor, la vergüenza, las molestias o la falta de una disciplina consciente. Es ilógico que no le testifiquemos a un ser querido o a un amigo por temor a ofenderlo o a deteriorar nuestra relación, si consideramos que la alternativa es preferir que pase la eternidad en el infierno en lugar de ofenderse. Tal vez hemos intentado testificar con poco éxito y eso ha desarrollado el hábito de decir «no» en nombre de los demás. Suponemos que rechazarán nuestro testimonio y entonces, no nos tomamos la molestia. El desaliento por la falta de éxito, la idea de que no tenemos la capacidad para hacer una presentación perfecta o el temor a no tener la respuesta precisa a una pregunta lleva a muchos a no evangelizar. Deberíamos recordar que el éxito no se mide en cantidad de convertidos. Whitney escribió: «*Todo* el evangelismo bíblico es evangelismo exitoso».[6]

Muchos evangelistas señalan sus esfuerzos por lograr que alguno haga la llamada «oración del pecador». Lo más cercano a esta oración que encontramos en la Biblia es la del publicano que oró: «Dios, sé propicio a mí, pecador», o la de Pedro cuando clamó a Jesús: «Señor, sálvame», al hundirse en el agua. Sin embargo, las variaciones que podría tener en la actualidad la oración del pecador se ha convertido en el centro de atención de gran parte del evangelismo moderno. La oración del pecador suele ser algo así: «Amado Jesús, sé que soy pecador y si muriera hoy, me iría al infierno. Pido tu misericordia y perdón. Creo que moriste por mis pecados y resucitaste de los muertos. Confío en ti como mi Señor y Salvador, y quiero seguirte. Ayúdame a hacer tu voluntad. En tu nombre, amén». Tristemente, muchos han sido alentados, obligados, engañados o manipulados para que pronuncien esta oración y luego se los ha declarado salvos, aunque prefieran permanecer en sus pecados, no tengan seguridad de quién es Jesús, no estén convertidos y se encuentren tan perdidos como antes de orar. Yo fui uno de estos. Al crecer en una familia que concurría a la iglesia, oí el evangelio cientos de veces antes de escucharlo de verdad. Debemos tener cuidado al guiar a la gente a decir la oración del pecador.

---

[6] Donald S. Whitney, *Spiritual Disciplines for the Christian Life*, ed. rev. (Colorado Springs, CO: NavPress, 2014), 124 (énfasis en el original).

El evangelismo también debe tener en cuenta la cosmovisión y las diferencias culturales. En contextos animistas, la promesa de un Espíritu Santo poderoso que vendrá a vivir en ti y te protegerá si haces esta oración es todo lo que se necesita para lograr que alguien la pronuncie. En contextos de extrema pobreza, el evangelista rico y poderoso (porque así es cómo muchos de los oyentes ven al misionero occidental) parece desear genuinamente que se haga una oración, y el pobre en desventaja no querrá ofenderlo, así que hará la oración. En las culturas con comunicación indirecta, las preguntas directas por sí o por no son infructíferas. Una de las primeras cosas que aprendes en estas culturas es que el «sí» no siempre significa «sí»; en realidad, puede significar «no». Uno nunca quiere ofender a otro al negarse a un pedido. Cuando el evangelista recorre todo el tratado y lanza la pregunta, el oyente de comunicación indirecta accederá y hará la oración para agradar al otro y evitar la ofensa. En culturas donde los votos se practican dentro de la cosmovisión religiosa tradicional, al evangelista se lo ve como alguien que está en una misión y el oyente está ansioso por ayudarlo a que tenga éxito en cumplir su voto religioso; así, interpretará la parte que sea necesaria para ayudarlo en su misión. En las culturas orales, la gente incorpora mejor la información nueva en forma de historia, por tanto, la secuencia lineal lógica de la mayoría de los tratados evangelísticos occidentales no es convincente. En contextos donde las relaciones se dan cara a cara, ofender a alguien al rechazar un regalo, aunque sea un regalo que no se desea o que no se comprende, sería impensable. Mientras piensas en enseñar esto en tu contexto particular, puede serte útil volver al módulo sobre historia de la iglesia que narra la historia de la conquista española y cómo se produce el sincretismo cuando se manipula a la gente para que acepte una religión que no comprende.

Nunca tendremos respuestas listas para todas las preguntas que la gente hace durante los encuentros de evangelización personal, y nunca desarrollaremos una presentación perfecta que explique con claridad el evangelio de manera tan efectiva que quienes la oyen no puedan rechazarla. Nuestra tarea no es salvar a la gente, sino testificar sobre aquel que puede salvar. Todos los creyentes deben practicar el evangelismo, dando razón de la esperanza que está en ellos y testificando sobre la gracia de Dios en sus vidas. Él es glorificado en ese acto de obediencia y honrará a quienes lo honren. Los pastores deben establecer la norma para testificar del evangelio y sobre el celo evangelizador, pero hacerlo requiere disciplina.

El fruto del Espíritu: Bondad

El mundo está lleno de malas circunstancias, malas personas y maldad lisa y llana. La gente caída y perdida solo puede ofrecer maldad. Aunque finjan alguna bondad, no es por la razón correcta —la gloria de Dios— y el resultado suele ser más maldad. Qué extraña les resulta la bondad a los hombres caídos. Sabemos que es así, porque alguna vez a nosotros nos pareció lo mismo. A la bondad, el mundo la llama ingenuidad, tontera o locura. Nosotros la hubiéramos llamado de la misma manera antes de nuestra salvación.

> Por cuanto los designios de la carne son enemistad contra Dios; porque no se sujetan a la ley de Dios, ni tampoco pueden. (Rom. 8:7)
> Porque la palabra de la cruz es locura a los que se pierden; pero a los que se salvan, esto es, a nosotros, es poder de Dios. (1 Cor. 1:18)
> Pero el hombre natural no percibe las cosas que son del Espíritu de Dios, porque para él son locura, y no las puede entender, porque se han de discernir espiritualmente. (1 Cor. 2:14)

Cuando nacemos de nuevo, tenemos el Espíritu de Dios que nos guía para que comprendamos la bondad de Dios y nos motiva a buscar lo mismo en nuestros amores. A un hijo le encanta ser como su Padre. Jesús le preguntó al joven rico: «¿Por qué me llamas bueno? Ninguno hay bueno, sino sólo Dios» (Luc. 18:19). La bondad es un atributo de Dios, así que crecemos en santidad cuando procuramos tenerla (Sal. 23:6; 65:11). Crecer en bondad es parte de la meta de nuestra santificación (Ef. 5:9).

Jesús nos dejó ejemplo de una vida de bondad. «Dios ungió con el Espíritu Santo y con poder a Jesús de Nazaret, y cómo éste anduvo haciendo bienes y sanando a todos los oprimidos por el diablo, porque Dios estaba con él» (Hech. 10:38). Deberíamos esforzarnos por ser como nuestro modelo y ejemplo. Pablo desafió a Timoteo: «Sé ejemplo de los creyentes en palabra, conducta, amor, espíritu, fe y pureza» (1 Tim. 4:12). Esta es la meta que deberíamos tener en nuestra vida, y que deberíamos presentarles a nuestros alumnos como la norma por la cual ellos también deberían regirse.

La Biblia dice que deberíamos hacer bien a todos, en especial a nuestros enemigos, y aunque algunas veces suframos por ser buenos y hacer el bien, Dios nos recompensará (Luc. 6:27, 28; 1 Ped. 2:20; Mat. 5:10). Al hacer buenas obras en este mundo complicado y caído, otros verán y glorificarán a Dios (Mat. 5:16), y esto es el fin principal del hombre. Pablo reconoció y elogió la bondad en la vida de los creyentes en la iglesia de Roma, que también nos sirven de ejemplo a nosotros. «Pero estoy seguro de vosotros, hermanos míos, de que vosotros mismos estáis llenos de bondad, llenos de todo conocimiento, de tal manera que podéis amonestaros los unos a los otros» (Rom. 15:14). Aunque jamás alcanzaremos la perfección, deberíamos crecer más en una vida de bondad.

Por cierto, la vida que Dios ha diseñado para nosotros incluye caminar en buenas obras (Ef. 2:10). Aunque deberíamos buscar el bien al caminar en estas buenas obras que Dios ha planeado para cada uno de nosotros, también deberíamos esforzarnos por crecer en ser bondadosos. Hacer el bien, ser bueno y decir cosas buenas está todo interrelacionado. Una vida llena de bondad habla de una cualidad personal de carácter. No es algo que podamos producir solo por nuestros esfuerzos ni que podamos tachar de una lista de actividades para hacer; más bien, es algo que el Espíritu produce. Cuanto más llenos del Espíritu estemos y más conscientes seamos de Su presencia en nuestras vidas, más brotará lo que hay dentro de nosotros. Cuando las presiones de la vida nos aprieten, el bien debe fluir de nosotros para perfumar el mundo que nos rodea.

Mientras el pastor procura podar su vida y se somete a la poda del Señor para poder llevar más y más el agradable fruto de la bondad, permítele considerar cuánto se diferencia su vida cristiana de su antigua maldad.

Los pensamientos del pastor: Lo de buen nombre

Pablo exhorta a los creyentes a meditar en todo lo de buen nombre, es decir, todo lo que merezca elogio. Alguno puede decir: «He aprendido tanto al leer este libro que te lo recomiendo». Es un informe loable. En el mundo se procura mucho echar abajo a los demás por maldad, informando siempre lo negativo. Incluso los cristianos, algunas veces, manchan sus conversaciones con calumnias sobre otros. Hay algo en la naturaleza caída del ser humano que hace que se deleite en oír cómo otros cayeron en pecado o pasaron vergüenza de algún modo. En lugar de participar en tales cosas, Pablo nos desafía a hacer que nuestras mentes mediten en todo lo que sea de buen nombre.

No somos infalibles y solemos juzgar con habilidades imperfectas que se basan en una información parcial. Pero aun una buena obra puede realizarse sin una buena motivación y un resultado negativo puede haber comenzado con la mejor de las intenciones. Alguien puede presentarse en público como un santo, pero vivir como un demonio en privado. Pablo simplemente nos llama a ser sensibles a lo que es bueno y de buen nombre, a dar honor cuando corresponda y a meditar en esas cosas positivas en lugar de pensar en todo lo negativo y pecaminoso del mundo.

El término griego *metanoia* se refiere al cambio de mente que se produce en la salvación. Este cambio de mente también es una aparte del proceso progresivo de santificación al crecer en Cristo durante el resto de nuestra vida terrenal. Los pensamientos del pastor deberían reflejar este cambio al dejar atrás lo negativo y extenderse para abrazar lo que es de buen nombre en palabra, acción, aspiración y meditación. La persona que medita en lo que es de buen nombre crecerá cada vez más para convertirse en alguien que también sea de buen nombre. Ralph Waldo Emerson dijo: «Te conviertes en lo que piensas todo el día».[7]

---

[7] Ralph Waldo Emerson, *Goodreads.com*, página consultada el 17 de junio de 2016. http://www.goodreads.com/quotes/114540.

La mente: Las misiones y plantación de iglesias

Introducción[8]

Dios ha llamado a Su pueblo para que se una a Él en la misión. Algunas veces, la gente pregunta si existe una base bíblica para las misiones. ¡Claro que sí! Pero afirmarlo de esa manera minimiza la fuerza del sentir misionero de Dios. Prefiero afirmar que existe una base misionera en la Biblia. Pregúntate: «Si Dios no se hubiera revelado en Su Palabra, ¿qué podría saber sobre Él?». La respuesta es «muy poquito». Por supuesto, sabríamos que existe como Creador, porque Salmos 19:1-4 enseña que los cielos declaran Su gloria. Pablo continúa esta idea en Romanos 1:18-20 al añadir que podemos conocer de Él a través de lo que está claramente revelado en la creación. En la Biblia, estudiamos lo que Él ha revelado sobre sí mismo para que lo conozcamos más. A través de la Biblia aprendemos que Él desea hacernos suyos. Llegamos a la conclusión de que Dios nos dio la Biblia para que podamos conocerlo, entrar en una correcta relación con Él y darlo a conocer en el mundo. De esto se tratan las misiones: de conocerlo a Él y darlo a conocer. Por lo tanto, deberíamos llegar a la conclusión de que la Biblia tiene una base misionera.

Las misiones se ven claramente en toda la Palabra de Dios. Tanto en el Antiguo como en el Nuevo Testamento, a Dios le preocupa que las naciones lo conozcan y lo adoren. Con demasiada frecuencia, los creyentes, los comités de finanzas y los pastores preguntan: «¿Cuál es el lugar de las misiones en mi vida, en mi presupuesto, en mi iglesia?». Al comprender el sentir misionero de Dios, más bien deberíamos preguntarnos: «¿Cuál es el lugar de mi vida, mi presupuesto y mi iglesia en las misiones?». Dios ha llamado a Su pueblo para que se una a Él en la misión en Su mundo. ¿Cuál es tu rol en esto? ¿Cómo hará Dios para que participes? Estas son las preguntas que deberías plantearles a tus alumnos al presentarles el

---

[8] Partes de esta introducción aparecieron en Zane Pratt, M. David Sills y Jeff K. Walters, *Introduction to Global Missions* (Nashville, TN: B&H Academic, 2014), 1-4.

concepto de misiones y de plantación de iglesias como algo de lo cual ellos también son responsables.

En Romanos 10:13-15, Pablo afirma una maravillosa verdad y luego hace una serie de preguntas definitorias para llevar nuestra pregunta a una consideración más fina. Comienza diciendo: «Porque todo aquel que invocare el nombre del Señor, será salvo». Esta es una hermosa verdad que todos los cristianos celebran y de la cual dependen para su salvación personal y paz con Dios. No obstante, Pablo continúa y hace algunas preguntas perturbadoras cuando pensamos en las vastas áreas del mundo donde Cristo no ha sido predicado de una manera en que se pueda entender. Pregunta: «¿Cómo, pues, invocarán a aquel en el cual no han creído? ¿Y cómo creerán en aquel de quien no han oído? ¿Y cómo oirán sin haber quien les predique? ¿Y cómo predicarán si no fueren enviados?». Teniendo esto en cuenta, podemos llegar a la conclusión de que todos tenemos un rol: ya sea que vayamos o que enviemos.

Si todos fuéramos, no habría quién proveyera y enviara. Si todos nos quedáramos para enviar, nadie podría ir. Cuando el Espíritu Santo le dijo a la iglesia en Antioquía que apartaran a Bernabé y a Saulo para la obra que Él tenía para ellos, no les dijo al resto de la iglesia que fuera también, ni tampoco los juzgó por no ser tan espirituales o piadosos. Les dijo que apartaran y enviaran a los que Él llamaba. Todos estamos llamados a las misiones globales si somos receptores de Su gracia salvadora, pero no todos debemos ir. El estudio de las misiones y la plantación de iglesias no tiene que ver meramente con conocer la sustancia de lo que enseñan las disciplinas, sino de comprender el marco bíblico para que todos los creyentes las practiquen. Este es el punto que debemos resaltar ante los alumnos, en particular en aquellos lugares y contextos donde ellos se han encontrado en la parte receptora de las misiones y de la plantación de iglesias, pero que todavía no lo han aplicado a sí mismos. Debemos hacerles a ellos las mismas preguntas que nos hacemos a nosotros. ¿Cuál es el nivel de participación de tu iglesia, de tu familia o de tu vida? Bienvenido al peregrinaje para encontrar tu lugar en ese llamado: peregrinaje que todo cristiano debe emprender.

Interpretaciones fundacionales

El campo de la misionología es un campo en crecimiento y expansión, y por esto, se están acuñando muchos términos para necesidades cada vez más especializadas. Alguien ha dicho que las palabras tienen más uso que significado. Cuando uso el término *misiones globales* me refiero a dos ideas principales. Aunque el término global parece lo suficientemente claro, hablo de algo más que simplemente «mundial». La palabra *global* incluye la idea de mundial, pero también incluye la noción de ser completamente integral, cabal y abarcar toda la orbe. Las misiones van mucho más allá de la simple entrega de tratados evangelizadores a los perdidos de otros países. Exploremos el rol bíblico de los creyentes y las iglesias en el plan de Dios para el mundo, en su totalidad.

El término *misiones* se usa de diversas maneras hoy en día. Algunos de los términos que la gente usa hoy —misión, misiones, misionero y misionología— tienen una raíz común, «misio», que deriva del término en latín *mitto*, cuyo significado es enviar. La frase *missio Dei* se refiere a la misión de Dios y denota todo lo que Él hace en Su mundo. Todo lo que la Iglesia y los creyentes hacen fluye de la misión de Dios y de Su plan para Su mundo, y lo que Él hace incluye usarnos en Su misión.

Los misionólogos y los escritores algunas veces usan las palabras *misión* y *misiones* de manera sinónima. La palabra *misión* (en singular) se usa en un espectro más amplio y se refiere al propósito intencional y general de la Iglesia. Por tanto, las discusiones o los debates sobre *la misión de la Iglesia* tienen que ver con lo que Cristo le encomendó a Su Iglesia que hiciera en el mundo. La palabra *misiones* (en plural) se refiere a las muchas maneras en que las iglesias procuran llevar adelante su misión en la tierra en verdaderos esfuerzos misioneros por alcanzar a los pueblos del mundo por amor de Cristo. No obstante, como no existe una aceptación generalizada de una definición tan estrecha, continuaré usando ambos términos de la manera tradicional.[9]

---

[9] Por ejemplo, la agencia misionera más grande del mundo es la *International Mission Board of the SBC* y usa el singular. Más aún, la mayoría de las iglesias se refiere a sus esfuerzos a corto plazo como viajes de misión, no viajes de misiones.

Aunque se ha dicho que un misionero es simplemente aquel que no puede acostumbrarse al sonido de los pasos paganos en su camino hacia una eternidad sin Cristo, técnicamente, la palabra *misionero* significa «enviado». Normalmente describimos a un *misionero* como alguien que intencionalmente cruza las fronteras con el propósito de comunicar el evangelio para ganar almas para Cristo, discipular a nuevos creyentes, plantar iglesias, capacitar líderes bíblicamente sólidos y ministrar a todo el cuerpo de Cristo de maneras holísticas. Los límites que deben cruzarse pueden ser lingüísticos, cosmovisiones religiosas, fronteras geopolíticas, socioeconómicas, etc. La mayor parte del tiempo, lo que queremos decir es que este individuo debe ir de una cultura a otra.

El fundamento y el propósito de las misiones se encuentran en la Biblia misma. Dios nos dio la revelación de sí mismo en forma escrita, la Biblia, para que podamos conocerlo y darlo a conocer, y esa es la suma y la sustancia de las misiones. Muchos cristianos se maravillan ante el sacrificio de los misioneros a lo largo de la historia y los consideran héroes de la fe. Al mirar desde los alrededores conocidos de nuestra ciudad natal hacia los lejanos lugares donde no se conoce a Cristo, pensamos que las misiones y los misioneros están en algún otro mundo «allá a lo lejos». Sin embargo, si miramos por encima del hombro, salta la verdad evidente de que todos los cristianos somos el producto de esfuerzos misioneros. Alguien tuvo que traernos el evangelio para que lo conozcamos y creamos. Hoy en día, el trabajo de las misiones cae sobre los creyentes de esta generación y todos nosotros debemos participar en ellas.

El llamado misionero[10]

El llamado misionero es multifacético y único para cada individuo. Así como en una convención de pastores no encontraríamos a dos con exactamente el mismo llamado al ministerio, ni encontraríamos dos parejas con la misma historia de cómo se enamoraron, cada misionero articula

[10] Adaptado de John Mark Terry, ed., *Missiology: An Introduction to the Foundations, History, and Strategies of World Missions* (Nashville, TN: B&H Academic, 2015), 297.

la comprensión de su llamado en un sinnúmero de maneras. No obstante, ciertas características aparecen una y otra vez como denominadores comunes en los testimonios del llamado. Este llamado suele comenzar con una conciencia de la necesidad que hay en el mundo de testimonio cristiano y de los mandamientos de Cristo en Su Palabra. Muchas veces, Dios pone sobre aquellos a quienes llama una carga por los perdidos y por el mundo para que conozcan y glorifiquen a Cristo. Un corazón completamente comprometido con Dios comienza a moverse en obediencia a los llamados interiores que suelen ir acompañados de un fuerte deseo de prestarles atención. El Salmo 37:4 enseña: «Deléitate asimismo en Jehová, y él te concederá las peticiones de tu corazón». El deseo de servir en las misiones vino del Señor y Él nos da la meta de ese deseo al abrir las puertas al servicio misionero. Aunque el llamado a las misiones es diferente para cada misionero, a continuación tenemos lo que parecen ser los comunes denominadores:

> El llamado misionero incluye la conciencia de las necesidades de un mundo perdido, los mandamientos de Cristo, la preocupación por los perdidos, un compromiso radical con Dios, la confirmación, la bendición y el encargo de tu iglesia, un deseo apasionado, la dotación del Espíritu y un indescriptible anhelo que motiva por encima de toda comprensión.[11]

La presencia de esta persistente pasión por las misiones lleva a los creyentes a buscar genuinamente la voluntad de Dios para sus vidas. En un sentido, Su voluntad para cada creyente ya ha sido revelada: nuestra santificación (1 Tes. 4:3). Sin embargo, sabemos que Dios conoce cada latido de nuestro corazón y nos guía hacia los caminos que a Él le agrada que transitemos. Las Escrituras están repletas de ejemplos del pueblo de

---

[11] M. David Sills, *The Missionary Call: Find Your Place in God's Plan for the World* (Chicago, IL: Moody, 2008), 30. Este recurso es recomendado para aquellos que procuran comprender y discernir un llamado a las misiones.

Dios en busca de Su voluntad. He explicado con mucha mayor profundidad en otras partes algunos lineamientos bíblicos para buscar y conocer la guía de Dios.[12] Existen ocho componentes que debemos considerar al discernir Su liderazgo.

1. Conocer a Dios íntimamente
2. Conocer meticulosamente la Biblia
3. Pasar mucho tiempo en oración
4. Buscar el consejo de personas piadosas que nos rodean
5. Considerar las experiencias de la vida que Dios ha usado para formarnos
6. Considerar nuestras circunstancias
7. Considerar el momento oportuno para todo paso que demos
8. Identificar nuestros deseos (Sal. 37:4)

En el proceso de buscar la voluntad de Dios, algunos descubren Su propio llamado misionero. Este llamado no es lo mismo que Su guía para cumplirlo. Él guía a la gente a cumplir su llamado misionero de muchas maneras a lo largo de sus vidas. Pablo fue llamado como misionero en el encuentro salvador con el Señor en el camino a Damasco (Hech. 26:12-18). Sin embargo, recién muchos años después el Espíritu Santo lo guio de verdad al campo misionero con Bernabé. La visión del varón macedonio no fue su llamado, sino más bien la guía para saber dónde cumplirlo en ese momento. ¡Él ya era un misionero y se encontraba en un viaje misionero en ese momento!

Teniendo en cuenta que tú o uno de tus alumnos han discernido un llamado a las misiones, ¿cuál es el siguiente paso? ¿Cómo podemos comprender la obra de las misiones y el rol que debemos asumir como creyentes en el mundo de hoy? Para responder esta pregunta, consideraremos a grandes rasgos los cimientos de las misiones, cómo un estudio de las culturas ayuda en el trabajo de las misiones y luego, exploraremos la verdadera práctica de las misiones.

---

[12] Ibíd., cap. 2, «How Can I Know God's Will».

Cimientos para las misiones globales

¿Cuál es nuestra misión?

¿Cuál es el objetivo de los misioneros? ¿Deben alimentar al hambriento, sanar al enfermo, darle agua al sediento, cuidar de los huérfanos y reconstruir luego de los desastres naturales o deben evangelizar, plantar iglesias, predicar el evangelio, discipular y formar pastores? ¿Qué dice la Biblia que deben hacer los misioneros y dónde deben hacerlo? La Biblia nos dice que vayamos y proclamemos el evangelio del reino (Mat. 28:18-20; Marc. 16:15; Luc. 24:46-47; Juan 20:21; Hech. 1:8). Pero también nos manda que cuidemos al que sufre, al hambriento, al huérfano y a los oprimidos (Deut. 10:18; 15:9; Sal. 82:3-4; Prov. 29:7; Isa. 58:6-7; Mat. 25:35). A cada uno de estos versículos se les podría añadir muchos otros. El Señor nos ha ordenado hacer todas estas cosas, según la necesidad del momento. No debemos participar en ministerios de misericordia simplemente para captar la atención de la gente cuando proclamamos el evangelio, ni deberíamos descuidar las necesidades físicas y atender solo las espirituales. El Espíritu Santo es el único que puede guiarnos para encontrar y mantener el equilibrio; sin embargo, el evangelio siempre debe estar presente. Pero no olvides esto: si no compartes el evangelio como parte de las buenas obras, sea lo que fuere que hagas solo será una buena obra, no la misión que Cristo le ha dado a Su iglesia.

Existe un péndulo que oscila entre los ministerios que proclaman el evangelio y los ministerios sociales. Los primeros se preocupan principalmente de la evangelización y de la plantación de iglesias, mientras que los segundos se concentran en los ministerios de misericordia hacia «mis hermanos más pequeños». La Biblia enseña que el pueblo de Dios debe hacer ambas cosas. Por cierto, las almas de las personas durarán eternamente, mucho más tiempo que sus cuerpos terrenales, pero Dios nos ordena que cuidemos de las viudas y de los huérfanos, de los refugiados y que aboguemos a favor de los que perecen. Un proverbio haitiano dice: «Un estómago hambriento no tiene oídos». La verdad que enseña este proverbio es que una persona que muere de hambre no quedará terriblemente impresionada por un sermón proveniente de alguien bien alimentado que solo ofrece lo que parecen ser charlatanerías pías. Aunque la enseñanza bíblica y el ejemplo que nos dejó Jesús nos enseña que debemos atender a toda la persona y no solamente predicarle e irnos, a través de los siglos, las iglesias han tenido luchas para encontrar y mantener el equilibrio.

El problema de los extremos es que usamos la lógica humana para determinar la misión de la iglesia. La mayor necesidad del momento suele guiar los esfuerzos misioneros del día, pero el problema es hacerlos volver al centro del camino al día siguiente y mantenerse lejos de las zanjas que hay a cada lado. Cuando un equipo evangelizador se aventura en una región no alcanzada y la gente comienza a responder al evangelio, es muy difícil refrenar esos esfuerzos y cavar pozos de agua para la gente o proveerle comida al hambriento. Cuando se produce un tsunami, muchas manos responden a las necesidades causadas por la catastrófica destrucción. ¿Cuándo está bien relajarse en ese esfuerzo y volver a recuperar el equilibrio entre la proclama y el ministerio de misericordia? En la práctica, muchos que van de un extremo a otro con mucha frecuencia ven necesidades similares en cada lado y quedan atrapados en la tiranía de lo urgente, impulsados por las necesidades que perciben y no por los mandamientos holísticos bíblicos.

El Espíritu Santo es el único que puede encontrar el equilibrio para un ministerio. Solo Él sabe adónde envía a la gente, cómo la dota y cuáles son las verdaderas necesidades. Permanecer lo más cerca posible del Señor y quedarse allí es clave para encontrar el equilibrio respecto a la utilización del personal y de los fondos, como también de las clases de ministerio que serían mejores en cada lugar.

¿Adónde debemos ir como misioneros?

Jesús le dio a Su Iglesia la Gran Comisión de ir por todo el mundo y de hacer discípulos a cada grupo de personas. Algunas veces, pasamos por alto la idea de ir a grupos de personas cuando leemos la Gran Comisión en nuestras Biblias. Algunos idiomas traducen el griego original como «hacer discípulos a todas las *naciones*». En la década del 60, los misionólogos llegaron a la conclusión de que como había una iglesia en cada entidad geopolítica identificada en un mapa mundial o en una lista de países, seguramente la Gran Comisión ya se había completado. Sin embargo, en 1974, en una reunión de misioneros y evangelistas en Lausana, Suiza, Ralph Winter abordó el desafío restante y declaró que la Gran Comisión estaba lejos de haberse completado. Explicó que en la versión original en griego, Jesús nos ordenó hacer discípulos a *panta ta ethne*. La palabra *panta* significa «todas», la palabra *ta* es el artículo definido «las», y la palabra *ethne* significa «naciones, grupos de personas o etnias». El cambio en las filosofías y estrategias misioneras que trajo esta revelación produjo conmoción. Los misioneros dejaron de pensar en términos de *naciones* geopolíticas, y pensaron más bien en *grupos de personas*.

La investigación reveló que hay más de 11 000 grupos de personas en el mundo y a más de la mitad de ellos todavía no se los ha alcanzado o permanecen sin una fuerte presencia del evangelio. Los misioneros comenzaron a alcanzar a los japoneses, los chinos, los italianos, los ecuatorianos, los judíos y los somalíes en Manhattan en lugar de ir a los residentes de un bloque urbano en particular. Esta idea de grupos de personas hizo que los misioneros vieran los pueblos «ocultos» que habían quedado marginados debido a su condición etnolingüística, socioeconómica o política en las comunidades donde vivían.

Winter aprovechó el trabajo de Donald McGavran, quien trabajó en India, donde se vio desafiado a ministrar a personas de múltiples segmentos de su sistema jerárquico de castas. Otro que influenció a Winter fue Cameron Townsend, fundador de *Wycliffe Bible Translators* [Traductores Wycliffe de la Biblia], que había trabajado entre los pueblos indígenas en América Central. McGavran se enfrentó a personas que se encontraban separadas de manera vertical dentro del sistema de castas y Townsend se enfrentó a la separación horizontal de personas debido a sus diferentes lenguajes. Ambos se dieron cuenta de que la gente puede vivir muy cerca de una iglesia fuerte y aun así no haber sido alcanzada por el evangelio. Lo que podemos deducir de esta dinámica es que aunque una ciudad, una región o un país puedan tener algunas iglesias evangélicas fuertes, no necesariamente están listas para pasar a otro lugar, porque pueden existir grandes franjas de la ciudad a las que todavía no ha llegado el evangelio debido a límites culturales.

Si damos una mirada hacia atrás, las páginas de la historia revelan las consecuencias de tal manera de pensar. Algunas veces, en muchos países con un alto porcentaje de cristianos, los misioneros consideran que están «completos» y suelen pasar de largo. En el caso de Haití, el alto número de convertidos, bautismos y nuevas iglesias parecía decir a gritos que la obra de los misioneros podía llevarse a otra parte. Luego del terremoto de 2010, las agencias misioneras regresaron a ministrar a los perjudicados y a reconstruir. En el proceso, descubrieron que aunque muchos decían ser evangélicos, casi todos seguían practicando el vudú. En Ruanda, entre el 90 y el 95% de la población fue bautizada como cristiana cuando sucedió el genocidio en 1994, y en menos de 100 días casi un millón de personas murieron a machetazos en manos de sus hermanos cristianos bautizados. Los bautistas han trabajado en Nigeria desde 1849 y este continúa siendo el continuo campo misionero más grande para los bautistas del sur. Allí comenzó el seminario Ogbomosho en 1898 y es uno de los más antiguos, más fuertes y mejor fundados; sin embargo, todavía queda mucho por hacer en Nigeria. El trabajo misionero de larga data y la presencia de un seminario con más de un siglo de existencia no significan que la misión haya concluido. La herejía del evangelio de salud y prosperidad está muy afianzada, y el sincretismo se acepta ampliamente en muchas iglesias.

Los misioneros deben tener discernimiento en cuanto a quiénes son considerados cristianos. Por cierto, todos los pueblos del mundo son religiosos en alguna medida, y los que tienen cruces en lo alto de sus edificios parecen ser cristianos a primera vista. Pero debemos recordar que todas las culturas adoran algo (Sal. 19:1-4; Rom. 1:18-20; Rom. 2:14-15, Ecl. 3:11). Las diversas religiones del mundo son sistemas creados por el hombre que están diseñados para religar la relación con Dios rota por el pecado. El problema es que la verdadera adoración a Dios solo se revela en Su Palabra. Todas las demás religiones rinden culto incorrectamente. Donde no existe la verdadera adoración, existe la falsa; donde no existe la verdadera enseñanza, existe la falsa y donde no existe una verdadera visión de Dios y de Su Palabra, existen falsas visiones. Cuando lo falso reemplaza a la verdad, se afectan por completo los dos mundos: este y el venidero.

Solo podemos saber cómo adorar a Dios y lo que Él espera de nosotros cuando estudiamos Su Palabra. Por lo tanto los creyentes, en especial los pastores y los líderes, deben conocer la Palabra de Dios. «Toda la Escritura es inspirada por Dios, y útil para enseñar, para redargüir, para corregir, para instruir en justicia, a fin de que el hombre de Dios sea perfecto, enteramente preparado para toda buena obra» (2 Tim. 3:16-17). Es por esto que este libro y la tarea que haces al enseñarlo a otros líderes es tan importante. Para que los creyentes estén equipados, deben estar instruidos en lo que la Biblia dice y en cómo esto impacta áreas claves de la vida y del ministerio.

El mundo es vasto, existen miles de grupos de personas; los gobiernos cada vez más tratan de limitar el acceso de los misioneros evangélicos a sus países y en muchos lugares hay muchas necesidades de diversas clases. ¿Adónde tenemos que trabajar? ¿Adónde debería ir un misionero? Hechos 17:26 dice: «Y de una sangre ha hecho todo el linaje de los hombres, para que habiten sobre toda la faz de la tierra; y les ha prefijado el orden de los tiempos, y los límites de su habitación». Al menos una parte de la verdad en este versículo enseña que el Señor determina los lugares donde la gente debe vivir en el mundo. Además, el llamado de Abram para que saliera de Ur, la orden dada a Moisés para que regresara a Egipto, el llamado de Jonás para ir a Nínive y el llamado de Pablo para ir a Macedonia nos revelan que Dios sabe cómo llamar a Su pueblo y cómo guiarlos a lugares donde Él quiere que lo sirvan. La voz que determine nuestra dirección y nuestro destino debe ser la de Él, y para oírla, debemos estar lo más cerca de Jesús que podamos, y debemos permanecer allí.

El módulo que abarca la Historia de la Iglesia nos presentó el proceso de cómo el cristianismo pasó de ser una pequeña secta en Jerusalén hasta convertirse en la religión mundial que es hoy. Un gráfico secuencial podría mostrarnos cómo el cristianismo se expandió desde los pies de Cristo hasta cada lector de este libro a través de la obra de las misiones. Al instruir a tus alumnos en cuanto a los cimientos de las misiones, tómate el tiempo para explicar cómo llegó el cristianismo a las personas de sus países, y resalta los misioneros, las estrategias, las filosofías y los lugares que los ayudarán a apreciar la rica herencia que tienen.

Términos culturales[13]

Cultura

Al surgir el pensamiento de los grupos de personas en las misiones, ha crecido la necesidad de tener términos más precisos. Por ejemplo, la palabra *cultura* se refiere a un grupo etnolingüístico de personas y a las reglas de juego de la vida para esa gente. Aunque se han ofrecido muchas definiciones para la palabra *cultura*, todas comparten denominadores comunes.

> Todo el modo de vida de un pueblo, compuesto por sus patrones de conducta aprendidos y compartidos, sus valores, normas y objetos materiales.[14]
>
> El sistema parcialmente integrado de ideas, sentimientos y valores codificados en patrones de conducta aprendidos, señales, productos, rituales, creencias y cosmovisiones que comparte una comunidad.[15]
>
> El rótulo del antropólogo para la suma de características distintivas del modo de vida de un pueblo.[16]

---

[13] Adaptado del Zane Pratt, M. David Sills y Jeff K. Walters, «Panta ta Ethne: "All the Nations"», en *Introduction to Global Missions* (Nashville, TN: B&H Academic, 2014), 19-36.

[14] Everett M. Rogers y Thomas M. Steinfatt, *Intercultural Communication* (Prospect Heights, IL: Waveland Press, 1999), 266.

[15] Paul G. Hiebert, *The Gospel in Human Contexts: Anthropological Explorations for Contemporary Missions* (Grand Rapids, MI: Baker Academic, 2009), 18.

[16] Sherwood G. Lingenfelter y Marvin K. Mayers, *Ministering Cross-Culturally: An Incarnational Model for Personal Relationships* (Grand Rapids, MI: Baker Academic, 2003), 17.

> Son los diseños conceptuales y las definiciones mediante las cuales los pueblos ordenan sus vidas, interpretan sus experiencias y evalúan el comportamiento de otros.[17]

Las muchas definiciones de cultura podrían continuar, pero cabe destacar las variaciones repetidas sobre el mismo tema. Los debates, la literatura, la investigación y el ministerio relacionado con las culturas han aumentado en volumen y complejidad durante las últimas décadas. En los comienzos de las misiones, los misionólogos usaban el término *transcultural* para cualquier interacción cultural o participación entre culturas. Los libros sobre comunicación transcultural, plantación de iglesias y ministerio eran extremadamente útiles para los misioneros que necesitaban la experiencia y la sabiduría de hombres y mujeres preparados. El problema fue que este término servía para todo lo cultural. A medida que la disciplina de la misionología se desarrolló, se necesitaron términos más precisos. Por ejemplo, los misionólogos algunas veces se refieren a las dinámicas culturales que resultan ciertas en un grado o en otro *en* muchas culturas *y en otros momentos* a interacciones específicas *entre* culturas.

El término *transcultural* surgió para referirse a las realidades presentes en muchas culturas al mismo tiempo. Se usó para referirse a dinámicas que son más o menos ciertas al cruzar líneas culturales, como por ejemplo, que las madres aman a sus hijos en todas las culturas, que las personas en todas las culturas tienen comidas favoritas y que los derechos de las mujeres existen en alguna medida en todas las culturas. Por lo tanto, se podría conducir un estudio transcultural en cualquiera de estos componentes de la realidad, para analizarlos entre los distintos grupos de personas.

Otro término para referirse más precisamente a la interacción de diversas culturas es *intercultural*. Un equipo médico de Norteamérica que ministra y trata enfermedades en el África subsahariana es una ilustración de un ministerio médico intercultural. Por último, cuando nos referimos a dinámicas complejas en un contexto donde numerosas culturas están

---

[17] Ibíd., 18.

presentes al mismo tiempo, como un salón de clases, una mega ciudad o una iglesia, el término preferido es *multicultural*. El maestro exitoso, el que ha plantado una iglesia urbana o el pastor deben entender las dinámicas multiculturales para incorporar la comprensión necesaria de las culturas presentes, para ministrar de maneras culturalmente adecuadas.

La expresión *relativismo cultural* también causa cierta confusión entre los lectores de las misiones modernas. Existen dos significados diferentes del término en el uso contemporáneo. Uno sostiene que el relativismo cultural «es el grado en el cual un individuo juzga a otra cultura por su contexto (en oposición al etnocentrismo, que juzga a los demás por las normas de su cultura propia)».[18] Esta visión del término sostiene que ninguna cultura debería poder juzgar a la otra imponiendo sus propias normas a los demás. Por ejemplo, supongamos que la cultura A siempre mata al segundo bebé cuando nacen mellizos, porque creen que los mellizos son un mal presagio. La cultura B siempre mata al tercer bebé que nace en una familia, porque saben que si los atacan, la familia puede escapar mientras el padre y la madre corren con un niño cada uno, pero el tercero puede demorarlos y poner en peligro a todo el grupo. La cultura C mata a las niñas bebés ya que su gobierno ha impuesto la política de un solo hijo en una cultura donde un hijo varón es esencial para los rituales religiosos. La cultura D mata a cualquier bebé que desee, siempre y cuando todavía no haya nacido. Los que proponen la primera clase de relativismo cultural sostendrían que cada una de estas culturas ha encontrado lo que funciona para ellos y que se les debería permitir crear sus propias reglas, tradiciones, normas y leyes. Sostendrían que imponerle a una cultura lo que otra considera pecado es imperialismo teológico, ético o cultural. Por supuesto, los cristianos no deberían adherir a una visión tan extrema del relativismo cultural. No obstante, existe otro uso del término, al que nos referiremos a continuación.

Una segunda interpretación del *relativismo cultural* se refiere al respeto mutuo que fluye de la comprensión de que a menos que la Palabra de Dios hable sobre un tema, puede no ser incorrecto, sino diferente. Los asuntos extrabíblicos son cuestiones de preferencia. Por ejemplo, la gente en la

---

[18] Rogers y Steinfatt, *Intercultural Communication*, 266.

cultura A vive en chozas de barro, la gente en la cultura B vive en casas de troncos, la gente en la cultura C vive en chozas con paredes de pasto y techos de paja, y la gente en la cultura D vive en casas de ladrillos. ¿Cuál es la cultura más piadosa? No lo sabemos; no tenemos la información suficiente. Dios no dijo en qué clase de casas prefiere que viva Su pueblo. Una cultura usa camisas rojas, otra, azules y la otra, blancas. Son cuestiones extrabíblicas. Una cultura usa zapatos de cuero, la otra usa zapatillas para correr y la otra no usa ningún calzado. La Biblia no habla de estos asuntos, por lo tanto, debemos permitir las diferentes opiniones y mostrar respeto mutuo; esto es el relativismo cultural en un sentido positivo. En el análisis final, el misionero debería estudiar para conocer la cultura y por qué las personas allí viven, creen, actúan, reaccionan e interactúan como lo hacen. Luego, debería estudiar la Biblia para ver lo que Dios ha dicho sobre los diversos aspectos investigados y comprendidos. Aunque algún aspecto de la cultura receptora pueda parecerle muy extraño al misionero de afuera, no necesariamente está mal o es una tontería; simplemente puede ser diferente.

Otro término relacionado con la familia de la cultura en el creciente vocabulario de las misiones es *grupo etnolingüístico*. Este término se refiere a un grupo de personas con su propio lenguaje o dialecto. Patrick Johnstone define el grupo etnolingüístico de la siguiente manera:

> Un agrupamiento sociológico significativamente grande de individuos que se perciben entre sí con afinidades comunes debido a que comparten un lenguaje, una religión, una etnia, una residencia, una ocupación, una clase o casta, una situación, etc., o la combinación de todos esto factores. Desde el punto de vista de la evangelización, este es el grupo más grande posible dentro del cual el evangelio puede expandirse como un movimiento viable de plantación de iglesias indígenas, sin encontrarse con las barreras de la comprensión o la aceptación.[19]

---

[19] Patrick Johnstone, «People Groups: How Many Unreached?», en *International Journal of Frontier Missions*, 7:2 (1990): 36-7.

La primera parte de la palabra, *etno*, proviene de *ethne* en el griego del Nuevo Testamento, y se traduce *naciones* en nuestra Biblia. De esta palabra también proviene nuestro vocablo étnico. Como prefijo, *etno* se encuentra en un creciente número de términos en misionología, por ejemplo, *etnomusicología* para el estudio de la música dentro del contexto de una cultura; *etnodoxología* es el estudio de la alabanza dentro del contexto de una cultura específica; *etnocognición* se refiere a las diferentes maneras en que las distintas culturas procesan la información y el pensamiento; la *etnohermenéutica* estudia las maneras en que un grupo de personas interpreta los textos en sus propias maneras culturales específicas; *etnocentrismo* es ver y juzgar a las otras culturas por uno mismo, con la creencia de que la cultura propia es el centro del universo étnico; y *etnografía* es la ciencia que investiga las otras culturas y las describe por escrito.

Cada cultura o grupo étnico tiene una *cosmovisión* única, lo que se refiere a la manera en que ven toda la realidad, la comprenden y desarrollan reglas culturalmente específicas para vivir en armonía dentro de ella. Paul Hiebert describe la cosmovisión como:

> La lógica usada para adquirir una comprensión coherente de la realidad y las presuposiciones fundamentales cognitivas, afectivas y evaluativas que hacemos respecto a la naturaleza definitiva de las cosas. Una cosmovisión es la visión más amplia de la realidad que compartimos con otras personas en una cultura común. *Es aquello con lo que pensamos, no aquello en lo que pensamos. Es la imagen mental de la realidad que usamos para que el mundo que nos rodea tenga sentido.*[20] (Énfasis añadido).

Cabe destacar que la cosmovisión no es meramente lo que pensamos sobre el mundo, sino más bien la lente a través de la cual lo vemos. Una cosmovisión se parece mucho a los ojos: no los ves a ellos, sino que ves

---

[20] Hiebert, *The Gospel in Human Contexts*, 158.

a través de ellos. Y supones con naturalidad que todos ven lo que tú ves. Tom Steffan describe la cosmovisión como: «Las conjeturas y presuposiciones lingüístico-culturales fundadas y mantenidas por los mitos y las historias que distinguen a un grupo de personas o a una subcultura de otra».[21] La cosmovisión de una cultura responde las grandes preguntas de la vida tales como: ¿De dónde venimos? ¿Adónde vamos cuando morimos? ¿De dónde viene la enfermedad? Una persona responde tales preguntas con un conjunto de suposiciones que ha recibido de quienes la rodean y que, a su tiempo, se las trasmite más o menos intactas a los que vienen después de ella. De este modo, la cosmovisión comparte una relación simbiótica con la cultura. Cada una informa y emerge de la otra de un modo cíclico interminable.

Estratégico

La siguiente familia de palabras en la literatura y en la práctica de misiones se relaciona con la estrategia. De la mala interpretación de estos términos ha surgido mucha confusión. Para ilustrar, considera la expresión *no alcanzado*. ¿De dónde salió esta expresión y cómo podemos medir a un grupo de personas para saber si son no alcanzados? ¿Significa que nadie nunca ha predicado a Cristo entre ellos? Si la comprensión popular de la frase resulta ser esta, o algo similar, ¿se los consideraría alcanzados si un equipo misionero predicara entre ellos durante un viaje de dos semanas?

Como es cierto que las ideas tienen consecuencias y que lo que piensas dirigirá lo que haces, comencemos con lo más general y luego concentrémonos en lo particular. ¿Cuál es la misión que Cristo le ha dado a la iglesia? ¿Debemos predicar a Cristo donde nunca se lo ha nombrado y evangelizar a los perdidos que nunca han oído? ¿O acaso debemos levantar la cosecha y concentrar a los obreros en los campos que responden? Cuando permitimos que otros hagan de la misión cristiana una dicotomía tal, hacemos un listado numerado de nuestras tareas; por ejemplo, 1) Busca y evangeliza a todos los pueblos no alcanzados; 2) Levanta la co-

---

[21] Tom A. Steffen, *Reconnecting God's Story to Ministry: Cross-Cultural Storytelling at Home and Abroad,* ed. rev. (Downers Grove, IL: InterVarsity Press, 2005), 223.

secha, discipula y enseña a los alcanzados. Una vez que la lista comienza, existe una base para priorizar cuando el dinero y el tiempo escasean. Los administradores de las misiones pueden decir que están cortos de fondos, entonces nos concentramos en la primera prioridad y posteriormente atendemos la segunda, cuando los recursos humanos y financieros sean más abundantes. El principal problema con este enfoque es que la Gran Comisión añade, no selecciona. Jesús nos dijo que fuéramos a todo el mundo, hiciéramos discípulos, los bautizáramos y les enseñáramos todo lo que Él mandó. Debemos alcanzarlos *y* enseñarles, no una cosa o la otra. Alcanzar y enseñar son las dos caras de la moneda de la Gran Comisión. Cuando hacemos una u otra (y excluimos a una de ellas), solo estamos haciendo la mitad de la Gran Comisión. El extracto misionológico que caracteriza a algunas misiones suele usar términos que algunos lectores malinterpretan. Una rápida reseña de términos relacionados ayudará a resolver algunas de las confusiones de tus alumnos.

Hoy en día, muchos usan la expresión *grupo no alcanzado* cuando desafían a la iglesia de lugares desarrollados para que vayan a los no alcanzados. Patrick Johnstone define este término como: «Gente o grupo de personas entre las cuales no existe una comunidad indígena de cristianos con números y recursos adecuados para evangelizar al resto de sus miembros sin asistencia externa (transcultural)». Johnstone avanza y afirma: «Sin embargo, podemos ser demasiado simplistas. Un grupo de personas no alcanzadas no se convierte de repente en alcanzado porque se haya logrado alguna estadística mágica. Más bien, nos encontramos frente a una gama de grises en lugar de estar frente al blanco o negro».[22] La Junta Internacional de Misiones define a un grupo de no alcanzados como «un grupo de población homogénea identificado con un lenguaje, una herencia y una religión comunes, donde no existe un movimiento eclesiástico que tenga la fuerza, los recursos y el compromiso necesarios para sostener y asegurar la continua multiplicación de las iglesias»[23] y

[22] Johnstone, «People Groups: How Many Unreacheed?», 37.

[23] International Mission Board, *IMB.org*, página consultada el 23 de enero de 2013, http://going.imb.org/details.asp?StoryID=7489&LanguageID=1709.

«un grupo de personas no alcanzadas es un grupo en el cual menos del 2% de la población es cristiana evangélica».[24] Algunos misionólogos procuraron promover la filosofía de mercado que sostiene que si el 20% de una población adopta una nueva idea, pueden influenciar al resto de la población sin ayuda de afuera, y por lo tanto, son «alcanzados». Otros pensaron que el 20% era demasiado alto, porque creían que un porcentaje menor de evangélicos podía terminar la tarea y liberar a los misioneros para que fueran a otro lugar. Además, sería difícil defender que se dejara a un grupo antes de que estuviera «alcanzado» y podría llevar décadas antes de alcanzar el 20%. Por lo tanto, se decidió que el porcentaje menor del 2% de evangélicos en un grupo de personas era el criterio para considerarlo «alcanzado». Por favor, considérese que quienes adoptaron el porcentaje arbitrario nunca tuvieron la intención de que determinara la disposición de misioneros o recursos; más bien, fue simplemente para identificar a los grupos que estaban más o menos alcanzados. Lamentablemente, la cifra arbitraria del 2% se emplea exactamente de esta manera en el despliegue y reubicación de los misioneros, y se ha afianzado en el conocimiento popular de la misionología como un hecho tan aceptado como las leyes de la física. Algunas veces, justo cuando los misioneros han aprendido la cultura, el lenguaje, han sobrevivido al choque cultural, han desarrollado relaciones con los nativos y se han vuelto efectivos en la evangelización, la predicación, la enseñanza y el discipulado, son reubicados y llevados a otro grupo de personas porque aquel donde estaban se acerca a la marca del 2%.[25]

Como se ha visto en muchos de nuestros términos de misiones, se necesitaban términos más precisos en el crecimiento y desarrollo de la misionología. Así como era necesario tener una métrica mayoritariamente aceptada para determinar a los no alcanzados, también ha sido necesario redefinir ese término. Además de los *grupos de personas no alcanzadas*,

[24] International Mission Board, *IMB.org*, página consultada el 23 de enero de 2013, http://public.imb.org/globalresearch/Pages/FAQs.aspx#sixteen.

[25] Partes de este segmento han sido extraídas de M. David Sills, «Mission and Discipleship», en *Theology and Practice of Mission: God, the Church, and the Nations*, Bruce Riley Ashford, ed. (Nashville, TN: B&H Academic, 2011).

ahora nos referimos a los grupos de personas no alcanzadas *no comprometidos y no contactados*.

En tanto que por grupos de personas no alcanzadas suele entenderse aquellos grupos con poblaciones de menos del 2% de evangélicos, los grupos de personas no alcanzadas *no comprometidos* son aquellos con una población que es menor al 2% de evangélicos *y* donde no se ha plantado una iglesia entre ellos durante los últimos dos años. Es posible que haya existido un esfuerzo por plantar una iglesia, o que pueda haber algunos cristianos entre ellos, pero son menos del 2% de evangélicos y en su medio no existen esfuerzos activos de plantación de iglesias. La oficina de investigación global de la Junta Internacional de Misiones afirma:

> Un grupo de personas es no alcanzado cuando el número de cristianos evangélicos es menor al 2% de su población. Además se lo llama *no comprometido* cuando no existe una metodología de plantación de iglesias consistente con la fe y la práctica evangélicas en curso. Un grupo de personas es no comprometido cuando ha sido meramente adoptado, cuando es objeto de oración precisa o forma parte de una estrategia de apoyo.[26]

El Proyecto Josué va más allá en la definición del término con las siguientes condiciones: «El compromiso efectivo consta de, al menos, cuatro elementos esenciales:

a) Esfuerzo apostólico en el lugar
b) Compromiso para trabajar en el lenguaje y en la cultura locales
c) Compromiso con un ministerio a largo plazo
d) Siembra consistente con el objetivo de ver la plantación de una iglesia; entonces surge un movimiento.[27]

---

[26] International Mission Board, «What Is a People Group», *IMB.org*, página consultada el 23 de enero de 2013. http://public.imb.org/globalresearch/Pages/default.aspx.

[27] Joshua Project, *JoshuaProject.net*, página consultada el 23 de enero de 2013, http://www.joshuaproject.net/definitions.php

A las expresiones anteriores se añade una más que se refiere a los *grupos de personas no alcanzados, no comprometidos y no contactados*. Los pueblos no contactados son aquellos grupos de personas escondidos, hostiles o aislados con los cuales nunca se ha tomado contacto para el avance del evangelio. En algunos casos, como algunos son grupos nómadas de la selva, los investigadores ni siquiera están seguros de *dónde* están; solo saben que *están*. Los misionólogos y los misioneros de campo siempre están buscando maneras de hacerles llegar el mensaje de salvación del evangelio a los pueblos no alcanzados del mundo, teniendo en cuenta las palabras de Carl F. H. Henry, que dijo que el evangelio solo es buenas nuevas para ellos si llega a su lugar a tiempo.

La última frontera es otra expresión que suele oírse en la estrategia de las misiones. La Junta Internacional de Misiones la define como «un grupo no alcanzado en el cual la mayoría de sus miembros tienen poco o nada de acceso al evangelio de Jesucristo. Esto representa aproximadamente a 1650 millones de personas en el mundo».[28] ¿Dónde vive esta gente? Vive prácticamente en todos los países del mundo, pero se encuentran en concentraciones mayores en la ventana 10/40.

La *ventana 10/40* es una caja imaginaria que encierra un área del planeta desde los 10 grados al norte del ecuador hasta los 40 grados al norte del ecuador, y desde el noroeste de África al Este de Asia. Este rectángulo no solo contiene a la mayoría de los perdidos no alcanzados del mundo, sino que también aquí se albergan tres bloques religiosos principales: el hinduismo, el islam y el budismo, como también las áreas de mayor pobreza.[29]

Durante la Guerra Fría, se hablaba de Estados Unidos y de sus aliados democráticos e industriales como el *primer mundo*, el bloque de los países comunistas era el *segundo mundo* y todo el resto era el *tercer mundo*. En décadas recientes, algunos han usado el *cuarto mundo* para referirse a los pueblos indígenas que suelen vivir marginalizados dentro de las

---

[28] International Mission Board, *IMB.org*, página consultada el 23 de enero de 2013. http://going.imb.org/details.asp?StoryID=7489&LanguageID=1709.

[29] Joshua Project, «10/40 Window», *JoshuaProject.net*, página consultada el 23 de enero de 2013, http://www.joshuaproject.net/10-40-window.php.

culturas dominantes de los otros. El término que muchos usaban para referirse a las naciones en desarrollo era *tercer mundo*, luego la expresión *dos tercios del mundo* se popularizó cuando se hizo evidente que había muchas más naciones que las desarrolladas de occidente. El término *dos tercios del mundo* eventualmente se convirtió en *mundo mayoritario* por razones similares.

Algunos se han referido al fenómeno al que se alude como *mundo mayoritario* del siguiente modo:

> Esa parte de la población mundial que vive afuera de Europa y de Norte América. Términos como no occidental, tercer mundo, dos tercios del mundo, naciones en desarrollo y naciones subdesarrolladas se han usado para designar estas áreas y estos pueblos. No hay un solo término que haya sido aceptado por todos y todos estos términos tienen una connotación política, económica o social negativa. Al usar la frase *mundo mayoritario*, simplemente reconocemos que la gente que vive fuera de Europa y de Norteamérica constituye el bloque demográfico más grande del mundo.[30]

La Iglesia que existe en esta vasta área del sur global se llama la *Iglesia del sur*. Más recientemente, la frase *sur global* se refiere a las regiones del mundo que comprenden a América Latina, África y Asia. Estos términos aluden a la obra de Dios en África, Asia y en las naciones al sur de Río Grande en América. La Iglesia crece a una velocidad vertiginosa en estos países. Hay más cristianos aquí que en Estados Unidos de América y se envían más misioneros desde aquí que desde Estados Unidos y Europa occidental. Sin embargo, los desafíos teológicos y las necesidades misionológicas son diferentes, por lo tanto, la diferenciación para identificar a cada uno es importante y valiosa.

---

[30] Michael Pocock, Gailyn Van Rheenen y Douglas McConnell, *The Changing Face of World Missions: Engaging Contemporary Issues and Trends* (Grand Rapids: Baker Academic, 2005), 16.

Antropología aplicada en misiones[31]

«Los buenos misioneros siempre han sido buenos antropólogos». Así comienza el misionero lingüista Eugene Nida su clásico trabajo *Customs and Cultures* [Costumbres y Culturas].[32] Por cierto, todos los misioneros aprenden antropología en la universidad o en su trabajo. Relacionarse correctamente con otras culturas es el elemento básico de la tarea misionera y aquellos que tienen éxito en el campo son aquellos que lo hacen bien.

Lo que hace que el estudio de la antropología cultural sea tan esencial para las misiones cristianas es que hay miles de culturas en el mundo y cada una es diferente de la tuya en cierto grado. Cada grupo de personas tiene sus propias reglas para vivir, incluyendo reglas sobre aspectos tales como la manera «correcta» de comer, de trabajar, de comunicarse, de mostrar respeto, de adorar, de casarse y de gobernar la sociedad. También tienen sus propios valores que definen lo que juzgan como una comida deliciosa, una música melodiosa, un arte bello y la manera en que miden la pobreza o la riqueza. La razón por la cual su cultura te parece tan extraña cuando recién llegas es simplemente porque no es la tuya. Como no creciste allí, no encajas de manera automática.

Enculturación es lo que sucede cuando creces en un lugar en particular y aprendes a vivir de manera apropiada en esa sociedad. Con toda naturalidad aprendes el lenguaje, aprecias la música, disfrutas de la comida y del ritmo de vida, juegas a los deportes populares, usas y te sientes relacionado con el sentido del humor común a todos y consideras de manera instintiva todo otro aspecto de la vida diaria que sea natural en ese lugar. Otras personas que no crecieron en tu cultura no conocen tus patrones particulares así como tú no conoces los de ellos. El misionero deberá adaptarse en el mismo grado en el que cada cultura es diferente a la suya para ser efectivo en el ministerio intercultural.

---

[31] Adaptado del Zane Pratt, M. David Sills y Jeff K. Walters, «Applied Anthropology in Missions», *Introduction to Global Missions* (Nashville, TN: B&H Academic, 2014).

[32] Eugene A. Nida, *Customs and Cultures: Anthropology for Christian Missions* (Pasadena, CA: William Carey Library Publcations, 1975), xi.

En su sentido más amplio, *antropología* simplemente significa «el estudio del hombre». No obstante, existen muchas divisiones de la antropología que se dedican a investigar y comprender lenguajes, distinciones biológicas, sociedades antiguas, sistemas musicales e incluso la gastronomía de diversos grupos.

La comprensión de la cultura

La cultura ha existido desde el jardín de Edén; cada vez que dos o tres personas interactúan, existe una cultura que las guía. Hemos visto que a medida que se desarrolló la disciplina de la antropología cultural, muchos han procurado dar una definición y el resultado ha sido incontables definiciones diferentes. Afortunadamente, todas son variaciones sobre el mismo tema de las creencias, los valores y los patrones de conductas que comparten un grupo de personas. Por lo tanto, la cultura es el patrón o diseño de vida que aprende y comparte un grupo de personas. No es innato, sino que se aprende a medida que se crece en un grupo de personas y luego se transmite a la siguiente generación, para darles una base para una conducta, un pensamiento y una interacción apropiados. Las culturas siempre están en desarrollo con innovaciones en tecnología, con los últimos inventos y descubrimientos, los agregados anuales al vocabulario oral y de los diccionarios, y a su tiempo, la cultura de la siguiente generación recibirá, adaptará y finalmente transmitirá otro sistema cultural.

La evaluación de los sistemas culturales

Los antropólogos culturales han ideado términos para referirse a los muchos aspectos de su disciplina. El trabajo del misionero se enfrenta a los mismos desafíos que los de los pastores en sus países natales, pero se complica por los malos entendidos culturales, porque un recién llegado no ve la vida de la misma manera que la cultura receptora. El modo de pensar sobre la cultura propia se llama *perspectiva émica*. Se sabe intuitivamente por qué la gente actúa, cree y habla como lo hace en su cultura natal. Se sabe que hay que comer ciertos alimentos en el desayuno y otros más adelante en el día, se conoce el volumen de voz adecuado y la distancia apropiada que debe guardarse entre una persona y otra cuando se habla en un lugar público. El punto de vista del que llega a una cultura desde otra es la *perspectiva ética*. Las razones y las rutinas de la vida en la nueva cultura que son tan naturales para el de adentro son un misterio para él.

El desafío del misionero es no juzgar a la cultura como inferior antes de comprenderla. Esta crítica injusta de otras culturas, en las que se las considera menos sabias o menos buenas que la propia se llama *etnocentrismo*; tendemos a pensar que nuestra cultura es el centro del universo y que todos los demás deberían ver la vida como nosotros. Todos tenemos esta tendencia porque nuestra propia cultura es todo lo que conocemos, y entonces, parece «la manera correcta de hacerlo». Nunca podemos borrar del todo el etnocentrismo, pero tomar conciencia de ello nos ayuda a posponer el juicio crítico y a aprender a valorar muchos aspectos de las otras culturas.

Usamos el término «personalidad» para describir a las diferentes clases de personas. Podemos describirlos como extrovertidos y graciosos, o introvertidos e introspectivos. Algunas veces, decimos que tenemos un «choque de personalidades» con cierto individuo debido a su naturaleza. Así como usamos términos conocidos para describir la personalidad de otro, creo que podremos comprender mejor a los otros grupos de personas, y con mayor rapidez, si nos referimos a su tipo de *culturalidad*.

Los misioneros y los antropólogos culturales han investigado y categorizado las culturas del mundo de diversas maneras. Sarah Lanier ha dividido la población mundial en los de culturas de clima cálido y los de culturas de clima frío, según la influencia del clima de su región natal. La gente de los climas más cálidos del mundo tiende a tener una mentalidad grupal, de relaciones e inclusión, son indirectos en la comunicación y piensan más en el suceso que tienen por delante que en lo que el reloj dice. Los que viven en los climas más fríos tienden al individualismo, a la comunicación directa y le adjudican un alto valor a la privacidad. Lanier es precisamente una de las que ha ayudado a los misioneros con un sistema para comprender las culturas del mundo.[33]

---

[33] Sarah A. Lanier, *Foreign to Familiar: A Guide to Understanding Hot- and Cold-Climate Cultures* (Hagerstown, MD: MacDougal Publishing, 2000).

Sherwood Lingenfelter ayuda a los misioneros no solo a comprender la cultura a la cual irán a servir, sino la suya propia. Incluye un instrumento que el misionero puede completar y al que puede asignar puntuación para comprender sus propias preferencias de vida: se guía por el reloj y no por la actividad, piensa en la vida en términos dicotómicos[34] u holísticos, anticipa las crisis para evitarlas o simplemente vive como si estas no existieran. Escribe que las culturas tienden a respetar el estatus o a valorar más los logros personales. Como otros, Lingenfelter reconoce que algunas culturas se preocupan más por guardar las apariencias y evitar la vergüenza a toda costa, mientras que otras son despreocupadas y disfrutan la vida como se presenta.

Existen muchas maneras de estudiar y comprender las culturas del mundo además de estos sistemas. Se ha dicho que cuando Adán y Eva cayeron en Edén, entraron tres cosas al mundo: la culpa, la vergüenza y el temor. Aunque toda cultura tiene estos tres elementos, cada una tiende a enfatizar uno u otro. Muchos misioneros antropólogos han descubierto que son lineamientos útiles para comprender y relacionarse con otras culturas. Siempre encontramos que las culturas representadas por cada uno de estos aspectos tienen una característica que los acompaña.

Las culturas del mundo tienden a vivir en un equilibrio entre culpa e inocencia, vergüenza y honor, temor y poder. Las culturas occidentales que son más dicotomistas en su orientación ven a la gente o bien como culpables o como inocentes. Las culturas asiáticas y la mayoría de las culturas que adoptan el islam le asignan un alto valor al honor y evitan la vergüenza a toda costa. Las culturas animistas constantemente tienen conciencia de los malos espíritus, de las influencias de los antepasados, de la magia, las maldiciones y la hechicería, y viven con temor a estas cosas o a cualquiera que tenga la habilidad para manipular sus poderes. Los misioneros serían sabios si aprendieran la orientación básica de la vida de la cultura en la que se insertan, teniendo en cuenta estos tres aspectos

---

[34] «Dicotómico» se refiere a un enfoque binario de la vida, esto o lo otro (el ladrón es culpable o inocente), mientras que «holístico» considera toda la cuestión (solo robó pan porque su familia estaba enferma y muerta de hambre).

para comprender y apreciar las creencias, la cosmovisión y la conducta de las culturas temor-poder o vergüenza-honor, y cómo se diferencian de la orientación occidental a la culpa-inocencia.

Investigación etnográfica es el proceso mediante el cual se usan habilidades y herramientas para la investigación y el aprendizaje sobre otras culturas. La herramienta más básica del misionero es la observación participativa. La mayoría de los misioneros usan la observación participativa en algún grado, ya sea que la llamen por ese nombre o no. Va más allá de una mera observación de la vida diaria, de preguntar por qué, cuándo, cómo y quién hace algo. A medida que el misionero participa en la vida, el valor y el uso de otras herramientas de investigación etnográfica se hacen evidentes. Las habilidades necesarias para las entrevistas informales, formales y grupales, la interpretación de datos a partir de las encuestas, el registro de historias de vida, la investigación bibliográfica y muchas otras herramientas constituyen las maneras en que los misioneros pueden aprender la cosmovisión y la cultura del pueblo al que han ido. Los programas de computación que ayudan al misionero son valiosos por modernizar el proceso, pero recuerda que vivir entre la gente, aprender el lenguaje, comer la comida y vivir como ellos lo hacen son elementos esenciales en la investigación etnográfica.

Comunicación intercultural

Los misioneros deben aprender cómo comunicar el evangelio con efectividad, en maneras que sean a la vez culturalmente adecuadas y bíblicamente fieles. Lograr una cosa u otra es difícil para cualquiera; lograr las dos requiere estudio y aplicación. No se llega fácilmente y los intentos fallidos del misionero para comunicarse a pesar de sus mejores esfuerzos suelen llevar a la exasperación. Surge la tentación de no decir nada, a menos que lo haga con alguien que comparta su lenguaje materno. Sin embargo, como suelo decir en mis clases: «no puedes *no* comunicar». Hasta tu silencio comunica, algunas veces «más fuerte» que cualquier palabra.

Me detendré aquí para destacar nuevamente que debes tener especial cuidado cuando enseñas este contenido si lo haces transculturalmente a un grupo que se ha encontrado en el extremo receptor del ministerio de un misionero. Es de vital importancia que se use esta enseñanza sobre misiones y plantación de iglesias, para ayudar a los alumnos a que vean que no es solo para aquellos a quienes han visto en estos roles, sino que Dios bien podría llamarlos a ellos también a ser misioneros. Así, mientras enseñas esta sección sobre la comunicación intercultural, ten sumo cuidado de enseñarles a través de la lente de lo que pueden haber experimentado con los misioneros que conocieron, pero asegúrate de que la aplicación siempre sea para el alumno como alguien que también puede tener el llamado a participar en las misiones.

Todo nuevo misionero reconoce que antes de comunicarse con la gente debe aprender el idioma. Existen dos perspectivas diferentes en este proceso de toda la vida. Se debe aprender el idioma como una herramienta necesaria para realizar el trabajo para el cual fuiste enviado, ya sea que la tarea te guste o no. El segundo enfoque es amar el idioma, no solo porque es la llave para la comunicación de corazón a corazón con aquellos a quienes procuras alcanzar, sino por su belleza, complejidad, ritmo y expresión única. La consecuencia de este último enfoque es un misionero que comunica el evangelio y el amor de Cristo a sus oyentes de manera efectiva y casi sin esfuerzo. Se parece a la diferencia entre un pianista que tiene la habilidad de tocar mecánicamente las notas musicales y aquel que tiene la música en el corazón y en el alma; esta se vuelve parte de sí y fluye a través de él. Algunos misioneros no aprenden bien el idioma por muchas razones, pero sus carencias en el aprendizaje suelen relacionarse directamente con su inefectividad en el ministerio.

Aprender bien el nuevo idioma es el primer paso, aprender a usarlo apropiadamente es el segundo y ambos son esenciales. Esto se ilustra fácilmente mediante el prejuicio dialéctico que encontramos en nuestras propias culturas en Estados Unidos. Los que viven bien al sur pueden prejuzgar peyorativamente a alguien con un acento «yanqui», mientras que los del norte pueden prejuzgar a una persona que habla arrastrando las palabras como lo hacen los del sur o con un acento pueblerino. Imagina las implicancias en el ministerio de alguien que viene a Estados Unidos a servir como misionero entre la población altamente educada del noreste, pero que aprende inglés entre los sureños con sus acentos pesados o sus palabras arrastradas.

De la misma manera, los grupos sociales y las culturas que se consideren la clase más alta se mostrarán reticentes a aceptar la «verdad» de un desconocido que habla con el acento de una clase más baja. Las clases ricas e influyentes de América Latina tienden a menospreciar a los pueblos indígenas. Hablar español con el acento de una persona indígena impactará negativamente en el ministerio entre las clases de élite.

Hablar en el volumen adecuado, usar expresiones idiomáticas y humorísticas, y darle lugar al otro correctamente en la conversación ayudará al misionero a adecuarse bien. Esto solo se aprende en contexto y viviendo completamente inmerso en la otra cultura. Con frecuencia, los que han estudiado español en la escuela secundaria o en la universidad solo conocen cómo hablan español otros compatriotas; no conocen las expresiones coloquiales únicas y el ritmo de las expresiones verbales de los hablantes nativos en las muchas y diversas culturas que hablan español.

Como hemos visto, cada cultura tiene su propia cosmovisión, sus propias creencias, valores y sistemas de conducta. La cultura no es sinónimo de la cosmovisión, más bien comparten una relación simbiótica: una influencia a la otra y viceversa. Sea cual fuere el sistema que usemos para explicar la realidad, de dónde venimos, adónde vamos cuando morimos, de dónde viene la enfermedad, cuál es el propósito básico de la vida y demás, se trata de nuestra cosmovisión, pero la recibimos de otros a nuestro alrededor a medida que nos enculturamos. A la vez, esta cosmovisión hace que vivamos de ciertas maneras, que adoptemos ciertas religiones, que nos casemos y sepultemos a otros de las maneras que son exclusivas de nuestra cultura.

Lo importante aquí es que, como ha opinado acertadamente Richard Weaver: «Las ideas tienen consecuencias».[35] Lo que la gente percibe como la verdad absoluta determinará las religiones que desarrollan y la manera en que viven. Lo que valoran como hermoso guiará sus expresiones de arte, moda y música. Todos estos cimientos básicos los guiarán en las reglas del juego de la vida respecto al comportamiento, al trato ético de los demás y continuarán cambiando, a medida que los nuevos desarrollos requieran un comportamiento consensuado.

---

[35] Richard M. Weaver, *Ideas Have Consequences* (Chicago, IL: University of Chicago Press, 1984).

La comunicación intercultural se refiere a las habilidades para facilitar la clara comunicación en una cultura que no es la tuya. Piensa en la cultura y en la cosmovisión como si fuera el sistema operativo de una computadora. Puedes tener un cerebro «Mac» y encontrarte trabajando como misionero en una cultura compuesta por cerebros «PC». Estas dos clases de computadoras requieren electricidad, programación y software para funcionar, y pueden tratar de cumplir con los mismos objetivos básicos, pero lo hacen de maneras diferentes y a menos que se hagan algunos ajustes, no se producirá un resultado claro y exitoso en el intercambio.

Imagina que alguien se encuentra con el problema 10 + 5 = ______ en una prueba de matemáticas. Si responde 10 + 5 = 3, sería incorrecto y se la marcarían como tal. Sin embargo, si el alumno se encontrara con el problema en una clase sobre cómo aprender la hora, la respuesta sería correcta. ¿Cuántos colores hay en el arcoíris? ¿Cuántos días tiene la semana? Algunas culturas reconocen solo dos colores, otras cuatro, seis o siete. Algunas culturas no tienen más que tres números y, por lo tanto, no numeran los días de la semana como siete. La comunicación en tales culturas debe tener en cuenta la cosmovisión, no solo el lenguaje, como si solo necesitáramos preocuparnos por la gramática y el vocabulario.

Cuando los médicos misioneros llegan a nuevas culturas, se encuentran con que tienen que hacer frente a desafíos que nunca antes habían considerado. Ahora, además del diagnóstico y el tratamiento de la enfermedad, y de las lesiones que pueden cuantificarse científicamente, el médico debe considerar cómo persuadir al paciente que tiene una infección para que tome una píldora por día durante diez días, ya que la persona cree que su enfermedad es resultado de la ira de sus antepasados o la maldición de un hechicero enemigo. El paciente se pregunta cómo harán estas píldoras para apaciguar a su tatarabuelo o para contrarrestar los dardos espirituales de una maldición pronunciada a larga distancia. Una receta para el fracaso garantizado sería enviar médicos misioneros que no tengan idea de que existen estos desafíos, y sin enseñarles que estas creencias son tan reales en la mente del paciente como lo son los resultados de un análisis de sangre del laboratorio para el médico.

Aprender bien un idioma y aprender a usarlo de maneras culturalmente apropiadas es esencial, como hemos visto. Sin embargo, aprender a usarlo efectivamente en contexto requiere aprender todas las formas de comunicación no verbal, que no es más que todas las maneras en que podemos comunicar sin utilizar palabras. Edward Sapir escribió que respondemos a los gestos «de acuerdo a un elaborado y secreto código que no está escrito en ninguna parte, que nadie conoce y que todos entendemos».[36] Así como el silencio comunica un poderoso mensaje, también existe comunicación cuando tocamos a alguien en el hombro mientras hablamos. En algunos contextos, esto es un gesto útil que comunica sinceridad, mientras que en otros, podría significar un avance mal visto e inadecuado.

Edward T. Hall fue uno de los primeros en referirse a este aspecto de la comunicación no verbal y escribió mucho al respecto.[37] Se dio cuenta de que el modo en que comunicamos es más poderoso que las palabras en sí. Los estudios sobre la comunicación no verbal demuestran cuán importante es que los misioneros la aprendan para influenciar más eficazmente a la cultura. En dos estudios diferentes, los investigadores se encontraron con que la mayor parte de la información tomada de la interacción humana es no verbal, lo cual revela su asombroso nivel de importancia. Descubrieron que la mayor parte del significado se comunica a través de expresiones faciales y vocales, no solo a través de las palabras que usamos:

> Expresiones faciales: 55%
> Paralenguaje (la manera en que se dicen las palabras): 38%
> Verbal (las palabras en sí): 7%[38]

---

[36] Edward Sapir, *Selected Writings in Lanugage, Culture, and Personality*, David G. Mandelbaum, ed. (Berkeley, CA: University of California Press, 1985), 556.

[37] Para más información, véase *The Silent Language* (Nueva York: Anchor Books, 1973), *The Hidden Dimension* (Nueva York: Anchor Books, 1990) y *The Dance of Life* (Nueva York: Anchor Books, 1984).

[38] Véase Albert Mehrabian y Morton Wiener, «Decoding of inconsistent communications», en *Journal of Personality and Social Psychology* (1967, Vol. 6): 109-114; y Albert Mehrabian y Susan R. Ferris, «Inference of Attitudes from Nonverbal Communication in Two Channels», en *Journal of Consulting Psychology* (1967, Vol. 31:3): 48-258.

Las palabras que pronunciamos comunican, pero recuerda que la elección específica de las palabras, la expresión facial, la apariencia, el tono de voz (paralenguaje) y los gestos que las acompañan pueden fortalecer o negar el significado del mensaje superficial. Puedes afirmar con vehemencia tus derechos como ciudadano al responder a un discurso en una reunión política con el grito «¡Sí, claro!». O puedes responder escépticamente cuando un amigo te dice que acabas de ganar un millón de dólares usando las mismas palabras, pero de un modo que niega el significado de la afirmación. Al llevar equipos a América Latina, algunas veces el miembro de un equipo oye la palabra «gringo» y me pregunta si es un término despectivo. Siempre les pregunto por el tono de voz y la expresión facial de la persona que lo dijo. Puede tratarse de un término cariñoso o de un término peyorativo reservado para los norteamericanos que no son queridos.

El misionólogo Donald K. Smith tiene una perspectiva útil en cuanto a lo que denomina «El sistema de doce señas para la comunicación».[39] Has aprendido a usar las doce señas en tu cultura natal y lo haces a diario sin siquiera darte cuenta. Solo una de las doce señas es el lenguaje. Como ya hemos visto, el lenguaje se usa de diferentes maneras y los dialectos o los acentos a veces pueden darle matices involuntarios al significado. Esta realidad se ha visto en la relación de Estados Unidos e Inglaterra y muchos la han observado, incluyendo a Winston Churchill, quien se dice que expresó: «Somos dos países divididos por un idioma en común». Así como hablar inglés entre los que no hablan inglés no comunicará lo que deseas, se debe estudiar cada una de las otras señas en el sistema para saber cómo se usan en un nuevo contexto. Las doce señas de las que habla Smith son:

Verbal: el lenguaje en sí (inglés, alemán, español, mandarín)
Escrita: símbolos que representan el habla (alfabetos, caracteres chinos)

[39] Donald K. Smith, *Creating Understanding: A Handbook for Christian Communication Across Cultural Landscapes* (Grand Rapids, MI: Zondervan, 1992), 120.

Numérica: números y sistemas numerales (numerología bíblica, radio policial)
Pictórica: representaciones en dos dimensiones (No fumar, Salida de un aeropuerto)
Artifactual: representaciones y objetos en tres dimensiones (uniformes, anillo de casado)
Sonora: uso de sonidos no verbales y de silencio (campana de la escuela, reloj despertador)
Kinésica: movimientos del cuerpo, expresiones faciales, postura (ballet, contacto visual, encorvarse)
Óptica: la luz y el color (iluminación en el teatro, blanco para las bodas, negro para los funerales)
Táctil: el sentido del tacto (tocar el hombro o el brazo de otro)
Espacial: la utilización del espacio (espacio de separación en una conversación íntima, informal o pública)
Temporal: utilización del tiempo (hacer esperar a alguien, llegar a tiempo)
Olfativa: el gusto y el aroma (perfume, velas perfumadas)[40]

Podemos comunicar mediante el uso de cualquiera de estos sistemas aislados, pero casi nunca lo hacemos. Con mayor frecuencia, los combinamos en compuestos comunicativos que requieren un verdadero conocimiento de los matices culturales para discernir un significado. Todos sabemos cómo usarlos en casa, pero si los usamos exactamente de la misma manera en otras culturas, daremos el mensaje equivocado. Muchos misioneros nuevos perciben de inmediato su necesidad de aprender el lenguaje, pero recién después de lamentables e infructíferas luchas en sus interacciones con los otros en su nueva cultura, se dan cuenta del poder de estos sistemas de comunicación no verbal.

Algunas de las formas de comunicación más poderosas y que frecuentemente se usan mal son los gestos con las manos. Es posible reforzar un mensaje oral con un gesto. Por ejemplo: «¡Vamos, apresúrate!», puede

---

[40] Ibíd., 122.

ser más enfático si se comunica agitando rápida y repetidamente la mano desde la cintura hacia la cara, o puedes pedirle a alguien que espere mientras levantas la mano a la altura del hombro con la palma hacia afuera. Puedes decir «¡Muy bien!» y complementar la frase con el gesto de la mano que hace un círculo con el pulgar y el dedo índice, con los otros dedos estirados. Todos estos gestos pueden torcer la comunicación y ser extremadamente ofensivos en algunas otras culturas. Algunas veces, usamos los gestos para sustituir la comunicación verbal. Cada uno de los gestos mencionados anteriormente comunica aun sin que medien palabras. «Ven», «Espera» y «Muy bien» son todos gestos de uso común. De hecho, los usamos casi inconscientemente, como cuando la bibliotecaria oye un ruido o un susurro y casi de manera refleja levanta el dedo índice y lo lleva a los labios.

Los gestos ofensivos, como levantar el dedo del medio en nuestra cultura, comunican con fuerza y provocan una respuesta inconsciente inmediata e instintiva. Imagina que te encuentras en una cultura que usa el dedo del medio levantado para saludar y desearte buena salud. Cuando das la vuelta en una esquina de un edificio público te tropiezas con alguien que te levanta el dedo del medio y continúa caminando por el pasillo. De inmediato sientes enojo, indignación y te ofendes. Solo cuando recuerdas que sus intenciones son completamente inocentes, puedes aplacar tu ánimo.

Lo cierto es que los misioneros muchas veces ofenden inconscientemente debido a acciones similares. Algunos ejemplos son tocar a alguien con la mano izquierda en países donde esta mano se usa para la higiene personal y por lo tanto, es impura, o tocar a un niño tailandés en la cabeza, que es una parte sagrada de su cuerpo, o abrazar a alguien en culturas que no son táctiles, o tocar a un miembro del sexo opuesto en culturas musulmanas.

El contacto visual al hablar en occidente comunica honestidad y franqueza, pero en otras culturas puede tomarse como un desafío a pelear, puede insinuar interés sexual o indicar falta de respeto. Así como los misioneros deben aprender el dialecto más adecuado del lenguaje hablado, y deben aprender a usarlo bien, también deben aprender las muchas maneras no verbales en que los seres humanos comunican y tendrán que hacer los ajustes a sus patrones de comunicación cuando sirven en otra cultura.

Usar el lenguaje correctamente en contexto es la clave para la clara comunicación. El uso contextual del lenguaje es la clave para ser verdaderamente bilingüe o bicultural. Aprender el lenguaje es la clave para aprender la cultura, y aprender la cultura es la clave para aprender el lenguaje. Intentar aprender uno sin el otro nunca alcanzará. El misionero efectivo aprende el lenguaje y la cultura, y procura adaptarse. Cuando el misionero no se adapta, especialmente en esas situaciones en que representa todo lo que la cultura sabe sobre el cristianismo, los locales suelen suponer que Jesús tampoco se adapta a su cultura; en la medida en que el misionero los ofenda, Jesús también lo hará. Recuerda, el misionero es el mensajero y para ellos representa el cristianismo. ¿Cómo hacemos para que el cristianismo se sienta como en casa en las culturas del mundo?

Contextualización

La explicación más básica para *contextualización* es tomar algo de un lugar y ponerlo en otro mientras retenemos la fidelidad y la sensibilidad a la intención original de eso que trasladamos. A nuestros fines, la contextualización es el proceso de comunicar el evangelio, plantar iglesias, discipular a otros, capacitar líderes (como lo estás haciendo con este material) y establecer el cristianismo en otras áreas del mundo, mientras que a la vez somos fieles a la Palabra de Dios y sensibles a la cultura. Aunque es un término relativamente nuevo en el cristianismo, tiene una historia turbulenta y con frecuencia genera mucha controversia, ya que entre los misioneros de hoy se encuentran diferentes niveles y teorías de contextualización. Antes de que comencemos a explorar algunas de las formas polémicas, deberíamos asegurarnos de comprender algunas maneras en las que todos contextualizamos sin vacilar.

Viajar a otros países requiere que nos adaptemos a la cultura local para sobrevivir sin importar cuál sea nuestro país de origen. Mi esposa y yo estábamos en Inglaterra donde los visitantes de Estados Unidos deben adaptarse rápidamente a las reglas de las calles, ya que allí los autos andan por el carril izquierdo. Al viajar por el mundo, he descubierto que toda cultura tiene su propia forma de «comida consuelo», que se come en momentos del día dictados por un ritmo que todos parecen aceptar como normal, como cenar a las 22:00 horas en Madrid o disfrutar de comidas que me resultan conocidas, pero que es raro imaginarlas sobre mi plato a ciertas horas del día, como pescado trozado con cebollas para el desayuno en Trinidad. Hasta las formas de saludar se aprenden rápidamente y luego de uno o dos errores, nos entusiasmamos ante las sorpresas culturales de unas vacaciones en el exterior. Como respuesta simplemente podemos encogernos de hombros y decir sin mucho entusiasmo: «Bueno, en Roma haz como los romanos», pero todas estas son formas de contextualización a las que aprendemos a adaptarnos cuando viajamos.

Cuando consideramos entornos internacionales para la contextualización es necesario que consideremos las cosmovisiones, los idiomas, los asuntos legales y muchos otros factores que pueden requerir algunas adaptaciones en nuestro estilo de comunicación. Por ejemplo, en países donde los edificios de iglesias cristianas son ilegales o está prohibido rendir culto los días domingo, las iglesias pueden reunirse en los hogares los viernes o los sábados. Por cierto, el lenguaje que usemos no será nuestra lengua madre en un país que habla un idioma diferente, pero como hemos visto, el idioma no es todo lo que debemos adaptar para que la comunicación sea clara.

La base bíblica para la contextualización se ve en el capítulo 9:20-23 de la primera carta del apóstol Pablo a la iglesia de Corinto. Pablo afirmó:

> Me he hecho a los judíos como judío, para ganar a los judíos; a los que están sujetos a la ley (aunque yo no esté sujeto a la ley) como sujeto a la ley, para ganar a los que están sujetos a la ley; a los que están sin ley, como si yo estuviera sin ley (no estando yo sin ley de Dios, sino bajo la ley de Cristo), para ganar a los que están sin ley. Me he hecho débil a los débiles, para ganar a los débiles; a todos me he hecho de todo, para que de todos modos salve a algunos. Y esto hago por causa del evangelio, para hacerme copartícipe de él.

Aquí vemos cómo Pablo usaba la contextualización y también cuáles son sus límites. Dice que lo hace todo por amor al evangelio. Si existe algún aspecto en tus prácticas de contextualización que ofendería a Cristo y a Su Palabra, debes dejarlo de lado. Contextualizamos para ser fieles al evangelio mientras somos lo suficientemente sensibles a la cultura como para ayudar a las personas a entenderlo, y a comprender que no necesitan abandonar su propia cultura y abrazar otra para ser salvos. Darrell Whiteman cuenta que oyó a un cristiano tailandés maravillado luego de años de ser cristiano al enterarse finalmente de esta verdad: «Me estoy dando cuenta de que puedo ser a la vez cristiano y tailandés».[41]

Los aspectos controversiales de la contextualización comienzan cuando los misioneros difieren en cuanto al grado al que pueden llegar a hacer que el evangelio se adapte a la cultura. Algunos misioneros evangelizan a los musulmanes utilizando el Corán en las primeras etapas de evangelización, ya que habla del histórico Isa (Jesús) y usa el nombre de Alá para referirse al Dios de la Biblia, porque el lenguaje local solo posee esa palabra como nombre de Dios. Las iglesias cristianas se encuentran los viernes; quienes vienen a la reunión se lavan la cara y las manos en la puerta, dejan los zapatos afuera, se sientan sobre alfombras en lugar de bancos y se llaman musulmanes que siguen a Jesús. Esto hace que muchos se sientan incómodos y se pongan nerviosos por la contextualización extrema. No obstante, la controversia no se detiene allí; en realidad, es allí donde recién comienza.

En esfuerzos recientes para que el reino avance entre los musulmanes, algunos misioneros han comenzado a referirse a sí mismos como musulmanes, ya que el término simplemente significa «el que se somete» y razonan que ellos se someten a Dios. Cuando se los enfrenta con que musulmán significa «el que se somete a Alá», responden que usan el nombre Alá para referirse al Dios de la Biblia, por tanto aun así no hay problema. Otros incluso recitan el credo musulmán: «No hay otro Dios más que Alá y Mahoma es el profeta de Alá», y defienden esta práctica

[41] Darrell L. Whiteman, «Contextualization: The Theory, the Gap, the Challenge», página consultada el 28 de agosto de 2012. http://www.spu.edu/temp/denuol/context.htm.

con el argumento mencionado anteriormente y añaden que un profeta es alguien que habla *en nombre* de Dios, y que Mahoma ciertamente lo hizo, aunque no acepten todo lo que él dijo como proveniente *de* Dios. Claramente, la contextualización debe tener límites como ya estudiamos en la contextualización crítica en el módulo sobre hermenéutica.

Aunque al principio no lo parezca, la doctrina de la eclesiología es crucial para comprender y abordar este punto de la contextualización. Algunos han argumentado que la esencia de una iglesia es la red social de relaciones en la sociedad. Además, afirman que esta red social de relaciones es lo que no debe trastocarse si se espera que el cristianismo alguna vez haga alguna incursión en las áreas no cristianas del mundo. Un misionólogo dijo: «La 'iglesia' (es decir, la comunidad comprometida) ya está allí; es solo que todavía no conocen a Jesús».[42] Su deseo es añadir a Jesús a las religiones existentes de estos pueblos con la creencia de que esto «completará» al musulmán practicante. Aunque sin duda existen razones para estar preocupados y cuestionar algunas de estas prácticas, debemos reconocer que los misioneros con opiniones diferentes defienden sus esfuerzos particulares porque aman al Señor y desean ver que Su reino avance, y no porque tengan algún plan siniestro para socavar las misiones cristianas.

¿Cómo podemos comunicar claramente el evangelio sin tan solo reproducir nuestra iglesia natal por un lado *o* permitir que el proceso vaya demasiado lejos por el otro? Eugene Nida y David Hesselgrave, entre otros misioneros antropólogos, han sugerido un modelo tricultural para comunicar el evangelio.[43] Este modelo también puede aplicarse a la plantación de iglesias, a la capacitación de pastores o a la manera en que vivimos la vida cristiana frente a un mundo que observa. Después de todo, Jesús no nos llamó a llevar iglesias como plantas en macetas a otros países, sino a plantar la semilla pura del evangelio en la tierra de la

---

[42] Tim y Rebecca Lewis, «Planting Churches: Learning the Hard Way», *Mission Frontiers* (enero/febrero de 2009), 18.

[43] Véase David Hesselgrave, *Communicating Christ Cross-Culturally* (Grand Rapids: Zondervan, 1991), 107-108; Eugene Nida, *Message and Mission: The Communication of the Christian Faith*, edición revisada (Pasadena: William Carey Library Publishers, 1990), 52-53.

cultura de llegada y permitir que el Espíritu Santo haga crecer la planta o el árbol que Él desea ver. Las tres culturas del modelo tricultural de comunicación son: la cultura bíblica, la cultura propia del misionero y la cultura del pueblo de llegada. El estudio de estas culturas nos permitirá identificar las aplicaciones culturales específicas de la Palabra de Dios de modo que claramente podamos comprender aquello que se aplica a todas las culturas de todos los tiempos. Debemos recordar que la Palabra de Dios suplanta la cultura; esta no suplanta la Palabra de Dios. Sin embargo, para aplicar estos conceptos debemos entender las culturas de los tiempos bíblicos, nuestra cultura y la cultura a la cual le estamos comunicando la verdad bíblica.

Los misioneros *aprenderán* sobre las culturas que procuran alcanzar: ya sea por prueba y error, o mediante el estudio minucioso. Siempre debemos procurar asegurarnos de que sea la Escritura la que influye en la cultura y no al revés, pero debemos examinar cuidadosamente nuestras propias expresiones de cristianismo a la luz de la enseñanza pura de la Palabra de Dios. Cuando lo hagamos, es probable que encontremos aplicaciones culturales extrabíblicas que hemos aceptado como normativa junto con las enseñanzas bíblicas sólidas con las que no se debe transigir. Solo a través de una cuidadosa y meticulosa comprensión de la Palabra de Dios, y también de la cultura de llegada, podremos estar seguros de no crear piedras de tropiezo innecesarias que se interpongan con la cruz. Jesús se hizo hombre y caminó entre nosotros. Pablo se hizo judío a los judíos y griego a los griegos. De igual modo, debemos comprender a aquellos que queremos alcanzar e identificarnos con ellos. Al hacerlo, testificaremos con mayor eficiencia y podremos reconocer los puntos fuertes y débiles del trasfondo único de nuestra cultura.

Los hispanos en las misiones[44]

Los cristianos hispánicos constituyen la mejor esperanza para llevar el evangelio al mundo musulmán. No hago una afirmación tan audaz tan

[44] Véase M. David Sills y Kevin Baggett, «Islam in Latin America», *Southern Baptist Journal of Theology* 15.2 (2011): 28-41.

solo porque muchos hispanos son cristianos sinceros que aman al Señor y desean ver cumplida la Gran Comisión. Lo cierto es que los hispanos comparten muchas características culturales, lingüísticas e incluso físicas con los árabes musulmanes. Ya sea que les enseñes este contenido a hispanos, creyentes con trasfondo musulmán o cualquier otra cultura, es importante que tus estudiantes vean esta perspectiva. Dios utiliza las similitudes entre culturas particulares, lo que las hace especialmente estratégicas y fructíferas para las conexiones ministeriales. Anima a tus alumnos a recibir esta enseñanza con la perspectiva de identificar cuál cultura puede ser similar a la de ellos.

Los musulmanes viven en algunos de los países del mundo más hostiles al evangelio. Sus culturas están orientadas a la vergüenza y el honor más que a la culpa y la inocencia, como Estados Unidos. Por esto, cuando un musulmán se convierte al cristianismo, toda la comunidad sufre la vergüenza, no solo el individuo. La única manera de purgar esa vergüenza y recuperar el honor es que la familia o la comunidad castiguen al que la trajo. Por esta razón, las jóvenes que quedan embarazadas extramatrimonialmente o los musulmanes que se convierten al cristianismo a menudo mueren en ejecuciones de honor.

Es triste que las familias de las víctimas suelan ser quienes llevan adelante esta estricta sentencia. Un misionero en África del Norte informó que la esperanza de vida de un nuevo creyente en su país es de 45 días. Tradicionalmente, estos países han restringido el servicio abierto de los misioneros cristianos. Los occidentales se enfrentan al mayor escrutinio y tienen severas restricciones ya que muchos países musulmanes creen que todos los norteamericanos son cristianos.

Además de ser hostil al evangelio, la cultura musulmana es muy diferente de las culturas de Occidente. El islam no es solo una religión: es una completa forma de vida. El ritmo de la vida, la tradicional hospitalidad, las conexiones familiares y las redes de relaciones en las culturas musulmanas chocan con el mundo acelerado, competitivo y orientado a la privacidad de las culturas occidentales que luchan por el individualismo y exigen derechos personales. En Estados Unidos, tenemos una visión diferente a la del mundo musulmán respecto a los derechos de las mujeres. Aquí, las mujeres decentes que son perfectamente castas pueden usar blusas sin mangas, faldas arriba de la rodilla y no necesitan cubrirse la cabeza. Tal código de vestimenta sería escandaloso en la mayoría de las culturas musulmanas. Los musulmanes que se familiarizan con occidente a través de la propaganda de sus países o de los episodios de series norteamericanas dobladas a sus idiomas rechazan la idea de que el cristianismo sea moralmente igual al islam. Por lo tanto, la conversión no se considera un avance moral y ni siquiera un movimiento lateral. A los ojos de los musulmanes es una seria degradación. Están en guardia en contra de cualquier avance cristiano.

Pero los cristianos hispanos no están asociados a muchos de los estereotipos que las culturas musulmanas asocian con los cristianos norteamericanos, que supuestamente son los misioneros. En 711 d.C., los moros del norte de África cruzaron el estrecho de Gibraltar y poblaron la península ibérica. Las luchas de España por expulsarlos continuaron hasta el 1492 d.C. cuando se derrotó a la última fortaleza. Durante los casi 800 años en que compartieron el país, también compartieron muchas otras cosas: la filosofía, el ADN y el lenguaje. Muchas palabras del español tienen raíces árabes y muchas palabras árabes provienen del español, por ejemplo, *ojalá* proviene de la forma arábiga *O Allah*. Muchas ideas y avances occidentales también tienen raíces en el pensamiento árabe, como el álgebra, algunos de nuestros diseños arquitectónicos e incluso algunos conocimientos médicos. Además, las características físicas que muchos latinos comparten con los árabes favorecen la asimilación en estas culturas. La argumentación evidencia que todos los puntos en común facilitarían la incorporación de hispanos a las culturas árabes musulmanas. No obstante, quedan una multitud de barreras culturales que necesitan una capacitación cultural para que el ministerio sea efectivo.

Los hispanos todavía tienen muchos ajustes culturales que hacer en su adaptación a las nuevas culturas. Muchos hispanos lo aprenden cuando inmigran a Estados Unidos o a otros países. Existen más de veinte países hispanohablantes y muchas culturas diferentes dentro de cada uno de ellos. He conducido talleres para ministrarles a los hispanos en Estados Unidos que preparan a las iglesias anglosajonas para que reconozcan las diferencias culturales entre los latinos, de modo que puedan ministrar efectivamente en las diversas comunidades hispanas. Las diferencias en los estilos de liderazgo, los gustos musicales, las preferencias gastronómicas y la interacción cultural pueden llevar a fricciones y a luchas en las congregaciones hispanas multiculturales.

Las realidades políticas del siglo XXI pueden obstaculizar a los misioneros de Estados Unidos que deseen vivir y trabajar en países musulmanes. Muchas veces, a los ciudadanos de Estados Unidos se los ve como enemigos en las tierras árabes debido a la política extranjera de este país. Además, históricamente Estados Unidos ha dicho ser una nación cristiana, así que la mayoría de los árabes identifican a sus ciudadanos como «cristianos» así como hasta hace unos pocos años, la mayoría de los occidentales hubieran dicho que todos los iraquíes eran musulmanes.

Otra razón por la que los hispanos son una brillante esperanza para el futuro de las misiones cristianas es que el número de creyentes latinos crece. El crecimiento de la Iglesia en el sur global ha traído como consecuencia un nuevo fenómeno llamado la Iglesia del Sur. Hay más cristianos en América Latina, en África y en Asia que en Europa occidental y Estados Unidos. En estos lugares que tradicionalmente eran campos misioneros, la Iglesia ha madurado y se ha convertido en una fuerza misionera. Los cristianos en estas tierras han oído el llamado del Espíritu Santo a las misiones y están obedeciendo a Su llamado misionero.

Los cristianos hispanos a quienes Dios ha llamado a las misiones, en el pasado han sido lentos en dar un paso adelante y responder a la guía de Dios. Esta vacilación solía deberse a las magras finanzas disponibles en economías nacionales en aprietos. Al comparar lo que podían hacer por las misiones a través de sus propios recursos con lo que han visto que hacen las grandes denominaciones o las agencias misioneras, como la obra de la Convención Bautista del Sur con sus vastos recursos a través de su Junta Internacional de Misiones, pensaban que ellos no podían participar. Sin embargo, a medida que los hispanos han comenzado a obedecer el llamado de Dios al campo misionero, se han dado cuenta de que no es necesario copiar lo que las agencias misioneras occidentales han hecho o hacen. Por ejemplo, cuatro secretarias en México sentían carga por las misiones y oraban regularmente por los misioneros. Un día, una de ellas les reveló a las demás que Dios la llamaba a salir como misionera. Las otras tres voluntariamente redujeron su ingreso en un 25% para dárselo a la que saldría. Por lo tanto, la que iría a las misiones continuaría ganando el 75% de su salario al ir de misionera y quienes la apoyaban continuarían ganando el 75% de sus salarios para enviarla. De esta manera, tanto la que fue como quienes la enviaron obedecieron el llamado de Dios y otra misionera salió al campo.

El mundo musulmán está dominado por países de acceso restringido. En estos países, los misioneros deben encontrar una razón legítima para que el gobierno les permita estar allí. Algunas veces, consiguen una visa legal como profesores de inglés, consultores en computación o asesores agrícolas. Una pareja hispana sirve en un país musulmán de una manera muy efectiva. Consiguieron vivir en ese país a través de una visa que obtuvieron para comenzar y conducir un restaurante mexicano. El negocio de este restaurante está prosperando y la pareja comparte el evangelio con los clientes dentro de las relaciones que forman parte del trabajo legítimo aprobado por el gobierno. Esta creatividad no tiene solo que ver con la manera legal de entrar al país, sino que también la habilidad para «hacer tiendas» les proporciona el ingreso adicional que necesitan para sobrevivir. De este modo, el restaurante les proporciona la entrada y el ingreso monetario legales.

Los hispanos tienen mucho que ofrecerle a la iglesia de Cristo en el mundo. Los teólogos hispanos ofrecen perspectivas únicas a la comunidad de eruditos cristianos debido a que su trasfondo cultural les permite ver aspectos de la verdad cristiana que otros pueden pasar por alto. Los misioneros hispanos se encuentran en una posición como para establecerse dentro de una cultura musulmana, relacionarse con los ciudadanos y hacer avanzar el reino de Cristo como ningún otro puede. Dios ha bendecido a los hispanos con un idioma hermoso, una herencia rica y una incontable cantidad de otros preciosos dones. Muchos ya están usando esos dones para hacer avanzar Su reino y para glorificar Su nombre entre aquellos en el mundo que todavía están esperando oír el evangelio por primera vez.

Las religiones del mundo

Existen miles de religiones en el mundo. Algunas son sistemas codificados de reglas complejas y otras son tan amorfas como una nube de vapor que cambia de forma continuamente. Algunas tienen miles de años, pero nacen nuevas religiones casi todos los días. Aunque existen muchos miles de formas de expresión religiosas, a algunas se las llama religiones mundiales, con adeptos en diferentes naciones de todo el mundo. Las religiones mundiales más influyentes y más grandes son el cristianismo, el islam, el hinduismo, el budismo, el confucionismo y el animismo o las religiones populares. La descripción que damos a continuación de cada una es simplemente una breve reseña para delinear algunas de las creencias básicas, el lugar donde se han encontrado tradicionalmente la mayoría de sus seguidores y algunas pautas para la interacción evangelística con ellos. Al considerar las siguientes reseñas de estas religiones, ten en mente que quienes las adoptan suelen ser personas extremadamente religiosas, cuyas familias han adoptado su religión durante generaciones, por no decir siglos.

Cuando les presentamos a Cristo a personas de otras religiones, debemos recordar que existen muchas variaciones en los sistemas de creencias y que el centro de cualquier encuentro con una persona de otra creencia religiosa es la persona misma. Tómate el tiempo para llegar a conocerlos y pregúntales sobre lo que creen. Ora por ellos y preocúpate genuinamente por lo que te cuentan, recordando que el evangelismo personal es mejor en el contexto de una relación personal. Prioriza ser receptor; es decir, trata de ver el mundo a través de sus ojos en lugar de esperar que ellos lo hagan a través del tuyo. Aprende todo lo que puedas sobre su cosmovisión y descubre puentes para que el evangelio venza las barreras que ellos han levantado para impedir su avance. Vive como un testigo de Cristo para complementar tus palabras, pero asegúrate de usar palabras claras y persuasivas para comunicarles el evangelio.

El islam

El islam nació en los años 600 d.C., a partir de las enseñanzas de su fundador, Mahoma. Este hombre nació en la península arábiga, quedó huérfano a edad temprana y un tío lo crio. Se casó con una viuda rica, lo que le dio la libertad para retirarse a meditar. En estos retiros, comenzó a recibir visiones de un ángel enviado por Alá para enseñarle la manera correcta en que la gente debía adorar. Aunque era analfabeto, recordó estas visiones y posteriormente, los escribas las registraron en el Corán, el libro sagrado del islam. El islam comenzó a crecer a través de la expansión militar a fines del siglo VII y continúa creciendo así hasta el día de hoy.

Islam proviene de un término que significa «sumisión» y un musulmán es «alguien que se somete». El islam se basa en cinco artículos de fe y cinco columnas. Los artículos de fe que enseñan son:

1) Dios: Existe un Dios verdadero y su nombre es Alá.
2) Los ángeles: Los ángeles existen e interactúan con las vidas humanas.
3) La Escritura: Existen cuatro libros inspirados: la Torá, las Escrituras, los Evangelios y el Corán; todos excepto el Corán han sido corrompidos por los judíos y los cristianos.
4) Los profetas: Dios ha hablado a través de muchos profetas.
5) Los últimos días: En el día final habrá un tiempo de resurrección y juicio.

Los cinco pilares del islam son:

1) Credo: «No hay otro Dios sino Alá, y Mahoma es su profeta».
2) Oración: Debe ofrecerse cinco veces al día en los momentos indicados.
3) Limosnas: A los musulmanes se les exige legalmente que den a los que necesitan.
4) Ayuno (durante el mes de Ramadán): Los musulmanes ayunan desde la salida hasta la puesta del sol.
5) Peregrinación: Se espera que cada uno de ellos haga el peregrinaje hasta la Meca.

La mayoría de los musulmanes en todo el mundo son sunitas (85-90%), la minoría son chiitas, con excepción de algunos países como Irán donde los porcentajes se invierten. El islam se encuentra en todo el mundo actual y usa todos los medios disponibles para un crecimiento celoso: el matrimonio, la influencia financiera, la violencia, la imposición tributaria y la retórica persuasiva. Como en casi todas las religiones mundiales, existe una fuerte influencia animista y de religión folklórica. En ciertas culturas, las creencias locales, las supersticiones y las religiones tradicionales suelen asociarse en un sincretismo con el islam. Aunque tradicionalmente se relaciona el islam con el Medio Oriente, Indonesia tiene el mayor número de musulmanes y China, Nigeria y Europa occidental albergan a más de doscientos millones de musulmanes.

Al testificarles a los musulmanes, los cristianos deberían tener en mente que hay una intensa amargura que se remonta a las cruzadas y que tiñe su visión del cristianismo. Además, como muchos consideran que el cristianismo es una religión occidental, también consideran que todo lo de occidente es cristiano. Por lo tanto, se cree que Hollywood, que es el producto más grande de exportación, representa a los cristianos y a sus valores, como tratamos en la sección previa de hispanos que alcanzan a musulmanes. La política occidental y las políticas internacionales también son razones por las que muchos musulmanes no tienen una visión favorable del cristianismo. Los musulmanes creen que Jesús fue un profeta histórico que realizó milagros, pero que es menos que Mahoma, a quien consideran el último y más grande de los profetas. Los musulmanes creen que los cristianos son politeístas ya que adoran a la Trinidad, porque suponen erróneamente que adoramos a tres dioses llamados Dios el Padre, Dios el hijo y Dios la madre (de lo poco que saben sobre las enseñanzas católicas que mencionan a la Sagrada Familia).

Los musulmanes más devotos no beben alcohol, no comen cerdo ni permiten la interacción social entre distintos sexos. Es importante que aquellos que interactúen con los musulmanes se vistan con la modestia que ellos juzgarían aceptable. Tienen una visión muy elevada del Corán y no debes denigrarlo en tu defensa del evangelio. Aunque no aceptan la autoridad de la Biblia, sí la ven como un texto sagrado y se ofenden ante la manera en que algunos cristianos tratan a sus propias Biblias.

El hinduismo

El hinduismo tiene miles de años y no tiene origen en ningún fundador o profeta en particular, ni tampoco en alguna comprensión única de Dios. Comenzó en el valle Indo en India y es una combinación de muchas variaciones sobre un tema. Posee escritos sagrados, pero adopta una teología abierta más que un sistema codificado de creencias. El hinduismo se basa en la idea de que todas las criaturas vivientes, seres humanos y animales, viven repetidas vidas en las que ascienden o descienden de casta en cada sucesiva reencarnación. El lugar donde se renazca depende de la última vida que se vivió. Si se vive de acuerdo a las reglas de la casta, la reencarnación será mejor y se ascenderá; si sucede al revés, las transgresiones y el fracaso en la casta traen como resultado regresar a niveles más bajos como tu karma. El objetivo es alcanzar el nirvana, que es la pacífica salida del interminable ciclo de reencarnaciones. Existen varios caminos para la salvación, incluyendo el de las obras o los rituales, el camino del conocimiento, que es la comprensión de la realidad y la autorreflexión, y el camino de la devoción, que es dedicarse a servir a cualquier dios que decidas seguir. El hinduismo reconoce cientos de miles de dioses y diosas; algunos de ellos pueden protegerte, otros, destruirte, o pueden quitar las barreras que impiden la riqueza y la prosperidad. Nepal ha sido el único estado oficial hindú, pero la mayoría de los hindúes están, por supuesto, en India y el hinduismo se encuentra en muchas formas alrededor del mundo.

Al evangelizar a los hindúes, es importante tener en mente que son muy religiosos, pero que no creen que exista una sola verdad absoluta. Sostienen que existen muchos caminos que conducen a Dios. Los hindúes tienden a ver al cristianismo como una religión occidental arrogante e intolerante. Ayuda a tus alumnos a darse cuenta de que pacientemente pueden ayudarlos a comprender que el cristianismo no es una religión occidental, y que se debe tener cuidado de no utilizar un método que corrobore que es intolerante y arrogante. Algunos evangelistas cristianos se convierten en piedras de tropiezo para la conversión de los hindúes al ser argumentativos, al ridiculizar las inconsistencias del hinduismo, al tener una actitud orgullosa y al utilizar tácticas que ejercen una fuerte presión sobre ellos. Los hindúes no comprenden la enseñanza del cristianismo sobre la gracia y creen que es una manera de tratar el pecado a la ligera. Cuando lleguen a expresar interés, no te apresures a exigirles que dejen de lado las reglas de la casta como prueba de volverse a Cristo.

El budismo

El budismo surgió del contexto de la cosmovisión religiosa del hinduismo. Según la leyenda, cerca del límite entre India y Nepal, un joven llamado Gautama Sidarta nació de un hombre rico que protegió a su hijo de los sufrimientos de la vida. Cuando era joven, se escapó de su hogar y fue a un pueblo cercano donde vio por primera vez cuatro realidades de la vida: un anciano, una persona muy enferma, un muerto y un sabio asceta. Estas cuatro realidades lo llevaron a un camino de meditación que terminó en la iluminación de cuatro nobles verdades.

1) La verdad del sufrimiento: la vida implica sufrimiento o insatisfacción.
2) La verdad del deseo: el sufrimiento es causado por el deseo de tener lo que no tenemos o por tener lo que no deseamos.
3) La verdad de la cesación del deseo: la manera de librarse de todo sufrimiento o insatisfacción es librarse de todo deseo.
4) La verdad del camino óctuple: este es el camino que se debe transitar para librarse del deseo.

Este camino óctuple en la vida para librarse de los deseos y las insatisfacciones es:

1) Comprensión correcta: Debes aceptar las cuatro verdades nobles y caminar por el camino óctuple.
2) Pensamiento correcto: Debes renunciar a los placeres de los sentidos y entonces la enfermedad no dañará a ningún ser vivo.
3) Lenguaje correcto: No mientas; no calumnies ni abuses de nadie.
4) Conducta correcta: No destruyas a ningún ser viviente; no robes, no cometas adulterio.

5) Trabajo correcto: Debes ganarte la vida de modo que no dañes a nadie.
6) Esfuerzo correcto: Esfuérzate por impedir que surja en ti cualquier cualidad mala y por abandonar las malas cualidades que posees, para procurar las buenas cualidades.
7) Contemplación correcta: Sé observador, está alerta y libre del deseo y la pena.
8) Meditación correcta: El vaciamiento de todo deseo personal.

Los cinco mandamientos o normas que los budistas procuran seguir son:

1) No matar a ninguna criatura viviente.
2) No robar.
3) No cometer adulterio.
4) No decir mentiras.
5) No tomar bebidas embriagantes ni consumir drogas.

Es evidente que a los evangélicos esto les parece la segunda tabla de los Diez Mandamientos, por lo tanto, debe tenerse cuidado de evitar el sincretismo producto de las similitudes. Casi todas las formas de budismo están mezcladas con creencias animistas al punto tal que en algunos casos uno no está seguro de si la religión se describe mejor como una forma animista del budismo o una forma budista del animismo. Los países con los mayores porcentajes de budistas en sus poblaciones son Tailandia, Camboya, Myanmar y Bután.

Al budismo no le preocupa Dios ni el cielo como lugar de llegada, sino que le preocupa una correcta travesía a lo largo de esta vida. Los budistas quieren preservar a todos los seres vivos y algunos llegan a extremos por alcanzarlo, como barrer la calle mientras van caminando para no pisar ni matar a ningún insecto o usar máscaras para evitar que accidentalmente se inhale y se mate alguno. Los budistas no comen carne de res y muchos no comen ninguna clase de carne.; sienten un profundo respeto por la naturaleza y por sus ancianos.

El confucionismo

Es una antigua religión fundada por el filósofo chino Confucio alrededor de cinco siglos antes del nacimiento de Cristo. Con millones de practicantes alrededor del mundo se la considera una de las religiones mundiales e influencia la cosmovisión y la cultura china en maneras profundas. El confucionismo es más un sistema ético dedicado a conocer el lugar de cada uno en la sociedad y en la familia, y a vivir dentro de las correspondientes expectativas. Este enfoque filosófico de la reverencia, la armonía y el equilibrio social de lo positivo y lo negativo fluye de los escritos atribuidos a Confucio. El confucionismo enseña cinco virtudes.

1) La primera virtud es *Ren*, que es la humanidad; esta puede definirse como la cualidad de compasión hacia otros, lo que puede incluir tanto a la gente como a los animales. Tres de los conceptos claves del *Ren* son el amor, la misericordia y la humanidad.
2) La segunda virtud es *Yi*. Significa honestidad y rectitud.
3) La tercera virtud es *Li*, que significa decoro y conducta correcta.
4) La cuarta virtud es *Yi*, que representa la sabiduría o el conocimiento.
5) La quinta virtud es *Xin*, que representa la fidelidad y la sinceridad.

Estas cinco virtudes les enseñan a los seguidores del confucionismo las ideas básicas sobre cómo debe comportarse una persona.[45]

Aproximadamente una de cada cinco personas en el planeta es china. Por tanto, sería extremadamente difícil e injusto caracterizar lo que cree el confucionismo chino; sencillamente existen demasiadas variaciones sobre esta filosofía y práctica. Sin duda, está influenciada por antiguas creencias religiosas tribales como considerar que los cielos son una

[45] Stephen C. Neill, citado en Gailyn Van Rheenen, *Communicating Christ in Animistic Contexts* (Pasadena, CA: William Carey Library Publishing, 1996), 25.

deidad, la veneración de los ancestros y el equilibrio entre el yin y el yang. Los escritos sagrados son los cinco clásicos y los cuatro libros. Las creencias filosóficas básicas del confucionismo suelen estar escondidas o suelen practicarse dentro de otras religiones asiáticas como el taoísmo.

El animismo

Tal vez la religión más grande en el mundo es el animismo. El obispo Stephen C. Neill estima que el 40% del mundo practica el animismo en alguna de sus formas.[46] Los animistas creen que todo tiene la fuerza de una vida, un alma o un poder. Este sistema recibe su nombre del término latín *anima*, que significa aliento, alma, espíritu o alguna fuerza de vida. Cada árbol, piedra, nube, jaguar, río, trueno o volcán tiene un espíritu. Además de estos, existen espíritus creados que pueden ser ambivalentes, benévolos o malévolos y a los cuales hay que aplacar. Los antepasados y los que recientemente han muerto son fuerzas que también deben reconocerse. Los animistas viven con el constante temor de haber pasado por alto e insultado a un espíritu, de que alguna disonancia social termine en la mala voluntad de algún poder espiritual o cósmico, o de haber ofendido a algún antepasado. Como si esto fuera poco, tienen la constante preocupación de que un enemigo esté haciéndoles algún maleficio mediante la magia o la hechicería. Por lo tanto, los que ejercen control sobre los espíritu y poderes, o que al menos tienen la habilidad de comunicarse con ellos, suelen ser los ancianos de la comunidad sumamente respetados y poderosos.

Las deidades animistas tienden a poseer una base geográfica. Si un grupo de personas vive cerca de un volcán, lo venerarán y le harán ofrendas o sacrificios cuando comience a retumbar y humear. Cuando se calma, razonan que sus rituales han apaciguado su espíritu. Los que viven cerca del mar no solo consideran que es una deidad, ya que toda la vida proviene de esa fuente, sino que la luna también es una deidad porque tiene poder sobre el mar. La poderosa madre tierra es una figura común en el animismo ya que la mayoría de las culturas dependen de la tierra para la supervivencia gracias a las cosechas, los animales del

---

[46] Ibíd.

bosque o los peces de los ríos, lagos y mares. Cuando a los animistas se los traslada de sus tierras ancestrales y se los reubica en nuevas ciudades o regiones, el miedo se transforma casi en pánico. Ya no conocen a las deidades locales ni las creencias tradicionales del lugar para mantener a raya el mal. Como personas temerosas, los animistas continúan siendo los más abiertos al evangelio debido a la poderosa influencia que el mensaje «no temas» tiene en los corazones de los ansiosos.

Al trabajar con animistas es de vital importancia discernir qué cree ese grupo específico. Aunque existe una cosmología general que pueden tener en común respecto a un dios remoto y distante, a espíritus intermedios y a los intermediarios que interactúan con ellos, existen miles de variedades de animismo. Paul G. Hiebert sabiamente advirtió a los misioneros para que sean buenos antropólogos y que dediquen tiempo a aprender la cultura local, a descubrir qué es lo que creen, cómo practican su religión y por qué. Entonces, estarán lo suficientemente preparados para reconocer cuándo la gente mezcla inconscientemente las creencias antiguas con sus enseñanzas. Hiebert afirmó: «Muchos misioneros suponen que el cristianismo desplazará automáticamente al animismo con sus creencias en espíritus y poderes de la tierra. En su mayoría, no han tomado con seriedad la creencia de la gente en la posesión de los espíritus, la hechicería, la adivinación y la magia; sencillamente niegan su realidad. Como resultado, muchas de estas viejas creencias siguieron subyacentes porque los misioneros no las trataron con seriedad ni proporcionaron soluciones cristianas a los problemas a los que se referían».[47] Una de las contribuciones más importantes de Hiebert a la antropología misionera fue el error de la exclusión del medio.[48] Presenta la verdad de que la mayoría de los misioneros occidentales operan en una visión de la realidad en dos niveles: el cielo y ese mundo allá arriba, y la existencia terrenal de los seres humanos, las plantas y los animales aquí abajo. El mundo animista tiene un nivel intermedio de espíritus y poderes, y de rituales, encantamientos, amuletos, configuraciones astrológicas u ojos

[47] Hiebert, *The Gospel in Human Contexts*, 83.

[48] Paul G. Hiebert, *Anthropological Reflections on Missiological Issues* (Grand Rapids, MI: Baker Books, 1994).

malos que los influencian. El nivel medio es tan real para los animistas como Dios en los cielos o la gente que tenemos a nuestro lado.

Los misioneros, los pastores, los plantadores de iglesias y los que capacitan a pastores deben conocer la cosmovisión de sus oyentes para saber qué es lo que «oyen». El evangelismo y el ministerio entre la gente animista debe tener en cuenta sus creencias en brujos que adquieren la forma de jaguares, en hechiceros, en encantamientos mágicos y fetiches para evitar la confusión y el error al enseñar que el diablo anda como león rugiente buscando a quien devorar, al hablar sobre Saúl y la adivina de Endor, o la serpiente que Moisés colocó sobre una estaca para que todo el que la mirara fuera sanado.

Dedica algún tiempo para preguntarles a tus alumnos cuáles son las creencias animistas locales y busquen lo que la Biblia dice sobre cada una de ellas. En tu contexto existe algún grado de animismo como existe en prácticamente todos los contextos de la tierra en un grado o en otro, pero tal vez les lleve tiempo hablarlo contigo. Estas precisiones suelen ser nociones culturales específicas que solo se comparten con los de adentro, y es probable que todavía no hayas alcanzado ese rango. Sigue intentándolo a medida que avance tu relación con ellos y recuerda que el animismo es prolífico en comunidades orales que son culturas donde las relaciones se dan cara a cara. El trasfondo de la información que aprendes será crucial para la manera en que presentes la verdad. Para ellos, la verdad es igual a la relación más la experiencia. Además, es muy probable que tomen las decisiones en forma grupal, no individual. No te sorprendas si durante algún tiempo no tienes resultados y, de repente, varios de ellos vienen a ti profesando a Cristo.

Sectas y cultos

Por último, en este breve estudio de algunas de las religiones del mundo y en un muestreo de sus creencias, también debemos considerar a las sectas y los cultos. Los términos secta y culto no tienen una definición clara en todos los idiomas. A diferencia de otros idiomas, el inglés no usa los dos términos como sinónimos; secta suele referirse a un grupo ligeramente desviado dentro de un cuerpo mayor, mientras que los cultos son grupos que, tanto ellos como otros cristianos, consideran diferentes de manera muy particular. Entonces, en lugar de quedar enredados en las diferencias entre las dos palabras, abordemos el concepto de los grupos aberrantes, cuasi o seudocristianos, a los que nos referiremos como cultos.

Los cultos son grupos cuyo fundador y líder pretende tener una verdad nueva y exclusiva, además de una nueva revelación de Dios. Los cultos guardan secretamente ciertas creencias, doctrinas o componentes de rituales y usan tácticamente aquello de «saber es poder» para controlar a sus miembros. El líder o concilio de liderazgo es típicamente autoritario al extremo, sin respeto por los miembros, las familias, las finanzas o las decisiones personales de sus miembros fuera de su ámbito. Los cultos niegan una o más doctrinas fundamentales del cristianismo ortodoxo, como la deidad de Cristo o la salvación por gracia a través de la fe. Algunas veces, el líder del culto pretende ser Jesucristo y el culto siempre procurará establecerse como el único camino verdadero hacia Dios. Manipulan las Escrituras o le hacen agregados, lo que incluye establecer fechas para sucesos escatológicos y volver a determinarlas una vez que la fecha pasó sin que nada ocurriese. Los cultos son extremadamente celosos del crecimiento numérico y de reclutar nuevos miembros.

Algunos han usado símbolos matemáticos para ayudar a la gente a recordar las características de un culto:

> \+ Añaden elementos a la Palabra de Dios.
>
> \- Disminuyen a Jesucristo y procuran convertirlo en algo inferior a Dios o elevan al hombre con la capacidad de hacerse igual a Él.
>
> x Multiplican los requisitos para la salvación.
>
> ÷ Dividen la lealtad de sus miembros entre Dios y los líderes lo que hace que la devoción a la secta sea una prueba de fe y la membresía, un vehículo para la salvación.[49]

En un resumen más extenso, esta compilación de características de un culto puede ayudar a los alumnos a profundizar para discernir si una iglesia independiente o una nueva denominación es un culto.

---

[49] M. David Sills, «Cults REAP Training», en *Home Mission Board* 363-79F/15M/2-94.

1) Nueva enseñanza: tiene una nueva teología y doctrina.
2) La única verdad: suele considerar que los sistemas religiosos tradicionales son apóstatas y que solo ellos poseen la verdad absoluta.
3) Liderazgo fuerte: por lo general, un individuo o grupo pequeño pero poderoso de liderazgo tiene el control de las enseñanzas y las prácticas del grupo.
4) Obtención de activo: suelen requerir que los diezmos o la propiedad se transfieran al sistema religioso.
5) Aislamiento: para facilitar el control sobre los miembros física, intelectual, financiera y emocionalmente.
6) Control: ejercen control sobre los miembros. Algunas veces, lo hacen a través del temor, con la amenaza de que perderán la salvación si se van del grupo; otras, a través del adoctrinamiento (o lavado de cerebro).
7) Adoctrinamiento: poseen métodos para reforzar las creencias y las normas del culto en los que se ridiculizan y distorsionan las visiones opuestas.
8) Apocalípticos: para hacer que los miembros se enfoquen en el futuro y tengan un propósito filosófico al evadir el apocalipsis o ser librados a través de él.
9) Experiencia: como confirmación de su verdad suelen usarse diversas prácticas que incluyen la meditación, la repetición de palabras o frases y la iluminación «espiritual» con Dios.
10) Privaciones: privación del sueño o de la comida, lo que debilita la voluntad del sujeto.
11) Persecución: predicciones de persecución que suelen combinarse con las declaraciones de que toda visión opuesta a la de ellos es una forma de persecución.[50]

---

[50] Matt Slick, «Cults! An outline analysis». *CARM.org*. Página consultada el 20 de junio de 2016. http://www.carm.org/cults-outline-analysis.

Principales cultos

La Iglesia de Jesucristo de los Santos de los Últimos Días (mormonismo), comenzó en 1830 con Joseph Smith, quien recibió una serie de visiones de un ángel para guiarlo a que estableciera la verdadera adoración a Dios, de manera muy similar a la que Mahoma recibió las visiones con instrucciones para comenzar el islam. Los mormones envían entre 80 000 y 100 000 jóvenes misioneros de a pares por el mundo, con una misión de dos años. Los mormones son extremadamente evangelizadores, porque creen que son la única Iglesia verdadera y que todos los cristianos que no son mormones no creen en el verdadero evangelio ni siguen al verdadero Cristo. Los mormones aceptan cuatro libros sagrados, *La Santa Biblia*, *El libro del mormón*, *La perla de gran precio* y *Doctrinas y convenios*, aunque creen que la Biblia se ha corrompido con el tiempo, como creen también los musulmanes. El objetivo de los mormones es la exaltación, que se obtiene a través de las buenas obras. Creen que pueden alcanzar esto al final de la vida, ya que adoptan la herejía: «Así como el hombre es ahora, Dios lo fue en otro tiempo; así como Dios es ahora, el hombre puede serlo».[51]

La Sociedad de Biblia y Tratados de El atalaya (Testigos de Jehová), comenzó en la década de 1870 y su fundador fue Charles Taze Russell. Niegan verdades fundamentales de la doctrina cristiana, como la Trinidad, la deidad de Cristo, creen que Él es la primera creación de Dios y niegan Su resurrección. Niegan la deidad y la persona del Espíritu Santo, y lo llaman la fuerza de Dios. También niegan la existencia del infierno. Los Testigos de Jehová se niegan a celebrar la Navidad, la Pascua o los cumpleaños; rechazan las transfusiones de sangre y el uso de cruces, ya que consideran que la cruz es un símbolo pagano. Controlan estrictamente a sus miembros, creen que es posible perder la salvación y que solo 144 000 testigos de Jehová irán al cielo. Sus miembros llaman a las puertas para evangelizar en los vecindarios y distribuyen sus revistas *El atalaya* y *Despertar*, que da como resultado cientos de miles de horas de trabajo misionero para su organización.

---

[51] Lorenzo Snow, «Man's Destiny», en *Improvement Era*, 22.8 (junio 1919): 660.

La Iglesia Universal del Reino de Dios (Pare de Sufrir), es un grupo hereje del evangelio de la prosperidad que exige efectivo y otras dádivas financieras a cambio de bendiciones. Fue fundada por el magnate multimillonario de los medios brasileros Edir Macedo y su cuñado R. R. Soares. Con el tiempo se separaron y Macedo se convirtió en la única autoridad y se otorgó a sí mismo el título de Obispo Macedo. En diversos aspectos, su doctrina refleja mucho lo que se encuentra en las iglesias pentecostales. Sin embargo, el énfasis extremo en obtener riqueza, la presión para dar con sacrificio a la iglesia y en secreto, y las falsas acusaciones y las investigaciones criminales en muchos países alrededor del mundo elevan a este grupo y a toda otra herejía de la prosperidad similar a los niveles de «culto» y son peligrosos.

La práctica de las misiones globales

El mundo está cambiando a una velocidad vertiginosa y cada vuelta de la tierra parece traer novedades que tarde o temprano se abren camino en la práctica de las misiones. Sin embargo, una rápida reseña de la historia de las misiones revela patrones y hebras comunes que se han utilizado en todo el mundo a lo largo de los siglos. Hemos hablado de algunos de ellos anteriormente en este módulo, pero esta sección te dará la oportunidad de asegurarte de que tus alumnos los tengan en cuenta en el contexto de las diferentes estrategias.

Evangelismo, discipulado y plantación de iglesias

En la Gran Comisión, el Señor Jesús les dijo a Sus discípulos, y a través de ellos a nosotros, que fueran a todos los grupos de personas y les predicaran el evangelio, los hicieran discípulos, los bautizaran y les enseñaran todo lo que Él había mandado. Un componente de la Gran Comisión que no es negociable, que es elemental y que es condición *sine qua non* es el evangelismo. La gente debe oír el evangelio para ser salva; quienes son salvos deben ser discipulados y estos deben ser bautizados. Los creyentes discipulados estudian la Biblia en comunidad con otros creyentes, se juntan para formar iglesias y siguen las enseñanzas del Nuevo Testamento para ver quiénes deberían ser los líderes, qué deberían hacer y cómo deberían comportarse las iglesias. Las Epístolas le enseñan a la Iglesia los lineamientos esenciales para esta instrucción. La Biblia también enseña que la educación teológica, la preparación pastoral y la capacitación de los líderes forman parte de la tarea de evangelización y de plantación de iglesias. El énfasis de muchos misioneros y plantadores de iglesias se describe mejor como los ministerios de la Gran Comisión.

Ministerio a «uno de estos más pequeños»

Otros misioneros han articulado un llamado, un equipamiento y una guía igualmente poderosos para los ministerios a «uno de estos más pequeños» (Mat. 24:40). Estos ministerios suelen tomar la forma de cuidado de huérfanos, trabajo entre los niños de la calle y rescate de las víctimas del tráfico de personas. Otros viven en partes muy complicadas del mundo y ministran a personas llevándoles alivio en medio de los desastres, del desarrollo de la comunidad, de programas de alimentación o de la excavación de pozos de agua. Otro de estos ministerios es la misión médica, que es tan antigua como el cristianismo, y algunos de los nombres más conocidos en la lista de héroes misioneros fueron médicos como David Livingstone, Hudson Taylor, Bill Wallace y Paul Brand.

Misiones educativas

En muchos países, el alto número de niños de la calles, de padres subempleados y desempleados, o de nuevos creyentes que se rehabilitan de trasfondos criminales requieren la capacitación para comenzar vidas nuevas a través de la enseñanza provista por los misioneros cristianos. La capacitación vocacional y técnica proporciona herramientas como la carpintería, la costura o la agricultura para que puedan proveer para sus familias. Esto les demuestra el amor de Cristo en maneras tangibles a aquellos que sufren y que no tienen esperanza.

La formación pastoral adquiere muchas formas en las diversas culturas del mundo, lo cual es fundamental para el propósito de este recurso. En las zonas urbanas, un seminario residencial tradicional puede ser la mejor opción para que los creyentes en esa ciudad obtengan la capacitación que necesitan para servir como pastores, enseñar clases bíblicas, plantar iglesias o incluso escribir libros cristianos y de teología para su propio pueblo. Los seminarios residenciales situados en la ciudad no son una opción para algunos debido a sus situaciones laborales o familiares; en estos casos, la educación teológica por extensión responde a la necesidad. En esta modalidad, los instructores van a las comunidades de los estudiantes para ofrecer una capación no formal en vez de exigir que ellos se muden a la ciudad. Hasta las librerías cristianas proporcionan un ministerio de preparación al poner la sólida enseñanza cristiana y la explicación bíblica a disposición de muchos que no tendrían otro tipo de acceso a la instrucción fiel.

Los medios y la tecnología

A partir de sus inicios en Quito, Ecuador, en 1931, el ministerio radial cristiano a todo el mundo ha crecido desde su humilde comienzo hasta cubrir todo el planeta con radio, televisión e Internet que proporcione evangelismo, discipulado, educación teológica y edificación para creyentes e iglesias. Clarence Jones, el fundador de la radio HCJB,[52] afirmó: «La radio es el misionero que nunca necesita licencia». A lo largo del camino, Radio Transmundial, *Far East Broadcasting Company* y otros ministerios similares se unieron a HCJB. Además, han añadido tecnología de televisión e Internet para lograr que la programación y la enseñanza cristiana estén a disposición de millones en lugares del mundo difíciles de alcanzar.

Los lugares difíciles de alcanzar han quedado históricamente como los menos alcanzados, por razones evidentes. Luego de la Segunda Guerra Mundial, las estrategias y metodologías misioneras comenzaron a incluir las bendiciones que provenían del mundo de la aviación. Los expilotos de la Fuerza Aérea y de la Fuerza Naval utilizaron las habilidades que habían aprendido en el servicio a su país para servir al Señor y a Sus misioneros, lo que posibilitó que los misioneros de campo vivieran en estaciones misioneras internados en la selva o en cadenas montañosas a las que antes no se había podido llegar. Luego de que comenzaran los

[52] Ahora llamada *Reach Beyond*.

ministerios de aviación misionera como MAF, JAARS y SAMAIR,[53] los misioneros podían llegar a una estación en la selva en horas, lo que antes hubiera requerido tres semanas de esfuerzos y caminatas atravesando áreas muy peligrosas. Las víctimas de mordeduras de víboras que, sin duda, no hubieran llegado caminando a recibir atención médica, ahora tenían esperanza. Además, los misioneros podían recibir correos electrónicos, medicamentos, provisiones y personal de relevo más fácilmente. De manera similar, los misioneros a lo largo de grandes sistemas hídricos como el río Amazonas manejaron «centros de renovación» flotantes para predicar el evangelio en forma de navíos-casas. Estos barcos misioneros llevaron el discipulado, la atención médica y odontológica, las bibliotecas cristianas, la comida y el vestido a muchos pueblos aislados y satisficieron otras necesidades prácticas a medida que se requerían.

Traducción de la Biblia

La traducción de la Biblia es un ministerio que se ha llevado a cabo desde los tiempos del Nuevo Testamento. El avance del evangelio en áreas de diversos idiomas requiere una Biblia en la lengua natal. Cam Townsend, fundador de *Wycliffe Bible Translators* y SIL, se dieron cuenta al comienzo de su carrera misionera de la gran necesidad de tener la Biblia en la lengua madre. Desde su comienzo en 1934, *Wycliffe Bible Translators* ha causado un gran impacto en este ministerio crucial que permanece sumamente necesitado. Otras agencias como SIM, *Pioneer Bible Translators* [Traductores Pioneros de la Biblia], *New Tribes Mission* [Nueva Misión a las Tribus], *World Team* [Equipo Mundial] y otras, ayudan también a satisfacer esta necesidad. Miles de idiomas no tienen una sola palabra de la Biblia. Los ministerios de alfabetización que procuran enseñarle a leer a la gente en grupos que tienen una Biblia están estrechamente relacionados a este ministerio y son sumamente necesarios para el uso de las Biblias existentes.

Las estrategias y las metodologías para las culturas de los pueblos orales también están relacionadas con la traducción y la alfabetización. Las personas de las culturas orales necesitan la narración redentora de

---

[53] *Mission Aviation Fellowship, Jungle and Aviation Radio Service*, y *South America Mission Air*.

la Palabra de Dios en un formato que puedan comprender, recordar y repetir. Las metodologías que funcionan bien para estos aprendices son herramientas esenciales para los misioneros y plantadores de iglesias que trabajan entre ellos. Esto se cubrirá con mayor profundidad en el siguiente módulo sobre homilética.

Plantación de iglesias

Eclesiología y responsabilidad[54]

Como la eclesiología impulsa a la misionología, debe abordarse una pregunta crucial: ¿Qué es una iglesia? Es evidente que el espacio con que aquí contamos no permite un estudio exhaustivo. No obstante, algunos lineamientos muy básicos proporcionan una descripción suficiente para la profundidad que necesitamos aquí. Históricamente, las particularidades que definen una verdadera iglesia son la predicación de la Palabra, la observancia de los sacramentos de la Cena del Señor y el bautismo y la disciplina en la iglesia. La Junta Internacional de Misiones de la Convención Bautista del Sur ha adoptado una definición que es más que adecuada para que sus miembros misioneros reconozcan una iglesia neotestamentaria.[55] La definición es bíblica y detalla una cantidad de aspectos de la iglesia local que incluyen cosas tales como la preeminencia de la Palabra de Dios, los sacramentos y el liderazgo. Aunque tu iglesia tal vez no adhiera a esta definición exacta, cualquier estudio bíblico que procure definir una iglesia neotestamentaria revela que no es simplemente un grupo de personas que han decidido reunirse para leer la Biblia juntas. Es importante que enseñemos lo que la Biblia dice sobre la iglesia y que no dejemos que la gente arme sus propias ideas basadas puramente en la preferencia de formas culturales preexistentes o en lo que pueda ser más oportuno.

El pastor Mark Dever ha ayudado a pastores y ancianos a comprender las marcas de una iglesia saludable.[56] Ha escrito extensamente que

---

[54] Partes de esta sección aparecieron previamente en Sills, *Reaching and Teaching*, cpt. 2-3.

[55] Véase apéndice 3.

[56] 9Marks, http://9marks.org.

una iglesia saludable debería estar caracterizada por una predicación expositiva, una teología bíblica, una interpretación bíblica del evangelio, una interpretación bíblica de la conversión, el evangelismo bíblico, una interpretación bíblica de la membresía de la iglesia, la disciplina bíblica en la iglesia, un discipulado bíblico, el crecimiento cristiano en la iglesia y el liderazgo bíblico. Sin lugar a dudas, Dever no dice que estos son los requisitos esenciales para que un grupo sea una verdadera iglesia; más bien, son las características de una iglesia saludable. Cuando los misioneros les enseñen a los pastores nacionales las características de una verdadera iglesia y les den también estas pautas bíblicas para iglesias saludables, el resultado será testimonios sólidos, perdurables y que se reproduzcan del poder de Dios en las culturas del mundo.

Quedarse lo suficiente

Un sinnúmero de creyentes ha oído el evangelio, ha levantado la mano y se ha unido a una iglesia, pero les han faltado pastores que les enseñen la Palabra. Los misioneros y los plantadores de iglesias que sienten la presión o la carga de pasar al siguiente grupo están preocupados por el aprieto en que se encuentran estos nuevos creyentes, pero la pregunta sigue suspendida en el aire: «¿Cuánto tiempo es el suficiente?».

¿Cuándo un pastor debería considerar que su trabajo de predicar, discipular y aconsejar a los miembros de la iglesia ha terminado? Los que se convirtieron en miembros cuando él comenzó su ministerio buscarán su sabiduría y su consejo por el resto de sus vidas. Tendrán crisis de salud, en la crianza de los hijos, en las finanzas y en la fe. ¿Alguna vez podrá decir que ha terminado la tarea? No, siempre existirán los continuos problemas con los miembros existentes y también con los nuevos creyentes que vengan al Señor a través de su ministerio. En la vida de cada uno de ellos, el proceso de enseñanza, discipulado, formación y consejería comienza de nuevo.

Piénsalo de esta manera. ¿Durante cuánto tiempo debería continuar su tarea una escuela de enseñanza médica? ¿Llegará el momento en que la junta directiva de un hospital emita un comunicado de prensa en el que declare que todos los médicos que deberían recibir formación ya se han graduado y están en ejercicio de la profesión? ¿Qué hay de todos esos médicos graduados? ¿Alcanzarán el punto en que terminarán su trabajo? ¿Llegará alguna vez el día en que alguien pueda decir que los habitantes de esta ciudad gozan de perfecta salud y que la tarea de los médicos ha terminado?

Autoridad e influencia

¿Llegará el día en que un padre termine de actuar como padre y de dar consejo? Tristemente para algunos, pero felizmente para la mayoría, ese día nunca llega.

El rol de los padres cambiará a lo largo de las vidas de sus hijos, pero su responsabilidad, contribución e influencia nunca deberían concluir. El siguiente diagrama es una buena manera de pensar en el rol siempre cambiante de un padre.

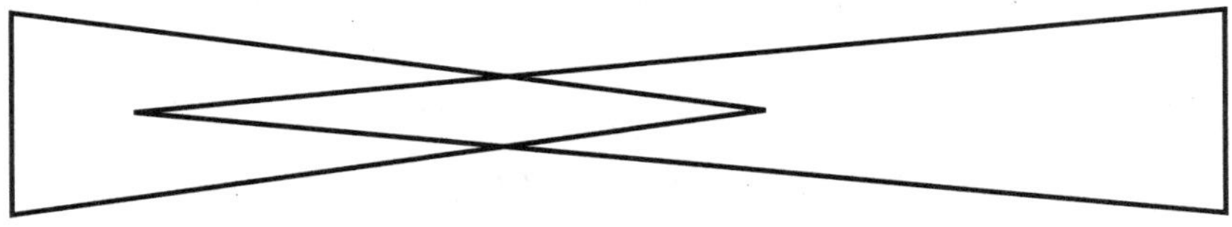

El triángulo de la izquierda representa el control del padre sobre la vida de su hijo. El triángulo de la derecha representa el control del hijo sobre su propia vida. Y toda la ilustración —de izquierda a derecha— representa la línea de tiempo de la vida del hijo. Al comienzo, prácticamente cada decisión que se toma es prerrogativa del padre: cuándo comer, qué comer, qué ropa ponerse, etc. Sin embargo, llega el día en la vida del hijo en que el padre permite que decida si ponerse la camisa roja o la azul, si ponerse un vestido o unos vaqueros, o si puede comer una tostada o cereal. A medida que la responsabilidad del niño en las decisiones diarias crece, el control del padre disminuye. Con el tiempo, el padre ha enseñado y guiado tan bien al hijo que este puede tomar responsablemente las decisiones de la vida con poca guía directa del progenitor. No obstante, el padre siempre estará interesado y participará en la vida del hijo. Además, estarán los otros hijos, los nietos y los sobrinos que buscarán consejo y guía a través de la sabia vida del padre. Los padres piadosos y responsables nunca abandonan a sus hijos en el hospital cuando nacen, ni en ningún momento de sus vidas. La guía paterna continuará por muchos años y los hijos crecerán y madurarán poco a poco a lo largo del camino. De la misma manera, los misioneros deberían procurar proporcionar supervisión, discernimiento, sabiduría, consejo, enseñanza y orientación a los nuevos convertidos en sus ministerios.

Los misioneros siempre han dicho que quieren llegar a ser prescindibles. No obstante, muchos misioneros se han quedado toda su carrera en los lugares donde se ha establecido la iglesia. Algunas veces se los ha acusado de olvidar que su tarea era llegar a ser prescindibles. A primera vista, parece que es así. Otros se han ido poco después de que los pocos primeros levantaron la mano para indicar que querían aceptar a Cristo como Salvador. No se sienten llamados a quedarse y discipular, así que se van para lograr que otros levanten la mano. Hay otros que se hacen prescindibles en su tarea pionera de evangelista y luego asumen el rol de discipuladores. Posteriormente, se convierten en colaboradores de los hermanos locales. Más adelante, comienzan a participar en los ministerios de sus antiguos estudiantes cuando se convierten en pioneros en una nueva área. Aunque se han quedado en el país, no se quedan sentados disfrutando del brillo del ayer, como podría parecer.

Roles misioneros

Harold Fuller de *Serving In Mision* (SIM) [Servicio en Misión] ha desarrollado esta perspectiva de los diversos roles de los misioneros.[57] Cuando un misionero llega a un área no alcanzada ni evangelizada, su rol es el de un pionero. Muchos tienen la idea del misionero pionero con un salacot en la cabeza mientras va blandiendo su machete, aunque esto ya casi nunca es así. Muchas nuevas áreas de misiones se encuentran en el corazón de un moderno centro urbano densamente poblado con altos edificios de apartamentos. El misionero pionero evangeliza y planta iglesias en

[57] W. Harold Fuller, *Mission-Church Dynamics: How to Change Bicultural Tensions Into Dynamic Missionary Outreach* (Pasadena, CA: William Carey Library Publishing, 1980).

la nueva región. Cuando un grupo de creyentes se junta y forma una iglesia local, el misionero pionero puede descubrir que está más ligado a la tarea de lo que desearía. Si tiene un verdadero espíritu pionero, se sentirá frustrado por no poder dejar a estos creyentes para que crezcan por su cuenta mientras él se traslada a territorio virgen para predicar nuevamente a Cristo donde no ha sido nombrado.

Algunas veces, el misionero ve como los individuos adoptan el cristianismo, llama iglesia a esos nuevos creyentes, los deja para que se las arreglen por su cuenta y sale a buscar otros grupos a los cuales evangelizar. Como resultado, la iglesia que queda es anémica en el mejor de los casos y herética en el peor, y normalmente no sobrevive mucho tiempo a menos que se haya producido un total sincretismo con las religiones tradicionales. El resultado más saludable se produce cuando el misionero ve que su rol se va transformando en el de un padre que nutre y guía a las iglesias y los discípulos jóvenes. De no existir esa evolución del rol en la vida del pionero, este al menos debería abocarse a la tarea de traer una segunda ola de misioneros. El segundo rol de compromiso misionero es el de un padre. Por cierto, muchos misioneros se sienten llamados a hacer esto: a discipular, a capacitar pastores, a enseñar teología, a formar escuelas de enseñanza y a ayudar a los creyentes indígenas a establecer formas de cristianismo culturalmente apropiadas. A medida que estos creyentes y estas iglesias maduran y se reproducen, el misionero verá un cambio en el rol nuevamente.

El tercer rol misionero es el de acompañar a otro misionero. Este misionero trabaja codo a codo con evangelistas, pastores y profesores nacionales capacitados. Comparten el trabajo y las decisiones, y expanden y desarrollan el ministerio en ese contexto. Nuevamente, el misionero que vino como pionero, pero que desde entonces se ha convertido en un padre, puede sentir el malestar de los crecientes dolores a lo largo del proceso. Por otra parte, si cree que ir a otro lugar es la mejor manera de ser fiel al llamado de Dios para su vida, debería partir recién después de conseguir la llegada de nuevos misioneros que asuman su rol.

El cuarto rol es como participante; este ajuste se necesita cuando la obra continúa creciendo en la zona. Con el tiempo, el misionero deberá ser solo un participante en el ministerio nacional. Normalmente, este desarrollo en la relación se da cuando el misionero comienza a trabajar en nuevas áreas. Visitará la antigua obra de tanto en tanto y disfrutará de la predicación de los pastores que llegaron a la fe años atrás bajo su propio ministerio.

En las zonas donde este cambio de roles no se produce, siempre hay disfunción y tensión. Los misioneros que no comprenden la necesidad de entregarle el ministerio a los discípulos locales continúan en sus roles originales. La primera generación de creyentes puede preferir que lo hagan y prácticamente pueden exigir que los misioneros continúen en esos roles originales. La segunda y la tercera generación de creyentes comienzan a preguntarse por qué los misioneros continúan ejerciendo autoridad sobre ellos, en especial cuando reflexionan en que sus padres y abuelos son creyentes. Pueden preguntarse por qué este misionero que todavía no habla su idioma a la perfección o que no comprende en su totalidad la cultura es visto como un príncipe entre sus súbditos. En esta olla se cocinan expresiones como las de: «¡Misioneros, vuelvan a su casa!». Comprender los diversos roles de las misiones legítimas y del llamado personal de cada uno a las misiones es la clave para encontrar paz, equilibrio y un ministerio fructífero en medio de necesidades y exigencias cambiantes en el campo misionero.

China ha sido un foco de atención del éxito de las misiones en las últimas décadas y algunas veces, se la ha puesto como ejemplo de lo que se puede hacer cuando los occidentales salen del lugar. El crecimiento de la iglesia en los hogares en ese país ha sido a la vez explosivo y alentador. Sin embargo, no todo está tan bien como esperaríamos; la iglesia en China sufre en diversas maneras debido a la muerte de los líderes con capacitación teológica. Los misioneros informan que los evangélicos en China pierden 10 000 iglesias de hogares cada año que se convierten en cultos porque los líderes de la iglesia no tienen capacitación teológica. No pueden enseñar ni defender lo que el cristianismo ortodoxo sostiene como verdad. Antes de la expulsión de los misioneros occidentales, las iglesias chinas habían aprendido a evangelizar, pero nadie capacitó ni preparó profesores y personas que pudieran enseñar, ya que no pensaban que los obligarían a irse. Durante la revolución, muchos de los pastores chinos que habían sido bíblicamente calificados y capacitados entre ellos fueron llevados a prisión o asesinados. Las iglesias continuaron evangelizando, lo que junto con la persecución trajo un rápido crecimiento, pero nadie tenía una teología sólida y no había lugar donde aprenderla.

Enseñarles que guarden todas las cosas

Enseñarles que guarden todas las cosas es agotador, requiere tiempo, es conflictivo y muchas veces, doloroso. Casi todos los misioneros han sentido más de una vez que sería mucho más fácil seguir adelante y comenzar de nuevo en otro lugar. Se preguntan: «¿Acaso el rol de capacitar, enseñar y guiar tiene que continuar por siempre?». Tal vez una buena manera de responder la pregunta con la cual comenzamos el módulo es preguntarnos a nosotros mismos en qué condición debería estar la iglesia donde hemos trabajado cuando nuestro trabajo haya terminado. Es decir, ¿cuál es la visión final para la tarea? ¿Anhelamos ver una iglesia saludable que conozca e interprete correctamente la Palabra de Dios, y que la aplique de manera apropiada en la cultura? ¿Esperamos ver líderes teológicamente formados, bíblicamente calificados en las iglesias, que evangelicen, discipulen y pastoreen a otros en el grupo de personas? ¿La meta es ver una iglesia que puede continuar la tarea de alcanzar y enseñar a los compatriotas y discipular a los convertidos hasta que Jesús regrese? Si es así, entonces de ningún modo podemos dar un paso al costado luego de la aceptación inicial de Cristo, diciéndonos a nosotros mismos que tienen el Espíritu Santo y que Él los guiará a toda verdad. Hay un trabajo difícil por delante y debe hacerse durante un largo tiempo antes de que los misioneros puedan dejar solos a los nuevos creyentes y a las nuevas iglesias.

La solución es continuar capacitando líderes hasta que hayas formado personas que no solo tengan una comprensión para sí mismos, sino que sepan cómo formar a otros para que a su vez, formen a otros. ¿Cuánto es suficiente? ¿Durante cuánto tiempo deberían continuar enseñando los misioneros? La respuesta es tan simple como bíblica. No dejes de enseñar hasta que hayas formado maestros; no dejes de capacitar hasta que hayas formado instructores.

En esta sección del módulo, los estudiantes aprenderán sobre el llamado bíblico y el valor de hacer por otros lo que tú haces por ellos: Enseñarles. El subtítulo de este libro es: *Un manual para enseñar a otros a enseñar*. Segunda Timoteo 2:2 insta a los líderes a que formen otros líderes, que traerá como resultado nuevos líderes que formen a otros, que formen a otros y así sucesivamente. A esta altura del material, es inevitable que algunos alumnos se sientan abrumados. Pueden sentir que solo han aprendido una parte de lo que has enseñado en los módulos anteriores y que nunca podrán enseñarle nada a otro. Desafía esa percepción. Ayúdalos a ver que la tarea del líder es seguir aprendiendo y enseñando siempre. Sin embargo, la aplicación específica en esta sección es un misionero que forme a un estudiante, pero muchos de los principios se aplican al modo en que tus estudiantes capacitarán y discipularán a los líderes en su iglesia o comunidad.

La Iglesia local en misión

Las iglesias locales son las entidades que envían a todos los misioneros. Este es el modelo que vemos en Hechos de los apóstoles cuando la iglesia de Antioquía recibe instrucciones para apartar y enviar a Bernabé y Saulo. Así como en los tiempos del Nuevo Testamento existió este llamado a la iglesia local para que se involucrara en las misiones, hoy se extiende a todas las iglesias de todas partes. Por lo tanto, aunque los alumnos que tengas conduzcan iglesias en áreas que en sí son una misión, ayúdales a ver que ellos también deben concentrarse en la tarea de afuera a pesar de sus propias necesidades. Los miembros de la iglesia deberían escuchar hablar de las misiones en primer lugar y con regularidad de boca de su pastor, mientras este predica la Biblia e ilustra con historias sobre el avance del evangelio. Las iglesias participan en la educación sobre misiones cuando dan clases a niños, jóvenes y adultos, cuando envían equipos a viajes misioneros y reciben a familias misioneras. Ayuda a que tus alumnos vean las necesidades del ministerio en su comunidad y que la iglesia local podría cubrir, luego desarrolla una estrategia para expandir la visión de los miembros de su iglesia para ir a otras culturas en pro del evangelio.

El cristiano como individuo y las misiones globales

Muchos creyentes sienten pasión por las misiones y por el avance global de la causa de Cristo, pero no han sentido Su llamado a empacar y partir. Existen muchas maneras en que los cristianos pueden participar en las misiones desde la iglesia local. Otros misioneros saben que Dios los ha llamado y están listos para ir, pero por una u otra razón siguen esperando que se abra una puerta. Tal vez esperan que su cónyuge sienta el llamado, o quieren mejorar la salud para obtener el permiso, o tienen que cancelar deudas, juntar fondos o recibir educación o capacitación especial. Mientras esperan, existen muchas maneras de hacerlo activamente y redimir el tiempo. Pueden aprender otro idioma, participar en esfuerzos evangelizadores internacionales, enseñar su idioma a inmigrantes y refugiados que son nuevos en su área, leer biografías misioneras, recibir más capacitación bíblica, pero lo más importante es acercarse lo más posible a Jesús. Escuchar el llamado y oír la guía de Dios será más sencillo si nos acercamos lo suficiente como para oír la suave vocecita que nos diga: «Este es el camino; ve por él».

Algunos que han sentido pasión por las misiones pero que no han podido dejar sus hogares han expresado su llamado movilizando a otros. Se puede ser un movilizador de las misiones en la iglesia local mediante la enseñanza sobre misiones, el reclutamiento de equipos para viajes misioneros, la conducción de viajes cortos, la motivación para que se ofrende para las misiones y la conducción de los ministerios de oración por esta causa. La obra misionera avanza mediante las oraciones de los intercesores. Se ha dicho que la oración no asiste la obra de las misiones, sino que es la obra misma. Por último, la persona con mentalidad misionera que pertenece a una iglesia puede abrir el camino al educar y desafiar a otros a dar, al enseñarle a la iglesia cómo se usan los fondos para las misiones y al ayudarle a mantener la visión fresca. Aquel que moviliza para las misiones les recuerda a otros que el último mandamiento de Cristo debería ser nuestra primera prioridad.

La práctica de las misiones globales en el siglo XXI[58]

Los misioneros deben volver a examinar las maneras en que tradicionalmente han conducido las estrategias y las metodologías misioneras. En un mundo cambiante, los misioneros y los plantadores de iglesias deben estar dispuestos a cambiar lo que pueden para mejorar su trabajo, mientras siguen fieles a las cosas que nunca deben cambiar: la voluntad de Dios claramente revelada. Los misioneros y los pastores suelen perder la noción de la rapidez de los cambios que nos rodean y como resultado, siempre están apagando incendios o tratando de ponerse al día cuando sus estrategias no son efectivas. Las misiones proactivas requieren misioneros que llevan la Biblia en una mano y el periódico en la otra, para no tener siempre un enfoque reactivo.

Los cambios en los gobiernos

Los países donde sirven los misioneros determinan en gran parte la forma de sus ministerios. Hace tiempo, hemos reconocido esta realidad dentro del mundo árabe, donde la conversión al cristianismo es ilegal y esto crea una multitud de desafíos para las misiones, además de que estos desafíos continúan multiplicándose. No obstante, lo que se ha explorado menos son los desafíos gubernamentales que surgen prácticamente en todas las regiones del mundo. Los gobiernos de izquierda en América Latina han promulgado leyes que complican el trabajo de las misiones como así también la vida de sus ciudadanos. Este no es más que un ejemplo de una tendencia global de los gobiernos a tomar decisiones que aumentan las necesidades físicas y espirituales de su pueblo, mientras que al mismo tiempo impiden la obra de la iglesia que podría abordar esas necesidades. Los misioneros y los plantadores de iglesias deben permanecer alertas y monitorear atentamente los cambios en los países y en los gobiernos donde viven y trabajan.

---

[58] Estos temas se tratan con mayor profundidad en M. David Sills, *Changing World, Unchanging Mission: Responding to Global Challenges* (Downers Grove, IL: IVP Books, 2015).

Urbanización y globalización

Naciones Unidas informa que el mundo de ahora es más urbano que rural y esta es una tendencia que no da señales de reducirse. Esto presenta desafíos significativos porque los misioneros tradicionalmente han tenido más éxito en las zonas rurales y han visto menos frutos en las ciudades. Los misioneros deben preguntarse qué deben cambiar para alcanzar, plantar iglesias y hacer discípulos en las ciudades. Todo esto debe lograrse dentro de las nuevas tribus urbanas y demografías, de las comunidades cerradas y de las poblaciones móviles.

La comunicación, la tecnología y la vida misionera

Muchos de nuestros héroes misioneros tienen historias personales que no forman parte de las historias misioneras de hoy. Esto se debe a que la gente ya no va a los confines del mundo; es que el contexto en el cual vamos es radicalmente diferente. Los misioneros de hoy empacan y viajan por el mundo de manera muy similar a la de las generaciones de antaño, pero lo hacen en aviones en lugar de barcos con altos mástiles, llegan en horas en lugar de semanas o meses después. Al llegar, envían un mensaje de texto a la familia y a los amigos para que sepan que están bien. Cuando llegan a la casa de huéspedes de la misión, es probable que usen Internet para conectarse con los padres preocupados y para hablar cara a cara. El nuevo misionero tiene el apoyo de la familia y de los amigos en tiempo real, y no debemos subestimar este valor. Esta tecnología moderna permite la conexión rápida y constante con las iglesias que han enviado. Sin embargo, debemos reconocer que la facilidad para conectarse con el hogar impide el verdadero establecimiento de la persona en la cultura extranjera.

El misionero de hoy posee nuevos recursos y dispositivos que pueden usarse en el ministerio. El uso generalizado de teléfonos celulares, de memorias, de Internet, de redifusión multimedia y de tabletas ha abierto un nuevo mundo. Las oportunidades que proporcionan los servicios de traducción automática y los recursos de videos pueden parecer como una solución que se adapta a todas las medidas para uno de los desafíos de las misiones que más tiempo consume. De repente, podemos transmitir el evangelio a través de videos o de tarjetas SD, de chips en los teléfonos celulares y de recursos de Biblias en línea. No obstante, debemos mantenernos concentrados en el llamado primario que hemos recibido: hacer discípulos. Debemos enseñar a los maestros y capacitar a los instructores. Debemos hacer discípulos que a su vez hagan discípulos. Si esto es lo que haremos, debemos tener cuidado de usar recursos y herramientas reproducibles en el proceso.

Los misioneros de carrera y los de corto plazo

El acceso a los viajes globales ha abierto la puerta para las mayores cantidades de misioneros de corto plazo (STM [por sus siglas en inglés]) que ha habido. Muchos de los que utilizan este libro participan como STM, que son la respuesta a muchas oraciones para que alguien vaya y capacite. Los equipos de STM son la mejor esperanza para muchos que necesitan esta formación en el mundo. Pero esta modalidad trae consecuencias para la iglesia en el país que envía, ya que los recursos se adjudican a las misiones de corto plazo, con posibles repercusiones en los misioneros de carrera; pero lo más serio es que tiene consecuencias en la metodología de los misioneros de carrera. De repente, los locales tienen un alto grado de exposición a individuos que no poseen la fluidez en el idioma, el conocimiento de la cultura o la comprensión de su cosmovisión. El testimonio de los miembros de los equipos de STM puede ser menos consistente y esto suele crear desafíos para los misioneros de carrera que trabajan para desarrollar una transmisión consistente del evangelio. De todos modos, estos equipos pueden utilizar un recurso como este para hacer viajes periódicos a localidades seleccionadas y para capacitar a los pastores de maneras culturalmente apropiadas, y así proporcionar la formación esencial a aquellos que de otro modo no tendrían.

Cuando ayudar duele

En los últimos años, se ha vuelto a prestar atención a la responsabilidad de la iglesia de satisfacer las necesidades físicas y de participar en los problemas de la justicia social. Un creciente número de creyentes se ve impulsado hacia el compromiso social, que vemos manifestarse en un mayor interés por los ministerios sociales, por la ayuda a los niños de la calle, a los que están en la pobreza y por la provisión de recursos físicos. Estas buenas intenciones a corto plazo acarrean consecuencias a largo plazo. Ahora tenemos el beneficio de más de 2000 años de historia de la Iglesia y de la experiencia de las misiones que testifican de las consecuencias que trae tanto el énfasis excesivo como el énfasis insuficiente en las necesidades físicas, lo que nos deja con un claro desafío para lograr un enfoque equilibrado. La clave es ser sensible a la posibilidad verdaderamente real de que nuestros deseos y esfuerzos de ayudar puedan causar más bien un mayor daño involuntario.

Las iglesias como agencias que envían

La iglesia local que envía misioneros y que permanece comprometida en el proceso es el modelo más bíblico de misiones y refleja los patrones que vemos en el Nuevo Testamento. No obstante, debemos recordar que no vivimos en los tiempos del Nuevo Testamento y que el paso del tiempo ha complicado el envío a las misiones con consecuencias muy reales. ¿Cómo debe pensar la iglesia en abordar la selección, el envío y la capacitación de misioneros? La iglesia también debe cuidar a los miembros hasta cierto punto y debe pedirles cuentas. De algún modo, la iglesia debe proporcionar apoyo financiero, contaduría, bancarización, recepción de donaciones y debe hacerse cargo de llenar los informes impositivos del gobierno. Las iglesias deberían tener planes de contingencia en caso de que su misionero sea la desafortunada víctima del rapto, del robo, de un accidente o de la expulsión debido a un golpe de Estado. Las iglesias serían sabias si consideraran enviar a los llamados a través de una agencia misionera para facilitar el envío.

Los negocios como misión

Una tendencia creciente son los negocios como misión. A medida que las realidades geopolíticas que rodean las relaciones de occidente con los demás países continúan siendo un desafío para los que procuran vivir y servir fuera de sus fronteras, ha surgido la necesidad de encontrar maneras legítimas para tener acceso y obtener visas para vivir en muchos países. Mientras que los últimos años han sido testigos del establecimiento de «compañías pantalla» exclusivamente con el propósito de obtener la residencia legal en países cerrados, los negocios como misión utilizan el camino de las carreras legítimas. Esto protege la integridad del ministerio y posibilita las relaciones naturales con los residentes, los clientes y los empleados en la comunidad. Las habilidades técnicas o las credenciales educativas permiten enviar misioneros a lugares donde sería imposible obtener una visa misionera.

El sur global

No solo se ha producido un desplazamiento de la población hacia el sur global, sino que se ha producido también un desplazamiento de poder hacia esta región. El mundo multinacional de negocios ahora reconoce que esta región tiene un lugar en el escenario del mundo, aunque tienda a sobreabundar la inestabilidad y la corrupción. El socialismo, la ley sharia y el comunismo predominan en esta parte del mundo, y cada uno de ellos presenta desafíos únicos para el misionero. No obstante, esta es también la parte del mundo que está experimentando una inmensa respuesta al cristianismo. Los cristianos en el sur global son llamados por el Espíritu Santo, sirven en sus iglesias y también se sienten movilizados como fuerza misionera. Cuando a esta fuerza misionera se la capacita con un material como *Corazones, mentes y manos,* el potencial para la expansión del reino y su impacto son increíbles. A medida que los pastores, los misioneros, los plantadores de iglesias y los maestros dan un paso adelante desde estas iglesias, el rol de los misioneros occidentales bien puede pasar a ser predominantemente el de aquellos que equipan a la siguiente generación de misioneros —los que envía el sur global— en lugar de tener que ser siempre los misioneros pioneros.

Las manos: El mentor

En nuestra capacitación, repetidas veces hemos abordado la necesidad de discipular a otros. Por cierto, el objetivo de la sección del corazón en esta currícula de capacitación pastoral es brindarle al pastor las herramientas para continuar su propio discipulado personal, lo que incluirá discipular a otros. Esto le permitirá continuar creciendo en Cristo aun cuando esté separado de otros cristianos maduros que puedan desafiarlo en su fe y práctica. Recuerda que en este programa, el discipulado es básicamente el proceso para desarrollar más y más al pastor hasta que se convierta en la persona que Cristo desea que sea.[59] Esto significa que, en lugar de proporcionar meramente cantidades de información para que los estudiantes memoricen (u olviden), procuramos formarlos para que sean seguidores de Cristo informados, que crezcan diariamente en el conocimiento de Él y que procuren darlo más a conocer. La guía a través del mentor es un método probado por el tiempo que los creyentes maduros pueden usar para ayudar a otros a convertirse en esa persona deseada. Es un proceso que se da en el contexto de una relación personal mediante la cual el mentor, que conoce, tiene experiencia o sabiduría, comparte esa información con su alumno a través de su ejemplo de vida y de su enseñanza. Esto puede producirse en reuniones ocasionales que respondan a una crisis o en encuentros periódicos para obtener guía y capacitación; también puede darse en el marco de una relación continua más parecida a la de un padre con su hijo.

La guía a través de un mentor es una metodología antigua que se remonta a la mitología griega además de encontrarse en el texto bíblico como algo que se prescribe y de lo que se da ejemplo. Los mentores capacitan, aconsejan y esencialmente sirven como entrenadores de la vida para alguien más joven o menos maduro. Hendricks escribió: «La guía a través del mentor era una forma de vida en los tiempos bíblicos. Era el medio principal para transmitir las habilidades y la sabiduría de una generación a la otra».[60] Vemos este proceso en la Biblia cuando Moisés es el mentor de Josué, cuando Jesús les enseña a Sus discípulos y los prepara, y cuando el apóstol Pablo discipula a Timoteo, a Tito y a Silas. Estos hombres enseñaban con el ejemplo. La guía a través del mentor es

---

[59] Adaptado de Dallas Willard, *Knowing Christ Today: Why We Can Trust Spiritual Knowledge* (Nueva York: HarperOne, 2014).

[60] Howard G. Hendricks y William D. Hendricks, *As Iron Sharpens Iron: Building Character in a Mentoring Relationship* (Chicago, IL: Moody, 1995), 180.

un método de enseñanza de uno a uno, que es mucho más apropiado en muchas culturas que la instrucción en el salón de clases, que es prácticamente desconocido o culturalmente incómodo y poco familiar. Este es un programa de capacitación que requiere mentores que estén dispuestos a aceptar al alumno «como es», justo en el momento de la vida en que se encuentra, pero con un plan y un deseo de guiarlo a un andar más maduro con el Señor. Luego de investigar las necesidades de capacitación de los líderes indígenas en América del Sur, el misionero Mike Welty llegó a la conclusión: «Por lo general, los líderes que terminan bien han tenido el beneficio de la guía de alguien a lo largo del camino».[61]

Cuando en nuestro ministerio en Ecuador se necesitaba un modelo de capacitación pastoral culturalmente apropiado para los pastores quichuas, no pude encontrar uno que se adaptara bien. La mayoría de los modelos habían sido diseñados para contextos occidentales altamente alfabetizados o habían sido copiados de allí. Requerían reunir a los alumnos en un salón de clases tradicional, tenían asignaturas para leer y escribir, y la efectividad se medía a través de pruebas escritas. Llevé adelante una investigación entre los líderes quichuas y los informantes culturales para conocer las maneras tradicionales de educar a la generación siguiente en roles específicos de cada género, como la crianza de hijos, la construcción de viviendas, el tejido, etc. Ellos explicaron que la cultura quichua se basaba en «observar y hacer». Tradicionalmente, utilizaban un modelo maestro-aprendiz y la guía del mentor como forma de enseñanza. Este es el mejor modelo para la mayoría de las culturas orales en el mundo, pero tristemente, no existen suficientes «maestros» o mentores. Así, la mayoría de los programas de capacitación deben utilizar el modelo del salón de clases para enseñar a más de uno a la vez.

Se deben hacer ajustes para que requieran menos normas pedagógicas occidentales como las asignaturas escritas y los exámenes, y para permitir más relaciones de educación persona a persona. La información que aprendan en cualquier modelo de guía será más efectiva y duradera. En

[61] Mike Welty, «A Formal Mentoring Program for Quichua Indian Pastors of Imbabura, Ecuador», tesis MA (Chicago, IL: Moody Bible Institute, 1998), 3.

la mayoría de las culturas orientadas a lo grupal o colectivo, la verdad es la suma de la relación más la experiencia. La información abstracta separada de la vida cotidiana y de la gente no es tan poderosa como cuando un mentor vierte esa misma verdad en las vidas a través de la enseñanza de persona a persona.

En algún tiempo, la educación médica se basaba en este modelo de maestro-aprendiz, o en un modelo de capacitación sobre la marcha, donde los jóvenes tenían un contrato con un médico experimentado y solían prestar servicio ayudando en tareas de menor importancia, pero allí aprendían todo sobre la práctica de la medicina. Los jóvenes predicadores con aspiraciones al ministerio eran también aprendices de los ministros. Las culturas antiguas capacitaban a los artesanos iniciándolos como aprendices de sus maestros. El modelo de maestro-aprendiz es un método informal de larga data para capacitar a los obreros con el nivel que el futuro requiere. La idea básica es que aquel que sabe debería dar el ejemplo, enseñar, guiar y entrenar al que quiere saber.

Las universidades occidentales han incorporado el modelo maestro-aprendiz a sus disciplinas académicas mediante el empleo de modelos en los cuales los internos reciben crédito académico en programas con la guía de un mentor. Las corporaciones multinacionales también han adoptado el concepto al hacer que los ejecutivos acompañen a los internos en el aprendizaje de habilidades que se captan en lugar de aprenderse, como la dirección de personas, la inteligencia emocional y la resolución de problemas que no puede transmitirse fácilmente en el salón de clases.

La guía de un mentor tiene grandes ventajas para él, para el alumno y para aquellos a quienes eventualmente este alumno formará. El mentor gana al recibir preguntas y verse desafiado a brindar más información, en lugar de ir al salón de clases para dar el mismo discurso que ha enseñado durante años. En esta clase de relación, el mentor va por la vida con el joven discípulo, lo guía, lo entrena y lo ve crecer. El mentor aprende lo que él mismo no sabe al tener que responder preguntas que tal vez nunca se hizo. Puede aconsejar y desarrollar a los alumnos como no sería posible en una relación formal en el salón de clases. Los mentores recurren a la experiencia de vida que probablemente no forme parte de las lecciones tradicionales del salón de clases y la vierten en la vida de los discípulos mientras caminan juntos por la vida.

El alumno aprende de su mentor de maneras que le permiten ver a través de los ojos de un viajero experimentado que está transitando el recorrido de su propia vida. En tiempos de indecisión o problemas, el mentor puede ofrecer consejos más intensivos, mientras que en algunas ocasiones puede retroceder y permitir que el alumno cometa un error, porque sabe que la experiencia le enseñará más que muchas horas de capacitación. Pero el mentor está allí para monitorear y proporcionar la necesaria red de seguridad. El alumno desarrolla un sentido de seguridad al saber que se encuentran en un camino que su mentor ya transitó, y que algún día, él podrá ayudar a otros que vengan detrás de él. La capacidad del mentor para ver el cuadro general es útil para que el alumno mantenga el equilibrio y tenga paciencia, en lugar de reaccionar exageradamente frente a sucesos que amenacen con amargar la vida. Los alumnos pueden abordar su vida y su ministerio con algo más que su propia experiencia; tienen la experiencia de su mentor y de todos los que fueron sus mentores.

Los programas de capacitación pastoral modernos harían bien en acompañar la capacitación académica con un período de tiempo en el que se aprenda a ministrar a través de un pastor experimentado. Por ejemplo, conozco una numerosa iglesia en Estados Unidos que durante varios años ha usado este método para capacitar nuevos ministros. El pastor principal de la iglesia tiene décadas de experiencia y la iglesia tiene una numerosa membresía con múltiples programas. Los estudiantes del seminario realizan sus tareas académicas a la vez que sirven como internos a medio tiempo entre el personal de la iglesia. Rotan de tanto en tanto y sirven en todas las áreas de la iglesia: en el ministerio con niños, con jóvenes, con adultos, en los programas de educación, en el cuerpo de diáconos, en el ministerio con ancianos, en la evangelización y las misiones, mientras que al mismo tiempo, aprenden de primera mano sobre las finanzas de la iglesia y la dirección del personal. Sin duda, la mayoría de las iglesias no son tan numerosas, pero eso no descarta los beneficios que recibirían la iglesia y los internos en iglesias más pequeñas. La gran ventaja que tienen los alumnos que participan en este programa es que con el tiempo, iniciarán sus propios ministerios con una amplia variedad de experiencias ministeriales además de la capacitación académica del seminario. Cuando se compara a estos jóvenes con aquellos que solo han tenido formación académica se pueden ver la bendición y los beneficios de este plan. Sería sabio que todo joven ministro tuviera un mentor que lo guiara en los comienzos de su ministerio. A medida que las pequeñas iglesias que pastoreen estos jóvenes crezcan y añadan ministerios, ellos ya habrán obtenido experiencia en esas áreas y estarán en condiciones de liderar con formación y preparación.

La guía de un mentor como método para el discipulado es especialmente beneficiosa cuando se la compara con la enseñanza sola de la iglesia. Aunque el sermón o el tiempo de enseñanza en una reunión pueden permitir que el pastor cubra gran cantidad de información en poco tiempo, la relación que se necesita para formar la vida de otro se logra mejor a través de la guía del mentor. Es también un medio para alcanzar mejor el equilibrio entre el desarrollo del carácter, la instrucción bíblica y las consideraciones prácticas. Imagina el impacto en un creyente que se sienta en la reunión de la iglesia una o dos veces por semana y oye el mensaje que se predica fielmente a toda la congregación. Sin duda, esto es beneficioso. No obstante, imagina a un segundo creyente que se sienta durante la misma enseñanza, pero que también tiene contacto regular con un creyente maduro o con un grupo de creyentes varias veces en la semana. Imagina que se cuentan lo que les sucede en la vida, llegan a conocer a la familia del otro, conversan sobre cómo Dios está desarrollando sus pasiones similares por el ministerio y oran juntos. Sin duda, es evidente que el segundo creyente madurará más rápidamente y desarrollará un equilibrio en su andar con el Señor y en la preparación para el servicio.

El modelo del mentor no necesariamente se practica de uno a uno; puede acomodarse fácilmente a un pequeño grupo. Esta formación dentro de grupos pequeños le da igualmente al mentor la oportunidad de transitar la vida con ellos, de observar sus decisiones e interacciones y de guiarlos con su experiencia, sabiduría y conocimiento. Este método del grupo pequeño le da al mentor el beneficio de enseñar a sus jóvenes discípulos a no depender solo de él, sino a ver la sabiduría de los equipos. El mentor puede alentar a los demás y a su vez recibir aliento de sus pares en el grupo.

El modelo del mentor no tiene por qué seguir un solo patrón. Puede ser tan informal como para dar solo ejemplo del carácter cristiano, de la práctica de las disciplinas espirituales con otro o para ofrecer consejo cuando se le pida. O puede ser tan formal como para trabajar juntos con un programa como la lectura de un libro cristiano, dedicar tiempo para el estudio de la Biblia o rendir cuentas los unos a los otros. El mentor debe preguntarse en forma realista con cuánta gente se puede reunir de manera regular antes de lanzarse a este ministerio. Sería mejor guiar a uno o dos que intentarlo con demasiados y arriesgarse a que el impacto sea superficial. Establece una meta de cuán a menudo se encontrarán y establece los límites que sean necesarios. Determina si combinarán esta guía con la instrucción de un salón de clases, si más bien será una simple interacción personal taza de café de por medio o reuniones informales periódicas. Si no existe ninguna crisis o necesidad que dicte lo contrario, es bueno planificar los temas de instrucción, los informes sobre evangelismo, la memorización de versículos, las preguntas para rendición de cuentas o aquellas que los guíen en el tiempo juntos para impedir que la interacción se vuelva sin propósito y no se traten temas importantes para el desarrollo de la vida cristiana.

Al establecer la relación mentor-alumno es importante establecer parámetros de modo que los dos sepan lo que implica y qué se espera. Ayuda al alumno a comprender lo que esperas lograr a través de esta relación. Fija la frecuencia de los encuentros, el lugar, la hora y si es apropiado y está permitido que el alumno contacte al mentor entre una sesión y otra. Es bueno que ambos comprendan los objetivos de la relación que ambos desean lograr. Sobre todo, en esta clase de relación es esencial mantener una estricta confidencialidad respecto a los temas que se conversan. Por este motivo y muchos más, las relaciones mentor-alumno deberían darse dentro del mismo sexo; los hombres no deberían ser mentores de las mujeres ni las mujeres de hombres.

Los mentores deberían ser amigables y afables, no aleccionadores ni sargentos adiestradores. Deberían comunicar su preocupación a la vez que la apoyan con sus oraciones por los alumnos. Jesús dijo que donde esté nuestro tesoro, allí estará nuestro corazón. Para la mayoría de los pastores, el tiempo es uno de los tesoros más valiosos y más escasos. Invertir ese tiempo en un alumno generará compasión cristiana. A medida que maduren, enséñales a hacer lo mismo con la vida de otro. Ayúdales a ver que el discipulado a través de la relación mentor-alumno es un aspecto natural y esperado de la vida cristiana. A medida que crezcan, también podrás supervisarlos en su proceso de ser mentores de otros. En otras palabras, ser ejemplo de lo que es un mentor, ayudarlos en su tarea de serlo, observar cómo guían a otros y luego relacionarlos con otros que necesitan guía. Las redes interconectadas e interdependientes de mentores y alumnos, que se convierten en mentores en el futuro, ayudan a salvaguardar la vida, la práctica y la doctrina cristiana sólidas a medida que se asoma el futuro; y se trata de un plan tan antiguo como la Biblia misma.

Aunque Dios suele usar a los mentores para que les ministren a pastores y líderes que sufren en tiempos de intensa soledad, el mentor no debería ser la única relación, ni siquiera la principal, en la vida del discípulo. Lo ideal es que la relación mentor-alumno sea una amistad natural en el ministerio que permita que el mentor transite la vida con otro, para mejorar, pulir, guiar y capacitar a lo largo del camino. Además, es importante darse cuenta de que con excepción de los discípulos más nuevos, la mayoría de los creyentes deberían ser a la vez mentores y alumnos en diferentes relaciones. Todos conocemos a alguien que está mucho más adelante en el camino, de quien podemos aprender, y la mayoría de nosotros tenemos a alguien que se encuentra transitando una parte del camino que nosotros ya hemos recorrido. Servimos mejor en el reino cuando comprendemos nuestro lugar tanto como maestros y como estudiantes.

Mientras mantienes una relación lo más cercana posible con el alumno, aliéntalo a que desarrolle amistades saludables con otros. No permitas que la interacción entre mentor y alumno se convierta simplemente en sesiones de consejería, festines de quejas sobre su cónyuge, su iglesia o su vida. Pídele a tu alumno que venga a cada sesión preparado con respuestas a preguntas específicas como por ejemplo qué enseñanza de Dios está recibiendo, qué le ha dicho el Señor a través del estudio de la Biblia ese día, qué desafíos particulares enfrenta, y que también comparta alguna victoria que puedan celebrar juntos. No monopolices este tiempo que pasen juntos dirigiendo cada conversación. Si el otro tiene un tema en particular o una pregunta que hacer, dedica tiempo para tratar estas cuestiones y orar por ellas.

La clave para que los modelos de guía a través de un mentor tengan un poder duradero es usar todos los momentos naturales que da la vida para enseñar. Cuando el mentor participa en cualquier oportunidad que le brinde el ministerio es sabio llevar consigo al alumno para instruirlo, aconsejarlo, responder preguntas de contenido o motivación que surjan y luego analizar la experiencia juntos cuando haya terminado. La planificación intencional es necesaria para los mentores y los alumnos; los grandes resultados no se producen por accidente. Tristemente, la mayoría de los pastores y misioneros no recibieron esta guía ni este discipulado personal cuando vinieron a Cristo, así que muchas veces, no saben cómo comenzar a guiar a otros. Tendemos a repetir nuestra propia experiencia; queremos evangelizar de la manera en que fuimos ganados para Cristo. Los que no fueron discipulados, probablemente continuarán con ese modelo.

Algunas veces, descuidamos el discipulado porque los misioneros y los pastores están simplemente demasiado ocupados para invertir el tiempo requerido en el proceso de discipulado. Tienen la esperanza de que los nuevos convertidos aprendan de algún modo lo que necesitan saber para la vida cristiana a partir de los sermones, las lecciones de la escuela dominical o la lectura personal de libros cristianos. El modelo del mentor es una manera en que el pastor puede añadir el discipulado y desarrollar la formación espiritual en otros a través de relaciones personales en el ministerio.

Guía a tus alumnos para que comprendan que al procurar discipular a los que están dentro y fuera de sus iglesias —ya sean pastores, diáconos u hombres jóvenes a quienes quieren compartirles toda su experiencia— el mentor es un modelo bíblico que multiplica a gran escala su tiempo y esfuerzo. El sabio líder y pensador norteamericano, Benjamín Franklin, dijo: «Dime y lo olvidaré, enséñame y tal vez recuerde, hazme participar y aprenderé». El autor de Proverbios también nos enseña la sabiduría de la relación mentor-alumno. «Hierro con hierro se aguza; y así el hombre aguza el rostro de su amigo» Proverbios 27:17.

Lecturas recomendadas

Hendricks, Howard G. Y William D. Hendricks. *Changing World, Unchanging Mission: Responding to Global Challenges*. Downers Grove, IL: IVP Books, 2015.

Pratt, Zane, M. David Sills y Jeff K. Walters. *Introduction to Global Missions*. Nashville, TN: B&H Academic, 2014.

Sills, M. David. *Changing World, Unchanging Mission: Responding to Global Challenges*. Downers Grove, IL: IVP Books, 2015.

———. *The Missionary Call: Find Your Place in God's Plan for the World*. Chicago, IL: Moody, 2008.

———. *Reaching and Teaching: A Call to Great Commission Obedience*. Chicago, IL: Moody, 2010.

Módulo 7 Objetivos de aprendizaje

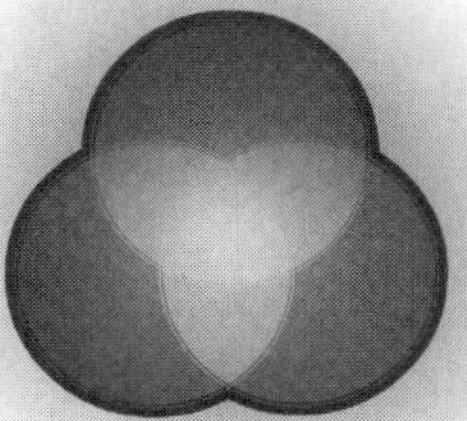

Mayordomía del tiempo y del dinero
Homilética y narración
Participación en la comunidad

Al finalizar este módulo, los alumnos podrán:

1. **El corazón: Mayordomía del tiempo y del dinero**
    a) Enumerar y explicar los conceptos de la mayordomía como una disciplina personal.
    b) Describir las maneras de redimir el tiempo en culturas con enfoque en los eventos.
    c) Explicar la importancia de la mayordomía del dinero.
    d) Exponer el rol que tiene el acto de dar, el cual se relaciona con la confianza en Dios.
    e) Aplicar la vida de pensamiento del pastor a una mayordomía sabia de la energía mental.
    f) Describir los beneficios que provienen de un pastor que vive una vida de fe.
    g) Describir el papel de la virtud en la vida y el ministerio cristianos.

2. **La mente: Homilética y narración**
   a) Demostrar una comprensión bíblica de la labor de la predicación.
   b) Definir el término «homilética» y su función en el ministerio eclesiástico.
   c) Describir el ciclo de comunicación.
   d) Explicar la comunicación «centrada en el receptor».
   e) Desarrollar la importancia de sólidas destrezas de hermenéutica en materia de homilética.
   f) Explicar la función de la oración en la preparación de sermones.
   g) Enumerar los diferentes tipos de sermones y una descripción básica de cada uno.
   h) Defender el discernimiento al escoger un ministerio de predicación expositiva.
   i) Citar los componentes fundamentales de un sermón así como los pasos básicos de la preparación de sermones.
   j) Exponer las diferencias entre los estilos de aprendizaje predilectos de los aprendices alfabetizados y los aprendices primariamente orales.
   k) Describir las diferencias entre «contar la Biblia en historias» y «contar historias bíblicas».
   l) Detallar la importancia del conocimiento de las diferencias culturales en la narración.
   m) Describir los pasos necesarios para predicar y enseñar a aprendices primariamente orales utilizando el método de narración bíblica cronológica.
   n) Exponer por qué leer solamente no implica estar totalmente alfabetizado.

3. **Las manos: Participación en la comunidad**
   a) Enumerar maneras en las que el pastor se puede involucrar en la participación en la comunidad.

b) Citar las formas en las que los pastores están ubicados de modo único para involucrarse en la participación y el desarrollo de la comunidad.
c) Explicar las diferencias entre la mejora que resulta del evangelio frente a la herejía del evangelio de la prosperidad.
d) Exponer por qué el evangelismo es la mejor forma de participación en la comunidad para su desarrollo.

Módulo 7

Mayordomía del tiempo y del dinero
Homilética y narración
Participación en la comunidad

El corazón

Disciplina espiritual personal: Mayordomía del tiempo y del dinero

La Biblia enseña que todo don bueno y perfecto viene de Dios (Sant. 1:17) y pertenece todavía a Dios; no obstante, Él nos confía en nuestras manos tiempo, talentos y dinero. Algunos reciben más para administrar que otros, pero se nos exige el mismo nivel de mayordomía independientemente de lo que hayamos recibido.[1] Puesto que Dios es el Creador de todo lo que existe (Gén. 1:1), y como Hacedor es el Señor de todo

---

[1] Para un análisis exhaustivo de estos versículos y un estudio más amplio sobre la mayordomía, véase Donald S. Whitney, *Spiritual Disciplines for the Christian Life* (Colorado Springs, CO: NavPress, 2014), 159-90.

(Sal. 104:24), nosotros recibimos todo de Él y hemos de administrarlo para Él. Esta mayordomía incluye nuestro tiempo, dinero, cuerpos, dones espirituales y cada día de vida. Todo viene de Dios como Su regalo para nosotros, la forma en que lo usamos o abusamos es nuestro regalo para Dios. Cada persona tiene la oportunidad de invertir de forma inteligente o despilfarrar de forma egoísta los dones que Dios le ha dado. Un discípulo disciplinado se esforzará por usar de manera sabia los dones de Dios y deseará ser hallado fiel al hacerlo.

Tiempo

Efesios 5:15-16 (referencia cruzada: Col. 4:5): «Mirad, pues, con diligencia cómo andéis, no como necios sino como sabios, aprovechando bien el tiempo, porque los días son malos». Esto significa literalmente que debemos «readquirir el tiempo». Los días son fugaces. Aunque el tiempo a veces puede parecer que avanza lentamente, un día nos despertamos y nos damos cuenta de que la vida casi se ha ido. Todos nuestros sueños y planes grandiosos parecen evaporarse y son lanzados al espacio como el vapor por los vientos del tiempo. «Cuando no sabéis lo que será mañana. Porque ¿qué es vuestra vida? Ciertamente es neblina que se aparece por un poco de tiempo, y luego se desvanece» (Sant. 4:14). El libro de Proverbios enseña la misma verdad: «No te jactes del día de mañana; porque no sabes qué dará de sí el día» (Prov. 27:1).

El salmista en su oración refleja el fundamento de la mayordomía sabia de nuestro tiempo: «Enséñanos de tal modo a contar nuestros días, que traigamos al corazón sabiduría» (Sal. 90:12). Jesús, en una parábola sobre un banquete de bodas, enseñó sobre la sabiduría de usar el tiempo de forma prudente. En Su parábola cinco vírgenes insensatas no estaban preparadas para la llegada del novio, y se les negó la entrada. Habían sido malas mayordomas del tiempo y de la oportunidad que se les había dado (Mat. 25:1-13). En su primera epístola, Juan escribió sobre la importancia de no perder el tiempo en intereses egoístas y mundanos: «Y el mundo pasa, y sus deseos; pero el que hace la voluntad de Dios permanece para siempre» (1 Jn. 2:17). Jesús enseñó a Sus discípulos a trabajar mientras tuvieran vida y luz: «Me es necesario hacer las obras del que me envió, entre tanto que el día dura; la noche viene, cuando nadie puede trabajar» (Juan 9:4).

Nadie sabe lo que trae el mañana y es posible que nunca tengamos otra oportunidad para hacer las cosas que Dios ha planeado para nosotros (Sal. 139:16, Ef. 2:10). Algunos derrochan la oportunidad de trabajo que el Señor ha dado y entonces el Maestro viene de pronto y exige que le rindan cuenta de la forma en que invirtieron los talentos que Él les ha confiado. En Lucas 12:45-46, el hombre que había recibido un talento para invertirlo para el Señor simplemente lo había mantenido oculto, y fue juzgado como malvado por su pereza y fracaso cuando su amo le exigió que rindiera cuentas (25:14-30). Esta parábola también se puede aplicar a la mayordomía prudente del tiempo y el talento, pero su enseñanza más clara para nosotros es sobre la inversión de los recursos financieros para el reino. Pablo nos recuerda en Romanos 14:12 y 1 Corintios 3:13-15 que habrá un tiempo de arreglo de cuentas sobre cómo empleamos y en qué gastamos nuestras vidas.

Dinero

Un buen amigo mío es un acaudalado hombre de negocios cristiano que constituye un ejemplo maravilloso de un hombre que toma la mayordomía muy en serio. Aunque tiene gran talento para hacer dinero a través de negocios seculares, él cree que todo viene del Señor y que Él sigue siendo el propietario. El título que aparece en su tarjeta de negocios es «MPT», que según él explica, significa «Mayordomo Principal Temporal». Él entiende la verdad de la enseñanza de Pablo en 1 Corintios 4:7, que dice: «Porque ¿quién te distingue? ¿o qué tienes que no hayas recibido? Y si lo recibiste, ¿por qué te glorías como si no lo hubieras recibido?».

El Dios del universo posee el universo y todo lo que en él existe. Cualquier cosa que tenemos nos es prestada por un tiempo. Dios declara esta verdad en los Salmos: «Porque mía es toda bestia del bosque, y los millares de animales en los collados. Conozco a todas las aves de los montes, y todo lo que se mueve en los campos me pertenece» (Sal. 50:10-11) y «De Jehová es la tierra y su plenitud; el mundo, y los que en él habitan» (Sal. 24:1). A Job le declaró: «Todo lo que hay debajo del cielo es mío»

(Job 41:11), y en Éxodo 19:5 expresó: «Porque mía es toda la tierra». En el libro de Hageo, Dios manifiesta: «Mía es la plata, y mío es el oro, dice Jehová de los ejércitos» (Hag. 2:8).

Dar

Dios da bendiciones a las personas en el mundo para que ellas puedan beneficiar a otros, no para que las acumulen para sí mismas. Jesús contó la parábola del granjero rico que tuvo una cosecha abundante en su granja. Como sus graneros ya estaban llenos, se preguntó qué iba a hacer con el exceso. En lugar de pensar en cómo podría bendecir a los pobres y hambrientos, decidió derribar sus graneros y construir otros más grandes. Al final de la parábola, Jesús anunció el juicio de Dios para tal egoísmo malvado y mala administración. «Pero Dios le dijo: Necio, esta noche vienen a pedirte tu alma; y lo que has provisto, ¿de quién será?» (Luc. 12:20).

Cuando damos de nuestros recursos en vez de acaparar para nosotros mismos, declaramos nuestra confianza en Dios; confianza de que Él proveerá todo lo que necesitamos hoy y mañana. Se cuenta la historia de unos niños que habían quedado huérfanos por los bombardeos y batallas durante la Segunda Guerra Mundial. Cuando estos niños fueron rescatados por los misioneros que procuraban proporcionarles hogares amorosos y rehabilitación, los niños estaban prácticamente incontrolables. Ellos vivían en constante temor a los ruidos fuertes y a la violencia. Incluso cuando obviamente estaban seguros, limpios y bien alimentados, seguían llorando a la hora de acostarse y se negaban a calmarse. Los misioneros asumieron que tenían miedo a la oscuridad. Después de más observación e interacción, los misioneros notaron que incluso cuando todas sus necesidades diarias habían sido satisfechas, aún sentían terror de la posible escasez que podrían experimentar al día siguiente. Cuando los misioneros comenzaron a llevarlos a la cama con un trozo de pan en cada mano, ellos se calmaron y durmieron profundamente. Esos niños todavía no habían recuperado la confianza. Nosotros somos muy parecidos cuando vivimos la vida con nuestros puños agarrando fuertemente las cosas que creemos que nos hemos ganado, en lugar de vivir con las manos abiertas; de las cuales Dios puede tomar o dar aún más.

Los creyentes deben confiar en Dios; y nuestro uso del dinero es una medida de cuánto confiamos. Dios se agrada enormemente cuando Su pueblo descansa por completo en Él y Su cuidado para ellos. No importa tanto cuánto damos como cuánto vamos a guardar para vivir, confiando en la provisión de Dios. ¿Recuerdas a la viuda que dio dos centavos en el tesoro del templo? Jesús dijo que ella había dado más que todos los demás (Mar. 12:41-44). Pablo enseña en 1 Timoteo 6:10: «Porque raíz de todos los males es el amor al dinero, el cual codiciando algunos, se extraviaron de la fe, y fueron traspasados de muchos dolores». La lucha por una mayordomía responsable de los recursos que Dios nos da, ya sea dinero, talentos o tiempo, nos ayuda a batallar contra la tendencia pecaminosa de alimentar con extravagancia nuestros deseos carnales. Procurar honrar a Dios al dar a los demás, hasta el punto del sacrificio personal, es agradable a Él, y para una evidencia de esto solo necesitamos mirar la parábola del buen samaritano.

Donde vaya nuestro dinero, nuestro corazón le seguirá. ¿No es interesante que Jesús no dijera esto al revés? Él no dijo, tú darás dinero para aquello que ames, sino más bien: «Porque donde esté vuestro tesoro, allí estará también vuestro corazón» (Mat. 6:21). Para ilustrar esto, imagínate a un hombre de negocios que ve potencial en un empleado joven y quiere invertir en su futuro. Quizás le anima a asistir a la escuela nocturna para avanzar en su educación, e incluso le paga la matrícula y los gastos. Mientras invierte económicamente en este joven, empieza a verse a sí mismo como una figura paterna para el joven. Ahora pasa más tiempo con él en el trabajo para transmitirle conocimientos del negocio y habilidades para el éxito. A medida que el empresario sigue invirtiendo el tesoro de su tiempo y dinero en la matrícula, los gastos, el salario y la capacitación del joven, sus afectos paternales crecen también. Funciona precisamente como dijo Jesús; donde está tu tesoro, allí estará también tu corazón. Dónde invirtamos los recursos que Dios nos confía tendrá una poderosa influencia sobre los pensamientos y deseos de nuestro corazón. Por lo tanto, se requiere una gran disciplina para canalizarlos en proyectos y planes agradables al Padre.

Pensamientos y energía mental

Todos nosotros hemos experimentado el poder que tienen los pensamientos que distraen nuestra atención para desviarnos de nuestro enfoque en la oración o para controlar nuestras frustraciones ocasionales en la vida. Al centrar nuestros pensamientos en cosas más agradables al Señor y que fomentan el crecimiento en la piedad, desarrollamos también la disciplina mental necesaria para otras áreas de la vida diaria. Los Navy SEALS, gente que pasa situaciones extremas al aire libre, y los especialistas en medicina de emergencia, todos dan testimonio de la necesidad de mantener la concentración en medio del caos. La diferencia que tal concentración ofrece puede determinar tu propia supervivencia, o la de los que te rodean. Los prisioneros de guerra han contado cómo las técnicas de control del pensamiento que aprendieron en los entrenamientos, les permitieron hacer frente tanto al aburrimiento del cautiverio como al dolor que sufrieron a manos de sus opresores. En un nivel menos intenso, pero igualmente valioso, esta disciplina mental puede ser aprovechada y canalizada en la mayordomía de la energía mental para la vida cristiana.

La energía mental no está disponible en cantidad ilimitada, por lo que debe ser administrada e invertida. La energía mental que nos permite funcionar durante todo el día, imaginar nuevas soluciones en nuestro trabajo, reorganizar eventos de forma creativa en nuestros calendarios o los muebles en nuestros hogares, y mantener la esperanza frente al cambio, nunca debe darse por sentada. No se nos asegura la energía mental para cada día de nuestras vidas como tampoco se nos garantiza la vida; es un regalo. Muchas personas padecen una depresión debilitante o una enfermedad física que drena sus fuerzas para concentrarse en las tareas diarias, incluso rutinarias. Algunos, después de experimentar el fracaso, pierden la voluntad para intentarlo de nuevo; el miedo asoma la cabeza y comienza a tomar las decisiones por ellos. La inercia del *statu quo* los inmoviliza en su lugar, y sus vidas quedan presas de oscuros pensamientos de muerte y perdición. Sin energía mental para cambiar o valor para esperar, la gente indefensa comienza a imaginar que la peor de las posibilidades en cualquier situación es, en realidad, una probabilidad, y luego, lo probable se convierte en una certeza en sus temerosas mentes. Entonces ellos creen que cuando la certeza ocurra, el resultado será el peor escenario posible. Tal pensamiento no solo es inútil para la vida cristiana saludable, sino que la incapacidad de confiar en Dios y en Sus promesas aflige pecaminosamente su Espíritu. Como instructores debemos desafiar y estimular a nuestros estudiantes que pueden tener dificultades en esta área, o que tienen miembros de la iglesia que padecen lo mismo, a realizar un esfuerzo consciente para administrar fielmente la energía mental que Dios nos ha dado. En lugar de ceder a los patrones de pensamiento que caen en espiral, esfuérzate por mantener una perspectiva bíblica y pregúntate si el pensamiento negativo o el miedo es coherente con todo lo que sabes de Dios. El cerebro y la energía que Dios nos da para utilizar pueden compararse con un martillo. Se puede utilizar constructiva o destructivamente. Se requiere disciplina para utilizarlos como Dios desea.

Afortunadamente la mayoría de tus estudiantes no están en esta trágica situación. El hecho de que están estudiando en tu grupo demuestra su esperanza de ser más útiles en el servicio a la iglesia de Cristo. La cuestión para la mayoría de ellos será cómo pueden mejorar su vida de pensamiento y administrar patrones bíblicos de pensamiento que sean agradables a Dios. Dios bendice nuestra creatividad de innumerables maneras. Cada nuevo comienzo es una indicación de esta verdad. El peregrino que se levanta y comienza a caminar nuevamente después de tropezar es testimonio de un imperecedero espíritu lleno de esperanza, y los cristianos poseen más razones para tener esperanza que nadie. La mayordomía sabia de pensamientos y meditaciones es esencial para el discipulado continuo porque la vida de pensamiento del cristiano determina su actitud, influye en sus expectativas, e impacta a las personas a su alrededor. Anima a tus estudiantes a ser agradecidos por la energía mental que Dios les da todos los días y a demostrar su agradecimiento mediante una buena mayordomía.

El fruto del Espíritu: Fe

La fe es un regalo de gracia, y Dios se agrada cuando aquellos que son salvos por gracia mediante la fe viven sus vidas caminando por fe. «Porque por gracia sois salvos por medio de la fe; y esto no de vosotros, pues es don de Dios» (Ef. 2:8). «Es, pues, la fe la certeza de lo que se espera, la convicción de lo que no se ve» (Heb. 11:1-2). Por el contrario, afligimos al Señor cuando no somos capaces de vivir por fe. «Y todo lo que no proviene de fe, es pecado» (Rom. 14:23).

Demasiados cristianos viven sus vidas cual impalas en un zoológico. Una ilustración de un viejo sermón explica esta verdad y compara la perspectiva de los impalas a nuestra tendencia a carecer de fe. «El impala africano puede saltar a una altura de más de 3 metros (10 pies) y cubrir una distancia de más de 9 metros (30 pies). Sin embargo, en cualquier zoológico estas magníficas criaturas se pueden mantener en un recinto con una pared de 1 metro (3 pies). Los animales no saltarán si no pueden ver dónde caerán sus pies».[2] Muy a menudo en la vida decimos que tenemos fe en Dios y en Su provisión, pero nos quedamos sentados en la parálisis del análisis, temerosos de dar un solo paso en cualquier dirección por miedo a que salga mal. Preferimos hacer hincapié en el proverbio, «Mira antes de saltar», y vivimos como impalas típicos en lugar de confiar en que Dios va delante de nosotros y estará con nosotros (Deut. 31:8).

La palabra *fe* en el original de Gálatas 5:22 se traduce a veces como fidelidad; y comunica la idea de una profunda convicción, creencia o seguridad. Podemos ver cómo Jesús usó esta palabra en Mateo 8:10: «Al oírlo Jesús, se maravilló, y dijo a los que le seguían: De cierto os digo, que ni aun en Israel he hallado tanta fe», y en Mateo 23:23: «¡Ay de vosotros, escribas y fariseos, hipócritas! porque diezmáis la menta y el eneldo y el comino, y dejáis lo más importante de la ley: la justicia, la misericordia y la fe. Esto era necesario hacer, sin dejar de hacer aquello». Tal fe crece a partir de una profunda confianza en Dios, Su control soberano de todos los detalles de Su universo, Su gran amor por nosotros, y una confianza en que Él es capaz de arreglar todas las cosas para nuestro bien y para Su gloria.

El pastor modela esta clase de confianza al vivir una vida de fe en Dios. En medio de la crisis y la confusión, aun cuando todos los demás

---

[2] «African impala», *Bible.org*, página consultada el 20 de junio de 2016. https://bible.org/illustration/african-impala.

se encuentran en estado de pánico, el pastor, al mostrar este fruto del Espíritu, puede estar tranquilo y así predicar un sermón de fe que confía en la fidelidad de Dios. Su capacidad para hacerlo ilustra la verdad de todo lo que ha predicado de la fe en el cuidado amoroso de Dios, del mismo modo que la falta de una confianza serena en Dios, en medio de las pruebas, socava todo lo que ha predicado.

Un temeroso y aún no convertido John Wesley pudo ser testigo de cómo los moravos vivían una fe así, durante una tormenta que amenazaba su embarcación cuando cruzaban el Atlántico.

> Partió en octubre de 1735, en un barco que transportaba 80 colonos ingleses y 26 moravos. John llegó a conocer a estos cristianos moravos, y apreciar su radiante alegría y profunda devoción. Esto fue especialmente evidente una noche justo cuando los moravos habían comenzado a cantar sus salmos de la noche. El mar empujado por el viento azotaba la nave, rasgando la vela mayor y fluyendo a través de las cubiertas. Los pasajeros ingleses estaban gritando, pero los moravos continuaron cantando.
>
> —¿No tenía usted miedo? —preguntó a uno de los moravos después que la tormenta había terminado—. ¿No temían sus mujeres y niños?
>
> El moravo respondió suavemente:
>
> —No. Nuestras mujeres y niños no tienen miedo a morir.
>
> Después que la nave llegó a tierra, Wesley continuó conversaciones similares con un pastor moravo llamado Spangenberg, quien a su vez le lanzó algunas preguntas difíciles.
>
> —¿Tiene usted al testigo en su interior? —preguntó el pastor a John—. ¿Da el Espíritu de Dios testimonio a su espíritu que usted es un hijo de Dios?
>
> Wesley no sabía qué decir.
>
> —¿Conoce usted a Jesucristo? —insistió el pastor.
>
> —Yo sé que Él es el Salvador del mundo.

> A lo que el moravo respondió:
> —Es cierto, pero ¿sabe usted si Él le ha salvado?
>
> John Wesley era claramente un hombre muy religioso. Él no solo se había capacitado para el ministerio, sino también había formado un club dedicado a la búsqueda de nuevos niveles de justicia. No solo era un ministro anglicano, sino también un *misionero*, que cruzaba el océano para difundir la fe cristiana. Pero ¿en qué consistía esta fe cristiana que él estaba difundiendo? ¿Era simplemente una cuestión de buscar justicia? ¿Era algo más? ¿Qué era lo que le daba a los moravos tal confianza frente a la muerte? ¿Cómo podían cantar con alegría cuando otros se encogían de miedo? John Wesley temía que él no poseía lo que ellos tenían.[3]

Al compartir esta historia con tus estudiantes, pídeles que compartan qué impacto tendría su respuesta ante las tormentas de la vida en aquellos que los observan. De esta manera tú podrás dejar grabada en ellos la importancia de confiar en Dios y mostrar el fruto de la fe.

Los pensamientos del pastor: La virtud

Pablo llama al creyente a disciplinar su vida de pensamiento para que sea una vida de excelencia moral, virtud y pureza. La excelencia debe caracterizar todo lo que hacemos para Dios. En mis viajes por el mundo he tenido muchas oportunidades de visitar y adorar con otras iglesias. Al hacerlo puedo disfrutar de una nueva perspectiva del santuario, la ejecución de la música, y el grado de precisión o profesionalismo con el que los servicios se llevan a cabo, cosas que un asistente regular quizás ya no percibe. He descubierto que mi vida es más impactada por los esfuerzos de

---

[3] «John Wesley's Big Impact on America», *Christianity.com*, página consultada el 20 de junio de 2016. http://www.christianity.com/church/church-history/timeline/1701-1800/john-wesleys-big-impact-on-america-11630220.html.

aquellos que intentan alcanzar la excelencia, en oposición a aquellos que son despreocupados en su enfoque a la adoración. La excelencia parece comunicar un deseo de ofrecer a Dios el mejor culto, el más brillante, el más preparado y por el que más se ha orado, lo humanamente posible. Alguien podría decir que estas cosas no son importantes, pero creo que sí lo son. Cuando somos conscientes de que adoramos a un Dios de excelencia suprema, nos esforzamos por corresponder en todo lo que hacemos.

He visto artistas con sus caballetes, óleos y pinceles pintando obras de los grandes maestros en los museos de arte. Es evidente que el mundo nunca los confundirá con los que pintaron una obra maestra de siglos de antigüedad, pero sus esfuerzos por reproducir los mismos tonos, colores, texturas, pinceladas, luz y sombras de las mejores obras de arte, inevitablemente les aportarán lecciones valiosas y mejorarán sus habilidades. Por el contrario, si modelan su trabajo según producciones masivas mal pintadas el resultado será el embotamiento de las habilidades y técnicas y el esfuerzo será en vano. Pablo no se está refiriendo a la excelencia artística, sino a la excelencia moral que debe causarnos admiración y el deseo de imitarla.

Pedro advierte a sus lectores que se esfuerzan por vivir una vida que proporcione paz y seguridad de su relación con Dios. En el siguiente pasaje, la palabra para excelencia se traduce como *virtud*, demostrando además que la excelencia que debemos procurar no es la de mera precisión musical o logros humanos solamente, sino más bien la excelencia de la virtud moral.

> Como todas las cosas que pertenecen a la vida y a la piedad nos han sido dadas por su divino poder, mediante el conocimiento de aquel que nos llamó por su gloria y excelencia, por medio de las cuales nos ha dado preciosas y grandísimas promesas, para que por ellas llegaseis a ser participantes de la naturaleza divina, habiendo huido de la corrupción que hay en el mundo a causa de la concupiscencia; vosotros también, poniendo toda diligencia por esto mismo, añadid a vuestra fe virtud; a la virtud, conocimiento; al conoci-

> miento, dominio propio; al dominio propio, paciencia; a la paciencia, piedad; a la piedad, afecto fraternal; y al afecto fraternal, amor. Porque si estas cosas están en vosotros, y abundan, no os dejarán estar ociosos ni sin fruto en cuanto al conocimiento de nuestro Señor Jesucristo. (2 Ped. 1:3-8)

Tal virtud moral de carácter significa que hemos de procurar vivir como Dios viviría, y esforzarnos por ser la persona que Jesús sería si Él fuera nosotros.

El momento de la salvación es el punto inicial que hace posible esta vida. Es entonces que somos hechos nuevos y al fin somos empoderados para decir no al pecado y sí a Dios. La regeneración fue algo que Dios llevó a cabo en nosotros, pero la santificación es algo que Dios hace por medio de nosotros; es decir, Él nos capacita y nos manda al mismo tiempo a jugar un papel en el proceso. Nuestra profesión pública de Cristo y la fe en Él deben encontrar su expresión en la forma en que vivimos nuestras vidas. Nuestra vida moral debe ascender de los viejos patrones de pecado y fracaso a las normas que establece la Escritura. Los méritos de la mediocridad y el cristianismo descuidado son dignos de condena teniendo en cuenta la excelencia de nuestro Cristo y el hecho de que decimos ser cristianos, lo que equivale a decir, *pequeños Cristos*. Sin embargo, lejos de «hacer sentir culpables» a tus estudiantes echándoles en cara sus esfuerzos infructuosos e inútiles, debes recordarles que la vida que Dios desea (y lo que la excelencia moral requiere), se hizo posible en su nuevo nacimiento por la gracia mediante la fe. La salvación no solo atribuye los méritos de Cristo al creyente, sino que también infunde el poder de rechazar el pecado y alcanzar el éxito en el crecimiento de la excelencia moral.

Aun así, una vida de pensamiento de excelencia no es automática, se requiere disciplina. El mundo está lanzando constantemente alternativas a una vida de abnegación y de esfuerzos diarios para mejorar. La disciplina que se requiere debe convertirse en una segunda naturaleza para el pastor. El enemigo quiere influir en el siervo de Dios en la negatividad, la calumnia, el chisme, la ira, la lujuria y el orgullo. Se necesita disciplina para mantener tus pensamientos por los caminos hacia la santidad y la excelencia moral. El pastor cuya vida de pensamiento se caracteriza por la excelencia será una guía y modelo para los que lo rodean, y él será capaz de decir como Pablo escribió a los corintios: «Por tanto, os ruego que me imitéis» (1 Cor. 4:16), y «Sed imitadores de mí, así como yo de Cristo» (1 Cor. 11:1). Pregunta a tus alumnos si quieren una iglesia llena de miembros cuya vida de pensamiento refleje la de ellos mismos. Cuando desarrollamos patrones de pensamiento que se esfuerzan por alcanzar la excelencia moral, el estilo de vida resultante disminuye la ansiedad que tendríamos cuando pedimos a nuestros miembros de la iglesia que nos imiten.

La mente: Homilética y narración

La predicación de la Palabra de Dios es la vocación más sublime en el mundo. Dios comunicó Su Palabra al hombre en la Biblia y nos dejó este infalible registro por escrito de Su revelación. Recibir el inmenso privilegio y honor de anunciar y explicar Su verdad a las personas debe asustar al corazón más valiente. Por otra parte, Dios en Su gracia ha elegido la proclamación de Su Palabra como el medio que Él utiliza para salvar almas. ¿Qué privilegio más alto podríamos recibir? Y, por lo tanto, ¿qué otra tarea debe recibir nuestros mejores esfuerzos que la preparación y la exposición del mensaje que Dios pone en nuestro corazón semana tras semana, cuando alimentamos a Sus ovejas? Los cristianos evangélicos son el pueblo del Libro, y como John Broadus escribió: «La predicación es característica del cristianismo».[4]

Los predicadores de la Palabra de Dios siguen la línea de aquellos de los cuales el mundo no era digno: Jesús, Pablo, Pedro, Martín Lutero, Juan Calvino, John Knox, Richard Baxter, Charles Spurgeon, John Wesley, George Whitefield, Philips Brooks, Jonathan Edwards, la larga línea de dos milenios de misioneros, pastores, plantadores de iglesias, predi-

---

[4] John A. Broadus, *On the Preparation and Delivery of Sermons* (Nueva York: Harper and Row, 1870), 1.

cadores de las calles, evangelistas y ahora tus estudiantes. No obstante, tus estudiantes no son el don asombroso a la iglesia, como tampoco lo fueron estos predicadores famosos de la historia cristiana desde el apóstol Pablo hacia adelante. Más bien, el don asombroso de Dios para la iglesia es Su Palabra. Su don asombroso para aquellos predicadores, y para tus estudiantes, es el llamado divino a predicarlo. La seriedad con la que nos entregamos a la tarea de la predicación es nuestro don para Él, lo que demuestra el agradecimiento por Su don y humildad al ejercerlo.

Si bien predicar las verdades eternas de la Biblia a la gente en nuestras iglesias, en nuestras comunidades, o alrededor de Su mundo es un gran honor, abordar esta tarea indignamente debe acarrear gran vergüenza. Llegamos al púlpito indignamente cuando estamos a medio preparar: al no orar, estudiar para exhibirnos a nosotros mismos de manera confiada ni preparar con diligencia la comida que servimos a Sus ovejas. Este módulo presenta los componentes básicos de la tarea de la predicación. Muchos de los que están leyendo este libro estarán sirviendo como pastores de congregaciones que lo podrían leer por sí mismos, es decir, que saben leer y seguir con facilidad los conceptos abstractos o el razonamiento lógico deductivo. Otros pueden servir en congregaciones de aprendices primariamente orales, y el pastor mismo puede ser un aprendiz primariamente oral perteneciente a un grupo que no posee un sistema de escritura para su lenguaje. Debido a un estilo de predicación diferente que es más eficaz con los aprendices orales, la sección sobre el estilo de homilética tradicional se presenta por separado y seguido por un tratamiento de la predicación y la enseñanza en contextos de aprendices primariamente orales.

Homilética

La homilética se refiere al arte o la ciencia de escribir y predicar sermones. El trasfondo de la palabra *homilética*, que nos da nuestra palabra *homilía*, se refiere a un discurso o sermón pronunciado a una reunión o una multitud reunida. Un sermón es una charla, conferencia, presentación o exposición de un tema religioso, preferiblemente de la Biblia, que enseña y aplica la verdad cristiana.

Para apreciar los retos y riesgos para una comunicación clara, basta pensar en la confusión que se produce en cualquiera de mis conversaciones cotidianas con otra persona. Cuando tengo una idea que me gustaría comunicar a otra persona, debo cifrarla en un sistema codificado que ambos compartimos. En este caso, voy a suponer que ambos entendemos el idioma español. Después de expresar mi pensamiento en palabras sencillas en español, debo elegir el medio de comunicación, ya sea en forma manuscrita, correo electrónico, teléfono, o una conversación cara a cara. En este último caso, voy a hablar directamente con esa persona y compartir mi idea. Sin embargo, si hablo en un volumen demasiado bajo, una velocidad del habla demasiado rápida, o si hay ruido exterior que afecta la capacidad del oyente para escuchar y entender mis palabras, habrá interferencia. Todo lo que él escucha, luego debe decodificarlo para comprender el significado asignado al mensaje que recibió. Si alguna parte del proceso se rompe, puede que se comprenda algo muy distante del mensaje deseado.

Lo que desde mi perspectiva parece ser un mensaje muy sencillo y claro, puede llegar distorsionado o mal interpretado, incluso cuando mi oyente pertenece a mi mismo grupo etnolingüístico, lugar de origen, grupo etario o familia. Recuerda que las familias a menudo tienen dificultades relacionales entre marido y mujer, o padres e hijos, porque presentan problemas para comunicarse de manera efectiva. Ahora, considera las muchas personas de diferentes edades y diferentes orígenes dentro de una sola congregación y verás los desafíos que el pastor enfrenta al predicar cada domingo.

A menudo se dice que «las palabras no tienen intenciones, la gente sí». Otra forma de decir esto es, «las palabras no tienen significado, tienen uso». Una palabra significa lo que el que la utiliza se propone que signifique. Estos diferentes matices del uso de las palabras pueden confundir la comunicación. Esto es fácil de ver en la miríada de significados diferentes de las palabras que se utilizan en el idioma español en los veintidós países donde se habla. La confusión está siempre cercana y los predicadores deben ser conscientes de la composición de su congregación mientras predican. Una forma de ayudar al logro de una proclamación precisa y facilitar la clara comunicación es estar «centrado en el receptor», preguntándote siempre: «¿Qué es lo que mi público me oye decir?» y «¿Hay alguna posibilidad de que este mensaje pueda mal interpretarse?».

Esta perspectiva centrada en el receptor también incluye ser sensible a los diferentes niveles culturales y la comunicación que utiliza conceptos abstractos y la lógica. También hay que tener en cuenta a los receptores a la hora de considerar introducir conceptos que pueden ser desconocidos o al elegir las ilustraciones. Mi primera experiencia verdadera con este desafío sucedió en una comunidad andina cuando era un misionero novato. Toda mi experiencia previa de predicación había sido en culturas de mi propio trasfondo o en viajes misioneros de predicación a través de un intérprete, donde estaba totalmente ajeno a los ajustes que él debía realizar durante todo el mensaje. Como misionero de carrera, rápidamente descubrí que ocho meses en la escuela de idiomas no era suficiente para cerrar la brecha de comunicación y que también había que tener en cuenta el tema, las ilustraciones y el estilo de presentación.

La predicación de la Palabra de Dios se realiza generalmente en una iglesia el domingo, pero hay muchas otras ocasiones para la predicación que requieren que el predicador sea aún más sensible a estos ajustes para lograr una comunicación clara. Los encuentros especiales, tales como campañas de evangelización, donde se invita al público en general a asistir a grandes concentraciones, o la predicación en la calle, presentan desafíos únicos para el predicador que se da cuenta que debe ajustar el nivel de conocimiento bíblico que puede exponer de forma razonable en sus mensajes. En muchos escenarios y modelos de plantación de iglesias, las iglesias se abren en hogares, portales de tiendas, e incluso en cafeterías. En estos escenarios, el método de la predicación debe revisarse. Ten en cuenta que lo que se debe revisar es el método de proclamación, no la verdad o el método esencial. Algunos se refieren al líder de la discusión en torno a la mesa en una «iglesia cafetería» como el predicador y consideran que la discusión que dirige es el sermón.

Si bien hay muchos métodos para la predicación de la Palabra, y una creciente cantidad de escenarios que requieren un nuevo enfoque, hay algo que nunca cambia: los predicadores deben enseñar fielmente la verdad bíblica al pueblo de Dios. Pablo instruyó a Timoteo: «... que prediques la palabra; que instes a tiempo y fuera de tiempo...» (2 Tim. 4:2), lo cual hace énfasis en la necesidad de estar preparados y ser capaces de predicar en todas las situaciones.

La comprensión de la Palabra de Dios

El módulo 5 ayudó a tus alumnos a entender lo que necesitan saber para interpretar y aplicar la Biblia de forma correcta y fiel. Aunque tenemos que hacer hincapié en que la predicación de la Palabra incluye la interpretación y aplicación, en el contenido de este módulo no vamos a tomar tiempo para revisar de forma exhaustiva esos pasos y consideraciones necesarias en la hermenéutica. Pero sería prudente de tu parte revisar y consultarlos mientras estudias este módulo con el fin de reiterar los principios fundamentales de la comprensión de la Palabra de Dios antes de ser comunicada. Sería peor predicar herejías, llevar a la gente a doctrinas falsas, y manejar incorrectamente la Palabra de Dios que no predicar en lo absoluto. «Procura con diligencia presentarte a Dios aprobado, como obrero que no tiene de qué avergonzarse, que usa bien la palabra de verdad» (2 Tim. 2:15).

Antes de la predicación viene la preparación (del predicador y del mensaje). El pastor se prepara mediante la lectura de la Palabra de Dios, la oración y el estudio de materiales disponibles, tales como *Corazones, mentes y manos*. El predicador debe ir a la Biblia y al texto del momento y preguntarse: «¿Qué dice?». El punto de partida es la simple observación, en la que lee en oración, pidiendo la guía y la iluminación del Espíritu Santo, y que Dios abra sus ojos para ver la verdad, sus oídos para escuchar el mensaje de Dios, y su boca para que pueda proclamarla como debe hacerlo. Al recordar los pasos que aprendió en la hermenéutica, él se pregunta: «¿Qué quiere decir?». Él quiere interpretarlo correctamente teniendo en cuenta el género, las figuras del lenguaje, y la intención del autor original. Él no ha terminado su estudio hasta que se pregunte y comprenda la respuesta a la pregunta: «¿Cómo puedo aplicar esto a mi vida?». La aplicación de la Palabra de Dios es un componente esencial de la predicación. Cuando termina la predicación, él debe imaginar a su congregación preguntando en silencio, ¿y qué? Él debe proporcionarles esta respuesta para que puedan entender la verdad que la Palabra de Dios tenía para ellos y cómo aplicarla a sus vidas.

Ellos pueden hacer esto mediante varias lecturas del pasaje, haciendo preguntas del texto, tales como:

¿Cuál es la idea general?
¿Cuál es el contexto?
¿Qué significan literalmente estas palabras?
¿Hay algún indicio en el estilo de la escritura que indique que estas palabras no deben tomarse literalmente?
¿Hay algún uso idiomático o figuras del lenguaje que podrían confundir?
¿Sugiere el género una lectura literal del pasaje?
¿Quién escribió este pasaje, cuándo y para quién?
¿Por qué lo escribió?
¿Cuál es la situación de la vida del autor al escribir?
¿Qué soluciones sugiere el autor para resolver el problema que lo llevó a escribir?
¿Qué se sabe de la geografía que tiene que ver con el tema?
¿Cuáles son los principales temas, preocupaciones o enseñanzas?

A medida que el estudiante estudia el texto de esta manera metódica, ganará en perspectivas que le guiarán en la enseñanza fiel al proclamar el mensaje de Dios a su gente. Como se señaló en el módulo de la hermenéutica, estas preguntas pueden ser abrumadoras para que algunos estudiantes las recuerden y aborden en la preparación de cada sermón, sobre todo si se les pide que prediquen con poco tiempo de preparación. Por lo tanto, otra manera de trabajar el texto para interpretarlo y aplicarlo es mediante la utilización de las siete flechas que aprendimos en el módulo 5. Anotar las siguientes preguntas en la página en blanco de sus Biblias y las flechas que están relacionadas con cada una, les ayudará a recordar los puntos esenciales para la interpretación de la Biblia.

¿Qué dice el pasaje?
¿Qué significó este pasaje para su audiencia original?
¿Qué nos enseña este pasaje sobre Dios?
¿Qué nos dice este pasaje sobre el hombre?
¿Qué pide este pasaje de mí?
¿Cómo cambia este pasaje la forma en que me relaciono con la gente?
¿Por qué motivo me impulsa a orar este pasaje?

Como ya hemos tratado la hermenéutica, nuestra preocupación aquí es el contexto, el método y estilo para presentar el contenido, el significado y la aplicación de la Biblia, de manera que sean útiles para la congregación que escucha. La razón para instruir a tus estudiantes en los métodos de interpretación bíblica dos módulos atrás era para que por ahora el proceso ya fuera familiar y lo hubieran practicado lo suficiente como para que lo hicieran de forma natural. Los estudiantes deben conocer bien los conceptos básicos para la interpretación de la Biblia y solo necesitan una revisión antes de comenzar el estudio de la preparación y presentación de sermones.

Recuerda también que en el módulo 5 les presentamos a los estudiantes el modelo de contextualización crítica de Paul Hiebert, que como primer paso hace hincapié en la exégesis de la cultura local. Eso significa que hay que estudiar para conocer la cultura; lo que hacen y por qué lo hacen. Solo entonces seremos capaces de aplicar la verdad de la Palabra de Dios de manera que tenga sentido y se ajuste en el contexto. Por ejemplo, la verdad de Juan 3:16 nunca cambia, pero si yo simplemente predico esa verdad sin entender que mis oyentes creen que un animal de la selva es dios, ellos asumirán incorrectamente que yo les estoy enseñando del amor de ese animal por ellos. Es evidente que conocer bien la cultura evitaría una aplicación tan errada de la verdad. Esta es la razón por la que tus estudiantes serán los mejores predicadores y maestros en sus contextos culturales; que ya saben todos los antecedentes culturales, y una vez enseñados, pueden presentar la verdad con mayor facilidad y eficacia.

Sin embargo, incluso tus estudiantes deben tomarse el tiempo para una exégesis de su contexto, lo que significa que deben conocer a su gente. Puede que ellos conozcan la cultura a un nivel macro, pero el microcosmos de cada congregación debe ser considerado también. El puritano Richard Baxter demostró en su ministerio pastoral el gran valor de visitación de casa en casa. Baxter utilizó la visitación para catequizar a los miembros de las familias de su congregación, conocer sus temores, deseos e inquietudes, lo que a su vez le permitió preparar sermones para satisfacer las necesidades de ellos. Enseña a tus alumnos que los predicadores famosos, académicos bíblicos, escritores de comentarios y pastores de iglesias grandes pueden ser bendecidos con habilidades que no poseen, pero Dios los ha llamado a *ellos* a ser pastores de sus iglesias. Por lo tanto, serán mejores pastores para su pueblo que los autores famosos o misioneros célebres que nunca conocieron a los miembros de sus iglesias ni supieron sobre sus desafíos, temores o necesidades. Para preparar y predicar sermones que satisfagan las necesidades de tu gente, tienes que conocer a las personas. Por lo tanto, el axioma rector de Baxter de que la visitación es el alquiler que tú pagas en el púlpito está garantizado. A muchos predicadores les encantaría aparecer en algún lugar los domingos y ponerse a predicar, pero saber qué predicar, cuándo predicarlo y a quién lo estás predicando es la única manera de alimentar verdaderamente a las ovejas. Se necesitan pastores piadosos y dedicados para las ovejas.

Oración

El primer paso en la preparación de sermones es la oración, el segundo es la oración, y el resto de los pasos comienzan y terminan en oración. Luego, cuando el sermón está preparado, báñalo completamente en oración. Ora antes de predicar, mientras predicas, y después de haber predicado. La importancia de la oración no puede recalcarse de más, aunque pienses que hemos tratado de hacerlo aquí. El predicador debe recordar que esta es la Palabra de Dios, no la suya, la que ha de anunciar. Sus manos deben temblar un poco mientras toma la Biblia y la sostiene.

Fundamentos de un sermón

Aunque el pastor debe practicar la disciplina espiritual personal de la lectura diaria de la Biblia, él debe recordar también que hacerlo es para su crecimiento personal, no simplemente en busca de material para sermones. Aunque Dios puede dar ideas o perspectivas que llegan a ser plasmadas en los sermones, la Biblia no debe convertirse en una herramienta de trabajo que él no puede aplicarse a sí mismo. Una vez dicho esto, es útil que él tenga cerca un bloc de notas durante su lectura diaria de la Biblia con el fin de anotar ideas que puedan ocurrírsele para sus sermones, mientras tiene su tiempo devocional diario de quietud, de modo que estas ideas no se le olviden. Ese bloc de notas puede ser utilizado para registrar ideas para sermones al leer otros libros cristianos también.

El estudiante debe determinar el estilo de sermón a predicar, ya sea expositivo, biográfico, temático o doctrinal; cada uno de los cuales se discutirá en este módulo. El texto para el sermón debe ser seleccionado con mucha antelación y el estudiante debe leer y volver a leer el texto en tantas versiones de la Biblia como tenga disponibles. Cualquier herramienta de estudio de la Biblia disponible debe utilizarse junto con los recursos de una Biblia de estudio. Al predicar una serie, el sermón ya estará seleccionado para cada domingo en el plan de sermones de la serie, lo que le da tiempo al pastor para sumergirse en el texto, leerlo devocionalmente, hacerle una exégesis, usar todas las herramientas para la interpretación, y discernir las aplicaciones que se adaptan mejor a su congregación. En días especiales, como días festivos, o eventos trágicos, como desastres nacionales, es aconsejable hacer un alto en la serie para llevar la Palabra de Dios que se relacione adecuadamente con el tema.

Como se ha señalado, al interpretar y aplicar la Biblia, el estudiante debe permanecer atado al texto y no ir por encima de la línea de la Escritura ni caer por debajo de ella. La Biblia tiene que dirigir el mensaje y no ser manipulada o reducida a un simple texto de prueba de la dirección a la que el predicador quiere dirigirse. Además de encontrar las divisiones naturales de los puntos del sermón en el propio texto, muy a menudo la Biblia misma proporcionará las mejores ilustraciones del tema a enseñar.

El predicador debe crear un bosquejo del pasaje y considerar el tema primario a comunicar; él debe escribir la idea general. El bosquejo se debe estructurar teniendo en mente límites de tiempo. El bosquejo también ayudará a mantener una presentación equilibrada en lugar de un sermón inconexo que pasa la mitad del tiempo de la predicación en la introducción o en el primer punto, por lo que el resto debe ser dicho apresuradamente. A continuación, debe resumir el sermón en una frase sencilla que encierre la idea principal que él desea comunicar. Él debe dejarse guiar por la idea clave principal tanto en la preparación como en la presentación, de modo que evite el error de concluir con un tercer punto que no tiene nada que ver con su introducción o el primer punto.

El predicador debe decidir dónde llegará el sermón; ¿cuál es el objetivo principal de este sermón? Luego, debe preparar un sermón que le permita pararse en el púlpito y conducir todo a ese punto. Él debe saber, antes de pararse en el púlpito, adonde quiere ir con el sermón, y llegar lo más rápidamente posible, asegurándose de llevar a sus oyentes con él. Debe presentarles una crisis, ya sea una crisis de fe o una de acción, y guiarlos a través de ella, diciéndoles de forma específica cómo aplicar las enseñanzas de la Biblia. Ese es el «¿y qué?» del sermón. El predicador debe anotar las aplicaciones que presentará, pensando en personas específicas en la congregación y sus situaciones de vida. Los puritanos las llamaban «usos» y las colocaban de forma instructiva y convincente al final de sus sermones. Nosotros podríamos llamarlas aplicaciones o lecciones, pero no te equivoques, ellas son los usos de la Palabra de Dios en nuestras vidas. El predicador no debe dejar que su sermón caiga al suelo sin que la congregación conozca sus usos, de lo contrario el sermón sería *inútil* a sus vidas.

Es aconsejable escribir un bosquejo y desarrollar la estructura del sermón, ya sea que el predicador escriba y predique apoyado en un manuscrito o no. Tal disciplina lo mantendrá enfocado en su estudio, preparación, flujo de pensamiento en los puntos a resaltar, y conclusiones, y también evitará que divague y se pase del tiempo asignado. Él debe saber lo que quiere decir, decirlo, y concluir. Si no sabe lo que dirá en el sermón, no sabrá cuando lo haya dicho, y si no sabe el destino del sermón, no sabrá cuando llegue allí. Él se confundirá en todos estos puntos, y lo peor de todo, a su congregación también le ocurrirá lo mismo. La preparación de sermones y la predicación requieren disciplina.

Muchos pastores mantienen un archivo de sermones, un archivo de ilustraciones, y un archivo de ideas para sermones. Un sistema sencillo de registro para archivar sermones ayudará al predicador a recordar lo que ha predicado, cuándo lo predicó, y le permite registrar todas las observaciones importantes. Un archivo de ilustraciones le permite al pastor recopilar historias ilustrativas, anécdotas o notas sobre lecciones bíblicas que puede usar en su serie. Un archivo de ideas para sermones le permite al predicador desarrollar una serie planificada mediante la utilización de carpetas, o secciones de un bloc de notas, donde puede colocar ilustraciones, ideas o bosquejos que planea utilizar cuando llega la semana en la que el mensaje será preparado y predicado. Un registro de sermones le permitirá evitar la tendencia de algunos a repetir los mismos temas para sermones. Cuando uno es invitado a predicar en otras partes es especialmente útil tener en cuenta lo que se predica y sobre cuál texto lo hace, para cuando sea invitado una vez más pueda evitar la vergüenza de predicar un tema similar, o incluso el mismo sermón.

Tipos de sermones

Todos los sermones deben proclamar la verdad bíblica. Los sermones no son simplemente historias de entretenimiento, discursos políticos, o cualquier otra cosa que sustituye la palabra de Dios. El sermón es fundamental para el servicio de adoración y debe ser el mensaje de Dios, y no lecciones de vida desde la perspectiva del hombre. Sin embargo, al predicador se le concede una gran libertad en el estilo o género del sermón que elige predicar: biográfico, temático, doctrinal, ético o expositivo. Ciertamente habrá cierta superposición en estas opciones, pero el énfasis dirigirá al pastor en su preparación y exposición del sermón.

Los sermones biográficos se utilizan para desarrollar personajes bíblicos, ayudar a la congregación a comprender los pasajes que rodean a esa persona, aprender las lecciones que Dios enseña a través de Sus encuentros con ellos, y beneficiarse de sus experiencias para aprender de ellas. Se debe tener mucho cuidado de asegurar que tales sermones no degeneren en historias bonitas con una moraleja, llevar la Biblia a la ficción a través de la licencia artística, al especular sobre algunos diálogos y acontecimientos que podrían haber ocurrido, o hacer preceptivo lo que la Biblia registra como descriptivo. Sin embargo, el sermón biográfico puede ser eficaz para enseñar la verdad desde los ojos de un personaje bíblico.

Los sermones temáticos se basan en enseñanzas bíblicas que se encuentran en los pasajes de la Biblia, pero difieren de los sermones expositivos. Los temas para un sermón o una serie de sermones deben ser elegidos con un plan en mente. La predicación de temas que al predicador le apasionan personalmente a menudo resulta en una dieta de sermones que cubre en repetidas ocasiones un puñado de temas. Los sermones temáticos o las series deben planificarse de antemano, en lugar de lo que se le ocurra al pastor esa semana. La elección del tema y número de sermones en una serie le permite al pastor tratar el tema a fondo, y luego pasar al siguiente tema con una disciplina similar. Entre los ejemplos de temas que podrían ser sermones individuales o el tema que se pudiera tratar en una serie tenemos: la perspectiva bíblica sobre un tema de actualidad en las noticias, Jesús, el matrimonio, la paternidad, el dinero, los tiempos finales, disciplinas espirituales personales, evangelismo, el estrés, el cielo, el servicio, misiones y días festivos.

Mi preferencia para comunicar la Palabra de Dios a Su pueblo con fidelidad bíblica y claridad del Evangelio es la predicación expositiva. Aunque las definiciones abundan para describir la predicación expositiva, esta consiste esencialmente en predicar versículo por versículo, línea por línea, precepto por precepto, capítulo por capítulo, a través de cada libro de la Biblia entera. Este método descomprime las verdades en un pasaje, las explica y las aplica a los oyentes. Parece un reto, y lo es. Sin embargo, permite que el pastor predique todo el consejo de la Palabra de Dios a su congregación sin peligro de caer en el mismo puñado de sermones temáticos o de saltar en la Biblia como si estuviera montado en un pogo saltarín de un niño y caer en sus versículos preferidos, y luego saltar por encima de los difíciles, domingo tras domingo.

La predicación expositiva ayuda en gran medida al pastor con su selección de un texto cada semana, pues la misma Biblia lo elige para Él; el pastor simplemente comienza donde se detuvo al final del último sermón. Esto también evita cualquier preocupación de que la predicación salga de su ministerio de consejería, revelando verdades que le fueron compartidas en confianza. Aunque puede parecer que el pastor trata un tema que un miembro de la iglesia compartió en la sesión de consejería, es obvio que el texto en sí está abordando el tema y no fue simplemente idea del pastor, que lo eligió a conveniencia como resultado de su encuentro con él.

La predicación expositiva mantiene un alto concepto de la Escritura, y enseña a la congregación que, frente a la Palabra de Dios, el predicador no tiene nada «mejor» que ofrecer. No lee un texto de la Biblia como un trampolín y luego salta desde ese texto hacia su sermón para no volver jamás. Michael Easley escribió: «La predicación expositiva revela líneas claras, ancladas al texto bíblico. La exposición comienza con la Escritura. Al aplicar las habilidades exegéticas, los métodos de estudio de la Biblia, y la teología sistemática, el estudiante decide dejar que el mensaje gobierne el texto. La Escritura, no el hablante, determina el mensaje. Somos estudiantes en busca del significado del texto, no estudiantes en busca de un texto probatorio».[5]

La predicación expositiva consiste en explicar el texto, desempacarlo, interpretarlo, aplicarlo y hacer que cobre vida en las mentes y vidas de los oyentes. Se basa en la Palabra misma y tiene la intención de permitir que la Biblia predique el sermón. El predicador es simplemente el portero que lleva en su mano los significados bíblicos y las aplicaciones a la congregación, y les ayuda a saber qué hacer con ellas. La preparación para una predicación de este tipo incluye el esfuerzo consciente para descubrir profundidades ocultas en los textos bíblicos, traerlas a la luz, organizarlas en una presentación útil y luego explicar su valía y usos para los oyentes.

La predicación en el mundo occidental se caracteriza típicamente por el uso de recursos tales como la aliteración (hacer que cada punto principal comience con la misma letra del alfabeto para ayudar a la memoria), la

[5] Michael J. Easley, «Why Expository Preaching», en *The Moody Handbook of Preaching*, John Koessler, ed. gen., 27-38. (Chicago, IL: Moody Publishers, 2008), 36.

lógica deductiva o inductiva (usar la lógica secuencial lineal y silogismos para deducir una verdad de varios hechos o señalar una verdad con elementos claves lógicos), y tiende a ser individualista (las aplicaciones se centran en cómo las verdades deben provocar un compromiso o cambio personal). Al enseñar a predicar a aquellas personas de otros contextos culturales, ten cuidado de no insistir en estos patrones, ya que no son transferibles a muchas otras culturas y cosmovisiones.

Preparación del sermón

Los puritanos son famosos por pasar una hora de estudio por cada minuto en el púlpito. Para los pastores ocupados de hoy en día, parece prácticamente imposible sacar 30 horas de la semana para dedicarse a la preparación de un sermón para el domingo por la mañana. Pero recuerda que gran parte del tiempo de preparación puede venir de estar involucrado en otras actividades como la lectura de ocio, viajar en el auto, el autobús o el tren, trabajar en el campo, o realizar algún otro trabajo físico que deja la mente libre para meditar en la Palabra de Dios y sus implicaciones para la iglesia del predicador. Mientras prepara el sermón, el predicador debe mantener a sus miembros en mente, especialmente los que están en medio de pruebas. Orar por ellos a menudo puede dar lugar a que Dios te lleve a un texto o a una aplicación específicamente para ellos. Cuando me preparaba para mis sermones en mis años como pastor, me gustaba imaginarme a la congregación, y cada cara y familia; incluso imaginaba en mi mente dónde se sentaban en el santuario, mientras preparaba el mensaje y consideraba cómo exponerlo. Yo quería hablar a todos los miembros mediante el mensaje. Pero, recuerda que debes mantener una estricta confidencialidad en tu predicación; la elaboración de sermones para satisfacer las necesidades de las personas no debe conducir a dirigirse a ellas de forma demasiado específica en el sermón.

El sermón debe ser preparado teniendo en cuenta todo el servicio. La música, la lectura de la Escritura, la oración pastoral, el bautismo o la Cena del Señor, la estación del año, o los acontecimientos actuales en la cultura general o de la comunidad, son aspectos que deben tenerse en cuenta en un esfuerzo para guiar a la congregación a una experiencia de adoración integral en la que todos los aspectos del servicio están en armonía con los demás. Una revisión semanal del servicio de adoración del domingo será una buena preparación para la próxima semana. El pastor, junto con algunos líderes claves de la iglesia, deben tener en cuenta lo que fue eficaz, lo que realmente llevó a la gente a adorar, o qué aspectos deberían cambiarse antes del próximo servicio de adoración. El mismo proceso de revisión crítica debe utilizarse para escudriñar el sermón. ¿Fue un sermón centrado o inconexo? ¿Se dirigió a un nivel adecuado de conocimiento bíblico o fue demasiado difícil para la congregación? ¿Fluyó sin problemas el razonamiento o fue confuso? Aunque ningún pastor quiere invitar a que hagan más críticas a sus sermones (especialmente en una iglesia donde la crítica ya parece fluir sin invitación) el conducir una crítica útil regularmente puede ayudar a reducir el número de las que no son útiles.

El predicador debe analizar el texto y preguntarse cuántos puntos debería tener su mensaje. En esta decisión puede influir la longitud del pasaje o la cantidad de tiempo que se le asigna. Es muy difícil mantener un sermón en el tiempo adecuado si él se prepara para más.

A algunos pastores les resulta útil escribir su sermón en forma manuscrita y practicar la predicación para asegurarse de que fluye bien y que abarca el tiempo adecuado. Otros prefieren ir al púlpito con un bosquejo en tarjetas. Y algunos son capaces de memorizar lo que han preparado y predicar sin un bosquejo o notas. Ten en cuenta que un bosquejo bien preparado no es solo para el predicador, sino que también le permite al oyente entender el curso del sermón y los puntos principales que se exponen. Cuando se plantea un argumento, las frases más cortas son más fáciles de seguir para la gente. Prepararse con el oyente en mente dará como resultado una mejor experiencia para todos con respecto al sermón, tanto para el predicador como para el oyente.

Presentación del sermón

Hay muchos estilos de predicación. Algunos predicadores son conocidos por sus frases favoritas que utilizan varias veces, otros por gestos particulares que utilizan para enfatizar sus puntos, y algunos poseen un estilo común. Los predicadores más jóvenes a menudo tratan de imitar a su predicador favorito o captar su acento, gestos o postura en el púlpito. Algunos pastores, al apreciar realmente un sermón predicado por su predicador favorito, lo copian consciente o inconscientemente para su uso propio, pues creen que ellos no podrían hacerlo mejor. Estimula enérgicamente a tus estudiantes a no hacer esto. Si bien es bueno e incluso prudente de vez en cuando recoger de la tierra de otro, Dios les dio las iglesias que ellos pastorean, y deben preparar comidas para ellas que se adapten a sus necesidades y capacidades. No es necesariamente malo copiar el estilo de otro; en realidad, puede ser muy útil, pero no deben tomar sermones preparados por otra persona y predicados en otra iglesia y predicarlo a su iglesia como si fueran suyos.

En la presentación del sermón, el pastor debe tratar de ser lo más correcto posible desde el punto de vista gramatical. A pesar de que hombres con mala gramática han sido usados poderosamente por Dios y sus ministerios parecen haber sido ungidos con Su mano de favor, mientras mejor sea la dicción, el uso gramatical y el vocabulario del pastor más seguridad tendrá de ser escuchado. A menudo, los hombres que no buscan la excelencia en esta área son repentina e injustamente descartados por sus oyentes. Recuerdo a un piadoso profesor de escuela dominical que había llegado a conocer al Señor en la cárcel, después de una vida temprana muy dura; una vida que no incluía prácticamente educación formal alguna. Él amaba al Señor y a la Biblia, y nos enseñaba fielmente a nosotros en la clase de escuela dominical de chicos de cuarto grado. A mi maestro de escuela dominical le pidieron una vez que se despidiera de un amigo y compañero miembro de la iglesia, en ocasión de su fallecimiento. Predicó durante unos minutos sobre algunas verdades que dijo que se encontraban en «Uno de Corintios» en vez de Primera de Corintios. Incluso los presentes que amaban a ambos hombres, y que nunca querrían avergonzarlo recordaron su error a lo largo de todo su mensaje, y durante los años siguientes. Lo que un predicador dice es importante, pero no es lo único que importa, cómo lo dice también es importante y digno de una preparación seria.

Aunque el predicador necesita luchar por la excelencia en la preparación de sus sermones y usar la gramática adecuada y un vocabulario rico en su exposición, él debe encontrar el equilibrio. Él no debe «darse aires» y tratar de parecer ser alguien que no es. Como regla general debemos desear ser el mismo hombre dentro y fuera del púlpito. Hay cierto vocabulario que puede estar lejos de la comprensión de algunos miembros de la congregación, y aunque queremos que ellos den más de sí para ayudarles a crecer, utilizar términos teológicos con el objetivo de parecer inteligentes, lo que puede revelar en realidad es que no lo somos. El predicador debe esforzarse por usar la gramática correctamente y variar su vocabulario, pero más que nada, debe procurar ser entendido.

En este módulo de preparación pastoral, diseñado para muchas culturas, es imposible ser demasiado específico en cuanto a qué ropa ponerse. Algunas culturas todavía insisten en que un traje y una corbata son esenciales para subir al púlpito. En realidad, en un pueblo de la selva en la cuenca del Amazonas vi un par de corbatas, con el nudo ya hecho, en un estante de la iglesia. Me explicaron que cualquier persona que deseaba subir al púlpito para predicar tenía que llevar una corbata, y estas estaban disponibles para los que carecían de una. En el altiplano boliviano me invitaron a predicar en una iglesia local, mientras estaba allí capacitando pastores. Aunque siempre estoy listo para predicar la Palabra de Dios, no estaba preparado con un traje y corbata. El pastor boliviano que me invitó debe haberlo sabido, pues al día siguiente cuando vino a recogerme para el servicio traía un saco y una corbata. Ellos no se ajustaban a lo que yo llevaba puesto, ni tampoco entre ellos, pero yo prediqué en saco y corbata y eso era todo lo que importaba. Me alegré de complacer al hermano porque creo que siempre debemos estar dispuestos a vestirnos de la manera culturalmente apropiada que comunique respeto por el Señor, Su casa y Su pueblo en ese contexto. Cualquier otra cosa sería una interferencia en el proceso de la comunicación. En caso de duda, erra por exceso de vestir; pues es difícil equivocarse de esa manera.

Los gestos y el tono de voz, al igual que el estilo de vestir del predicador, serán comunicadores poderosos. Las investigaciones han demostrado que el 93% del significado en una conversación se expresa de manera no verbal (55% a través de la cara y el 38% a través del paralenguaje).[6] Solo el 7% del mensaje recibido llega a través de las palabras mismas. Esto es de muchísima importancia si tenemos en cuenta que estamos predicando las verdades del Evangelio de Jesucristo, sin las cuales nadie será salvo. La gente debe escuchar las palabras del contenido de nuestro mensaje, pero no podemos permitir que un estilo inadecuado de expresarlo lo deje sin efecto ante nuestros oyentes, a los que sin querer ofendemos. Lo que decimos es esencial, pero la manera en que lo decimos es importante también.

Contenido del sermón

El sermón debe estructurarse en torno a una introducción, el cuerpo con los puntos principales, y una conclusión que incluye aplicaciones. La introducción debe establecer el escenario, colocar el texto en su contexto, y ayudar al oyente para prepararse para escuchar la Palabra del Señor.

En la introducción, el predicador tiene la oportunidad de establecer el tono para el mensaje, entablar una conexión o relación con los oyentes, y permitir que aquellos que no lo conocen sientan una cierta relación, lo cual es crucial dado que, para muchas personas, la verdad es igual a relación más experiencia. El predicador utiliza la introducción para conseguir que la congregación se interese por escuchar lo que él tiene que decir, da un resumen de lo que va a predicar, y les dice por qué es importante que los creyentes lo conozcan. El predicador también puede informar a sus oyentes que al final del mensaje él hará un llamado a un compromiso, puede ser cualquier tipo de compromiso, de forma tal que ellos escuchen conscientes de esto, y sopesen lo que escuchan a la luz de un compromiso que ellos serán desafiados a hacer. Por encima de todo, una introducción al sermón debe despertar el interés en el tema a tratar. La introducción debe pasar al cuerpo del mensaje en un flujo natural,

---

[6] Albert Mehrabian, «"Silent Messages": A Wealth of Information About Nonverbal Communication (Body Language)», *Silent messages: Implicit communication of emotions and attitudes* (Belmont, CA: Wadsworth, 1981), página consultada el 21 de junio de 2016. http://www.kaaj.com/psych/smorder.html.

con Biblias abiertas, las mentes conectadas y los corazones deseosos de escuchar la Palabra de Dios.

El cuerpo del sermón es la carne del banquete. Aquí es donde el predicador desarrolla su argumento, permitiendo que la Escritura hable por sí misma. Normalmente los puntos principales deben ser pocos; tres o cuatro es lo habitual, pero no existe ninguna norma que exija este número; ciertamente no es una pauta bíblica. El predicador no debe forzar el argumento o los puntos sobre el texto. Debe permitir que las divisiones naturales y las enseñanzas del texto moldeen el sermón, incluyendo los puntos principales a presentar. Él debe resaltar solo los puntos principales que el texto en sí apoya. Un problema netamente práctico de tratar de presentar múltiples puntos que no fluyen lógicamente del texto es que ni el predicador ni la congregación podrán recordarlos o seguirlos todos. Además, muchos puntos requieren mucho tiempo y abren la puerta a interminables sermones. Si los puntos que el predicador ha identificado como necesarios son demasiado numerosos, y la cantidad no puede reducirse, tal vez el texto es demasiado largo para un sermón. Si el predicador conoce a su congregación, esto le guiará a saber cuánto pueden absorber y recordar en un sermón. La estructuración de su sermón, y analizar detenidamente estos pasos, reducirá la posibilidad de divagar sin fin en el púlpito, sin saber nunca cuándo ha alcanzado un buen lugar para detenerse. Aquí está la respuesta. Saber lo que se quiere decir, decirlo, y detenerse.

Con el fin de comunicar la verdad de la Palabra de Dios de manera que cambie la vida de muchos de los oyentes del predicador, será necesario explicar el texto. Para ello, él notará que es necesario hacer lo que Jesús hacía: usar metáforas e ilustraciones. «Y volvió a decir: ¿A qué compararé el reino de Dios? Es semejante a la levadura, que una mujer tomó y escondió en tres medidas de harina, hasta que todo hubo fermentado» (Luc. 13:20-21). «Decía también: ¿A qué haremos semejante el reino de Dios, o con qué parábola lo compararemos? Es como el grano de mostaza, que cuando se siembra en tierra, es la más pequeña de todas las semillas que hay en la tierra; pero después de sembrado, crece, y se hace la mayor de todas las hortalizas, y echa grandes ramas, de tal manera que las aves del cielo pueden morar bajo su sombra» (Mar. 4:30-32). Una ilustración bien elegida puede ser muy útil, al igual que una ventana a través de la cual la gente puede ver la verdad.

Alguien ha dicho que, si tú no conoces una verdad lo suficientemente bien como para ilustrarla, no la conoces lo suficientemente bien como para enseñarla. Los predicadores deben ser capaces de ver la verdad desde numerosos ángulos con el fin de guiar a su gente a entenderla. Las ilustraciones pueden ser bíblicas, históricas, literarias, personales, cómicas o conmovedoras. Hacer referencia a una historia bíblica conocida o a una lección que se enseña en otra parte de la Biblia es una ilustración poderosa de la verdad, y demuestra aún más la armonía que existe en toda la Palabra de Dios. También es apropiado utilizar ejemplos de la vida cotidiana, tener mucho cuidado de ser humilde y honesto, pero no excederse en revelar información personal. Tienes que estar absolutamente seguro de no revelar algo que te hayan dicho de forma confidencial, ni compartir a modo de ilustración ninguna historia que avergonzaría a otra persona. Mi regla personal fue nunca mencionar a un miembro de la familia en una ilustración, a menos que la persona me diera primero su permiso. Además, los predicadores deben tener cuidado de no usar ilustraciones que pudieran ser difíciles de entender para algunos y por lo tanto no son útiles; tales como analogías deportivas o algún área de especialización que solo unos pocos comprenderían.

La conclusión del mensaje puede ser simplemente un resumen de lo que se dijo, una repetición del argumento lógico expresado en los puntos principales, o un recordatorio de lo que el predicador esperaba comunicar. Una transición natural a la conclusión debe mantener al oyente concentrado en el resto del mensaje, y no ser simplemente una señal de que el sermón se está terminando y es el momento de cerrar la Biblia y prepararse para cantar, orar y marcharse. Se deben presentar las aplicaciones de las lecciones, o repetirlas, si ya fueron presentadas en cada sección. El predicador no debe esperar que sus oyentes saquen las conclusiones que son obvias para él, sino que les debe decir las implicaciones del argumento bíblico y ayudarlos a aplicar la verdad a sus vidas como lo hizo Juan el Bautista, cuando los oyentes le preguntaron cómo se aplicaba su mensaje a ellos. La reiteración de las lecciones y las aplicaciones reducirán la posibilidad de que algunos oyentes saquen conclusiones erróneas y apliquen mal la Palabra de Dios. Aún más triste es cuando los que escuchan el sermón no ven ninguna aplicación para sus vidas, y luego llegan a la conclusión de que la Biblia no tenía una palabra para ellos ese día.

Necesariamente habrá diversas aplicaciones de la verdad de la Palabra de Dios para cualquier pasaje que se predique. Las verdades del mensaje deben proceder de la Biblia misma, y no deben ser forzadas al texto, pero el objetivo del predicador debe ser recalcado en las aplicaciones. John Newton, famoso por haber escrito el himno *Sublime gracia*, escribió: «Mi gran momento en la predicación es romper el corazón duro, y sanar el quebrantado».[7] ¿Cómo podemos apuntar a un objetivo similar sin conocer el corazón de nuestros oyentes?

Sin embargo, muy a menudo el desenlace de una conclusión es una invitación. Si el predicador al final del sermón hará un llamado a la gente a rendirse a Cristo, a entregarse a las misiones, o a dar para una ofrenda especial, entonces debe predicar todo el sermón con ese objetivo en mente; él no debe añadirlo al final como si fuera una idea tardía que de repente recordó que debía presentar.

Debido a los acontecimientos inevitables en el ministerio pastoral, es buena idea tener los mensajes preparados de antemano. Habrá funerales en los que hay que predicar debido a la muerte repentina de creyentes más ancianos, la muerte trágica de una persona joven, e incluso casos de suicidio. A nadie le gusta pensar en estos eventos, pero por supuesto ellos llegan sin planificación y vienen a veces en medio de días muy ajetreados del ministerio. Tener el bosquejo de un sermón ya preparado para esos casos será útil para cuando surjan. Del mismo modo, el núcleo de un sermón para una boda se puede preparar con antelación y le da una ventaja al pastor para cuando sea necesario. Las temporadas festivas como la Semana Santa y la Navidad, sin duda se pueden prever, junto

---

[7] John Newton, *Christianquotes.info*, página consultada el 21 de junio de 2016. http://www.christianquotes.info/quotes-by-author/john-newton-quotes/.

con días especiales como el Día de las Madres. Una serie bien pensada de sermones, ya sea expositiva o temática, le permitirá al pastor planificar sermones para los próximos meses, prever los días especiales, y estar más preparado para los imprevistos que se presentarán a lo largo del camino.

La forma de predicar mensajes de la Palabra de Dios que se ha presentado hasta ahora depende de un pastor alfabetizado que tiene acceso a múltiples recursos (incluso si estos están incluidos en su Biblia de estudio), una congregación de oyentes que pueden comprender las instrucciones señaladas, seguir el flujo lógico de un argumento estructurado y que puedan imaginar conceptos abstractos. Aunque la mayoría de los que son capaces de leer este libro están en ese grupo, miles de grupos de personas en todo el mundo no lo están. Gran parte de lo que se ha presentado hasta ahora es para las personas con un alto nivel de alfabetización, y daría lugar a sermones inútiles que no entienden ni podrían recordar jamás, y no serían capaces de contarlo a los demás. ¿Cómo podemos predicar las verdades de la Palabra de Dios a la mayoría oral de la población mundial?

Oralidad

Una persona con un alto nivel de alfabetización es alguien que puede tomar un libro que nunca ha visto, leerlo, seguir el argumento del autor, reflexionar sobre el mensaje del libro, y luego escribir una respuesta corta, una reseña o reflexión. Las personas que están en ese alto nivel de alfabetización son solo el 20-30% de la población mundial. La mayor parte de los pueblos del mundo no pueden leer o no leen. Ellos pueden ser capaces de leer una palabra, un titular, o llenar una solicitud, pero leer es pedirles mucho, similar a nuestra experiencia cuando leemos documentos escritos hace cientos de años en nuestro propio idioma. Puede que lo hagan con un gran esfuerzo, pero no es agradable, y nosotros no querríamos aprender información nueva de esa manera todos los días.

Muchas personas son ágrafas simplemente porque su lenguaje nunca se ha reducido a la escritura, otros porque tuvieron que trabajar para mantener a sus familias, lo que les imposibilitó el lujo de asistir a la escuela. Lo ideal sería que todo el mundo tuviera la Biblia traducida a su idioma, estuviera lo suficientemente alfabetizado como para leerla e interpretarla, y que fuera capaz de enseñar a otros. Sin embargo, se requieren muchos años para la traducción de la Biblia, y luego a menudo se requieren muchos años más para lograr alfabetizar a un grupo de personas, e inculcar en ellas un alto valor por la alfabetización y por la lectura diaria de la Palabra de Dios. Nos gustaría que entre ellos tuvieran Biblias y exegetas y expositores capacitados, pero no hay que retrasar el discipulado y la capacitación hasta que esto suceda. No podemos trabajar con la gente donde esperamos que estén algún día; debemos trabajar con ellos donde están en este momento. Y en este momento no están alfabetizados, sino que son aprendices primariamente orales.

Se ha estimado que más del 90% de los recursos para el evangelismo, el discipulado y la capacitación del liderazgo se han ideado para la minoría alfabetizada.[8] Aunque afortunadamente el número de recursos para el ministerio entre los pueblos orales está aumentando, todavía se han preparado muy pocos recursos para alcanzar y enseñar a los pueblos orales del mundo. El objetivo de esta sección no es solo instruir cómo predicar a los aprendices primariamente orales, en formas que se identifiquen con sus preferencias cognitivas y de razonamiento, es hacer hincapié en la necesidad de hacerlo, para ti como profesor *y* que tú hagas este énfasis en tus estudiantes. Incluso los aprendices primariamente orales no entienden las diferencias entre su estilo de aprendizaje y el de las personas alfabetizadas, y desafortunadamente luego llegan a la conclusión de que su capacidad para aprender tiene que ser inferior. Pero no lo es; simplemente es diferente.

El alfabetismo y la oralidad

A veces surge la pregunta, «¿Por qué no enseñarles a leer?». De seguro, sería mucho más fácil realizar campañas de alfabetización que pedir a los misioneros que aprendan nuevas formas de alcanzar, predicar y enseñar alrededor del mundo. Cameron Townsend, fundador de Wycliffe Bible Translators, se encontró con este argumento cuando servía como

---

[8] Durk Meijer, *International Orality Network*, 2008 ION Presentation, en los archivos del autor.

misionero ambulante para Misión América Central. Después de conocer a muchas personas que se esforzaban para comunicarse en español, ya que era su segunda (o tercera) lengua, y que no podían leer nada en absoluto, decidió que la mejor manera para que ellos escucharan a Dios hablar era a través de una Biblia traducida a su lengua materna. Cuando los administradores de la misión se pronunciaron en contra de esta idea y sugirieron que, simplemente, se les enseñara a leer español, Townsend fundó su propio ministerio de traducción de la Biblia. Llegó a la conclusión de que se deben hacer esfuerzos por traducir y poner la Biblia en manos de los pueblos del mundo que carecen de ella.

Las culturas orales no son simplemente aquellas que no saben leer. Mover a alguien de ser un aprendiz primariamente oral no es tan simple como enseñarle a leer. Los aprendices primariamente orales no procesan la información ni razonan como los que tienen un alto nivel de alfabetización. Hacer que los aprendices primariamente orales razonen y se comuniquen en formas alfabetizadas no es una cuestión de simplemente enseñarles a leer y entender las marcas en una página. Aprender a leer no enciende un interruptor binario en la mente y en la cosmovisión de una persona que les hace de repente estar totalmente alfabetizadas, debido a que la alfabetización es más que la capacidad de leer. En realidad, se ha observado que la alfabetización abarca cuatro atributos diferentes: un conjunto de habilidades, el aprendizaje aplicado a través de la lectura, un proceso de aprendizaje, y el texto.[9]

Realmente, incluso entre los alfabetizados hay varios niveles. Mientras que algunos en el grupo de alto nivel de alfabetización leen por entretenimiento, para aprender nueva información y para relajarse, otros no tan altamente alfabetizados pueden leer y entender lo que leen, pero debido a que les es difícil aprender de esa manera, ellos prefieren no hacerlo. Estas personas no forman sus opiniones sobre temas de actualidad mediante la lectura de las revistas noticiosas, sino más bien a través de conversaciones,

---

[9] UNESCO, «Understandings of literacy» en *Education for All Global Monitoring Report* (Paris: UNESCO, 2006), 149-52. Página consultada el 21 de junio de 2016. http://www.unesco.org/education/GMR2006/full/chapt6_eng.pdf.

la televisión o la radio. Otros no pueden leer bien en absoluto y por lo tanto no lo hacen; sin embargo, viven sus vidas entre los alfabetizados como si lo fueran. En mi ministerio, he conocido a varias personas con títulos de máster, obtenidos en universidades de renombre que me han confesado que nunca habían leído un libro en su vida. Otras personas pueden ser capaces de leer un poco, pero viven sus vidas casi en su totalidad como los analfabetos que les rodean.

Por último, están los pueblos verdaderamente iletrados, sin cultura o sin escritura. Todos estos términos se refieren a personas que el resto del mundo describe por una habilidad que ellos no poseen. Sin tomar el espacio para hablar de lo injusto de tales denominaciones, por lo menos sería útil tener en cuenta que algunos no pueden leer porque su lengua nunca ha sido reducida a la escritura, y otros no pueden, porque no hay oportunidades educativas para que ellos aprendan. Desafortunadamente, la incapacidad para leer a menudo provoca un juicio injusto y mal informado de la moral, la inteligencia, o la ética de trabajo de un individuo. Las personas que no pueden leer una sola palabra no consideran las palabras de esa manera; para ellas las palabras son sonidos que emiten para comunicarse.

La alfabetización y los tiempos bíblicos

La oralidad y la comunicación mediante historias o la comunicación de información por medios diferentes a la escritura es, por supuesto, tan antigua como la existencia humana. La mayoría de las historias del Antiguo Testamento que nos encantan fueron una vez conocidas en forma de narración oral y se registraron más tarde por medio de Moisés. El Espíritu Santo que inspiró la Palabra de Dios ha supervisado el proceso de trasmisión a través de los años para que mantenga su indefectibilidad e infalibilidad en la forma que la tenemos hoy. Sin embargo, no queremos dar por sentado la gracia de Dios para cubrir nuestra falta de capacidad. La alfabetización nos debe importar porque a Dios le importa. Peter Adam enfatiza: «Dios ha hablado, Escrito está, y Predica la Palabra».[10] Vemos a Dios diciendo a

---

[10] Peter, Adam, *Speaking God's Words: A Practical Theology of Preaching* (Vancouver, Canada: Regent College Publishing, 2004), 56.

Moisés y luego a los profetas que escriban en el libro. En el mismo final de la Biblia se habla de Uno que es digno de abrir los sellos y leer el libro. La alfabetización registra la Palabra de Dios en forma estática y salvaguarda su mensaje de la corrupción no intencional de los narradores de historias. Sin embargo, como se ha señalado, hay que llegar a la gente donde está, no donde esperamos que esté un día. Por lo tanto, debemos aprender cómo ellos transmiten la información y prefieren aprender, y utilizar ese conocimiento para llevar la Verdad a esos hombres y mujeres.

Jesús vivió en Galilea en un momento en que los eruditos estiman que solo el 10% de Sus oyentes habrían tenido un alto nivel de alfabetización. Las personas alfabetizadas en Su día habrían sido los gobernadores, los senadores, los fariseos o los escribas, pero la mayoría habrían sido aprendices primariamente orales para los que la página impresa tenía poco valor. Ciertamente, Jesús pudo haber predicado un sermón expositivo de tres puntos con gran precisión y poder, pero escogió ser orientado al receptor y predicó a la gente en formas narrativas que ellos entendían. En realidad, la Biblia misma es orientada al receptor. Juan Calvino comparó a Dios dándonos la Biblia a una niñera ceceando a un bebé en la cuna.[11] Dios reveló Su voluntad y Su sabiduría para nosotros, lo cual estaba infinitamente por encima de nuestra comprensión humana, en una forma que podríamos entender. El Espíritu Santo lo inspiró en lenguaje humano e hizo que se registrará en un libro. Esta forma y contenido deben ser valorados, no echados a un lado a la ligera.

Debido a que Jesús sabía que Sus oyentes eran aprendices primariamente orales, Él escogió enseñar en parábolas, metáforas e ilustraciones. El reino de los cielos es semejante... Un hombre que tenía dos hijos... Un hombre descendió de Jerusalén a Jericó... Todos sus oyentes podían meterse en la lección y entender las historias, ya sea que entendieran realmente el punto principal de Su enseñanza o no. Incluso en la época de la Reforma, el porcentaje de alfabetizados no era mucho más alto, pero algo se acababa de inventar que cambiaría el escenario. En 1455,

---

[11] Juan Calvino, *Institución de la religión cristiana* (Grand Rapids, MI: Libros Desafío, 2012), 1.13.1.

Johann Gutenberg inventó la imprenta de tipos móviles que facilitó una impresión más rápida de libros, monografías y Biblias. En realidad, la imprenta facilitó la Reforma, pues las ideas de Lutero se pudieron reproducir y distribuir con mayor facilidad. Lo más importante, una Biblia que para copiarla habría necesitado un equipo de monjes durante un par de años, ahora se podía producir con mayor rapidez. El misiólogo Avery Willis dijo que después de Gutenberg, el cristianismo «caminó sobre pies alfabetizados».[12] A todas partes que los misioneros iban, establecían iglesias y escuelas para que la gente pudiera leer la Biblia y producir los futuros líderes de la iglesia. Hoy en día para algunas personas es difícil imaginar cómo un individuo pudiera conocer al Señor, crecer como cristiano, o servir como pastor si no puede leer. Sin embargo, pastores no alfabetizados están sirviendo actualmente en todo el mundo, a menudo sin ningún tipo de formación debido a su incapacidad para leer y estudiar en los seminarios tradicionales y colegios bíblicos, pero están sirviendo. Esta ha sido una de las motivaciones que impulsa *Corazones, mentes y manos*.

Aprendizaje oral

Los aprendices primariamente orales se comunican, procesan información y aprenden nuevas verdades basados en la experiencia. Muy a menudo, su disposición a recibir una nueva verdad está estrechamente ligada a la persona que la comunica. Las investigaciones revelan que los aprendices orales tienden a agrupar objetos sobre la base de cómo podrían ser utilizados, y los aprendices con un alto nivel de alfabetización piensan en términos de ideas abstractas, cualidades intrínsecas o categorías. La lección a recordar aquí es que los pueblos de culturas orales preferirán las narrativas de la vida real y las historias con lecciones claras en lugar de la enseñanza abstracta que requiere que los oyentes descubran el significado y lo apliquen por sí mismos.

---

[12] Dawn Herzog Jewell, «Winning the Oral Majority: Mission agencies rethink outreach to the world's non-literate masses», *Christianity Today*, 1 de marzo de 2006, página consultada el 21 de junio de 2016. http://www.ctlibrary.com/ct/2006/march/30.56.html.

Mientras que las personas con un alto nivel de alfabetización se comunican mediante listas, tablas, esquemas, diagramas, gráficos, pasos y conceptos abstractos, los aprendices primariamente orales se comunican mediante historias, repeticiones, proverbios, refranes tradicionales, leyendas, canciones, cantos, poesía y drama.[13] Su condición de ágrafos impide el uso de los modelos educativos tradicionales que utilizan clases en el aula, toma de notas, lectura, investigación y redacción de trabajos. Algunos misioneros han llegado a la conclusión de que los aprendices primariamente orales plantean un desafío demasiado grande para aquellos que desean capacitarlos. Sin embargo, otros han tenido gran éxito al usar métodos de educación que no requieren alfabetización en absoluto.[14] El desafío actual de capacitar aprendices primariamente orales no es nuevo.

Históricamente los misioneros han tenido pocos resultados al utilizar metodologías occidentales tradicionales de discipulado y capacitación entre las culturas orales. También han aprendido que los instructores alfabetizados y los estilos de enseñanza que ellos utilizan, no interactúan eficazmente con las culturas orales. Incluso cuando los misioneros dedican el tiempo y el esfuerzo para aprender las lenguas de sus campos misioneros de destino, la comunicación clara a menudo es difícil, si es que todo lo que hicieron fue traducir el lenguaje; el proceso debe traducirse también. Como se ha indicado, las culturas orales no comprenden, aprenden, recuerdan, vuelven a contar ni procesan la nueva información de la misma manera que lo hacen las culturas alfabetizadas, y esta frustración hace que muchas agencias misioneras retrocedan ante el reto de educar a los aprendices primariamente orales, por lo que en su lugar prefieren evangelizarlos y dejarlos que crezcan espiritualmente por su propia cuenta. Sin embargo, la condición de ágrafos de los aprendices primariamente orales no es una barrera demasiado grande para la capacitación; la clave es comunicarse con ellos de formas culturalmente apropiadas.

---

[13] Porciones de este contenido que tratan sobre las culturas orales aparecieron primero en M. David Sills, *Reaching and Teaching: A Call to Great Commission Obedience* (Chicago, IL: Moody, 2010).

[14] Véase también, M. David Sills, *Reaching and Teaching the Highland Quichuas: Ministry in Animistic Oral Contexts* (Louisville, KY: Reaching and Teaching International Ministries, 2012).

Los misioneros asumen que los ciudadanos ágrafos quieren aprender a leer, y se sorprenden cuando se dan cuenta de que en muchos casos no existe tal deseo. Los misioneros normalmente proceden de culturas donde el analfabetismo es visto con malos ojos, como un rasgo negativo e indeseable que hay que superar. Sin embargo, en muchos países, las tasas de alfabetización se constatan todavía en gran parte a los mismos niveles que Jesús encontró en Su ministerio. Muchos gobiernos están deseosos por desarrollar sus infraestructuras y economías. Con el fin de hacerlo, ellos compiten con otros países para lograr que las empresas multinacionales vengan y construyan fábricas e inviertan en sus economías. Sin embargo, se dan cuenta de que para considerar esto como una posibilidad, estas empresas desean tener disponible una fuerza de trabajo alfabetizada. A veces, el deseo de mejorar la imagen de su país y atraer la ayuda exterior, conduce a una exageración del nivel de alfabetización real.

Como alternativa, los gobiernos buscan las estadísticas bancarias o de votaciones como forma de medir la alfabetización; pues como para ambas cosas es necesario firmar el nombre, algunos utilizan esa habilidad como una prueba de alfabetización. Sin embargo, la firma del nombre de uno no es una prueba de alfabetización. Otros gobiernos consideran que una persona que ha culminado la educación hasta el cuarto grado está alfabetizada. No obstante, alguien puede haber terminado el cuarto grado, hace cuarenta años, y no haber leído una sola palabra desde entonces. Apenas estaría alfabetizado. Estas personas pueden ser capaces de leer o escribir su propio nombre, o incluso los titulares de un periódico, pero no funcionarían a un alto nivel en el mundo alfabetizado.

La vergüenza hace a menudo que los individuos ágrafos oculten sus limitaciones de los occidentales alfabetizados. Pueden fingir ser capaces de leer para que otros no los menosprecien. Por esta razón, necesitamos tener mucho cuidado de que nuestras clases de capacitación pastoral no asuman que alguien está alfabetizado simplemente porque un estudiante puede leer los versículos en clase.[15] Poner a un lado la capacitación pas-

[15] Como se discutió en la introducción de *Corazones, mentes y manos*, en la sección de pedagogía o andragogía, enseñar a adultos es diferente a enseñar a niños. Los estudiantes adultos van a clases por-

toral hasta que se logre la alfabetización puede parecer el camino más sabio, no obstante, nos presenta un reto más difícil de lo que parece.

Aprender a leer siendo adulto, en una cultura orientada al grupo, no es un paso fácil. A menudo los adultos no asisten a clases de alfabetización porque temen al fracaso. En otros casos, los niños pueden estar aprendiendo a leer y escribir en la escuela y los miembros mayores de la familia emplean un mecanismo de autodefensa para relegar la alfabetización al nivel de juegos infantiles. Cuando esto sucede, incluso los niños pueden empezar a ver la lectura de la misma manera y añoran el día en que crezcan y puedan echarla a un lado. Herbert Klem informa que los ministerios de alfabetización en África constataron que incluso después de lograr la lectura y la escritura, muchas comunidades vuelven a vivir como una cultura oral. Algunos creen que la enseñanza de habilidades de alfabetización es la clave sencilla para traer a las culturas orales al siglo XXI. Klem escribe: «Sin embargo, después de casi cien años de misiones y programas gubernamentales de alfabetización, el número de personas que pueden leer o van a leer para obtener información vital es muy pequeño. En algunas áreas la alfabetización se acerca al 25%, pero en la mayoría de las zonas rurales, es probable que sea menos del 5%».[16]

Oralidad y narración

La Narrativa Cronológica Bíblica (NCB) es una herramienta eficaz para la evangelización, el discipulado, la predicación y la capacitación entre los pueblos de cultura oral. Con esta herramienta, los misioneros pueden presentar la Biblia a la gente en un formato oral en la misma forma cronológica que Dios la ha dado en la Palabra escrita. En lugar de predicar sermones sobre versículos seleccionados, sin el contexto de todo el consejo de la Palabra de Dios, la NCB pretende darles la Biblia de una

---

que desean aprender, necesitan aprender y están dispuestos a hacer lo que sea necesario. Sin embargo, si ellos sienten que es mucho para ellos, simplemente desistirán. Cuando tú regreses al aula, ellos no estarán. Cuídate de estructurar la clase de forma tal que los aprendices primariamente orales no se sientan incapacitados o avergonzados.

[16] Herbert Klem, *Oral Communication of the Scripture* (Pasadena, CA: William Carey Library Publishing, 1981), xvii.

manera culturalmente apropiada y desarrollar una cosmovisión bíblica con respecto a Dios, la creación, el pecado, el sacrificio y la salvación. El misionero cuenta las historias para comunicar verdades bíblicas básicas que los oyentes necesitan conocer para que el Evangelio tenga sentido, en lugar de predicar un sermón expositivo de tres puntos. Además, al exponer el mensaje de la Biblia usando historias contadas de maneras culturalmente apropiadas, los oyentes podrán comprender, recordar y volver a contar las historias a los demás.

La Palabra de Dios está llena de historias. Durante la niñez, muchos de nosotros hemos escuchado historias del Antiguo y Nuevo Testamentos de boca de nuestras madres, en la escuela dominical y en la Escuela Bíblica de Vacaciones. Estas historias han dado forma a nuestra comprensión de Dios y de la vida. Cuando Jesús quiso enseñar a Sus aprendices orales, Él no escogió un texto del Antiguo Testamento y predicó un sermón de tres puntos, aunque sin duda podría haberlo hecho. Él contó historias. Por ejemplo, en Lucas 15, Jesús contó tres historias para resaltar un punto a Sus oyentes. Habló de una moneda perdida, una oveja perdida y un hijo perdido. Cada una de las historias tenía el mismo punto principal: la cosa que se perdió era preciosa para el que la había perdido y hubo gran gozo cuando fue encontrada. Cualquiera de Sus oyentes podría haber ido a casa y repetido estas historias y su punto principal a su familia.

Algunos se preguntan sobre el valor de NCB para comunicar verdades bíblicas cuando consideran que grandes porciones de la Biblia son didácticas en su forma, en lugar de narrativas. Por ejemplo, ¿cómo podría alguien contar una historia del libro de Santiago, o Romanos o del Sermón del Monte? Daniel Sheard explica cómo enseñar estas porciones a aprendices orales en *Orality Primer for Missionaries* [Manual básico sobre oralidad para misioneros]. Él demuestra que la repetición de preguntas y respuestas breves a lo largo de la lección es muy eficaz para la predicación y la enseñanza de tales pasajes en estos contextos primariamente orales. Este estilo interactivo involucra al alumno, repasa a medida que el maestro cubre el material, y asegura que los alumnos recuerden el material con precisión, ya que lo repiten varias veces en el aprendizaje.

Método de narración

Cualquier método de enseñanza oral utilizado debe incluir también un tiempo de examen a fondo para determinar si las lecciones han sido aprendidas correctamente. Este examen, o sesión de descubrimiento, puede consistir en pedir a los alumnos que repitan la historia. La repetición de la historia no solo solidifica la historia en la mente de todos, sino que también permite al profesor identificar inexactitudes que de otro modo se perpetúan. Además de un tiempo de repetición, el presentador de la historia debe incluir un período de preguntas para determinar la comprensión de esta. Así, el maestro puede identificar las áreas problemáticas en la presentación de la historia o insuficiencias en sus destrezas en el lenguaje de la cultura de destino. Preguntar a los oyentes cómo la lección debe aplicarse a sus vidas también asegurará que han captado la esencia de la lección y que serán capaces de enseñar a otros con precisión. Esto también proporciona una oportunidad para corregir cualquier aplicación incorrecta que pudieran haber sacado de la lección, antes de que esta llegue a la comunidad. Una vez más, el punto principal de utilizar técnicas de enseñanza culturalmente apropiadas para los aprendices orales es que puedan entender, recordar y repetir las historias a los demás, y que estas sean fieles a la verdad.

Contar historias bíblicas en orden cronológico permite al oyente desarrollar una cosmovisión bíblica de quién es Dios, de dónde proviene el pecado, lo que Dios piensa del pecado, lo que es un sacrificio de sangre y por qué Dios envió a Su Hijo a morir en la cruz. Realmente, cuando un oyente escucha todas las historias bíblicas desde la creación hasta la cruz, se quedará esperando con ansias la próxima historia, mientras le cuentan los acontecimientos del nacimiento y la vida de Jesús. Las historias de la crucifixión y la resurrección tendrán un impacto totalmente diferente sobre los que han desarrollado una cosmovisión bíblica por escuchar historias de la Biblia, del que un simple sermón sobre Juan 3:16 tendría sobre las tribus animistas que nunca han escuchado de Dios, el pecado, Jesús, el cielo o el infierno.

Los misioneros deben dedicar tiempo a aprender sobre la cosmovisión de su cultura de destino a fin de identificar los puentes y barreras que esta presenta para el evangelio. Ciertamente, nadie podría «contar» la Biblia entera a su cultura oral de destino, así que ¿cómo puede uno determinar qué historias contar, cuántas historias se necesitarán, o cómo contar las historias de forma culturalmente apropiada? Pasar tiempo en la cultura, aprender la cosmovisión y el lenguaje, y adaptarse a la cultura, le permitirá al misionero diseñar una serie de historias que contará a la gente. Es por esto que los pastores que estás capacitando serán mucho mejor en esto que lo que tú puedas lograr alguna vez, pues ellos ya conocen la cultura y la cosmovisión. Además de las verdades bíblicas básicas que la congregación necesita aprender, el predicador debe identificar problemas específicos entre ellos que hay que abordar (cuestiones como el asesinato, el adulterio, la embriaguez o la idolatría). Se debe seleccionar historias bíblicas que enseñen la mente de Dios en estos temas, a medida que la comunicación oral de la Biblia sigue tomando forma y moldea una cosmovisión bíblica.

Algunos predicadores han desarrollado series de historias que se pueden compartir en cuestión de horas, mientras que otros emplean series que requieren semanas o meses antes de llevar a la gente a la historia de la cruz. Estas series de historias incluyen la comprensión bíblica necesaria para llevar a los oyentes a abrazar la verdad y rendirse a Jesucristo como Señor. A pesar de que los misioneros han utilizado principalmente la narración bíblica cronológica para el evangelismo, la utilidad de esta herramienta para el discipulado, la capacitación, y para la predicación y la enseñanza en un momento dado sigue creciendo y es un método útil y apropiado de instrucción bíblica para los aprendices orales en su clase.

Capacitación y modelos de predicación

Los seminarios teológicos orales se han utilizado en lugares como Sudán y la India. En estos seminarios no hay laboratorios de computación, bibliotecas, ni siquiera bolígrafo, lápiz o papel. Toda la instrucción se lleva a cabo de forma oral. En un plan de estudios típico, los estudiantes van a pasar el primer año aprendiendo cincuenta historias desde la creación hasta la cruz para el propósito de la evangelización. Además de las historias, también pueden aprender dos o más canciones que acompañan a cada historia. El segundo año de seminario consiste en aprender cincuenta historias más y dos canciones por cada una, que son útiles para el discipulado. El tercer año es para aprender otras cincuenta historias y dos canciones por cada una, que serán útiles para la capacitación del liderazgo e instrucción doctrinal. Puede haber cierta superposición en las historias y habrá algunas presentaciones, al estilo narrativo, de porciones didácticas, especialmente en los niveles superiores, pero el propósito de la historia y la aplicación se deja bien claro. Piensa en los sermones culturalmente apropiados que estos hombres podrían predicar en sus iglesias.

Además de impartir una cosmovisión bíblica, las historias de la Biblia son útiles para la enseñanza en un punto del tiempo. Por ejemplo, un misionero que llega a una comunidad y encuentra que un miembro de la iglesia está viviendo en pecado con una mujer, podría reunir a los miembros y contarles la historia del hombre en 1 Corintios 5. De esta manera, él daría instrucción apoyado en la Palabra de Dios y mostraría muy claramente cómo tratar la situación. La alternativa es que el misionero declare que esto está mal y exija que los oyentes se sometan a su solución. Esto puede crear inseguridad en los miembros de la comunidad en cuanto a si dicha instrucción vino de Dios o es la opinión personal del misionero. Si el misionero perdiera aceptación en el futuro, es posible que todas sus enseñanzas basadas en su «opinión personal» serían dejadas a un lado también. La narración de la historia bíblica, la repetición de los oyentes para fijarla, la aplicación que se saca, y la resolución de la iglesia, constituyen partes del proceso de contar la Biblia a los oyentes.

Nada de esto debe dar a entender que los aprendices primariamente orales no pueden escuchar y entender las palabras de los estilos de enseñanza para personas alfabetizadas. Con una ayuda y exposición significativas, ellos pueden ser capaces de aprender bien al escuchar un sermón expositivo de tres puntos, asistir a una escuela tradicional con sus aulas, obtener las habilidades necesarias para hacer el trabajo, y obtener una buena puntuación en las pruebas. Sin embargo, esto no garantiza que sean capaces de compartir esta verdad con sus comunidades orales. La habilidad de transferir la instrucción basada en la alfabetización a los pueblos orales en su comunidad no es innata y es un trabajo arduo. Esto puede ilustrarse por dos computadores que utilizan diferentes sistemas operativos, tales como Mac y PC. Si bien ambas son máquinas que funcionan con electricidad y procesan información, a menos que haya algún tipo de ajuste no van a comunicarse con claridad. Esto también ocurre en la mente de los aprendices orales cuando desarrollan las habilidades para desempeñarse en las clases basadas en la alfabetización. La parte del cerebro que utilizan en clase se ha desarrollado para entender y desempeñarse en la clase usando el estilo del instructor orientado a los alfabetizados. Es posible que hayan «aprendido» la información, pero difícilmente esta llegará a la cultura oral. Los estudiantes seleccionados en las culturas orales pueden aprender a leer y escribir informes para alfabetizados, preparar y predicar sermones expositivos, pero esa parte de su aprendizaje está segmentada y dedicada a la cultura «escolar».

Las personas de culturas orales deben ser capacitadas mediante la utilización de modelos educativos que sean culturalmente apropiados. El hecho es que muchas culturas orales nunca abrazarán la alfabetización. Incluso las culturas que aprenden a leer y escribir a menudo vuelven a la oralidad. Demasiados traductores de la Biblia han dicho que el día más feliz de su ministerio fue cuando entregaron una Biblia completa a la cultura de destino, después de muchos años de trabajo; y el día más triste cuando volvieron de visita unos años más tarde y encontraron las Biblias todavía en cajas. La alfabetización es valorada muy lentamente entre muchas culturas.

Relatar sermones

La educación de los pueblos orales es difícil y depende de sus fieles memorias. Sin embargo, los estudios siguen mostrando que las culturas orales retienen con exactitud más información durante períodos de tiempo más largos que los alfabetizados. Esto se debe a que deben recordarla; cualquier cosa que olviden se pierde para siempre ya que no pueden revisar sus cuadernos para refrescar sus memorias. Sin duda, el papel del Espíritu Santo de supervisar la transmisión de las tradiciones orales es pertinente aquí también. Los maestros entre ellos deben tratar de inculcar un alto valor de precisión al volver a contar las historias.[17] Está claro, un texto estático y oyentes alfabetizados sería mejor para los maestros alfabetizados, pero eso es una meta para más adelante; hoy tenemos que trabajar con ellos en donde están realmente.

Los mismos tipos de verdades deben ser comunicadas, pero de manera que ellos puedan entender, recordar y volver a contar. Si lo olvidan, se habrá perdido. Los aprendices orales solo saben lo que recuerdan. No necesitamos enseñarles a predicar en maneras que funcionen bien en una iglesia muy alfabetizada, sino de la manera que sea la más eficaz en las iglesias que sirven. Los pastores pueden ser aprendices primariamente orales en el fondo, pero han aprendido a leer y escribir en el camino, y tal vez algunos de los miembros de su iglesia también. Su alfabetismo parcial aliviará nuestro papel de enseñar los componentes de la interpretación y la predicación, pero tenemos que estructurar en el modelo de enseñanza lo que van a hacer con la información cuando regresen a casa. Una forma de hacerlo es asignarles la tarea de preparar un sermón a ser «predicado» entre su gente y que lo presenten en clase de la forma exacta en que lo harán en casa. Esto obliga al estudiante a analizar detenidamente los pasos necesarios para comunicar la verdad de la clase a su iglesia.

Los pasos fundamentales para «contar la Biblia en historias» se diferencian de «contar historias bíblicas». Contar simplemente las historias de la Biblia es bueno, sin embargo, para las personas que no tienen acceso a una copia escrita de la Biblia es difícil saber cuáles palabras son de Dios, y cuáles son del maestro. Por lo tanto, a continuación, mostramos un patrón prudente a seguir para comunicar la Biblia a las personas analfabetas.

Comienza preparando el escenario para la historia; describe su entorno, y explica los conceptos desconocidos o aspectos que los estudiantes escucharán en la historia. Por ejemplo, en la historia del Buen Samaritano es bueno explicar antes de empezar quiénes eran los samaritanos y lo que los judíos pensaban de ellos. Si no lo haces, se perderá una lección

---

[17] El misionero LaNette Thompson, cuando está capacitando a los contadores de historias bíblicas, dibuja un círculo con una tiza en el piso. Si los estudiantes al volver a contar la historia cometen un error, deben salir del círculo. Esto les enseña el valor de la exactitud.

importante de la enseñanza de Jesús. La razón por la que estableces el escenario antes de empezar es para que puedas anunciar que la historia está a punto de comenzar y cuéntala en su totalidad sin necesidad de interrumpirla. Cuando hayas terminado la historia, debes anunciar que ellos acaban de escuchar la historia de la Palabra de Dios para ese día.

Pídele inmediatamente a otra persona que vuelva a contar la historia. Otros pueden ayudar al voluntario para lograr una repetición exacta de toda la historia. A continuación, pídele a otra persona que la vuelva a contar, e incluso a otra más si es necesario. De esta manera estás asegurando que cuenten la historia con precisión, que tengan la oportunidad de escuchar la historia repetida más de una vez (y la repetición espaciada es el mejor maestro), y también están desarrollando sus propias habilidades como narradores de historias bíblicas, mientras las repiten. Después de la repetición, pregunta lo que aprendieron en la historia. Por ejemplo, en el relato del diluvio de Noé y el arca, pregunta cuántos días llovió, cuántos hijos tenía Noé, o cómo Noé fue capaz de juntar a todos los animales. Entonces, cuando tengas la seguridad de que ellos pueden volver a contar la historia de forma precisa y han notado los elementos claves de la historia, continúa con el tiempo de aplicación. Pregúntales cómo debemos aplicar esa historia de la Palabra de Dios a nuestras vidas. Por ejemplo, en la historia del Buen Samaritano ellos pueden decir que Jesús estaba enseñando que debemos amar a nuestro prójimo como a nosotros mismos y que nuestro prójimo es cualquiera que tenga necesidad. O pueden decir que Jesús nos estaba enseñando cómo *ser* un buen prójimo. Tal vez alguien llegue a la conclusión de que Jesús también nos enseña a no tener prejuicios contra las personas de otros grupos étnicos. Desafíalos a contar la historia a otros cuando regresen a casa. Prepara el escenario, cuenta la historia de manera sucinta y precisa, descubre lo que aprendieron, y aplica las verdades.

Enseña a tus estudiantes que con este método ellos pueden «predicar» la palabra de Dios fielmente y de manera apropiada desde el punto de vista cultural, lo cual les permitirá también a sus estudiantes enseñarla a otros. A veces la mejor manera de saber si tus estudiantes han aprendido este método no es hacerles preguntas para probar su capacidad de contar historias, sino más bien pedirles que traigan a clase a alguien a quien hayan enseñado las historias, y pídele a esa persona que enseñe la lección. Esto te permitirá ver que 2 Timoteo 2:2 se practica de una manera culturalmente apropiada.

Importancia de la Palabra predicada

Para los misioneros y pastores que están utilizando *Corazones, mentes y manos* en las zonas donde sirven, es muy beneficioso poder visitar a los estudiantes en sus iglesias de vez en cuando. Estas visitas a los sitios permiten que el profesor escuche a sus estudiantes predicar, juzgue la eficacia de su predicación entre la gente, ofrezca sugerencias más adelante en cuanto a cómo pueden mejorar, y tome notas para sí mismo en cuanto a cómo debe ajustar su enseñanza para ayudar a los estudiantes de iglesias de culturas primariamente orales a ser más eficaces en el púlpito.

Existe un riesgo real de que cualquiera de nosotros podría subir al púlpito y predicar de una manera que solo tenga sentido para nosotros, o tendría sentido en nuestra iglesia anterior, y de esta forma dar poca importancia a la cosmovisión, las necesidades, los niveles de alfabetización o el conocimiento bíblico de nuestros oyentes. El simple hecho de pararse y predicar, llenando el tiempo con poca planificación anticipada de nuestro mensaje y oyentes, no es solo una tragedia, es pecado. Hay miles de lugares donde una congregación podría estar el domingo por la mañana, pero Dios los ha llevado a escuchar la proclamación de Su Palabra. Un predicador que sube al púlpito sin oración o preparación, y aburre a sus oyentes al predicar sobre necesidades que ninguno de ellos tiene, está pecando.

Predicar la Palabra de Dios es un privilegio increíblemente grande. Nunca debemos asumir la tarea a la ligera o con descuido. La tarea de un predicador de orar por su pueblo, identificar sobre qué texto predicar, discernir las lecciones a resaltar en la prédica, considerar las formas de aplicar la verdad y elaborar un mensaje útil no tiene por qué ser una carga pesada. En realidad, puede ser un gran gozo. Conocer a Dios, Su Palabra, y a una congregación lo suficientemente bien como para preparar y predicar sermones para satisfacer sus necesidades y, luego, ver vidas impactadas por el mensaje, es una experiencia sublime. El saber que Dios te ha utilizado para hablar Su verdad a otra persona es un gozo inefable. Ya sea que esté preparando un sermón expositivo para una multitud alfabetizada o elaborando una serie de historias para contar la Biblia para aprendices primariamente orales, el predicador es el medio escogido por Dios para declarar la verdad. Simplemente no hay vocación más sublime.

Práctica del estudiante

Este módulo da comienzo a la tercera y última parte de *Corazones, mentes y manos*. A partir de este módulo se requiere que los estudiantes participen en el tiempo de clase. Esto es beneficioso para los estudiantes por varias razones. Los estudiantes demostrarán su comprensión de la información y la capacidad para aplicarla a sus ministerios. Un beneficio adicional es que van a aprender a preparar y hacer presentaciones en el aula, obteniendo experiencia al instruir a pastores reales, pues esto es lo que hacen. Esto aumentará la confianza en su capacidad para enseñar. Su participación en estas prácticas también es beneficioso para ti como instructor, pues te permite aprovechar sus presentaciones como un indicador de lo que han aprendido, y lo que debe ser revisado más a fondo. Al observar sus presentaciones tendrás la seguridad de que están capacitados para continuar la tarea fundamental de capacitar a otros.

La práctica de este módulo requiere que los estudiantes usen la información que aprendieron en el módulo sobre hermenéutica para estudiar e interpretar un pasaje asignado de la Escritura. Luego utilizarán los pasos y las herramientas que aparecen en la instrucción sobre homilética de este módulo para preparar un mensaje destinado a su congregación. Debido a que no hay tiempo suficiente para que cada estudiante predique un sermón entero en clase, esta práctica se puede realizar en una de varias maneras. A cada estudiante se le podría asignar un pasaje de la Escritura y pedirle que lo interprete de acuerdo con las directrices indicadas en el módulo 5, que identifique la «idea general» del pasaje, y proporcione una respuesta de una frase para cada una de las «siete preguntas de flecha». Asimismo, deben proporcionar un título del sermón, y una introducción de un párrafo, los puntos principales de su mensaje, y una conclusión de un párrafo. Los estudiantes deben presentar lo siguiente después de su estudio y preparación.

Título del sermón: ______________________________
Pasaje: ______________________________
Idea general: ______________________________
____
____

Siete preguntas de flecha:
¿Qué dice el pasaje? ______________________________
____

¿Qué significó este pasaje para su audiencia original? __________
____

¿Qué nos enseña este pasaje sobre Dios? ____________________
____

¿Qué nos dice este pasaje sobre el hombre? __________________
____

¿Qué pide este pasaje de mí? ____________________________
____

¿Cómo cambia este pasaje la forma en que me relaciono con la gente? ______________________________
____

¿Por qué motivo me impulsa a orar este pasaje? ______________
____

Introducción: ______________________________
____

Puntos principales: ______________________________
____

Conclusión y aplicaciones: ______________________________
____

Los estudiantes deben preparar sus pasajes y presentaciones fuera de la clase. En el caso de las clases intensivas de toda una semana de duración, se debe informar sobre la tarea a los estudiantes tan pronto como el contenido se presenta en clase durante la semana, y animarles a pasar las horas de la noche preparándose para sus presentaciones el jueves y el viernes. Suponiendo, por ejemplo, cuatro horas de instrucción teórica cada día y 10-15 minutos para que cada estudiante haga su presentación, debe haber tiempo suficiente para más de treinta estudiantes. Si se necesita más tiempo, por lo general los estudiantes están dispuestos a extender las horas de clases para que todos tengan la oportunidad de presentar.

Otra posibilidad es que una clase más grande podría dividirse en pequeños grupos de 4-5 alumnos y hacer que trabajen en grupos para dar respuestas a estas preguntas, así como a la otra información que deben facilitar. Si el tiempo se acaba, o el número de estudiantes en el grupo es particularmente grande, este ejercicio podría ser asignado a cada estudiante, pero con solo cuatro o cinco pasajes opcionales. Luego, a medida que se hace el informe sobre cada pasaje, a los estudiantes con el mismo pasaje asignado solo se les pediría que contribuyan con sus hallazgos únicos e importantes, sobre la base de lo que ya ha sido mencionado por los demás. Ninguna de estas alternativas es ideal, ya que el objetivo principal de la tarea es que el estudiante gane experiencia al presentar en el contexto de un grupo pastoral. El instructor debe asignar pasajes escogidos de cualquier lugar en toda la Biblia, y preferiblemente esos pasajes que él ha estudiado, enseñado o predicado personalmente con anterioridad.

En los casos en que los estudiantes estén pastoreando iglesias de aprendices primariamente orales, estos deben preparar una lista de 25-40 historias que piensan contar, las cuales deben abarcar desde la creación hasta la cruz, la sepultura y la resurrección de Cristo. Ellos deben elegir una de las historias para contarla en clase, explicar su objetivo al contar esta historia en particular, su principal lección, y las aplicaciones que van a resaltar en su enseñanza. El estudiante debe entonces contar la historia con precisión, y enseñar la lección y hacer las aplicaciones como las presentará en un servicio real de la iglesia.

Las manos: Participación en la comunidad

Es probable que el hablar de *participación en la comunidad* traiga varios conceptos a la mente, de los cuales casi todos están dirigidos y relacionados con la participación del pastor en el área donde sirve. Participación en la comunidad puede referirse a que el pastor participe plenamente en las actividades en desarrollo de su comunidad ya sea a través de ligas deportivas locales, procesos políticos, preocupación por las escuelas públicas, comités de vigilancia comunitaria, procurar mejoras en las calles, o la pureza del suministro de agua. También puede referirse a ayudar a las comunidades que han sufrido un desastre causado por el hombre o la naturaleza para estabilizarse y reconstruirse. El ministerio en la comunidad también puede incluir campañas de puerta en puerta para evangelizar, ofrecer servicios a los residentes como programas de cuidado de niños después del horario escolar para padres que trabajan, proporcionar tutoría, o guía moral y enseñanza bíblica. Algunos pastores e iglesias participan ayudando a las comunidades a avanzar hacia lograr un entorno más seguro, obtener estatus legal, u organizar una solicitud para los servicios públicos y básicos para la ciudad en casos de rápido crecimiento urbano que trae consigo nuevas comunidades ilegales.

El objetivo no es enseñar a los estudiantes todas las habilidades técnicas o toda la gama de conocimientos sobre la participación en la comunidad o desarrollo de la comunidad. El objetivo principal es enfatizar su importancia en el ministerio pastoral. Un pastor debe esforzarse para ser utilizado de manera que el pueblo de Dios pueda experimentar la vida abundante que Dios desea. También procura servir de muchas maneras en la comunidad donde se encuentra su iglesia. Participación en la comunidad y desarrollo comunitario son términos técnicos utilizados en los estudios académicos y son promovidos a través de los programas gubernamentales. Si bien existe un cierto solapamiento, el pastor no es alentado a unirse necesariamente a ninguno de estos esfuerzos, ni adaptarse de forma rígida a las definiciones en estos campos. El pastor debe preocuparse por la comunidad donde sirve. Ante todo, su preocupación debe ser espiritual, y la iglesia que él pastorea debe ser conocida como un faro que irradia una luz de esperanza, seguridad y aceptación. Pero el pastor no debe limitar su interacción con los demás al ministerio de la predicación. En realidad, muchas veces la propia comunidad es la que tiene necesidad de atención.

El ministerio del evangelio incluye alimentar al hambriento, dar de beber al sediento, y ofrecer atención médica a los enfermos y heridos, al menos eso fue lo que Jesús pensó y practicó en Su ministerio. Santiago añade que debemos atender a las personas que sufren necesidad, y no simplemente saludarlos y desearles lo mejor. «Y si un hermano o una hermana están desnudos, y tienen necesidad del mantenimiento de cada día, y alguno de vosotros les dice: Id en paz, calentaos y saciaos, pero no les dais las cosas que son necesarias para el cuerpo, ¿de qué aprovecha?» (Sant. 2:15-16).

El primer encuentro de una persona inconversa con un cristiano puede tener lugar en el contexto de la participación de la iglesia en la comunidad, para llegar a los residentes que no asisten a la iglesia. El suministro de comidas y ropa para las personas sin hogar, la ayuda benévola a los desempleados, dirigir ligas deportivas para los jóvenes, o incluso expresar perspectivas bíblicas en las reuniones comunitarias son maneras en las que los creyentes pueden participar en la vida de la comunidad. En la participación en la comunidad, los pastores tienen la oportunidad de interactuar con gente que de otro modo nunca irían a sus iglesias para escucharlos predicar. Los pastores que participan activamente en sus comunidades son capaces de brindar consejo a los que sufren, a los hambrientos y a los temerosos. La enseñanza de Jesús registrada en Mateo 25:31-46 deja bien claro que la atención integral a los demás y satisfacer necesidades no es un deber opcional para los cristianos que están inclinados a dicho ministerio. Más bien, Jesús declara que tendremos que dar cuentas y seremos juzgados por cualquier falta de preocupación y acción en cuanto a las personas sufrientes, hambrientas y sin hogar que nos rodean.

Comenzamos esta sección observando algunas de las ideas que vienen a la mente al considerar los términos participación en la comunidad y desarrollo de la comunidad; sin embargo, también hay ideas que normalmente no vienen a la mente, pero deberían. Desarrollo de la comunidad debe incluir la persona en su plenitud, la familia en su plenitud, y el propósito de Dios en su plenitud. El objetivo no es desarrollar una comunidad maravillosa desprovista del testimonio del evangelio, o comunidades llenas de residentes saludables pero perdidos.

Algunos han advertido de los peligros del «cristianismo de dos niveles»[18] en el que los cristianos presentan su proclamación del evangelio como esencialmente la respuesta a las grandes preguntas de la vida en relación con las realidades fundamentales y la vida eterna, pero no logran responder a las preocupaciones de la vida cotidiana en el presente. Es decir, presentan el evangelio y hacen llamados para que las personas acepten a Cristo, pero no enseñan cómo el verdadero vivir cristiano impacta nuestra vida, relaciones, temores, salud y necesidades. Realmente, se ha planteado que es este fracaso en presentar la verdad bíblica sólida, el que facilita (si no causa), el sincretismo resultante de las religiones tradicionales al cristianismo.[19] En cambio, el pastor debe presentar un mensaje del evangelio que se acople con el ministerio del evangelio, que se traduce en una perspectiva bíblica holística. El cristianismo no se trata solo de un destino, sino también de una manera de viajar.

El pastor o el miembro comprometido de la iglesia no necesita una certificación avanzada en desarrollo de la comunidad o una formación especializada, sino la mente de Cristo, un corazón conforme al corazón de Dios, y el Espíritu Santo que habita dentro de él. Recuerda que Jesús estuvo involucrado con muchas vidas y se extendió más allá de los miembros de Su comunidad local de creyentes. Él asistió a una boda en Caná y satisfizo su necesidad práctica de más vino, a pesar de que nunca nos enteramos de quiénes se casaban o Su conexión con ellos o con Caná. El sanó, salvó, alimentó y enseñó a muchos que no eran Sus discípulos. Él restauró completamente la salud a una mujer que había padecido una hemorragia durante doce años, y la reinsertó en la comunidad. Vivir en

---

[18] Paul G. Hiebert, R. Daniel Shaw y Tite Tiénou, *Understanding Folk Religion: A Christian Response to Popular Beliefs and Practices* (Grand Rapids, MI: Baker Academic, 1999).

[19] Ibíd.

armonía con Dios debe dar lugar a convivir de forma armoniosa con las otras personas en la comunidad que nos rodea. La sensibilidad a las necesidades de las personas que te rodean te guiará a la participación en la comunidad. Pide al Señor que te indique maneras en que podrías ayudar a que la comunidad mejore.

Claves para la participación

Ayuda a tus alumnos a ver que mientras buscan maneras de involucrarse en la comunidad, ellos deben tener algunas cosas en mente. En primer lugar, no tratar de satisfacer las necesidades que ellos piensan que un misionero o un extraño tendrían si vivieran en ese contexto; la comunidad puede no compartir esa opinión. Hacer esto ha llevado a algunos misioneros y sus agencias a construir viviendas permanentes para pueblos nómadas, proporcionar maquinaria agrícola con motor de gasolina para personas que no tienen acceso a la gasolina, ni el dinero para comprarla si estuviera disponible, e introducir cultivos en poblaciones que estaban satisfechas con los nutritivos productos agrícolas que tradicionalmente cultivan. Por ridículo que estos ejemplos parezcan, todos ellos son ejemplos reales de esfuerzos de desarrollo equivocados. En segundo lugar, si las personas no piden ayuda o no la quieren cuando se les ofrece, el pastor no debe forzarla. Algunos pastores razonan que a la gente le encantaría lo que ellos ofrecen si solo lo conocieran. Por último, deben recordar que sus esfuerzos para ayudar, en realidad pueden hacer daño. Proporcionar salarios, pagar el alquiler de la propiedad de la iglesia, o financiar los ministerios locales crea una dependencia de una fuente externa de ingresos, y las fuentes externas de ingresos siempre son limitadas en cantidad, duración o ambas. Cuando el pozo se seca y la comunidad, iglesia, o familias pierden los servicios que los fondos estaban proveyendo, surgen las crisis. En otras ocasiones, los pastores o ministros han utilizado desconsideradamente el dinero para aliviar una necesidad o resolver un problema, o incluso para bendecir a alguien, y en realidad lastiman al destinatario. Debe tenerse en cuenta que sin duda este también es el caso de un misionero o voluntario que puede estar utilizando este material para capacitar a los pastores. Los equipos a corto plazo a veces hacen esto al hacer regalos en efectivo a pastores favoritos o comprar ropa y zapatos nuevos para los bellos niños de la calle con quienes realmente se vincularon. El primer caso crea celos y amargura por parte de otros pastores que pueden tomar represalias, como por ejemplo condenar posteriormente al ostracismo a los afortunados receptores de los regalos. El último caso en realidad ha dado lugar a que esos niños sean asaltados en las calles y despojados de sus nuevas ropas. El resultado final en cada caso fue peor que el principio. Del mismo modo que enseñamos a los pastores a que se involucren en sus comunidades, pero que lo hagan con mucho cuidado, así debemos nosotros modelar esto al relacionarnos con ellos.

Utilizar dinero para resolver problemas de la comunidad crea muy a menudo otros problemas en su lugar. No siempre es necesariamente malo utilizar recursos financieros para satisfacer las necesidades o para la participación en la comunidad y su desarrollo, pero esto debe hacerse solo después de la debida consideración de las posibles dificultades y problemas. Además, al igual que sería un error crear una dependencia de la ayuda externa, también es malo ir al otro extremo y alimentar un espíritu de independencia feroz, carente de cualquier valoración o agradecimiento por lo que podemos hacer por los demás. Cuando un ministerio desea invertir en la mejora de una comunidad, después de sopesar los posibles riesgos de hacerlo y, en colaboración con los creyentes locales, el resultado debe ser un fortalecimiento mutuo de los lazos de la unidad y la comunión cristianas. Somos una comunidad cristiana más saludable juntos que cuando estamos separados, la hermandad cristiana es más que la simple suma de sus partes. En nuestro compromiso con el desarrollo no debemos ni procurar la dependencia ni la independencia, sino más bien la interdependencia.

Anima a los estudiantes a considerar las siguientes formas sencillas y prácticas de involucrarse en las comunidades donde viven. Recuerda que cada interacción con los demás es una oportunidad para desarrollar no solo la comunidad, sino también las relaciones, y el evangelismo personal se realiza mejor en el contexto de una relación personal.

Formas de participación

Mucha gente en todo el mundo espera que su gobierno se haga cargo de los servicios básicos en sus comunidades. Esto se cumple especialmente con las personas en los países occidentales quienes dan por sentado los servicios tales como el agua potable, clínicas de salud pública, escuelas según edades, alertas meteorológicas, protección policial, acceso a la electricidad y recogida sistemática de la basura. A decir verdad, muchas de las poblaciones occidentales consideran estos derechos como inalienables que están garantizados para todos los ciudadanos. Nunca caen en cuenta los complejos sistemas que deben estar en funcionamiento para que estos servicios estén disponibles, y lo costoso que es para el gobierno proporcionar estas cosas. Desafortunadamente, hay países donde los gobiernos prestan estos servicios, pero la marginación y la opresión de algunos grupos de personas, las barreras del idioma, o los derechos cuestionables de las comunidades de ocupantes ilegales, traen como resultado que muchas personas carezcan de los servicios básicos. Un pastor en la comunidad puede liderar la organización de la preocupación comunitaria, guiar a la gente a una interacción más productiva con los funcionarios públicos, e intervenir para abogar por los casos más necesitados.

A menudo es necesario que los líderes de la comunidad eduquen a la gente respecto a los peligros para la salud pública, como en el caso de las enfermedades transmitidas por mosquitos. Estas enfermedades pueden ser bacterianas, virales o parasitarias, transmitidas por la picadura de mosquitos. La eliminación de neumáticos viejos, voltear los bidones vacíos, y rellenar las zanjas para evitar el agua estancada donde los mosquitos se reproducen, puede ayudar a controlar los brotes de enfermedades como encefalitis, la malaria, la fiebre amarilla, el dengue, el virus chikunguña y el zika. Durante la construcción del canal de Panamá, murieron tantos hombres a causa de enfermedades transmitidas por mosquitos que la realización del proyecto llegó a estar en peligro. Después que el Director General de Salud, el doctor William Gorgas, comenzó su campaña para erradicar o por lo menos disminuir los mosquitos, la fiebre amarilla y la malaria fueron controladas.[20] Más tarde él llevó sus métodos de saneamiento a Guayaquil, en Ecuador, y a Sudáfrica. Su historia sigue siendo un ejemplo de lo que una persona puede lograr por las comunidades a través de la educación, el esfuerzo y la organización.

Más de seiscientos millones de personas, aproximadamente una de cada diez personas en el mundo, no tienen acceso a agua limpia. Aproximadamente un tercio de la población mundial no tiene acceso a un inodoro. Alrededor de un tercio de todas las escuelas y centros de salud en todo el mundo no tiene acceso a agua potable.[21] Más de 2000 niños menores de cinco años de edad mueren cada día debido a la falta de agua potable.[22] Los pastores podrían involucrarse en sus comunidades mediante la instrucción sobre los peligros de las instalaciones sanitarias antihigiénicas y de beber agua insalubre. Podrían trabajar con las organizaciones no gubernamentales y agencias misioneras para perforar pozos o instalar sistemas de depuración de aguas. Se podrían dar talleres locales de información para instruir a los residentes de la comunidad en cuanto a la conveniencia de utilizar retretes fuera de la casa, cómo construirlos, y sobre la necesidad de proteger los suministros de agua de la comunidad, tales como arroyos y ríos, y la eliminación adecuada de los residuos de alimentos y basura para eliminar gran parte del riesgo de enfermedades transmitidas por el agua. De esta manera el pastor local puede demostrar su preocupación por los residentes, buscar el beneficio de su salud física, y lograr que su mensaje del evangelio sea escuchado. Muchos pastores y misioneros experimentados sostienen el siguiente axioma: «A la gente no le importa cuánto tú sabes hasta que sepan cuánto ellos te importan».

Muy pocos pastores serán médicos o profesionales de la salud también, pero para ser de alguna utilidad en la comunidad no hace falta un título de médico. Aunque, tristemente, algunas comunidades en todo el

---

[20] «Yellow Fever and Malaria in the Canal», *American Experience*, página consultada el 21 de junio de 2016. http://www.pbs.org/wgbh/americanexperience/features/general-article/panama-fever/.

[21] «Facts About Water & Sanitation», *Water.org*, página consultada el 21 de junio de 2016. http://water.org/water-crisis/water-sanitation-facts/.

[22] «Global WASH Fast Facts», *CDC.gov*, página consultada el 21 de junio de 2016. http://www.cdc.gov/healthywater/global/wash_statistics.html.

mundo carecen de acceso a la atención médica calificada y los residentes confían más en los tratamientos tradicionales ofrecidos por las hierbas medicinales o los chamanes. La educación es muy eficaz para mejorar la vida, como se ha visto anteriormente en este módulo, pero la atención médica a menudo es esencial para salvarlos. Es muy beneficioso cuando los dos van de la mano y se puede educar a la población local en los cuidados de salud.

Proporcionar atención médica no es tan útil cuando esta no es deseada o valorada, por ejemplo, cuando la medicina occidental no es apreciada. La cosmovisión animista cree con frecuencia que la enfermedad proviene de maldiciones, antepasados enojados, por causar falta de armonía u ofender a una deidad, por lo que la opinión del médico occidental, que deben tomar una pastilla por día durante diez días para ponerse bien, parece ridícula. El pastor que entiende la cosmovisión de los residentes de la comunidad y el suministro de medicinas modernas por parte de ministerios médicos pueden cerrar la brecha y ayudar a explicarse el uno al otro.

Además de considerar la cosmovisión, los pastores locales son útiles para las campañas médicas en la comunidad, incluso al utilizar el edificio de la iglesia para una clínica si la comunidad carece de una. Este tipo de campañas de salud pública pueden ser tan sencillas como la vacunación de niños, proporcionar clínicas de evaluación de la salud para detectar las primeras etapas de enfermedades más graves, o alentar a los casos crónicos a que visiten un hospital regional del gobierno para la atención continua que la comunidad no puede proporcionar. Debido a que la mayoría de las poblaciones en el Sur, por ejemplo, carecen de un acceso fácil al agua potable y experimentan falta de higiene en la preparación de alimentos, los parásitos son algo común. La detección de parásitos y amebas y su tratamiento necesitan ir a la par con una instrucción sobre ellos y sobre las fuentes de infección. Una vez más, como líder en la comunidad, el pastor local es la persona perfectamente idónea para tener la confianza de las personas, la cual es necesaria para convencerlas de que las formas tradicionales tienen que cambiar para que ellas puedan mejorar sus vidas.

Con miles de años de experiencia y la presencia de miles de millones de personas en el planeta, es obvio que los nacimientos no han disminuido, aunque con muchas variaciones culturales en los procedimientos de parto y el cuidado del bebé. Desafortunadamente, las tasas de mortalidad infantil tampoco. A pesar de que se han logrado grandes avances para reducir la tasa de muertes infantiles, millones de bebés mueren cada año, muchos de ellos por falta de atención médica básica. Los pastores pueden facilitar los esfuerzos de asistencia sanitaria para la atención prenatal, la capacitación de parteras, así como el control del niño sano, e incluso el transporte a las clínicas u hospitales públicos, según sea necesario.

Muchas agencias misioneras y organizaciones no gubernamentales proporcionan cuidado dental, exámenes de la vista, anteojos y exámenes en busca de otros problemas médicos. Los pastores que se involucran en sus comunidades son percibidos como líderes respetados cuando invitan y dan lugar a estas clínicas en sus iglesias o lugares de reunión en la comunidad. Una vez más, el pastor no necesita un entrenamiento avanzado para preocuparse por el bienestar de los residentes de la comunidad. Su esfuerzo por el bien de ellos le ganará respeto y aprecio.

Dado que estos problemas de salud están tan generalizados y los centros de salud a menudo son tan pocos, algunas agencias misioneras han desarrollado ministerios no solo para la detección y el tratamiento de los problemas de salud, sino también de capacitación de los creyentes locales para reconocer enfermedades, ayudar a respirar a los recién nacidos, extraer los dientes problemáticos, monitorear la presión arterial, componer huesos, cerrar heridas, tratar quemaduras y muchas otras necesidades urgentes. Estos ministerios proporcionan equipos para brindar este tipo de atención médica o dental y capacitan representantes de los creyentes locales para usarlos en su comunidad, sirviendo a menudo como el primer nivel de atención médica para las personas que, de otro modo, no tienen ninguna.[23] Un pastor local o representante de la iglesia puede facilitar que tales ministerios lleguen a su comunidad, de modo que al hacerlo se involucra y se desarrolla.

---

[23] Dos de estas organizaciones son ITEC (www.itecusa.org) y Teach to Transform (www.teachtotransform.org).

Mejora

No confundas *la mejora* con la herejía de la prosperidad que tan a menudo se hace pasar por cristianismo en todo el mundo. Es trágico que esa mentira con frecuencia sea aceptada fervientemente en lugares pobres con economías devastadas. La predicación de la prosperidad parece ser un indicio de esperanza que se extiende para ser agarrada por las personas con pocos recursos u opciones. El «cristianismo» que se les ofrece es uno que exige su dinero, casas o posesiones restantes como «dinero semilla» con la promesa a cambio de que Dios los bendecirá grandemente por mostrar tal fe. Después de haber entregado en las manos del predicador o iglesia todo lo que tenían, no les queda nada más que una amarga decepción y desilusión porque al parecer no tuvieron suficiente fe. La herejía de la prosperidad huele a humo a causa de su lugar de procedencia; ese no es el evangelio de Jesucristo. Sin embargo, no tenemos que descartar la verdad de que las bendiciones sí llegan para aquellos que caminan en obediencia a Dios y confían en Él para todo lo que necesitan.

La verdad es que las personas, las familias y las comunidades que abrazan el evangelio a menudo experimentan una mejora. Dicha mejora no es la motivación para hacerse cristiano, ni Dios la garantiza como algo automático, pero se ve en situaciones repetidas. Por ejemplo, imaginemos que un campesino que se dedica a la agricultura de subsistencia produce solo lo suficiente para mantener a su familia, y comercializa una parte de su escasa cosecha por otros alimentos básicos y suministros necesarios. Tal vez la amargura de su vida o algún evento trágico como el fracaso de la cosecha, lo conduce a la bebida, la bebida lo conduce al abuso de la esposa y los niños, y ese abuso conduce a gastos médicos, problemas legales o la pérdida de su granja. Atrapado en la espiral descendente de pecado, él puede beber o jugarse el dinero que necesita para la comida, la electricidad, los uniformes escolares de los niños, materiales de construcción, ropa, zapatos o la atención médica preventiva. Sin embargo, cuando una persona nace de nuevo, todo empieza a cambiar. Se arrepiente de los hábitos pecaminosos, se preocupa por su familia, procura gastar el dinero sabiamente y provee para la familia. La mejora resultante entre ellos no es la herejía de la prosperidad, es el resultado del *shalom* bíblico en su familia. Este es solo un ejemplo sencillo para demostrar lo que sucede en una situación familiar en la que un ebrio pecaminoso experimenta la salvación. Cuando el evangelio satura a toda una comunidad, al igual que en los avivamientos históricos, los cambios en toda la comunidad y la mejora, traen como resultado el cierre de establecimientos pecaminosos, padres cariñosos que se ocupan de sus familias, y mejoras en la comunidad llevadas a cabo por sus residentes. La forma más profunda en que un pastor puede involucrarse en su comunidad para su desarrollo beneficioso es simplemente mediante la predicación del evangelio e implorar con paciencia que los pecadores abracen a Cristo.

En las áreas de graves desafíos económicos, es posible que algunos residentes no se interesen en asuntos espirituales. Alguien ha dicho que un hombre que se está ahogando en medio del océano no se preocupa mucho por la situación de su plan de jubilación. Del mismo modo, las personas que están tratando de encontrar un empleo para alimentar a sus familias muchas veces no se preocupan por nada más. El pastor puede involucrarse en su comunidad para satisfacer necesidades en esta área también.

Algunos ministerios proporcionan capacitación ocupacional para jóvenes mayores o adultos en escuelas vocacionales y técnicas. Por ejemplo, en uno de estos programas de capacitación los estudiantes aprenden a identificar árboles ideales en el bosque para la fabricación de muebles, aprenden a cortarlos, arrastrarlos a las carreteras principales, transportarlos al aserrío del centro de capacitación, aserrarlos y cortar la madera aserrada en planchas, y construir muebles. Se les da instrucción en los fundamentos de contabilidad, la presentación de ofertas para los contratos, la comercialización de sus productos y las ventas. Los hombres que estaban sin empleo ahora son capaces de mantener a sus familias. Las madres pueden recibir instrucción para operar máquinas de coser, se les enseña cómo hacer sábanas, uniformes, o cortinas para hoteles locales, escuelas o empresas. Al igual que los fabricantes de muebles, se les enseña habilidades básicas de contabilidad a fin de mantener los registros legalmente requeridos y pagar impuestos. Tanto a los hombres como a las mujeres se les proveen micropréstamos para poder comprar el equipamiento necesario para el comienzo de sus negocios de microempresas, con el fin de mantener a sus familias.

Otro ejemplo de mejora en un mundo globalizado es una campaña de alfabetización en una comunidad donde la mayoría no puede escribir o no escribe. Como vimos en la sección sobre la oralidad de este módulo, mantenerse analfabeto en una cultura predominantemente alfabetizada es difícil, como lo es emprender la alfabetización. La limitación de ser analfabeto debilita la autoestima, las oportunidades de empleo, y la competencia limpia con los demás en el mercado laboral. Un pastor local que puede leer bien puede poner en práctica un programa de alfabetización en su iglesia. Los pastores que carecen de suficientes conocimientos pueden invitar a otros ministerios que sí imparten dicho entrenamiento para que todos puedan aprender.

Las comunidades de todos los niveles socioeconómicos pueden sacar provecho de seminarios sobre el matrimonio o la paternidad. Estos eventos no son solo una manera de enseñar a los padres que quizás no han tenido buenos modelos para seguir, sino también facilitan que personas que viven en la zona se conozcan entre sí. Los conceptos básicos de la comunicación clara entre los cónyuges, las pautas bíblicas para saber cómo tratar a los demás, la crianza de los hijos en edades difíciles de la infancia, y la importancia de mantener las líneas de comunicación abiertas, constituyen una buena instrucción para algunos, y recordatorios necesarios para otros. Los seminarios sobre el matrimonio y la paternidad generan el interés de la comunidad entre los creyentes y los no creyentes por igual, y proporcionan excelentes oportunidades para desarrollar relaciones.

Por último, tal vez la principal participación en la comunidad y su desarrollo es guiar a los residentes a vivir en armonía con Dios y con los demás. Este nivel de compromiso y desarrollo es más que información; es transformación. El pastor debe hacer algo más que invitar a otros para facilitarla, ofrecer un evento o conferencia aisladas, o enseñar a la gente una nueva habilidad; él y sus miembros de la iglesia deben modelar esa transformación. Ver que las personas lleguen a una relación correcta con Dios por medio de Cristo, y a una reconciliación con los demás debe ser nuestro objetivo primario, y todos los otros niveles deben apuntar a esta conclusión.

Evangelización

Contar tu testimonio a los oyentes interesados, o proyectar la película *Jesús* a los aldeanos curiosos es todo parte de la evangelización, pero no el todo. Cuando las personas no tienen conocimiento del verdadero Dios Creador, ni una perspectiva bíblica del origen del pecado, o de lo que nos espera a todos después de nuestro último aliento, debemos tener más cuidado que nunca de los pasos sencillos para la salvación. En el último módulo tus estudiantes aprendieron los cuatro puntos del evangelio y el énfasis de cada punto. En su intento de ser agentes de cambio en la comunidad, los estudiantes también deben ser la clave para la comunicación efectiva del evangelio, ya que ellos conocerán el Evangelio, la cultura y la gente mejor que nadie.

Aquellos que han crecido en un grupo de personas en particular, y que desde la infancia han aprendido su cosmovisión, mitos de origen, leyendas, tradiciones, supersticiones y creencias religiosas, serán los más adecuados para explicar el evangelio y cómo este difiere de lo que siempre han dado por sentado. Un visitante de fuera rara vez sabe lo suficiente sobre este trasfondo como para evitar la confusión o el sincretismo que a menudo tiene lugar.

Cada pastor debe estar ocupado diariamente en la participación y el desarrollo supremos de la comunidad: hacer, ser y contar el evangelio. Él debe ayudar a los demás a entender de dónde viene todo, dónde se originó el pecado, porqué el mundo es como es, y cuál es la respuesta del Creador ante el pecado. Cuando una comunidad reconoce el quebrantamiento, la disfunción, el odio, el crimen y la enfermedad a su alrededor o la saturación de todas estas cosas en su interior, el pastor debe tomar esto como un momento de enseñanza para explicar que al principio no era así. Por el contrario, todos los males de la vida son evidencia de la caída. Por otra parte, también debe explicar que las cosas no seguirán siendo de esta manera. El día vendrá cuando todas las cosas serán juzgadas, restauradas y perfeccionadas. Sin embargo, incluso antes de que ese último día llegue, Dios permite que las personas, las familias y las comunidades experimenten un cierto nivel de reconciliación y restauración, mientras esperamos.

El evangelismo es solo una herramienta en la caja de herramientas que el pastor tiene para participar en la comunidad y su desarrollo, pero es la más poderosa y está disponible para cada creyente nacido de nuevo. Ve en el poder del Espíritu, en el cuidado providencial del Padre, y con la autoridad del Hijo a cambiar tu comunidad.

Lecturas recomendadas

Broadus, John A. *On the Preparation and Delivery of Sermons*. Nueva York: Harper and Row, 1870.

Bryson, Harold T. *Expository Preaching: The Art of Preaching Through a Book of the Bible*. Nashville, TN: B&H Publishing Group, 1995.

Hiebert, Paul G., R. Daniel Shaw y Tite Tiénou. *Understanding Folk Religion: A Christian Response to Popular Beliefs and Practices*. Grand Rapids, MI: Baker Academic, 1999.

Sheard, Daniel. *An Orality Primer for Missionaries*. Naples, FL: Whitehall Printing, 2010.

Sills, M. David. *Reaching and Teaching the Highland Quichuas: Ministry in Animistic Oral Contexts*. Louisville, KY: Reaching and Teaching International Ministries, 2012.

Willis, Avery y Steve Evans. *Making Disciples of Oral Learners*. Waxhaw, NC: ILN, 2007.

Módulo 8 Objetivos de aprendizaje

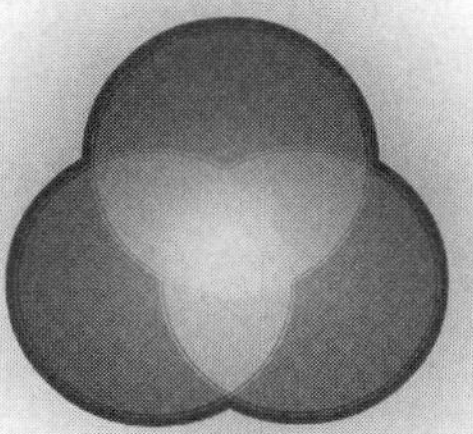

El ayuno
Ministerio a la familia y consejería
Finanzas de la iglesia

Al finalizar este módulo, los alumnos podrán:

1. **El corazón: El ayuno**
   a) Definir el ayuno y sus beneficios como una disciplina espiritual personal.
   b) Describir maneras de practicar el ayuno aparte de la abstinencia total de los alimentos.
   c) Explicar los objetivos y la motivación de un cristiano para el ayuno .
   d) Exponer el rol que tiene el acto de ayunar, el cual se relaciona con la dependencia en Dios.
   e) Enumerar ejemplos bíblicos de ayuno que citan personas, razones, duración y resultados del ayuno.
   f) Describir el fruto espiritual de la mansedumbre y cómo difiere de la debilidad.

g) Explicar las razones para enfocar la vida de pensamiento en lo que es digno de alabanza y cómo desarrollar esta práctica.

2. **La mente: Ministerio a la familia y consejería**
   a) Definir el ministerio bíblico de la consejería.
   b) Enumerar las razones por las que el ministerio de la consejería bíblica es necesario a nivel global.
   c) Describir los objetivos y roles del consejero en la consejería bíblica.
   d) Enumerar las amonestaciones y directrices en la consejería bíblica.
   e) Hacer un listado de los pasos esenciales para establecer un ministerio bíblico de consejería.
   f) Describir las razones para establecer límites relacionales en la consejería.
   g) Hacer un listado de las razones de la importancia del ministerio a la familia en una iglesia local.
   h) Explicar cómo pueden los pastores capacitar a los padres para ayudar en el ministerio a la familia.
   i) Describir la función que deben desempeñar los padres en la disciplina a sus familias.
   j) Enumerar las maneras en las que el matrimonio se puede fortalecer con el ministerio a la familia.
   k) Describir las diferencias, así como las necesidades particulares, entre las diferentes etapas de la vida de los miembros de la iglesia.
   l) Explicar los pasos necesarios a seguir para el consejería de una persona que atraviesa una situación desafiante en la vida.
   m) Citar un ejemplo específico de consejería y describir la forma de abordarlo de manera bíblica mediante el proceso de consejería.

3. **Las manos: Finanzas de la iglesia**
   a) Citar enseñanzas bíblicas para diezmar y ofrendar.

b) Describir lo que significa la «división de funciones» y su importancia en las finanzas de la iglesia local.
c) Hacer un listado de las formas en las que un pastor puede guiar a su iglesia a administrar sabiamente los recursos financieros una vez recibidos como diezmos y ofrendas.
d) Explicar la función de un comité o equipo de finanzas al recibir, invertir y dar cuentas de los fondos de la iglesia.
e) Hacer un listado de los pasos para la preparación de un presupuesto para la iglesia así como sus usos y limitaciones.

Módulo 8

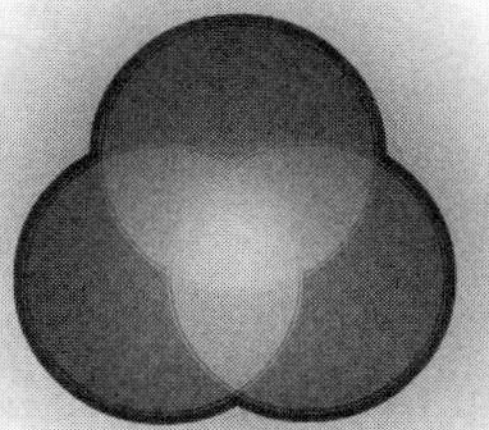

El ayuno
Ministerio a la familia y consejería
Finanzas de la iglesia

Introducción

La disciplina espiritual del ayuno es una de las disciplinas más descuidadas en el cristianismo contemporáneo. Para muchos, la palabra trae a la mente extremos tales como cuarenta días y cuarenta noches sin comer ni beber. Sin embargo, más que solo evitar las comidas, el ayuno consiste en la autonegación de los deseos y necesidades, y ponerse a uno mismo en manos de Dios plenamente. Pasar un período específico de tiempo sin alimentos puede aumentar la concentración e intensificar la oración. Jesús no solo practicó el ayuno, sino que también enseñó sobre él, y esperaba que Sus seguidores ayunaran. Jesús no dio instrucciones hipotéticas con respecto a las disciplinas opcionales para los cristianos súper comprometidos, ni tampoco especuló sobre la práctica de esta disciplina, diciendo: «Si decides ayunar…». Por el contrario, Jesús enseñó: «Pero tú, cuando ayunes…» (Mat. 6:17). El desarrollo del carácter del pastor que veremos en este módulo requiere autocontrol para el crecimiento en la santificación, que viene a través del ayuno periódico.

Este módulo también aborda el contenido que los cristianos necesitan saber para servir bien a los que les rodean. Cada pastor y creyente maduro en el ministerio de la iglesia local a veces será llamado para aconsejar a otros. Sin embargo, algunos cristianos son reacios a ofrecer consejos, pues piensan que luego serán responsables de las decisiones de vida de aquellos que buscan su consejo. Los líderes cristianos necesitan entender cómo dar orientación divina a los demás. En la parte dedicada a la mente en este módulo consideramos los fundamentos de la consejería bíblica.

Cuando las vidas se desmoronan, la Biblia proporciona explicaciones profundas, y prescribe los pasos a seguir para juntar las piezas nuevamente. Los pastores que conocen bien la Biblia deben estar listos para dar el consejo que la Biblia ofrece a aquellos que lo necesitan. Incluso en aquellos momentos en los que ninguna explicación parece responder al grito de por qué de una persona herida, la Biblia ofrece consejos sabios respecto a confiar en el corazón de Dios cuando no podemos ver Su mano.

Los pastores también deben ayudar a manejar las finanzas de la iglesia, sobre todo en las iglesias más pequeñas. Incluso pastores piadosos que nunca han luchado con tentaciones respecto al dinero, han caído en pecado y escándalo, o se les acusa de ello, producto de una administración imprudente del dinero. El amor al dinero es la raíz de todo mal, e incluso aquellos que son resistentes a su atractivo pueden encontrar que la tentación se hace demasiado fuerte cuando las necesidades personales son grandes, el acceso inmediato a los fondos es fácil, y no se requiere la rendición de cuentas. Por lo tanto, la parte dedicada a las manos en este módulo ayudará al pastor y a la iglesia a establecer pautas sabias y procedimientos prudentes para el manejo de las finanzas de la iglesia.

El corazón

Disciplina espiritual personal: El ayuno

La disciplina espiritual del ayuno a menudo es descuidada, incluso por los cristianos bien intencionados y comprometidos. Ante este descuido, las personas ofrecen innumerables excusas. La Biblia enseña sobre el ayuno, muestra al pueblo de Dios ayunando, y describe el tipo de ayuno que Dios acepta; así como el tipo de ayuno que es rechazado por ser vacío. Whitney señaló el énfasis que hace la Biblia sobre el ayuno para el pueblo de Dios, pues menciona esta disciplina más aún que el bautismo (77 veces para el ayuno y 75 para el bautismo).[1] El ayuno debe ser la negación secreta y periódicamente practicada de los deseos de alimentar la carne; con el propósito de orar de forma concentrada y acercarse a Dios.

Puesto que Jesús es nuestro modelo y ejemplo, debemos tratar de imitarlo en la forma en que vivimos nuestra vida. Por supuesto, algunos aspectos de Su vida están más allá de nosotros; por ejemplo la transfiguración, la curación de los enfermos con una palabra o un toque, resucitar a los muertos, la multiplicación de los panes y los peces, o caminar sobre el agua. Pero esto no debe llevarnos a la conclusión de que no hay nada sobre Su vida que no debamos tratar de hacer realidad en la nuestra. Jesús pasó mucho tiempo en oración y ayuno, y ambas cosas no solo son posibles, en realidad son pautas bíblicas que se nos instruye a practicar. Estos dos aspectos que podemos tratar de imitar e incorporar en nuestro propio caminar con Dios van juntos en armonía; sin embargo, es lamentable que la mayoría de los cristianos raramente los practique.

Lo que es y no es el ayuno

El ayuno es negarnos a nosotros mismos por una razón bíblica específica y un período de tiempo determinado para buscar a Dios. Mientras que muchos entienden que el ayuno es la abstinencia voluntaria total de alimentos, de alimentos y agua, o de ambos, la idea puede ser ampliada para incluir la negación de otros deseos carnales. El ayuno es abstenerse voluntariamente de cualquier cosa que disminuya nuestro celo por Dios, empañe nuestro enfoque al buscarlo o dificulte nuestras oraciones. La esencia del ayuno es la negación de los deseos carnales con el fin de acercarnos a Dios, presentar nuestras peticiones, centrarnos en Él, y

---

[1] Donald S. Whitney, *Spiritual Disciplines for the Christian Life*, ed. rev. (Colorado Springs, CO: NavPress, 2014).

expresar nuestra seriedad y sinceridad al hacerlo. La simple abstinencia total de los alimentos no es lo que entendemos por la disciplina espiritual del ayuno, ya que algunos pueden dejar de comer, pero no por razones bíblicas o piadosas. Tal vez el ayuno les es necesario desde el punto de vista médico, para bajar de peso, pero eso pierde de vista la idea del ayuno para acercarse a Dios.

Otra posibilidad es que algunos pueden ayunar para practicar esta disciplina espiritual, pero lo hacen de maneras diferentes a no comer. Por ejemplo, hay algunos que no pueden abstenerse físicamente de ingerir alimentos debido a razones de salud personal. Algunos pueden optar por abstenerse periódicamente de alimentos sabrosos, carnes o postres. Otros optan por ayunar de vez en cuando de la tecnología, por ejemplo, del teléfono o la televisión, o incluso de lo que para muchos de nosotros es el perturbador supremo de la paz: Internet. Dejar nuestros dispositivos apagados durante un día o una semana para el propósito de la oración, la meditación y acercarse a Dios, es una práctica aconsejable para aquellos que a veces se sienten esclavizados por la tecnología y sus exigencias sobre nuestro tiempo.

Antes de comenzar con una explicación de las razones para el ayuno y sus usos, debemos dejar bien claro lo que no es el ayuno. El ayuno no es una huelga de hambre para presentar nuestras exigencias ante Dios, absteniéndonos de comer hasta que Él nos conceda nuestros deseos. Cuando yo enseñaba sobre el ayuno en otro país, me encontré con algunos creyentes que estaban divididos en el tema del ayuno, debido a su confusión sobre las pautas bíblicas respecto a su práctica. Ellos estaban muy familiarizados con las huelgas de hambre que algunos conciudadanos habían llevado a cabo con frecuencia para protestar contra las políticas del gobierno; algunos creyentes habían llegado a asociar el ayuno con esa práctica. En esencia, los creyentes confundidos habían comenzado a «ayunar» y orar por lo que querían, y se negaban a comer hasta que Dios les concediera sus peticiones. Por ejemplo, si la iglesia deseaba un pedazo de tierra con el propósito de construir un nuevo edificio para la iglesia, ellos iniciaron una huelga de hambre hasta que Dios respondiera su oración como deseaban, y les proveyera milagrosamente el dinero que necesitaban para comprarlo. Ellos creían erróneamente que Dios es un

Dios mezquino que ha de ser manipulado por las personas para llevarlo a actuar a su favor. Esta estrategia equivocada de forzar la mano de Dios y presentarle exigencias es pecado.

El ayuno tampoco es abstenerse de alimentos con el fin de ganar méritos ante Dios. Isaías registra un reproche para el pueblo de Israel que pensaba que ofrecer un ayuno a Dios, aunque mezclado con pecado y egoísmo, ganaría Su favor y bendición en otras áreas de la vida (Isa. 58:3-10). En este pasaje, la gente se quejó a Dios diciendo que habían ayunado y Él no les había hecho caso. Dios les dijo a través de Isaías que sus vidas de egoísmo, las cuales arrastraban a sus ayunos, habían hecho una burla de esta práctica, y no serían bendecidos. Del mismo modo, en los días de Zacarías, Dios reprendió a Su pueblo porque ellos habían permitido que su ayuno degenerara en un ritual vacío. «Cuando ayunasteis y llorasteis en el quinto y en el séptimo mes estos setenta años, ¿habéis ayunado para mí?» (Zac. 7:5). El ayuno sin humillarnos y ayudar a los pobres y a los que sufren es equivalente a los sacrificios que los judíos ofrecían a Dios con corazones duros, dureza de cerviz y manos pecadoras. Dios no va a recibir el ritual religioso exterior de Su pueblo sin corazones humillados y una adoración verdadera.

Instruye a tus estudiantes respecto a la verdadera naturaleza del ayuno y aconséjalos que sean diligentes para evitar sus abusos. Recuérdales las enseñanzas de Jesús de que el Padre promete recompensar el ayuno que se hace en secreto y por motivos bíblicos, que honran a Dios. Enfatiza a tus estudiantes que el ayuno no es una herramienta para tratar de manipular a Dios ni un ritual legalista para ganar méritos o el favor de Él. Más bien, el ayuno es una manera de disciplinarnos a nosotros mismos, al negarnos los deseos carnales y centrarnos en Dios como todo lo que necesitamos. Esto demuestra nuestra seriedad en la oración y sinceridad en la búsqueda de Él.

¿Por qué debemos ayunar?

Aunque Dios nos podría haber mandado a ayunar y muy bien dejarnos sin saber por qué, Él en la Biblia nos muestra Su gracia al darnos razones y motivaciones legítimas para el ayuno. La Palabra nos enseña que debemos depender de Dios para todo lo que necesitamos, en lugar de hacerlo simplemente para lo que tiene sentido según nuestro entendimiento (Prov. 3:5-6). Debemos entender nuestra necesidad eterna de toda palabra que procede de Dios y no simplemente del alimento físico que satisface el estómago por un momento. Arthur Wallis escribió: «El ayuno tiene el propósito de añadir una nota de urgencia e importunidad a nuestras oraciones, y darle fuerza a nuestra súplica en la corte del cielo. El hombre que ora y ayuna está dando cuenta al cielo de que está determinado... No solo esto, sino que está expresando su determinación de una manera divinamente señalada. Él utiliza un medio que Dios ha indicado para que su voz sea oída en lo alto». El ayuno humilla el corazón, subyuga el espíritu, y centra la mente. Cada vez que nuestro estómago nos recuerde que tenemos hambre y no hemos comido en el horario acostumbrado, podemos convertir esa punzada de hambre en un recordatorio para orar. Recordamos que tenemos hambre porque estamos buscando desesperada e intencionalmente guía, liberación y la paz con Dios.

El ayuno puede ser también una opción para agregar sufrimiento físico a nuestra angustia mental, depresión espiritual, o enfermedad del alma causadas por el pecado en nuestras vidas o en aquellas personas que nos rodean. Podemos agregar este elemento para demostrar nuestra urgencia y fervor en nuestros esfuerzos de búsqueda de Dios. El ayuno puede beneficiar en gran medida nuestra vida de oración al intensificar nuestras oraciones. Andrew Murray planteó: «El ayuno ayuda a expresar, profundizar y confirmar la resolución de que estamos dispuestos a sacrificar cualquier cosa, incluso a nosotros mismos, para lograr lo que buscamos para el reino de Dios».

A veces podemos estar tan quebrantados por nuestro pecado que nos negamos a comer, al tiempo que nos arrepentimos y buscamos el rostro de Dios. A pesar de que creemos en la verdad de 1 Juan 1:9, nuestro clamor sincero a Dios y nuestra expresión de pesar que niega la carne por haber pecado pueden expresarse legítimamente mediante nuestro ayuno. Whitney presenta diez razones bíblicas para el ayuno:

- Fortalecer la oración.
- Buscar la dirección de Dios.

- Expresar dolor.
- Buscar liberación o protección.
- Expresar arrepentimiento y el regreso a Dios.
- Humillarse ante Dios.
- Expresar la preocupación por la obra de Dios.
- Atender las necesidades de los demás.
- Superar la tentación y dedicarse a Dios.
- Expresar el amor y adorar a Dios.[2]

Algunos creyentes combinan el ayuno con la oración y la adoración. Otros combinan el ayuno con un ministerio práctico para satisfacer las necesidades de los demás, al tomar el dinero ahorrado en comida y donarlo a las personas o a otra obra misionera. Hay muchas razones para ayunar y muchas maneras de ayunar. Al igual que hay muchas maneras diferentes en que la gente guarda el domingo; algunos no comen fuera, otros no preparan comida, algunos no participan en deportes competitivos, otros no trabajan; también hay muchas variaciones sobre cómo el pueblo de Dios ha ayunado a través de los siglos.

Ejemplos bíblicos

El único ayuno obligatorio en la Biblia es el Día de la Expiación, cuando el pueblo de Dios tenía que ayunar colectivamente (Núm. 29:7). El rey Josafat también declaró un ayuno obligatorio para toda la nación en un momento de una emergencia nacional específica cuando estaban amenazados por sus enemigos (2 Crón. 20:3). La Biblia registra un ejemplo de ayuno cuando Jonás predicó a Nínive que debían arrepentirse o perecer. El rey de Nínive hizo un llamado a todo el reino, que incluía a toda criatura, a ayunar (Jon. 3:3-9). Otro ayuno, cuando el pueblo de Dios estaba buscando el rostro de Dios, se registra en Joel 2:15-16. Del mismo modo, tanto Nehemías como Esdras hicieron un llamado a los judíos a ayunar y buscar al Señor (Neh. 9:1; Esd. 4:16).

---

[2] Ibíd., 200-13.

De acuerdo con las enseñanzas de Jesús en el Sermón del Monte, la práctica del ayuno es a la vez elogiada y esperada (Mat. 6:16-18). Una vez, cuando le preguntaron por qué Sus discípulos no ayunaban como Juan lo hacía, Jesús declaró que Sus seguidores sí ayunarían, después que Él les fuera quitado (Mat. 9:14-15). Jesús practicó el ayuno, y enseñó que sería parte de la vida de Sus seguidores.

Las disciplinas de la oración y el ayuno tienen fuertes conexiones bíblicas con las misiones y el avance del cristianismo. Cuando los ancianos de la iglesia en Antioquía de Siria estaban adorando al Señor y ayunando, el Espíritu Santo les dijo que apartaran a Bernabé y a Saulo para la obra de las misiones (Hech. 13:2). Luego, al final de su primer viaje misionero, ese equipo misionero nombró ancianos para las nuevas iglesias y, con oración y ayuno, los encomendaron al Señor (Hech. 14:23). Enseña a tus estudiantes que es sabio incorporar la práctica regular de la oración y el ayuno a sus disciplinas espirituales personales, sobre todo para los que están buscando la voluntad de Dios, ya sea en cuanto a su llamado misionero, el lugar donde deben servir, o las decisiones del ministerio en las misiones.

Duración de los ayunos

La Biblia no establece la duración de un ayuno. Como se ha mencionado, el único ayuno requerido era un día anual de ayuno en el Día de la Expiación, pero también hay ayunos con una duración diferente. Por ejemplo, vemos ayunos parciales como cuando el ejército de Israel sufrió una devastadora derrota a manos de los guerreros de la tribu de Benjamín. Ayunaron hasta la noche buscando al Señor (Jue. 20:26). Cuando David se enteró de la muerte de Saúl y Jonatán, él y sus hombres lloraron y ayunaron hasta la noche para expresar su profundo dolor (2 Sam. 1:12). Enseña a tus estudiantes que el ayuno no debe convertirse en un ritual legalista que se planifica rígidamente y se practica sin el corazón. Cuando se produce una tragedia personal, nacional o a nivel de iglesia que nos pone de rodillas, el ayuno aportará una mayor atmósfera espiritual al momento y concentrará la intensidad de nuestras oraciones.

Los ayunos de un día eran comunes en la Escritura. Esto se ve en 1 Samuel 7:6 cuando la gente mandó a buscar a Samuel para que orara por ellos y él los convocó a un día de ayuno. También encontramos ayunos de tres días. En el libro de Ester, ella declaró un ayuno de tres días antes de intervenir en favor de los judíos. Después de la muerte del rey Saúl, los hombres de Israel ayunaron durante siete días. En un ayuno de veintiún días, Daniel se abstuvo de alimentos ricos, de carne y de vino en relación a una poderosa visión del Señor. Un período de ayuno indefinido es la única manera de describir los acontecimientos después de que David y Betsabé pecaron y el hijo producto de la relación estaba muriendo. La Biblia dice que David ayunó durante siete días rogando por la vida del bebé. Esto no era un ayuno declarado de siete días, más bien la Biblia parece indicar que él simplemente ayunaría hasta que el niño se curara o muriera. Después de la experiencia de Pablo en el camino a Damasco, él ayunó durante tres días, esperando que el Señor le aclarara lo que había sucedido y lo que debía hacer.

La Biblia también se refiere a la práctica del ayuno sin especificar si se trataba de ayunos parciales o de abstención total, y sin especificar un período de tiempo para el ayuno. Por ejemplo, cuando María y José llevaron al niño Jesús al templo para presentarlo al Señor, una mujer piadosa llamada Ana estaba allí para reconocerlo y honrarlo. Se nos dice que ella no se apartaba del templo, sino que ayunaba y oraba de día y de noche, y esta había sido su práctica por muchos años. Ciertamente, esto no podría haber sido un ayuno total durante todos estos años sin interrupción, pero mencionar esta práctica abnegada de ayuno periódico es una forma de elogiar su dedicación a Dios. Desafía a tus estudiantes a observar la estrecha relación que existió entre personas que hicieron del ayuno una parte regular de su búsqueda de Dios y las maneras poderosas en que Dios las utilizó. No creo que se tratara de una mera coincidencia que Ana, que oraba y ayunaba, fuera una de las primeras personas en reconocer y recibir al Señor cuando Él vino a Su templo.

La Biblia registra ayunos de cuarenta días que constituían tiempos de intensa preparación espiritual para escuchar a Dios o cuando alguien era sometido a duras pruebas. Moisés subió al monte para recibir la

Palabra del Señor, donde ayunó durante cuarenta días y cuarenta noches (Ex. 34:28; Deut. 9:9). Elías también ayunó durante cuarenta días y cuarenta noches antes de escuchar la voz del Señor (1 Rey. 14:8). Tus estudiantes deben estar más familiarizados con el ayuno del Señor Jesús en el desierto por cuarenta días y cuarenta noches durante Su tiempo de tentación (Mat. 4:2).

No se debe comenzar un ayuno de cuarenta días a la ligera o sin preparación tanto física como espiritual. Aunque Dios puede intervenir milagrosamente en la vida de cualquier persona, como obviamente lo hizo en los relatos bíblicos, la abstención total de agua es peligrosa. Mucho depende de la condición física, la temperatura ambiente, y el esfuerzo, pero debido a que el cuerpo humano se compone de alrededor de dos tercios de agua, después de unos días sin ella la mayoría de las personas estarán en problemas. Por supuesto, uno podría pasar más tiempo sin comida, pero más de tres semanas sería peligroso para la mayoría de la gente.

¿Cómo debemos ayunar?

Ahora que hemos contemplado una introducción general y el trasfondo bíblico del ayuno, consideremos cómo podemos instruir a nuestros estudiantes a practicar en la actualidad esta disciplina en sus ministerios. La práctica del ayuno puede parecer una tarea abrumadora para ellos si nunca han ayunado. Imágenes de Jesús, Moisés o Elías en el desierto por cuarenta días y cuarenta noches, algún ermitaño demacrado, o un súper santo espiritual encerrado por días durante sesiones de ferviente oración, pueden inundar sus mentes y desalentar cualquier intento de comenzar. Sin embargo, el ayuno es para todo creyente y será beneficioso para cualquier persona que lo practique dentro de las pautas bíblicas. Se recomienda encarecidamente que el grupo participe en un ayuno parcial, o que dure todo el día, durante uno de los días de estas reuniones de clase. Esta será una demostración poderosa de los usos, beneficios y métodos de ayuno en las vidas de los estudiantes.

Un primer intento de ayuno podría ser tan sencillo como dejar pasar intencionalmente una comida, mientras que, en oración, nos centramos en Dios, buscamos Su guía, le pedimos que nos dé entendimiento para un pasaje problemático, u oramos por un misionero que enfrenta cierta tribulación. Abstenernos de una comida por semana, o de no comer carne un día por semana, puede ayudar a desarrollar la fuerza para negar otros deseos del cuerpo y darnos fuerzas para el control de uno mismo en otras áreas de la vida también. Moverse de este nivel de ayuno a días enteros de ayuno, o incluso más tiempo, requerirá niveles de disciplina cada vez mayores, pero incrementará el enfoque y la intensidad de la vida de oración, lo cual rendirá un sinnúmero de beneficios a tu vida cristiana.

El propósito del ayuno debe ser espiritual, y no considerar egoístamente lo que podemos obtener de él. En realidad, el ayuno nos ayuda a darnos cuenta de cuánto de los recursos de nuestra vida, tiempo y energía gastamos en nosotros mismos. Elisabeth Elliot escribió: «Una forma de comenzar a ver lo indulgentes que usualmente somos es ayunar... es pasar un día que no se divida por las tres comidas habituales. Uno descubre la cantidad asombrosa de tiempo que empleamos en planificar, comprar, preparar y comer las comidas, y luego fregar los platos».[3]

Enseña a tus alumnos que el Padre ve y recompensa sus oraciones, ayunos y ministerios que se hacen en secreto. Recuérdales que Jesús nos enseñó a no anunciar a los demás cuando estamos ayunando, ni tratar de impresionarlos con el tiempo que hemos estado ayunando. Como regla general, es mejor no anunciar a los demás que estás ayunando. Sin embargo, hay consideraciones prácticas aquí. Cuando tus estudiantes viven en un hogar donde alguien prepara sus comidas, ellos deben ser corteses e informar a esa persona cuándo planean ayunar para que esa persona no prepare las comidas innecesariamente. Además, cuando saben que se espera que estén presentes en una comida especial, ya sea en una boda, una reunión familiar, o en una comunión de la iglesia, sería prudente evitar cualquier incomodidad u ofensa no intencionada mediante la simple programación de su ayuno para otro día.

Hay momentos en la vida de una iglesia cuando el liderazgo puede desear hacer un llamado a la iglesia a la oración y el ayuno. Estos po-

[3] Elisabeth Elliot, *Discipline: The Glad Surrender* (Grand Rapids, MI: Revell, 2006), 45-47.

drían ser tiempos de búsqueda de la voluntad y dirección de Dios para decisiones importantes, tales como cuando se quiere traer a un pastor, la elección de ancianos o diáconos, la compra de bienes, la plantación de una iglesia de la misión, o el envío de misioneros. El liderazgo de la iglesia puede llamar a los miembros a una intercesión intensa a través de la oración y el ayuno debido a una crisis, ya sea una emergencia nacional en tiempos de guerra, desastre natural, cuando se sufre persecución, cuando una tragedia golpea a alguien en la iglesia, y hay pérdidas debido a un incendio, o cuando un miembro de la iglesia ha sido víctima de un accidente o enfermedad. La iglesia podría estar preparándose para una campaña de alcance evangelístico en su comunidad o antes de la celebración de una serie de servicios en busca de un despertar y un avivamiento. La oración y el ayuno en un entorno de unidad logra la unificación y edificación del cuerpo. Es una manera de acercarse a Dios y dejar las necesidades corporativas ante Su trono, de la misma manera que lo hacen los individuos, pero según describen aquellos que participan, la intensidad de la presencia y el poder de Dios a menudo es casi palpable. Al igual que con cualquier otro aspecto de la vida de la iglesia, pedir al cuerpo que ore y ayune con una regularidad predecible y poca seriedad puede dar lugar a que los miembros de la iglesia den un enfoque informal a estas prácticas. Por supuesto, esto es lo contrario de lo que deseamos. Nuestro objetivo es ver a Dios obrando entre nosotros, tomar conciencia de Su guía inequívoca, y verlo trabajar para sanar, ayudar y liberar.

Tanto si se es practicado por creyentes individuales, familias, una iglesia o una nación, el ayuno requiere esfuerzo y enfoque. Este expresa nuestra seriedad y sinceridad en la búsqueda de Dios mientras nos entregamos completamente a Él confiando en que obrará. En realidad, el ayuno parece intensificar todas estas características en lugar de simplemente demostrarlas. La disciplina del ayuno va más allá de las reservas físicas y acude a las reservas emocionales, mentales y espirituales de los creyentes. La práctica de esta disciplina de negación ayuda a los cristianos a desarrollar una fuerza interior para vivir por encima de las exigencias egoístas y cultivar un espíritu gentil y no exigente.

El fruto del Espíritu: Mansedumbre

Pregunta a tus alumnos si alguna vez han conocido a un pastor que era duro, exigente, iracundo o inflexible en la forma de tratar a los demás. Tristemente, muchos de nosotros los hemos conocido. Tal vez, este tipo de personalidad puede haberle llevado a una posición de liderazgo y ayudado a mantenerla durante los años que ha sido pastor. Sin embargo, explica a tus alumnos que, incluso si tal estilo de liderazgo ha sido aceptado en algunos casos, o es típico de los estilos de liderazgo en sus culturas, no es así como Dios quiere que sean los cristianos. Los estudiantes que no han tenido un modelo pastoral bíblico a imitar, simplemente pueden asumir que el modelo que han conocido es en lo que deberían convertirse ellos también. Debemos hacer hincapié a nuestros estudiantes en que algunos hombres egoístas pueden pastorear iglesias, pero nosotros debemos luchar contra ese modelo. Sin tu fuerte advertencia y exhortación a eliminar cualquier tendencia que ellos encuentran en sí mismos de parecerse a esos estilos de liderazgo, los estudiantes pueden tener la tentación de imitar el único modelo pastoral que han conocido.

El pastor debe procurar desarrollar y mantener una actitud de mansedumbre como un ejemplo para todos. La mansedumbre no es debilidad, sino más bien es fuerza bajo control, que es atemperada por el amor y preocupación por los demás, y que pone las necesidades y los deseos de otros por encima de los propios. Es un estilo de interacción con otros que se ejemplifica con un comportamiento afable y atento. Es lo opuesto a abrirse paso egoístamente a empujones, exigir tus derechos, que se escuchen tus opiniones, o insistir en que las decisiones se tomen de acuerdo a tus preferencias.

Al mismo tiempo que debes procurar mantener la característica de la mansedumbre delante de tus estudiantes, como algo que ellos deseen imitar, también debes ayudarles a ver que tal cualidad es imposible de alcanzar por sí mismos. Solo el Espíritu Santo que mora dentro de ellos puede permitirles crecer en mansedumbre. Esta crecerá dentro de sus vidas y brotará como el fruto de un árbol. Por lo tanto, el árbol de sus vidas debe ser el hogar del Espíritu Santo, y en la medida en que crezcan en su caminar con Él, podrán mostrar este rasgo. Lo opuesto también es cierto. Un hombre que es mal intencionado, exigente, egoísta, prepotente y con el cual es difícil de llevarse bien, es evidente que no está caminando con el Espíritu. Si nosotros afligimos, apagamos y agraviamos al Espíritu, no vamos a manifestar estos aspectos del fruto del Espíritu. En un mundo donde muchas culturas exhiben modelos de líderes fuertes que son jefes políticos o el hombre fuerte con una orientación machista, la mansedumbre rara vez se percibe, y a menudo se considera una debilidad que debe evitarse. La mansedumbre nos puede exigir que hagamos una pausa y nos preguntemos conscientemente: «¿Qué haría Jesús?», y esto es solo porque carecemos de modelos de conducta contemporáneos a seguir. Detenernos a pensar nos ayuda a canalizar nuestros pensamientos en direcciones saludables y evitar ser conformados al molde del mundo.

Los pensamientos del pastor: Lo digno de alabanza

Quejarse, aferrarse, sentir autocompasión, buscar errores y murmurar son cosas fáciles de hacer. Al igual que cualquier otro tipo de pecado, estas llegan a todos nosotros con demasiada facilidad. Y al igual que cualquier otro tipo de pecado, son muy fáciles de justificar. Cuando asumimos este tipo de actitud a menudo enmascaramos nuestra queja y la defendemos como si fuera una indignación justa. Participamos con regularidad en estos rumores y mitigamos cualquier sentimiento de culpa con recordatorios del bien que probablemente estamos haciendo al señalar los errores. Razonamos, a modo de defensa, que simplemente estamos ayudando a otros a que no caigan en el hoyo. Pero no te equivoques, estas actitudes y acciones son pecado, específicamente condenados por Dios y juzgados y castigados de forma clara en la Escritura (Núm. 14:2; 1 Cor. 10:10; Fil. 2:14). El hombre piadoso «no sigue el consejo de los malvados, ni se detiene en la senda de los pecadores ni cultiva la amistad de los blasfemos (Sal. 1:1, NVI).

Por el contrario, la Palabra de Dios enseña a los discípulos a centrarse en lo que es digno de alabanza; ya sea en el mundo, en otros o en nuestras circunstancias. Incluso podemos encontrar motivos de alabanza en nuestras tribulaciones, pues vemos crecimiento en la gracia a través de ellas (Rom. 8:28). Los beneficios que se obtienen por el duro esfuerzo en nuestras tribulaciones son dignos de alabanza, y alabar a Dios por ellos y en medio de ellos es agradable a Él. Una sanidad que finalmente se produce después de haber orado mucho tiempo es digna de alabanza. Una reconciliación que se produce después de mucha amargura, lucha y división no debe tomarse a la ligera, ni ser pasada por alto sin alabanza. Dios nos ha dado razones para alabar, ya sea que tu día traiga nueva vida o necesite recordatorios de las promesas de Dios respecto al cielo.

Exhorta a tus estudiantes a ser conocidos como gente positiva en medio de la negatividad, a ser luz brillante en lugares oscuros, a llevar alegría donde hay tristeza y amar a los que son difíciles de amar. Cuando estén cansados de las exigencias del ministerio, que alaben a Dios porque tienen un ministerio. Cuando las necesidades familiares o las dificultades les hagan sentir estrés, que sean agradecidos de que tienen una familia, sin la cual no habría ninguna necesidad. Los padres que han perdido un hijo darían todo lo que tienen por escuchar el ruido, la risa, el llanto, los gritos, las carreras y el caos nuevamente en sus casas ahora tranquilas y ordenadas; pero vacías. Los momentos más difíciles de tus estudiantes en el ministerio deben ser recordatorios de que Dios les ha confiado un ministerio y está haciendo que ellos y que otros crezcan a través de esos momentos.

En un esfuerzo por desarrollar una vida de pensamiento que se centre en lo que es digno de alabanza, desafía a tus estudiantes a hacer una breve lista cada mañana de las cosas por las que están más agradecidos. Ayúdales a identificar cosas a su alrededor que son dignas de alabanza, o formas en que pueden alabar a Dios delante de los demás durante el resto del día. A medida que desarrollan la práctica de recordar conscientemente lo que es digno de alabanza, empezarán a notar cada vez más este tipo de cosas de forma creciente. Anímales a saturar sus mentes con todo lo que es digno de alabanza.

La mente: Ministerio a la familia y consejería

Necesidad de consejo bíblico

La gente es gente donde quiera que vayas. Cada emoción, pecado, deseo apasionado, pesar y necesidad desesperada de una relación personal con

Dios están presentes en todas las culturas del mundo. Por otra parte, la semilla de todo pecado está en el corazón de cada hombre y mujer; y la gracia de Dios que le impide germinar y echar raíces es la misma gracia del mismo Dios a través de Su mundo. La destrucción que tiene lugar cuando esta semilla logra echar raíces y frutos tiene cosas en común entre todos los pueblos. El gozo y la paz que se encuentran en las vidas que viven en armonía con Dios y con los demás tienen un aire de familia en todas las culturas de la humanidad, en todos los rincones del planeta.

Los estudiantes de Biblia, filosofía, historia y literatura notarán ecos que se repiten en todo el mundo y a lo largo de la historia humana. Las necesidades emocionales, mentales, espirituales y físicas, así como los sentimientos, heridas y alegrías resuenan de un corazón a otro a través de todo lo alto y ancho de la Tierra. El estudio de los salmos da amplia evidencia de que David y los otros salmistas experimentaron las mismas emociones de alegría, temor, alabanza y amor que nosotros sentimos hoy. A pesar de que sin duda encontramos diferencias culturales y cosmovisiones diferentes a través de los miles de grupos etnolingüísticos del mundo, la gente es gente donde quiera que vayas.

Mientras hablaba con un creyente que representaba a la clase alta en América Latina, le confesé que estaba perplejo en cuanto a las maneras mucho mejores de llegar a las clases altas en esa parte del mundo. Hablé sobre la dificultad de alcanzar e impactar a la gente de influencia en culturas donde los pudientes se amparan en su seguridad. También lamenté su ilusión de autosuficiencia, que a menudo les engaña al pensar que no necesitan a Dios. En realidad, casi me había imaginado a un segmento sociológico impenetrable que estaría para siempre fuera del alcance del testimonio del Evangelio cuando me detuvo y dijo: «Hermano, no tienes que salir para llegar a ellos. Si se enteran de que conoces la Biblia y lo que esta dice de los problemas que tienen en sus vidas, ellos vendrán a buscarte». A medida que continuó explicado me di cuenta de la sabiduría en su respuesta. Describió matrimonios que se rompían en pedazos, soledad, adolescentes rebeldes, madres adolescentes solteras, gente padeciendo enfermedades y la desesperación de las adicciones. Me di cuenta de que ellos también padecen todos los problemas de los otros segmentos socioeconómicos. Aunque algunos todavía no lo saben, el consejero bíblico preparado tiene la respuesta que ellos necesitan y desean.

A medida que los evangelistas, plantadores de iglesias, predicadores y misioneros llevan el evangelio a las naciones, las personas nacen de nuevo y entran en la vida real. Sin embargo, la triste verdad es que el mundo está lleno de personas quebrantadas en relaciones quebrantadas. Muchos han desarrollado el hábito de justificar, racionalizar o adormecer sus disfunciones, adicciones, necesidades, dolores y problemas, lo cual solo los empeorará. Aunque la redención que Dios trae a través del evangelio sin duda trae nueva vida, aprender a vivir esta nueva vida viene a través del discipulado y, a veces, a través de la consejería bíblica.

Tomar de forma repetida las mismas decisiones pecaminosas y profundamente arraigadas, y permanecer en los pecados socialmente aceptables, seguirá produciendo una cosecha de destrucción y disfunción. En el discipulado, los creyentes aprenden nuevas pautas para pensar, actuar y hablar, que en su lugar producen una cosecha de justicia. La consejería bíblica es una parte de ese proceso, el cual se basa en el objetivo del discipulado, que es ayudar a las personas a parecerse cada vez más a Jesús.[4] La consejería bíblica ayuda a otros a recibir el cuidado y la orientación de alguien que conoce al Señor y Su Palabra y se ha comprometido a ayudarlos a entender cómo esta se aplica a sus vidas, cambia sus creencias y comportamientos, y a vivir en armonía con Dios y los hombres. Stuart Scott define la consejería bíblica de esta manera:

La consejería bíblica puede ser condensado en estos cuatro compromisos básicos:

1) Ofrecer atención gentil y esperanza;
2) Adquisición de información personal con una interpretación bíblica;
3) Presentación y explicación de la verdad bíblica; y

[4] Dallas Willard, «How Does the Disciple Live?», página consultada el 15 de abril de 2016. http://www.dwillard.org/articles/artview.asp?artID=103.

4) Aplicación específica y práctica para el crecimiento y el cambio.[5]

A pesar de que una persona puede ser nacida de nuevo y tener el Espíritu Santo y Su Palabra en la mano, mientras siga viviendo en un ambiente envenenado sin modelos piadosos a seguir o consejos sabios para guiarlo, seguirá teniendo luchas. Declarar simplemente que una persona tiene ahora una nueva vida dentro de sí y que debe tomar decisiones inteligentes no es de utilidad. Necesita consejo y orientación piadosas. El ministerio FamilyLife explica la necesidad de tal consejo: «El consejería bíblico es práctico y eficaz. No considera a las personas simplemente como seres espirituales con problemas espirituales; en cambio, el consejero bíblico ve al individuo como un ser físico, emocional, cognitivo y relacional. Uno de los objetivos de la consejería bíblica es ayudar a otros a desarrollar una cosmovisión bíblica de su vida y reconocer la verdad central que guía el pensamiento y las acciones correctas. El objetivo de la consejería bíblica es la madurez espiritual».[6]

La consejería bíblica consiste en dejar que la Palabra de Dios influya en nuestras vidas al comprender a los guías que saben lo que Él ha hablado, están llenos de Aquel que la inspiró y procuran amar a aquellos que necesitan guía. Ed Welch escribió que la consejería bíblica se basa y se sumerge en la Biblia porque la Escritura habla con gran profundidad, amplitud y la perspectiva de que todas nuestras vidas se viven delante de la presencia de Dios.[7] «Mi perspectiva actual es que la consejería bíblica es un híbrido de discipulado y amistad bíblica, y ninguno de ellos puede confundirse con una moda pasajera. En su lugar, la consejería bíblica es tan antigua como la historia humana y florecerá por todas las gene-

---

[5] Stuart Scott, «What is Biblical Counseling?», página consultada el 21 de junio de 2016. https://oneeightycounseling.com/about/what-is-biblical-counseling/.

[6] FamilyLife, «What is Biblical Counseling?», página consultada el 21 de junio de 2016. http://www.familylife.com/articles/topics/marriage/troubled-marriage/counseling-issues/what-is-biblical-counseling.

[7] Ed Welch, «What Is Biblical Counseling, Anyway?» *The Journal of Biblical Counseling*, vol. 16, n.º 1 (otoño de 1997), 3.

raciones venideras».[8] Welch sostiene que todos los creyentes deben ser consejeros hasta cierto punto: «Aquellos que guían a otros en el proceso de aplicación de la Palabra de Dios a sus vidas a menudo son llamados "consejeros". Ellos también son llamados pastores, médicos, padres y amigos, pero cada vez más se están acostumbrando a escuchar el título de consejero».[9]

Pedro exhorta a sus lectores a usar los dones que Dios nos ha dado a cada uno para ministrarnos unos a otros: «Cada uno según el don que ha recibido, minístrelo a los otros, como buenos administradores de la multiforme gracia de Dios. Si alguno habla, hable conforme a las palabras de Dios» (1 Ped. 4:10,11a). Hemos visto en varias ocasiones en *Corazones, mentes y manos* que hemos de discipular y enseñar a otros a conocer, ser y hacer de acuerdo a lo que Dios ha dicho en Su Palabra, y el ministerio de consejería bíblico incluye todas estas ideas. Pablo nos exhorta a restaurar al caído en nuestro ministerio de unos a otros: «Hermanos, si alguno fuere sorprendido en alguna falta, vosotros que sois espirituales, restauradle con espíritu de mansedumbre, considerándote a ti mismo, no sea que tú también seas tentado. Sobrellevad los unos las cargas de los otros, y cumplid así la ley de Cristo» (Gál. 6:1-2). El libro de Proverbios contiene muchas exhortaciones y motivaciones para aconsejarnos unos a otros.

> Oirá el sabio, y aumentará el saber, y el entendido adquirirá consejo, para entender proverbio y declaración, palabras de sabios, y sus dichos profundos. El principio de la sabiduría es el temor de Jehová; los insensatos desprecian la sabiduría y la enseñanza. Oye, hijo mío, la instrucción de tu padre, y no desprecies la dirección de tu madre; porque adorno de gracia serán a tu cabeza, y collares a tu cuello. (Prov. 1:5-9)
> Da al sabio, y será más sabio; enseña al justo, y aumentará su saber. (Prov. 9:9)

---

[8] Ibíd., 2.

[9] Ibíd., 4.

> Donde no hay dirección sabia, caerá el pueblo; mas en la multitud de consejeros hay seguridad. (Prov. 11:14)
> El camino del necio es derecho en su opinión; mas el que obedece al consejo es sabio. (Prov. 12:15)
> Los pensamientos son frustrados donde no hay consejo; mas en la multitud de consejeros se afirman. El hombre se alegra con la respuesta de su boca; y la palabra a su tiempo, ¡cuán buena es! (Prov. 15:22, 23)
> El ungüento y el perfume alegran el corazón, y el cordial consejo del amigo, al hombre. (Prov. 27:9)

John Babler, profesor de consejería y director del Centro de Consejería Walsh en el Seminario Teológico Bautista del Suroeste, definió este ministerio así: «En términos sencillos el la consejería bíblica es ministrar la Escritura a los que enfrentan luchas en la vida o desean la sabiduría y la dirección de Dios. La consejería bíblica no es un concepto nuevo. Hay ejemplos a través de las páginas de la Escritura, donde la Palabra de Dios fue citada en formas instructivas y correctivas a individuos y grupos. También hay ejemplos a lo largo de la historia de la iglesia de la utilización de la Escritura por los pastores y otros para dar aliento y exhortación a los miembros del rebaño».[10] Babler además lo define de la siguiente manera: «La consejería bíblica es un ministerio de la iglesia local por el cual los creyentes transformados en Cristo (Juan 3:3-8), quienes son empoderados y guiados por el Espíritu Santo que mora en ellos (Juan 14:26), ministran la Palabra viva y activa de Dios (Heb 4:12) a los demás con los objetivos de evangelizar a los perdidos y enseñar a los salvos (Mat. 28:18-20)».[11]

Babler está de acuerdo con Welch en que todos los creyentes deben estar involucrados en cierta medida en la consejería: «Todos los cristianos deben ser enseñados a ministrar la palabra de Dios y ser animados a lle-

---

[10] John Babler, «What is Biblical Counseling?», *Theological Matters,* página consultada el 21 de junio de 2016. http://theologicalmatters.com/2012/01/03/what-is-biblical-counseling/.
[11] Ibíd.

varlo a cabo audazmente en los ministerios oficiales de la iglesia mientras viven su vida. Los consejeros bíblicos están motivados por la compasión de Cristo (Mat. 9:36, 2 Cor. 5:14-15) y por obedecer Sus mandamientos (Juan 14:21). Ellos procuran ser sal y luz de tal manera que los demás vean sus buenas obras y glorifiquen a su Padre que está en los cielos (Mat. 5:16)».[12] La Asociación of Consejeros Bíblicos Certificados está de acuerdo con estas necesidades y objetivos: «La consejería bíblica es discipulado. Es el ministerio personal de la palabra a través de la conversación. Todo cristiano está llamado a hablar la verdad en amor con su prójimo y ayudarle a crecer en la gracia. Los creyentes deberían desear aplicar la Biblia a todas las áreas de la vida. El objetivo de la Consejería Bíblica es presentar a todo hombre perfecto en Cristo al enseñarle con toda sabiduría».[13] Este es el deseo de los pastores para los miembros de sus iglesias, y el ministerio de consejería bíblica es lo que de vez en cuando ellos tienen que ofrecer en sus congregaciones.

A pesar de que la disciplina de la consejería bíblica es altamente académica e incluye teorías cognitivas avanzadas y complejas dinámicas de interacción humana, no tenemos que hacer este concepto demasiado difícil. Al examinar con detenimiento una compilación de breves definiciones de la consejería bíblica nos quedamos con un sentido repetido de *déjà vu*, lo que demuestra, para nuestro consuelo, que existe mucho acuerdo en el campo de la consejería bíblica. Algunas definiciones de la lista demuestran este entendimiento común:

> Pastor Brad Bigney, Iglesia Grace Fellowship: «El objetivo de la consejería bíblica es estar junto a alguien que está luchando y tratar de aplicar los principios de la Palabra de Dios de tal manera que la persona responda de modo obediente y misericordioso a los problemas que enfrenta, para la gloria de Dios y el bien de la persona».

---

[12] Ibíd.

[13] «What is Biblical Counseling?», *Association of Certified Biblical Counselors*, página consultada el 21 de junio de 2016. http://www.biblicalcounseling.com/training/.

> Pastor Howard Eyrich, Ministerios de Consejería Briarwood de la Iglesia Presbiteriana Briarwood: «La consejería bíblica es amar a la gente al tomarse el tiempo para entenderlos, interpretar sus situaciones de vida a través del filtro de la Escritura, confrontarlos con el marco de Dios, y desafiarlos a participar en la dinámica de Efesios 4:22-24 de despojarse, renovarse y vestirse».

> Tim Lane, Director Ejecutivo de Fundación para el Consejería y la Educación Cristiana: «La consejería bíblica incluye caminar con paciencia con alguien, mientras lo conectamos sabiamente a Cristo a través del mensaje bíblico centrado en la gracia. Este ministerio de uno-a-uno se lleva a cabo en la comunidad de la iglesia, en la que tanto los problemas normales de la vida cotidiana como los complejos pueden ser abordados».[14]

Nota las características recurrentes en estas definiciones. A partir de ellas podemos ver que la consejería bíblica es acercarnos para caminar por la vida con los demás, tratando de comprenderlos verdaderamente, y ayudarlos a entender cómo la Palabra de Dios se aplica a su situación de vida. Al hacerlo los ayudamos a crecer en obediencia y a responder de una manera piadosa a los desafíos de la vida.

John Piper presentó su comprensión de los elementos esenciales de la consejería bíblica de la siguiente manera: centrado en Dios, exalta a Cristo, aprecia la cruz, dependiente del Espíritu, saturado de la Biblia, conectado emocionalmente y el uso de un lenguaje informado en lo cultural para ayudar a que las personas lleguen a ser centradas en Dios, que exalten a Cristo, que amen llenos de gozo y desinteresadamente a las personas y que extiendan una pasión por la supremacía de Dios en todas

---

[14] Bob Kelleman, «15 Definitions of Biblical Counseling», página consultada el 21 de junio de 2016. http://www.rpmministries.org/2011/09/15-definitions-of-biblical-counseling/.

las cosas para el gozo de todas las personas.[15] Piper amplía y explica este resumen de la siguiente forma:

1) Uso del lenguaje (1 Tes. 4:13, 18; 5:11; Heb. 3:13; Rom. 15:14): Casi toda la consejería consiste en hablar. Por supuesto, también es esencial escuchar y comprender con el corazón; pero la consejería propiamente dicha es el habla... Por lo tanto, las cuestiones principales relacionadas con la consejería son las cosmovisiones que revela la charla.
2) Centrado en Dios (1 Cor. 10:31; Hech. 17:28): Una persona centrada en Dios trata a Dios como algo primordial ante todas las preocupaciones de la vida, desde la más sencilla y cotidiana a la más importante y personal. Un lenguaje centrado en Dios es el discurso que no margina a Dios ni lo trata como irrelevante o innecesario. Este hace explícito que todas las cuestiones relevantes están relacionadas de manera muy significativa con Dios. Todos los aspectos de la consejería están relacionados con Dios a niveles cruciales, y el consejo que trata de ir hacia la sanidad sin tener que lidiar explícitamente con Dios es defectuoso.
3) Exalta a Cristo (Juan 16:14; 17:5): La consejería que exalta a Cristo es explícitamente cristiana y no solo teísta. Todas las cuestiones de la consejería implican la exaltación o la denigración de Jesucristo. Por medio de nuestras actitudes, sentimientos y comportamientos podemos engrandecer o empequeñecer a Cristo. Fuimos creados para engrandecer a Cristo. No hay verdadero éxito en la consejería si una persona llega a ser socialmente funcional sin una dependencia consciente y un deleite en Jesucristo. Este es el medio y fin de toda sanidad.
4) Apreciar la cruz (Gál. 6:14): No es suficiente con decir que nuestro consejo honra a Cristo... la consejería bíblica debe ir

[15] John Piper, «Toward a Definition of the Essence of Biblical Counseling», presentada en Bethlehem Baptist Church el 12 de diciembre de 2001, página consultada el 21 de junio de 2016. http://www.desiringgod.org/articles/toward-a-definition-of-the-essence-of-biblical-counseling.

al corazón de nuestros problemas y al corazón de la solución de Dios, que siempre significa ir a la cruz donde se revelan las profundidades del pecado y las alturas de la gracia. No hay verdadera exaltación de Cristo ni honra de Dios sino se aprecia la cruz. La ruptura decisiva del orgullo y la desesperación es la cruz de Cristo. Ella es la base de la humildad y la esperanza. No hay verdadera salud mental sin comprender la condición desesperada en la que estábamos sin la cruz, y sin sentir el gozo de la liberación de esa condición a través de la muerte de Cristo por nosotros.

5) Dependiente del Espíritu (Rom. 8:6, 14; Gál. 3:5; 5:22-23; 1 Ped. 4:11): La consejería dependiente del Espíritu sabe y siente que es inútil hablar con sabiduría y con amor y llevar a cabo la verdadera sanidad aparte de la obra decisiva del Espíritu Santo en el consejero y el aconsejado. Esto implica una presencia significativa y explícita de la oración en el proceso de consejería. La consejería funciona en la fortaleza que Dios da, para que en todo Dios reciba la gloria.

6) Saturado de la Biblia (Mat. 4:4; Rom. 15:4; Heb. 4:12): El consejo saturado de la Biblia no trata la Palabra de Dios como un falso cimiento que nunca se menciona, ni se discute, ni se cita. Los «cimientos» son la base que sostiene la casa, pero rara vez se habla de ellos, y por lo general no son atractivos. Esa no es una metáfora adecuada para el papel de la Escritura en la consejería. La Biblia tiene poder y es la verdad misma y la palabra de Dios. Incluso los santos más familiarizados con la Escritura necesitan escuchar la Palabra de Dios. Esta tiene poder para reorganizar el mundo mental y despertar la conciencia y crear esperanza.

7) Conectado emocionalmente (Deut. 32:2; Rom. 12:15; Heb. 4:15; 13:3): La persona que realiza la consejería bíblica está claramente consciente de sus propias emociones y las de los demás; y de lo que él mismo y los demás sienten, incluso si no se expresan. El consejero tiene en cuenta lo que la gente

está experimentando y no simplemente lo que las verdades bíblicas refieren sobre el problema. Los buenos consejeros bíblicos perciben sentimientos apropiados y saben cuándo sus emociones están fuera de sincronía con la situación. Ellos sienten lo que otros sienten y saben cómo ajustar su forma de hablar la verdad para que se ajuste al momento.

8) Informado en lo cultural (Hech. 17:23, 28; Prov. 6:6-8; Job 38–41): La consejería bíblica es consciente de los factores sociales, históricos, culturales y familiares que dan forma al pecado y a la justicia de nuestras vidas. La consejería bíblica no estima los factores familiares, sociales y culturales por encima de los espirituales en relación con el poder del pecado y la gracia, pero sí sabe que la *forma* del pecado y la justicia está influenciada por elementos familiares, sociales, culturales e históricos que pueden ayudar a las personas a distinguir entre lo que es y no es pecado, y entre lo que es y no es virtud. Creer que la raíz de todos los problemas emocionales y relacionales es el pecado, afecta profundamente la concepción de cómo sanar, pero no conduce a valoraciones simplistas de lo fácil que es la sanidad.

9) Ayudar a las personas a transformarse (1 Tes. 3:12; Fil. 1:9): La consejería bíblica tiene como objetivo cambiar a la gente, la forma en que ven y entienden y sienten a Dios y a Cristo, el pecado, el bien y el mal, el mundo y a la otra gente. La consejería bíblica trata de ayudar a las personas a cambiar. Tiene metas. No es neutral o desinteresado. Tiene objetivos bíblicamente moldeados para la vida y las relaciones de las personas.

10) Que amen llenos de gozo y desinteresadamente a las personas (Fil. 1:25; 2 Cor. 1:24; 1 Cor. 16:14; 1 Tim. 1:5; Gál. 5:6): El objetivo de toda sanidad es un amor por la gente, y este amor se centra en Dios, y exalta a Cristo. El amor no es posible cuando la autopreocupación impera en la vida de una persona. Así que el olvido de sí mismo es una parte de la verdadera

> salud mental. Esto no es posible producirlo directamente, sino solo a medida que uno se concentra en algo digno y grande. El objetivo es estar concentrado en Dios y en todo lo demás por amor de Dios. La persona verdaderamente saludable está apasionada por la supremacía de Dios en todas las cosas para el gozo de todas las personas.[16]

Creo que es útil citar la explicación de Piper en su totalidad debido a que la usaremos junto a la elaboración de una guía para ayudar a nuestros estudiantes en sus propios ministerios de consejería bíblica.

Sería maravilloso si tus estudiantes tuvieran títulos de Máster en Biblia, Máster en Teología, o un doctorado en Consejería Bíblico y hubieran recibido el nivel de capacitación que representan esos títulos. Incluso sería muy útil si solo fueran estudiantes aspirantes a dichos programas o si tuvieron la oportunidad de leer algunos de los libros de texto requeridos para estos cursos. La triste verdad es que la mayoría de las iglesias que tus estudiantes atienden se encuentran en niveles de analfabetismo bíblico que no apreciarían el valor de dicha erudición, si estuviese presente, y tristemente, podrían fácilmente rechazarla. Es posible que tus estudiantes no avancen más allá de la capacitación que tú les proporcionas en este curso. Por lo tanto, tenemos que detenernos y preguntarnos cuáles son los elementos esenciales en la consejería bíblica que estarían accesibles a ellos. Ese es el objetivo de este módulo.

Recuerda que no debes simplemente impartir las clases de este módulo a tus estudiantes, hablando sobre teorías de la consejería bíblica, haciendo referencia a eruditos que ellos nunca conocerán ni leerán, o explicando el valor de recibir años de educación sobre consejería con el objetivo de obtener títulos que no son posibles para ellos. Por el contrario, tú necesitas presentarles el consejo bíblico de una manera que ellos puedan entender, que puedan recordar cuando las clases hayan terminado, de manera que sean capaces de practicarlo, y puedan enseñarlo a los demás, demostrándolo a medida que lo practican. Eso parece una meta muy ele-

[16] Ibíd.

vada. Pero ese es el objetivo de todos los módulos de *Corazones, mentes y manos*: capacitar a hombres que sean a la vez practicantes del ministerio pastoral y futuros entrenadores de otros. Vamos a usar los puntos provistos por John Piper para explicar a nuestros estudiantes cómo pueden llevar a cabo esta tarea crucial de una manera que sea accesible a ellos y beneficiosa para sus iglesias.

Uso del lenguaje

El poder de la lengua para construir o derribar es evidente en la interacción humana y en las enseñanzas de la Escritura. Santiago escribió que, aunque la lengua es pequeña, tiene un gran poder, comparándolo con el freno y la brida de un caballo, el timón de un barco grande, o una chispa que puede incinerar un bosque entero (Sant. 3:3-5). Proverbios también enseña mucho sobre el poder de la lengua, y nos recuerda que la palabra adecuada en el momento adecuado, y un buen consejo para alguien que lo desea, es como «manzana de oro con figuras de plata [...]. Como zarcillo de oro y joyel de oro fino es el que reprende al sabio que tiene oído dócil» (Prov. 25:11-12). El consejo sabio con palabras apropiadas es algo poderoso. A medida que enseñas sobre este contenido, tómate el tiempo para repasar las citas bíblicas que Piper enumera arriba, al lado de cada uno de los encabezamientos numerados y pregunta a los estudiantes cómo cada pasaje se relaciona con lo que Dios desea para el uso correcto de la lengua en la consejería bíblica.

Como se ha señalado en los módulos anteriores, tus estudiantes serán los mejores comunicadores en sus culturas de origen, ya que conocen el idioma, la cosmovisión, la cultura, el nivel de conocimiento bíblico, los niveles de educación, las frases idiomáticas, y los acontecimientos actuales que afectan la forma en que se recibe un mensaje. Pero lo que les falta es el contenido que les proporcionas; eso es lo que tú aportas a la mesa. Anímalos a no menospreciar la profunda importancia del papel que ellos desempeñan. Dios los ha llamado a servir en el ministerio por una razón. Ayúdales a ver la importancia de sus habilidades en la comunicación, y el poder del uso correcto de la lengua.

Centrado en Dios

Dios es nuestro Creador y por lo tanto entiende a los hombres y a las mujeres y sus interacciones mejor de lo que ellos se entenderán alguna vez a sí mismos. A pesar de las películas de ciencia ficción sobre la inteligencia artificial o máquinas que gobiernan el mundo, el creador, el inventor, el ingeniero o el artista entiende su creación mejor de lo que la creación puede entenderse a sí misma. Esto se hace muy claro en el ámbito de la creación humana, pero es infinitamente más cierto en la sabiduría ilimitada de Dios en comparación con las capacidades insignificantes de la humanidad. Como tal, Él es el que debe determinar la forma en que vivimos nuestras vidas. Él desea nuestro bien y Su gloria, y cuando nosotros pensamos correctamente, deseamos lo mismo. El problema es que rara vez nosotros pensamos correctamente. Cuando la vida va mal, la gente necesita la sabiduría de Dios revelada en Su Palabra, y necesita saber cómo aplicarla a sus vidas.

Desafortunadamente, llegar a poseer la amplitud y profundidad de la sabiduría bíblica y saber cómo aplicarla correctamente a la vida humana, resolver los problemas humanos complejos, y desenredar relaciones enmarañadas no es algo automático. Hojear la Biblia y sacar versículos al azar para aplicarlos a nuestra vida puede causar más problemas que soluciones. Necesitamos un guía que conozca a Dios y Su Palabra, alguien con una perspectiva fresca que no esté atado a nuestra comprensión confusa de nuestros problemas, y alguien que se preocupe realmente por ayudarnos a ponernos en armonía con lo que Dios quiere. Recuerda a tus estudiantes que incluso miembros de iglesias que son bíblicamente alfabetizados y llenos de Dios van a experimentar problemas cuando aplican mal la Palabra de Dios. A veces llegamos a involucrarnos tanto emocionalmente en nuestros problemas que nos olvidamos de lo que la Biblia ha dicho. De una forma u otra, y en algún momento u otro, todos necesitamos una perspectiva fresca que nos lleve de nuevo a la Palabra y a la guía que se encuentra allí. El objetivo para tus estudiantes no es convertirse en sabelotodos llenos de filosofía freudiana y fórmulas de tres pasos para solucionar cualquier problema, más bien es que se conviertan en guías bíblicos para alejar a las ovejas del peligro y llevarlas de regreso al Pastor.

Exalta a Cristo

Cuando uno juega el papel de consejero, la tentación es ser exigente y dictar cómo las personas deben cambiar sus vidas. Esta tentación es aún más patente cuando amamos la Palabra de Dios y a las personas involucradas, cuando vemos tan claramente las violaciones y los problemas causados, y las respuestas correctivas parecen tan obvias. Ver al aconsejado seguir tomando decisiones pecaminosas que causarán aún más problemas es pura agonía. Pero el maestro no puede abrir la cabeza de un estudiante y verter conocimiento dentro, por muy tentador que sea.

En otras ocasiones, cuando la persona que tiene la necesidad solo quiere que el consejero le diga qué hacer, la tentación para hacerlo es muy fuerte, y se juega así el papel del Espíritu Santo. Las expresiones emocionales y el agradecimiento que recibimos por resolver los problemas de otros tienden a alimentar el fuego del orgullo personal y exaltar nuestro ego.

La consejería bíblica debe exaltar a Cristo. Él es a quien debemos glorificar y a quien señalamos. A Él le toca crecer y a nosotros menguar. A medida que lo exaltamos, Él se convierte en Aquel a quien nuestra gente busca para todo lo que necesita, Aquel que tratan de complacer y honrar, y al que imitan. Cristo vino a servir, no a ser servido, y Él procuró hacer la voluntad de Su Padre, no la Suya propia. En la medida en que tus estudiantes procuren desarrollar tal deseo en su propia vida, y procuren inculcar eso en las vidas de su gente, ellos exaltarán a Cristo, y Él honrará a aquellos que le honran (1 Sam. 2:30).

Aprecia la cruz

Como señaló Piper, no es suficiente con exaltar a Cristo. Algunos dicen ser lo que no son; es decir, afirman exaltar a Cristo, cuando en realidad solo lo ven como un buen maestro o un modelo de un hombre amoroso y abnegado. Debemos mirar el propósito de Cristo en nuestro ministerio de consejería; Él vino a buscar y a salvar a los perdidos. Él nos enseñó: «Nadie tiene mayor amor que este, que uno ponga su vida por sus amigos» (Juan 15:13). La muerte sustitutiva, abnegada y vicaria de Cristo en la cruz para expiar los pecados de Su pueblo fue la perfección del plan divino. Él vino a morir.

Cuando en nuestra consejería nos enfocamos en la cruz, sostenemos ante los demás la única respuesta al problema más grande que ellos podrán enfrentar en sus vidas. Recuerda a tus estudiantes que es posible que algunos miembros de la iglesia acudan a ellos para pedirles mediación en problemas, y más que buscar la solución de Dios, ellos buscan su propio beneficio. Otros simplemente quieren consejo con el único propósito de colocarlo sobre la mesa junto a otras opciones disponibles, para luego poder decidir qué hacer. En el medio de todo esto, puede que sea evidente para ti (y debemos orar que lo sea para ellos también) que su primera y mayor necesidad es reconciliarse con Dios. Ellos nunca han nacido de nuevo, ni entrado en una relación personal con Él por medio de Cristo. Si tú mantienes una actitud de estima hacia la cruz en tu ministerio de consejería, les muestras el ejemplo de Cristo quien sufrió voluntariamente por nosotros y les señalas la primera y última respuesta al mayor problema humano en el mundo, y sin la cual todo otro consejo y guía es meramente temporal.

Dependiente del Espíritu

Ninguno de nosotros tiene suficiente sabiduría para resolver los problemas de los hombres y las mujeres y de sus familias. La tarea es demasiado compleja, hay demasiadas variables desconocidas y circunstancias atenuantes. Incluso con la Biblia delante, ninguno de nosotros es suficiente para la tarea de extraer y destilar su contenido en pasos prudentes y necesarios para la persona atribulada y cargada que viene a nosotros en busca de orientación. El único que puede hacerlo es también el que inspiró la Biblia, y que nos llena y da orientación a medida que procuramos impartir Su sabiduría a los demás. Somos completamente dependientes de Él. Desde el momento que olvidamos esto, llegamos a ser como cualquier otro consejero secular, que ofrece lo que nos parece ser un consejo de sentido común, de acuerdo con las teorías de comportamiento o la sabiduría popular imperante.

Enseña a tus estudiantes a saturar en oración la totalidad de su ministerio de consejería, que busquen la dirección del Espíritu y apoyen todo sobre Su liderazgo. Nunca trates de operar en la carne o en experiencias personales pasadas. El Espíritu debe guiar. Solo Él sabe dónde colocar el bisturí del cirujano del alma y las prescripciones precisas para cada enfermedad y dilema. Al igual que en todo nuestro ministerio, tenemos que ponernos tan cerca de Dios como podamos estar, y permanecer allí. Solo allí estaremos lo suficientemente cerca para oír la voz suave y apacible que dice: «Este es el camino». En la consejería bíblica, necesitamos esa voz. Exhorta a tus estudiantes a permanecer conscientes de su dependencia del Espíritu Santo.

Saturado de la Biblia

La Biblia está llena de la sabiduría de Dios para el hombre. Sus enseñanzas nos conducen a Él, nos mantienen en comunión con Él, y nos enseñan cómo vivir en armonía con los demás. La Regla de Oro y el Gran Mandamiento son guías para nosotros al hacerlo.

> La Regla de Oro: «Así que, todas las cosas que queráis que los hombres hagan con vosotros, así también haced vosotros con ellos; porque esto es la ley y los profetas» (Mat. 7:12).
>
> El Gran Mandamiento: «Amarás al Señor tu Dios con todo tu corazón, y con toda tu alma, y con toda tu mente. Este es el primero y grande mandamiento. Y el segundo es semejante: Amarás a tu prójimo como a ti mismo» (Mat. 22:37-39).

La Biblia es nuestro libro de texto para la vida, nuestro manual de culto para expresar la adoración de nuestro corazón a Dios, y nuestra guía para la vida. Enseña a tus estudiantes a esforzarse para llegar a ser canales de las enseñanzas bíblicas, en lugar de ser simplemente receptores de estas. Por supuesto que deben ser receptores, y la Palabra debe transformar sus mentes y guiar sus pensamientos, pero a medida que Dios les enseña cada vez más de Su Palabra, ellos deben verter eso en la vida de aquellos que aconsejan. Cuando alguno de tus estudiantes da un consejo a los demás, este debe estar en total acuerdo con la Biblia misma, y completamente saturado en ella.

Alguien podría sostener que los pastores y consejeros bíblicos no son médicos. Sin embargo, su ministerio se puede comparar en un aspecto a esta profesión. Los pastores puritanos eran bien conocidos por su amor a la Palabra de Dios, su familiaridad con ella y por sumergir sus escritos en la Biblia. Se referían a sí mismos como médicos del alma, y consideraban que la Biblia es la medicina que todos necesitamos para nuestras enfermedades espirituales. Cuando al erudito puritano, J. I. Packer, se le preguntó sobre este aspecto de los puritanos, él respondió:

> La responsabilidad de un médico es verificar, restaurar y mantener la salud de aquellos que se encomiendan a su cuidado. De la misma manera, el ministro debe llegar a conocer a la gente de su iglesia y animarlos a consultarle como el médico de su alma. Si hay algún tipo de problema, incertidumbre, desconcierto o angustia espiritual, ellos deben acercarse al ministro y contárselo, y el ministro necesita saber lo suficiente como para darles un consejo que les ofrezca sanidad. Ese es el ideal puritano.
>
> Del mismo modo que un médico debe conocer la fisiología, el ministro cristiano debe saber lo que es la salud espiritual. Es puro conocimiento de la voluntad de Dios, el verdadero evangelio de Dios. Es la alabanza regular y la oración habitual. Es aceptar la responsabilidad en la familia, en la iglesia y en la comunidad donde te desenvuelves. Esa es la salud espiritual; y quedarse por debajo de esto exige intervención, reprensión, corrección e instrucción en justicia.
>
> Los puritanos creían que una conciencia bien informada es absolutamente necesaria para la salud espiritual. Esto significaba conocer los requisitos morales de Dios, para que tu conciencia te apoye cuando estés haciendo lo correcto y te condene cuando estés haciendo mal.[17]

---

[17] J. I. Packer, «Physicians of the Soul», *Christianity Today,* página consultada el 21 de junio de 2016. http://www.christianitytoday.com/history/issues/issue-89/physicians-of-soul.html.

Esto es precisamente lo que debemos entender con respecto a la interrelación del ministerio pastoral y la consejería bíblica. El pastor debe tratar de imitar esta mentalidad puritana de que la sabiduría bíblica pueda influir en los miembros de tu iglesia, en todos los aspectos de sus vidas.

El pastor puritano Richard Baxter que vivió en los años 1600 hizo una compilación fenomenal de recursos para la consejería bíblica titulado *El directorio cristiano*. Este extraordinario libro que consta de cientos de páginas de letra pequeña es una recopilación de la orientación bíblica sobre los pecados y los problemas que estos causan. El doctor Timothy Keller llama al libro de Baxter «el mejor manual sobre la consejería bíblica jamás producido». El doctor J. I. Packer comentó: «Después de la Biblia, este es el mejor libro cristiano que se ha escrito». El tratamiento exhaustivo de Baxter sobre la condición humana y el consejo de la Biblia es típico de la actitud de los pastores puritanos que creían que la Biblia es el manual del propietario para la humanidad.

La Biblia es la guía que nunca falla para los hombres y las mujeres que tratan de vivir la vida como Dios manda. El Dios que inspiró la Biblia, Aquel a quien esta revela, y que hizo al hombre, es la mejor fuente para obtener respuestas a los males de la humanidad, y para prescribir lo que es necesario con el fin de vivir correctamente y así estar en armonía con Dios y el hombre.

Conectado emocionalmente

El mundo de los negocios se ha centrado en los últimos años en el valor de la inteligencia emocional de sus empleados, a veces llamada CE o coeficiente emocional, en lugar de limitarse a su CI (coeficiente intelectual), que se refiere a su coeficiente de inteligencia. Las empresas se han dado cuenta de los beneficios de los empleados que son emocionalmente intuitivos en las interacciones humanas, y que algunas de las personas más inteligentes y mejor educadas que carecen de esta cualidad, engendran disfunción y falta de armonía. Como consejeros, debemos tratar de ser conscientes de las emociones de los que tratamos de ayudar, saber cuándo y cómo involucrarnos emocionalmente, y medir nuestra respuesta en formas útiles. La Biblia nos enseña a gozarnos con los que se gozan; y llorar con los que lloran (Rom. 12:15). Sin embargo, debemos tener cuidado con afirmar emociones inapropiadas, especialmente antes de haber escuchado a todas las partes y contar con todos los hechos (Prov. 18:17).

Informado en lo cultural

Hemos observado varias veces en los módulos anteriores que tus estudiantes serán los mejores comunicadores en sus propias culturas. Los misioneros y pastores que llegan al entorno cultural desde el exterior deben aprender la cosmovisión, la gramática, el vocabulario y las expresiones idiomáticas; y por lo general ya siendo adultos, cuando el proceso de aprendizaje es más lento. Por estas mismas razones, cuando tus estudiantes estén debidamente capacitados con la instrucción bíblica, serán los mejores consejeros en sus comunidades. Ellos conocerán los pecados culturalmente definidos y los matices de la cosmovisión, elementos que un forastero no percibiría. No se trata de insinuar que la cultura determina lo que es y no es pecado. La Biblia informa a la cultura, la cultura nunca informa a la Biblia. Sin embargo, las culturas tienen definiciones preexistentes de lo que es pecado, de lo que es correcto e incorrecto, y esto va a afectar cómo el pecado es visto tradicionalmente en el pueblo. El pastor, maestro o consejero debe ser consciente de lo que sus oyentes entienden e infieren mientras se enseña. Alguien de la misma cultura será el mejor para discernir eso.

Cuando un hombre chino acepta a Cristo, pero más tarde es observado colocando flores ante las fotografías de sus padres y abuelos, como siempre lo había hecho en el pasado, una persona ajena supone, naturalmente, que él continúa venerándolos. Sin embargo, el nuevo creyente defiende sus acciones como que él simplemente honra a su madre y padre, como la Biblia nos enseña a hacer. ¿Quién puede determinar lo que debe ser alentado y lo que es pecado, y hasta qué punto él debe honrar a sus padres fallecidos?

Imagínate una muchacha joven en una cultura musulmana que se convierte al cristianismo y recibe discipulado durante varios años. Un día ella anuncia que debe ir a casarse con un hombre inconverso, que apenas conoce, y que ha sido dispuesto para ella desde que ambos eran niños.

Ella está triste por tener que partir, pero afirma que debe hacerlo con el fin de honrar a su padre y evitar deshonrar a la familia y su comunidad. ¿Es su pecado de unirse en yugo desigual mayor que el pecado de causar vergüenza y deshonra a su padre?

¿Deben ser juzgadas como pecadoras las parejas de regiones antes no alcanzadas del mundo, que ahora escuchan el evangelio por primera vez, porque no se casaron en una iglesia antes de comenzar sus familias? ¿Deben separarse, arrepentirse, recibir consejo, y luego reconciliarse con Dios y todos los demás antes de tener una boda y volver a vivir juntos y criar a sus hijos? ¿Cuáles normas culturales, o qué pasajes de la Biblia, deben decidir las respuestas a estas preguntas?

En muchas regiones del mundo que son musulmanes, hindúes y animistas, la vida puede ser comparada con una cuerda de tres hebras. Las tres hebras son las normas culturales, las leyes civiles de la sociedad y la religión. Cuando se observa cierto comportamiento, uno puede preguntarse: «¿Acaso este hombre hizo eso porque era culturalmente apropiado y los demás a su alrededor lo esperaban? ¿O estaba obedeciendo una ley que así lo exige? ¿O era un aspecto de sus creencias religiosas?». La respuesta a estas tres preguntas en muchas culturas es simplemente: «Sí». Es decir, no hay manera de distinguir entre lo que es cultural, jurídico o religioso; todo es lo mismo.

Cuando en este tipo de culturas surgen problemas que requieren la orientación de un consejero bíblico, las respuestas no son tan claras como pueden estar en la mente de un consejero, especialmente si este viene de otra cultura. En muchas situaciones, se necesita un conocimiento cultural para comprender situaciones y comportamientos con el fin de aplicar correctamente la Palabra de Dios a la vida de las personas involucradas.

Ayudar a las personas a transformarse

A menudo se ha dicho que Dios nos ama tal como somos, pero Él nos ama demasiado como para dejarnos de esa manera, por lo que Él nos toma de la mano y nos lleva desde donde estamos a donde debemos estar. Jesús no nos ve solo como somos, sino que nos ve como llegaremos a ser; ninguna otra explicación podría apoyar el hecho que Jesús llamara a Simón, hijo de Jonás, por el nombre de Pedro (Juan 1:42). De la misma manera, el consejero bíblico debe tratar de amar y aceptar a la gente donde está, pero ayudarles a cambiar para convertirse en lo que Dios quiere que sean.

Este deseo encuentra su expresión en las relaciones de consejería bíblica; a medida que procuramos conocer a la persona que necesita orientación, comprendemos su situación, sus emociones, acciones, habilidades para resolver problemas y le llevamos la Palabra de Dios para tratar con todo esto. Ayudar a los demás a verse a sí mismos como Dios los ve, a entender lo que Él ha revelado en Su Palabra de Sí mismo y de nosotros, y encontrar Sus respuestas a los desafíos que ellos enfrentan, solo se puede lograr en las relaciones. La consejería bíblica no es un método tipo «libro de cocina» para saber que hay un problema y luego entregarle a los que sufren una receta con tres reglas fáciles para solucionar el problema. El objetivo es ayudarles a convertirse en lo que Dios quiere que ellos sean (en primer lugar, que estén en una relación correcta y creciente con Él), y que sus matrimonios, relaciones, habilidades para resolver problemas y vidas sean lo que Él quiere que sean. Los consejeros bíblicos tienen este objetivo de ayudar a las personas a transformarse como motivación principal y la meta prevista de su ministerio.

Que amen desinteresadamente y con gozo la gente

Aconsejar a otros a veces es un ministerio emocionalmente agotador. También puede dejar al consejero agotado en lo físico y mentalmente desanimado. Es doloroso derramar el corazón, el alma y la energía mental en otra persona durante semanas o meses, mientras tratas de ayudarla, y reconocer de forma tan clara los pasos obvios que ella necesita dar para alinear su vida de acuerdo a la Palabra de Dios. Puede que sepas que le has presentado esta información desde todos los ángulos posibles, utilizando múltiples ilustraciones y mostrando en la Biblia todo lo que Dios ha dicho claramente, solo para que esa persona vuelva a sus patrones practicados de rebelión pecaminosa.

Enseña a tus estudiantes que deben procurar desarrollar las habilidades que los médicos ponen en práctica al ayudar a los enfermos. Los médicos explican que si ellos se identifican y se conduelen con cada paciente (el niño de cinco años de edad enfermo de cáncer, el adolescente que sufre quemaduras, los padres afligidos de un niño nacido muerto), ellos mismos se vendrían abajo. Tienen que aprender a centrarse en la enfermedad más que en el paciente que sufre. Por supuesto que ellos ven al paciente y son empáticos con él, pero la forma en que mejor pueden ayudarlo es mantenerse calmados y enfocados, en lugar de sentir el dolor y ser cegados por los aspectos emocionales. Los consejeros bíblicos deben tratar de desarrollar una máscara similar con el fin de mantener la concentración y servir con la máxima eficacia, sobre todo cuando los dolientes son miembros amados de nuestras congregaciones. Se necesita gracia y ser un tipo de persona especial para hacer esto; sin embargo, todos debemos esforzarnos por servir de esta manera.

Los consejeros bíblicos son personas llenas de gozo que en su ministerio se olvidan de sí. El gozo alimenta su participación en el ministerio y se regocijan al ver vidas sometidas a Dios y alineadas con Su Palabra. Más que querer evitar el dolor personal y el estrés que esta labor puede producir, ellos desean olvidarse de sí y ayudar a los demás. Su amor por Dios y Su pueblo les da una buena disposición para ser utilizados por Él para ayudar a otros. La consejería bíblica implica la participación en la vida de otros, el desarrollo de relaciones, pero también implica a veces dejar que la gente tome decisiones tontas, y que asuman la responsabilidad de sus propias vidas. Esto puede ser doloroso y agotador, pero este ministerio no es opcional para el pastor. Enseña a tus estudiantes que el requisito previo para la consejería bíblica es conocer a Dios y Su Palabra, los sujetos de la consejería bíblica son los miembros de sus iglesias, y la actitud para sostener la consejería bíblica es olvidarse gozosamente de sí mismo y amar a Dios y a la gente.

Anima a tus estudiantes a observar las siguientes directrices en su ministerio de consejería. Al reunirte con miembros de la iglesia u otras personas que buscan consejo, emplea el tiempo necesario para llegar a conocerlos y saber qué les impulsó a buscar consejo. Haz preguntas abiertas de seguimiento para llegar a la raíz del problema, en lugar de averiguar simplemente el fruto presente en la crisis actual. Asegúrate de que tu consejería sea pública; es decir, asegúrate de no estar encerrado en una habitación con un miembro del sexo opuesto. Siempre que sea posible, no divulgues lo que se comparte de forma confidencial. Discierne la condición espiritual de los que buscan consejo y comparte el evangelio en todos los casos; nunca supongas que ser miembro de la iglesia significa tener vida y salud espiritual. Sé paciente; recuerda que su problema rara vez se desarrolla de la noche a la mañana, y es muy posible que la solución no sea reconocida, aceptada o aplicada de manera efectiva inmediatamente. Además de ayudarlos a encontrar la solución de Dios para un desafío específico de la vida, tus estudiantes también deben enseñarles cómo encontrar guía en Su Palabra para la vida cotidiana.

Ministerio a la familia

Es importante que hayamos establecido los fundamentos de la consejería bíblica antes de tratar el ministerio a la familia, pues gran parte del ministerio hacia la familia y para la familia en una iglesia local requerirá los mismos elementos y directrices fundamentales. Una iglesia saludable con un ministerio a la familia totalmente integral es muy probable que reduzca la carga del ministerio de consejería bíblica, que de otro modo sería necesario.

El ministerio hacia, para y a través de las familias es importante en la iglesia local. El ministerio *hacia* las familias puede encontrar expresión en un ministerio de consejería, tal vez provocando el deseo de involucrar a la iglesia para ayudar a una familia joven necesitada o una que está luchando en medio de una crisis. El ministerio *para* las familias puede incluir Escuelas Dominicales según la edad, Escuelas Bíblicas de Vacaciones (EBV), actividades de ministerio juvenil, o conferencias especiales para los desafíos específicos que enfrentan las familias. El ministerio *a través* de las familias se lleva a cabo cuando estas llegan a otras familias que han conocido a través de la escuela, actividades de la comunidad o relaciones de trabajo.

El pastor es clave para ayudar a los padres a ministrar a sus familias. Los padres en la congregación deben ser enseñados que ellos son el primer pastor de su familia, pero muchos no estarán seguros de lo que eso significa o cómo pastorear a su pequeño rebaño. El pastor debe enseñar a los padres lo que la Biblia exige de ellos en cuanto a la guía de sus familias. Los tiempos devocionales diarios en familia son un primer paso muy bueno para que los padres discipulen y oren por sus familias. Enseña a tus estudiantes a conocer bien a los miembros de su iglesia y a estar familiarizados con la dinámica familiar entre ellos. Esto les permitirá instruir a los padres jóvenes en sus iglesias, visitarlos en sus hogares, y mentorearlos con respecto a los mandamientos bíblicos de criar a sus hijos en disciplina y amonestación del Señor (Deut. 6:6-7; Ef. 6:4).

Los padres son los líderes, discipuladores, maestros y componentes claves del ministerio de la iglesia, y deben aprender a verse a sí mismos como tales. Por supuesto, también tienen que estar preparados para cumplir con estos roles que Dios les ha dado. No podemos culpar a los padres por fracasar en estas funciones cuando nunca los hemos capacitado, del mismo modo que no podríamos criticar a un carpintero por fracasar como cirujano. La capacitación en el liderazgo para los padres de familias jóvenes no solo facilita la salud de los miembros de la iglesia, sino que también ayuda al pastor en su función de cuidar a todo el rebaño.

Una de las bendiciones más grandes que un niño recibirá jamás es ser criado en un hogar lleno de Dios, por padres que se aman y están comprometidos el uno al otro, y que presentan un frente unido en las decisiones familiares, los asuntos de disciplina y los límites de comportamiento. Cuando un matrimonio tiene problemas, los síntomas a menudo se manifiestan en toda la familia. Consejería matrimonial, conferencias y modelos de un matrimonio piadoso dentro de la iglesia constituyen formas en que una iglesia saludable, con un ministerio sólido de familia, puede ayudar a las familias jóvenes. Una persona joven en la iglesia será profundamente impactada por la forma en que el pastor y la familia de la iglesia reaccionan ante un matrimonio con problemas. Por lo tanto, cuando surgen dificultades matrimoniales en una familia de la iglesia, exhorta a tus estudiantes a aplastar el chisme, brindar consejo bíblico imparcial y ministrar a cada miembro de la familia. El ministerio de tu estudiante bendecirá a otros de esta manera y, a su vez, será bendecido: «Bienaventurados los pacificadores, porque ellos serán llamados hijos de Dios» (Mat. 5:9).

Un refrán común es que cualquier persona puede ser padre, pero se necesita alguien especial para ser papá. La esencia de esta frase es que la capacidad biológica para producir descendencia no garantiza la capacidad, o incluso el deseo, de dedicar su vida en sacrificio para la crianza de ese niño. La falta de capacidad o deseo es perjudicial para un hogar o iglesia saludables. Afortunadamente, en la mayoría de las familias de la iglesia, al menos, el deseo está ahí. Lo que a veces falta es la capacidad o el conocimiento de lo que es necesario para llevar a cabo la crianza de los hijos adecuadamente. Ahí es donde una iglesia con un fuerte compromiso con el ministerio de familia puede ayudar. Las conferencias para padres pueden enseñar sobre las habilidades de comunicación apropiadas, las técnicas para los desafíos de la crianza de los niños en edades específicas, tales como enseñar al niño a ir al baño, aprender a leer, los desafíos de la escuela, o sobre los años difíciles de la adolescencia, explicar las pautas y las expectativas bíblicas de la crianza, y facilitar las oportunidades para que los padres piadosos en la iglesia sirvan como mentores de parejas jóvenes. La incorporación de los fundamentos de la consejería bíblica en el ministerio a la familia de una iglesia para ayudar a los miembros a tener matrimonios saludables y habilidades útiles para la crianza de los hijos será una bendición para toda la iglesia.

Las iglesias saludables y en crecimiento en todas las culturas suelen estar formadas por miembros de todas las edades. Las familias de la iglesia se encuentran en diferentes etapas de la vida. Las personas solteras que nunca se casaron, los viudos y los divorciados solteros, todos enfrentan desafíos únicos. Las parejas jóvenes que inician la vida juntos están aprendiendo a vivir con muy escasos ingresos, sin la ayuda de los padres, así como a tomar decisiones importantes por sí mismos por primera vez. Los padres de bebés, niños pequeños, niños en edad escolar, adolescentes, o los padres con el nido vacío, todos enfrentan preocupaciones o necesidades únicas. Los adultos mayores tienen una serie de dificultades y problemas propios de esa etapa de vida que los otros grupos etarios no enfrentan. Muy pocas iglesias tendrán un núcleo sólido de miembros de la iglesia en todos los grupos etarios o etapas de la vida. Por lo tanto, el pastor debe ser consciente de sus necesidades y desarrollar ministerios apropiados para la membresía de su iglesia. El ministerio a la familia para los diversos grupos etarios en la iglesia, y que se extiende a los alrededores de la iglesia, le permitirá al pastor ministrar a través de sus miembros, mejor de lo que él solo podría hacer.

Un componente clave del ministerio a la familia en la iglesia debe ser la capacitación del cuerpo. El ministerio a la familia no solo debe ser sensible a las diferentes cuestiones de las etapas de vida, tales como las relacionadas con la soltería, el matrimonio y la crianza de los hijos, sino que también debe atender la educación bíblica elemental, que a menudo se imparte en la escuela dominical o en pequeños grupos de discipulado. La enseñanza a través de libros de la Biblia, material de discipulado o los temas que se encuentran en *Corazones, mentes y manos* preparará a los miembros de la iglesia de todas las edades en los fundamentos de la vida cristiana. Además, las clases específicas para los nuevos cristianos ayudarán a los creyentes a crecer en su caminar con Cristo, a tener un tiempo diario de quietud, a leer y meditar en la Escritura, a evangelizar y servir a otros. La existencia de algún tipo de capacitación sistemática y constante de discipulado es esencial para una membresía saludable. El contenido de este programa de capacitación pastoral podría ser utilizado fácilmente en un programa de capacitación en la iglesia por los pastores que utilicen los esquemas y la estructura de enseñanza para discipular a individuos, grupos y familias dentro de la iglesia.

El ministerio a la familia también debe incluir formas para que esta sirva unida, y las oportunidades de misiones adecuadas para familias son útiles en el logro de este objetivo. Cuando los niños ven a sus madres y padres compartir el evangelio, en el entorno de las misiones, esto establece las pautas y ejemplos que ellos pueden seguir. Pocas actividades unirán mejor a los miembros de la familia que trabajar mano a mano en viajes de misiones, ya sea pintando las paredes de un nuevo edificio de la iglesia o dibujando en una clase de la EBV. Priorizar el tiempo y el dinero para que la familia participe en un viaje de misión ministerial, de evangelismo, o para testificar del evangelio no se termina con el viaje o el evento de alcance evangelístico. El precedente establecido en dicho ministerio anima a la familia a continuar con estas actividades en la iglesia local y en la comunidad, como un fruto que permanece.

Práctica del estudiante

Este es el segundo módulo donde se requiere que tus estudiantes participen en presentaciones en clase. Como se señaló en el último módulo, esto no solo demuestra que han comprendido los conceptos presentados, sino que también desarrolla sus habilidades de enseñanza en un contexto de capacitación pastoral. En este módulo, ya los habrás instruido en los fundamentos de la consejería bíblica y les habrás presentado una comprensión básica del ministerio de familia. Aunque la Biblia habla a cada uno de los siguientes estudios de casos, el instructor debe tener en cuenta que el contexto cultural tendrá un impacto en las conclusiones a las que los estudiantes lleguen con respecto a las soluciones. Por ejemplo, la superposición de cosmovisiones en cuanto a vergüenza–honor, miedo–poder y culpabilidad–inocencia de las diversas culturas tendrá un impacto en la forma en que los estudiantes entienden la dinámica, así como el consejo bíblico que ellos enfatizarán en sus ministerios.

Para la práctica de este módulo, cada estudiante preparará una sesión de consejería que trate una de las siguientes situaciones de estudios de casos. La tarea les exige pasar tiempo fuera de clase considerando los retos de aconsejar a una persona o familia con el problema descrito en su caso, teniendo en cuenta las enseñanzas bíblicas sobre los temas relacionados, y aplicando lo que han aprendido en este módulo. Ten en cuenta, por ejemplo, que un grupo de clase de 30-35 estudiantes solo permitirá que cada estudiante haga su presentación en un tiempo de 10-15 minutos, si se dedican dos días a la tarea. Debes sentirte libre para ajustar la duración de la presentación en tu contexto particular de enseñanza. Por ejemplo, si estás trabajando uno a uno con un estudiante, aprovecha el tiempo y eleva el nivel de expectativa en su presentación.

Los estudiantes deben estudiar para descubrir lo que la Biblia dice sobre el tema, y formular el consejo piadoso que ellos creen que debe ser considerado. Recalca a tus estudiantes que su papel en la sesión de consejería no debe ser el de un dictador que exige que el aconsejado se someta a su voluntad, sabiduría y consejo. Puede que el estudiante comprenda mejor la situación, y tenga las enseñanzas bíblicas de su lado, pero los que buscan su consejo deben llegar a entender y abrazar la verdad, y no que se la imponga por la fuerza. Es oportuno recordar el viejo dicho, «Un hombre convencido contra su voluntad permanece con la misma opinión». Los aconsejados necesitan saber que las palabras que el consejero comparte son más que solo su opinión; son el consejo de Dios.

En sus presentaciones, cada estudiante debe describir el caso que está aconsejando, enumerar las enseñanzas bíblicas principales que desea que el aconsejado acepte y aplique, y esbozar los próximos pasos en el proceso de consejería. En cada estudio de caso se incluyen unos escasos detalles, lo cual permite a los estudiantes realizar los ajustes culturales, en los sentidos que serían más coherentes con lo que ellos encontrarían en sus regiones. Con el objetivo de hacer un juego de roles, para cada estudiante que presente habrá un segundo estudiante voluntario que haga el papel del aconsejado.

Conflictos matrimoniales causados por interferencia de la familia de origen. En este caso, la madre de la esposa continúa interfiriendo en el matrimonio de su hija. Las decisiones del marido son puestas constantemente en tela de juicio, ridiculizadas o ignoradas debido a una suegra entrometida que influye en su hija. Sin embargo, gran parte de lo que la suegra ha dicho tiene mérito real; el marido ha tomado malas decisiones y no trata a su esposa como debería. La pareja viene a ti en busca de consejo, en un último intento desesperado por salvar su matrimonio. ¿Cómo los aconsejarías?

Conflictos matrimoniales causados por violencia física. Uno de los cónyuges (esposa o esposo) ha venido a verte en busca de consejo porque su cónyuge es físicamente abusivo. Las conversaciones triviales comienzan a acalorarse debido a las diferencias de opinión, el pasado es injustamente recordado y mezclado en la discusión, y de repente la situación se torna abusiva mediante golpes, empujones y lanzamiento de objetos. El aconsejado(a) quiere alivio y vivir en seguridad, pero también quiere salvar el matrimonio. ¿Cómo lo aconsejarías?

Abandono. Un cónyuge (esposo o esposa) ha venido a ti en busca de consejo debido al abandono. El aconsejado comprende que esto podría ser considerado como una razón bíblica para el divorcio, pero prefiere la reconciliación. Mientras tanto, siente una gran soledad, temor, sentimientos de ineptitud, rechazo y dolor. ¿Cómo lo aconsejarías?

Conflicto causado por relaciones sexuales poco saludables. Un cónyuge ha venido en busca de consejo debido a los desacuerdos relacionados con su relación sexual. El problema puede ser la frecuencia, la actitud u otras muchas razones, pero esto se ha convertido en un problema tal que el matrimonio se ve amenazado. ¿Cómo lo aconsejarías?

Infidelidad conyugal y la culpa del infractor. El cónyuge infractor se siente abrumado(a) por la culpa después de haber tenido una aventura, y quiere consejo con respecto a si debe informar al otro cónyuge, cómo asegurar que el mismo pecado no vuelva a ocurrir, la forma de restablecer la confianza con el cónyuge, y cómo encontrar el perdón de Dios después del fracaso. ¿Cómo lo aconsejarías?

Infidelidad conyugal, el perdón y la reconciliación. La víctima de la traición del pecado sexual del otro cónyuge está luchando con la amargura, la ira, la incapacidad para confiar de nuevo y los sentimientos de rechazo o insuficiencia. La herida es profunda y no estás seguro de que el deseo de sanar el matrimonio sea fuerte. ¿Cómo lo aconsejarías?

Abusos dentro de la familia. La familia está lidiando con un patrón de abuso y en este caso, tú estás aconsejando a toda la familia, no solo a la víctima o el agresor. El abuso puede haber sido sexual, físico, emocional, verbal o alguna combinación de estos. Los miembros de la familia ahora son creyentes, aunque puede que todos no hayan seguido el mismo patrón. Ellos quieren reconciliarse entre sí y restaurar la familia como Dios quiere que sea. ¿Cómo los aconsejarías?

Segundo matrimonio. Un miembro de la iglesia todavía sufre la soledad y la amargura de la traición, el abandono y el divorcio. El divorcio fue desastroso, pero ha sido definitivo desde hace años, y si finalmente se sustentó en motivos bíblicos o no, los sentimientos de culpa se mantienen. No hay esperanza de reconciliación debido a que el cónyuge del miembro de la iglesia se casó y ya tiene otra familia. ¿Cómo lo aconsejarías?

Matrimonios arreglados. Una jovencita creyente de tu iglesia, que está creciendo en el Señor con una fe vigorosa, te anuncia que no va a regresar a la iglesia. Tras una investigación, te enteras de que ella ha alcanzado la edad de casarse y su padre ha hecho arreglos para que se case con un hombre al que no conoce. Ella se ha enterado de que él es hostil al cristianismo, por lo que sabe que una vez que ella se case, no podrá practicar abiertamente su fe. Ella tiene pánico; no quiere casarse con él, ni provocar la ira de su padre al avergonzarlo. ¿Cómo la aconsejarías?

Múltiples esposas. Un hombre que está casado con cuatro mujeres viene a pedirte consejo. En su cultura es lícito y honorable tener varias esposas y prácticamente todos los hombres tienen más de una esposa. A pesar de que en la cultura ha sido así durante siglos, tú estás enseñando que el matrimonio cristiano se compone de un hombre y una mujer para toda la vida. Él quiere aceptar a Cristo y ser bautizado, y aspira a ser un líder en la iglesia. Él sabe que si repudia (se divorcia) de todas sus esposas menos una, ellas quedarán desamparadas, los niños serán huérfanos y las comunidades de origen de las mujeres se enfurecerán. Las mujeres también desean seguir a Cristo. ¿Cómo lo aconsejarías?

Adicción. Un hombre ha venido a verte en un estado de quebrantamiento y dolor. Es adicto al alcohol/drogas y desea liberación. Ha intentado numerosos programas de rehabilitación, pero nada ha funcionado. Él ha estado mintiendo a sus amigos y familiares, robándoles para mantener sus malos hábitos, y ahora su matrimonio se está desmoronando; su esposa lo amenaza con llevarse a sus hijos y alejarse. ¿Cómo lo aconsejarías?

El familiar de un adicto a las drogas/alcohol. El cónyuge de un adicto ha venido a verte en busca de consejo. Han pasado por esto muchas veces. El adicto se ha comprometido a cambiar, ha pasado por numerosos programas de tratamiento para la rehabilitación, pero siempre ha retrocedido y regresado a este estado. El cónyuge no piensa que él o ella y los niños pueden seguir adelante. Por otra parte, la persona se siente en peligro cuando el adicto está bajo la influencia del alcohol/drogas. ¿Cómo lo aconsejarías?

Problemas financieros debido a la pérdida del trabajo. Un miembro de la iglesia que no ha podido encontrar empleo está sufriendo financiera y emocionalmente. No hay oportunidades de trabajo para mantener a su familia y no tiene tierras para el cultivo de alimentos para ellos. Él está empezando a dudar de la existencia, el amor o el poder de Dios. ¿Cómo lo aconsejarías?

Irresponsabilidad de un cónyuge. Una mujer joven de la iglesia está luchando para permanecer en un matrimonio donde el marido bebe constantemente con sus amigos, desaparece durante días enteros, o es perezoso y se niega a trabajar para satisfacer las necesidades de la familia. ¿Cómo la aconsejarías?

Respecto a tener hijos. Una pareja de jóvenes en la iglesia ha pasado por el dolor de múltiples abortos involuntarios y ha sido incapaz de tener hijos. Su esterilidad está causando depresión a los dos, pero el dolor de los bebés perdidos es especialmente profundo para la mujer, mientras que el marido siente vergüenza de no poder dar hijos. ¿Cómo los aconsejarías?

Adolescentes rebeldes. Los padres de un adolescente han venido a buscar tu consejo. El joven creció en tu iglesia e hizo una profesión de fe cuando era un muchacho, pero desde entonces se ha ido al mundo y ahora está involucrado en un estilo de vida muy impío. Los comportamientos pecaminosos del joven son conocidos por todos y causan gran vergüenza a sus angustiados padres. ¿Cómo los aconsejarías?

Enfermedad crónica. Una miembro fiel de la iglesia, que siempre ha servido al Señor con diligencia y sacrificio personal, ha estado enferma durante varios años. Los médicos han sido incapaces de ayudarla y no parece haber ningún remedio. La enfermedad hace que ella no pueda trabajar, no puede involucrarse en la iglesia, y se siente exasperada de que no ha habido ninguna ayuda o respuestas a sus oraciones por sanidad. ¿Cómo la aconsejarías?

Ansiedad y temor. La ansiedad, el pánico, y el temor constante de una miembro de la iglesia la ha llevado a buscar ayuda. Ella le tiene miedo a todo, pero no puede mencionar ninguna amenaza específica. Ella no puede pasar un día sin experimentar temores que la debilitan y ansiedades que la acosan constantemente. ¿Cómo la aconsejarías?

Sufrimiento. La familia de un niño que nació con gravísimas deformaciones congénitas ha sufrido todos los días de la existencia del niño. Ellos tienen que gastar más de lo que pueden en medicamentos y médicos. Se deben turnar para quedarse en casa con el fin de cuidar al niño, y no se avizora ninguna esperanza de cambio. ¿Cómo los aconsejarías?

Depresión. Por ninguna razón, o por desilusiones o derrotas de hace muchas décadas, un miembro de la iglesia ha estado sumiéndose cada vez más en la desesperación y la depresión. Hace tiempo que los miembros de su familia han dejado de intentar disipar la nube oscura que parece flotar todos los días sobre él. El miembro de la iglesia quiere librarse de ella y volver a ser feliz, pero no puede desprenderse de esta depresión diaria. ¿Cómo lo aconsejarías?

Frente a la muerte. Un hombre que acaba de recibir un diagnóstico de una enfermedad mortal que le dejará sin vida en cuestión de meses, ha venido a verte. Él está aterrado ante la perspectiva de morir y también siente ansiedad al pensar en cómo su familia va a pagar las facturas después de que él se haya ido. Tiene muchos remordimientos por la forma en que ha vivido su vida. ¿Cómo lo aconsejarías?

Dolor. Una joven viuda viene a verte varios años después de que su marido muriera trágicamente en un accidente, del que ella sobrevivió. Con el paso de los meses, ella ha transitado por etapas de conmoción, negación, ira y depresión, pero no puede desprenderse de la tristeza persistente y el dolor profundo. Se siente culpable por querer que el dolor desaparezca y volver a ser feliz, a pesar de que ella sabe que esto sería correcto. Aun así, el dolor le espera en cada esquina. ¿Cómo la aconsejarías?

Alguien tentado a cometer suicidio. Te has enterado de que un joven de la iglesia ha comentado la posibilidad de cometer suicidio. Tú le pides una oportunidad para hablarle. ¿Cómo lo aconsejarías?

Alguien que enfrenta las secuelas del suicidio. Un joven esposo y padre en tu iglesia anduvo con otra mujer, comenzó a beber en exceso, perdió su trabajo y contrajo una gran cantidad de deudas. Al creer que no había manera de salir de sus problemas, se suicidó. Su mujer ha venido a buscar consejo. Ella se siente culpable por no haber reconocido las señales que pueden haber indicado que él estaba planeando este paso. También se pregunta si la relación inicial que comenzó la trágica espiral descendente en la vida de su marido, pudo haber sido de alguna manera culpa suya. ¿Cómo la aconsejarías?

En busca de la voluntad de Dios. Un miembro de la iglesia viene a ti buscando desesperadamente la voluntad de Dios. Una decisión importante ha de ser tomada pronto y la elección tendrá un impacto en muchas áreas de las vidas de otras personas. ¿Cómo lo aconsejarías?

Miedo a la brujería y a las maldiciones. Un joven agricultor está a punto de sembrar sus campos y quiere hacer todo lo posible para asegurar el éxito de los cultivos, pero teme que un vecino celoso ha echado una maldición en su campo. Una mujer joven incapaz de concebir está convencida de que hay una brujería contra ella. ¿Cómo los aconsejarías?

Fantasmas y antepasados. Una familia ha llegado a la convicción de que las ofrendas que presentan a sus antepasados en su casa es pecado, pero tienen miedo de abandonar la práctica. ¿Cómo los aconsejarías?

Ira. Un diácono en la iglesia pierde los estribos con regularidad en las reuniones y en su casa. Tú has sospechado durante mucho tiempo que de seguro también lo hace con sus compañeros de trabajo. Él ha venido a ti profundamente preocupado porque otros finalmente lo han confrontado al respecto. ¿Cómo lo aconsejarías?

Amargura y perdón. Una mujer en tu iglesia quedó huérfana cuando era muy pequeña, fue criada por parientes, y se casó muy joven para escapar. Su primer marido se fue con otra mujer y su segundo esposo fue reclutado en el ejército y posteriormente murió en la guerra. Ella educó sola a sus dos hijos y ha enfrentado muchos desafíos. Es una persona amargada e implacable, cuya actitud parece envenenar cualquier entorno en el que ella se encuentre. ¿Cómo la aconsejarías?

Ejemplos bíblicos. Considera los desafíos emociones o relacionales que las siguientes historias bíblicas plantean. Imagínate que fueras el pastor en una de las situaciones y tuvieras que dar un consejo conforme a la ley de Dios a una de las personas o familias representadas.

Abraham, Sara, Agar (Gén. 16–21)
Isaac e Ismael (Gén. 16–21)
Jacob y Esaú (Gén. 25–27)
Jacob, Lea y Raquel (Gén. 29)

Las pruebas de José (Gén. 37–41)
José y sus hermanos (Gén. 37, 42–45)
Los sufrimientos «sin sentido» de Job (Job 1–3)
Saúl y la adivina de Endor (1 Sam. 28)
David después del pecado con Betsabé (1 Sam. 11–12)
David y Amnón (1 Sam. 13)
David y Absalón (1 Sam. 13–15)
David y Saúl (1 Sam. 16–31)
La división entre Pablo y Bernabé (Hech. 13:36-41)

Tus estudiantes

Hemos venido abordando el tema del cuidado pastoral, la consejería bíblica y el ministerio a las familias en las iglesias. La mayoría de los estudiantes en tus clases serán plantadores de iglesias o pastores de iglesias pequeñas. Pocos de tus estudiantes tendrán que lidiar con regularidad con los casos mencionados anteriormente, pero este resumen les dará una base para buscar orientación en la Escritura para la consejería. Algunos de tus estudiantes no serán pastores, sino más bien líderes laicos en una iglesia donde aspiran a realizar funciones pastorales un día. Otros serán diáconos o maestros de escuela dominical, que no tienen planes de servir en ningún puesto ministerial oficial en sus iglesias. Sin embargo, los temas abordados en este módulo son para ellos también; en realidad, estos temas son para todos los creyentes que desean crecer en su utilidad y discipulado personal. Por lo tanto, un componente adicional en la tarea es que tus estudiantes tengan en cuenta cómo todos los creyentes pueden aconsejar a las personas a su alrededor, las cuales puedan estar experimentando cualquiera de estos problemas. Cuando el Señor coloca a alguien en nuestro camino y nos da la oportunidad de compartir una palabra de aliento, consejo, advertencia o corrección, debemos estar preparados para cómo vamos a responder. Reflexionar por adelantado con respecto a algunos de estos temas y sobre lo que la Biblia tiene que decir a cada uno, ayudará a los estudiantes a estar siempre listos para llevar la Palabra de Dios a la necesidad de alguien.

Las manos: Finanzas de la iglesia

El manejo de las finanzas de la iglesia puede ser una gran bendición cuando los fondos están llegando según las necesidades para cubrir los gastos cruciales del ministerio, pero son una maldición cuando esto no sucede. Cuando el pueblo de Dios está dando con sacrificio, confiando en que la iglesia administrará con sabiduría sus diezmos y ofrendas, la iglesia es capaz de mantener programas de alcance evangelístico, educación y adoración saludables. Por el contrario, cuando los ingresos de una iglesia no son lo que se necesita, una gran tensión cae sobre el pastor y los miembros, lo cual a menudo provoca acusaciones injustas, métodos de manipulación para aumentar las ofrendas, y limitación o suspensión de los ministerios.

La Biblia provee abundante instrucción con respecto a dar a Dios a través de los diezmos y las ofrendas. Realmente, la única área en la que se nos permite poner a prueba a Dios es el área donde se nos manda a hacerlo. Malaquías 3:10 expresa: «Traed todos los diezmos al alfolí y haya alimento en mi casa; y probadme ahora en esto, dice Jehová de los ejércitos, si no os abriré las ventanas de los cielos, y derramaré sobre vosotros bendición hasta que sobreabunde». Muchos han dicho, apoyados en su creencia y experiencia personales, que simplemente no podemos dar más que Dios. Cuanto más damos para Él y para la extensión de Su reino a través de la iglesia local, más tiende Él a bendecirnos. Esto no es la herejía de la prosperidad; es decir, esto no es dar a Dios *para que* podamos recibir; es dar a Dios *porque* hemos recibido.

Los pastores deben ser ejemplo de sabia mayordomía, no solo en sus hábitos de consumo, sino en dar primero al Señor. Jesús habló de una mayordomía sabia de los talentos; los talentos financieros, y los dones y habilidades espirituales agradan enormemente al Maestro, quien es el verdadero Dueño de todo (Mat. 25:14-30). El pastor debe ser el primero en dar el diezmo. A pesar de que la cantidad que cualquier persona en la iglesia da (incluyendo al pastor) no debe ser un asunto de interés público, en las iglesias pequeñas a menudo esto se da a conocer, y resulta en el modelo de comparación que otros utilizan para su propio nivel de entrega. Además, cuando el pastor mismo diezma, y da con sacrificio, esto se refleja en su actitud hacia los diezmos y ofrendas, expresada en sus sermones y enseñanzas. Jim Bryant escribió: «W. A. Criswell, ex pastor de la Primera Iglesia Bautista de Dallas (Texas), durante casi cincuenta años, daba a las parejas jóvenes que deseaban casarse un buen consejo, bíblicamente equilibrado, sobre el manejo de su dinero. Es un buen consejo para los pastores también. Él les decía que devolvieran el primer 10% de su dinero a Dios. Luego quédense con el siguiente 10%. Pongan esto en ahorros. Si un pastor hace estas dos cosas constantemente, él habrá captado el equilibrio bíblico sobre el manejo del dinero en sus finanzas personales».[18] A pesar de que esta pauta se refiere a las finanzas personales, si el pastor desarrolla buenos hábitos en la mayordomía de sus propias finanzas, será muy probable que los trasmita a la iglesia.

Recuerda a tus estudiantes la lección que aprendimos al estudiar las calificaciones pastorales que Pablo enumera en 1 Timoteo 3. Debe ser irreprensible, que gobierne bien su casa, y que tenga buen testimonio entre los de afuera. Por supuesto, si bien existen otras calificaciones, estas destacan como fundamentales para la administración de los asuntos financieros en la iglesia. Cuando las finanzas personales del pastor están en orden, los mismos hábitos de manejo del dinero se expresan en la forma en que maneja los fondos de la iglesia, pero lo contrario también es cierto, y los demás lo sabrán. Enfatiza a tus alumnos la importancia de manejar sus finanzas personales con integridad, pagar las facturas a tiempo y evitar la esclavitud de las deudas.

Siempre que sea posible, el pastor debe evitar manejar los fondos o incluso conocer las cantidades que otros miembros de la iglesia están dando. Aunque a algunas personas les gusta colocar una contribución monetaria directamente en manos del pastor, con instrucciones para su uso, o con un agradecimiento personal a él por su ministerio, el pastor debe evitar esto. Conocer las identidades de los donantes, o las cantidades

---

[18] Jim Bryant, «The Pastor and Personal Finances», página consultada el 21 de junio de 2016. http://www.lifeway.com/pastors/2014/04/22/the-pastor-and-personal-finances/. Adaptado de *The New Guidebook for Pastors* (Nashville, TN: B&H Publishing Group, 2007).

que cada cual pone en las ofrendas de la iglesia, puede dar lugar a un trato preferencial. Del mismo modo, saber quiénes no están dando como pudieran, o los que no son capaces de dar tanto como otros, puede provocar el desdén personal de pastor (Sant. 2:1-4).

El pastor casi nunca debe tener el control directo de los fondos de la iglesia; no porque no se pueda confiar en los pastores, sino para eliminar cualquier tentación o acusación. El pastor no solo debe ser irreprensible en todos los asuntos morales, incluyendo las finanzas, sino que también debe dar esta impresión. En la mente de muchas personas, la percepción es la realidad. Una de las maneras más rápidas de cometer graves errores es cargar al pastor con responsabilidades más allá de su experiencia y vocación. Es sabio establecer la administración de la iglesia y los procedimientos financieros de forma tal que el pastor sea eximido de esta carga.

El pastor no debe tener la responsabilidad de pagarse su propio salario de los fondos de la iglesia o el salario de otros miembros del personal. Si la iglesia es lo suficientemente grande como para pagarle un sueldo, también es lo suficientemente grande como para tener un equipo de miembros de la iglesia designados para manejar esto. Cada vez que un pastor de una pequeña iglesia deba gastar dinero en nombre de la iglesia (para pagar las facturas de servicios públicos, la compra de materiales de construcción, la compra de alimentos para actividades sociales de la iglesia), él debe obtener y guardar los recibos de las compras, y dar cuentas del dinero. En casos de contratación de otros para realizar un trabajo para la iglesia (por ejemplo: construcción o pintura, o al hacer compras grandes tales como aparatos de cocina para la iglesia o equipos de audio), esta debe solicitar varias ofertas o presupuestos, y permitir que los miembros decidan la compra mediante votación.

Un paso esencial para establecer un programa de administración saludable con procedimientos administrativos sólidos para manejar las finanzas de la iglesia es la división de funciones. Esto ayuda a evitar incluso la apariencia de una administración mala o inadecuada del dinero. División de funciones significa que la persona que recoge la ofrenda no debe ser la misma persona que la cuenta y la deposita en el banco, o la que la guarda para el pago de facturas. Estas funciones deben ser separadas y divididas entre los ancianos, diáconos, oficiales u otros líderes laicos designados en la iglesia. La elección de un equipo de finanzas para supervisar este aspecto de las finanzas en la iglesia local es algo sabio. Cuando los miembros de la iglesia pierden la confianza en la integridad financiera de su iglesia, o sospechan que el liderazgo hace un uso inadecuado de los fondos, ellos pueden dejar de dar, así como de escuchar lo que ellos consideran una enseñanza hipócrita, a pesar de que no se haya hecho nada inapropiado y todos sean inocentes.

Las personas designadas pueden pasar los platillos y recibir la ofrenda, pero asegúrate de que sea contada, informada y depositada en el banco por otros. Si bien estas personas pueden servir como miembros del comité de finanzas, no deben ser los mismos individuos; ellos deben dividirse los deberes y las tareas. Si la iglesia mantiene una cuenta corriente para el pago de facturas, la persona que firma los cheques debe ser otro individuo. En los casos en que no exista una cuenta bancaria, la persona que tiene el control sobre en qué se gasta el dinero debe tener un nivel de supervisión por parte de otros, a los que debe dar cuenta. Está muy bien decir que la gente está tratando con el dinero del Señor, y por lo tanto serán honestos en su contabilidad, o Dios se ocupará de ellos de una manera mucho más dura de lo que podríamos hacerlo nosotros, pero esto sería tristemente ingenuo. El investigador David Barrett calcula que setenta y cinco mil millones de dólares fueron malversados por iglesias entre 1980 y 2000, y más de dieciséis mil millones en el año 2000 solamente.[19] Para algunos es demasiado fácil caer en la tentación y desfalcar fondos, por lo que es aconsejable tomar las medidas necesarias para eliminar tantos peligros como sea posible. Además, debido a que las personas a menudo conocen los abusos que otros han cometido en el pasado, o debido a que conocen la tentación que ellos mismos tendrían, pueden sospechar que un líder está malversando fondos cuando en verdad es completamente inocente.

En 2 Corintios 8, Pablo habla de las finanzas y de cómo algunos creyentes dieron sacrificialmente para una ofrenda recogida para los pobres

---

[19] David B. Barrett y Todd M. Johnson, *World Christian Trends AD 30-AD 2200: Interpreting the annual Christian megacensus* (Pasadena, CA: William Carey Library Publishing, 2001).

de Jerusalén. Él hace hincapié en que dieron por amor y no bajo ningún tipo de coacción. Pablo enfatizó que la idea de la ofrenda, no era empobrecer a nadie para hacer a otros ricos, más bien era asegurarse de que todos tuvieran lo suficiente. Luego, Pablo y los líderes se aseguraron de que eran irreprochables en la forma que ellos manejaban y entregaban la ofrenda. Pablo no solo menciona la ayuda de Tito y otros hermanos con el dinero, sino que también hace énfasis en su integridad y servicio fiel, y en la participación de las iglesias en la selección de ellos. Pablo recalca su preocupación por la transparencia y la rendición de cuentas, «evitando que nadie nos censure en cuanto a esta ofrenda abundante que administramos, procurando hacer las cosas honradamente, no sólo delante del Señor sino también delante de los hombres» (2 Cor. 8:20-21). Los que fueron seleccionados para el manejo de esta ofrenda fueron hombres de integridad y buena reputación, en quienes se podía confiar. Los miembros del equipo que maneja las finanzas de una iglesia local deben ser así.

Establecimiento de directrices financieras

La iglesia debe ser enseñada y bien fundamentada en lo que la Biblia dice sobre la mayordomía, el diezmo y el papel de los creyentes en el ministerio y el gobierno de la iglesia local. Esto se puede hacer en las clases de miembros, en el discipulado o en los sermones. Cuando los miembros comprenden la responsabilidad que tienen en la administración sabia de los fondos, el ejercicio de los dones espirituales, y las funciones de los diáconos y los ancianos, la iglesia está lista para establecer procedimientos y llevar a cabo una supervisión financiera saludable.

El primer paso es la elección de un equipo de finanzas formado por miembros responsables de la iglesia. El pastor puede o no estar en el equipo, pero no debe controlarlo ni dirigirlo. El equipo será responsable de establecer y mantener los procedimientos y registros de contabilidad. Hay numerosas maneras de mantener los libros; algunos utilizan programas informáticos de contabilidad, mientras que otros utilizan un libro impreso de contabilidad con créditos y pasivos. Cualquiera que sea el sistema adoptado, este debe mantenerse actualizado y de acuerdo con los principios de contabilidad generalmente aceptados. Los requisitos legales y bancarios para las finanzas de la iglesia pueden variar de un país a otro, no obstante para todas las cuestiones financieras el primer punto de contacto debe ser este equipo de finanzas constituido por miembros de la iglesia. Además de recoger, contar, registrar, depositar y aprobar el gasto normal de los fondos, este comité también debe tomar la iniciativa en cuanto a educar a la iglesia sobre la responsabilidad administrativa de cada miembro.

El equipo de finanzas debe revisar la situación y la actividad financiera de la iglesia al menos una vez por mes. También debe crear un inventario de los bienes de la iglesia y los saldos bancarios. Los informes periódicos deben ser preparados y presentados a la iglesia en las reuniones de los miembros para demostrar una completa transparencia con respecto a los asuntos financieros. La iglesia o el equipo también debe establecer los procedimientos y directrices estándares para el gasto de los fondos. Para algunos es útil permitir cualquier gasto válido por debajo de una cierta cantidad, para ser reembolsado con un recibo, pero todas las compras por encima de esa cantidad deben obtener la aprobación del comité o de la iglesia.

El comité o equipo debe trabajar con el personal con el fin de idear un presupuesto para la iglesia. Algunos se refieren a esto como elaboración del presupuesto de foco ministerial.[20] La cuestión de si se debe llevar a cabo todo el ministerio que se necesita y simplemente orar para que el dinero entre, o ministrar solo en función de la cantidad de dinero que el Señor ha proporcionado, siempre surge en el proceso de elaboración del presupuesto. ¿Guiará una visión el ministerio o determinará el presupuesto la visión? Por lo general, en este sentido se logra un cierto equilibrio en función de la personalidad del equipo y el liderazgo de la iglesia. Sin embargo, independientemente del lugar donde caiga el equilibrio, se debe establecer un presupuesto responsable, y la iglesia debe gastar según su presupuesto.

[20] Bob I. Johnson, «Planning and Budgeting», en *Church Administration Handbook,* Bruce P. Powers, ed. (Nashville, TN: B&H Publishing, 2008), 156-158.

Establecer el presupuesto es simplemente una cuestión de determinar los gastos fijos válidos, tales como el salario del pastor, el alquiler, servicios públicos y gastos de mantenimiento del edificio de la iglesia, y determinar cuándo se producen estos gastos. El costo de los ministerios con los que la iglesia se ha comprometido, o se siente guiada a comenzar, se debe agregar al presupuesto también. El historial reciente de diezmos y ofrendas debe ser utilizado para calcular el ingreso previsto. Al planear el presupuesto anual, deben tenerse en cuenta circunstancias poco comunes o atenuantes como las malas cosechas, la sequía, la economía lenta y los despidos de trabajadores, etc. El presupuesto, con el cálculo fiable de los ingresos que la iglesia espera recibir y sus gastos regulares, se deben equilibrar de forma tal que la iglesia no se comprometa a gastar más de lo que razonablemente prevé recibir a través de los diezmos y las ofrendas.

En términos generales, el equipo y el liderazgo de la iglesia deben estar dispuestos a caminar por fe, confiando en que el Señor proveerá los recursos financieros para los ministerios que Él está guiando a realizar. Hudson Taylor escribió: «La obra de Dios hecha a la forma de Dios, nunca carecerá de la provisión de Dios».[21] Sin embargo, esto debe hacerse de manera responsable, en vez de lanzarse tras las pasiones del ministerio personal, e intentar utilizar Filipenses 4:19 para presionar a Dios hasta que Él pague las cuentas. Por esto es que se necesitan creyentes maduros en el equipo financiero. La clave es el desarrollo de un presupuesto razonable, con un plan de gastos responsable. Puede haber espacio en el presupuesto para la fe, pero elabora el presupuesto sabiamente y mantén los gastos dentro del presupuesto.

Cuando el presupuesto para el próximo año haya sido desarrollado, este debe ser presentado y explicado a la membresía de la iglesia, con el fin de que la iglesia vote para aceptarlo o rechazarlo. Recuerda que cuando los miembros no entienden o no están de acuerdo con un presupuesto, o con los gastos que se están produciendo, o no apoyan al comité, esto se verá reflejado en niveles anémicos de diezmos y ofrendas. Los miembros

[21] Hudson Taylor, citado en Leslie T. Lyall, *A Passion for the Impossible: The Continuing Story of the Mission Hudson Taylor Began* (Londres: OMF Books, 1965), 37.

pueden «votar» mediante su dinero. En culturas orientadas al grupo, donde predomina la comunicación indirecta, la retención de los diezmos y ofrendas es una forma menos amenazadora y no agresiva de expresar descontento o desacuerdo.

La presentación del presupuesto a la membresía debe incluir una explicación de que el presupuesto es simplemente un plan, no una garantía. Los fondos no se pueden gastar si no están de acuerdo con el plan presupuestado. Los ministerios necesarios no se podrán llevar a cabo, y las compras planificadas no se harán, si los ingresos presupuestados se están quedando cortos. El presupuesto es simplemente un plan de cómo el comité y el liderazgo anticipa que se comportarán los ingresos y los gastos en todo el año. Por lo tanto, votar por el presupuesto debe ser visto como un compromiso personal de fe para apoyar el presupuesto de la iglesia a través de los diezmos y ofrendas, a menos que sea providencialmente impedido.

Las ofrendas y los diezmos deben ser recogidos, contados, registrados, y depositados por el comité o por aquellos a quienes el comité designe. Todos los pasos de este proceso siempre deben llevarse a cabo con dos o más personas presentes. Reiteramos, esto no es para indicar falta de confianza, en realidad, estos individuos no hubieran sido seleccionados para servir si no fueran responsables; más bien se trata de protegerlos y proteger a la iglesia. Una iglesia saludable con políticas sólidas, liderazgo responsable y miembros educados debe ser capaz de administrar los fondos que Dios provee y hacer todo lo que Él desea que se haga con ellos, y de una forma en que Él sea glorificado.

Lecturas recomendadas

Bigney, Brad. *Gospel Treason: Betraying the Gospel with Hidden Idols*. Phillipsburg, NJ: P&R Publishing, 2012.

Floyd, Ronnie W. *The Power of Prayer and Fasting: God's Gateway to Spiritual Breakthroughs*. Nashville, TN: B&H Publishing Group, 2010.

Powers, Bruce P., ed. *Church Administration Handbook*. Nashville, TN: B&H Publishing Group, 2008.

Thomas, Curtis C. *Practical Wisdom for Pastors: Words of Encourage-*

ment and Counsel for a Lifetime of Ministry. Wheaton, IL: Crossway, 2001.

Tripp, Paul. *Instruments in the Redeemer's Hands: People in Need of Change Helping People in Need of Change*. Phillipsburg, NJ: P&R Publishing, 2002.

Vincent, Milton. *A Gospel Primer for Christians: Learning to See the Glories of God's Love*. Bemidji, MN: Focus Publishing, 2008.

Welch, Edward T. *When People Are Big and God Is Small: Overcoming Peer Pressure, Codependency and the Fear of Man*. Phillipsburg, NJ: P&R Publishing, 1997.

Whitney, Donald. *Spiritual Disciplines for the Christian Life*. Edición revisada. Colorado Springs, CO: NavPress, 2014.

Módulo 9 Objetivos de aprendizaje

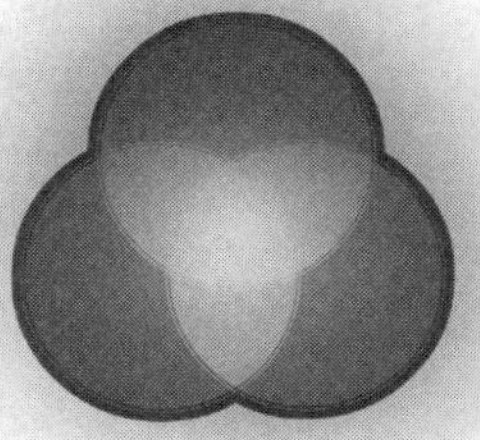

Silencio y tiempo a solas
Liderazgo en la adoración
Disciplina en la iglesia

Al finalizar este módulo, los alumnos podrán:

1. **El corazón: Silencio y tiempo a solas**
    a) Explicar de qué manera la práctica del silencio y el tiempo a solas faculta la práctica de otras disciplinas espirituales.
    b) Citar ejemplos bíblicos que exhortan a poner en práctica el silencio y algunos personajes bíblicos que ejercitaban el tiempo a solas para poder comunicarse con Dios.
    c) Enumerar las maneras en las que los estudiantes mismos pueden poner en práctica el silencio y el tiempo a solas en su vida cotidiana.
    d) Explicar por qué la templanza es una evidencia de tener el Espíritu Santo en su interior.
    e) Discutir todos los aspectos previos de la vida de pensamiento del pastor y cómo su práctica lleva a la paz y a fortalecer el testimonio personal.

2. **La mente: Liderazgo en la adoración**
   a) Explicar la diferencia entre la adoración privada y la colectiva.
   b) Hacer un listado de los componentes de los servicios de adoración colectiva y dar las razones por las cuales incluirlos.
   c) Definir la adoración en sus propias palabras.
   d) Explicar cómo distinguir entre adoración falsa y adoración verdadera.
   e) Definir los principios reguladores y normativos, identificar su propia posición y por qué la aceptan como fiel a los principios bíblicos.
   f) Explicar lo que significa el siguiente refrán para los servicios de adoración: «Lee la Biblia, predica la Biblia, ora la Biblia, canta la Biblia y ve la Biblia».
   g) Hacer un listado de los objetivos que debemos perseguir en el liderazgo en la adoración.
   h) Describir el rol de un líder de adoración.
   i) Presentar un orden para la adoración que abarque la adoración de su iglesia.
   j) Explicar por qué se debe examinar la vida espiritual personal antes de preparar o dirigir la adoración en la iglesia.

3. **Las manos: Disciplina en la iglesia**
   a) Explicar lo que es la «disciplina en la iglesia».
   b) Citar pasajes que enseñan cómo y por qué practicar la disciplina en la iglesia.
   c) Explicar por qué la disciplina en la iglesia no es dura y sin amor; al contrario, es una demostración de amor hacia alguien.
   d) Describir los pasos de la disciplina en la iglesia que Jesús describe en Mateo 18.
   e) Indicar el objetivo principal de la disciplina en la iglesia y explicar cómo una persona que ha sido disciplinada puede ser restaurada.

Módulo 9

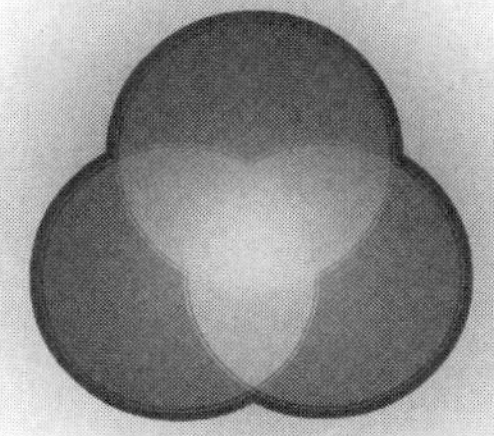

Silencio y tiempo a solas
Liderazgo en la adoración
Disciplina en la iglesia

Este módulo prepara a pastores y líderes con el fin de practicar el silencio y el tiempo a solas, dirigir a sus iglesias en la adoración bíblica de Dios, y seguir los pasos para mantener una membresía pura de la iglesia, de acuerdo con la enseñanza y práctica del Nuevo Testamento.

Las prácticas bíblicas de silencio y tiempo a solas proporcionan los mejores contextos para la práctica de las disciplinas espirituales personales que hemos estudiado. Tal afirmación puede parecer contraria a la intuición, al considerar que algunas de las disciplinas son imposibles de practicar en silencio y a solas; por ejemplo, las disciplinas de servicio y evangelismo. Sin embargo, el silencio y el tiempo a solas proporcionan el tiempo y el espacio para orar y prepararnos de manera que pongamos en práctica cada una de ellas de una mejor forma.

El mundo se mueve a tal velocidad que muchos de nosotros nos pasamos el día corriendo para completar (por puro hábito y rutina) los puntos en nuestras listas de tareas pendientes, o para hacer frente a los problemas que surgen. Apenas tenemos tiempo para pensar en lo que estamos haciendo o en la forma en que lo hacemos. Un campo de estudio creciente, y un tema popular en los escritos sobre los negocios y el estilo de vida es la «plena conciencia», que significa estar consciente de lo que está sucediendo a tu alrededor y en las formas en que estás actuando, interactuando y reaccionando. A pesar de que muchas personas no practican la plena conciencia para beneficio espiritual, ellas aprovechan el silencio y el tiempo a solas para pensar intencionalmente sobre lo que es importante en sus vidas. Los cristianos practicamos el silencio y el tiempo a solas como disciplinas espirituales, a lo que adicionamos componentes tales como la oración, la meditación, la reflexión y la comunión con Dios en nuestra práctica de esta antigua disciplina bíblica.

Los pastores son los principales líderes de adoración en sus iglesias. Esto es especialmente cierto en las iglesias donde el pastor es el único miembro del personal. Las iglesias más grandes pueden tener varios pastores, con uno de ellos que sirve como pastor de adoración, quien toma la iniciativa en la preparación del orden del culto cada domingo y guía el servicio. Los servicios de adoración en muchas otras iglesias pueden ser dirigidos por un laico comprometido de la congregación. Una teología bíblica de adoración enseña que el liderazgo en la adoración implica mucho más que simplemente hacer anuncios, orar, cantar tres himnos, tomar la ofrenda, escuchar un sermón y cerrar el servicio con un llamado a aceptar a Cristo. Además, la adoración no es solo la parte musical del servicio que precede a la predicación. La porción dedicada a la mente de este módulo ayuda a los pastores y líderes a entender y ejercer un liderazgo en la adoración que honre a Dios y guíe a Su pueblo a la adoración en cada reunión.

En la parte sobre la eclesiología del módulo 6, tú enseñaste a tus estudiantes los fundamentos de la membresía bíblica de la iglesia, y un poco de repaso los dispondrá para las pautas bíblicas en cuanto a la práctica de la disciplina de la iglesia en obediencia a las enseñanzas de Cristo. Jesús deja muy claro lo que se debe hacer cuando una iglesia local se da cuenta de que uno de sus miembros prefiere seguir un estilo de vida de pecado y resiste todos los llamados a arrepentirse, reconciliarse y volver. En tal caso, la persona está dando pruebas evidentes de que él o ella es un incrédulo, y como tal, no debe ser miembro de la iglesia.

Tal vez el individuo en realidad es un creyente verdadero, pero se ha enfriado poco a poco a causa del pecado y debe ser llamado al arrepentimiento. Determinar si la persona ha sido regenerada o no es cosa de Dios, ya que Él solo conoce el corazón, pero la responsabilidad de confrontar a tal persona es de la iglesia. La parte práctica ministerial de este módulo tiene por objetivo preparar a los líderes para hacer frente a los miembros que caen en tal pecado y se niegan a arrepentirse. El deseo ferviente de cualquier iglesia al ejercer la disciplina de la iglesia es el arrepentimiento, la reconciliación y la restauración del pecador.

El corazón

Disciplina espiritual personal: Silencio y tiempo a solas

La práctica del silencio y el tiempo a solas no es tanto una disciplina espiritual, como el contexto en el que se pueden practicar las disciplinas. Rob Plummer plantea que estas no son realmente disciplinas espirituales, pero reconoce que algunos creen que sí lo son y él está de acuerdo en que proporcionan un terreno fértil para nutrirlas en nuestra vida. Plummer define lo que quiere expresar al hablar de *disciplinas espirituales:* «las prácticas espirituales que la Escritura espera del pueblo de Dios».[1] Donald Whitney define las prácticas del silencio y el tiempo a solas como disciplinas espirituales a practicar. «La disciplina del silencio es la abstención voluntaria y temporal de hablar, de modo que podamos procurar el logro de ciertas metas espirituales... El tiempo a solas es la disciplina espiritual de retirarnos voluntaria y temporalmente a la privacidad con fines espirituales».[2] Ya sea que consideremos que estas dos prácticas individuales son mandamientos bíblicos o no, practicarlas requiere disciplina, y ambas son beneficiosas para crecer en la piedad. En la práctica misma de ellas,

[1] Robert L. Plummer, «Are the Spiritual Disciplines of "Silence and Solitude" Really Biblical?», *Southern Baptist Journal of Theology,* 10.4 (invierno de 2006), 4.

[2] Donald S. Whitney, *Spiritual Disciplines for the Christian Life,* ed. rev. (Colorado Springs, CO: NavPress, 2014), 224-225.

también favorecemos un contexto para desarrollar otras disciplinas y escuchar más profundamente a Dios.

Estas dos disciplinas aparecen juntas muy a menudo, ya que ambas se refieren a retirarse intencionalmente de la sociedad y el ruido para estar a solas con Dios y tener comunión solo con Él. Es muy cierto que la práctica del silencio y el tiempo a solas es necesaria para estar solo con tus pensamientos y ser capaz de saber lo que tú piensas, y no lo que los demás te están gritando en los oídos. A. W. Tozer afirmó: «Lo que viene a nuestra mente cuando pensamos en Dios es lo más importante de nosotros».[3] A veces tenemos que estar solos y tranquilos con el fin de saber esto. En efecto, es necesario retirarnos de la presencia de los demás y cerrar la boca a veces para poder abrir nuestros oídos a los pensamientos que resuenan en nuestra mente. Blaise Pascal expresó: «Los problemas de la vida vienen a nosotros porque nos negamos a sentarnos en silencio en nuestras habitaciones durante un tiempo cada día».[4] Pero se necesita algo más que estar lejos del ruido nuestro y el de los demás; debemos practicar la presencia de Dios. Aunque nunca podemos estar lejos de la presencia de Dios (Sal. 139:7,10), a menudo permitimos que las multitudes y la conmoción empujen nuestro conocimiento consciente de Él a una esquina. La disciplina de aislarnos y separarnos de los demás de forma intencional crea un espacio maravilloso y permite que nuestro espíritu tenga comunión con el Suyo. Allí podemos escuchar esa voz apacible y delicada que era tan difícil escuchar en el tumulto de la multitud, en el ruido y la prisa de este mundo.

Sería ideal poder practicar esta disciplina en un entorno campestre, en la belleza natural de la espesura del bosque, o sentado bajo el sol, al lado de un arroyo; pero cuando es necesario, el silencio y el tiempo a solas pueden practicarse incluso en una multitud. A menudo he practicado esta disciplina cuando viajo solo. Puedo estar en una terminal del aeropuerto o en una calle con el ajetreo de cientos de personas a mi alrededor, pero

---

[3] A. W. Tozer, *Knowledge of the Holy* (Nueva York: HarperOne, 2009), 1.

[4] Blaise Pascal, citado en Martin H. Manser, compilador, *The Westminster Collection of Christian Quotations* (Louisville, KY: Westminster John Knox Press, 2001), 307.

yo estoy orando al Señor, recordando Sus promesas, y practicando Su presencia. Esta es una de las razones por las que me encanta la pesca con mosca. Me encantan las actividades al aire libre, pescar y comer los peces, pero más que cualquier cosa yo he descubierto que esta es una manera de recargar mis baterías espirituales. Por supuesto, este tipo de pesca requiere estar en la naturaleza, y aunque otros pueden haber viajado contigo, la pesca con mosca se practica mejor como actividad solitaria. Puede que tu propio escape para el tiempo a solas y el silencio no sea la pesca con mosca. Algunas personas toman un paseo, contemplan un amanecer o un atardecer, se sientan solos en casa, o practican esta disciplina mientras hacen ejercicios o corren. He corrido solo durante décadas por esta misma razón, pero el esfuerzo, el golpe de los pies, las persecuciones ocasionales de perros ladrando y mirar el tráfico, a menudo me han distraído más de lo ideal. Pararme hasta las rodillas en una corriente y lanzar poco a poco una mosca para que caiga en el agua corriente en un hermoso día puede ser una de las experiencias más espirituales que yo pueda tener durante toda la semana. Considera la cultura y el país de tus estudiantes mientras te preparas para impartir este contenido y ayúdales a identificar las diferentes posibilidades para practicar esta disciplina que puede significar para ellos lo que he descrito que la pesca con mosca significa para mí.

Una de las razones por las que el silencio y el tiempo a solas deben ser practicados intencionalmente como «disciplinas» es que normalmente nosotros no preferimos ninguna. Mucha gente utiliza auriculares para evitar el silencio o encienden la radio o la televisión (incluso cuando en realidad no están prestando atención), solo para tener el ruido de fondo. Los locutores de radio se refieren a los fallos en la programación o a los tiempos cuando los problemas con los equipos causan un silencio como «tiempo muerto al aire». Ellos hacen hincapié en que el tiempo muerto al aire es algo que debe evitarse a toda costa, incluso si el locutor tiene que improvisar y exponer sobre temas no planificados o preparados. Algunas personas encuentran que su ansiedad aumenta cuando hay silencio. Otros tienen miedo de estar solos. Planificar y practicar intencionalmente tanto el silencio como el tiempo a solas, saca a muchas personas fuera de su zona de confort. Esta es una razón suficiente para practicarlos; tenemos que alejarnos de las zonas de confort artificiales e intercambiarlas por la presencia y la voz de Dios. Las distracciones tienden a obstaculizar nuestra comunión con Dios.

Whitney señala que Jesús también practicó las disciplinas del silencio y el tiempo a solas, y por supuesto Él debe ser nuestro modelo en la vida cristiana. Podemos imaginar fácilmente las demandas sobre el tiempo de Jesús en busca de consejo, enseñanza, sabiduría, sanidad, exorcismo, para alimentar a los hambrientos, o solo para disfrutar Su compañía. A veces, Él se apartaba de todos y pasaba tiempo a solas con Dios (Mat. 4:1; 14:23; Mar. 1:35; Luc. 4:42). Whitney concluyó acertadamente: «Para ser más como Jesús debemos disciplinarnos con el fin de encontrar los momentos de silencio y tiempo a solas».[5] Los que han abrazado la sabiduría de la enseñanza de Jesús han experimentado personalmente los beneficios del silencio y el tiempo a solas. El mártir misionero, Jim Elliot, escribió sobre el valor de estas disciplinas y el deseo del diablo de alejarnos de ellas: «Creo que el diablo se ha encargado de monopolizar tres elementos: el ruido, la prisa y las multitudes... Satanás conoce muy bien el poder del silencio».[6]

El reto de buscar el silencio y el tiempo a solas mientras vivimos en las sociedades humanas es que siempre estamos hablando o nos están hablando, siempre rodeado por otros, y hemos llegado a preferir vivir de esta manera. Como pastor yo descubrí que siempre hay alguien que parecía tomarme del brazo con el deseo de presentarme a un amigo, pedirme oración, en busca de consejo, u ofreciéndome lo mismo a mí. Aunque a veces era tedioso, cuando me iba para el campo misionero me daba cuenta de que echaba de menos dolorosamente ese aspecto del pastorado. Estoy seguro de que una parte de mi sentido de pérdida era el golpe a mi orgullo, porque nadie ya parecía preocuparse por mis opiniones, e incluso si lo hicieran, sin conocer el idioma pasarían un par de años antes de que yo hubiera podido ser de ayuda. A muchos de nosotros nos

---

[5] Whitney, *Spiritual Disciplines*, 225.

[6] Marcie Hefner, «In the Silence», *FamilyLife.com,* página consultada el 21 de junio de 2016. http://www.familylife.com/articles/topics/faith/essentials/spiritual-disciplines/in-the-silence.

gusta conversar con los demás con el fin de compartir el conocimiento y la sabiduría, pedir y dar opiniones, sentirnos parte de una comunidad o simplemente para escuchar el sonido de nuestra propia voz.

El silencio y el tiempo a solas no son normalmente procurados porque despiertan sentimientos de soledad en la mayoría de la gente. Cuando alguien pierde a un ser querido con el que había compartido una casa, el silencio puede ser ensordecedor. La mayoría de las personas prefieren la compañía de las multitudes y el volumen de las voces a su alrededor, tal vez porque estar en comunidad parece «normal». Sin embargo, esta es una razón más por la que debemos alejarnos de vez en cuando; tenemos que pasar tiempo en comunión con Dios.

En la porción dedicada a la mente en este módulo, vamos a examinar el liderazgo en la adoración y desarrollaremos las habilidades de nuestros estudiantes para preparar y guiar en la verdadera adoración. El silencio en los servicios de adoración de la mayoría de nuestras iglesias sería algo raro; y por lo general sería indicativo de que algo anda mal. Sin embargo, cuando era pastor yo planificaba un tiempo en nuestros servicios para que la congregación buscara a Dios en un minuto de silencio. Para algunos, ese momento de silencio, con el tiempo se convirtió en la parte más importante del servicio. Cuando empezamos esa práctica, el silencio era incómodo para muchos; parecía fuera de lugar e incómodo. Sin embargo, antes de la oración pastoral, o antes de participar de la Cena del Señor, o al culminar el sermón, el momento de silencio se convirtió en un componente poderoso de nuestra adoración. A pesar de estar en la presencia de Dios y Su pueblo, nuestros miembros podían ir a Él en oración personal y privada, y expresar las cargas de sus corazones. Muchos de nosotros necesitamos sentirnos incómodos con el silencio el tiempo suficiente para que el silencio se haga amigable. Necesitamos encontrar la comodidad estando a solas con Él (Hab. 2:20; Sof. 1:7; Zac. 2:13). Encuentro en las Escrituras, y en mi propia vida, que la verdadera adoración a menudo surge del silencio en Su presencia, y da lugar al silencio.

Nuestro silencio ante Él puede comenzar por no saber qué orar en algunas situaciones, por dónde empezar, o tal vez cómo expresar el dolor y la confusión, o la alegría y la alabanza que sentimos. Buscamos al Espíritu Santo para que guíe nuestros pensamientos y oraciones, como Él ha prometido hacerlo. «Y de igual manera el Espíritu nos ayuda en nuestra debilidad; pues qué hemos de pedir como conviene, no lo sabemos, pero el Espíritu mismo intercede por nosotros con gemidos indecibles» (Rom. 8:26). Al igual que David en el Salmo 62, nos limitamos a esperar en Dios en silencio. Eso en sí mismo es un acto de paciencia, esperar a Aquel con el que nos relacionamos, el que reina sobre todos los aspectos de Su universo, que por supuesto incluye los desafíos que cada uno de nosotros enfrenta.

Ayuda a tus estudiantes a comprender el valor de practicar las disciplinas de silencio y tiempo a solas y que piensen sobre formas en que puedan comenzar. Para la mayoría de nosotros sería difícil encontrar días enteros o incluso bloques de horas para iniciar esta práctica. Quizás la mejor manera sería tomar un período de tiempo más corto en un día, como la hora del almuerzo, un paseo a la parada del autobús, sentarse solo en un autobús, o mientras esperamos una cita, e intencionalmente practicar estas disciplinas. Enseña a tus estudiantes sobre la paz que viene al apartarse de forma intencionada de la tiranía de lo urgente en su día, centrándose en el poder y el amor de Dios, buscando el perdón a través de Jesucristo, y la esperanza que Él da a todos los que confían en él. Tal concentración que el silencio y el tiempo a solas nos proporcionan nos pueden restaurar de manera que ningún otro método puede lograrlo; ningún plan, píldora, placer o persona. La soledad y el silencio que tus estudiantes disfrutarán alimentará sus almas, refrescará sus cuerpos y despejará sus mentes para permitirles una mayor concentración en los asuntos cotidianos. El diseño de Dios en la creación implica un día de descanso; Él nos hizo para disfrutar este alivio y retiro. Jesús llevó a Sus discípulos a un lugar apartado por un tiempo cuando estos se sentían presionados y agobiados (Mar. 6:31). Él conocía la importancia de esta disciplina, la practicaba, exhortaba a Sus discípulos a practicarla, y promete estar con tus estudiantes cuando ellos lo hagan. Incluso un corto período apartado durante el tiempo en el que estás enseñando sobre este tema puede ilustrar el valor de estas disciplinas a los estudiantes. Pide a tus estudiantes que expresen por unos momentos las impresiones de sus experiencias con el ejercicio.

Un lugar específico para la práctica del silencio y el tiempo a solas con el Señor a diario, les ayudará a ser fieles en esta práctica en sus vidas diarias. Una habitación, un armario u otro lugar específico donde buscamos regularmente a Dios en silencio y a solas prepara la mente para saber que este es el momento y el lugar de Dios para la quietud y para buscarle. Antes de terminar el sótano de nuestra casa, yo solía bajar temprano en el día antes de que la familia se despertara y pasaba un tiempo así con Dios. Cuando hacía mucho frío (no había calefacción allí abajo), yo tomaba conmigo un saco de dormir y me metía en él y me sentaba en una silla con la Biblia en mi regazo y un café en la mano. Comenzar cada día en silencio y a solas delante de Él concentra la mente de forma maravillosa y calma el corazón.

La práctica de estas disciplinas, a la misma hora del día, facilitará la regularidad de tus estudiantes en sus esfuerzos. La primera hora del día es beneficiosa para muchos. Con el resto de la familia todavía dormida, en silencio y a solas, uno se puede centrar en el Señor y lo que Él tiene que decir. Algunos leen la Biblia o un himnario, mientras que otros registran en un diario lo que Él les está comunicando; y también es muy bueno sentarse y en silencio impregnarse de Su presencia. Durante este tiempo no se necesita una lista de tareas a completar, y de eso se trata. Eres tú y el Señor, y tú estás escuchando lo que Él tiene que decirte, a través de cualquier medio que Él elija para hablarte en tu silencio.

El fruto del Espíritu: Templanza

En Gálatas 5:19-21, Pablo enumera las obras de la carne antes de enumerar los aspectos del fruto del Espíritu que hemos estado estudiando. En esa lista, él declaró la pecaminosidad de la embriaguez. Dado que las drogas son tan comunes en las culturas contemporáneas en todo el mundo, también podemos aplicar la enseñanza contra la embriaguez a estar bajo la influencia de drogas. Además, si se prohíbe un caso de embriaguez o estar bajo la influencia de drogas, por extensión, la prohibición podría aplicarse de manera aún más tajante a los casos repetitivos de estas acciones como se ve cuando alguien es un alcohólico o un drogadicto. Todos estos escenarios representan lo contrario de la templanza. La Escritura nos exhorta a estar llenos del Espíritu en lugar de estar fuera de control y bajo la influencia de cualquier otra cosa. «No os embriaguéis con vino, en lo cual hay disolución; antes bien sed llenos del Espíritu» (Ef. 5:18). Cuando el Espíritu gobierna la vida del creyente, Él nos permite esforzarnos en la templanza.

Este versículo nos brinda la oportunidad de abordar el uso de sustancias que alteran la mente, ya sea el alcohol (incluidas las formas autóctonas) o las drogas, con nuestros estudiantes. Aunque los detalles varían de una cultura a otra y de una comunidad a otra, he visto la prevalencia del abuso del alcohol y las drogas en la iglesia y comunidades en todo el mundo. Toma precauciones para abordar este tema desde la perspectiva redentora, y anima a los estudiantes a entender que si ellos luchan en secreto con este pecado, hay esperanza para superarlo. También podrías identificar aquellos que pueden necesitar más ayuda o consejo con respecto este problema en su propia vida o la de alguien en su congregación. Ayuda a los estudiantes a ver las implicaciones espirituales de este pecado, ya que muy bien pueden conocer solamente las implicaciones temporales.

Para demostrar aún más la enseñanza de Pablo sobre la templanza, dirigimos nuestra atención al siguiente versículo después de su descripción del fruto del Espíritu: «Pero los que son de Cristo han crucificado la carne con sus pasiones y deseos» (Gál. 5:24). Ese paso de crucificar a nuestro viejo hombre nos permite tener templanza y no ser gobernados por las emociones. Cuando nacimos de nuevo, morimos a nosotros mismos. Como Pablo escribió en Gálatas 2:20: «...ya no vivo yo, mas vive Cristo en mí; y lo que ahora vivo en la carne, lo vivo en la fe del Hijo de Dios, el cual me amó y se entregó a sí mismo por mí». El Espíritu Santo debe habitar dentro del pastor y prueba de ello debe ser la templanza. Ciertamente, nos damos cuenta de que esta será una lucha de toda la vida, en la que nunca llegaremos a la perfección. No obstante, ayuda a los estudiantes a darse cuenta de la importancia de procurar la templanza.

Los pensamientos del pastor: La paz

Para aquellos que prestan mucha atención, se habrán dado cuenta de que en Filipenses capítulo 4, Pablo solo menciona ocho aspectos de la vida de pensamiento del pastor que se deben cultivar, los cuales hemos estudiado en los módulos 1 al 8: «Por lo demás, hermanos, todo lo que es verdadero, todo lo honesto, todo lo justo, todo lo puro, todo lo amable, todo lo que es de buen nombre; si hay virtud alguna, si algo digno de alabanza, en esto pensad» (Fil. 4:8). Tú has explicado cada uno de estos aspectos a tus alumnos y durante los módulos anteriores les has aconsejado desarrollar su vida de pensamiento alrededor de ellos. En este último módulo nos centramos en lo que la práctica de estos aspectos trae consigo: la paz.

Pablo escribió que si desarrollamos esta vida de pensamiento tendríamos paz. Algunos pueden decir que su razón parece egoísta, pero está lejos de ser así. Pablo escribió el versículo 8, que hemos estado estudiando característica por característica a través de ocho módulos, en el contexto de los versículos 4-9:

> Regocijaos en el Señor siempre. Otra vez digo: ¡Regocijaos! Vuestra gentileza sea conocida de todos los hombres. El Señor está cerca. Por nada estéis afanosos, sino sean conocidas vuestras peticiones delante de Dios en toda oración y ruego, con acción de gracias. Y ***la paz de Dios***, que sobrepasa todo entendimiento, guardará vuestros corazones y vuestros pensamientos en Cristo Jesús. Por lo demás, hermanos, todo lo que es verdadero, todo lo honesto, todo lo justo, todo lo puro, todo lo amable, todo lo que es de buen nombre; si hay virtud alguna, si algo digno de alabanza, en esto pensad. Lo que aprendisteis y recibisteis y oísteis y visteis en mí, esto haced; ***el Dios de paz*** estará con vosotros (énfasis añadido).

Sabemos que Pablo había experimentado personalmente lo que les exhortaba a poner en práctica, porque él les dijo en el versículo 9 que imitaran lo que habían visto en él. Él les enseñó que este tipo de vida de pensamiento traía como resultado la presencia del Dios de paz y la paz de Dios que guarda nuestros corazones y mentes en Su paz. Así que la verdad es que, una vida de pensamiento así, trae consigo la paz de Dios y el Dios de paz para el que la pone en práctica, lo que podría ser fácilmente malinterpretado como un motivo egoísta. Recuerda a tus estudiantes que la gente estudia de cerca la vida del pastor. Él predica sobre lo que ellos deben creer y aconseja cómo deben pensar, y sus oyentes vigilarán su vida para ver si en realidad él lo practica, y cómo lo hace. Cuando el pastor practica los elementos de la prescripción de Pablo para la paz en el versículo 8, y vive una vida de paz y confianza, él puede predicar de manera poderosa, apoyado sobre la base firme de las promesas de Dios. Tristemente, en forma similar, cuando él no practica lo que predica y carece de paz en su propia vida, él predica un mensaje más convincente que cualquier cosa que diga cuando da su sermón.

La exhortación a permanecer en estas cosas con el fin de desarrollar una vida de pensamiento caracterizada por la paz, no garantiza que la vida de uno esté libre de contiendas o tribulaciones. Pablo le dijo a Timoteo: «Y también todos los que quieren vivir piadosamente en Cristo Jesús padecerán persecución» (2 Tim. 3:12). Jesús mismo nos enseñó: «Estas cosas os he hablado para que en mí tengáis paz. En el mundo tendréis aflicción; pero confiad, yo he vencido al mundo» (Juan 16:33). Y aun en el contexto de los versículos de Filipenses 4 que hemos estado considerando, Pablo continúa diciendo que él mismo ha estado sufriendo, pero «… he aprendido a contentarme, cualquiera que sea mi situación. Sé vivir humildemente, y sé tener abundancia; en todo y por todo estoy enseñado, así para estar saciado como para tener hambre, así para tener abundancia como para padecer necesidad. Todo lo puedo en Cristo que me fortalece» (Fil. 4:11-13). El desarrollo de este tipo de vida de pensamiento no garantiza (ni siquiera insinúa) que no tendrás problemas, sino más bien que tú puedes tener paz en medio de ellos. Como se suele decir: «La paz no es la ausencia de crisis; es la presencia de Cristo».

Anima a tus estudiantes a pasar tiempo en silencio y a solas, desarrollando la evidencia del fruto del Espíritu en sus vidas y la vida de pensamiento descrita por Pablo. El creyente que practica las disciplinas espirituales personales, cuya vida lleva el fruto del Espíritu, y que está lleno de la paz de Dios, como resultado de una vida de pensamiento piadosa, será un instrumento poderoso en la mano de Dios.

La mente: Liderazgo en la adoración

Guiar al pueblo de Dios en la adoración verdadera no es simplemente reunirlos en el Día del Señor, cantar canciones, leer la Escritura y hablar de un pasaje de la Biblia. Si bien estos son elementos comunes de un servicio de adoración dominical y son propicios para la adoración, si ellos se han convertido en hábitos que no tocan el corazón y en rituales rutinarios, no conducirán al pueblo de Dios a la adoración. Lamentablemente, algunos parecen creer que la adoración colectiva es cuando se reúnen para ver a Dios guiar al pastor y al equipo de adoración para que ministren a la congregación. Pero, en realidad, Dios es la audiencia y el pastor y el equipo de adoración han de llevar al pueblo de Dios reunido ante Su trono para adorarle. Como lo ha expresado el pastor y autor A. W. Tozer: «No podemos adorar a Dios de cualquier manera; nuestro adoración siempre debe cumplir con la complacencia de Dios».[7] Como líderes de adoración, tenemos que esforzarnos por mantener esa verdad en mente, a través de cada etapa de la planificación y dirección de la adoración colectiva en una iglesia local, y tenemos que recordarlo de forma periódica a nuestros miembros también.

A través de *Corazones, mentes y manos*, hemos subrayado en repetidas ocasiones, que un pastor debe seguir al Señor Jesús, lo más cerca posible, tratando de modelar su propia vida según lo que aprende de Él. Una manera en que podemos estudiar la vida de Jesús es en Sus funciones como Profeta, Sacerdote y Rey. Como Profeta, Jesús comunica el mensaje de Dios a Su pueblo; como Sacerdote, Él representa al pueblo ante Dios y ofrece sacrificios por sus pecados; y como Rey, Jesús es el Señor e Hijo de David, quien nos rige y establece el orden en Su reino. Un

[7] A. W. Tozer, «Prayer Coach», Kevin Shorter, compilador, página consultada el 21 de junio de 2016. http://www.prayer-coach.com/ 2010/05/25/prayer-quotes-a-w-tozer.

pastor local seguramente no aspira a alcanzar las perfecciones de Jesús en estas posiciones, ni pretende sustituirlo de ninguna manera, pero él debe comunicar la Palabra de Dios, orar delante del trono de Dios por sus ovejas, y establecer orden mediante la promoción de una vida santa. En su papel como líder de adoración, al preparar su propio corazón, así como el orden de culto, el pastor debe tener en cuenta estos tres aspectos de lo que es hablar a la iglesia de Cristo, orar por ella y guiarla.

Al viajar por Estados Unidos y por todo el mundo, encuentro formas de adoración muy diversas en las iglesias evangélicas. Algunos siguen el modelo de los estilos litúrgicos de adoración de la Alta Iglesia[8] que se encuentran más típicamente en las iglesias anglicanas, y a menudo incluyen la recitación del Credo Niceno o de los Apóstoles y el Padrenuestro. Otras iglesias son más libres y más informales en sus expresiones de adoración y por lo general incluyen oraciones extemporáneas, formas de música popular, presentaciones de música especial y componentes extrabíblicos que otros consideran controvertidos. Algunos servicios de adoración parecen haber sido preparados minuciosamente y ordenados con precisión, mientras que otros parecen ser una serie de ideas mezcladas de último momento a medida que el servicio avanza hasta cantar un himno de invitación como conclusión. ¿Existen pautas bíblicas para la adoración?

En este módulo vamos a considerar lo que es la adoración y lo que no es... o más bien, lo que no debería ser. También vamos a tratar de entender la relación simbiótica entre la adoración colectiva y la privada, así como las pautas bíblicas para los servicios de adoración colectiva. Tus estudiantes necesitan conocer este marco sobre la adoración, así como el papel del líder de adoración, de forma tal que oren y preparen responsablemente los servicios religiosos que dirigen, y sean fieles y eficaces en sus funciones. Por último, vamos a enseñarles cómo pueden instruir, evangelizar, edificar, corregir, consolar, aconsejar y alimentar el

---

[8] Los términos *Iglesia Alta* e *Iglesia Baja* son términos neutros que se derivan históricamente del contexto anglicano. Iglesia Alta se refiere a aquellas iglesias que son más anglo-católicas en su liturgia, mientras que Iglesia Baja se refiere a aquellas iglesias libres con menos formalidad en la liturgia y que hacen un mayor énfasis en la participación y simplicidad congregacional.

rebaño, mientras dirigen la adoración colectiva semana a semana y les proporcionaremos ejemplos de varias clases de adoración.

El diseño general y el movimiento de un servicio de adoración deben aumentar y fluir como una sinfonía. La predicación de la Palabra es vital a la adoración del pueblo de Dios, cuando este viene delante de Su trono en adoración colectiva. Es allí que oyen Su mensaje específico para ellos. El pastor debería haber pedido la dirección del Espíritu para el pasaje y sus aplicaciones para el rebaño al que sirve como subpastor. Él debería haber bañado todo el proceso en oración, haberse empapado en la Palabra y preparado el mensaje con meticulosa dedicación para las personas que ama y guía. Sin embargo, él no va de su oficina directamente al púlpito a pronunciar el sermón. El líder de adoración debería haber vivido en adoración durante toda la semana y predicado este mensaje a las personas que deben, de manera similar, haber caminado en adoración durante toda la semana, en tiempos devocionales privados y en el culto familiar. Como un solo cuerpo se reúnen ante el Señor y le ofrecen alabanza, adoración y el culto que solo Él merece. La predicación de la Palabra debe estar entretejida a la perfección en esta tela de adoración que el pueblo de Dios ofrece a Él durante todo el servicio.

Un ejemplo de servicio de adoración que refleja este enfoque integrado de adoración puede ser diseñado de manera que las oraciones den lugar a los himnos de alabanza, luego a las Escrituras seleccionadas para la lectura, luego a la oración pastoral, luego a adorar mediante los diezmos y las ofrendas, luego al mensaje y a través del mensaje, y finalmente a la última canción y a la despedida mientras la congregación se marcha. El servicio en general debe ser un acto de adoración, así como cualquiera de los componentes del mismo, al igual que el servicio del domingo debe ser solo un aspecto de la vida de adoración de los miembros de la iglesia, y no la única hora en que lo hagan. Todos los componentes de un servicio de adoración deben ser coordinados para interrelacionarse y armonizar unos con otros. El éxito de este esfuerzo implica la previsión del líder de adoración en la planificación, oraciones fervientes y la guía de Dios.

Definición de la adoración

Adoración es declarar el valor de Dios. Se trata de dar a Dios la alabanza, el honor, la devoción, y ofrecerle nuestra vida en servicio por lo que Él es, por Su verdad, santidad, majestad, poder, amor, sabiduría, belleza, compasión, misericordia, gracia, perfección infinita y todo lo que Él es. Mientras que este es un recurso detallado y descriptivo para que puedas usarlo al exponer este tema a tus estudiantes, también es útil entender cabalmente qué es la adoración. Como tal, John MacArthur proporciona una definición sucinta: «Adoración es honra y honor dirigidos a Dios».[9] Las palabras del Nuevo Testamento traducidas como *adoración* expresan significados tales como besar reverentemente, postrarse, honrar, venerar u ofrecer un servicio agradable y aceptable. Comprender lo que la Biblia enseña de la adoración es crucial para saber cómo honrar y venerar a Dios y cómo servirle aceptablemente.

Como Sus hijos, nosotros debemos buscar las cosas que Dios busca. En la Biblia, Jesús dijo que Él vino a buscar y a salvar a los perdidos y que el Padre busca a los que le adoran, en espíritu y en verdad. Por lo tanto, Él nos buscó y nos salvó y nos busca todavía para que lo adoremos (Juan 4:23-24; Luc. 19:10). Vernon Grounds definió la adoración de esta manera: «La adoración implica conocimiento de Dios, temor en Su presencia, darle adoración a causa de sus excelencias y actos, y la afirmación en alabanza a todo lo que Él es y hace».[10] A medida que llegamos a conocer más a Dios, y conocemos más de Él, nuestra adoración debe crecer, junto con un mayor deseo de hacerlo.

Si bien el deseo de adorar puede estar presente, el conocimiento necesario para saber cómo adorar correctamente al verdadero Dios, depende por completo de Él. Cada grupo de personas en todo el mundo adora algo, así que ¿cómo podemos saber que estamos en lo correcto en nuestra fe y práctica? La única manera de que podemos conocer profundamente

---

[9] John MacArthur Jr. y la facultad de la Master's College, *Rediscovering Pastoral Ministry: Shaping Contemporary Ministry with Biblical Mandates* (Nashville, TN: Thomas Nelson, 1995), 242.

[10] Vernon Grounds, «Definitions of Worship», *Renewing Worship*, página consultada el 21 de junio de 2016. http://blog.ncbaptist.org/renewingworship/definitions-of-worship.

sobre el verdadero Dios, y cómo Él desea ser adorado, es mediante aquello que Él ha elegido revelar: la Biblia.

Al leer el Antiguo Testamento, encontramos numerosas descripciones de lo que se requiere en la adoración a Dios, tanto en el tabernáculo como luego, en el culto del templo. En el Nuevo Testamento vemos que muchas de esas pautas, tales como sacrificios y los detalles relativos al sacerdocio del templo, ya no se aplican a las iglesias hoy en día, lo que nos hace preguntarnos: ¿Cómo deberían los cristianos enfocar la adoración hoy en día? John Stott define la adoración de esta manera:

> Entonces, ¿qué significa adorar a Dios? Es gloriarse «en Su santo nombre» (Sal. 105:3), es decir, deleitarse en adoración por quien Él es en Su carácter revelado. Pero antes de que podamos gloriarnos en el nombre de Dios, debemos conocerlo. De ahí la conveniencia de la lectura y la predicación de la Palabra de Dios en la adoración pública, y de la meditación bíblica en la devoción privada. Estas cosas no son una intrusión en la adoración; ellas forman el fundamento necesario de la misma. Dios debe hablarnos antes de que tengamos alguna libertad para hablar con Él. Dios debe revelarnos quién es Él antes de que podamos ofrecerle lo que somos en adoración aceptable. La adoración a Dios es siempre una respuesta a la Palabra de Dios. La Escritura dirige y enriquece maravillosamente nuestra adoración.[11]

No pierdas de vista la conexión crucial que él hace entre conocer la Palabra de Dios y la verdadera adoración. Los pastores y líderes bien capacitados en la iglesia de Cristo son aquellos cuyos corazones, mentes y manos han sido preparadas. La razón principal del plan de estudios *Corazones, mentes y manos* y su diseño general, es la convicción de que

---

[11] John R. W. Stott, *The Contemporary Christian: Applying God's Word to Today's World* (Downers Grove, IL: InterVarsity Press, 1992), 174.

la preparación parcial de un líder cristiano no es suficiente; hay una conexión vital entre lo que realmente somos, lo que conocemos con precisión y lo que hacemos bien. Matthew Henry, al comentar sobre las regulaciones de la adoración en Malaquías 1, escribió: «Si adoramos a Dios de manera ignorante, y sin entendimiento, traemos el animal ciego para el sacrificio».[12] Es esencial recordar la interrelación entre el conocimiento de la Palabra de Dios y la verdadera adoración. El pastor y teólogo James Montgomery Boice escribió:

> Para adorar a Dios debemos conocer quién es Dios, pero no podemos conocer quién es Dios a menos que Dios primero elija revelarse a nosotros. Dios ha hecho esto en la Biblia, razón por la cual la Biblia y las enseñanzas de la Biblia tienen que ser fundamentales en nuestra adoración.[13]

Un breve extracto de una definición mucho más completa de D. A. Carson declara que la adoración es «la respuesta adecuada de todos los seres conscientes y morales a Dios».[14] Carson continúa guiándonos en la comprensión de lo que debe ser la adoración para nuestras iglesias hoy en día: «La adoración cristiana es adoración del nuevo pacto; es adoración inspirada en el evangelio; es adoración centrada en Cristo; es adoración enfocada en la cruz».[15] La adoración fluye de forma necesaria y natural de alguien que se ha encontrado con el Dios vivo y verdadero, y ha sido cambiado por Él. Sin embargo, no es adoración de cualquier diseño que podemos concebir; solo debemos adorar al verdadero Dios y hacerlo correctamente.

---

[12] Matthew Henry, *3000 Quotations from the Writings of Matthew Henry,* William T. Summers, compilador (Grand Rapids, MI: Revell, 1998), 344.

[13] James Montgomery Boice, *Give Praise to God: A Vision for Reforming Worship,* Philip Graham Ryken, Derek W.H. Thomas y J. Ligon Duncan, eds. (Phillipsburg, NJ: P&R Publishing, 2011), vii.

[14] D. A. Carson, «Worship under the Word», en *Worship By The Book,* 11-63 (Grand Rapids, MI: Zondervan, 2002), 26.

[15] Ibíd., 37. Más adelante en el mismo volumen, R. Kent Hughes amplía esta descripción y cada componente mencionado, «Free Church Worship: The Challenge of Freedom», 149-59.

Identificación de la falsa adoración

Las religiones falsas, las religiosidades populares y los sistemas de adoración tradicionales con adoración falsa de dioses falsos están muy extendidos por todo el mundo. Claramente, la gente tiene un impulso natural de adorar algo. Dios nos creó para adorarle, pero el pecado entró y torció ese deseo de forma tal que los hombres y las mujeres ahora adoran todo tipo de cosas en todo tipo de formas (Rom. 1:18-25).

Como se señaló en el módulo 6: «El problema es que la verdadera adoración de Dios solamente se revela en Su Palabra. Todas las demás religiones adoran incorrectamente. La adoración falsa existe donde no existe la verdadera adoración, las falsas enseñanzas, donde no existe la verdadera enseñanza, y las perspectivas falsas de Dios y Su Palabra, donde no existen las verdaderas perspectivas». Cuando se trata de a quién y cómo adoramos, hay mucho en juego. La falsa adoración provoca la ira de Dios. John MacArthur escribió:

> Aproximadamente la mitad de todo lo que la Biblia expresa sobre la adoración condena la falsa adoración. Los primeros dos de los Diez Mandamientos son prohibiciones contra la falsa adoración... Ten en cuenta cómo gran parte del Antiguo Testamento describe las malas consecuencias de la falsa adoración. Caín y Abel, los hijos de Israel y el becerro de oro en el Sinaí, el fuego extraño ofrecido por Nadab y Abiú, la intrusión del rey Saúl en el papel del sacerdote, los hijos malvados de Eli, que hurtaban de lo ofrecido a Dios, los enfrentamientos de Elías con Jezabel y los sacerdotes de Baal, y la imagen de oro de Nabucodonosor, son todas variantes sobre este tema: Dios no acepta adoración que no sea ofrecida en espíritu y en verdad.[16]

MacArthur pasa a clasificar cuatro tipos de adoración falsa en la Biblia: «adoración de dioses falsos, adoración del verdadero Dios en forma equi-

---

[16] MacArthur, et. al. *Rediscovering Pastoral Ministry*, 234-35.

vocada, adoración del verdadero Dios según el estilo propio, y adoración del verdadero Dios con una actitud equivocada».[17] Los relatos bíblicos donde estos pecados fueron cometidos y Dios los consideró pecaminosos, vienen rápidamente a la mente, con el argumento convincente de que debemos evitar cometerlos en nuestros propios ministerios.

Adoración privada contra adoración colectiva

En la parte sobre la mente del módulo 3 abordamos la adoración privada, lo que algunos llaman adoración secreta, para los cristianos individuales. Esta sección del plan de estudios se mueve desde lo anterior a la preparación de nuestros estudiantes para guiar al pueblo de Dios en la adoración colectiva; es decir, cómo diseñar y guiar los servicios de adoración en sus iglesias. Sin embargo, tenemos que recalcar a nuestros estudiantes que tanto la adoración privada como la colectiva son importantes. Los líderes y autores cristianos piadosos han reconocido desde hace tiempo que tanto la adoración privada como la colectiva son esenciales en la vida de los cristianos para que cualquiera de ellos pueda prosperar. Al hablar en cuanto a la importancia de practicar ambas en nuestras vidas, A. W. Tozer escribió: «Si no adoras a Dios siete días a la semana, no adoras un día a la semana».[18] Matthew Henry comentó sobre los acontecimientos en Éxodo 34:10-17: «Aquellos que no pueden adorar a Dios solos, no pueden adorarlo correctamente».[19]

Adorar a Dios en privado se entrelaza con la práctica de Su presencia y el estar en continua comunión con Él. Hacer esto establece el tono para nuestra perspectiva de la vida en general, y las interrelaciones con los demás, pero lo más importante, es allí donde se aprende a adorar, amar, alabar y darle gracias como una parte regular de nuestro servicio a Él en nuestra vida diaria. R. Kent Hughes escribió que la adoración es

---

[17] Ibíd., 236.

[18] A. W. Tozer, «Worship: Seven Days a Week», Eternal Perspective Ministries, página consultada el 21 de junio de 2016. http://www.epm.org/resources/2010/Feb/3/worship-seven-days-week.

[19] Matthew Henry, «Exodus 34», *Matthew Henry Commentary on the Whole Bible,* página consultada el 21 de junio de 2016. http://www.biblestudytools.com/commentaries/matthew-henry-complete/exodus/34.html.

consagración, y explicó: «La adoración no puede separarse del servicio consagrado a Dios. La idea de que se puede llegar a la iglesia el domingo y doblar la rodilla en adoración cuando en realidad no lo has hecho durante la semana es un engaño. Tal "adoración" es una imposibilidad espiritual».[20] Hay una relación simbiótica entre adorar a Dios todos los días en privado y los domingos colectivamente, que da lugar a la realidad de que aquella que no se practica regularmente disminuye la otra.

Billy Graham escribió una vez en respuesta a quienes dicen ser capaces de adorar a Dios a su manera, aparte de la iglesia:

> No voy a discutir con usted que la naturaleza no inspire pensamientos de Dios. David afirmó: «Los cielos cuentan la gloria de Dios, y el firmamento anuncia la obra de sus manos». Pero al mismo tiempo, no quisiera que se sintiera cómodo en cuanto a ausentarse de la casa de Dios. La Biblia expresa: «Cristo amó a la iglesia y se entregó a sí mismo por ella». Si nuestro Señor la amó lo suficiente como para morir por ella, entonces debemos respetarla lo suficiente como para apoyarla y asistir a la misma. Me gusta lo que Theodore Roosevelt dijo una vez: «Usted puede adorar a Dios en cualquier lugar, en cualquier momento, pero lo más probable es que no lo hará a menos que haya aprendido primero a adorarle en algún lugar, en algún sitio determinado, en un momento determinado».[21]

Graham estaba enseñando sobre la advertencia bíblica de no abandonar la asamblea del pueblo de Dios en el día del Señor (Heb. 10:25).

En la adoración colectiva somos capaces de adorar en formas que no son posibles para los creyentes individuales aislados. Debido a que la reunión colectiva para adorar es un mandato bíblico de nuestro Señor,

---

[20] R. Kent Hughes, «Free Church Worship: The Challenge of Freedom», en *Worship by the Book*, 159.

[21] Billy Graham, «The Importance of Corporate Worship», Billy Graham Evangelistic Association, página consultada el 21 de junio de 2016. http://billygraham.org/devotion/the-importance-of-corporate-worship.

se nos exige obediencia siempre que sea posible (Sal. 95:6; Luc. 6:46; 1 Cor. 14:26; Heb. 10:25). Nosotros demostramos nuestro amor a Dios y a otros miembros de la iglesia, cuando nos reunimos fielmente para adorar (Mat. 22:37-39). Esta exhortación a reunirse para la adoración colectiva se enseña de forma clara en la Escritura. Sin embargo, debemos ser pacientes con los que están en áreas de intensa persecución y orar por ellos en vez de juzgarlos injustamente si no participan en los servicios de adoración semanales. La compasión que vemos en Cristo, la cual procuramos imitar en nuestra propia vida, debe motivarnos a ser comprensivos con los que viven en contextos hostiles al evangelio, bajo amenazas que nosotros mismos no enfrentamos.

Los que viven en zonas donde los creyentes pueden reunirse semanalmente deben hacer y responder preguntas tales como: «¿Cómo debería ser nuestra adoración?», «¿Qué es agradable a Dios?», y «¿Cómo debemos tratar de guiar a Su pueblo en la adoración semanal?». Como se ha señalado anteriormente, algunas iglesias emplean un orden formal y regular de adoración en sus servicios religiosos con poca variación de semana en semana, mientras que otras iglesias improvisan con una gran cantidad de formas innovadoras de adoración en sus servicios. La introducción de nuevos ritmos, instrumentos musicales o la utilización de un proyector en lugar de un himnario, crea mucha tensión en las iglesias locales. Sin embargo, una tensión mucho mayor puede surgir cuando un líder de adoración incorpora métodos como la danza interpretativa o muestra fragmentos de películas seculares en los servicios de adoración. ¿Existen pautas bíblicas para la regulación de los servicios de adoración?

Principio regulador o principio normativo

Las iglesias evangélicas difieren con respecto a puntos de vista en cuanto a las pautas bíblicas para la adoración colectiva. Algunos prefieren organizar sus servicios de adoración de acuerdo con el principio regulador, especialmente entre las tradiciones reformadas. El principio regulador sostiene que la Biblia ha dado el modelo para la adoración y las iglesias contemporáneas deben seguir tan de cerca como sea posible todo lo que allí se revela. Otras iglesias prefieren ordenar la adoración colectiva de acuerdo con el principio normativo, el cual afirma que cualquier cosa que no esté expresamente prohibida en la Escritura puede admitirse en los servicios de adoración. Los defensores de cada principio apelan a la Biblia para apoyar las razones por las que adoran como lo hacen. Además, dentro de cada principio hay iglesias y líderes de adoración que difieren en los parámetros con respecto a las formas y componentes apropiados de adoración.

Los defensores del principio regulador afirman que Aquel quien ha de ser adorado ha determinado y declarado en Su autorevelación (la Biblia) cómo Él desea ser adorado. Ellos advierten sobre los peligros de la falsa adoración que surgen al diseñar supuestos servicios de adoración, y argumentan a favor de la sabiduría de observar los modelos bíblicos. Los defensores del principio regulador señalan la advertencia de Pablo a los corintios cuando estableció el uso correcto de los dones espirituales, el orden para la observancia de la Cena del Señor, y puso limitaciones en cuanto al rol de la mujer en el culto (1 Cor. 11; 14). También señalan la advertencia de Pablo a la iglesia en Colosas respecto al error de seguir tradiciones mundanas inventadas por el hombre, y lo aplicó específicamente a las formas de adoración (Col. 2:8).

Los defensores del principio normativo responden que incluso los defensores del principio regulador no están de acuerdo en cuanto a cuán lejos se ha de aplicar el principio. ¿Debe extenderse a tener templos con alfombras, aire acondicionado, sistemas de sonido, luces eléctricas e instrumentos musicales contemporáneos, ninguno de los cuales podemos encontrar en el Nuevo Testamento? Algunos del campo normativo acusan de legalismo a los líderes de adoración pertenecientes al principio regulador en su enfoque a la adoración. Los defensores del principio normativo insisten en que ellos también creen que la Biblia es la autoridad final, pero ya que no les es prohibido ser innovadores, ellos a menudo incorporan elementos contemporáneos, tales como obras dramáticas de teatro, fragmentos de películas populares, presentaciones de PowerPoint con proyectores y danza interpretativa. Por otra parte, muchos pastores e iglesias no abrazan todo lo que *estos dos* principios proponen. Con mucha frecuencia, las diferentes definiciones de las palabras, las conclusiones hermenéuticas de pasajes pertinentes y las aplicaciones contemporáneas, presentan un desafío para clasificar a las personas o iglesias con un término o el otro.

No obstante, si a las iglesias se les permite hacer cualquier cosa que no está expresamente prohibido en la Biblia durante el curso de sus servicios de adoración, ¿no hay un límite a la libertad? ¿Estará satisfecho el Dios santo, a quien debemos adorar, con formas de adoración que sirven de tropiezo, incluso a algunos de los adoradores? ¿Puede un servicio de adoración dominical incluir discursos de políticos locales en lugar de un sermón bíblico, una demostración por un chamán local, la actuación de un equipo de porristas o la proyección de una película popular, todo con el objetivo de atraer multitudes al servicio de adoración? ¿Establece Dios algún parámetro en Su Palabra para guiarnos en los límites apropiados de la adoración? Ciertamente, Él lo hace. Como ya hemos señalado anteriormente, algunos relatos del Antiguo Testamento describen como falsas y pecaminosas a algunas de las ofrendas de adoración de algunos adoradores, y Dios declara culpables a los que así lo ofendieron, ya sea con fuego extraño, becerros de oro, o simplemente un ritual vacío.

Corazones, mentes y manos está diseñado para (y valora en gran medida) las iglesias y líderes de adoración de muchos trasfondos, incluidos los que tienen mayor o menor comprensión u observancia de los principios reguladores o normativos en sus servicios religiosos. En realidad, muchos pastores han estado sirviendo fielmente a Dios en contextos globales durante décadas sin jamás haber oído ni siquiera sobre los términos *principios reguladores y normativos*, y a muchos otros pastores no se les podría imponer tan fácilmente ninguno de los dos lados eclesiológicos. Sin embargo, no tenemos que disculparnos por asegurar que la Palabra de Dios sí tiene algo que decir de la verdadera adoración. ¿Cuáles son algunas de las pautas bíblicas?

Los componentes de la adoración colectiva

Los elementos de lo que se incluye típicamente en los servicios de adoración colectiva son bastante comunes en la mayoría de las tradiciones evangélicas; pero, por supuesto, algunas iglesias limitan sus servicios religiosos a ellos de manera rígida, mientras que otras les añaden de forma innovadora. Ligon Duncan resumió la enseñanza bíblica con respecto a lo que las iglesias deben incluir en sus servicios de adoración colectiva en un lema muy útil: «Lee la Biblia, predica la Biblia, ora la Biblia, canta la Biblia y ve la Biblia».[22] La Biblia exhorta a los creyentes a incluir estas formas de adorar a Dios cuando nos reunimos.

Leer la Biblia

Algunas iglesias no leen la Biblia regularmente en los servicios de adoración colectiva, a menos que sea la parte del sermón a ser predicado; mientras que otras iglesias leen un capítulo tanto del Antiguo como del Nuevo Testamento en sus servicios semanales. Históricamente, la práctica del pueblo de Dios desde Moisés y a través de toda la Biblia fue leer la Escritura públicamente. Pablo enseñó a sus lectores a hacerlo (Col. 4:16; 1 Tes. 5:27) y exhortó a Timoteo: «Entre tanto que voy, ocúpate en la lectura, la exhortación y la enseñanza» (1 Tim. 4:13). Debido a que muchos miembros de la iglesia no leen la Biblia todos los días como debieran, escucharla públicamente de forma regular el domingo les servirá a la vez de instrucción y como un acto de adoración.

Otra razón por la que la lectura pública de la Biblia es beneficiosa es la realidad de que la mayoría de la gente en el mundo no pueden leer o no leen. Algunos no pueden leer la Biblia todos los días porque no tienen una Biblia, otros porque no están suficientemente alfabetizados, y para miles de grupos de personas, porque no hay una Biblia en su lengua materna. Ellos pueden entender las palabras que se leen en el idioma de intercambio durante la adoración colectiva, pero este puede ser su único acceso a la Biblia.

Predicar la Biblia

Los pastores anhelan predicar la Palabra de Dios a su gente. Lo hacen porque la pasión por predicar es un fuego en sus huesos, que les que-

---

[22] J. Ligon Duncan III, «Foundations for Biblically Directed Worship», *Give Praise to God,* 65. Por «ver la Biblia», Duncan quiere decir que la vemos en las ordenanzas de la Cena del Señor y el Bautismo, las cuales nosotros consideramos que son las ordenanzas instructivas de la iglesia.

ma por dentro si no tienen la oportunidad de predicar. Cualquiera que haya conocido a un pastor que por algún motivo se encuentra alejado del púlpito ha sido testigo de su intranquilidad y deseo. Los pastores preparan sus mensajes durante toda la semana, ya sea en la oficina o mientras caminan por la calle meditando sobre el pasaje a ser predicado y considerando las aplicaciones que le darán. Muchos pastores están constantemente a la búsqueda de ilustraciones nuevas y mejores para enseñar a su gente y explicar la Biblia. En realidad, a los predicadores generalmente les encanta tanto predicar que a menudo están ansiosos e impacientes mientras esperan a que el canto, la oración, la lectura y las ofrendas terminen para poder comenzar. Su celo es admirable, pero su impaciencia necesita ser moderada. El sermón es una parte crucial del servicio de adoración, pero es solo una parte.

En declaraciones concernientes a la importancia de la predicación de la Palabra de Dios en la adoración, R. Albert Mohler escribió: «La simple declaración de John Stott plantea el asunto con valentía, "la predicación es indispensable para el cristianismo". Más específicamente, la predicación es indispensable para la adoración cristiana, y no solo indispensable, sino fundamental».[23] La claridad de tales declaraciones son vistas y hechas correctamente a través de la lente de la Escritura; y no son de ninguna manera exageradas. La predicación es el punto focal de la adoración. Moh-ler continuó: «La adoración dirigida correctamente a la honra y gloria de Dios encuentra su centro en la lectura y la predicación de la palabra de Dios».[24] El contenido de nuestra predicación debe honrar a Dios y guiar a Su pueblo para hacerlo; sin embargo, la tarea de la predicación en la adoración es algo más que el contenido de nuestro mensaje.

Como se planteó en el módulo de Homilética, enseña a tus estudiantes a ser íntegros en sus predicaciones. Esto incluye cuidarse de no predicar las notas del sermón de otro predicador sin darle crédito y ser honesto en

---

[23] R. Albert Mohler Jr., «Expository Preaching: Center of Christian Worship», en *Give Praise to God,* 109.

[24] Ibíd., 119.

sus ilustraciones. Pero también significa no tratar de avergonzar, asustar o manipular a la gente para que tomen una «decisión» por Cristo. No podemos salvar a nadie; esa es la obra de Dios (Juan 1:12-13). Nosotros predicamos la Palabra y el Espíritu la utiliza. Como se suele decir: «Nosotros podemos elevar las velas, pero solo Dios puede hacer que el viento sople». Por las mismas razones, no debemos hacer que la gente sienta culpa o presión para que expresen adoración mediante formas manipuladoras. Cuando entendemos adecuadamente el poder de la Palabra de Dios y la obra del Espíritu Santo, vemos con claridad nuestro papel como embajadores que proclaman la verdad. Enseña a tus estudiantes que cuando el pueblo de Dios se reúne para escuchar la proclamación de Su Palabra, el tiempo que ellos emplean en la preparación de sermones se combina fuertemente con la pasión de su predicación. Ellos miran al pastor durante el sermón para escuchar una palabra del Señor. Adviérteles que no abusen de sus privilegios como embajadores.

El argumento deductivo certero y una correcta gramática por parte del predicador pueden apelar al lado intelectual de los oyentes, pero hay otros aspectos de la manera en que predicamos que juegan un papel en hacer que las mentes consideren nuestro llamado. Las ilustraciones, el humor y la transparencia personal pueden tocar las emociones y bajar las barreras que nuestros oyentes estaban seguros de haber plantado. Pero nada de esto debe ser utilizado para manipular o engañar a nuestros oyentes con el fin de que tomen una «decisión». El mismo apóstol Pablo, quien escribió en 2 Cor. 4:2: «Antes bien renunciamos a lo oculto y vergonzoso, no andando con astucia, ni adulterando la palabra de Dios, sino por la manifestación de la verdad recomendándonos a toda conciencia humana delante de Dios», también escribió en 2 Cor. 5:20: «os rogamos en nombre de Cristo: Reconciliaos con Dios».

Orar la Biblia

La oración en la adoración colectiva a menudo comienza con la invocación, que es esencialmente un clamor a Dios, en el que pedimos y reconocemos Su presencia. La oración pastoral es un tiempo para la adoración a Dios, donde se le alaba al enumerar Sus atributos, confesar el pecado y darle gracias por todo lo que Él es y hace, y se elevan peticiones de súplica. El uso del acróstico ACTS en el módulo 2 como guía, ayudará al pastor al orar con y por su gente. Pero usa la sabiduría y el discernimiento cuando en la oración de intercesión menciones situaciones específicas. Las pautas de privacidad dictadas por la ley restringen en algunos casos lo que puede ser compartido sin permiso, y la compasión bíblica nos guía en otros. Por ejemplo, no sería de gran ayuda pedir la sanidad de un miembro que presenta un estado de salud que no es de conocimiento público, ni pedir la bendición de Dios para los problemas matrimoniales de una pareja, de los cuales el pastor se enteró en la consejería. Anima a tus estudiantes a usar la discreción al orar en público y nunca revelar algo de carácter personal sin el conocimiento y permiso del individuo. Las oraciones que se levantan pidiendo el favor de Dios para el progreso del evangelio a través de la plantación de iglesias y por los misioneros de todo tipo, por bendición y guía para los líderes políticos y por bendición para los ministerios de todas las iglesias del área, son ejemplos de oraciones apropiadas en la adoración colectiva. Las instrucciones de Pablo a Timoteo en cuanto a asuntos de oración deben guiar al pastor en esta oración cada semana (1 Tim. 2:1-8).

Cantar la Biblia

De la misma manera que los predicadores anhelan con ansias su oportunidad de predicar en un servicio de adoración, los músicos y miembros del coro (y muchos en la congregación) esperan con ansias la parte musical del servicio de adoración. Algunas personas se identifican más con recitar los credos y escuchar el sermón o una lectura de la Biblia, mientras que otras se sienten más atraídas por la música, pero todos los aspectos de un servicio de adoración son importantes para todos los adoradores. Dios nos ha creado como seres físicos, racionales y emocionales, lo que nos permite adorar a Dios con nuestro cuerpo, mente y emociones.

Aquellos de nosotros que crecimos en la iglesia, guardamos intensos recuerdos conectados a los cantos en la adoración. Recuerdo entonar los grandes himnos de la fe domingo a domingo, y saberme la mayoría de ellos de memoria. Debido a que mi madre era la organista de la iglesia, la música era una parte muy importante de nuestras vidas. Por alguna razón, un domingo, cuando yo era muy joven, en lugar de tocar el órgano, ella se sentó junto a mí en la iglesia. Fue entonces cuando la oí cantar por primera vez. Cuando la oí cantar, recuerdo que detuve mi propio canto y levanté la mirada hacia ella, y pensé que mi madre tenía la voz más hermosa que jamás había oído. Me imaginaba que los ángeles cantaban con voces como la suya. Recuerdos como esos y los himnos que cantábamos en la iglesia se han quedado conmigo toda mi vida, junto con la teología y la doctrina que me enseñaron. Crecí cantando en coros infantiles, cantando y tocando la guitarra en el grupo juvenil, y fui miembro del coro de adultos. Todavía me encanta adorar a Dios a través de la música; como desde que me convertí en creyente.

Muchos de ustedes podrían compartir recuerdos similares y una pasión por la adoración a través del canto. Para mí es sorprendente que pueda recordar las letras de las canciones que aprendí de niño, cuando a veces no puedo recordar los detalles más recientes de mi vida. Puedo recordar con facilidad versículos de la Biblia a los que les pusieron música. La música puede conmocionar nuestras almas y el mensaje de una canción nos puede enseñar incluso al mismo tiempo que nos mueve a adorar. Canciones que se centran en Dios y razones para adorarlo ayudan a Su iglesia al hacerlo. La música es capaz de tocar y hacer eco en nuestras almas de manera profunda e inexplicable. Aunque no queremos usar la música para manipular a las masas, podemos emplear su poder juiciosamente.

Ten en cuenta el estilo de música y el contexto del servicio de adoración. Anima a tus estudiantes para que sean sensibles e incorporen la música y el mensaje que combinen a la perfección con todo el servicio. En algunas iglesias la música tradicional puede ser más eficaz, mientras que en otras lo es la contemporánea. Ten en cuenta también, que cuando me refiero a la música tradicional o contemporánea, no me refiero a la expresión de estos formatos en nuestra cultura, sino más bien en la cultura en que tus estudiantes están sirviendo. Del mismo modo que nosotros hemos tenido guerras de adoración en Estados Unidos, la tensión entre los estilos de música se extiende por todo el mundo. Cuando la congregación se compone de varias edades, una mezcla de estilos musicales es muy bien recibida, pero ten cuidado en tratar de mover a una audiencia tradicional a un nuevo estilo demasiado rápido, solo para atraer a un público más joven.

A través de toda la Biblia se nos modela y ordena cantar en adoración. Son muchos los pasajes como para enumerarlos todos, pero estos pocos ejemplos sirven para ilustrar:

> Cantad a Dios, cantad; Cantad a nuestro Rey, cantad; Porque Dios es el Rey de toda la tierra; Cantad con inteligencia. (Sal. 47:6-7)
> Cantad a Jehová cántico nuevo; cantad a Jehová, toda la tierra. Cantad a Jehová, bendecid su nombre; anunciad de día en día su salvación. Proclamad entre las naciones su gloria, en todos los pueblos sus maravillas. (Sal. 96:1-3)
> Cantad a Jehová un nuevo cántico, su alabanza desde el fin de la tierra. (Isa. 42:10)
> La palabra de Cristo more en abundancia en vosotros, enseñándoos y exhortándoos unos a otros en toda sabiduría, cantando con gracia en vuestros corazones al Señor con salmos e himnos y cánticos espirituales. (Col 3:16)

Al continuar con nuestra enseñanza de permitir que Jesús sea nuestro modelo y guía en todas las cosas, es alentador ver en la Biblia que Jesús cantó. Para aquellos de nosotros que nos gusta cantar en la adoración, el imaginarnos a Jesús mismo cantando alegra nuestros corazones. Mateo registra en su Evangelio que después de la institución de la Cena del Señor, cantaron un himno antes de salir (Mat. 26:30). En Hebreos, el escritor nos dice que Jesús cantó: «Porque el que santifica y los que son santificados, de uno son todos; por lo cual no se avergüenza de llamarlos hermanos, diciendo: anunciaré a mis hermanos tu nombre, *en medio de la congregación te alabaré*» (Heb. 2:11-12, énfasis añadido). Ya sea en alabanzas fuertes, lamentos tristes, confesiones desconsoladas o adoración apasionada, el canto nos puede mover con mensajes teológicamente ricos y permitir que en el cuerpo las personas se pongan de acuerdo juntas, se animen unos a otros, y se unan con otros hermanos y hermanas. Un líder de adoración preparado que invierte pensamiento y oración en la planificación del orden del culto, guía a la congregación en la adoración y alabanza sinceras que preparan la mesa para el partimiento del pan.

Ver la Biblia

Nosotros podemos ver las enseñanzas de la Biblia en las ordenanzas. Como se señaló en el módulo 4, las dos ordenanzas de la iglesia son el bautismo y la Cena del Señor. Creemos que son ordenanzas instructivas de la iglesia en lugar de ritos para ser practicados por individuos. Cuando el pueblo de Dios se reúne, nuevos creyentes pueden ser recibidos en el cuerpo mediante la declaración pública de su fe en Cristo y el testimonio de su nuevo nacimiento por el Espíritu. Este testimonio público se ve más claramente en su bautismo. La iglesia reunida recuerda la muerte de Jesús hasta que Él vuelva, al participar en el pan y el vino, que simbolizan Su cuerpo y sangre. Estos no son rituales extraños de una antigua ceremonia; son ordenanzas que Cristo dio a la iglesia, con instrucciones claras en Su palabra sobre lo que simbolizan.

El bautismo representa la muerte del creyente a la antigua forma de vida, su sepultura simbólica con Cristo y su resurrección para caminar en una vida nueva. Pablo escribió: «Porque somos sepultados juntamente con él para muerte por el bautismo, a fin de que como Cristo resucitó de los muertos por la gloria del Padre, así también nosotros andemos en vida nueva» (Rom. 6:4). Esta vida nueva es la que Cristo vive en nosotros. «Con Cristo estoy juntamente crucificado, y ya no vivo yo, mas vive Cristo en mí; y lo que ahora vivo en la carne, lo vivo en la fe del Hijo de Dios, el cual me amó y se entregó a sí mismo por mí» (Gál. 2:19-20). Cuando este cambio sucede en la vida de una persona, la declaración pública del bautismo es el paso inicial a la membresía de la iglesia. La iglesia oye la profesión de fe, es testigo del testimonio público y da la bienvenida al nuevo miembro en el redil. Enseña a tus estudiantes a asegurarse de hacer hincapié, en cada bautismo que realicen, en que el agua no salva a nadie, la acción de ser bautizado ha de ser una señal externa de una realidad interna. Si el Espíritu Santo no ha regenerado a las personas que están siendo bautizadas, ellas solo se están mojando, la acción misma no produce ninguna salvación mágica.

La Cena del Señor es también una ordenanza instructiva que Cristo dio a la iglesia. En la Cena del Señor, también llamada Eucaristía o comunión, según algunas tradiciones de la iglesia, los creyentes recuerdan la muerte de Cristo. Pablo reprendió a la iglesia de Corinto por varios problemas importantes entre ellos, entre los cuales estaba el abuso de la Cena del Señor. Para establecer el orden y la observancia correctas, Pablo escribió:

> Pero al anunciaros esto que sigue, no os alabo; porque no os congregáis para lo mejor, sino para lo peor. Pues en primer lugar, cuando os reunís como iglesia, oigo que hay entre vosotros divisiones; y en parte lo creo. Porque es preciso que entre vosotros haya disensiones, para que se hagan manifiestos entre vosotros los que son aprobados. Cuando, pues, os reunís vosotros, esto no es comer la cena del Señor. Porque al comer, cada uno se adelanta a tomar su propia cena; y uno tiene hambre, y otro se embriaga. Pues qué, ¿no tenéis casas en que comáis y bebáis? ¿O menospreciáis la iglesia de Dios, y avergonzáis a los que no tienen nada? ¿Qué os diré? ¿Os alabaré? En esto no os alabo. **Porque yo recibí del Señor lo que también os he enseñado:** Que el Señor Jesús, la noche que fue entregado, **tomó pan; y habiendo dado gracias, lo partió, y dijo: Tomad, comed; esto es mi cuerpo que por vosotros es partido; haced esto en memoria de mí.** Asimismo tomó también la copa, **después de haber cenado, diciendo: Esta copa es el nuevo pacto en mi sangre; haced esto todas las veces que la bebiereis, en memoria de mí.** Así, pues, todas las veces que comiereis este pan, y bebiereis esta copa, **la muerte del Señor anunciáis hasta que él venga.** (1 Cor. 11:17-26, énfasis añadido)

Fíjate en las porciones resaltadas de este pasaje donde Pablo ofrece pautas para la Cena del Señor.

1) Jesús instituyó la Cena del Señor; esta no fue inventada por Pablo o la iglesia primitiva.

2) Jesús primero tomó el pan, dio gracias, lo partió y se lo dio a ellos, declarando que representaba Su cuerpo.
3) Ellos habrían de recibirlo y participar de él para recordarle.
4) Dijo que la copa era el nuevo pacto que Su sangre estableció.
5) Cada vez que ellos participen de ella, lo están recordando.
6) Cuando la iglesia participa de la Cena del Señor declaramos Su muerte hasta que Él venga.

Estas ordenanzas se enseñan con más detalles en el módulo 4, lo esencial aquí es que la participación regular de un cuerpo local de creyentes en estas ordenanzas es una manera en que todos los presentes pueden *ver* la enseñanza bíblica. A menudo, los pasajes bíblicos adquieren una fuerza de impacto a través de las ordenanzas, algo que una presentación académica, musical o de sermones no pueden lograr. Una vez más, vemos que un servicio de adoración que incorpora todos estos componentes bíblicos apelará a todos los sentidos de una manera poderosa.

Metas en la adoración colectiva

Enseñanza

Enseñar al pueblo de Dios les lleva a adorar verdaderamente al Dios verdadero. A través de la oración, la lectura de la Biblia, la predicación, los cantos, la recitación de antiguos credos y la participación en las ordenanzas, enseñamos al pueblo de Dios. Enseñar a la iglesia de Dios reunida es alimentar el rebaño, y esta enseñanza no solo se realiza a través del sermón. Lo que la gente cree sobre Dios y cómo deben adorarle se modela para ellos, se enseña, se canta, se ora, y se presenta en innumerables maneras domingo tras domingo. El objetivo principal para el servicio de adoración del domingo es adorar. Los aprendices primarios a ser enseñados son miembros de la iglesia, discípulos de Cristo, que están siendo edificados e instruidos para el propósito de la piedad.

Evangelización

La oración de cada pastor es que los que profesan la fe en su iglesia también sean en realidad poseedores de la fe. Desafortunadamente, muchos no lo son, sino que solo cumplieron con la formalidad de unirse a una iglesia cuando eran más jóvenes, por varias razones: se esperaba de ellos, sus amigos se le unieron, querían ser un buen chico o chica, querían poder tomar la Cena del Señor, o fueron engatusados a hacerlo por un bien intencionado padre o maestro de escuela dominical. Yo fui uno de esos jóvenes que «invité a Jesús a mi corazón», fui bautizado y asistí de vez en cuando durante años sin haber nacido de nuevo. Cuando el Señor me salvó, ya siendo adulto, me sobresaltaba pensar cuántos otros que nunca han sido salvos deben estar en las iglesias de todo el mundo. En más de una ocasión, yo he explicado el evangelio a un grupo de pastores con el fin de capacitarlos para que enseñen a otros, solo para que algunos de ellos sean salvos, al darme cuenta de que realmente nunca habían sido convertidos.

El propósito de reunir al pueblo de Dios el domingo no es principalmente para el evangelismo, sino más bien para alimentar el rebaño. Pero recuerda a tus estudiantes que en el lugar habrá visitantes perdidos, miembros no salvos, y niños que están llegando a la madurez suficiente como para entender el evangelio, y todos escucharán sus sermones. Los pastores deben permanecer sensibles a la dirección del Espíritu Santo en el liderazgo de la adoración y presentar la obra de Cristo para salvar a los pecadores como parte de cada servicio de adoración.

Edificación

La edificación se produce al predicar, enseñar y animarnos unos a otros. Si bien la edificación también puede referirse a la formación de discípulos individuales, como lo que ocurre en la práctica de las disciplinas espirituales personales que hemos explicado a lo largo de la parte del corazón de cada módulo, en el contexto de la adoración colectiva nos referimos específicamente a la edificación del cuerpo de Cristo. Pablo enseña en Efesios 4:12 que la edificación del cuerpo es una función principal de los pastores-maestros. Él enseña en 1 Corintios 14:26 que Dios dio dones espirituales a los creyentes para la edificación de la iglesia. En 1 Corintios 12, Pablo enseña que todos tenemos un papel único que desempeñar en el cuerpo de la iglesia, al igual que cada una las partes de un cuerpo humano tiene una función específica. A medida que cada uno juega su papel, todo el cuerpo se edifica. Al reunirnos colectivamente para la adoración, somos capaces de cumplir con los propósitos de Dios para la edificación. El líder de adoración debe planear y guiar el culto con el objetivo de la edificación en mente.

Corrección

En el diseño de Dios, la proximidad de los creyentes piadosos no solo es instructiva sino que también es correctiva en la vida cristiana. Somos enseñados y edificados a través de sermones, cantos, lectura de la Escritura y las oraciones del servicio de adoración. Una consecuencia de esta enseñanza es muy a menudo la corrección de una mala teología o actitudes pecaminosas. Sin embargo, no es solo la enseñanza evidente y directa la que produce corrección, Dios también utiliza el testimonio y el ejemplo discreto de un creyente amoroso y piadoso en el cuerpo de nuestra iglesia para traer convicción. Los líderes de adoración deben tener la corrección en mente, y recordar que los componentes del servicio de adoración no deben solo informar, sino también reformar. Así como algunas personas han escuchado el evangelio, cuando este iba dirigido a otros, así también la corrección indirecta de creencias, actitudes o aspiraciones erróneas pueden venir a través de tiempos de adoración colectiva.

Consuelo

Los servicios de adoración son una terapia para muchas personas en la iglesia. Los que viven solos y están necesitados de compañía humana podrían tener pavor a las palabras de cierre de cada servicio: «Estamos despedidos; vayan en paz». Ellos sonríen y saludan a otros mientras salen, pero ya están anhelando la próxima oportunidad de reunirse. Algunos están confundidos con respecto a las enseñanzas de la Biblia, pues son nuevos en el cristianismo. Al ser nuevos creyentes no tienen a muchos (o a nadie), a los que pueden plantear sus preguntas o inquietudes. A ellos les encantan los servicios de adoración debido al consuelo y paz que experimentan al estar en comunión con otras personas que conocen y aman a Dios. Por estas y un sinfín de otras razones, muchos encuentran consuelo en la presencia de otros creyentes cuando juntos unen los corazones en adoración. Enseña a tus estudiantes a ser sensibles a aquellos que necesitan consuelo y lo buscan en los servicios que ellos conducen cada semana.

El papel de un líder de adoración en la preparación y guía

Planificación

El paso más importante que debes enseñar a tus estudiantes para la preparación del servicio de adoración es preparar, ante todo, su propio corazón. Ese será sin duda un paso crucial antes de pararse realmente delante de la congregación para guiarlos en la adoración, pero también es de vital importancia en la etapa de planificación. R. M. M'Cheyne escribió: «Un hombre santo es un arma impresionante en la mano de Dios».[25] Tus estudiantes deben prepararse con el fin de ser esa arma poderosa que Dios va a usar. Para ser así, tienen que tener manos limpias y un corazón puro.

Debes enfatizar la importancia de armar el servicio de adoración en torno a una lección primaria, y coordinarla con la lección principal del sermón. Eso es más fácil cuando el líder de adoración es a la vez el pastor, pero cuando otro predica, entonces el tiempo que se emplea para coordinar todo el servicio con el punto principal del sermón está bien empleado. Las canciones que elijan deben ser seleccionadas intencionalmente para guiar a su gente en alabanza y adoración. Las lecturas de la Escritura deben reiterar o afirmar el mensaje principal de la música y del sermón también.

Anima a tus estudiantes a pedir sugerencias a los demás después de considerar todos los aspectos del servicio, al elegir la lista de las canciones, y al coordinar todo con el sermón. Esto es especialmente importante cuando la iglesia es más grande, pues la perspectiva de otro puede compensar los puntos ciegos de uno. Cuando sea posible, es útil organizar un equipo de líderes de adoración, compuesto por varios miembros de

---

[25] Robert Murray M'Cheyne, *Memoir and Remains of the Rev. Robert Murray M'Cheyne* (Londres: William Middleton, 1846), 160.

la iglesia, con el objetivo de ayudar en la coordinación y planificación del servicio de adoración de cada semana.

Donald Whitney sugirió diez maneras de mejorar el orden de adoración de la iglesia.

1) Céntrate en Dios en cada elemento de la adoración.
2) Ten un apoyo bíblico claro para todos los elementos de la adoración.
3) «... adoremos a Dios como a él le agrada, con temor reverente» (Heb. 12:28, NVI).
4) Predica sermones expositivos.
5) «... dedícate a la lectura pública de las Escrituras» (1 Tim. 4:13, NVI).
6) ¡Ora!
7) Haz una suave transición entre los elementos de la adoración.
8) Haz todo lo que puedas junto a la congregación.
9) Que haya canto congregacional con acompañamiento musical, no música con acompañamiento congregacional.
10) Evalúa el servicio de adoración cada semana con varios líderes.[26]

Estos son pasos prudentes para que tus estudiantes los utilicen como lista de control mientras preparan los servicios de adoración en sus propias iglesias, incluso si tienen que hacer ajustes a los elementos de esta lista de control, según sea necesario en su cultura. En las culturas actuales, cada vez más en función de la actuación, las sugerencias 8 y 9 son particularmente útiles.

Al elegir las canciones para un servicio de adoración, recuerda que la gente no puede cantar canciones que no conocen. Si no es posible utilizar un equipo computarizado para proyectar las palabras, reparte

[26] Donald S. Whitney, «Ten Ways to Improve Your Church's Worship Service», The Center for Biblical Spirituality, página consultada el 21 de junio de 2016. http://biblicalspirituality.org/wp-content/uploads/2011/01/ten-ways-to-improve-your-church.pdf.

himnarios o imprime en hojas las letras de las canciones. Si no lo haces, los visitantes a menudo se sienten incómodos y como si el servicio de adoración fuera para los «de adentro», para un grupo al que no pertenecen, y puede que nunca pertenezcan. Es bueno enseñar canciones nuevas a la congregación, aunque debes limitar el número de canciones nuevas en un servicio. El líder de adoración es responsable de guiar a los músicos y a los participantes del culto de una canción a otra, o de una canción a la siguiente parte del servicio, pero debe abstenerse de predicar mientras lo hace. Hacer una aplicación espiritual, señalar la lección principal en una canción, o anticipar una lección y preparar el escenario para la siguiente canción está muy bien, pero evita predicar varios sermones (o el mismo sermón varias veces) durante el servicio.

Un servicio de adoración no ha de ser un espectáculo para un público compuesto por los miembros de la iglesia, sino que es un tiempo para que tus estudiantes guíen al pueblo de Dios delante de Su trono en adoración. Como tales, ellos deben traer ante Él lo mejor que poseen para dar. Eso significa que tienen que practicar, que deben procurar la perfección, y que un intento a medias para dirigir sin preparación a un pueblo no honra al Dios de la gloria. La forma en que nos preparamos, ejecutamos y predicamos dice más sobre nosotros que sobre Él. Cuando un visitante llega a uno de nuestros servicios de adoración, ¿qué pensará que nosotros creemos con respecto a Dios?

Guía

¿Quiénes son los líderes en un servicio de adoración colectiva? ¿Es solo el pastor u otro miembro del personal ordenado? Algunas iglesias lo creen así, y que los testimonios de otras personas que participan en el culto son irrelevantes. Tim Keller corrigió esta idea equivocada cuando escribió: «Cuando se dice "líderes" en la adoración colectiva se incluyen todos aquellos que están "al frente" y oran, leen la Escritura, cantan, predican, alaban e incluso dan los "anuncios"».[27] Él señala con razón que son líderes porque están al frente. El liderazgo de la iglesia da la impresión

[27] Timothy J. Keller, «Reformed Worship in the Global City», *Worship by the Book*, 223.

de que estos líderes representan a la iglesia y que están espiritualmente capacitados para llevar al pueblo de Dios ante Su trono en adoración, porque eso es precisamente lo que están haciendo. Al estar en la parte delantera del cuerpo de la iglesia, dirigiéndolos en adoración musical, la gente percibe que son el liderazgo de la iglesia, y para la mayoría de las personas la percepción es la realidad. Los que guían nuestra adoración musical deben ser miembros piadosos de la iglesia.

Algunas iglesias contratan a músicos seculares para «dirigir la adoración» del servicio, ya que no tienen músicos formados o dispuestos entre los miembros de la iglesia. Otros han designado como líder de adoración a cualquier persona que sea capaz y esté dispuesta a tocar la guitarra o el teclado. Desafortunadamente, los testimonios de músicos incrédulos a veces son bien conocidos y las personas de fuera juzgan a todos los líderes de la iglesia como que comparten los mismos valores. Conocí una iglesia que contrataba músicos seculares para que dieran un concierto de 45 minutos cada domingo por la mañana. El pastor se quedaba en su oficina hasta que todo había terminado y los músicos habían empacado sus instrumentos y salido del edificio. Después se dirigía a la plataforma. Tal ejemplo extremo no es tan poco común como quisiéramos que fuera, y nos obliga a pensar en los líderes de adoración.

Los que se paran delante de una congregación del pueblo de Dios, y los guían en canciones de alabanza y adoración, deben ser hombres y mujeres espirituales que Dios ha capacitado y llamado para hacerlo. En una reunión de pastores donde yo impartía el tema, los hermanos se quejaban de problemas en sus iglesias. Un tema recurrente era la mala reputación que tenían los líderes de adoración por su comportamiento y estilo de vida pecaminosos. Cuando les expresé que estos hombres jóvenes debían ser reprendidos y llamados al arrepentimiento (y mientras tanto retirarlos de su papel como líderes de adoración) los pastores me miraron con escepticismo. Ellos afirmaron: «Estos hombres no son ni siquiera creyentes, entonces ¿cómo podemos tratar con ellos de esa manera?». Ahora era mi turno para expresar escepticismo. Yo les recalqué que solo los creyentes deben dirigir la adoración. Esa era una idea nueva para ellos. Nunca antes habían considerado que el que dirige la adoración debe ser un creyente piadoso, y en ausencia de tal persona sería mejor arreglárselas sin acompañamiento instrumental. Esta enseñanza es importante en cualquier lugar, pero especialmente en las pequeñas comunidades donde es muy probable que tus estudiantes se desempeñen como pastores, donde todos se conocen y el testimonio de uno a menudo se aplica al grupo. En las culturas de vergüenza y honor, toda la comunidad creyente puede verse afectada negativamente durante décadas por el testimonio vergonzoso de alguien, sobre todo si ese alguien es considerado un líder.

Los líderes de adoración deben guiar a la gente a adorar en una armonía que va más allá de la música. Ten en cuenta el estilo de adoración general del servicio y la composición de la congregación. Los estudios en materia de comunicación efectiva revelan que lo que realmente se dice no es tan importante como la forma en que se dice. Un orador puede contradecir el significado de sus palabras por el tono de voz y los gestos; incluso su forma de vestir y arreglarse es importante.

Imagínate a un líder de adoración que se para delante de una congregación madura y muy tradicional, pero se viste como los jóvenes, y utiliza frases de la calle para guiarlos a entonar canciones nuevas escritas para un público mucho más joven, y ejecuta lo que ellos consideran que es música inapropiada con demasiado volumen. ¿Qué posibilidades habría de que la congregación entre a un tiempo de adoración sincera? Imagina a un predicador que habla en un idioma que ellos no conocen, o que usa términos teológicos complejos y jerga académica que no tiene sentido para ellos. Los estilos de liderazgo inapropiados, que no están en armonía con aquellos reunidos para adorar, pueden destruir cualquier posibilidad de lograr la experiencia de adoración que se desea facilitar.

Los líderes de adoración deben prepararse espiritualmente para que puedan ser eficaces. Cuando estudiamos el trabajo de un pastor, señalamos que este no puede guiar a las ovejas más allá de donde él haya ido, esto también es cierto en el liderazgo de adoración. Confesar el pecado, corregir los errores, reconciliarse con los demás, y mantener el corazón y las manos limpias son elementos esenciales (Sal. 24:3-4). Dar lugar al diablo a través de pecados no confesados estorba la adoración. Dios no mirará con agrado a un corazón que prefiere el pecado ante la santidad. Él no será honrado mediante una alabanza fría, de corazones duros que acarician el pecado. Enseña a tus estudiantes una vez más que es por esto que enseñamos *Corazones, mentes y manos* como lo hacemos, en lugar de mentes y manos solamente. Un corazón preparado es un corazón que adora. Nuestro objetivo es desarrollar, preparar y promover los corazones para Dios, las mentes para la verdad y manos equipadas para la tarea; para los discípulos de Cristo no hay ninguna parte de esa frase que sea opcional.

Un servicio de adoración coordinado

La mayoría de los estudiantes en tus grupos servirán en iglesias con un estilo litúrgico menos formal. El siguiente orden del culto ha sido adaptado de una iglesia presbiteriana para ilustrar cómo se estructura un orden del culto más formal.

Orden del culto
Iglesia presbiteriana Cristo el Rey
13 de marzo de 2016
Quinto domingo de Cuaresma

(*La congregación se pone en pie; ‡ se arrodilla.)

*Llamado a la adoración del Salmo 8:1-2. Rev. ________________

Ministro: ¡Oh Jehová, Señor nuestro, Cuán glorioso es tu nombre en toda la tierra!

Congregación: Has puesto tu gloria sobre los cielos.

Ministro: De la boca de los niños y de los que maman, fundaste la fortaleza, a causa de tus enemigos, para hacer callar al enemigo y al vengativo.

Congregación: ¡Oh Jehová, Señor nuestro, Cuán glorioso es tu nombre en toda la tierra!

*Un himno de gloria, cantemos el himno No. 289

Letra: El Venerable Beda, 673-735

Música: LASST UNS ERFREUEN, Geistliche Kirchengesänge, Cologne, 1623

*Oración de adoración, Gloria in Excelsis

Gloria a Dios en las alturas, y en la tierra paz,
buena voluntad para con los hombres.
Te alabamos; te bendecimos; te adoramos; te glorificamos.
Te damos gracias por tu gran gloria.
Oh Señor Dios, Rey celestial, Dios Padre Todopoderoso.
Oh Señor, el Hijo único, Jesucristo.
Oh Señor Dios, Cordero de Dios, Hijo del Padre:
Tú que quitas el pecado del mundo, ten piedad de nosotros.
Tú que quitas el pecado del mundo, recibe nuestra oración.
Tú que estás sentado a la diestra de Dios Padre,
ten piedad de nosotros.
Pues solo tú eres santo.
Solo tú eres el Señor.
Solo tú, oh Cristo, con el Espíritu Santo, están en lo más alto
en la gloria de Dios Padre. Amén.

Preparación para el culto

La gracia costosa es el tesoro escondido en el campo; por ella el hombre se va y vende todo lo que tiene.
Es la perla de gran valor a comprar, por la cual el comerciante va a vender todos sus bienes.
Es el gobierno real de Cristo, por cuya causa el hombre se sacará el ojo que le hace tropezar;
es el llamado de Jesucristo ante el cual el discípulo deja sus redes y lo sigue.
—Dietrich Bonhoeffer, *El costo del discipulado.*

Yo he venido para que tengan vida, y para que la tengan en abundancia.

Yo soy el buen pastor; el buen pastor su vida da por las ovejas.
Juan 10:10b-11

*Afirmación de Fe. Catecismo de Heidelberg, pregunta 21.

Ministro: ¿Cuál es la verdadera fe?

Congregación: La fe verdadera no es solo un conocimiento y la convicción de que todo lo que Dios revela en Su Palabra es verdad; también es una seguridad profundamente arraigada, creada en mí por el Espíritu Santo mediante el evangelio, que, por pura gracia, Cristo ganó por mí, mis pecados son perdonados. He sido justificado para siempre con Dios, y se me ha concedido la salvación.

*Cuán grande es nuestro Dios

Oración por la iglesia de Cristo y el mundo. Rev. ________________

‡ Oración de confesión

Dios de misericordia, confesamos que hemos pecado contra ti
en pensamiento, palabra y obra, por lo que hemos hecho,
y por lo que hemos dejado de hacer.
No te hemos amado con todo el corazón;
no hemos amado a nuestro prójimo como a nosotros mismos.
Lo sentimos verdaderamente y con humildad nos arrepentimos.
Por tu Hijo Jesucristo, ten piedad de nosotros y perdónanos;
que podamos deleitarnos en tu voluntad, y caminar en tus caminos,
para la gloria de tu Nombre. Amén.

‡ Confesión silenciosa

*La paz de Dios, Salmos 130:3-4,8

Ministro: Jehová, si mirares a los pecados, ¿Quién, oh Señor, podrá mantenerse? Pero en ti hay perdón, Para que seas reverenciado. Y él redimirá a Israel De todos sus pecados.

Congregación: ¡Gracias sean dadas a Dios!

Ministro: La paz del Señor sea siempre con ustedes.
Congregación: Y también con usted.

La ofrenda
Lectura de la Escritura: ______________________________
Mateo 9:1-8
Lector: Palabra del Señor
Congregación: Gracias sean dadas a Dios

El sermón «La gracia que lleva a una vida nueva» ______________
El Rey y el Reino
El Evangelio de Mateo

CELEBRACIÓN DE LA SANTA COMUNIÓN
Ministro: El Señor esté con ustedes.
Congregación: Y también con usted.
Ministro: Eleven el corazón.
Congregación: Lo elevamos al Señor.
Ministro: Demos gracias al Señor, nuestro Dios.
Congregación: Es justo darle gracias y alabanza.

Oración de acción de gracias y palabras de institución
Ministro: Proclamemos el misterio de la fe:
Todos: Cristo ha muerto. Cristo ha resucitado. Cristo vendrá de nuevo.
Ministro: Oh Cordero de Dios, que quitas el pecado del mundo.
Congregación: Ten misericordia de nosotros.
Ministro: Oh Cordero de Dios, que quitas el pecado del mundo.
Congregación: Ten misericordia de nosotros.
Ministro: Oh Cordero de Dios, que quitas el pecado del mundo.
Congregación: Danos tu paz.
Ministro: Cristo, nuestra Pascua, ha sido sacrificado por nosotros.
Congregación: Por lo tanto, mantengamos la celebración.
Ministro: Los dones de Dios son para el pueblo de Dios.

Oración de comunión de fe

Señor Jesús, reconozco que soy más débil y más pecaminoso de lo que nunca antes creí, pero a través de ti, soy más amado y aceptado de lo que jamás me atreví a esperar. Te agradezco por pagar mi deuda, llevar mi castigo en la cruz y ofrecerme perdón y vida nueva. Al saber que fuiste levantado de entre los muertos, me arrepiento de mis pecados y te recibo como mi Salvador. Amén.

* Oración de conclusión
* Aclamación y Bendición, 1 Timoteo 1:17

Ministro: Al Rey de los siglos, inmortal, invisible, al único y sabio Dios, sea honor y gloria por los siglos de los siglos.

Congregación: ¡Alabado sea nuestro Dios y Rey!

Ministro: Que el Señor les bendiga y les guarde.

Congregación: Gracias sean dadas a Dios Amén.[28]

Muy pocos de tus estudiantes servirán como pastores de iglesias con un estilo de adoración como el de la Iglesia Alta, o tal vez nunca han asistido a una iglesia así. Un orden de culto más típico para la mayoría de ellos se asemejaría más bien al siguiente servicio.

Se entona el preludio

Cristo el Señor ha resucitado hoy

Coronadle con muchas coronas

Bienvenida: ______________________

Bautismo

Himno congregacional de declaración y adoración

---

[28] Adaptado de Orden del culto de Christ the King Presbyterian Church, http://www.christtheking.com/Order-Of-Worship. El orden del culto contenía los nombres de los músicos, ministros, y miembros que nosotros hemos borrado por asuntos de privacidad. Así también, las letras completas de los himnos se han borrado por cuestión de espacio.

El poder de la Cruz
Oración de alabanza: dirigida por ____________________________
Ofertorio: Coro y orquesta de adoración
Ahora, oh muerte, ¿dónde está tu aguijón?
Cristo ha resucitado
Texto del sermón: Salmo 23, leído por ______________________
Sermón: *El Pastor y la sombra:* _____________________________,
Pastor para la predicación y la visión
Cierre - *Más fuerte*
Bendición[29]

Sin embargo, muchas iglesias son menos formales que este ejemplo, sin un orden preparado para la adoración. Los pastores anuncian los títulos de las canciones, pasajes a ser leídos, y los elementos sucesivos del servicio a medida que este avanza. Un servicio formal con un boletín impreso no es necesario para adorar a Dios de forma colectiva, pero la oración y la preparación de antemano sí lo son. Ninguna de las iglesias a las que asistí o pastoreé en el campo misionero tenían un orden del culto impreso. Algunas de nuestras iglesias se reunían en las casas, otras en portales de tiendas alquilados y otros en cobertizos apenas improvisados al lado de un río o un cruce de caminos. La mayoría de las iglesias no tenían himnarios, proyectores, bancos o pianos; sin embargo, en mi opinión, la simplicidad de los arreglos lejos de restarle a la profundidad de la adoración, la fortalecía. Se parecía mucho a cómo me imaginaba lo que la iglesia primitiva experimentaba en las catacumbas del siglo primero o mientras la vanguardia del cristianismo avanzaba en todo el mundo. Por supuesto, un orden del culto para un servicio de este tipo no estaría impreso y podría ser tan sencillo como:

---

[29] Adaptado de Orden del culto de Bethlehem Baptist Church, https://www.hopeingod.org/document/orders-worship. El orden del culto contenía los nombres de los músicos, ministros, y miembros que nosotros hemos borrado por asuntos de privacidad.

Oración
Himno o canto de alabanza
Lectura de la Escritura
Oración silenciosa para la confesión de pecados
Himno o cantos de agradecimiento
Himno o canción de adoración
Mensaje de la Palabra de Dios
Cena del Señor
Himno de clausura o canto de alabanza

Un estilo litúrgico determinado no es la clave secreta para una gran adoración. Ningún ritual externo puede crear la existencia interior de una adoración sincera, profundidades de amor o adoración a Dios. Richard Foster, escribió: «La adoración es nuestra respuesta a las proposiciones de amor desde el corazón del Padre. Su realidad central se encuentra "en espíritu y en verdad". Esta se aviva dentro de nosotros solo cuando el Espíritu de Dios toca nuestro espíritu humano. Las formas y rituales no producen adoración, ni la falta de uso formal de formas y rituales. Podemos utilizar todas las técnicas y métodos adecuados, podemos tener la mejor liturgia posible, pero no habremos adorado al Señor hasta que el Espíritu toque el espíritu».[30]

Tal vez tú eres como yo, que disfrutas adorar con el pueblo de Dios en cualquier forma de adoración sincera. A pesar de que crecí y siempre he sido miembro de las iglesias en EE. UU. con estilos informales de adoración de la Iglesia Baja, siempre que tengo la oportunidad, me encanta adorar en la grandeza de los estilos de adoración litúrgicos de la Iglesia

---

[30] Richard J. Foster, *Celebration of Discipline: The Path to Spiritual Growth* (Nueva York: Harper & Row, 1978), 138.

Alta. También he adorado profundamente en iglesias tan pequeñas que muy bien podrían reunirse alrededor de una mesa. El tamaño de una iglesia, la arquitectura de su edificio, la parafernalia de la adoración de las megaiglesias modernas, y tener un líder de adoración asalariado a tiempo completo no son necesarios para la adoración. Muchos de tus estudiantes serán pastores de iglesias pequeñas que se reúnen en casas, debajo de los árboles o en edificios humildes, sin acompañamiento musical o líder de adoración aparte del pastor. La ausencia de proyectores para los PowerPoint, teclados electrónicos y sistemas de sonido no son barreras para guiar la adoración. Los líderes de adoración solo necesitan corazones preparados y considerar en oración cómo coordinar y dirigir canciones, oraciones, lecturas de la Escritura, y otros aspectos en armonía con la lección del sermón para guiar a la iglesia en adoración.

Práctica del estudiante

Al igual que en los dos últimos módulos, los alumnos han de tener un papel en las presentaciones en este módulo final. Recuerda que tu objetivo es que ellos descubran, desarrollen y exploten sus habilidades de enseñanza, y adquieran experiencia al capacitarse en un contexto pastoral, así como en la ejecución de los contenidos del módulo. Recuérdales que no solo deben aplicar este material en su contexto ministerial mediante la forma en que desarrollan los servicios de adoración, sino también al enseñar este material a otras personas. Nuestro objetivo siempre ha sido capacitar a otras personas que a su vez puedan capacitar a otros. Ahora que terminan, mantén esa meta ante ellos, y enfatiza que esta tarea final marca su oportunidad de comenzar.

La tarea práctica para este módulo es que todos los estudiantes preparen un orden del culto de adoración y lo presenten ante el grupo. Ellos deben desarrollar un servicio de adoración que incluya los tipos de oraciones, canciones específicas o himnos, y una explicación de cómo armonizan con el sermón. Los estudiantes deben plantear la lección principal del sermón, citar el pasaje, y el esquema general o el bosquejo. También deben explicar por qué el servicio de adoración que preparan mejoraría la adoración de su congregación. Cada estudiante debe tomar un pasaje o tema de adoración diferente y desarrollar un servicio, y luego presentarlo a los miembros del grupo en los últimos dos días de clase.

Las manos: Disciplina en la iglesia

La disciplina en la iglesia es un aspecto esencial del ministerio de la iglesia local. Cada pastor tiene que estar preparado para guiar a su iglesia en la comprensión y práctica de la misma. Ideas equivocadas de lo que se entiende exactamente por disciplina de la iglesia han llevado a algunos pastores a echarla a un lado como un vestigio riguroso de una época pasada. Por otro lado, algunas iglesias la utilizan como una manera de «expulsar» a cualquier persona que discrepe con el pastor o con líderes laicos claves, y la ponen en práctica mediante métodos no bíblicos. Mark Dever proporciona una definición y descripción sucintas que podemos utilizar para guiarnos en nuestra comprensión.

> La disciplina bíblica en la iglesia fluye directamente de un entendimiento bíblico de la membresía de la iglesia. La membresía marca una línea divisoria en torno a la iglesia, delimitando a esta del resto del mundo. La disciplina ayuda a la iglesia que vive dentro de esa línea divisoria a permanecer fiel a las mismas cosas que son motivo de trazar esa línea. Esta da sentido a ser miembro de la iglesia, y es otra señal importante de una iglesia saludable.[31]

Dever continúa:

> En términos generales, la disciplina es todo lo que la iglesia hace para ayudar a sus miembros a procurar la santidad y a luchar contra el pecado. La predicación, la enseñanza, la

---

[31] Bobby Jamieson, *Guarding One Another: Church Discipline*, 9Marks Healthy Church Study Guides (Wheaton, IL: Crossway, 2012), 11.

> oración, la lectura y memorización de la Biblia, la adoración colectiva, las relaciones de rendición de cuentas y la supervisión piadosa por parte de pastores y ancianos son todas formas de disciplina. A menudo, los teólogos llaman a este tipo de disciplina «disciplina formativa», ya que forma nuestro carácter para ser más como Cristo.
>
> En un sentido más estricto, la disciplina es cuando señalamos el pecado a los miembros de la iglesia y los animamos a arrepentirse y buscar la santidad por la gracia de Dios. A menudo, los teólogos llaman a este tipo de disciplina «disciplina correctiva.[32]

Algunos ven el paso de la disciplina en la iglesia como antibíblico, duro y sin amor. La verdad es todo lo contrario; son los mandatos de Cristo y una profunda preocupación por el bienestar eterno de un miembro de la iglesia los que impulsan a una iglesia a dar los pasos de la disciplina. Daniel Wray escribió: «El ejercicio de la disciplina en la iglesia es un mandato del Señor de la iglesia. Cuando se aplica correctamente, esta constituye una demostración profunda de amor cristiano... El cristiano que ve a un hermano en Cristo seguir un camino de pecado sin ser desafiado no tiene más amor que un padre que ve a su hijo caminar sin obstáculos hacia el desastre».[33] El amor que tenemos por Cristo, Su iglesia, y nuestros hermanos y hermanas en Cristo nos motiva a practicar la disciplina de la iglesia en nuestras congregaciones.

Base bíblica

El pasaje que nos da la orientación más clara sobre la disciplina correctiva en la iglesia es Mateo 18:15-17.

---

[32] Ibíd., 17.

[33] Daniel E. Wray, *Biblical Church Discipline*, (Carlisle, PA: Banner of Truth, 1978), 1-2.

> Por tanto, si tu hermano peca contra ti, ve y repréndele estando tú y él solos; si te oyere, has ganado a tu hermano. Mas si no te oyere, toma aún contigo a uno o dos, para que en boca de dos o tres testigos conste toda palabra. Si no los oyere a ellos, dilo a la iglesia; y si no oyere a la iglesia, tenle por gentil y publicano.

En este pasaje, Jesús describe los pasos a seguir cuando se trata de restaurar a un hermano en pecado. El primer paso en la disciplina «exitosa» en la iglesia es cuando el Espíritu Santo hace que alguien sienta una convicción personal de pecado, por ejemplo, a través de la predicación de la Palabra, que trae consigo arrepentimiento, regreso, restitución y reconciliación. El segundo paso es cuando un hermano o hermana confronta a la persona que peca, quien luego se arrepiente, regresa, restituye y se reconcilia. El tercer paso es cuando él/ella inicialmente se niega a arrepentirse, por lo que la persona que lo había confrontado regresa con un testigo, y luego se arrepiente, regresa, restituye y se reconcilia. El cuarto paso es después de no escucharlos y haber sido advertido, el ofensor es presentado ante la iglesia y se toman medidas para sacarlo de la membresía, pero luego se arrepiente, regresa, restituye y se reconcilia. Sin embargo, si ninguna de estas medidas provoca el arrepentimiento, la iglesia tiene que quitar al pecador no arrepentido de la lista de miembros y tratarlo como a un incrédulo.

Otros pasajes dejan claro que los creyentes han de cuidarse y protegerse unos a otros, tratando de mantener o recuperar una vida de santidad. Pablo, en Gálatas 6:1-2, escribió: «Hermanos, si alguno fuere sorprendido en alguna falta, vosotros que sois espirituales, restauradle con espíritu de mansedumbre, considerándote a ti mismo, no sea que tú también seas tentado. Sobrellevad los unos las cargas de los otros, y cumplid así la ley de Cristo» Los pasajes «unos a otros» enfatizan que debemos tener una preocupación verdadera por los demás y esto sin duda incluye amonestar a los hermanos que están en una vida de pecado.

> Porque toda la ley en esta sola palabra se cumple: Amarás a tu prójimo como a ti mismo. (Gál. 5:14)

> Un mandamiento nuevo os doy: Que os améis unos a otros; como yo os he amado, que también os améis unos a otros. En esto conocerán todos que sois mis discípulos, si tuviereis amor los unos con los otros. (Juan 13:34-35)

¿Por qué practicar la disciplina de la iglesia?

En la mayoría de los casos, los pastores entre tus estudiantes servirán en iglesias relativamente pequeñas, en comunidades donde todos se conocen entre sí, por lo que todo el mundo observa y comenta los estilos de vida pecaminosos de los creyentes. La reputación de Cristo y Su iglesia es una cuestión de comentario público. En muchos casos, todo el mundo en la comunidad conoce sobre los pecados de los miembros de la iglesia antes de que el pastor se entere. A veces, los miembros de la iglesia son dolorosamente conscientes del pecado de uno entre ellos. En raras ocasiones, el pastor o algún otro miembro llega a tener conocimiento del pecado de un miembro y se ve frente a la responsabilidad de confrontar a la persona. Ante la posibilidad de división, ira, sentimientos heridos o incluso la seguridad de uno, ¿por qué necesitamos practicar la disciplina en la iglesia? Dever ofrece cinco motivaciones para que las congregaciones locales practiquen la disciplina correctiva en la iglesia. Él piensa que hacerlo demuestra amor por:

1) El bien de la persona disciplinada.
2) Otros cristianos, pues ven el peligro del pecado.
3) La salud de la iglesia como un todo.
4) El testimonio colectivo de la iglesia y, por lo tanto, los no cristianos en la comunidad.
5) La gloria de Dios.[34]

Además, Wray ofreció a las iglesias seis razones tanto para la necesidad como para el propósito de la disciplina en la iglesia:

---

[34] Jamieson, *Guarding One Another*, 15.

1) Glorificar a Dios mediante la obediencia a Sus instrucciones para el mantenimiento de un gobierno apropiado de la iglesia.
2) Recuperar a los ofensores.
3) Mantener la pureza de la iglesia y su adoración (1 Cor. 5:6-8).
4) Reivindicar la integridad y el honor de Cristo y de Su religión, al mostrar fidelidad a Sus principios (2 Cor. 2:9;17).
5) Disuadir a otros de pecar (1 Tim. 5:20).
6) Evitar dar motivos para que Dios tenga algo contra una iglesia local (Apoc. 2:14-25).[35]

Maneras de practicar la disciplina de la iglesia

Además del paso final de excomunión de la membresía de la iglesia, hay otros modos menos graves de disciplina de la iglesia. Todos comparten el objetivo final y el deseo ferviente de la restauración del miembro en pecado.

1) Amonestación privada o pública (Rom. 15:14; Col. 3:16; 1 Tes. 5:14; 2 Tes. 3:14-15; Tito 3:10-11).
2) Corregir, reprender, convencer o condenar (Mat. 18:15; Ef. 5:11; 1 Tim. 5:20; 2 Tim. 4:2; Tito 1:9,13; 2:15).
3) Excomunión (Mat. 18:17).[36]

Cada uno de estos pasos desea restaurar al pecador no arrepentido, proteger a la Esposa de Cristo y evitar que el nombre de Cristo sea reprochado.

---

[35] Wray, *Biblical Church Discipline*, 4.

[36] Ibíd., 5-6.

Función de la membresía bíblica de la iglesia

Recuerda a tus estudiantes que una iglesia local no es un edificio, sino más bien personas que se reúnen allí para adorar a Dios. Una iglesia se compone de creyentes bautizados que juntos han pactado voluntariamente ser una iglesia, se reúnen de forma regular para escuchar la Palabra de Dios proclamada, para practicar las ordenanzas de la Cena del Señor y el bautismo, y se discipulan unos a otros como un cuerpo de seguidores de Cristo. La Biblia no permite la opción de tener miembros intencionadamente inactivos, es decir, personas que están en la lista, pero que optan por no asistir o no someterse a la autoridad de los ancianos, ni permite a aquellos que están viviendo y practicando el pecado de forma abierta y sin arrepentimiento.

Por lo tanto, cuando un creyente cae en pecado, el Espíritu Santo traerá convicción de pecado y este confesará su pecado, se arrepentirá de él, reclamará la sangre de Jesús sobre él y volverá y se reconciliará con Dios (Juan 16:8; 1 Juan 1:7-9). Cuando se hace necesario y apropiado, se hará restitución (Luc. 19:1-10). En el caso de un corazón endurecido, debido a las sucesivas capas de pecado entre él y Dios, el Señor puede usar a otro para confrontar al pecador (2 Sam. 11:1-15; Mat. 18:15-17). Cuando las nueve señales de una iglesia saludable[37] se enseñan, se desarrollan y se practican en el ministerio de la iglesia local, la confrontación debe dar como resultado el arrepentimiento y la restauración. Cuando una persona está viviendo en pecado sin arrepentimiento, sin convicción o remordimiento, incluso cuando es confrontada, esto es señal de un corazón no regenerado (1 Cor 1:18; 2:14; 2 Cor. 4:4).

La membresía bíblica de la iglesia se esfuerza por asegurar que solo los creyentes se conviertan en miembros de la iglesia; es decir, solo aquellos que han nacido de nuevo y en quienes mora el Espíritu Santo. Entonces humanamente hablando, la disciplina correctiva en la iglesia es el paso fortuito y triste que da el cuerpo de la iglesia para hacer frente

---

[37] 9Marks, «The 9 Marks of a Healthy Church», página consultada el 21 de junio de 2016. http://9marks.org/about.

a las acciones confusas de uno de sus miembros; una persona que peca y aunque es confrontada a fondo, con paciencia, con amor, y de forma suplicante por el problema de su pecado, se niega a arrepentirse. Cuando la persona se niega a arrepentirse, la iglesia solo puede suponer que él o ella no ha nacido verdaderamente de nuevo, y debe ser quitada de la membresía.

El creyente disciplinado

La disciplina en la iglesia no está destinada a los pecadores, si fuera así, ninguno de nosotros estaría en la iglesia la próxima semana; más bien, es para los pecadores impenitentes. En realidad, la impenitencia es la causa de la disciplina. Uno puede preguntarse por qué la iglesia parece seleccionar algunos pecados como objeto de disciplina, donde uno puede encontrar la lista de pecados que exigen dicho tratamiento severo, o por qué algunas personas son disciplinadas por sus pecados mientras otras no lo son. En realidad, cada creyente es disciplinado por su pecado. El autor de Hebreos escribió: «Y habéis ya olvidado la exhortación que como a hijos se os dirige, diciendo: Hijo mío, no menosprecies la disciplina del Señor, ni desmayes cuando eres reprendido por él; porque el Señor al que ama, disciplina y azota a todo el que recibe por hijo. Si soportáis la disciplina, Dios os trata como a hijos; porque ¿qué hijo es aquel a quien el padre no disciplina?» (Heb. 12:5-7). Todo pecado merece castigo y los creyentes son disciplinados cuando pecan. La disciplina de la iglesia es necesaria cuando los demás se sienten ofendidos por las acciones de un pecador en ofensas privadas, cuando la unidad de la iglesia está siendo destruida por facciones que causan divisiones, cuando alguien que se dice ser cristiano practica un pecado escandaloso, y cuando las doctrinas cristianas esenciales son rechazadas.[38]

Como se ha señalado, todos somos pecadores y todos merecemos la ira de Dios. Cada pecado que haya sido cometido o se cometa en un futuro tiene que ser castigado; y en realidad lo será; ya sea en la

---

[38] Wray, *Biblical Church Discipline*, 8-9.

persona de Jesucristo en la cruz, o en el pecador mismo, en el tormento eterno del infierno. El creyente profeso que continúa en un pecado intencional sin arrepentimiento, ha de ser disciplinado mediante la disciplina correctiva de la iglesia, no necesaria o precisamente por ese pecado en sí, sino por la negativa a arrepentirse. Una vez más, en última instancia, la impenitencia es la causa de la disciplina. Él o ella no puede continuar siendo miembro de la iglesia de Cristo y parte de Su Novia mientras viva como un incrédulo y rechace la convicción de pecado que el Espíritu Santo produce a través de la Palabra y la confrontación de otros, según Mateo 18. Ese pecador está dando evidencia de ser un no creyente, y los no creyentes que a sabiendas rechazan los mandamientos de Cristo, no pueden ser miembros de la iglesia. Es tan simple y tan bíblico como eso.

Preguntas frecuentes

¿Cómo se inicia la práctica de la disciplina en la iglesia cuando otros han cometido los mismos pecados en el pasado, pero no fueron disciplinados?

Es muy difícil comenzar a practicar la disciplina de la iglesia cuando ha existido un patrón de pecado en la iglesia y no se ha tomado ninguna acción. Rápidamente surgen acusaciones de favoritismo o de trato injusto. El primer paso es enseñar y predicar sobre las amonestaciones, las enseñanzas y las directrices bíblicas para la disciplina en la iglesia. Luego, explica que la iglesia no ha sido fiel a su responsabilidad respecto a la membresía bíblica de la iglesia. Algunas iglesias han descubierto que es útil que la congregación vote y adopte una política o estatutos que describen claramente los pasos que se seguirán en los casos de pecado sin arrepentimiento. Otras se han reconstituido como iglesia y han separado un domingo para ese propósito; y todos los que se unen, o vuelven a unirse, lo hacen con el entendido de que la disciplina bíblica en la iglesia será la política para tratar con el pecado sin arrepentimiento a partir de ese día.

¿Cómo podemos juzgar a los demás cuando nosotros mismos somos pecadores? ¿No dijo Jesús, «No juzguéis, para que no seáis juzgados»? (Mat. 7:1).

Pablo en realidad reprende a la iglesia de Corinto por no juzgar ni excluir de su membresía a uno que estuvo involucrado en un pecado público horrible (1 Cor. 5:1-2). En Su mandamiento de «no juzguéis» Jesús estaba haciendo hincapié en que no debemos juzgar con una doble moral, es decir, juzgarnos a nosotros por nuestras intenciones y a los demás por sus acciones. Jesús no estaba diciendo a Sus seguidores que no hicieran distinciones de ningún tipo, porque incluso para discernir entre un hilo negro y otro blanco habría que juzgar en ese sentido. Jesús espera claramente que nosotros podamos discernir y distinguir, e incluso Él declaró, pocos versículos después del mandamiento de no juzgar, que nosotros conoceríamos a Sus discípulos por el fruto en sus vidas. En ese sentido, somos inspectores de frutos, y juzgamos entre el bueno y el malo, el dulce y el podrido.

> Guardaos de los falsos profetas, que vienen a vosotros con vestidos de ovejas, pero por dentro son lobos rapaces. Por sus frutos los conoceréis. ¿Acaso se recogen uvas de los espinos, o higos de los abrojos? Así, todo buen árbol da buenos frutos, pero el árbol malo da frutos malos. No puede el buen árbol dar malos frutos, ni el árbol malo dar frutos buenos. Todo árbol que no da buen fruto, es cortado y echado en el fuego. Así que, por sus frutos los conoceréis. (Mat. 7:15-20)

¿Debemos practicar la disciplina en la iglesia si la persona quiere arrepentirse?

La respuesta corta es no. El pastor sabio y entendido debe interrogar a cada persona en un esfuerzo por discernir si su arrepentimiento es genuino o simplemente es un esfuerzo por evitar la disciplina. Sin embargo, si se está logrando algún progreso en cuanto al arrepentimiento y al retorno de la persona, la paciencia debe prevalecer. No debería haber ninguna prisa en disciplinar cuando la persona declara un deseo de dejar el pecado y crecer en santidad.

¿No indica Mateo 18 que solo debes confrontar a alguien en este proceso si han pecado «contra ti»?

La verdad es que cualquier pecado no es solo contra Cristo, sino también contra Su iglesia, que incluye a todos los creyentes. Cuando una persona peca, todos estos son ofendidos. Wray enumera una serie de razones por las que el proceso de Mateo 18 no se limita solo a la víctima ofendida por el pecado directo. Entre otras, él señala que esto haría absurdo todo el proceso, para la gente fuera de la iglesia no habría ningún recurso en contra de un creyente. Él observa que el «atar y desatar» se le da a la iglesia para juzgar, no a los individuos (Mat. 18:18).[39]

¿Contradice la disciplina en la iglesia la doctrina de que no se puede perder la salvación? ¿No implica el proceso de disciplina de la iglesia que la persona que es disciplinada no es salva?

El proceso de disciplina de la iglesia no le quita la salvación a nadie. En realidad, el proceso sería aleccionador para un verdadero creyente y debe dar como resultado el quebrantamiento y el arrepentimiento. Sin embargo, para un cristiano nominal, uno de nombre solamente, que profesa a Cristo pero que en verdad no ha nacido de nuevo, nunca hubo ninguna salvación que perder. La farsa de muchos que han hecho una oración, pero nunca han sido regenerados, puede continuar inadvertida cuando los pecadores siguen siendo miembros en plena comunión en las iglesias locales, mientras caminan en pecado sin arrepentimiento.

¿Qué ocurre cuando un miembro excomulgado desea arrepentirse y volver?

---

[39] Ibíd., 12-13.

Ese es el objetivo y el deseo del corazón de todo miembro de la iglesia que forma parte en este proceso. Cuando alguien es sacado de la lista de miembros, pues ya no es considerado un creyente, la persona disciplinada entiende la seriedad de la membresía de la iglesia y de pertenecer a Cristo. Cuando el proceso en sí mismo, o algún testigo posterior, es utilizado por el Espíritu Santo para traer convicción de pecado o la persona es regenerada, puede volver a la iglesia que lo disciplinó y restaurarse. El arrepentimiento debe ser tan público como la falta y la disciplina, y la restauración tan firme y sincera como la disciplina.

Los problemas de disciplina se conservan a través de los años en los archivos de las actas de las iglesias. He leído casos en que un miembro fue disciplinado y meses o años más tarde, con un color de tinta y escritura diferentes, alguien registró cómo la persona volvió y pidió perdón, restauración y reconciliación. Ese es el objetivo; siempre es honrar y obedecer a Cristo, restaurar al que yerra, y preservar la pureza de la Novia de Cristo.

Consejo sabio

Nunca olvides que el objetivo de la disciplina de la iglesia no es forzar una agenda o una venganza personal. Cuando una iglesia disciplina y excomulga a un miembro, se le está tratando como a un incrédulo. Este es un paso serio que debe ser reservado para los pecadores no arrepentidos que de forma intencional hacen alarde del pecado, testaruda y prepotentemente, en un rechazo decidido a arrepentirse.

El pastor solo no puede disciplinar a un miembro. En las directrices bíblicas para la disciplina de la iglesia que se encuentran en Mateo 18, Jesús dice que el último paso es llevarlo a la iglesia. En el reproche de Pablo por el hecho de que la iglesia no excomulgó al hombre en pecado, en 1 Corintios 5, él les dice que cuando se reúnan deben sacar a tal hombre. La disciplina de la iglesia no puede ser llevada a cabo por el pastor o por unos pocos líderes selectos, sino que es el último paso de una iglesia que sufre por un miembro que ha demostrado más amor por el mundo que por Cristo. Es un paso colectivo de disciplina.

Se cometerán errores, pero cuando los pasos que Jesús ha esbozado se siguen en oración y con amor, la posibilidad de errores se reduce considerablemente. Sin embargo, asegúrate de guiar a los miembros de tu iglesia a ser conscientes de la posibilidad de malentendidos y errores. Cuando cometas un error, comételo por la parte de la compasión. Es decir, cuando ha de tomarse una decisión que depende de la conciencia de cada uno, o existe la posibilidad de permitirle a alguien el beneficio de la duda, o hay que tomar una resolución sobre un problema cuestionable, es mejor errar por el lado del que está siendo disciplinado; con la misma seriedad que tú aplicarías si pensaras que tu juicio determinaría la salvación eterna o la condenación para él. Afortunadamente, sabemos que Dios no está limitado por nuestros errores, pero tal peso de seriedad debe abarcar cada paso en el proceso disciplinario. Sí, la autoridad de atar y desatar ha sido conferida a la iglesia, pero la iglesia no es infalible. Las decisiones tomadas por las iglesias no sustituyen la autoridad de la Escritura ni los juicios perfectos de Dios.[40]

No se debe permitir que el que recibe la disciplina se escabulla silenciosamente para evitarla. Cuando el proceso ha llegado al punto de excomunión pública, no se debe permitir que el ofensor se retire de la membresía o se una a otra iglesia para evitar la disciplina. Cuando a la persona que se ha negado a arrepentirse se le dice que el siguiente paso es hacer público el proceso, seguido probablemente por la excomunión del cuerpo, no es raro que la persona huya y se una a otra iglesia o se aísle en un esfuerzo por invalidar el proceso. Desafortunadamente, algunas iglesias pueden ver esto como un paso misericordioso que les evita el proceso doloroso de la disciplina, y por demás, dan cierre a todo el procedimiento. Aun así, la iglesia debe proseguir con la disciplina en su ausencia.

Sin embargo, la disciplina no debe llegar de sorpresa para el disciplinado. Jesús enseñó claramente los pasos que las iglesias deben seguir, y estos pasos no deben ser juntados en una sola acción. Se debe brindar toda oportunidad para que la persona pueda arrepentirse y regresar. Las

---

[40] «The Keys of the Kingdom», Ligonier Ministries, página consultada el 21 de junio de 2016. http://www.ligonier.org/learn/devotionals/the-keys-of-the-kingdom.

visitas repetidas, las súplicas persuasivas y las oraciones amorosas deben realizarse siempre que sea posible, y especialmente cuando parecen estar ganando terreno. La disciplina no es un paso fácil para recortar la lista de la iglesia, deshacerse de los miembros problemáticos, o apagar las voces discrepantes sin el debido proceso. Más bien es tratar con los pecadores impenitentes de forma bíblica, considerarlos al final como incrédulos, excluirlos de la membresía de la Novia de Cristo, para la salud del Cuerpo, y con la esperanza del arrepentimiento del pecador impenitente.

La disciplina correctiva en la iglesia es un paso doloroso para todos los involucrados. El objetivo de esta medida extrema y la gravedad de su implicación resultante (que la persona culpable ha dado pruebas de no ser un verdadero creyente, y por lo tanto no es un miembro de la iglesia de Cristo) pueden provocar una convicción sorprendente con respecto a las profundidades del pecado en la persona que ha caído. La disciplina correctiva en la iglesia es un paso doloroso para todos los involucrados. Se desea fervientemente que la persona disciplinada entonces se arrepienta, regrese, restituya y se reconcilie. El paso de la disciplina correctiva en la iglesia siempre apunta hacia la restauración final de la persona disciplinada; no es un paso punitivo para avergonzar o hacer daño a nada que no sea la carne pecaminosa y la actitud de un corazón endurecido hacia Dios. Que Cristo sea honrado en las formas en que plantamos, discipulamos, pastoreamos y si es necesario, disciplinamos a Su iglesia.

Lecturas recomendadas

Ashton, Mark, R. Kent Hughes y Timothy J. Keller. *Worship by the Book*. D. A. Carson, ed. Grand Rapids, MI: Zondervan, 2002.

Jamieson, Bobby. *Guarding One Another: Church Discipline*. 9Marks Healthy Church Study Guides. Wheaton, IL: Crossway, 2012.

MacArthur Jr., John. *Rediscovering Pastoral Ministry: Shaping Contemporary Ministry with Biblical Mandates*. Nashville, TN: Thomas Nelson, 1995.

Ryken, Philip Graham, Derek W. H. Thomas y J. Ligon Duncan III, eds. *Give Praise to God: A Vision for Reforming Worship*. Phillipsburg, NJ: P&R Publishing, 2011.

Whitney, Donald S. *Spiritual Disciplines for the Christian Life*. Edición revisada. Colorado Springs, CO: NavPress, 2014.

Wray, Daniel E. *Biblical Church Discipline*. Carlisle, PA: Banner of Truth, 1978.

Conclusión

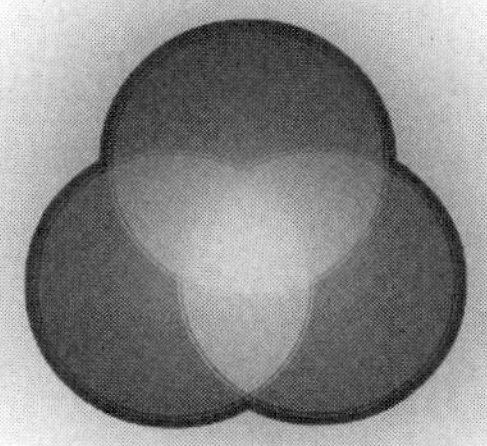

Mi oración por ti al concluir este estudio y esta capacitación es que seas un siervo fiel del evangelio y que prepares a otros para que capaciten a otros para servir a Cristo y glorificarlo. Dios te ha llamado y equipado con dones espirituales, y ahora con esta capacitación, para que puedas ser un siervo más fiel para Su Iglesia. Pablo escribió en Efesios 4:11-13:

> Y él mismo constituyó a unos, apóstoles; a otros, profetas; a otros, evangelistas; a otros, pastores y maestros, a fin de perfeccionar a los santos para la obra del ministerio, para la edificación del cuerpo de Cristo, hasta que todos lleguemos a la unidad de la fe y del conocimiento del Hijo de Dios, a un varón perfecto, a la medida de la estatura de la plenitud de Cristo.

Mientras sirves fielmente en tu iglesia y plantas otras nuevas, elevo esta oración por ti. Es una oración de un pastor puritano, Matthew Henry, que está basada en la Escritura.[1]

> Enseña a tus ministros a conducirse en la casa de Dios, que es la iglesia del Dios viviente (1 Tim. 3:15), para que no se prediquen a sí mismos sino a Jesucristo como Señor

[1] Página consultada el 24 de mayo de 2016. http://www.matthewhenry.org/article/pray-for-the-ministers-of-gods-holy-word-and-sacraments/.

(2 Cor. 4:5), y que hagan todo lo posible por presentarse ante Dios aprobados, como obreros que no tienen de qué avergonzarse, que usan bien la palabra de verdad (2 Tim. 2:15).

Hazlos poderosos en las Escrituras (Hech. 18:24), para que a través de ellas estén enteramente preparados para toda buena obra (2 Tim. 3:17) en la enseñanza mostrando integridad, seriedad, palabra sana e irreprochable (Tito 2:7-8).

Permite que den lugar a la lectura en público de la Escritura, para la exhortación y la enseñanza (1 Tim. 4:13); que practiquen estas cosas (1 Tim. 4:15) para que persistan en la oración y en el ministerio de la palabra (Hech. 6:4) para que se sumerjan y persistan en ellas, para que se salven tanto ellos como quienes los escuchan (1 Tim. 4:15-16).

Permite que tengan palabras al abrir sus bocas para dar a conocer con denuedo el misterio del evangelio, para que hablen como deben hablar (Ef. 6:19-20), como ministros competentes de un nuevo pacto, no de la letra, sino del espíritu (2 Cor. 3:6) y permite que por la misericordia del Señor sean fieles (1 Cor. 7:25).

Que los brazos de sus manos se fortalezcan por las manos del Fuerte de Jacob (Gén. 49:24), que estén llenos del poder del Espíritu de Jehová (Miq. 3:8) para que le muestren a tu pueblo su rebelión y a la casa de Jacob su pecado (Isa. 58:1).

Hazlos sanos en la fe (Tito 1:13) y capacítalos para que siempre enseñen lo que está de acuerdo con la sana doctrina (Tito 2:1), para que corrijan con mansedumbre a los que se oponen y que los siervos del Señor no sean contenciosos, sino amables para con todos, aptos para enseñar (2 Tim. 2:24-25).

Hazlos buenos ejemplos para los creyentes en palabra, conducta, amor, espíritu, fe y pureza (1 Tim. 4:12) y permite que se purifiquen quienes llevan los utensilios del Señor (Isa. 52:11) y que tengan grabado en sus frentes SANTIDAD A JEHOVÁ (Ex. 28:36).

Señor, concédeles que no trabajen en vano ni consuman sus fuerzas sin provecho (Isa. 49:4), sino que la mano del Señor esté con ellos y muchos puedan creer y convertirse a ti (Hech. 11:21).

Amén.

Apéndice 1

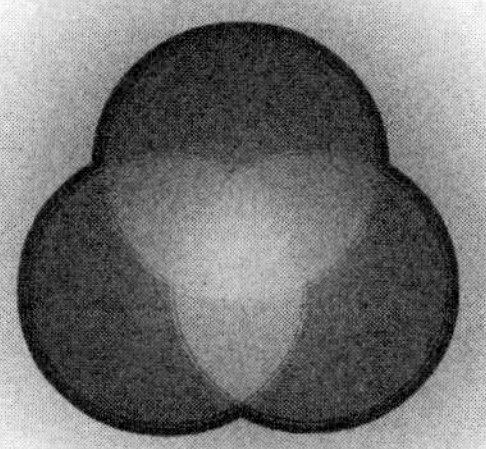

La enseñanza en contextos internacionales

Interacción en clase:

1. *Andragogía*: Ten en mente que los alumnos son principalmente adultos que saben que necesitan capacitación y, por lo tanto, van a las clases con motivación propia.

2. *Dignidad*: Como adultos, es importante preservar su dignidad y no estructurar el ambiente de aprendizaje de modo que pudiera avergonzarlos o ponerlos incómodos.

3. *Aportes en las clases*: Permite que los pastores hagan su aporte con experiencias de sus ministerios cuando lo deseen, ya que esto les permite participar y también contribuir en la contextualización del material.

4. *Recreos para tener comunión*: Programa recreos para proporcionar un refrigerio y para que exista interacción con otros sobre

el tema en discusión. Los recreos alientan la necesaria comunión entre los miembros de la clase y dan tiempo para que los alumnos absorban la información que se les ha enseñado y reflexionen en ella.

5. *Pequeños grupos*: Si es posible, divide el salón de clases en grupos de entre seis y diez alumnos por mesa y permite las discusiones periódicas dentro de las mesas para que los alumnos hablen sobre el impacto que el material produce en sus realidades culturales. Esto también les da tiempo para explicarles lo recibido a otros que tal vez no comprendieron bien al maestro, ya sea por barreras del idioma, niveles de alfabetización o estilos de aprendizaje.

6. *La repetición espaciada es la mejor maestra:* Habrás notado varias instancias en que el material de este libro se repite. Esto no solo es inevitable, sino que es preferible. Utiliza la repetición en tus clases para revisar el material enseñado previamente. Para los alumnos que se sienten más cómodos en contextos orales, la repetición de ideas y conceptos enfatiza la importancia.

7. *Sé sincero*: No exageres con tus títulos y experiencias, ni satures tu vocabulario con el uso de términos demasiado técnicos para ganar respeto. Pero tampoco te vayas al otro extremo menospreciándote con una exagerada humildad que te ponga en un nivel inferior. Simplemente sé sincero y enseña; ellos sacarán sus propias conclusiones.

8. *Vístete adecuadamente*: ¿Qué significa esto? Vístete un poquito mejor de lo que te parezca que se requiere. Probablemente no necesites un saco y una corbata, pero no estés desaliñado ni despeinado. Recuerda que representas al Señor y tienes el alto honor de enseñar Su Palabra a Su pueblo. No es necesario que te vistas con demasiada elegancia, pero debes saber que los alumnos respetarán a un hombre que se respeta a sí mismo y al entorno de la clase.

9. *Compórtate adecuadamente según la cultura*: Un misionero de campo o un pastor local de confianza sabrá cuál es la mejor manera de estructurar las clases, los testimonios de los alumnos, sabrá cómo «bendecir a la gente» y cuándo la ayuda duele. Arma el programa de capacitación pastoral en torno a la sabiduría de aquellos que conocen la cultura y las necesidades.

10. *RESPETO*: Lo que la gente cree sobre Dios y los asuntos religiosos suele estar profundamente arraigado. Para ellos, dejar de lado su vieja teología significa que también deben dejar atrás a sus antiguos teólogos (que suelen ser mamá y papá, los abuelos y los ancianos de la comunidad). Corrige y enseña lo que sea necesario, pero ten cuidado de no ridiculizar.

11. *Ayudar a tu traductor te ayuda a ti*: Si necesitas un traductor para enseñar, habla con oraciones cortas. Puede ser útil hacer un bosquejo de tu material de enseñanza para poder expresarlo en fragmentos cortos, que también te ayudará a recordar dónde habías quedado durante las pausas, mientras el traductor interpreta lo que acabas de decir. Si das demasiada información de una vez, el traductor no podrá retener todo y, en el mejor de los casos, resumirá a grandes rasgos la enseñanza o, peor aún, simplemente enseñará su propia lección que tal vez no sea teológicamente sólida.

12. *El humor no siempre nos conecta*: Como regla general, debería evitarse el humor por diversas razones. Puede no comunicar bien debido a que el sentido del humor y lo que se considera gracioso difiere de una cultura a la otra. En occidente, el humor incorpora juegos de palabras, referencias históricas, estructuras familiares y una cantidad de otros elementos que pueden ser válidos en tu cultura, pero que no se comprenden en otras. Además, si usas un traductor el problema se exacerba porque al no entender el sentido de lo divertido, el traductor puede sentirse incómodo o quedar avergonzado en público; tal vez puede traducir literalmente las

palabras del orador y el humor se pierde. El humor no suele ser más que una interferencia en el proceso de comunicación.

13. *Estar «encendido»* todo el tiempo: «Es difícil jugar siempre el papel de candidato político en campaña» fue la frase que usó un pastor para describir lo que es servir en una iglesia numerosa. Se refería a que siempre debes estar bien vestido cuando sales de casa, sonriente, saludar a todos con la mano y ser enfáticamente amable. Es que puedes estar saludando a gente que pertenece a tu iglesia o que ha asistido regularmente, y suponen que los conoces. Por ejemplo, cuando visitas otro país para dar una enseñanza de una semana, debes mostrarte profundamente interesado en la vida de las personas, escuchar lo que cuentan y responder a sus preguntas. No puedes echarte hacia atrás y relajarte durante una conversación, quitarte los zapatos en la casa a menos que te inviten a hacerlo ni irte de una reunión porque quieres salir a caminar. Debes estar 100% comprometido durante la semana y comunicar con tus acciones y expresiones faciales que lo estás.

14. *Ten conciencia de tu receptor*: Al enseñar, siempre pregúntate: «¿Qué entiende mi oyente de lo que estoy diciendo?». En lugar de estar muy concentrado en cómo le dirías algo a un misionero compatriota o a la gente de tu iglesia o seminario, piensa en los alumnos que te escuchan. ¿La interpretación simultánea parece llegarles? ¿Los alumnos se ven confundidos o en desacuerdo? Haz ajustes cuando sea necesario, aminora la marcha y pregúntales si tienen alguna duda o pídele a alguno que reformule lo que has estado diciendo. Recuerda, deseas que tus alumnos puedan comprender, recordar y transmitirles a otros todo lo que les enseñas. Si falta alguno de esos tres componentes, tu lección no trascenderá más allá del grupo al cual estás enseñando.

15. *Estadounidenses*: Existen muchos estereotipos sobre los pueblos del mundo. Un estereotipo es un juicio que se hace sobre otra

persona o sobre otro pueblo desde la perspectiva de alguien que está afuera. Casi siempre es negativo. Con demasiada frecuencia, las personas de Estados Unidos que van de visita o a vivir a otros países ofenden involuntariamente a los demás y confirman la imagen que se tiene del desagradable estadounidense que viaja por el mundo. Le pueden preguntar a un vendedor cuánto cuesta algo en «dinero real», explicar cómo en Estados Unidos se hacen mejor las cosas (con el sincero objetivo de querer ayudar), o presentarse sencillamente como «americanos». Por supuesto son americanos, pero se olvidan de que los canadienses, los mejicanos y los ciudadanos de todas las otras naciones en América Central y del Sur también lo son.

El uso de materiales impresos

1. *Estudiantes orales*: Muchos de tus estudiantes pertenecerán a culturas orales y podrán sentirse intimidados por la instrucción plasmada en la página impresa, o por estudiar en ambientes donde se requiere que lean y escriban. En los contextos que principalmente tienen alumnos orales, el profesor es el facilitador de este material, pero puede ser mejor que el libro en sí no se vea nunca. Como se destaca en el apéndice 4, *Cómo enseñar* Corazones, mentes y manos *en contextos orales*, un maestro bien preparado puede enseñar todos los principios que se encuentran en este texto aunque los alumnos no estén alfabetizados.

2. *El uso de los libros*: En los casos en que el nivel de alfabetización sea más avanzado, el maestro podrá utilizar el texto *Corazones, mentes y manos: Un manual para enseñar a otros a enseñar*, y los alumnos podrán usar el libro individual para estudiantes que se publicará el año siguiente a la publicación de este libro. Pero recuerda que el objetivo de este programa de capacitación es formar a quienes van a formar. Por lo tanto, los alumnos que aspiran a capacitar a otros se pueden beneficiar tanto del libro del estudiante

como también del libro de texto principal. De este modo, no solo enseñarás el material, sino que también les enseñarás cómo enseñarlo.

3. *La graduación*: Es adecuado y recomendable celebrar una graduación con certificados o diplomas que indiquen que se ha completado el curso, como reconocimiento a los estudiantes por la finalización de toda la serie de lecciones. Si es posible, invita a sus familias e iglesias para que participen. En la reunión de graduación, deberías dar una breve reseña de todo lo que los graduados han aprendido y de las razones bíblicas de por qué los pastores y líderes deberían estar tan preparados. Una copia de este libro de texto sería un buen regalo para los graduados que solo utilizaron el libro para el estudiante y plantearía un gran desafío para que ellos continúen capacitando pastores y líderes de iglesias.

4. *Biblias*: Enfatiza que la Biblia es el libro de texto principal y fundamental para formar pastores y asegúrate de que todos los graduados tengan una copia de una buena Biblia de estudio en su idioma cuando esté disponible.

Enseñar en equipos

1. *El humor puede comunicar mal*: Algunas veces, el humor se usa como una burla amigable entre los miembros del personal de una iglesia en Estados Unidos. Puede ser común que durante los anuncios del domingo por la mañana o incluso, durante el sermón, intercambien comentarios mordaces. Pero cuando los equipos hacen esto entre ellos en un campo misionero, el que hace la broma puede hacer reír al otro, pero no comunica el mensaje deseado. Tal vez hizo una broma sobre lo aburrido que es el maestro del equipo que habló antes que él, o puede reírse del tema tratado, de los líderes políticos del país, de la comida, del alojamiento o incluso de su propia esposa, sencillamente para relajar el ambiente

y todo en son de risa. Aunque los alumnos *puedan reírse* debido a lo incómodo del momento, también pueden pensar que lo decía en serio. Esto puede degradar la opinión que tienen de los demás maestros que fueron ridiculizados y pensar que no son adecuados o que son aburridos. Pueden ofenderse porque el maestro se burló del líder de su país, sentirse avergonzados por haber provisto una comida y un alojamiento pobres, o pueden tener dudas sobre el estado del matrimonio de este maestro que ha hablado en público sobre su esposa de una manera desdeñosa.

2. *Opiniones alternativas o desacuerdos*: Cuando tienes una opinión diferente respecto a algún punto que enseña otro maestro, no lo digas en el momento, en especial si no se trata de un punto doctrinal esencial. Si se refiere a una verdad cristiana fundamental que no se puede comprometer, entonces, sin falta convérsalo con el maestro luego de la clase. Es posible que accidentalmente se haya equivocado y esté dispuesto a corregir el error al día siguiente. Si tiene un error doctrinal y se niega a corregirlo, convérsalo después con el líder del equipo. Pero cuando contradices innecesariamente la instrucción de un maestro y ofreces una opinión diferente sobre algún punto, les comunicas a los alumnos que en realidad nadie conoce toda la verdad y que el equipo simplemente da opiniones. Los alumnos que no están tan bien versados teológicamente, pueden extender esta impresión a toda la enseñanza. Esto diluiría la fuerza de la enseñanza y se sospecharía de todo el programa. Recuerda que la percepción es la realidad y si ellos perciben que ni siquiera el equipo sabe lo que la Biblia enseña, perderán la confianza.

Apéndice 2

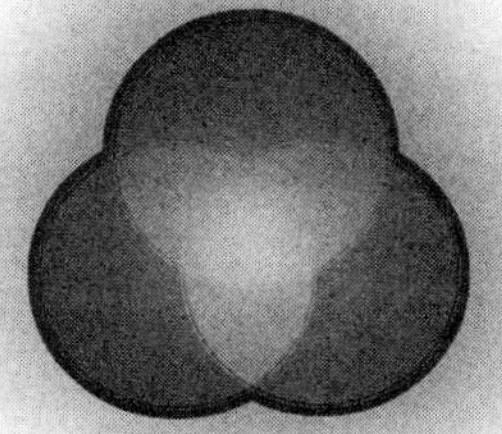

El rol de la mujer

Esto no pretende ser un estudio profundo de los roles que puede desarrollar la mujer en el ministerio cristiano, ni tampoco se lo debe considerar como un apoyo sólido al debate sobre la complementación opuesta al igualitarismo. Más bien, este apéndice sirve meramente para establecer la perspectiva fundamental del diseño de este programa de capacitación y las presuposiciones que se asumen para posturas doctrinales. En resumen, el propósito de este apéndice es explicar el rol de la mujer pensando en el uso de este material.

Dios ha usado con poder a mujeres en los ministerios de las iglesias locales, en las misiones y en la capacitación de sucesivas generaciones de cristianos durante siglos. Las páginas de la historia de las misiones están llenas de nombres de mujeres piadosas a quienes Dios usó poderosamente, como sucede con las páginas de la Escritura. En la historia evangélica cristiana, rápidamente nos vienen a la mente mujeres piadosas como Susannah Wesley, Gladys Aylward, Ann Judson, Isobel Kuhn, Betty Stam, Mary Slessor, Amy Carmichael, Lottie Moon, Annie Armstrong, Corrie Ten Boom, Rachel Saint y Elisabeth Elliot, entre muchas otras a quienes Dios usó poderosamente.

En épocas más recientes, pensamos en mujeres como Nancy DeMoss Wolgemuth, Priscilla Shirer, Kay Arthur y Beth Moore, con quienes la Iglesia tiene una profunda deuda. Nadie podría dudar del valor de los ministerios de estas mujeres y de cómo han hecho avanzar el reino con tanta fidelidad. Además de estos nombres más conocidos, añadimos los nombres de las esposas y madres que han trabajado para proporcionar hogares piadosos y han criado hijos en el temor y la amonestación del Señor.

Existen innumerables maneras en que las mujeres pueden servir a Dios y a la Iglesia. Esto es algo indiscutible a lo cual unimos nuestros corazones con gratitud. Las presuposiciones sobre las cuales se ha desarrollado este plan de estudios abraza de todo corazón el valor de las mujeres en los ministerios a los cuales Dios las ha llamado y para los cuales las ha capacitado. Fe y Mensaje Bautistas 2000 afirma claramente nuestra posición respecto a los roles de los hombres y las mujeres en el ministerio de la iglesia local: «Aunque tanto los hombres como las mujeres están dotados para el servicio en la iglesia, el oficio de pastor se limita a los hombres, tal como lo restringe la Escritura». No basamos nuestra creencia en una posición doctrinal de una denominación ni en su declaración de fe, sino más bien en la enseñanza bíblica que ella refleja. Dios nos enseña específicamente a través de los escritos de Pablo en 1 Timoteo 2:12 y 1 Corintios 14:34 que una mujer no debe ejercer autoridad espiritual sobre un hombre, que sería el caso si cumpliera la función de pastor o les enseñara a los hombres. No aceptamos como válido el argumento que aduce que Pablo solo hablaba de la realidad cultural de su época. Él basa la explicación de esta posición en el orden creacional, que no cambia (1 Tim. 2:13-14). Pablo también enumera en los requisitos de un anciano que debe ser marido de una sola mujer (1 Tim. 3:2). Como nuestra postura es que las mujeres no deben ser ancianas ni pastoras de una iglesia, no las enviamos a enseñarles a los pastores en tareas de corto ni largo plazo.[1]

[1] No obstante, las mujeres pueden asistir a nuestras clases ya sean la esposa de un pastor, una laica o líder en su iglesia, o si se la considera la pastora en su iglesia. Deseamos enseñar a todos los que asistan con una mente y una Biblia abiertas.

Sin embargo, las oportunidades para que las mujeres sirvan en la iglesia son tan vastas y variadas como lo es el llamamiento de Dios a sus vidas. Algunas van al campo misionero con sus esposos, que sirve como maestro principal de los pastores. Su rol sobrepasa el mero apoyo a su ministerio, aunque ese rol tampoco debería menospreciarse. Ningún hombre casado puede hacer lo que hace —o hacerlo tan bien y con tanta libertad como lo hace— sin el apoyo de su esposa. En la medida en que ella se una al ministerio de su esposo tal como ha sido llamada y equipada para hacerlo, el Señor lo verá y la bendecirá. Pero existen muchas otras maneras en que las mujeres pueden servir ya sea que estén casadas o no. Aquí tenemos una larga lista de maneras en que las mujeres casadas y solteras pueden servir en las iglesias locales y en las misiones utilizando el programa de estudio de *Corazones, mentes y manos*, aunque de ninguna manera, esta lista es exhaustiva.

- Clases de instrucción y discipulado para mujeres indígenas
- Formación de las esposas de pastores indígenas
- Discipulado personal de otras mujeres
- Clases de instrucción y discipulado para adolescentes
- Programas de estudio para pequeños grupos de mujeres
- Discipulado de mujeres en ministerios carcelarios
- Ministerios radiales para enseñar la Biblia a mujeres que carecen de oportunidades para asistir a clases fuera de su hogar
- Enseñanza para mujeres basada en Internet

Dios sigue avanzando con el evangelismo y el discipulado en áreas donde los métodos misioneros tradicionales no son efectivos. Él no está atado por las limitaciones de los esfuerzos de los hombres. Donde los hombres fallan, Él suele usar el testimonio y la enseñanza de las mujeres para hacer cumplir Su voluntad.

Muchos conocen la historia del martirio de Jim Elliot, Pete Fleming, Nate Saint, Ed McCully y Roger Youderian en la selva ecuatoriana en enero de 1956 a manos de la tribu de los huaoranis, pero pocos recuerdan el siguiente capítulo de la historia. Estos hombres fueron asesinados sin siquiera haber mencionado el nombre de Jesús. Los huaoranis supusieron que eran caníbales y que, por lo tanto, representaban una amenaza para sus vidas y las de sus familias. Entonces, los mataron. Fin de la historia.

Meses después, a través de contactos providenciales entre mujeres huaoranis, Rachel Saint, la hermana del piloto Nate Saint y Elisabeth Elliot, la viuda de Jim, estas dos misioneras fueron invitadas a ir a vivir entre ellos junto con Valerie, la hija de Jim y Elisabeth. Para abreviar esta fascinante historia, muchos en aquel grupo de huaoranis llegaron a conocer al Señor a través de su testimonio y el de Dayuma, una huaorani que había escapado años atrás y se había hecho amiga de Rachel y seguidora de Jesús. A estas mujeres no se las veía como una amenaza; parecía ridículo que pudieran matar y comerse a los poderosos hombres de la tribu huaorani. No solo no mataron a las mujeres, sino que les dieron casas donde vivir, comida y una apertura al evangelio. Estas mujeres, Elisabeth, Rachel, Dayuma y la pequeña Valerie de tres años, pudieron lograr por la gracia de Dios lo que cinco fuertes misioneros —y decenas de otros hombres antes que ellos— no pudieron.

En la bien conocida historia del crecimiento de la Iglesia en Corea, Dios no solo usó poderosamente a las mujeres para hacer avanzar el cristianismo, sino que una vez más, las usó en maneras que jamás hubiera podido usar a los hombres. Yeong Liptak narró la historia de Mujeres Coreanas de la Biblia y explicó que a fines del siglo XIX y principios del siglo XX, en el momento en que el cristianismo evangélico estaba entrando y abriendo caminos en el país, a las mujeres se las marginaba en extremo, tanto por ser analfabetas como porque sus roles las mantenían virtualmente confinadas dentro de sus hogares. Los misioneros varones, por supuesto, no tenían acceso a ellas y así, las mujeres permanecieron como un segmento menos alcanzado y sin discipulado en la sociedad coreana. Liptak explica:

> Las primeras Mujeres de la Biblia participaron de diversas tareas relacionadas con el evangelismo. Algunas de ellas viajaban por la nación para compartir el evangelio y distribuir la Biblia y literatura cristiana. Como la mayoría de

> las mujeres coreanas eran analfabetas, las Mujeres de la Biblia enseñaron a muchas a leer, para que pudieran leer los tratados del evangelio y la Biblia. Los esfuerzos de estas mujeres aumentaron el alfabetismo femenino y esto tuvo un profundo efecto en la transformación social de las mujeres coreanas.[2]
>
> Cuando comenzó la expansión del evangelio y del protestantismo en la sociedad coreana, las mujeres siguieron siendo una clase social desfavorecida; se les negaba la libertad y los derechos humanos básicos en una sociedad tradicional. A medida que las mujeres coreanas encontraron a Cristo, hallaron la liberación de la esclavitud, lo que produjo diversos efectos. Principalmente, el evangelio significó la liberación del poder del pecado.[3]

Hoy, en muchos países del mundo, especialmente entre grupos indígenas, la descripción de las mujeres coreanas continúa siendo una realidad. Solo las mujeres tienen libre acceso a otras mujeres en las culturas indígenas y musulmanas, además de muchas otras.

Por la gracia de Dios, el impacto de las Mujeres Coreanas de la Biblia a comienzos del siglo XX es una de las razones principales por las que: «En 1900, solo el 1% de la población del país era cristiana, pero en gran parte por el esfuerzo de los misioneros y las iglesias, el cristianismo ha crecido rápidamente en Corea del Sur durante el siglo pasado. En 2010, aproximadamente tres de cada diez coreanos del sur eran cristianos, incluyendo los miembros de la iglesia pentecostal más grande del mundo, Iglesia del Evangelio Completo de Yoido, en Seúl».[4] Imagina si las mujeres

---

[2] Yeong Woo Liptak, «Bible Women: Evangelism and cultural transformation in the early Korean church» dissertation for Doctorate of Philosophy (Louisville, KY: Southern Baptist Theological Seminary, 2014), 3.

[3] Ibíd., 3-4.

[4] Phillip Connor, «6 facts about South Korea's growing Christian population», página consultada el 24 de mayo de 2016. http://www.pewresearch.org/fact-tank/2014/08/12/6-facts-about-christianity

hoy fueran a otras mujeres en el mundo, especialmente a las culturas indígenas y musulmanas donde se suele marginar a la mujer, evangelizaran y discipularan, tal vez con clases de alfabetización o de enseñanza de otro idioma como métodos iniciales para reunir oyentes. Las mujeres que se han convertido en creyentes discípulas pueden continuar saliendo, de amiga a amiga, de casa en casa, durante las tareas de la vida cotidiana, pero a la vez compartiendo el evangelio con sus esposos, hijos, familias extendidas, amigos y vecinos, y discipulando a quienes ganan» para que estos también puedan enseñar a otros (Deut. 6:4-7; 2 Tim. 2:2; Tito 2:3-5).

-in-south-korea.

Apéndice 3

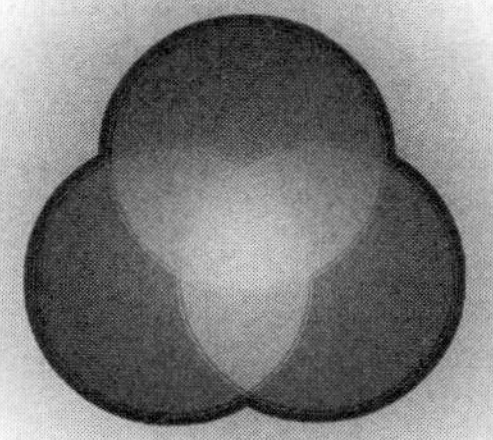

Declaración de la Junta de Misiones Internacionales sobre eclesiología[1]

Junta de Misiones Internacionales.
Definición de iglesia, 25 de enero de 2005

La definición de iglesia local se da en Fe y Mensaje Bautista, edición del año 2000:

Una iglesia del Nuevo Testamento del Señor Jesucristo es una congregación local y autónoma de creyentes bautizados, asociados por un pacto en la fe y la comunión del evangelio; que cumple las dos ordenanzas de Cristo, se rige por Sus leyes, practica los dones, derechos y privilegios conferidos a ellos por Su Palabra, y procura extender el evangelio hasta los confines de la tierra.

Cada congregación opera bajo el señorío de Cristo a través de procesos democráticos. En tal congregación cada miembro es responsable ante

[1]Esta declaración está disponible por la Junta de Misiones Internacionales, página consultada el 24 de mayo de 2016. http://www.imb.org/updates/storyview.aspx?storyID=3838.

Cristo como Señor, y rinde cuentas ante Él. Sus autoridades bíblicas son pastores y diáconos. Aunque tanto hombres como mujeres están capacitados para servir en la iglesia, la función de pastor está limitada a los hombres, en conformidad a la Escritura.

Directrices

Creemos que cada iglesia local es autónoma, bajo el señorío de Jesucristo y la autoridad de Su palabra infalible. Esto se cumple tanto en el extranjero como en Estados Unidos. Algunas iglesias con las que nos relacionamos en el extranjero pueden tomar decisiones con respecto a la doctrina y la práctica que nosotros no tomaríamos. Sin embargo, somos responsables ante Dios y los Bautistas del Sur del fundamento que ponemos cuando plantamos iglesias, de la enseñanza que impartimos cuando capacitamos a los líderes de la iglesia, y de los criterios que utilizamos cuando consideramos las iglesias. En nuestro ministerio de plantación de iglesias y enseñanza, procuramos establecer un fundamento de creencias y prácticas que sean coherentes con la Fe y Mensaje Bautista 2000, aunque las iglesias locales en el extranjero pueden expresar esas creencias y prácticas de diferentes maneras, de acuerdo a las necesidades de su entorno cultural. A partir de la definición de iglesia, dada anteriormente, y basados en la Escritura de donde se deriva esta definición, observaremos las siguientes directrices en la plantación de iglesias, capacitación del liderazgo e informes estadísticos.

1. Una iglesia es intencional en cuanto a ser iglesia. Los miembros se piensan como iglesia. Ellos están comprometidos el uno al otro, y con Dios (asociados por un pacto), a seguir todo lo que la Escritura requiere de una iglesia.

2. Una iglesia tiene una membresía identificable de creyentes bautizados en Jesucristo.

3. Una iglesia practica el bautismo de los creyentes solamente mediante la inmersión de estos en agua.

4. Una iglesia practica la Cena del Señor regularmente.

5. Bajo la autoridad de la iglesia local y de su liderazgo, los miembros pueden ser designados para llevar a cabo las ordenanzas.

6. Una iglesia se somete a la palabra infalible de Dios como la máxima autoridad para todo lo que cree y hace.

7. Una iglesia se reúne regularmente para la adoración, la oración, el estudio de la Palabra de Dios y la comunión. Los miembros de la iglesia se ministran unos a otros según sus necesidades, se rinden cuentas mutuamente, y ejercen la disciplina de la iglesia, según sea necesario. Los miembros se animan unos a otros y se edifican el uno al otro en la santidad, la madurez en Cristo y el amor.

8. Una iglesia abraza su responsabilidad de cumplir la Gran Comisión, tanto a nivel local como a nivel mundial, desde el principio de su existencia como iglesia.

9. Una iglesia es autónoma e independiente, bajo el señorío de Jesucristo y la autoridad de Su Palabra.

10. Una iglesia tiene líderes identificables, que son examinados a fondo y apartados para el servicio de acuerdo a los requisitos enunciados en la Escritura. Una iglesia reconoce dos funciones bíblicas de liderazgo de la iglesia: pastores/ancianos/obispos y diáconos. Aunque tanto hombres como mujeres están capacitados para servir en la iglesia, la función de pastor/anciano/obispo está limitada a los hombres, en conformidad a la Escritura.

Apéndice 4

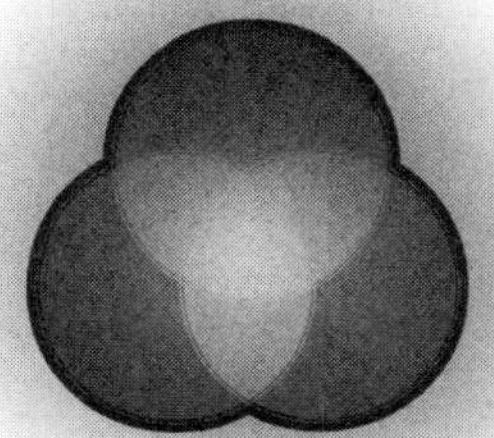

Cómo enseñar *Corazones, mentes y manos* en contextos orales[1]

Uno de los desafíos de formar pastores en el mundo es el acceso. Muchos pastores que necesitan con desesperación una capacitación pastoral no tienen forma de adquirirla porque los seminarios suelen establecerse en las ciudades donde están los profesores, y donde hay alojamiento y empleo para los alumnos. Por desgracia, los pastores que necesitan capacitación viven por todo el país, en granjas, en pueblos pequeños sobre la ladera de una montaña, en comunidades de la jungla o en algún otro lugar remoto y alejado de la ciudad. Otros carecen de acceso debido a su trasfondo limitado de educación. La mayoría de los seminarios requieren al menos un diploma de escuela secundaria, si no un título universitario, para poder inscribirse, y muchos de los que necesitan esta capacitación nunca terminaron la escuela secundaria… en algunos casos, ni siquiera terminaron la primaria.

El sistema *Theological Education by Extension* [Educación teológica por extensión] se ha abocado a resolver este dilema durante muchos años,

[1] Este apéndice da por sentado el contexto y la enseñanza sobre la oralidad en el módulo 7, que debería leerse en su totalidad antes de leer y aplicar este anexo.

llevando educación a la gente que la necesita, en lugar de exigir que las personas vayan a un determinado lugar. Descubrieron una manera de capacitar a las personas correctas y de la manera adecuada. Sin embargo, todavía hay una brecha importante para acceder a esta formación. Muchos no pueden acceder a la educación teológica ni a la formación pastoral porque no saben leer, o no leen lo suficientemente bien como para seguir los argumentos de los autores y redactar trabajos de investigación. El modelo *Corazones, mentes y manos* que tienes en tu posesión se ha enseñado en un formato oral durante años. Los pastores que aprenden en mayor o menor medida de manera oral pudieron recibir la educación que necesitaban en una forma comprensible y se capacitaron para enseñar a otros en sus iglesias.

Hacer los ajustes necesarios para formar a los alumnos orales que quieren ser pastores no es cuestión de simplificar el contenido, como algunos podrían esperar. En cambio, implica algo mucho más difícil. Es necesaria una formación integral y conocer el material al dedillo, ya que tendrás que enseñárselo a los alumnos. En la educación tradicional, requerimos que los alumnos lean libros, hagan tareas y elaboren trabajos de investigación, sabiendo que el mismo proceso les proveerá parte de la información que necesitan. En contextos orales, lo que sale de la boca del profesor es la única información que recibirán los alumnos. Debes conocer el contenido lo suficientemente bien como para condensarlo a un formato oral y enseñárselo a los alumnos en un estilo principalmente oral y en una manera que puedan entender, recordar y reproducir. Si falta cualquiera de los últimos tres aspectos, el proceso de educación terminará en el alumno. Nuestro objetivo es que puedan entrenar a otros que, a su vez, capaciten a otros más.

Para los que se educaron en un contexto sumamente culto y quizás solo han enseñado en ese mismo contexto, hacer los ajustes para enseñar en forma oral puede presentar un desafío. Esa es la principal razón por la cual la capacitación y un discipulado profundo han quedado inconclusos en muchas partes del mundo. Hay misioneros que se dieron por vencidos después de fracasar en varios intentos de enseñar usando modelos occidentales clásicos. Aunque ayudaron a varias promociones de estudiantes a graduarse, ninguno usó lo que le enseñaron ni se lo enseñó a otros. No se habían hecho los ajustes difíciles. ¿Cuáles son algunos de los ajustes que debes recordar? Aquí vamos:

1. Como en cualquier contexto de aprendizaje donde se enseña a adultos, recuerda la palabra «andragogía». Ten presente que tus estudiantes son adultos que saben que necesitan capacitarse y tienen una motivación intrínseca para estar en las clases. Es importante preservar su dignidad y no estructurar el ambiente de aprendizaje de maneras que podrían avergonzarlos.

2. Como se trata de alumnos principalmente orales, se sentirán intimidados ante la instrucción de la página impresa, o al tener que aprender en ambientes donde se exige la lectoescritura. La mejor opción puede ser que el libro permanezca fuera de la vista. Si te has preparado bien, puedes enseñar todos los principios de este texto aunque los alumnos sean analfabetos.

3. Seguramente, habrás notado varias instancias de repetición en este libro. No solo es inevitable; es preferible. Utiliza la repetición espaciada en tus clases y repasa lo que ya se enseñó. En el caso de los alumnos principalmente orales, la repetición de ideas y conceptos enfatiza la importancia.

4. Muchos misioneros equiparan los contextos orales de aprendizaje con el método de narración cronológica bíblica (CBS, por sus siglas en inglés). El CBS es una de las mejores maneras de instruir a las personas en este contexto, pero no es la única. Los alumnos orales no necesitan de una historia para aprender; no obstante, las historias son fáciles de entender, recordar y trasmitir, y estos tres elementos son siempre nuestro objetivo.

5. El CBS facilita la comunicación del relato redentor de la Biblia, al contar historias con relevancia cultural en el mismo orden en que

Dios nos las dio en la Biblia, mientras que ayuda a desarrollar una cosmovisión bíblica. Sin embargo, el CBS es más necesario cuando no hay ninguna comprensión de la Biblia o el evangelio. Una vez que se establecieron estas cuestiones, las historias pueden usarse de manera eficaz como punto de referencia, en lugar de relatar todas las historias una tras otra, desde el principio hasta el final de la Biblia.

6. Otra manera de enseñar en estos contextos es mediante preguntas y respuestas, ya sea en la forma de catecismo o de manera interactiva, al proveer pequeñas cantidades de información, preguntarle a la clase qué acabas de decir y luego seguir comunicando y preguntando a medida que amplías el panorama; así, de manera acumulativa, se llega a enseñarles lo que pueden recuperar y repetir a demanda.

7. Es eficaz tener un punto principal en la lección o sesión (una especie de «conexión»), para poder colgar de esta premisa todo el resto del contenido de la lección. Puedes preguntar: «¿Quién te creó?». La respuesta es: «Dios me creó». Después, quizás dediques una hora o más a enseñar sobre la «conexión» de que Dios me hizo, explorando lo que significa y el impacto que debe tener en mi relación con Él y con los demás.

8. Al evaluar lo que los alumnos han aprendido en estos contextos, es necesario hacerlo en forma oral, ya que no se pueden realizar pruebas escritas. Para enseñarles información que deben recordar y trasmitir, lo más eficaz es que traigan a una persona a clase a la que le hayan enseñado, y le permitan repetir la lección. De esa manera, sabrás que han aprendido, que saben enseñar, que están enseñando y que sus alumnos están aprendiendo y recordando, y también saben trasmitir lo aprendido.

9. La realidad es que, en el contexto de la formación pastoral, hay pocas clases que consistan de un 100% de alumnos principal-

mente orales. Sí existen culturas como esas en el mundo que necesitan escuchar el evangelio; y el CBS y otras herramientas de la oralidad son sumamente eficaces para esto. Sin embargo, cuando las iglesias ya se han establecido y han madurado lo suficiente como para designar sus propios pastores y pedir que alguien vaya a capacitarlos, la alfabetización ya es un modelo instalado entre ellos. Las opciones de capacitación del gobierno y las ONG logran que los jóvenes aprendan a leer y escribir, y a hablar el idioma del lugar (o el idioma dominante de la cultura que se usa en la educación), al punto que la oralidad absoluta y los idiomas minoritarios se encuentran en su forma pura solo entre las personas más ancianas. Pero, como este proceso no es completamente oral hoy y 100% alfabetizado mañana, en la mayoría de las clases, hay distintos niveles de lectoescritura.

10. En los ámbitos con diversos niveles culturales, lo más útil es enseñar con un estilo de «conferencia». De esa manera, los que pueden y quieren leer un libro de texto y seguir al orador o tomar notas pueden hacerlo. Los que pueden leer bien y no tienen dificultad para seguir argumentos lógicos en los bosquejos o ideas abstractas en forma de viñetas pueden leer sin tomar notas. Y otros simplemente se sientan a escuchar y obtienen la información que necesitan a medida que escuchan. Esto también responde la pregunta de cómo enseñar material didáctico no narrativo a alumnos orales.

11. No pidas a distintos miembros de la clase que lean en voz alta. Por más que usen anteojos, tengan una Biblia e incluso busquen versículos de vez en cuando, esto no garantiza que tengan la capacidad de leer un pasaje a primera vista y en voz alta delante de sus compañeros.

12. No les pidas a tus alumnos que consideren y respondan preguntas sobre conceptos abstractos como, por ejemplo: «¿Qué relación hay entre los conceptos de libertad y redención?».

13. El ministerio de Jesús puede servir de guía para saber cómo enseñar esta información en un contexto principalmente oral. Cultivar una relación con los alumnos es de mucha ayuda. Así como la evangelización es más eficaz en el contexto de una relación personal, formar a pastores que aprenden desde la oralidad también requiere una relación. Los alumnos orales no separan la verdad del que presenta la verdad. Al tomar los temas del corazón, la mente y las manos de cada módulo y enseñárselos sin pedirles que lean o escriban, los estás instruyendo mientras transmites vida, tal como hacía Jesús.

Que tus discípulos puedan entender, recordar y repetir todo lo que les has enseñado.

Apéndice 5

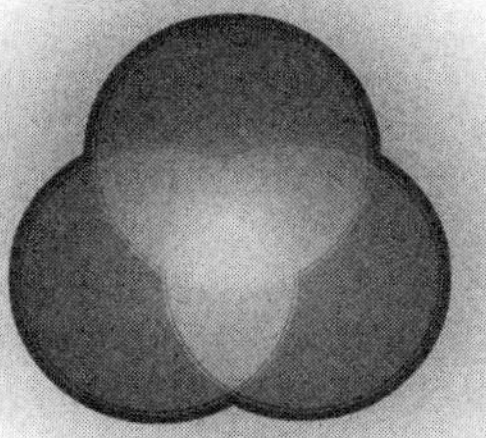

Cómo usar *Corazones, mentes y manos* para el discipulado

Discipular a otros es uno de los fundamentos del cristianismo; es la forma en que los demás se capacitan para seguir extendiendo el evangelio de maneras fieles a la Biblia. El discipulado es obediencia pura. Nunca hace falta que te preguntes si será buena idea discipular a alguien. La Biblia deja en claro que todos los creyentes tienen que discipular a otros y enseñarles qué implica ser un discípulo y cómo discipular. El discipulado que trasmite vida es enseñarles a los que te siguen lo que aprendiste del Señor y de otros que te antecedieron.

El mandamiento bíblico de discipular a otros se manifiesta con mayor claridad en el centro de la Gran Comisión, cuando Jesús declaró: «Por tanto, id, y haced discípulos» (Mat. 28:19). En algunos idiomas, la Gran Comisión parece mandar principalmente que vayamos, bauticemos o enseñemos. Sin embargo, el verbo imperativo en la comisión de Cristo es «hacer discípulos». Este mandamiento específico viene después de Su declaración de que toda autoridad le fue dada en el cielo y en la tierra. Con Su autoridad, nos manda y, revestidos de esta autoridad, nosotros obedecemos. Es más, podemos estar seguros de que algo anda mal en nuestra vida cristiana si no estamos obedeciendo lo que Jesús mandó.

> ¿Por qué me llamáis, Señor, Señor, y no hacéis lo que yo digo? (Luc. 6:46)
>
> Si me amáis, guardad mis mandamientos. (Juan 14:15)
>
> Y decía a todos: Si alguno quiere venir en pos de mí, niéguese a sí mismo, tome su cruz cada día, y sígame. Porque todo el que quiera salvar su vida, la perderá; y todo el que pierda su vida por causa de mí, éste la salvará. (Luc. 9:23-24)
>
> Y el que no lleva su cruz y viene en pos de mí, no puede ser mi discípulo. [...] Así, pues, cualquiera de vosotros que no renuncia a todo lo que posee, no puede ser mi discípulo. (Luc. 14:27,33)
>
> Lo que has oído de mí ante muchos testigos, esto encarga a hombres fieles que sean idóneos para enseñar también a otros. (2 Tim. 2:2)

Lo llamamos «Señor» y lo amamos. Por lo tanto, deberíamos querer hacer lo que nos mandó: discipular a otros. Entonces, ¿qué nos detiene?

Discipular a otros es gravoso desde una perspectiva terrenal. No me refiero a un sentido financiero; más bien, este costo se mide según lo que demanda de cada uno de nosotros. Tampoco quiero decir que nos mantenemos ociosos por mera pereza, o que no discipulamos porque tenemos una perspectiva egoísta. Por cierto, algunos creyentes son sumamente altruistas; se sacrifican para ayudar a los menos afortunados y avanzar las causas misioneras entre los que no han sido alcanzados y discipulados. Aun así, se muestran reacios a la hora de invertir el costo personal que implica discipular a otros. Este costo incluye una gran inversión de oración, valioso tiempo, riesgo emocional y, muchas veces, nos hace más vulnerables de lo que querríamos.

A otros no los amedrentan estos desafíos; saben que deben discipular y están listos para pagar el precio, pero no saben bien por dónde empezar. Muchos creyentes no recibieron un discipulado intencional cuando se salvaron y, por lo tanto, no tienen un buen modelo que les muestre cómo empezar. No hace falta que lo compliquemos. Alguien ya te está siguiendo, está aprendiendo de ti y te considera un líder. Tal vez sea una persona joven de tu iglesia, un miembro de la familia, un amigo o un compañero de trabajo. ¿Qué les estás enseñando con tu vida? Si no son creyentes o tienen poco tiempo en la fe, tal vez estén observando tu vida para aprender de tu ejemplo.

Cuando considero la vida de un líder poderoso y popular, siempre miro a su alrededor para ver a quién está discipulando. Algunos se consideran artífices de su éxito, personas que se han esforzado para llegar adonde están y creen que los demás deberían hacer lo mismo. Por supuesto, los cristianos no deben pensar de esa manera. Recordamos que «no puede el hombre recibir nada, si no le fuere dado del cielo» (Juan 3:27) y «¿qué tienes que no hayas recibido?» (1 Cor. 4:7). Cuando lo consideramos, entendemos que hemos observado a otros y que ellos nos han enseñado, catequizado o predicado. Sin embargo, el discipulado accidental no es lo mejor.

El privilegio de discipular a otros es un gran honor. Estás formando el corazón, la mente y las manos al derramar tu vida en la de ellos. Aunque la mayoría de los creyentes discipulados no se transforman en pastores, profesores o presidentes, sí llegan a ser padres, madres, agentes de policía, plomeros, maestros de escuela o banqueros. En general, no serán ministros, sino personas comunes y corrientes que viven un cristianismo intencional e influyen, moldean y matizan las culturas y las comunidades donde viven. La cosmovisión bíblica y la formación de carácter que moldean la mente de los discípulos son una necesidad urgente para ser la sal y la luz del mundo.

Tal vez, alguien haya conseguido este manual para capacitar pastores, pero, en el camino, se haya dado cuenta de que no tiene la cantidad suficiente de candidatos a pastor como para empezar una clase. Este manual también puede servir como un primer paso para abordar esa necesidad. Úsalo como un programa básico para discipular creyentes en la formación de carácter, el conocimiento necesario y en las habilidades para ministrar a los que los rodean. Así como algunos alumnos entienden su necesidad de salvación en el transcurso de un programa de discipulado, otros escuchan el llamado de Dios al ministerio o las misiones. Con alegría, ven que el discipulado que han recibido les ha provisto las piedras angulares para la fe y la práctica. Los estudiantes discipulados pueden empezar una capacitación pastoral con el mismo programa de estudios, pero profundizar como no podrían haberlo hecho antes.

A medida que discipules usando *Corazones, mentes y manos*, concéntrate en preparar a tus discípulos para que formen a otros, en formar maestros y discipular discipuladores. Este es el patrón bíblico que vemos tanto en el modelo de Jesús como en la exhortación de Pablo (2 Tim. 2:2). No permitas que las personas que estás discipulando terminen puliendo tu ego, afianzando tu confianza y dependiendo completamente de ti para toda la sabiduría y la guía que necesitan. Es decir, no colecciones seguidores; desarrolla líderes. Esto no quiere decir que no deberían depender de ti en absoluto. Por supuesto que, al principio, dependerán de la riqueza de tu conocimiento y tu experiencia, pero, más que una dependencia o una independencia, desarrolla una interdependencia. En vez de darles todas las respuestas, provéeles la base y las herramientas para encontrar las respuestas que necesitan.

Dales ejemplo de lo que significa practicar las disciplinas espirituales, vivir la vida cristiana en cuanto a los mandamientos de «unos con otros», y aplicar bien el contenido que les enseñes. Ayúdalos a medida que comiencen a discipular a otros. Cuando estés seguro de que pueden discipular bien por su cuenta, da un paso atrás y observa cómo lo hacen. A continuación, conéctalos con otros para que puedan seguir discipulándose mientras discipulan a otros… quienes, a su vez, también pueden discipular.

¿Cómo puedes discipular a alguien?

El contenido de *Corazones, mentes y manos* puede usarse como modelo de discipulado, ya que ofrece una guía progresiva y un orden lógico de todo lo que necesita un nuevo creyente. Ted Ward, el pionero de *Theo-*

logical Education by Extension [Educación teológica por extensión o TEE], explicó este método con su analogía de un cerco de doble valla. Esta analogía ilustra a la perfección cómo usar este programa de estudio para discipular. Los postes verticales del cerco representan los módulos de instrucción o los encuentros que tienes con tu discípulo. El poste horizontal superior es el contenido cognitivo que tu discípulo aprende a medida que lee el material semana a semana, o mientras te escucha enseñar el contenido de cada sección de *Corazones, mentes y manos*. El segundo poste horizontal es su experiencia de vida y la aplicación personal de lo que está aprendiendo. El proceso es acumulativo, a medida que el discípulo aprende y practica la nueva información. Cada madera de la valla anticipa la próxima, o el siguiente encuentro de discipulado, lo cual sigue repitiéndose en la relación.

Para algunos, ha sido más útil pensar en la analogía de la vía de un ferrocarril, en lugar de un cerco. Un riel de acero representa el contenido cognitivo (en este caso, *Corazones, mentes y manos*) y el otro riel es la experiencia práctica del discípulo. Cada durmiente de madera representa los encuentros entre discipulador y discípulo. El lecho de rocas sobre el cual descansa la vía representa el contexto de la relación de discipulado y la práctica de la vida cristiana en este mundo. En estas analogías, este programa de estudio proporciona la estructura cognitiva del poste superior del cerco o de uno de los rieles de la vía férrea.

Los componentes esenciales para el proceso de discipulado son el Espíritu Santo primero, el discipulador y luego el contenido que esta persona derrama sobre los discípulos. Los tres aspectos de la vida del discípulo que esperas afectar son el carácter, el conocimiento y la conducta (ser, saber y hacer): el corazón, la mente y las manos. Cada segmento de todos los módulos de este manual representa uno de los muchos pasos que darán juntos para lograrlo. *Corazones, mentes y manos* puede ayudarte haciendo las veces de un mapa de carretera para tu viaje.

Lecturas recomendadas

Burton, Sam Westman. *Disciple Mentoring: Theological Education by Extension*. Pasadena, CA: William Carey Library Publishers, 2000.

Davis, Charles A. *Making Disciples Across Cultures: Missional Principles for a Diverse World.* Downers Grove, IL: InterVarsity Press, 2015.

Ward, Ted W. «The Rail-Fence Analogy for the Education of Leaders», *Common Ground Journal.* Otoño de 2013, vol. 11, n.º 1, 47-51.

Apéndice 6

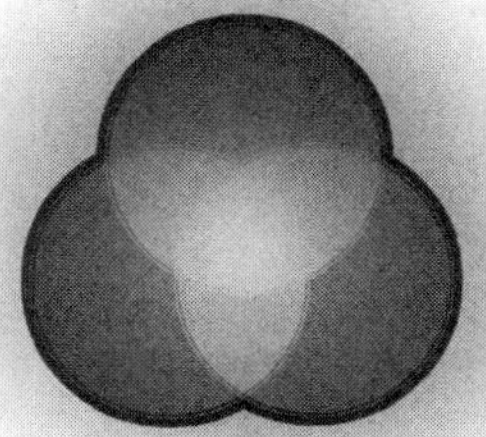

El evangelio de la prosperidad[1]

El fenómeno

«Ah, esa no es más que una iglesia comercial. Dicen que te explicarán cómo obtener dinero, pero te sacan más que nadie», me contestó una mujer brasilera cuando le pregunté sobre una iglesia mundial del «evangelio de la prosperidad» que comenzó allí. El evangelio de la prosperidad es una amenaza creciente para el verdadero cristianismo. En esencia, esta herejía enseña que Dios existe para bendecir materialmente a aquellos que recurren a Él. Los que proponen esta forma aberrante de cristianismo pretenden tener la fórmula para obtener una gran riqueza financiera en lugar de predicar las riquezas espirituales de la paz con Dios y la salvación a través de Jesucristo. En cambio, enfatizan enseñanzas tales como:

[1] Este alto nivel de enseñanza sobre el evangelio de la prosperidad debería enseñarse junto con las aplicaciones sobre ese tema de los módulos específicos que se encuentran a lo largo de este libro, incluyendo los módulos 6, 7 y 8.

> «Ser pobre es un pecado». (Robert Tilton)
>
> «Si agradamos a Dios, seremos ricos». (Jerry Savelle)
>
> «Dios quiere que Sus hijos vistan la mejor ropa, conduzcan los mejores autos y tengan lo mejor de todo; simplemente pidamos lo que necesitamos». (Kenneth Hagin, Sr.)[2]

Estos predicadores enfatizan la poderosa eficacia de las palabras de fe; creerlas tiene poder y recibirás el milagro que está en tu boca simplemente «diciéndolo y reclamándolo» en fe.

En muchísimos contextos del sur global, lo que suele pasar por cristianismo es sincretismo. Esto es una forma religiosa que puede tener el nombre, llevar la cruz y hablar sobre los conceptos del cristianismo, pero carece de contenido bíblico. El sincretismo se produce cuando se une una religión con otra y se crea una tercera: una que no es ni la primera ni la segunda. Puede usar muchas de las mismas palabras y prácticas del cristianismo, pero se construye sobre algo diferente a la salvación por gracia a través de la fe en Cristo.

La mayoría de los pueblos del mundo tenían religiones tradicionales mucho antes de que se les presentara el cristianismo, y solían presentarse como cultos de milagros. Cuando necesitabas sanidad, éxito en la cosecha o protección de los enemigos (reales o espirituales), los viejos sistemas paganos de creencias proporcionaban una respuesta. Al llegar el cristianismo, siempre se encontraba un camino natural para el sincretismo entre la antigua religión y todo aquello que en la nueva sirviera para las funciones de la anterior. Por ejemplo, a medida que el cristianismo avanzó con la expansión colonial, las culturas indígenas tomaron aspectos del catolicismo y les dieron nuevos significados; la virgen María y los nombres de los santos reemplazaron a los espíritus, y el catolicismo se convirtió en su culto milagroso. No existía una verdadera relación con Dios; solo se

---

[2] Citado en el artículo por Sugel Michelén, página consultada el 24 de mayo de 2016. http://9marks.org/article/journalwhy-prosperity-gospel-attractive.

lo veía como el dador del bien y el que protegía del mal. Posteriormente, las concentraciones en los estadios, las reuniones de sanidad, los ministerios de liberación y el evangelio de la prosperidad reemplazaron a ese sincretismo con un nuevo culto de milagros.

Donde existe una gran pobreza, es típico encontrar la enseñanza de la prosperidad; se convierte en una forma de teología de la liberación. Se declara que Dios ha hecho promesas de bendecir a los pobres para convertirlos en ricos, y todo el que sepa cómo reclamar estas promesas, puede lograr que Él las cumpla. En muchos lugares a los que he ido en África y América Latina, esta herejía ha ahogado por completo la verdad. En algunas regiones, los carteles a los costados de las rutas les hacen propaganda a estos ministerios y aseguran que Dios bendecirá y multiplicará la semilla de las ofrendas de dinero diez veces más. Tristemente, los que más necesitan dinero se aferran a esta débil esperanza que se alienta en estas proclamas. Reúnen su dinero y lo dan como semillas monetarias para mostrar su fe.

La herejía del evangelio de la prosperidad es un fenómeno global. Es popular en Estados Unidos, en los ministerios de Joel Osteen, T.D. Jakes, Creflo Dollar, Kenneth Copeland y Benny Hinn, y alrededor del mundo en los ministerios de Cash Luna, *El ministerio del reino de Jesús* de Guillermo Maldonado y *La Iglesia Universal del Reino de Dios (Pare de sufrir)*.

La postura bíblica

Jesús enseñó: «No podéis servir a Dios y a las riquezas» (Luc. 16:13) y: «Otra vez os digo, que es más fácil pasar un camello por el ojo de una aguja, que entrar un rico en el reino de Dios» (Mat. 19:24). No obstante, los maestros de la prosperidad proclaman que ahora están en el mejor momento de sus vidas, con aviones de 65 000 000 de dólares, y les dicen a sus oyentes que pueden hacer lo mismo si tan solo tienen fe para creer y siembran su semilla de dinero. La trágica realidad es que «el 71% de la población mundial permanece con bajos ingresos o en la pobreza, y viven con diez dólares al día o menos, según a un nuevo informe de *Pew Re-*

search Center».[3] *Global Issues* informó: «Al menos 80% de la humanidad vive con menos de diez dólares al día».[4] Aquí tenemos tan solo algunas amonestaciones bíblicas que sirven para desalentar esta enseñanza.

Uno de los requisitos pastorales que enumera Pablo es el de ser «no codicioso» (1 Tim. 3:3).

> Sean vuestras costumbres sin avaricia, contentos con lo que tenéis ahora... (Heb. 13:5).

> ... porque raíz de todos los males es el amor al dinero, el cual codiciando algunos, se extraviaron de la fe, y fueron traspasados de muchos dolores (1 Tim. 6:10).

> Jesús dijo: «Mirad, y guardaos de toda avaricia; porque la vida del hombre no consiste en la abundancia de los bienes que posee» (Luc. 12:15).

> Jesús también enseñó: «No os hagáis tesoros en la tierra, donde la polilla y el orín corrompen, y donde ladrones minan y hurtan» (Mat. 6:19).

Es absolutamente incomprensible que los predicadores de la prosperidad puedan promover programas de prosperidad personal a la luz de enseñanzas tan claras.

Los errores de los predicadores de la prosperidad se agravan cuando reinterpretan la verdad bíblica y redefinen los términos bíblicos para beneficio de sus egoístas programas financieros. David W. Jones expone cinco errores:[5]

---

[3] Tami Luhby, «71% of the world's population lives on less tan $10 a day», página consultada el 24 de mayo de 2016. http://money.cnn.com/2015/07/08/news/economy/global-low-income.

[4] Anup Shah, «Poverty Facts and Stats», página consultada el 24 de mayo de 2016. http://www.globalissues.org/article/26/poverty-facts-and-stats.

[5] David W. Jones, «5 Errors of the Prosperity Gospel», página consultada el 24 de mayo de 2016. https://www.thegospelcoalition.org/article/5-errors-of-the-prosperity-gospel.

1) El pacto abrahámico es un medio para tener beneficios materiales (Gál. 3:14).
2) La expiación de Jesús se extiende al «pecado» de pobreza material (2 Cor. 8:9).
3) Los cristianos dan para obtener una compensación material de Dios (Mar. 10:30).
4) La fe es una fuerza espiritual autogenerada que conduce a la prosperidad.
5) La oración es una herramienta para obligar a Dios a otorgar prosperidad (Sant. 4:2).

Cómo deberíamos ver a estas iglesias

Nunca deberíamos considerarnos los jueces definitivos para decidir quién se salva y quién no, quién puede ir al cielo y quién debe ir al infierno. D.L. Moody escribió: «Se ha dicho que habrá tres cosas que nos sorprenderán cuando lleguemos al cielo: una, encontrar allí a muchos que no esperábamos ver; otra, no encontrar allí a algunos que esperábamos ver; tercera, y tal vez la mayor sorpresa, encontrar que nosotros estamos allí».[6] Esto se hace más complicado cuando examinamos los escritos de los predicadores de la prosperidad y sus sitios web, ya que algunos coquetean con la herejía en la misma página que declaran la verdad. A nivel mundial, he descubierto que algunas iglesias pueden tener uno de los rótulos de la prosperidad, pero tienen predicadores y miembros que parecen tener una fe sólida. El diablo es lo suficientemente astuto como para no promover una herejía evidente; dejará un 99% de verdad, si puede mezclar en ella 1% de error. En el caso de los predicadores de la prosperidad y sus herejías, se necesita discernimiento espiritual y conocimiento bíblico para reconocer y rechazar a los lobos herejes disfrazados de ovejas.

Los peligros de esta herejía son tan fuertes que John Piper incluyó una sección sobre el evangelio de la prosperidad con doce fervientes

---

[6] D.L. Moody, *Heaven* (Chicago, IL: Moody Press, 1900), 30.

apelaciones a los predicadores de la prosperidad en su última edición de *Alégrense las naciones*. Piper escribió:

> Cuando hablo del «evangelio de la prosperidad» me refiero a la enseñanza que enfatiza la intención de Dios de hacer que los creyentes tengan salud y riqueza en sus vidas, mientras que pasa por alto o minimiza los peligros de la riqueza, el llamado bíblico a tener una mentalidad de guerra y la necesidad y los propósitos del sufrimiento».[7]

Cómo evitar la trampa

El evangelio de la prosperidad es una trampa devastadora. Promete protección espiritual del enemigo, que pierdes si alguna vez renuncias a la membresía o te vas de la iglesia. Cuando entras por la puerta de las bendiciones prometidas y pasas un tiempo sin recibirlas, te resulta difícil salir por miedo a la amenaza de perder tu protección en la guerra espiritual.

Los charlatanes y los engañadores han tratado de vender la Palabra de Dios para sacar rédito durante siglos. Existen tantas repeticiones de la falsa doctrina que jamás podrías conocerlas a todas. La mejor manera de prepararse es conocer la verdad de la Biblia. Sugel Michelén sugiere siete estrategias para prepararte y preparar a los miembros de tu iglesia:

1) Enséñales a leer la Biblia en su contexto. Los predicadores de la prosperidad citan la Escritura, en especial el Antiguo Testamento, pero pasan por alto los contextos generales e inmediatos de los textos que citan.
2) Presenta claramente las demandas del evangelio (Marc. 1:14-15; Hech. 2:38, 3:19, 26) y del verdadero discipulado (Mar. 8:34-37; Luc. 14:25-33; Fil. 1:29).

---

[7] John Piper, *Let the Nations Be Glad!: The Supremacy of God in Missions* (Grand Rapids, MI: Baker Academic, 2010), 19.

3) Incúlcales el espíritu de los de Berea (Hech. 17:11). Una cosa es respetar la autoridad pastoral (Heb. 13:17), pero otra muy diferente es seguir a ciegas a un líder que se aparta de las claras enseñanzas de la Escritura (Rom. 16:17-18; Fil. 3:17-19).
4) Predica las advertencias de la Biblia contra la codicia (Prov. 23:4-5; Luc. 12:15; 1 Tim. 6:6-10, 17-19; Hech. 13:5-6).
5) Enséñales que Dios es bueno, sabio y soberano en la dispensación de Sus dones. No todos Sus hijos tendrán prosperidad y salud de este lado de la eternidad, pero todos experimentarán el mismo amor y cuidado paternal, manifestados de diversas maneras para Su gloria y el bien de nuestras almas (Juan 11:3; Fil. 2:25-30; 1 Tim. 5:23).
6) Enséñales a manejar la tensión que existe al ser un hijo de Dios y vivir en un mundo caído (Juan 15:18-21; 17:14-16; Heb. 11:13).
7) Sobre todo, presenta a Cristo como la perla de gran precio, que sobrepasa infinitamente en valor a cualquier cosa pasajera que el mundo pueda ofrecer (Mat. 13:44-46; Fil. 3:7-8).[8]

[8] Sugel Michelén, página consultada el 24 de mayo de 2016. http://9marks.org/article/journal why-prosperity-gospel-attractive.

Apéndice 7

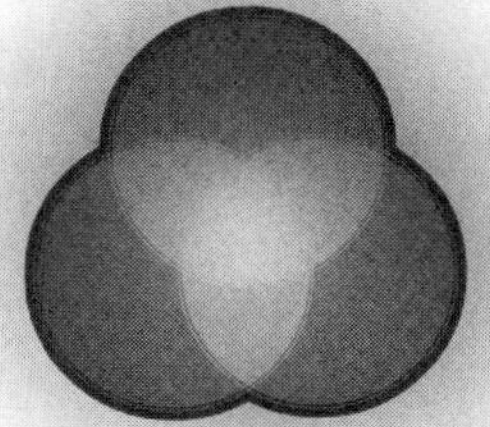

Ajustes culturales

Cuando vivíamos en América del Sur, de vez en cuando íbamos a ver una película. Prácticamente todas las películas salían primero en inglés con subtítulos en español. Me preguntaba lo que la gente allí pensaba de tener que ver películas en inglés con subtítulos en español. Descubrí que la mayoría se sentía como yo me imaginaba: contentos de ver una nueva película, pero un poco irritados. Al enseñar en el seminario, supe que muchos sentían lo mismo con respecto a los libros y programas de capacitación que simplemente eran traducidos y enviados hacia «abajo» para ellos. Además de los problemas con la calidad de la traducción, estaba el problema del contenido. La mayoría de los libros de texto y los libros sobre vida cristiana trataban aspectos de la vida en Estados Unidos, no de la cultura en la que estábamos enseñando. Esto llevó a la redacción de *Introducción a la misiología* hace unos años, un libro de texto sobre misiones escrito en español para hispanohablantes en el que yo fui coautor con otros dos escritores, y en el que se abordan cuestiones pertinentes a los contextos hispanos.

Si tú estás utilizando este recurso principalmente para capacitar a otros, este apéndice puede ser la parte más importante del libro para ti. Es absolutamente esencial ajustar el estilo de presentación para que el ministerio intercultural sea apropiado (desde la perspectiva cultural), incluso cuando al mismo tiempo te asegures de que el contenido bíblico no sea alterado. El programa de capacitación *Corazones, mentes y manos* se basa en la Biblia, la Palabra infalible de Dios, que permanece para siempre. Al ir de una cultura a otra, nosotros no cambiamos la Biblia, pero si no hacemos ajustes en las formas en las que la predicamos y la enseñamos, estamos condenados al fracaso. Llegamos a ser judaizantes modernos que le dicen a la gente que deben ser como nosotros con el fin de venir a Cristo. Ese no es el evangelio. Jesús es para todas las culturas.

Es fácil apreciar la necesidad de traducir, para que otros puedan entender lo que estamos diciendo, pero los ajustes necesarios deben ir más profundo. El mundo es el hogar de una multitud de contextos culturales, lo cual requiere ajustes únicos en cuanto a la cosmovisión, los niveles de alfabetización y la formación académica con el fin de que la gente entienda y recuerde de verdad lo que se le enseña. No hay manera de proporcionar un programa de capacitación único que esté preajustado para cada contexto, como si se tratara de una llave que abre todas las cerraduras del mundo. Hay decenas de miles de micro contextos culturales en todo el mundo, los cuales están en constante cambio, y son influenciados por patrones de migración, la urbanización, la globalización y un sinnúmero de otros factores.

Este libro no contiene planes detallados de lecciones, conferencias diarias para que las impartas o cuadernos con impresos de llenar los espacios en blanco para asignar como tarea. Los nueve libros para el estudiante que finalmente saldrán a raíz de este manual de capacitación para el profesor se asemejarán más a una guía lección por lección, pero no tendrá planes de lecciones que sirvan para todos. Una cultura puede enfatizar ciertos aspectos o necesitar respuestas a preguntas que difieren de las de otra cultura. Este manual no será así. Algunos instructores descubrirán la necesidad de profundizar más en un área particular de enseñanza, debido a los retos de las cosmovisiones religiosas, la inmigración, la poligamia o la agitación política que otra cultura no enfrenta. Preparar un libro con planes de lecciones diarias o conferencias detalladas para cada contexto cultural y cosmovisión diferentes trae a la mente las palabras del apóstol Juan: «Pienso que ni aun en el mundo cabrían los libros que se habrían de escribir».

El módulo 5 aborda el tema de la contextualización crítica, por lo que no vamos a repasar esos pasos aquí. Más bien, este apéndice hace hincapié en la necesidad de contextualizar los métodos de enseñanza. Lo que viene a continuación es más bien una guía cultural para contextualizar tus métodos de enseñanza y este programa de capacitación a tu contexto. Al considerar el diseño de un programa de capacitación pastoral en otra cultura, ponte en guardia contra la preferencia etnocéntrica del modelo de educación de tu trasfondo personal y la tendencia común a juzgar todas las otras formas como inferiores.

En las culturas occidentales, nosotros enseñamos un plan de estudios abiertamente mientras que al mismo tiempo procuramos la formación de los estudiantes con un plan de estudios oculto.[1] Mediante el plan de estudios oculto, les enseñamos cómo aprender (memorización y lectura en lugar de participación activa, y observar y hacer), cómo estar en silencio a menos que se le permita hablar, cómo pararse y caminar en filas individuales por los pasillos, cómo respetar el espacio y los derechos de otros y que el maestro es el que manda. Para cuando el estudiante llega a la escuela secundaria o la universidad, él o ella sabe cómo hacer estas cosas, utiliza una voz interior cuando es apropiado, y pide permiso para salir del aula en medio de una clase. Los estudiantes que no han estudiado en sistemas educativos occidentales pueden carecer de esta orientación.

Tipos de cultura y enseñanza

Las culturas del mundo pueden más o menos agruparse en culturas de vergüenza y honor, miedo y poder, o culpabilidad e inocencia. La cultura dominante en Estados Unidos tiende hacia una orientación de culpabilidad e inocencia. Los latinoamericanos, asiáticos y las naciones árabes musulmanes tienden hacia la vergüenza y el honor. Las culturas indígenas

---

[1] Judith E. Lingenfelter y Sherwood G. Lingenfelter, *Teaching Cross-Culturally: An Incarnational Model for Learning and Teaching* (Grand Rapids, MI: Baker Books, 2003), 18.

animistas tienden hacia el miedo y el poder. Los maestros de una orientación deben considerar la orientación cultural de los estudiantes en el grupo y ser cuidadosos para evitar que debido a sus métodos de enseñanza o de evaluación alguien sienta que hizo el ridículo o pase vergüenza.

Sarah Lanier escribió sobre los diferentes tipos de culturas que se desarrollan en culturas de clima cálido o frío.[2] Las culturas en los climas más cálidos tienden a orientarse a las relaciones, mientras que las de las zonas más frías son más orientadas a las tareas. En las culturas de clima cálido, las interacciones son afables y es importante mantener un ambiente armonioso. En las culturas de clima frío, la eficiencia, la lógica y los hechos tienen prioridad sobre los sentimientos. Los maestros de este último tipo de cultura deben ser cuidadosos de no ir directo a la materia de la enseñanza, sin tomarse el tiempo para desarrollar relaciones con los estudiantes.

En las culturas de clima cálido, los individuos son comunicadores indirectos que prefieren la verdad «diplomática» sobre la posibilidad de herir los sentimientos de otro o hacerlo sentir vergüenza. Los maestros aprenden que las preguntas directas no son eficaces y pueden ser ofensivas. Las culturas de clima frío toman la palabra de la gente sin significados ocultos y la información podrá comunicarse directamente sin que ello implique ofensa personal. Los maestros que interactúan con alumnos de la orientación opuesta deben ser sensibles a lo que dicen y cómo lo dicen.

El individualismo de las culturas occidentales contrasta con la orientación hacia la identidad del grupo de las culturas de clima cálido, lo cual es visible por todo el hemisferio sur. El colectivismo de las culturas de clima cálido sostiene que el intercambio es de esperarse, la identidad se deriva del lugar de uno en el grupo, y la gente mira con mala cara la ambición individual. Los instructores de climas fríos insisten en que cada uno debe hacer su propio trabajo y consideran que el fraude es pecaminoso. Pero en las culturas de clima cálido, no compartir una respuesta que otros necesitan en una prueba sería un error. Ellos no consideran que sea

[2] Sarah Lanier, *Foreign to Familiar: A Guide To Understanding Hot- and Cold-Climate Cultures* (Hagerstown, MD: McDougal Publishing, 2000).

fraude, sino una ayuda al grupo. Los maestros de clima frío propician las opiniones de los individuos y la competencia académica sana, las cuales pueden ser indeseables en culturas de clima cálido. Esto se ilustra con más detalle en las ideas de inclusión u orientaciones de privacidad. En las culturas inclusivas de clima cálido todos los presentes son bienvenidos, ya sea para un debate, para compartir los alimentos disponibles, o como invitados a un evento social. Las culturas inclusivas no comparten las reglas de las culturas de privacidad en relación con los temas que están prohibidos en público, por lo que las preguntas durante el tiempo de clase podrían ponerse interesantes.

Las culturas de clima cálido tienen una perspectiva sana de la hospitalidad, que se caracteriza por la espontaneidad y la generosidad. El anfitrión atiende con sus recursos a los huéspedes invitados. Los maestros provenientes de climas fríos, cuya perspectiva de la hospitalidad es más superficial, formal, planificada y limitada, deben tener cuidado al invitar gente a visitarles, si alguna vez llegan a su ciudad o país. La hospitalidad está relacionada de alguna forma con el concepto de tiempo en sus puntos flexibles de comienzo y final. Para los occidentales, que tienden hacia la orientación del clima frío, el tiempo se mide por el reloj; por ejemplo, «la clase comienza a las 8:00 a.m.». Las culturas de clima cálido con una orientación al evento, dirían que la clase no tiene por qué empezar a las 8:00 a.m., sino más bien cuando todos los que necesitan estar hayan llegado. El occidental quiere que la clase se termine y todo el mundo se vaya a almorzar precisamente las 12:00 del mediodía, pero los que tienen una orientación al evento prefieren decir que es hora de parar cuando hayan hecho todo lo que vinieron a hacer.

Sherwood Lingenfelter añade a estas ideas, al escribir que algunas culturas consideran la vida como negra o blanca, culpable o inocente, buena o mala.[3] Otros consideran el cuadro completo. El ladrón puede ser culpable de robar, pero lo hizo para alimentar a su familia hambrienta; por lo tanto, no debería ser juzgado. Algunas culturas valoran el estatus

---

[3] Sherwood G. Lingenfelter y Marvin K Mayers, *Ministering Cross-Culturally: A Model for Effective Personal Relationships*, 3ra ed. (Grand Rapids, MI: Baker Books, 2016).

en virtud del nacimiento por encima de los logros. Un hombre con varios títulos y un buen trabajo no es tan importante como un inepto perezoso, simplemente porque el perezoso es el hijo del jefe. Esto a menudo afecta el valor de la alfabetización y la educación en otras culturas. Lingenfelter explica que las culturas relacionales a menudo no son orientadas a las crisis, y no anticipan ni planifican posibles crisis, sino que toman cada día como viene. La persona orientada a las crisis ahorra para los tiempos difíciles, compra seguros, garantías del producto y estudia para las pruebas, pero nada de esto es de mucha importancia para las culturas no orientadas a las crisis.

Numerosos antropólogos han ayudado a los misioneros a entender cómo involucrarse en las culturas de manera efectiva. Para aquellos interesados en aprender más sobre el tema, les brindamos una breve lista de libros sugeridos al final de este apéndice. Por ahora, una explicación más te puede ayudar a ver las diferencias que existen y la mejor manera de hacer un puente con tu grupo, de manera culturalmente apropiada. Richard Lewis explica que las culturas tienden a identificarse más o menos con una de tres orientaciones: lineal activa, multiactiva y reactiva.

A la orientación lineal activa pertenecen aquellos en el Occidente que prefieren las tareas secuenciales, la comunicación directa, y no tienen miedo a la confrontación en las relaciones. A la multiactiva pertenecen aquellos en América Latina, el sur de Europa, los países árabes y el África subsahariana. Hablan mucho y libremente, disfrutan tener más de una actividad o conversación a la vez, valoran las relaciones y no son esclavos de un horario. A la orientación reactiva pertenecen los asiáticos y algunas culturas indígenas americanas que prefieren escuchar la verdad y responder a ella en lugar de forzar sus opiniones en primer lugar. Ellos tienden a ser más introvertidos, son expertos en la comunicación no verbal, son respetuosos con los demás, y prefieren la verdad diplomática. El siguiente gráfico coloca a muchas culturas del mundo a lo largo del triángulo de estas tres culturas.[4]

---

[4] Richard Lewis, *The Cultural Imperative: Global Trends In The 21st Century* (Boston, MA: Intercultural Press, 2002), 83.

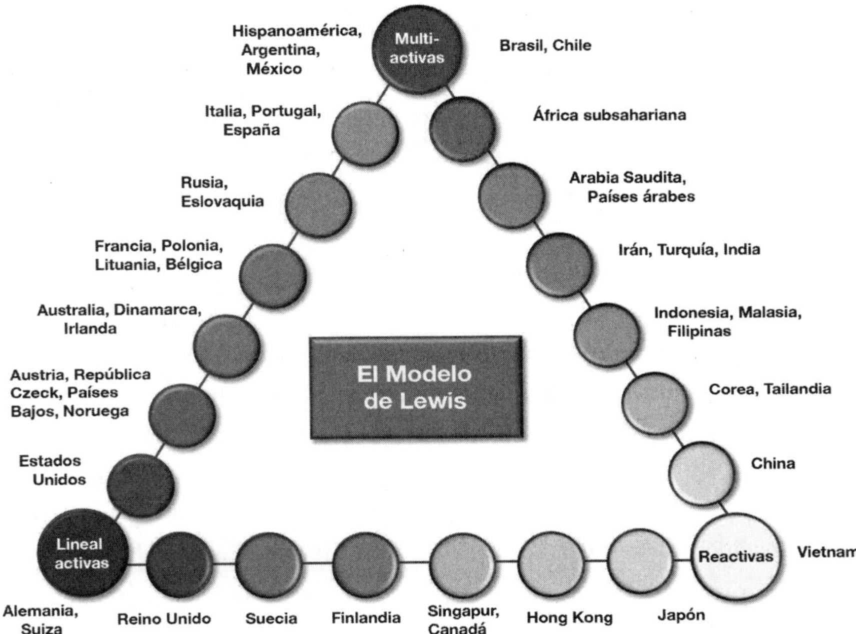

Cada cultura utiliza la comunicación no verbal de maneras únicas, al igual que cada una tiene su propio idioma con la gramática y el vocabulario. Las personas utilizan doce sistemas de señales,[5] y rara vez utilizan uno de forma aislada. Es importante utilizar los sistemas de señales en formas culturalmente apropiadas para evitar las ofensas o, en algunos casos, contradecir el mensaje deseado. Los doce sistemas para la comunicación son: verbales, escritos, numéricos, pictóricos, artefactos, auditivos (uso de sonidos y silencio no verbales), cinéticos (movimientos corporales, expresiones faciales, postura), ópticos (luz y color), táctiles (tacto y el sentido de sensación), espaciales (utilización del espacio), temporales (utilización del tiempo) y olfativos (sabor y olor). Estos pueden ser usados en una cultura de manera que signifiquen algo totalmente diferente en otra cultura. Por ejemplo, un profesor dio la espalda al grupo mientras escribía en la pizarra, sin saber que ese gesto era ofensivo y mostraba desprecio

[5] Donald K. Smith, *Creating Understanding: A Handbook for Christian Communication Across Cultural Landscapes* (Grand Rapids, MI: Zondervan, 1992).

a los estudiantes de esa cultura. Otro dio una palmadita jocosamente a un estudiante en la cabeza para indicar «buen chico», inconsciente de la profunda ofensa que causó al tocar lo que se considera la parte más sagrada del cuerpo de una persona. Del mismo modo, podríamos mencionar una letanía completa de ofensas no intencionales que implican gestos de las manos.

Un instructor occidental que enseña verdades cristianas a creyentes de trasfondo musulmán en tierras donde es ilegal cambiar de religión o evangelizar, simplemente no puede pasar por alto la cosmovisión y las realidades culturales de los estudiantes como si fueran superfluas. Maestros mestizos latinoamericanos que sirven a pastores indígenas amazónicos, misioneros quichuas que enseñan a los indios en Mumbai, profesores coreanos en Suecia, y europeos que enseñan a inmigrantes de África Occidental en París, todos ellos deben hacer ajustes culturales en sus estilos de presentación para ser eficaces. En realidad, los ajustes en el estilo de enseñanza deben ser al menos considerados antes de enseñar a otra cultura, independientemente de cuán similares o diferentes las dos culturas pueden parecer a primera vista.

La Biblia está sobre todas las culturas y nunca debe ser denunciada o criticada por nadie. Sin embargo, muchos profesores se sorprenden al descubrir que gran parte de su enseñanza (en los planes de estudio abiertos y ocultos) es impulsada por el estilo de educación que han aprendido en su experiencia personal desde la escuela primaria hasta la universidad. A menudo asumimos que nuestra manera no solo es la mejor manera, sino que es la manera cristiana, y nos sorprende saber, después de investigar, que la Biblia puede guardar silencio sobre el asunto, o incluso puede contradecir nuestra práctica. Por ejemplo, ¿quiénes deben sentarse en el aula, los profesores o los estudiantes? En la vida de Jesús, vemos que Él se sentaba para enseñar y los demás permanecían de pie. Nuestros estudiantes hacen preguntas para aprender de las respuestas de los maestros en los salones de clase, pero en Su época, a menudo Él les hacía preguntas para enseñar.

La Biblia no dice nada sobre muchos aspectos de la vida diaria, tales como qué tipo de casas debemos construir, qué tipo de zapatos ponernos o qué color de camisas debemos usar. Nuestra preferencia por las formas de educación, estilos de enseñanza, o indicadores de evaluación del aprendizaje no deben ser dictados por nuestros trasfondos. Debemos entrar a los salones de clase globales para enseñar lo que la Biblia presenta con claridad. Debemos permitir las diferencias de opinión sobre cuestiones que no están claras y permanecer en silencio cuando la Biblia permanece en silencio. Al hacer esto vamos a capacitar pastores en una forma culturalmente apropiada. Tal enfoque permite el respeto mutuo y aprender unos de otros.

El contenido de *Corazones, mentes y manos* surge directamente de la Biblia misma, pero los contextos en que lo enseñarás son tan numerosos y variados como los estudiantes que sirven en ellos. Procura ser orientado al receptor, y preguntarte siempre si lo que estás haciendo edifica u obstaculiza una relación de confianza, si tus oyentes comprenden tu enseñanza y si la reciben de una manera que la pueden recordar y repetírsela a otros. Que estas preguntas sean tus guías al capacitar a otros para que estos a su vez capaciten a otros, y que tu objetivo supremo sea ver que lo hagan para la gloria de Cristo y la edificación de Su iglesia.

Lecturas recomendadas

Lanier, Sarah. *Foreign to Familiar: A Guide To Understanding Hot- and Cold-Climate Cultures.* Hagerstown, MD: McDougal Publishing, 2000.

Lewis, Richard. *The Cultural Imperative: Global Trends In The 21st Century.* Boston, MA: Intercultural Press, 2002.

Ligenfelter, Judith E. y Sherwood G. Lingenfelter. *Teaching Cross-Culturally: An Incarnational Model for Learning and Teaching.* Grand Rapids, MI: Baker Academic, 2003.

Lingenfelter, Sherwood G. y Marvin K Mayers. *Ministering Cross-Culturally: A Model for Effective Personal Relationships,* 3ra ed. Grand Rapids, MI: Baker Academic, 2016.

Moreau, A. Scott, Evvy Hay Campbell y Susan Greener. *Effective Intercultural Communication: A Christian Perspective.* Grand Rapids, MI: Baker Academic, 2014.

Van Rheenen, Gailyn. *Communicating Christ In Animistic Contexts*. Pasadena, CA: William Carey Library Publishers, 1996.

Módulo 1 Bosquejo de enseñanza

El alimento de la Biblia
Panorama del Antiguo Testamento
El llamado de Dios al ministerio

I. El corazón
  A. Breve reseña del corazón
    1. La formación del pastor debería integrar a toda la persona: el corazón, la mente y las manos.
    2. Para garantizar que el ministro no está meramente preparado en el aspecto académico, el programa debe centrarse en el desarrollo del carácter.
    3. La primera hora de cada día se concentra en el discipulado del pastor.
    4. Las disciplinas que aprenda y practique lo capacitarán para continuar este proceso el resto de su vida terrenal, aun cuando se vea privado de la comunión con otros creyentes.
    5. Cada módulo incluirá tres puntos principales en la sección del corazón.
      a) Una disciplina espiritual personal
      b) Los nueve módulos de este programa también procuran tratar la comprensión y el desarrollo de los nueve aspectos del fruto del espíritu tal como lo describe Pablo en Gálatas 5:22-23.
      c) Los nueve aspectos del pensamiento de un cristiano tal como exhorta Pablo en Filipenses 4:8-9. El primer módulo se concentrará en todo lo que es verdadero.
    6. Practicar disciplinas espirituales personales, estar llenos del Espíritu y ordenar los pensamientos son aspectos claves para preparar el corazón del ministro.
    7. Martyn Lloyd-Jones escribió: «El hombre que se disciplina sobresale y posee el sello de la grandeza sobre él».[1] No buscamos la grandeza para nosotros mismos, sino para que Dios nos use grandemente para Su gloria.
  B. Disciplina espiritual personal: El alimento de la Biblia
    1. Breve reseña
      a) En la primera hora de cada día de clases, el alumno comienza por aprender la importancia de la lectura diaria de la Biblia como si fuera un alimento y, en efecto, lo practica en clase.
      b) Para muchos alumnos, estudiar con concentración y dedicarle un tiempo diario a la Palabra de Dios será un esfuerzo y un desafío, pero estas disciplinas son pautas, métodos, actividades y prácticas que nos guían para parecernos más a Cristo, como se disciplina a una vid para que crezca contra la espaldera (1 Tim. 4:7).
      c) Su propósito y su meta es Cristo mismo, no una perfección que nos llene de orgullo y nos haga merecedores de un premio. Es un medio para acercarnos lo más posible a Jesús, parecernos más a Él y permanecer allí.

[1] Martyn Lloyd-Jones, *Studies in the Sermon on the Mount* (Grand Rapids, MI: Wm. B. Eerdmans, 1984), 322.

- d) Jerry Bridges escribió: «No existe absolutamente ningún atajo hacia la santidad que pase por encima o le adjudique poca prioridad a una lectura constante de la Biblia».[2]

2. Alimentarse, no solo leer
   - a) Ten cuidado de no limitarla simplemente a leer la Biblia.
   - b) La disciplina trasciende la mera lectura de la página impresa (recuerda que algunos de tus alumnos tal vez no sepan leer o su nivel de alfabetización sea tan rudimentario que el aprendizaje y la adoración a través de la lectura esté fuera de su alcance).
   - c) Una de las maneras de practicar la alimentación con la Biblia, además de leerla por ti mismo, es oír su lectura.
     - (1) Base bíblica
       - (a) Jesús dijo que quienes la oyen son bienaventurados (Luc. 11:28) y Pablo enseñó que la fe viene por el oír (Rom. 10:17).
       - (b) La Biblia enseña en Nehemías 8, 9 y 13 que toda la congregación del pueblo de Dios se juntó para oír la lectura del libro de Moisés.
       - (c) Pablo exhorta a los colosenses a que lean sus cartas en público (Col. 4:16) y a Timoteo a que se dedique a leer la Escritura en público en su ministerio (1 Tim 4:13).
       - (d) En Apocalipsis 1:3 se pronuncia bendición sobre aquellos que leen y sobre los que oyen la lectura de la Palabra de Dios.
     - (2) Contextos donde escuchar la lectura de la Palabra de Dios.
       - (a) La Palabra de Dios puede leerse en voz alta en la reunión de la iglesia o en el contexto del culto hogareño en una familia creyente.
       - (b) Además, muchos creyentes que no tienen acceso a su propia copia de la Biblia o que no pueden leerla, pueden oírla a diario en programas radiales cristianos. A partir del comienzo de la radio cristiana mundial con HCJB (ahora *Reach Beyond*) en Ecuador en 1931, un sinnúmero de otros ministerios radiales ha comenzado a leer la Palabra de Dios diariamente y a transmitirla a todo el mundo en muchos idiomas.
       - (c) Además de la radio, la programación cristiana en televisión, los sitios en internet y los DVD son medios para que los que no leen puedan recibir a diario la Palabra.

3. La importancia de leer la Palabra de Dios por uno mismo.
   - a) La forma más fácil de alimentarnos con la Biblia para la mayoría es, por supuesto, la lectura personal.
   - b) Aunque deberíamos tener mucho cuidado de no considerar que la lectura es la única forma de acceso a la Biblia que tienen nuestros alumnos, tampoco deberíamos tomar a la ligera la gran bendición que tenemos de poder leer la Palabra de Dios.
   - c) Recuerda que Él decidió revelarse a sí mismo y preservar esa revelación en forma escrita. El Espíritu Santo inspiró la Biblia, guio a los autores humanos y supervisó su transmisión.
   - d) Peter Adam enfatiza: «Dios ha hablado, Está escrito y Predica la Palabra».[3] Dios les dijo a Moisés y a los profetas que escribieran la reve-

---

[2] Jerry Bridges, *The Pursuit of Holiness* (Colorado Springs, CO: NavPress, 2006), 125.

[3] Peter Adam, *Speaking God's Words: A Practical Theology of Preaching* (Vancouver, Canada: Regent College Publishing, 2004), 56.

lación que les daba en un libro.

e) Es absolutamente apropiado que alentemos a los alumnos a alfabetizarse y que les presentemos el valor de poder leer la Palabra de Dios por sí mismos. Sin embargo, no podemos hacerlo limitando la alimentación con la Biblia a ese medio.

4. Planes para la lectura de la Biblia.
   a) Para desarrollar la práctica de lectura diaria de la Palabra de Dios se requiere disciplina y dedicación.
   b) Se puede ayudar considerablemente este esfuerzo mediante un plan de lectura.
   c) Ya sea que los alumnos adopten un plan que los lleve por toda la Biblia en un año o cualquier otro método, el plan les ahorrará el trabajo de pensar: «¿Qué debo leer hoy?».
5. Desarrollar un plan para alimentarse con la Biblia (fíjate que esto es más adecuado para los alumnos alfabetizados: para quienes son analfabetos, es apropiado enfatizar la búsqueda de medios para oír la Palabra de Dios y memorizarla.
   a) Lee la Biblia con un alto concepto de la Escritura.
   b) No leas la Biblia encerrando a Dios en una caja; mantente alerta a nuevas ideas y verdades.
   c) Por más conocido que pueda ser un pasaje, leerlo y releerlo revela detalles y matices que antes no se habían visto.
   d) Ten un cuaderno y un lápiz cerca para anotar nuevas percepciones; detente en preguntas que te lleven a una mayor investigación o en una oración que fluya espontáneamente de tu corazón mientras lees.
   e) Lee la Biblia diariamente, a la misma hora si es posible, y haz de esto una rutina que no sea opcional.
   f) Busca las palabras que no conozcas en un diccionario o en un diccionario bíblico y rastrea los sucesos en un mapa bíblico mediante el uso de los nombres de lugares que aparecen en el pasaje.
   g) Además de enseñar sobre el valor de dedicar un tiempo diario a alimentarnos de la Biblia, dedica una parte de la primera hora de instrucción a la práctica de esta disciplina.

C. El fruto del Espíritu: Amor
1. Breve reseña
   a) Durante esta primera hora de cada día de clase, consideraremos cada uno de los nueve aspectos del fruto del Espíritu tal como lo describe Pablo en Gálatas 5:22-23: «Mas el fruto del Espíritu es amor, gozo, paz, paciencia, benignidad, fe, mansedumbre, templanza».
   b) Estas descripciones del fruto del Espíritu no son como frutos que pueden encontrarse en un árbol; más bien, son maneras de describir lo que debe fluir de la vida de alguien lleno del Espíritu.
   c) En todo verdadero creyente mora el Espíritu, pero Pablo nos exhorta a *ser llenos* del Espíritu (Ef. 5:18).
   d) La llenura del Espíritu le proporciona al pastor todo lo que necesita para caminar al compás del Espíritu (Luc. 4:14; Hech. 1:8; 10:38; Rom. 15:13; 1 Cor. 2:4; Ef. 3:16; 1 Tes. 1:5; 2 Tim. 1:7).
   e) Aunque por nuestra propia fuerza no podemos siquiera soñar con parecernos a la piedra preciosa que hemos sido llamados a ser, con Su llenura y poder podemos hacer todo lo que Él nos pida (Fil.4:13).
   f) El Señor da lo que demanda.
   g) Estos aspectos no son casilleros que debemos tildar en una lista de tareas.
   h) Sin embargo, deberías desafiar a tus alumnos a pensar cómo pueden

hacer para que estos aspectos se manifiesten en sus vidas.

i) Al centrar cada módulo de instrucción en uno de los nueve aspectos, los alumnos pueden meditar en cada uno, considerar estudios bíblicos sobre cada aspecto, aprender un coro que los resalte o hablar sobre un personaje bíblico o un creyente contemporáneo que lo ejemplifique.

j) Pregunta: «¿Cómo viviría Jesús si regresara mañana a vivir a través de ti para demostrarles a los que te rodean qué aspecto tiene el amor (por ejemplo) en la vida de un cristiano moderno? ¿Qué debería cambiar en tu vida?».

2. Enseñanza bíblica sobre el amor

a) Cuando a Jesús le pidieron que identificara el mayor mandamiento, Él dijo: «Amarás al Señor tu Dios con todo tu corazón, y con toda tu alma, y con toda tu mente. Este es el primero y grande mandamiento. Y el segundo es semejante: Amarás a tu prójimo como a ti mismo. De estos dos mandamiento depende toda la ley y los profetas» (Mat. 22:37-40).

b) Como Jesús enseñó que cumplir con toda la revelación de Dios en todo el registro bíblico depende de amar a Dios y a los demás, haríamos bien en desarrollar este aspecto de nuestras vidas.

c) El mandamiento de que nos amemos unos a otros llena las páginas de la Biblia. El ministro de Dios debería procurar destacarse por ser ejemplo de lo que significa amar a Dios y al hombre.

d) Por cierto, debemos aborrecer el pecado y a la vez amar al pecador.

e) Recuerda que tenemos el modelo perfecto a seguir: «Porque de tal manera amó Dios al mundo, que ha dado a su Hijo unigénito, para que todo aquel que en él cree, no se pierda, mas tenga vida eterna» (Juan 3:16).

f) Amar a aquellos que actúan como si te odiaran y que te lastiman es lo más difícil del amor.

g) Debemos amar a las personas desagradables y antipáticas, y debemos hacerlo de manera incondicional.

h) 1 Corintios 13

(1) En 1 Corintios 13, el apóstol Pablo describe la clase de amor que debemos desarrollar en nuestra vida y del que debemos dar ejemplo.

(a) Escribió que si pudiéramos hablar todas las lenguas humanas y angélicas, pero no tenemos amor, solo seremos un bullicioso estruendo.

(b) Si tenemos dones como el de profecía y comprendemos los misterios del universo, si poseemos un conocimiento profundo, si tenemos una fe que puede mover montañas, si damos todo lo que tenemos al pobre y sacrificamos nuestros cuerpos, pero no tenemos amor, nada somos.

(2) Él describe esta clase de amor como paciente, amable, que se goza en la verdad, que sufre, soporta, cree y todo lo espera.

(3) No es jactancioso ni envidioso, no hace nada indebido, no se acuerda de las ofensas ni se goza en la injusticia. No es engreído ni egoísta, y no es fácil provocarlo. Nunca termina.

(4) De la fe, la esperanza y el amor, Pablo dice que el amor es el mayor.

i) Al concentrarnos en el fruto del Espíritu, el primer aspecto del amor es un buen cimiento. Los otros se construyen sobre él y fluyen de él.

D. Los pensamientos del pastor: Lo verdadero

1. A los alumnos también se los guiará a considerar los nueve aspectos de los pensamientos de un cristiano, tal como Pablo nos exhorta en Filipenses 4:8-9: «Por lo demás, hermanos, todo lo que es verdadero, todo lo

honesto, todo lo justo, todo lo puro, todo lo amable, todo lo que es de buen nombre; si hay virtud alguna, si algo digno de alabanza, en esto pensad. Lo que aprendisteis y recibisteis y oísteis y visteis en mí, esto haced; y el Dios de paz estará con vosotros».

a) Aunque Pablo solo menciona ocho características, incluiremos la paz de Dios que menciona como consecuencia de ordenar nuestros pensamientos de acuerdo al patrón de pensar en lo que es verdadero, honesto, justo, puro, amable, de buen nombre, virtuoso, digno de alabanza; esto nos conduce a la paz como el noveno aspecto.

b) En el primer módulo, ayuda a los alumnos a que disciplinen sus pensamientos para permanecer en línea con lo que es verdadero.

2. Los caminos y los pensamientos de Dios son más altos que los nuestros y debemos esforzarnos por ser como Él. Anhelamos tener la mente de Cristo (1 Cor. 2:16).

3. Tener los pensamientos de Cristo trae paz y confianza, mientras que los patrones de pensamiento con los que nos tienta el enemigo traen caos, temor y ansiedad.

4. Dios es un Dios de orden y todo lo que hacemos debería estar hecho decentemente y con orden (1 Cor. 14:40).

5. La manera de pensar de Dios es completamente diferente a la del enemigo.

a) El diablo no quiere que tus alumnos se concentren en sus estudios y aprendan más sobre Dios y Su Palabra; entonces, llenará sus mentes con pensamientos basura.

(1) En este ciclo, hasta la remota posibilidad de una mala noticia se transforma en algo muy probable, luego en algo seguro y finalmente, se convierte en el peor escenario posible.

(2) Pablo no nos dice que dejemos de pensar de ese modo.

b) No podemos cambiar un patrón de pensamientos negativos simplemente a demanda.

(1) Si le decimos a alguien propenso a la preocupación que sencillamente deje de preocuparse porque eso es pecado, no lo ayudaremos; incluso comenzará a preocuparle también esto.

(2) Debemos reemplazar los patrones de pensamiento negativo con otro patrón.

c) Pablo nos ayuda a hacerlo al decirnos: «No piensen en eso; ¡piensen en esto!».

(1) El primer elemento a tener en cuenta es si algo es verdadero.

(2) ¿La seguridad del peor desenlace posible es verdad?

6. Aprender los nueve aspectos de los patrones de pensamiento llenos del Espíritu y ponerlos en práctica de a poco durante el transcurso de este programa ayudará a los estudiantes en su crecimiento espiritual a tener los pensamientos de Dios, la mente de Cristo, un corazón conforme al de Dios y a estar llenos del Espíritu.

II. La mente

A. Panorama de la Biblia

1. El cimiento de todo ministerio cristiano es la Biblia y ella dicta los parámetros, por lo tanto, es esencial que los pastores conozcan el fluir de la narrativa de la redención, los componentes de su estructura y los temas de la Escritura.

a) Un módulo posterior tratará asuntos necesarios para la hermenéutica, así que este presentará principalmente a la Biblia en sí y algunos aspectos cruciales de la doctrina de la Escritura, para luego concentrarse en el Antiguo Testamento libro por libro.

(1) Cuando se dispone de un buen estudio bíblico en el idioma de enseñanza y aunque los alumnos no estén alfabetizados, es buena

idea presentar este recurso en la mismísima primera clase.

(2) En lugar de entregar gratuitamente Biblias de estudio donadas como si fueran tratados que damos en la esquina, enfatizamos que los estudiantes deben realizar alguna inversión, para inculcarles el sentido del costo y de la valoración.

b) Las clases bíblicas deberían usar la Biblia en sí como libro de texto, y una buena Biblia de estudio en una traducción aceptada que les permita a los alumnos tener un texto de calidad mientras aprenden.

(1) Los alumnos pueden ver las verdades ilustradas en sus propias Biblias de estudio mientras se enseña el contenido y aprenden a usar herramientas básicas como notas al pie, referencias, concordancia, diccionario, mapas, líneas del tiempo bíblico, introducciones a los libros, ensayos pertinentes y otras ayudas que incluyen muchas Biblias de estudio.

(2) De esta manera, el pastor no solo tiene una Biblia para el ministerio con la cual conseguir conocimiento bíblico y confianza, sino que también se da cuenta de que tiene una verdadera biblioteca pastoral en miniatura que puede llevar consigo mientras enseña, predica y aconseja.

2. El autor de la Biblia es el Espíritu Santo, pero Él usó más de 30 autores humanos distintos pertenecientes a diversos trasfondos para escribirla en tres idiomas: hebreo y arameo en el Antiguo Testamento, y griego en el Nuevo Testamento.

a) Esta información puede ser bien conocida para nosotros, pero puede sorprender e inquietar a algunos que se enteran de ella por primera vez.

b) La información de que los escritos de la Biblia les fueron confiados a hombres debe ir acompañada por un énfasis en la verdad de que el Espíritu Santo es el verdadero autor.

c) La inspiración de la Biblia y la supervisión de su pureza y perfección son importantes para los alumnos.

3. La Biblia consta de 66 libros que contienen más de 30 000 versículos, divididos en 39 libros del Antiguo Testamento y 27 del Nuevo Testamento.

a) En la Biblia hay diversos géneros literarios y estilos de escritura, como la ley, la historia, la poesía, la profecía, los evangelios, las epístolas y la literatura apocalíptica.

b) En las primeras páginas de cualquier Biblia, encontrarán un listado de todos los libros del Antiguo y del Nuevo Testamento.

(1) Muéstraselos a los alumnos en el listado alfabético y en el orden de los libros para que puedan encontrarlos rápidamente.

(2) Por supuesto, los comentarios y los libros de texto suelen referirse a los libros de la Biblia en la forma abreviada. Asegúrate de que tus alumnos comprendan las abreviaturas que se usarán en clase y que probablemente vean impresas.

c) En las primeras etapas de tu programa de enseñanza, ayudarás a algunos de los líderes a familiarizarse con partes de la Biblia que antes no habían estudiado.

(1) Tómate el tiempo para mostrarles que cuando se hace referencia a un versículo de la Biblia, por ej. Romanos 3:23, se habla del libro de Romanos, capítulo 3 y versículo 23.

(2) Esta instrucción básica puede ser innecesaria en algunos niveles, pero con aquellos alumnos que son más nuevos en el uso de la Biblia, la instrucción paciente demanda ir despacio para asegurarse

de que capten tales ideas básicas.

(3) Al comienzo de tu programa de entrenamiento, no des por sentado ningún conocimiento previo.

(a) Recuerda que tus alumnos pueden ser creyentes sin educación, anteriores imanes con trasfondo musulmán, o líderes tribales que viven en la selva que no han tenido ninguna enseñanza bíblica previa.

(b) Imagina que eres un misionero que ministra en evangelismo, discipulado, formación pastoral y plantación de iglesias en un país con poca presencia cristiana.

(i) Piensa en un país como Bután, que representa bien a docenas de países en el mundo.

a. Bután tienen solo 13 000 evangélicos en una población de más de 700 000 personas.

b. Allí, hace varios años que el budismo reemplazó a una religión indígena, pero sigue saturado de influencias demoníacas ocultas.

c. De las 35 lenguas de la nación, solo está el Nuevo Testamento en el idioma oficial; los otros idiomas no tienen ninguna Escritura.

d. Todo avance del cristianismo sufre una seria persecución.

(ii) En tales entornos, no puedes suponer que existe algún conocimiento previo del cristianismo que sea preciso y útil.

(4) A medida que se desarrolle tu programa, te familiarizarás mucho con los niveles de comprensión en la lectura y la competencia bíblica de los estudiantes.

(a) Si supones que existe un conocimiento previo, tu enseñanza puede terminar beneficiando a un pequeño porcentaje de la clase.

(b) Muchas veces, a los estudiantes les cuesta encontrar los versículos que se mencionan en clase o seguir la instrucción, y desafortunadamente, los que quedan rezagados se autodiscriminan y no regresan a las siguientes clases; creen que el programa es demasiado avanzado para ellos.

(i) Lo trágico es que ya se encuentran pastoreando iglesias, pero sin tener formación.

(ii) No querrás que crean que tu clase no es accesible para ellos.

d) Al enseñar la Biblia, asegúrate de relacionar la confianza que tenemos en ella al recalcar las siguientes verdades:

(1) Suficiencia — Esta doctrina enseña que la Biblia contiene toda la información que necesitamos para la fe y la práctica del cristianismo.

(a) Al ser la revelación de Dios de sí mismo, es todo lo que Él decidió revelarnos en forma escrita para que lo conozcamos y lo demos a conocer.

(b) No se necesitan otros libros ni escritos sagrados.

(c) «Toda la Escritura es inspirada por Dios, y útil para enseñar, para redargüir, para corregir, para instruir en justicia, a fin de que el hombre de Dios sea perfecto, enteramente preparado para toda buena obra» (2 Tim. 3:16-17).

(2) Autoridad — Esta doctrina enseña que la Biblia, como Palabra de Dios, posee Su autoridad.

(a) La Biblia nos enseña que el pueblo de Dios en todas las edades

debe oírla, aprender de ella y obedecerla.
(b) Jesús apeló a la autoridad del Antiguo Testamento en Su enseñanza.
(c) En la Biblia, se nos enseña repetidas veces que la Palabra de Dios es verdad (Jos. 1:8; Sal. 119:142, Juan 17:17).

(3) Inerrabilidad — Esta doctrina enseña que la Biblia, escrita de mano de su propio autor, no contiene errores y está libre de toda falsedad.
(a) Aunque algunos de los que copiaron la Biblia en los años subsiguientes pueden haber introducido variaciones en los nombres o las cantidades, la Biblia no contiene errores en cuanto a todas las doctrinas que afirma.[4]
(b) Esta doctrina está estrechamente relacionada con la doctrina de la infalibilidad, que enfatiza que no se falta a la verdad y, por lo tanto, no hay error. Al ser la Palabra de Dios mismo:
(i) Que no miente (Heb. 6:18)
(ii) Él no falsea la Palabra que nos da
(iii) Ni puede cometer errores en lo que enseña (Sal. 18:30, Mat. 5:18).

(4) Inspiración — Esta doctrina enseña que el Espíritu Santo instiló la Biblia en los corazones y las mentes de aquellos que la escribieron (2 Tim. 3:16).
(a) Esto no enseña que la Biblia fue dictada a los hombres ni que ellos fueron instrumentos mecánicos como si hubieran entrado en trance.
(b) Más bien, el término bíblico en el original se traduce mejor como el soplo de Dios y se refiere a un proceso que no podemos explicar cabalmente, pero que aceptamos por fe para comprender que Dios mismo está detrás de las verdades que encontramos en Su Palabra, y que Él la ha preservado para nuestra fe y práctica, para que nos relacionemos con Él y lo adoremos.

(5) Traducciones — Existen muchas traducciones del Antiguo y del Nuevo Testamento.
(a) En tanto que algunas copias de la Biblia, como la Septuaginta (Antiguo Testamento), la Vulgata latina o traducciones más recientes al inglés como la versión King James fueron patrocinadas por las autoridades, otras les costaron la vida a los traductores.
(b) En algunos idiomas, existen muchas traducciones o versiones de la Biblia.
(i) Algunas de ellas siguen un estilo literal que procura acercarse lo más posible al original.
(ii) Otras son una equivalencia dinámica que intenta comunicar las ideas que se encuentran en el original a la vez que son de fácil lectura.
(iii) Otras que son más una paráfrasis de lo que dice la Biblia.
(c) ¿Cuál traducción deberíamos usar?
(i) El objetivo a lo largo de este programa de formación pastoral es hacer que el contenido sea comprensible, fácil de

---

[4] Este programa de capacitación pastoral se apoya en las verdades del *Chicago Statement on Biblical Inerrancy*, consultado el 29 de febrero de 2016. http://www.bible-researcher.com/chicago1.html.

recordar y de reproducir.

(ii) Esto también debe tenerse en mente al elegir la traducción de la Biblia.

(iii) Cuando exista una traducción de la Biblia confiable, aceptada, popular y fácil de conseguir, basa tu instrucción en ella.

B. Panorama del Antiguo Testamento

1. Una clara comprensión del Antiguo Testamento es esencial para entender bien el Nuevo Testamento y viceversa.

a) El Antiguo Testamento explica el origen del universo y todo lo que hay en él, de dónde vino el pecado y por qué vino Jesús.

b) Como hay tanto en el Nuevo Testamento que depende de las respuestas a estas y otras preguntas, los traductores contemporáneos de la Biblia comienzan por Génesis en lugar del Evangelio de Lucas o de Juan, o algún otro libro del Nuevo Testamento que presente más rápidamente a Jesús y Su obra en la cruz.

c) Por cierto, cuando hablamos de «narrativa»[5] bíblica para evangelizar o discipular, es importante comenzar con la creación y explicar la caída en el pecado, el juicio posterior de Dios y la lucha del ser humano con el pecado antes de presentar la provisión divina para nuestro pecado.

(1) De otro modo, los oyentes que no poseen este trasfondo interpretarán las lecciones y los sermones dentro de su cosmovisión tradicional.

(2) Llegarán a conclusiones erradas.

d) Este programa de formación pastoral se basa por completo en la Palabra de Dios y, por lo tanto, la Biblia se presenta en el mismo orden en que lo dio el Dios de la Biblia, desde la creación hasta Apocalipsis.

(1) Recuerda que sin ella, conoceríamos muy poco sobre Dios además de que existe y que ha hecho todo cuanto hay (Sal. 19:1-4; Rom. 1:18-20).

(a) Al estudiar Su Palabra revelada, llegamos a conocer lo que Él nos ha dicho sobre sí mismo, cómo podemos adorarlo correctamente y cómo vivir de un modo que le agrade.

(i) Los eruditos han estudiado la Biblia durante siglos y nunca han agotado sus riquezas.

(ii) Se han escrito incontables libros en muchos idiomas a lo largo de los años para describir, analizar, criticar y explicar el Antiguo Testamento.

(b) En este programa de formación pastoral, solo intentaremos acercarnos a una introducción del Antiguo Testamento.

(i) Tus alumnos deben conocer las divisiones del Antiguo Testamento, los autores de cada libro, cuándo se escribieron y, en algunos casos, las distintas maneras en que se han interpretado ciertos pasajes.

(ii) En un tratamiento tan breve del Antiguo Testamento es imposible enseñar la profundidad y la amplitud de las

---

[5] Para más información sobre narrativa bíblica como método de evangelismo y discipulado, recomiendo el libro *Tell the Story* publicado por el *International Mission Board* o el *Ee-Taow* video disponible en DVD y también en línea, consultado el 29 de febrero de 2016. http://www.biblicalstorying.com.

riquezas de este tesoro que Dios nos ha dado.

C. Temas bíblicos

1. Además de introducir los aspectos básicos del Antiguo Testamento, este programa delinea cinco temas que se presentan en toda la Biblia. Por supuesto, los cinco temas no son los únicos que aparecen a lo largo de la Biblia, pero ilustran el orden de Dios, el plan eterno y el deseo de que los perdidos se salven.
   a) La soberanía — La Biblia enseña que Dios tiene el control de todo aspecto del universo, hace lo que le place y no está limitado por ninguna fuerza externa.
   b) La ley — Dios es un Dios de orden, no de desorden, y no ha dejado a los hombres y las mujeres en un caos, sin comprender Su diseño y deseo de cómo debemos vivir.
      (1) Él les dio a nuestros primeros padres Su ley para que vivieran en el jardín y ellos rápidamente la desobedecieron.
         (a) La ley inicial de Dios que prohibía comer del fruto especificado se expandió a «multiplicaos; llenad la tierra, y sojuzgadla» (Gén. 1:28).
         (b) Luego de que Dios sacara a Su pueblo de Egipto, donde estaba esclavizado por el faraón, Moisés recibió la ley divina y la registró en el Pentateuco, los primeros cinco libros de la Biblia.
      (2) Cada libro contiene alguna referencia a la ley de Dios y las instancias en que se desobedeció esta ley son igualmente frecuentes.
   c) La gracia — Uso la palabra 'gracia' para referirme a las múltiples expresiones de la *kjésed* de Dios, de Su amor compasivo, Su bondad amorosa, Su misericordia y bondad para con el hombre, aunque estos términos no necesariamente son sinónimos.
      (1) La justicia se da cuando una persona recibe lo que merece, ya sea el bien de las recompensas o el dolor del castigo.
      (2) La misericordia se manifiesta cuando una persona no recibe el mal que merece, como el castigo adecuado a su culpa y que la mano de la justa retribución retiene e impide que caiga sobre el culpable.
      (3) La gracia se presenta cuando una persona recibe algo bueno que no merece. No es solo que la justicia no recae sobre el culpable debido a la intervención de la misericordia, sino que la gracia otorga bendiciones en lugar de castigo.
      (4) Superior a todo esto y más misteriosa es la *kjésed*: la bondad amorosa o el amor compasivo de Dios.
         (a) El mejor intento para comunicar esta idea es: «Cuando la persona de la cual no tengo derecho a esperar nada, me da todo».[6]
         (b) Esta idea describe el rango de la misericordia y de la gracia, y se encuentra en toda la Biblia.
   d) Cristo — La segunda persona de la Trinidad es coeterna con el Padre y el Espíritu.
      (1) Nuestro Redentor recibe muchos nombres a lo largo de la Biblia.
      (2) Jesús es el nombre que es sobre todo nombre.
         (a) Numerosos pasajes del Antiguo Testamento predicen, profetizan y describen a Jesús y Su obra, y los comentaristas explican que incluso a veces se lo ve en una forma preencarnada.
         (b) La demostración de esta verdad fortalecerá la comprensión de

---

[6] Michael Card, *Luke: The Gospel of Amazement* (Downers Grove, IL: IVP, 2011), 29.

los alumnos de porciones que de otro modo serían enigmáticas, profundizará su comprensión de Jesucristo y les permitirá predicar y enseñar la plenitud de nuestro Salvador, y a su vez, desentrañar los ricos tesoros de Cristo.

e) La responsabilidad — Este término se refiere a la responsabilidad que tienen los seres humanos de amar a Dios y confiar en Él, de obedecer Su ley, de amarse los unos a los otros, de ser llenos del Espíritu, de ser conformados, transformados mediante la renovación de sus mentes, de evangelizar y hacer discípulos de todo grupo humano en el mundo.
   (1) Dios es absolutamente soberano.
   (2) Los seres humanos siguen siendo responsables de las decisiones que toman.

D. Instrucción en teología e historia de manera natural sobre la marcha
   1. No importa cuántos autores humanos fueron inspirados para escribir; en la Palabra de Dios se ve un tema constante: Su gloria y nuestro bien.
      a) En el módulo 3, verás que muchos prefieren enseñar la doctrina cristiana mediante la teología bíblica en lugar de la teología sistemática.
         (1) Lee la presentación en las páginas 187-188 del módulo 3 respecto a las diferencias y a la preferencia de algunos maestros en cuanto a este enfoque, antes de comenzar a enseñar las reseñas del Antiguo y del Nuevo Testamento.
         (2) Además de los cinco temas que examinaremos, señala verdades teológicas que aparecen a medida que la Biblia avanza.
            (a) De este modo, puedes enseñar teología bíblica e historia de la Biblia mientras enseñas las reseñas del Antiguo y el Nuevo Testamento.
            (b) Este enfoque facilitará además una mejor contextualización de la verdad bíblica y de la comprensión del Evangelio.[7]
      b) Es útil reconocer a cada uno y tener conciencia de los principios rectores al leer, estudiar, interpretar y aplicar diferentes libros de la Biblia.
         (1) Esto será nuevo para muchos alumnos, pero será extremadamente útil para desentrañar porciones de la Biblia que antes se malinterpretaban.
         (2) Por lo tanto, es sabio señalarles el género de cada libro a los alumnos cuando se lo presenta y ayudarles a ver por qué cuando lo conocemos abordamos el libro de otra manera.

E. Los pactos
   1. *Pacto adámico* (Gén. 2:16-17; 3:14-19). Este pacto nos enseña sobre la condenación de Dios hacia el pecado del hombre, que trajo como consecuencia la muerte y la maldición divina sobre la naturaleza y ciertos aspectos de la vida y el trabajo. No obstante, Dios prometió proveer una salida para el pecado.
   2. *Pacto con Noé* (Gén. 8:20–9:6). Dios prometió no volver a destruir la Tierra con un diluvio y enviar un Redentor que vendría del linaje de Sem.
   3. *Pacto abrahámico* (Gén. 12:1-3, 6-7; 13:14-17; 15; 17:1-14; 22:15-18). Dios prometió que el nombre de Abraham sería grande, que le daría muchos descendientes, lo transformaría en el padre de muchas naciones y que toda la Tierra sería bendita a través de él, lo cual se cumplió cuando vino Cristo.

---

[7] Para más información sobre el uso de la teología bíblica, véase *One Gospel for All Nations: A Practical Approach to Biblical Contextualization* por Jackson Wu (Pasadena, CA: William Carey Library, 2015).

4. *Pacto moisaico* (Deut. 11). Este pacto prometió la bendición de Dios por la obediencia y la maldición por la desobediencia.
5. *Pacto davídico* (2 Sam. 7:4-17; Sal. 89:3-4). Este pacto continuó y amplió la idea de la «simiente» de Abraham; prometió además que el linaje y el trono de David durarían para siempre. Ambas cosas se cumplieron con la llegada del Mesías, el Hijo de David (Luc. 1:32-33).
6. *El nuevo pacto* (Jer. 31:31-33; Mat. 26:28; Mar. 14:24; Luc. 22:20; Heb. 8:8-12; Gál. 3:13-20). Dios hizo este pacto primero con Israel y luego con el resto de Su pueblo. Prometió perdonar los pecados, escribir Su ley en el corazón de los hombres y que todo el mundo llegaría a saber de Él. Jesús vino a cumplir el nuevo pacto.

F. El Pentateuco o la Torá

1. A los primeros cinco libros de la Biblia se los suele llamar la Torá, del término hebreo que significa instrucción o ley, ya que contienen las leyes ceremoniales, civiles y morales para gobernar y guiar al pueblo de Israel.
    - a) Otro nombre para esta sección es Pentateuco, del griego, que significa que es un libro con cinco volúmenes.
        - (1) Recuerda enseñarles a los alumnos el autor de cada libro de la Biblia (si es conocido) al hacer la introducción, cuándo se escribió y otros datos pertinentes de su trasfondo.
        - (2) A los alumnos también les sirve de ayuda si indicas en un atlas bíblico o en los mapas que se encuentran en los apéndices de sus Biblias dónde tuvieron lugar los sucesos del libro.
2. Moisés fue el autor del Pentateuco y lo escribió bajo la inspiración del Espíritu Santo alrededor de 1400 años antes de que Cristo naciera.
    - a) Los hijos de Israel fueron los primeros receptores.
        - (1) En un comienzo, luego del éxodo de Egipto.
        - (2) Y nuevamente mientras se preparaban para entrar a la tierra prometida.
    - b) Estos cinco libros cubren el período de la historia desde la creación del mundo hasta la llegada del pueblo de Dios al río Jordán alrededor del año 1400 a.C.
    - c) Al llegar a su fin, los hijos de Israel se encuentran sobre la ribera del río Jordán desbordado en época de crecida, a punto de embarcarse en la conquista de la tierra prometida y en medio de los crecientes sufrimientos para convertirse en la nación geopolítica del pueblo de Dios.
        - (1) Lamentablemente, no hay manera de tratar los argumentos y teorías relativos a la autoría de cada libro, a su fecha de escritura y a la audiencia original en este único módulo, en una breve reseña del Antiguo Testamento.
            - (a) El diseño de este programa de formación pastoral supone alrededor de 25 horas para enseñar la sección de la reseña del Antiguo Testamento.
                - (i) Dividimos la reseña del Antiguo Testamento en cinco horas para cada una de las secciones: el Pentateuco, los libros históricos, los escritos, los profetas mayores y los profetas menores.
                - (ii) Ten en cuenta que si la enseñanza debe traducirse simultáneamente, tu tiempo para enseñar se acorta a la mitad, ya que la otra mitad la necesita el traductor.
            - (b) Al enseñarles la Biblia a tus estudiantes, señala los sucesos claves que se relacionarán y proporciona un orden cronológico para las historias.

(i) Por ejemplo, el poderoso encuentro de Elías con los profetas de Baal en el monte Carmelo debería incluirse categóricamente en lugares donde se practica el animismo o donde el sincretismo trae como resultado la mezcla del cristianismo con otras religiones.

(ii) El maestro y el programa de formación más efectivos contextualizarán para incorporar aspectos culturales y adaptarán el contenido y el método de enseñanza a situaciones específicas.

3. Génesis
   a) Autor: Moisés.
   b) Fecha: Alrededor de 1400 a.C.
   c) Destinatarios: Israel.
   d) Sucesos: Los principales sucesos de Génesis son la creación del universo, la caída en el pecado, el diluvio, los cimientos de la historia mundial y el comienzo de la nación hebrea.[8]
   e) Temas:
      (1) La soberanía
         (a) La soberanía de Dios se ve de inmediato en las primeras páginas de la Biblia.
         (b) Su soberanía se manifiesta en la creación de todo cuanto existe.
      (2) La ley
         (a) Al comienzo, antes de la caída, las leyes eran pocas y simples.
         (b) Cada pecado era una ofensa capital y merecía la pena de muerte.
      (3) La gracia
         (a) La gracia de Dios se ve en la restauración de Adán y Eva.
         (b) Se ve en que Él vino a ellos y les predicó las buenas noticias cuando se escondían detrás de patéticas cubiertas que ellos mismos habían diseñado.
      (4) Cristo
         (a) Cristo es el descendiente anunciado por el primer evangelista en Génesis 3.
         (b) Se dice que Adán es un tipo[9] de Cristo, que se cumple en Jesucristo, como enseña Pablo en Romanos 5:14-15.
         (c) Cristo es también el agente de la creación (Col. 1:16, 17).
         (d) También está presente en las apariciones preencarnadas en los pasajes que hablan del ángel de Jehová, en el uso que hace Dios de pronombres en primera persona del plural para referirse a sí mismo y en los tipos de Cristo que se ven en imágenes como el arca de Noé (1 Ped. 3:20-21), la sangre de Abel y numerosos aspectos de las vidas de Adán, Isaac, José y Melquisedec.
      (5) La responsabilidad

---

[8] Los resúmenes de una oración de los sucesos en cada libro del Antiguo Testamento fueron tomados en gran parte de *Halley's Bible Handbook* (Grand Rapids, MI: Zondervan, 1993).

[9] La tipología es una manera de interpretar el Antiguo Testamento mediante el reconocimiento de similitudes o paralelos entre las personas o los sucesos. La instancia en el Antiguo Testamento se llama el tipo y el cumplimiento en el Nuevo Testamento o el correspondiente «eco» es el antitipo. Entonces, Adán, Moisés, José, etc., son todos ejemplos de un tipo y Cristo es el antitipo en el Nuevo Testamento. Esto ayuda al estudiante a comprender mejor la continuidad y armonía de toda la Biblia y la manera en que Cristo cumple lo que fue dicho y prefigurado.

(a) Dios es soberano y gobierna sobre cada molécula de Su universo.
(b) Los seres humanos son responsables.

4. Éxodo
   a) Autor: Moisés.
   b) Fecha: Alrededor de 1400 a.C.
   c) Destinatarios: La nación de Israel.
   d) Sucesos: El éxodo de Israel, al salir de la esclavitud del faraón en Egipto en cumplimiento de las promesas de Dios hechas a Abraham y a los patriarcas.
   e) Temas:
      (1) La soberanía
         (a) Dios llama a un pastor de 80 años, buscado por asesinato en Egipto, para que regrese allí y libere a Su pueblo que era la mano de obra esclavizada.
         (b) Entonces, Dios obra su liberación a través de una serie de milagros que avergonzaron a las deidades egipcias y exhibían poderosamente el poder y la autoridad de Dios.
      (2) La ley — Además de las leyes rectoras en lo civil y religioso, Dios da leyes morales como los Diez Mandamientos escritos con Su propia mano.
      (3) La gracia
         (a) Mientras Moisés está en el monte recibiendo instrucciones de Dios para el pueblo, ellos se vuelven a la idolatría y adoran un becerro de oro.
         (b) Dios no solo los libra de Su ira, sino que también les da Sus mandamientos por segunda vez.
      (4) Cristo
         (a) Moisés sirve como un tipo de Cristo que libera al pueblo de la esclavitud a través de señales milagrosas hechas por el poder de Dios; les enseña a adorarlo y a tratar a los demás, los pastorea y les trae provisión milagrosamente.
         (b) El antitipo que cumple lo que esto anuncia es Cristo, que nos libró de la esclavitud de Satanás a través de muchos milagros.
      (5) La responsabilidad
         (a) La Biblia dice que Faraón endureció su corazón de dos maneras diferentes:
            (i) La mitad de las veces dice que él endureció su propio corazón.
            (ii) La otra mitad dice que Dios lo endureció.
         (b) El libro de Hebreos nos recuerda repetidas veces que cuando oímos Su voz, debemos tener cuidado de no endurecer nuestros corazones.

5. Levítico
   a) Autor: Moisés.
   b) Fecha: Alrededor de 1400 a.C.
   c) Destinatarios: La nación de Israel.
   d) Sucesos: Las leyes, las tareas sacerdotales y las reglas relativas al servicio en el tabernáculo en la nación hebrea. El énfasis principal en este libro es la santidad: la de Dios y la de Su pueblo (19:2; 22:16).
   e) Temas:
      (1) La soberanía

(a) El Señor se revela como un ser santo y soberano, que requiere que Su pueblo también lo sea.
(b) Revela bendiciones para los que buscan la santidad y castigos para la desobediencia.

(2) La ley
(a) Levítico es prácticamente sinónimo del tema de la ley, ya que gran parte de su contenido es la esencia de la ley de Dios.
(b) En este libro hay leyes, normas y regulaciones relativas al sacerdocio, a los sacrificios, las ofrendas, la consagración de los sacerdotes, la designación de los animales puros e impuros, la lepra, la limpieza de las viviendas, la dieta, el trato hacia los demás, las fiestas, las leyes de propiedad y el cumplimiento de los votos.

(3) La gracia — La gracia de Dios brilla con fulgor en todos los sacrificios prescriptos que permitían que Su pueblo regresara a Él, pero el mayor brillo se da en el día de la expiación (cap. 16) cuando el sacerdote entraba en el lugar santísimo y hacía expiación por los pecados del pueblo.

(4) Cristo
(a) A Cristo se lo ve en todos los tipos de sacrificios y se presenta un cuadro de Su muerte expiatoria por los creyentes.
(b) Hebreos nos enseña que sin el derramamiento de sangre no hay perdón de los pecados (9:22), pero también que la sangre de todos los sacrificios de animales no puede expiar el pecado (10:4). Son una imagen del sacrificio perfecto: el Cordero de Dios que habría de venir.

(5) La responsabilidad
(a) El Señor dio leyes y regulaciones detalladas para guiar y ordenar a Su pueblo.
(b) Los hombres y las mujeres son responsables de oír y actuar, de creer y obedecer.

6. Números
a) Autor: Moisés.
b) Fecha: Alrededor de 1400 a.C.
c) Destinatarios: La nación de Israel.
d) Sucesos: El viaje a la tierra prometida.
e) Temas:

(1) La soberanía — El poder soberano de Dios se muestra al liberar a la nación de Israel y sacarla de Egipto, al disciplinarlos por su murmuración y castigarlos por su cobardía al no querer entrar en la tierra como Él había mandado.

(2) La ley
(a) Dios continúa dando leyes para el servicio sacerdotal en el tabernáculo y regulaciones civiles.
(b) Su Palabra como ley se ve en el temor de Balaam de contradecir lo que Dios le había dicho.

(3) La gracia
(a) La misericordia y la gracia de Dios se ven cuando perdona al pueblo de Israel en sus incontables transgresiones y cuando se rehúsan a confiar y obedecer.
(b) También se ve en Su mandamiento de que se establezcan ciudades de refugio donde los parientes que buscaban vengarse

por muertes accidentales no pudieran echar mano de los «fugitivos».

(4) Cristo

(a) El libro presenta un poderoso tipo de Cristo en la serpiente de bronce que Moisés colocó sobre la vara.

(b) Aunque ellos eran responsables de esta prueba debido a su pecado, Dios proveyó una vía de escape: lo mismo que hace por nosotros.

(5) La responsabilidad

(a) Dios proveyó leyes para vivir correctamente, una tierra rica para que habitaran y un líder para que siguieran, pero ellos tenían que decidir seguirlo.

(b) Dios ha provisto ricamente para todo lo que necesitamos para la vida y la piedad, pero debemos obedecerlo para recibir estas bendiciones.

7. Deuteronomio

a) Autor: Moisés.

b) Fecha: Alrededor de 1400 a.C.

c) Destinatarios: La generación de israelitas posterior al éxodo, cuyos padres habían muerto en el desierto por no creer en la promesa de Dios.

d) Sucesos: La reiteración de la ley para Israel.

e) Temas:

(1) La soberanía — Dios determina los días de vida de Moisés y su muerte, y designa un líder para que lo suceda.

(2) La ley

(a) Este libro es la segunda entrega de la ley de Dios, ya que aquellos que la habían oído y a quienes se les había enseñado la ley habían muerto en el desierto como castigo por no confiar en Dios y rehusarse a hacer Su voluntad.

(b) La generación que recibe esta segunda iteración de la ley son sus hijos, que habrían sido muy pequeños como para recibir la primera.

(3) La gracia

(a) La nación de Israel no tenía derecho a exigir la liberación de Egipto, ni la protección de Dios y Su provisión en el desierto, ni las palabras mismas de Dios para que los guiaran, y esto quedó demostrado vez tras vez.

(b) Sin embargo, aunque Dios los castigó, mantuvo Su mano sobre Sus hijos, les dio Su ley y les proveyó un nuevo líder.

(4) Cristo

(a) En la Pascua, Israel recuerda al ángel de la muerte que pasó por alto sus hogares debido a la sangre del cordero sacrificado.

(b) Este es un tipo poderoso de la liberación que es nuestra a través de la sangre del Cordero.

(5) La responsabilidad

(a) La responsabilidad del pueblo de Dios de obedecer y seguirlo no puede pasarse por alto.

(b) El Señor provee y protege, pero nos manda que confiemos y obedezcamos.

G. Los libros históricos

1. Los doce libros de Josué, Jueces, Rut, 1 y 2 Samuel, 1 y 2 Reyes, 1 y 2 Crónicas, Esdras, Nehemías y Ester cubren el período desde el comienzo de la

conquista de la tierra prometida, el paso por el exilio y el regreso.

2. Al ser libros históricos, deberían leerse como una narración.
3. Josué
    a) Autor: Josué.
    b) Fecha: 1406-1380 a.C.
    c) Destinatarios: Israel.
    d) Sucesos: La conquista de Canaán.
    e) Temas:
        (1) La soberanía
            (a) Dios detuvo las aguas del río Jordán en época de crecida para permitir que Su pueblo cruzara, con reminiscencias de la división del mar Rojo.
            (b) Hizo caer los impenetrables muros de la ciudad de Jericó, hizo que el sol se detuviera durante una batalla y endureció el corazón de los cananeos de modo que vinieran contra Israel en batalla y fueran destruidos sin misericordia.
        (2) La ley — La ley de Dios decía que todo lo que había en Hai debía ser destruido, pero Acán codició algo más que la paz con Dios que viene a través de la obediencia.
        (3) La gracia — El Señor salvó a la prostituta Rahab y a su familia, porque escondió a los espías, no solo del ejército invasor de Israel cuando entraron, sino también de los muros de Jericó cuando cayeron.
        (4) Cristo
            (a) A Josué se lo suele mencionar como tipo de Cristo. Sus nombres tienen el mismo significado —uno en hebreo y el otro en griego.
            (b) Josué guio a los hijos de Israel en el cruce del Jordán hacia la tierra prometida, mientras que muchos consideran que la muerte es nuestro río Jordán y Cristo nos ha preparado el camino para cruzarlo.
        (5) La responsabilidad
            (a) La responsabilidad implica acción, confianza y riesgo.
            (b) Las bendiciones que provienen de la mano de Dios requerían que Israel fuera fiel y actuara como Él había mandado.
4. Jueces
    a) Autor: Anónimo en sí mismo y en la tradición, aunque algunos lo atribuyen a Samuel.
    b) Fecha: 1380-1050 a.C.
    c) Destinatarios: Israel.
    d) Sucesos: Los primeros 300 años en la tierra prometida durante el período oscuro y negativo de los jueces, cuando cada uno hacía lo que bien le parecía.
    e) Temas:
        (1) La soberanía — Aunque Dios le había ordenado a Israel que destruyera a los cananeos, en Su soberanía permitió que algunos quedaran para probar a Israel, para darles a los israelitas una razón para aprender a combatir y para saber si Israel obedecería los mandamientos del Señor.
        (2) La ley
            (a) Mientras que muchos tomaban los mandamientos de Dios tan a la ligera como para dejarlos de lado cuando les convenía o cuando tenía un costo obedecerlos, Jefté cumplió un voto que había hecho a la ligera, aun cuando descubrió que le costaría

la vida de su amada hija a quien tendría que matar con sus manos.

(b) Este no es un modelo a imitar, sino un ejemplo de una clase de obediencia rígida que Israel había perdido.

(3) La gracia

(a) La gracia de Dios se muestra en ciclos que se repiten en el libro de Jueces.

(i) El pueblo de Dios se aparta de Él y se rebela contra Sus leyes.

(ii) Dios permite que sean conquistados y gobernados por sus enemigos.

a. Esto los insta a clamar por liberación.

b. Dios oye su clamor y les envía un libertador para rescatarlos.

i. Su gracia es inmerecida y claramente poco valorada, por más que clamaran pidiéndola cuando sufrían.

(b) La repetición de este ciclo refleja la gracia de Dios.

(4) Cristo — Algunos comentaristas creen que los pasajes que hacen referencia al ángel de Jehová en Jueces son ejemplos del Cristo preencarnado en teofanías, es decir, apariciones de Dios al hombre de una manera en que este pudiera verlo y seguir con vida.

(5) La responsabilidad — En la liberación que Dios trajo a través del remanente del ejército de Gedeón, vemos que el grito de guerra era: «¡Por la espada de Jehová y de Gedeón!» (7:20).

(a) El pueblo comprendió que, sin la ayuda del Señor, la batalla estaba perdida.

(b) Aun así, ellos debían pelearla y seguir a sus líderes.

5. Rut

a) Autor: Anónimo, pero la tradición considera que fue Samuel. La fecha sería posterior si lo hubiera escrito otro autor, más adelante, en base a las tradiciones orales.

b) Fecha: 1200-1150 a.C.

c) Destinatarios: Israel.

d) Sucesos: El origen de la familia del Mesías davídico a través de la línea de una viuda moabita, Rut, y el pariente redentor de Belén, Booz.

e) Temas:

(1) La soberanía — Dios orquesta sucesos como el hambre que llevó a una familia judía a residir temporalmente en Moab y a regresar tiempo después luego de enterrar a todos los hombres de la familia. Esto le permite a Rut espigar en el campo de Booz y termina casándose con él.

(2) La ley — Las leyes de Dios proporcionan orden y pautas que muchas veces no tienen sentido para las mentes modernas.

(a) El matrimonio por levirato es una de estas leyes para los judíos del Antiguo Testamento.

(b) Dios la usó para crear un linaje: Obed, Isaí, David… y Jesús.

(3) La gracia — Rut es un ejemplo de bondad amorosa y compasión *kjésed*.

(a) Deja su tierra natal para quedarse con Noemí, que regresaba a Israel, y cuidar de su suegra viuda

(b) Hizo esto a pesar de que ella también era una viuda joven.

(4) Cristo

(a) Booz, como pariente redentor, es un tipo de Cristo en esta historia elocuente y magistralmente escrita.

(b) La palabra redentor, o alguna variación, aparece 23 veces en este breve libro.

(5) La responsabilidad — Dios nos manda cuidar de las viudas, de los huérfanos y de los necesitados entre nosotros.

(a) Rut hizo esto con Noemí.

(b) Noemí lo hizo con Rut al explicarle la costumbre hebrea del levirato

(c) Booz lo hizo al proteger y proveer para Rut mientras trabajaba y al cumplir su responsabilidad de casarse con ella para continuar la línea de herederos.

6. 1 Samuel

a) Autor: Anónimo.

(1) El contenido de 1 y 2 Samuel y de 1 y 2 Reyes fue dividido así por los traductores de la Septuaginta.

(2) Con seguridad, Samuel escribió al menos algunas porciones.

b) Fecha: 1100-1010 a.C.

c) Destinatarios: Israel.

d) Sucesos: La organización del reino que estableció firmemente el pacto de David y su reino, y la elección de la ciudad santa de Jerusalén como el futuro lugar para el templo.

e) Temas:

(1) La soberanía — Hay incontables pasajes que demuestran la soberanía de Dios.

(a) El regreso del arca a Israel luego de que los filisteos la capturaran solo puede explicarse a través de esta soberanía.

(b) Además, que sucediera mientras el ídolo pagano filisteo la «adoraba» y la gente sufría de tumores, que finalmente usaran terneros para enviar el arca a casa, todo forma un notable ejemplo de la soberanía de Dios aun sobre los propósitos más perversos.

(2) La ley

(a) Dios había especificado leyes respecto a la adoración mediante sacrificios y las obligaciones sacerdotales.

(b) El rey de Israel se tomó la atribución de ofrecer estos sacrificios y luego de perdonarle la vida a lo que Dios había mandado que se destruyera.

(3) La gracia

(a) Dios rechazó a Saúl como rey y escogió a David; entonces, Saúl se puso celoso y procuró matarlo.

(b) En múltiples ocasiones, David hubiera podido matar a su perseguidor, pero le mostró gracia y misericordia, se encomendó al cuidado de Dios y permitió que Saúl siguiera vivo.

(4) Cristo

(a) En muchos sentidos, David sirve como un tipo de Cristo.

(i) Un caso se produce luego de que Saúl mata a los sacerdotes que habían protegido a David.

(ii) Este les pidió a los sobrevivientes de las familias que se quedaran con él ya que los que procuraban matarlos también procuraban matarlo a él: «... conmigo estarás a salvo» (22:23).

(b) Cuando nos identificamos con Cristo, el diablo y el mundo nos aborrecerán, pero en el Señor hay seguridad.

(5) La responsabilidad
(a) Saúl fue elegido rey y recibió el poder el Espíritu Santo.
(b) Como rey del pueblo de Dios, debía encargarse de que fuera una nación santa y recordar que su gobierno seguía siendo una teocracia.
(c) Descuidó su responsabilidad.

7. 2 Samuel
a) Autor: Anónimo.
b) Fecha: 1010-971 a.C.
c) Destinatarios: Israel.
d) Sucesos: El reino de David expandió los límites de Israel, pero también vio grandes tragedias, en especial luego del pecado con Betsabé y el asesinato de su esposo.
e) Temas:
(1) La soberanía
(a) David sufrió muchos ataques durante su reinado; de afuera, de sus propios hijos y de sus propios deseos pecaminosos: con Betsabé, contra Urías y en el vanidoso censo.
(b) Pero Dios hizo un pacto con David y soberanamente lo cumplió al vencer en todos los ataques, incluso las decisiones pecaminosas de David.
(2) La ley
(a) Cuando David traía de regreso el arca a Jerusalén, su corazón era recto, pero no se obedeció la ley.
(i) El modo de transportarla y el descuido de Uza al sostenerla fueron transgresiones.
(ii) Y Uza cayó muerto.
(b) El rey y su pueblo debían sujetarse a la ley de Dios.
(3) La gracia — El bebé que David tuvo con Betsabé murió.
(a) La gracia de Dios se ve en que le dio tanto el perdón como otro hijo a esta pareja que comenzó de tan mala manera.
(i) Conocemos a este hijo como Salomón.
(ii) Dios le dio el nombre Jedidías, que significa «amado de Jehová», y él es el antepasado de nuestro Señor Jesús.
(b) Eso es *kjésed*, bondad amorosa y gracia compasiva y misericordiosa.
(4) Cristo
(a) Cuando David tuvo el deseo de construir una casa para Dios, se le dijo que él no era el indicado, pero en cambio, Dios haría una casa para David.
(b) Su hijo construiría el templo de Dios, como por cierto hizo Salomón, pero Dios hace un pacto con David por el cual su Hijo establecería el verdadero trono davídico.
(5) La responsabilidad
(a) Toda la tragedia del pecado con Betsabé, que condujo a David a asesinar a su esposo, uno de sus hombres más poderosos, trajo como consecuencia el caos a la familia del rey.
(i) Un hijo condujo un sangriento intento de sublevación.
(ii) Otro violó a su media hermana.
(b) Todo comenzó cuando David dejó de ser responsable en su rol como rey: «Aconteció al año siguiente, en el tiempo que salen los reyes a la guerra...».

8. 1 Reyes
   a) Autor: Anónimo.
   b) Fecha: 971-853 a.C.
   c) Destinatarios: Israel.
   d) Sucesos: La división del reino luego del reinado de Salomón y el ministerio de Elías.
   e) Temas:
      (1) La soberanía
         (a) La «competencia de Dios» en el monte Carmelo entre Elías y los sacerdotes de Baal revela:
            (i) que su religión era una adoración vacía a dioses falsos,
            (ii) y Dios demuestra ser el soberano Dios con poder sobrenatural.
         (b) El libro claramente enseña que Dios controla toda la naturaleza y toda la historia.
      (2) La ley
         (a) Aunque la ley de Dios lo prohibía, Salomón tuvo 700 esposas y 300 concubinas que desviaron su corazón y dejó de seguir al Señor.
         (b) Estas mujeres lo llevaron al sincretismo e incluso a adoptar a granel deidades religiosas paganas, tal como Dios, en Su Ley, había advertido que sucedería.
      (3) La gracia — En la oración de Salomón al dedicar el templo, vemos que Dios siempre está dispuesto a responder una oración que busca misericordia y perdón, cuando la gente se vuelve a Él arrepentida en busca de reconciliación.
      (4) Cristo — Aunque el corazón de Salomón no es como el de su padre David y aunque el reino se divide después de él y los reyes del norte son en su mayoría perversos, la esperanza sigue viva en el reino del sur, donde continuaría la línea mesiánica y el Cristo vendría.
      (5) La responsabilidad
         (a) Dios respondió el pedido de sabiduría que le hizo Salomón de manera sobreabundante, al punto que los gobernantes del mundo vinieron a sentarse a sus pies.
         (b) Su riqueza era incalculable y hubo paz en todas las fronteras, pero Salomón descuidó su responsabilidad de vivir como debía y el resultado fue la devastación nacional.

9. 2 Reyes
   a) Autor: Anónimo.
   b) Fecha: 853-560 a.C.
   c) Destinatarios: Israel.
   d) Sucesos: La historia del reino dividido y el ministerio de Eliseo.
   e) Temas:
      (1) La soberanía — Dios había dado Su palabra y había sido fiel a ella a lo largo de la historia de Israel, sin embargo, en todas sus fluctuaciones de arrepentimiento y rebelión, este pueblo no prestó atención a las advertencias de los profetas. Antes de que el libro termine, Dios permite que los reinos del norte y del sur caigan en manos del enemigo, y sean llevados al exilio como castigo.
      (2) La ley

(a) El Señor le dio a Judá un rey bueno como Josías, que anduvo en los caminos de David y ordenó que se reparara el templo.
(b) En el proceso, descubrieron la ley que había estado oculta y olvidada, y en respuesta, él se rasgó las vestiduras para indicar su arrepentimiento y la humillación de su corazón.

(3) La gracia
(a) Cuando Ezequías se enfermó y estuvo al borde de la muerte, el profeta Isaías vino a decirle que se preparara porque moriría.
(b) Cuando clamó al Señor y lloró amargamente, Dios tuvo misericordia de él y le concedió la salud y quince años más de vida.

(4) Cristo — La provisión de aceite de Elías que fluyó hasta llenar todas las vasijas de la viuda y la resurrección del hijo de la sunamita son ilustraciones del ministerio y del corazón de Jesús.

(5) La responsabilidad — Josías era hijo de un rey malvado, en un tiempo en que estos reyes se habían convertido en la norma.
(a) Tenía solo ocho años cuando comenzó a reinar.
(b) Asumió la responsabilidad de cambiar el curso del legado de su familia y siguió al Señor.

10. 1 Crónicas
a) Autor:
(1) Originalmente, 1 y 2 Crónicas fueron un solo libro, escrito cuando los exiliados comenzaron a regresar de Babilonia.
(2) Aunque es anónimo, Esdras pudo haber sido el autor de gran parte de estos libros.
b) Fecha: 1010-971 a.C.
c) Destinatarios: Los exiliados que regresaban, para alentarlos a confiar en la fidelidad de Dios.
d) Sucesos: El reino de David y su importancia para Israel.
e) Temas:
(1) La soberanía
(a) Los exiliados repatriados encontraron esperanza en la soberanía de Dios y en Su poder y fidelidad para cumplir Su promesa a David.
(b) Aunque habían recibido una severa disciplina por su pecado, Dios los preservó durante el exilio y comenzó a restaurar nuevamente a la nación.
(2) La ley — Las extensas genealogías les dan a los israelitas un sentido de continuidad con su anterior grandeza y bendición divina, luego de sufrir el exilio como castigo por ignorar la ley de Dios.
(3) La gracia
(a) En su oración en presencia de toda la asamblea, David reconoce que no merecen el favor y la bendición de Dios.
(b) Todo lo que tenían provenía de la pura gracia de Dios.
(4) Cristo
(a) El lugar donde David ofrece el sacrificio para detener la peste enviada en respuesta a su censo es una valiosa propiedad.
(b) Es el lugar donde Abraham ofrece a Isaac en sacrificio, donde David ofrenda en 1 Crónicas 21, donde se edificó el templo de Salomón y la ciudad donde Jesús sería ofrecido como el sacrificio perfecto por nuestros pecados.

(5) La responsabilidad
   (a) Pocos libros presentan la responsabilidad del hombre como este.
      (i) Dios había bendecido a los israelitas repetidas veces frente a sus ciclos de pecado, pero finalmente, los envió al exilio y ahora, los que habían regresado leen la historia de su pueblo.
      (ii) David había recibido misericordia a pesar de sus antecedentes y este primer libro termina cuando Salomón recién es ordenado rey.
   (b) Seguramente, la gente dio vuelta la página expectante para ver cuán responsable había sido la nación en respuesta a la misericordia y la gracia de Dios.

11. 2 Crónicas
   a) Autor:
      (1) Originalmente, 1 y 2 Crónicas fueron un solo libro, escrito cuando los exiliados comenzaron a regresar de Babilonia.
      (2) Aunque es anónimo, Esdras pudo haber sido el autor de gran parte de estos libros.
   b) Fecha: 971-539 a.C.
   c) Destinatarios: Los exiliados que regresaban, para alentarlos a confiar en la fidelidad de Dios.
   d) Sucesos: La mayor parte del libro habla de la historia del reino del sur, de los buenos reyes que hubo allí y del decreto que finalmente les permitió regresar del exilio.
   e) Temas:
      (1) La soberanía
         (a) Se enfocan las Crónicas en el supremo cumplimiento de los propósitos soberanos de Dios, mucho más que en los detallados relatos previos.
         (b) El soberano plan de Dios que continuó sin cesar es la esperanza generalizada de los exiliados repatriados.
      (2) La ley
         (a) En gran parte como Saúl, el rey del sur, Uzías, supuso que tenía un nivel de intimidad con Dios como para acercarse descuidadamente a Su altar, y esto le costó caro.
         (b) Entró al templo para quemar incienso sobre el altar y como castigo, quedó leproso el resto de su vida.
      (3) La gracia
         (a) El rey del sur Manasés se arrepintió al final de una vida muy perversa, pero recién después de que lo quebrantaran y lo encadenaran.
         (b) Sin embargo, Dios se conmovió por su oración y lo trajo de vuelta a su reino en Jerusalén.
      (4) Cristo
         (a) En 2 Crónicas 30:18b-20, el rey Ezequías ora por su pueblo durante la celebración de la Pascua: «"Jehová, que es bueno, sea propicio a todo aquel que ha preparado su corazón para buscar a Dios, a Jehová el Dios de sus padres, aunque no esté purificado según los ritos de purificación del santuario". Y oyó Jehová a Ezequías, y sanó al pueblo».
         (b) Este perdón y esta sanidad son posibles para nosotros hoy a través del Cordero pascual, Jesucristo.
      (5) La responsabilidad — Anteriormente en el mismo pasaje, Ezequías

exhorta al pueblo a no ser duros de cerviz, sino a servir al Señor como Él ordena.

(a) «Porque si os volviereis a Jehová, vuestros hermanos y vuestros hijos hallarán misericordia delante de los que los tienen cautivos, y volverán a esta tierra.

(b) Porque Jehová vuestro Dios es clemente y misericordioso, y no apartará de vosotros su rostro, si vosotros os volviereis a él» (30:9).

12. Esdras
   a) Autor: Probablemente Esdras.
   b) Fecha: 539-450 a.C.
   c) Destinatarios: Los exiliados que regresaban de Babilonia.
   d) Sucesos: Continuación del relato que termina en 2 Crónicas, para contar sobre el regreso de la cautividad y el exilio.
   e) Temas:
      (1) La soberanía — La soberanía de Dios se ve en cómo cambió el parecer y el corazón de reyes paganos para que trataran a Su pueblo con favor.
      (2) La ley
         (a) Esdras 7 enseña que Dios les permitió conseguir todo sin riesgos, porque Su buena mano de favor estaba sobre Esdras.
         (b) Esto era así porque este hombre se había dedicado a estudiar la ley de Dios, a aplicarla a su propia vida y a enseñarla a otros.
      (3) La gracia
         (a) En esta mezcla de pecadores en el exilio, Dios preserva un remanente de fieles.
         (b) Les concede gracia mediante Su mano de favor:
            (i) Para permitirles regresar.
            (ii) Para reconstruir el templo.
            (iii) Para escapar de sus enemigos.
            (iv) Para ser restaurados.
      (4) Cristo
         (a) Aunque los que regresaron en un principio reconstruyeron el altar y ofrecieron sacrificios, y aunque Esdras procuró enseñarles mejor la ley de Jehová, el verdadero sacrificio y el cumplimiento supremo estaban por venir.
         (b) Todo lo que para ellos era preciado empalidece en comparación con el Mesías que la adoración en el templo auguraba.
      (5) La responsabilidad
         (a) Dios obró soberanamente en el corazón del rey para permitir que Esdras regresara y que lo hiciera con favor.
         (b) No obstante, Esdras tuvo que hacerlo. Tuvo que confiar en la protección de Dios para el camino y el pueblo tuvo que dar un paso de fe creyendo que Él lo haría.
13. Nehemías
   a) Autor: Esdras es el posible autor, aunque puede haber recurrido a los registros de Nehemías.
   b) Fecha: 445-410 a.C.
   c) Destinatarios: Israel luego de que regresara el tercer grupo de exiliados.
   d) Sucesos: La reconstrucción del muro alrededor de Jerusalén.
   e) Temas:
      (1) La soberanía — El Señor había obrado en las mentes y los corazones de los reyes.

(a) Para permitir que estas tres oleadas de exiliados regresaran.
(b) Los guardó de los bandidos del camino en sus viajes sin custodia.
(c) Y los preservó de sus enemigos durante los vulnerables días cuando Jerusalén no tenía una muralla de protección.

(2) La ley — Todo el pueblo se reunió y Esdras les leyó el libro de la ley de Dios desde temprano en la mañana hasta el mediodía, a la vez que les daba explicaciones para que el pueblo pudiera entender.

(3) La gracia — Los israelitas confesaron su pecado con ayuno y cilicio, se arrepintieron de sus pecados, pero confiaron mientras oraban. «Pero tú eres Dios que perdonas, clemente y piadoso, tardo para la ira, y grande en misericordia...» (9:17).

(4) Cristo
(a) Así como Nehemías enfrentó mucha oposición a su trabajo porque era una gran obra de Dios.
(i) Recibió amenazas de muerte.
(ii) Recibió mentiras.
(b) Cristo sufrió de manera similar mientras llevaba a cabo Su inmensa obra por nosotros.

(5) La responsabilidad
(a) Nehemías tenía una vida cómoda como copero del rey y hubiera podido orar pasivamente para que algún otro hiciera algo respecto a la situación de Jerusalén.
(b) Pero como era un hombre piadoso de acción y que se preocupaba, salió de su zona de confort y lo arriesgó todo.

14. Ester
a) Autor: Anónimo, pero pudo haberlo escrito Mardoqueo, Esdras o Nehemías.
b) Fecha: 483-474 a.C.
c) Destinatarios: Israel, para documentar el origen de Purim.
d) Sucesos: La liberación de Israel del genocidio.
e) Temas:

(1) La soberanía — Aunque nunca se menciona explícitamente el nombre de Dios, Su cuidado soberano y la preservación de Su pueblo es inconfundible a lo largo del libro, que claramente refleja que los planes y los propósitos de Dios son amplios y personales.

(2) La ley — El lector claramente ve las diferencias en las vidas de aquellos que vivían de acuerdo a ella.

(3) La gracia
(a) Enseñar a los alumnos sobre la gracia de Dios puede ser difícil, especialmente en culturas donde el perdón, la gracia y la misericordia no son valores muy elevados.
(b) El simple hecho de que el rey le extendiera el cetro a Ester cuando no había sido mandada a llamar ilustra este principio.

(4) Cristo — Continuando con la metáfora del cetro, no tenemos derecho a acercarnos a un Dios santo que no puede admitir en Su presencia a criaturas pecadoras, pero Él «extiende Su cetro» para recibirnos cuando nos acercamos a Él en el nombre de Jesús.

(5) La responsabilidad
(a) Como sucedió con Nehemías, Ester hubiera podido mantener la boca cerrada y confiar en que Dios proporcionaría un medio de rescate para su pueblo a través de otra fuente.
(b) Pero como alguien comprometido que teme a Dios, Ester

escogió arriesgar todo para hacerse responsable en lo que podía.

H. Los escritos: Poesía y sabiduría
   1. Los cinco libros de Job, Salmos, Proverbios, Eclesiastés y Cantar de los Cantares constituyen cerca de un tercio del Antiguo Testamento.
      a) La poesía hebrea no se basa en rimas fonéticas, sino más bien en rimas de ideas y conceptos.
      b) A estos libros también se los llama literatura de sabiduría, porque procuran instruir en la vida desde la perspectiva de Dios, en especial frente al problema filosófico del dolor.
   2. Esta es una pregunta crucial que enfrenta toda cultura en el mundo: ¿Cómo es posible que Dios sea omnipotente y bueno, y exista el dolor y el sufrimiento en el mundo?
   3. Job
      a) Autor: Anónimo.
      b) Fecha: Desconocida.
      c) Destinatarios: Los hebreos.
      d) Sucesos: El problema del dolor y el sufrimiento.
      e) Temas:
         (1) La soberanía
            (a) Las luchas de Job son personales y se pregunta por qué tiene tantos problemas ya que ha intentado ser un hombre pío.
            (b) El lector puede ver detrás de escena y sabe lo que Job no: Dios tiene soberanamente el control de todo cuanto existe y es completamente bueno.
         (2) La ley
            (a) Los amigos de Job adoptaron un sistema legal con un código penal muy específico. Razonaron que Dios siempre y únicamente bendice a los que hacen bien, y que las cosas malas solo vienen como resultado del pecado personal.
            (b) Esta perspectiva legalista llegó hasta los días de Jesús y sobrevivió a Sus correcciones hasta el día de hoy.
         (3) La gracia — La gracia de Dios brilla al final del libro, cuando Job recibe el doble de todo lo que había tenido antes de que comenzaran sus problemas.
         (4) Cristo
            (a) Del mismo modo en que Dios permite que Satanás ponga a prueba y tiente a Job y pierda a sus amigos aunque era justo, Cristo fue tentado por el diablo en el desierto y fue abandonado por sus amigos aunque es justo.
            (b) Cuando se lee Job a la luz del Nuevo Testamento, el lector ve a Cristo en la pregunta de Job respecto a cómo un hombre puede ser justo y puro delante de Dios, y a la vez su testigo que está en el cielo.
         (5) La responsabilidad
            (a) Aunque Job cumplía con su responsabilidad en la comunidad y en su hogar como padre, sufrió grandemente.
            (b) De manera correcta, continuó temiendo a Dios y confiando en Él en medio de un gran sufrimiento.
   4. Salmos
      a) Autores: David, Salomón, Moisés, Asaf, los hijos de Coré.
      b) Fecha: Desconocida.

c) Destinatarios: Israel, principalmente para usarlo como su himnario.
d) Sucesos: Himnario de adoración y manual de instrucciones.
e) Temas:
   (1) La soberanía — Los salmos de David a menudo relatan cómo Dios lo libró de sus enemigos. Otros cantan sobre la creación del mundo, la elección de Dios de Su pueblo y el pacto que hizo con ellos, y llega a predecir sucesos futuros. Solo un Dios soberano pudo hacer esto.
   (2) La ley
      (a) Salmos completos se dedican a celebrar la ley de Dios, como el salmo 19 y el 119.
      (b) Se dice que el hombre piadoso medita en la ley de Dios de día y de noche.
      (c) El salmista declara un profundo amor por la ley de Dios.
   (3) La gracia — La gracia de Dios se ve en salmos donde el escritor confiesa y reconoce un gran pecado que merece la ira de Dios.
   (4) Cristo
      (a) Los salmos mesiánicos describen la relación del Padre y el Hijo, e incluso relatan conversaciones entre ellos como en el salmo 2.
      (b) El salmo 22 describe con dolorosos detalles la crucifixión de Jesús, aunque fue escrito mil años antes de que ocurriera y cientos de años antes de que los romanos emplearan ese método de ejecución.
   (5) La responsabilidad — El salmo 1 es una especie de salmo introductorio y sirve como una muestra de la clase de enseñanza que encontrará el lector en el resto del libro.
      (a) Presenta dos modos de vida, o dos clases de personas, y describe el resultado de vivir de una u otra manera.
      (b) Claramente, los salmos enseñan que tenemos la responsabilidad de escoger con sabiduría.

5. Proverbios
   a) Autores: Salomón, Agur y Lemuel.
   b) Fecha: Desconocida.
   c) Destinatarios: Israel.
   d) Sucesos: La sabiduría de Salomón y de otros.
   e) Temas:
      (1) La soberanía
         (a) Dios tiene el control de los sucesos de la historia, y aun dirige los deseos del corazón de un rey.
         (b) Proverbios enseña el camino de la sabiduría, que es vivir desde la perspectiva de Dios.
      (2) La ley — La sabiduría que el lector debe buscar es vivir de acuerdo a la ley de Jehová.
      (3) La gracia
         (a) Algunos hacen una mueca al leer el libro de Proverbios, ya que parece tener una dura prescripción para cada fracaso en la vida, con poco o nada de gracia.
            (i) Sin embargo, el libro en sí es un regalo de gracia para advertirnos de estos peligros.
            (ii) Es además un libro de proverbios, principios de práctica que no necesariamente son garantías de sucesos futuros, sino más bien patrones predecibles.

(b) Este libro es una guía para la vida sabia y santa. Y en esto hay grande gracia.

(4) Cristo

(a) Muchos comentaristas ven los pasajes que hablan de la sabiduría en forma personificada como una descripción de Cristo.

(b) Por cierto, Pablo y otros escritores del Nuevo Testamento parecen usar estos pasajes para describir a Jesús.

(5) La responsabilidad — La responsabilidad del lector es procurar la sabiduría de Dios al vivir de acuerdo a las enseñanzas de este libro, al sostener como valores las virtudes que describe y al enseñar estas verdades a sus hijos y a los que vengan detrás.

6. Eclesiastés

a) Autor: El «Predicador», probablemente Salomón.

b) Fecha: Desconocida.

c) Destinatarios: Israel.

d) Sucesos: La naturaleza temporal de la vida terrenal.

e) Temas:

(1) La soberanía

(a) Dios ha puesto eternidad en el corazón del hombre.

(i) El resultado de tener conciencia de la verdad que la vida continúa luego de esta vida terrenal es el combustible de muchas religiones en el mundo.

(ii) Dios nos hizo de este modo y estableció un tiempo para todo lo que sucede.

(b) Debemos temer a Dios y guardar Sus mandamientos.

(2) La ley — La conclusión que nos interesa es que se debe temer a Dios y guardar Sus mandamientos.

(3) La gracia — El escritor reconoce que no existe hombre justo sobre la tierra, que haga bien y nunca peque.

(a) Sin embargo, la ira de nuestro Dios santo no nos consume ni nos destruye.

(b) La gracia que muestra es guiarnos al arrepentimiento.

(4) Cristo

(a) Existen paralelos entre el Predicador y Jesucristo, entre un hijo de David y El Hijo de David.

(b) Muchos ven a Cristo en la sabiduría que se expresa y también en los capítulos finales que hablan del único Pastor.

(5) La responsabilidad — Se amonesta a los lectores de este libro a temer a Dios, a disfrutar de la vida que nos ha dado en este mundo, a guardar Sus mandamientos y reconocer que Él ha establecido un orden y un tiempo para todo.

7. Cantar de los Cantares

a) Autor: Es muy probable que Salomón sea el autor, aunque los primeros versículos pueden referirse a una colección de canciones de amor dedicadas a él.

b) Fecha: Desconocida.

c) Destinatarios: Dado a Israel para enseñarles sobre el amor y la fidelidad sexual en el matrimonio.

d) Sucesos: La celebración del amor matrimonial como Dios lo planeó.

e) Temas:

(1) La soberanía — Los comentaristas a través de los años han consi-

derado que Cantar de los Cantares se refiere a la relación de Dios con Israel o a la de Cristo con la Iglesia.

(a) La opinión mayoritaria hoy en día es que se refiere al amor matrimonial y a la fidelidad que Dios espera.

(b) Cualquiera sea la forma en que se lo interprete, la enseñanza de que «las muchas aguas no podrán apagar el amor» es ilustrativa del poder limitado del hombre dentro del diseño de un Dios soberano.

(2) La ley — La relación exclusiva refleja el modelo bíblico de la relación matrimonial para evitar el pecado del adulterio. «Yo soy de mi amado, y mi amado es mío».

(3) La gracia

(a) La gracia, la bondadosa amabilidad, el amor compasivo son la base de la misericordia y la gracia de Dios para con Su pueblo, en lugar de la justicia que merecen.

(b) Esta misma gracia que recibimos de Dios debería otorgarse mutuamente en la relación matrimonial.

(4) Cristo — La interpretación de este libro que sostiene que se trata de una descripción del amor que Cristo tiene por Su esposa, y los sentimientos exclusivos que Su esposa tiene hacia Él es, por cierto, adecuada. Es fácil ver por qué se lo ha interpretado así a lo largo de los años. Al menos, deberíamos buscar esta clase de pasión en nuestro amor hacia Él.

(5) La responsabilidad

(a) Todo lector casado debería comprender la responsabilidad que tiene de esforzarse por tener este amor romántico en su relación matrimonial.

(b) Los solteros también son responsables de garantizar que se preserve esta clase de amor en los matrimonios que los rodean.

I. Los profetas mayores

1. Los cinco libros de Isaías, Jeremías, Lamentaciones, Ezequiel y Daniel son los Profetas Mayores.
   a) Un profeta es aquel que predica a la vez que predice la Palabra de Dios.
   b) No solo predice el futuro, sino que también proclama la Palabra de Dios.
2. Algunos de los libros como Daniel, Ezequiel y Zacarías contienen porciones que son apocalípticas en su naturaleza y que, por lo tanto, deben interpretarse de manera acorde.
3. Isaías
   a) Autor: Isaías.
   b) Fecha: 739-685 a.C.
   c) Destinatarios: Israel y Judá.
   d) Sucesos: El ministerio y el mensaje del profeta mesiánico.
   e) Temas:

(1) La soberanía

(a) Isaías predice detalles sobre el Mesías, el exilio del pueblo de Dios y da profecías tan precisas como el nombre del rey que facilitaría su regreso.

(b) Solo un profeta de un Dios absolutamente soberano pudo predecir estas cosas que sucederían.

(2) La ley

(a) El pueblo cumplía continuamente con los requisitos externos de los rituales religiosos, pero sin arrepentimiento, sin corazones humillados ni adoración interna.

(b) Isaías enseñó que el Señor habita con aquel que es humilde, tiene un espíritu contrito, y que además tiembla ante Su palabra.

(3) La gracia — Una y otra vez, Isaías les promete a los malvados que la bondad de Dios está a disposición de ellos (55:6-7).

(4) Cristo —Isaías contiene pasajes del Siervo sufriente que se refieren a Cristo y a Su obra (49:6).

(5) La responsabilidad

(a) La soberanía de Dios y la responsabilidad del hombre se ven en 65:12.

(b) Dios es quien llama, pero nosotros somos responsables de responder.

4. Jeremías

a) Autor: Jeremías.

b) Fecha: 627-580 a.C.

c) Destinatarios: Judá.

d) Sucesos: El profeta llorón.

e) Temas:

(1) La soberanía — Dios le asegura a Jeremías que sus oyentes rechazarán el mensaje, pero que Él luchará por él y ellos no prevalecerán.

(2) La ley — La actitud del pueblo hacia la ley de Dios en este período queda ilustrada en las acciones del rey cuando Baruc lee la profecía de Jeremías. Corta el rollo pedazo a pedazo a medida que se iba leyendo y lo arroja al fuego.

(3) La gracia

(a) Aun a pesar de tanto pecado, rebelión y rechazo a prestar atención a las palabras de Sus profetas, Dios promete restaurarlos si se arrepienten.

(b) Promete que hará un nuevo pacto con ellos y no se acordará más de sus pecados.

(4) Cristo

(a) La promesa de perdón y redención de los pecadores es persistente en Jeremías, en especial cuando el pueblo se va al exilio.

(b) Nuestro Redentor es Jesucristo y Él sigue siendo fuerte para nosotros.

(5) La responsabilidad — En un libro como Jeremías, la responsabilidad de la gente es clara: crean las palabras del profeta, arrepiéntanse y regresen al Señor en obediencia a Su Palabra.

5. Lamentaciones

a) Autor: Muy probablemente, Jeremías es el autor.

b) Fecha: 586 a.C.

c) Destinatarios: Judá.

d) Sucesos: Las reflexiones del profeta sobre la destrucción de Jerusalén.

e) Temas:

(1) La soberanía

(a) El Señor prometió una y otra vez que si no se arrepentían, Él traería juicio y los enviaría al exilio

(i) Esto sucedió con el reino del norte.

(ii) Ellos pensaron que no lo haría o que no podría hacerlo.

(b) En Lamentaciones, la promesa se ha cumplido exactamente como Él había dicho.

(2) La ley — El resultado final de aquellos que se niegan a obedecer la ley del Señor y que no desean oírla queda ilustrado con dolorosos detalles en este lamento.

(3) La gracia

(a) Aun así, Jeremías conoce el corazón de Dios y tiene fe para orar luego de todo lo que ha sucedido (5:21).

(b) Jeremías enseñó en 3:22 que la misericordia del Señor nunca cesa y nunca se acaba; es nueva cada mañana.

(4) Cristo

(a) Cristo enseñó que todos los que están cansados y cargados pueden venir a Él y encontrar descanso, y que Él da paz, no como el mundo la da.

(b) Aun en los tiempos más oscuros como los que vemos en Lamentaciones, Cristo está presente para consolar a todo el que viene a Él arrepentido.

(5) La responsabilidad

(a) Dios los restaurará; por cierto, ha prometido hacerlo.

(b) Pero ellos aún tienen la responsabilidad de arrepentirse de corazón antes de regresar a sus hogares.

6. Ezequiel

a) Autor: Ezequiel.

b) Fecha: 593-570 a.C.

c) Destinatarios: Los exiliados y el pueblo que quedó en Judá.

d) Sucesos: La profecía desde el exilio durante los 23 años de ministerio de Ezequiel.

e) Temas:

(1) La soberanía — La visión de los huesos secos es una potente metáfora de lo que Dios puede hacer.

(2) La ley — En Ezequiel, Dios habla una y otra vez sobre el día que vendrá cuando Él nos dé un corazón nuevo que nos haga caminar en Sus estatutos y obedecer Sus mandamientos.

(3) La gracia — Aunque los israelitas se negaron a arrepentirse y a prestar atención a las advertencias de los profetas para evitar la disciplina divina del exilio, Dios sigue declarando Su gracia (11:19-20).

(4) Cristo

(a) Dios promete que en el futuro: «Mi siervo David será rey sobre ellos, y todos ellos tendrán un solo pastor; y andarán en mis preceptos, y mis estatutos guardarán, y los pondrán por obra» (37:24).

(b) Ese siervo David nos recuerda al Hijo de David, que vino a servir y no a ser servido, y que ahora reina para siempre, y al nuevo espíritu y el nuevo corazón que Dios promete en 36:24-27, que recuerda el nuevo nacimiento que Jesús le subrayó a Nicodemo.

(5) La responsabilidad

(a) Aunque Dios promete un nuevo día que vendrá cuando Él los restaurará y les permitirá obedecer, no es automático ni descarta los esfuerzos de parte de ellos.

(b) El pueblo debía decidir regresar y obedecer.

7. Daniel
    a) Autor: Daniel.
    b) Fecha: 605-530 a.C.
    c) Destinatarios: Judá.
    d) Sucesos: Cómo Dios usó y liberó a Su pueblo aun en la cautividad.
    e) Temas:
        (1) La soberanía
            (a) La soberanía de Dios sobre reyes y reinos es un tema constante en Daniel.
            (b) Su profecía sobre sucesos futuros específicos e incluso las revelaciones apocalípticas demuestran la soberanía de Dios sobre los asuntos humanos.
                (i) La manera en que Dios rescata a Daniel y a sus amigos mediante la revelación e interpretación de un sueño.
                (ii) La manera en que los protege en el horno de fuego.
                (iii) La manera en que salva a Daniel de la boca de los leones.
        (2) La ley — Daniel y sus amigos permanecieron fieles a las enseñanzas de la ley de Dios aun en una tierra pagana con otra cosmovisión y cuando sus vidas se veían amenazadas.
        (3) La gracia
            (a) Dios envío Su ángel para protegerlos y librarlos del horno de fuego.
            (b) Como hacen los mártires, arriesgaron sus vidas y entregaron sus cuerpos antes que deshonrar a Dios, y Él, en Su compasiva bondad amorosa, los libró.
        (4) Cristo
            (a) La visión de Daniel del Hijo del Hombre que desciende en las nubes del cielo, que se acerca al Anciano de Días, que recibe el dominio eterno y a quien los pueblos de todas las naciones y lenguas sirven se refiere a Jesucristo.
            (b) Se cumple en Apocalipsis 19:11-16.
        (5) La responsabilidad
            (a) El libro de Daniel está lleno de personas que oyen la Palabra de Jehová y la obedecen, y tristemente, de aquellos que la oyen y se niegan a prestarle atención.
            (b) Daniel termina con la profecía que habla de muchos que se purificarán y serán emblanquecidos, pero los impíos procederán impíamente.
            (c) Cada uno de nosotros tiene la responsabilidad de responder con sabiduría a la Palabra de Dios.

J. Los profetas menores
1. Los doce libros de Oseas, Joel, Amós, Abdías, Jonás, Miqueas, Nahúm, Habacuc, Sofonías, Hageo, Zacarías y Malaquías se encuentran en una sección que se conoce como Profetas Menores.
2. Se los llama «profetas menores» porque son más breves, no porque tengan menor importancia.
3. Oseas
    a) Autor: Oseas.
    b) Fecha: 760-720 a.C.
    c) Destinatarios: Israel justo antes de la caída y el exilio.
    d) Sucesos: La apostasía de Israel ilustrada poderosamente en la orden que

Dios le da a Oseas de casarse con una prostituta para simbolizar la infidelidad espiritual de Israel.

e) Temas:
  (1) La soberanía
    (a) Dios parece pasearse sobre el pueblo para examinar todas sus obras y enviarles advertencias.
    (b) Al hacerlo, no está imposibilitado para juzgar ni limitado de ninguna manera; en cambio, exige que se arrepientan y regresen, y les promete que si lo hacen, Él los recibirá.
    (c) Él ha establecido soberanamente el fin del camino que ellos elijan, ya sea el arrepentimiento y el regreso, o el continuo rechazo y la infidelidad espiritual.
  (2) La ley — Oseas se refiere una y otra vez a la ley del Pentateuco, ya que esta debería ser la base para una correcta relación del pueblo con Dios.
  (3) La gracia — El profeta les asegura a los israelitas que si se arrepienten (si escuchan las palabras y se vuelven a Él), el Señor los sanará, los perdonará y los amará, así como Oseas recibiría a Gomer luego de sus repetidas infidelidades (14:4).
  (4) Cristo
    (a) En Mateo 9:13, Jesús cita una de las enseñanzas principales de Oseas: «Id, pues, y aprended lo que significa: Misericordia quiero, y no sacrificio. Porque no he venido a llamar a justos, sino a pecadores, al arrepentimiento».
    (b) Jesús veía el adulterio espiritual de aquellos que decían pertenecer a Dios, pero cuyos corazones estaban puestos en el dinero, el orgullo y en una adoración vacía, tal como Oseas lo menciona en 6:1-4, 8:13 y en 10:4.
  (5) La responsabilidad
    (a) Un tema repetido en Oseas es el juicio de Dios sobre los israelitas, debido a su falta de conocimiento de Dios y de la ley.
    (b) Nuestra responsabilidad es conocerlo mediante el estudio y la práctica de Su ley, Su voluntad revelada.

4. Joel
  a) Autor: Joel.
  b) Fecha: Desconocida.
  c) Destinatarios: Judá.
  d) Sucesos: Profecías sobre el día de Jehová y el derramamiento del Espíritu Santo.
  e) Temas:
    (1) La soberanía — Mediante el uso de una plaga de langostas como ilustración, Joel describe el día de Jehová cuando la destrucción total caiga sobre Sus enemigos. El Señor juzgará a las naciones sin excepción.
    (2) La ley
      (a) La ley de Dios tal como está revelada en Su Palabra es segura y fiel.
      (b) Joel nos recuerda que Su inmutable verdad será la base de Su juicio.
    (3) La gracia
      (a) El Señor llama a los rebeldes en 2:12-13 a regresar a Él porque es bueno y misericordioso, lento para la ira y grande en misericordia.
      (b) Se duele ante el desastre.

(4) Cristo
(a) El día de Jehová que está por venir será un día de horror para todos Sus enemigos, pero Joel les asegura a quienes lo buscan (3:16).
(b) Respecto al día del juicio, los que estamos en Cristo tenemos confianza y paz; según Romanos 8:1, no hay ninguna condenación para los que estamos en Cristo Jesús. Él es nuestro refugio.
(5) La responsabilidad —Toda persona en el mundo tiene la responsabilidad y la orden de arrepentirse y creer en el Evangelio (3:14).

5. Amós
a) Autor: Amós.
b) Fecha: 760 a.C.
c) Destinatarios: Los reinos del norte y del sur.
d) Sucesos: El reino universal del reinado de David.
e) Temas:
(1) La soberanía — La soberanía de Dios se declara explícitamente en 4:13.
(2) La ley
(a) Como los israelitas habían descuidado la Palabra de Dios y rechazado a Sus profetas, Dios los amenaza con la peor clase de hambre, el hambre de oír las palabras de Jehová en su tierra.
(b) Aun aquellos que busquen la Palabra del Señor, no la encontrarán (8:11-12).
(3) La gracia
(a) En una visión de advertencia que se le da a Amós, él predice la completa devastación y clama a Dios, que amorosamente responde con misericordia.
(b) Dios también oye nuestro clamor pidiendo misericordia. Aunque viene un día cuando no se mostrará más gracia, hoy es el día de arrepentimiento.
(4) Cristo — Jesús es el epítome de la gracia y la misericordia de la que se habla y que se muestra en Amós.
(5) La responsabilidad — Amós insta a sus oyentes a buscar el bien, no el mal, para que vivan.
(a) Aborrecer el mal y amar el bien.
(b) Establecer la justicia en juicio.
(c) Dejar que corra como las aguas.

6. Abdías
a) Autor: Abdías.
b) Fecha: Desconocida.
c) Destinatarios: Judá y Edom.
d) Sucesos: La destrucción de Edom por ayudar en la destrucción de Judá y capturar a los israelitas que huían.
e) Temas:
(1) La soberanía
(a) Dios permitió que los babilonios conquistaran Judá y llevaran a sus habitantes al exilio.
(b) Sin embargo, que los edomitas sacaran ventaja de sus sufrimientos fue considerado pecado, en especial porque eran parientes.
(i) Se le dice a Edom que Dios los humillará.
(ii) En 100 años quedarán en ruinas.

(2) La ley
  (a) La ley de Dios rige aun a aquellos que no la aceptan.
  (b) Será la base del juicio a los pueblos de todas las naciones.
(3) La gracia
  (a) La gracia que le pedimos a Dios en oración y que recibimos de Él es la que debemos mostrar a otros.
  (b) Los hombres y las mujeres de la gracia deberían ser quienes la otorgaran más sobreabundantemente.
(4) Cristo
  (a) Abdías termina afirmando que el reino será del Señor.
  (b) Jesús es el Rey de reyes y el que gobierna sobre toda la creación.
(5) La responsabilidad
  (a) Las dificultades y las luchas de los demás nunca deberían llevarnos a burlarnos de ellos, por más que parezca que están cosechando lo que sembraron.
  (b) Abdías nos enseña que aun cuando Dios disciplina a alguien, no debemos agregar juicio ni sacar ventaja de su sufrimiento.

7. Jonás
  a) Autor: Jonás.
  b) Fecha: 782 a.C.
  c) Destinatarios: Israel.
  d) Sucesos: El llamado de Jonás y la respuesta al deseo de Dios para la nación de Nínive.
  e) Temas:
    (1) La soberanía — Dios llamó a Jonás para que fuera a predicar a Nínive, pero él decidió huir de Su voluntad.
      (a) Como muchos han aprendido, pero pocos de manera tan dramática, Dios es soberano y nadie puede torcer Su voluntad o Su mano.
      (b) Aquí se ve la soberanía de Dios sobre el océano, las criaturas marítimas y la humanidad.
    (2) La ley
      (a) El mensaje de Jonás fue corto: «De aquí a cuarenta días Nínive será destruida» (3:4).
      (b) El pueblo respondió con arrepentimiento y Dios lo aceptó.
        (i) No debemos pasar por alto su arrepentimiento con ayuno, cilicio y cenizas (¡aun los animales!).
        (ii) Se arrepintieron de pecar contra la ley de Dios.
    (3) La gracia
      (a) Nínive, una nación que humanamente hablando no la merecía, conoció la gracia.
      (b) Sin embargo, cuando se arrepintieron, Dios les mostró misericordia.
    (4) Cristo — Jesús se refiere a Jonás y a su experiencia, lo que demuestra la historicidad del libro, y utiliza el rescate de Jonás del vientre del pez como una metáfora de Su muerte y resurrección (Mat. 12:39-40).
    (5) La responsabilidad — Cuando Dios llama, nuestra respuesta debe ser: «¡Sí, Señor!». Los detalles de qué, dónde o cuándo no importan; nuestra responsabilidad es obedecer con prontitud.

8. Miqueas
  a) Autor: Miqueas.

b) Fecha: 737-690 a.C.
c) Destinatarios: Judá.
d) Sucesos: La profecía sobre el nacimiento del Mesías en Belén.
e) Temas:
(1) La soberanía — Las profecías de Miqueas no se prestan a la especulación o al razonamiento del hombre, sino más bien predicen la segura destrucción de los enemigos de Dios. Miqueas declara que este mensaje que proclama vino del Señor y que Él es un testigo contra ellos. También profetiza con precisión respecto a los detalles concernientes a la venida del Mesías.
(2) La ley — En 4:2a, Miqueas profetiza que muchas naciones vendrán y desearán una relación con el verdadero Dios y pedirán ser enseñadas en Su ley, para poder andar en Sus caminos.
(a) En tiempos de Miqueas, no se valoraba la ley de Dios.
(b) Se les asegura a las naciones que llegará el día en que tendrán sed de ella.
(3) La gracia — Miqueas enseña abiertamente en 7:18-20 que por más grande que sea nuestro pecado y nuestra rebelión, la gracia de Dios es aún mayor.
(4) Cristo — Las profecías mesiánicas que se encuentran en 5:2, 4-5a enriquecieron la comprensión de nuestros antepasados espirituales respecto a de dónde vendría el Cristo y qué haría.
(5) La responsabilidad — ¿Qué debemos hacer para tener una vida que agrade a Dios? ¿Debemos traer y ofrecer muchos sacrificios? ¿Qué hay de ofrecer ofrendas incalculables? En este libro, Dios ha dejado en claro lo que desea de nosotros: «Oh hombre, él te ha declarado lo que es bueno, y qué pide Jehová de ti: solamente hacer justicia, y amar misericordia, y humillarte ante tu Dios» (6:8).

9. Nahum
a) Autor: Nahum.
b) Fecha: 650 a.C.
c) Destinatarios: Nínive.
d) Sucesos: Otro profeta le predica a Nínive, pero esta vez el final es su destrucción.
e) Temas:
(1) La soberanía
(a) El mensaje del profeta Nahum para Nínive transmitió la decidida y segura destrucción de Dios.
(i) Les asegura que traerá sobre ellos completa devastación
(ii) Les asegura que tiene todo el poder para hacerlo.
(b) En 1:3b-6 ofrece una narración muy clara de la soberanía de Dios.
(2) La ley
(a) La ley de Jehová trae sabiduría, vida, contentamiento y paz, pero si se la descuida o si alguien se rebela contra ella trae lo opuesto.
(b) Nínive está a punto de experimentar el juicio de rechazar la ley de Dios.
(3) La gracia
(a) Nahum contiene el pasaje frecuentemente citado sobre el carácter de Dios, que es tardo para la ira y grande en poder.
(b) También destaca que el Señor es bueno y fortaleza en el día de

la angustia, y que conoce a los que en Él confían.

(4) Cristo — La buena noticia que nosotros proclamamos, la que Nínive no podía oír, es el evangelio salvador de Jesucristo.

(5) La responsabilidad

(a) La diferencia entre las respuestas de Nínive al primer ministerio profético registrado y al segundo es abismal.

(i) Una generación actuó con responsabilidad.

(ii) La siguiente fue trágicamente irresponsable.

(b) El mandamiento de escoger en este día a quién serviremos es una sobrecogedora responsabilidad con resultados eternos.

10. Habacuc

a) Autor: Habacuc.

b) Fecha: 609 a.C.

c) Destinatarios: Judá.

d) Sucesos: La profecía y el dilema de Habacuc, justo antes de la caída de Judá ante Babilonia, era cómo Dios podía usar a una nación tan impía para castigar el pecado de Judá.

e) Temas:

(1) La soberanía

(a) Dios usará a la poderosa, aunque pagana, nación de Babilonia para conquistar y exiliar a Su pueblo, así como usó a Asiria para que hiciera lo mismo con Israel.

(b) Estas naciones no son simplemente más poderosas, son herramientas en la mano de un Dios soberano.

(2) La ley — Dios ha dado Su ley para que los hombres la obedezcan y requiere santidad en medio de ellos.

(a) El camino a la salvación siempre ha sido la fe, no las obras legalistas para ganarse la justicia.

(b) Habacuc declaró: «Mas el justo por su fe vivirá». Esto se cita tres veces en el Nuevo Testamento (Rom. 1:17; Gál. 3:11; Heb. 10:38) y se convirtió en el grito de batalla de la Reforma.

(3) La gracia

(a) Habacuc profetiza respecto a un tiempo de desastre y lamento nacional que hará tambalear a los hombres más valientes.

(b) Continúa para expresar la esperanza en un Dios compasivo, de amor misericordioso y gracia (3:17-19).

(4) Cristo — Habacuc declara que la tierra se llenará con el conocimiento de la gloria de Jehová como las aguas cubren el mar.

(a) Esto anticipa y predice el triunfo de la obra misionera.

(b) Dios ha usado a los misioneros, y continuará haciéndolo, para declarar las buenas nuevas de Jesucristo por todo el mundo hasta la culminación de la historia.

(5) La responsabilidad — La responsabilidad del hombre no es ganar su salvación ni la de otros. Más bien, es vivir por fe, y proclamar y explicar las buenas noticias a todos.

11. Sofonías

a) Autor: Sofonías.

b) Fecha: 640 a.C.

c) Destinatarios: Judá.

d) Sucesos: La llegada de la «pureza de labios».

e) Temas:

(1) La soberanía — Aunque los hombres y las mujeres planean sus vidas, construyen casas y planifican las cosechas, el Señor tiene la última palabra y trae un juicio inevitable sobre los impíos.
(2) La ley
(a) El gran día de Jehová que Sofonías profetiza está por llegar debido a la pecaminosa rebelión y a no haber obedecido la ley de Dios.
(b) Se acusa al pueblo de darle la espalda al Señor, de no buscarlo y ni siquiera consultarlo.
(3) La gracia — La gracia se pone a disposición con el mandato de buscarla (2:3).
(4) Cristo — En Sofonías, los que menosprecian al Señor y los que dependen de su propia justicia tienen muchas razones para temer.
(a) La única esperanza está en Jesucristo.
(b) El gozo y la restauración de Israel predichos en los últimos capítulos solo se cumplirá cabalmente a través de una correcta relación con Dios a través de Cristo.
(5) La responsabilidad
(a) La responsabilidad del ser humano es adorar a su Rey y servirlo de común consentimiento (3:9).
(b) No solo estamos llamados a servirlo simplemente, sino que somos responsables de hacerlo en armonía.

12. Hageo
a) Autor: Hageo.
b) Fecha: 520 a.C.
c) Destinatarios: Los repatriados.
d) Sucesos: La reconstrucción del templo.
e) Temas:
(1) La soberanía — Dios declara que Él sacudirá a las naciones para llenar Su casa con gloria.
(2) La ley — Dios había ordenado obediencia, pero el pueblo decidió esperar para obedecer Su Palabra.
(a) No rechazaron Su palabra de plano, pero le dieron muy poco valor en sus vidas al dejarla de lado para cumplirla posteriormente.
(b) Decidirse a esperar para obedecer por completo es decidirse a desobedecer.
(3) La gracia — Dios afirma que no se han vuelto a Él; entonces, los hiere con plagas y moho.
(a) Aunque habían trabajado esforzadamente y habían procurado enriquecerse, lo habían hecho a expensas de terminar el templo.
(b) No obstante, Dios en Su gracia declara que de aquel día en adelante, Él los bendecirá.
(4) Cristo — Cristo mandó en Mateo 28:18-20 que hagamos discípulos de todas las naciones.
(a) El cumplimiento de la Gran Comisión se ve alrededor del trono en el Apocalipsis de Juan, pero en Hageo 2:7 se lo insinúa.
(b) Cristo es la esperanza de gloria.
(5) La responsabilidad — Debemos adorar al Señor, no al templo.
(a) La iglesia es el pueblo de Dios, no el edificio.
(b) Vemos en este breve libro que existe una conexión entre el honor que se le muestra al templo físico y la condición de

nuestro corazón hacia Dios.

13. Zacarías
    a) Autor: Zacarías.
    b) Fecha: 520 a.C.
    c) Destinatarios: Judá.
    d) Sucesos: La renovación del pacto con Dios y la reconstrucción del templo.
    e) Temas:
        (1) La soberanía — Las declaraciones de sucesos futuros demuestran la soberanía de Dios.
        (2) La ley — El pueblo había ayunado y observado los rituales durante los años de exilio, tal vez por temor a que algo peor les pudiera suceder.
            (a) El Señor dice que lo hacían de un modo vacío para sí mismos y no para Él.
            (b) Los insta a honrarlo de verdad y no con meros rituales externos.
        (3) La gracia — La gracia que se necesita para una correcta relación con Dios se proclama repetidas veces en Zacarías.
        (4) Cristo — El libro de Zacarías abunda en profecías mesiánicas.
        (5) La responsabilidad — Nuestra responsabilidad se establece al comienzo del libro: volver a Él para que Él se vuelva a nosotros. Ese regreso debe ser continuo, un estado del corazón en permanente confesión, arrepentimiento, retorno y renovación.

14. Malaquías
    a) Autor: Malaquías.
    b) Fecha: 433 a.C.
    c) Destinatarios: Los repatriados.
    d) Sucesos: El último mensaje a un pueblo rebelde y la predicción de la venida de Juan el Bautista y de Jesús.
    e) Temas:
        (1) La soberanía
            (a) Se vuelve a predecir el gran día de Jehová.
            (b) Lo que significa que el soberano Señor de todos los sucesos de la historia tiene un plan que se desenvuelve de acuerdo a Su voluntad.
        (2) La ley
            (a) Los repatriados ya habían comenzado a transgredir Su ley de muchas maneras:
                (i) Un sacerdocio y una adoración corruptos
                (ii) El divorcio generalizado
                (iii) La injusticia social
                (iv) El robo a Dios al quedarse con los diezmos.
            (b) Malaquías es el mensajero de Dios (su nombre significa «mi mensajero») para reprenderlos por estos pecados.
        (3) La gracia
            (a) Dios promete enviar un mensajero a preparar el camino delante de Él (Juan el Bautista).
                (i) Ese mensajero que preparará al pueblo para Su venida es la gracia.
                (ii) De otro modo, el pueblo hubiera quedado librado a sus propios recursos y caminos, lo que habría terminado en la inequívoca condenación por el pecado.
            (b) El mensajero por venir es un regalo de gracia.
        (4) Cristo — Malaquías 1:11 dice: «"Porque desde donde el sol nace has-

ta donde se pone, es grande mi nombre entre las naciones; y en todo lugar se ofrece a mi nombre incienso y ofrenda limpia, porque grande es mi nombre entre las naciones", dice Jehová de los ejércitos».

(a) El culto que se le ofrece a Cristo en cada iglesia en todo el mundo es el cumplimiento de esta profecía.

(b) El incienso representa las oraciones de los santos (Apoc. 8:4) y la ofrenda limpia es nuestra vida (Rom. 12:1).

(5) La responsabilidad — La responsabilidad del hombre se ve al final del Antiguo Testamento tal como ha sucedido desde el comienzo.

III. Las manos: El llamado de Dios al ministerio

A. Queremos ayudar a los alumnos a analizar su llamado al ministerio.

1. Al comienzo de este programa de formación pastoral.
2. Al final de cada día del primer módulo de estudio.

B. Es difícil describir el llamado al ministerio a alguien que no lo tiene.

1. Es intangible, es un anhelo interior y un fuego que arde en los huesos, pero es más que una mera ambición, una elección o un deseo humano.
2. El pastor puritano Matthew Henry habló del llamado como algo que tiene componentes internos y externos.

a) El aspecto interior es ese sentido del deber que es tan difícil de describirle a otro.

(1) Aquellos alumnos que genuinamente tengan un llamado al ministerio, comprenderán bien esta explicación y valorarán las amonestaciones y las pautas bíblicas.

(a) Jeremías habló de un tiempo en el que guardó silencio respecto de la carga y el mensaje del Señor.

(i) Cuando no declaró ese mensaje, este se convirtió en un fuego que ardía en sus huesos.

(ii) Los llamados al ministerio describen esta sensación como el impulso interior que no pudieron silenciar y esa fue la razón para comenzar.

(b) El pastor bautista Charles Spurgeon trataba de disuadir a los hombres que querían entrar en el ministerio cuando le expresaban el llamado que sentían.

(i) Posteriormente explicó que si él podía convencerlos de que no siguieran el llamado, entonces el Señor no los había llamado.

(ii) Esto es esencial para atravesar los tiempos difíciles que inevitablemente llegan al ministerio de cada pastor.

b) El aspecto externo del llamado al ministerio lo ven aquellos que están alrededor del que fue llamado.

(1) La capacidad evidente para el ministerio, la pasión por las almas, el servicio sacrificado a Dios y a los demás, y la unción divina para el ministerio son como una ciudad asentada sobre un monte que no se puede esconder.

(2) El deseo de servir que no tenga la confirmación de los creyentes cercanos al candidato debería actuar como señal de advertencia.

C. Ejemplos bíblicos

1. Algunos para que fueran donde Él los enviaba:

a) Abraham
b) Jonás
c) Pablo

2. Otros para tareas especiales que les demandarían el resto de sus vidas:
    a) Moisés
    b) David
    c) María
    d) Los discípulos
3. Otros que habiendo tenido un primer llamamiento, fueron separados para tareas especiales:
    a) Moisés
    b) Jonás
    c) Prácticamente cada persona llamada en la Biblia.

D. Dios tiene una tarea, un deber, un rol y un lugar preciso para cada uno de Sus hijos.
1. Sin embargo, no todos en la Biblia están llamados específicamente al ministerio.
2. Es importante comprender lo que no es un llamado al ministerio.
    a) El llamado al ministerio no debería ser una decisión centrada en el hombre, como la elección de cualquier otra carrera.
        (1) Servir así es el llamado más alto, pero en realidad, en términos humanos es un trabajo terrible.
            (a) El salario no llega a lo que la mayoría de los ministros podría ganar en trabajos seculares.
            (b) La seguridad laboral suele fluctuar según las corrientes de moda en los círculos de poder.
            (c) Arreglarse con el «trabajo de voluntario» es una tarea desafiante.
            (d) La mayoría de los pastores trabajan muchas horas, siempre están disponibles y deben ser diplomáticos creativos para que todas las facciones de la iglesia estén contentas con él y entre ellas.
        (2) Además, la Biblia dice que aquellos que sirven como pastores en la iglesia serán juzgados por normas más estrictas y deberán rendir cuentas por las almas de las ovejas de su rebaño.
    b) Los candidatos a pastor también deberían tener en mente que un llamado al ministerio no es una «burbuja de bendición» que protegerá al ministro de todo daño, dolor, depresión o sufrimiento.
        (1) Cada héroe en la Biblia sufrió de algún modo o de varios.
            (a) Abraham sufrió durante décadas la falta de un heredero, a pesar de la promesa de Dios de que tendría un hijo.
            (b) El llamado de Moisés lo condujo a regresar a la tierra donde era un fugitivo buscado por asesinato y su ministerio terminó siendo un trabajo con seguidores rebeldes durante toda su vida.
            (c) El llamado de David incluyó huir por su vida y vivir escondiéndose, además de los sufrimientos de ver los pecados de sus hijos.
            (d) Jeremías fue toda su vida un predicador de las calles, pero lo conocemos como el profeta llorón, porque nunca conoció a la gran iglesia exitosa ni a un ministerio que gozara de popularidad, sino que más bien sufrió el rechazo, el ridículo, las amenazas y la persecución por su fidelidad.
            (e) El llamado de Pablo al ministerio y a las misiones se presenta claramente varias veces en Hechos, y él hace referencia a ese llamado en las cartas que escribió.
            (f) Cristo mismo sufrió el rechazo durante todo Su ministerio, Sus discípulos lo abandonaron, las autoridades religiosas de esos días lo rechazaron, Su propia familia lo malinterpretó, lo

traicionó un amigo a quien le había lavado los pies horas antes y luego fue asesinado.

(2) Jesús nos advirtió de los sufrimientos que tendríamos al servirle y nunca ocultó el camino pedregoso que Sus discípulos tendrían que transitar (Mat. 24:9). Pablo le dijo a Timoteo: «Y también todos los que quieren vivir piadosamente en Cristo Jesús padecerán persecución» (2 Tim. 3:12).

(a) Un llamado al ministerio es crucial para permanecer firmes en las dificultades que traerá aparejadas.

(b) La confianza plena del llamado al ministerio es un ancla que lo sujeta durante las tormentas, hasta que el mar se calme.

E. Un llamado de Dios casi nunca sale de la nada.

1. Los hombres que Dios llama al ministerio suelen ser conscientes de determinada necesidad que podrían ayudar a cubrir mediante el servicio desinteresado.

2. Como afirmamos, la urgencia interior y el sentido del deber estarán acompañados además por la confirmación de los que rodean al ministro.

a) Los que mejor lo conocen darán testimonio de la presencia de dones, de pasión por el ministerio y de amor por Dios, por Su Palabra y por Su pueblo.

b) Cuando nos deleitamos en Él, el Señor nos da los deseos de nuestro corazón (Sal. 37:4).

(1) Esto significa que nos da un deseo que nos guiará en una dirección particular hacia donde Él quiere que caminemos.

(a) Entonces, él nos concede el anhelo al abrir las puertas para que se realice.

(b) De ese modo, nos da el deseo y también el cumplimiento de ese deseo.

(2) Él recibe más gloria cuando lo servimos con corazones gozosos y nos abocamos a la tarea con entusiasmo y celo.

F. El llamado de Dios al ministerio es el más alto y es la vida más gratificante que uno puede tener.

1. Cuando recién nos damos cuenta de este llamado, o cuando comenzamos a responder, podemos sentir entusiasmo o temor.

2. Puede tratarse del siguiente paso lógico en el camino que un hombre viene transitando o un cambio radical de dirección que le dé un giro diferente a la vida.

3. No debería entrar en el ministerio a la ligera sin un llamado. Debe tener la seguridad de que Dios lo ha llamado y si lo ha hecho, debe proseguir con la confianza de que Dios está con él y que lo sostendrá.

a) «Jehová va delante de ti; él estará contigo, no te dejará, ni te desamparará; no temas ni te intimides» (Deut. 31:8).

b) «Mira que te mando que te esfuerces y seas valiente; no temas ni desmayes, porque Jehová tu Dios estará contigo en dondequiera que vayas» (Jos. 1:9).

Módulo 2 Bosquejo de enseñanza

La oración
Panorama del Nuevo Testamento
El carácter del pastor

I. El corazón
  A. Breve reseña
    1. Los pastores deben ser hombres de oración que persigan la santidad, de modo que Dios pueda usarlos poderosamente en Su servicio.
      a) Para esforzarse por alcanzar la santidad necesaria en un mundo caótico, el ministro debe procurar caminar con Dios a diario y aprender a reconocer Su voz.
      b) La vocecita suave de Dios que guía al ministro tanto en el andar diario como en las grandes decisiones que debe tomar.
        (1) Para aprender a oír esa voz, debes acercarte lo más posible a Jesús y permanecer allí.
        (2) Este es el fundamento del discipulado.
    2. La oración fue una parte muy importante de la vida y las enseñanzas de Jesús.
      a) Dedicaba tiempo para concentrarse en la oración, algunas veces toda la noche.
      b) En otras ocasiones, se levantaba a orar muy temprano, antes de que hubiera luz.
        (1) Oró en busca de dirección, antes de escoger a Sus discípulos y cuando se enfrentó a tiempos de prueba.
        (2) También espera que nosotros oremos. Comenzó algunas de Sus enseñanzas sobre la oración con las palabras: «y cuando ores...».
        (3) También nos enseñó cómo orar a través de la historia de la viuda persistente, donde nos dijo que debemos insistir, seguir buscando y seguir pidiendo (Luc. 18).
    3. Para un pastor, la oración no es optativa.
      a) El único modo de conocer a Dios es conocer lo que ha revelado sobre sí mismo en la Biblia y empaparse de Sus enseñanzas.
        (1) No obstante, para comprender cabalmente las verdades bíblicas, debes orar y pedirle a quien inspiró estas palabras que ilumine tu mente para comprenderlas.
          (a) David oró: «Abre mis ojos, y miraré las maravillas de tu ley» (Sal. 119:18).
          (b) Pablo explica más sobre esta verdad en 1 Corintios 1:18: «Porque la palabra de la cruz es locura a los que se pierden; pero a los que se salvan, esto es, a nosotros, es poder de Dios». Y en 2:14: «Pero el hombre natural no percibe las cosas que son del Espíritu de Dios, porque para él son locura, y no las puede entender, porque se han de discernir espiritualmente».
        (2) Por lo tanto, debemos orar mientras caminamos a diario con Dios, para pedirle que podamos aprender de Su palabra y podamos discernir Su voluntad.

4. La oración es esencial para desarrollar un estrecho caminar con Dios y mantener una constante comunión con Él.
   a) El enemigo lo sabe muy bien y se esfuerza por impedir que te pongas de rodillas.
   b) Considera lo que algunos gigantes espirituales que nos precedieron sostuvieron sobre la necesidad de la oración en la vida del pastor.
      (1) El pastor Martyn Lloyd-Jones dijo: «Todo lo que hacemos en la vida cristiana es más fácil que orar».[10]
      (2) Oswald Sanders dijo: «Si quieres humillar a un hombre, pregúntale sobre su vida de oración».
      (3) Robert Murray M'Cheyne dijo: «Un hombre es lo que es sobre sus rodillas delante de Dios y nada más».[11]
   c) El diablo sabe lo crucial que es una vida de oración ferviente para ti y luchará tenazmente para que no tengas éxito en este emprendimiento.
      (1) También sabe que si puede mantener al pastor distraído, demasiado ocupado, o demasiado cansado como para orar fervientemente, la batalla seguirá el curso que él quiere.
      (2) Es crucial que continuemos acercándonos cada vez más a Dios a través de la oración.
5. La Biblia nos dice cómo orar, nos ejemplifica la oración y hasta nos dice cuándo orar.
   a) Jesús nos enseñó cómo orar a través de la oración modelo, a la que algunos llaman el Padrenuestro.
   b) El Espíritu Santo también nos permite conocer otras oraciones de Jesús al haber inspirado a los escritores de los Evangelios para que las registraran en la Escritura.
      (1) Además, podemos leer las oraciones de otros en la Biblia.
      (2) La Palabra de Dios incluso nos dice cuándo orar en versículos como Colosenses 4:2 (énfasis añadido): «**Perseverad en la oración, velando en ella** con acción de gracias» y 1 Tesalonicenses 5:17 (énfasis añadido): «**Orad sin cesar**».
         (a) Estos versículos dejan en claro que la oración no debería ser esporádica y que no deberíamos orar solo en tiempos de pánico o necesidad; debería formar parte de nuestra vida al igual que la respiración.
6. ¿Qué es la oración?
   a) Orar es simplemente hablar con Dios.
      (1) Cuando leemos Su Palabra Él nos habla.
      (2) Cuando oramos, nosotros le hablamos a Él.
      (3) La oración no necesita seguir alguna fórmula litúrgica precisa para ser «bíblica» o para agradarle a Dios.
         (a) Las oraciones pueden ser tan poéticas y elaboradas como uno de los salmos de David
         (b) El Señor también escucha plegarias tan sencillas como el grito de Pedro: «¡Señor, sálvame!», cuando se hundía en el mar de Galilea.

---

[10] Martyn Lloyd Jones, página consultada el 29 de febrero de 2016. http://www.ravenhill.org/maxims3.htm.

[11] La fuente original de esta cita no es clara, pero se le atribuye ampliamente a M'Cheyne sin divergencia.

b) Cuando el Señor les enseñó a Sus discípulos la oración modelo, llamado también el Padrenuestro.
   (1) No fue tanto para señalarnos qué palabras usar, sino para mostrarnos lo más importante y las clases de preocupaciones que deberíamos traer delante del Padre.
   (2) La oración demuestra nuestra dependencia de Dios, reclama Sus promesas y nos muestra nuestra creencia de que Él está allí para escuchar y responder a aquellos que se acercan a Él en fe.
c) La oración no es un medio de manipulación.
   (1) No deberíamos esperar que Dios nos conceda todo lo que pedimos.
   (2) Él siempre contesta cada oración de Sus hijos.
      (a) Algunas veces dice sí; otras, no; y algunas otras, espera.
         (i) Él sabe qué es lo mejor.
         (ii) Dios puede demorar una respuesta a la oración.
            a. Esto podría deberse al pecado en nuestra vida.
            b. La oración tal vez no esté de acuerdo con Su voluntad
            c. Puede faltarnos fe.
      (b) Tal vez, Dios permite un tiempo de silencio para probarnos, y los maestros siempre guardan silencio durante el momento de la prueba.

7. Qué enseñar.
   a) Enfatiza el rol clave que jugó la oración en la vida de Jesucristo.
   b) Enfatiza cuánto la necesitamos para acercarnos más a Dios y convertirnos en la persona que Él desea usar.
   c) La oración debe ser tan natural y debe estar siempre presente como tu respiración o el latido de tu corazón.
      (1) La cantidad de tiempo que pases en oración variarán a lo largo del día, todos los días.
      (2) La tendencia legalista a establecer reglas suele estar presente en la mentalidad de los nuevos creyentes.
         (a) Las oraciones memorizadas no son el mejor modelo a establecer.
         (b) No obstante, algunos modelos de oración pueden ser instructivos al comienzo, ya que demuestran las clases habituales de oración y pueden servir como el esqueleto de las oraciones del estudiante.
   d) Un modelo de oración: ACTS [Por sus siglas en ingles: Adoration, Confession, Thanksgiving, Supplication]
      (1) Adoración: Adoración personal que reconoce la grandeza de Dios.
      (2) Confesión: Confesión de pecados personales.
      (3) Acción de gracias: Agradecimiento por el evangelio y todas las bendiciones que recibimos.
      (4) Súplica: Clamor a Él con nuestros corazones preparados, para pedir por nuestras necesidades, cargas, enfermedades, desafíos y por los temores que enfrentamos, e interceder por otros.
   e) La adoración no debería ser algo que tenga lugar solo en el edificio de la iglesia y que nuestros afectos religiosos no deberían materializarse solo el domingo desde las nueve de la mañana hasta el mediodía.
   f) La oración no es una actividad que gane méritos ni un deber que marcamos como hecho en nuestra lista de actividades religiosas.
      (1) Más bien, los discípulos deberían mantener un espíritu constante de

oración.

(2) Esta disciplina comprende toda la vida, no simplemente los cinco componentes de ACTS.

(a) A diario deberíamos acudir a nuestro Padre celestial, como cualquier niño acude a su padre terrenal.

(b) Nuestras preocupaciones, temores o cargas son motivos de oración legítimos, junto con cada detalle de nuestra vida.

(c) La Palabra de Dios nos ordena que echemos todas nuestras cargas sobre Él, grandes o pequeñas.

g) Recuérdales que Dios no está limitado como nosotros; Él conoce cada cabello de nuestra cabeza y ni un gorrión cae a tierra sin que Él lo sepa.

(1) Recuérdales que no solo lleven a Dios sus necesidades, sino también sus alegrías, anhelos, planes y sus sinceros sentimientos ante las victorias.

(a) En Efesios 6:10-18, Pablo escribió que debemos vestirnos con toda la armadura de Dios cuando oramos y que debemos orar en el Espíritu.

(b) Pablo dice que debemos orar como guerreros.

h) Enséñales a los alumnos a orar con las palabras de la Biblia.

(1) Pueden reclamar Sus promesas mientras las leen.

(a) Cuando la Biblia menciona las promesas, los atributos, la fidelidad de Dios o cualquier otro aspecto relativo a su ferviente oración del momento, pueden recordar que este mismo Dios que actuó de manera tan poderosa a favor de Su pueblo en la Biblia es también su Dios.

(b) Al usar estos pasajes pertinentes y poderosos en sus oraciones, pueden recordarle al Señor —y recordarse a sí mismos— lo que Él ha dicho.

(2) Enséñales que, si lo hacen con reverencia, no deben temer ser irrespetuosos al recordarle al Señor Sus promesas.

(a) La Biblia dice que debemos orar en todo tiempo y en toda clase de situación.

(b) Leer los salmos en un espíritu de oración facilitará enormemente esta clase de vida de oración.

i) La Biblia nos enseña que debemos orar en el Espíritu, pero para hacerlo, debemos estar en el Espíritu y el Espíritu debe estar en nosotros.

(1) Nunca deberíamos ver la oración como una fórmula que intenta manipular a Dios.

(a) Eso es lo que tratan de hacer los paganos y los antropólogos lo categorizan como magia o hechicería.

(b) En cambio, en la oración cristiana, los verdaderos hijos del Padre claman a Él con mucha naturalidad cuando están dolidos, le dan gracias cuando desbordan de gozo y acuden a Él cuando están necesitados.

(2) Esta clase de intimidad crece como producto del caminar al paso de Su Espíritu.

j) El uso de las listas de oración como recordatorios.

(1) Esto no necesariamente disminuye el fervor de las oraciones escritas, aunque puede suceder.

(2) Lejos de ser el frío deber diario, una lista de oración (aun cuando esté confeccionada en una tarjeta de fichero) puede ser una maneraútil de recordar todo aquello por lo que queremos orar cada

día.

(a) Cuando la lista se vuelve demasiado larga, podemos dividir los pedidos de oración repartidos en los días de la semana o en momentos del día.

(b) Algunos usan otras clases de recordatorios para orar, como por ejemplo, las necesidades que vienen a la mente al desarrollar las actividades cotidianas, los lugares que se frecuentan o los sonidos rutinarios.

k) Evitar las distracciones.

(1) Si el problema son las distracciones o la dificultad para concentrarse, puede ser útil tener un bloc de notas y un lápiz a mano.

(2) A algunos les resulta más fácil concentrarse en la oración cuando oran en voz alta.

(3) A otros les parece útil escribir sus oraciones.

(4) No existe una fórmula para decir las palabras en oración, para el orden en el cual se deben traer las preocupaciones a Dios ni cómo decirlas: ya sea en silencio, en voz alta o por escrito. Lo importante es hablar a diario con tu Padre.

B. El fruto del Espíritu: Gozo

1. Desafía a tus alumnos a imaginar su vida, su ministerio y sus relaciones llenos de gozo.

a) Esta es una característica muy positiva que deseamos desarrollar en nuestra propia vida y en las de nuestros alumnos.

b) Una humilde sugerencia en este punto es que como maestro, examines primero tu vida.

(1) Si no estás siendo ejemplo de la conducta y la actitud que enseñas, tu mensaje no será recibido ni adoptado.

(2) Recuerda que a la mayoría de los aprendices en el mundo les resulta difícil separar la verdad de quien la dice.

2. El gozo no es una felicidad hilarante.

a) Etimológicamente, la felicidad tiene que ver con la casualidad o con circunstancias que se presentan en un determinado momento.

b) El gozo no se basa en las circunstancias, entonces no cambia cuando estas cambian.

(1) Se basa en una realidad interior perdurable.

(2) Aunque las dos palabras, *feliz* y *gozoso*, pueden describir a un cristiano en cualquier momento dado (y muchas veces lo hacen), no son sinónimos, así como *feliz* y *gracioso* tampoco son lo mismo.

(a) La felicidad hilarante no está mal, pero nunca deberíamos confundirla con el gozo.

(b) El gozo proviene del Espíritu Santo que mora en nosotros, de la paz que fluye de una correcta relación con el Padre a través de Jesucristo, y de un profundo sentido de Su presencia y de Su mano de favor sobre tu vida.

c) Un discípulo que crece en Cristo, que desarrolla una intimidad cada vez más profunda con Él y que se deleita cada día en el brillo de Sus bendiciones, no debería pasar rápidamente de la tristeza a la felicidad, de la paz a la ansiedad o de las alturas emocionales a las profundidades de la depresión frente a cada cambio en las circunstancias.

d) El gozo proviene de tener a Cristo en nuestro interior.

(1) La risa puede ir y venir como las sombras, y el llanto también llega a nuestra vida algunas veces, pero solo están de paso; el gozo per-

manece.
   (2) El fruto del Espíritu es gozo.

C. Los pensamientos del pastor: Lo honesto
   1. Pablo les enseñó a los creyentes en Fil. 4:8-9 a que dejaran de tener patrones de «pensamientos basura»; en otras palabras, esos ciclos de pensamiento destructivo que siempre giran hacia abajo.
      a) Ilustración: de ese ciclo de pensamiento es cuando alguien comienza a meditar en todo lo malo que le puede suceder y luego, comienza a creer que estas tragedias no solo son posibles, sino probables.
         (1) Pablo dijo que el discípulo de Cristo no debe pensar así. En cambio, debemos meditar en aquello que es verdadero.
         (2) El discípulo debe añadir a este nuevo ciclo de pensamiento positivo todo lo que sea honesto.
      b) Los pensamientos del pastor no solo deberían caracterizarse por aquello que es verdad, sino también por aquello que es digno de honra.
   2. Los pensamientos son una parte importante donde debemos honrar al Señor en todo lo que somos, decimos y hacemos.
      a) Las cosas que aceptamos como verdad, la manera en que interpretamos los sucesos de la vida y el crédito que le damos a la enseñanza bíblica son indicadores del valor que Dios tiene en nuestra mente.
      b) Las cosas que pueden traerle a Él honor y gloria, pero que a mí me cuestan mucho, no solo *no* deberían disminuir mi gozo como si estuviera obligado a acceder o a aceptarlas de mala gana, sino que en cambio, debería aceptarlas con gozo al saber que esta es Su voluntad para mí en esta etapa de la vida.
         (1) Una actitud así no es fácil, automática, ni está garantizada en la vida de un creyente, sino que debe aprenderse.
         (2) Recuerda que Pablo también escribió en este mismo capítulo de Filipenses: «No lo digo porque tenga escasez, pues he *aprendido* a contentarme, cualquiera que sea mi situación» (4:11, énfasis añadido).
   3. Los pensamientos del pastor deberían girar alrededor de cosas que son verdaderas y honestas.
      a) Cuando se agolpan los pensamientos en la mente para traer lujuria, orgullo, ansiedad, temor o preocupación, el discípulo debería detenerse y preguntarse:
         (1) Un momento, ¿esto es verdad?
         (2) ¿Honra a Dios?
         (3) ¿El Señor Jesús afirma esto como verdad y recibe honra si me concentro en esto?
      b) Si la respuesta es no, entonces debemos reemplazar esta clase de pensamiento con todo lo que sea verdadero y honesto.
      c) Esta guía también será una bendición para muchas conversaciones entre cristianos, para ayudarlos a evitar el chisme, la calumnia y la murmuración.
   4. Debemos orar, anhelar y esforzarnos por madurar al punto en que lo único que deseamos sea LO ÚNICO que Él desea, y que podamos orar: «no se haga mi voluntad, sino la tuya» (Luc. 22:42).
      a) Esto viene con el discipulado, la rendición y el reconocimiento del gozo que proviene del interior: el Espíritu Santo que mora en ti y que hace que te parezcas más a Jesús.
      b) Cuando te das cuenta de que Él sabe exactamente lo que necesitas para conformarte a la imagen de Cristo, y que obra todas las cosas según el

propósito de Su voluntad, se hace más fácil sonreír en medio del dolor.
(1) Piensa en alguien que conozcas que haya alcanzado este gozo a pesar de las circunstancias difíciles.
(a) Esta persona se concentra regularmente en lo que es verdadero y honesto.
(b) Dales a los alumnos el ejemplo de la vida de esa persona y habla sobre cómo puede usarse como un modelo a imitar.
(2) Llévalos a pensar en alguien en su vida que pueda encajar en este patrón para imitarlo.

II. La mente
A. Panorama del Nuevo Testamento
1. Una clara comprensión del Antiguo Testamento es esencial para entender bien el Nuevo Testamento y viceversa.
a) Lo dicho en el módulo previo sobre los aspectos básicos del Antiguo Testamento, como el origen y la naturaleza de la Escritura, los géneros literarios y los cinco temas que se rastrearán, se aplican también a este módulo.
b) Toma un momento para revisar el punto que enfatiza la importancia de enseñar teología bíblica e historia de la Biblia al enseñar esta breve reseña; lo encontrarás al comienzo de la sección sobre el Antiguo Testamento, en el módulo previo.
c) La reseña del Nuevo Testamento en este módulo simplemente resalta algunos de los componentes básicos que deberías abordar en tu enseñanza.
d) Un excelente enfoque para mostrar los temas, los géneros y la línea de la historia en general de la Biblia es conocer la sección sobre la que estás enseñando lo suficientemente bien como para comenzar el tiempo de enseñanza abriendo la porción de la Biblia correspondiente y a la vez que pasas las páginas, guiar a los alumnos mientras señalas notas de interés y aspectos sobresalientes en el camino.

B. Los Evangelios
1. Los primeros cuatro libros del Nuevo Testamento son los Evangelios de Mateo, Marcos, Lucas y Juan.
a) No se trata de biografías en el sentido técnico, aunque describen en mayor o menor detalle el origen humano de Jesucristo y los aspectos relacionados con Su vida.
(1) Hay poca información sobre los primeros años de la vida de Jesús, porque se concentran en Su ministerio público, en Sus enseñanzas y en los sucesos de la semana de la Pasión.
(2) Estos Evangelios fueron escritos con una intención evangelística para explicar quién es Jesús y qué enseñó, más que como verdaderas biografías.
2. A los tres primeros Evangelios se los conoce como Evangelios sinópticos, ya que «ven juntos», es decir, presentan muchas de las mismas enseñanzas, parábolas, milagros y orden cronológico, y lo hacen prácticamente desde el mismo punto de vista.
3. Mateo
a) Autor: El apóstol Mateo, un recaudador de impuestos.
b) Fecha: 50-70 d.C.
c) Destinatarios: Escrito dentro del género de un Evangelio biográfico dirigido a lectores con trasfondo hebreo. Los sucesos históricos que Mateo presenta no necesariamente ocurren en orden cronológico. Los escritores de los Evangelios presentan los sucesos en un formato temático

para enseñar y explicar.

d) Sucesos: Mateo es el más «judío» de los cuatro Evangelios. Enfatiza que Jesús es el Mesías, lo que lo convierte en la transición perfecta entre el Antiguo y el Nuevo Testamento.

e) Temas:

(1) La soberanía

(a) Mateo enfatiza el cumplimiento de las profecías del Antiguo Testamento en el nacimiento, el ministerio y la pasión de Jesús.

(b) Los milagros, como el de la alimentación de los 5000, las sanidades, Su transfiguración, la enseñanza con autoridad, las profecías y el cumplimiento de ellas y, sin duda, Su resurrección de entre los muertos son todas demostraciones de Su soberanía.

(2) La ley — Aunque muchos creen que el Antiguo Testamento se concentra en la ley y que el Nuevo Testamento habla solo de la gracia, debemos recordar que Jesús dijo: «No penséis que he venido para abrogar la ley o los profetas; no he venido para abrogar, sino para cumplir. Porque de cierto os digo que hasta que pasen el cielo y la tierra, ni una jota ni una tilde pasará de la ley, hasta que todo se haya cumplido» (5:17-18).

(3) La gracia — En el Sermón del Monte, Jesús enseña que debemos dar a otros sin reservas el amor que hemos recibido.

(a) «Oísteis que fue dicho: Amarás a tu prójimo, y aborrecerás a tu enemigo. Pero yo os digo: Amad a vuestros enemigos [...] y orad por los que os ultrajan y os persiguen» (5:43-45).

(b) «Porque si perdonáis a los hombres sus ofensas, os perdonará también a vosotros vuestro Padre celestial; mas si no perdonáis a los hombres sus ofensas, tampoco vuestro Padre os perdonará vuestras ofensas» (6:14-15).

(4) Cristo

(a) Mateo termina su Evangelio cuando Cristo promete estar con nosotros.

(i) Lo hace dentro del contexto de Su último mandamiento a Su pueblo.

(ii) En la Gran Comisión, dijo que hagamos discípulos a todas las naciones, que les enseñemos a obedecer todo lo que Él dijo y que Él estará con nosotros hasta el fin del mundo.

(b) Él está aquí.

(5) La responsabilidad

(a) La responsabilidad que Cristo le da a la iglesia, y a cada creyente, respecto a lo que debemos hacer hasta que Él regrese se encuentra en ese mismo pasaje.

(b) Hay muchas cosas buenas que los cristianos y las iglesias deben hacer, pero el mandamiento claro dice que debemos predicar el Evangelio, hacer discípulos, bautizarlos y enseñarles a obedecer todo lo que nos mandó.

4. Marcos

a) Autor: Marcos es el autor, pero se basa en gran medida en la perspectiva del apóstol Pedro, así que algunas veces, se lo llama el Evangelio de Pedro. Probablemente, el Evangelio de Marcos fue el primero que se escribió.

b) Fecha: 50-70 d.C.

c) Destinatarios: Fue escrito para cristianos gentiles, con un estilo vertiginoso orientado a la acción.

d) Sucesos: Marcos presenta a Jesús como el Hijo del Hombre y lo describe como alguien que poseía todas las emociones humanas.[12]

e) Temas:

(1) La soberanía

(a) El poder soberano de Jesús sobre la naturaleza se presenta poderosamente cuando calma la tempestad en el mar de Galilea.

(b) También cuando inmediatamente después demuestra Su potestad sobre los demonios al sanar al endemoniado.

(2) La ley

(a) Jesús no solo cumplió todos los mandamientos de la ley, sino que también exhortó a quienes pretendían guardarla, que lo hicieran fielmente.

(b) Su celo por la pureza de vivir según la ley de Dios se ve cuando limpia el templo.

(3) La gracia — En el pasaje que describe el encuentro del joven rico con Jesús, Marcos nos narra que el Señor sabía que aquel joven adoraba a otro dios (el dinero) y le pidió que recibiera a un nuevo Rey en su corazón, pero el hombre se alejó con tristeza.

(a) Marcos escribe que a pesar de esto, cuando el joven se alejaba, Jesús lo miró y *lo amó*.

(b) Esta clase de amor que sigue firme aun cuando prefiramos nuestro pecado debería partirnos el corazón.

(4) Cristo

(a) Durante Su entrada triunfal en Jerusalén al comienzo de la semana santa, el pueblo le da la bienvenida a Cristo y lo alaba (11:9-10).

(b) Aun cuando muchos de los que estaban allí se volvieron contra Él cuando vieron que no era la clase de Mesías que esperaban, igualmente esto cumple las profecías mesiánicas en la vida de Jesús.

(5) La responsabilidad — En Mateo, Jesús dio la Gran Comisión que impulsa muchos ministerios evangelísticos y misioneros.

(a) En Marcos, ese énfasis continúa, pero también vemos otro «Gran».

(i) Jesús dio el Gran Mandamiento, que es amar al Señor tu Dios con todo tu corazón, alma, mente y fuerzas, y en segundo lugar, amar a tu prójimo como a ti mismo.

(ii) Enseñó que toda la ley y los profetas se basaban en este Gran Mandamiento.

(b) Nuestra responsabilidad es cumplirlo en todo lo que somos, decimos y hacemos.

5. Lucas

a) Autor: El Dr. Lucas, médico y compañero de Pablo en sus viajes misioneros.

b) Fecha: 60-70 d.C.

c) Destinatarios: El Evangelio más largo de todos fue dirigido a Teófilo. Posiblemente, era amigo o patrón de Lucas, aunque algunos dicen que el Evangelio está dirigido a todos los cristianos, dado el significado del

---

[12] S. Leticia Calçada, ed. gen., *Diccionario Bíblico Ilustrado Holman*, ed. rev. (Nashville, TN: B&H Publishing Group, 2014), 1043.

nombre (Teófilo = *el que ama a Dios*).

d) Sucesos: Lucas enfatiza la enseñanza de Jesús, Su ministerio hacia los pobres y los marginados, y Su venida para buscar y salvar al perdido.

e) Temas:

(1) La soberanía — Jesús se declara Señor del día de reposo, sana a muchos y echa fuera demonios en ese día; así demuestra que tiene la aprobación divina en todo lo que dice y hace.

(2) La ley — Luego de resucitar de los muertos, se apareció a Sus discípulos.

(a) En una de esas apariciones, caminó con dos discípulos que viajaban hacia Emaús. Cuando quedó claro que no entendían por qué Jesús había muerto, Él les dijo: «¡Oh insensatos, y tardos de corazón para creer todo lo que los profetas han dicho! ¿No era necesario que el Cristo padeciera estas cosas, y que entrara en su gloria?

(b) Y comenzando desde Moisés, y siguiendo por todos los profetas, les declaraba en todas las Escrituras lo que de él decían» (24:25-27, énfasis añadido).

(3) La gracia — Solo Lucas nos narra la historia del hijo pródigo, que se encuentra en el capítulo 15, cuando Jesús cuenta otras dos historias sobre objetos perdidos: una moneda y una oveja.

(a) Los tres relatos hablan sobre algo perdido que a continuación se encuentra y la restauración trae gran regocijo.

(b) En cada una de ellos, enseñó que cuando un pecador se arrepiente y regresa hay un regocijo similar en el cielo; así subraya que siempre puedes volver a casa.

(c) Jesús vino a buscar y salvar al perdido.

(4) Cristo

(a) Lucas registra más detalles referidos al nacimiento de Jesús que los demás escritores bíblicos.

(b) También nos narra que cuando María y José llevaron a Jesús al templo para dedicarlo, Simeón y Ana, dos que esperaban Su venida, lo reconocieron y lo adoraron.

(c) Simeón tomó al bebé Jesús en los brazos y citó Isaías 49:6, un pasaje sobre el siervo sufriente que narra el alcance de Su ministerio.

(5) La responsabilidad — Lucas nos da el único registro de la historia del buen samaritano.

(a) El inverosímil héroe es alguien que los oyentes de Jesús consideraban un forastero odiado e impuro.

(b) El Señor les enseña a Sus seguidores cómo reconocer a nuestro prójimo (todo el que tiene necesidad) y cómo ser un buen prójimo (al ministrar para las necesidades de los que sufren y están necesitados).

6. Juan

a) Autor: El apóstol Juan.

b) Fecha: Alrededor de 85 d.C.

c) Destinatarios: Juan escribió para persuadir a sus lectores a creer que Jesús es el Cristo y así, tener vida en Su nombre. Se concentra en la deidad de Cristo y en la vida eterna que tenemos a través de Él.

d) Sucesos: El Evangelio de Juan es la presentación más reflexiva y teológica de los relatos de los Evangelios.

e) Temas:

(1) La soberanía — Se presenta a Jesús como Dios, igual a Dios el Padre.
  (a) Como agente de la creación, todas las cosas fueron hechas a través de Jesucristo.
  (b) Su poder soberano se ve en la resurrección de Lázaro luego de pasar tres días muerto y en la tumba.
  (c) En total, Juan presenta siete señales milagrosas representativas para demostrar la soberanía y la deidad de Jesús.

(2) La ley
  (a) Felipe le dijo a Natanael que Jesús era aquel de quien Moisés había escrito en la ley.
  (b) Jesús confirma que Moisés era el autor de la Torá y afirma la ley.

(3) La gracia
  (a) Jesús le anunció al fariseo Nicodemo que el amor de Dios es tan grande que envió a Su Hijo a morir por los que se rebelaban contra Él (3:16).
  (b) Además, tuvo misericordia de la mujer samaritana en el pozo de agua y de una mujer sorprendida en el acto mismo de adulterio.
  (c) Nadie ha sido demasiado malo ni lo ha sido durante demasiado tiempo como para no recibir misericordia.

(4) Cristo
  (a) El énfasis en Juan de que Jesús es el Mesías, y como tal es Dios, trae frecuente tensión en su Evangelio.
    (i) Peor aún, los judíos de Sus días notaron claramente que una y otra vez Él se hacía igual a Dios y procuraron matarlo por semejante «blasfemia».
    (ii) Jesús dijo: «Yo y el Padre uno somos» (10:30). Para aclarar aún más esta enseñanza, afirmó: «El que no honra al Hijo, no honra al Padre que le envió» (5:23).
  (b) Jesús es el Cristo, y el Cristo es Dios. Jesús también afirma esta verdad en las siete frases que comienzan con yo soy.

(5) La responsabilidad
  (a) Juan les declaró su intención a los lectores (20:30-31).
  (b) Nuestra responsabilidad frente al Evangelio es creer que Jesús es el Mesías, el Hijo de Dios.

C. Historia
1. El libro titulado *Hechos de los apóstoles* (al que suele referirse simplemente como *Hechos*) viene a continuación de los cuatro Evangelios y cuenta la historia de los comienzos de la expansión del cristianismo desde Jerusalén hacia todo el Imperio romano.
2. Se lo considera cercano al género histórico, pero más técnicamente se trata de un documento probatorio, que busca proporcionar evidencia para apoyar un argumento, específicamente para explicar el origen y la enseñanza de la iglesia primitiva.[13]
3. El libro de Hechos también incluye elementos biográficos de la vida de varios hombres como Pedro y Pablo, y contiene segmentos de narrativa magistral.
4. Hechos
  a) Autor: El Dr. Lucas, en el segundo volumen de su obra en dos partes

---

[13] Darrell Bock en *Understanding the Big Picture of the Bible: A Guide to Reading the Bible Well* por Wayne Grudem, C. John Collins y Thomas Schreiner (Wheaton, IL: Crossway, 2012), 119.

que comenzó en el Evangelio de Lucas. Considerando el cambio en los pronombres personales de tercera a primera persona del plural, Lucas parece haberse unido a Pablo en 16:10.

b) Fecha: Alrededor de 62-70 d.C.
c) Destinatarios: Este es el segundo volumen dirigido a Teófilo para explicar el origen de la iglesia primitiva.
d) Sucesos: Lucas comienza con una reiteración de la Gran Comisión y de la venida del Espíritu Santo para darle poder a la expansión del cristianismo por todo el mundo, y presenta una narración de cómo se dispersó la Iglesia por todo el Imperio romano.
e) Temas:
   (1) La soberanía — Los milagros en Hechos que facilitaron la expansión del cristianismo demuestran la soberanía de Dios.
   (2) La ley — El lector del libro de Hechos no debería perder de vista que la mayoría de aquellos que aborrecían a Cristo y a Su Iglesia eran los que pretendían defender la ley de Dios.
   (3) La gracia — A la vez que Pedro le hablaba a la multitud en Pentecostés explicándoles cómo habían asesinado al Cristo de Dios que era el enviado de Dios al mundo, también les predicó el Evangelio y los llamó a arrepentirse y a creer, ofreciendo perdón y vida eterna a aquellos que habían matado a Jesús.
   (4) Cristo
      (a) El libro comienza cuando Jesús deja a Sus discípulos, les encomienda la tarea de hacer discípulos en todo el mundo comenzando desde Jerusalén, luego de que hubiera venido el Espíritu Santo.
      (b) Concluye con la narración de Lucas que nos dice que este mismo Cristo era el contenido de la osada predicación de Pablo en Roma.
   (5) La responsabilidad
      (a) Todos tienen la responsabilidad de arrepentirse y regresar, de creer en el Señor Jesucristo.
      (b) Todos los creyentes tienen el deber de evangelizar, hacer discípulos y cuidar unos de otros como, por ejemplo, compartiendo las posesiones según la necesidad de cada uno.

D. Epístolas paulinas
1. Las cartas de Pablo son los libros bíblicos de Romanos, 1 y 2 Corintios, Gálatas, Efesios, Filipenses, Colosenses, 1 y 2 Tesalonicenses, 1 y 2 Timoteo, Tito y Filemón.
2. Mientras que los Evangelios enseñan sobre la vida de Cristo y el libro de Hechos sobre la expansión del cristianismo, las epístolas les enseñan a los miembros de la Iglesia lo que deben creer, cómo se deben conducir y qué deben hacer.
3. Romanos
   a) Autor: El apóstol Pablo.
   b) Fecha: 57 d.C.
   c) Destinatarios: A la iglesia en Roma que Pablo nunca había visitado.
   d) Sucesos:
      (1) Romanos es la más larga de las trece cartas de Pablo y la más sistemática en cuanto a su conocimiento teológico.
      (2) Se concentra en el Evangelio y en su poder para salvar a todos los pecadores, tanto judíos como gentiles, al explicar que a través de la obra de Cristo, Dios es justo y el que justifica en la salvación del culpable.

e) Temas:
   (1) La soberanía
      (a) Pablo escribió en Romanos 8 que Dios obra todas las cosas para el bien de aquellos que han sido llamados por Él, para Su gloria.
      (b) En Romanos 9, el que puede ser uno de los capítulos de la Biblia más difíciles y más descuidados, Pablo explica que Dios es quien salva según Su elección soberana.
   (2) La ley
      (a) Pablo establece que la ley es un tutor que nos enseña que todos han transgredido la ley de Dios y que no podemos ganar la justificación mediante el intento de perfección a través de esa ley.
      (b) Cristo la cumplió por nosotros.
      (c) Romanos 8:1: «Ahora, pues, ninguna condenación hay para los que están en Cristo Jesús». Romanos 10:4: «porque el fin de la ley es Cristo, para justicia a todo aquel que cree».
   (3) La gracia — Luego de esgrimir las razones por las que tanto gentiles como judíos son pecadores y no tienen esperanza en la justicia legalista, Pablo afirma en 5:8-11 que la salvación es solo por gracia y que todo lo que necesitamos se encuentra en Cristo.
   (4) Cristo — El libro de Romanos es cristocéntrico de principio a fin.
      (a) Pablo enfatiza al comienzo que es un siervo de Cristo, que predica el Evangelio del Hijo y a lo largo del libro insiste en que no hay esperanza fuera de Jesucristo.
      (b) El verdadero tema de Romanos es Jesucristo.
   (5) La responsabilidad — La responsabilidad del hombre es creer y luego compartir, ir o ser enviado a las naciones para que todos puedan oír, creer y ser salvos (10:8b-15).

4. 1 Corintios
   a) Autor: El apóstol Pablo.
   b) Fecha: 53-55 d.C.
   c) Destinatarios: La iglesia de Corinto, una ciudad conocida por la depravación sexual, la diversidad religiosa y la corrupción.
   d) Sucesos: Pablo aborda diversos temas que causaban divisiones en la iglesia y llama a la unidad.
   e) Temas:
      (1) La soberanía
         (a) Pablo enseña que muchos han enfermado y muerto por haber participado de la Cena del Señor estando en pecado, lo cual enseña que Dios es soberano sobre cada latido de nuestro corazón.
         (b) Deberíamos vivir sobriamente delante de Él.
      (2) La ley — Pablo le explica a la iglesia de Corinto cómo comprender el uso adecuado de la ley y de la libertad.
         (a) Algunos actos pueden ser legales, pero pueden esclavizar al cristiano que los practica u ofender a un hermano en Cristo.
         (b) Por lo tanto, no sería una conducta piadosa para alguien que ama al Señor.
      (3) La gracia
         (a) Pablo enseña en 1:18 y 2:14 que el mensaje de la cruz y las cosas de Dios son locura para los que se pierden, pero son vida para Sus hijos mediante el Espíritu.

(b) Esto es evidencia de la gracia de Dios que les ha manifestado a los creyentes.

(4) Cristo — El mensaje de Pablo nunca era sobre sí mismo, sino siempre sobre Cristo.

(a) Pablo defiende la resurrección de Cristo y basa el cristianismo totalmente sobre la veracidad de esta doctrina.

(b) La Biblia tiene razón respecto a las enseñanzas sobre Jesús, o todavía estamos en pecado y sin esperanza (11:1).

(5) La responsabilidad — Pablo les da a los creyentes la responsabilidad de vivir en unidad, de abandonar el pecado sexual, de amarse los unos a los otros, de estar vigilantes, firmes en la fe, de actuar como hombres, ser fuertes y procurar que todo lo que hacemos lo hagamos en amor.

5. 2 Corintios

a) Autor: El apóstol Pablo.

b) Fecha: 55-56 d.C.

c) Destinatarios: La iglesia en Corinto.

d) Sucesos:

(1) Pablo escribe apelando a la iglesia de Corinto para que se pongan de su lado contra los ataques de sus enemigos.

(2) Enseña que su sufrimiento no indica que él no ha sido enviado por Dios, sino que manifiesta la verdad de que en esta vida sufriremos.

e) Temas:

(1) La soberanía

(a) Dios suple todo lo que necesitamos y nos hace cosechar de acuerdo a lo que sembramos.

(b) Él es soberano sobre las dificultades que vienen a nuestras vidas, como la espina en la carne de Pablo, por razones que solo Dios conoce.

(2) La ley — Pablo afirma que la ley que vino a través de Moisés trajo muerte, en el sentido en que todos nos rebelamos y nadie puede obedecer a la perfección todo lo que requiere la ley; por lo tanto, seríamos culpables y merecedores de la muerte.

(3) La gracia

(a) El nuevo pacto que Dios hizo con nosotros trae vida, pero es todo por gracia.

(b) Pablo dice que esta esperanza en el mensaje del Evangelio es para los cristianos: «para que abundando la gracia por medio de muchos, la acción de gracias sobreabunde para gloria de Dios» (4:15b).

(4) Cristo

(a) Pablo enseña que Cristo es nuestra esperanza. Se llevó nuestros pecados para reconciliarnos con Dios a través de sí mismo.

(b) Nos hemos convertido en la justicia de Dios a través de Cristo (5:18-21).

(5) La responsabilidad

(a) Como Dios nos ha encomendado el ministerio de la reconciliación, debemos predicar el evangelio y rogarle a la gente que se reconcilie con Él, como si fuéramos Sus embajadores. Este es el trabajo misionero y de evangelismo que Cristo le ha dado a la Iglesia en la Gran Comisión.

(b) Pablo también dice que tenemos la responsabilidad de purificarnos de toda contaminación de alma y cuerpo, procurando perfeccionar la santidad en temor reverente de Dios.

6. Gálatas
   a) Autor: El apóstol Pablo.
   b) Fecha: 48-58 d.C.
   c) Destinatarios: Las iglesias al sur de Galacia, para contrarrestar la creencia herética de que los cristianos debían guardar las leyes del Antiguo Testamento para ser salvos; a la vez que pensaban que eran salvos por gracia, tenían que seguir siéndolo por las obras.
   d) Sucesos: Pablo escribe para enfatizar que hay gozo en el Evangelio y libertad del legalismo, aunque la vida piadosa sigue siendo nuestra meta.
   e) Temas:
      (1) La soberanía
         (a) Dios puede salvar a todos, en todo lugar y en todo momento.
         (b) Dios no solo salva a los que han sido criados en la iglesia y que tratan de ser obedientes para amoldarse, sino que salvó a Saulo, el cazador de cristianos y lo dejó ciego por varios días; luego, lo convirtió en el cristiano más grande que jamás haya vivido.
      (2) La ley
         (a) Pablo enfatiza repetidas veces en esta carta que los cristianos son salvos por gracia a través de la fe en Jesucristo y no por las obras de la ley.
         (b) Afirma que nadie será justificado por las obras de la ley y les recuerda que hasta Abraham fue aceptado como justo por Dios debido a su fe.
      (3) La gracia
         (a) Pablo nunca olvidó que había sido salvo y servía al Señor como apóstol por pura gracia. Lo reconoce en 1:15-16 justo después de narrar su carrera como perseguidor de cristianos en sus esfuerzos por destruir la Iglesia antes de conocer a Cristo.
         (b) Dios lo detuvo en esa carrera de pecado y derramó gracia abundante sobre él, al punto que lo llamó para ser el apóstol a los gentiles.
      (4) Cristo
         (a) Pablo dice que Cristo nos hizo libres para vivir en libertad.
         (b) También declara que su única gloria está en la cruz de Jesucristo.
            (i) Pablo sufrió mucho por identificarse con Cristo y llevó en su cuerpo las marcas de Jesús.
            (ii) Debemos recordarles a los alumnos que esta es una insignia de honor.
      (5) La responsabilidad
         (a) Nuestra responsabilidad es abrazar la gracia y alabar a Dios por habernos libertado de tener que ganar nuestra salvación por las obras.
         (b) Aunque somos libres de la ley, debemos andar según el Espíritu y evitar gratificar los deseos de la carne.

E. Las epístolas de la prisión
   1. Pablo escribió Efesios, Filipenses, Colosenses y Filemón, conocidas como epístolas de la prisión, durante un período de encarcelamiento, alrededor de

62-64 d.C.

2. Efesios
   a) Autor: El apóstol Pablo.
   b) Fecha: 62 d.C.
   c) Destinatarios: Escrita desde una prisión en Roma a las iglesias en Asia Menor.
   d) Sucesos: Pablo escribe para referirse a los planes eternos de Dios para la humanidad.
   e) Temas:
      (1) La soberanía — Pablo les recuerda a los efesios que Dios tiene un plan predestinado para cada uno y que Él obra todas las cosas según el designio de Su voluntad (1:11).
      (2) La ley
         (a) En sus escritos, Pablo tiende a dedicar la primera mitad para enseñarles a los cristianos lo que deben creer y luego cambia con un recurso literario como la frase «por tanto» para enseñarles cómo comportarse a la luz de aquello.
         (b) En Efesios, enfatiza que aunque no podemos ganar la salvación, debemos caminar como hijos de la luz, haciendo las cosas que agradan a Dios para estar en comunión con Él.
         (c) En 2:15, habla sobre cómo Cristo abolió la ley de mandamientos expresados en ordenanzas, por ser superior a ella. Pablo explica que Cristo hizo esto para traernos paz, al hablar tanto del lugar de la ley como del propósito supremo de Dios.
      (3) La gracia — Uno de los pasajes más conocidos que enfatizan nuestra salvación por gracia a través de la fe se encuentra en 2:8-9: «Porque por gracia sois salvos por medio de la fe; y esto no de vosotros, pues es don de Dios; no por obras, para que nadie se gloríe».
      (4) Cristo — Para Pablo, ser salvo o estar en una correcta relación con Dios es estar «en Cristo».
         (a) Demuestra esta estrecha conexión en su mente cuando usa el término «en Cristo» o en Él, en el amado, etc., siete veces en los vv. 3-14, que son una sola oración en el original.
         (b) En 3:6, Pablo se refiere al misterio de que los gentiles son copartícipes de la promesa de salvación en Cristo Jesús a través del Evangelio.
      (5) La responsabilidad
         (a) Debemos vivir en armonía, caminar en la luz como agrada a Dios, mostrar amor los unos a los otros, mantener relaciones familiares piadosas y trabajar esforzadamente en nuestros empleos, como si lo hiciéramos para el Señor.
         (b) Pablo nos amonesta a orar siempre y a estar preparados para el ataque espiritual vistiéndonos con la armadura del Señor.
3. Filipenses
   a) Autor: El apóstol Pablo.
   b) Fecha: 62 d.C.
   c) Destinatarios: A la iglesia en Filipos, para agradecerles por el regalo que le habían enviado.
   d) Sucesos:
      (1) Se había producido una división en el cuerpo de Cristo en Filipos y Pablo escribe para alentar la paz y el entendimiento, y les pide a

otros que los ayuden.

(2) Esta es una epístola de paz y gozo, escrita en un lugar inhóspito para personas que vivían tiempos difíciles.

e) Temas:

(1) La soberanía — Pablo hace promesas que para el mundo serían extravagantes, pero él ya había probado que eran ciertas en su vida.

(a) Filipenses 1:6

(b) Filipenses 4:13

(c) Filipenses 4:19

(i) Aunque estos versículos deben considerarse en contexto, la Palabra de Dios hace estas promesas para asegurarnos de que proveerá para nosotros y nos capacitará para cumplir Sus deseos.

(ii) Estos no necesariamente las cosas que nosotros escogeríamos.

(2) La ley — Los judíos pensaban que eran irresponsibles para Dios a través de la circuncisión y mediante el cumplimiento de la ley; sin embargo, Pablo deja en claro en 3:3-7 que esto no era así.

(3) La gracia

(a) La gracia que hemos recibido de Dios —todo de parte de Él a cambio de nada de nuestra parte— debemos mostrársela a los demás.

(b) Nos recuerda que los que pertenecen a Cristo buscan el bien y los intereses de los demás antes que sus propios deseos.

(i) Esa clase de amor compasivo y bondadoso no se encuentra en el mundo.

(ii) Debemos recordarles a los alumnos que debe encontrarse en ellos.

(4) Cristo

(a) Filipenses 1:21: «Porque para mí el vivir es Cristo, y el morir es ganancia».

(i) Esto significa que Él lo es todo.

(ii) Cristo no es solo gozo, paz, provisión y protección, sino que es vida en sí mismo.

(b) Estar en Su presencia, en esta vida o en la por venir, debe ser nuestro objetivo.

(5) La responsabilidad

(a) Pablo apela a los creyentes para que ayuden a quienes tienen problemas con otros creyentes, de modo que todos podamos vivir en paz y armonía, al tiempo que recordamos de quién somos y para qué estamos.

(b) Nos llama a regocijarnos siempre y a tener los patrones de pensamiento positivos que estamos estudiando en los pensamientos del pastor.

4. Colosenses

a) Autor: El apóstol Pablo.

b) Fecha: 62 d.C.

c) Destinatarios: La iglesia en Colosas.

d) Sucesos: Pablo reprende a los falsos maestros y escribe para corregir su herejía.

e) Temas:

(1) La soberanía

(a) Cristo es el agente de la creación, que existió antes de todas las cosas y es Señor sobre todo, incluyendo cada autoridad que

pueda nombrarse.
(b) Cristo es el gobernante soberano.
(c) Toda la plenitud de Dios habita en Él.
(2) La ley
(a) Pablo enseña que los requerimientos de la ley tal como los judíos la entendían y usaban (para ganarse la justicia) fueron clavados en la cruz junto con la deuda que teníamos en nuestra carne. En su lugar, tenemos salvación por gracia a través de la fe y procuramos llevar vidas santas, no para ser salvos, sino porque hemos sido salvos.
(3) La gracia — En Colosenses hay abundante gracia.
(a) Presta atención a la evidencia de la gracia en acción en la vida de Pablo:
(i) Luego del primer viaje misionero, Bernabé y Pablo sufrieron una lamentable separación debido a que Juan Marcos los había abandonado durante ese viaje.
(ii) Cuando llegó el momento del segundo viaje, Bernabé quiso llevar nuevamente a su primo Juan Marcos, pero Pablo se opuso con tanta vehemencia que se separaron y en el registro bíblico, nunca se los vuelve a ver trabajar juntos.
a. Me duele pensar lo amargo que habrá sido esto.
b. Sin embargo, al final de Colosenses, vemos a Pablo que elogia el ministerio de Juan Marcos. Para mí, esto es una medida de gracia.
(b) Dios puede traer sanidad y la traerá cuando les mostremos a otros la gracia que Él nos ha mostrado a nosotros.
(4) Cristo — En el pasaje donde Pablo habla sobre la preeminencia de Cristo, también nos recuerda la verdad más gloriosa que un pecador jamás pueda oír: «por cuanto agradó al Padre que en él habitase toda plenitud, y por medio de él reconciliar consigo todas las cosas, así las que están en la tierra como las que están en los cielos, haciendo la paz mediante la sangre de su cruz» (1:19-20).
(5) La responsabilidad — Aunque muchas de las instrucciones que Pablo da en este libro nos recuerdan a las de la carta a la iglesia en Éfeso, una que deberíamos resaltar y practicar cada día, todo el día es: «Si, pues, habéis resucitado con Cristo, buscad las cosas de arriba, donde está Cristo sentado a la diestra de Dios. Poned la mira en las cosas de arriba, no en las de la tierra» (3:1-2).

5. 1 Tesalonicenses
a) Autor: El apóstol Pablo.
b) Fecha: Una de sus primeras cartas escritas en 49-51 d.C.
c) Destinatarios: La iglesia en Tesalónica, para alentarlos y exhortarlos en la fe.
d) Sucesos: Pablo había sido animado por la fe de ellos y ahora anhela verlos nuevamente, pero mientras tanto, les envía esta carta de instrucción y exhortación.
e) Temas:
(1) La soberanía
(a) El Señor vendrá de repente, en el momento perfecto.
(i) Aunque el resto del mundo piense que todo es paz y seguridad.

(ii) Aunque el resto del mundo viven de manera egoísta y pecaminosa.

(b) Cuando venga, no habrá escape de la culpa.

(2) La ley

(a) Aunque ya no estamos atados al código escrito de la ley mosaica, debemos vivir según la ley moral para evitar el pecado y vivir de un modo que agrade a Dios.

(b) En 4:1-7, Pablo ilustra el lugar de la ley en la vida del creyente en Cristo. No es un medio de juicio, sino un llamado a la santidad.

(3) La gracia — Aun en las exhortaciones de Pablo a la santidad, no hay por qué desesperar, ya que da la esperanza de que nuestra salvación no esté en duda (5:23-24).

(4) Cristo — El Señor Jesús regresará con voz de mando y recibirá primero a los creyentes que han muerto; luego recibirá a Su iglesia cuando nos encontremos con Él en el aire.

(5) La responsabilidad — Pablo nos recuerda que caminemos de tal manera que agrademos a Dios y no apaguemos al Espíritu, recordando que esta es Su voluntad para cada creyente, aun tu santificación.

6. 2 Tesalonicenses
   a) Autor: El apóstol Pablo.
   b) Fecha: 49-51 d.C.
   c) Destinatarios: La iglesia en Tesalónica.
   d) Sucesos: Pablo escribe para enseñarles más sobre la venida del Señor y para advertirles contra el ocio.
   e) Temas:

(1) La soberanía

(a) El Señor puede proporcionar paz en todos los tiempos y de todas las maneras.

(b) Debemos confiar en Él y en Su Palabra, debemos vivir fructíferamente y buscar Su voluntad para cada uno de nosotros.

(2) La ley — Los perseguidores y quienes se oponen a la voluntad de Dios revelada en Su Palabra sufrirán el castigo de la destrucción eterna.

(3) La gracia — Pablo le pide al Señor que haga lo que ha prometido, con la absoluta seguridad de la gracia que es suya y de ellos (2:16-17).

(4) Cristo

(a) Pablo exhorta a los tesalonicenses a que permanezcan firmes para recibir la gloria de Jesucristo.

(b) Pablo clama a Cristo para que consuele sus corazones y les conceda permanecer firmes, y para que la gracia de nuestro Señor Jesucristo esté con ellos.

(5) La responsabilidad — Pablo los exhorta a trabajar para ganar su sustento y a no estar ociosos.

F. Epístolas pastorales

1. El apóstol Pablo escribió 1 y 2 Timoteo, y Tito, conocidas como las epístolas pastorales, específicamente para aconsejar a Timoteo y a Tito respecto al ministerio pastoral y el orden en la iglesia.
2. 1 Timoteo
   a) Autor: El apóstol Pablo.
   b) Fecha: 62-64 d.C.
   c) Destinatarios: Timoteo, pastor de la iglesia en Éfeso.
   d) Sucesos: Pablo escribe para instruir al joven pastor sobre el orden y el

liderazgo correctos en la Iglesia, para saber cómo refutar a los falsos maestros entre ellos y para exhortarlos a vivir de un modo digno de ser imitado.

e) Temas:

(1) La soberanía — El Espíritu dice expresamente que algunos se apartarán de la fe.

(a) Esto no toma por sorpresa a Dios ni vulnera Su soberanía.

(b) Él conoce lo que hay en el corazón del hombre y ha planeado todo lo que sucede.

(2) La ley

(a) Pablo explica que la ley es buena, si uno la usa legítimamente.

(b) Enseña que la ley no es para los justos, sino para los pecadores y que como tal, debería revelarles que son pecadores rebeldes necesitados de Su perdón.

(3) La gracia — Pablo reconoce que fue Dios quien lo escogió para el ministerio.

(a) Anteriormente había sido un blasfemo, perseguidor y un insolente opositor de la iglesia; incluso al momento de escribir esta carta, seguía considerándose el primero de los pecadores.

(b) Pero la gracia de Dios es mayor que todo nuestro pecado.

(4) Cristo — Pablo presenta a Jesucristo nuestro Señor como aquel que exhibió perfecta paciencia en la salvación, y resalta la verdad de que Cristo vino al mundo para salvar a los pecadores.

(5) La responsabilidad — Pablo exhorta a Timoteo a que se dedique a la lectura pública de la Escritura, a que desarrolle los dones que Dios le ha dado y a que guarde estrictamente su vida y la doctrina, a la vez que afirma que si persiste en esto, verá la salvación tanto de sí mismo como de los que lo oyen.

3. 2 Timoteo

a) Autor: El apóstol Pablo.

b) Fecha: 64-67 d.C., mientras espera su ejecución en una cárcel de Roma.

c) Destinatarios: Timoteo.

d) Sucesos: Pablo le escribe esta última carta de su vida a su joven discípulo Timoteo y le recuerda la importancia de la Palabra, de la sana doctrina, de la vida piadosa y le cuenta que se ha quedado solo ya que los otros lo han abandonado.

e) Temas:

(1) La soberanía — Pablo relaciona la soberanía de Dios con los dones espirituales.

(a) Los dones que tiene cada creyente son para el ministerio, no para promoverse a sí mismos, y Dios es quien los da.

(b) Él es quien otorga soberanamente los dones, y nos son dados como un depósito.

(2) La ley

(a) Pablo enseña en el cap. 3 que toda la Escritura es inspirada por Dios, no solo la Torá de la ley del Antiguo Testamento.

(b) También reconoce el gran valor de las escrituras del Antiguo Testamento, que pueden hacernos sabios para la salvación.

(3) La gracia

(a) Pablo exhorta a Timoteo a permanecer firme frente a la persecución del maligno y de este mundo contra los seguidores de Cristo, pero reconoce que solo la gracia de Dios es la que nos

puede permitir estar firmes.
(b) Él conoce bien esta gracia al enfrentarse al final de su vida.
(4) Cristo — Cristo es la razón del sufrimiento que enfrentan los piadosos.
(a) Pablo ha sufrido por el Evangelio y por servir al Señor, ahora incluso hasta el punto de la muerte a medida que se acerca al fin.
(b) Exhorta a Timoteo a ser fiel a Cristo: «Acuérdate de Jesucristo, del linaje de David, resucitado de los muertos conforme a mi evangelio, en el cual sufro penalidades, hasta prisiones a modo de malhechor; mas la palabra de Dios no está presa» (2:8-9).
(5) La responsabilidad — Los creyentes mayores deberían examinar sus vidas, considerar las lecciones que Dios les ha enseñado a través de los años y transmitírselas a aquellos que vienen detrás, así como Pablo hizo con Timoteo. «Lo que has oído de mí ante muchos testigos, esto encarga a hombres fieles que sean idóneos para enseñar también a otros» (2:2).

4. Tito
a) Autor: El apóstol Pablo.
b) Fecha: 62-64 d.C.
c) Destinatarios: Tito, a quien había dejado a cargo de establecer iglesias en Creta.
d) Sucesos: Pablo le escribe al joven pastor para recordarle que sea fiel a la tarea de establecer ancianos y le explica qué clase de hombres deberían ser; lo exhorta a enseñar la sana doctrina y a guiar a los creyentes a vivir vidas santas.
e) Temas:
(1) La soberanía
(a) Pablo comienza esta carta recordándole que Dios nunca miente y que ha prometido salvación, el conocimiento de la verdad y la esperanza de vida eterna para Sus elegidos antes del comienzo de los tiempos.
(b) A veces, la batalla se torna encarnizada, pero el resultado nunca se ha puesto en duda.
(2) La ley
(a) Pablo describe a los creyentes como personas que una vez fuimos rebeldes y quebrantamos la ley, que vivíamos en los pecados más deplorables, pero Cristo nuestro Dios y Salvador apareció y nos salvó.
(b) Ahora debemos tener cuidado de dedicarnos a las buenas obras.
(3) La gracia - La salvación que necesitaban todos los impíos rebeldes ha venido por pura gracia en el evangelio de Jesucristo.
(4) Cristo — Pablo llama a Cristo nuestro gran Dios y Salvador que se dio a sí mismo por nosotros para redimirnos y purificarnos (2:13).
(5) La responsabilidad — Pablo escribe que Cristo murió para purificar para sí un pueblo que sea celoso de buenas obras (2:11-12).

5. Filemón
a) Autor: El apóstol Pablo.
b) Fecha: 62 d.C.
c) Destinatarios: Filemón
d) Sucesos:

- (1) Pablo le escribe a su amigo para informarle que su esclavo fugitivo se había entregado al Señor y ahora regresaba.
- (2) Apela a Filemón para que lo reciba como a un hermano.

e) Temas:

- (1) La soberanía — Pablo le sugiere a Filemón que tal vez la razón por la que Dios permitió que esto sucediera fue para que el esclavo se convirtiera a Cristo.
- (2) La ley — Filemón tenía el derecho legal de aplicar una acción punitiva contra su esclavo fugitivo, sin embargo, Pablo apela a una ley superior, la del amor en Cristo hacia un hermano.
- (3) La gracia
  - (a) Onésimo no tenía derecho a esperar nada más que el castigo de su dueño; sin embargo, Pablo lo envía de regreso con la esperanza de que reciba una demostración de la gracia que Filemón había recibido de Dios ante la predicación de Pablo.
  - (b) Aquel que no tenía derecho a esperar nada más que el castigo por sus pecados pasados, ahora recibe una bienvenida a la familia; eso es gracia.
- (4) Cristo — Pablo habla mucho de Cristo en esta brevísima carta.
- (5) La responsabilidad
  - (a) Como creyentes, tenemos la responsabilidad de vivir según la ley de Cristo.
  - (b) Aunque podemos exigir indemnización o castigo cuando la gente nos hace mal, dentro del cuerpo de Cristo existe una ley superior que deberíamos obedecer.

G. Epístolas generales

1. Juan, Pedro, Santiago, Judas y el autor anónimo del libro de Hebreos escribieron las cartas restantes en la Biblia.
2. Hebreos
   - a) Autor: Anónimo.
   - b) Fecha: 60-70 d.C.
   - c) Destinatarios: Los judíos cristianos, para alentarlos en sus pruebas.
   - d) Sucesos:
     - (1) Esta carta está llena de referencias a las Escrituras del Antiguo Testamento y muestra cómo Cristo es el cumplimiento de ellas.
     - (2) Alienta a los creyentes a que no abandonen a Cristo ni regresen al mundo cuando les toca sufrir a causa de la fe.
   - e) Temas:
     - (1) La soberanía
       - (a) Dios ha hablado de muchas maneras a través de los siglos, pero ahora, lo ha hecho a través de Su Hijo, nuestro Señor Jesucristo, quien es el cumplimiento de todo lo anterior.
       - (b) Él es el Señor soberano.
     - (2) La ley
       - (a) Aunque la ley vino a través de Moisés, a Jesús se lo considera digno de más gloria que Moisés.
       - (b) La ley mostró que necesitábamos al Mesías, nuestro Redentor.
     - (3) La gracia — Debido a la perfección de Cristo y Su obra acabada, podemos acercarnos a Dios en el nombre de Jesús y encontrar la esperanza, la ayuda y la gracia que necesitamos (4:16).
     - (4) Cristo — A Cristo se lo presenta en Hebreos como el cumplimiento de muchos tipos del Antiguo Testamento.

(a) Es superior a Moisés.
(b) Es el Autor de nuestra salvación.
(c) Es nuestro gran sumo sacerdote.
(d) Es el verdadero Cordero de Dios.
(e) Es el perfeccionador de nuestra fe.
(f) Es el gran pastor de las ovejas.

(5) La responsabilidad — Aunque es imposible perder nuestra salvación, la Palabra de Dios presenta varios pasajes de advertencia en Hebreos que algunos han malinterpretado pensando que enseñan lo contrario.
(a) El objetivo de estos pasajes es explicar que podemos dejar de seguir al Señor y perder la gracia de Dios.
(b) No obstante, considerado en el contexto más amplio del resto de la revelación de Dios, la verdad es que los que no prestaron atención a las advertencias y volvieron al mundo, nunca habían sido verdaderamente salvos.

3. Santiago
a) Autor: Santiago, medio hermano de Jesús.
b) Fecha: 40-45 d.C.
c) Destinatarios: Uno de los primeros documentos del Nuevo Testamento, escrito para dar pautas prácticas a fin de poner por obra la fe.
d) Sucesos: Algunos han llamado a este libro el «Proverbios» del Nuevo Testamento, o cristianismo práctico y básico.
e) Temas:
(1) La soberanía — Santiago enseña que las dificultades y las pruebas de la vida están bajo el control de Dios y que Él las permite para probar nuestra fe.
(2) La ley — No es suficiente con que los creyentes oigan la Palabra, es decir, que tengan conciencia de su enseñanza, sino que debemos vivir de acuerdo a la perfecta ley de libertad de Dios (1:22,25).
(3) La gracia
(a) Santiago enfatiza que siempre deberíamos mostrar a otros la misma gracia, misericordia y bendición que Dios nos ha mostrado a nosotros.
(b) Santiago argumenta que la persona que pretende estar en Cristo, pero que no vive de esta manera, muestra que nunca ha conocido la gracia.
(4) Cristo — Más de una vez en este corto libro, Santiago se refiere a Jesús como el Señor Jesucristo.
(a) No debe pasarse por alto a la ligera una asombrosa verdad que hay aquí; recuerda que Santiago y Jesús eran hermanos y crecieron juntos.
(b) Aunque muchos aceptan que Jesús es Dios, Señor y Rey de reyes, no consideran Su humanidad.
(i) Jesús debía ser perfecto para cumplir el rol de sustituto por el pecado de la humanidad, y si hubiera tenido algunos defectos o pecados, ciertamente su hermano los habría conocido.
(ii) Sin embargo, Santiago sabe que Él fue, es y será siempre nuestro perfecto y santo Señor Jesucristo.
(5) La responsabilidad
(a) La lista de responsabilidades humanas que prescribe Santiago es larga, pero se basa en la verdad de que Dios ha orde-

nado, Jesús ha dado ejemplo y el Espíritu ahora nos guía para conocer y hacer la voluntad de Dios declarada en la Palabra.
- (b) Santiago apela a que los cristianos seamos diferentes del mundo y que lo demos a conocer en nuestra vida diaria.

4. 1 Pedro
   - a) Autor: El apóstol Pedro.
   - b) Fecha: 62-63 d.C.
   - c) Destinatarios: Las iglesias en las provincias romanas en Asia Menor.
   - d) Sucesos: Pedro escribe para recordarle a la iglesia que mantenga la esperanza en medio de la persecución y el sufrimiento.
   - e) Temas:
     - (1) La soberanía
       - (a) Pedro reconoce los sufrimientos que experimentamos, pero nos recuerda que Dios tiene el control.
       - (b) Deberíamos humillarnos bajo Su poderosa mano, con la confianza de que Él nos levantará en el momento adecuado.
     - (2) La ley — Pedro le recuerda a la Iglesia que Dios juzgará imparcialmente y que, por lo tanto, debemos vivir vidas santas, absteniéndonos de las pasiones que luchan en contra de nuestras almas.
     - (3) La gracia
       - (a) Pedro exhorta a los creyentes a que nos ministremos unos a otros usando los dones que Dios ha dado, porque se nos exige que seamos mayordomos de la gracia de Dios.
       - (b) Les recuerda a sus lectores que el Dios de toda gracia los ha llamado a Su gloria eterna en Cristo.
     - (4) Cristo — Pedro les encomienda a los pastores que apacienten el rebaño de Dios y que lo hagan de buen grado, con Su ojo alerta puesto sobre sus ministerios, y a la espera de la imperecedera corona de gloria con la que un día los recompensará.
     - (5) La responsabilidad
       - (a) Como Santiago, Pedro encomienda una serie de responsabilidades a la iglesia para que vivan como agrada al Señor.
       - (b) Aun los más legalistas en guardar reglas entre nosotros tienden a tener dificultad con dos de las amonestaciones de Pedro: humíllense y resistan al diablo.
5. 2 Pedro
   - a) Autor: El apóstol Pedro.
   - b) Fecha: 64-67 d.C., desde la prisión, poco antes de que lo ejecutaran.
   - c) Destinatarios: Las iglesias en Asia Menor.
   - d) Sucesos: Pedro escribe para reprender a los falsos maestros y para recordarles a los creyentes sobre el seguro regreso del Señor.
   - e) Temas:
     - (1) La soberanía — El divino poder de Dios les ha concedido a los creyentes todo lo necesario para la vida y la piedad. Él es quien controla Su mundo.
     - (2) La ley
       - (a) Pedro nos recuerda que la Palabra de Dios no proviene de la imaginación de autores humanos, sino del Espíritu Santo.
       - (b) Como tal, la ley de Dios tiene Su misma autoridad.
       - (c) Los que procuran torcer las Escrituras lo hacen a costa de su

perdición eterna.

(3) La gracia
(a) Pedro desafía a la iglesia para que crezca en la gracia y el conocimiento de nuestro Señor y Salvador Jesucristo.
(b) La gracia que nos pertenece es una gracia viva, siempre efectiva y poderosa. Pedro nos dice que crezcamos espiritualmente confiando en esa gracia.

(4) Cristo
(a) Pedro les recuerda a sus lectores la voz de Dios el Padre en la transfiguración de Cristo en el monte.
(b) Enfatiza que las enseñanzas sobre Jesús no son mitos fabricados, sino que Dios el Padre mismo las ha confirmado.

(5) La responsabilidad — Pedro llama a los cristianos a que aseguren su llamado y su elección.
(a) Esta responsabilidad es necesaria hoy, ya que muchas personas en las iglesias están allí por razones que nada tienen que ver con haber nacido de nuevo a una esperanza viva.
(b) Ya sea por pertenecer a la tradición, por los esfuerzos para alcanzar la justicia propia o por la manipulación de otros, muchos que están en la iglesia, luego de examinarse a sí mismos, se darían cuenta de que todavía necesitan nacer de nuevo.

6. 1 Juan
a) Autor: El apóstol Juan.
b) Fecha: 85-95 d.C.
c) Destinatarios: Las iglesias en Éfeso y Asia Menor y sus alrededores.
d) Sucesos: Juan escribe para enseñar sobre la encarnación de Cristo, sobre cómo distinguir a aquellos que han sido salvos de los que están en el mundo, y para advertir sobre el anticristo.
e) Temas:

(1) La soberanía
(a) Jesús es el que era desde el principio.
(b) Al principio de la carta, Juan nos recuerda también el comienzo de toda la Biblia.
(c) Jesús es el soberano Señor de la creación, no un ser creado.

(2) La ley
(a) Juan escribe para darnos un nuevo mandamiento, sin abolir ninguno de la ley: nos recuerda que debemos amar como Cristo nos ha amado.
(b) Para muchos de sus lectores, este es un mandamiento nuevo e inusual.

(3) La gracia — La necesidad de misericordia, gracia y amorosa bondad compasiva en un mundo caído, donde nosotros participamos en la rebelión de nuestros pecados aun como creyentes, es grande pero tenemos esperanza (1:7-9).

(4) Cristo — Juan mantiene a sus lectores concentrados en la esperanza al recordarles la salvación que no solo es posible, sino que Jesucristo compró y efectivizó de verdad (2:2).

(5) La responsabilidad
(a) Juan enseña en esta primera carta cómo podemos saber quiénes son los hijos de la luz y quiénes los hijos de las tinieblas: por el fruto de sus vidas y la confesión de que Jesús es el Hijo de Dios.

(b) Él nos dice que nos amemos unos a otros, pero que no amemos al mundo.

7. 2 Juan
   a) Autor: El apóstol Juan.
   b) Fecha: 85-95 d.C.
   c) Destinatarios: Una iglesia cerca de Éfeso.
   d) Sucesos: Juan exhorta a sus lectores a que se amen unos a otros y a que se cuiden de los falsos maestros.
   e) Temas:
      (1) La soberanía — Por designio de Dios, los que permanecen en Su enseñanza también tienen al Padre y al Hijo. Esto es algo que jamás podríamos ganar, sino que más bien es lo que Él nos ha concedido soberanamente según Su voluntad.
      (2) La ley
         (a) A Juan le agrada cuando se entera de que sus discípulos caminan en la verdad, así como Dios ordenó.
         (b) Este también debería ser nuestro objetivo.
      (3) La gracia
         (a) Juan escribe que la gracia, la misericordia y la paz estarán con nosotros.
         (b) La gracia que se promete no está en duda. El apóstol Juan lo expresa con certeza.
      (4) Cristo — Juan escribe para contrarrestar la falsa enseñanza de algunos que decían que Cristo no había venido en carne.
         (a) Tal maestro falso es un engañador y es el anticristo.
         (b) Juan afirma que muchos engañadores así han salido por el mundo y les advierte a sus lectores que no reciban a herejes con enseñanzas no ortodoxas sobre Cristo, porque si lo hiciéramos, participaríamos de su obra.
      (5) La responsabilidad — Debemos vivir en amor, que según describe Juan aquí es caminar de acuerdo a los mandamientos de Dios.
8. 3 Juan
   a) Autor: El apóstol Juan.
   b) Fecha: 85-95 d.C.
   c) Destinatarios: Gayo, miembro de una de las iglesias de Juan.
   d) Sucesos:
      (1) Juan le escribe a la iglesia para que se cuide de los falsos maestros que procuran traer divisiones.
      (2) En cambio, deben reconocer a los verdaderos maestros y apoyarlos.
   e) Temas:
      (1) La soberanía — Estos misioneros, u obreros de la iglesia, habían salido por fe, por amor al nombre de Jesús.
         (a) Como hace la mayoría de los misioneros hoy en día, servían sin ningún ingreso garantizado ni provisión mensual.
         (b) Dios no será deudor de nadie; los que confían en Su provisión pueden lanzarse a seguir Su llamado con la certeza de que Él nunca los guiará adonde no pueda proveer para ellos.
      (2) La ley — El primer error de Diótrefes fue no reconocer la autoridad del apóstol Juan ni someterse a ella.
         (a) Todo el que conocía a Cristo hubiera sabido que este apóstol había sido enviado con Su autoridad y en Su nombre.

(b) ¿Qué medida de arrogancia y orgullo pondría la autoridad propia por encima de la que tenía Juan?

(c) La ley que nos guía hoy debería estar caracterizada por la humildad y la sumisión a las autoridades legítimas que Dios gentilmente ha puesto sobre nosotros en nuestras vidas.

(3) La gracia — También deberíamos alentar a los que están bajo nuestro ministerio de enseñanza, para ayudarlos a reconocer el error y orar por su salud física y espiritual, como Juan lo hace en esta carta a Gayo.

(4) Cristo

(a) Juan ama realmente a Gayo, está agradecido por verlo caminar en la verdad y lo alienta a que apoye a los compañeros que trabajan por esa verdad.

(b) Jesús es el camino, la verdad y la vida.

(i) Pilato lo vio a Él, pero no vio la verdad.

(ii) Los falsos maestros y aquellos que no tienen el espíritu nunca reconocerán la verdad cuando la vean.

(5) La responsabilidad

(a) Juan afirma muy claramente que aquellos que sirven a la verdad y viven por fe agradan a Dios y deberían recibir apoyo.

(b) También en nuestros días corresponde, y es la responsabilidad del pueblo de Dios, apoyar a estos obreros.

9. Judas

a) Autor: Judas, medio hermano de Jesús.

b) Fecha: 65-70 d.C.

c) Destinatarios: Los judíos cristianos.

d) Sucesos: Judas escribió para reprender a los falsos maestros y alentar la perseverancia.

e) Temas:

(1) La soberanía

(a) Se habían infiltrado en la iglesia algunos que pervertían la gracia de Dios al convertirla en una licencia para el libertinaje.

(b) Judas les recuerda sobre el juicio de Dios que vendrá.

(2) La ley — Aquellos que son su propia ley, que deciden lo que está permitido mientras que rechazan la clara voluntad de Dios en Su Palabra, siguen sus pasiones impías, son personas mundanas y no tienen el Espíritu.

(3) La gracia

(a) Judas nos recuerda la preciosa verdad de que todos los que estamos en Cristo podemos permanecer allí solo porque Él nos guarda de tropezar y nos protege.

(b) Dirige su carta a los que son guardados de este modo y termina con esta preciosa promesa: «Y a aquel que es poderoso para guardaros sin caída, y presentaros sin mancha delante de su gloria con gran alegría» (24).

(4) Cristo — Judas concluye su carta con una hermosa doxología de alabanza: «al único y sabio Dios, nuestros Salvador, sea gloria y majestad, imperio y potencia, ahora y por todos los siglos. Amén» (25).

(5) La responsabilidad — Judas nos llama a perseverar.

(a) Nos recuerda que hemos sido advertidos a través de las Escrituras que habrá mofadores y personas que persigan sus propias pasiones impías.

(b) Llama a los creyentes a edificarse en la fe y a orar en el Espíritu Santo, a que tengan misericordia de aquellos que dudan (como alguna vez lo hicimos), y que arrebaten a otros del fuego.
(c) Mantengámonos en el amor de Dios, a la espera de la misericordia de Cristo para la vida eterna.

H. Literatura apocalíptica
1. El libro de Apocalipsis fue escrito por el apóstol Juan, pero no es una de sus cartas.
2. Es una revelación que Dios le dio y tiene la forma de la literatura apocalíptica, que es extremadamente simbólica en naturaleza. La mayor parte no debe leerse ni interpretarse literalmente como la historia o la biografía.
3. El libro también incluye porciones proféticas.
4. Apocalipsis
a) Autor: El apóstol Juan.
b) Fecha: 95-96 d.C., mientras estaba exiliado en la isla de Patmos a causa del Evangelio.
c) Destinatarios: A las siete iglesias en Asia Menor.
d) Sucesos: El libro comienza con cartas de Jesús a las iglesias; luego desarrolla una serie de visiones que describen el juicio y la guerra que terminan con un Cristo victorioso y el cielo nuevo y la tierra nueva que vendrán.
e) Temas:
(1) La soberanía — La revelación de Juan claramente describe que a través de Su vida, muerte y resurrección, Jesús ha conquistado a Satanás y a sus huestes, ha redimido a Su Iglesia de toda tribu, lengua, pueblo y nación, y reina desde ahora y para siempre.
(2) La ley
(a) Apocalipsis refleja claramente que Dios gobierna Su universo según Su Palabra y voluntad.
(b) Hay un juicio que vendrá y todos serán juzgados según el gobierno justo de Dios.
(3) La gracia
(a) Luego de todas las visiones de la guerra espiritual, de la guerra de las naciones, de las negaciones a arrepentirse y del anuncio del juicio según sus obras, todavía queda gracia para derramar.
(b) «Y el Espíritu y la Esposa dicen: Ven. Y el que oye, diga: Ven. Y el que tiene sed, venga; y el que quiera, tome del agua de la vida gratuitamente» (22:17).
(4) Cristo
(a) El libro comienza afirmando que esta es la revelación de Jesucristo y termina con Su promesa de que ciertamente viene pronto.
(b) Esta revelación que recibió Juan y que nosotros recibimos a través de él sirve para ayudarnos a comprender correctamente el rol de Jesucristo y para exaltarlo.
(5) La responsabilidad — A través de la enseñanza del Espíritu en este libro, vemos que la responsabilidad del hombre es múltiple.
(a) Los que se identifiquen con alguna de las siete iglesias deberían prestar atención a la instrucción que allí se da.
(b) Los que llegan a ver al Rey de la historia a través de esta revelación, deberían arrodillarse delante de Él y rendirse a Su señorío.
(c) Los que se ven sucios debido a un despótico pecado deliberado deberían lavar sus ropas en la sangre del Cordero, ya que Él

dice que quienes lo hagan serán bendecidos.

(d) Cada uno de los lectores de este libro quizás descubra que tiene necesidad de la gracia, ya sea por primera o por millonésima vez, pero no hay escasez de la gracia de la sangre que se nos ordena implorar y que jamás pierde su poder. Ven, lávate y queda limpio; ¡arrepiéntete y regresa!

(e) «La gracia de nuestro Señor Jesucristo sea con todos vosotros. Amén» (22:21).

III. Las manos: El carácter del pastor

A. A Dios le preocupa más lo que eres que lo que haces.

1. No quiero decir que a Dios no le interese lo que haces, porque no es así.
2. Las ideas tienen consecuencias y la filosofía es el fundamento de la metodología.
   a) Lo que piensas se transforma automáticamente en lo que haces.
   b) El carácter tiene que ver con lo que haces cuando nadie mira, cuando no existe manera en que alguien llegue a saber lo que has hecho, cuando está oscuro.

B. El carácter piadoso hace lo correcto, por el motivo correcto, aunque pienses que nadie está mirando y que nadie jamás se enterará.

1. Nadie puede inducir a la fuerza el carácter adecuado de un pastor y él tampoco puede fingirlo.
2. Sencillamente, es una parte de su ser.

C. Este cimiento sólido, o su ausencia, influenciará el resto de la vida del pastor y de su ministerio.

1. Debemos ayudar a nuestros alumnos a conocer lo que es el llamado al ministerio y a qué clase de hombres llama Dios.
2. Al entenderlo, podrán discernir si Dios los ha llamado y que tienen que esforzarse por ser ese tipo de hombres.
   a) Primero y principal, recuerda que Dios no cambia; entonces, al mirarlo a Él en busca de pautas y ver las que dio en el pasado, debemos entender que todavía siguen en vigencia.
   b) Los hombres que Dios llama son aquellos que cumplen con las condiciones y los requerimientos que Él ha dicho que son necesarios para servir en el ministerio.

D. La enseñanza de Pablo en 1 Timoteo 3:1-7 expone los requisitos que deben cumplir los pastores y describe los rasgos de carácter que deberían describirlos.

1. Ni la necesidad urgente del momento actual, ni que el pasaje que escribió Pablo bajo la inspiración del Espíritu Santo date de siglos atrás cambian la realidad de que estos son los requisitos de Dios para servir como un anciano en la Iglesia de Cristo.
2. Para algunos, la lista de cualidades de los pastores que enumera Pablo puede parecer extremadamente exigente para los misioneros que plantan iglesias y que luchan por encontrar líderes para pequeños grupos de creyentes en áreas que eran paganas.
   a) No obstante, recuerda que también había una gran necesidad de pastores en entornos similares en los días de Pablo.
   b) Cabe destacar el sumo cuidado que tiene para asegurarse de que estos líderes sean hombres que cumplan con los requisitos bíblicos.
   c) Es asombroso que aunque Pablo fue tan explícito respecto a los requerimientos pastorales, algunos plantadores de iglesias de hoy sean tan descuidados y dejen de lado estas condiciones, o las diluyan hasta que lleguen a adaptarse solo a lo que es expeditivo para el rápido establec-

imiento de una iglesia y de un ministerio de multiplicación.

3. Los candidatos jóvenes a pastores no tienen que manifestar todas las características en su estado de mayor desarrollo y madurez, pero al menos, claramente no deben estar descalificados en lo que es una realidad en sus vidas. Consideremos qué clase de cualidades de carácter describe Pablo en estos pasajes.
   a) Irreprensible
      (1) Ser irreprensible no significa haber alcanzado la perfección sin pecados.
         (a) Si esto fuera así, nadie jamás podría llegar a servir como pastor, incluyendo al misionero que plantó la iglesia.
         (b) Significa que no debe haber un pecado evidente que le dé mala reputación, que pueda imputársele al pastor en su práctica o en su carácter.
      (2) El pastor que predica la santidad, pero que hipócritamente vive en abierto pecado no es irreprensible.
   b) Marido de una sola mujer: Esta frase ha sido tema de muchas conversaciones en las iglesias y, en muchas de ellas, ha terminado en más oscuridad que luz.
      (1) Dedicamos un poco más de espacio a esta frase por el continuo desafío que presenta en culturas no cristianas, donde los matrimonios monógamos no son la norma o carecen de estima.
         (a) En principio, la frase «marido de una sola mujer» significa un hombre, una mujer.
         (b) No solo descalifica para ser un anciano al hombre polígamo, sino también al que está casado con una mujer, pero tiene a otras mujeres a su lado.
            (i) Algunos interpretan que significa que nunca se haya divorciado, o que no tenga más de una esposa viva; por cierto, algunos creen que ni siquiera un viudo puede volver a casarse y servir como pastor.
               a. Si se lleva a posturas extremas, esta prohibición podría descalificar a un hombre fielmente casado que tuvo otra novia formal antes del matrimonio.
               b. Tal extremo haría que muchos se vean eliminados para considerar el liderazgo de la iglesia, en especial en áreas donde el Evangelio recién ha llegado.
            (ii) Otros creen que la frase simplemente requiere que un hombre esté dedicado a la mujer que es su esposa (hombre de una mujer), y que no debería extenderse para abarcar toda su vida, en especial porque el Nuevo Testamento reconoce situaciones donde se permite el divorcio.
         (c) En casos polémicos, donde no hay una clara prohibición bíblica, una congregación puede seguir en duda respecto a la calificación de un hombre.
            (i) No cabe duda de que este es un tema complejo y que las implicancias para los vastos escenarios posibles no es clara.
            (ii) Sin embargo, lo que sí es claro es que la pregunta no necesariamente es si *puede* ser el pastor, sino si *debería* serlo.
            (iii) Si la gente no tiene la confianza de considerarlo sin reproche, su ministerio se verá obstaculizado, se dudará de su consejo matrimonial y se cuestionará su enseñanza.
            (iv) Esto siempre es un desafío para las iglesias que desean

restaurar a un hombre al ministerio luego de una falta moral pública o un divorcio bíblicamente legítimo, y es la razón por la cual algunas nunca lo hacen.

(d) En culturas donde la poligamia ha sido la norma aceptada para la estructura familiar durante generaciones, las esposas se dan y se reciben para pagar deudas, se intercambian para realizar alianzas que protejan al grupo durante hambrunas, inundaciones o guerras, e incluso para facilitar grandes familias donde la seguridad consiste en muchas manos que trabajen.

(i) El misionero debe corregir este sistema y enseñar el propósito de Dios para el matrimonio y la familia.

(ii) No obstante, el antiguo sistema no se evapora luego de orar para recibir a Cristo como Señor y Salvador.

a. Los cambios inmediatos no siempre son posibles; más bien, las nuevas normas deben contextualizarse, enseñarse y algunas veces, instituirse lentamente.

b. La amonestación de Pablo en cuanto a que un pastor debe ser marido de una esposa significa que los hombres con varias esposas no pueden ser pastores.

i. Aunque esto puede retrasar el trabajo de los modelos para una rápida plantación y multiplicación de iglesias, el modelo bíblico demanda que las iglesias tengan hombres calificados para conducirlas, no simplemente que tengan la mayor cantidad de líderes posibles lo más pronto posible.

ii. Algunos misioneros pueden requerir que los hombres con más de una esposa se divorcien de las esposas «adicionales», pero que sigan sosteniéndolas financieramente; esto no resuelve el dilema de los candidatos pastorales.

c) Que gobierne bien su casa, que tenga a sus hijos en sujeción.

(1) Estos requerimientos están estrechamente relacionados con los dos primeros.

(2) Ser un hombre conocido por su sabiduría, sus buenas decisiones, su trabajo arduo, su compromiso familiar y su madurez es una consideración importante. Algunos comentaristas bíblicos han tomado la posición de que un hombre que tiene hijos abiertamente rebeldes y no creyentes que todavía viven en su casa queda descalificado para el ministerio, porque argumentan que, aunque el pastor no puede obligarlos a creer (Juan 1:13), puede educarlos para que respeten su autoridad mientras viven bajo su techo. La mayoría está de acuerdo en que al menos, el pastor debe ser un hombre con un probado liderazgo familiar.

d) Hospedador: Los pastores y misioneros más efectivos que he conocido son aquellos cuyas casas son famosas por estar abiertas para todo el que necesite una comida o un lugar donde pasar la noche.

(1) Muchas veces, he visitado los hogares de los misioneros y he visto un bolso en un rincón, que pertenece a un hombre que vino a la ciudad por negocios y se quedó a dormir en el sillón la noche anterior.

(a) Nate y Marj Saint vivían en las inmediaciones de la selva ecua-

toriana, junto a la pista de aterrizaje que él usaba para llevar provisiones a los misioneros esparcidos por el lado Este de la jungla.
- (i) Antes del martirio de Nate y de sus cuatro amigos, su hogar era el habitual refugio para decenas de familias misioneras, y algunas veces, hasta tenían a veinte personas necesitadas de cama y comida.
- (ii) Elisabeth Elliot hasta dio a luz a su hija en esta casa.

(b) Los misioneros y los pastores que son hospitalarios y que tienen hogares abiertos son confiables, amados y escuchados.

(2) Pablo dice que los pastores deberían ser lo opuesto a avaros; deberían ser hospitalarios.

e) No codicioso de ganancias deshonestas ni avaro.
- (1) Un pastor piadoso ve que todo lo que necesita le llega todos los días, como el pan diario, y ora con las manos abiertas, y le permite a Dios que le dé lo que tiene que compartir con otro o que le dé aún más, como le parezca conveniente.
- (2) Cuando una persona vive para el amor al dinero y a la ganancia personal es cuando menos se parece a Jesús.
  - (a) El amor al dinero es la raíz de toda clase de males.
  - (b) Un dicho indígena dice: «Un hombre no puede perseguir a dos conejos al mismo tiempo». O bien buscamos el reino de Dios y Su justicia, o codiciosamente buscamos la ganancia personal y la ambición egoísta.
  - (c) Un pastor no es codicioso de ganancias ni amante del dinero.

f) Sobrio, no dado al vino
- (1) Uno de los aspectos del fruto del Espíritu es la templanza; entonces, lo opuesto es contristar, irritar e incluso apagar la obra del Espíritu Santo en nuestras vidas.
- (2) Estar lleno del Espíritu es agradar a Dios; lo opuesto es ser dado al vino o a las drogas.
  - (a) En muchas culturas del mundo que nunca pasaron por la ley seca y donde el cristianismo evangélico nunca ha tenido una presencia fuerte, el alcohol es una bebida común.
    - (i) Puede tratarse del *masato* o la *chicha* entre las tribus del Amazonas (que es la única bebida que se consigue, hecha con la raíz de la yuca que se fermenta luego de unos días antes de que se la consuma totalmente).
    - (ii) También puede ser el vino en la cena en las culturas francesas.
  - (b) Cada misionero debe encontrar el equilibrio entre el consumo moderado y la abstinencia total dentro de la realidad de la cultura en la que se encuentra, pero la embriaguez siempre es pecado.
- (3) A un hombre dado a la embriaguez no debería considerárselo para el pastorado.

g) Decoroso, que goce de buen testimonio de los de afuera: Un hombre con una buena reputación entre los de afuera es la clase de persona tiene los requisitos buscados a los ojos de la comunidad.
- (1) Por otra parte, un hombre conocido por ser un charlatán en los negocios, que engaña y se abusa de los vulnerables en sus asuntos de negocio, no debería ser pastor.

(2) Luego de ser engañada en un trato comercial, la víctima que ha sufrido el abuso puede preguntarse en qué más le mintió este hombre. Cuando se entera de que el mentiroso es un pastor local, esto trae reproche al nombre de Cristo y la iglesia sufre.

h) Que sea apto para enseñar la sana doctrina: Para poder enseñar esta doctrina, primero hay que conocerla.

(1) El llamado al ministerio es también un llamado a prepararse.

(2) El ministerio no es un lugar para las opiniones personales que no están basadas en la Escritura, ni tampoco es un foro de entretenimiento; es para ministrar la Palabra y orar.

(3) El argumento de que apto para enseñar significa conocer lo que se debe enseñar ya se ha planteado y estuvo basado en este versículo, por lo tanto, consideremos otro aspecto de esta amonestación paulina: el pastor debe *saber* enseñar.

(4) Un pastor debe ser apto para enseñar. Esto no es optativo.

i) No pendenciero sino amable, no iracundo: Estos requisitos son similares, pero no sinónimos.

(1) Todos los requisitos están en armonía unos con otros en las listas de Pablo en 1 Timoteo y Tito.

(2) El pastor debe ser una persona amable que no se apresura a entrar en discusiones ni en griterías, y que jamás llegará a la violencia para imponer su voluntad. Una buena pregunta para hacerse cuando se desarrolla esta cualidad de carácter es: «¿Qué haría Jesús?».

j) No soberbio

(1) El hombre arrogante hace que la vida gire en torno a sí mismo y exige que los demás hagan lo mismo.

(2) Tal persona demuestra que no ha muerto a sí mismo ni le ha rendido todo a Dios.

k) Santo, amante de lo bueno

(1) Ser santo significa estar «separado».

(a) La palabra santidad también conlleva la idea de perfección moral, cualidad por la que siempre estamos luchando, pero a la que solo llegamos en el sentido de que somos moralmente perfectos a los ojos de Dios al estar en Cristo.

(i) La cualidad de ser apartados para perseguir la perfección moral y la justicia muestra que somos amantes de lo bueno.

(ii) No vamos detrás del mal ni lo deseamos.

a. Por cierto, que luchemos contra malos deseos en tiempos de tentación demuestra que todavía no hemos llegado a la perfección libre de pecado.

b. No obstante, anhelamos ser santos y amamos lo que es bueno.

(2) A un pastor se lo debería conocer por esto.

4. Nadie ha alcanzado todas estas características o cualidades.

a) Recuérdales a tus alumnos que ningún pastor además de Cristo ha llegado jamás a dominar una de ellas.

b) No consideramos que un hombre esté calificado para ser un candidato pastoral debido a su nivel de perfección, sino por su deseo de alcanzarlo.

(1) ¿El deseo de ser lo que Dios quiere es más fuerte que sus propios deseos egoístas?

(2) ¿Se esfuerza por progresar en su santificación y los demás recono-

cen este esfuerzo?

5. Al considerar el carácter del pastor, es útil recordar que existen cuatro clases de hombres.
   a) El hombre para las mujeres
      (1) El hombre para las mujeres es aquel que se viste y actúa para atraer la atención de las damas, y procura ser atractivo en su interacción con ellas.
      (2) Vive para las mujeres y no es un hombre que deba ser pastor.
   b) El hombre para los hombres
      (1) El hombre para los hombres es aquel que está tan concentrado en los deportes, en la caza, en la pesca y en otras actividades «masculinas», tal como las define su cultura, que no puede relacionarse con personas como las viudas, los niños o las familias jóvenes en la iglesia.
      (2) O bien no ha regresado de su última actividad competitiva con «los muchachos» o todavía está hablando de la anterior. Vive para hacerles pensar a los otros hombres que es el pináculo de la hombría.
   c) El hombre egoísta
      (1) El hombre egoísta es el que vive para sus propios deseos: para ser perezoso, glotón, derrochador, para gastar todo en él mismo y es insensible para con los demás.
      (2) Tal vez come frente al hambriento, se niega a servir a otros si esto interrumpe sus planes egoístas o hace ostentación de sus posesiones frente a los pobres desempleados en la congregación.
      (3) Un pastor no debe ser un hombre que vive para sí mismo.
   d) El hombre para Dios
      (1) El pastor debe ser un «hombre para Dios»; alguien que vive para Dios con los ojos puestos en agradarle y que a la vez mantiene un corazón para Dios y una mente para la verdad.
      (2) Cuando imaginamos a Dios al decidir usar a un hombre, mirando hacia la tierra para escoger a alguien o con el deseo de encontrar a alguien que lo sirva a Él y a los demás, deberíamos imaginar a un hombre como pastor que sea la clase de hombre que Él elegiría.

Módulo 3 Bosquejo de enseñanza

La adoración
La doctrina cristiana
El pastoreo del rebaño de Dios

I. El corazón
  A. Disciplina espiritual personal: La adoración
    1. La adoración es la expresión sincera de amor, alabanza, honor, veneración y reverencia a Dios.
      a) El ministro cristiano debe estar preparado para liderar en adoración, estar afianzado en una doctrina sólida y pastorear el rebaño de Dios según la instrucción divina.
      b) Este módulo instruirá el corazón a adorar; no la adoración colectiva que practicamos los domingos, sino la adoración a Dios en nuestro tiempo devocional, como disciplina espiritual personal.
        (1) Esta práctica de la adoración personal a Dios en la vida del pastor se hará evidente a los que lo rodean, así como su ausencia.
        (2) Prepara y desafía a tus estudiantes para pastores para que tengan un corazón que anhele la comunión con el único y verdadero Dios vivo más que cualquier otra cosa.
    2. La adoración darle a Dios todo lo que somos (corazón, mente y manos) todos los días hasta que Él vuelva o nos llame a nuestro eterno hogar (Rom. 12:1).
      a) Incluso la creación declara sin palabras la gloria de Dios: todo lo que Él hizo la proclama.
      b) El contraste inevitable entre el Dios omnipotente e infinito con nuestra propia persona débil y temporal debe llevarnos a postrarnos ante Él en adoración.
        (1) Vivimos en un mundo que venera toda clase de cosas, está perdido y se dirige al infierno, a menos que escuche la buena noticia del evangelio.
        (2) Todos necesitan escuchar lo que Dios reveló sobre sí mismo.
    3. La Biblia es nuestro manual de adoración.
      a) Desde la época en que Adán y Eva tuvieron a Set, el padre de Enós, los hombres comenzaron a invocar el nombre de Jehová.
        (1) Noé construyó un altar y adoró a Dios con un holocausto una vez que las aguas del diluvio descendieron.
        (2) Abram edificó un altar al Señor en Bet-el e invocó Su nombre.
        (3) Moisés adoró a Dios y recibió requisitos específicos para Israel, para poder guiarlo en su adoración al Señor. En los Diez Mandamientos, Dios prohibió adorar a otros dioses (Ex. 20:3-6).
      b) Estableció el tabernáculo —y, más adelante, el templo en Jerusalén— como el lugar de adoración y sacrificio, y proporcionó pautas para la adoración a Jehová.
        (1) Dios les advirtió sobre el grave pecado de adorar a otros dioses, prometió juicio si lo hacían y los castigó cuando se rebelaron contra Él en idolatría.

(2) Dios bendijo a los que se negaron a adorar a otros dioses. La historia de Sadrac, Mesac y Abed-nego demuestra poderosamente el honor que Dios otorga a aquellos que permanecen en adoración fiel a un Dios fiel.

4. El libro de los Salmos era el himnario y la guía de adoración para Israel, y también lo ha sido para la Iglesia.
   a) David y los demás salmistas cantaban himnos de alabanza, gratitud y oraciones de súplica.
   b) Los salmos sirven como guía para todo el que quiere conocer la esencia de la adoración,.
      (1) La adoración colectiva
      (2) La adoración personal
5. El diablo tentó a Jesús a pecar y le prometió darle todo, si tan solo lo adoraba. Jesús le recordó a él, y a todos los lectores de los Evangelios desde entonces, que el pueblo de Dios debe adorar exclusivamente al Señor.
   a) También enseñó que era necesario corregir la falsa adoración de los fariseos.
      (1) Habían reemplazado a Dios como objeto y destinatario de su adoración, al honrarse unos a otros.
      (2) Oraban para su propio beneficio y cumplían reglas establecidas por ellos para alcanzar una pretensión de superioridad moral, y crearon una religión que adoraba y honraba a sus creadores.
   b) Pablo declaró que adorar no es tan solo ofrecer una porción de lo que tenemos, sino una devoción sincera a Dios con toda nuestra vida. «Así que, hermanos, os ruego por las misericordias de Dios, que presentéis vuestros cuerpos en sacrificio vivo, santo, agradable a Dios, que es vuestro culto racional» (Rom. 12:1).
6. Para protegernos del engaño demoníaco presente en las religiones falsas o sectas, debemos adorar según lo que Dios ha revelado en la Biblia.
   a) Es necesaria una vigilancia constante y evaluar nuestra adoración de acuerdo con lo que encontramos en la Palabra, con cuidado de no adorar al Señor solo como imaginamos que debemos hacerlo ni según las religiones tradicionales falsas que solían guiarnos.
   b) Para adorar de verdad a Dios tenemos que conocerlo, y para conocerlo realmente debemos conocer Su Palabra y recibir la guía del Espíritu Santo para entenderla.
      (1) Esto significa que, para conocer y adorar a Dios de verdad, tenemos que nacer de nuevo y ser llenos de Su Espíritu.
      (2) Jesús le enseñó a la mujer samaritana junto al pozo a quién debemos adorar y cómo debemos hacerlo (Juan 4:21-24).
7. El Nuevo Testamento revela que Jesús es el verdadero templo, el único sacrificio y el objeto de la adoración real.
   a) La verdadera adoración al Padre debe estar de acuerdo con Su Palabra y realizarse en espíritu y en verdad.
   b) Todos los que afirman adorar a Dios el Padre, pero que no adoran al Hijo y al Espíritu como Dios, no están adorando al Dios de la Biblia.
      (1) El único Dios verdadero se ha revelado como el Dios trino.
      (2) El libro de Apocalipsis también proporciona un enfoque perspicaz de la verdadera adoración.
         (a) Esta adoración debe fluir con libertad del corazón y la mente del pueblo de Dios.

(b) La verdadera adoración contrasta con la veneración de dioses falsos y demonios, la cual siempre existirá en ausencia de la adoración auténtica al único Dios verdadero.

8. La adoración que fluye de un corazón conforme al de Dios, con la mente de Cristo y la presencia interior del Espíritu Santo no tiene por qué ser forzada o fingida; es más, es imposible que lo sea.
   a) Más bien, es lo que se desborda naturalmente de una vida de amor con Dios.
      (1) Don Whitney escribió: «La adoración suele incluir palabras y acciones, pero va más allá de ellas y se concentra en la mente y el corazón».[1]
      (2) A medida que practicamos la presencia de Dios, la adoración es la expresión de emociones que fluye del corazón y la mente.
9. La adoración pública es esencial para la vida del cristiano (Heb. 10:25), pero no puede ser la única vez que adoremos a Dios.
   a) Si el pastor solo adora a Dios en la iglesia los domingos, la adoración pública que dirija será débil.
   b) Sin duda, la Biblia establece la adoración pública y proporciona ejemplos, pero no quiere decir que sea el único momento para adorar.
   c) La adoración personal cotidiana tiene que ser evidente en la vida del cristiano.
10. Caminar en comunión con Dios a diario, vivir en amor con Jesús y permanecer en Su Palabra producen un estilo de vida de oración.
   a) La persona que practica esto adora a Dios continuamente, no solo los domingos por la mañana, en lo que solemos llamar adoración pública o colectiva.
   b) Aunque un hombre piadoso guíe a su familia a diario en oración y adoración, también debe practicar la adoración en privado.
11. Pasar tiempo con las personas que amamos es una expresión de nuestro amor.
   a) Les comunicamos nuestros temores más profundos, nuestras mayores alegrías e incluso los detalles prosaicos de la vida cotidiana.
      (1) De esta manera, llegamos a conocerlas y ellas nos conocen.
      (2) Si pasamos mucho tiempo con ellas, incluso terminamos adoptando rasgos de personalidad, compartimos valores y adoptamos ideas similares sobre la vida.
      (3) Wayne Grudem enumeró algunos resultados y bendiciones de la adoración genuina:
         (a) Nos deleitamos en Dios
         (b) Nos acercamos a Él
         (c) Él se acerca a nosotros
         (d) Percibimos cómo nos ministra
         (e) Somos testigos de que hace huir a nuestros enemigos.[2]
   b) Mientras compartimos la vida con nuestros seres queridos, tenemos una comunión cada vez más profunda con ellos, y esto hace que nuestro amor y aprecio mutuo crezca.
      (1) Este mismo principio se aplica a nuestro tiempo con Dios, pero de manera mucho más enriquecedora.

---

[1] Donald S. Whitney, *Spiritual Disciplines for the Christian Life,* ed. rev. (Colorado Springs, CO: NavPress, 2014), 106.

[2] Grudem, *Systematic Theology*, 1005-9.

(2) Con Dios, se añade la dimensión creciente de reconocer Su valor y expresarle nuestro amor y gratitud, confesarle cuánto lo necesitamos y meditar en Sus atributos.

12. La adoración también incluye declarar al Señor cuánto lo valoramos.
   a) Nuestro aprecio por Él siempre crece, porque Dios es infinito, eterno y, bueno…, es Dios.
   b) Adorar es atribuir valor al Señor.
      (1) ¿Cuánto vale Dios para ti?
      (2) Cuando le expresas el valor que tiene para ti, lo estás adorando.
13. Por desgracia, no podemos dar por sentado ningún nivel de formación espiritual.
   a) Debemos dar el ejemplo, instruir y moldear a los pastores para que valoren la adoración diaria al Señor;
      (1) Ya que lo que debería ser no siempre es automático en un mundo caído.
         (a) La adoración personal es una disciplina y, como cualquier disciplina saludable, debemos practicarla hasta que se transforme en un hábito y, después, seguir disciplinándonos como parte de un patrón arraigado de la vida.
         (b) Tenemos que esforzarnos por evitar que el mundo nos obligue a adaptarnos a su molde y, además, buscar con afán parecernos cada vez más a Jesús y ser formados a Su imagen.
   b) Don Whitney escribió que la adoración es una disciplina espiritual que es tanto «un fin como un medio.
      (1) La adoración a Dios es un *fin* en sí misma porque, adorar, según lo definimos, es concentrarse en Dios y responder a Él.
      (2) […] Sin embargo, la adoración también es un *medio*, en el sentido de que nos ayuda a perfeccionarnos en la piedad».[3]
         (a) Debemos esmerarnos en la adoración. Dios merece nuestra adoración, la exige, prohíbe rendírsela a cualquier otra cosa.
         (b) Para nuestro propio beneficio, al concentrarnos en Él, podemos adorar de una manera que nos brinde paz y gozo.
14. La capacitación pastoral debe incluir enseñanza sobre *a Quién* hay que adorar.
   a) Todos rinden adoración a algo.
   b) Adoptar el cristianismo no implica simplemente colocar una cruz encima de lo que se creía antes de la predicación del evangelio.
   c) Respecto a la importancia de practicar esta disciplina a diario, también debemos garantizar que los alumnos entiendan el *porqué* y el *cuándo* de la adoración, es decir, que comprendan por qué debemos adorar a Dios y en qué momento.
      (1) Explicar a los alumnos *dónde* adorar
         (a) Los ayuda a entender que no es algo que solo sucede en la iglesia o durante su devocional.
         (b) Puede practicarse dondequiera que estén en el día.
      (2) Además, tenemos que enseñar *cómo* adorar en forma personal.
         (a) Explicar las maneras en que esta clase de adoración difiere de la adoración colectiva.
      (3) Se puede enseñar a considerar los atributos de Dios en la adoración personal y todo lo que Él ha hecho, por los estudiantes en particular y a lo largo de la historia.

---

[3] Whitney, *Spiritual Disciplines*, 114.

(4) Los cinco días de enseñanza de la semana podrían organizarse alrededor de los temas *a quién, por qué, cuándo, dónde* y *cómo.*

15. La adoración fluye de todo nuestro ser y no solo de nuestra mente.
    a) Todos nuestros sentidos suelen participar cuando nos encontramos en ambientes de adoración.
    b) Incluso cuando estás solo en tu casa, se pueden emplear los sentidos para realzar la adoración.
    c) El ambiente donde uno está influye de muchas maneras sobre la adoración.
        (1) Un lugar ordenado es mucho más propicio para la adoración que el desorden y el caos.
        (2) Caminar al aire libre por un campo o un camino en el bosque, o incluso por las calles del vecindario, son maneras de tener comunión con Dios mientras oramos y adoramos.
        (3) Para evitar distracciones e interrupciones, en lo posible, debemos estructurar nuestro lugar de oración, pero nunca tenemos que depender tanto de estas condiciones como para no adorar a Dios si hay distracciones presentes.
        (4) Muchos han descubierto que la música enriquece en gran medida los tiempos de adoración personal.
            (a) La música fue de gran influencia en la vida de David.
            (b) Muchos de los grandes teólogos de la historia cristiana también eran compositores de himnos.
                (i) Los pastores a quienes enseñamos tal vez no tengan un himnario, pero probablemente hayan memorizado diversas canciones de alabanza.
        (5) Lo más importante es que la adoración personal a Dios se transforme en una disciplina diaria.

B. El fruto del Espíritu: Paz
    1. Pablo les escribió a los gálatas que el fruto en la vida de un hombre lleno del Espíritu es amor, gozo, paz, paciencia, benignidad, bondad, fe, mansedumbre y templanza.
        a) Nos referimos a la paz que surge de conocer y hacer la voluntad de Dios, crecer en gracia, entender más Su Palabra y vivir en comunión con Él.
        b) Isaías declaró: «Tú guardarás en completa paz a aquel cuyo pensamiento en ti persevera; porque en ti ha confiado» (Isa. 26:3).
    2. Todas las disciplinas espirituales personales fluyen en perfecta armonía, según Dios nos las dio.
        a) A medida que el fruto del Espíritu se desarrolla en nuestra vida, debemos recordar que no es algo que logramos por nuestros propios medios.
        b) Pablo exhortó la vida interior y la paz (Fil. 4:6-9).
    3. Pablo enseña que la paz de Dios guardará nuestro corazón y nuestra mente porque el Dios de paz estará con nosotros.
    4. Una mente saturada de la Biblia puede recordar las promesas de Dios rápidamente en una crisis.
        a) Alguien que camina en sintonía con el Espíritu no va por la vida con pies de plomo, lleno de ansiedad y temor, sino que avanza a paso audaz hacia el plan de Dios todo el tiempo, con la convicción de que Él tiene un plan y tiene el control soberano.
        b) ¡Saber esto nos da paz para abrazar Su plan y seguir adelante con valentía! Jim Elliot escribió: «Dondequiera que estés, ¡está bien presente! Vive al máximo cada situación que creas que está dentro de la

voluntad de Dios». Solo el que vive con la paz que trae saber que Dios es soberano tiene la seguridad para vivir de esta manera.

5. Es tan difícil tener paz mental que los que no la tienen tal vez cuestionen la cordura de los que sí la demuestran.
   a) La paz no es la ausencia de las crisis.
   b) La paz es la presencia de Cristo.
      (1) Es difícil predicar sobre la soberanía de Dios y sobre echar toda ansiedad a los pies de Aquel que nos cuida si vivimos llenos de ansiedad y sufrimos ataques de pánico.
      (2) Una vida de paz en medio del caos es evidencia del Espíritu que habita en el interior.
         (a) Aunque pasemos por crisis, peligros y caos, debemos estar en paz y confiar en la mano invisible de nuestro Dios soberano.
         (b) El pastor debe ser ejemplo de esta calma y paz en la vida cotidiana, de tal manera que atraiga a los demás y los impulse a descubrir la fuente de esa paz.
            (i) Esto solo es posible cuando el Espíritu llena el corazón y produce el fruto de la paz.
            (ii) No podemos culpar a las circunstancias de la vida por nuestro carácter y nuestra actitud.
               a. Las pruebas y las dificultades son oportunidades de demostrar la paz que solo el Espíritu puede dar.
               b. Vance Havner afirmó: «¡Lo que está en lo profundo del pozo es lo que saldrá en la cubeta!».[4] Las tribulaciones no nos transforman en lo que somos; revelan quiénes somos.

C. Los pensamientos del pastor: Lo justo
   1. Pablo enseñó a los creyentes a disciplinar sus pensamientos para corregir los ciclos negativos de ideas erradas que estorban nuestros esfuerzos por honrar a Cristo.
   2. Ya consideramos lo que Pablo les escribió a los filipenses para que pensaran en todo lo que es verdadero y digno de honra.
      a) Cuando pensamos en lo que es justo, correcto o adecuado, dejamos de concentrarnos en nosotros mismos.
         (1) Una causa fundamental detrás de nuestra vida ansiosa y desordenada es nuestro esfuerzo por manipular y maniobrar para alcanzar una ambición egoísta.
         (2) Es útil considerar frecuentemente una pregunta sencilla antes de actuar: «¿Qué es lo correcto?». Esto debería guiar nuestros pensamientos, porque el Juez de toda la tierra siempre hará lo que es justo y correcto (Gén. 18:25), y nuestro objetivo es ser como Él.
      b) Cuando Pablo escribió para animar a los filipenses, les dijo que quería enviarles a Timoteo (Fil. 2:19-22).
         (1) Timoteo había probado que no era una persona egoísta que buscaba su propio bienestar.
         (2) El pastor debe buscar la justicia para su rebaño.
      c) Las cuestiones de justicia social, libertad religiosa, discriminación, derechos legales y todo lo que es justo son una carga para él.
         (1) Defiende a los oprimidos (Prov. 19:17; 21:13; 24:11).
            (a) Recuerda que Jesús defendió celosamente el libre acceso a Dios cuando limpió el templo (Mar. 11:17).

---

[4] Vance Havner, *Pepper 'n Salt* (Grand Rapids, MI: Revell, 1966).

(b) El Señor declaró que la casa de Su Padre debía ser casa de oración para todas las naciones, pero la gente había transformado el patio de los gentiles en un mercado que excluía a los que no eran judíos de acceder a Dios en aquel día.

(2) Nuestras iglesias perpetuán esta clase de abuso si permiten que los prejuicios o la discriminación desalienten o no dejen que personas de otras razas, situación socioeconómica o nivel cultural se acerquen a Dios en nuestra evangelización, discipulado y adoración.

3. El cambio en la manera de pensar está en esta sección de disciplinas espirituales personales porque no es nada fácil ni automático.
   a) Debemos luchar para negarnos a las tendencias egoístas arraigadas en nosotros y cultivadas desde temprana edad.
   b) Para la naturaleza caída, lo más natural es buscar el bien y el beneficio personal, y esto produce una gran ansiedad.
      (1) Si recibiéramos lo que merecemos, no quedaría nadie en pie.
      (2) Sin embargo, pensar en todo lo que es *verdadero, honesto y justo* nos da esperanza.
         (a) El Hijo de Dios murió en nuestro lugar para que el Dios justo pudiera justificar a rebeldes impíos como nosotros.
            (i) Cumplió a la perfección la exigencia divina, ya que Jesús honró la Ley en todos sus aspectos y nunca pecó.
            (ii) Era el único completamente justo y verdadero, y aceptó morir en la cruz para pagar por nuestro pecado y darnos Su justicia, sin la cual nadie verá al Señor.
         (b) Cuando pensamos que el único Justo cumplió con todos los requisitos de justicia para que nosotros también fuéramos considerados justos, experimentamos una paz profunda y permanente.
      (3) Que todo lo justo sea un tema recurrente en tus pensamientos.

II. La mente: La doctrina cristiana
  A. Teología bíblica o sistemática
    1. Lo que debemos creer sobre Dios puede presentarse de dos maneras distintas. Un enfoque es la teología bíblica y el otro es la teología sistemática.
    2. La teología bíblica presenta las doctrinas y los conceptos en el mismo orden progresivo en que se revelan en las Escrituras, desde el Pentateuco hasta el final de la Biblia.
       a) La ventaja de la teología bíblica para nuestros alumnos es el desarrollo de la narrativa a medida que estudian la Biblia.
       b) La unidad y la armonía de todas las partes de la Biblia se aprecian como revelación progresiva y se acepta todo lo que Dios enseña en la Palabra (además de las creencias religiosas tradicionales correctas) en forma gradual, capítulo por capítulo, libro por libro y sección por sección.
       c) Como quizás sea la primera vez que muchos de los alumnos estén estudiando la Biblia en profundidad, el enfoque de la teología bíblica les resultaría lógico.
    3. La teología sistemática reúne todo lo que Dios reveló en Su Palabra, considera las reflexiones de los hombres en los escritos teológicos, los comentarios bíblicos y los concilios eclesiásticos y se lo presenta al alumno bajo títulos o categorías.
       a) La ventaja de la teología sistemática para nuestros profesores es que las categorías permiten una más sencilla división e instrucción de las doctrinas para los estudiantes.

b) La teología sistemática les permite considerar cada doctrina en mayor profundidad.

B. La teología de la liberación

1. Muchos de los contextos donde se necesita la capacitación pastoral son áreas donde hay personas marginadas y privadas de sus derechos.
2. Es más, una de las principales razones por las cuales este modelo es tan popular entre ellas es su accesibilidad, bajo costo y disponibilidad.
3. Muchas personas en el mundo todavía no han escuchado el evangelio porque se encuentran en lugares difíciles de alcanzar, escondidas en rincones de pobreza u opresión, o hablan idiomas diferentes a los de la clase cultural dominante.
   a) En estos contextos, la teología de la liberación encuentra un suelo fértil.
   b) Las enseñanzas políticas marxistas y socialistas se filtran en las mentes y los corazones de las personas y, cuando escuchan el evangelio, lo hacen a través del filtro de esa cosmovisión y ese contexto.
   c) Algunos activistas sociales han usado la Biblia con imprudencia y manipulado las enseñanzas del cristianismo para fomentar el cambio.
4. La teología de la liberación suele encontrarse donde hay pueblos oprimidos, lo que ha generado una teoría de la liberación latinoamericana, negra, feminista, asiática o indígena.
   a) Esta no se dedica a enseñar una serie de doctrinas eternas, sino más bien a diseñar y transformar textos en pretextos para facilitar un cambio social. «[La teología de la liberación] es más un movimiento que intenta unir las inquietudes de la teología y la sociología que una nueva escuela de teoría teológica».[5]
   b) A Dios se lo presenta como alguien que prefiere a los pobres, y Cristo siempre está de su lado, guiándolos a un cambio social y político.
      (1) Presenta un sistema teológico que reinterpreta las enseñanzas de Jesús a través de las vidas y las realidades de los oprimidos.
      (2) Este breve fragmento para presentar la teología de la liberación se incluye aquí solo porque suele influir en los contextos cristianos donde capacitamos a los pastores.

C. La doctrina de la revelación[6]

1. Breve reseña
   a) En esta sección sobre la doctrina de la revelación, nos referimos a revelación específica de la Biblia en sí, y no a la revelación general que vemos en la creación (Sal. 19:1-4; Rom. 1:18-20).
   b) Para tus alumnos, es útil tener seguridad en la autoridad de la Biblia, que es la Palabra de Dios y contiene todo lo que necesitan para la fe y la práctica.
      (1) El Espíritu Santo inspiró la Biblia a través de 40 autores humanos diferentes, en tres idiomas y a lo largo de un período de más de 1500 años.
      (2) La Biblia afirma que su verdad fue «inspirada por Dios» (2 Tim. 3:16).

---

[5] Walter A. Elwell y David G. Benner, *Baker Dictionary of Theology* (Grand Rapids, MI: Baker Books, 1984), 635.

[6] El contenido y las divisiones de este capítulo están tomados principalmente de las obras de Wayne Grudem, *Christian Beliefs: Twenty Basics Every Christian Should Know* (Grand Rapids, MI: Zondervan, 2005); *Systematic Theology: An Introduction to Biblical Doctrine* (Grand Rapids, MI: Zondervan, 1994) y la de Louis Berkhof, *Manual of Christian Doctrine* (Grand Rapids, MI: Wm. B. Eerdmans, 1979).

(a) Aunque, a veces, Dios les indicaba directamente qué decir a los hombres y les mandaba que anotaran en un libro lo que les decía (Ex. 17:14), no toda la Biblia es un dictado de Dios.
(i) Tampoco fue dada en forma mecánica, como si el autor entrara en un trance y Dios lo usara como un bolígrafo humano para registrar Sus palabras.
(ii) La inspiración tampoco fue como la de un poeta, que se inspira para escribir un soneto de amor.
(b) El Espíritu Santo utilizó las personalidades y el vocabulario de los autores mientras supervisaba la comunicación precisa de los pensamientos y mensajes divinos a su forma estática en papel (1 Cor. 2:13; 2 Ped. 1:21).

2. El canon
a) Los libros de la Biblia fueron aceptados formalmente como parte del canon de la Escritura, que es una compilación de 66 libros.
(1) Hay 39 del Antiguo Testamento.
(2) Hay 27 del Nuevo Testamento.
b) La palabra *canon* viene del griego y significa «regla» o «norma» y, en este caso, se refiere a los libros aceptados como los libros de autoridad divina que conforman las colecciones del Antiguo y el Nuevo Testamento.
(1) Los padres de la iglesia primitiva y los primeros concilios eclesiásticos decidieron qué libros incluir.
(a) No confirieron autoridad a los 66 libros; tan solo reconocieron que cumplían con los criterios de inclusión.
(b) Desde que se cerró el canon, ya no es necesaria ninguna otra revelación o palabra nueva de Dios además de la Biblia.
c) Los apócrifos no son parte del canon.

3. La autoridad
a) La autoridad de la Escritura se refiere a que la Biblia es la Palabra de Dios, así que no creer en cualquier parte de la Biblia es no creerle al mismo Dios.
(1) «En el Antiguo Testamento y según la versión, las palabras "dijo Jehová", "Jehová habló" y "vino palabra de Jehová" se usan 3808 veces».[7]
(2) La Biblia misma afirma ser la Palabra de Dios y el Espíritu Santo nos persuade al iluminar nuestra mente cuando la leemos (1 Cor. 2:13-14).
b) Como la Biblia es la Palabra de Dios, no tiene error y nunca afirma algo errado (Sal. 19:7-11).
c) Jesús enseñó que la Escritura no se puede quebrantar (Juan 10:35) y afirmó historias del Antiguo Testamento como hechos.
(1) La realidad de la existencia de Adán y Eva.
(2) Noé y el arca durante un diluvio mundial.
(3) Jonás en el estómago de un gran pez.

4. La claridad
a) Nos referimos a la claridad de la Escritura cuando declaramos que, aunque hay partes difíciles de entender (2 Ped. 3:16), la Biblia es clara para guiarnos a la salvación.

---

[7] Peter Jeffery, *Christian Handbook: A Straight Forward Guide to the Bible, Church History and Christian Doctrine* (Darlington, Reino Unido: Evangelical Press of Wales, 1988), 19.

b) El término teológico para esta doctrina es *la perspicuidad de la Escritura*, lo cual significa que la Biblia es lo suficientemente clara como para que cualquiera que la lea y busque la ayuda de Dios la entienda (Sal. 119:18; 130; 1 Cor. 1:18; 2:14).
   (1) Esta doctrina de la claridad de la Escritura no afirma que los creyentes siempre lleguen a la misma conclusión e interpretación de la Biblia.
   (2) Como procesamos la verdad a través de cosmovisiones divergentes y debido al pecado, siempre habrá diferencias de opinión e incluso división entre los eruditos bíblicos.

5. La necesidad
   a) Si Dios no se hubiera revelado en Su Palabra, no sabríamos nada definitivo sobre Él.
   b) A través de la creación (es decir, la revelación general), sabríamos que Él existe, que somos pecadores y que hay vida después de la muerte (Sal. 19:1-4; Rom. 1:18-20; 2:14-15; Ecles. 3:11), pero no sabríamos nada más sobre el Señor.
      (1) Por lo tanto, era esencial que se revelara en Su Palabra.
      (2) La Biblia es necesaria para que entendamos incluso la revelación general.
         (a) Jesús afirmó que vivimos según toda palabra que sale de la boca de Dios (Mat. 4:4).
         (b) Necesitamos la Palabra de Dios para conocerlo y para saber cómo ser salvos (Rom. 10:13-17; 2 Tim. 3:15).
         (c) Sin duda, necesitamos la verdad, y Jesús declaró: «tu palabra es verdad» (Juan 17:17).

6. La suficiencia
   a) Los cristianos no necesitan ni le adjudican autoridad a ningún libro que no sea la Biblia.
      (1) Las sectas y las falsas religiones del mundo pueden aceptar el Antiguo y el Nuevo Testamento como libros religiosos con enseñanzas morales valiosas, pero no reconocen su autoridad ni su suficiencia.
      (2) Le añaden a la Biblia otras enseñanzas que consideran necesarias.
   b) El cristiano cree que la Biblia sola es suficiente para lo que necesita saber.
      (1) Sus enseñanzas son lo único necesario para mostrarnos cómo ser salvos y vivir en obediencia a Dios (Deut. 29:29).
      (2) No hay ninguna exigencia que el cristiano deba cumplir que no esté en la Palabra de Dios.

D. La doctrina de la naturaleza y los atributos de Dios
1. Todas las culturas del mundo tienen alguna noción de un dios creador.
   a) La convicción interior que Dios nos ha dado a cada uno y la naturaleza en sí declaran que el Señor existe (Rom. 1:19-25).
   b) Esto es suficiente para condenar a la humanidad, ya que todos intentan suprimir la revelación que han visto e intercambiar la adoración al Creador por la adoración de cosas creadas.
   c) El testimonio de la creación no es suficiente para salvarnos.
      (1) Debemos conocer y darnos a conocer a Dios.
      (2) Como es imposible conocerlo de verdad solo a través de la naturaleza, tenemos que estudiar lo que ha revelado sobre sí mismo.
         (a) ¿Cómo es el Señor?
         (b) ¿Cómo nos ha mandado que seamos?
            (i) Estas preguntas nos llevan a inquirir sobre Sus características o atributos.
               a. Algunos de estos atributos son exclusivos de Dios.

b. Hay otros que debemos intentar imitar en nuestras propias vidas.

(ii) A estos los llamamos atributos *incomunicables* y *comunicables*.[8]

2. Los atributos incomunicables

a) Los atributos *incomunicables* se refieren a los que describen exclusivamente a Dios.

(1) Estos son Su *independencia*, que significa que no nos necesita a nosotros ni a nada más (Hech. 17:24-25), pero aun así nos permite tener comunión con Él, glorificarlo y amarlo (Isa. 43:7).

(2) Su *inmutabilidad* quiere decir que Dios nunca cambia.

(a) Si lo hiciera, significaría que pasa de ser inferior a ser mejor o que Su perfección declina en forma paulatina.

(b) En el Salmo 102:25-27, el salmista alaba a Dios porque nunca cambia.

(c) El Dios que es perfecto e inmutable declaró: «Porque yo Jehová no cambio; por esto, hijos de Jacob, no habéis sido consumidos» (Mal. 3:6; Mat. 5:48).

(d) Sus promesas nunca cambian, no puede mentir y Su fidelidad permanece para siempre.

(3) Su *eternidad* habla de la verdad de que el Señor no tuvo principio y jamás tendrá fin (Sal. 90:2).

(a) En cualquier momento de la eternidad en el pasado, presente o futuro, Él es.

(b) En estrecha relación con esto se encuentran la *inmensidad* y lo *infinito* de Dios; es decir, no tiene medida ni límite (1 Rey. 8:27; Jer. 23:23-24).

(4) La *omnipotencia* de Dios habla de Su poder divino e infinito para llevar a cabo Su voluntad.

(a) Aunque hay algunas cosas que Dios no puede hacer, como mentir, morir, cambiar, pecar y negarse a sí mismo, puede cumplir toda Su santa voluntad.

(b) Nadie puede frustrar Sus planes ni detener Su mano, porque es todopoderoso (Job 9:12; Jer. 32:17; Mat. 19:26; Ef. 1:11; 3:20; Apoc. 4:11).

(5) Dios es *omnipresente*, lo cual significa que está en todas partes al mismo tiempo (Sal. 139:7-10).

(6) Es *invisible* y nadie lo ha visto jamás (Juan 1:18).

(7) Dios es *omnisciente*, completamente *sabio*, y conoce todo sobre Él y todo lo que existe (Rom. 16:27; Job 12:13).

(a) Él sabe todo lo que hay para saber (1 Jn 3:20). No hay nada ni nadie que se pueda esconder de Su mirada. Todo está manifiesto ante Él (Heb. 4:13). Dios nunca se entera de algo, sino que ya sabe todas las cosas; incluso cualquier palabra que vayamos a decir, antes de que salga de nuestra boca (Sal. 139:4,16).

(8) También podemos hablar de la *simpleza* o de la *unidad* de Dios.

---

[8] El enfoque siguiente es apenas una lista ilustrativa y parcial de los atributos comunicables e incomunicables de Dios. Para un estudio más exhaustivo y una explicación más extensa, consultar la obra de Grudem, Berkhof o Erickson.

(a) Esto se refiere a que Dios no puede dividirse.
(b) Su esencia divina no es un todo compuesto de otros ingredientes o atributos singulares que se mezclan.
(9) La *santidad* de Dios hace referencia a Su perfección moral y a que está lejos de todo lo que no es moralmente perfecto.
(a) Es perfecto en Su santidad (Ex. 15:11; 1 Sam. 2:2; Isa. 57:15; Os. 11:9).
(b) Esta santidad ética significa que considerar Su perfección es abrumador en comparación con nuestra pecaminosidad (Job 34:10; Isa. 6:5; Hab. 1:13).
(c) Dios es completamente justo y Su perfección exige justicia por cualquier infracción contra Su santidad (Deut. 32:4).
(10) Es también *Espíritu* y no tiene un cuerpo como los hombres (Juan 4:24); por lo tanto no tiene límites de tamaño ni dimensión.

3. Los atributos *comunicables*
   a) Los atributos *comunicables* de Dios son los que también podemos tener los seres humanos.
      (1) Al menos tener atributos similares.
      (2) Los nuestros siempre son limitados e imperfectos en comparación con los de Dios.
   b) Dios es *veraz* y no puede mentir (Jer. 10:10).
   c) En estrecha relación a esto, está Su *fidelidad*, y que siempre cumple lo que dice (Núm. 23:19).
   d) Su *bondad* es completamente inalterable y eterna.
      (1) Esta benevolencia de Dios se muestra en Su creación y en actos de misericordia (Sal. 36:6; 145:8-9,16; Mat. 5:45; 6:26; Hech. 14:17).
      (2) Jesús le enseñó al joven rico que nadie es verdaderamente bueno además de Dios (Luc. 18:19).
      (3) Como es un Dios perfectamente bueno, también es la fuente de todo lo bueno que tenemos (Sal. 73:25; 84:11; Gén. 1:31; Sant. 1:17).
   e) El *amor* de Dios suele resaltarse como Su principal atributo, al menos en la religiosidad popular; sin embargo, este atributo no es ni más ni menos importante que los demás.
      (1) Juan escribió que Dios es amor (1 Jn. 4:8).
      (2) Su amor puede considerarse desde distintas perspectivas como la gracia, la misericordia y la paciencia divinas.
   f) La *gracia* de Dios es Su favor inmerecido para aquellos que no solo no pueden ganárselo, sino que ni siquiera lo desean hasta que Él toca sus corazones (Ef. 1:6-7; 2:7-9; Tito 2:11; 3:4-7).
   g) La *justicia* del Señor se manifiesta cuando recibimos lo que merecemos de Su parte.
   h) La *gracia* es recibir bien de parte de Dios en lugar del castigo que nos corresponde.
   i) La *misericordia* de Dios no se basa en lo que merecemos, sino que está llena de compasión.

E. La doctrina de la Trinidad
   1. La doctrina de la Trinidad aparece en toda la Biblia, aunque la palabra «trinidad» en sí no se encuentra en la Escritura (Deut. 6:4-5; Sal. 45:6-7; 110:1; Mat. 3:16-17; 28:19).
   2. Esta doctrina enseña que el único Dios existe en tres personas: Padre, Hijo y Espíritu Santo, en trinidad (Juan 1:1-2; 14:26).

a) Cada una de estas personas es plenamente Dios y, como tal, es eterna y comparte los mismos atributos y naturaleza esencial.
b) Los cristianos no creen en tres dioses ni en un Dios que se manifiesta de distintas maneras, según la ocasión o el propósito.
(1) El Concilio de Nicea, en 325 d.C., afirmó que Cristo tiene la misma naturaleza que el Padre, con lo que denunció el arrianismo como herejía (Col 2:9).
(a) El arrianismo es la enseñanza equivocada de que el Hijo fue un ser creado. Esto se reitera hoy en la herejía de los Testigos de Jehová.
(b) El Concilio de Constantinopla, en 381 d.C., afirmó la deidad del Espíritu Santo.
c) Aunque las personas son iguales, hay una subordinación funcional, como cuando Jesús oró al Padre y se sometió a Su voluntad.
3. La doctrina de la Trinidad es una doctrina esencial.
a) Sin la deidad de cada persona de la Trinidad, las doctrinas de la expiación y la justificación por la fe, para dar un ejemplo, no tendrían fundamento y estarían llenas de defectos.
b) La doctrina de la Trinidad es difícil de entender y explicar a los demás.
(1) En esto, es necesaria una advertencia. Algunos intentan usar ilustraciones para explicar la Trinidad, pero la mayoría son inadecuadas y pueden enseñar un error, aunque no sea la intención.
(a) Por ejemplo, una ilustración del agua y afirman que puede ser hielo, líquido o vapor, pero son todas formas de agua.
(b) Esto se llama *modalismo* y enseña que Dios es una Persona que simplemente se manifiesta en diferentes formas y momentos. Esta es una herejía que hay que evitar.
(2) Estas verdades son demasiado cruciales como para arriesgarse a presentarlas con ilustraciones inadecuadas.

F. La doctrina de la creación
1. Dios creó el universo y todo lo que hay en él *ex nihilo;* es decir, de la nada.
a) Habló con el poder de Su Palabra y todo fue creado. Después, declaró que era bueno (Gén. 1–2; Col. 1:16; Apoc. 4:11).
b) Dios hizo todo lo que existe y la creación depende de Él.
2. Él es diferente de Su creación, ya que es trascendente e inmanente.

G. La doctrina de la providencia
1. La providencia de Dios enseña que el Señor todavía interactúa con Su creación y es el que sustenta su existencia y mantiene el universo en funcionamiento, según le parece mejor.
a) Él dirige todo lo que sucede en el mundo y hace todas las cosas según el designio de Su voluntad (Heb. 1:3; Ef. 1:11; Dan. 4:35).
b) Aunque Dios estableció el universo y Su providencia soberana no tiene límites, los hombres siguen siendo responsables de sus acciones y decisiones.
(1) Dios de ninguna manera es el autor del pecado, ni obliga a nadie a pecar contra su voluntad (Sant. 1:13; Juan 16:24).
(2) Dios oye las oraciones de Su pueblo y obra a través de ellas, aunque, muchas veces, las usa para cambiar a Su pueblo en lugar de modificar sus circunstancias.
2. La providencia divina puede obrar de maneras sobrenaturales que llamamos milagros.

H. La doctrina del nacimiento virginal y la humanidad
1. Jesucristo es el Verbo encarnado de Dios, la segunda Persona de la Deidad trina, el Hijo de Dios y nuestro Redentor, quien se encarnó y se hizo hombre (Juan 1:14).

a) Nació de la virgen María, a quien Dios había elegido, no porque no tuviera pecado a través de una inmaculada concepción, sino porque le plació elegirla.
   (1) El nacimiento virginal de Cristo fue necesario para que Jesús naciera sin la contaminación del pecado original pero aun así fuera plenamente humano.
   (2) Esto cumplió con los requisitos necesarios para nuestra expiación (Rom. 5:18-19; Gál. 4:4-5; 1 Tim. 2:5).
b) Jesucristo fue 100% Dios y 100% hombre en una persona, y siempre lo será, por los siglos de los siglos.

2. Como humano, Cristo sufrió hambre, sed y se cansó y tuvo sueño como cualquiera de nosotros, pero no pecó (Heb. 4:15-16).
3. *Jesús* es la forma griega del nombre hebreo *Josué*, que significa «*Yahvéh* salva».
   a) *Cristo* es la forma griega de la palabra hebrea que equivale a *Mesías* y significa «el ungido».
   b) Cuando vino el cumplimiento del tiempo (Gál. 4:4), nació de una virgen (Mat. 1:18) y cumplió el plan eterno de revelar el misterio de cómo un Dios perfecto y justo podía salvar a pecadores como nosotros y seguir siendo justo (Rom. 3:26).

I. La doctrina de la deidad de Jesús

1. El Nuevo Testamento reconoce claramente la deidad de Jesús.
   a) Se lo llama Dios (Juan 1:1; 20:28).
   b) Se lo llama Señor (Juan 2:11).
   c) Habló sobre sí mismo como un ser divino, al usar títulos como «Yo soy» (Juan 8:58).
   d) En la visión de Juan, a Jesús se lo presenta como omnipotente, eterno, omnisciente, soberano y digno de adoración, todos atributos reservados para la Deidad (Apoc. 22:13).
2. Su plena deidad es esencial para nuestra salvación, porque solo alguien que fuera completamente Dios podía pagar por los pecados de la humanidad; la muerte de un simple mortal solo podía pagar por su propio pecado, en el mejor de los casos (Isa. 56:3; Rom. 3:23).
3. Además, la Biblia enseña que Dios salva y no el hombre; por lo tanto, era necesario que fuera Él quien proporcionara la salvación.
   a) Por otro lado, era necesario que fuera Dios y no un simple hombre, porque solo Dios podía ser el mediador entre Dios y el hombre.
   b) Ningún mortal podría haberlo hecho (1 Tim. 2:5).
4. Perspectivas falsas sobre Su deidad y humanidad
   a) Ha habido muchas perspectivas erradas respecto a la deidad de Cristo.
      (1) Estos enfoques siguen apareciendo en sectas y religiones falsas.
      (2) Como no hay nada nuevo bajo el sol y el diablo repite sus mentiras a los incautos, una conciencia de las perspectivas falsas a lo largo de la historia será útil para identificarlas cuando vuelvan a aparecer.
   b) Algunas perspectivas erradas de la historia de la iglesia son:
      (1) El apolinarismo, que enseñaba que Cristo puede haber tenido un cuerpo humano, pero no creía que tuviera una mente o un espíritu humanos
      (2) El nestorianismo, que creía que Jesús era dos personas separadas (una divina y una humana)
      (3) El monofisismo, que afirmaba que Cristo solo tenía una naturaleza humana realzada, pero no del todo divina.
   c) El Concilio de Calcedonia refutó estas visiones erradas en 451 d.C. y afirmó que Jesucristo fue y es el eterno Hijo de Dios, el cual tenía una

naturaleza verdaderamente humana. Se afirmó que Su naturaleza humana y divina son plenas y singulares, tienen sus propias características, pero están unidas en forma eterna e inseparable en una persona.
(1) Una naturaleza logra lo que la otra no puede hacer.
(2) Todo lo hace la única persona de Cristo.

J. La doctrina de la expiación
1. La expiación es la obra de Cristo para darnos salvación.
a) Cristo tuvo una vida intachable y murió como sustituto en la cruz para realizar el gran intercambio de nuestros pecados por Su perfección; y así el Dios santo expió la culpa del hombre pecaminoso.
(1) Gracias a su *kjésed* o misericordia, Dios Padre envió a Su Hijo, que voluntariamente vino a la tierra y sufrió por nosotros para redimirnos (Juan 3:16; Rom. 3:25-26).
(2) Para nuestra expiación, era necesaria la obediencia sin pecado de Cristo (Rom. 5:19) y que Él sufriera nuestra muerte para pagar el castigo por el pecado (1 Ped. 2:24).
b) La obra de Cristo por nosotros se anunció en el Antiguo Testamento con el día de la expiación en Levítico 16, cuando el sumo sacerdote colocaba sus manos sobre el chivo expiatorio y confesaba el pecado del pueblo, para que el pecado se transfiriera en forma simbólica a la víctima inocente y así fuera quitado.
(1) Hebreos 9:22 nos enseña que, sin derramamiento de sangre, no hay remisión del pecado.
(2) La sangre derramada de Cristo es fundamental para entender las enseñanzas bíblicas sobre nuestra expiación (Hech. 20:28; Rom. 3:25; 5:9; Ef. 1:7; 2:13; Col. 1:20; Heb. 9:14; 1 Ped. 1:2,19; 1 Jn. 1:7; Apoc. 1:5; 5:9). Una gota de la sangre de Jesús sería suficiente para salvar a cualquiera, pero tenía que ser la última gota; Él tuvo que pagar lo que nosotros merecíamos.
2. Cristo sufrió y murió voluntariamente en nuestro lugar para expiar nuestra culpa.

K. La doctrina de la resurrección y la ascensión de Jesús
1. La Biblia nos enseña que la resurrección física de Jesús de la tumba garantiza nuestra regeneración, justificación y resurrección de los muertos cuando Cristo regrese (1 Ped. 1:3; Rom. 4:25; 2 Cor. 4:14).
a) Pablo enseñó que, si Cristo no resucitó de entre los muertos, entonces el cristianismo es falso y sin poder, nuestra predicación es en vano, nuestro testimonio no es veraz, no recibimos el perdón de pecados y todos los creyentes que murieron convencidos de que todo era verdad están perdidos para siempre.
b) En resumen, los cristianos son las personas más miserables y lastimosas de la tierra (1 Cor. 15:14-19). Está claro que Pablo y la iglesia primitiva creían que Jesús había resucitado de entre los muertos (Rom. 1:3-4).
2. Jesús les mostró a los dos que iban camino a Emaús que Su muerte y resurrección eran una parte clave del mensaje del Antiguo Testamento (Luc. 24:25-27).
3. Lucas termina su Evangelio con la ascensión del Cristo resucitado (Luc. 24:37-39, 50-53).
a) La ascensión de Cristo anticipa nuestra ascensión cuando Él regrese (1 Tes. 4:17).
b) Cristo ha ido a prepararnos un hogar y nos recibirá un día, cuando muramos o cuando Él vuelva (Juan 14:2-3).
c) Ahora en el cielo, Cristo está sentado a la diestra del Padre e intercede por los Suyos, mientras gobierna y reina en las alturas.

L. Las tres funciones de Cristo como Profeta, Sacerdote y Rey
   1. Jesucristo cumple las tres funciones de profeta, sacerdote y rey para el pueblo de Dios.
      a) Como Profeta, comunica la Palabra de Dios a la Iglesia (Deut. 18:15-18).
      b) Como Sacerdote, representa al pueblo ante Dios, intercede por él y hace el sacrificio necesario para purificarlo.
      c) Como Rey, fomenta el orden, gobierna, dirige y reina.
   2. Cristo cumplió a la perfección cada una de estas funciones (Rom. 8:34; 1 Cor. 15:25; Heb. 9:11-28; Apoc. 19:16).

M. La doctrina del Espíritu Santo
   1. El Espíritu Santo es la tercera Persona de la Trinidad, y es plenamente Dios y eterno, tal como el Padre y el Hijo.
      a) No es simplemente un poder o una fuerza
      b) Es una persona y, como tal, se le puede mentir y se entristece (1 Sam. 16:14; Hech. 5:3; Ef. 4:30).
      c) Les da poder a los creyentes, habita en ellos y los llena (Ex. 31:3; Núm. 27:18; Jue. 6:34; 1 Sam. 11:6; Mat. 28:19; Hech. 1:8; 2:4; 19:6).
      d) El Espíritu Santo purifica (1 Cor. 6:11).
      e) El Espíritu Santo aplica la Palabra y convence a los hombres de su verdad y del pecado de ellos (Juan 15:26; 16:8).
      f) El Espíritu Santo revela y enseña la verdad (Juan 14:26, 2 Ped. 1:21).
      g) El Espíritu Santo ilumina la mente de los creyentes para entender el verdadero significado de la Palabra (1 Cor. 2:9-11,14; Rom. 8:26-27)
      h) El Espíritu Santo los guía (Juan 16:13; Hech. 8:29; 11:12; 13:2; 16:7).
      i) El Espíritu Santo les asegura que son hijos de Dios (Rom. 8:16; Gál. 4:6).
   2. La presencia interior del Espíritu Santo en la vida de una persona produce el fruto del Espíritu.
   3. El Espíritu también les da dones a los creyentes para extender y edificar el Cuerpo de Cristo en el mundo (1 Cor. 12:11,28-31; 14:1).
      a) No todos los cristianos tienen los mismos dones del Espíritu.
      b) Todos deben manifestar el mismo fruto en una medida cada vez mayor.

N. La doctrina de la humanidad y la caída
   1. El origen de la humanidad
      a) Dios creó al hombre y a la mujer a Su imagen y declaró que todo lo que había hecho era bueno (Gén. 1:26,31).
         (1) La imagen de Dios quedó dañado o distorsionado después de la caída del hombre en el pecado.
         (2) Pero no se destruyó (Gén. 9:6).
         (3) Aunque Dios es espíritu y no tiene cuerpo como los hombres, la humanidad tiene una naturaleza esencial formada de lo espiritual y lo físico (2 Cor. 7:1).
      b) Dios creó al hombre y a la mujer y estableció la familia humana como la primera institución sobre la tierra.
         (1) Desde el relato de la creación, podemos ver tanto igualdad como distinciones entre hombres y mujeres.
         (2) Dios estableció el orden de la creación, que nunca cambia (1 Cor. 11:3; 1 Tim. 2:13) y que se traslada al liderazgo de la familia y la iglesia.
            (a) Los hombres y las mujeres son iguales en su condición de seres humanos, en su valor e importancia.
            (b) Tienen roles diferentes y designados por Dios en el matrimonio y en la iglesia (Col. 3:18-19).

(c) Los cristianos reconocen y afirman la igualdad entre el hombre y la mujer, pero no la uniformidad, ya que reconocen los roles diferentes que deben cumplir en el hogar y la iglesia.

2. La caída en el pecado
   a) Dios creó un mundo perfecto y bueno en todo sentido.
      (1) Adán y Eva fueron colocados en el jardín del Edén y recibieron todo lo que necesitaban; sin embargo, el diablo se les apareció en forma de serpiente y los tentó.
      (2) Ellos escucharon a la serpiente y cayeron en pecado, lo cual hundió al mundo y a todos los descendientes de Adán y Eva en el pecado y la ruina.
         (a) Los seres humanos nacen con una naturaleza pecaminosa y son culpables debido al pecado de Adán.
         (b) En Romanos, Pablo enseña que el pecado de Adán se imputó a toda persona (Rom. 5:12-21).
            (i) Nuestra naturaleza pecaminosa, que todos tenemos desde la concepción, hace que nos resulte imposible evitar el pecado (Sal. 51:1-5).
            (ii) No somos pecadores por haber pecado; pecamos porque somos pecadores.
               a. Somos culpables por nacimiento y por decisión.
               b. Tenemos una naturaleza rebelde y una trayectoria rebelde.
   b) El pecado trae tanto culpa como contaminación.
      (1) No solo hay una declaración legítima del pecado y la culpa, sino que la contaminación que proviene del pecado corrompe al hombre y disminuye su sensibilidad a Dios en forma progresiva.
      (2) Un solo pecado es suficiente para separar a una persona de Dios, que es el Juez santo y justo (Rom. 3:23), y todas las buenas obras que podríamos hacer no expiarían los pecados pasados ni obtendrían perdón para los futuros (Gál. 3:10).
   c) Además, la caída causó un gran desastre en el mundo natural. En el mundo caído, la naturaleza ha quedado «roja en diente y garra», las enfermedades causan estragos, los vientos se transforman en huracanes, los volcanes hacen erupción y los terremotos devastan ciudades y crean sunamis.
      (1) Ninguna de estas cosas existía antes de que el primer Adán, junto con Eva, se rebelaran contra el claro mandamiento de Dios.
      (2) El segundo Adán, Jesucristo, restaurará los efectos de la caída.

O. La doctrina de la salvación
   1. La salvación es de Dios; es Su idea y Él la ejecutó.
      a) Lo único que aportamos nosotros es nuestro pecado; Él provee todo lo demás.
      b) Antes de ser salvos, los seres humanos están muertos espiritualmente y son incapaces de ganarse la salvación o contribuir de forma alguna.
         (1) Sin embargo, Dios, en Su misericordia, nos concedió la salvación puramente por gracia (Ef. 2:1-5).
         (2) La salvación de hombres y mujeres es sobrenatural en todo sentido.
   2. Dios no coopera con nosotros para salvarnos.
      a) Él es el único Autor y Ejecutor de cada paso.
      b) No somos enfermos que llamamos a un médico, ni nos estamos ahogando y clamamos por un salvavidas. Estamos muertos e inánimes en el fondo del mar, cuando Dios extiende la mano y nos saca, por Su propia decisión y gracia, para darnos nueva vida.

P. La doctrina de la elección
   1. Esta doctrina se encuentra en toda la Palabra de Dios y afirma que Él escoge a algunos.
      a) En el Antiguo Testamento, vemos que eligió a Noé, Abram, Isaac y Jacob por encima de los demás.
      b) Escogió a los judíos entre todos los pueblos de la tierra para que fueran Su especial tesoro.
      c) En el Nuevo Testamento, el concepto de «elección» se usa para hablar de aquellos a quienes Dios escogió para la salvación (Hech. 13:48; Ef. 1:4-6,12).
         (1) La Biblia enseña que Dios tomó esta decisión desde antes de la creación del universo (Ef. 1:4; Apoc. 17:8).
         (2) Jesús enseñó: «Porque muchos son llamados, y pocos escogidos» (Mat. 22:14; Juan 6:44,65).
   2. Saber que Dios tiene escogidos en el mundo no debe desalentar la evangelización.
      a) No tenemos que razonar: «Si la decisión ya fue tomada, ¿para qué molestarnos?».
      b) Por el contrario, debe alentar la evangelización, ya que sabemos que Dios conoce a los Suyos y los salvará a través de la Palabra predicada (Rom. 11:5; 2 Tes. 2:13; 2 Tim. 2:10).
   3. La doctrina de la elección está íntimamente relacionada con la de la *predestinación*, que se refiere a la decisión, el gobierno y la predeterminación soberanos de Dios sobre las vidas de hombres y mujeres (Sal. 139:16: Rom. 9).
      a) Recuerda que Jesús no vino al mundo para que la salvación fuera *posible*, sino que vino a salvar a los pecadores con Su obra completa.
      b) «Saber que fuimos escogidos nos infunde entonces tranquilidad y gozo».[9]
      c) Podemos encontrar paz al saber que la salvación no sucede por casualidad ni gracias a nuestra inteligencia, y que la salvación de otra persona no depende de nuestra capacidad de persuasión.

Q. La doctrina del llamamiento eficaz
   1. Dios llama y atrae a hombres y mujeres a sí mismo para salvarlos (Juan 6:44,65; Rom. 8:30).
   2. Los llama y atrae hacia sí por distintos medios.
      a) La Palabra predicada.
      b) La lectura de la Biblia.
      c) La presentación del evangelio por partes.
      d) Un testigo individual.
   3. Dios, que orquestó todos los acontecimientos de nuestras vidas en forma soberana (Sal. 139:16; Ef. 1:11), usa estos sucesos para efectivizar los medios externos.
      a) Dios endurece (como en el caso del faraón, Ex. 14:4) y ablanda (Lidia, Hech. 16:14) el corazón de los seres humanos, y controla los pensamientos y los deseos de los reyes (Prov. 16:9; 19:21; 21:1).
         (1) Aunque hacemos énfasis en la soberanía de Dios y en que es Él quien escoge y llama, nadie debe temer que, aunque desea la salvación y el perdón de sus pecados, Dios no lo haya escogido y llamado y, por lo tanto, no pueda ser salvo.
         (2) Jesús declaró: «Venid a mí todos los que estáis trabajados y cargados, y yo os haré descansar. Llevad mi yugo sobre vosotros, y

---

[9] J.I. Packer, «Election: God Chooses His Own», página consultada el 29 de febrero de 2016. http://www.Monergism.com/thethreshold/articles/onsite/packer/election.html.

aprended de mí, que soy manso y humilde de corazón; y hallaréis descanso para vuestras almas; porque mi yugo es fácil, y ligera mi carga» (Mat. 11:28-30).

b) Enseñó que Dios amó al mundo de tal manera que envió a Su único Hijo para que muriera por los pecados y proporcionara vida eterna, y para que nadie que acudiera a Él fuera rechazado (Juan 3:16; 6:37).

R. La doctrina de la regeneración

1. Jesús le enseñó a Nicodemo: «De cierto, de cierto te digo, que el que no naciere de nuevo, no puede ver el reino de Dios» (Juan 3:3).
2. Nadie puede tener una relación correcta con Dios en esta vida o entrar a Su presencia en la venidera a menos que sea regenerado; es decir, que nazca de nuevo.
3. La Biblia habla de este cambio de diversas maneras.
   a) Ezequiel se refirió a esto diciendo que Dios quita el corazón de piedra del pecador y lo reemplaza por uno de carne (Ezeq. 36:26).
   b) Pablo habla de la regeneración de las personas como una metamorfosis completa, como cuando una mariposa sale de su capullo totalmente transformada en una nueva criatura: lo viejo quedó atrás y llegó lo nuevo (2 Cor. 5:17).

S. La doctrina de la conversión

1. «Conversión» se refiere a las maneras en que las personas cambian como resultado de tener un nuevo corazón.
   a) Aunque la regeneración y la conversión van de la mano, no hay que confundirlas.
   b) Cuando nos regenera, Dios nos cambia el corazón, nos abre los ojos y los oídos, y enciende la luz en nuestra mente entenebrecida.
      (1) Como resultado, acudimos a Él y nos convertimos.
      (2) No es que nos convirtamos a Cristo y que, por eso, Él nos regenere; es decir, nosotros no lo elegimos y ponemos nuestra fe en Él para que nos salve.
      (3) Dios tampoco nos regenera sin nuestra subsiguiente conversión.
2. Dos aspectos de la conversión son el arrepentimiento y la fe, y los dos son regalos de Dios.
   a) Esto implica que respondamos a la predicación que escuchamos, que recibamos el llamado del evangelio, pongamos nuestra fe en Cristo y nos arrepintamos de nuestro pecado y nuestra rebelión (Juan 3:16). Todo esto sería imposible si todavía estuviéramos muertos espiritualmente, ya que los muertos no pueden hacer nada.
   b) El verdadero arrepentimiento y la fe no serían posibles si Dios no nos regenerara primero y, una vez que lo hace, seguimos arrepintiéndonos y poniendo nuestra fe en Cristo durante el resto de nuestra vida (Mat. 6:12; Rom. 7:14-24; Gál. 2:20).

T. La doctrina de la fe salvadora

1. Esta se refiere a confiar y creer en el evangelio.
   a) No solo a conocerlo o a creer en la realidad de una persona histórica llamada Jesús.
   b) Ni a aceptar una serie de datos.
      (1) La Biblia establece claramente que incluso los demonios creen y tiemblan, pero la fe que salva no es tan solo creer hechos históricos (Sant. 2:19).
      (2) La salvación por fe es creer el mensaje del evangelio y confiar en Jesucristo (Juan 1:12; 3:16).

2. La fe es un regalo de Dios (Ef. 2:8) y viene a través de la Palabra predicada (Rom. 10:17).
3. Es un músculo que hay que ejercitar y desarrollar a lo largo de la vida cristiana.
4. La fe salvadora es la clave para el misterio de los siglos (Heb. 11:1).
    a) Tantos adeptos de las religiones del mundo han intentado ganar, sacrificar y dar para alcanzar la vida espiritual y la salvación.
    b) La Biblia deja en claro que los justos viven por fe (Hab. 2:4; Rom. 1:17; Gál. 3:11).
        (1) Este se transformó en el grito de guerra de la Reforma en el siglo XVI y representó un viento nuevo que soplaba entre las obras muertas del catolicismo.
        (2) Aunque no nos ganamos la salvación por obras, debemos recordar que las obras tienen su lugar en la verdadera fe salvadora (Sant. 2:14,17).

U. La doctrina del arrepentimiento
1. Jesús empezó Su ministerio predicando un mensaje de arrepentimiento: «Después que Juan fue encarcelado, Jesús vino a Galilea predicando el evangelio del reino de Dios, diciendo: El tiempo se ha cumplido, y el reino de Dios se ha acercado; arrepentíos, y creed en el evangelio» (Mar. 1:14-15).
2. Arrepentirse no es simplemente sentirse mal por haber pecado.
3. Arrepentirse es cambiar de rumbo y alejarse de la rebelión para obedecer.
    a) La Biblia habla de un cambio de actitud que genera nuevos deseos y preferencias, así como un rechazo del pecado y la maldad (2 Cor. 7:9-10).
    b) Cuando un hombre se arrepiente verdaderamente de su pecado, acude a Dios y le ruega que lo perdone y lo salve.
4. Arrepentirse supone alejarse de la rebelión contra Dios y de cualquier cosa en la que uno haya confiado para salvación antes de Cristo, y acercarse a Dios en obediencia y fe (Heb. 6:1).

V. La doctrina de la justificación
1. Esta doctrina habla de una condición legítima ante Dios.
2. Él puede declarar justos a los pecadores porque Jesús ganó su justicia y pagó el precio de todos los pecados.
    a) Cuando se aplica esta expiación en favor del pecador, esta persona queda en una posición de absoluta justicia, completamente justificada.
        (1) La justificación implica que, aunque soy un pecador, gracias a todo lo que Jesús hizo en mi favor, Dios puede verme como si jamás hubiera pecado.
        (2) Esta declaración legal de parte de Dios no es algo ficticio; es un estado garantizado que Cristo obtuvo (Rom. 3:24; 2 Cor. 5:21).
    b) Todos los pecados que se cometen tienen un precio, pero la buena noticia del evangelio es que Jesús ya pagó por cada uno de nuestros pecados, pasados y futuros, y el Espíritu Santo aplicó ese pago a nuestro favor cuando confiamos en Él y creímos en el evangelio (Rom. 5:1).
3. Ya no estamos bajo la condenación de la ley, sino que fuimos reconciliados (Rom. 5:10; Ef. 2:16; Col. 1:22).

W. La doctrina de la adopción
1. El Padre nos adopta a una nueva familia, y Jesucristo se transforma en nuestro Hermano mayor (Rom. 8:15-17,23; Ef. 2:2-3; Heb. 2:12,17).
2. Ahora, somos hijos de Dios y parte de Su familia (1 Jn 3:2).
    a) Tenemos una nueva relación que nadie puede quitarnos.

b) Aun así gemimos a la espera de la plenitud de nuestra adopción en el día final (Rom. 8:23-25).

X. La doctrina de la santificación
1. La regeneración es una obra *monergista*[10] que Dios realiza en nosotros.
2. La santificación es una obra *sinergista* que el Espíritu Santo obra a través de nosotros y en la cual participamos (2 Cor. 7:1; Col. 3:1-14; 1 Tes. 4:7; 5:23; Heb. 12:14; 1 Ped. 1:22).
3. En la justificación, se considera que somos hechos justos y santos al instante desde un punto de vista legal, pero, en la santificación, vamos creciendo en justicia y santidad.
a) La santificación es una obra progresiva, mediante la cual crecemos en santidad y nuestra mente y corazón son purificados en un proceso que dura toda la vida.
b) Aunque los creyentes somos libres del poder del pecado (Rom. 6:11-14), no somos liberados de la presencia del pecado y, en esta vida, no alcanzaremos una santificación perfecta (1 Rey. 8:46; 1 Jn. 1:8).

Y. La doctrina del bautismo y la llenura del Espíritu Santo
1. El bautismo y la llenura del Espíritu Santo no son sinónimos.
a) El bautismo del Espíritu Santo es un suceso que ocurre en el momento de la salvación, cuando el Espíritu aplica a cada persona la obra de Cristo.
(1) El Espíritu habita inmediatamente en el creyente y lo libera del poder del pecado (1 Cor. 12:13).
(2) Es un acontecimiento particular que acompaña la justificación en el momento de la salvación.
b) En cambio, la llenura del Espíritu Santo es una obra que puede repetirse muchas veces en la vida del creyente.
(1) Momentos de refrigerio.
(2) Momentos de renovación del arrepentimiento.
(3) Momentos del compromiso, lo cual resulta en una mayor santificación y eficacia para el ministerio y la vida cristiana.
2. Los cristianos usan estos términos de distintas maneras hoy en día, pero los puntos para resaltar son los siguientes:
a) No hay una obra posterior del Espíritu Santo mediante la cual uno es más o menos salvo después de la conversión.
b) El acto monergista de Dios al salvar a un pecador no es algo que pueda (ni deba) repetirse.
(1) Es imposible perder la salvación.
(2) Es posible apagar, agraviar y contristar al Espíritu cuando hay pecado en la vida del creyente. Cuando este se arrepiente, la presencia plena del Espíritu puede traer dulces momentos de comunión que eran imposibles mientras se permanecía en pecado; sin embargo, esto no indica una nueva salvación (Ef. 4:30; 1 Tes. 5:19).

Z. La doctrina de la perseverancia de los santos
1. Esta doctrina enseña que cualquiera que sea salvo de verdad no puede perder nunca su salvación.
2. Dios, quien empezó la buena obra, la perfeccionará hasta el día de Jesucristo (Fil. 1:6).

---

10 Una palabra que significa que solo uno obra; en lugar de sinergista, donde hay más de uno que obra.

AA. La doctrina de la muerte
1. La muerte es el último enemigo y es resultado de la caída (1 Cor. 15:26).
2. Para los cristianos, la muerte no es un castigo, sino un simple puente que tenemos que cruzar para estar con Cristo, lo cual es mucho mejor que cualquier cosa que esta vida pueda ofrecer (1 Cor. 15:54,55; 2 Cor. 5:8; Fil. 1:21-23).
   a) La muerte no es el final de la vida; al morir, el cristiano alcanza la perfección de la santidad y está más vivo que nunca.
   b) Es tan solo el acto de dejar de lado el cuerpo, como un manto que ya no se necesita.
3. Se dice que la certeza de la muerte y la enfermedad y las dolencias de la vejez que suelen precederla son formas en que Dios afloja nuestras raíces del suelo de este mundo.
   a) Al menos, Dios usa la inevitabilidad de la muerte para hacer que muchos consideren sus pecados con seriedad y se arrepientan.
   b) Hebreos 2:14-15 nos recuerda que no debemos tenerle miedo a la muerte: «Así que, por cuanto los hijos participaron de carne y sangre, él también participó de lo mismo, para destruir por medio de la muerte al que tenía el imperio de la muerte, esto es, al diablo, y librar a todos los que por el temor de la muerte estaban durante toda la vida sujetos a servidumbre».

AB. La doctrina del estado intermedio
1. Cuando una persona muere, solo perece su cuerpo. El alma de la persona sigue viva.
   a) Hay una diferencia entre lo que les sucede a los creyentes y a los no creyentes al morir.
   b) Cualquiera que no haya nacido de nuevo entrará de inmediato a una eternidad sin Cristo, una morada eterna de tormento constante.
      (1) Sus cuerpos permanecerán en la tumba hasta el regreso de Cristo, cuando Él los levante y reúna los cuerpos con las almas para el juicio (Mat. 25:31-46; Juan 5:28-29; Hech. 24:15; Apoc. 2:11; 20:12).
      (2) No habrá ningún encuentro evangelístico *post mortem* ni otra oportunidad para aceptar a Cristo y escapar del infierno.
      (3) Todos los que están vivos están a un suspiro de un estado permanente de eternidad (Heb. 9:27).
   c) Cuando los cristianos mueren, sus cuerpos también son colocados en una tumba a la espera de la resurrección, pero el alma entra al paraíso y al disfrute consciente de la presencia de Cristo.
      (1) La Biblia enseña que el mensaje del evangelio nos libera del temor a la muerte y nos lleva a desear aquel día en que dejemos atrás este cuerpo para estar con Cristo (Heb. 2:15; 2 Cor. 5:8; Fil. 1:23).
      (2) Sin embargo, es natural que lamentemos la pérdida de amigos y familiares.
      (3) Sin embargo, dadas las promesas de Cristo y Su Palabra, aunque hacemos duelo, no lo hacemos de la misma manera que un mundo incrédulo (Juan 14:1-6; 1 Tes. 4:13).
2. No existe el purgatorio.
   a) Esta es una doctrina de la Iglesia católica romana que enseña que los hombres deben sufrir en un lugar de tormento para purgar sus pecados de esta vida, pero carece de fundamento bíblico.
   b) Los católicos romanos animan a los que todavía están en este mundo a orar por los muertos para que sean librados más rápido del tormento.

(1) No es necesario orar por los muertos, ya que los que están en el infierno no pueden cambiar su condición eterna y los que están en el cielo tampoco lo harían.
(2) Los creyentes que murieron están en la felicidad eterna del paraíso, a la espera del día de la resurrección, cuando se levantarán incorruptibles (1 Cor. 15:52).

AC. La doctrina de la glorificación
1. El último paso en esta bendita cadena de sucesos (la predestinación, el llamado, la justificación y la glorificación) que describe la obra salvadora de Dios en nuestra vida es la glorificación.
2. Cuando Cristo regrese, resucitará a los muertos y les dará a ellos, así como a los creyentes que sigan vivos, cuerpos perfectos y redimidos (Rom. 8:23; 1 Cor. 15:12-58).

AD. La doctrina de la Iglesia
1. Esta es una doctrina crucial para hoy, en especial en las misiones globales.
a) Algunos han actuado con la noción incorrecta de que una iglesia es tan solo un grupo de unos pocos creyentes, como si Jesús hubiera dicho: «Donde están dos o tres congregados en mi nombre, allí está la Iglesia», pero no lo hizo.
b) Es de vital importancia entender lo que la Biblia enseña sobre la Iglesia, quién debería ser el líder y lo que tiene que hacer una congregación.
(1) La noción bienintencionada pero ingenua de que una iglesia es simplemente un grupo de algunos creyentes que se reúnen en el nombre de Jesús ha generado mucho sincretismo, herejías, liderazgo carnal y manipulación espiritual.
(2) En el Nuevo Testamento, «iglesia» puede referirse a un grupo que se reúne en una casa, a todos los creyentes de una ciudad, a las iglesias de determinada región o incluso a todos los cristianos del mundo (Rom. 16:5; 1 Cor. 1:2; 16:19; 2 Cor. 1:1; 1 Tes. 1:1; Hech. 9:31; Ef. 5:25; 1 Cor. 12:28).
c) Además, el concepto de iglesia de todo el que planta una congregación determinará la metodología que use para establecer la iglesia y los objetivos que tiene para ella.
2. ¿Qué es una iglesia?
a) Una iglesia es el cuerpo de los «escogidos» y proviene de la palabra *ekklesía*, que es el origen etimológico de la palabra *eclesiástico*.
(1) La iglesia es un cuerpo de creyentes, cada uno con su función o papel, según la distribución de dones que el Espíritu Santo ha dado, y Cristo es la Cabeza de este cuerpo.
(2) La definición de *iglesia* es bien sencilla y podemos definir tres marcas de una verdadera iglesia.
(a) La predicación de la Palabra.
(b) Las ordenanzas de la Cena del Señor y el bautismo.
(c) La disciplina en la iglesia.
b) Los misiólogos han intentado proporcionar una idea más amplia para el ministerio práctico. Por ejemplo, la Junta de Misiones Internacionales (JMI) ha proporcionado una definición muy útil de la iglesia:
(1) La iglesia toma en serio su función.
(a) Los miembros se consideran una iglesia.
(b) Se comprometen unos con otros y con Dios (están asociados mediante un pacto) a cumplir con todo lo que la Escritura requiere de una iglesia.

(2) Una iglesia tiene una cantidad identificable de miembros bautizados que creen en Jesucristo.
(3) Una iglesia bautiza a los creyentes sumergiéndolos en agua.
(4) Celebra la Cena del Señor en forma habitual.
(5) Bajo la autoridad y el liderazgo de la iglesia local, algunos miembros pueden llevar a cabo estas ordenanzas.
(6) Una iglesia se somete a la infalible Palabra de Dios como autoridad suprema para todo lo que cree y hace.
(7) La iglesia se reúne en forma habitual para adorar, orar, estudiar la Palabra de Dios y tener comunión.
(a) Los miembros de la iglesia suplen las necesidades mutuas, se rinden cuentas unos a otros y ejercen la disciplina bíblica según sea necesario.
(b) Los miembros se animan y se edifican unos a otros en santidad, madurez en Cristo y amor.
(8) La iglesia acepta gustosa su responsabilidad de llevar a cabo la Gran Comisión, tanto en forma local como global desde sus comienzos.
(9) Una iglesia es autónoma bajo el señorío de Jesucristo y la autoridad de Su Palabra.
(10) La iglesia tiene líderes identificables que son examinados y seleccionados según las características que especifica la Escritura.
(a) La iglesia reconoce dos funciones bíblicas de liderazgo en la iglesia: los pastores/ancianos/obispos y los diáconos.
(b) Aunque tanto los hombres como las mujeres pueden servir en la iglesia, el oficio de pastor/anciano/obispo es exclusivo del hombre, según lo que determina la Escritura.

c) Mark Dever destacó las nueve marcas de una iglesia *saludable*.
(1) Es necesario observar que nadie está afirmando que todas estas marcas sean necesarias para que un grupo sea una iglesia; sencillamente, estas deben ser características de una iglesia saludable.
(a) Una predicación expositiva
(b) Una teología bíblica
(c) Una comprensión bíblica del evangelio
(d) Una comprensión bíblica de la conversión
(e) Una comprensión bíblica de la evangelización
(f) Una comprensión bíblica de la membresía de la iglesia
(g) La disciplina bíblica en la iglesia
(h) Un interés en desarrollar el discipulado y el crecimiento del cristiano
(i) El liderazgo bíblico de la iglesia

3. La Iglesia visible y la invisible
a) La Iglesia visible es la que vemos en el mundo.
b) Algunos se han referido a esta como la Iglesia militante, porque seguimos en medio de la batalla espiritual de este lado de las puertas celestiales, mientras que la Iglesia triunfante se compone de los que ya están en el cielo.
c) La Iglesia invisible es la Iglesia como Dios la ve, e incluye a todos los creyentes de todas las épocas (Ef. 1:22-23).
d) La pureza de la Iglesia se refiere al grado de santificación, libertad del pecado, obediencia fiel y conformidad a los deseos de Dios para Su Iglesia.

4. La misión de la Iglesia

a) La misión de la Iglesia ha sido un tema de debate durante muchos años.[11]
   (1) Las diferencias de opinión varían en diversos grados que van desde la proclamación del evangelio hasta el ministerio a los que sufren.
   (2) Wayne Grudem enumera los propósitos principales de la iglesia como el ministerio a Dios a través de la adoración (Ef. 1:12; Col. 3:16), la capacitación de los creyentes (Col. 1:28) y al mundo en la forma de misiones y evangelización (Mat. 28:19-20; Hech. 1:8; 11:29; 2 Cor. 8:4; Gál. 2:10; Sant. 1:27; 1 Jn. 3:17).[12]
b) El objetivo principal es conocer a Dios y darlo a conocer.
c) Algunos han considerado que las exhortaciones bíblicas y los ejemplos de actividades, responsabilidades, ministerios y tareas de la iglesia son *medios de gracia*.
   (1) Este término no sugiere que haya una adjudicación mecánica de la salvación por el simple hecho de participar en una actividad; más bien, estas son formas en que los creyentes que las practican como manera de adoración sincera reciben o perciben más gracia.
   (2) Grudem enumera la enseñanza de la Palabra, el bautismo, la Cena del Señor, la oración unos por otros, la adoración, la disciplina en la iglesia, las ofrendas, el ejercicio de los dones espirituales, la comunión, la evangelización y el ministerio personal a los demás.[13]

5. Las autoridades de la Iglesia y la pluralidad de ancianos
   a) Como establece la definición de la iglesia de la JMI, las autoridades bíblicas de la Iglesia son los pastores o ancianos y los diáconos.
   b) La iglesia tiene líderes identificables que son examinados y seleccionados según las características que especifica la Escritura.
   c) La iglesia reconoce dos funciones bíblicas de liderazgo en la iglesia:
      (1) Los pastores/ancianos/obispos y los diáconos.
      (2) Aunque tanto los hombres como las mujeres pueden servir en la iglesia, el oficio de pastor/anciano/obispo es exclusivo del hombre, según lo que determina la Escritura.
      (3) Pablo le proporciona a la iglesia los requisitos para estos hombres en Timoteo 3:1-7 y Tito 1:5-9.

AE. La doctrina de la escatología
1. La escatología es el estudio de los últimos tiempos.
   a) La Biblia enseña que Cristo regresará en forma corporal, repentina y visible para todos (Mat. 24:44; Luc. 17:22-24).
      (1) No sabemos el día exacto en que sucederá.
         (a) Es imposible determinar este día (Mat. 24:36; 25:13; Mar. 13:32).
         (b) Jesús sí enseñó que habrá señales del fin del mundo que podemos anticipar, pero, como muchas de estas parecen haberse presentado a lo largo de la historia, continúa la incertidumbre de cuándo llegará el momento preciso (Luc. 21:28).

---

[11] John Stott, *Christian Mission in the Modern World* (Downers Grove, IL: InterVarsity Press, 2015), David Hesselgrave, *Paradigms in Conflict: 10 Key Questions in Christian Missions Today* (Grand Rapids, MI: Kregel Publications, 2005) y Kevin DeYoung y Greg Gilbert, *What is the Mission of the Church?: Making Sense of Social Justice, Shalom, and the Great Commission* (Wheaton, IL: Crossway, 2011).

[12] Grudem, *Christian Beliefs*, 116-117.

[13] Grudem, *Systematic Theology*, 951.

(2) Lo que sí sabemos con seguridad es que Cristo *regresará* y habrá una resurrección y un día de juicio (Hech. 1:11; 1 Tes. 4:16; Heb. 9:28; 2 Ped. 3:10; 1 Jn. 3:2).
(a) Es difícil ser dogmático sobre muchos de los detalles que van más allá de esto, aunque muchos insisten en serlo.
(b) La razón de los debates sobre el fin de los tiempos gira alrededor del reino milenial de Cristo; *milenio* implica «1000 años».

2. La mayor parte de la controversia se concentra en las diversas interpretaciones de Apocalipsis 20.
   a) No está de más proporcionar un conocimiento básico de las posturas.
   b) En este material, no se presenta la gran cantidad de posturas que se dividen en perspectivas pre, meso y postribulacionales, como tampoco las posturas mileniales históricas y dispensacionales. Se darán simplemente las ideas más básicas para un conocimiento fundamental de los términos.
3. Posturas sobre el milenio
   a) Pídeles a los alumnos que hagan una pausa y lean o escuchen la lectura de Apocalipsis 20:1-6.
   b) Antes de fundamentar opiniones en los versículos de este pasaje, recuérdales que se trata de un libro de literatura apocalíptica.
   c) Cada una de estas posturas tiene su justificación bíblica. Eruditos que aman al Señor con todo su corazón han sostenido la postura a la que más sentido le encuentran, y algunos han cambiado de una perspectiva a otra, a medida que ha cambiado su comprensión de los argumentos.
   d) Tres posturas
      (1) Amilenialismo — Esta posición sostiene que no habrá un período literal de 1000 años ni un reino futuro.
         (a) En cambio, cualquier reino al que se haga referencia ya se está cumpliendo, en lugar de llegar en el futuro, y no dura 1000 años literales.
         (b) Los que sostienen esta postura interpretan que, cuando Cristo regrese, habrá una resurrección (tanto de los redimidos como de los condenados a juicio), después de la cual los creyentes vivirán para siempre en el cielo nuevo y la tierra nueva.
      (2) Premilenialismo— La postura premilenial sostiene que Cristo regresará de repente e inaugurará un reino de 1000 años literales.
         (a) Algunos de los que defienden esta postura creen que habrá dos resurrecciones.
            (i) La resurrección de los justos.
            (ii) Una segunda resurrección de los no creyentes para juicio.
         (b) La postura premilenial tiene algunas variantes, y algunos sostienen que habrá dos regresos de Cristo:
            (i) El primero será secreto y solo los creyentes lo verán.
            (ii) El segundo ocurrirá siete años más tarde y resucitará a los no creyentes para el juicio.
         (c) Muchos creen que el rapto de la Iglesia ocurrirá antes de la gran tribulación y que, más adelante, Cristo regresará a la tierra con los redimidos para que reinen con Él durante 1000 años.
      (3) Posmilenial — Esta postura sostiene que Cristo regresará después del milenio, que habrá sido un período durante el cual la Iglesia habrá crecido y se habrá extendido en cantidad e influencia.
         (a) Afirma que la Iglesia disfrutará de una mayor paz y justicia en todo el mundo.

(b) Muchos creen que esta perspectiva presenta el cumplimiento de la parábola del reino que contó Cristo sobre la semilla de mostaza que crece hasta transformarse en un árbol grande, o de la levadura que leuda toda la masa.

(c) Esta postura enseña que solo habrá un regreso de Cristo y una resurrección, tanto para los creyentes como para los no creyentes.

AF. La doctrina del juicio final

1. Habrá un juicio final en que todos, creyentes y no creyentes, se someterán ante el gran trono blanco al final de la historia (Apoc. 20:11-15).
2. El Señor Jesús será el Juez (Hech. 10:42; 2 Tim. 4:1; Mat. 25:31-33).
3. Todos serán juzgados de acuerdo a lo que hayan hecho (2 Cor. 5:10; Heb. 9:27; Apoc. 20:12).
   a) Incluso los creyentes serán llamados a rendir cuentas (Rom. 14:10-12).
   b) Sin embargo, los creyentes esperan en la promesa de Dios de que no serán condenados en este juicio (Juan 5:24; Rom. 8:1).

AG. La doctrina del infierno

1. El infierno es un lugar de tormento y castigo eternos.
   a) La Biblia lo describe con términos que algunos interpretan en forma literal y otros, simbólica: las tinieblas de afuera, fuego y azufre, un lago de fuego, el pozo del abismo, el llanto y el crujir de dientes, el gusano que nunca muere y un lugar donde no hay descanso ni alivio de día ni de noche para siempre (Mat. 25:41; Mar. 9:48; Luc. 16:28; Apoc. 14:10,11; 20:14; 21:8).
   b) Aunque algunos creen que el diablo es el que gobierna el infierno, la Biblia enseña que el infierno fue preparado para torturar a Satanás y a los ángeles caídos, sus demonios (Mat. 25:41; 2 Ped. 2:4; Apoc. 20:14).
2. Este es el destino eterno de todos los que mueren sin haber nacido de nuevo a través del arrepentimiento y la fe en Cristo.

AH. La doctrina del cielo

1. El cielo es el hogar eterno de Dios, donde manifiesta plenamente Su presencia y donde van los santos al morir (Mat. 6:9; 25:34; Luc. 23:43; 1 Ped. 3:22).
2. Es el lugar que Jesús ha ido a preparar para cada creyente (Juan 14:3; 1 Ped. 3:22).
3. La Biblia habla del cielo nuevo y la tierra nueva, que serán el hogar eterno de los creyentes cuando abandonen este mundo (Isa. 65:17; 66:22; 2 Ped. 3:13).
   a) Esta restauración o renovación del cielo y la tierra será lo que habría sido el mundo sin la caída (Gén. 1:31).
   b) Todos conocerán y adorarán al Señor, y no habrá pecado, enfermedad ni muerte (Rom. 8:21; Col. 1:10; Apoc. 21:1-4).

III. Las manos: El pastoreo del rebaño de Dios

A. ¿Quién es el pastor?

1. Como ya mencionamos, las autoridades bíblicas de la Iglesia del Nuevo Testamento son los pastores o ancianos y los diáconos.
   a) Ya consideramos el llamado necesario para servir como pastor.
2. La clase de hombre que debe ser según las pautas que Pablo estableció en 1 Timoteo 3:1-7 y Tito 1:5-9.
   a) No obstante, hay algunos aspectos eficaces del liderazgo corporativo que los pastores serían sabios en recordar y practicar.
      (1) Los especialistas en liderazgo respaldan y promueven modelos de liderazgo de siervo, que se caracterizan por la honestidad, la humildad y la afirmación de los demás.

(2) Para tomar decisiones financieras sabias, los pastores necesitan un conocimiento básico de armado de presupuestos y contabilidad.
(3) Las habilidades de comercialización que enfaticen la investigación y contextualización para el público al que se apunta pueden ayudar al pastor mientras busca conocer el vecindario de su iglesia y ser consciente de los cambios, para tomar decisiones sabias.

3. Cuando Dios llama a un hombre al ministerio, podemos afirmar sin duda alguna que también lo ha llamado a la santidad, y esto debe teñir su liderazgo en todos los ámbitos.
   a) Dios también lo ha llamado a una preparación personal para el ministerio.
      (1) Un llamado al servicio implica una preparación en todo lo que el pastor tenga a su alcance.
      (2) Esto puede significar aprender habilidades básicas de liderazgo y gestión.
   b) Sobre todas las cosas, debe saber y hacer lo que la Biblia requiere de los pastores.
4. Mientras preparamos a los alumnos para servir con fidelidad en sus iglesias, es necesario ayudarlos a saber lo que la Biblia enseña sobre esa tarea.
   a) Algunos quizás vivan en culturas donde el evangelio ha entrado hace poco y las iglesias todavía sean pocas e incipientes.
      (1) Tal vez no haya modelos para seguir.
      (2) Tal vez no haya pastores mayores que puedan formarlos.
   b) Otros solo conocen modelos pastorales que no son demasiado saludables.

B. ¿Qué debe hacer un pastor?
1. El Nuevo Testamento describe al líder del pueblo de Dios como un pastor.
   a) También se lo llama siervo, mayordomo del evangelio, obispo, anciano, ministro, predicador, consejero, líder, maestro, reconciliador, intercesor, evangelista, protector, proveedor, el que prepara y traza un camino a seguir.
      (1) Parece una descripción de trabajo sumamente pesada y, en realidad, lo es.
      (2) La Biblia aclara que nadie debe aspirar con liviandad a la tarea pastoral ni abordarla sin la bendición de Dios, y desafía a las iglesias a no apurarse a imponer las manos.
      (3) Los hombres que desean dedicarse al ministerio pastoral tienen que ser examinados en forma exhaustiva y cumplir con las normas más altas.
2. Un pastor debe guiar a la iglesia con una actitud de siervo.
   a) Pablo se refería a sí mismo y a Timoteo como esclavos de Jesucristo.
   b) Ese servicio voluntario y de toda la vida para Cristo es el patrón que debemos imitar.
      (1) Aunque debemos servir a los demás como ministros y seguir el ejemplo de Jesús, quien vino a servir y no a ser servido, no quiere decir que el pastor sea el lacayo o el sirviente de cada miembro de la iglesia.
      (2) Debemos guiar sirviendo a nuestro Señor como ejemplo para que los demás imiten.
         (a) A menudo, esto significa que tenemos que servir con humildad a los otros.
         (b) Con la conciencia de que humildad y humillación no son sinónimos (Fil. 1:1, 1 Cor. 4:1, Rom. 14:7-12; 15:17-18).
3. Los pastores también son mayordomos del evangelio.

a) Dios les ha confiado el mensaje del evangelio a Su Iglesia y a los pastores como mayordomos fieles que deben mantener su pureza y difundir su mensaje en todo el mundo.
   (1) Como en la parábola de los talentos, los siervos fieles del evangelio deben utilizarlo con sabiduría para optimizar la ganancia de la inversión.
   (2) Los pastores tienen que permanecer en pureza, mantener sin mancha el mensaje del evangelio y ocuparse de predicar la buena noticia hasta que Cristo regrese.
b) Por supuesto, para ser hallados fieles en este aspecto de la mayordomía del evangelio, uno tiene que conocer la diferencia entre el evangelio puro y el que se ha mezclado con enseñanzas del mundo. Por eso, nunca dejamos:
   (1) De aprender
   (2) De buscar la iluminación del Espíritu Santo que habita en nosotros
   (3) De medir toda la enseñanza junto a la Palabra de Dios revelada, como hacían los habitantes de Berea (Hech. 17:11; 1 Cor. 4:1-3, 1 Tim. 1:3-5,11; 6:20-21; 2 Tim. 1:13-14).

4. En el Nuevo Testamento griego, hay tres palabras principales que se refieren al rol del pastor: *epískopos, poimén* y *presbúteros.*
   a) La traducción de la RVR1960 de *epískopos* es «obispo». Está compuesta por un prefijo que significa «sobre» más la palabra que equivale a «mirar, vigilar».
      (1) La idea es la de una persona que examina, protege, vigila y escudriña.
      (2) Quiere mantener su rebaño a salvo y en pureza.
   b) La palabra *poimén* se traduce «pastor» o «pastor de ovejas» e incluye todas las tareas que realizaba un pastor cuando cuidaba de su rebaño, como guiar, alimentar, proteger y proveer lo necesario.
   c) La tercera palabra es *presbúteros* y se refiere específicamente a un anciano.
      (1) Puede aludir al rango o a la edad de la persona con este título.
      (2) La idea principal en el uso eclesiástico deriva de la sabiduría que trae la edad junto con una enseñanza bíblica sólida para guiar y gobernar a la iglesia.
   d) Estas no son tres palabras griegas del Nuevo Testamento que describen tres oficios diferentes, sino que, como las facetas de la misma gema, son diferentes maneras de considerar el oficio, la función y la responsabilidad de un pastor.

5. Pablo enumeró a los «pastores y maestros» entre las clases de líderes que Dios le dio a la iglesia primitiva.
   a) El apóstol hizo énfasis en que el rol del pastor debe incluir la enseñanza.
   b) Entre los requisitos de un pastor, establece que tiene que ser apto para enseñar.
      (1) Le recuerda a Tito que la razón de esto es que pueda proclamar una enseñanza sólida y refute la mala doctrina.
      (2) Pablo escribió para garantizar que sus discípulos también fomentaran este aspecto en sus ministerios (1 Tim. 4:6-8,11,13-16; 2 Tim. 2:2; 3:14-17; 4:2; Tito 2:1).
      (3) Es interesante observar que el propósito de un pastor-maestro era preparar al pueblo de Dios para la obra del ministerio, en lugar de hacer todo el trabajo ministerial él mismo.
         (a) Algunos creen erróneamente que el pastor debe hacer toda

la obra ministerial; es decir, evangelizar, visitar, aconsejar y enseñar.

(b) La Biblia deja en claro que el pastor-maestro debe preparar al Cuerpo de Cristo para que cada miembro cumpla con su propio llamado y tenga la capacitación necesaria para hacer lo que Dios lo ha llamado a hacer.

(i) Cuando la iglesia primitiva reconoció la necesidad de que hubiera siervos que realizaran las tareas cotidianas del ministerio, designó a los primeros «diáconos», una palabra que significa «ayudantes, los que servían las mesas o realizaban tareas de servicio».

a. En Hechos 6, surgió la necesidad porque la cantidad de creyentes era cada vez mayor y estos nuevos convertidos necesitaban ser discipulados.

b. Como resultado de esta decisión y de la elección de estos diáconos, «el número de los discípulos se multiplicaba grandemente en Jerusalén; también muchos de los sacerdotes obedecían a la fe» (Hech. 6:1-7).

(ii) La Palabra de Dios enseña con claridad que cada uno debe ser fiel en las tareas específicas que le toca cumplir.

a. Además, muestra que el pastor no está para realizar todos los ministerios prácticos de la iglesia.

b. Aunque el pastor no debe hacer todo, tampoco tiene que usar su posición para subyugar a los miembros de la iglesia, como un jefe egocéntrico o un comandante supremo.

6. Predicador
   a) El pastor debe enseñar y predicar la Biblia. Tiene que explicarla de tal manera que los no creyentes escuchen el evangelio y el pueblo de Dios pueda crecer con una dieta balanceada de todo el consejo de la Palabra de Dios.
   b) Ayudar a los oyentes a comprender y aplicar la verdad de la Biblia a sus vidas es una de las principales funciones del pastor-maestro.
   c) El pastor tiene que ejercer discernimiento para mantener un equilibrio en sus sermones y poder alimentar al rebaño y compartir la buena noticia del evangelio.
      (1) El pastor nunca debe olvidar su rol de embajador de Cristo (2 Cor. 5:20).
      (2) Como embajador, no tiene permitido cambiar el mensaje; solo puede comunicarlo fielmente como le fue confiado.
7. Pastor — El pastoreo incluye aconsejar, reprender, instruir, animar, casar, sepultar, visitar, reconciliar, manejar cuestiones administrativas, capacitar al pueblo de Dios, evangelizar, orar y ofrecer hospitalidad (1 Ped. 5:1-4).
8. Protector
   a) Una de las grandes bendiciones de Dios para los nuevos creyentes es poner a su disposición a hombres piadosos que los pastoreen con fidelidad.
   b) Los pastores deben proteger a la iglesia del error y los ataques (Jer. 3:15).
   c) Dios llama a los pastores a estar alerta y a servir como obispos, recordando que Él compró el rebaño con sangre (Hechos 20:28).
9. Proveedor
   a) El pastor también debe ser un proveedor y alimentar al rebaño con el Pan

de vida (Juan 6:35; Mat. 4:4).

b) Así como Dios usó a Moisés para proveer maná para Su pueblo en el desierto, el pastor tiene que proveer el sustento espiritual de la Biblia de parte de Dios.

(1) Durante Su tentación en el desierto, Jesús le recordó al diablo que el hombre no vive solo de pan.

(2) Entendemos que, aunque el pastor no tiene que proveer el alimento físico que necesitamos, sí debe alimentar al rebaño con la Palabra (2 Tim. 2:2).

10. Ejemplo

a) El pastor tiene que ser ejemplo de la vida cristiana en la práctica para poder guiar su rebaño.

b) Tiene que buscar ser lo que Cristo sería si viviera a través de él (1 Tim. 5:17; 2 Tim. 1:13; Fil. 4:9).

(1) Por supuesto, ningún ser humano puede cumplir plenamente este objetivo, pero los pastores aspiran a vivir en armonía con el mensaje que predican.

(2) Sin duda, este deseo fervoroso de ser lo que Cristo desea no pasará inadvertido, y eso mismo puede servir de ejemplo para los demás.

(a) Podemos tomar prestado el triple oficio de Cristo de profeta, sacerdote y rey que presentó Eusebio, y hablar de algo similar en la tarea del pastor.

(i) Un profeta habla de parte de Dios.

(ii) El pastor también es un sacerdote, en el sentido de que representa al pueblo de Dios e intercede por él en oración.

(iii) Por último, el oficio de rey se refiere a alguien que provee orden y gobierno para el pueblo de Dios, pero siempre bajo el señorío del mismo Dios.

(b) El pastor como profeta, sacerdote y rey busca hablar al rebaño de parte de Dios al proclamar Su Palabra, lo sirve como sacerdote al interceder por él y guiarlo a hacer el sacrificio adecuado (Rom. 12:1) y le proporciona orden mediante las pautas y los parámetros de la Palabra de Dios.

C. ¿Quién conforma el rebaño? — La Biblia nos da una serie de metáforas para facilitar una clara comprensión de lo que debe ser la Iglesia

1. La esposa de Cristo (Ef. 5:25-27, Apoc. 19:7)
2. El cuerpo (Ef. 1:22-23; 4:12, 15-16; Col. 2:19)
3. Un templo (1 Ped. 2:4-8)
4. Un sacerdocio santo (1 Ped. 2:5)
5. Un campo (1 Cor. 3:6-9)
6. Un edificio (1 Cor. 3:9-10; Ef. 2:19-22)
7. El rebaño de Dios (Sal. 68:10; 77:20; Isa. 40:11)

a) Los primeros oyentes y lectores del Antiguo y Nuevo Testamento entendían bien la metáfora del rebaño de Dios.

b) La función del pastor que cuidaba un rebaño tenía sentido para ellos y era una parte natural de la vida cotidiana. El término también era adecuado porque todos conocían la incapacidad del rebaño de guiarse a sí mismo, conseguir alimento y agua o defenderse por sus propios medios y, por lo tanto, era una metáfora eficaz y la mayoría la interpretaba (Jer. 23:1-4; 1 Ped. 5:2).

D. ¿A qué debería guiar el pastor al rebaño?

1. Las actividades principales de una iglesia local son la adoración, la evangeli-

zación, el discipulado, la oración, la comunión, el ministerio y las misiones.

2. Hay una superposición entre estas, pero no estamos intentando establecer la obra de la iglesia en el mundo de manera definitiva ni exhaustiva. Más bien, queremos identificar algunas de las clases de ministerios que los pastores deben guiar a la iglesia a realizar de manera bíblica y responsable.

E. El rebaño es de Dios.

1. Los pastores deben recordar siempre que el rebaño no les pertenece.
2. El celo de un pastor por la pureza, la salud, la protección y la edificación de la iglesia local puede volverse personal.
3. Pedro les recuerda a los pastores que tienen que cuidar y pastorear el rebaño que tienen a cargo, pero también recordar que son simplemente ayudantes del gran Pastor de las ovejas, que es Cristo (1 Ped. 5:1-4).
    a) Un pasaje que enfatiza esta idea está en Ezequiel, donde Dios afirma que castigará a los pastores malvados y pastoreará Él mismo Su rebaño (Ezeq. 34).
    b) Sin duda, nuestra oración y deseo es que el rebaño crezca en conocimiento y cantidad, pero esto es obra de Dios y nunca el producto de nuestros propios esfuerzos. Cristo declaró: «*Yo* [...] edificaré mi iglesia» (Mat. 16:18, énfasis añadido). Jesús nos asegura que, como es el buen Pastor, conoce a Sus ovejas (Sal. 23; Juan 10:11,14,27).
4. Un pasaje clave para que los pastores tengan en mente respecto a su rol al pastorear la iglesia es la visión que Juan recibió en Apocalipsis 1:12-20.
    a) Aunque el diablo y todas sus fuerzas hagan guerra contra la Iglesia y sus pastores en este mundo e intenten erradicarlos o destruirlos, Cristo los mantiene a salvo.
    b) Como estas cosas son ciertas, descansamos al saber que Cristo puede cuidar a Sus pastores y a los rebaños a los que sirven.
    c) Apacentad la grey de Dios que está entre vosotros, cuidando de ella, no por fuerza, sino voluntariamente; no por ganancia deshonesta, sino con ánimo pronto; no como teniendo señorío sobre los que están a vuestro cuidado, sino siendo ejemplos de la grey. Y cuando aparezca el Príncipe de los pastores, vosotros recibiréis la corona incorruptible de gloria. (1 Ped. 5:2-4)

Módulo 4 Bosquejo de enseñanza

La memorización, la meditación y la aplicación de la Escritura
La historia de la Iglesia
Las ordenanzas

I. El corazón
   A. Breve reseña
      1. Debemos saber cómo transformar la Palabra en parte de nosotros.
         a) Nuestro objetivo es estar tan saturados de enseñanza bíblica que lleguemos a pensar según patrones escriturales.
         b) Una declaración sobre la Biblia que se le ha atribuido a D. L. Moody, John Bunyan y otros afirma: «Este libro te mantendrá alejado del pecado o el pecado te mantendrá alejado de este libro».
            (1) El camino para crecer en santidad se pavimenta con la Escritura.
            (2) Hay tres métodos relacionados para crecer en gracia y comunión con Dios: la memorización, la meditación y la aplicación.
   B. Disciplina espiritual personal: La memorización, la meditación y aplicación de la Escritura
      1. Saber de memoria distintas porciones de la Biblia presenta innumerables beneficios.
      2. La palabra «memorización» hace retroceder a algunos.
         a) Aun si aceptas el valor de memorizar pasajes bíblicos, tus experiencias pasadas de memorización en la escuela te hacen dudar de tu habilidad de lograrlo.
      3. Recuerda que tu objetivo es recordar la Palabra de Dios.
      4. Todos los que tienen teléfono saben su número de memoria y, probablemente, el número de otras personas.
         a) Sabes los nombres de tus hijos, la fecha del cumpleaños de tu esposa y quizás hasta sepas cuál es tu número de seguridad social o de pasaporte.
         b) Yo solía pensar que no podía memorizar nada hasta que, un día, caí en la cuenta de que todavía recuerdo la dirección de todas las casas donde viví, el nombre de mis hijos, el cumpleaños de mi esposa, mi número de seguridad social y mi aniversario de casado.
            (1) Sé todas estas cosas sin siquiera haber hecho un gran esfuerzo para memorizarlas.
            (2) dLa información era importante para mí, así que la recordé.
      5. Alguien dijo que la mejor manera de recordar los nombres es tratar a todos los que conoces como si fueran la persona más importante en tu vida.
         a) No olvidarías el nombre de tu jefe, de tu pastor o de tu mejor amigo.
         b) Cuando tomamos tiempo para concentrarnos en la información que es importante para nosotros (o que debería serlo), nos queda grabada.
            (1) Además, hay muchos recursos mnemotécnicos que pueden usarse para memorizar, por ejemplo, puedes asociar partes de versículos con la distribución de tu casa: la puerta de entrada puede ser la primera frase, la sala de estar la próxima, luego el pasillo, etc.
            (2) A otros les resulta útil inventar una canción con el pasaje, ya que la música ayuda al proceso.

(3) Hay muchos trucos que se pueden emplear para aprender versículos bíblicos de memoria, pero, más allá del que elijas, lo más importante que puedes hacer es desarrollar un plan para lograrlo y luego comprometerte a cumplirlo.

6. Mientras consideramos cada uno de los módulos que deben formar parte de la capacitación para líderes, primero tenemos que asegurarnos de ser ejemplo de lo que enseñamos.
   a) La memorización de la Escritura es parte de esto.
   b) No tendrías que enseñar este contenido hasta que no lo hayas integrado a tu propia vida.
      (1) Desarrolla un plan sistemático para este componente de tu discipulado que incluya una lista de los versículos o pasajes para memorizar.
         (a) Si estás luchando con un pecado en particular o alguna tentación recurrente, elige versículos específicos sobre ese tema y apréndelos de memoria, para poder defenderte cuando estés bajo ataque o te sientas débil.
         (b) Decide cuántos versículos memorizarás por semana y en qué orden.
         (c) Escribe a mano los versículos varias veces.
      (2) Asegúrate de memorizar los versículos palabra por palabra. Tendrás más seguridad y retendrás los pasajes durante más tiempo si los aprendes tal cual aparecen en la Biblia.
7. Otro componente útil de cualquier plan de memorización es la rendición de cuentas habitual.
   a) Si ya tienes una relación de discipulado con alguien, pídele que te escuche recitar los versículos que memorizaste cuando se reúnan.
   b) Recuerda que solo retendrás lo que repases con frecuencia.
      (1) En tu plan de memorización de la Escritura, tienes que incluir una revisión de los versículos que ya memorizaste.
         (a) Algunos repasan versículos mientras conducen.
         (b) Otros mientras realizan tareas cotidianas como planchar la ropa o cortar el césped.
      (2) Repasar todos los pasajes bíblicos que memorizaste al menos una vez a la semana te ayudará a no olvidarlos jamás.
8. Memorizar versículos no es un fin en sí mismo
   a) No es un sistema de mérito según el cual Dios nos recompensa por la cantidad de pasajes que aprendemos de memoria.
   b) Lo importante es que los versículos que guardamos en el corazón nos ayudan a mantenernos en pureza, al estar siempre listos y dispuestos a aplicar la Palabra de Dios a nuestra vida.
      (1) David preguntó: «¿Con qué limpiará el joven su camino? Con guardar tu palabra. [...] En mi corazón he guardado tus dichos, para no pecar contra ti» (Sal. 119:9,11).
      (2) A medida que meditamos en la Palabra de Dios, podemos conocer Sus pensamientos y recibir Su guía. Tal vez no podamos abrir la Biblia constantemente durante el día, pero sí podemos llevar la Palabra de Dios a nuestras situaciones si la tenemos almacenada en el corazón.
9. Un instrumento de santificación
   a) El proceso de crecer en santidad se llama santificación.
      (1) Aunque solo Dios puede salvarnos, nos llama a participar del proceso de nuestra santificación.

(2) A medida que rechazamos las cuestiones incorrectas y aceptamos las correctas, nos parecemos más a Cristo.
(a) Este proceso no es automático y, en este mundo caído, requiere nadar contracorriente.
(b) El mundo siempre quiere alejarnos de Dios y de las normas que nos dio.

b) Permanecer en la Palabra de Dios nos lleva a tener deseos correctos y a saber cómo decidir con sabiduría, nos reprende y nos corrige cuando es necesario, y nos anima en el camino.

c) Tener la Biblia en el corazón y la mente fortalece nuestra fe al recordarnos las promesas de Dios y Su fidelidad para cumplirlas.
(1) Acordarnos de lo que Dios ha dicho nos ayuda a mitigar las tentaciones de pecar y buscar gratificación a corto plazo.
(2) Recordar Sus mandamientos y Su deseo de que vivamos en santidad nos impulsa a obedecer con fidelidad.
(3) Memorizar pasajes de la Biblia también es útil para guiarnos a saber cómo actuar bien.
(a) Cuando pensamos en las opciones que tenemos y buscamos la guía de la Escritura, podemos distinguir entre el bien y el mal, pero, a menudo, no tenemos tiempo para detenernos y buscar el consejo bíblico.
(b) Cuando la enseñanza de la Palabra de Dios satura nuestra mente, es tan poderosa que los pasajes pertinentes nos hacen parar en seco cuando necesitamos corrección.
(i) Quizás también te resulte útil memorizar pasajes relacionados con las promesas de Dios de bendecir la obediencia y disciplinarnos por pecar.
(ii) Él es fiel a Sus promesas.

10. La lucha contra la tentación

a) Tal como vemos en la vida de Jesús, tener la Palabra de Dios atesorada en tu mente te permite recuperar el pasaje necesario en momentos cruciales, ya sea para evitar la tentación, aconsejar, predicar o enseñar.

b) En los Evangelios, vemos cómo Jesús vivió, abordó la tentación, respondió a los que le hacían preguntas sinceras, manejó las críticas y enseñó usando la Escritura.

c) Mateo y Lucas registran la tentación de Jesús en el desierto.
(1) Después de que el Señor fue bautizado, el Espíritu lo guio al desierto para que estuviera solo y ayunara 40 días.
(2) El diablo se le acercó en un momento de gran debilidad.
(3) Jesús había estado solo y hambriento durante casi seis semanas.
(4) Satanás fue a tentarlo y hasta torció la Escritura para adaptarla a sus propósitos.
(a) El supuesto objetivo de cada tentación era legítimo (el alimento, la protección angelical y el gobierno de las naciones), ya que Dios le había prometido a Su Hijo todas estas cosas.
(b) Sin embargo, el diablo quería que las obtuviera probando a Dios o directamente pecando al adorar a otro.
(5) Aunque Jesús podría haber respondido con un simple «No», nos dejó un ejemplo a seguir.
(a) Citó la Escritura para resistir la tentación y contrarrestar el ataque diabólico.

(b) Cada uno de los versículos que citó proviene de Deuteronomio 6–8. Es como si, con un pergamino abierto, hubiera estado meditando en esa parte y hubiese encontrado las municiones que necesitaba para la batalla.

d) David era un hombre conforme al corazón de Dios, pero sabía lo fácil que es tropezar.
  (1) «En mi corazón he guardado tus dichos, para no pecar contra ti» (Sal. 119:11).
  (2) En la Escritura, encontraba ayuda y esperanza para caminar en pureza.

e) En la medida que amamos, obedezcamos a Dios y confiemos en Él y en Su Palabra, podremos despojarnos del pecado que nos asedia.
  (1) Dios nos prometió que podemos enfrentar y resistir cualquier tentación.
  (2) La Escritura tiene las respuestas que necesitamos.
    (a) No podemos usar herramientas que no conocemos.
    (b) En 1 Corintios 10:13, Pablo nos asegura: «No os ha sobrevenido ninguna tentación que no sea humana; pero fiel es Dios, que no os dejará ser tentados más de lo que podéis resistir, sino que dará también juntamente con la tentación la salida, para que podáis soportar».

f) Como Jesús nos dio el ejemplo al usar la Biblia para combatir las tentaciones diabólicas y tenemos la promesa de que Dios nos dará una salida, tenemos que esforzarnos por conocer bien la Palabra y tenerla lista para usar.

11. La consejería
  a) La Biblia es la guía para aconsejar a otros en medio de los desafíos y las decisiones de la vida.
    (1) En cierto sentido, la Palabra es el manual de instrucciones para vivir de la manera que más honre a Dios y cree la mayor armonía entre los hombres.
      (a) Jesús usó la Escritura para corregir, instruir y guiar a otros.
      (b) Les recordó a Sus oyentes las palabras de Moisés, David, Isaías, etc.
      (c) Los puritanos eran hombres piadosos que tenían en alta estima la Palabra y la soberanía de Dios.
        (i) Se consideraban médicos del alma.
        (ii) La Palabra de Dios era la medicina que recetaban.
      (d) Los consejeros bíblicos buscan alinear la vida con los preceptos y las normas que Dios ha dado, en lugar de usar medicamentos para tapar los síntomas.
      (e) En Proverbios 22:17-18, se enseña: «Inclina tu oído y oye las palabras de los sabios, y aplica tu corazón a mi sabiduría; porque es cosa deliciosa, si las guardares dentro de ti; si juntamente se afirmaren sobre tus labios».
    (2) La Biblia debería fluir de nuestra boca con facilidad cuando aconsejamos o corregimos a los que están equivocados.
  b) Debes buscar fundamentar cualquier consejo en la Palabra de Dios y mostrarle a la persona dónde aparece esta enseñanza.
    (1) Incluso en conversaciones informales en las que des consejos o tu opinión, debes cimentar tus pensamientos en la Biblia, para que tus palabras tengan el peso de la Palabra de Dios y el que te escucha confíe en tu consejo.

(2) Tener pasajes memorizados hará que este proceso sea natural y más confiable.
(a) Cada vez más, escucharás que las personas te preguntan: «¿Cómo sabías dónde encontrar en la Biblia exactamente lo que necesitaba?».
(b) Es crucial que aprendan que la Palabra de Dios debe pautar su corazón y, de esa manera, dar forma a todo lo que hacen en el ministerio.

12. La predicación
a) A la hora de predicar, tienes que tomar en cuenta a tu congregación, los problemas que enfrenta, las crisis de la comunidad e incluso las cuestiones familiares dentro de la iglesia.
(1) Habrá momentos en los que prediques como invitado en alguna parte donde no conozcas a los miembros de la congregación. Sin duda, un sermón basado en la Biblia abordará las necesidades del lugar, si lo preparas con la ayuda y la guía del Espíritu.
(2) Lo más probable es que el Espíritu te indique que añadas u omitas partes sobre la marcha, incluso mientras predicas el sermón.
(a) Cuando te ves impulsado a incluir un pasaje o un versículo para añadir énfasis, es mejor si sabes el capítulo y el versículo y lo citas correctamente de memoria.
(i) Tus oyentes sabrán que pueden confiar en tu manejo de la Palabra de Dios.
(ii) Muchas congregaciones confían en la Biblia y descansan en un pastor que puede citarla para sostener su argumento, más que en alguien que simplemente comparte su opinión, en especial, si difiere de la de los miembros de la iglesia.
b) Pedro y Pablo citaban pasajes de memoria en sus sermones.
(1) Cuando Pedro predicó el día de Pentecostés en Hechos 2:14-40, citó pasajes de Joel y David.
(a) A medida que memorices más pasajes bíblicos, descubrirás que enriqueces tus sermones al intercalar versículos específicos que te vengan a la mente mientras predicas.
(b) En las ocasiones en que te llamen a predicar y te encuentres sin una Biblia impresa o digital, estarás siempre preparado para defender la razón de la esperanza que hay en ti, del tesoro que tienes almacenado en tu interior.
c) Esta es otra área en la que tu experiencia puede discrepar de la de tus alumnos.
(1) En cualquier parte del mundo, habrá distintos niveles de confianza en la Palabra de Dios dentro de las congregaciones.
(2) Es crucial que tus alumnos en este módulo entiendan la importancia de la coherencia a la hora de cimentar su predicación en la Palabra de Dios.
d) Que la predicación dé fruto es obra del Espíritu, y el Espíritu obra con claridad a través de todo lo que está saturado de la Palabra de Dios.

13. Tomar decisiones según la voluntad de Dios
a) David escribió: «Pues tus testimonios son mis delicias y mis consejeros» (Sal. 119:24).
b) La Biblia es un espejo del alma y refleja cuestiones de nuestras vidas que habíamos olvidado que existían, o que quizás intentamos suprimir o esconder.

(1) La Palabra de Dios no nos permite tapar una enfermedad grave con un simple parche.
(2) Memorizar la Palabra de Dios mantiene vivos Su consejo y Sus mandamientos en nuestro corazón y delante de nuestros pensamientos.
(a) Al repasar habitualmente los pasajes que memorizamos, nuestras actividades cotidianas interactúan con el consejo eterno de la Biblia.
(b) Cuando la Escritura hace su intervención quirúrgica y parece abrirnos al medio para sacar la enfermedad mortal que es necesario erradicar, el dolor momentáneo cede ante el gozo de la salud y la vida eterna.

c) Toda la Escritura es inspirada por Dios, y útil para enseñar, para redargüir, para corregir, para instruir en justicia, a fin de que el hombre de Dios sea perfecto, enteramente preparado para toda buena obra. (2 Tim. 3:16-17)

d) Porque la palabra de Dios es viva y eficaz, y más cortante que toda espada de dos filos; y penetra hasta partir el alma y el espíritu, las coyunturas y los tuétanos, y discierne los pensamientos y las intenciones del corazón. Y no hay cosa creada que no sea manifiesta en su presencia; antes bien todas las cosas están desnudas y abiertas a los ojos de aquel a quien tenemos que dar cuenta. (Heb. 4:12-13)

14. La meditación

a) Memorizar versículos bíblicos también es valioso porque facilita la meditación y, a su vez, meditar en la Biblia te ayuda a memorizarla.
(1) Si anotas el pasaje en una tarjeta y la llevas contigo, siempre tendrás a mano los versículos para aprenderlos y repasarlos y, mientras tanto, podrás meditar en ellos.
(2) De los pasajes que hayas memorizado, puedes recordar y repasar los que te resulten particularmente útiles para determinado momento (como cuando sientas ansiedad o tentación de pecar) y meditar en la verdad bíblica que tú u otra persona necesiten.

b) La Biblia nos enseña a meditar en las verdades que Dios nos ha revelado.
(1) Leer la Palabra de Dios es como volar en helicóptero sobre un país desconocido para observar todo el territorio, las características geográficas principales y dónde vive la gente.
(2) La memorización puede compararse con volcar un país a un mapa, para luego estudiarlo y conocer la ubicación de cada bosque y río de memoria.
(3) La meditación sería como aterrizar el helicóptero y bajarse a explorar el lugar a pie, saludar a los habitantes y probar la comida local.
(4) Estamos conociendo cada vez más las palabras del mismo Dios a Su pueblo.
(a) Buscamos que nuestro corazón esté en armonía con el de nuestro Hacedor y Redentor.
(b) Su Palabra para nosotros es como una carta de amor a un enamorado lejano.
(i) David exclamó: «¡Oh, cuánto amo yo tu ley! Todo el día es ella mi meditación» (Sal. 119:97).
(ii) La Palabra de Dios es el objeto de nuestra meditación y, cuanto más meditamos en ella, más la deseamos y anhelamos al Señor que la proveyó.

c) La meditación nos ayuda a tomar la verdad que encontramos e incorporarla a nuestra vida, permitiendo que penetre y nos sustente.
   (1) Spurgeon escribió: «Creer en algo es ver el agua fresca y cristalina que brilla en la copa. Pero meditar es beber de la copa. La lectura recolecta los racimos; la contemplación exprime su generoso jugo».[1]
   (2) Nuestra lectura de la Biblia, e incluso la memorización de versículos, puede ser un proceso estéril que no afecte nuestra misma esencia. En una comparación de la ingesta de hierba fresca con el momento en que leemos o escuchamos la Palabra, el puritano Thomas Watson declaró: «La meditación es lo mismo que rumiar».[2]

d) La meditación también sirve como ayuda para la oración.
   (1) Donald Whitney define la meditación como «una reflexión profunda sobre las verdades y las realidades espirituales reveladas en la Escritura, o sobre la vida desde una perspectiva escritural para poder entender, aplicar y orar».[3]
   (2) Orar la Biblia es un buen punto de partida para tus oraciones y tiempo de meditación.
      (a) Lleva contigo todo el día la oración que surja de tu tiempo de meditación en la Palabra, y vuelve a traerla a la noche.
      (b) La meditación y la oración deben ir de la mano.
      (c) John Piper proporciona guía práctica para lograrlo: «Abre la Biblia, empieza a leerla, haz una pausa en cada versículo y transfórmalo en una oración».[4]

e) La meditación también le da al creyente la instrucción y la guía de Dios.
   (1) El Señor le enseñó a Josué que la meditación era esencial para guiar a Su pueblo y tener éxito en el ministerio.
   (2) «Nunca se apartará de tu boca este libro de la ley, sino que de día y de noche meditarás en él, para que guardes y hagas conforme a todo lo que en él está escrito; porque entonces harás prosperar tu camino, y todo te saldrá bien» (Jos. 1:8).

f) Leer o escuchar la lectura de la Biblia cada día es una disciplina que hay que desarrollar, pero, además de recibir la Palabra, debemos permitir que sature nuestra forma de pensar y razonar.
   (1) Donald Whitney compara la meditación con quedarse junto a una fogata una noche helada hasta que ya no tenemos frío.
   (2) Dedicar tiempo a la meditación no solo nos provee instrucción, sino que nos hace sabios, a medida que Dios mismo nos revela Su Palabra. «Me has hecho más sabio que mis enemigos con tus mandamientos, porque siempre están conmigo. Más que todos mis enseñadores he entendido, porque tus testimonios son mi meditación» (Sal. 119:98-99).

g) Los pastores saben que el favor de Dios es fundamental para un ministerio gratificante y eficaz, pero muchos pasan por alto las pautas bíblicas para que el Señor extienda Su mano sobre nuestra obra y nuestra vida.

---

[1] Charles H. Spurgeon, *2200 Quotations from the Writings of Charles H. Spurgeon*, Tom Carter, compilador (Grand Rapids, MI: Baker Books, 1988), 125.

[2] I. D. E. Thomas, *A Puritan Golden Treasury* (Carlisle, PA: Banner of Truth, 1977), 183.

[3] Donald S. Whitney, *Spiritual Disciplines for the Christian Life*, ed. rev. (Colorado Springs, CO: NavPress, 2014), 46-47.

[4] John Piper, citado por Donald S. Whitney, en *Praying the Bible* (Wheaton, IL: Crossway, 2015), 33.

(1) Considera las promesas de Dios para el que medita.
(a) «Bienaventurado el varón que no anduvo en consejo de malos, ni estuvo en camino de pecadores, ni en silla de escarnecedores se ha sentado; sino que en la ley de Jehová está su delicia, y en su ley medita de día y de noche. Será como árbol plantado junto a corrientes de aguas, que da su fruto en su tiempo, y su hoja no cae; y todo lo que hace, prosperará». (Sal. 1:1-3)
(b) No estoy enseñando la herejía sobre la prosperidad de salud y riquezas. Recuerda que el verdadero éxito a ojos de Dios quizás no tenga sentido para la lógica humana.
(2) En Santiago 1:25, se afirma: «Mas el que mira atentamente en la perfecta ley, la de la libertad, y persevera en ella, no siendo oidor olvidadizo, sino hacedor de la obra, éste será bienaventurado en lo que hace».
(3) Una y otra vez en la Palabra de Dios, descubrimos promesas de bendición si meditamos en la Palabra de Dios.
h) Hay maneras de meditar en la Biblia que son útiles para cualquiera que esté dispuesto a comenzar.
(1) Una de ellas es leer el pasaje varias veces, haciendo énfasis en distintas palabras del texto cada vez que lo leemos.
(a) JEHOVÁ (recuerdo quién es Él) es mi pastor, nada me faltará.
(b) Jehová ES (tiempo presente) mi pastor, nada me faltará.
(c) Jehová es MI (algo personal, no solo para Su pueblo) pastor, nada me faltará.
(d) Jehová es mi PASTOR (¿qué significa tener un pastor?), nada me faltará.
(e) Jehová es mi pastor, NADA (una profecía y una declaración de fe) me faltará.
(f) Jehová es mi pastor, nada ME FALTARÁ (no pasaré necesidad).
(2) A algunos alumnos les resulta útil reescribir el pasaje en sus propias palabras.
(a) Después de considerar a fondo el versículo y lo que el autor original quería comunicarles a sus lectores, piensa en cómo expresarías el mensaje en lenguaje contemporáneo.
(b) Tanto tú como los alumnos a quienes enseñes este módulo pueden hacer todo esto mientras pronuncian el texto en oración, considerando cómo aplicarlo a sus vidas y lo que el pasaje les enseña sobre Dios.
15. La aplicación
a) Es maravilloso leer la Palabra de Dios, mejor aún memorizarla y meditar en ella, pero el mayor beneficio viene al aplicarla a tu vida.
(1) La Biblia enseña claramente que aquellos que la escuchan, la ponen en práctica y se la enseñan a los demás recibirán bendición. Santiago enseña:
(2) «Pero sed hacedores de la palabra, y no tan solamente oidores, engañándoos a vosotros mismos. Porque si alguno es oidor de la palabra pero no hacedor de ella, éste es semejante al hombre que considera en un espejo su rostro natural. Porque él se considera a sí mismo, y se va, y luego olvida cómo era. Mas el que mira atentamente en la perfecta ley, la de la libertad, y persevera en ella, no siendo oidor olvidadizo, sino hacedor de la obra, éste será bie-

naventurado en lo que hace». (Sant. 1:22-25)

(a) La bendición del Señor es lo único que necesitamos y queremos para nuestra vida.

(b) Piensa en el principio central del pasaje, ¿cuál es la enseñanza principal?

(i) Medita en eso.

(ii) Piensa en qué maneras el texto señala a la Ley o al evangelio y qué está enseñando.

(iii) ¿Qué dice sobre Jesús?

(iv) ¿Qué pregunta o problema aborda en tu vida, en el mundo actual, en tu iglesia, en la situación de un amigo?

(v) Puedes hacer estas y otras preguntas útiles para ti sobre el pasaje, y luego tomar las respuestas y aplicarlas a tu situación.

(3) Otro método de aplicación es aplicar al texto las preguntas de Filipenses 4:8.

(a) ¿Qué me enseña este pasaje que sea verdadero, honesto, justo, puro, amable, de buen nombre, que tenga virtud alguna o sea digno de alabanza?

(b) Esta es la clase de pregunta que el pastor debe aplicar a su forma de pensar.

b) Como observamos al principio de nuestro estudio, Esdras 7:6-10 nos muestra que conocer, aplicar y enseñar la Palabra de Dios trae Su favor sobre nuestras vidas y ministerios.

(1) Otras maneras en que podemos aplicar el texto a nuestra vida es hacer preguntas exploratorias de aplicación:

(a) ¿Este texto revela algo que yo debería creer sobre Dios?

(b) ¿Me muestra algo por lo que tengo que alabar, agradecer a Dios o confiar en Él?

(c) ¿Veo algo que debo poner en oración por mí mismo o los demás?

(d) ¿Me revela algo que me lleva a cambiar de actitud?

(e) ¿El texto me guía a tomar alguna decisión?

(f) Después de leerlo, ¿debo hacer algo por Cristo, por los demás o por mí?

c) No importa cuáles sean las respuestas; busca maneras de aplicar la Palabra de Dios meditando en el pasaje hasta que descubras sus tesoros.

d) Ora junto con David: «Abre mis ojos, y miraré las maravillas de tu ley» (Sal. 119:18), y luego aplica lo que el Señor te revele.

C. El fruto del Espíritu: Paciencia

1. El pastor debe ser paciente, o tardo para la ira; alguien que pueda soportar a las personas y los momentos humanamente intolerables, como los que probaron la paciencia de Job.

a) Una persona paciente es alguien que puede tolerar a otro.

b) Para ser tardo para airarse, es necesario estar dispuesto a soportar el fastidio por tiempo indeterminado.

(1) Esta es la parte que no queremos aprender; es más, dedicamos un gran esfuerzo a evitarla.

(2) Aunque deseamos enseñar a los demás y ver cómo aprenden, predicar el evangelio y ver que lo acepten, y ayudar a otros a que acaten de buena gana nuestro consejo, muchas veces nos ponemos impacientes cuando no lo hacen.

2. Una persona paciente recuerda la paciencia que Dios nos tuvo antes de que

fuéramos salvos y que nos sigue teniendo ahora.
3. ¿Cómo se traduce la paciencia a la vida, la personalidad y el ministerio de un pastor?
    a) Es a lo que deberíamos apuntar como pastores y líderes.
    b) Es a lo que tenemos que fomentar en nuestros alumnos.
    c) Debemos representar a Cristo y, aunque tenemos que ser impacientes con el pecado deliberado, es necesario que seamos pacientes con cada esfuerzo y fracaso desgarrador por dejarlo atrás.

D. Los pensamientos del pastor: Lo puro
1. Los pensamientos del pastor también deben incluir el concepto de meditar en todo lo puro (Fil. 4:8).
    a) Cuando oyes la palabra *pureza*, ¿qué conceptos o ideas se te vienen a la mente? Haz una lista de las cosas que tú, el mundo y, en especial, la Palabra de Dios consideran puras. Esas son las cuestiones que tenemos que permitir que entren a nuestra mente y en las cuales debemos meditar.
    b) ¿Qué clase de cosas son impuras? ¿Qué ideas o palabras te vienen a la mente? El hombre de Dios no debe entretener pensamientos como estos y, por cierto, no puede permitir que estos saturen su mente.
        (1) Tiene que intentar pensar en todo lo que es puro, hasta que su vida comience a exhibir la pureza en la cual medita.
        (2) Los pensamientos impuros deberían resultarle tan indeseables y desagradables como una chispa a un hombre que sostiene un barril de pólvora.
2. Mientras enseñes este módulo, ayuda a tus alumnos a enumerar de forma similar lo que consideran puro y luego utiliza esto como punto de partida para enseñar sobre este tema.

II. La mente: La historia de la Iglesia

A. La Biblia resalta el valor de conocer el pasado.
1. En Isaías 46:9, se declara: «Acordaos de las cosas pasadas desde los tiempos antiguos; porque yo soy Dios, y no hay otro Dios, y nada hay semejante a mí».
2. Se nos insta a estudiar para saber lo que sucedió antes y aprender del pasado (Job 8:8-10).
3. Es sabio recordar el pasado y sus lecciones, y nos permite ser mejores mayordomos de los tiempos que el Señor nos da.
    a) Estudiar la historia de la Iglesia tiene muchísimas ventajas. Como Eclesiastés nos enseña que no hay nada nuevo debajo del sol (Ecl. 1:9), sabemos que las herejías que vemos hoy son un eco de otras que ya ocurrieron en el pasado.
        (1) La historia también nos muestra que, al principio, no parecen herejías.
        (2) Al estudiar la historia de la Iglesia, podemos reconocer estas herejías, saber cómo la Iglesia las abordó y estar mejor preparados para proteger la pureza de la Iglesia hoy.

B. Ser conscientes de las oscilaciones teológicas pendulares en la Iglesia a lo largo de la historia nos permite evitar correcciones exageradas que a veces pueden ser más dañinas que la tendencia que deseamos eliminar.
1. Debemos poder mantener una perspectiva amplia y a largo plazo.
2. Sin duda, habrá días en los que el panorama parezca oscuro para la Iglesia y el futuro del cristianismo.
    a) Un estudio de la historia de la Iglesia nos recuerda que ya hubo días oscu-

ros, pero el Señor siempre protegió a Su Iglesia y Su pueblo a través de las épocas.

b) Podemos entender mejor de dónde surgieron ciertos aspectos del cristianismo y cómo han cambiado, como las distinciones y prácticas doctrinales de las distintas denominaciones.

c) Un estudio de la historia de la Iglesia nos permite pararnos sobre los hombros de gigantes espirituales que estuvieron antes que nosotros para tener una mirada más amplia del camino y evitar los errores que ellos cometieron.

(1) Podemos aprender de sus lecciones y no malgastar años y angustias al tener que volver a aprender cuestiones que Dios ya enseñó a Su Iglesia.

(a) Tal vez, esto es especialmente útil para los que enseñarán este módulo y que sirven en contextos donde pocos tienen una cosmovisión que explique el lugar de cada persona en el gran plan de Dios a través de los tiempos.

(i) Este módulo probablemente provea un tiempo para reflexionar y maravillarse de la provisión y la bondad del Señor a través de las épocas, y para lograr que tus alumnos sientan que pertenecen a algo mucho mayor de lo que pensaban.

(ii) Además, estudiar los movimientos globales de Dios, como el avance de las misiones o Su obra en los despertares y avivamientos, tiene muchos beneficios enriquecedores para el crecimiento personal del maestro y sus alumnos.

C. Las épocas de historia

1. El misiólogo Ralph Winter resumió la historia en diez intervalos de 400 años, desde los relatos bíblicos hasta el presente, lo cual nos ayuda a organizar nuestro estudio de un período histórico tan largo.[5]

2. Los diez períodos de 400 años no necesariamente son divisiones exactas con incrementos de 400 años, ni estamos hablando de una nueva variante del dispensacionalismo.

a) Winter tan solo reconoció a su manera intuitiva que este parecía ser un patrón útil para señalar ciertos períodos de la historia.

b) Dividió los segmentos temporales anteriores a la venida de Cristo y el nacimiento de la Iglesia en las siguientes épocas o eras:

(1) Los patriarcas: 2000 a 1600 a.C.
(2) El cautiverio: 1600 a 1200 a.C.
(3) Los jueces: 1200 a 800 a.C.
(4) Los reyes: 800 a 400 a.C.
(5) Período posexílico: 400 a 0 a.C.

3. Nuestro estudio de los módulos que bosquejaron el Antiguo y el Nuevo Testamento nos dio una perspectiva general de los sucesos más importantes de la historia mundial, desde la creación hasta la formación de la Iglesia que sucedieron en estas primeras cinco épocas.

4. Este módulo retoma allí y sigue el rastro de la expansión del cristianismo, desde que Esteban fue apedreado hasta la actualidad.

a) Sugiero encarecidamente que incorpores a este módulo los acontecimien-

---

[5] Ralph D. Winter, y Steven C. Hawthorne, eds, *Perspectives on the World Christian Movement: A Reader*, 3ra ed. (Pasadena, CA: William Carey Library Publishers, 1999), 195-213.

tos principales de la cultura donde enseñarás este material.

(1) Por ejemplo, los sucesos históricos como la llegada del cristianismo al país, los misioneros principales, los líderes de la iglesia, la relación entre el gobierno y la Iglesia a lo largo de la historia y cualquier otra cuestión histórica pertinente al cristianismo en el contexto de tus alumnos.

(2) Este componente fundamental que atañe a lo local y formará parte del módulo de la historia de la Iglesia será más extenso en algunos lugares que en otros.

(a) Es importante que tus alumnos aprendan los aspectos de la historia de la Iglesia que necesitan saber para entender cómo el cristianismo llegó donde ellos están y por qué tomó la forma que tiene. Las cinco épocas de Winter que pueden ser útiles al enseñar la historia desde Cristo hasta la actualidad se dividen de la siguiente manera:

(i) Los romanos:	0 a 400 d.C.
(ii) Los bárbaros:	400 a 800 d.C.
(iii) Los vikingos:	800 a 1200 d.C.
(iv) Los sarracenos:[6]	1200 a 1600 d.C.
(v) Hasta lo último de la tierra:	1600 d.C. al presente.

(b) Estas divisiones son útiles para abordar muchos años de historia, pero ofrecen más que simple organización.

b) Hay un ciclo que se repite a lo largo de la Biblia y de estas épocas de la historia.

(1) Dios bendice a Su pueblo y le encomienda bendecir a las naciones.

(a) Luego, el reino avanza y el pueblo de Dios parece confiar en Él y obedecerle.

(b) Por desgracia, la gente comienza a mirar para adentro, a desconfiar de sus vecinos o incluso detestarlos y termina guardándose las bendiciones de Dios en lugar de compartirlas.

(i) Por lo tanto, el reino se estanca y el pueblo de Dios no bendice a las naciones.

(ii) Esto lleva a que el Señor traiga juicio sobre Su pueblo y misericordia sobre las naciones, y así cumpla la promesa que le hizo a Abraham de que, a través de él, todos los pueblos recibirían bendición.

(2) Podemos ver este patrón en cada una de las diez épocas. El pueblo de Dios se niega a obedecer Sus mandamientos; Él los juzga; ellos claman pidiendo salvación; Él envía a un salvador, un juez, un rey o un profeta y, al final, a Su Hijo. Durante un tiempo, obedecen, pero, luego, el ciclo vuelve a empezar.

D. El principio: Los romanos 0-400 d.C.

1. Poco después de la lapidación y el martirio de Esteban —tan solo unos años después de la muerte, la sepultura y la resurrección de Jesús—, comenzó una gran ola de persecución en medio de la Iglesia.

a) Un fariseo llamado Saulo presenció la lapidación de Esteban y llevó adelante la persecución subsiguiente.

b) Los que fueron esparcidos iban por todas partes predicando el evangelio (Hech. 8:4). Es interesante observar que Jesús les había mandado ir y hacer discípulos en todas las naciones, pero, hasta el momento, se

---

[6] Así se denominaba a las poblaciones musulmanas durante la época medieval.

habían quedado en Jerusalén.

2. El Señor convirtió a Saulo y lo usó con poder para extender el cristianismo. Hoy, es más conocido como el apóstol Pablo.
   a) La conversión de Pablo en el camino a Damasco mientras viajaba para perseguir a más cristianos fue un suceso revolucionario que afectó el avance del cristianismo, que había sido gradual hasta el momento.
   b) Pablo fue uno de los primeros misioneros y extendió el cristianismo por todo el Imperio romano.
   c) Además, escribió cerca de la mitad del Nuevo Testamento y se lo considera el cristiano más importante de la historia.
   d) Llevó el cristianismo a nuevas tierras, obligó a la Iglesia a enfrentar suposiciones teológicas incorrectas y estableció patrones misioneros que se siguen hasta la actualidad.
   e) Winter sostenía que Pablo había usado la estructura misionera de equipo que ya había empleado antes como fariseo. Otros han especulado que conocía los lugares a los que viajó primero en sus viajes misioneros por sus épocas de persecución itinerante.
3. El martirio de Esteban provocó una especie de obediencia forzada de salir a las naciones, gracias a la persecución que desencadenó.
   a) También resultó en un ministerio intencional, intercultural e internacional en la iglesia de Antioquía de Siria.
   b) Allí fue donde los creyentes empezaron a comunicar la buena noticia en forma intencional a personas de trasfondos diferentes.
      (1) Estaban tan comprometidos con ser lo que Cristo les había mandado que, allí en Antioquía, los creyentes empezaron a ser conocidos como «cristianos».
      (2) Era un término despectivo que significaba «pequeños Cristos», pero permaneció porque era adecuado.
4. Dios utilizó el Imperio romano para extender la huella del cristianismo de muchas maneras.
   a) Hubo una severa persecución de los cristianos.
      (1) En 64 d.C., un incendio causó estragos en Roma, y se sospecha que el emperador Nerón fue el responsable.
      (2) Él culpó a los cristianos y comenzó a perseguirlos.
   b) Pedro y Pablo fueron martirizados por el gobierno romano en 67 d.C. y, en 70 d.C., Tito, el hijo de Vespasiano, destruyó el templo de Jerusalén.
      (1) Después de la destrucción del templo, empezó una marcada división entre los judíos y los cristianos, que separó sus trayectorias.
      (2) De allí en adelante, los cristianos dejaron de ser bienvenidos en las sinagogas.
5. A medida que la persecución de los cristianos oscilaba a través de los siglos, los que predicaban sobre Jesús solían sufrir las consecuencias.
   a) Por cierto, muchos sufrieron al punto de morir por su testimonio.
   b) La palabra griega que da origen a *mártir* en realidad significa «testigo», pero tantos murieron por su testimonio que «mártir» terminó aludiendo a alguien que muere por la fe.
   c) Entre los primeros mártires, algunos de los más conocidos fueron:
      (1) Esteban
      (2) Santiago
      (3) Pablo
      (4) Pedro

(5) Ignacio (entre 110-117 d.C.)
(6) Policarpo (156 d.C.)
(7) Justino Mártir
(a) La vida y la muerte de Justino Mártir (100-165 d.C.) ejemplifican la participación y el conflicto entre la iglesia primitiva y el paganismo.
(b) Es un modelo para todos los que deben vivir en un estado secular hoy en día.
(c) Justino Mártir escribió una defensa del cristianismo en su obra *Apología* en 150 d.C.

6. La primera persecución se extendió a lo largo de los primeros siglos.
   a) En medio de esa época, Tertuliano escribió en *Apologeticus* (197 d.C.): «La sangre de los mártires es la semilla de la iglesia», lo cual enfatiza la verdad observada de que, cuanto más se persigue a los cristianos, más prospera y se extiende el cristianismo.
   b) Humanamente hablando, el martirio es algo trágico y doloroso, pero el Señor hace que todo ayude a bien a los que lo aman y son llamados según Su propósito.
   c) La lista de los mártires es larga.
      (1) Muchos de los países donde enseñarás tendrán una lista de aquellos que murieron por Cristo para llevar el evangelio a ese lugar.
      (2) Es correcto y honorable que les enseñes a tus alumnos sobre la contribución que hicieron a la Iglesia local.
      (3) En países con una historia rica y bien documentada, se pueden resumir los sucesos tempranos para dar tiempo a enfatizar lo que Dios ha hecho en medio de ellos.
7. Las herejías comenzaron a crecer en la iglesia primitiva y amenazaron con destruir su unidad y pureza.
   a) El *gnosticismo* enseñaba que había un conocimiento secreto que había que obtener, y que ese era el objetivo del cristianismo.
   b) El *montanismo* era una herejía que valoraba la lógica humana por encima de la revelación bíblica, destacaba una nueva profecía y la vida espiritual, fomentaba el orgullo y le adjudicaba una mayor autoridad al sentimentalismo subjetivo que a la Biblia.
   c) El *arrianismo* surgió alrededor de 318 d.C., a partir de las enseñanzas de Arrio de Alejandría.
      (1) Enseñaba que Cristo era una creación de Dios y no existía antes de nacer.
      (2) Por lo tanto, negaba la deidad de Jesucristo.
   d) Las herejías trinitarias y cristológicas han surgido a lo largo de toda la historia de la Iglesia.
8. En un esfuerzo por abordar las amenazas crecientes a la doctrina pura y la división dentro del Cuerpo de Cristo que provocaba cada una, se convocaron concilios eclesiásticos.
   a) Se decidirían y establecerían las posturas oficiales de la Iglesia para combatir las enseñanzas herejes, pero en varios momentos de la historia y en todo el mundo, seguirían apareciendo herejías.
   b) La capacidad de reconocerlas cuando surgen y antes de que hagan un gran daño constituye uno de los principales beneficios de estudiar la historia de la Iglesia.
   c) Aquí se presentan algunos concilios eclesiásticos claves para demostrar su

valor y establecer lo que se resolvió en cada uno.[7]

(1) El Concilio de Nicea (325 d.C.):
   (a) Se declaró al Hijo *homoousios*, que significa que es de igual importancia, sustancia y eternidad que Dios el Padre.
   (b) Este concilio condenó a Arrio y esbozó el credo niceno.
(2) El Concilio de Constantinopla (381 d.C.):
   (a) Confirmó el Concilio de Nicea y corrigió el credo niceno.
   (b) Afirmó la deidad del Espíritu Santo y condenó el apolinarismo, que había afirmado que Cristo no tenía espíritu humano, sino el Logos.
(3) El Concilio de Éfeso (431 d.C.): Declaró hereje al nestorianismo, una doctrina que afirmaba que el Logos simplemente habitaba en Cristo y, por lo tanto, transformaba a Jesús en el «hombre portador de Dios» en lugar de la unión orgánica del «Dios-Hombre».
(4) El Concilio de Calcedonia (451 d.C.):
   (a) Demostró la absoluta importancia de la ortodoxia respecto a la persona de Cristo para una comprensión clara del resto de la teología bíblica.
   (b) Declaró que Cristo tenía dos naturalezas puras, inalterables, indivisibles e inseparables.

9. En 312 d.C., Constantino contendía con Majencio por todos los tronos del imperio.
   a) Al levantar la mirada, vio la forma de una cruz encendida en el cielo, acompañada de las palabras «Con este signo, vencerás».
      (1) Colocó ese símbolo de la cruz sobre sus soldados, ganó la batalla y le dio al Dios cristiano el crédito de la victoria.
      (2) Se convirtió al cristianismo y puso fin a la persecución de los cristianos.
   b) Constantino gobernó en Occidente y Licinio en Oriente.
      (1) Juntos, decretaron el Edicto de Milán en 313 d.C., el cual era un acta de tolerancia de la religión cristiana.
      (2) Esta tolerancia permitió que la Iglesia se expandiera y avanzara, pero la nueva popularidad y comodidad generó una Iglesia débil.
         (a) Algunos se unían al cristianismo por conveniencia o incluso para hallar favor político.
         (b) La fuerza de la Iglesia se diluyó.
10. El cristianismo se identificó con el Imperio romano, lo cual significó que su alcance y aceptación estaban ligados a todo lo que fuera romano.
   a) Cuando Roma cayó, también lo hizo la influencia del cristianismo.
   b) Esto es similar a lo que ha sucedido con la percepción del vínculo entre el cristianismo y Occidente hoy en día. Muchas personas en culturas asiáticas y árabes rechazan el cristianismo porque creen que es una religión occidental inventada por occidentales.
11. Durante esta era, la colección de libros bíblicos aceptados como definitivos y autorizados se fue unificando.
   a) En 367 d.C., Atanasio escribió una carta pascual que enumeraba los mismos libros del Nuevo Testamento que hoy aceptamos.
   b) Él y otros abrazaron el concepto de un canon cerrado, una colección de libros aceptados como sagrados y con autoridad.

[7] Gran parte de la síntesis está tomada de Robert C. Walton, *Chronological and Background Charts of Church History*, (Grand Rapids, MI: Zondervan, 1986).

(1) Durante esa época, circulaban falsos Evangelios, que podrían haberse infiltrado en nuestras Biblias actuales.
(2) Además, sin un canon cerrado y completo, algunos podrían haber querido eliminar ciertos libros a través de los años.

12. Teodosio el Grande fue el emperador de Roma desde 379 a 395 d.C.
   a) Su adopción del cristianismo como religión estatal sirve de ilustración de los peligros inherentes de que la Iglesia pierda su rol conversionista y su confrontación con el mundo.
   b) Para 380 d.C., el cristianismo ya era la religión estatal del Imperio romano.
      (1) El teólogo Agustín de Hipona se convirtió y bautizó en 387 d.C.
      (2) Escribió sus *Confesiones* en 399 d.C. y *La ciudad de Dios* después de que los visigodos saquearon Roma en 410 d.C.

13. Factores generales que afectaron la expansión de la Iglesia
   a) No deberíamos dejar a los alumnos con una mera compilación de información histórica, sino sacar lecciones del pasado para aplicarlas al futuro.
      (1) ¿Qué factores generales podrían explicar el rápido avance de esta nueva secta llamada cristianismo, que pasó de ser un grupo de hombres a cubrir todo el Imperio romano?
         (a) La frase «Todos los caminos llevan a Roma» alude a una de las razones.
            (i) El sistema de caminos romano incorporaba más de 400 000 kilómetros de caminos.
            (ii) Los caminos romanos allanaron literalmente el camino para los comerciantes, los ejércitos y los misioneros.
         (b) Otro término familiar es la *Pax romana,* o la paz romana, que existía cuando Roma gobernaba todo.
            (i) Los ciudadanos podían viajar por cualquier país del imperio, como si tuvieran una especie de visa estampada en el pasaporte.
            (ii) Esta libertad para viajar benefició a los que extendían el cristianismo.
         (c) Otra clave
            (i) El griego era la lengua franca del Imperio romano, lo cual facilitaba la comunicación hasta el último rincón del reino.
            (ii) La filosofía griega dominante prometía una cosmovisión común en todo el reino o, al menos, les permitía a los evangelistas entender lo que sus oyentes creían mientras les predicaban el evangelio.
      (2) El Señor había preparado el mundo para la venida de Cristo, de manera que fuera posible la extensión del cristianismo. Sin embargo, la bendición divina de parte de Dios sobre la obra misionera fue la fuerza coordinadora y el motor que hizo surgir todos estos componentes y los llevó a funcionar en conjunto.
   b) Además, el registro bíblico muestra patrones que facilitaron la expansión del evangelio y la plantación de iglesias en los lugares que visitaron los primeros misioneros.
      (1) Por ejemplo, Pablo predicaba primero en las sinagogas.
      (2) Practicaba la evangelización casa por casa.
      (3) Usaba instrucción oral para las personas analfabetas y hasta les indicaba a sus discípulos que se aseguraran de leer la Escritura y sus

cartas en forma pública. Además, la escritura de sus cartas demuestra que también empleaba la alfabetización como herramienta.

(4) Estos son patrones que deberíamos utilizar y que tenemos que enseñar a nuestros alumnos a usar en sus ministerios.

14. La iglesia primitiva practicaba obras de misericordia entre los necesitados.
   a) Distribuían pan a las viudas.
   b) Recibían colectas en masa para víctimas de hambruna.
   c) Daban instrucciones para que se cuidara de las viudas.
   d) Se empezó a predicar a personas de otros trasfondos.
      (1) Un vistazo del ministerio de la iglesia primitiva muestra que su método misiológico tenía varias aristas.
      (2) Se adaptaban a la situación, en lugar de emplear un enfoque uniforme.
15. Para el año 500 d.C., la gran mayoría del Imperio romano era considerada cristiana, y el evangelio había llegado a muchas tierras fuera del imperio.
   a) El monacato y las órdenes religiosas de la Iglesia también ayudaron a extender el cristianismo.
   b) Dios usó la caída de Roma, las siguientes conquistas e invasiones e incluso las Cruzadas para extender Su reino.

E. Los bárbaros: 400-800 d.C.
1. Personas de otras naciones fuera del mundo de habla griega y latina, invadieron territorios romanos y los conquistaron a principios de la década del 400 d.C.
   a) Cuando saquearon Roma y otros territorios, llevaron cautivos.
   b) Así como había sucedido con Naamán, cuando su esclava israelita le habló del único Dios verdadero, los cautivos de tierras cristianas compartieron la verdad con sus captores.
2. La misión de Patricio en Irlanda se extendió desde 432 a 460 d.C.
   a) Al principio, había sido uno de los esclavos, pero se escapó después de seis años y regresó a su hogar al sur de Gran Bretaña.
   b) Después de 25 años en su tierra, recibió una visión y un llamado misionero de regresar a evangelizar y convertir a las tribus paganas que había conocido en Irlanda.
   c) Su incansable obra misionera en Irlanda llevó al establecimiento de la iglesia celta.
      (1) A la obra misionera bajo su liderazgo se le acredita la plantación de más de 700 iglesias, la designación de más de 1000 sacerdotes y obispos, la predicación a entre 30 y 40 tribus y la edificación de cientos de escuelas.
      (2) A Patricio se le atribuye haber establecido el cristianismo en Irlanda, y la iglesia celta es el legado de su obra misionera.
3. Después de evangelizar Irlanda, un grupo de misioneros se dirigió a Escocia para comenzar la obra allí.
   a) Entre ellos, se encontraba Columba (521-597 d.C.), un hombre que inauguraría una escuela de capacitación misionera en 563 d.C. en una isla desierta de Iona, en la costa de Escocia.
   b) La estrategia que Patricio había comenzado se transformó en el método celta de avance misionero.
      (1) Un misionero llamado Aidan llevó ese método a Inglaterra en 633 d.C. y llegó a ser conocido como «el apóstol de Inglaterra».
      (2) Otro misionero irlandés llamado Columbano empleó la estrategia celta para establecer comunidades monásticas en Europa continen-

tal en 600 d.C., y comenzó obras en Francia, Suiza, Italia y Austria.

4. Esta estrategia celta era evangelizar en equipo y relacionarse con la gente de un pueblo de maneras adecuadas para la cultura, identificarse con los habitantes, desarrollar una relación, ministrar, practicar la hospitalidad, dar testimonio y formar a las personas con el objetivo de levantar una iglesia.
   a) Los celtas no establecieron muchas iglesias pequeñas como quizás consideraríamos hoy; en cambio, empezaron comunidades o complejos misioneros.
   b) Con el concepto celta del *peregrini*, o evangelista itinerante, establecían comunidades cristianas, enseñaban a los creyentes y dispersaban grupos de creyentes más allá de la comunidad original, para repetir el proceso.
5. El papa Gregorio Magno, un exmonje, fue el primer papa verdadero.
   a) En 596 d.C., envió a un monje misionero llamado Agustín a Gran Bretaña.
      (1) Cuando Agustín llegó, descubrió que ya había una presencia cristiana fuerte en la forma de la iglesia celta.
      (2) Algunas leyendas sostienen que el cristianismo había llegado originalmente a Gran Bretaña con el ministerio del apóstol Pablo, y otros se lo atribuyen a José de Arimatea.
   b) No importa cómo ni cuándo llegó, el cristianismo ya había estado ahí durante siglos antes de 596 d.C.
6. El misionero Bonifacio llevó elementos de la estrategia celta a Alemania a principios del siglo VIII.
   a) Bonifacio, que vivió entre 675 y 754 d.C., fue uno de los líderes de la misión anglosajona a los francos y llegó a ser conocido como el «apóstol de los alemanes».
      (1) Se lo suele recordar por su poderosa confrontación de poderes[8] con aquellos que adoraban el roble de Donar, también llamado roble de Thor, ya que lo taló.
         (a) La tradición sostiene que, después de unos cuantos golpes, el árbol cayó ante una gran ráfaga de viento.
         (b) Como la deidad del árbol no castigó a Bonifacio, su audiencia quedó cautivada.
      (2) Se dice que Bonifacio tuvo una profunda influencia en la formación del cristianismo occidental.
   b) Él y otras 52 personas fueron asesinados en Frisia en 754 d.C. Aunque Bonifacio cometió muchos errores, los remanentes de verdad que sostenía inspiraron un celo sacrificado.
7. Otro avance digno de destacar en este período de expansión del cristianismo es el ministerio de los nestorianos.
   a) Los nestorianos eran los seguidores heterodoxos exiliados del obispo desplazado Nestorio, un monje que se transformó en el patriarca de Constantinopla.
   b) El nestorianismo sostenía la creencia errónea de que Jesús era en realidad dos personas diferentes y, por lo tanto, tenía a Dios en Su interior, pero no era el Dios-Hombre.
   c) Nestorio también rechazaba el título de «madre de Dios» para María. El Concilio de Éfeso, en 431 d.C., declaró que sus enseñanzas eran herejías.

---

[8] En las misiones, una confrontación de poderes se refiere a confrontar una creencia local directamente, en una clase de competencia entre deidades, de manera similar al combate entre Elías y los profetas de Baal en el monte Carmelo (1 Rey. 18).

d) Los nestorianos tenían una fuerte visión misionera y llevaron el evangelio a China en 635 d.C.
(1) No pudieron ganar a los chinos, principalmente porque sus creencias heterodoxas y el monacato no encajaban en una cultura que tenía en alta estima la familia.
(2) Sin embargo, es interesante destacar su tenacidad y compromiso con la tarea. Cuando los franciscanos llegaron a China en 1294 los nestorianos seguían estando allí para hacerles frente.
8. Mahoma, que sería el fundador del islam, nació en La Meca en 570 d.C.
a) Huérfano desde temprana edad, se crio con un tío paterno para el cual trabajaba como pastor de ovejas y, a veces, viajaba con caravanas mercantiles.
b) Trabajó para una adinerada comerciante, una viuda llamada Jadiya, con quien se casó a los 25 años, mientras que ella tenía casi 40.
c) Algo incómodo con su nueva riqueza, empezó a retirarse durante períodos largos para ayunar y orar en cuevas.
(1) Allí, empezó a tener visiones en las cuales, según él, recibió hermosos mensajes.
(2) Comenzó a revelar sus incipientes creencias religiosas a los que lo rodeaban y consiguió adeptos.
(a) Sin embargo, otros rechazaron su herejía y, después de que alguien intentó asesinarlo, Mahoma huyó con sus seguidores a Medina.
(b) Con el tiempo, regresaron a La Meca después de que varias confrontaciones terminaron en un tratado de paz que les otorgaba a él y a sus seguidores libertad de movimiento por Arabia.
d) La religión que Mahoma formó se llamó islam y sus adeptos, musulmanes.
(1) El dios del islam se llama Alá y Mahoma es su principal profeta.
(2) Explicaremos más sobre el islam en el módulo sobre misiones y plantación de iglesias.
(a) A esta altura, debería ser evidente que, como esta religión no concuerda con el cristianismo, el avance de una solía ser a expensas de la otra.
(b) Después de la muerte de Mahoma, el islam comenzó a expandirse rápidamente a filo de espada.
(i) Esto era comprensible, ya que el mismo Mahoma había usado la espada para forzar un tratado y establecer el islam en La Meca.
(ii) Los que estaban comprometidos con el avance del islam a través de la yihad (guerra santa) vieron cómo el islam se extendía por Arabia, el Medio Oriente, Jerusalén, el norte de África y Europa en menos de 100 años.
F. Los vikingos: 800-1200 d.C.
1. La era de los vikingos trajo la mayor amenaza que enfrentó la civilización cristiana.
a) Las invasiones o amenazas anteriores habían traído ejércitos que al menos respetaban las iglesias, los monasterios o las comunidades religiosas.
b) Los vikingos eran personas beligerantes y violentas que saqueaban comunidades misioneras, mataban a voluntad, quemaban iglesias y llevaban cautivos para venderlos como esclavos.
(1) Mostraban una extrema crueldad y hasta atacaban otras comuni-

dades vikingas y vendían a sus mujeres como esclavas.
    (2) Una de las razones por las cuales los vikingos solían atacar las comunidades cristianas era que los monasterios estaban empezando a adoptar ciertos lujos. Los invasores vikingos sabían que allí podían encontrar dinero.

2. Carlos el Grande, también conocido como Carlomagno por la forma latina de su nombre, fue el rey de los francos entre 771 y 814.
3. La conversión de los francos en 599 los colocó como el único reino cristiano en Europa continental.
    a) La amenaza creciente de ataque llevó al papa a pedirle ayuda al rey de los francos.
    b) La relación que se forjó entre el papa y el rey llevó a que coronaran a Carlomagno como emperador del Sacro Imperio Romano el día de Navidad en el año 800.
        (1) Este utilizó su poder y su influencia militar para extender el cristianismo, obligando a los pueblos a convertirse en cristianos.
        (2) Por supuesto, este cristianismo obligatorio produjo muchos «convertidos» que eran solo cristianos nominales.
    c) Como veremos en la expansión colonial española y el avance misionero simultáneo de la Iglesia católica romana, un simple cambio de religión no garantiza la conversión verdadera. Sin embargo, Dios, en Su sabia providencia, puede usarlo para Sus propósitos.
4. Cirilo (nacido en 827) y Metodio (nacido en 826) fueron misioneros griegos de Tesalónica a los países eslavos.
    a) Llevaron el cristianismo ortodoxo oriental y la alfabetización a las tribus eslavas, que, hasta el momento, eran analfabetas.
    b) Estos misioneros diseñaron el alfabeto eslavo y ahora se los venera en las iglesias orientales ortodoxas como los «apóstoles a los eslavos».
5. En 1054, hubo una división entre la Iglesia católica romana occidental y la Iglesia ortodoxa oriental.
    a) Se conocería como el Cisma de Oriente y Occidente.
    b) Durante años, existieron diferencias teológicas, políticas y culturales entre las dos, pero con el aumento de estas discrepancias, el patriarca cerró las iglesias latinas en Constantinopla.
        (1) Tomó este paso en respuesta a la demanda del papa de que todas las iglesias griegas en el sur de Italia se cerraran o fueran obligadas a conformarse al catolicismo romano en 1053.
        (2) Como consecuencia, el papa católico romano y el patriarca ortodoxo oriental se excomulgaron mutuamente, lo cual cimentó el cisma entre estos dos sistemas de cristianismo.

G. ¿La evangelización de los musulmanes? 1200-1600 d.C.

1. Las Cruzadas tuvieron un papel importante en este período de la historia y, por cierto, los efectos de su legado perduran en la actualidad.
2. Como mencionamos, los musulmanes habían empezado una expansión militar agresiva de su territorio desde el principio. Forzaron la aceptación en La Meca y, después de la muerte de Mahoma, se expandieron por todo Oriente Medio, el norte de África y llegaron a Europa.
    a) En apariencia, las cruzadas militares fueron un intento de recuperar lo que se consideraban tierras cristianas y glorificar así a Dios.
        (1) Sin embargo, lo que impulsaba las Cruzadas casi nunca era la pureza del supuesto deseo de reclamar la tierra para la gloria de Cristo de manera digna de Su nombre.

(2) La crueldad violenta que se empleaba se deja entrever en que «todas las principales Cruzadas fueron lideradas por descendientes de vikingos».[9]

b) Las Cruzadas presentaron una imagen de un cristianismo violento y belicista que sigue grabado en las memorias y perspectivas de muchos musulmanes hoy.

(1) El legado de las Cruzadas sigue siendo una piedra de tropiezo cuando los cristianos les hablan a los musulmanes del amor de Cristo.

(2) Sin duda, hubo hombres piadosos con intenciones puras en esta historia, pero el legado predominante fue negativo; las Cruzadas no cumplieron su objetivo declarado de restaurar las tierras a los cristianos ni glorificaron a Dios.

3. Una simple lista de las Cruzadas y sus fechas nos dará una breve línea del tiempo para ayudarnos a considerarlas en perspectiva.[10]

a) 1096-1099: La primera Cruzada, llamada la Cruzada del Pueblo, apuntó a liberar Jerusalén de los turcos.

(1) Fue liderada por el conde Raimundo IV de Tolosa.

(2) Muchos predicadores itinerantes como Pedro el Ermitaño.

(3) Los cruzados capturaron Nicea, Antioquía, Edesa, Jerusalén y establecieron reinos feudales de los cruzados.

b) 1144-1155: La segunda Cruzada fue liderada por el santo emperador romano Conrado III y el rey Luis VII de Francia.

(1) Bernardo de Claraval fue uno de los principales motivadores.

(2) Se buscó retomar Edesa.

c) 1187-1192: La tercera Cruzada fue liderada por Ricardo «Corazón de León» de Inglaterra, Felipe II de Francia y Federico I, emperador del Sacro Imperio Romano.

(1) Intentó recuperar Jerusalén de manos de Saladino.

(2) Ricardo I logró una tregua con el líder musulmán Saladino.

d) 1202 -1204: La cuarta Cruzada fue liderada por el francés Fulco de Neuilly, quien avanzó sobre Constantinopla en un intento de socavar el poder sarraceno.

e) 1212: La Cruzada de los Niños estuvo al frente de un joven campesino francés, Esteban de Cloyes.

(1) Una conquista sobrenatural de la Tierra Santa por parte de los «puros de corazón».

(2) Muchos de los niños se ahogaron en el mar, fueron vendidos como esclavos o asesinados.

f) 1217-1221: La quinta Cruzada fue liderada por el rey Andrés II de Hungría, el duque Leopoldo VI de Austria y Juan de Brienne, que intentaron socavar el poder de los sarracenos.

g) 1228-1229: La sexta Cruzada estuvo al frente de Federico II, emperador del Sacro Imperio Romano, y su objetivo fue recuperar Jerusalén.

h) 1248-1254: La séptima Cruzada fue liderada por Luis IX de Francia, para traer alivio a la Tierra Santa a través de una invasión a Egipto, pero los cruzados fracasaron.

i) 1270: La octava Cruzada estuvo al frente de Luis IX de Francia.

j) 1271-1272: La novena Cruzada fue liderada por el príncipe Eduardo (más

---

[9] Winter, *Perspectives*, 18.

[10] Walton, *Chronological and Background Charts*, #23.

adelante, Eduardo I de Inglaterra).

4. La interacción entre los musulmanes árabes y los cristianos occidentales tuvo muchas repercusiones en las cosmovisiones y los valores europeos.
   a) Intercambios de vocabulario,
   b) Intercambios de conocimiento médico
   c) Intercambios de arquitectura
   d) Intercambios de especias.
      (1) Durante esa época, el valor de las especias competía con el de los metales preciosos, y la alta demanda en el mercado impulsó la búsqueda de rutas para llegar a las fuentes de estas especias.
      (2) Los cruzados que se percataron del valor de estas especias también impidieron el libre acceso a los caminos comerciales por tierra para obtenerlas.
5. En 1346, se vieron en Europa las primeras erupciones de la peste bubónica, que siguieron fluctuando durante 40 años, con efectos devastadores.
   a) La peste bubónica, o la muerte negra, fue una enfermedad que ahora se sabe que era transmitida principalmente por las ratas y las moscas, que abundaban en los barcos mercantiles, pero, por supuesto, la enfermedad también se esparcía por las rutas comerciales.
   b) Alteró para siempre las poblaciones donde llegó y mató a un tercio de los habitantes de Europa (casi un millón y medio de los cuatro millones).
   c) Golpeó duramente a las comunidades de frailes.
      (1) Solo en Alemania, murieron más de 120 000 franciscanos.[11]
      (2) Como estas comunidades estaban al frente de la extensión del catolicismo romano, este fue un golpe particularmente doloroso para las misiones católicas.
6. Los precursores de la Reforma
   a) El 31 de octubre de 1517, Martín Lutero clavó sus 95 tesis en la puerta de la Iglesia del Palacio en Wittenberg, Alemania. Esto marcó el comienzo de la Reforma.
      (1) Sin embargo, la Reforma no salió de la nada, o *ex nihilo*.
      (2) Antes de Lutero, hubo otros cuyos escritos, creencias, enseñanzas, seguidores y sufrimientos prepararon el camino.
   b) El tumulto religioso en esa era se hace evidente si consideramos que, en un momento, hubo tres papas rivales que competían por el reconocimiento de ser el único papa del catolicismo.
      (1) El papado había estado en decadencia moral por un tiempo debido a la naturaleza política del cargo. Se había transformado en el pináculo del poder y la riqueza, y había corrompido a muchos en esta posición, lo cual debilitó el cristianismo.
      (2) Comenzaron a surgir iniciativas de grupos de cristianos que buscaban una forma más pura de cristianismo, frente a lo que se había transformado el catolicismo.
         (a) Entre ellos, se encontraba el movimiento valdense, fundado por Pedro Valdo en el sur de Francia, a principios del siglo XIII.
            (i) Practicaban un estilo de vida sencillo y comunitario, y predicaban la Biblia en el idioma local en lugar de la liturgia de la misa latina.

---

[11] Winter, *Perspectives*, 19.

(ii) Los valdenses estaban comprometidos con la clase de discipulado que se describe en el Sermón del Monte, apoyaban a los predicadores laicos (incluso mujeres) y negaban ciertas tradiciones católicas como el purgatorio.

(iii) En consecuencia, la Iglesia católica los condenó y los persiguió con severidad. En 1532, los valdenses se unieron a la Reforma.

(b) Otro grupo precursor fue el de los lolardos, un término despectivo que significaba «murmuradores».

(i) Seguían las enseñanzas de John Wycliffe en Oxford a fines del siglo XII.

a. Aunque eran pacíficos, los persiguieron y a algunos los martirizaron.

b. Al igual que los valdenses, rechazaban tradiciones católicas como el purgatorio, pero también la transubstanciación y el celibato sacerdotal.

c. Además, condenaban la práctica católica de peregrinar por méritos, de confesar los pecados al sacerdote y de venerar imágenes.

(ii) En vez de predicar en latín usando la Biblia Vulgata, usaban la traducción al inglés.

(iii) A John Wycliffe se lo suele llamar «el lucero del alba de la Reforma».

(c) Un grupo más que merece ser mencionado es el de los husitas, seguidores de Jan Hus.

(i) Hus había sido una suerte de héroe para Martín Lutero, que encontró sus escritos en la biblioteca.

(ii) Los escritos de Wycliffe habían marcado a Hus y le habían dado un deseo de estudiar la Biblia por sí mismo. Más tarde, lo que Hus había escrito impactó a Martín Lutero de manera similar.

a. Hus nació en la parte sur de lo que hoy es la República Checa.

b. Al igual que Lutero, estaba en contra de muchos abusos del catolicismo como las indulgencias y, en cambio, prefería confiar solo en las enseñanzas halladas en la Escritura.

c. Sus libros fueron condenados y quemados, y el mismo papa lo excomulgó.

d. A Hus le ordenaron que explicara sus convicciones ante el Concilio de Constanza, en 1414.

i. Como le habían prometido que estaría a salvo y le darían una oportunidad de explicar lo que creía y por qué lo creía, asistió. Sin embargo, no le permitieron hablar, sino que lo arrojaron a la prisión.

ii. Lo amenazaron con dureza y le mandaron que se retractara. Cuando Hus se negó, lo vistieron con todas las vestiduras sacerdotales y luego se las quitaron con mucha ceremonia.

(iii) Le dieron una última oportunidad de retractarse antes

de quemarlo en la hoguera. Él no quiso hacerlo y, en cambio, murió recitando salmos, orando para que sus perseguidores hallaran perdón.

(iv) Los husitas sostenían que la Escritura tenía más autoridad que la Iglesia, y les exigían a las autoridades católicas que los laicos recibieran tanto vino como pan en lugar de la práctica católica de recibir solo el pan.

a. Los husitas también rechazaban la transubstanciación, las indulgencias, la veneración de los santos y la necesidad de confesar pecados al sacerdote para obtener perdón.

b. Los descendientes espirituales de Jan Hus se llamarían los *Unitas Fratrum* o la Unidad de los Hermanos; fueron los precursores de la Hermandad de Moravia.

7. La Reforma y el Nuevo Mundo

a) Cuando llegó el momento indicado, el Señor unió todas las piezas y comenzó la Reforma Protestante.

(1) Uno de los componentes claves que dieron lugar a la Reforma fue un invento de Johan Gutenberg. A mediados del siglo XIII, Gutenberg inventó una imprenta de tipos móviles, que facilitaba una impresión más rápida y, por lo tanto, aceleraba la divulgación de ideas.

(a) Mientras que, en el pasado, a un equipo de monjes le llevaba años copiar e iluminar una Biblia, la nueva prensa de Gutenberg redujo en forma drástica el tiempo para producir ejemplares.

(b) Ahora, se podían producir múltiples copias de un material impreso con mayor rapidez, y esto ayudó a la traducción e impresión de Biblias en los diversos idiomas de Europa.

(c) Era posible diseminar ideas, plasmar las lenguas vernáculas en la escritura y expresarlas en forma estática. Así, se empezó a valorar más la alfabetización.

(2) El momento en que Martín Lutero clavó sus 95 tesis sobre la puerta de la Iglesia del Palacio después de la llegada de la prensa de Gutenberg se podría comparar con publicar opiniones sobre el catolicismo en un blog. Sus ideas se esparcieron como reguero de pólvora y la reacción fue rápida y feroz.

(a) Martín Lutero había nacido en 1483 en Alemania, en una familia pobre que tenía grandes esperanzas para él, para que tuviera una vida mejor.

(i) Estudiaba abogacía en la universidad, pero, mientras viajaba un día de tormenta, cayó un rayo cerca de él.

a. Aterrorizado, exclamó: «Sálvame, santa Ana, y me haré monje».

b. Dios lo libró de la tormenta y, fiel a su voto, entró al monasterio en Érfurt, Alemania.

(ii) La personalidad de Lutero tendía a la paranoia y la introspección mórbida.

a. Pasaba largos ratos confesando minucias a su confidente y declarando cualquier pecado que pudiera imaginar.

b. Practicaba el autoflagelo, realizaba peregrinaciones para ver las reliquias y hacer mérito, y usaba todos los métodos disponibles en el catolicismo para hallar alivio de la culpa que lo agobiaba… pero nada le traía paz.

c. El líder de la orden de San Agustín en Alemania, Johann Von Staupitz, lo instó a leer la Biblia, pero, al principio, esto solo le provocó una mayor convicción de pecado.

   i. Sin embargo, empezó a ver la luz al examinar la Escritura.

   ii. Mientras Lutero estudiaba la Biblia, Dios le reveló la verdad de que «el justo por la fe vivirá». Esa frase bíblica se transformaría en el caballo de batalla de la Reforma.

(b) Lutero encontró paz con Dios, pero intensificó el conflicto con la Iglesia católica.

(c) Una de las 95 tesis de Lutero hablaba de la venta de indulgencias por parte de la Iglesia católica.

(i) La Iglesia católica romana vendía indulgencias para juntar dinero para la edificación de la Catedral de San Pedro en Roma.

a. Supuestamente, las indulgencias les permitían a los que las compraban salir más rápido del purgatorio, por una concesión especial del papa.

b. Un monje llamado Tetzel estaba vendiendo indulgencias con un plan de comercialización que anunciaba: «Cuando una moneda cae en el arca, un alma del purgatorio desembarca».

(ii) Lutero se preguntó con razón por qué el papa exigía dinero para liberar a las personas de los tormentos del purgatorio si tenía el poder para librarlos a voluntad.

(d) Por sus quejas y el conflicto que generó con la Iglesia, a Lutero lo excomulgaron en 1520.

(i) La Iglesia quemó oficialmente sus escritos y lo convocó a un concilio de la Iglesia, llamado la Dieta de Worms, en Alemania.

a. Los amigos que recordaban lo que le había sucedido a Jan Hus intentaron en vano convencerlo de que no fuera.

b. Carlos V, el emperador del Sacro Imperio Romano, presidió la asamblea y a Lutero se le pidió que se retractara.

   i. Su famoso rechazo a este pedido a retractarse fue: «Esta es mi postura, ¡no puedo hacer otra cosa!».

   ii. Cuando se fue, lo tomaron «por la fuerza» en un rapto fingido y lo llevaron a un lugar seguro, donde un líder gubernamental le dio refugio.

   iii. Lutero permaneció en este oasis mientras traducía el Nuevo Testamento al alemán.

(ii) La Reforma fue un viento fresco para el cristianismo. Nos enseña que hacer brillar la luz de la verdad, aunque sea sobre un solo error fundamental, puede producir una transformación radical.

(e) A Lutero se lo considera el padre fundador de las denominaciones luteranas de la Iglesia.

(3) Juan Calvino fue otra figura clave en la Reforma y el desarrollo del cristianismo evangélico protestante.

(a) Calvino nació en Noyon, Francia, en 1509 y, al igual que Lutero, estudió abogacía antes de convertirse.

(b) En 1533, se unió a los protestantes en Francia, pero tuvo que huir de París por sus convicciones religiosas y se estableció en Basilea, en Suiza.

(c) Calvino sistematizó el pensamiento protestante en su obra *Principios de la religión cristiana,* la cual publicó cuando tenía tan solo 26 años.

(i) Sirvió en Ginebra antes de que lo exiliaran de allí, y vivió un tiempo en una iglesia francesa en Estrasburgo, la cual pastoreó. Más adelante, regresó a Ginebra para servir otra vez allí.

(ii) En Ginebra, John Knox, junto con otros creyentes escoceses e ingleses, hallaron refugio y trabajaron en una nueva traducción inglesa de las Escrituras.

a. Elaboraron la Biblia de Ginebra.

b. Se publicó en 1560, 51 años antes de la versión del rey Jacobo.

(d) A Calvino se lo considera el padre fundador de las iglesias reformadas y, en especial, de las denominaciones presbiterianas.

(4) Ulrico Zwinglio fue otro de los reformadores y predicó en Suiza en 1515.

(a) Él y sus seguidores llevaron a cabo muchas de las ideas de la Reforma que se predicaban en Alemania en ese momento.

(i) Condenaron el uso de imágenes y reliquias en la práctica del cristianismo.

(ii) Grandes multitudes empezaron a seguir y abrazar las enseñanzas de Zwinglio.

(b) La marcada división entre los católicos y los protestantes en Suiza generó una guerra civil en 1531.

(c) Los católicos atacaron Zúrich con 8000 hombres y mataron a Zwinglio, de 47 años.

b) Aunque la Reforma en Inglaterra empezó recién a principios del siglo XIV, John Wycliffe había predicado y ganado partidarios allí 150 años antes.

(1) En abril de 1519, una viuda fue quemada en la hoguera por el crimen de enseñarles a sus hijos el Padrenuestro y los Diez Mandamientos en inglés.[12]

(2) El rey Enrique VIII obtuvo el título del «Defensor de la fe».

(a) Como católico comprometido, había escrito contra Lutero, pero, en 1534, se separó del catolicismo porque el papa no quiso anular su matrimonio con Catalina de Aragón.

(b) Entonces, se declaró a sí mismo el jefe supremo de la Iglesia de Inglaterra, pero, tanto él como su iglesia, siguieron siendo muy católicos en sus formas de adoración y sus rituales.

c) William Tyndale completó su traducción del Nuevo Testamento al inglés

---

[12] Peter Jeffery, *Christian Handbook: A Straightforward Guide to the Bible, Church History, and Christian Doctrine* (Gales, Reino Unido: Bryntirion Press, 1988), 92.

en 1525, por lo cual lo encarcelaron y lo quemaron en la hoguera once años más tarde.

(1) Cuando Hugh Latimer se convirtió y cambió su postura opuesta a la Reforma, Dios lo usó con poder no solo a él, sino también a otros como Thomas Cranmer.

(a) Cuando María Tudor subió al poder, comenzó a perseguir a los protestantes, en un esfuerzo por reinstituir el catolicismo en Inglaterra.

(b) En esta purga, Latimer y Cranmer, junto con 300 otros, fueron quemados en la hoguera.

d) John Knox fue una figura clave en la historia de la Reforma en Escocia a mediados del siglo XIV.

(1) A principios del siglo XV, la corona inglesa fomentó la persecución en un intento de forzar a los bautistas, los presbiterianos y los puritanos congregacionalistas a conformarse a la Iglesia de Inglaterra.

(2) Entre 1620 y 1640, unos 20 000 separatistas se unieron a las filas de los padres peregrinos y cruzaron el océano Atlántico para escapar de la persecución y empezar de cero en el Nuevo Mundo.

e) Las denominaciones protestantes surgieron de la Reforma.

(1) Los que denunciaban aquello en lo que la Iglesia católica romana se había transformado eran los «protestantes».

(2) La Reforma empezó en 1517, las iglesias luteranas y reformadas empezaron en 1520, los anabautistas en 1525, los anglicanos en 1534, los presbiterianos en 1560, los bautistas en 1620 y los metodistas en 1787.

f) Cuando Oliver Cromwell subió al poder después de la guerra civil en Inglaterra, surgió la oportunidad de establecer y afianzar la libertad religiosa.

(1) Los puritanos de cada uno de los grupos principales escribieron confesiones históricas de fe durante este período.

(a) Los presbiterianos escribieron la Confesión de fe de Westminster en 1647.

(b) Los bautistas escribieron la Confesión bautista de Londres en 1689.

(c) Los independientes (congregacionalistas) elaboraron la Declaración de Savoy en 1658.

(2) Por supuesto, estos documentos estaban confeccionados especialmente para adaptarse a las creencias de cada grupo respecto a la organización política de la iglesia y al bautismo, pero concordaban en los fundamentos esenciales referentes a la salvación.

(3) Aunque, durante años, seguirían las luchas para encontrar equilibrio y a veces recuperar libertad religiosa, se habían ganado batallas claves.

g) Los católicos convocaron un concilio para abordar los peligros de la Reforma, y el Concilio de Trento se reunió al norte de Italia desde 1545 hasta 1563.

(1) Este afianzó la «tradición» y los sacramentos de la Iglesia católica, y esparció oscuridad a través de la agresión y el error con la Contrarreforma.

(2) El Concilio de Trento transformó la Vulgata en la versión oficial de la Biblia para los católicos.

(a) Derogando así todas las demás Biblias vernáculas.

(b) Además, codificó la misa tridentina en latín litúrgico, la cual se convertiría en la misa oficial que repetirían los católicos durante los 400 años siguientes.

(i) También condenaron las doctrinas protestantes, reafirmaron la veneración de la virgen María y las reliquias, los peregrinajes y las indulgencias, y declararon que la Iglesia era la intérprete oficial de la Escritura.

(ii) El siguiente concilio ecuménico de su iglesia católica romana sería el Vaticano I, unos 300 años después.

h) Como ya observamos, en el período medieval de la historia, había una obsesión con las especias.

(1) Sin embargo, era casi imposible acceder a las tierras donde había especias debido a las Cruzadas y las batallas que se desencadenaron al final del siglo XI.

(2) En el año 711, los moros cruzaron el estrecho de Gibraltar y empezaron la conquista de la península ibérica.

(a) En esa época, España estaba dividida en lo político y el catolicismo era la religión oficial, aunque no había demasiado fervor.

(i) En los primeros siglos del segundo milenio d.C., el papado estaba entrando en un período de abuso de poder político, un abierto libertinaje y decadencia moral.

(ii) La supremacía y la pureza del catolicismo no eran una prioridad para los papas.

(b) Desde la llegada de los moros a España, hacía siglos que los católicos y los musulmanes venían jugando al gato y el ratón.

(i) Cuando los católicos de España tenían el poder, permitían que los musulmanes mantuvieran su religión, sus tradiciones y su peculiar alimentación, siempre y cuando respetaran los impuestos y reconocieran el derecho español a gobernar.

a. Cuando los musulmanes lograron tener la ventaja, lo mismo sucedió.

b. La *dhimmitude* es una práctica de los conquistadores musulmanes en la cual se impone el islam como fuerza dominante y se permite la existencia de otras religiones bajo ciertas condiciones.

i. Además de la presencia de los musulmanes, en los territorios españoles también había muchos judíos y practicantes de la brujería.

ii. Una vez más, todos vivieron juntos durante casi 800 años y compartieron e intercambiaron vocabulario; ideas sobre medicina, arte, arquitectura, astronomía, matemática y filosofía; e incluso ADN.

c. Sin embargo, las reglas del antiguo juego del gato y el ratón estaban a punto de cambiar.

i. El rey Fernando II de Aragón y la reina Isabel I de Castilla se casaron en 1469. Esta unión fue, en gran parte, responsable de la unificación de la España moderna.

ii. Tomaron el título de «reyes católicos» y empezaron una reconquista cristiana de la península ibérica. Además, intentaron restaurar el derecho divino de la monarquía española sobre la tierra.

iii. Establecieron una fuerza de seguridad llamada la Santa Hermandad y ordenaron a todos los judíos, las brujas y los musulmanes que abandonaran la tierra.

iv. Para asegurarse de que obedecieran y garantizar la pureza del catolicismo, instituyeron la Inquisición española.

d. En 1492, estos monarcas católicos acérrimos vencieron a los musulmanes después de una guerra de diez años que culminó en la Batalla de Granada al sur de España. La victoria española exigió que todos los judíos, las brujas y los musulmanes huyeran o se rindieran.

(c) Cuando se declaró que la Reconquista española había terminado, Fernando e Isabel pudieron concentrarse en el explorador y navegante italiano Cristóbal Colón.

(i) Colón les había pedido repetidas veces que apoyaran su plan de dar la vuelta al mundo hacia el oeste en barco, para llegar a las Indias y establecer rutas comerciales.

(ii) Según Colón, la tierra no era plana sino esférica y, al navegar hacia el oeste, no se caería por el borde sino que llegaría al otro lado del continente.

a. En 1492, llegó a las islas Bahamas en el Caribe, a bordo de tres barcos: la Niña, la Pinta y la Santa María.

b. Siguió rumbo a Cuba y luego a la isla La Española, que hoy se conoce como República Dominicana.

c. Colón hizo cuatro viajes de ida y vuelta entre España y el Nuevo Mundo.

i. La historia de la conquista de España y el catolicismo romano es a la vez fascinante y emocionalmente pasmosa, dada la manera arbitraria en que se impuso el gobierno colonial español y cómo se diezmaron pueblos, se incautaron tierras, se vendieron mujeres, se trajeron enfermedades y se destruyó la ecología.

ii. Colón era un hombre que buscaba nuevas rutas a tierras desconocidas, pero, a través de la historia, desde que llegó al Nuevo Mundo, algunos lo demonizaron como el líder del tráfico transatlántico de esclavos y el responsable del genocidio de pueblos indígenas.

(iii) Él se consideraba un navegador y explorador, pero también creía que estaba glorificando a Dios y a la Iglesia católica.

a. Sin embargo, es necesario recordar que el catolicismo que fue a bordo de los barcos de Colón y durante varios siglos después era una forma inquisitorial de catolicismo, sumamente dura y rígida, que no daba cuartel y castigaba a los disidentes con la muerte.

b. Además, fue anterior a la Reforma, ya que Lutero clavaría sus 95 tesis en la puerta de la Iglesia del Palacio en Wittenberg recién en 1517.

i. Esto también explica su dureza, porque este catolicismo no había sido atemperado al enfrentar las ideas de la Reforma que llegaron al exterior como resultado de la imprenta de Gutenberg, la dieta de Lutero y la predicación en toda Europa.

ii. El catolicismo que Colón importó a las Américas junto con el gobierno colonial español no solo era duro y rígido, sino que tenía la bendición de la Iglesia católica romana para librar una guerra santa contra los habitantes del Nuevo Mundo, todo en el nombre de Jesús.

8. El cristianismo occidental
   a) Es importante dedicar tiempo al desarrollo y la expansión del cristianismo occidental en un manual de capacitación para pastores del sur global.
   b) Este es un programa de capacitación que está especialmente diseñado para evitar seguir ese patrón desafortunado de tantos otros modelos.
      (1) Seguimos el desarrollo y la expansión del cristianismo para entender cómo este llegó a ser lo que tenemos en la actualidad.
         (a) Seríamos mayordomos insensatos si descuidáramos todo lo que Dios hizo en Su Iglesia y a través de ella en los últimos 2000 años.
         (b) En cambio, queremos aprender de lo que sucedió y permitir que informe nuestra manera de pensar mientras avanzamos hacia el futuro y entramos en nuevas culturas.
   c) De manera similar, para entender las expresiones de cristianismo que existen hoy en muchos países del mundo, debemos saber quién lo llevó allí y cuándo.
      (1) Los que fueron allí como misioneros a evangelizar y plantar iglesias solían venir de naciones occidentales y, por lo tanto, traían consigo su cultura y eran producto de esa cosmovisión religiosa.
      (2) En el caso del movimiento misionero moderno, Occidente fue la cuna del cristianismo que navegó por el mundo.
      (3) Por lo tanto, vale la pena saber cómo llegó allí, cómo era y cómo formó la manera de pensar de los habitantes.
   d) El estudio sobre el desarrollo y la expansión del cristianismo nos permite considerar cuestiones de contextualización para formar iglesias saludables y apropiadas para la cultura.
9. La conquista de las Américas
   a) Colón llegó a las Américas en 1492, en busca de una ruta comercial a las Indias, la tierra de las especias.
      (1) El viaje donde descubrió este nuevo mundo fue la primera de muchas otras travesías españolas.
      (2) Aventureros sedientos de fama y oro siguieron la estela para ver qué podían conseguir.
         (a) Estaban decididos a encontrar éxito y riquezas, y avanzaron con las promesas de bendición de la corona española y la Iglesia católica romana.
         (b) En su conquista, no había prácticamente ninguna restricción.
   b) La siguiente historia de la conquista española de las Américas ilustra lo que sucede cuando se usan la fuerza y la influencia en lugar de una proclama adecuada para la cultura en la extensión del cristianismo.
      (1) El Imperio inca

(a) A principios del siglo XVI, el pequeño clan de incas empezó a expandir su territorio desde las orillas del lago Titicaca
   (i) El lago se extiende a ambos lados del límite entre Perú y Bolivia, al sur de Perú— y se expandió al norte hasta el sur de Colombia y al sur hasta Santiago de Chile; todo esto sucedió antes de la llegada de los españoles a Perú en 1532.
      a. Según la leyenda, una visión impulsó la expansión y la ubicación de una nueva «ciudad capital» desde la cual empezar un reino.
      b. La guía sobrenatural indicaba que el nuevo lugar sería Cuzco, considerado el centro del mundo y el punto de unión de las cuatro esquinas del universo.
   (ii) Los incas empezaron su expansión con la fuerza de su poderoso ejército, pero con el gobierno de una dictadura benevolente.
(b) En el poderoso Imperio inca, no había solo lanzas y mazas de los feroces guerreros, sino que también era un pueblo innovador e ingenioso.
   (i) Los incas desarrollaron el primer proceso de liofilización, que les permitía almacenar alimentos durante largos períodos, e idearon el proceso de deshidratación y salado de la carne (con el que se obtiene el *charqui*, palabra quechua); además, importaban pescado seco de la costa y guardaban la cerveza de maíz en barriles. Todo esto se guardaba en lugares estratégicos a lo largo del imperio.
   (ii) Los incas organizaron su imperio de 2700 kilómetros de largo junto a un camino principal que ellos mismos hicieron sobre los Andes. Era un camino pavimentado de rocas que se extendía cientos de kilómetros para conectar sus distritos y ciudades, y por el cual los mensajeros podían llevar recados orales a 4000 metros de altitud y atravesar la distancia desde el sur de Colombia hasta Chile en siete días.
(c) Los incas adoptaron un sistema religioso animista muy desarrollado.
   (i) Su dios creador se llamaba Viracocha, pero los que oraban a esta deidad eran principalmente los sacerdotes.
      a. Viracocha había abandonado a los incas muchos años antes, ofendido por la pecaminosidad del hombre.
      b. Se decía que era más alto que los incas, que tenía ojos y cabello más claros y el rostro velludo (algo que los indígenas no tienen).
      c. Se fue caminando por el océano y declaró que regresaría de la misma manera algún día en el futuro.
   (ii) Los incas también adoraban al dios del sol.
      a. Esto era lógico, dado su naturaleza cotidiana y los beneficios que esta deidad ofrecía: proveía calidez en las alturas heladas de las montañas, hacía crecer las cosechas y derretía el hielo para que hubiera agua para beber.
      b. Adoraban al gobernante inca como la encarnación del sol y a la diosa de la tierra llamada Pachamama, de

la cual provenía toda la vida.
- (iii) Además, el animismo inca incluía *apus*, o espíritus de las montañas y los desfiladeros, a quienes les ofrecían sacrificios de alimentos, flores, animales y, en ocasiones, personas, en lugares sagrados sobre las montañas.
- (iv) Los incas también valoraban el oro, pero no por su valor monetario, sino como un objeto religioso.
  - a. Creían que el oro era las lágrimas del dios del sol, Inti, que habían caído a la tierra.
  - b. Hacían muchos objetos religiosos de oro; entre ellos, jardines enteros con pájaros sobre los árboles, y revestían de oro las paredes de sus edificios sagrados.

(d) Como el gobernante inca recibía adoración por ser la encarnación de dios, solo podía procrear con una hermana de sangre para proporcionar un heredero que fuera del mismo linaje.
- (i) Por supuesto, tenía otras concubinas y esposas, pero el heredero del trono inca debía ser de sangre pura.
- (ii) Antes de que llegaran los españoles, se habían sucedido 17 gobernantes incas, y sus cuerpos estaban momificados, ya que se creía que así vivirían para siempre.
  - a. En el día del solsticio de verano (el día santo para este pueblo adorador del sol), se sacaban las momias de su lugar de descanso en Curicancha y se las hacía desfilar por la ciudad de Cuzco.
  - b. Justo antes de que llegara Francisco Pizarro, el aventurero y conquistador español, el gobernante inca murió.
    - i. El heredero natural era su hijo legítimo Huáscar, que vivía en la ciudad capital de Cuzco.
    - ii. Pero, cuando murió el rey inca, el medio hermano de Huáscar, Atahualpa, decidió que quería el trono y se desató una feroz guerra civil.
    - iii. Huáscar perdió la batalla y terminó bajo arresto domiciliario, mientras su hermano Atahualpa tomaba el poder.

(e) Los conquistadores españoles llegaron bajo el mando de Francisco Pizarro en 1532 con poco más de 100 soldados aventureros, unos pocos caballos y algunos cañones y armas.
- (i) Más que nada, tenían un deseo rabioso de conseguir oro.
- (ii) Como estos navegantes altos, de piel clara, ojos azules y rostro velludo habían llegado desde el otro lado del mar, se les otorgó una audiencia bajo firme custodia con el gobernador inca, que especulaba que quizás fueran mensajeros de Viracocha.
  - a. Cuando, durante la reunión, el sacerdote dio una señal acordada de antemano, los soldados españoles salieron de sus escondites y capturaron al gobernante inca a punta de espada.
  - b. Cuando sus súbditos, guardias y adoradores vieron que estaba en peligro, dejaron caer sus armas.
- (iii) Entonces, los españoles tomaron vidas a voluntad hasta

que lograron capturar a Atahualpa y recluirlo en sus cuarteles temporales.

a. Mientras estaba cautivo, el monarca se dio cuenta de que los españoles querían oro y, como los incas tenían grandes cantidades, les ofreció llenar una habitación con ese metal si lo dejaban en libertad.

b. Rápidamente, los españoles accedieron y empezó a llegar oro de todas las comunidades incas del imperio.

   i. Atahualpa temía que el pueblo frustrado liberara a su hermano Huáscar de su arresto domiciliario, lo nombrara rey (ya que, después de todo, era el heredero legítimo) y luego atacara a los españoles; por lo tanto, eliminó este peligro enviando mensajeros a que mataran a Huáscar en su hogar.

   ii. Mientras la habitación se llenaba de oro, los españoles consideraron su vulnerabilidad y el peligro que correrían apenas liberaran al gobernante inca.

   iii. Entonces, diseñaron un plan con la Inquisición española como pretexto, y juzgaron a Atahualpa por herejía, lo declararon hereje y sentenciaron que moriría en la hoguera.

   iv. Él rogó que no lo quemaran porque, si su cuerpo era quemado, no viviría eternamente en forma momificada con sus antepasados.

   v. Ellos cedieron con la condición de que se convirtiera al catolicismo, y el rey aceptó. Lo bautizaron Juan Atahualpa, lo agarrotaron, lo enterraron y tomaron control de su imperio.

(iv) Hubo una resistencia residual en distintos grupos, y algunos incas intentaron reclamar su libertad de vez en cuando.

a. Sin embargo, el mismo sistema de caminos inca construido para facilitar el tránsito del ejército inca a través de los escarpados Andes irónicamente fue su perdición.

   i. Los españoles no habrían podido usar sus caballos ni sus pesados cañones a no ser por los caminos, y habrían estado en desventaja sin estas «armas mágicas».

   ii. Los incas no conocían los caballos, las herramientas de hierro ni la pólvora.

   iii. Entonces, los conquistadores españoles pudieron irrumpir con relativa libertad en la dictadura benevolente de los incas, caracterizada por su buen manejo y organización.

   iv. La reemplazaron con un reinado cruel sobre sus súbditos, robaron su oro y los explotaron como los animales sin alma que creían que eran.

b. Sin embargo, algunos intentaron tratar a los incas con compasión, como Bartolomé de las Casas, un sacerdote católico que, al principio, había participado del tráfico de esclavos indígenas, pero había llegado a creer que tenían alma y podían convertirse.

i. Este hombre viajó a España y habló en favor de los indígenas ante la corte española.

ii. Con el tiempo, logró que fueran libres de la esclavitud, pero los abusos continuaron.

iii. La Iglesia católica decretó que el dueño de una tierra podía hacer trabajar a los que vivían allí (en lo que había sido su tierra) a cambio de convertirlos y enseñarles la fe cristiana.

iv. Los indígenas se convertían con una «explicación e invitación para aceptar a Cristo» como, por ejemplo, con una espada en la garganta del líder y la orden: «¡Ríndanse ante la autoridad del papa y el rey y la reina de España o mueran!». Entonces, por supuesto, se sometían.

v. La «conversión» del animismo al catolicismo fue más como colocarse una camiseta católica... la mente y el corazón permanecieron iguales.

(v) La conquista española de México es un paralelo asombroso de las tácticas y los resultados de lo que ocurrió en Sudamérica, con los aztecas en lugar de los incas y Cortés en vez de Pizarro.

(vi) El resultado de esta conversión impuesta al cristianismo fue sincretismo puro.

a. La práctica del sincretismo era natural para los incas.

i. Ya habían aprendido a sincretizar su propio sistema animista con el de otras culturas indígenas antes de que llegaran los españoles, así que conocían los beneficios y los pasos para hacerlo.

ii. En el caso del catolicismo romano, les resultó natural por otras razones.

b. Los factores que más facilitaron el sincretismo que resultó fueron los paralelos religiosos.

i. Los incas adoraban al dios del sol, el gobernante inca era la encarnación de dios, la tierra era la diosa Pachamama y los lugares santos estaban en las montañas.

ii. Los sacerdotes católicos hablaban del Dios del cielo, quien, para los incas, tenía que ser el sol; hablaban de Jesús, la encarnación de ese Dios, y los incas razonaron que ese debía de ser otro nombre para su gobernante; adoraban a la virgen María, a quien, naturalmente, los incas asociaron con la Pachamama.

iii. Los católicos reemplazaron los lugares de adoración incas con iglesias, capillas, cruces o altares a María.

iv. El sincretismo fue una manera natural de mezclar las dos religiones, y así surgió un tercer culto diferente a los otros dos.

10. Una lección para aprender de esta historia

a) Las lecciones del desarrollo del cristianismo en España durante el siglo xv resultaron en la cosmovisión y las creencias religiosas que los misioneros españoles trajeron al Nuevo Mundo.
   (1) La historia religiosa e incluso los sucesos políticos en la Sudamérica precolombina dieron como resultado la cultura particular que encontraron los españoles cuando llegaron.
   (2) Desde la envidiable perspectiva que brinda el tiempo, la interacción de estos dos sistemas revela varias lecciones de las que podemos aprender.
      (a) En primer lugar, al considerar el catolicismo en las Américas hoy en día, no esperes encontrarlo en la misma forma que existiría en Roma o incluso en Estados Unidos.
         (i) El catolicismo que interactuó con la Reforma, la Contrarreforma y la lucha teológica que ocurrió en Europa al norte de los Pirineos fue la clase que llegó a Nueva Inglaterra, y parece mucho más moderado y distinto del descendiente latinoamericano del catolicismo inquisitorial, duro y anterior a la Reforma.
         (ii) La conversión era a punta de espada y el sincretismo era el camino de menor resistencia para sus seguidores.
      (b) Como vimos en la caída de Roma, todo lo que provenía de allí se volvió sospechoso para el resto del mundo; por lo tanto, la religión estatal de Roma, el cristianismo, también sufrió.
         (i) La vestimenta y la práctica del cristianismo se identificaban con Roma.
         (ii) De manera similar, el cristianismo de España viajó con los españoles a las Américas y solo fue posible adoptarlo y practicarlo de esa forma.
         (iii) Los pueblos quechuas analfabetos de la Sudamérica andina se colocaron la camiseta católica, edificaron catedrales católicas y sirvieron a sus nuevos dueños católicos, pero, en realidad, en su corazón, no cambió lo que eran ni lo que creían.

b) No hace falta tener demasiada imaginación para considerar los resultados que habría tenido una presentación diferente del cristianismo.
   (1) Los incas ya pensaban que los españoles eran mensajeros del dios altísimo, el creador Viracocha.
      (a) ¿Y si Pizarro y sus hombres hubieran usado esa conexión como puente para explicar al verdadero Dios creador?
      (b) ¿Y si hubieran utilizado los paralelos en las deidades como metáforas para explicar la Trinidad y la verdad revelada?
      (c) En este momento, la conquista española del Imperio inca nos sirvió para mostrar la necesidad de entender el trasfondo del cristianismo que traen los misioneros, así como el contexto histórico, cultural, político y lingüístico de la cultura meta.
   (2) A medida que enseñes este material a tus alumnos en contextos globales, prepárate examinando tu propio trasfondo religioso y las fuentes de todo lo que consideras sagrado. Luego, considera las religiones tradicionales y la cosmovisión de las personas a las que enseñes.
      (a) Si consideras el trasfondo de la expansión del cristianismo

desde la lapidación de Esteban hasta su expresión en la congregación donde asistes, ¿qué impacto tiene ese legado en lo que crees?

(b) Considera este mismo trasfondo en el caso de los misioneros que plantaron la bandera del cristianismo y establecieron las primeras iglesias en los lugares donde enseñarás.

(c) Piensa en cómo las creencias tradicionales y las cosmovisiones religiosas anteriores interactuaron con lo que trajeron los primeros misioneros y dieron como resultado la suma total de la realidad religiosa de tus alumnos.

(3) Todo este trasfondo es historia de la Iglesia y, para establecer pastores firmes y maestros ortodoxos con nuestro programa de capacitación, debemos saber de dónde venimos para planificar un camino directo hacia nuestro objetivo.

H. Hasta lo último de la tierra: 1600 d.C.-presente

1. Este período de la historia está marcado por el avance de las misiones protestantes que, a menudo, fue posible gracias a la expansión colonial de los poderes europeos por el mundo.

a) Winter escribió: «Para 1945, los europeos controlaban casi el 99,5% del mundo no occidental».[13]

b) El dominio europeo no duraría, y el péndulo ya se dirige al otro lado en la actualidad, ya que muchos países del sur global ejercen influencia en las naciones occidentales.

(1) Es cierto que los reformadores no participaron demasiado en el avance misionero; en parte, debido a una mala exégesis e interpretación de los pasajes sobre misiones en la Biblia, pero también porque estaban ocupados intentando mantenerse con vida durante los primeros años de la Reforma.

(2) Sin embargo, para fines del siglo XVIII, todavía había una deficiencia vergonzosa de avance misionero protestante.

c) Así como la imprenta de tipos móviles de Johann Gutenberg ayudó a la Reforma, también permitió la impresión de Biblias y la extensión del cristianismo.

(1) La traducción de la Biblia de Jerónimo al latín en 405 d.C. se usó durante más de 1000 años, antes de transformarse en la versión oficial de la Escritura para los católicos en el Concilio de Trento.

(2) Ya llegarían otras versiones.

(a) Un equipo de eruditos, incluidos Miles Coverdale y John Knox, usaron la traducción al inglés de William Tyndale y publicaron la Biblia de Ginebra en 1560.

(b) Casiodoro de Reina tradujo la Biblia al español en 1569, Cipriano de Valera la revisó y se publicó en 1602. Hoy en día, todavía se usa la versión Reina-Valera en sus diversas ediciones y actualizaciones, y se la tiene en alta estima en todo el mundo de habla hispana.

(c) La versión inglesa del rey Jacobo, que apareció en 1611, formó e influenció el idioma y la literatura inglesa por más de 400 años.

(i) Desde entonces, los misioneros transformaron la traducción de la Biblia en una de las herramientas más poderosas para llegar a los campos misioneros y enseñar

[13] Winter, *Perspectives*, 16.

en todo el mundo.

a. Uno de los esfuerzos misioneros más conocidos de traducción bíblica es el de William Carey y su Trío de Serampore.

b. Estos misioneros tradujeron y publicaron Biblias en más de 40 idiomas en India en el siglo XIX.

c. Otro emprendimiento famoso de traducción bíblica estuvo al frente de Cameron Townsend, un exmisionero de la Misión Centroamericana (ahora llamada Camino Global).

i. Como vendedor ambulante de libros religiosos, tenía una carga por los que no hablaban o leían en el idioma de la cultura dominante en los países donde vivían.

ii. Al ver la gran necesidad de una Biblia en los idiomas y dialectos locales, estableció un campamento de capacitación para enseñar lingüística, el *Summer Institute of Linguistics* [Instituto lingüístico de verano] o SIL, e inauguró una agencia misionera para la traducción de la Biblia a los idiomas del mundo llamada *Wycliffe Bible Translators* en honor al famoso John Wycliffe, que tradujo la Biblia al inglés.

2. El movimiento misionero moderno data de finales del siglo XVIII.

a) Antes del movimiento misionero moderno había misioneros y predicadores protestantes sobre los cuales tus alumnos deberían aprender.

b) Mientras las colonias estaban empezando a tener dificultades bajo un gobierno exigente al otro lado del océano, la Iglesia avanzaba en Nueva Inglaterra.

(1) John Eliot (1604-1690) fue un misionero a los indios algonquinos en Nueva Inglaterra. Aprendió su idioma para predicarles y establecer «pueblos de oración» en medio de ellos.

(2) David Brainerd (1718-1747) sirvió como misionero entre los indios de Delaware en Nueva Inglaterra. Vivió en el bosque entre ellos y sufrió los efectos del medio ambiente, que, para él, eran más severos, ya que sufría de tuberculosis.

(a) Tuvo una vida trágica y breve, acelerada por las tribulaciones que sufrió, pero tuvo algunas victorias entre los indígenas y dejó un diario.

(b) Durante los últimos días de su enfermedad, estuvo en su lecho de muerte en la casa de Jonathan Edwards.

(c) Cuando David falleció, Edwards publicó el diario de Brainerd, el cual tuvo un profundo impacto en cientos de misioneros respecto a su comprensión del llamado y su compromiso.

(d) Cuando el padre de las misiones modernas, William Carey, fue al campo misionero de la India, navegó con una copia de este diario, ya que había sido de gran influencia para su vida.

3. El primer Gran Despertar: 1730-1750

a) El Gran Despertar fue un avivamiento y un movimiento de renovación que impactó a miles de personas en Nueva Inglaterra durante la primera mitad del siglo XVIII.

(1) Dios usó a predicadores poderosos como los hermanos Wesley —John (1703-1791), que fue el fundador de las iglesias metodistas, y su hermano Charles (1707-1788)—.

(2) George Whitefield (1714-1770).

(3) Jonathan Edwards (1703-1758), quien posiblemente fue la mente teológica más importante que surgió de Estados Unidos.

b) El Gran Despertar avivó la llama espiritual y religiosa en las iglesias y trajo convicción de pecado y salvación para miles de personas.

c) El segundo Gran Despertar fue un avivamiento subsecuente que empezó a fines del siglo XVIII y llegó hasta el siglo XIX.

(1) En este avivamiento, los pastores itinerantes metodistas y bautistas fueron figuras prominentes.

(a) Se hizo énfasis en eliminar el pecado de las comunidades y hubo un poderoso impulso en los movimientos de reforma como el de templanza, el abolicionista y el de los derechos de la mujer.

(b) Charles Finney, el precursor de los avivamientos modernos, fue un predicador poderoso de este período de renovación y reuniones de campaña que a veces convocaban a miles y miles de personas.

(2) En el aspecto teológico, el énfasis sobre la pecaminosidad debida a la depravación humana que había existido en el primer Gran Despertar cambió en el segundo a un enfoque que se concentraba en el libre albedrío del hombre.

d) Otra poderosa influencia en la formación del cristianismo del siglo XIX fue la abolición del tráfico británico de esclavos, liderada por William Wilberforce en 1807.

(1) Por desgracia, la esclavitud seguiría durante décadas en Estados Unidos y, solo después de una guerra civil y la muerte de cientos de miles de personas, esta práctica se detendría y sería derogada.

(2) Lo más triste es que, al día de hoy, la esclavitud sigue en vigencia en muchos países.

e) En 1814, se formó la Convención Misionera General de la Denominación Bautista en los Estados Unidos para las Misiones Foráneas con el objetivo de apoyar a los misioneros bautistas en el exterior.

(1) Congregacionalistas paidobautistas designaron a Adoniram y Ann Judson, junto con Luther Rice, para que sirvieran como sus primeros tres misioneros en Birmania.

(a) Sin embargo, en su viaje a destino, tuvieron la convicción de que la Biblia enseña la postura credobautista y, cuando llegaron, pidieron que los bautizaran.

(b) Como ya no podían representar a la denominación paidobautista y recibir una subvención de su parte, decidieron renunciar y Rice regresó a Estados Unidos para ayudar a formar la convención bautista que mencionamos antes, también llamada Convención Trienal, porque se reunía cada tres años.

(i) Lamentablemente, debido a disensiones y divisiones dentro de Estados Unidos por el problema de la esclavitud, la Convención Trienal no enviaba como misionero a ningún habitante de un estado esclavista, sin importar cuál fuera la postura del candidato.

(ii) La tensión empeoró hasta que las iglesias bautistas del sur formaron su propia Convención Bautista del Sur (SBC) en 1845 con el propósito expreso de las misiones.

(2) Empezaron con dos comités, el Comité de misiones extranjeras y el Comité de misiones locales. El primer campo internacional para la incipiente SBC fue China, seguida por Nigeria pocos años después.

f) La influencia del movimiento pentecostal y la pentecostalización de iglesias de otras denominaciones por todo el sur global impactaron las formas del cristianismo en esa región.

(1) El comienzo del movimiento pentecostal se remonta a un avivamiento que empezó en la calle Asuza en Los Ángeles en 1906 y siguió hasta 1915.

(2) Esas reuniones estaban al frente de un predicador afroamericano llamado William J. Seymour, y estaban llenas de sanidades milagrosas, gente que hablaba en lenguas y un estilo exuberante de adoración que muchos protestantes de la época consideraban escandaloso.

(3) El movimiento siguió expandiéndose.

(4) Hoy, por todo el mundo, hay iglesias con estilo pentecostal, ya sea que estén afiliadas a alguna denominación o no.

(a) Algunos atribuyen el éxito a una cercanía a la enseñanza sobre la prosperidad, algo siempre popular en los contextos más pobres.

(b) Otros se la adjudican a la adoración animada y expresiva que llena el vacío que dejaron los estilos de adoración «más fríos» de las denominaciones tradicionales.

g) La controversia entre fundamentalistas y liberales en las décadas de 1920 y 1930 nos recuerda que todas las generaciones deben contender por «la fe que ha sido una vez dada a los santos».

(1) Esta controversia empezó entre presbiterianos, pero, rápidamente, se extendió a otras denominaciones.

(a) Los liberales o modernistas preferían un método para estudiar la Biblia que empleaba la «alta crítica» y adoptaba un método científico para lograrlo, ya que suponían que había una buena parte de leyenda, tradición y mitos.

(b) Los fundamentalistas defendieron correctamente la plena inspiración verbal de la Palabra de Dios y sostuvieron los «fundamentos» del cristianismo.

(i) Estos eran:

a. La inspiración del Espíritu Santo de la Biblia inerrante

b. El nacimiento virginal de Cristo

c. La expiación sustitutiva de Cristo

d. La resurrección corporal de Cristo

e. La realidad histórica de los milagros de Cristo.

(2) Como resultado de esta controversia, la cultura norteamericana empezó a deslizarse con mayor facilidad por una cuesta resbalosa hacia una cosmovisión secular humanista, mientras que otros cristianos que entendían lo que estaba en juego empezaron a esforzarse por conservar la verdad.

(3) El resurgimiento conservador en la Convención Bautista del Sur (1979-2000) es un hecho histórico digno de mención porque fue

una de las pocas ocasiones en las que algún segmento del cristianismo adoptó una perspectiva teológica moderna o de izquierda y luego regresó a una teología sólida. Dios usó a líderes conservadores en la denominación bautista del sur para que diseñaran estrategias, oraran y se organizaran a fin de fomentar un movimiento de inquietud piadosa y acción responsable.

4. Los avances de las misiones católicas romanas: Antes de ver algunos de los misioneros protestantes del «gran siglo de avance global protestante»,[14] consideremos algunos misioneros de la Iglesia católica romana.
   a) La Reforma protestante empezó recién en 1517; por lo tanto, técnicamente, todo el avance misionero anterior a esa fecha figuraría en la lista de los esfuerzos misioneros de la Iglesia oriental ortodoxa o de la Iglesia católica romana.
      (1) Ya nombramos a Bonifacio, misionero en las partes germanas del Imperio franco; Cirilo y Metodio, misioneros en los pueblos eslavos; y Bartolomé de las Casas, entre los pueblos indígenas de las Américas.
      (2) Raimundo Lulio, un franciscano español (1232-1315), fue misionero entre los musulmanes y murió como mártir en Túnez.
      (3) Francisco Javier (1506-1552) era amigo de Ignacio y cofundador de la Compañía de Jesús, la orden de los jesuitas.
         (a) Fue uno de los primeros siete en hacer un voto de pobreza y castidad.
         (b) Fue como misionero a India, Japón, Borneo, las islas Molucas y, al final, a China, donde murió.
         (c) Los católicos lo conocen como el «apóstol de las Indias» y el «apóstol de Japón».
      (4) Matteo Ricci (1552-1610) fue un sacerdote jesuita italiano en China durante 30 años.
         (a) Obtuvo favor gracias a sus habilidades como matemático y cartógrafo.
         (b) Sus dones para el trazado de mapas y sus habilidades lingüísticas (hablaba y escribía chino clásico, el idioma de los eruditos) le ganaron el respeto y la entrada como el primer occidental con acceso libre a la ciudad prohibida.
   b) Como misioneros y maestros de escuela, los jesuitas conformaron la orden religiosa más grande del catolicismo romano.
      (1) Eran uno de los principales brazos de la fuerza misionera católica romana.
      (2) Los jesuitas solo recibían órdenes de sus líderes y del papa, lo cual, en ciertos contextos, levantaba sospechas.
      (3) Los jesuitas empleaban reglas de lógica para encontrar evasivas e interpretar las reglas como más les convenía, lo que daba lugar a una conducta pecaminosa.
         (a) Debido a las presiones políticas que tenía el papa de parte de los líderes internacionales de gobiernos poderosos, los jesuitas

---

[14] Este término fue acuñado por Kenneth Scott Latourette, autor de una obra de seis tomos, *History of Christianity*. Usó este término para referirse a la era de avance misionero prolífico y trascendente que empezó en 1782 con el viaje de William Carey como el padre de las misiones modernas y llegó hasta la primera Conferencia Misionera Mundial en Edimburgo, Escocia, en 1910.

se disolvieron en 1773 y permanecieron así hasta 1814.
(b) A finales del siglo XIX, el control monolítico de la Iglesia católica romana sobre gran parte del mundo recibió otros golpes.
c) La Revolución francesa y la americana cortaron gran parte del control que esgrimía Roma.
(1) Además, el Gran Despertar en las colonias americanas resultó en el crecimiento de las iglesias protestantes y contribuyó al debilitamiento del catolicismo.
(2) Dios usó con poder la predicación de George Whitefield, John y Charles Wesley, Jonathan Edwards y Samuel Davies, y las iglesias evangélicas protestantes crecieron y se fortalecieron en las colonias.
5. Los avances misioneros protestantes
a) Además de los precursores del movimiento misionero moderno protestante que ya mencionamos, como John Eliot, David Brainerd e incluso Jonathan Edwards, a la Hermandad de Moravia se la conoce por su extraordinario celo misionero.
b) El conde Nicholas Ludwig von Zinzendorf (1700-1760) era un noble acaudalado y fiel al rey de Sajonia.
(1) Refugió en su hacienda a los moravos, los descendientes de Jan Hus de la Unitas Fratrum, que huían de la persecución.
(2) En 1772, ellos edificaron allí la comunidad de Herrnhut (el redil del Señor), con el lema: «*Vicit agnus noster, eum sequamur*», que significa «Nuestro Cordero ha conquistado; sigámoslo».
(3) Como tenían mucha carga por las misiones, enviaron los primeros misioneros a las Antillas a los cinco años.
(4) Muchos más seguirían su ejemplo y harían grandes sacrificios por la causa misionera. Algunos hasta se vendieron como esclavos para obtener el acceso necesario para evangelizar a los esclavos en las plantaciones de azúcar.
c) William Carey (1761-1834) no fue el primer protestante en servir como misionero, pero se lo considera el padre de las misiones modernas, principalmente por su estrategia y metodología misionera, y por su prodigioso legado para las misiones.
(1) A medida que el avance misionero protestante empezó a expandirse a finales del siglo XVIII, Carey estuvo al frente de este impulso.
(2) Carey había sido un pastor bautista autodidacta en Londres que también enseñaba a niños y remendaba zapatos.
(a) Entre sus pasatiempos, se encontraban la botánica, la geografía y los idiomas.
(b) Usó restos de cuero de zapatos remendados para hacer un mapamundi y enseñar geografía.
(c) Además, aprendió latín, italiano, griego, hebreo y holandés de forma autodidacta. Su don para los idiomas probaría ser de gran utilidad en India.
(d) Para Carey, fueron de gran influencia la vida y los escritos del apóstol Pablo, Eliot y Brainerd, y empezó a sentir una carga de llevar el evangelio a las naciones.
(i) Cuando mencionó esta idea a los demás pastores bautistas, le dijeron: «Siéntate, jovencito; cuando Dios se prepare para salvar a los paganos, lo hará sin tu ayuda ni la mía».
(ii) Sin inmutarse, Carey siguió orando y estudiando y, en

1792, terminó publicando un ensayo titulado Una investigación sobre la obligación que tienen los cristianos de usar medios para la conversión de los paganos.

(iii) Predicó el sermón «Intenta grandes cosas; espera grandes cosas» tomado de Isaías 54:2-3 para desafiar a sus hermanos pastores a ensanchar el sitio de sus tiendas.

(iv) Sus compañeros pastores fueron a apoyar su partida; en especial, Andrew Fuller, John Sutcliffe y John Ryland Jr.

a. Este trío de hombres londinenses apoyó la obra misionera y a Carey mientras se establecía en India. Después de los primeros años difíciles, otros fueron a ayudarlo.

i. Cuando Carey emprendió su misión, su presencia en India era indeseable; la Compañía Británica de las Indias Orientales no quería ninguna interferencia religiosa que pudiera trastornar su negocio con los ciudadanos.

ii. Así que Carey fue el primer misionero de la era moderna en usar la creatividad para acceder a un lugar y usar un «negocio como misión».

iii. Al principio, manejaba una fábrica de índigo y pudo quedarse en India porque los daneses le permitieron estar en su colonia en Serampore y le concedieron un pasaporte que franqueaba el gobierno británico.

(3) Pasaron siete años hasta que se convirtió la primera persona.

(4) El trío de Serampore formado por Carey, John Marshman y William Ward era un equipo misionero sinérgico en el cual cada uno aportaba sus habilidades para lograr que la comunidad misionera tuviera grandes resultados.

(a) La filosofía de Carey y su equipo tenía cinco principios:

(i) Una amplia predicación

(ii) La distribución de la Biblia en la lengua vernácula

(iii) La plantación de iglesias

(iv) El estudio de las religiones no cristianas

(v) Un programa integral de capacitación ministerial.

(b) Dejó un legado de más de 40 traducciones de la Biblia, una decena de estaciones misioneras en India, gramáticas y diccionarios en muchos idiomas, tres hijos que se transformaron en misioneros, la abolición del *sati,*[15] la traducción de clásicos hindúes al inglés y una investigación y capacitación hortícolas de primera calidad. Muchas de las plantas catalogadas en la India contienen «Carey» en su nombre latino.

d) Hablar de la vida y la obra de incluso los más conocidos entre los misioneros protestantes llevaría varios tomos. Esta es una breve mención de algunos para representar las principales áreas de la obra misionera en el mundo.

(1) La vida y los escritos de David Brainerd y William Carey dejaron

---

[15] La práctica del *sati* o la quema de viudas. Cuando un hombre moría, su viuda debía unirse a él en la pira funeraria y era quemada viva.

una huella profunda en Henry Martyn (1781-1812).
(a) Martyn fue un pastor anglicano que sirvió como misionero en India y Persia, y tradujo el Nuevo Testamento al urdú y al persa.
(b) Murió en Tokat, Turquía, camino a Constantinopla, a los 31 años de edad.

(2) Robert Morrison (1782-1834) tradujo la Biblia al chino, desarrolló un diccionario chino y, aunque solo bautizó a 10 creyentes chinos en más de 25 años de servicio misionero, estos fueron cristianos fieles.
(a) Poco después de llegar a China, le preguntaron si pensaba que produciría un impacto en los chinos.
(b) Él respondió: «No, señor, pero espero que Dios sí lo haga».

(3) Adoniram Judson (1788-1850), junto con su esposa Ann y el misionero Luther Rice, fueron designados misioneros congregacionalistas de Massachusetts a Birmania, pero, en su viaje hacia el campo misionero, adoptaron una postura credobautista.
(a) Se pidió que otra organización enviara a los Judson y a Rice.
(b) Luther Rice regresó a Estados Unidos y organizó a iglesias bautistas para que apoyaran a los misioneros, lo cual transformó a los Judson en los primeros misioneros internacionales designados desde Estados Unidos.
(c) Si bien Adoniram y Ann Judson fueron los primeros misioneros designados, no fueron los primeros en irse de Estados Unidos para plantar una iglesia en el exterior.

(4) George Liele (1750-1820) era un esclavo emancipado que sirvió como pastor fundador de la primera iglesia bautista africana en Savannah, Georgia.
(a) Cuando su antiguo dueño, Henry Sharp, que lo había liberado para permitir que predicara, murió en la guerra de Independencia de los Estados Unidos peleando para los británicos, los herederos de Sharp intentaron recuperar a su esclavo.
(b) Lo mantuvieron cautivo un tiempo, hasta que él pudo conseguir sus documentos.
(i) Como temía represalias, pero no tenía los medios para escapar, firmó contrato con un oficial británico y, en 1782, navegó para Jamaica.
(ii) Sirvió a este oficial hasta saldar su deuda y luego predicó a diestra y siniestra entre los negros libres y antiguos esclavos. En 1784, plantó una iglesia, casi 10 años antes de que William Carey navegara a India y 30 años antes de que Judson llegara a Birmania.
(c) Aunque no tenía educación formal, aprendió lo suficiente como para leer la Biblia y, en los primeros 7 años, tuvo más de 500 convertidos.

(5) Robert Moffat (1795-1883) fue un misionero congregacionalista escocés que predicó en África; además, fue el suegro de David Livingstone.
(a) Tradujo la Biblia y *El progreso del peregrino* al setsuana y tomó un solo permiso de ausencia en 52 años de servicio misionero.
(b) Persuadió a Livingstone de ir a África en vez de China, diciéndole que, en África, había visto el «humo de mil aldeas donde ningún misionero había llegado aún».

(6) Hudson Taylor (1832-1905), misionero en China y fundador de la Misión al Interior de China, es considerado el «padre de las misiones de la fe».
   (a) Como quería contextualizar su vida y su ministerio, se trenzaba el cabello como los hombres chinos y usaba la típica vestimenta local.
   (b) Criticaba a los demás misioneros por dedicar demasiado tiempo a los expatriados y, a su vez, ellos lo criticaban por exagerar en su apariencia.
      (i) También cuestionaron su plan de enviar hombres y mujeres a partes desconocidas del interior de China y Mongolia.
      (ii) Su nueva organización no podía garantizar el sostén a los misioneros y no les permitía pedir fondos. Sin embargo, ellos utilizaron la vestimenta china, se adentraron en el territorio y confiaron en que Dios supliría todas sus necesidades.
(7) David Livingstone (1813-1873) fue un misionero en el este de África, aunque algunos lo clasificarían como un aventurero y explorador con causa.
   (a) Nunca plantó una iglesia y no fue un predicador ni un evangelista misionero.
   (b) La única persona que ganó para Cristo volvió después al animismo.
   (c) Sus dos objetivos principales eran encontrar la fuente del Nilo y abolir el tráfico de esclavos en el este de África, aunque no pudo lograr ninguna de estas cosas.
   (d) Sus superiores en la Sociedad Misionera de Londres creían que sus intereses de exploración lo distraían demasiado. Su función ecléctica y singular en el campo misionero se refleja en la lápida de su tumba en la abadía de Westminster: «David Livingstone: misionero, viajero, filántropo».
   (e) Lo impulsaba una pasión de liberar a los demás de la esclavitud y un deseo de llevar la civilización y el cristianismo.
   (f) Murió en una choza africana de rodillas junto a su cama.
(8) John Paton (1824-1907) fue un misionero presbiteriano escocés en Nuevas Hébridas.
   (a) Su autobiografía parece una novela de acción y aventuras, con emocionantes relatos de la evangelización en pueblos caníbales de los mares del sur.
   (b) Tan solo tres meses después de su llegada, enterró a su primera esposa y su bebé de un mes.
   (c) Volvió a casarse, continuó su tarea y Dios le dio la gracia para ver un gran fruto de su labor.
(9) John Nevius (1829-1893) sirvió como misionero en China.
   (a) Impulsó nuevas ideas sobre estrategia misionera que se utilizaron en Corea con mucho éxito.
   (b) Sus ideas se basaban principalmente en eliminar el viejo estilo de establecer toda la obra alrededor del misionero y, en cambio, prefirió un enfoque indígena nacionalizado.
   (c) Destacó la importancia de una tarea independiente con los líderes indígenas, para que pudieran autoabastecerse y financiarse sin la necesidad de misioneros expatriados.
(10) C. T. Studd (1862-1931) provenía de una familia inglesa adinerada y tuvo una vida privilegiada.

(a) Se transformó en un famoso jugador de criquet en Inglaterra y parecía tener el mundo a sus pies.

(b) Después de escuchar hablar a D. L. Moody, empezó a apasionarse por hablar de Cristo.

(i) Heredó una gran cantidad de dinero de su padre, pero la donó toda a las misiones.

(ii) Cuando sus amigos lo instaron a no desperdiciar su vida porque, seguramente, Dios no esperaba tanto, él respondió: «Si Jesucristo es Dios y murió por mí, ningún sacrificio que pueda hacer yo será demasiado grande».[16]

(c) Sirvió en China e India y luego navegó a África, con la esperanza de comenzar una obra en Sudán.

(d) Así resumió el supuesto sacrificio: «¿Cómo podría dedicar los mejores años de mi vida a disfrutar de los honores de este mundo cuando miles de almas perecen todos los días?».[17]

(11) Lottie Moon (1840-1912) fue una misionera bautista del sur que sirvió en China. Nació en Virginia, en una familia adinerada.

(a) Después de graduarse, sirvió como maestra de escuela antes de empezar su obra misionera.

(b) Lottie se sacrificó para ayudar a los necesitados y ministró sin descanso para alcanzar y enseñar a las mujeres y niños chinos.

(c) Apeló a los bautistas del sur para que enviaran más misioneros y compartió su comida y su dinero para ayudar a los que la rodeaban en una época de hambruna.

(d) Sufrió tanto como resultado de su servicio altruista que, para 1912, pesaba solo 22 kilos.

(i) Estaba tan delicada de salud que los misioneros la obligaron a tomar un permiso de ausencia y regresar a Estados Unidos.

(ii) Tristemente, murió en el camino, en la bahía de Kobe, Japón, en Nochebuena de 1912.

(12) Amy Carmichael (1867-1951) sirvió en Japón un tiempo breve y luego en India durante 55 años sin tomar permiso de ausencia. Allí, se hizo conocida por su ministerio de rescatar jovencitas que habían sido dedicadas a deidades del templo y criarlas en un hogar que ella estableció y dirigía.

(13) Gladys Aylward (1902-1970) fue misionera en China.

(a) Aunque la habían reprobado en la escuela de capacitación misionera, desde su adolescencia le apasionaban las misiones en China.

(b) Ahorró dinero para llegar al campo misionero y ministró allí toda su vida. Cobijó a niños que nadie quería, mantuvo a salvo a más de 100 niños y los protegió durante la invasión del ejército japonés.

(c) Más adelante, después de pasar diez años en Gran Bretaña, volvió al campo misionero, pero el gobierno comunista chino le negó la entrada. Esto la llevó a empezar un nuevo ministe-

[16] C. T. Studd, «Sayings of C. T. Studd», página consultada el 15 de junio de 2016. http://www.inthebeginning.com/articles/studdsayings.htm.

[17] Ibíd.

rio en Taiwán, el cual continuó hasta morir en 1970.

(14) Otros misioneros defendieron la causa de Cristo con ministerios que no se enfocaron en la predicación y la enseñanza.

(a) Clarence Jones (1900-1986) comenzó un ministerio radial internacional basado en Quito, Ecuador, llamado HCJB (*Hoy Cristo Jesús Bendice*) en 1931.

(i) Este ministerio emitió las enseñanzas del evangelio y la Biblia en muchos países e idiomas en todo el mundo.

(ii) Ahora, añadió atención médica y capacitación en liderazgo a su ministerio global.

(b) Misioneros como Cam Townsend dedicaron sus vidas a la traducción de la Biblia. El «tío Cam» (1896-1982), como lo llamaban sus misioneros en Wycliffe Bible Translators y los traductores en el campo del instituto lingüístico SIL, defendieron la causa misionera en todo el mundo, al proporcionar Biblias traducidas en muchos idiomas.

(c) Betty Greene (1920-1997), de la organización Mission Aviation Fellowship (MAF), empezó como piloto en WASP (pilotos mujeres de la Fuerza Aérea de Estados Unidos) durante la Segunda Guerra Mundial y, después de la guerra, ayudó a fundar MAF. Fue su primera piloto y ayudó a expandir el servicio misionero a zonas aisladas y difíciles de alcanzar en el mundo.

(15) Desde la lapidación de Esteban en Jerusalén, muchos mártires misioneros allanaron el camino para el avance del evangelio.

(a) Uno de los casos más famosos de martirio misionero contemporáneo es el de Jim Elliot, Pete Fleming, Ed McCully, Roger Youderian y Nate Saint en las junglas orientales de Ecuador el 8 de enero de 1956.

(i) Todos estos hombres dejaron atrás viudas y todos menos uno tenían hijos pequeños.

(ii) Ellos se agruparon con una pasión y visión en común de alcanzar a los aucas (ahora conocidos como la tribu indígena huaorani).

(iii) Nunca se había logrado hacer contacto con la tribu desde el exterior, pero estos hombres creyeron que, después de una larga serie de intercambio de regalos mediante una cubeta que enviaban por el aire, era hora de intentarlo.

a. Aunque los primeros pasos parecieron prometedores, algunos hombres maliciosos de la tribu mintieron sobre la intención de los misioneros y, como resultado, la misión fue un fracaso catastrófico y estos jóvenes fueron asesinados.

b. La historia del esfuerzo heroico y el costoso sacrificio de estos hombres y sus familias hicieron que miles de jóvenes misioneros los siguieran al campo y, con el tiempo, alcanzaran a la misma tribu que había matado a los misioneros.

(b) A través de la historia, el avance del evangelio ha estado empapado de sangre; desde la ensangrentada cruz en el Calvario, a lo largo de las páginas de la historia misionera y hasta las planas de los periódicos actuales.

(i) Satanás batallará contra la Iglesia hasta que Cristo venga en victoria y nos lleve a nuestro eterno hogar de paz y descanso.

(ii) Hasta entonces, da vuelta la página y comienza a escribir tu propia historia en los anales de la Iglesia… además, instruye a tus alumnos a hacer lo mismo al entender que, de esta capacitación, puede surgir un fruto increíble del reino para las generaciones.

III. Las manos: Las ordenanzas

A. ¿Qué ordenanzas reconocemos?

1. En primer lugar, observemos que usamos el término «ordenanza» en lugar de «sacramento».

a) Para muchos, estas palabras son sinónimos y se usan de manera indistinta, pero, en realidad, hay una diferencia.

(1) Una ordenanza es una regla, decreto u orden.

(2) Históricamente, se entiende que «sacramento» se refiere a un rito que dispensa gracia.

b) La frase «medio de gracia» puede ser problemática según la clase de gracia que se confiera y el medio que se utilice.

(1) Para algunas iglesias, los sacramentos son un intermediario mecánico; es decir, el mero cumplimiento confiere o comunica gracia a la persona en forma objetiva, más allá de cualquier subjetividad.

(a) Agustín defendía esto argumentando que la eficacia de un sacramento venía de Cristo, no de la persona que lo realizara o del mérito de la que lo recibía, y usaba la frase latina «*ex opere operato*», que significa «funciona por la misma obra que se realiza».

(b) Esto adopta la creencia de que los sacramentos no solo simbolizan la gracia que se recibe, sino que también la confieren a la persona que participa de ellos. Algunos evangélicos reformados usan el término «sacramento», pero no se refieren a que pueda existir un efecto objetivo amplio como el que defendía Agustín si no hay fe ni arrepentimiento de parte del participante.

(2) Históricamente, los bautistas han reaccionado en forma negativa a cualquier parecido con la noción de sacramento para evitar confusiones con el significado católico.

c) Aunque ninguno de los términos es más bíblico ni tiene más exactitud teológica que el otro cuando se entiende de manera correcta, los bautistas suelen preferir el término «ordenanza».

(1) Esto destaca su convicción de que ni el bautismo ni el cumplimiento de la Cena del Señor confiere gracia en forma automática si no hay fe, y que tampoco son esenciales para la salvación.

(2) El término «ordenanza» se prefiere en especial en contextos de cosmovisión religiosa donde se cree que los sacramentos son rituales necesarios como medio de gracia para obtener la salvación, y que es imposible recibir el perdón de pecados y la vida eterna sin haber participado de ellos.

2. Los bautistas consideran que estas dos ordenanzas fueron establecidas por Jesús en el Nuevo Testamento tal como ellos las observan y que están indicadas por Dios para la Iglesia.

a) Los católicos romanos añadieron cinco sacramentos más a lo largo de los siglos (la confirmación, la confesión, la orden sacerdotal, el matrimonio y la unción de los enfermos), pero estos ritos no tienen un fundamento bíblico ni son medios de gracia.

b) La Cena del Señor y el bautismo, según los practican los evangélicos, no tienen nada de mágico; en cambio, son acciones externas que simbolizan realidades internas del corazón de los creyentes. La Cena del Señor se celebra para recordar la muerte de Cristo por nuestros pecados, y el bautismo representa nuestra identificación con Él en Su muerte, sepultura y resurrección.
c) Agustín las llamó «la palabra visible».[18]

B. ¿Cómo se originaron estas ordenanzas?
1. El bautismo
a) En los Evangelios, está claro que Juan el Bautista bautizó a Jesús.
b) Mateo, Marcos y Lucas registran este suceso y, en el Evangelio de Juan, Juan el Bautista lo menciona.
(1) Algunos eruditos establecen su origen en rituales del Antiguo Testamento y lavados ceremoniales, con la convicción de que el patrón del bautismo en el Nuevo Testamento surgió de esas raíces.
(2) Los prosélitos judíos se bautizaban como señal de arrepentimiento y un nuevo comienzo.
(3) El bautismo de Juan parece ser un bautismo de arrepentimiento.
(a) No era el mismo que practican los cristianos hoy en día, ya que el Espíritu Santo no había venido cuando Juan ministraba.
(b) Por supuesto, no había una plena comprensión de la muerte, la sepultura y la resurrección de Jesús, que es lo que representa el bautismo para el creyente (Rom. 6:4).
c) Jesús quiso que Juan lo bautizara para dar el ejemplo a todos los que lo seguirían.
(1) Por supuesto, no tenía pecado ni necesitaba bautizarse para arrepentirse y purificar o lavar iniquidad alguna.
(2) Jesús se identificó con la humanidad desde el principio de Su ministerio público a través de Su bautismo, y seguiría sometiéndose al Padre en toda Su vida sobre la tierra, orando y haciendo Su voluntad.
(a) Se identificó a tal punto con nosotros que pagó la deuda de nuestro pecado en la cruz.
(3) El bautismo de Jesús se registra en Mateo 3:13-17, Marcos 1:9-11 y Lucas 3:21-22.
(a) Aunque no hay un relato del bautismo de Jesús en el Evangelio de Juan, sí se incluye el ministerio de Juan el Bautista y el testimonio de cómo reconoció a Jesús como el Mesías cuando lo bautizó.
(b) Declaró que Jesús era el cumplimiento de la señal profética que se le había indicado anticipar.
(c) Dios le reveló a Juan que la persona sobre la cual descendería la paloma sería el Mesías.
d) No hay una fórmula bíblica que paute detalles del bautismo como la vestimenta que los ministros y los candidatos tienen que usar, la clase de reunión donde debe realizarse, si hay que bautizar al principio o al final de la reunión, o dedicar todo el encuentro al bautismo.
e) Mientras que algunos usan las palabras de la Gran Comisión para bau-

[18] Kevin Knight, ed., «Tractates on the Gospel of John», Tractate 80.3, página consultada el 15 de junio de 2016. http://www.newadvent.org/fathers/1701080.htm.

tizar en el nombre de la Trinidad (en el nombre del Padre, del Hijo y del Espíritu Santo), otros bautizan solo en el nombre de Jesús, sin la intención de referirse a un modalismo, unitarismo ni a las herejías que solo reconocen a Jesús.

(1) Sencillamente, toman el versículo de Hechos y lo aplican a sus reuniones de bautismo.

(2) Para muchos, el bautismo en el nombre de Jesús o en nombre del Padre, el Hijo y el Espíritu Santo distingue el bautismo cristiano del de Juan el Bautista, en el sentido de que implica una «transferencia de propiedad».[19]

f) Observa los pasajes que describen una fuerte conexión entre el bautismo y el principio de la vida en Cristo para el creyente (Hech. 2:38,41; 8:36-38; 9:18; 10:48; 16:15,33; 18:18; 19:5; 22:16).

(1) Al examinar estos pasajes, vemos que el bautismo no era opcional para los creyentes, ni algo que se dilatara por años.

(2) Estaba íntimamente relacionado con el principio de la vida cristiana.

(a) Por eso, muchas iglesias consideran el bautismo como el acto inicial de obediencia para ser admitido como miembro de la iglesia, precedido solo por el arrepentimiento y la fe en el momento de la conversión.

(b) Es una declaración pública de nuestro testimonio respecto a lo que creemos sobre Jesús y nuestra nueva vida en Él.

(c) Pablo escribió sobre nuestra identificación con Jesús, nuestra unión con el Cuerpo de Cristo y sobre vestirnos de Él mediante el bautismo.

(3) Pasajes sobre el bautismo

(a) Porque somos sepultados juntamente con él para muerte por el bautismo, a fin de que como Cristo resucitó de los muertos por la gloria del Padre, así también nosotros andemos en vida nueva. (Rom. 6:4)

(b) Porque por un solo Espíritu fuimos todos bautizados en un cuerpo, sean judíos o griegos, sean esclavos o libres; y a todos se nos dio a beber de un mismo Espíritu. (1 Cor. 12:13)

(c) Porque todos los que habéis sido bautizados en Cristo, de Cristo estáis revestidos. (Gál. 3:27)

(d) Pablo también habla de nuestra salvación y usa el bautismo como metáfora (Col. 2:11-12).

2. La Cena del Señor

a) Algunas iglesias llaman a la Cena del Señor eucaristía, comunión, la mesa del Señor o el partimiento del pan.

b) Cada término destaca una imagen o énfasis bíblico distinto relacionado con la Cena del Señor.

c) Jesús instituyó esta ordenanza en el contexto de la comida pascual.

(1) Los Evangelios sinópticos describen el entorno donde Jesús comió con Sus discípulos la última cena o comida pascual e instituyó la Cena del Señor (Mat. 26:26-28; Mar. 14:22-24; Luc. 22:7-23).

(2) El libro de Hechos describe cómo la iglesia primitiva se reunía a partir el pan (Hech. 2:42), lo cual explica el nombre que se prefiere

---

[19] John S. Hammett, *40 Questions About Baptism and the Lord's Supper,* 40 Questions & Answers Series, Benjamin Merkle, ed. de la serie (Grand Rapids, MI: Kregel Academics, 2015), 118.

para el cumplimiento de esta ordenanza en muchas iglesias.

(a) Pablo proporciona la enseñanza más sucinta sobre el orden y el cumplimiento de la Cena del Señor en un pasaje más amplio de 1 Corintios 11:17-34, pero observa la guía clara y definitiva para llevarla a cabo en los versículos 23-26: «Porque yo recibí del Señor lo que también os he enseñado: Que el Señor Jesús, la noche que fue entregado, tomó pan; y habiendo dado gracias, lo partió, y dijo: Tomad, comed; esto es mi cuerpo que por vosotros es partido; haced esto en memoria de mí.

(b) Asimismo tomó también la copa, después de haber cenado, diciendo: Esta copa es el nuevo pacto en mi sangre; haced esto todas las veces que la bebiereis, en memoria de mí. Así, pues, todas las veces que comiereis este pan, y bebiereis esta copa, la muerte del Señor anunciáis hasta que él venga».

C. ¿Qué significan estas ordenanzas?

1. Las ordenanzas de la Cena del Señor y el bautismo son actos externos que simbolizan realidades internas.

a) El bautismo es una declaración exterior que refleja la realidad interior de la regeneración y la conversión.

(1) En la Escritura y la historia de la Iglesia, el bautismo siempre se identifica como el primer paso de la vida cristiana para el nuevo creyente; sin duda, con respecto a transformarse en miembro de una iglesia local.

(2) El bautismo simboliza la identificación del creyente con la muerte, la sepultura y la resurrección de Jesucristo. Además, representa la purificación, la limpieza y el perdón de los pecados. Es un paso necesario para unirse y pertenecer al cuerpo local de Cristo.

b) La Cena del Señor es un homenaje que los cristianos observamos en forma habitual para recordar la muerte, la sepultura y la resurrección de Cristo al salvarnos, para tener comunión espiritual con Cristo y con otros creyentes, para proclamar que creemos en lo que hizo por nosotros (1 Cor. 11:26), anticipando así Su regreso, y para promover nuestra acción de gracias.[20]

(1) En el Evangelio de Juan, Jesús hace referencia a la Cena del Señor al hablar de Su cuerpo como el pan y de Su sangre como el vino (Juan 6:32-58).

(a) El pan es Su cuerpo partido por nosotros y el vino es la sangre que derramó para expiar nuestros pecados.

(b) Jesús enseñó que el vino representaba la sangre del nuevo pacto. Esto puede referirse a la copa que tomó en el contexto de la comida Pascual al instituir la Cena del Señor.

(c) El inicio de un pacto seguido de una comida es coherente con el patrón del Antiguo Testamento (Gén. 26:30; 31:54; 2 Sam. 3:20).

(2) Solo por fe, la Cena del Señor bendice al que la toma.

(a) De la misma forma que con el bautismo, el término latino *ex opere operato* describe la creencia de algunos de que la mera participación o realización de la Cena del Señor comunica la gracia salvadora a la persona.

(b) Esta perspectiva no se encuentra en la Biblia y no es la postura evangélica que enseñamos.

---

[20] Hammett, *40 Questions*, 205-209.

(3) Es más, el sacrificio de Cristo fue un acto que se realizó y completó una sola vez, y no se reproduce al asistir a una misa ni al participar de la Cena del Señor.
(a) La visión católica romana de la *transubstanciación* enseña que el vino y el pan se transforman literalmente en la sangre y el cuerpo de Jesús cuando el sacerdote pronuncia las palabras de Cristo «este es mi cuerpo» durante la misa, aunque los accidentes (el vino y el pan) conservan su apariencia, textura, aroma y sabor.
(b) La visión luterana es la *consubstanciación,* que enseña que Cristo está de alguna manera presente (en, con y debajo) en los elementos, como el agua en una esponja.
(i) Lutero hizo la comparación de colocar un hierro en el fuego hasta que se pone rojo. El fuego y el hierro están unidos, pero siguen siendo cosas separadas.
(ii) Esta fue la metáfora que usó para intentar explicar la presencia de Cristo en la Cena del Señor.
(c) La visión reformada de Calvino es que los participantes que reciben los elementos de la Cena con fe genuina reciben a Cristo que obra a través de los elementos.
(d) La visión del reformador Ulrico Zwinglio era que la Cena conmemorativa simplemente recuerda el sacrificio de Cristo por nosotros, pero negaba que hubiera una presencia física real del cuerpo y la sangre de Jesús.

D. ¿Quién debería participar?
1. La doctrina de la omnipresencia de Dios enseña que el Señor está presente en todos los lugares y en todo momento.
a) Sabemos que no es lo único que quiso decir Jesús al afirmar que, cuando hay dos o más reunidos en Su nombre, Él está allí con ellos. Incluso no nos referimos a esto al hablar de Su presencia en la Cena del Señor, aunque no creemos en las doctrinas de la transubstanciación o la consubstanciación.
(1) Definir la distinción equivale a describir la diferencia entre el bautismo en el Espíritu Santo y la llenura del Espíritu.
(2) Aunque se reconoce la presencia del Señor en este acto de adoración y recuerdo, la sola presencia no regenera en forma automática a nadie que participe de esta ordenanza; no obstante, es lo suficientemente real como para que los que beben y comen de manera indigna acarreen juicio sobre sí mismos (1 Cor. 11:27).
(a) Solo deben participar los creyentes bautizados que se hayan examinado a sí mismos y no estén en pecado deliberado.
(b) Más allá de lo que pueda significar tomar la Cena indignamente, al menos implica que los que se acercan a la mesa del Señor deben recordar la obra de Cristo y Su muerte hasta que Él venga (1 Cor. 11:26).
(c) Como misionero, me invitaron a una iglesia a explicar la Cena del Señor y su conexión con los que mueren como castigo por tomarla en forma indigna.
(i) Todos los miembros de la iglesia sabían que eran pecadores y conocían lo que Pablo había escrito sobre los corintios que habían muerto después de la Cena del Señor.
(ii) Su temor los había llevado a descuidar la mesa y a no participar de esta ordenanza.

(iii) Me dio gusto aliviar a esta congregación extremadamente introspectiva y explicarles que la Cena del Señor no solo *no* estaba prohibida a los pecadores, sino que era *para* los pecadores.

(iv) Sin embargo, es para los pecadores que desean arrepentirse, regresar y ser limpios.

(v) La situación también exigía que hablara de la obligación que tienen los creyentes de participar de esta ordenanza. La Cena del Señor no es opcional. Jesús dijo: «Tomad, comed», «bebed de ella todos» y «haced esto en memoria de mí» (Mat. 26:26-27; Luc. 22:19). No es un lenguaje que implique una opción.

E. ¿Cuál es el propósito de estas ordenanzas?

1. Al recibir el bautismo, el candidato y la iglesia proclaman su convicción en el evangelio, la muerte, la sepultura y la resurrección de Jesucristo, y la vida eterna que nos ha dado.
2. En la Cena del Señor, la iglesia proclama la identificación con la muerte de Cristo y su convicción en lo que sucedió en la Pasión de Cristo (Juan 6:47-58).

F. ¿Quién tiene que bautizar y administrar la Cena del Señor?

1. En general, un pastor de la iglesia bautiza y preside la Cena del Señor, pero cualquiera designado por la iglesia puede hacerlo.
2. La Biblia no prescribe ni determina un patrón que se deba seguir respecto a la administración del bautismo.
   a) Algunos creen que el que gana a un perdido debería bautizarlo. En algunos contextos, es una opción sabia.
   b) Sin embargo, en circunstancias normales donde hay una iglesia establecida y un liderazgo pastoral, la iglesia debería considerar la Cena del Señor y el bautismo como ordenanzas instructivas para los testigos y los participantes.
   c) Al mismo tiempo, aunque la Biblia no especifica quién debe administrar las ordenanzas, se requiere decoro para brindar el respeto que merecen.
      (1) En general, el bautismo se realiza en el contexto de la iglesia local a la que se une el candidato.
      (2) Uno de los ancianos o una persona designada por la congregación preside el bautismo.
   d) De la misma manera, algunos comparten la Cena del Señor en cualquier lugar, con cualquier clase de elementos y sin importar quién esté presente.
      (1) Una vez más, un respeto profundo por lo que simboliza esta ordenanza estipula que lo más sabio es practicarla dentro de la iglesia, como una ordenanza instructiva.
         (a) Sin duda, tiene que haber una gran reverencia, más allá del contexto donde se realice.
         (b) En el mundo evangélico, la postura aceptada es que la Cena del Señor tiene que celebrarse en una iglesia y, siempre que sea posible, debe ser presidida por el pastor o algún anciano, para enseñar y pastorear a los demás.

G. ¿Cómo se administran?

1. La administración de la Cena del Señor implica comer el pan y beber el vino para recordar y proclamar la muerte del Señor hasta que Él venga.
   a) Los elementos son el pan y el vino.
      (1) Muchos prefieren usar pan sin levadura u hostias, ya que la levadura en la Escritura muchas veces simboliza el pecado.

(a) Algunos prefieren el pan sin levadura para representar la pureza de Cristo, a quien representa el pan.

(b) Es más, como la Cena del Señor se instituyó en el contexto de la Pascua, la fiesta de los panes sin levadura, esta preferencia del uso de pan sin levadura es una progresión lógica (Ex. 12; Mat. 26).

(2) No obstante, no es pecado celebrar la Cena del Señor con cualquier clase de pan, o con el alimento básico si en cierta cultura no se conoce o no se consigue el pan, y puede comunicar el mismo significado.

(3) Aunque Jesús afirmó que el vino es Su sangre, algunos prefieren usar jugo de uva como reemplazo.

(a) Usan jugo en lugar de vino fermentado con alcohol para no ofender a las culturas en que la norma es abstenerse de toda clase de alcohol, o para evitar tentar a miembros que pueden estar luchando con el alcoholismo.

(i) En contextos donde no se consiguen uvas, jugo de uvas ni vino, se utiliza alguna otra bebida adecuada para simbolizar la sangre de Cristo.

(ii) Por cierto, siempre y cuando se trate de una necesidad práctica, la sustitución no es pecado.

2. Sin embargo, para tener en alta estima la ordenanza y considerar adecuadamente lo que representa, debería usarse pan y jugo de uva o vino siempre que se consigan.

H. ¿Dónde hay que observarlas?

1. En la medida de lo posible, la Cena del Señor debe observarse en el contexto de una reunión de adoración.

a) Muchos deciden realizar una reunión normal de adoración con himnos o coros, oraciones, testimonios, lectura de la Palabra y un sermón adecuado que apunte a la observancia de la Cena del Señor y culmine en su administración.

b) El pastor puede contar con la ayuda de otros ancianos, diáconos o líderes de la congregación.

2. Es sabio desafiar a los que participan a que examinen su corazón y se preparen para participar de la mesa del Señor.

a) Los que ayudan deben distribuir el pan.

(1) Cuando todos hayan recibido del pan, el pastor puede leer 1 Corintios 11:23-24

(2) Luego invitar a la congregación a comer el pan.

b) Se distribuye el vino.

(1) Seguido por la lectura de 1 Corintios 11:25

(2) Se invita a los miembros de la iglesia a beberlo.

c) Después, se puede leer 1 Corintios 11:26 y orar.

d) Este patrón sencillo puede terminarse con un himno conocido, de manera similar a Mateo 26:30 y a Marcos 14:26 donde, una vez que Jesús había instituido la Cena del Señor, «cuando hubieron cantado el himno, salieron al monte de los Olivos».

3. No hay un orden litúrgico estricto ni una forma determinada de observar la Cena del Señor, y creo que esa fue la intención de Jesús.

a) Todas las culturas deben tener la posibilidad de practicar la Cena del Señor de la manera más significativa para ellas y en la forma más cercana al patrón bíblico de esa primera vez antes de la Pasión de Cristo.

b) Aunque algunos prefieren usar jugo de uvas en lugar de vino, he conocido creyentes de culturas donde nunca se practicó la Cena del Señor con otra cosa que no fuera vino, y donde el vino no tiene nada de pecaminoso, que se ofendieron al saber que nosotros usábamos jugo de uva. A la luz de las claras palabras de Cristo en la Escritura, ver que algunas iglesias no usaban vino les producía el mismo efecto que si nosotros viéramos que una congregación usa Coca Cola.

I. ¿Con qué frecuencia es necesario observarlas?

1. Algunas congregaciones celebran la Cena del Señor cada vez que se reúnen a adorar; otros lo hacen una vez al mes, cada quince días o una vez al año. Algunos la observan en forma periódica, pero sin un patrón establecido.
   a) Puede administrarse al final de una reunión dominical matutina o ser el centro de toda una reunión vespertina.
   b) Algunos pueden celebrarla en una reunión a mitad de semana, pero, inevitablemente, surge la pregunta de cuál es el contexto adecuado para observar la Cena del Señor.
2. La administración correcta de la ordenanza del bautismo requiere que todo el cuerpo de un creyente nacido de nuevo se sumerja en agua como testimonio de su fe en Cristo para salvación.
   a) La palabra del Nuevo Testamento *baptízo* significa «sumergirse o hundir».
      (1) La Biblia afirma que Jesús entró en el río Jordán para bautizarse y luego salió, lo cual significa que no lo salpicaron ni le derramaron agua encima (Mat. 3:16; Mar. 1:10).
         (a) De la misma manera, cuando Felipe bautizó al eunuco etíope, se adentraron en el agua (Hech. 8:38).
         (b) La inmersión completa de un creyente en el agua simboliza su identificación con la muerte, la sepultura y la resurrección de Cristo (Rom. 6:3-5; Col. 2:12).
      (2) El bautismo no salva, añade ni completa la salvación; más bien, es un acto que simboliza la realidad interior de la regeneración y la conversión.
         (a) Por esta razón, los bautistas somos *credobautistas,* lo cual significa que adherimos solo al bautismo de los creyentes.
         (b) Algunos evangélicos protestantes, como los presbiterianos y los metodistas, practican el bautismo de niños (*paidobautismo*) y bautizan a los bebés de los padres creyentes. Creen que el bautismo de los bebés representa que los niños forman parte del pacto y que sirve como señal y sello, pero no necesariamente que el bautismo le confiera salvación al niño.
   b) En algunos contextos de capacitación pastoral, la mayoría de las iglesias sostiene la visión bautista respecto al significado del bautismo, mientras que, en otros, la visión predominante puede ser la del bautismo infantil como señal, pero no como un simple ritual que confiera salvación en forma mecánica.
      (1) En los casos en que los maestros no coincidan con la visión de la iglesia local, puede ser sabio enseñar las dos interpretaciones del bautismo y el fundamento bíblico de cada postura.
      (2) En las verdades doctrinales esenciales, debemos estar unificados.[21]

---

[21] Para explorar la idea del «triaje teológico» que informa mi manera de pensar respecto a la mejor forma de enseñar sobre este tema y otros, véase el artículo del Dr. R. Albert Mohler Jr, «A Call for

(a) Las verdades esenciales son fundamentalmente cuestiones doctrinales necesarias para la esencia o la constitución del cristianismo.
   (i) Sin embargo, debemos entender que algunas cuestiones doctrinales de nivel secundario no son esenciales.
      a. No significa que no sean necesarias, sino que se precisan para el *bienestar* del cristianismo, pero no para su existencia.
         i. Esto implica que dos cristianos pueden diferir respecto a estas doctrinas y aún así ser nacidos de nuevo y dirigirse al cielo.
         ii. Yo soy bautista en mis creencias, pero algunos de mis maestros, predicadores y autores bíblicos y teológicos favoritos son presbiterianos.
      b. Es necesario que les enseñes a tus alumnos a tener cuidado con las cuestiones que transforman en pruebas determinantes para la comunión. Aunque el modo y los participantes del bautismo y la Cena del Señor son importantes, no todas las diferencias de opinión son motivos que ameriten la división en la iglesia ni una razón para no tener comunión con los demás.

c) Jesús se sometió a que Juan lo bautizara y, después, el Espíritu Santo descendió sobre Él y el Padre declaró: «Tú eres mi Hijo amado; en ti tengo complacencia» (Luc. 3:21-22).
   (1) Nos dejó un ejemplo para imitar.
   (2) Es más, se nos manda que nos arrepintamos y nos bauticemos, y la obediencia a un mandamiento bíblico no es opcional.
   (3) Aunque es importante que todos los nuevos creyentes imiten a Cristo en el bautismo, los que no pueden hacerlo por su avanzada edad, una enfermedad o alguna otra circunstancia extrema tienen la seguridad del ejemplo del ladrón sobre la cruz de que el bautismo y la Cena del Señor no son esenciales para la salvación (Luc. 23:43).

d) ¿Cuándo deberíamos bautizar?
   (1) Algunas iglesias prefieren bautizar de inmediato luego de una profesión de fe. Por desgracia, esta práctica ha llevado a algunos a vincular el bautismo con un acto de obediencia necesario para completar la salvación.
   (2) Otros exigen la realización de una clase para miembros nuevos, que puede durar horas o meses. Los que han hecho una profesión de fe deben asistir a esta clase para entender bien el paso que están dando, saber qué se espera de ellos y lo que ellos pueden esperar de la iglesia. Tristemente, en algunos contextos, los nuevos creyentes que no pudieron asistir a las clases dudan de que su salvación se haya completado, por no poder realizar el curso y bautizarse.
   (3) En culturas hostiles al evangelio, como algunas católicas, confucianas o musulmanas, la conversión al cristianismo evangélico es un golpe para las familias de los nuevos creyentes.

Theological Triage and Christian Maturity». Página consultada el 15 de junio de 2016. http://www.albertmohler.com/2005/07/12/a-call-for-theological-triage-and-christian-maturity.

(a) A veces, hay una persecución activa o, al menos, cierta exclusión y vergüenza desde o hacia la familia de un nuevo creyente.

(b) En estas culturas, es habitual que el acto del bautismo público se retrase un tiempo, mientras los nuevos creyentes reúnen la audacia o la convicción para dar este paso.

(i) Mi intención no es juzgar ni criticar en forma injusta a nadie que esté en una situación peligrosa, pero esto nunca es ideal ni debería ser una decisión superficial.

(ii) Sin duda, tiene que haber un tiempo de discernimiento para saber si la decisión fue genuina y se entendió, pero, siempre que sea posible, la brecha entre confiar en Cristo y declararlo públicamente mediante el bautismo tiene que acortarse en lugar de alargarse.

e) ¿Cómo se bautiza?

(1) La reunión de la iglesia debería incluir bautismos siempre que sea posible, para celebrar públicamente con el nuevo creyente.

(2) Esto también permite que sea un momento de enseñanza entre los miembros de la iglesia y los testigos, y que se establezca con claridad que ni el agua ni el acto del bautismo salvan.

(3) El que bautiza y el candidato tienen que entrar al agua hasta una profundidad de la cintura o el pecho, vestidos en forma adecuada y con alguien que se quede cerca para ayudarlos a llegar a un lugar privado a cambiarse y ponerse ropa seca para el resto de la reunión.

(4) Mientras está en el agua a la espera del bautismo, el candidato tiene que dar su testimonio o responder algunas preguntas para demostrar que entiende lo que es la salvación y el bautismo, y declarar su fe personal solo en Cristo.

(a) Entonces, el que preside el bautismo tiene que mirar a la congregación y decirle al candidato: «Según tu profesión de fe en Jesucristo solamente como tu Señor y Salvador, te bautizo, mi hermano (o hermana), en el nombre del Padre, del Hijo y del Espíritu Santo. Sepultado con Cristo y resucitado para caminar en una nueva vida».

(b) Después, sumerge al candidato reclinándolo en el agua y lo vuelve a levantar para comenzar su caminar con Cristo como miembro bautizado de la congregación.

(i) Siempre que sea posible, es importante terminar el servicio del bautismo celebrando la Cena del Señor, para que el candidato, luego de haberse cambiado y regresado a la congregación, pueda participar por primera vez de la Cena del Señor.

(ii) Jesús mando a Su Iglesia, nosotros, que fuéramos por todo el mundo haciendo discípulos en todos los pueblos y los bautizáramos en el nombre del Padre, del Hijo y del Espíritu Santo (Mat. 28:18-20), y nos dejó la ordenanza de la Cena del Señor para celebrar y así recordar y proclamar Su muerte hasta que regrese.

Módulo 5 Bosquejo de enseñanza

El servicio
La hermenéutica
El liderazgo

I. El corazón: El servicio
  A. Disciplina espiritual personal: El servicio
    1. Reseña
      a) «Porque el Hijo del Hombre no vino para ser servido, sino para servir, y para dar su vida en rescate por muchos» (Mar. 10:45).
      b) Esto no es algo culturalmente normal ni personalmente natural.
      c) El servicio es la decisión de considerar a los demás como mejores que nosotros mismos y ministrar a Dios y a los demás con alegría.
    2. La comprensión el ministerio del servicio
      a) La idea básica del servicio es la realización de tareas.
      b) El servicio implica acciones concretas para ayudar, rescatar, consolar, asistir a otros o proveerles lo que necesiten.
      c) No se trata de una tarea rutinaria o pesada motivada por la culpa o por querer obtener el favor de Dios, sino de una compasión pura y sincera que nos lleva a ayudar a otros de maneras prácticas motivadas por el amor y la gratitud.
      d) Servir a Dios es agradable para Él y satisfactorio para nosotros.
      e) El servicio aniquila nuestro orgullo; recuerda el modelo de Jesús de negarse a sé mismo, sufrir y morir a manos de aquellos a quienes serviría.
    3. Motivación al servicio
      a) Donald Whitney escribió que la Biblia menciona al menos seis motivaciones para servir a Dios y a los demás.[1]
        (1) Un deseo de obedecer al Señor
        (2) La gratitud
        (3) El gozo y el regocijo
        (4) El perdón, en lugar de una sensación de culpa
        (5) La humildad
        (6) El amor
    4. Ejemplos bíblicos del servicio
      a) Personajes del Antiguo Testamento
        (1) Dios usó Noé para construir el arca, predicar sobre la ira venidera del Señor y preservar la raza humana.
        (2) Moisés también sirvió a Dios para liberar al pueblo de Israel de la esclavitud del faraón.
        (3) David sirvió al Señor y al pueblo de Israel como guerrero, rey y escritor.

---

[1] Donald S. Whitney, *Spiritual Disciplines for the Christian Life*, ed. rev. (Colorado Springs, CO: NavPress, 2014), 144-151.

(4) Esdras guió a un grupo de judíos exiliados que habían sido liberados y conducirlos de regreso a Jerusalén para restaurar la adoración en el templo y les enseñó la Palabra de Dios, y el Señor lo bendijo por su servicio mostrándole Su favor.
(5) Nehemías llevó adelante un regreso posterior a Jerusalén y se encargó de reconstruir la muralla que rodeaba la ciudad para protegerla de sus enemigos.
(6) Los profetas sirvió al Señor en su época, al proclamar la Palabra de Dios a Su pueblo y proveerle liderazgo mediante instrucción piadosa.

b) Personajes del Nuevo Testamento
(1) Juan el Bautista: sirvió fielmente hasta la muerte y rechazó con humildad cualquier elogio o aplauso.
(2) Jesús:
(a) Dejó la gloria del cielo y la adoración de los ángeles para venir a sufrir a la tierra y morir por Su pueblo.
(b) Fue un ejemplo de servicio.
(c) Un ejemplo clave de servicio fue la noche antes de la crucifixión, cuando lavó los pies de Sus discípulos, incluso los de la persona que sabía que lo traicionaría.
(d) Nos sirvió de manera suprema al morir en nuestro lugar y derramar Su sangre para pagar por nuestros pecados.
(e) Aunque no encontráramos otro ejemplo de servicio en la Biblia, el de Jesús sería suficiente para que entendiéramos la importancia de esta área de formación espiritual.
(3) Pablo: un siervo de Jesús que disfrutaba del título de esclavo y llamó a otros a imitar ese modelo de servicio sacrificado al evangelio y los demás.

c) La enseñanza bíblica sobre los dones para el servicio.
(1) 1 Corintios 12: la diversidad de dones para servir en el Cuerpo de Cristo.
(a) El Espíritu Santo distribuye estos dones para edificar a la Iglesia, lo cual es una manera de servir al Señor y a otros creyentes.
(b) Nos produce mucha alegría y satisfacción servir en áreas que nos apasionan y para las cuales tenemos talento.
(c) Los creyentes son llamados a servir al Señor y a los demás sin excepción.
(2) Hechos 6: Los roles y el servicio de la Iglesia
(a) El principio de la función del diácono en las iglesias.
(b) *Diákonos:* alguien que sirve las mesas o hace recados; la palabra para «siervo».
(c) Llevaban a cabo estos ministerios para que los ancianos pudieran dedicarse al ministerio de la Palabra y la oración.

5. ¿Quiénes son algunos de los siervos de la historia de la Iglesia?
a) Considera a algunos siervos de la historia de la Iglesia como los pastores, profesores, monjes, reformadores y misioneros que ya estudiamos.
b) Los pastores, profesores, monjes, reformadores y misioneros que ya estudiamos sirvieron fielmente a Dios y al cuerpo de Cristo al tomar decisiones y liderar un cambio que nos afecta hoy.
c) Los mártires nos enseñan sobre el servicio que les costó la vida a muchos hombres y mujeres.

(1) John y Betty Stam, Nate Saint, Jim Elliot, Roger Youderian, Pete Fleming y Ed McCulley son ejemplos de hombres y mujeres que sufrieron el martirio en su servicio al Señor. A través de ese servicio, muchísimas personas conocieron a Cristo y empezaron a servirlo.
(2) «No es un tonto aquel que entrega lo que no puede retener para obtener lo que jamás puede perder».
(3) Estas actitudes de abnegación y compromiso absoluto al Señor son ejemplos de lo que debería verse en nuestras vidas también.

6. Ejemplos del servicio en el ministerio contemporáneo
   a) El ejemplo de Jesús
      (1) Todo pastor debería ser que los que lo rodean vean a Jesús en él.
      (2) Anticipar las necesidades de los demás, dar de tus propias provisiones o recursos al menesteroso o ayudar a un amigo, a un hermano de la iglesia o a un extraño a llevar la carga de trabajo que lo agobia puede ser el mejor ejemplo para presentar a Cristo hoy.
      (3) Hay muchísimas formas de servir a Dios y a los demás, y ninguna lista podría describirlas en forma exhaustiva, pero tener una actitud que busque bendecir a todo el que Dios coloque en mi camino es la mejor manera de empezar.
      (4) Los pastores y los líderes deben ser creyentes que sirvan al Señor y a los demás con tal compromiso que sus vidas prediquen el mismo mensaje que enseñan con la boca desde el púlpito.
7. Beneficios del servicio
   a) La vida de un siervo ayuda a luchar contra el egoísmo, el orgullo, la avaricia y la codicia, porque servir a los demás debilita estas actitudes.
   b) Nuestra percepción egoísta de lo que merecemos se transforma cuando consideramos las necesidades de los demás por encima de las nuestras.
   c) La forma de reducir su tamaño y su poder es tomar lo que exigen para ellos y sembrarlo en campos ajenos, sirviendo al Señor y a Su pueblo.

B. El fruto del Espíritu: Benignidad
1. «Mas el fruto del Espíritu es amor, gozo, paz, paciencia, *benignidad*, bondad, fe, mansedumbre, templanza; contra tales cosas no hay ley» (Gál. 5:22-23, énfasis añadido).
2. Ser benigno es ser afable, amigable y mostrar compasión por los demás.
3. El pastor, al igual que todos los creyentes, debe ser un pescador de hombres. Los pescadores usan carnada y señuelos para atraer a los peces. Si aplicamos esto a la vida cristiana, podemos observar que la benignidad es sumamente atractiva en medio de un mundo perverso.
4. El pastor debe mantener una vida y una personalidad cálidas y sinceras, para que los demás se sientan en libertad de pedir su consejo, confíen en que guardará sus secretos y sepan que se interesa por ellos.
5. Más que nadie en la iglesia, el pastor debe ser un hombre benigno. Las palabras crueles, el enojo, la amargura y las interacciones hirientes arruinan la eficacia de cualquier ministerio con rapidez. Por el contrario, la benignidad suele aplacar las sospechas y el temor.
6. ¿Qué noción de benignidad tiene la cultura del alumno? ¿Concuerda con lo que enseña la Biblia? ¿ Cómo se manifiesta en su iglesia?

C. Los pensamientos del pastor: Lo amable
1. «Por lo demás, hermanos, todo lo que es verdadero, todo lo honesto, todo lo justo, todo lo puro, todo lo *amable*, todo lo que es de buen nombre; si hay virtud alguna, si algo digno de alabanza, en esto pensad» (Fil. 4:8, énfasis añadido).

2. Se refiere a la excelencia moral y la pureza espiritual.
3. El apóstol enfatiza que esta belleza debe ser el centro de los pensamientos del pastor. Hay demasiada fealdad y maldad en el mundo.
4. Pablo desafía a los creyentes a meditar en todo lo amable y así contrarresta la manera de pensar del mundo y la ansiedad que suele provenir de una actitud negativa.
5. Los puritanos nos recordaron en muchos de sus escritos que no hay nada más amable que Cristo mismo. Concéntrate en Él y permite que la hermosura que está en Él fluya en ti y hacia los demás.

II. La mente: La hermenéutica

A. Breve reseña

1. Una correcta interpretación de la Biblia es el primer paso para entenderla bien, aplicarla y enseñársela a los demás.
2. La Biblia no es un libro mágico ni un amuleto que funciona por el simple hecho de llevarla con uno; hace falta leerla y entenderla bien.
3. En este módulo, aprenderemos a entender cómo la organización de la Biblia, sus mensajes predominantes, sus géneros literarios y figuras retóricas afectan la fidelidad de nuestra interpretación.
4. Nos familiarizaremos con herramientas que pueden ser útiles para los pastores en el proceso de interpretación y aprenderemos un método sencillo que nuestros alumnos pueden utilizar para interpretar y aplicar la Biblia en sus vidas y ministerios.
5. Además, consideraremos cómo contextualizar de manera crítica la Biblia en otras culturas, para que todos puedan entender y conservar la pureza del cristianismo del Nuevo Testamento, y evitar así el sincretismo.
6. Los cristianos evangélicos somos un «pueblo del Libro».
   a) Hemos edificado nuestras creencias y prácticas con un fundamento bíblico.
   b) Una de las cinco *solas*[2] de la Reforma protestante era *Sola Scriptura,* que significa «solo por la Escritura».
   c) Creemos que la Biblia es suficiente y tiene autoridad; por lo tanto, es lo único que rige nuestra fe y nuestra práctica.
   d) Además creemos en la plena inspiración verbal de la Escritura, lo cual significa que cada una de sus palabras tiene autoridad, fue inspirada por Dios y está allí por una razón.
   e) Creemos que la Biblia es infalible[3] y que su mensaje es fidedigno.
   f) La Biblia es la revelación singular y especial del único Dios verdadero a Su pueblo.
   g) En ningún otro libro Dios reveló Su persona, lo que demanda, cómo podemos ser salvos y lo que le agrada.
   h) La Biblia no es un manual ni un libro de reglas; es la misma Palabra de Dios.

B. ¿Qué es la Biblia?

1. Es una colección de enseñanzas que Dios inspiró y autorizó, y que escribieron autores humanos utilizando sus propios idiomas y vocabulario para registrar Su mensaje.

---

[2] Las cinco solas son Sola Fide, solo por fe, Sola Scriptura, solo por la Escritura, Solus Christus, solo a través de Cristo, Sola Gratia, solo por gracia y Soli Deo Gloria, solo a Dios la gloria.

[3] Para entender mejor a qué nos referimos y a qué no nos referimos con el término infalibilidad, véase The Chicago Statement on Biblical Inerrancy, página consultada el 29 de febrero de 2016. http://www.bible-researcher.com/chicago1.html.

2. La Biblia se divide en 66 libros más breves ubicados en dos secciones principales.
   a) La primera sección, llamada Antiguo Testamento, se escribió principalmente en hebreo y consta de 39 libros.
   b) La segunda parte es el Nuevo Testamento, que fue escrito en griego y consta de 27 libros.
   c) El antiguo apologista cristiano Tertuliano empezó a usar la palabra «testamento» al referirse a las secciones de la Biblia utilizando «la palabra latina *testamentum*, que significa "pacto" o "acuerdo"».[4]
   d) Cada uno de los libros se divide en capítulos y versículos en nuestras Biblias modernas, aunque esto no estaba en los manuscritos originales. Las divisiones en capítulos y versículos fueron diseñadas para nuestra comodidad y referencia, pero no se agregaron hasta más de 1000 años después de su escritura.
3. Para entender el canon
   a) El *canon* bíblico es la colección de escritos, libros y cartas autorizados que se consideran la revelación especial de Dios para Su pueblo.
   b) El Antiguo Testamento consta de las Escrituras hebreas que usaban los judíos e incluye el Pentateuco, los libros históricos, los libros poéticos y los profetas mayores y menores.
   c) Cuando se escribió el Nuevo Testamento, había varios evangelios y cartas en circulación que fueron examinados y considerados, pero que no se aceptaron.
   d) Para que se incluyera un documento en el canon de libros autorizados, tenía que pasar tres pruebas: la apostólica, la universal y la ortodoxa.[5] Esto significa que un libro tenía que tener una conexión directa con uno de los apóstoles, la iglesia primitiva debía haberlo aceptado en forma universal, y sus enseñanzas tenían que estar de acuerdo con el resto de la revelación divina.
4. La autoría
   a) Otra razón por la cual la Biblia es única es que es el único libro que tiene tanto un Autor como otros autores.
   b) El Espíritu Santo es el verdadero Autor de la Biblia, ya que inspiró todo lo que contiene (2 Tim. 3:16). Sin embargo, aunque la inspiró, usó unos 40 autores humanos para dejarla por escrito.
   c) La Biblia se escribió principalmente en hebreo y en griego, aunque algunos capítulos del Antiguo Testamento se escribieron en arameo.
   d) Los autores que hablaban estos idiomas vivieron en diferentes culturas y períodos de la historia, y tenían distintos niveles de educación. Cada uno de los autores humanos escribió con su propio estilo, su gramática, su vocabulario y las expresiones de la época, pero el Espíritu Santo supervisó el proceso para garantizar su inerrancia e infalibilidad.
   e) Toda la Palabra de Dios es fidedigna.
5. Muchos libros, una sola historia
   a) El proceso de escritura de todos los libros del canon bíblico llevó unos 1500 años, con la participación de los autores en sus determinados contextos culturales y realidades históricas; sin embargo, hay un mensaje constante que se mantiene de principio a fin.

---

[4] Robert L. Plummer, *40 Questions about Interpreting the Bible*, parte de la serie 40 Questions & Answers Series, Benjamin L. Merkle, ed. de serie (Grand Rapids, MI: Kregel Academics, 2010), 23.

[5] Ibíd., 58.

b) La trama de la Biblia es la historia redentora que hombres y mujeres deben escuchar para conocer a Dios y Su plan de salvación para nosotros.
c) Los dos Testamentos con sus 66 libros individuales no deben abordarse como documentos aislados con mensajes singulares ni como versiones alternativas de la verdad.
d) Hay una sola corriente de la revelación de Dios al hombre en la Biblia que va adquiriendo más y más luz desde el Génesis hasta el libro de Apocalipsis.
e) Recuérdales a los alumnos la importancia de «alimentarse» de la Biblia, haciendo referencia al módulo 1 y a la disciplina espiritual del sustento personal.

6. Las traducciones de la Biblia
   a) Algunos de tus alumnos quizás no tengan la Biblia en su lengua madre y tengan que usar una Biblia escrita en su segundo idioma.
   b) Habla con tus alumnos sobre las traducciones disponibles, y preséntales un panorama de las distintas versiones (si las hay). Sugieran las mejores maneras de identificar una traducción que funcione en su caso.
   c) Crea un ambiente en el cual tus alumnos puedan debatir unos con otros y contigo para decidir si las traducciones que tienen a su alcance son eficaces o no.
   d) Ayúdales a entender los desafíos de la traducción:
      (1) Algunas culturas no tienen palabras para todos los colores del arcoíris, para contar por encima de dos o tres, para las cuatro estaciones o para comunicar el perdón o la gratitud, así que los traductores deben decidir cómo interpretar esas ideas en el idioma meta.
      (2) En otras instancias, un concepto teológico puede interpretarse de varias maneras, lo que obliga al traductor a elegir la manera que le parezca más adecuada.
      (3) Tal vez el idioma meta se haya desarrollado de muchas maneras y algunas palabras hayan cambiado de significado o en el uso desde que se hizo la traducción original.

C. ¿Qué dice la Biblia?

1. Desde principio a fin, la Biblia tiene un mensaje general que fluye en forma continua.
2. Enfatiza que el Nuevo Testamento no narra una época en que Dios decidió hacer algo nuevo porque Su primer plan se había frustrado.
3. El mensaje de la Biblia empieza con la magnífica verdad de que Dios creó todo lo que hay de la nada, y luego puso a nuestros primeros padres en un jardín hermoso con todo lo que podían llegar a necesitar.
4. Sin embargo, el diablo se les apareció en forma de serpiente y los tentó, y ellos cedieron a la tentación y así entró el pecado al mundo. El mal sigue afectando todo y a todos hoy.
5. El pecado nos separa de Él y todos merecen Su ira. Sin embargo, a través de la historia registrada en Su Palabra, Él declaró que odia el pecado, pero ama a Su pueblo.
6. Mediante relatos históricos, escritos poéticos, profecías y literatura de sabiduría, el Señor declaró que juzgará el pecado, pero proveerá un camino de regreso para todos los que se arrepientan.
7. En el Antiguo Testamento, este camino apareció representado en tipos y sombras, pero, cuando vino el cumplimiento del tiempo, Dios envió a Su Hijo Jesús para que fuera ese Camino.
8. Nació de una virgen y nos enseñó a vivir y creer.
9. Después, murió en nuestro lugar, pagando por nuestros pecados con Su vida santa.

10. Los Evangelios del Nuevo Testamento nos enseñan la historia de la vida de Jesús y todo lo que podemos saber de Él y Sus enseñanzas.
11. El libro de Hechos nos enseña cómo se expandió la Iglesia y confrontó a todos los que estaban perdidos, incluso a gobiernos hostiles.
12. Las epístolas nos enseñan lo que debemos creer y practicar como Iglesia, y el libro de Apocalipsis nos instruye en la superioridad soberana de Dios sobre todo lo que existe y sobre el fin de este mundo.
13. La Biblia es, fundamentalmente, un libro sobre Jesús (Luc. 24:27), aunque no lo veas en cada versículo.
14. Jesús es el Rey prometido en todo el Antiguo Testamento, el Rey que llegó en el Nuevo y el que ahora reina y regresará.
15. Jesús es el Cordero de Dios que anunciaron los sacrificios por el pecado en el Antiguo Testamento y que vino a cumplirlos.
16. El relato redentor de la Biblia enseña que todos los que se arrepienten del pecado y ponen su fe en Jesucristo serán salvos de sus pecados y del castigo eterno.
17. Nos dio Su Palabra para que pudiéramos conocerlo, para que supiéramos que somos pecadores distanciados de Él y que pudiéramos conocer a Jesucristo, Su Hijo, nuestro Salvador y Redentor. A medida que leemos la Biblia, descubrimos que tenemos que conocer más y más a Dios, y darlo a conocer. Conocer y hacer conocer a Dios es el mensaje y la misión de la Biblia.

D. ¿Cómo comunica la Biblia su mensaje?
1. La Biblia usa la gramática, los estilos literarios y el vocabulario de decenas de autores humanos, así como las expresiones idiomáticas y figuras retóricas de la época.
2. El género
    a) El género literario es un aspecto que a veces pasamos por alto en nuestro apuro de leer y aplicar versículos bíblicos.
    b) Los géneros de la Biblia incluyen:
        (1) La **narrativa histórica**, como en Génesis
            (a) Aproximadamente un 40% de la Biblia.
            (b) Usa el punto de vista y la lente histórica del autor.
            (c) No simplemente enseñan teología y, por lo tanto, hay que leerlas de manera distinta a un libro como Romanos.
        (2) La **genealogía**, como en Mateo 1 y Lucas 3
            (a) Las genealogías bíblicas incluyen muchos ancestros, pero no son listas exhaustivas como las que esperaríamos en una genealogía moderna.
            (b) Ciertos términos de referencia varían entre las culturas; la palabra para «padre» tal vez se refiera a un abuelo, o incluso a alguien anterior en la genealogía
        (3) La **profecía**, como en Isaías y Malaquías
            (a) Usa un lenguaje sumamente simbólico, así que, para interpretar estas secciones, es necesario recordar que las descripciones proféticas no pueden leerse como una noticia de un periódico.
            (b) Puede describir eventos futuros con términos que eran conocidos en su época.
            (c) También puede describir sucesos futuros separados por grandes períodos de tiempo como si fueran un solo suceso en su imaginación; entonces, al leer sus descripciones proféticas, tal vez parezca que todo sucederá al mismo tiempo, pero estos eventos pueden estar separados por muchos años
        (4) La **poesía** y **salmos**, como en Salmos

(a) No siempre deben leerse literalmente, porque el lenguaje poético es muy expresivo y simbólico.
(b) Usa palabras para pintar imágenes que expresan emociones y deseos.
(c) La poesía bíblica emplea distintas clases de paralelismo para comunicar un énfasis o una idea.
(d) Pueden contar historias, expresar alabanza o angustia, confesar pecados y arrepentimiento, e incluso profetizar eventos futuros.
(e) Hay canciones por toda la Biblia, en el libro de los Salmos hay muchas clases distintas de salmos divididos en cinco secciones o libros.
(f) Podemos ver esta diversidad en esta breve lista de clases de salmos:
(i) Mesiánicos (Sal. 110).
(ii) De alabanza y acción de gracias (Sal. 9).
(iii) De lamento (Sal. 3–7).
(iv) De sabiduría (Sal. 73).
(v) De testimonio (Sal. 30).
(vi) Históricos (Sal. 78).
(vii) Sobre la naturaleza (Sal. 8).
(viii) Sobre el peregrinaje (Sal. 43).
(ix) Imprecatorios (Sal. 140).[6]

(5) La **literatura sapiencial**, como en Proverbios y Job
(a) Nos guía a medida que buscamos conocer la mente y el corazón de Dios y entendemos que Sus caminos son infinitamente más altos que los nuestros.
(b) Descubrimos la perspectiva de Dios, cómo suele responder las oraciones y las lecciones sobre el significado de la vida.

(6) Las **lamentaciones**, como en el libro de Lamentaciones
(a) Reflejan una profunda tristeza en momentos trágicos o difíciles, en especial, en el libro del mismo nombre.
(b) Pueden compararse con las expresiones de alguien que acaba de sufrir un horrible golpe emocional, mental o físico y todavía no se recupera.
(c) Demuestran cómo podemos responder en tiempos de tragedia, mientras que también nos guían a llegar a la conclusión de que vale la pena confiar en Dios después de todo.

(7) Los **evangelios**, como en Mateo, Marcos, Lucas y Juan
(a) Enseñan sobre la vida de Jesús, presentan Su enseñanza, Sus interacciones con los demás y registran verdades que debemos creer sobre Él.
(b) El mensaje del evangelio es la buena noticia sobre Jesucristo, y los Evangelios se la presentan al lector según la visión de Mateo, Marcos, Lucas y Juan.
(c) Los alumnos no deben leer los Evangelios como si estuvieran sacados directamente del diario de Jesús o de uno de Sus discípulos.

---

[6] Michael Vlach, «Interpreting the Psalms», *Theological Studies.org*, página consultada el 16 de junio de 2016. http://theologicalstudies.org/resource-library/how-to-study-the-bible/365-interpreting-the-psalms.

(d) A sus autores no los limitaba ninguna regla que exigiera relatos cronológicos que coincidieran entre sí, sino que tenían la libertad de organizarlos e incluir o excluir eventos.
(e) Podemos considerar cada uno de los cuatro Evangelios como una cara de un diamante, cada uno con su propia faceta, pero todos representan la misma gema. Tomados en conjunto, los cuatro Evangelios añaden textura, profundidad y una comprensión más profunda de la vida de Jesús.
(f) Dentro de los Evangelios, encontramos una manera de enseñar conocida como **parábola**, una palabra que significa literalmente «poner al lado».
(i) Se trataba de historias que Jesús contaba para aclarar Sus enseñanzas a algunos de los que las oían, mientras que confundía a otros.
(ii) A la hora de interpretar las parábolas, no hay que dejarse llevar.
(iii) La mayoría de las parábolas destaca una enseñanza principal y los demás componentes sirven de trasfondo contextual.

(8) Las **cartas**, como en las epístolas de Pablo y las generales
(a) La mayoría eran cartas a las iglesias o a individuos, aunque algunas no nombran una audiencia específica.
(b) Cuando interpretamos las epístolas, es útil recordar el patrón general: el nombre del autor, el destinatario, un saludo y una oración o deseo general, el cuerpo de la carta y la despedida.
(c) A veces, las cartas tratan un problema en particular que hizo necesario que se escribieran. Esto debería influir en tu interpretación del contenido.
(d) Algunas buenas preguntas para hacer al interpretar una carta son:
(i) ¿Quién escribió la carta y a quién estaba destinada?
(ii) ¿Por qué la escribió?
(iii) ¿Qué lo llevó a escribirla?
(iv) ¿Cuál era la situación de vida del autor mientras escribía? (Estaba encarcelado, viajando, etc.).
(v) ¿Qué soluciones sugiere el autor sobre la ocasión o el problema que lo llevaron a escribir la carta?
(vi) ¿Qué se sabe sobre la geografía pertinente; puede ayudar a la interpretación de la carta?
(vii) ¿Cuáles son los temas, las inquietudes o las enseñanzas principales de la carta?

(9) La **literatura apocalíptica**, como en Daniel y en Apocalipsis.
(a) Es el más problemático para la interpretación.
(b) Este género no solo se encuentra en el Apocalipsis de Juan, sino también en capítulos de Daniel, Isaías, Ezequiel y Zacarías.
(c) La literatura apocalíptica es sumamente simbólica, e interpretar estos pasajes en forma adecuada es un desafío, en el mejor de los casos.
(d) Las partes simbólicas que presentan dragones y otras bestias extraterrestres no deben leerse en forma literal.
(e) La literatura apocalíptica tiene algunas características en común:
(i) La expectativa de la irrupción de Dios en la era presente para iniciar una existencia cualitativamente distinta en la era venidera.

(ii) El uso de un mediador o mediadores angelicales para comunicar el mensaje de Dios al destinatario o vocero escogido.
(iii) La travesía del destinatario humano a la esfera celestial, y la interacción y comunicación constantes con los mediadores angelicales.
(iv) Visiones o sueños con mucho simbolismo que describen tanto realidades espirituales ocultas como intervenciones divinas futuras.
(v) Visiones de un juicio final de Dios.
(vi) Advertencias de pruebas y tragedias inminentes que deberán enfrentar los fieles.
(vii) Ánimo para los fieles que perseveren a la luz de las realidades espirituales auténticas y las futuras intervenciones divinas.[7]

(f) A menudo, se llega a conclusiones distintas al interpretar estos libros, según la visión personal de la literatura apocalíptica.
(i) Los *preteristas* interpretan que todo lo que se describe en estos pasajes ya ocurrió durante la historia.
(ii) Los *preteristas parciales* creen que la mayoría ya ocurrió, pero no todo. Por ejemplo, algunos de los sucesos que Jesús anunció en Mateo 24 se materializaron en la destrucción del templo en 70 d.C., mientras que otros no llegarán hasta el final y el regreso de Cristo.
(iii) Los *historicistas* consideran el libro del Apocalipsis como un panorama de la historia de la Iglesia en un vistazo: pasado, presente y futuro.
(iv) Los *idealistas* creen que el Apocalipsis presenta batallas e interacciones espirituales que ocurren y se repiten a través de la historia hasta el fin de los tiempos.
(v) Los *futuristas* interpretan que todos los sucesos ocurren justo antes de que Cristo regrese.

(g) La visión del milenio (pre, pos o amilenial) de cada uno tiene un gran impacto sobre la interpretación de los últimos tiempos en la literatura apocalíptica.

(h) Como estos capítulos de la Biblia son tan difíciles de entender y tienen un marcado simbolismo, no deberíamos ser dogmáticos y secesionistas sobre nuestra visión particular ni juzgar a otros que no la comparten.

3. Las figuras retóricas
   a) Además del género literario, hay muchas figuras retóricas en la Biblia que deben identificarse y entenderse para interpretar de manera adecuada cualquier pasaje que las presente.[8]
   b) Las figuras retóricas son instancias donde se usa una palabra para comunicar un mensaje distinto de su significado literal.

---

[7] Plummer, *40 Questions…*, 213-214.

[8] Las figuras retóricas y los géneros literarios se resumieron de la obra de Robert H. Stein, *A Basic Guide to Interpreting the Bible: Playing by the Rules* (Grand Rapids, MI: Baker Academic, 2011); Robert L. Plummer, *40 Questions about Interpreting the Bible,* parte de la serie 40 Questions & Answers Series, Benjamin L. Merkle, ed. de la serie (Grand Rapids, MI: Kregel Academics, 2010); Robert I. Bradshaw, «Figures of Speech in the Bible», *BiblicalStudies.org.uk*, página consultada el 7 de abril de 2016. http://www.biblicalstudies.org.uk/article_idioms.html.

c) La hipérbole
   (1) Exageración para marcar énfasis.
   (2) Frases del Nuevo Testamento como «el mundo se va tras él» o «si tu mano derecha te es ocasión de caer, córtala, y échala de ti» no deben interpretarse de forma literal.
   (3) Es muy probable que sea una hipérbole cuando:
      (a) Lo que se afirma no es posible en la realidad (que un camello pase por el ojo de una aguja, Mat. 19:24).
      (b) Lo que se afirma se opone a la enseñanza de Jesús en otra parte («Si alguno viene a mí, y no aborrece a su padre, y madre», Luc. 14:26).
      (c) La expresión es contraria a las acciones de Jesús en otra parte (la enseñanza anterior en comparación con la preocupación que demostró Jesús por el cuidado de Su madre cuando estaba en la cruz).
      (d) La afirmación está en conflicto con la enseñanza general de la Escritura (la exhortación de Jesús a no maldecir comparada con las fuertes palabras de Pablo para afirmar su enseñanza y cuando se presentó ante el tribunal).
      (e) Lo que se afirma no siempre se cumple literalmente en la práctica (la enseñanza de Jesús de que no quedaría piedra sobre piedra después de la destrucción del templo).
      (f) El cumplimiento literal de la afirmación no lograría el objetivo deseado (la enseñanza de Jesús de luchar contra la lujuria y el pecado al sacarse un ojo o cortarse la mano).
      (g) Lo que se afirma usa una forma particular que se entiende como exageración (mover montañas, más fuertes que leones).
      (h) La afirmación usa un lenguaje integral o universal (el evangelio se predicará a toda criatura).

d) Una comparación o símil
   (1) Es un paralelo directo con el uso de «como».
   (2) En la Biblia, vemos muchos ejemplos, como cuando el salmista afirma que se ha acallado «como un niño destetado de su madre» (Sal. 131:2).
   (3) Jesús les dijo a Sus discípulos: «He aquí, yo os envío como a ovejas en medio de lobos; sed, pues, prudentes como serpientes, y sencillos como palomas» (Mat. 10:16).

e) La metáfora
   (1) Una comparación tácita donde se identifica un término con otro con el que guarda alguna similitud.
   (2) Las palabras de Jesús son una forma de metáfora extendida.
   (3) El Salmos 84:11 declara: «Sol y escudo es Jehová Dios», aunque esto no sea cierto de forma literal.
   (4) Todos los dichos de Jesús en Juan con «Yo soy» entran en esta categoría: «Yo soy la puerta», «yo soy la vid», «yo soy la luz del mundo» y «yo soy el pan vivo».
   (5) Está claro que se está realizando una comparación, pero sin el uso del «como».

f) El merismo
   (1) Es el uso de dos palabras para representar la totalidad o plenitud de algo, como en las frases «el cielo y la tierra», «alfa y omega», «damas y caballeros» y «ni una jota ni una tilde».

(2) En la Biblia, vemos el merismo en el Salmos 72:8: «Dominará de mar a mar, y desde el río hasta los confines de la tierra».

g) La endíadis

(1) Es la expresión de una sola idea o un mismo significado mediante el uso de palabras similares, como «en carne y hueso» o «estar a tontas y a locas».

(2) Observa que muchos ejemplos de figuras retóricas se encuentran en el libro de los Salmos. Este uso frecuente enfatiza que los salmos tienen una gran cualidad expresiva y no necesariamente hay que interpretarlos como historias literales.

(3) El salmista usa la endíadis en el Salmos 27:1: «Jehová es mi luz y mi salvación».

(4) Pablo la usa en Tito 2:13: «Aguardando la esperanza bienaventurada y la manifestación gloriosa de nuestro gran Dios y Salvador Jesucristo».

h) La sinécdoque

(1) Es usar la parte de algo para referirse al todo.

(2) Como por ejemplo: «el heredero del trono», para referirse al que gobernará sobre un reino; trabajar para «ganarse el pan», que hace referencia a obtener un salario; o un joven que «pidió la mano de su novia», para decir que tiene la intención de casarse.

(3) David usa este recurso en el Salmos 24:4: «El limpio de manos y puro de corazón».

(4) Pablo se refiere a los enemigos de la cruz declarando: «El fin de los cuales será perdición, cuyo dios es el vientre» (Fil. 3:19).

i) La metonimia

(1) Es una figura retórica que usa una palabra o una frase para reemplazar otra relacionada, como por ejemplo: «La Casa Blanca hizo una declaración», para referirse al presidente de Estados Unidos; lo mismo sucede con el Vaticano.

(2) Es una sustitución más que una comparación.

(3) En Proverbios 20:1, leemos: «El vino es escarnecedor, la sidra alborotadora», aunque ninguna de estas cosas en realidad escarnece ni alborota.

(4) Proverbios 12:19 declara: «El labio veraz permanecerá para siempre; mas la lengua mentirosa sólo por un momento», para enfatizar el valor de la verdad.

j) La personificación

(1) Se da cuando un escritor bíblico le atribuye cualidades humanas a algo, como cuando Jesús dijo en Mateo 6:3-4: «Mas cuando tú des limosna, no sepa tu izquierda lo que hace tu derecha, para que sea tu limosna en secreto».

(2) Proverbios 1:20 usa la misma figura retórica: «La sabiduría clama en las calles». Aquí, se presenta a la sabiduría como si pudiera gritar por las calles.

k) El antropomorfismo

(1) Es referirse a Dios como si tuviera un cuerpo, emociones o acciones humanas.

(2) La palabra griega *ándsropos* significa «hombre», y la palabra *morfé* es «forma» o «figura». Juntos, estos vocablos forman una figura retórica que los escritores bíblicos usan para hablar de Dios con términos humanos y así comunicar mejor ideas sobre Él a los lectores.

(3) Hablar del brazo potente del Señor o de los ojos de Jehová es un ejemplo de esta atribución de un cuerpo humano a Dios.
(4) Los pasajes que muestran a Dios afligido o celoso le aplican emociones humanas.

l) La lítotes
(1) Implica afirmar algo negando lo contrario.
(2) La lítotes se usa para atenuar una idea concentrándose en el concepto opuesto.
(3) Cuando Pablo habla de su ciudadanía, afirmando que es un ciudadano «de una ciudad no insignificante» (Hech. 21:39), está enfatizando la importancia de su ciudadanía romana.

m) Las frases idiomáticas
(1) Son frases coloquiales y comunican ideas de maneras que no se entenderían con una interpretación literal de las palabras que las conforman.
(2) En español, para comunicar que solo estamos bromeando, decimos: «Te estoy tomando el pelo». Pero, para expresar la misma idea en inglés, diríamos: «Te estoy tirando de la pierna». Para comunicar esa idea en ruso, la expresión literal es: «Estoy colgándote fideos de las orejas».
(3) Génesis 15:5 declara: «Y tú vendrás a tus padres en paz, y serás sepultado en buena vejez». Es evidente que el pasaje no afirma que Abraham realizaría un viaje para visitar a su padre y su abuelo; más bien, está hablando de su muerte y entierro.
(4) De manera similar, Jesús no quiso decir que Lázaro estuviera durmiendo una siesta renovadora cuando afirmó en Juan 11:11: «Nuestro amigo Lázaro duerme». Estas eran frases eufemísticas, como decir «Pasó a mejor vida» en lugar de declarar a secas: «Murió».
(5) Es una expresión que atenúa la dureza de una idea.
(6) Considerar el significado literal de una palabra cuando se usó como una figura retórica te lleva a conclusiones incorrectas e interpretaciones erradas, lo cual garantiza errores a la hora de aplicar el pasaje a tu vida y la vida de tus oyentes.

E. ¿Cómo debemos interpretar la Biblia?
1. La necesidad de interpretar: La Biblia misma indica que hace falta interpretarla. Considera los siguientes pasajes:[9]
a) Procura con diligencia presentarte a Dios aprobado, como obrero que no tiene de qué avergonzarse, que usa bien la palabra de verdad. (2 Tim. 2:15)
b) Abre mis ojos, y miraré las maravillas de tu ley. (Sal. 119:18)
c) Y tened entendido que la paciencia de nuestro Señor es para salvación; como también nuestro amado hermano Pablo, según la sabiduría que le ha sido dada, os ha escrito, casi en todas sus epístolas, hablando en ellas de estas cosas; entre las cuales hay algunas difíciles de entender, las cuales los indoctos e inconstantes tuercen, como también las otras Escrituras, para su propia perdición. (2 Ped. 3:15-16)
d) Y él mismo constituyó a unos, apóstoles; a otros, profetas; a otros, evangelistas; a otros, pastores y maestros, a fin de perfeccionar a los santos para la obra del ministerio, para la edificación del cuerpo de Cristo, hasta que todos lleguemos a la unidad de la fe y del conocimiento del

---

[9] Plummer, *40 Questions...*, 80.

Hijo de Dios, a un varón perfecto, a la medida de la estatura de la plenitud de Cristo. (Ef. 4:11-13)

e) Te encarezco [...] que prediques la palabra; que instes a tiempo y fuera de tiempo; redarguye, reprende, exhorta con toda paciencia y doctrina. Porque vendrá tiempo cuando no sufrirán la sana doctrina, sino que teniendo comezón de oír, se amontonarán maestros conforme a sus propias concupiscencias. (2 Tim. 4:1-3)

f) Cada uno de estos pasajes demuestra que el significado de la Biblia no siempre es claro en una primera lectura y, por lo tanto, necesitamos un método fundamentado para interpretarla.

2. El método *alegórico*.
   a) Un método común en el cristianismo primitivo que sigue estando presente hoy.
   b) Este método se demuestra con facilidad en el libro de John Bunyan, *El progreso del peregrino*, donde cada personaje representa un aspecto de la vida cristiana.
   c) pueblos del mundo prefieren el enfoque alegórico para interpretar la Biblia y buscan significados ocultos en sus páginas.
   d) El resultado desafortunado es que las iglesias y los creyentes adoptan y fomentan una forma de cristianismo desatinado y completamente distinto del de otros cristianos del mundo.
3. El modelo *cuádruple* de interpretación
   a) Hay que estudiar cada pasaje para identificar cuatro significados: el literal, el moral, el espiritual y el celestial.
   b) Reconocía que cada pasaje tiene varios significados y, por supuesto, las conclusiones de cada persona eran sumamente subjetivas e independientes de las de otros creyentes.
   c) Como resultado, la tradición se entrecruza con la verdad bíblica.
4. El método histórico-gramatical
   a) Identifica lo que el autor quiso comunicar a su audiencia original y busca entender lo que interpretaron los primeros lectores u oyentes.
   b) El intérprete intenta desenvolver el pasaje e identificar toda la información posible que rodea su escritura.
   c) Esto incluye identificar el autor, la fecha y el lugar de escritura; el destinatario; cualquier elemento arqueológico, político o gramatical pertinente; el vocabulario y las expresiones idiomáticas de la época; la estructura social; los grupos religiosos existentes; y los distintos pueblos, culturas y experiencias del autor que rodean al material escrito.
5. El Espíritu Santo y la interpretación
   a) En 1 Corintios 1:18 y 2:14, Pablo enseña que el mensaje de Dios es espiritual y que un hombre sin el Espíritu no puede discernir todo lo que Dios quiere comunicar.
   b) Hechos 8:30-31 enseña que, aunque el eunuco etíope estaba leyendo el libro de Isaías, no podía entender su significado sin que Felipe lo ayudara a interpretarlo.
   c) Aunque creemos la verdad pura de las palabras literales de la Biblia, según expresa la perspicuidad de la Escritura, sabemos que hace falta cierta habilidad y esfuerzo para entender plenamente la Palabra de Dios.
   d) Cuando abordamos la Biblia para estudiarla, interpretarla y aplicarla, lo que más necesitamos es que el Espíritu Santo que la inspiró ilumine nuestra mente y nos permita entenderla.

e) Tenemos que abordar el estudio y la interpretación de la Biblia con una actitud de humildad y expectativa.
f) Una actitud de expectativa en el estudio bíblico surge de la promesa de Dios de hablarnos y revelarnos cosas que no conocemos (Juan 16:13).

6. La oración y la interpretación
   a) La oración es el primer paso para un estudio bíblico eficaz. Nuestra actitud de humildad facilitará esta oración sincera y nos protegerá de la arrogancia.
   b) Una actitud humilde nos ayuda a recordar que la Biblia es la misma Palabra de Dios y, como tal, no tiene error, contradicción ni confusión.
   c) Cuando los alumnos se encuentran con aparentes errores o contradicciones, de manera involuntaria, juzgan a la Biblia en lugar de su propio razonamiento.
   d) Ora y medita en todo lo que Dios te revele en tus estudios; en especial, por los pasajes que parecen difíciles de entender.
7. La Biblia como comentario bíblico
   a) Cuando te encuentres con pasajes que parecen contradecir lo que siempre te enseñaron sobre Dios o la Biblia, compáralos con otros pasajes escriturales.
   b) Casi todas las enseñanzas de la Biblia se explican en más detalle o se enseñan desde otra perspectiva en otra parte de la Escritura.
   c) Si llegas a la conclusión de que has encontrado alguna contradicción o error en la Biblia, que esto te muestre que no has terminado de estudiar, orar y meditar. Persiste y ora pidiendo más luz.
   d) A medida que estudies el pasaje, te resultará útil pasar de lo más amplio a lo más específico. Recuerda la trama principal de la Biblia, luego considera el Testamento en el que estés, después la sección dentro de ese Testamento, el género literario (Ley, historia, poesía, profecía), y los pasajes que rodean el que estás leyendo.
   e) Si hay palabras que no te resultan claras, toma el tiempo necesario para investigar sus significados con las herramientas que tengas a tu disposición.

F. Consideraciones prácticas para interpretar y aplicar la Escritura
1. La importancia del tiempo y el esfuerzo necesarios para entender y aplicar lo que dice, en lugar de simplemente acudir a la Biblia como fuente para un sermón dominical.
2. Permite que la Palabra de Dios hable.
   a) ¿Qué dice en realidad?
   b) Lee el pasaje varias veces y, si el alumno dispone de varias traducciones o paráfrasis, lean el pasaje en todas estas versiones para obtener una mejor perspectiva.
   c) Recuérdales a tus alumnos que deben buscar el énfasis principal del pasaje, y pueden preguntar:
      (1) ¿Cuál es la idea general?
      (2) ¿Cuál es el contexto?
      (3) ¿Cuál es el significado literal de estas palabras?
      (4) En el estilo literario, ¿hay algún indicio de que estas palabras no deban ser tomadas en forma literal?
      (5) ¿Hay algún uso idiomático del lenguaje o figuras retóricas que puedan generar confusión?
      (6) ¿El género sugiere una lectura literal del pasaje?
      (7) ¿Quién escribió este pasaje y a quién estaba destinado?
      (8) ¿Por qué lo escribió?

(9) ¿Qué lo llevó a escribirlo?
(10) ¿Cuál era la situación de vida del autor mientras escribía?
(11) ¿Qué soluciones sugiere el autor sobre la ocasión o el problema que lo llevaron a escribir?
(12) ¿Qué se conoce sobre la geografía pertinente?
(13) ¿Cuáles son los temas, las inquietudes o las enseñanzas principales?
(14) ¿Mi interpretación inicial concuerda con la enseñanza del resto de la Biblia?
(15) ¿Contradice alguna doctrina fundamental?

3. Herramientas de estudio bíblico
   a) Siempre que exista una Biblia en el idioma de los pastores analfabetos, la alfabetización facilitaría en gran manera la protección de la verdad bíblica y la posibilidad de mantener precisión doctrinal para las generaciones futuras. Como esto no es posible por distintas razones en algunos casos, un anexo de este texto proporciona orientación y pautas para enseñar este modelo de capacitación pastoral a pueblos analfabetos.
   b) Una buena traducción de la Biblia en la lengua madre de un alumno letrado y nacido de nuevo es la mejor herramienta para la interpretación bíblica.
   c) El valor y los componentes de una Biblia de estudio:
      (1) Notas con comentarios
      (2) Mapas históricos
      (3) Una concordancia breve
      (4) Introducciones a los libros
      (5) Una línea cronológica
      (6) Artículos
      (7) Planes de lectura bíblica
   d) Un **atlas bíblico**: para orientarse respecto a la geografía de las tierras de la Biblia.
   e) Una **concordancia**: una lista de todas las palabras de la Biblia (al menos, las palabras claves en las concordancias más breves) con el capítulo y el versículo para cada una.
   f) Un **diccionario o manual bíblico**: es útil para explicar las realidades culturales, históricas, políticas o sociales de la época bíblica, que pueden resultarle desconocidas al alumno.
   g) Los comentarios:
      (1) Explican el pasaje y consideran inquietudes teológicas, realidades históricas y políticas, y todo el alcance de la Escritura.
      (2) Los alumnos deberían reservar la lectura de comentarios para una etapa más avanzada de su estudio bíblico. Esto permite que el Señor les hable sin la interferencia de conocidos eruditos bíblicos que pueden llegar a abrumar y a ahogar cualquier pensamiento original que, de lo contrario, tendría el alumno.

G. Un método práctico para interpretar la Biblia
   1. El método siguiente proporciona una herramienta informal y accesible de interpretación para practicar en cualquier parte. Utiliza las flechas provistas en el texto principal para examinar este método con los alumnos y reforzar los principios.
   2. Tarea práctica para enseñar este contenido:
      a) Identifica dos o tres pasajes para los alumnos y explica cada pregunta a la clase. Luego, respóndanlas juntos.

b) Después de completar la tarea en grupo, que los alumnos se reúnan en grupos (si todos saben leer y escribir, pueden permanecer solos) para identificar pasajes por su cuenta y analizar este método. Luego, que los alumnos se turnen para presentar sus conclusiones a la clase.

3. ¿Qué dice el pasaje?
   a) La idea es preguntar qué dice Dios en el texto.
   b) Como la Biblia es la Palabra inspirada, inerrante y revelada de Dios para Su pueblo, nuestro principal objetivo en el estudio bíblico debe ser saber lo que dice y permitir que hable.
   c) Debemos tomar en cuenta todo lo que hemos aprendido, considerar el contexto del pasaje (es decir, la parte del Antiguo o el Nuevo Testamento donde encontramos el texto), el género literario, las figuras retóricas, la situación de vida del autor en el momento de escribir, las realidades históricas y políticas, el idioma, la cultura bíblica, etc. Recuerda que el contexto puede marcar una gran diferencia; aunque la Biblia no miente ni comete errores, contiene mentiras y errores.
   d) ¿Cuál fue la intención original del autor cuando escribió el libro, la profecía, el salmo o la carta?
   e) ¿Se repiten ideas o palabras para marcar un énfasis?
   f) ¿Hay algo que nos permita entrever el estado emocional o la condición física del autor en ese momento?
   g) Es necesario identificar los indicios que podrían ayudar al alumno a entender la intención del autor, para discernir lo que expresa el pasaje.
4. ¿Qué significó este pasaje para su audiencia original?
   a) ¿Qué estaba sucediendo en esa época?
   b) ¿Dónde se encontraban cuando recibieron este libro o esta carta?
   c) Usar las herramientas de una Biblia de estudio puede ayudar al intérprete a descubrir el significado que tenía para la audiencia original.
5. ¿Qué nos enseña este pasaje sobre Dios?
   a) Cuando leemos el pasaje e intentamos interpretarlo para su correcta aplicación, ¿qué nos dice sobre el Autor?
   b) Esta es una manera muchísimo más importante y profunda de considerar la intención del autor. Una vez que consideramos las realidades lingüísticas y sociales contemporáneas que afectaron la escritura de un pasaje, le pedimos a Dios que nos enseñe sobre sí mismo a través de Su Palabra.
6. ¿Qué nos dice este pasaje sobre el hombre?
   a) Esta nos desafía a preguntar qué quiere Dios que sepamos sobre nosotros mismos.
   b) Aunque Dios es el personaje principal en este drama bíblico, las lecciones pronto se concentran en los hombres y las mujeres de sus historias. ¿Qué aprendemos sobre nosotros mismos en el pasaje, y cómo podemos aplicarlo a nuestras propias vidas y las vidas de nuestros oyentes?
   c) Relatos como el de los israelitas en el desierto nos enseñan sobre el corazón egoísta e inconstante de la humanidad. Descubrimos que el corazón de los hombres y las mujeres es incurablemente pecaminoso y que no tenemos esperanza, de no ser por la gracia redentora de Dios.
7. ¿Qué pide este pasaje de mí?
   a) La aplicación personal de la Biblia es esencial para el crecimiento en el discipulado personal.
   b) A medida que leemos la Biblia y que Él nos la revela, debemos buscar aplicarla a nuestras vidas.

c) A medida que nos adentramos en el texto, tenemos que transformar sus verdades en oración y preguntar: «Señor, ¿qué deseas que sepa y haga como resultado de estas verdades?».
d) Leer la Biblia trae convicción, nos enseña, reprende, corrige, nos instruye en justicia y, de vez en cuando, juzga el pecado en nuestras vidas.
e) A medida que estudiamos la Palabra de Dios, aprendemos que, a veces, es necesario arrepentirnos, pedir perdón, perdonar a los demás, ser pacificadores o proclamar el nombre del Señor.
f) Mientras leemos, siempre debemos tener una flecha que señale nuestro corazón y pregunte: «¿Qué pide este pasaje de mí?».

8. ¿Cómo cambia este pasaje la forma en que me relaciono con la gente?
   a) ¿Cómo debe cambiar mi relación con los demás como resultado de estudiar este pasaje?
   b) No debemos esperar que los que no son salvos actúen como buenos cristianos, que buscan lo correcto por las razones adecuadas, consideran a los demás como mejores que ellos mismos y viven según la ética del Sermón del Monte.
   c) Preguntamos cómo Dios quiere que vivamos e interactuemos con los que nos rodean. A veces, nos llama a ir al otro lado del mundo como misioneros, o quizás a cruzar la calle para ayudar a algún vecino, o incluso a hacer evangelismo en nuestro propio hogar. Cada pasaje nos habla de manera única, si estamos escuchando.
   d) El mundo nos llama a ser egoístas y cuidar nuestros propios intereses, pero la Palabra de Dios enseña: «Porque yo por la ley soy muerto para la ley, a fin de vivir para Dios. Con Cristo estoy juntamente crucificado, y ya no vivo yo, mas vive Cristo en mí; y lo que ahora vivo en la carne, lo vivo en la fe del Hijo de Dios, el cual me amó y se entregó a sí mismo por mí» (Gál. 2:19-20).
9. ¿Por qué motivo me impulsa a orar este pasaje?
   a) A medida que la leemos, Él nos habla y, mientras oramos, le hablamos a Él. Por lo tanto, tenemos una especie de conversación divina durante nuestro estudio bíblico.
   b) Enséñales a acudir al Señor primero y a menudo cuando interpreten Su Palabra.
10. A Dios le encanta que, con sinceridad y humildad, luchemos con Su Palabra para aprender y aplicar determinada lección a nuestra vida.

H. Desafíos culturales
   1. La Palabra orienta la cultura; la cultura no orienta la Palabra.
   2. No obstante, cada cultura debe aplicar la Escritura de forma única.
   3. También es importante entender con claridad la cultura donde se aplicará la Biblia.

I. La cosmovisión
   1. «Cosmovisión» se refiere a las maneras en que la gente de una cultura en particular entiende el mundo.
   2. La cosmovisión responde las grandes preguntas de la realidad, como por ejemplo, qué es real, de dónde venimos, adónde vamos cuando morimos, de dónde vienen las enfermedades, por qué a las personas buenas les pasan cosas malas y para qué estamos aquí en el mundo.
   3. Estas cosmovisiones se han inculcado a través de las generaciones, transmitido de padres a hijos, reforzado por los hermanos, amigos, maestros, la experiencia personal y las historias que se les cuentan a los niños a medida que crecen.

J. El modelo tricultural
   1. Para interpretar y aplicar la Biblia correctamente, es necesario entender tres culturas.

a) La cultura bíblica
b) La cultura del maestro
c) La cultura del alumno

2. Ayuda a los alumnos a identificar la aplicación de este modelo en su propio contexto para el ministerio, reconociendo que muchos están lidiando con matices culturales a la hora de comunicarse.

K. La contextualización[10]

1. Hay muchas clases de diferencias culturales.
2. Los predicadores y misioneros deben esforzarse continuamente por comunicar el evangelio para que sus oyentes puedan entender el mensaje y aceptar a Cristo como su única esperanza para ser salvos.
3. Los que comunican con eficacia el evangelio toman en cuenta el contexto cultural; en especial, cuando predican a los que nunca lo escucharon o en un lugar donde no hay iglesias.
4. ¿La contextualización cambia el evangelio?
   a) La contextualización es simplemente el proceso de hacer que el evangelio sea comprensible para la cultura.
   b) Las cuestiones de contextualización suelen ser temas delicados para las distintas generaciones dentro de la misma cultura.
   c) Es útil considerar la pregunta del apóstol, «¿Cómo oirán?», en un debate sobre la contextualización. No tendría sentido predicar el evangelio en inglés a los que solo hablan el suajili. En cambio, debemos predicar el evangelio de maneras adecuadas para la cultura y que sean fieles a la Palabra de Dios.
5. ¿La contextualización tiene límites?
   a) Ninguna cultura puede cambiar el evangelio ni parte de la instrucción bíblica porque alguien crea que sería lo mejor para la cultura. Aun así, los que comunican eficazmente el evangelio deben considerar la cultura meta al predicar.
   b) Si uno no contextualiza, cae justamente en ese error: cambia el evangelio. Se transforma en un judaizante moderno, y les comunica a sus oyentes que deben ser como él para salvarse.
   c) Cuando los misioneros (y los predicadores) intentan contextualizar el evangelio, quizás se pregunten hasta dónde es conveniente llegar y qué es demasiado.
      (1) Pablo nos ofrece algunas pautas. En 1 Corintios 9:19-23, escribió que hizo toda clase de ajustes lícitos para que sus oyentes pudieran entender el evangelio e identificarse con él.
      (2) Además, en el versículo 23, declaró: «Y esto hago por causa del evangelio».
      (3) La gloria de Dios y la reverencia hacia Su revelación deberían guiarnos en los límites de la contextualización, para que nunca digamos ni hagamos algo que deshonre al Señor o altere el mensaje del evangelio.
6. La contextualización crítica
   a) La contextualización crítica proporciona el equilibrio necesario para una correcta comprensión, interpretación y aplicación de la Biblia en las culturas donde comunicaremos el evangelio y la enseñanza bíblica.
   b) Un modelo cuádruple:

---

[10] Esta sección sobre la contextualización es una adaptación del material ya publicado de M. David Sills, *Reaching and Teaching: A Call to Great Commission Obedience* (Chicago, IL: Moody, 2010).

(1) Una **exégesis cultural**; es decir, estudiar la cultura sin realizar juicios de valor, para entender claramente lo que cree y hace la gente, y por qué.
(2) Una **exégesis bíblica** en la comunidad hermenéutica, que se refiere a estudiar pasajes bíblicos pertinentes junto con creyentes de la cultura para identificar lo que dicen (los pasajes, en lugar de la iglesia local del misionero) sobre determinada práctica.
(3) Llevar a los creyentes a una **respuesta crítica**, mediante la cual entiendan que la Palabra de Dios prohíbe determinada creencia o acción y exige un cambio.
(4) Las **nuevas prácticas contextualizadas**, o sustitutos funcionales, que son los cambios que adoptan e instituyen como resultado de aprender lo que enseña la Biblia sobre sus prácticas culturales. Exploremos esto en la práctica.

7. Cómo abordar el pecado y los sustitutos funcionales
   a) El misionero o el predicador debe estar preparado para abordar y corregir las cuestiones culturales que contradicen la enseñanza bíblica.
   b) Es fundamental haber estudiado la cultura y tener una relación con las personas a las que se les enseña, para que el misionero o el predicador pueda confrontar estas cuestiones.
8. La armonía y la contextualización
   a) Aunque algunas convicciones necesariamente nos dividen (por cierto, el que no defiende algo, se deja engañar por cualquier cosa), debemos esforzarnos por mantener la unidad en cuestiones esenciales.
   b) Los predicadores y misioneros deben presentar el evangelio de maneras adecuadas para la cultura; de lo contrario, las personas nunca entenderán el mensaje del evangelio que Cristo nos envió a proclamar.
9. Los pastores capacitados deben formar instructores que puedan continuar con el proceso de interpretar, aplicar y practicar el cristianismo evangélico con fidelidad.

III. Las manos: El liderazgo
  A. El llamado a desarrollar los líderes
    1. Los líderes más parecidos a Cristo son aquellos que identifican, reclutan y desarrollan líderes a su alrededor. Se parecen a Cristo porque eso es lo que hacía Jesús.
    2. Los mejores líderes capacitan a otros para el ministerio, les dan la libertad de equivocarse y los ayudan a aprender de sus errores y crecer.
    3. La única manera de garantizar un traspaso exitoso de liderazgo en el ministerio cristiano es identificar y entrenar líderes constantemente.
  B. Quiénes deberían ser los líderes
    1. Los líderes son personas influyentes, pero eso no necesariamente implica que solo aquellos que tienen una personalidad fuerte sean aptos para liderar. La habilidad de influir en los demás podría ser un fruto de la obra de Dios en la vida del líder que Él ha escogido, una vez que esa persona responde el llamado y comienza a capacitarse.
    2. Considera aquellos cuyos dones son ideales para las áreas de necesidad en el ministerio.
    3. Considera las perspectivas culturales y comunitarias sobre los requisitos para el liderazgo.
  C. Como capacitarlos de maneras adecuadas para la cultura
    1. Los métodos para identificar los hombres correctos para el liderazgo y capacitarlos de maneras culturalmente adecuadas varían de cultura en cultura.
    2. Conocer la cultura es un componente esencial de la capacitación para el liderazgo, para identificar tanto a los hombres que recibirán entrenamiento

como la metodología adecuada para hacerlo.

3. Si bien los misioneros, los pastores y los instructores deben ser sensibles a las culturas, es necesario corregir a las personas que tienen una visión pecaminosa o errada del liderazgo, en lugar de darles cabida.
4. Un método universal para contextualizar el desarrollo del liderazgo es simplemente usar la Biblia, permitir la aplicación cultural de las verdades bíblicas y reconocer las cualidades y los rasgos de líder en los personajes bíblicos.

D. ¿Qué deben saber, ser y hacer?

1. Los pastores y líderes de la iglesia deberían estar capacitados en todos los componentes del corazón, la mente y las manos que se encuentran en este libro, para poder enseñárselos a los demás.
2. Algunos aspectos del liderazgo no se pueden enseñar, formar o desarrollar en una persona. Los dones espirituales entran en esta categoría. Solo se pueden reconocer y luego desarrollar y perfeccionar, pero es el Espíritu Santo el que distribuye estos dones como quiere. Aunque ningún instructor o profesor pueda enseñar ni desarrollar los dones espirituales, estos no deberían pasarse por alto en el programa de capacitación. En cambio, una capacitación para líderes debería proporcionar una orientación con pautas bíblicas respecto a los dones espirituales, sus usos, cómo discernirlos y cómo pueden desarrollarse o avivar su llama una vez que se identifican.
3. Otros aspectos de los requisitos para el ministerio se captan mejor de lo que se enseñan. Los líderes tienen que ser hombres piadosos que puedan enseñar verdades bíblicas, discernir y reprender el error; deben ser sabios como para administrar los fondos de la iglesia para los pobres, los gastos y los salarios de la congregación, y tienen que ser hombres espirituales de oración que se interesen por los demás.
4. Los requisitos bíblicos para el ministerio que aparecen en las cartas de Pablo y Pedro deben interpretarse como las normas que los mismos pastores se esfuerzan por mantener, y las cuales los guían a crecer más y más para transformarse en la persona descrita.
5. Otras áreas para el desarrollo de líderes incluyen:
    a) La instrucción para administrar sabiamente el tiempo
    b) Las finanzas
    c) La resolución de conflictos
    d) La estrategia y el planeamiento
    e) Planes para la sucesión
6. Forma a tus alumnos para hacer la obra y luego muéstrales cómo hacerla, ayúdalos a medida que la hagan, obsérvalos y provéeles todos los recursos que puedan necesitar en el futuro, y está siempre dispuesto a intervenir si lo necesitan.

Módulo 6 Bosquejo de enseñanza

Evangelismo
Las misiones y plantación de iglesias
El mentor

I. El corazón
   A. Disciplina espiritual personal: El evangelismo personal
      1. «El evangelismo no es más que un mendigo que le dice a otro mendigo dónde encontró pan».[1] Aun en el sentido ético humano más básico, el evangelismo es lo correcto.
      2. «A griegos y a no griegos, a sabios y a no sabios soy deudor. Así que, en cuanto a mí, pronto estoy a anunciaros el evangelio también a vosotros que estáis en Roma. Porque no me avergüenzo del evangelio, porque es poder de Dios para salvación a todo aquel que cree; al judío primeramente, y también al griego. Porque en el evangelio la justicia de Dios se revela por fe y para fe, como está escrito: Mas el justo por la fe vivirá» (Rom. 1:14-17).
      3. Las buenas nuevas
         a) Dios es santo
            (1) Es moralmente perfecto.
            (2) Está separado de todo y de todos los que no sean santos.
            (3) Su Palabra da testimonio de Su santidad (Lev. 19:2, Isa. 6:3, Apoc. 4:8).
               (a) De todos los atributos y las características de Dios en la Biblia, el único que se repite tres veces en el mismo versículo es Su santidad.
            (4) Dios no puede compartir Su presencia ni tener comunión con aquello que no sea santo.
            (5) Debemos compararnos con el ejemplo de santidad de Dios, no con otros seres humanos.
         b) La humanidad es pecadora
            (1) La Biblia nos enseña que todos somos pecadores por naturaleza *y* por elección.
            (2) No somos pecadores porque hayamos pecado, pecamos porque somos pecadores.
            (3) La Escritura enseña consistemente que todos los hombres son pecadores (Sal. 14:1-3, Isa. 53:6, Rom. 3:23)
            (4) La norma de la santidad requiere la completa perfección moral, por tanto, un pecado basta para corromperla (Sant. 2:10).
            (5) La Palabra de Dios no solo es clara respecto a nuestra condición pecaminosa, sino que también es clara en cuanto a que Dios manda que seamos santos como Él es santo (Mat. 5:20, Fil. 3:6, Mat. 5:48, Heb 12:14).
         c) Jesús es la respuesta

[1] D.T. Niles, *QuotationsBook.com* (Reino Unido), página consultada el 17 de junio de 2016. http://www.quotationsbook.com/quote/12792.

(1) Hasta ahora, la buena noticia del evangelio es una noticia bastante mala: Dios es santo y está separado de todo y de todos los que no lo sean, y nosotros no lo somos.
(2) Pero el tercer punto del evangelio es que Jesús es la respuesta. Él es la solución al mayor problema que cualquiera pueda tener.
(a) Jesús le declaró a Nicodemo: «Porque de tal manera amó Dios al mundo, que ha dado a su Hijo unigénito, para que todo aquel que en él cree, no se pierda, mas tenga vida eterna» (Juan 3:16).
(b) Jesús enseñó que Él es la única respuesta a nuestro problema del pecado: «De cierto, de cierto os digo: El que oye mi palabra, y cree al que me envió, tiene vida eterna; y no vendrá a condenación, mas ha pasado de muerte a vida» (Juan 5:24).
(c) El apóstol Pablo escribió: «Mas Dios muestra su amor para con nosotros, en que siendo aún pecadores, Cristo murió por nosotros» (Rom. 5:8).
(d) El apóstol Pedro escribió: «Porque también Cristo padeció una sola vez por los pecados, el justo por los injustos, para llevarnos a Dios, siendo a la verdad muerto en la carne, pero vivificado en espíritu» (1 Ped. 3:18).
(e) El apóstol Juan se unió para enfatizar la misma verdad: «El que tiene al Hijo, tiene la vida; el que no tiene al Hijo de Dios no tiene la vida» (1 Juan 5:12).
(3) Jesús nos ofrece un gran intercambio: Nuestro pecado por Su justicia.
(a) En 2 Corintios 5:21: «Al que no conoció pecado, por nosotros lo hizo pecado, para que nosotros fuésemos hechos justicia de Dios en él».
(b) No solo necesitamos la ausencia de pecado, sino también la presencia de la justicia.
(c) Por cierto, la justicia de Jesús satisface todas las demandas de la ley, y voluntariamente Él la imputa a todos aquellos con los que hace este gran intercambio.

d) Debes arrepentirte y nacer de nuevo
(1) Para que este precioso mensaje del evangelio sea una buena noticia para ti también, debes arrepentirte de tus pecados y nacer de nuevo.
(2) Jesús pagó toda la deuda y la salvación es por gracia, pero la verdadera salvación siempre va acompañada de arrepentimiento.
(a) El arrepentimiento incluye reconocer pecados específicos, confesarlos y apartarnos de ellos lo más que podamos.
(b) Esto no quiere decir que un pecado olvidado y pasado por alto termine condenándote al final, sino más bien que debe producirse un cambio en el corazón que te lleve a aborrecer el pecado que antes amabas.
(3) Dos palabras de los idiomas bíblicos originales que se traducen como arrepentimiento ayudan a explicar la idea.
(a) Una significa dar vuelta y caminar en la dirección opuesta. En un tiempo caminabas hacia el mundo con Dios a tus espaldas, pero al arrepentirte, esto se invirtió y ahora corres hacia Dios y le das la espalda al mundo.
(b) La otra palabra significa un cambio de mente. Dios quita las escamas de tus ojos y reemplaza tu corazón de piedra por un corazón de carne. Ahora tienes nuevas preferencias, nuevos deseos y eres leal a otras cosas.

4. Las buenas noticias suelen ser nuevas noticias
   a) Este es el único camino de salvación para todos los hombres, sin importar si son religiosos o si profesan el cristianismo.
   b) Primero debemos examinar nuestros corazones para asegurarnos de que nos hemos arrepentido de nuestros pecados y recurrido solo a Cristo para la salvación.
   c) Luego debemos reconocer que este mensaje debe obligarnos a reflejar consistentemente estos puntos cuando predicamos, enseñamos y ministramos en nuestras comunidades.
5. Dar las buenas noticias
   a) ¿Cómo deberíamos evangelizar?
      (1) Tratados evangelísticos
         (a) Lo bueno de estos tratados es que quien ha oído la predicación se queda con ellos para seguir considerando lo hablado una vez que termina el encuentro.
         (b) La desventaja de usar estos tratados es depender en exceso de ellos en lugar de tener un encuentro personal que permita presentar el Evangelio según cada situación.
         (c) Todos estos tratados son fáciles de llevar, relativamente económicos y fáciles de usar. Lamentablemente, los argumentos suelen perderse en aquellos que no comparten la cosmovisión del evangelista; pueden estar disponibles solo en una cantidad limitada, el destinatario puede no tener el nivel suficiente de alfabetización como para leer y seguir la lógica, tal vez no haya tiempo suficiente como para leer todo el tratado con las personas o estas pueden tener problemas que deberían tratarse de manera más directa de lo que puede conseguir una presentación genérica en un tratado.
      (2) El Camino de Romanos
         (a) El Camino de Romanos es un método que muchos han usado para compartir el evangelio; guía al oyente a través de los versículos de la carta de Pablo a los Romanos para mostrarles que están perdidos y necesitan a Cristo.
            (i) …por cuanto todos pecaron, y están destituidos de la gloria de Dios. (Rom. 3:23)
            (ii) No hay justo, ni aun uno. (Rom. 3:10)
            (iii) Por tanto, como el pecado entró en el mundo por un hombre, y por el pecado la muerte, así la muerte pasó a todos los hombres, por cuanto todos pecaron. (Rom. 5:12)
            (iv) Porque la paga del pecado es muerte, mas la dádiva de Dios es vida eterna en Cristo Jesús Señor nuestro. (Rom. 6:23)
            (v) Mas Dios muestra su amor para con nosotros, en que siendo aún pecadores, Cristo murió por nosotros. (Rom. 5:8)
            (vi) …que si confesares con tu boca que Jesús es el Señor, y creyeres en tu corazón que Dios le levantó de los muertos, serás salvo. Porque con el corazón se cree para justicia, pero con la boca se confiesa para salvación. (Rom. 10:9-10)
            (vii) Porque todo aquel que invocare el nombre del Señor, será salvo. (Rom. 10:13)
            (viii) Así que la fe es por el oír, y el oír, por la palabra de Dios. (Rom. 10:17)
         (b) Estos versículos pueden memorizarse fácilmente para utilizarlos en el evangelismo personal o para señalarlos en una Biblia.

(3) El testimonio personal
   (a) Tal vez el método más fácil para transmitir el evangelio se encuentra en Juan 9.
   (b) Luego de exigirle al hombre que había sido sanado que describiera a quien lo había sanado y que precisara cómo lo había hecho, él sencillamente respondió: «Lo único que sé es que antes era ciego y ahora puedo ver».
   (c) Todos podemos testificar de este modo en nuestra evangelización.
      (i) Podemos describir nuestra vida antes de la salvación; desesperación, vacío, temores, ansiedad, una espiral descendente de depravación y muchas veces, depresión causada por un camino sin sentido.
      (ii) Podemos describir el cambio que produjo Jesús cuando abrió nuestros ojos espirituales para que viéramos nuestra condición y la esperanza que nos trajo en la salvación.
      (iii) Podemos hablar libremente de la vida que ahora gozamos y de aquella gloriosa que esperamos en la eternidad. Un testimonio personal tiene poder, porque la sincera descripción del vacío en nuestras vidas antes de conocer a Cristo se hará eco en los corazones de los perdidos y desearán la paz que hemos encontrado.
(4) El lugar del evangelismo
   (a) Dios realiza la obra de salvación
      (i) Jesús dijo: «Ninguno puede venir a mí, si el Padre que me envió no le trajere; y yo le resucitaré en el día postrero» (Juan 6:44).
      (ii) Dios es quien salva y nosotros somos Sus testigos. Por mucho que deseemos que otra persona nazca de nuevo, no podemos obligarla a hacerlo.
      (iii) «Mas a todos los que le recibieron, a los que creen en su nombre, les dio potestad de ser hechos hijos de Dios; los cuales no son engendrados de sangre, ni de voluntad de carne, ni de voluntad de varón, sino de Dios» (Juan 1:12-13).
   (b) La tarea de evangelización es crucial
      (i) Aunque el Espíritu Santo debe hacer Su obra, el trabajo de evangelización también es crucial.
      (ii) William Carey argumentó que tenían razón en decir que Dios es quien salva a los pecadores, pero Él usa medios (la proclama del evangelio) y nosotros somos esos medios.
      (iii) Por más que deseemos que otros sean salvos, por más cierto que sea que deben oír el evangelio, y por más absoluta que sea la capacidad del Señor para salvarlos, todavía nos resulta difícil evangelizar.
      (iv) Transmitir el evangelio con regularidad y compartir nuestro testimonio con otros requiere una gran disciplina personal.
(5) ¿Por qué debemos evangelizar?
   (a) La principal razón por la que debemos evangelizar es porque se nos ha ordenado que lo hagamos, y por tanto, lo hacemos por pura obediencia.
   (b) Cada Evangelio y el libro de los Hechos incluyen una versión de la Gran Comisión en la cual Jesús les ordena a Sus segui-

dores que prediquen el evangelio a otros (Mat. 28:18-20; Marc. 16:15; Luc. 24:46-47; Juan 20:21; Hech. 1:8).

(c) Jesús es el Señor de nuestras vidas y esto debería producir un cambio en cómo vivimos.

(d) Francamente, algunos que dicen que Él es Señor no son muy obedientes. Jesús preguntó en Lucas 6:46: «¿Por qué me llamáis, Señor, Señor, y no hacéis lo que yo digo?».

(e) Su último mandamiento debería ser nuestra prioridad.

(f) Sentimos carga por sus almas.

(6) Rescata al perdido

(a) A medida que crecemos en nuestra santificación para tener un corazón conforme al de Dios, nuestro corazón se emocionará o se quebrará en armonía con el de nuestro Señor.

(b) Anhelamos ver a la gente y a las naciones que nos rodean venir a Cristo.

(c) Charles Spurgeon escribió: «Si Jesús es precioso para ti, no podrás guardarte las buenas nuevas. Se las susurrarás al oído a tus hijos. Se las dirás a tu esposo. Se las contarás con seriedad a tu amigo. Sin tener los encantos de la elocuencia, serás más que elocuente: tu corazón hablará y tus ojos resplandecerán al hablar de Su dulce amor. Cada cristiano aquí es un misionero o un impostor. Recuérdalo. O tratas de extender el reino de Cristo, o de lo contrario, no lo amas en absoluto».[2]

(d) La evangelización debería formar parte de nuestro estilo de vida en lugar de ser un ítem más en una lista de cosas por hacer.

(e) El evangelismo personal se desarrolla mejor en el contexto de una relación personal, así que en lugar de acorralar presas para evangelizar, estos encuentros deberían surgir al mostrarte amigable, desarrollar relaciones en las cuales la preocupación por sus almas encuentre su expresión en la transmisión de la esperanza que tienen en Cristo.

(7) Barreras para que no testifiquemos

(a) Algunas de estas barreras son el temor, la vergüenza, las molestias o la falta de una disciplina consciente.

(b) Tal vez hemos intentado testificar con poco éxito y eso ha desarrollado el hábito de decir «no» en nombre de los demás. Suponemos que rechazarán nuestro testimonio y entonces, no nos tomamos la molestia.

(c) El desaliento por la falta de éxito, la idea de que no tenemos la capacidad para hacer una presentación perfecta o el temor a no tener la respuesta precisa a una pregunta lleva a muchos a no evangelizar.

(d) Deberíamos recordar que el éxito no se mide en cantidad de convertidos.

(8) La oración del pecador

(a) Lo más cercano a esta oración que encontramos en la Biblia es la del publicano que oró: «Dios, sé propicio a mí, pecador»,

---

[2] Charles H. Spurgeon, «A Sermon and a Reminiscence», en *Sword and Trowel*, marzo de 1873, página consultada el 17 de junio de 2016. http://www.romans45.org/spurgeon/s_and_t/srmn1873.htm.

o la de Pedro cuando clamó a Jesús: «Señor, sálvame», al hundirse en el agua.

(b) Muchos han sido alentados, obligados, engañados o manipulados para que pronuncien esta oración y luego se los ha declarado salvos, aunque prefieran permanecer en sus pecados, no tengan seguridad de quién es Jesús, no estén convertidos y se encuentren tan perdidos como antes de orar.

(c) Debemos tener cuidado al guiar a la gente a decir la oración del pecador.

(9) Cosmovision y diferencias culturales

(a) El evangelismo también debe tener en cuenta la cosmovisión y las diferencias culturales.

(b) En contextos animistas, la promesa de un Espíritu Santo poderoso que vendrá a vivir en ti y te protegerá si haces esta oración es todo lo que se necesita para lograr que alguien la pronuncie.

(c) En contextos de extrema pobreza, el evangelista rico y poderoso (porque así es cómo muchos de los oyentes ven al misionero occidental) parece desear genuinamente que se haga una oración, y el pobre en desventaja no querrá ofenderlo, así que hará la oración.

(d) En las culturas con comunicación indirecta, las preguntas directas por sí o por no son infructíferas.

(e) En culturas donde los votos se practican dentro de la cosmovisión religiosa tradicional, al evangelista se lo ve como alguien que está en una misión y el oyente está ansioso por ayudarlo a que tenga éxito en cumplir su voto religioso; así, interpretará la parte que sea necesaria para ayudarlo en su misión.

(f) En las culturas orales, la gente incorpora mejor la información nueva en forma de historia, por tanto, la secuencia lineal lógica de la mayoría de los tratados evangelísticos occidentales no es convincente.

(g) En contextos donde las relaciones se dan cara a cara, ofender a alguien al rechazar un regalo, aunque sea un regalo que no se desea o que no se comprende, sería impensable.

(10) Nuestra tarea no es salvar a la gente, sino testificar sobre aquel que puede salvar.

(11) Todos los creyentes deben practicar el evangelismo, dando razón de la esperanza que está en ellos y testificando sobre la gracia de Dios en sus vidas.

(12) Él es glorificado en ese acto de obediencia y honrará a quienes lo honren.

B. El fruto del Espíritu: Bondad

1. El problema del pecado

a) El mundo está lleno de malas circunstancias, malas personas y maldad lisa y llana.

b) La gente caída y perdida solo puede ofrecer maldad.

c) Aunque finjan alguna bondad, no es por la razón correcta —la gloria de Dios— y el resultado suele ser más maldad.

2. Cuando nacemos de nuevo, tenemos el Espíritu de Dios que nos guía para que comprendamos la bondad de Dios y nos motiva a buscar lo mismo en nuestros amores.

a) A un hijo le encanta ser como su Padre. Jesús le preguntó al joven rico: «¿Por qué me llamas bueno? Ninguno hay bueno, sino sólo Dios» (Luc. 18:19).
b) La bondad es un atributo de Dios, así que crecemos en santidad cuando procuramos tenerla (Sal. 23:6; 65:11).
c) Crecer en bondad es parte de la meta de nuestra santificación (Ef. 5:9).

3. Jesús nos dejó ejemplo de una vida de bondad.
   a) «Dios ungió con el Espíritu Santo y con poder a Jesús de Nazaret, y cómo éste anduvo haciendo bienes y sanando a todos los oprimidos por el diablo, porque Dios estaba con él» (Hech. 10:38).
   b) Deberíamos esforzarnos por ser como nuestro modelo y ejemplo.
   c) Pablo desafió a Timoteo: «Sé ejemplo de los creyentes en palabra, conducta, amor, espíritu, fe y pureza» (1 Tim. 4:12).
4. Se nos ordena que hagamos el bien.
   a) La Biblia dice que deberíamos hacer bien a todos, en especial a nuestros enemigos, y aunque algunas veces suframos por ser buenos y hacer el bien, Dios nos recompensará (Luc. 6:27, 28; 1 Ped. 2:20; Mat. 5:10).
   b) Al hacer buenas obras en este mundo complicado y caído, otros verán y glorificarán a Dios (Mat. 5:16).
   c) Pablo reconoció y elogió la bondad en la vida de los creyentes en la iglesia de Roma, que también nos sirven de ejemplo a nosotros. «Pero estoy seguro de vosotros, hermanos míos, de que vosotros mismos estáis llenos de bondad, llenos de todo conocimiento, de tal manera que podéis amonestaros los unos a los otros» (Rom. 15:14).
   d) Aunque jamás alcanzaremos la perfección, deberíamos crecer más en una vida de bondad.
5. Dios desea que hagamos el bien
   a) Por cierto, la vida que Dios ha diseñado para nosotros incluye caminar en buenas obras (Ef. 2:10).
   b) Una vida llena de bondad habla de una cualidad personal de carácter. No es algo que podamos producir solo por nuestros esfuerzos ni que podamos tachar de una lista de actividades para hacer; más bien, es algo que el Espíritu produce.
   c) Cuanto más llenos del Espíritu estemos y más conscientes seamos de Su presencia en nuestras vidas, más brotará lo que hay dentro de nosotros.
   d) Cuando las presiones de la vida nos aprieten, el bien debe fluir de nosotros para perfumar el mundo que nos rodea.

C. Los pensamientos del pastor: Lo de buen nombre
1. Pablo exhorta a los creyentes a meditar en todo lo de buen nombre, es decir, todo lo que merezca elogio.
2. No somos infalibles y solemos juzgar con habilidades imperfectas que se basan en una información parcial. Pero aun una buena obra puede realizarse sin una buena motivación y un resultado negativo puede haber comenzado con la mejor de las intenciones. Alguien puede presentarse en público como un santo, pero vivir como un demonio en privado.
3. Pablo simplemente nos llama a ser sensibles a lo que es bueno y de buen nombre, a dar honor cuando corresponda y a meditar en esas cosas positivas en lugar de pensar en todo lo negativo y pecaminoso del mundo.
4. El término griego *metanoia* se refiere al cambio de mente que se produce en la salvación. Este cambio de mente también es una aparte del proceso progresivo de santificación al crecer en Cristo durante el resto de nuestra vida terrenal.

5. La persona que medita en lo que es de buen nombre crecerá cada vez más para convertirse en alguien que también sea de buen nombre. Ralph Waldo Emerson dijo: «Te conviertes en lo que piensas todo el día».[3]

II. La mente: Las misiones y plantación de iglesias
  A. Introducción[4]
    1. Las misiones se ven claramente en toda la Palabra de Dios.
      a) Tanto en el Antiguo como en el Nuevo Testamento, a Dios le preocupa que las naciones lo conozcan y lo adoren.
    2. Dios ha llamado a Su pueblo para que se una a Él en la misión en Su mundo. ¿Cuál es tu rol en esto? ¿Cómo hará Dios para que participes?
    3. El estudio de las misiones y la plantación de iglesias no tiene que ver meramente con conocer la sustancia de lo que enseñan las disciplinas, sino de comprender el marco bíblico para que todos los creyentes las practiquen.
  B. Interpretaciones fundacionales
    1. El campo de la misionología es un campo en crecimiento y expansión, y por esto, se están acuñando muchos términos para necesidades cada vez más especializadas.
    2. Misiones globales
      a) Aunque el término *global* parece lo suficientemente claro, hablo de algo más que simplemente «mundial». La palabra *global* incluye la idea de mundial, pero también incluye la noción de ser completamente integral, cabal y abarcar toda la orbe.
      b) El término *misiones* se usa de diversas maneras hoy en día. Todo lo que la Iglesia y los creyentes hacen fluye de la misión de Dios y de Su plan para Su mundo, y lo que Él hace incluye usarnos en Su misión.
        (1) Los misionólogos y los escritores algunas veces usan las palabras *misión* y *misiones* de manera sinónima. La palabra *misión* (en singular) se usa en un espectro más amplio y se refiere al propósito intencional y general de la Iglesia.
        (2) La palabra *misiones* (en plural) se refiere a las muchas maneras en que las iglesias procuran llevar adelante su misión en la tierra en verdaderos esfuerzos misioneros por alcanzar a los pueblos del mundo por amor de Cristo.
    3. El misionero
      a) Aunque se ha dicho que un misionero es simplemente aquel que no puede acostumbrarse al sonido de los pasos paganos en su camino hacia una eternidad sin Cristo, técnicamente, la palabra *misionero* significa «enviado».
      b) Normalmente describimos a un *misionero* como alguien que intencionalmente cruza las fronteras con el propósito de comunicar el evangelio para ganar almas para Cristo, discipular a nuevos creyentes, plantar iglesias, capacitar líderes bíblicamente sólidos y ministrar a todo el cuerpo de Cristo de maneras holísticas.
      c) Los límites que deben cruzarse pueden ser lingüísticos, cosmovisiones religiosas, fronteras geopolíticas, socioeconómicas, etc. La mayor parte del tiempo, lo que queremos decir es que este individuo debe ir de una cultura a otra.
    4. El fundamento y el propósito de las misiones se encuentran en la Biblia misma. Dios nos dio la revelación de sí mismo en forma escrita, la Biblia, para que

---

[3] Ralph Waldo Emerson, *Goodreads.com*, página consultada el 17 de junio de 2016. http://www.goodreads.com/quotes/114540.

[4] Partes de esta introducción aparecieron en Zane Pratt, M. David Sills y Jeff K. Walters, *Introduction to Global Missions* (Nashville, TN: B&H Academic, 2014), 1-4.

podamos conocerlo y darlo a conocer, y esa es la suma y la sustancia de las misiones.

5. Hoy en día, el trabajo de las misiones cae sobre los creyentes de esta generación y todos nosotros debemos participar en ellas.

C. El llamado misionero[5]

1. El llamado misionero incluye la conciencia de las necesidades de un mundo perdido, los mandamientos de Cristo, la preocupación por los perdidos, un compromiso radical con Dios, la confirmación, la bendición y el encargo de tu iglesia, un deseo apasionado, la dotación del Espíritu y un indescriptible anhelo que motiva por encima de toda comprensión.[6]
2. Buscar la voluntad de Dios
   a) Existen ocho componentes que debemos considerar al discernir Su liderazgo.
      (1) Conocer a Dios íntimamente
      (2) Conocer meticulosamente la Biblia
      (3) Pasar mucho tiempo en oración
      (4) Buscar el consejo de personas piadosas que nos rodean
      (5) Considerar las experiencias de la vida que Dios ha usado para formarnos
      (6) Considerar nuestras circunstancias
      (7) Considerar el momento oportuno para todo paso que demos
      (8) Identificar nuestros deseos (Sal. 37:4)
   b) En el proceso de buscar la voluntad de Dios, algunos descubren Su propio llamado misionero.
   c) Este llamado no es lo mismo que Su guía para cumplirlo. Él guía a la gente a cumplir su llamado misionero de muchas maneras a lo largo de sus vidas.
      (1) Pablo fue llamado como misionero en el encuentro salvador con el Señor en el camino a Damasco (Hech. 26:12-18). Sin embargo, recién muchos años después el Espíritu Santo lo guio de verdad al campo misionero con Bernabé.
      (2) La visión del varón macedonio no fue su llamado, sino más bien la guía para saber dónde cumplirlo en ese momento. ¡Él ya era un misionero y se encontraba en un viaje misionero en ese momento!

D. Cimientos para las misiones globales

1. ¿Cuál es nuestra misión?
   a) La Biblia nos dice que vayamos y proclamemos el evangelio del reino (Mat. 28:18-20; Marc. 16:15; Luc. 24:46-47; Juan 20:21; Hech. 1:8).
   b) Pero también nos manda que cuidemos al que sufre, al hambriento, al huérfano y a los oprimidos (Deut. 10:18; 15:9; Sal. 82:3-4; Prov. 29:7; Isa. 58:6-7; Mat. 25:35).
   c) El Señor nos ha ordenado hacer todas estas cosas, según la necesidad del momento. No debemos participar en ministerios de misericordia simplemente para captar la atención de la gente cuando proclamamos el evangelio, ni deberíamos descuidar las necesidades físicas y atender solo las espirituales.

---

[5] Adaptado de John Mark Terry, ed., *Missiology: An Introduction to the Foundations, History, and Strategies of World Missions* (Nashville, TN: B&H Academic, 2015), 297.

[6] M. David Sills, *The Missionary Call: Find Your Place in God's Plan for the World* (Chicago, IL: Moody, 2008), 30. Este recurso es recomendado para aquellos que procuran comprender y discernir un llamado a las misiones.

d) El equilibrio que se necesita en las misiones
   (1) Si no compartes el evangelio como parte de las buenas obras, sea lo que fuere que hagas solo será una buena obra, no la misión que Cristo le ha dado a Su iglesia.
   (2) La Biblia enseña que el pueblo de Dios debe hacer ambas cosas.
   (3) Aunque la enseñanza bíblica y el ejemplo que nos dejó Jesús nos enseña que debemos atender a toda la persona y no solamente predicarle e irnos, a través de los siglos, las iglesias han tenido luchas para encontrar y mantener el equilibrio.
   (4) El Espíritu Santo es el único que puede encontrar el equilibrio para un ministerio. Solo Él sabe adónde envía a la gente, cómo la dota y cuáles son las verdaderas necesidades.

2. ¿Adónde debemos ir como misioneros?
   a) Jesús le dio a Su Iglesia la Gran Comisión de ir por todo el mundo y de hacer discípulos a cada grupo de personas.
   b) *Panta ta ethne*: En la versión original en griego, Jesús nos ordenó hacer discípulos a *panta ta ethne*.
      (1) La palabra *panta* significa «todas», la palabra *ta* es el artículo definido «las», y la palabra *ethne* significa «naciones, grupos de personas o etnias».
      (2) El cambio en las filosofías y estrategias misioneras que trajo esta revelación produjo conmoción. Los misioneros dejaron de pensar en términos de *naciones* geopolíticas, y pensaron más bien en *grupos de personas*.
   c) Grupos de personas
      (1) La investigación reveló que hay más de 11 000 grupos de personas en el mundo y a más de la mitad de ellos todavía no se los ha alcanzado o permanecen sin una fuerte presencia del evangelio.
      (2) Los misioneros se dieron cuenta de que la gente puede vivir muy cerca de una iglesia fuerte y aun así no haber sido alcanzada por el evangelio.
      (3) Lo que podemos deducir de esta dinámica es que aunque una ciudad, una región o un país puedan tener algunas iglesias evangélicas fuertes, no necesariamente están listas para pasar a otro lugar, porque pueden existir grandes franjas de la ciudad a las que todavía no ha llegado el evangelio debido a límites culturales.
   d) Los misioneros deben tener discernimiento en cuanto a quiénes son considerados cristianos.
      (1) Todos los pueblos del mundo son religiosos en alguna medida, y los que tienen cruces en lo alto de sus edificios parecen ser cristianos a primera vista.
      (2) Las diversas religiones del mundo son sistemas creados por el hombre que están diseñados para religar la relación con Dios rota por el pecado. El problema es que la verdadera adoración a Dios solo se revela en Su Palabra. Todas las demás religiones rinden culto incorrectamente.
      (3) Donde no existe la verdadera adoración, existe la falsa; donde no existe la verdadera enseñanza, existe la falsa y donde no existe una verdadera visión de Dios y de Su Palabra, existen falsas visiones.
      (4) Solo podemos saber cómo adorar a Dios y lo que Él espera de nosotros cuando estudiamos Su Palabra. Por lo tanto los creyentes, en especial los pastores y los líderes, deben conocer la Palabra de Dios.

e) La perspectiva bíblica respecto a dónde debemos trabajar
   (1) Hechos 17:26 dice: «Y de una sangre ha hecho todo el linaje de los hombres, para que habiten sobre toda la faz de la tierra; y les ha prefijado el orden de los tiempos, y los límites de su habitación».
   (2) El llamado de Abram para que saliera de Ur, la orden dada a Moisés para que regresara a Egipto, el llamado de Jonás para ir a Nínive y el llamado de Pablo para ir a Macedonia nos revelan que Dios sabe cómo llamar a Su pueblo y cómo guiarlos a lugares donde Él quiere que lo sirvan.
   (3) La voz que determine nuestra dirección y nuestro destino debe ser la de Él, y para oírla, debemos estar lo más cerca de Jesús que podamos, y debemos permanecer allí.
f) La extensión del cristianismo en la cultura de los alumnos
   (1) Al instruir a tus alumnos en cuanto a los cimientos de las misiones, tómate el tiempo para explicar cómo llegó el cristianismo a las personas de sus países, y resalta los misioneros, las estrategias, las filosofías y los lugares que los ayudarán a apreciar la rica herencia que tienen.

E. Términos culturales[7]
1. Cultura
   a) La palabra *cultura* se refiere a un grupo etnolingüístico de personas y a las reglas de juego de la vida para esa gente.
      (1) Aunque se han ofrecido muchas definiciones para la palabra *cultura*, todas comparten denominadores comunes.
         (a) Todo el modo de vida de un pueblo, compuesto por sus patrones de conducta aprendidos y compartidos, sus valores, normas y objetos materiales.[8]
         (b) El sistema parcialmente integrado de ideas, sentimientos y valores codificados en patrones de conducta aprendidos, señales, productos, rituales, creencias y cosmovisiones que comparte una comunidad.[9]
         (c) El rótulo del antropólogo para la suma de características distintivas del modo de vida de un pueblo.[10]
         (d) Los diseños conceptuales y las definiciones mediante las cuales los pueblos ordenan sus vidas, interpretan sus experiencias y evalúan el comportamiento de otros.[11]
   b) El término *transcultural* surgió para referirse a las realidades presentes en muchas culturas al mismo tiempo.
   c) Otro término para referirse más precisamente a la interacción de diversas culturas es *intercultural*.

---

[7] Adaptado del Zane Pratt, M. David Sills y Jeff K. Walters, «Panta ta Ethne: "All the Nations"», en *Introduction to Global Missions* (Nashville, TN: B&H Academic, 2014), 19-36.

[8] Everett M. Rogers y Thomas M. Steinfatt, *Intercultural Communication* (Prospect Heights, IL: Waveland Press, 1999), 266.

[9] Paul G. Hiebert, *The Gospel in Human Contexts: Anthropological Explorations for Contemporary Missions* (Grand Rapids, MI: Baker Academic, 2009), 18.

[10] Sherwood G. Lingenfelter y Marvin K. Mayers, *Ministering Cross-Culturally: An Incarnational Model for Personal Relationships* (Grand Rapids, MI: Baker Academic, 2003), 17.

[11] Ibíd., 18.

d) Cuando nos referimos a dinámicas complejas en un contexto donde numerosas culturas están presentes al mismo tiempo, como un salón de clases, una mega ciudad o una iglesia, el término preferido es *multicultural*.

e) La expresión *relativismo cultural* también causa cierta confusión entre los lectores de las misiones modernas. Existen dos significados diferentes del término en el uso contemporáneo:

(1) Uno sostiene que el relativismo cultural «es el grado en el cual un individuo juzga a otra cultura por su contexto (en oposición al etnocentrismo, que juzga a los demás por las normas de su cultura propia)».[12]

(2) Una segunda interpretación del *relativismo cultural* se refiere al respeto mutuo que fluye de la comprensión de que a menos que la Palabra de Dios hable sobre un tema, puede no ser incorrecto, sino diferente. Los asuntos extrabíblicos son cuestiones de preferencia.

f) *Grupo etnolingüístico* se refiere a un grupo de personas con su propio lenguaje o dialecto.

(1) La primera parte de la palabra, *etno*, proviene de *ethne* en el griego del Nuevo Testamento, y se traduce *naciones* en nuestra Biblia.

(2) De esta palabra también proviene nuestro vocablo étnico.

(3) Como prefijo, *etno* se encuentra en un creciente número de términos en misionología:

(a) *Etnomusicología* para el estudio de la música dentro del contexto de una cultura.

(b) *Etnodoxología* es el estudio de la alabanza dentro del contexto de una cultura.

(c) *Etnocognición* se refiere a las diferentes maneras en que las distintas culturas procesan la información y el pensamiento.

(d) La *etnohermenéutica* estudia las maneras en que un grupo de personas interpreta los textos en sus propias maneras culturales específicas.

(e) *Etnocentrismo* es ver y juzgar a las otras culturas por uno mismo, con la creencia de que la cultura propia es el centro del universo étnico.

(f) *Etnografía* es la ciencia que investiga las otras culturas y las describe por escrito.

g) *Cosmovisión* se refiere a la manera en que ven toda la realidad, la comprenden y desarrollan reglas culturalmente específicas para vivir en armonía dentro de ella.

(1) *Cosmovisión* no es meramente lo que pensamos sobre el mundo, sino más bien la lente a través de la cual lo vemos.

(2) Una cosmovisión se parece mucho a los ojos: no los ves a ellos, sino que ves a través de ellos.

2. Estratégico

a) De la mala interpretación de estos términos ha surgido mucha confusión. Para ilustrar, considera la expresión *no alcanzado*. Reflexiona con tus alumnos sobre la progresión de este término en el contenido del módulo y de cómo ha traído un cambio en los recursos y en la percepción de dónde existen las necesidades.

b) *Grupo no alcanzado* tiene muchas interpretaciones diferentes

(1) Patrick Johnstone define este término como: «Gente o grupo de personas entre las cuales no existe una comunidad indígena de cris-

---

[12] Rogers y Steinfatt, *Intercultural Communication*, 266.

tianos con números y recursos adecuados para evangelizar al resto de sus miembros sin asistencia externa (transcultural)». Johnstone avanza y afirma: «Sin embargo, podemos ser demasiado simplistas. Un grupo de personas no alcanzadas no se convierte de repente en alcanzado porque se haya logrado alguna estadística mágica. Más bien, nos encontramos frente a una gama de grises en lugar de estar frente al blanco o negro».[13]

(2) La Junta Internacional de Misiones define a un grupo de no alcanzados como «un grupo de población homogénea identificado con un lenguaje, una herencia y una religión comunes, donde no existe un movimiento eclesiástico que tenga la fuerza, los recursos y el compromiso necesarios para sostener y asegurar la continua multiplicación de las iglesias»[14] y «un grupo de personas no alcanzadas es un grupo en el cual menos del 2% de la población es cristiana evangélica».[15]

c) En tanto que por grupos de personas no alcanzadas suele entenderse aquellos grupos con poblaciones de menos del 2% de evangélicos, los grupos de personas no alcanzadas *no comprometidos* son aquellos con una población que es menor al 2% de evangélicos *y* donde no se ha plantado una iglesia entre ellos durante los últimos dos años.

d) Los *grupos de personas no alcanzados, no comprometidos y no contactados* son aquellos grupos de personas escondidos, hostiles o aislados con los cuales nunca se ha tomado contacto para el avance del evangelio. En algunos casos, como algunos son grupos nómadas de la selva, los investigadores ni siquiera están seguros de *dónde* están; solo saben que *están*.

e) *La última frontera* es otra expresión que suele oírse en la estrategia de las misiones. La Junta Internacional de Misiones la define como «un grupo no alcanzado en el cual la mayoría de sus miembros tienen poco o nada de acceso al evangelio de Jesucristo. Esto representa aproximadamente a 1650 millones de personas en el mundo».[16] ¿Dónde vive esta gente? Vive prácticamente en todos los países del mundo, pero se encuentran en concentraciones mayores en la ventana 10/40.

f) La *ventana 10/40* es una caja imaginaria que encierra un área del planeta desde los 10 grados al norte del ecuador hasta los 40 grados al norte del ecuador, y desde el noroeste de África al Este de Asia. Este rectángulo no solo contiene a la mayoría de los perdidos no alcanzados del mundo, sino que también aquí se albergan tres bloques religiosos principales: el hinduismo, el islam y el budismo, como también las áreas de mayor pobreza.[17]

g) La Iglesia que existe en esta vasta área del sur global se llama la *Iglesia del sur*. Más recientemente, la frase *sur global* se refiere a las regiones del mundo que comprenden a América Latina, África y Asia. Estos

---

13 Johnstone, «People Groups: How Many Unreacheed?», 37.

14 International Mission Board, IMB.org, página consultada el 23 de enero de 2013, http://going.imb.org/details.asp?StoryID=7489&LanguageID=1709.

15 International Mission Board, IMB.org, página consultada el 23 de enero de 2013, http://public.imb.org/globalresearch/Pages/FAQs.aspx#sixteen; Internet.

16 International Mission Board, *IMB.org*, página consultada el 23 de enero de 2013. http://going.imb.org/details.asp?StoryID=7489&LanguageID=1709.

17 Joshua Project, «10/40 Window», *JoshuaProject.net*, página consultada el 23 de enero de 2013, http://www.joshuaproject.net/10-40-window.php.

términos aluden a la obra de Dios en África, Asia y en las naciones al sur de Río Grande en América. La Iglesia crece a una velocidad vertiginosa en estos países.

F. Antropología aplicada en misiones[18]
   1. El lugar de la antropología
      a) «Los buenos misioneros siempre han sido buenos antropólogos».
      b) Relacionarse correctamente con otras culturas es el elemento básico de la tarea misionera y aquellos que tienen éxito en el campo son aquellos que lo hacen bien.
      c) Lo que hace que el estudio de la antropología cultural sea tan esencial para las misiones cristianas es que hay miles de culturas en el mundo y cada una es diferente de la tuya en cierto grado.
      d) El misionero deberá adaptarse al mismo grado al cual cada cultura es diferente para ser efectivo en el ministerio intercultural.
      e) *Enculturación* es lo que sucede cuando creces en un lugar en particular y aprendes a vivir de manera apropiada en esa sociedad.
      f) *Antropología* simplemente significa «el estudio del hombre». No obstante, existen muchas divisiones de la antropología que se dedican a investigar y comprender lenguajes, distinciones biológicas, sociedades antiguas, sistemas musicales e incluso la gastronomía de diversos grupos.
   2. La comprensión de la cultura
      a) La cultura ha existido desde el jardín de Edén; cada vez que dos o tres personas interactúan, existe una cultura que las guía.
      b) La cultura es el patrón o diseño de vida que aprende y comparte un grupo de personas. No es innato, sino que se aprende a medida que se crece en un grupo de personas y luego se transmite a la siguiente generación, para darles una base para una conducta, un pensamiento y una interacción apropiados.
      c) Las culturas siempre están en desarrollo con innovaciones en tecnología, con los últimos inventos y descubrimientos, los agregados anuales al vocabulario oral y de los diccionarios, y a su tiempo, la cultura de la siguiente generación recibirá, adaptará y finalmente transmitirá otro sistema cultural.
   3. La evaluación de los sistemas culturales
      a) Términos claves
         (1) El modo de pensar sobre la cultura propia se llama *perspectiva émica*.
         (2) El punto de vista del que llega a una cultura desde otra es la *perspectiva ética*.
         (3) La crítica injusta de otras culturas, en las que se las considera menos sabias o menos buenas que la propia se llama *etnocentrismo*; tendemos a pensar que nuestra cultura es el centro del universo y que todos los demás deberían ver la vida como nosotros.
      b) Los misioneros y los antropólogos culturales han investigado y categorizado las culturas del mundo de diversas maneras.
         (1) Las culturas del mundo tienden a vivir en un equilibrio entre culpa e inocencia, vergüenza y honor, temor y poder.
         (2) Las culturas occidentales que son más dicotomistas en su orientación ven a la gente o bien como culpables o como inocentes.

---

[18] Adaptado del Zane Pratt, M. David Sills y Jeff K. Walters, «Applied Anthropology in Missions», *Introduction to Global Missions* (Nashville, TN: B&H Academic, 2014).

(3) Las culturas asiáticas y la mayoría de las culturas que adoptan el islam le asignan un alto valor al honor y evitan la vergüenza a toda costa.
(4) Las culturas animistas constantemente tienen conciencia de los malos espíritus, de las influencias de los antepasados, de la magia, las maldiciones y la hechicería, y viven con temor a estas cosas o a cualquiera que tenga la habilidad para manipular sus poderes.
(5) Los misioneros serían sabios si aprendieran la orientación básica de la vida de la cultura en la que se insertan, teniendo en cuenta estos tres aspectos para comprender y apreciar las creencias, la cosmovisión y la conducta de las culturas temor-poder o vergüenza-honor, y cómo se diferencian de la orientación occidental a la culpa-inocencia.

c) *Investigación etnográfica* es el proceso mediante el cual se usan habilidades y herramientas para la investigación y el aprendizaje sobre otras culturas.

4. Comunicación intercultural
   a) Los misioneros deben aprender cómo comunicar el evangelio con efectividad, en maneras que sean a la vez culturalmente adecuadas y bíblicamente fieles.
   b) Aprender el idioma
      (1) Todo nuevo misionero reconoce que antes de comunicarse con la gente debe aprender el idioma.
      (2) Algunos misioneros no aprenden bien el idioma por muchas razones, pero sus carencias en el aprendizaje suelen relacionarse directamente con su inefectividad en el ministerio.
   c) Usar el idioma
      (1) Aprender bien el nuevo idioma es el primer paso, aprender a usarlo apropiadamente es el segundo y ambos son esenciales.
      (2) Los grupos sociales y las culturas que se consideren la clase más alta se mostrarán reticentes a aceptar la «verdad» de un desconocido que habla con el acento de una clase más baja.
      (3) Hablar en el volumen adecuado, usar expresiones idiomáticas y humorísticas, y darle lugar al otro correctamente en la conversación ayudará al misionero a adecuarse bien.
   d) Una completa comprensión de la comunicación
      (1) La comunicación intercultural se refiere a las habilidades para facilitar la clara comunicación en una cultura que no es la tuya.
      (2) Esto toma en cuenta la cosmovisión, la cultura y la comunicación no verbal al involucrar a alguien de otra cultura.
   e) Comunicación no verbal
      (1) La comunicación no verbal puede tener un «lenguaje» completamente diferente de una cultura a la otra, y las señales pueden comunicar algo totalmente distinto en una cultura y en otra.
      (2) Gestos
      (3) Expresiones faciales
      (4) La manera en que se dicen las palabras
      (5) Apariencia
      (6) El misionólogo Donald K. Smith tiene una perspectiva útil en cuanto a lo que denomina «El sistema de doce señas para la comunicación».[19]

---

[19] Donald K. Smith, *Creating Understanding: A Handbook for Christian Communication Across*

(a) Verbal: el lenguaje en sí (inglés, alemán, español, mandarín)
(b) Escrita: símbolos que representan el habla (alfabetos, caracteres chinos)
(c) Numérica: números y sistemas numerales (numerología bíblica, radio policial)
(d) Pictórica: representaciones en dos dimensiones (No fumar, Salida de un aeropuerto)
(e) Artifactual: representaciones y objetos en tres dimensiones (uniformes, anillo de casado)
(f) Sonora: uso de sonidos no verbales y de silencio (campana de la escuela, reloj despertador)
(g) Kinésica: movimientos del cuerpo, expresiones faciales, postura (ballet, contacto visual, encorvarse)
(h) Óptica: la luz y el color (iluminación en el teatro, blanco para las bodas, negro para los funerales)
(i) Táctil: el sentido del tacto (tocar el hombro o el brazo de otro)
(j) Espacial: la utilización del espacio (espacio de separación en una conversación íntima, informal o pública)
(k) Temporal: utilización del tiempo (hacer esperar a alguien, llegar a tiempo)
(l) Olfativa: el gusto y el aroma (perfume, velas perfumadas)[20]
(m) Podemos comunicar mediante el uso de cualquiera de estos sistemas aislados, pero casi nunca lo hacemos. Con mayor frecuencia, los combinamos en compuestos comunicativos que requieren un verdadero conocimiento de los matices culturales para discernir un significado.

(7) Nota para el maestro: Para esta sección, revisa de nuevo el contenido del módulo para identificar ejemplos que se relacionen específicamente con la cultura de tus estudiantes. Utiliza esos ejemplos, pero también abre la conversación para que indiquen maneras en que han visto a otros hacer bien estas cosas o cometer errores.
(8) Aprender el lenguaje es la clave para aprender la cultura, y aprender la cultura es la clave para el aprendizaje del lenguaje.
(9) El misionero efectivo aprende el lenguaje y la cultura, y procura adaptarse.

5. Contextualización
   a) A nuestros fines, la contextualización es el proceso de comunicar el evangelio, plantar iglesias, discipular a otros, capacitar líderes (como lo estás haciendo con este material) y establecer el cristianismo en otras áreas del mundo, mientras que a la vez somos fieles a la Palabra de Dios y sensibles a la cultura.
   b) Todos contextualizamos
      (1) Leyes del lugar donde estamos
      (2) Vestimenta
      (3) Enseñar la Palabra de Dios en el idioma que hablamos en lugar de hacerlo en hebreo y griego.
   c) Bases bíblicas para la contextualización

Cultural Landscapes (Grand Rapids, MI: Zondervan, 1992), 120.

[20] Ibíd., 122.

(1) En 1 Corintios 9:20-23: «Me he hecho a los judíos como judío, para ganar a los judíos; a los que están sujetos a la ley (aunque yo no esté sujeto a la ley) como sujeto a la ley, para ganar a los que están sujetos a la ley; a los que están sin ley, como si yo estuviera sin ley (no estando yo sin ley de Dios, sino bajo la ley de Cristo), para ganar a los que están sin ley. Me he hecho débil a los débiles, para ganar a los débiles; a todos me he hecho de todo, para que de todos modos salve a algunos. Y esto hago por causa del evangelio, para hacerme copartícipe de él».

(2) Pablo usaba la contextualización por amor al evangelio.

(3) Contextualizamos para ser fieles al evangelio mientras somos lo suficientemente sensibles a la cultura como para ayudar a las personas a entenderlo, y a comprender que no necesitan abandonar su propia cultura y abrazar a otra para ser salvos.

d) Controversias y contextualización

(1) Los aspectos controversiales de la contextualización comienzan cuando los misioneros difieren en cuanto al grado al que pueden llegar a hacer que el evangelio se adapte a la cultura.

(a) Evangelizar a los musulmanes utilizando el Corán.

(b) Decir que se es cristiano, pero continuar identificándose como musulmán o practicar algunos aspectos del islam.

(c) La importancia de la eclesiología para saber cómo aplicar la contextualización.

e) Un modelo tricultural para comunicar el evangelio

(1) ¿Cómo podemos comunicar claramente el evangelio sin tan solo reproducir nuestra iglesia natal por un lado *o* permitir que el proceso vaya demasiado lejos por el otro?

(2) Eugene Nida y David Hesselgrave, entre otros misioneros antropólogos, han sugerido un modelo tricultural para comunicar el evangelio.[21]

(a) Las tres culturas del modelo tricultural de comunicación son: la cultura bíblica, la cultura propia del misionero y la cultura del pueblo de llegada.

(b) El estudio de estas culturas nos permitirá identificar las aplicaciones culturales específicas de la Palabra de Dios de modo que claramente podamos comprender aquello que se aplica a todas las culturas de todos los tiempos. Debemos recordar que la Palabra de Dios suplanta la cultura; esta no suplanta la Palabra de Dios. Sin embargo, para aplicar estos conceptos debemos entender las culturas de los tiempos bíblicos, nuestra cultura y la cultura a la cual le estamos comunicando la verdad bíblica.

(c) Este modelo también puede aplicarse a la plantación de iglesias, a la capacitación de pastores o a la manera en que vivimos la vida cristiana frente a un mundo que observa.

6. Los hispanos en las misiones[22]

---

[21] Véase David Hesselgrave, *Communicating Christ Cross-Culturally* (Grand Rapids: Zondervan, 1991), 107-108; Eugene Nida, *Message and Mission: The Communication of the Christian Faith*, edición revisada (Pasadena: William Carey Library Publishers, 1990), 52-53.

[22] Véase M. David Sills y Kevin Baggett, «Islam in Latin America», *Southern Baptist Journal of Theology* 15.2 (2011): 28-41.

a) Nota para el maestro: Esta sección te permitirá enseñar no solo sobre el rol que juega la Iglesia latinoamericana en las misiones, sino también para ejemplificar el principio de que todo el pueblo de Dios debe participar en las misiones. Así como América Latina es un campo misionero, también es un fuerza que envía misioneros. Es de vital importancia que los estudiantes comprendan esto y lo apliquen a sus propias culturas y contextos.

b) Los cristianos hispánicos constituyen la mejor esperanza para llevar el evangelio al mundo musulmán.

(1) Los hispanos comparten muchas características culturales, lingüísticas e incluso físicas con los árabes musulmanes.

(2) Los cristianos hispanos no están asociados a muchos de los estereotipos que las culturas musulmanas asocian con los cristianos norteamericanos.

c) La Iglesia del sur

(1) Hay más cristianos en América Latina, en África y en Asia que en Europa occidental y Estados Unidos.

(2) En estos lugares que tradicionalmente eran campos misioneros, la Iglesia ha madurado y se ha convertido en una fuerza misionera.

(3) Los cristianos en estas tierras han oído el llamado del Espíritu Santo a las misiones y están obedeciendo a Su llamado misionero.

G. Las religiones del mundo

1. Introducción

a) Existen miles de religiones en el mundo. Algunas son sistemas codificados de reglas complejas y otras son tan amorfas como una nube de vapor que cambia de forma continuamente.

b) Algunas tienen miles de años, pero nacen nuevas religiones casi todos los días.

c) Aunque existen muchos miles de formas de expresión religiosas, a algunas se las llama religiones mundiales, con adeptos en diferentes naciones de todo el mundo.

d) Las religiones mundiales más influyentes y más grandes son el cristianismo, el islam, el hinduismo, el budismo, el confucionismo y el animismo o las religiones populares.

e) Cuando les presentamos a Cristo a personas de otras religiones, debemos recordar que existen muchas variaciones en los sistemas de creencias y que el centro de cualquier encuentro con una persona de otra creencia religiosa es la persona misma.

(1) Tómate el tiempo para llegar a conocerlos y pregúntales sobre lo que creen.

(2) Ora por ellos y preocúpate genuinamente por lo que te cuentan, recordando que el evangelismo personal es mejor en el contexto de una relación personal.

(3) Prioriza ser receptor; es decir, trata de ver el mundo a través de sus ojos en lugar de esperar que ellos lo hagan a través del tuyo.

(4) Aprende todo lo que puedas sobre su cosmovisión y descubre puentes para que el evangelio venza las barreras que ellos han levantado para impedir su avance.

(5) Vive como un testigo de Cristo para complementar tus palabras, pero asegúrate de usar palabras claras y persuasivas para comunicarles el evangelio.

2. El islam

a) Origen
   (1) El islam nació en los años 600 d.C., a partir de las enseñanzas de su fundador, Mahoma.
      (a) Mahoma nació en la península arábiga, quedó huérfano a edad temprana y un tío lo crio. Se casó con una viuda rica, lo que le dio la libertad para retirarse a meditar.
      (b) En estos retiros, comenzó a recibir visiones de un ángel enviado por Alá para enseñarle la manera correcta en que la gente debía adorar.
      (c) Aunque era analfabeto, recordó estas visiones y posteriormente, los escribas las registraron en el Corán, el libro sagrado del islam.
   (2) Islam proviene de un término que significa «sumisión» y un musulmán es «alguien que se somete».
b) Creencias
   (1) El islam se basa en cinco artículos de fe y cinco columnas. Los artículos de fe que enseñan son:
      (a) Dios: Existe un Dios verdadero y su nombre es Alá.
      (b) Los ángeles: Los ángeles existen e interactúan con las vidas humanas.
      (c) La Escritura: Existen cuatro libros inspirados: la Torá, las Escrituras, los Evangelios y el Corán; todos excepto el Corán han sido corrompidos por los judíos y los cristianos.
      (d) Los profetas: Dios ha hablado a través de muchos profetas.
      (e) Los últimos días: En el día final habrá un tiempo de resurrección y juicio.
   (2) Los cinco pilares del islam son:
      (a) Credo: «No hay otro Dios sino Alá, y Mahoma es su profeta».
      (b) Oración: Debe ofrecerse cinco veces al día en los momentos indicados.
      (c) Limosnas: A los musulmanes se les exige legalmente que den a los que necesitan.
      (d) Ayuno (durante el mes de Ramadán): Los musulmanes ayunan desde la salida hasta la puesta del sol.
      (e) Peregrinación: Se espera que cada uno de ellos haga el peregrinaje hasta la Meca.
c) Expansión geográfica
   (1) El islam se encuentra en todo el mundo actual y usa todos los medios disponibles para un crecimiento celoso: el matrimonio, la influencia financiera, la violencia, la imposición tributaria y la retórica persuasiva.
   (2) Aunque tradicionalmente se relaciona el islam con el Medio Oriente, Indonesia tiene el mayor número de musulmanes y China, Nigeria y Europa occidental albergan a más de 200 millones de musulmanes.
d) Creencias sobre el cristianismo
   (1) Los musulmanes creen que Jesús fue un profeta histórico que realizó milagros, pero que es menos que Mahoma, a quien consideran el último y más grande de los profetas.
   (2) Los musulmanes creen que los cristianos son politeístas ya que adoran a la Trinidad, porque suponen erróneamente que adoramos a tres dioses llamados Dios el Padre, Dios el hijo y Dios la madre

(de lo poco que saben sobre las enseñanzas católicas que mencionan a la Sagrada Familia).

(3) Aunque no aceptan la autoridad de la Biblia, sí la ven como un texto sagrado y se ofenden ante la manera en que algunos cristianos tratan a sus propias Biblias.

e) Otras prácticas del islam

(1) Los musulmanes más devotos no beben alcohol, no comen cerdo ni permiten la interacción social entre distintos sexos.

(2) Es importante que aquellos que interactúen con los musulmanes se vistan con la modestia que ellos juzgarían aceptable.

(3) Tienen una visión muy elevada del Corán y no debes denigrarlo en tu defensa del evangelio.

3. El hinduismo

a) Origen

(1) El hinduismo tiene miles de años y no tiene origen en ningún fundador o profeta en particular, ni tampoco en alguna comprensión única de Dios.

(2) Comenzó en el valle Indo en India y es una combinación de muchas variaciones sobre un tema.

b) Creencias

(1) Posee escritos sagrados, pero adopta una teología abierta más que un sistema codificado de creencias.

(2) El hinduismo se basa en la idea de que todas las criaturas vivientes, seres humanos y animales, viven repetidas vidas en las que ascienden o descienden de casta en cada sucesiva reencarnación.

(3) El lugar donde se renazca depende de la última vida que se vivió. Si se vive de acuerdo a las reglas de la casta, la reencarnación será mejor y se ascenderá; si sucede al revés, las transgresiones y el fracaso en la casta traen como resultado regresar a niveles más bajos como tu karma.

(4) El objetivo es alcanzar el nirvana, que es la pacífica salida del interminable ciclo de reencarnaciones.

(5) Existen varios caminos para la salvación, incluyendo el de las obras o los rituales, el camino del conocimiento, que es la comprensión de la realidad y la autorreflexión, y el camino de la devoción, que es dedicarse a servir a cualquier dios que decidas seguir.

(6) El hinduismo reconoce cientos de miles de dioses y diosas; algunos de ellos pueden protegerte, otros, destruirte, o pueden quitar las barreras que impiden la riqueza y la prosperidad.

(7) Los hindúes son muy religiosos, pero que no creen que exista una sola verdad absoluta.

(8) Sostienen que existen muchos caminos que conducen a Dios.

c) Expansión geográfica

(1) Nepal ha sido el único estado oficial hindú, pero la mayoría de los hindúes se encuentran, por supuesto, en India.

(2) El hinduismo se encuentra en muchas formas en todo el mundo.

d) Creencias sobre el cristianismo

(1) Los hindúes tienden a ver al cristianismo como una religión occidental arrogante e intolerante.

(2) Algunos evangelistas cristianos se convierten en piedras de tropiezo para la conversión de los hindúes al ser argumentativos, al ridiculizar las inconsistencias del hinduismo, al tener una actitud orgullosa y al utilizar tácticas que ejercen una fuerte presión sobre ellos.

(3) Los hindúes no comprenden la enseñanza del cristianismo sobre la gracia y creen que es una manera de tratar el pecado a la ligera.

4. El budismo
   a) Origen
      (1) El budismo surgió del contexto de la cosmovisión religiosa del hinduismo.
      (2) Según la leyenda, cerca del límite entre India y Nepal, un joven llamado Gautama Sidarta nació de un hombre rico que protegió a su hijo de los sufrimientos de la vida.
      (3) Cuando era joven, se escapó de su hogar y fue a un pueblo cercano donde vio por primera vez cuatro realidades de la vida: un anciano, una persona muy enferma, un muerto y un sabio asceta. Estas cuatro realidades lo llevaron a un camino de meditación que terminó en la iluminación de verdades nobles.
   b) Creencias
      (1) Cuatro verdades nobles:
         (a) La verdad del sufrimiento: la vida implica sufrimiento o insatisfacción.
         (b) La verdad del deseo: el sufrimiento es causado por el deseo de tener lo que no tenemos o por tener lo que no deseamos.
         (c) La verdad de la cesación del deseo: la manera de librarse de todo sufrimiento o insatisfacción es librarse de todo deseo.
         (d) La verdad del camino óctuple: este es el camino que se debe transitar para librarse del deseo.
      (2) Este camino óctuple en la vida para librarse de los deseos y las insatisfacciones es:
         (a) Comprensión correcta: Debes aceptar las cuatro verdades nobles y caminar por el camino óctuple.
         (b) Pensamiento correcto: Debes renunciar a los placeres de los sentidos y entonces la enfermedad no dañará a ningún ser vivo.
         (c) Lenguaje correcto: No mientas; no calumnies ni abuses de nadie.
         (d) Conducta correcta: No destruyas a ningún ser viviente; no robes, no cometas adulterio.
         (e) Trabajo correcto: Debes ganarte la vida de modo que no dañes a nadie.
         (f) Esfuerzo correcto: Esfuérzate por impedir que surja en ti cualquier cualidad mala y por abandonar las malas cualidades que posees, para procurar las buenas cualidades.
         (g) Contemplación correcta: Sé observador, está alerta y libre del deseo y la pena.
         (h) Meditación correcta: El vaciamiento de todo deseo personal.
      (3) Los cinco mandamientos o normas que los budistas procuran seguir son:
         (a) No matar a ninguna criatura viviente.
         (b) No robar.
         (c) No cometer adulterio.
         (d) No decir mentiras.
         (e) No tomar bebidas embriagantes ni consumir drogas.
      (4) Casi todas las formas de budismo están mezcladas con creencias animistas al punto tal que en algunos casos uno no está seguro de si la religión se describe mejor como una forma animista del budismo o una forma budista del animismo.
   c) Expansión geográfica

(1) Los países con los mayores porcentajes de budistas en sus poblaciones son Tailandia, Camboya, Myanmar y Bután.

d) Otras prácticas del budismo

(1) Al budismo no le preocupa Dios ni el cielo como lugar de llegada, sino que le preocupa una correcta travesía a lo largo de esta vida.

(2) Los budistas quieren preservar a todos los seres vivos y algunos llegan a extremos por alcanzarlo, como barrer la calle mientras van caminando para no pisar ni matar a ningún insecto o usar máscaras para evitar que accidentalmente se inhale y se mate alguno.

(3) Los budistas no comen carne de res y muchos no comen ninguna clase de carne.

(4) Los budistas sienten un profundo respeto por la naturaleza y por sus ancianos.

5. El confucionismo

a) Origen

(1) Es una antigua religión fundada por el filósofo chino Confucio alrededor de cinco siglos antes del nacimiento de Cristo.

(2) Con millones de practicantes alrededor del mundo se la considera una de las religiones mundiales e influencia la cosmovisión y la cultura china en maneras profundas.

(3) El confucionismo es más un sistema ético dedicado a conocer el lugar de cada uno en la sociedad y en la familia, y a vivir dentro de las correspondientes expectativas.

(4) Este enfoque filosófico de la reverencia, la armonía y el equilibrio social de lo positivo y lo negativo fluye de los escritos atribuidos a Confucio.

b) Creencias

(1) El confucionismo enseña cinco virtudes.

(a) La primera virtud es *Ren*, que es la humanidad; esta puede definirse como la cualidad de compasión hacia otros, lo que puede incluir tanto a la gente como a los animales. Tres de los conceptos claves del *Ren* son el amor, la misericordia y la humanidad.

(b) La segunda virtud es *Yi*. Significa honestidad y rectitud.

(c) La tercera virtud es *Li*, que significa decoro y conducta correcta.

(d) La cuarta virtud es *Yi*, que representa la sabiduría o el conocimiento.

(e) La quinta virtud es *Xin*, que representa la fidelidad y la sinceridad.

c) Complejidad del confucionismo

(1) Aproximadamente una de cada cinco personas en el planeta es china. Por tanto, sería extremadamente difícil e injusto caracterizar lo que cree el confucionismo chino; sencillamente existen demasiadas variaciones sobre esta filosofía y práctica.

(2) Sin duda, está influenciada por antiguas creencias religiosas tribales como considerar que los cielos son una deidad, la veneración de los ancestros y el equilibrio entre el yin y el yang.

(3) Los escritos sagrados son los cinco clásicos y los cuatro libros.

(4) Las creencias filosóficas básicas del confucionismo suelen estar escondidas o suelen practicarse dentro de otras religiones asiáticas como el taoísmo.

6. El animismo

a) Tal vez la religión más grande en el mundo es el animismo. El obispo Stephen C. Neill estima que el 40% del mundo practica el animismo en alguna de sus formas.[23]
b) Creencias
   (1) Los animistas creen que todo tiene la fuerza de una vida, un alma o un poder.
   (2) Este sistema recibe su nombre del término latín *anima*, que significa aliento, alma, espíritu o alguna fuerza de vida.
   (3) Cada árbol, piedra, nube, jaguar, río, trueno o volcán tiene un espíritu.
   (4) Además de estos, existen espíritus creados que pueden ser ambivalentes, benévolos o malévolos y a los cuales hay que aplacar.
   (5) Los antepasados y los que recientemente han muerto son fuerzas que también deben reconocerse.
   (6) Los animistas viven con el constante temor de haber pasado por alto e insultado a un espíritu, de que alguna disonancia social termine en la mala voluntad de algún poder espiritual o cósmico, o de haber ofendido a algún antepasado.
   (7) Como si esto fuera poco, tienen la constante preocupación de que un enemigo esté haciéndoles algún maleficio mediante la magia o la hechicería.
   (8) Por lo tanto, los que ejercen control sobre los espíritu y poderes, o que al menos tienen la habilidad de comunicarse con ellos, suelen ser los ancianos de la comunidad sumamente respetados y poderosos.
   (9) Las deidades animistas tienden a poseer una base geográfica.
   (10) La poderosa madre tierra es una figura común en el animismo ya que la mayoría de las culturas dependen de la tierra para la supervivencia gracias a las cosechas, los animales del bosque o los peces de los ríos, lagos y mares.
c) Como ministrar a los animistas
   (1) Al trabajar con animistas es de vital importancia discernir qué cree ese grupo específico.
   (2) Aunque existe una cosmología general que pueden tener en común respecto a un dios remoto y distante, a espíritus intermedios y a los intermediarios que interactúan con ellos, existen miles de variedades de animismo.
   (3) El mundo animista tiene un nivel intermedio de espíritus y poderes, y de rituales, encantamientos, amuletos, configuraciones astrológicas u ojos malos que los influencian. El nivel medio es tan real para los animistas como Dios en los cielos o la gente que tenemos a nuestro lado.
   (4) El evangelismo y el ministerio entre la gente animista debe tener en cuenta sus creencias en brujos que adquieren la forma de jaguares, en hechiceros, en encantamientos mágicos y fetiches para evitar la confusión y el error al enseñar que el diablo anda como león rugiente buscando a quien devorar, al hablar sobre Saúl y la adivina de Endor, o la serpiente que Moisés colocó sobre una estaca para que todo el que la mirara fuera sanado.

7. Sectas y cultos
   a) Terminología

---

[23] Stephen C. Neill, citado en Gailyn Van Rheenen, *Communicating Christ in Animistic Contexts* (Pasadena, CA: William Carey Library Publishing, 1996), 25.

(1) *Secta* suele referirse a un grupo ligeramente desviado dentro de un cuerpo mayor.
(2) Los *cultos* son grupos que, tanto ellos como otros cristianos, consideran diferentes de manera muy particular.
(3) En lugar de quedar enredados en las diferencias entre las dos palabras, abordemos el concepto de los grupos aberrantes, cuasi o seudocristianos, a los que nos referiremos como cultos.

b) Características de un culto
(1) Los cultos son grupos cuyo fundador y líder pretende tener una verdad nueva y exclusiva, además de una nueva revelación de Dios.
(2) Los cultos guardan secretamente ciertas creencias, doctrinas o componentes de rituales y usan tácticamente aquello de «saber es poder» para controlar a sus miembros.
(3) El líder o concilio de liderazgo es típicamente autoritario al extremo, sin respeto por los miembros, las familias, las finanzas o las decisiones personales de sus miembros fuera de su ámbito.
(4) Los cultos niegan una o más doctrinas fundamentales del cristianismo ortodoxo, como la deidad de Cristo o la salvación por gracia a través de la fe.
(5) Algunas veces, el líder del culto pretende ser Jesucristo y el culto siempre procurará establecerse como el único camino verdadero hacia Dios.
(6) Manipulan las Escrituras o le hacen agregados, lo que incluye establecer fechas para sucesos escatológicos y volver a determinarlas una vez que la fecha pasó sin que nada ocurriese.
(7) Los cultos son extremadamente celosos del crecimiento numérico y de reclutar nuevos miembros.
(8) Algunos han usado símbolos matemáticos para ayudar a la gente a recordar las características de un culto:
(a) + Añaden elementos a la Palabra de Dios.
(b) - Disminuyen a Jesucristo y procuran convertirlo en algo inferior a Dios o elevan al hombre con la capacidad de hacerse igual a Él.
(c) x Multiplican los requisitos para la salvación.
(d) ÷ Dividen la lealtad de sus miembros entre Dios y los líderes lo que hace que la devoción a la secta sea una prueba de fe y la membresía, un vehículo para la salvación.[24]

c) Principales cultos
(1) *La Iglesia de Jesucristo de los Santos de los Últimos Días (mormonismo)*
(a) Comenzó en 1830 con Joseph Smith, quien recibió una serie de visiones de un ángel para guiarlo a que estableciera la verdadera adoración a Dios, de manera muy similar a la que Mahoma recibió las visiones con instrucciones para comenzar el islam.
(b) Los mormones envían entre 80 000 y 100 000 jóvenes misioneros de a pares por el mundo, con una misión de dos años.
(c) Los mormones son extremadamente evangelizadores, porque creen que son la única Iglesia verdadera y que todos los cristianos que no son mormones no creen en el verdadero evangelio ni siguen al verdadero Cristo.
(d) Los mormones aceptan cuatro libros sagrados, *La Santa Biblia*, *El libro del mormón*, *La perla de gran precio* y *Doctrinas y*

[24] M. David Sills, «Cults REAP Training», en *Home Mission Board* 363-79F/15M/2-94.

convenios, aunque creen que la Biblia se ha corrompido con el tiempo, como creen también los musulmanes.

(e) El objetivo de los mormones es la exaltación, que se obtiene a través de las buenas obras.

(f) Creen que pueden alcanzar esto al final de la vida, ya que adoptan la herejía: «Así como el hombre es ahora, Dios lo fue en otro tiempo; así como Dios es ahora, el hombre puede serlo».[25]

(2) *La Sociedad de Biblia y Tratados de El atalaya (Testigos de Jehová)*

(a) Comenzó en la década de 1870 y su fundador fue Charles Taze Russell.

(b) Niegan verdades fundamentales de la doctrina cristiana, como la Trinidad, la deidad de Cristo, creen que Él es la primera creación de Dios y niegan Su resurrección.

(c) Niegan la deidad y la persona del Espíritu Santo, y lo llaman la fuerza de Dios.

(d) También niegan la existencia del infierno.

(e) Los Testigos de Jehová se niegan a celebrar la Navidad, la Pascua o los cumpleaños; rechazan las transfusiones de sangre y el uso de cruces, ya que consideran que la cruz es un símbolo pagano.

(f) Controlan estrictamente a sus miembros, creen que es posible perder la salvación y que solo 144 000 testigos de Jehová irán al cielo.

(g) Sus miembros llaman a las puertas para evangelizar en los vecindarios y distribuyen sus revistas *El atalaya* y *Despertar*, que da como resultado cientos de miles de horas de trabajo misionero para su organización.

(3) *La Iglesia Universal del Reino de Dios (Pare de Sufrir)*

(a) Es un grupo hereje del evangelio de la prosperidad que exige efectivo y otras dádivas financieras a cambio de bendiciones. Fue fundada por el magnate multimillonario de los medios brasileros Edir Macedo y su cuñado R. R. Soares. Con el tiempo se separaron y Macedo se convirtió en la única autoridad y se otorgó a sí mismo el título de Obispo Macedo.

(b) En diversos aspectos, su doctrina refleja mucho lo que se encuentra en las iglesias pentecostales.

(c) Sin embargo, el énfasis extremo en obtener riqueza, la presión para dar con sacrificio a la iglesia y en secreto, y las falsas acusaciones y las investigaciones criminales en muchos países alrededor del mundo elevan a este grupo y a toda otra herejía de la prosperidad similar a los niveles de «culto» y son peligrosos.

H. La práctica de las misiones globales

1. Evangelismo, discipulado y plantación de iglesias

a) En la Gran Comisión, el Señor Jesús les dijo a Sus discípulos, y a través de ellos a nosotros, que fueran a todos los grupos de personas y les predicaran el evangelio, los hicieran discípulos, los bautizaran y les enseñaran todo lo que Él había mandado.

b) Un componente de la Gran Comisión que no es negociable, que es elemental y que es condición *sine qua non* es el evangelismo.

---

[25] Lorenzo Snow, «Man's Destiny», en *Improvement Era*, 22.8 (junio 1919): 660.

c) La gente debe oír el evangelio para ser salva; quienes son salvos deben ser discipulados y estos deben ser bautizados.
d) Los creyentes discipulados estudian la Biblia en comunidad con otros creyentes, se juntan para formar iglesias y siguen las enseñanzas del Nuevo Testamento para ver quiénes deberían ser los líderes, qué deberían hacer y cómo deberían comportarse las iglesias.
e) Las Epístolas le enseñan a la Iglesia los lineamientos esenciales para esta instrucción.
f) La Biblia también enseña que la educación teológica, la preparación pastoral y la capacitación de los líderes forman parte de la tarea de evangelización y de plantación de iglesias.

2. Ministerio a «uno de estos más pequeños» (Mat. 24:40).
    a) Estos ministerios suelen tomar la forma de cuidado de huérfanos, trabajo entre los niños de la calle y rescate de las víctimas del tráfico de personas.
    b) Otros viven en partes muy complicadas del mundo y ministran a personas llevándoles alivio en medio de los desastres, del desarrollo de la comunidad, de programas de alimentación o de la excavación de pozos de agua.
    c) Otro de estos ministerios es la misión médica.
3. Misiones educativas
    a) Programas vocacionales
        (1) En muchos países, el alto número de niños de la calles, de padres subempleados y desempleados, o de nuevos creyentes que se rehabilitan de trasfondos criminales requieren la capacitación para comenzar vidas nuevas a través de la enseñanza provista por los misioneros cristianos.
        (2) La capacitación vocacional y técnica proporciona herramientas como la carpintería, la costura o la agricultura para que puedan proveer para sus familias.
        (3) Esto les demuestra el amor de Cristo en maneras tangibles a aquellos que sufren y que no tienen esperanza.
    b) Preparación pastoral
        (1) La formación pastoral adquiere muchas formas en las diversas culturas del mundo, lo cual es fundamental para el propósito de este recurso.
        (2) En las zonas urbanas, un seminario residencial tradicional puede ser la mejor opción para que los creyentes en esa ciudad obtengan la capacitación que necesitan para servir como pastores, enseñar clases bíblicas, plantar iglesias o incluso escribir libros cristianos y de teología para su propio pueblo.
        (3) Los seminarios residenciales situados en la ciudad no son una opción para algunos debido a sus situaciones laborales o familiares; en estos casos, la educación teológica por extensión responde a la necesidad.
        (4) Hasta las librerías cristianas proporcionan un ministerio de preparación al poner la sólida enseñanza cristiana y la explicación bíblica a disposición de muchos que no tendrían otro tipo de acceso a la instrucción fiel.
4. Los medios y la tecnología
    a) Los ministerios han añadido tecnología de televisión e Internet para lograr que la programación y la enseñanza cristiana estén a disposición

de millones en lugares del mundo difíciles de alcanzar.
  b) Los ministerios de aviación misionera como MAF, JAARS y SAMAIR[26] han posibilitado la obra en áreas remotas que no se hubieran podido alcanzar de otro modo.
5. Traducción de la Biblia
  a) Miles de idiomas no tienen una sola palabra de la Biblia.
  b) La traducción de la Biblia es un ministerio que se ha llevado a cabo desde los tiempos del Nuevo Testamento.
  c) El avance del evangelio en áreas de diversos idiomas requiere una Biblia en la lengua natal.
  d) Los ministerios de alfabetización que procuran enseñarle a leer a la gente en grupos que tienen una Biblia están estrechamente relacionados a este ministerio y son sumamente necesarios para el uso de las Biblias existentes.
  e) Las estrategias y las metodologías para las culturas de los pueblos orales también están relacionadas con la traducción y la alfabetización.
  f) Las metodologías que funcionan bien para estos aprendices son herramientas esenciales para los misioneros y plantadores de iglesias que trabajan entre ellos.

I. Plantación de iglesias
1. Eclesiología y responsabilidad[27]
  a) ¿Qué es una iglesia?
    (1) Históricamente, las particularidades que definen una verdadera iglesia son la predicación de la Palabra, la observancia de los sacramentos de la Cena del Señor y el bautismo y la disciplina en la iglesia.
    (2) Nota para el maestro: Para mayores detalles en esta sección, consultar el Apéndice sobre la definición de iglesia que da La Junta Internacional de Misiones de la Convención Bautista del Sur.
  b) ¿Qué caracteriza a una iglesia *saludable*?
    (1) Predicación expositiva
    (2) Teología bíblica
    (3) Interpretación bíblica del evangelio
    (4) Interpretación bíblica de la conversión
    (5) Evangelismo bíblico
    (6) Interpretación bíblica de la membrecía de la iglesia
    (7) Disciplina bíblica en la iglesia
    (8) Discipulado bíblico y crecimiento cristiano en la iglesia
    (9) Liderazgo bíblico en la iglesia
2. Quedarse lo suficiente
  a) Los misioneros y los plantadores de iglesias que sienten la presión o la carga de pasar al siguiente grupo están preocupados por el aprieto en que se encuentran estos nuevos creyentes, pero la pregunta sigue suspendida en el aire: «¿Cuánto tiempo es el suficiente?».
  b) La respuesta se parece mucho a la de la relación padre e hijo.
3. Autoridad e influencia
  a) ¿Llegará el día en que un padre termine de actuar como padre y de dar consejo? Tristemente para algunos, pero felizmente para la mayoría, ese día nunca llega. El rol de los padres cambiará a lo largo de las vidas de sus hijos, pero su responsabilidad, contribución e influencia nunca

[26] *Mission Aviation Fellowship*, *Jungle and Aviation Radio Service*, y *South America Mission Air*.

[27] Partes de esta sección aparecieron previamente en Sills, *Reaching and Teaching*, cpt. 2-3.

deberían concluir.

b) Al comienzo, prácticamente cada decisión que se toma es prerrogativa del padre: cuándo comer, qué comer, qué ropa ponerse, etc.

c) A medida que la responsabilidad del niño en las decisiones diarias crece, el control del padre disminuye.

d) Con el tiempo, el padre ha enseñado y guiado tan bien al hijo que este puede tomar responsablemente las decisiones de la vida con poca guía directa del progenitor.

e) No obstante, el padre siempre estará interesado y participará en la vida del hijo.

f) Además, estarán los otros hijos, los nietos y los sobrinos que buscarán consejo y guía a través de la sabia vida del padre.

g) Los padres piadosos y responsables nunca abandonan a sus hijos en el hospital cuando nacen, ni en ningún momento de sus vidas.

h) La guía paterna continuará por muchos años y los hijos crecerán y madurarán poco a poco a lo largo del camino. De la misma manera, los misioneros deberían procurar proporcionar supervisión, discernimiento, sabiduría, consejo, enseñanza y orientación a los nuevos convertidos en sus ministerios.

4. Roles misioneros
   a) El misionero pionero
      (1) Cuando un misionero llega a un área no alcanzada ni evangelizada, su rol es el de un pionero.
      (2) El misionero pionero evangeliza y planta iglesias en la nueva región.
   b) El misionero padre
      (1) Este llega después de que el misionero pionero (tal vez, es el mismo, que ahora asume este nuevo rol) haya realizado el trabajo de evangelizar y plantar una iglesia.
      (2) Este misionero padre tiene el role de discipular, capacitar pastores, enseñar teología, formar escuelas de enseñanza y ayudar a los creyentes indígenas a establecer formas de cristianismo culturalmente apropiadas.
   c) Misionero que acompaña
      (1) Este misionero trabaja codo a codo con evangelistas, pastores y profesores nacionales capacitados. Comparten el trabajo y las decisiones, y expanden y desarrollan el ministerio en ese contexto.
   d) El misionero participante
      (1) El misionero deberá ser solo un participante en el ministerio nacional. Normalmente, este desarrollo en la relación se da cuando el misionero comienza a trabajar en nuevas áreas.
      (2) Visitará la antigua obra de tanto en tanto y disfrutará de la predicación de los pastores que llegaron a la fe años atrás bajo su propio ministerio.
5. Enseñarles que guarden todas las cosas
   a) Nota para el maestro: 2 Timoteo 2:2 insta a los líderes a que formen otros líderes, que traerá como resultado nuevos líderes que formen a otros, que formen a otros y así sucesivamente.
   b) A esta altura del material, es inevitable que algunos alumnos se sientan abrumados. Pueden sentir que solo han aprendido una parte de lo que has enseñado en los módulos anteriores y que nunca podrán enseñarle nada a otro. Desafía esa percepción.
   c) Ayúdalos a ver que la tarea del líder es seguir aprendiendo y enseñando

siempre.

6. La Iglesia local en misión
   a) Las iglesias locales son las entidades que envían a todos los misioneros. Este es el modelo que vemos en Hechos de los apóstoles cuando la iglesia de Antioquía recibe instrucciones para apartar y enviar a Bernabé y Saulo.
   b) Así como en los tiempos del Nuevo Testamento existió este llamado a la iglesia local para que se involucrara en las misiones, hoy se extiende a todas las iglesias de todas partes. Por lo tanto, aunque los alumnos que tengas conduzcan iglesias en áreas que en sí son una misión, ayúdales a ver que ellos también deben concentrarse en la tarea de afuera a pesar de sus propias necesidades.
   c) Los miembros de la iglesia deberían escuchar hablar de las misiones en primer lugar y con regularidad de boca de su pastor, mientras este predica la Biblia e ilustra con historias sobre el avance del evangelio.
   d) Las iglesias participan en la educación sobre misiones cuando dan clases a niños, jóvenes y adultos, cuando envían equipos a viajes misioneros y reciben a familias misioneras.
7. El cristiano como individuo y las misiones globales
   a) Muchos creyentes sienten pasión por las misiones y por el avance global de la causa de Cristo, pero no han sentido Su llamado a empacar y partir.
   b) Existen muchas maneras en que los cristianos pueden participar en las misiones desde la iglesia local.
      (1) Aprender otro idioma
      (2) Participar en esfuerzos evangelizadores internacionales
      (3) Enseñar su idioma a inmigrantes y refugiados que son nuevos en su área
      (4) Leer biografías misioneras
      (5) Recibir más capacitación bíblica
      (6) Acercarse lo más posible a Jesús
      (7) Escuchar el llamado y oír la guía de Dios será más sencillo si nos acercamos lo suficiente como para oír la suave vocecita que nos diga: «Este es el camino; ve por él».

J. La práctica de las misiones globales en el siglo XXI[28]
   1. Los cambios en los gobiernos
      a) Los países donde sirven los misioneros determinan en gran parte la forma de sus ministerios.
      b) Los misioneros y los plantadores de iglesias deben permanecer alertas y monitorear atentamente los cambios en los países y en los gobiernos donde viven y trabajan.
   2. Urbanización y globalización
      a) Las Naciones Unidas informa que el mundo de ahora es más urbano que rural y esta es una tendencia que no da señales de reducirse.
      b) Los misioneros deben preguntarse qué deben cambiar para alcanzar, plantar iglesias y hacer discípulos en las ciudades. Todo esto debe lograrse dentro de las nuevas tribus urbanas y demografías, de las comunidades cerradas y de las poblaciones móviles.

---

[28] Estos temas se tratan con mayor profundidad en M. David Sills, *Changing World, Unchanging Mission: Responding to Global Challenges* (Downers Grove, IL: IVP Books, 2015).

3. La comunicación, la tecnología y la vida misionera
   a) El nuevo misionero tiene el apoyo de la familia y de los amigos en tiempo real, y no debemos subestimar este valor. Esta tecnología moderna permite la conexión rápida y constante con las iglesias que han enviado.
      (1) Sin embargo, debemos reconocer que la facilidad para conectarse con el hogar impide el verdadero establecimiento de la persona en la cultura extranjera.
   b) El misionero de hoy posee nuevos recursos y dispositivos que pueden usarse en el ministerio.
      (1) No obstante, debemos mantenernos concentrados en el llamado primario que hemos recibido: hacer discípulos. Debemos enseñar a los maestros y capacitar a los instructores. Debemos hacer discípulos que a su vez hagan discípulos. Si esto es lo que haremos, debemos tener cuidado de usar recursos y herramientas reproducibles en el proceso.
4. Los misioneros de carrera y los de corto plazo
   a) El acceso a los viajes globales ha abierto la puerta para las mayores cantidades de misioneros de corto plazo (STM [por sus siglas en inglés]) que ha habido.
   b) Pero esta modalidad trae consecuencias para la iglesia en el país que envía, ya que los recursos se adjudican a las misiones de corto plazo, con posibles repercusiones en los misioneros de carrera; pero lo más serio es que tiene consecuencias en la metodología de los misioneros de carrera.
   c) De repente, los locales tienen un alto grado de exposición a individuos que no poseen la fluidez en el idioma, el conocimiento de la cultura o la comprensión de su cosmovisión.
5. Cuando ayudar duele
   a) Un creciente número de creyentes se ve impulsado hacia el compromiso social, que vemos manifestarse en un mayor interés por los ministerios sociales, por la ayuda a los niños de la calle, a los que están en la pobreza y por la provisión de recursos físicos.
   b) Ahora tenemos el beneficio de más de 2000 años de historia de la Iglesia y de la experiencia de las misiones que testifican de las consecuencias que trae tanto el énfasis excesivo como el énfasis insuficiente en las necesidades físicas, lo que nos deja con un claro desafío para lograr un enfoque equilibrado.
   c) La clave es ser sensible a la posibilidad verdaderamente real de que nuestros deseos y esfuerzos de ayudar puedan causar más bien un mayor daño involuntario.
6. Las iglesias como agencias que envían
   a) La iglesia local que envía misioneros y que permanece comprometida en el proceso es el modelo más bíblico de misiones y refleja los patrones que vemos en el Nuevo Testamento.
   b) No obstante, debemos recordar que no vivimos en los tiempos del Nuevo Testamento y que el paso del tiempo ha complicado el envío a las misiones con consecuencias muy reales.
   c) Las iglesias serían sabias si consideraran enviar a los llamados a través de una agencia misionera para facilitar el envío.
7. Los negocios como misión
   a) Ha surgido la necesidad de encontrar maneras legítimas para tener acceso y obtener visas para vivir en muchos países.
   b) Esto protege la integridad del ministerio y posibilita las relaciones natu-

rales con los residentes, los clientes y los empleados en la comunidad.
c) Las habilidades técnicas o las credenciales educativas permiten enviar misioneros a lugares donde sería imposible obtener una visa misionera.

8. El sur global
   a) No solo se ha producido un desplazamiento de la población hacia el sur global, sino que se ha producido también un desplazamiento de poder hacia esta región.
   b) Esta es también la parte del mundo que está experimentando una inmensa respuesta al cristianismo.
   c) Los cristianos en el sur global son llamados por el Espíritu Santo, sirven en sus iglesias y también se sienten movilizados como fuerza misionera.

III. Las manos: El mentor
  A. Comprendamos la idea del mentor
    1. Recuerda que en este programa, el discipulado es básicamente el proceso para desarrollar más y más al pastor hasta que se convierta en la persona que Cristo desea que sea.[29] Esto significa que, en lugar de proporcionar meramente cantidades de información para que los estudiantes memoricen (u olviden), procuramos formarlos para que sean seguidores de Cristo informados, que crezcan diariamente en el conocimiento de Él y que procuren darlo más a conocer.
    2. La guía a través del mentor es un método probado por el tiempo que los creyentes maduros pueden usar para ayudar a otros a convertirse en esa persona deseada.
    3. Es un proceso que se da en el contexto de una relación personal mediante la cual el mentor, que conoce, tiene experiencia o sabiduría, comparte esa información con su alumno a través de su ejemplo de vida y de su enseñanza. Esto puede producirse en reuniones ocasionales que respondan a una crisis o en encuentros periódicos para obtener guía y capacitación; también puede darse en el marco de una relación continua más parecida a la de un padre con su hijo.
    4. La guía a través de un mentor es una metodología antigua que se remonta a la mitología griega además de encontrarse en el texto bíblico como algo que se prescribe y de lo que se da ejemplo.
    5. Los mentores capacitan, aconsejan y esencialmente sirven como entrenadores de la vida para alguien más joven o menos maduro.
  B. Ejemplos bíblicos
    1. Moisés es el mentor de Josué
    2. Jesús les enseña a Sus discípulos y los prepara
    3. Pablo discipula a Timoteo, a Tito y a Silas.
  C. Modelo de maestro-aprendiz
    1. Formación médica
    2. Modelo académico
    3. Antiguas artesanías
    4. Aquel que sabe debería dar ejemplo, enseñar, guiar y entrenar al que quiere saber.
  D. Beneficios de este modelo
    1. El mentor gana al recibir preguntas y verse desafiado a brindar más información, en lugar de ir al salón de clases para dar el mismo discurso que ha enseñado durante años.
    2. El mentor aprende lo que él mismo no sabe al tener que responder preguntas

---

[29] Adaptado de Dallas Willard, *Knowing Christ Today: Why We Can Trust Spiritual Knowledge* (Nueva York: HarperOne, 2014).

que tal vez nunca se hizo.

3. Puede aconsejar y desarrollar a los alumnos como no sería posible en una relación formal en el salón de clases.
4. El alumno aprende de su mentor de maneras que le permiten ver a través de los ojos de un viajero experimentado que está transitando el recorrido de su propia vida.

E. Una relación fluida

1. La relación entre el mentor y el alumno es fluida.
2. Una relación no es igual a la otra.
3. En tiempos de indecisión o problemas, el mentor puede ofrecer consejos más intensivos, mientras que en algunas ocasiones puede retroceder y permitir que el alumno cometa un error, porque sabe que la experiencia le enseñará más que muchas horas de capacitación.
4. El mentor está allí para monitorear y proporcionar la necesaria red de seguridad.
5. El alumno desarrolla un sentido de seguridad al saber que se encuentran en un camino que su mentor ya transitó, y que algún día, él podrá ayudar a otros que vengan detrás de él.
6. La capacidad del mentor para ver el cuadro general es útil para que el alumno mantenga el equilibrio y tenga paciencia, en lugar de reaccionar exageradamente frente a sucesos que amenacen con amargar la vida.
7. Los alumnos pueden abordar su vida y su ministerio con algo más que su propia experiencia; tienen la experiencia de su mentor y de todos los que fueron sus mentores.

F. Contextos para esta relación

1. Preparación y capacitación pastoral
2. Un medio para el discipulado

G. La flexibilidad de este modelo

1. El modelo del mentor no necesariamente se practica de uno a uno; puede acomodarse fácilmente a un pequeño grupo.
   a) Esta formación dentro de grupos pequeños le da igualmente al mentor la oportunidad de transitar la vida con ellos, de observar sus decisiones e interacciones y de guiarlos con su experiencia, sabiduría y conocimiento.
   b) Este método del grupo pequeño le da al mentor el beneficio de enseñar a sus jóvenes discípulos a no depender solo de él, sino a ver la sabiduría de los equipos.
   c) El mentor puede alentar a los demás y a su vez recibir aliento de sus pares en el grupo.
2. El modelo del mentor no tiene por qué seguir un solo patrón.
   a) Puede ser tan informal como para dar solo ejemplo del carácter cristiano, de la práctica de las disciplinas espirituales con otro o para ofrecer consejo cuando se le pida.
   b) O, puede ser tan formal como para trabajar juntos con un programa como la lectura de un libro cristiano, dedicar tiempo para el estudio de la Biblia o rendir cuentas los unos a los otros.

H. Cómo comenzar a ser mentor

1. El mentor debe preguntarse en forma realista con cuánta gente se puede reunir de manera regular antes de lanzarse a este ministerio.
2. Sería mejor guiar a uno o dos que intentarlo con demasiados y arriesgarse a que el impacto sea superficial.
3. Establece una meta de cuán a menudo se encontrarán y establece los límites

que sean necesarios.

4. Determina si combinarán esta guía con la instrucción de un salón de clases, si más bien será una simple interacción personal taza de café de por medio o reuniones informales periódicas.
5. Si no existe ninguna crisis o necesidad que dicte lo contrario, es bueno planificar los temas de instrucción, los informes sobre evangelismo, la memorización de versículos, las preguntas para rendición de cuentas o aquellas que los guíen en el tiempo juntos para impedir que la interacción se vuelva sin propósito y no se traten temas importantes para el desarrollo de la vida cristiana.
6. Es bueno que ambos comprendan los objetivos de la relación que ambos desean lograr.
7. Sobre todo, en esta clase de relación es esencial mantener una estricta confidencialidad respecto a los temas que se conversan. Por este motivo y muchos más, las relaciones mentor-alumno deberían darse dentro del mismo sexo; los hombres no deberían ser mentores de las mujeres ni las mujeres de hombres.

I. El valor de este modelo en el reino de Dios
   1. Las redes interconectadas e interdependientes de mentores y alumnos, que se convierten en mentores en el futuro, ayudan a salvaguardar la vida, la práctica y la doctrina cristiana sólidas a medida que se asoma el futuro; y se trata de un plan tan antiguo como la Biblia misma.
   2. Con excepción de los discípulos más nuevos, la mayoría de los creyentes deberían ser a la vez mentores y alumnos en diferentes relaciones.
      a) Todos conocemos a alguien que está mucho más adelante en el camino, de quien podemos aprender, y la mayoría de nosotros tenemos a alguien que se encuentra transitando una parte del camino que nosotros ya hemos recorrido.
      b) Servimos mejor en el reino cuando comprendemos nuestro lugar tanto como maestros y como estudiantes.
   3. Alienta a tu alumno a que desarrolle amistades saludables con otros.
   4. Pídele a tu alumno que venga a cada sesión preparado con respuestas a preguntas específicas como por ejemplo qué enseñanza de Dios está recibiendo, qué le ha dicho el Señor a través del estudio de la Biblia ese día, qué desafíos particulares enfrenta, y que también comparta alguna victoria que puedan celebrar juntos.
   5. La clave para que los modelos de guía a través de un mentor tengan un poder duradero es usar todos los momentos naturales que da la vida para enseñar.
   6. El autor de Proverbios también nos enseña la sabiduría de la relación mentor-alumno. «Hierro con hierro se aguza; y así el hombre aguza el rostro de su amigo» Proverbios 27:17.

Módulo 7 Bosquejo de enseñanza

Mayordomía del tiempo y del dinero
Homilética y narración
Participación en la comunidad

I. El corazón
   A. Disciplina espiritual personal: Mayordomía del tiempo y del dinero
      1. Reseña
         a) La Biblia enseña que todo don bueno y perfecto viene de Dios (Sant. 1:17) y pertenece todavía a Dios; no obstante, Él nos confía en nuestras manos tiempo, talentos y dinero.
         b) Puesto que Dios es el Creador de todo lo que existe (Gén. 1:1), y como Hacedor es el Señor de todo (Sal. 104:24), nosotros recibimos todo de Él y hemos de administrarlo para Él.
         c) Esta mayordomía incluye nuestro tiempo, dinero, cuerpos, dones espirituales y cada día de vida.
      2. Tiempo
         a) Efesios 5:15-16 (referencia cruzada: Col. 4:5): «Mirad, pues, con diligencia cómo andéis, no como necios sino como sabios, aprovechando bien el tiempo, porque los días son malos».
         b) Los días son fugaces. Aunque el tiempo a veces puede parecer que avanza lentamente, un día nos despertamos y nos damos cuenta de que la vida casi se ha ido. Todos nuestros sueños y planes grandiosos parecen evaporarse y son lanzados al espacio como el vapor por los vientos del tiempo.
         c) «Cuando no sabéis lo que será mañana. Porque ¿qué es vuestra vida? Ciertamente es neblina que se aparece por un poco de tiempo, y luego se desvanece» (Sant. 4:14).
         d) Nadie sabe lo que trae el mañana y es posible que nunca tengamos otra oportunidad para hacer las cosas que Dios ha planeado para nosotros (Sal. 139:16, Ef. 2:10).
         e) Pablo nos recuerda en Romanos 14:12 y 1 Corintios 3:13-15 que habrá un tiempo de arreglo de cuentas sobre cómo empleamos y en qué gastamos nuestras vidas.
      3. Dinero
         a) En 1 Corintios 4:7, Pablo dice: «Porque ¿quién te distingue? ¿o qué tienes que no hayas recibido? Y si lo recibiste, ¿por qué te glorías como si no lo hubieras recibido?».
         b) El Dios del universo posee el universo y todo lo que en él existe.
         c) Cualquier cosa que tenemos nos es prestada por un tiempo.
         d) «Porque mía es toda bestia del bosque, y los millares de animales en los collados. Conozco a todas las aves de los montes, y todo lo que se mueve en los campos me pertenece» (Sal. 50:10-11)
         e) A Job Dios declaró: «Todo lo que hay debajo del cielo es mío» (Job 41:11), y en Éxodo 19:5 expresó: «Porque mía es toda la tierra». En el libro de Hageo, Dios manifiesta: «Mía es la plata, y mío es el oro, dice Jehová de los ejércitos» (Hag. 2:8).

4. Dar
   a) Dios da bendiciones a las personas en el mundo para que ellas puedan beneficiar a otros, no para que las acumulen para sí mismas.
   b) Jesús contó la parábola del granjero rico en Lucas 12.
   c) Cuando damos de nuestros recursos en vez de acaparar para nosotros mismos, declaramos nuestra confianza en Dios; confianza de que Él proveerá todo lo que necesitamos hoy y mañana.
   d) Los creyentes deben confiar en Dios; y nuestro uso del dinero es una medida de cuánto confiamos. Dios se agrada enormemente cuando Su pueblo descansa por completo en Él y Su cuidado para ellos.
   e) ¿Recuerdas a la viuda que dio dos centavos en el tesoro del templo? Jesús dijo que ella había dado más que todos los demás (Mar. 12:41-44).
   f) La lucha por una mayordomía responsable de los recursos que Dios nos da, ya sea dinero, talentos o tiempo, nos ayuda a batallar contra la tendencia pecaminosa de alimentar con extravagancia nuestros deseos carnales.
   g) Donde vaya nuestro dinero, nuestro corazón le seguirá. ¿No es interesante que Jesús no dijera esto al revés? Él no dijo, tú darás dinero para aquello que ames, sino más bien: «Porque donde esté vuestro tesoro, allí estará también vuestro corazón» (Mat. 6:21).
   h) Dónde invirtamos los recursos que Dios nos confía tendrá una poderosa influencia sobre los pensamientos y deseos de nuestro corazón. Por lo tanto, se requiere una gran disciplina para canalizarlos en proyectos y planes agradables al Padre.
5. Pensamientos y energía mental
   a) Al centrar nuestros pensamientos en cosas más agradables al Señor y que fomentan el crecimiento en la piedad, desarrollamos también la disciplina mental necesaria para otras áreas de la vida diaria.
   b) La energía mental no está disponible en cantidad ilimitada, por lo que debe ser administrada e invertida. La energía mental que nos permite funcionar durante todo el día, imaginar nuevas soluciones en nuestro trabajo, reorganizar eventos de forma creativa en nuestros calendarios o los muebles en nuestros hogares, y mantener la esperanza frente al cambio, nunca debe darse por sentada.
   c) ¿Cómo pueden los estudiantes mejorar su vida de pensamiento y administrar patrones bíblicos de pensamiento que sean agradables a Dios?

B. El fruto del Espíritu: Fe
1. La fe es un regalo de gracia, y Dios se agrada cuando aquellos que son salvos por gracia mediante la fe viven sus vidas caminando por fe.
   a) «Porque por gracia sois salvos por medio de la fe; y esto no de vosotros, pues es don de Dios» (Ef. 2:8).
   b) «Es, pues, la fe la certeza de lo que se espera, la convicción de lo que no se ve» (Heb. 11:1-2).
2. Por el contrario, afligimos al Señor cuando no somos capaces de vivir por fe. «Y todo lo que no proviene de fe, es pecado» (Rom. 14:23).
3. Muy a menudo en la vida decimos que tenemos fe en Dios y en Su provisión, pero nos quedamos sentados en la parálisis del análisis, temerosos de dar un solo paso en cualquier dirección por miedo a que salga mal.
4. La palabra *fe* en el original de Gálatas 5:22 se traduce a veces como fidelidad; y comunica la idea de una profunda convicción, creencia o seguridad.
   a) Podemos ver cómo Jesús usó esta palabra en Mateo 8:10: «Al oírlo Jesús, se maravilló, y dijo a los que le seguían: De cierto os digo, que ni aun en Israel he hallado tanta fe».

b) En Mateo 23:23: «¡Ay de vosotros, escribas y fariseos, hipócritas! porque diezmáis la menta y el eneldo y el comino, y dejáis lo más importante de la ley: la justicia, la misericordia y la fe».
c) Tal fe crece a partir de una profunda confianza en Dios, Su control soberano de todos los detalles de Su universo, Su gran amor por nosotros, y una confianza en que Él es capaz de arreglar todas las cosas para nuestro bien y para Su gloria.

5. El pastor modela esta clase de confianza al vivir una vida de fe en Dios.
   a) En medio de la crisis y la confusión, aun cuando todos los demás se encuentran en estado de pánico, el pastor, al mostrar este fruto del Espíritu, puede estar tranquilo y así predicar un sermón de fe que confía en la fidelidad de Dios.
   b) Su capacidad para hacerlo ilustra la verdad de todo lo que ha predicado de la fe en el cuidado amoroso de Dios, del mismo modo que la falta de una confianza serena en Dios, en medio de las pruebas, socava todo lo que ha predicado.
6. Esta fe se modela en una historia relatada por John Wesley al referirse a los moravos. Comparte esta historia con tus estudiantes:
   a) Partió en octubre de 1735, en un barco que transportaba 80 colonos ingleses y 26 moravos. John llegó a conocer a estos cristianos moravos, y apreciar su radiante alegría y profunda devoción. Esto fue especialmente evidente una noche justo cuando los moravos habían comenzado a cantar sus salmos de la noche. El mar empujado por el viento azotaba la nave, rasgando la vela mayor y fluyendo a través de las cubiertas. Los pasajeros ingleses estaban gritando, pero los moravos continuaron cantando.
      —¿No tenía usted miedo? —preguntó a uno de los moravos después que la tormenta había terminado—. ¿No temían sus mujeres y niños?
      El moravo respondió suavemente:
      —No. Nuestras mujeres y niños no tienen miedo a morir.
      —Después que la nave llegó a tierra, Wesley continuó conversaciones similares con un pastor moravo llamado Spangenberg, quien a su vez le lanzó algunas preguntas difíciles.
      —¿Tiene usted al testigo en su interior? —preguntó el pastor a John—. ¿Da el Espíritu de Dios testimonio a su espíritu que usted es un hijo de Dios?
      Wesley no sabía qué decir.
      —¿Conoce usted a Jesucristo? —insistió el pastor.
      —Yo sé que Él es el Salvador del mundo.
      A lo que el moravo respondió:
      —Es cierto, pero ¿sabe usted si Él le ha salvado?
      John Wesley era claramente un hombre muy religioso. Él no solo se había capacitado para el ministerio, sino también había formado un club dedicado a la búsqueda de nuevos niveles de justicia. No solo era un ministro anglicano, sino también un *misionero*, que cruzaba el océano para difundir la fe cristiana. Pero ¿en qué consistía esta fe cristiana que él estaba difundiendo? ¿Era simplemente una cuestión de buscar justicia? ¿Era algo más? ¿Qué era lo que le daba a los moravos tal confianza frente a la muerte? ¿Cómo podían cantar con alegría cuando otros se encogían de miedo? John Wesley temía que él no poseía lo que ellos tenían.[1]

---

[1] «John Wesley's Big Impact on America», *Christianity.com*, página consultada el 20 de junio de

b) Pregunta a tus estudiantes qué impacto tendría su respuesta ante las tormentas de la vida en aquellos que los observan.

C. Los pensamientos del pastor: La virtud

1. Reseña
   a) Pablo llama al creyente a disciplinar su vida de pensamiento para que sea una vida de excelencia moral, virtud y pureza.
   b) La excelencia debe caracterizar todo lo que hacemos para Dios.
   c) Cuando somos conscientes de que adoramos a un Dios de excelencia suprema, nos esforzamos por corresponder en todo lo que hacemos.
2. La *virtud* moral
   a) En 2 Pedro 1:3-8, se refiere a la virtud que ortoga paz y la seguridad de una relación con Dios.
   b) Tal virtud moral de carácter significa que hemos de procurar vivir como Dios viviría, y esforzarnos por ser la persona que Jesús sería si Él fuera nosotros.
3. Virtud por gracia
   a) El momento de la salvación es el punto inicial que hace posible esta vida. Es entonces que somos hechos nuevos y al fin somos empoderados para decir no al pecado y sí a Dios.
   b) La regeneración fue algo que Dios llevó a cabo en nosotros, pero la santificación es algo que Dios hace por medio de nosotros; es decir, Él nos capacita y nos manda al mismo tiempo a jugar un papel en el proceso.
   c) Nuestra profesión pública de Cristo y la fe en Él deben encontrar su expresión en la forma en que vivimos nuestras vidas.
   d) Nuestra vida moral debe ascender de los viejos patrones de pecado y fracaso a las normas que establece la Escritura.
   e) Los méritos de la mediocridad y el cristianismo descuidado son dignos de condena teniendo en cuenta la excelencia de nuestro Cristo y el hecho de que decimos ser cristianos, lo que equivale a decir, *pequeños Cristos*.
   f) La vida que Dios desea (y lo que la excelencia moral requiere), se hizo posible en su nuevo nacimiento por la gracia mediante la fe. La salvación no solo atribuye los méritos de Cristo al creyente, sino que también infunde el poder de rechazar el pecado y alcanzar el éxito en el crecimiento de la excelencia moral.
4. Se necesita disciplina
   a) Una vida de pensamiento de excelencia no es automática, se requiere disciplina.
   b) El mundo está lanzando constantemente alternativas a una vida de abnegación y de esfuerzos diarios para mejorar. La disciplina que se requiere debe convertirse en una segunda naturaleza para el pastor.
   c) El enemigo quiere influir en el siervo de Dios en la negatividad, la calumnia, el chisme, la ira, la lujuria y el orgullo.
   d) Se necesita disciplina para mantener tus pensamientos por los caminos hacia la santidad y la excelencia moral.
   e) El pastor cuya vida de pensamiento se caracteriza por la excelencia será una guía y modelo para los que lo rodean, y él será capaz de decir como Pablo escribió a los corintios: «Por tanto, os ruego que me imitéis» (1 Cor. 4:16), y «Sed imitadores de mí, así como yo de Cristo»

2016. http://www.christianity.com/church/church-history/timeline/1701-1800/john-wesleys-big-impact-on-america-11630220.html.

(1 Cor. 11:1).

f) Pregunta a tus alumnos si quieren una iglesia llena de miembros cuya vida de pensamiento refleje la de ellos mismos.

II. La mente: Homilética y narración

A. Introducción

1. La predicación de la Palabra de Dios es la vocación más sublime en el mundo. Dios comunicó Su Palabra al hombre en la Biblia y nos dejó este infalible registro por escrito de Su revelación.
2. Recibir el inmenso privilegio y honor de anunciar y explicar Su verdad a las personas debe asustar al corazón más valiente.
3. Por otra parte, Dios en Su gracia ha elegido la proclamación de Su Palabra como el medio que Él utiliza para salvar almas.
4. No obstante, tus estudiantes no son el don asombroso a la iglesia, como tampoco lo fueron estos predicadores famosos de la historia cristiana desde el apóstol Pablo hacia adelante. Más bien, el don asombroso de Dios para la iglesia es Su Palabra.

B. La importancia de la predicación

1. La seriedad con la que nos entregamos a la tarea de la predicación es nuestro don para Él, lo que demuestra el agradecimiento por Su don y humildad al ejercerlo.
2. Si bien predicar las verdades eternas de la Biblia a la gente en nuestras iglesias, en nuestras comunidades, o alrededor de Su mundo es un gran honor, abordar esta tarea indignamente debe acarrear gran vergüenza.
3. Llegamos al púlpito indignamente cuando estamos a medio preparar: al no orar, estudiar para exhibirnos a nosotros mismos de manera confiada ni preparar con diligencia la comida que servimos a Sus ovejas.

C. Homilética

1. La homilética se refiere al arte o la ciencia de escribir y predicar sermones.
2. El trasfondo de la palabra *homilética*, que nos da nuestra palabra *homilía*, se refiere a un discurso o sermón pronunciado a una reunión o una multitud reunida.
3. Un sermón es una charla, conferencia, presentación o exposición de un tema religioso, preferiblemente de la Biblia, que enseña y aplica la verdad cristiana.
4. Desafíos en la comunicación
   a) Lengua y dialecto
   b) Medios de comunicación
   c) Volumen, ritmo, ruido exterior
   d) Comprensión compartida
   e) Variaciones en los contextos culturales o grupos de idiomas
   f) Diferentes matices del uso de las palabras en la comunicación
5. Perspectiva centrada en el receptor
   a) La importancia de la comunicación centrada en el receptor; siempre considera lo que la audiencia comprende al escucharlo.
   b) Esta perspectiva centrada en el receptor también incluye ser sensible a los diferentes niveles culturales y la comunicación que utiliza conceptos abstractos y la lógica.
   c) También hay que tener en cuenta a los receptores a la hora de considerar introducir conceptos que pueden ser desconocidos o al elegir las ilustraciones.
6. Contextos para la predicación
   a) La predicación de la Palabra de Dios se realiza generalmente en una iglesia el domingo.

b) Los encuentros especiales, tales como campañas de evangelización, donde se invita al público en general a asistir a grandes concentraciones, o la predicación en la calle, presentan desafíos únicos para el predicador que se da cuenta que debe ajustar el nivel de conocimiento bíblico que puede exponer de forma razonable en sus mensajes.
c) En muchos escenarios y modelos de plantación de iglesias, las iglesias se abren en hogares, portales de tiendas, e incluso en cafeterías. En estos escenarios, el método de la predicación debe revisarse.
d) Algunos se refieren al líder de la discusión en torno a la mesa en una «iglesia cafetería» como el predicador y consideran que la discusión que dirige es el sermón.

7. La centralidad de la Palabra de Dios
   a) Si bien hay muchos métodos para la predicación de la Palabra, y una creciente cantidad de escenarios que requieren un nuevo enfoque, hay algo que nunca cambia: los predicadores deben enseñar fielmente la verdad bíblica al pueblo de Dios.
   b) Pablo instruyó a Timoteo: «... que prediques la palabra; que instes a tiempo y fuera de tiempo...» (2 Tim. 4:2).

D. La comprensión de la Palabra de Dios
1. El módulo 5 ayudó a tus alumnos a entender lo que necesitan saber para interpretar y aplicar la Biblia de forma correcta y fiel.
2. Preparación del corazón del predicador
   a) El predicador debe ir a la Biblia y al texto del momento y preguntarse: «¿Qué dice?».
      (1) El punto de partida es la simple observación, en la que lee en oración, pidiendo la guía y la iluminación del Espíritu Santo, y que Dios abra sus ojos para ver la verdad, sus oídos para escuchar el mensaje de Dios, y su boca para que pueda proclamarla como debe hacerlo.
      (2) Él quiere interpretarlo correctamente teniendo en cuenta el género, las figuras del lenguaje, y la intención del autor original.
   b) Él no ha terminado su estudio hasta que se pregunte y comprenda la respuesta a la pregunta: «¿Cómo puedo aplicar esto a mi vida?».
      (1) La aplicación de la Palabra de Dios es un componente esencial de la predicación.
      (2) Cuando termina la predicación, él debe imaginar a su congregación preguntando en silencio, ¿y qué?.
      (3) Él debe proporcionarles esta respuesta para que puedan entender la verdad que la Palabra de Dios tenía para ellos y cómo aplicarla a sus vidas.
3. Interpretación del texto
   a) Pueden hacer esto mediante varias lecturas del pasaje, haciendo preguntas del texto, tales como:
      (1) ¿Cuál es la idea general?
      (2) ¿Cuál es el contexto?
      (3) ¿Qué significan literalmente estas palabras?
      (4) ¿Hay algún indicio en el estilo de la escritura que indique que estas palabras no deben tomarse literalmente?
      (5) ¿Hay algún uso idiomático o figuras del lenguaje que podrían confundir?
      (6) ¿Sugiere el género una lectura literal del pasaje?
      (7) ¿Quién escribió este pasaje, cuándo y para quién?

(8) ¿Por qué lo escribió?
(9) ¿Cuál es la situación de la vida del autor al escribir?
(10) ¿Qué soluciones sugiere el autor para resolver el problema que lo llevó a escribir?
(11) ¿Qué se sabe de la geografía que tiene que ver con el tema?
(12) ¿Cuáles son los principales temas, preocupaciones o enseñanzas?

b) Otra manera de trabajar el texto para interpretarlo y aplicarlo es mediante la utilización de las siete flechas que aprendimos en el módulo 5.
(1) ¿Qué dice el pasaje?
(2) ¿Qué significó este pasaje para su audiencia original?
(3) ¿Qué nos enseña este pasaje sobre Dios?
(4) ¿Qué nos dice este pasaje sobre el hombre?
(5) ¿Qué pide este pasaje de mí?
(6) ¿Cómo cambia este pasaje la forma en que me relaciono con la gente?
(7) ¿Por qué motivo me impulsa a orar este pasaje?

c) La función de la cultura
(1) Recuerda también que en el módulo 5 les presentamos a los estudiantes el modelo de contextualización crítica de Paul Hiebert, que como primer paso hace hincapié en la exégesis de la cultura local.
(2) Hay que estudiar para conocer la cultura; lo que hacen y por qué lo hacen. Solo entonces seremos capaces de aplicar la verdad de la Palabra de Dios de manera que tenga sentido y se ajuste en el contexto.
(3) Incluso tus estudiantes deben tomarse el tiempo para una exégesis de su contexto, lo que significa que deben conocer a su gente.
(4) Puede que ellos conozcan la cultura a un nivel macro, pero el microcosmos de cada congregación debe ser considerado también.
(5) Para preparar y predicar sermones que satisfagan las necesidades de tu gente, tienes que conocer a las personas.
(a) Enseña a tus alumnos que los predicadores famosos, académicos bíblicos, escritores de comentarios y pastores de iglesias grandes pueden ser bendecidos con habilidades que no poseen, pero Dios los ha llamado a *ellos* a ser pastores de sus iglesias.
(b) Por lo tanto, serán mejores pastores para su pueblo que los autores famosos o misioneros célebres que nunca conocieron a los miembros de sus iglesias ni supieron sobre sus desafíos, temores o necesidades.

4. Oración
a) El primer paso en la preparación de sermones es la oración, el segundo es la oración, y el resto de los pasos comienzan y terminan en oración.
b) Luego, cuando el sermón está preparado, báñalo completamente en oración.
c) Ora antes de predicar, mientras predicas, y después de haber predicado.
d) La importancia de la oración no puede reclacarse de más, aunque pienses que hemos tratado de hacerlo aquí.
e) El predicador debe recordar que esta es la Palabra de Dios, no la suya, la que ha de anunciar. Sus manos deben temblar un poco mientras toma la Biblia y la sostiene.

E. Fundamentos de un sermón
1. Dirección del sermón

a) Conexión al estudio bíblico personal.
b) Decisión respecto al estilo que se predicará.
c) Texto elegido con anticipación.
d) Lecture repetida del texto.
e) Herramientas de estudio bíblico.
f) Conexión a los eventos actuales, días festivos y necesidades especiales de la congregación.

2. Marco del sermón
   a) Identificación de la idea principal resumida en una sola frase.
   b) Tener en mente los límites de tiempo.
   c) Identificar el propósito del sermón.
   d) Identificar el «¿Y qué?» del sermón.
   e) Identificar las aplicaciones para presentarlas a la congregación.
3. Bosquejo del sermón
   a) Es aconsejable escribir un bosquejo y desarrollar la estructura del sermón, ya sea que el predicador escriba y predique apoyado en un manuscrito o no.
   b) Tal disciplina lo mantendrá enfocado en su estudio, preparación, flujo de pensamiento en los puntos a resaltar, y conclusiones, y también evitará que divague y se pase del tiempo asignado.
   c) Él debe saber lo que quiere decir, decirlo, y concluir.
4. Archivos
   a) Un archivo de sermones
   b) Un archivo de ilustraciones
   c) Un archivo de ideas para sermones

F. Tipos de sermones
1. Biográficos
   a) Se utilizan para desarrollar personajes bíblicos.
   b) Ayudan a la congregación a comprender los pasajes que rodean a esa persona.
   c) Aprender las lecciones que Dios enseña a través de Sus encuentros con ellos.
   d) Beneficiarse de sus experiencias para aprender de ellas.
   e) Se debe tener mucho cuidado de asegurar que tales sermones no degeneren en historias bonitas con una moraleja, llevar la Biblia a la ficción a través de la licencia artística, al especular sobre algunos diálogos y acontecimientos que podrían haber ocurrido, o hacer preceptivo lo que la Biblia registra como descriptivo.
2. Temáticos
   a) Los sermones temáticos se basan en enseñanzas bíblicas que se encuentran en los pasajes de la Biblia, pero difieren de los sermones expositivos.
   b) Los temas para un sermón o una serie de sermones deben ser elegidos con un plan en mente.
   c) La predicación de temas que al predicador le apasionan personalmente a menudo resulta en una dieta de sermones que cubre en repetidas ocasiones un puñado de temas.
   d) Los sermones temáticos o las series deben planificarse de antemano, en lugar de lo que se le ocurra al pastor esa semana.
      (1) La elección del tema y número de sermones en una serie le permite al pastor tratar el tema a fondo, y luego pasar al siguiente tema con una disciplina similar.

e) Entre los ejemplos de temas que podrían ser sermones individuales o el tema que se pudiera tratar en una serie tenemos:
   (1) La perspectiva bíblica sobre un tema de actualidad en las noticias
   (2) Jesús
   (3) El matrimonio
   (4) La paternidad
   (5) El dinero
   (6) Los tiempos finales
   (7) Disciplinas espirituales personales
   (8) Evangelismo
   (9) El estrés
   (10) El cielo
   (11) El servicio
   (12) Misiones
   (13) Días festivos

3. Expositivos
   a) Predicación versículo por versículo, línea por línea, precepto por precepto, capítulo por capítulo, a través de cada libro de la Biblia entera.
   b) Esencia y beneficios de la predicación expositiva:
      (1) Este método descomprime las verdades en un pasaje, las explica y las aplica a los oyentes.
      (2) Permite que el pastor predique todo el consejo de la Palabra de Dios a su congregación.
      (3) Ayuda en gran medida al pastor con su selección de un texto cada semana, pues la misma Biblia lo elige para Él; el pastor simplemente comienza donde se detuvo al final del último sermón.
      (4) Evita cualquier preocupación de que la predicación salga de su ministerio de consejería, revelando verdades que le fueron compartidas en confianza.
      (5) Mantiene un alto concepto de la Escritura, y enseña a la congregación que, frente a la Palabra de Dios, el predicador no tiene nada «mejor» que ofrecer.
   c) La predicación expositiva consiste en:
      (1) Explicar el texto
      (2) Desempacarlo
      (3) Interpretarlo
      (4) Aplicarlo
      (5) Hacer que cobre vida en las mentes y vidas de los oyentes.
   d) La preparación para una predicación de este tipo incluye:
      (1) El esfuerzo consciente para descubrir profundidades ocultas en los textos bíblicos.
      (2) Traer a la luz
      (3) Organizar en una presentación útil
      (4) Explicar su valía y usos para los oyentes.

G. Preparación del sermón
1. Tiempo de preparación
   a) Los puritanos son famosos por pasar una hora de estudio por cada minuto en el púlpito.
   b) Gran parte del tiempo de preparación puede venir de estar involucrado en otras actividades como la lectura de ocio, viajar en el auto, el auto-

bús o el tren, trabajar en el campo, o realizar algún otro trabajo físico que deja la mente libre para meditar en la Palabra de Dios y sus implicaciones para la iglesia del predicador.

c) Mientras prepara el sermón, el predicador debe mantener a sus miembros en mente, especialmente los que están en medio de pruebas.

d) Orar por ellos a menudo puede dar lugar a que Dios te lleve a un texto o a una aplicación específicamente para ellos.

e) Recuerda que debes mantener una estricta confidencialidad en tu predicación; la elaboración de sermones para satisfacer las necesidades de las personas no debe conducir a dirigirse a ellas de forma demasiado específica en el sermón.

2. Un servicio completo
   a) El sermón debe ser preparado teniendo en cuenta todo el servicio.
   b) La música, la lectura de la Escritura, la oración pastoral, el bautismo o la Cena del Señor, la estación del año, o los acontecimientos actuales en la cultura general o de la comunidad, son aspectos que deben tenerse en cuenta en un esfuerzo para guiar a la congregación a una experiencia de adoración integral en la que todos los aspectos del servicio están en armonía con los demás.
3. Revisión y crítica
   a) Una revisión semanal del servicio de adoración del domingo será una buena preparación para la próxima semana.
   b) El mismo proceso de revisión crítica debe utilizarse para escudriñar el sermón.
4. Número de puntos en el mensaje
   a) El predicador debe analizar el texto y preguntarse cuántos puntos debería tener su mensaje.
   b) En esta decisión puede influir la longitud del pasaje o la cantidad de tiempo que se le asigna.
5. Manuscritos, tarjetas y bosquejos
   a) A algunos pastores les resulta útil escribir su sermón en forma manuscrita y practicar la predicación para asegurarse de que fluye bien y que abarca el tiempo adecuado.
   b) Otros prefieren ir al púlpito con un bosquejo en tarjetas.
   c) Algunos son capaces de memorizar lo que han preparado y predicar sin un bosquejo o notas.
   d) Ten en cuenta que un bosquejo bien preparado no es solo para el predicador, sino que también le permite al oyente entender el curso del sermón y los puntos principales que se exponen.
   e) Cuando se plantea un argumento, las frases más cortas son más fáciles de seguir para la gente.
   f) Prepararse con el oyente en mente dará como resultado una mejor experiencia para todos con respecto al sermón, tanto para el predicador como para el oyente.

H. Presentación del sermón
1. Evita imitar a otros predicadores
2. Tratar de ser lo más correcto posible desde el punto de vista gramatical: mientras mejor sea la dicción, el uso gramatical y el vocabulario del pastor más seguridad tendrá de ser escuchado.
   a) Lo que un predicador dice es importante, pero no es lo único que importa, cómo lo dice también es importante y digno de una preparación seria.

b) Aunque el predicador necesita luchar por la excelencia en la preparación de sus sermones y usar la gramática adecuada y un vocabulario rico en su exposición, él debe encontrar el equilibrio.
c) Él no debe «darse aires» y tratar de parecer ser alguien que no es.
d) El predicador debe esforzarse por usar la gramática correctamente y variar su vocabulario, pero más que nada, debe procurar ser entendido.
3. Aspectos específicamente culturales
a) Notas culturales en particular respecto a lo apropiado en vestimenta para el contexto específico de los estudiantes.
b) Los gestos y el tono de voz, al igual que el estilo de vestir del predicador, serán comunicadores poderosos.
c) La gente debe escuchar las palabras del contenido de nuestro mensaje, pero no podemos permitir que un estilo inadecuado de expresarlo lo deje sin efecto ante nuestros oyentes, a los que sin querer ofendemos.

I. Contenido del sermón
1. El sermón debe estructurarse en torno a una introducción, el cuerpo con los puntos principales, y una conclusión que incluye aplicaciones.
2. Introducción
a) La introducción debe establecer el escenario, colocar el texto en su contexto, y ayudar al oyente para prepararse para escuchar la Palabra del Señor.
b) Establece el tono para el mensaje.
c) Entablar una conexión o relación con los oyentes
d) Permite que aquellos que no lo conocen sientan una cierta relación.
e) El predicador utiliza la introducción para conseguir que la congregación se interese por escuchar lo que él tiene que decir, da un resumen de lo que va a predicar, y les dice por qué es importante que los creyentes lo conozcan.
f) Por encima de todo, una introducción al sermón debe despertar el interés en el tema a tratar. La introducción debe pasar al cuerpo del mensaje en un flujo natural, con Biblias abiertas, las mentes conectadas y los corazones deseosos de escuchar la Palabra de Dios.
3. El cuerpo
a) El cuerpo del sermón es la carne del banquete. Aquí es donde el predicador desarrolla su argumento, permitiendo que la Escritura hable por sí misma.
b) Normalmente los puntos principales deben ser pocos; tres o cuatro es lo habitual, pero no existe ninguna norma que exija este número; ciertamente no es una pauta bíblica.
c) El predicador no debe forzar el argumento o los puntos sobre el texto. Debe permitir que las divisiones naturales y las enseñanzas del texto moldeen el sermón, incluyendo los puntos principales a presentar.
d) Él debe resaltar solo los puntos principales que el texto en sí apoya.
e) Si el predicador conoce a su congregación, esto le guiará a saber cuánto pueden absorber y recordar en un sermón.
f) La estructuración de su sermón, y analizar detenidamente estos pasos, reducirá la posibilidad de divagar sin fin en el púlpito, sin saber nunca cuándo ha alcanzado un buen lugar para detenerse.
g) Ilustraciones
(1) Los predicadores deben ser capaces de ver la verdad desde numerosos ángulos con el fin de guiar a su gente a entenderla.
(2) Las ilustraciones pueden ser bíblicas, históricas, literarias, personales, cómicas o conmovedoras.

(3) Hacer referencia a una historia bíblica conocida o a una lección que se enseña en otra parte de la Biblia es una ilustración poderosa de la verdad, y demuestra aún más la armonía que existe en toda la Palabra de Dios.
(4) También es apropiado utilizar ejemplos de la vida cotidiana, tener mucho cuidado de ser humilde y honesto, pero no excederse en revelar información personal.
(5) Tienes que estar absolutamente seguro de no revelar algo que te hayan dicho de forma confidencial, ni compartir a modo de ilustración ninguna historia que avergonzaría a otra persona.
(6) Además, los predicadores deben tener cuidado de no usar ilustraciones que pudieran ser difíciles de entender para algunos y por lo tanto no son útiles; tales como analogías deportivas o algún área de especialización que solo unos pocos comprenderían.

4. La conclusión
   a) La conclusión del mensaje puede ser simplemente un resumen de lo que se dijo, una repetición del argumento lógico expresado en los puntos principales, o un recordatorio de lo que el predicador esperaba comunicar.
   b) Una transición natural a la conclusión debe mantener al oyente concentrado en el resto del mensaje, y no ser simplemente una señal de que el sermón se está terminando y es el momento de cerrar la Biblia y prepararse para cantar, orar y marcharse.
   c) Aplicación
      (1) Se deben presentar las aplicaciones de las lecciones, o repetirlas, si ya fueron presentadas en cada sección.
      (2) El predicador no debe esperar que sus oyentes saquen las conclusiones que son obvias para él,
      (3) Sino que les debe decir las implicaciones del argumento bíblico y ayudarlos a aplicar la verdad a sus vidas como lo hizo Juan el Bautista, cuando los oyentes le preguntaron cómo se aplicaba su mensaje a ellos.
      (4) La reiteración de las lecciones y las aplicaciones reducirán la posibilidad de que algunos oyentes saquen conclusiones erróneas y apliquen mal la Palabra de Dios.
      (5) Necesariamente habrá diversas aplicaciones de la verdad de la Palabra de Dios para cualquier pasaje que se predique.
      (6) Las verdades del mensaje deben proceder de la Biblia misma, y no deben ser forzadas al texto, pero el objetivo del predicador debe ser recalcado en las aplicaciones.
   d) Invitación
      (1) Muy a menudo el desenlace de una conclusión es una invitación.
      (2) Si el predicador al final del sermón hará un llamado a la gente a rendirse a Cristo, a entregarse a las misiones, o a dar para una ofrenda especial, entonces debe predicar todo el sermón con ese objetivo en mente.
5. Sermones para eventos especiales
   a) Debido a los acontecimientos inevitables en el ministerio pastoral, es buena idea tener los mensajes preparados de antemano.
   b) Funerales
   c) Tragedias
   d) Suicidios

e) Matrimonios
f) Días festivos

J. Oralidad

1. La alfabetización y la predicación
   a) La forma de predicar mensajes de la Palabra de Dios que se ha presentado hasta ahora depende de un pastor alfabetizado que tiene acceso a múltiples recursos (incluso si estos están incluidos en su Biblia de estudio), una congregación de oyentes que pueden comprender las instrucciones señaladas, seguir el flujo lógico de un argumento estructurado y que puedan imaginar conceptos abstractos.
   b) Gran parte de lo que se ha presentado hasta ahora es para las personas con un alto nivel de alfabetización, y daría lugar a sermones inútiles que no entienden ni podrían recordar jamás, y no serían capaces de contarlo a los demás.
   c) ¿Cómo podemos predicar las verdades de la Palabra de Dios a la mayoría oral de la población mundial?
2. La alfabetización en el mundo
   a) Una persona con un alto nivel de alfabetización es alguien que puede tomar un libro que nunca ha visto, leerlo, seguir el argumento del autor, reflexionar sobre el mensaje del libro, y luego escribir una respuesta corta, una reseña o reflexión.
      (1) Las personas que están en ese alto nivel de alfabetización son solo el 20-30% de la población mundial.
   b) La mayor parte de los pueblos del mundo no pueden leer o no leen.
      (1) Ellos pueden ser capaces de leer una palabra, un titular, o llenar una solicitud, pero leer es pedirles mucho, similar a nuestra experiencia cuando leemos documentos escritos hace cientos de años en nuestro propio idioma.
3. Los ágrafos
   a) Muchas personas son ágrafas simplemente porque su lenguaje nunca se ha reducido a la escritura, otros porque tuvieron que trabajar para mantener a sus familias, lo que les imposibilitó el lujo de asistir a la escuela.
   b) Se ha estimado que más del 90% de los recursos para el evangelismo, el discipulado y la capacitación del liderazgo se han ideado para la minoría alfabetizada.[2]
4. El alfabetismo y la oralidad
   a) Las culturas orales no son simplemente aquellas que no saben leer.
   b) Mover a alguien de ser un aprendiz primariamente oral no es tan simple como enseñarle a leer.
   c) Los aprendices primariamente orales no procesan la información ni razonan como los que tienen un alto nivel de alfabetización.
   d) Hacer que los aprendices primariamente orales razonen y se comuniquen en formas alfabetizadas no es una cuestión de simplemente enseñarles a leer y entender las marcas en una página.
   e) Aprender a leer no enciende un interruptor binario en la mente y en la cosmovisión de una persona que les hace de repente estar totalmente alfabetizadas, debido a que la alfabetización es más que la capacidad de leer.
5. La alfabetización y los tiempos bíblicos

---

[2] Durk Meijer, *International Orality Network*, 2008 ION Presentation, en los archivos del autor.

a) La oralidad y la comunicación mediante historias o la comunicación de información por medios diferentes a la escritura es, por supuesto, tan antigua como la existencia humana.
b) La mayoría de las historias del Antiguo Testamento que nos encantan fueron una vez conocidas en forma de narración oral y se registraron más tarde por medio de Moisés.
c) El Espíritu Santo que inspiró la Palabra de Dios ha supervisado el proceso de trasmisión a través de los años para que mantenga su indefectibilidad e infalibilidad en la forma que la tenemos hoy.
d) Debido a que Jesús sabía que Sus oyentes eran aprendices primariamente orales, Él escogió enseñar en parábolas, metáforas e ilustraciones.
e) La alfabetización nos debe importar porque a Dios le importa.
f) Los pastores no alfabetizados están sirviendo actualmente en todo el mundo, a menudo sin ningún tipo de formación debido a su incapacidad para leer y estudiar en los seminarios tradicionales y colegios bíblicos, pero están sirviendo.

6. Aprendizaje oral
   a) Los aprendices primariamente orales se comunican, procesan información y aprenden nuevas verdades basados en la experiencia.
   b) Las investigaciones revelan que los aprendices orales tienden a agrupar objetos sobre la base de cómo podrían ser utilizados, y los aprendices con un alto nivel de alfabetización piensan en términos de ideas abstractas, cualidades intrínsecas o categorías.
   c) Los pueblos de culturas orales preferirán las narrativas de la vida real y las historias con lecciones claras en lugar de la enseñanza abstracta que requiere que los oyentes descubran el significado y lo apliquen por sí mismos.
   d) Mientras que las personas con un alto nivel de alfabetización se comunican mediante listas, tablas, esquemas, diagramas, gráficos, pasos y conceptos abstractos, los aprendices primariamente orales se comunican mediante historias, repeticiones, proverbios, refranes tradicionales, leyendas, canciones, cantos, poesía y drama.[3]
   e) La vergüenza hace a menudo que los individuos ágrafos oculten sus limitaciones de los occidentales alfabetizados. Pueden fingir ser capaces de leer para que otros no los menosprecien.
   f) Aprender a leer siendo adulto, en una cultura orientada al grupo, no es un paso fácil. A menudo los adultos no asisten a clases de alfabetización porque temen al fracaso.
7. Oralidad y narración
   a) La Narrativa Cronológica Bíblica (NCB) es una herramienta eficaz para la evangelización, el discipulado, la predicación y la capacitación entre los pueblos de cultura oral.
      (1) Con esta herramienta, los misioneros pueden presentar la Biblia a la gente en un formato oral en la misma forma cronológica que Dios la ha dado en la Palabra escrita.
      (2) En lugar de predicar sermones sobre versículos seleccionados, sin el contexto de todo el consejo de la Palabra de Dios, la NCB pretende darles la Biblia de una manera culturalmente apropiada y desa-

[3] Porciones de este contenido que tratan sobre las culturas orales aparecieron primero en M. David Sills, *Reaching and Teaching: A Call to Great Commission Obedience* (Chicago, IL: Moody, 2010).

rrollar una cosmovisión bíblica con respecto a Dios, la creación, el pecado, el sacrificio y la salvación.

(3) El misionero cuenta las historias para comunicar verdades bíblicas básicas que los oyentes necesitan conocer para que el Evangelio tenga sentido, en lugar de predicar un sermón expositivo de tres puntos.

(4) Además, al exponer el mensaje de la Biblia usando historias contadas de maneras culturalmente apropiadas, los oyentes podrán comprender, recordar y volver a contar las historias a los demás.

b) La Palabra de Dios está llena de historias.

(1) Cuando Jesús quiso enseñar a Sus aprendices orales, Él no escogió un texto del Antiguo Testamento y predicó un sermón de tres puntos, aunque sin duda podría haberlo hecho. Él contó historias.

(2) En Lucas 15, Jesús contó tres historias para resaltar un punto a Sus oyentes. Habló de una moneda perdida, una oveja perdida y un hijo perdido. Cada una de las historias tenía el mismo punto principal: la cosa que se perdió era preciosa para el que la había perdido y hubo gran gozo cuando fue encontrada.

c) La narración y los pasajes didácticos de la Escritura

(1) La repetición de preguntas y respuestas breves a lo largo de la lección es muy eficaz para la predicación y la enseñanza de tales pasajes en estos contextos primariamente orales.

(2) Este estilo interactivo involucra al alumno, repasa a medida que el maestro cubre el material, y asegura que los alumnos recuerden el material con precisión, ya que lo repiten varias veces en el aprendizaje.

8. Método de narración

a) La importancia de la repetición

(1) La repetición de la historia no solo solidifica la historia en la mente de todos, sino que también permite al profesor identificar inexactitudes que de otro modo se perpetúan.

(2) Además de un tiempo de repetición, el presentador de la historia debe incluir un período de preguntas para determinar la comprensión de esta.

(3) Preguntar a los oyentes cómo la lección debe aplicarse a sus vidas también asegurará que han captado la esencia de la lección y que serán capaces de enseñar a otros con precisión.

b) Un enfoque completo

(1) Contar historias bíblicas en orden cronológico permite al oyente desarrollar una cosmovisión bíblica de quién es Dios, de dónde proviene el pecado, lo que Dios piensa del pecado, lo que es un sacrificio de sangre y por qué Dios envió a Su Hijo a morir en la cruz.

(2) Además de las verdades bíblicas básicas que la congregación necesita aprender, el predicador debe identificar problemas específicos entre ellos que hay que abordar (cuestiones como el asesinato, el adulterio, la embriaguez o la idolatría).

(3) Se debe seleccionar historias bíblicas que enseñen la mente de Dios en estos temas, a medida que la comunicación oral de la Biblia sigue tomando forma y moldea una cosmovisión bíblica.

(4) A pesar de que los misioneros han utilizado principalmente la narración bíblica cronológica para el evangelismo, la utilidad de esta

herramienta para el discipulado, la capacitación, y para la predicación y la enseñanza en un momento dado sigue creciendo y es un método útil y apropiado de instrucción bíblica para los aprendices orales en su clase.

9. Capacitación y modelos de predicación
   a) Las personas de culturas orales deben ser capacitadas mediante la utilización de modelos educativos que sean culturalmente apropiados.
   b) Muchas culturas orales nunca abrazarán la alfabetización. Incluso las culturas que aprenden a leer y escribir a menudo vuelven a la oralidad.
   c) Demasiados traductores de la Biblia han dicho que el día más feliz de su ministerio fue cuando entregaron una Biblia completa a la cultura de destino, después de muchos años de trabajo; y el día más triste cuando volvieron de visita unos años más tarde y encontraron las Biblias todavía en cajas.
   d) La alfabetización es valorada muy lentamente entre muchas culturas.
10. Relatar sermones
   a) Las culturas orales retienen con exactitud más información durante períodos de tiempo más largos que los alfabetizados.
   b) Los aprendices orales solo saben lo que recuerdan.
   c) No necesitamos enseñarles a predicar en maneras que funcionen bien en una iglesia muy alfabetizada, sino de la manera que sea la más eficaz en las iglesias que sirven.
   d) Pasos para la narración de un mensaje
      (1) Comienza preparando el escenario para la historia; describe su entorno, y explica los conceptos desconocidos o aspectos que los estudiantes escucharán en la historia.
      (2) Pídele inmediatamente a otra persona que vuelva a contar la historia. Otros pueden ayudar al voluntario para lograr una repetición exacta de toda la historia.
      (3) A continuación, pídele a otra persona que la vuelva a contar, e incluso a otra más si es necesario.
      (4) Después de la repetición, pregunta lo que aprendieron en la historia.
      (5) Entonces, cuando tengas la seguridad de que ellos pueden volver a contar la historia de forma precisa y han notado los elementos claves de la historia, continúa con el tiempo de aplicación.
      (6) Pregúntales cómo debemos aplicar esa historia de la Palabra de Dios a nuestras vidas.
      (7) Enseña a tus estudiantes que con este método ellos pueden «predicar» la palabra de Dios fielmente y de manera apropiada desde el punto de vista cultural, lo cual les permitirá también a sus estudiantes enseñarla a otros.
      (8) Asigna a tus estudiantes la tarea de modelar este formato y labor en la clase.
11. Importancia de la Palabra predicada
   a) Existe un riesgo real de que cualquiera de nosotros podría subir al púlpito y predicar de una manera que solo tenga sentido para nosotros, o tendría sentido en nuestra iglesia anterior, y de esta forma dar poca importancia a la cosmovisión, las necesidades, los niveles de alfabetización o el conocimiento bíblico de nuestros oyentes.
   b) La tarea de un predicador de orar por su pueblo, identificar sobre qué texto predicar, discernir las lecciones a resaltar en la prédica, considerar las formas de aplicar la verdad y elaborar un mensaje útil no tiene por

qué ser una carga pesada. En realidad, puede ser un gran gozo.

c) Conocer a Dios, Su Palabra, y a una congregación lo suficientemente bien como para preparar y predicar sermones para satisfacer sus necesidades y, luego, ver vidas impactadas por el mensaje, es una experiencia sublime.

d) Ya sea que esté preparando un sermón expositivo para una multitud alfabetizada o elaborando una serie de historias para contar la Biblia para aprendices primariamente orales, el predicador es el medio escogido por Dios para declarar la verdad. Simplemente no hay vocación más sublime.

12. Práctica del estudiante
   a) La práctica de este módulo requiere que los estudiantes usen la información que aprendieron en el módulo sobre hermenéutica para estudiar e interpretar un pasaje asignado de la Escritura.
   b) A cada estudiante se le podría asignar un pasaje de la Escritura y pedirle que lo interprete de acuerdo con las directrices indicadas en el módulo 5, que identifique la «idea general» del pasaje, y proporcione una respuesta de una frase para cada una de las «siete preguntas de flecha».
   c) Asimismo, deben proporcionar:
      (1) Título del sermón
      (2) Pasaje
      (3) Idea general
      (4) Siete preguntas de flecha
         (a) ¿Qué dice el pasaje?
         (b) ¿Qué significó este pasaje para su audiencia original?
         (c) ¿Qué nos enseña este pasaje sobre Dios?
         (d) ¿Qué nos dice este pasaje sobre el hombre?
         (e) ¿Qué pide este pasaje de mí?
         (f) ¿Cómo cambia este pasaje la forma en que me relaciono con la gente?
         (g) ¿Por qué motivo me impulsa a orar este pasaje?
      (5) Introducción
      (6) Puntos principales
      (7) Conclusión y aplicaciones

III. Las manos: Participación en la comunidad
   A. Comprensión del alcance de la participación en la comunidad
      1. Es probable que el hablar de *participación en la comunidad* traiga varios conceptos a la mente, de los cuales casi todos están dirigidos y relacionados con la participación del pastor en el área donde sirve.
      2. Participación en la comunidad puede referirse a que el pastor participe plenamente en las actividades en desarrollo de su comunidad ya sea a través de
         a) Ligas deportivas locales
         b) Procesos políticos
         c) Preocupación por las escuelas públicas
         d) Comités de vigilancia comunitaria
         e) Procurar mejoras en las calles
         f) Procurar pureza del suministro de agua
         g) Ayuda en caso de desastres
         h) Campañas de puerta en puerta para evangelizar
         i) Programas de cuidado de niños después del horario escolar
         j) Proporcionar tutoría
         k) Proveer guía moral
         l) Enseñanza bíblica

m) Lograr un entorno más seguro
n) Obtener estatus legal

B. Importancia del ministerio pastoral
   1. Un pastor debe esforzarse para ser utilizado de manera que el pueblo de Dios pueda experimentar la vida abundante que Dios desea.
   2. También procura servir de muchas maneras en la comunidad donde se encuentra su iglesia.
   3. El pastor debe preocuparse por la comunidad donde sirve.
      a) Ante todo, su preocupación debe ser espiritual, y la iglesia que él pastorea debe ser conocida como un faro que irradia una luz de esperanza, seguridad y aceptación.
      b) Pero el pastor no debe limitar su interacción con los demás al ministerio de la predicación. En realidad, muchas veces la propia comunidad es la que tiene necesidad de atención.

C. Valor del ministerio del evangelio
   1. El ministerio del evangelio incluye alimentar al hambriento, dar de beber al sediento, y ofrecer atención médica a los enfermos y heridos, al menos eso fue lo que Jesús pensó y practicó en Su ministerio.
   2. Santiago añade que debemos atender a las personas que sufren necesidad, y no simplemente saludarlos y desearles lo mejor. «Y si un hermano o una hermana están desnudos, y tienen necesidad del mantenimiento de cada día, y alguno de vosotros les dice: Id en paz, calentaos y saciaos, pero no les dais las cosas que son necesarias para el cuerpo, ¿de qué aprovecha?» (Sant. 2:15-16).
   3. El primer encuentro de una persona inconversa con un cristiano puede tener lugar en el contexto de la participación de la iglesia en la comunidad, para llegar a los residentes que no asisten a la iglesia.
   4. En la participación en la comunidad, los pastores tienen la oportunidad de interactuar con gente que de otro modo nunca irían a sus iglesias para escucharlos predicar.
   5. Los pastores que participan activamente en sus comunidades son capaces de brindar consejo a los que sufren, a los hambrientos y a los temerosos.
   6. El ejemplo de Jesús
      a) Él asistió a una boda en Caná y satisfizo su necesidad práctica de más vino, a pesar de que nunca nos enteramos de quiénes se casaban o Su conexión con ellos o con Caná.
      b) El sanó, salvó, alimentó y enseñó a muchos que no eran Sus discípulos. Él restauró completamente la salud a una mujer que había padecido una hemorragia durante doce años, y la reinsertó en la comunidad.

D. Claves para la participación
   1. En primer lugar, no tratar de satisfacer las necesidades que ellos piensan que un misionero o un extraño tendrían si vivieran en ese contexto; la comunidad puede no compartir esa opinión.
   2. En segundo lugar, si las personas no piden ayuda o no la quieren cuando se les ofrece, el pastor no debe forzarla.
   3. Por último, deben recordar que sus esfuerzos para ayudar, en realidad pueden hacer daño.
      a) Utilizar dinero para resolver problemas de la comunidad crea muy a menudo otros problemas en su lugar.
      b) No siempre es necesariamente malo utilizar recursos financieros para satisfacer las necesidades o para la participación en la comunidad y su desarrollo, pero esto debe hacerse solo después de la debida consi-

deración de las posibles dificultades y problemas.

c) Cuando un ministerio desea invertir en la mejora de una comunidad, después de sopesar los posibles riesgos de hacerlo y, en colaboración con los creyentes locales, el resultado debe ser un fortalecimiento mutuo de los lazos de la unidad y la comunión cristianas.

d) En nuestro compromiso con el desarrollo no debemos ni procurar la dependencia ni la independencia, sino más bien la interdependencia.

E. Formas de participación

1. Mucha gente en todo el mundo espera que su gobierno se haga cargo de los servicios básicos en sus comunidades.
2. A menudo es necesario que los líderes de la comunidad eduquen a la gente respecto a los peligros para la salud pública, como en el caso de las enfermedades transmitidas por mosquitos. Estas enfermedades pueden ser bacterianas, virales o parasitarias, transmitidas por la picadura de mosquitos.
3. Necesidades globales
   a) Más de seiscientos millones de personas, aproximadamente una de cada diez personas en el mundo, no tienen acceso a agua limpia.
   b) Aproximadamente un tercio de la población mundial no tiene acceso a un inodoro.
   c) Alrededor de un tercio de todas las escuelas y centros de salud en todo el mundo no tiene acceso a agua potable.[4]
   d) Más de 2000 niños menores de cinco años de edad mueren cada día debido a la falta de agua potable.[5]
4. Necesidades médicas
   a) Algunas comunidades en todo el mundo carecen de acceso a la atención médica calificada y los residentes confían más en los tratamientos tradicionales ofrecidos por las hierbas medicinales o los chamanes.
   b) Proporcionar atención médica no es tan útil cuando esta no es deseada o valorada, por ejemplo, cuando la medicina occidental no es apreciada.
   c) Además de considerar la cosmovisión, los pastores locales son útiles para las campañas médicas en la comunidad, incluso al utilizar el edificio de la iglesia para una clínica si la comunidad carece de una.
   d) Como líder en la comunidad, el pastor local es la persona perfectamente idónea para tener la confianza de las personas, la cual es necesaria para convencerlas de que las formas tradicionales tienen que cambiar para que ellas puedan mejorar sus vidas.
   e) Los pastores pueden facilitar los esfuerzos de asistencia sanitaria para la atención prenatal, la capacitación de parteras, así como el control del niño sano, e incluso el transporte a las clínicas u hospitales públicos, según sea necesario.
   f) Un pastor local o representante de la iglesia puede facilitar que tales ministerios lleguen a su comunidad, de modo que al hacerlo se involucra y se desarrolla.

F. Mejora

1. Cuando el evangelio satura a toda una comunidad, al igual que en los avivamientos históricos, los cambios en toda la comunidad y la mejora, traen

---

[4] «Facts About Water & Sanitation», *Water.org*, página consultada el 21 de junio de 2016. http://water.org/water-crisis/water-sanitation-facts/.

[5] «Global WASH Fast Facts», *CDC.gov*, página consultada el 21 de junio de 2016. http://www.cdc.gov/healthywater/global/wash_statistics.html.

como resultado el cierre de establecimientos pecaminosos, padres cariñosos que se ocupan de sus familias, y mejoras en la comunidad llevadas a cabo por sus residentes.

a) No confundas *la mejora* con la herejía de la prosperidad.

b) Las personas, las familias y las comunidades que abrazan el evangelio a menudo experimentan una mejora.

c) Dicha mejora no es la motivación para hacerse cristiano, ni Dios la garantiza como algo automático, pero se ve en situaciones repetidas.

d) La forma más profunda en que un pastor puede involucrarse en su comunidad para su desarrollo beneficioso es simplemente mediante la predicación del evangelio e implorar con paciencia que los pecadores abracen a Cristo.

2. Ejemplos
   a) Programas educativos
   b) Educación
   c) Mayordomía de la salud
   d) Mejoras en el matrimonio y la paternidad
   e) Vida en armonía con Dios y los demás

G. Evangelización
1. El evangelio completo
   a) Cuando las personas no tienen conocimiento del verdadero Dios Creador, ni una perspectiva bíblica del origen del pecado, o de lo que nos espera a todos después de nuestro último aliento, debemos tener más cuidado que nunca de los pasos sencillos para la salvación.
   b) En su intento de ser agentes de cambio en la comunidad, los estudiantes también deben ser la clave para la comunicación efectiva del evangelio, ya que ellos conocerán el Evangelio, la cultura y la gente mejor que nadie.
2. La importancia del evangelio
   a) Cada pastor debe estar ocupado diariamente en la participación y el desarrollo supremos de la comunidad: hacer, ser y contar el evangelio.
   b) Él debe ayudar a los demás a entender de dónde viene todo, dónde se originó el pecado, porqué el mundo es como es, y cuál es la respuesta del Creador ante el pecado.
   c) Cuando una comunidad reconoce el quebrantamiento, la disfunción, el odio, el crimen y la enfermedad a su alrededor o la saturación de todas estas cosas en su interior, el pastor debe tomar esto como un momento de enseñanza para explicar que al principio no era así.
3. El evangelismo es solo una herramienta en la caja de herramientas que el pastor tiene para participar en la comunidad y su desarrollo, pero es la más poderosa y está disponible para cada creyente nacido de nuevo.

Módulo 8 Bosquejo de enseñanza

El ayuno
Ministerio a la familia y consejería
Finanzas de la iglesia

I. El corazón
  A. Disciplina espiritual personal: El ayuno
    1. Breve reseña
      a) La Biblia enseña sobre el ayuno, muestra al pueblo de Dios ayunando, y describe el tipo de ayuno que Dios acepta; así como el tipo de ayuno que es rechazado por ser vacío.
      b) El ayuno debe ser la negación secreta y periódicamente practicada de los deseos de alimentar la carne; con el propósito de orar de forma concentrada y acercarse a Dios.
      c) Puesto que Jesús es nuestro modelo y ejemplo, debemos tratar de imitarlo en la forma en que vivimos nuestra vida.
    2. Lo que es y no es el ayuno
      a) El ayuno es negarnos a nosotros mismos por una razón bíblica específica y un período de tiempo determinado para buscar a Dios.
      b) Mientras que muchos entienden que el ayuno es la abstinencia voluntaria total de alimentos, de alimentos y agua, o de ambos, la idea puede ser ampliada para incluir la negación de otros deseos carnales.
      c) El ayuno es abstenerse voluntariamente de cualquier cosa que disminuya nuestro celo por Dios, empañe nuestro enfoque al buscarlo o dificulte nuestras oraciones.
      d) La simple abstinencia total de los alimentos no es lo que entendemos por la disciplina espiritual del ayuno, ya que algunos pueden dejar de comer, pero no por razones bíblicas o piadosas.
      e) El ayuno no es una huelga de hambre para presentar nuestras exigencias ante Dios, absteniéndonos de comer hasta que Él nos conceda nuestros deseos.
      f) El ayuno tampoco es abstenerse de alimentos con el fin de ganar méritos ante Dios.
      g) Esto demuestra nuestra seriedad en la oración y sinceridad en la búsqueda de Él.
    3. ¿Por qué debemos ayunar?
      a) Aunque Dios nos podría haber mandado a ayunar y muy bien dejarnos sin saber por qué, Él en la Biblia nos muestra Su gracia al darnos razones y motivaciones legítimas para el ayuno.
      b) La Palabra nos enseña que debemos depender de Dios para todo lo que necesitamos, en lugar de hacerlo simplemente para lo que tiene sentido según nuestro entendimiento (Prov. 3:5-6).
      c) El ayuno humilla el corazón, subyuga el espíritu, y centra la mente. Cada vez que nuestro estómago nos recuerde que tenemos hambre y no hemos comido en el horario acostumbrado, podemos convertir esa punzada de hambre en un recordatorio para orar.

d) Recordamos que tenemos hambre porque estamos buscando desesperada e intencionalmente guía, liberación y la paz con Dios.
e) Whitney presenta diez razones bíblicas para el ayuno:
   (1) Fortalecer la oración.
   (2) Buscar la dirección de Dios.
   (3) Expresar dolor.
   (4) Buscar liberación o protección.
   (5) Expresar arrepentimiento y el regreso a Dios.
   (6) Humillarse ante Dios.
   (7) Expresar la preocupación por la obra de Dios.
   (8) Atender las necesidades de los demás.
   (9) Superar la tentación y dedicarse a Dios.
   (10) Expresar el amor y adorar a Dios.[1]

4. Ejemplos bíblicos
   a) El único ayuno obligatorio en la Biblia es el Día de la Expiación, cuando el pueblo de Dios tenía que ayunar colectivamente (Núm. 29:7).
   b) El rey Josafat también declaró un ayuno obligatorio para toda la nación en un momento de una emergencia nacional específica cuando estaban amenazados por sus enemigos (2 Crón. 20:3).
   c) La Biblia registra un ejemplo de ayuno cuando Jonás predicó a Nínive que debían arrepentirse o perecer. El rey de Nínive hizo un llamado a todo el reino, que incluía a toda criatura, a ayunar (Jon. 3:3-9).
   d) Otro ayuno, cuando el pueblo de Dios estaba buscando el rostro de Dios, se registra en Joel 2:15-16.
   e) Del mismo modo, tanto Nehemías como Esdras hicieron un llamado a los judíos a ayunar y buscar al Señor (Neh. 9:1; Esd. 4:16).
   f) De acuerdo con las enseñanzas de Jesús en el Sermón del Monte, la práctica del ayuno es a la vez elogiada y esperada (Mat. 6:16-18).
   g) Cuando le preguntaron por qué Sus discípulos no ayunaban como Juan lo hacía, Jesús declaró que Sus seguidores sí ayunarían, después que Él les fuera quitado (Mat. 9:14-15).
   h) Jesús practicó el ayuno, y enseñó que sería parte de la vida de Sus seguidores.
   i) Cuando los ancianos de la iglesia en Antioquía de Siria estaban adorando al Señor y ayunando, el Espíritu Santo les dijo que apartaran a Bernabé y a Saulo para la obra de las misiones (Hech. 13:2).
   j) Luego, al final de su primer viaje misionero, ese equipo misionero nombró ancianos para las nuevas iglesias y, con oración y ayuno, los encomendaron al Señor (Hech. 14:23).
   k) Es sabio incorporar la práctica regular de la oración y el ayuno a sus disciplinas espirituales personales, sobre todo para los que están buscando la voluntad de Dios, ya sea en cuanto a su llamado misionero, el lugar donde deben servir, o las decisiones del ministerio en las misiones.

5. Duración de los ayunos
   a) La Biblia no establece la duración de un ayuno.
   b) Como se ha mencionado, el único ayuno requerido era un día anual de ayuno en el Día de la Expiación, pero también hay ayunos con una duración diferente.
      (1) Vemos ayunos parciales como cuando el ejército de Israel sufrió una

---

[1] Donald S. Whitney, *Spiritual Disciplines for the Christian Life*, ed. rev. (Colorado Springs, CO: NavPress, 2014), 200-13.

devastadora derrota a manos de los guerreros de la tribu de Benjamín. Ayunaron hasta la noche buscando al Señor (Jue. 20:26).

(2) Cuando David se enteró de la muerte de Saúl y Jonatán, él y sus hombres lloraron y ayunaron hasta la noche para expresar su profundo dolor (2 Sam. 1:12).

(3) Los ayunos de un día eran comunes en la Escritura. Esto se ve en 1 Samuel 7:6 cuando la gente mandó a buscar a Samuel para que orara por ellos y él los convocó a un día de ayuno.

(4) También encontramos ayunos de tres días. En el libro de Ester, ella declaró un ayuno de tres días antes de intervenir en favor de los judíos.

(5) Después de la muerte del rey Saúl, los hombres de Israel ayunaron durante siete días.

(6) En un ayuno de veintiún días, Daniel se abstuvo de alimentos ricos, de carne y de vino en relación a una poderosa visión del Señor.

(7) Un período de ayuno indefinido es la única manera de describir los acontecimientos después de que David y Betsabé pecaron y el hijo producto de la relación estaba muriendo.

(8) Después de la experiencia de Pablo en el camino a Damasco, él ayunó durante tres días, esperando que el Señor le aclarara lo que había sucedido y lo que debía hacer.

(9) Moisés subió al monte para recibir la Palabra del Señor, donde ayunó durante cuarenta días y cuarenta noches (Ex. 34:28; Deut. 9:9).

(10) Elías también ayunó durante cuarenta días y cuarenta noches antes de escuchar la voz del Señor (1 Rey. 14:8).

(11) Tus estudiantes deben estar más familiarizados con el ayuno del Señor Jesús en el desierto por cuarenta días y cuarenta noches durante Su tiempo de tentación (Mat. 4:2).

6. ¿Cómo debemos ayunar?

a) Para todo creyente

(1) El ayuno es para todo creyente y será beneficioso para cualquier persona que lo practique dentro de las pautas bíblicas.

(2) Se recomienda encarecidamente que el grupo participe en un ayuno parcial, o que dure todo el día, durante uno de los días de estas reuniones de clase. Esta será una demostración poderosa de los usos, beneficios y métodos de ayuno en las vidas de los estudiantes.

b) Cómo comenzar

(1) Un primer intento de ayuno podría ser tan sencillo como dejar pasar intencionalmente una comida, mientras que, en oración, nos centramos en Dios, buscamos Su guía, le pedimos que nos dé entendimiento para un pasaje problemático, u oramos por un misionero que enfrenta cierta tribulación.

(2) Abstenernos de una comida por semana, o de no comer carne un día por semana, puede ayudar a desarrollar la fuerza para negar otros deseos del cuerpo y darnos fuerzas para el control de uno mismo en otras áreas de la vida también.

(3) El propósito del ayuno debe ser espiritual, y no considerar egoístamente lo que podemos obtener de él.

c) Discreción

(1) Jesús nos enseñó a no anunciar a los demás cuando estamos ayunando, ni tratar de impresionarlos con el tiempo que hemos estado ayunando. Como regla general, es mejor no anunciar a los demás que estás ayunando.

(2) Sin embargo, hay consideraciones prácticas aquí. Cuando tus estudiantes viven en un hogar donde alguien prepara sus comidas, ellos deben ser corteses e informar a esa persona cuándo planean ayunar para que esa persona no prepare las comidas innecesariamente. Además, cuando saben que se espera que estén presentes en una comida especial, ya sea en una boda, una reunión familiar, o en una comunión de la iglesia, sería prudente evitar cualquier incomodidad u ofensa no intencionada mediante la simple programación de su ayuno para otro día.

d) El ayuno en unidad
(1) Hay momentos en la vida de una iglesia cuando el liderazgo puede desear hacer un llamado a la iglesia a la oración y el ayuno.
(2) La oración y el ayuno en un entorno de unidad logra la unificación y edificación del cuerpo.
(3) Nuestro objetivo es ver a Dios obrando entre nosotros, tomar conciencia de Su guía inequívoca, y verlo trabajar para sanar, ayudar y liberar.

B. El fruto del Espíritu: Mansedumbre
1. Elevar el estándar
a) Pregunta a tus alumnos si alguna vez han conocido a un pastor que era duro, exigente, iracundo o inflexible en la forma de tratar a los demás. Este tipo de personalidad puede haberle llevado a una posición de liderazgo y ayudado a mantenerla durante los años que ha sido pastor.
b) Incluso si tal estilo de liderazgo ha sido aceptado en algunos casos, o es típico de los estilos de liderazgo en sus culturas, no es así como Dios quiere que sean los cristianos.
2. Qué es la mansedumbre
a) La mansedumbre no es debilidad, sino más bien es fuerza bajo control, que es atemperada por el amor y preocupación por los demás, y que pone las necesidades y los deseos de otros por encima de los propios.
b) Es un estilo de interacción con otros que se ejemplifica con un comportamiento afable y atento.
c) Es lo opuesto a abrirse paso egoístamente a empujones, exigir tus derechos, que se escuchen tus opiniones, o insistir en que las decisiones se tomen de acuerdo a tus preferencias.
3. Dependencia en el Espíritu
a) La mansedumbre es imposible de alcanzar por sí mismos.
b) Solo el Espíritu Santo que mora dentro de ellos puede permitirles crecer en mansedumbre.
c) Un hombre que es mal intencionado, exigente, egoísta, prepotente y con el cual es difícil de llevarse bien, es evidente que no está caminando con el Espíritu.
d) Si nosotros afligimos, apagamos y agraviamos al Espíritu, no vamos a manifestar estos aspectos del fruto del Espíritu.

C. Los pensamientos del pastor: Lo digno de alabanza
1. Lo que no es digno de alabanza
a) Quejarse, aferrarse, sentir autocompasión, buscar errores y murmurar son cosas fáciles de hacer. Al igual que cualquier otro tipo de pecado, estas llegan a todos nosotros con demasiada facilidad.
b) Cuando asumimos este tipo de actitud a menudo enmascaramos nuestra queja y la defendemos como si fuera una indignación justa.
c) Participamos con regularidad en estos rumores y mitigamos cualquier

sentimiento de culpa con recordatorios del bien que probablemente estamos haciendo al señalar los errores.

d) Razonamos, a modo de defensa, que simplemente estamos ayudando a otros a que no caigan en el hoyo.

e) Estas actitudes y acciones son pecado, específicamente condenados por Dios y juzgados y castigados de forma clara en la Escritura (Núm. 14:2; 1 Cor. 10:10; Fil. 2:14).

f) El hombre piadoso «no sigue el consejo de los malvados, ni se detiene en la senda de los pecadores ni cultiva la amistad de los blasfemos (Sal. 1:1, NVI).

2. Lo que sí es digno de alabanza

a) La Palabra de Dios enseña a los discípulos a centrarse en lo que es digno de alabanza; ya sea en el mundo, en otros o en nuestras circunstancias.

b) Incluso podemos encontrar motivos de alabanza en nuestras tribulaciones, pues vemos crecimiento en la gracia a través de ellas (Rom. 8:28).

c) Los beneficios que se obtienen por el duro esfuerzo en nuestras tribulaciones son dignos de alabanza, y alabar a Dios por ellos y en medio de ellos es agradable a Él.

d) Dios nos ha dado razones para alabar, ya sea que tu día traiga nueva vida o necesite recordatorios de las promesas de Dios respecto al cielo.

3. Exhorta a tus estudiantes

a) Ser conocidos como gente positiva en medio de la negatividad, a ser luz brillante en lugares oscuros, a llevar alegría donde hay tristeza y amar a los que son difíciles de amar.

b) Cuando estén cansados de las exigencias del ministerio, que alaben a Dios porque tienen un ministerio.

c) Cuando las necesidades familiares o las dificultades les hagan sentir estrés, que sean agradecidos de que tienen una familia, sin la cual no habría ninguna necesidad.

d) Hacer una breve lista cada mañana de las cosas por las que están más agradecidos.

e) Ayúdales a identificar cosas a su alrededor que son dignas de alabanza, o formas en que pueden alabar a Dios delante de los demás durante el resto del día.

f) Anímales a saturar sus mentes con todo lo que es digno de alabanza.

II. La mente: Ministerio a la familia y consejería

A. Necesidad de la consejería bíblica

1. Un problema común

a) La gente es gente donde quiera que vayas. Cada emoción, pecado, deseo apasionado, pesar y necesidad desesperada de una relación personal con Dios están presentes en todas las culturas del mundo.

b) La semilla de todo pecado está en el corazón de cada hombre y mujer.

c) La gracia de Dios que le impide germinar y echar raíces es la misma gracia del mismo Dios a través de Su mundo.

d) La destrucción que tiene lugar cuando esta semilla logra echar raíces y frutos tiene cosas en común entre todos los pueblos.

e) El gozo y la paz que se encuentran en las vidas que viven en armonía con Dios y con los demás tienen un aire de familia en todas las culturas de la humanidad, en todos los rincones del planeta.

f) Los estudiantes de Biblia, filosofía, historia y literatura notarán ecos que se repiten en todo el mundo y a lo largo de la historia humana.

2. Una solución común
   a) El consejero bíblico preparado tiene la respuesta que ellos necesitan y desean.
   b) Muchos han desarrollado el hábito de justificar, racionalizar o adormecer sus disfunciones, adicciones, necesidades, dolores y problemas, lo cual solo los empeorará.
   c) Aunque la redención que Dios trae a través del evangelio sin duda trae nueva vida, aprender a vivir esta nueva vida viene a través del discipulado y, a veces, a través de la consejería bíblica.
   d) La consejería bíblica ayuda a otros a recibir el cuidado y la orientación de alguien que conoce al Señor y Su Palabra y se ha comprometido a ayudarlos a entender cómo esta se aplica a sus vidas, cambia sus creencias y comportamientos, y a vivir en armonía con Dios y los hombres.

B. Marco bíblico para la consejería bíblica
1. Pedro exhorta a sus lectores a usar los dones que Dios nos ha dado a cada uno para ministrarnos unos a otros: «Cada uno según el don que ha recibido, minístrelo a los otros, como buenos administradores de la multiforme gracia de Dios. Si alguno habla, hable conforme a las palabras de Dios» (1 Ped. 4:10,11a).
2. Pablo nos exhorta a restaurar al caído en nuestro ministerio de unos a otros: «Hermanos, si alguno fuere sorprendido en alguna falta, vosotros que sois espirituales, restauradle con espíritu de mansedumbre, considerándote a ti mismo, no sea que tú también seas tentado. Sobrellevad los unos las cargas de los otros, y cumplid así la ley de Cristo» (Gál. 6:1-2).
3. El libro de Proverbios contiene muchas exhortaciones y motivaciones para aconsejarnos unos a otros.
   a) Proverbios 1:5-9
   b) Proverbios 9:9
   c) Proverbios 11:14
   d) Proverbios 12:15
   e) Proverbios 15:22–23
   f) Proverbios 27:9
4. «Todos los cristianos deben ser enseñados a ministrar la palabra de Dios y ser animados a llevarlo a cabo audazmente en los ministerios oficiales de la iglesia mientras viven su vida. Los consejeros bíblicos están motivados por la compasión de Cristo (Mat. 9:36, 2 Cor. 5:14-15) y por obedecer Sus mandamientos (Juan 14:21). Ellos procuran ser sal y luz de tal manera que los demás vean sus buenas obras y glorifiquen a su Padre que está en los cielos (Mat. 5:16)».[2]

C. Definiciones de la consejería bíblica
1. Pastor Howard Eyrich, Ministerios de Consejería Briarwood de la Iglesia Presbiteriana Briarwood: «La consejería bíblica es amar a la gente al tomarse el tiempo para entenderlos, interpretar sus situaciones de vida a través del filtro de la Escritura, confrontarlos con el marco de Dios, y desafiarlos a participar en la dinámica de Efesios 4:22-24 de despojarse, renovarse y vestirse».
2. Tim Lane, Director Ejecutivo de Fundación para el Consejería y la Educación Cristiana: «La consejería bíblica incluye caminar con paciencia con alguien, mientras lo conectamos sabiamente a Cristo a través del mensaje bíblico centrado en la gracia. Este ministerio de uno-a-uno se lleva a cabo en la comuni-

[2] John Babler, «What is Biblical Counseling?», *Theological Matters*, página consultada el 21 de junio de 2016. http://theologicalmatters.com/2012/01/03/what-is-biblical-counseling/.

dad de la iglesia, en la que tanto los problemas normales de la vida cotidiana como los complejos pueden ser abordados».[3]

3. La consejería bíblica es acercarnos para caminar por la vida con los demás, tratando de comprenderlos verdaderamente, y ayudarlos a entender cómo la Palabra de Dios se aplica a su situación de vida. Al hacerlo los ayudamos a crecer en obediencia y a responder de una manera piadosa a los desafíos de la vida.

D. Fundamentos de la consejería bíblica[4]
   1. Uso del lenguaje
      a) El poder de la lengua para construir o derribar es evidente en la interacción humana y en las enseñanzas de la Escritura.
      b) Santiago escribió que, aunque la lengua es pequeña, tiene un gran poder, comparándolo con el freno y la brida de un caballo, el timón de un barco grande, o una chispa que puede incinerar un bosque entero (Sant. 3:3-5).
      c) Proverbios también enseña mucho sobre el poder de la lengua, y nos recuerda que la palabra adecuada en el momento adecuado, y un buen consejo para alguien que lo desea, es como «manzana de oro con figuras de plata [...].
         (1) Como zarcillo de oro y joyel de oro fino es el que reprende al sabio que tiene oído dócil» (Prov. 25:11-12).
         (2) El consejo sabio con palabras apropiadas es algo poderoso.
      d) Pregunta a los estudiantes cómo cada pasaje se relaciona con lo que Dios desea para el uso correcto de la lengua en la consejería bíblica.
         (1) 1 Tesalonicenses 4:13,18
         (2) 1 Tesalonicenses 5:11
         (3) Hebreos 3:13
         (4) Romanos 15:14
   2. Centrado en Dios
      a) Dios es nuestro Creador
         (1) Él entiende a los hombres y a las mujeres y sus interacciones mejor de lo que ellos se entenderán alguna vez a sí mismos.
         (2) El creador, el inventor, el ingeniero o el artista entiende su creación mejor de lo que la creación puede entenderse a sí misma.
         (3) Él es el que debe determinar la forma en que vivimos nuestras vidas.
         (4) Él desea nuestro bien y Su gloria, y cuando nosotros pensamos correctamente, deseamos lo mismo.
      b) Un guía bien fundamentado
         (1) Cuando la vida va mal, la gente necesita la sabiduría de Dios revelada en Su Palabra, y necesita saber cómo aplicarla a sus vidas.
         (2) Llegar a poseer la amplitud y profundidad de la sabiduría bíblica y saber cómo aplicarla correctamente a la vida humana, resolver los problemas humanos complejos, y desenredar relaciones enmarañadas no es algo automático.
         (3) Necesitamos un guía que conozca a Dios y Su Palabra, alguien con

---

[3] Bob Kelleman, «15 Definitions of Biblical Counseling», página consultada el 21 de junio de 2016. http://www.rpmministries.org/2011/09/15-definitions-of-biblical-counseling/.

[4] John Piper, «Toward a Definition of the Essence of Biblical Counseling», presentada en Bethlehem Baptist Church el 12 de diciembre de 2001, página consultada el 21 de junio de 2016. http://www.desiringgod.org/articles/toward-a-definition-of-the-essence-of-biblical-counseling.

una perspectiva fresca que no esté atado a nuestra comprensión confusa de nuestros problemas, y alguien que se preocupe realmente por ayudarnos a ponernos en armonía con lo que Dios quiere.

(4) Recuerda a tus estudiantes que incluso miembros de iglesias que son bíblicamente alfabetizados y llenos de Dios van a experimentar problemas cuando aplican mal la Palabra de Dios.

(5) A veces llegamos a involucrarnos tanto emocionalmente en nuestros problemas que nos olvidamos de lo que la Biblia ha dicho.

(6) El objetivo para tus estudiantes es que se conviertan en guías bíblicos para alejar a las ovejas del peligro y llevarlas de regreso al Pastor.

c) Pregunta a los estudiantes cómo cada pasaje se relaciona con lo que Dios desea para el uso correcto de la lengua en la consejería bíblica.

(1) 1 Corintios 10:31

(2) Hechos 17:28

3. Exalta a Cristo

a) El cambio

(1) No podemos obligar a las personas a cambiar.

(2) El cambio en la gente no es el objetivo en sí; la meta es exaltar y glorificar a Cristo.

b) El objetivo

(1) La consejería bíblica debe exaltar a Cristo.

(2) Él es a quien debemos glorificar y a quien señalamos.

(3) A Él le toca crecer y a nosotros menguar.

(4) A medida que lo exaltamos, Él se convierte en Aquel a quien nuestra gente busca para todo lo que necesita, Aquel que tratan de complacer y honrar, y al que imitan.

(5) Cristo vino a servir, no a ser servido, y Él procuró hacer la voluntad de Su Padre, no la Suya propia.

(6) En la medida en que tus estudiantes procuren desarrollar tal deseo en su propia vida, y procuren inculcar eso en las vidas de su gente, ellos exaltarán a Cristo, y Él honrará a aquellos que le honran (1 Sam. 2:30).

c) Pregunta a los estudiantes cómo cada pasaje se relaciona con exaltar a Cristo en la consejería bíblica.

(1) Juan 16:14

(2) Juan 17:5

4. Aprecia la cruz

a) El propósito de Cristo

(1) Debemos mirar el propósito de Cristo en nuestra consejería; Él vino a buscar y a salvar a los perdidos.

(2) «Nadie tiene mayor amor que este, que uno ponga su vida por sus amigos» (Juan 15:13).

(3) La muerte sustitutiva, abnegada y vicaria de Cristo en la cruz para expiar los pecados de Su pueblo fue la perfección del plan divino.

(4) Él vino a morir.

b) Consejería enfocada en la cruz

(1) Cuando en nuestra consejería nos enfocamos en la cruz, sostenemos ante los demás la única respuesta al problema más grande que ellos podrán enfrentar en sus vidas.

(2) Recuerda a tus estudiantes que es posible que algunos miembros de la iglesia acudan a ellos para pedirles mediación en problemas, y más que buscar la solución de Dios, ellos buscan su propio beneficio.

(3) Puede que sea evidente para ti (y debemos orar que lo sea para ellos también) que su primera y mayor necesidad es reconciliarse con Dios.
(4) Si tú mantienes una actitud de estima hacia la cruz en tu consejería, les muestras el ejemplo de Cristo quien sufrió voluntariamente por nosotros y les señalas la primera y última respuesta al mayor problema humano en el mundo, y sin la cual todo otro consejo y guía es meramente temporal.

c) Pregunta a los estudiantes cómo cada pasaje se relaciona con una actitud de estima en la consejería bíblica.
(1) Gálatas 6:14

5. Dependiente del Espíritu

a) La necesidad de sabiduría
(1) Ninguno de nosotros tiene suficiente sabiduría para resolver los problemas de los hombres y las mujeres y de sus familias.
(2) Incluso con la Biblia delante, ninguno de nosotros es suficiente para la tarea de extraer y destilar su contenido en pasos prudentes y necesarios para la persona atribulada y cargada que viene a nosotros en busca de orientación.
(3) El único que puede hacerlo es también el que inspiró la Biblia, y que nos llena y da orientación a medida que procuramos impartir Su sabiduría a los demás.
(4) Somos completamente dependientes de Él.

b) Un llamado a la oración
(1) Enseña a tus estudiantes a saturar en oración la totalidad de su ministerio de consejería, que busquen la dirección del Espíritu y apoyen todo sobre Su liderazgo.
(2) Nunca trates de operar en la carne o en experiencias personales pasadas.
(3) El Espíritu debe guiar. Solo Él sabe dónde colocar el bisturí del cirujano del alma y las prescripciones precisas para cada enfermedad y dilema.
(4) Al igual que en todo nuestro ministerio, tenemos que ponernos tan cerca de Dios como podamos estar, y permanecer allí. Solo allí estaremos lo suficientemente cerca para oír la voz suave y apacible que dice: «Este es el camino».
(5) Exhorta a tus estudiantes a permanecer conscientes de su dependencia del Espíritu Santo.

c) Pregunta a los estudiantes cómo cada pasaje se relaciona con ser dependiente del espíritu en la consejería bíblica.
(1) Romanos 8:6,14
(2) Gálatas 3:5
(3) Gálatas 5:22-23
(4) 1 Pedro 4:11

6. Saturado de la Biblia

a) Nuestro libro de texto para la vida y la consejería
(1) La Biblia está llena de la sabiduría de Dios para el hombre. Sus enseñanzas nos conducen a Él, nos mantienen en comunión con Él, y nos enseñan cómo vivir en armonía con los demás.
(2) La Regla de Oro: «Así que, todas las cosas que queráis que los hombres hagan con vosotros, así también haced vosotros con ellos; porque esto es la ley y los profetas» (Mat. 7:12).
(3) El Gran Mandamiento: «Amarás al Señor tu Dios con todo tu corazón, y con toda tu alma, y con toda tu mente. Este es el primero

y grande mandamiento. Y el segundo es semejante: Amarás a tu prójimo como a ti mismo» (Mat. 22:37-39).

(4) Enseña a tus estudiantes a esforzarse para llegar a ser canales de las enseñanzas bíblicas, en lugar de ser simplemente receptores de estas.

(5) La Palabra debe transformar sus mentes y guiar sus pensamientos, pero a medida que Dios les enseña cada vez más de Su Palabra, ellos deben verter eso en la vida de aquellos que aconsejan.

(6) Cuando alguno de tus estudiantes da un consejo a los demás, este debe estar en total acuerdo con la Biblia misma, y completamente saturado en ella.

b) El pastor médico

(1) Los pastores puritanos eran bien conocidos por su amor a la Palabra de Dios, su familiaridad con ella y por sumergir sus escritos en la Biblia.

(2) «La responsabilidad de un médico es verificar, restaurar y mantener la salud de aquellos que se encomiendan a su cuidado. De la misma manera, el ministro debe llegar a conocer a la gente de su iglesia y animarlos a consultarle como el médico de su alma. Si hay algún tipo de problema, incertidumbre, desconcierto o angustia espiritual, ellos deben acercarse al ministro y contárselo, y el ministro necesita saber lo suficiente como para darles un consejo que les ofrezca sanidad. Ese es el ideal puritano». (J. I. Packer)

(a) Esto es precisamente lo que debemos entender con respecto a la interrelación del ministerio pastoral y la consejería bíblica. El pastor debe tratar de imitar esta mentalidad puritana de que la sabiduría bíblica pueda influir en los miembros de tu iglesia, en todos los aspectos de sus vidas.

(3) El Dios que inspiró la Biblia, Aquel a quien esta revela, y que hizo al hombre, es la mejor fuente para obtener respuestas a los males de la humanidad, y para prescribir lo que es necesario con el fin de vivir correctamente y así estar en armonía con Dios y el hombre.

c) Pregunta a los estudiantes cómo cada pasaje se relaciona con estar saturado de la Biblia en el consejería bíblico.

(1) Mateo 4:4

(2) Romanos 15:4

(3) Hebreos 4:12

7. Conectado emocionalmente

a) Inteligencia emocional

(1) Las empresas se han dado cuenta de los beneficios de los empleados que son emocionalmente intuitivos en las interacciones humanas, y que algunas de las personas más inteligentes y mejor educadas que carecen de esta cualidad, engendran disfunción y falta de armonía.

b) Como consejeros, debemos tratar de ser conscientes de las emociones de los que tratamos de ayudar, saber cuándo y cómo involucrarnos emocionalmente, y medir nuestra respuesta en formas útiles.

(1) La Biblia nos enseña a gozarnos con los que se gozan; y llorar con los que lloran (Rom. 12:15).

(2) Sin embargo, debemos tener cuidado con afirmar emociones inapropiadas, especialmente antes de haber escuchado a todas las partes y contar con todos los hechos (Prov. 18:17).

c) Pregunta a los estudiantes cómo cada pasaje se relaciona con estar emocionalmente conectado en el consejería bíblico.

(1) Deuteronomio 32:2
(2) Romanos 12:15
(3) Hebreos 4:15
(4) Hebreos 13:3

8. Informado en lo cultural
   a) El lugar de la cultura
      (1) La Biblia informa a la cultura, la cultura nunca informa a la Biblia.
      (2) Sin embargo, las culturas tienen definiciones preexistentes de lo que es pecado, de lo que es correcto e incorrecto, y esto va a afectar cómo el pecado es visto tradicionalmente en el pueblo.
      (3) El pastor, maestro o consejero debe ser consciente de lo que sus oyentes entienden e infieren mientras se enseña. Alguien de la misma cultura será el mejor para discernir eso.
   b) Las tres hebras
      (1) En muchas regiones del mundo que son musulmanes, hindúes y animistas, la vida puede ser comparada con una cuerda de tres hebras.
      (2) Las tres hebras son las normas culturales, las leyes civiles de la sociedad y la religión.
      (3) Cuando se observa cierto comportamiento, uno puede preguntarse: «¿Acaso este hombre hizo eso porque era culturalmente apropiado y los demás a su alrededor lo esperaban? ¿O estaba obedeciendo una ley que así lo exige? ¿O era un aspecto de sus creencias religiosas?». La respuesta a estas tres preguntas en muchas culturas es simplemente: «Sí». Es decir, no hay manera de distinguir entre lo que es cultural, jurídico o religioso; todo es lo mismo.
   c) Consejería cultural y bíblica
      (1) Cuando en este tipo de culturas surgen problemas que requieren la orientación de un consejero bíblico, las respuestas no son tan claras como pueden estar en la mente de un consejero, especialmente si este viene de otra cultura.
      (2) En muchas situaciones, se necesita un conocimiento cultural para comprender situaciones y comportamientos con el fin de aplicar correctamente la Palabra de Dios a la vida de las personas involucradas.
   d) Pregunta a los estudiantes cómo cada pasaje se relaciona con estar informado en lo cultural en la consejería bíblica.
      (1) Hechos 17:23,28
      (2) Proverbios 6:6-8
      (3) Job 38-41
9. Ayudar a las personas a transformarse
   a) Un Dios de tranformación
      (1) A menudo se ha dicho que Dios nos ama tal como somos, pero Él nos ama demasiado como para dejarnos de esa manera, por lo que Él nos toma de la mano y nos lleva desde donde estamos a donde debemos estar.
      (2) Jesús no nos ve solo como somos, sino que nos ve como llegaremos a ser; ninguna otra explicación podría apoyar el hecho que Jesús llamara a Simón, hijo de Jonás, por el nombre de Pedro (Juan 1:42).
      (3) De la misma manera, el consejero bíblico debe tratar de amar y aceptar a la gente donde está, pero ayudarles a cambiar para convertirse en lo que Dios quiere que sean.

b) Consejería bíblica y cambio
  (1) Este deseo encuentra su expresión en las relaciones de consejería bíblica; a medida que procuramos conocer a la persona que necesita orientación, comprendemos su situación, sus emociones, acciones, habilidades para resolver problemas y le llevamos la Palabra de Dios para tratar con todo esto.
  (2) Ayudar a los demás a verse a sí mismos como Dios los ve, a entender lo que Él ha revelado en Su Palabra de Sí mismo y de nosotros, y encontrar Sus respuestas a los desafíos que ellos enfrentan, solo se puede lograr en las relaciones.
  (3) La consejería bíblica no es un método tipo «libro de cocina» para saber que hay un problema y luego entregarle a los que sufren una receta con tres reglas fáciles para solucionar el problema.
  (4) El objetivo es ayudarles a convertirse en lo que Dios quiere que ellos sean
    (a) En primer lugar, que estén en una relación correcta y creciente con Él.
    (b) En segundo lugar, que sus matrimonios, relaciones, habilidades para resolver problemas y vidas sean lo que Él quiere que sean.

c) Pregunta a los estudiantes cómo cada pasaje se relaciona con enfocarse en ayudar a la gente a llegar a ser lo que deben ser en la consejería bíblica.
  (1) 1 Tesalonicenses 3:12
  (2) Filipenses 1:9

10. Que amen desinteresadamente y con gozo la gente
  a) Amar adecuadamente a las personas
    (1) Aconsejar a otros a veces es un ministerio emocionalmente agotador.
    (2) También puede dejar al consejero agotado en lo físico y mentalmente desanimado.
    (3) Es doloroso derramar el corazón, el alma y la energía mental en otra persona durante semanas o meses, mientras tratas de ayudarla, y reconocer de forma tan clara los pasos obvios que ella necesita dar para alinear su vida de acuerdo a la Palabra de Dios.
    (4) Deben ser empáticos ante el dolor, pero la forma en que mejor pueden ayudar es mantenerse calmados y enfocados, en lugar de sentir el dolor y ser cegados por los aspectos emocionales.
    (5) La consejería bíblica implica la participación en la vida de otros, el desarrollo de relaciones, pero también implica a veces dejar que la gente tome decisiones tontas, y que asuman la responsabilidad de sus propias vidas.
  b) Límites en el ministerio
    (1) Al reunirte con miembros de la iglesia u otras personas que buscan consejo, emplea el tiempo necesario para llegar a conocerlos y saber qué les impulsó a buscar consejo.
    (2) Haz preguntas abiertas de seguimiento para llegar a la raíz del problema, en lugar de averiguar simplemente el fruto presente en la crisis actual.
    (3) Asegúrate de que tu consejería sea pública; es decir, asegúrate de no estar encerrado en una habitación con un miembro del sexo opuesto.
    (4) Siempre que sea posible, no divulgues lo que se comparte de forma

confidencial.
(5) Discierne la condición espiritual de los que buscan consejo y comparte el evangelio en todos los casos; nunca supongas que ser miembro de la iglesia significa tener vida y salud espiritual.
(6) Sé paciente; recuerda que su problema rara vez se desarrolla de la noche a la mañana, y es muy posible que la solución no sea reconocida, aceptada o aplicada de manera efectiva inmediatamente.
(7) Además de ayudarlo a encontrar la solución de Dios para un desafío específico de la vida, tus estudiantes también deben enseñarles cómo encontrar guía en Su Palabra para la vida cotidiana.

c) Pregunta a los estudiantes cómo cada pasaje se relaciona con enfocarse en ayudar a la gente a llegar a ser lo que pueden ser en la consejería bíblica.
(1) Filipenses 1:25
(2) 2 Corintios 1:24
(3) 1 Corintios 16:14
(4) 1 Timoteo 1:5
(5) Gálatas 5:6

E. Ministerio a la familia
1. Importancia para la iglesia local
a) Una iglesia saludable con un ministerio a la familia totalmente integral es muy probable que reduzca la carga del ministerio de consejería bíblica, que de otro modo sería necesario.
b) El ministerio hacia, para y a través de las familias es importante en la iglesia local. El ministerio *hacia* las familias puede encontrar expresión en un ministerio de consejería, tal vez provocando el deseo de involucrar a la iglesia para ayudar a una familia joven necesitada o una que está luchando en medio de una crisis.
c) El ministerio *para* las familias puede incluir Escuelas Dominicales según la edad, Escuelas Bíblicas de Vacaciones (EBV), actividades de ministerio juvenil, o conferencias especiales para los desafíos específicos que enfrentan las familias.
d) El ministerio *a través* de las familias se lleva a cabo cuando estas llegan a otras familias que han conocido a través de la escuela, actividades de la comunidad o relaciones de trabajo.

2. La función de las familias
a) El pastor es clave para ayudar a los padres a ministrar a sus familias.
(1) El pastor debe enseñar a los padres lo que la Biblia exige de ellos en cuanto a la guía de sus familias.
(a) Los tiempos devocionales diarios en familia son un primer paso muy bueno para que los padres discipulen y oren por sus familias.
(b) Enseña a tus estudiantes a conocer bien a los miembros de su iglesia y a estar familiarizados con la dinámica familiar entre ellos.
(c) Esto les permitirá instruir a los padres jóvenes en sus iglesias, visitarlos en sus hogares, y mentorearlos con respecto a los mandamientos bíblicos de criar a sus hijos en disciplina y amonestación del Señor (Deut. 6:6-7; Ef. 6:4).
b) La función de los padres
(1) Los padres son los líderes, discipuladores, maestros y componentes

claves del ministerio de la iglesia, y deben aprender a verse a sí mismos como tales.

(2) No podemos culpar a los padres por fracasar en estas funciones cuando nunca los hemos capacitado, del mismo modo que no podríamos criticar a un carpintero por fracasar como cirujano.

(3) La capacitación en el liderazgo para los padres de familias jóvenes no solo facilita la salud de los miembros de la iglesia, sino que también ayuda al pastor en su función de cuidar a todo el rebaño.

c) Matrimonio saludable

(1) Una de las bendiciones más grandes que un niño recibirá jamás es ser criado en un hogar lleno de Dios, por padres que se aman y están comprometidos el uno al otro, y que presentan un frente unido en las decisiones familiares, los asuntos de disciplina y los límites de comportamiento.

(2) Cuando un matrimonio tiene problemas, los síntomas a menudo se manifiestan en toda la familia.

(a) Consejería matrimonial, conferencias y modelos de un matrimonio piadoso dentro de la iglesia constituyen formas en que una iglesia saludable, con un ministerio sólido de familia, puede ayudar a las familias jóvenes.

(b) Una persona joven en la iglesia será profundamente impactada por la forma en que el pastor y la familia de la iglesia reaccionan ante un matrimonio con problemas.

(c) Por lo tanto, cuando surgen dificultades matrimoniales en una familia de la iglesia, exhorta a tus estudiantes a aplastar el chisme, brindar consejería bíblico imparcial y ministrar a cada miembro de la familia.

(d) El ministerio de tu estudiante bendecirá a otros de esta manera y, a su vez, será bendecido: «Bienaventurados los pacificadores, porque ellos serán llamados hijos de Dios» (Mat. 5:9).

(3) La falta de capacidad o deseo es perjudicial para un hogar o iglesia saludables.

(a) Afortunadamente, en la mayoría de las familias de la iglesia, al menos, el deseo está ahí.

(b) Lo que a veces falta es la capacidad o el conocimiento de lo que es necesario para llevar a cabo la crianza de los hijos adecuadamente.

(c) Ahí es donde una iglesia con un fuerte compromiso con el ministerio de familia puede ayudar.

(d) Las conferencias para padres pueden enseñar sobre las habilidades de comunicación apropiadas, las técnicas para los desafíos de la crianza de los niños en edades específicas, tales como enseñar al niño a ir al baño, aprender a leer, los desafíos de la escuela, o sobre los años difíciles de la adolescencia, explicar las pautas y las expectativas bíblicas de la crianza, y facilitar las oportunidades para que los padres piadosos en la iglesia sirvan como mentores de parejas jóvenes.

(4) La incorporación de los fundamentos de la consejería bíblica en el ministerio a la familia de una iglesia para ayudar a los miembros a tener matrimonios saludables y habilidades útiles para la crianza de los hijos será una bendición para toda la iglesia.

d) Ministrar a todo el cuerpo

(1) Todas las etapas de la vida
  (a) El ministerio a la familia no solo debe ser sensible a las diferentes cuestiones de las etapas de vida, tales como las relacionadas con la soltería, el matrimonio y la crianza de los hijos, sino que también debe atender la educación bíblica elemental, que a menudo se imparte en la escuela dominical o en pequeños grupos de discipulado.
  (b) La enseñanza a través de libros de la Biblia, material de discipulado o los temas que se encuentran en *Corazones, mentes y manos* preparará a los miembros de la iglesia de todas las edades en los fundamentos de la vida cristiana.
  (c) Además, las clases específicas para los nuevos cristianos ayudarán a los creyentes a crecer en su caminar con Cristo, a tener un tiempo diario de quietud, a leer y meditar en la Escritura, a evangelizar y servir a otros. La existencia de algún tipo de capacitación sistemática y constante de discipulado es esencial para una membresía saludable.

(2) Familias que ministran juntas
  (a) El ministerio a la familia también debe incluir formas para que esta sirva unida, y las oportunidades de misiones adecuadas para familias son útiles en el logro de este objetivo.
  (b) Cuando los niños ven a sus madres y padres compartir el evangelio, en el entorno de las misiones, esto establece las pautas y ejemplos que ellos pueden seguir.
  (c) Pocas actividades unirán mejor a los miembros de la familia que trabajar mano a mano en viajes de misiones, ya sea pintando las paredes de un nuevo edificio de la iglesia o dibujando en una clase de la EBV.
  (d) Priorizar el tiempo y el dinero para que la familia participe en un viaje de misión ministerial, de evangelismo, o para testificar del evangelio no se termina con el viaje o el evento de alcance evangelístico.
  (e) El precedente establecido en dicho ministerio anima a la familia a continuar con estas actividades en la iglesia local y en la comunidad, como un fruto que permanece.

F. Práctica del estudiante
  1. Instrucciones
    a) Cada estudiante preparará una sesión de consejería que trate una de las siguientes situaciones de estudios de casos.
    b) La tarea les exige pasar tiempo fuera de clase considerando los retos de aconsejar a una persona o familia con el problema descrito en su caso, teniendo en cuenta las enseñanzas bíblicas sobre los temas relacionados, y aplicando lo que han aprendido en este módulo.
    c) Los estudiantes deben estudiar para descubrir lo que la Biblia dice sobre el tema, y formular el consejo piadoso que ellos creen que debe ser considerado.
    d) Recalca a tus estudiantes que su papel en la sesión de consejería no debe ser el de un dictador que exige que el aconsejado se someta a su voluntad, sabiduría y consejo.
    e) En sus presentaciones, cada estudiante debe describir el caso que está aconsejando, enumerar las enseñanzas bíblicas principales que desea que el aconsejado acepte y aplique, y esbozar los próximos pasos en el

proceso de consejería.

f) En cada estudio de caso se incluyen unos escasos detalles, lo cual permite a los estudiantes realizar los ajustes culturales, en los sentidos que serían más coherentes con lo que ellos encontrarían en sus regiones.

g) Con el objetivo de hacer un juego de roles, para cada estudiante que presente habrá un segundo estudiante voluntario que haga el papel del aconsejado.

2. Casos de estudio

a) *Conflictos matrimoniales causados por interferencia de la familia de origen.* En este caso, la madre de la esposa continúa interfiriendo en el matrimonio de su hija. Las decisiones del marido son puestas constantemente en tela de juicio, ridiculizadas o ignoradas debido a una suegra entrometida que influye en su hija. Sin embargo, gran parte de lo que la suegra ha dicho tiene mérito real; el marido ha tomado malas decisiones y no trata a su esposa como debería. La pareja viene a ti en busca de consejería, en un último intento desesperado por salvar su matrimonio. ¿Cómo los aconsejarías?

b) *Conflictos matrimoniales causados por violencia física.* Uno de los cónyuges (esposa o esposo) ha venido a verte en busca de consejo porque su cónyuge es físicamente abusivo. Las conversaciones triviales comienzan a acalorarse debido a las diferencias de opinión, el pasado es injustamente recordado y mezclado en la discusión, y de repente la situación se torna abusiva mediante golpes, empujones y lanzamiento de objetos. El aconsejado(a) quiere alivio y vivir en seguridad, pero también quiere salvar el matrimonio. ¿Cómo lo aconsejarías?

c) *Abandono.* Un cónyuge (esposo o esposa) ha venido a ti en busca de consejo debido al abandono. El aconsejado comprende que esto podría ser considerado como una razón bíblica para el divorcio, pero prefiere la reconciliación. Mientras tanto, siente una gran soledad, temor, sentimientos de ineptitud, rechazo y dolor. ¿Cómo lo aconsejarías?

d) *Conflicto causado por relaciones sexuales poco saludables.* Un cónyuge ha venido en busca de consejo debido a los desacuerdos relacionados con su relación sexual. El problema puede ser la frecuencia, la actitud u otras muchas razones, pero esto se ha convertido en un problema tal que el matrimonio se ve amenazado. ¿Cómo lo aconsejarías?

e) *Infidelidad conyugal y la culpa del infractor.* El cónyuge infractor se siente abrumado(a) por la culpa después de haber tenido una aventura, y quiere consejo con respecto a si debe informar al otro cónyuge, cómo asegurar que el mismo pecado no vuelva a ocurrir, la forma de restablecer la confianza con el cónyuge, y cómo encontrar el perdón de Dios después del fracaso. ¿Cómo lo aconsejarías?

f) *Infidelidad conyugal, el perdón y la reconciliación.* La víctima de la traición del pecado sexual del otro cónyuge está luchando con la amargura, la ira, la incapacidad para confiar de nuevo y los sentimientos de rechazo o insuficiencia. La herida es profunda y no estás seguro de que el deseo de sanar el matrimonio sea fuerte. ¿Cómo lo aconsejarías?

g) *Abusos dentro de la familia.* La familia está lidiando con un patrón de abuso y en este caso, tú estás aconsejando a toda la familia, no solo a la víctima o el agresor. El abuso puede haber sido sexual, físico, emocional, verbal o alguna combinación de estos. Los miembros de la familia ahora son creyentes, aunque puede que todos no hayan seguido el mismo patrón. Ellos quieren reconciliarse entre sí y restaurar la familia como Dios quiere que sea. ¿Cómo los aconsejarías?

h) *Segundo matrimonio.* Un miembro de la iglesia todavía sufre la soledad y la amargura de la traición, el abandono y el divorcio. El divorcio fue desastroso, pero ha sido definitivo desde hace años, y si finalmente se sustentó en motivos bíblicos o no, los sentimientos de culpa se mantienen. No hay esperanza de reconciliación debido a que el cónyuge del miembro de la iglesia se casó y ya tiene otra familia. ¿Cómo lo aconsejarías?

i) *Matrimonios arreglados.* Una jovencita creyente de tu iglesia, que está creciendo en el Señor con una fe vigorosa, te anuncia que no va a regresar a la iglesia. Tras una investigación, te enteras de que ella ha alcanzado la edad de casarse y su padre ha hecho arreglos para que se case con un hombre al que no conoce. Ella se ha enterado de que él es hostil al cristianismo, por lo que sabe que una vez que ella se case, no podrá practicar abiertamente su fe. Ella tiene pánico; no quiere casarse con él, ni provocar la ira de su padre al avergonzarlo. ¿Cómo la aconsejarías?

j) *Múltiples esposas.* Un hombre que está casado con cuatro mujeres viene a pedirte consejo. En su cultura es lícito y honorable tener varias esposas y prácticamente todos los hombres tienen más de una esposa. A pesar de que en la cultura ha sido así durante siglos, tú estás enseñando que el matrimonio cristiano se compone de un hombre y una mujer para toda la vida. Él quiere aceptar a Cristo y ser bautizado, y aspira a ser un líder en la iglesia. Él sabe que si repudia (se divorcia) de todas sus esposas menos una, ellas quedarán desamparadas, los niños serán huérfanos y las comunidades de origen de las mujeres se enfurecerán. Las mujeres también desean seguir a Cristo. ¿Cómo lo aconsejarías?

k) *Adicción.* Un hombre ha venido a verte en un estado de quebrantamiento y dolor. Es adicto al alcohol/drogas y desea liberación. Ha intentado numerosos programas de rehabilitación, pero nada ha funcionado. Él ha estado mintiendo a sus amigos y familiares, robándoles para mantener sus malos hábitos, y ahora su matrimonio se está desmoronando; su esposa lo amenaza con llevarse a sus hijos y alejarse. ¿Cómo lo aconsejarías?

l) *El familiar de un adicto a las drogas/alcohol.* El cónyuge de un adicto ha venido a verte en busca de consejo. Han pasado por esto muchas veces. El adicto se ha comprometido a cambiar, ha pasado por numerosos programas de tratamiento para la rehabilitación, pero siempre ha retrocedido y regresado a este estado. El cónyuge no piensa que él o ella y los niños pueden seguir adelante. Por otra parte, la persona se siente en peligro cuando el adicto está bajo la influencia del alcohol/drogas. ¿Cómo lo aconsejarías?

m) *Problemas financieros debido a la pérdida del trabajo.* Un miembro de la iglesia que no ha podido encontrar empleo está sufriendo financiera y emocionalmente. No hay oportunidades de trabajo para mantener a su familia y no tiene tierras para el cultivo de alimentos para ellos. Él está empezando a dudar de la existencia, el amor o el poder de Dios. ¿Cómo lo aconsejarías?

n) *Irresponsabilidad de un cónyuge.* Una mujer joven de la iglesia está luchando para permanecer en un matrimonio donde el marido bebe constantemente con sus amigos, desaparece durante días enteros, o es perezoso y se niega a trabajar para satisfacer las necesidades de la familia. ¿Cómo la aconsejarías?

o) *Respecto a tener hijos.* Una pareja de jóvenes en la iglesia ha pasado por el dolor de múltiples abortos involuntarios y ha sido incapaz de tener hijos. Su esterilidad está causando depresión a los dos, pero el dolor de los bebés perdidos es especialmente profundo para la mujer, mientras que el marido siente vergüenza de no poder dar hijos. ¿Cómo los aconsejarías?

p) *Adolescentes rebeldes*. Los padres de un adolescente han venido a buscar tu consejo. El joven creció en tu iglesia e hizo una profesión de fe cuando era un muchacho, pero desde entonces se ha ido al mundo y ahora está involucrado en un estilo de vida muy impío. Los comportamientos pecaminosos del joven son conocidos por todos y causan gran vergüenza a sus angustiados padres. ¿Cómo los aconsejarías?

q) *Enfermedad crónica*. Una miembro fiel de la iglesia, que siempre ha servido al Señor con diligencia y sacrificio personal, ha estado enferma durante varios años. Los médicos han sido incapaces de ayudarla y no parece haber ningún remedio. La enfermedad hace que ella no pueda trabajar, no puede involucrarse en la iglesia, y se siente exasperada de que no ha habido ninguna ayuda o respuestas a sus oraciones por sanidad. ¿Cómo la aconsejarías?

r) *Ansiedad y temor*. La ansiedad, el pánico, y el temor constante de una miembro de la iglesia la ha llevado a buscar ayuda. Ella le tiene miedo a todo, pero no puede mencionar ninguna amenaza específica. Ella no puede pasar un día sin experimentar temores que la debilitan y ansiedades que la acosan constantemente. ¿Cómo la aconsejarías?

s) *Sufrimiento*. La familia de un niño que nació con gravísimas deformaciones congénitas ha sufrido todos los días de la existencia del niño. Ellos tienen que gastar más de lo que pueden en medicamentos y médicos. Se deben turnar para quedarse en casa con el fin de cuidar al niño, y no se avizora ninguna esperanza de cambio. ¿Cómo los aconsejarías?

t) *Depresión*. Por ninguna razón, o por desilusiones o derrotas de hace muchas décadas, un miembro de la iglesia ha estado sumiéndose cada vez más en la desesperación y la depresión. Hace tiempo que los miembros de su familia han dejado de intentar disipar la nube oscura que parece flotar todos los días sobre él. El miembro de la iglesia quiere librarse de ella y volver a ser feliz, pero no puede desprenderse de esta depresión diaria. ¿Cómo lo aconsejarías?

u) *Frente a la muerte*. Un hombre que acaba de recibir un diagnóstico de una enfermedad mortal que le dejará sin vida en cuestión de meses, ha venido a verte. Él está aterrado ante la perspectiva de morir y también siente ansiedad al pensar en cómo su familia va a pagar las facturas después de que él se haya ido. Tiene muchos remordimientos por la forma en que ha vivido su vida. ¿Cómo lo aconsejarías?

v) *Dolor*. Una joven viuda viene a verte varios años después de que su marido muriera trágicamente en un accidente, del que ella sobrevivió. Con el paso de los meses, ella ha transitado por etapas de conmoción, negación, ira y depresión, pero no puede desprenderse de la tristeza persistente y el dolor profundo. Se siente culpable por querer que el dolor desaparezca y volver a ser feliz, a pesar de que ella sabe que esto sería correcto. Aun así, el dolor le espera en cada esquina. ¿Cómo la aconsejarías?

w) *Alguien tentado a cometer suicidio*. Te has enterado de que un joven de la iglesia ha comentado la posibilidad de cometer suicidio. Tú le pides una oportunidad para hablarle. ¿Cómo lo aconsejarías?

x) *Alguien que enfrenta las secuelas del suicidio*. Un joven esposo y padre en tu iglesia anduvo con otra mujer, comenzó a beber en exceso, perdió su trabajo y contrajo una gran cantidad de deudas. Al creer que no había manera de salir de sus problemas, se suicidó. Su mujer ha venido a buscar consejo. Ella se siente culpable por no haber reconocido las señales que pueden haber indicado que él estaba planeando este paso. También se pregunta si la relación inicial que comenzó la trágica espiral descendente en la vida de su marido, pudo haber sido de alguna manera culpa suya. ¿Cómo la aconsejarías?

y) *En busca de la voluntad de Dios.* Un miembro de la iglesia viene a ti buscando desesperadamente la voluntad de Dios. Una decisión importante ha de ser tomada pronto y la elección tendrá un impacto en muchas áreas de las vidas de otras personas. ¿Cómo lo aconsejarías?

z) *Miedo a la brujería y a las maldiciones.* Un joven agricultor está a punto de sembrar sus campos y quiere hacer todo lo posible para asegurar el éxito de los cultivos, pero teme que un vecino celoso ha echado una maldición en su campo. Una mujer joven incapaz de concebir está convencida de que hay una brujería contra ella. ¿Cómo los aconsejarías?

aa) *Fantasmas y antepasados.* Una familia ha llegado a la convicción de que las ofrendas que presentan a sus antepasados en su casa es pecado, pero tienen miedo de abandonar la práctica. ¿Cómo los aconsejarías?

ab) *Ira.* Un diácono en la iglesia pierde los estribos con regularidad en las reuniones y en su casa. Tú has sospechado durante mucho tiempo que de seguro también lo hace con sus compañeros de trabajo. Él ha venido a ti profundamente preocupado porque otros finalmente lo han confrontado al respecto. ¿Cómo lo aconsejarías?

ac) *Amargura y perdón.* Una mujer en tu iglesia quedó huérfana cuando era muy pequeña, fue criada por parientes, y se casó muy joven para escapar. Su primer marido se fue con otra mujer y su segundo esposo fue reclutado en el ejército y posteriormente murió en la guerra. Ella educó sola a sus dos hijos y ha enfrentado muchos desafíos. Es una persona amargada e implacable, cuya actitud parece envenenar cualquier entorno en el que ella se encuentre. ¿Cómo la aconsejarías?

ad) *Ejemplos bíblicos.* Considera los desafíos emociones o relacionales que las siguientes historias bíblicas plantean. Imagínate que fueras el pastor en una de las situaciones y tuvieras que dar un consejo conforme a la ley de Dios a una de las personas o familias representadas.

(1) Abraham, Sara, Agar (Gén. 16–21)
(2) Isaac e Ismael (Gén. 16–21)
(3) Jacob y Esaú (Gén. 25–27)
(4) Jacob, Lea y Raquel (Gén. 29)
(5) Las pruebas de José (Gén. 37–41)
(6) José y sus hermanos (Gén. 37, 42–45)
(7) Los sufrimientos «sin sentido» de Job (Job 1–3)
(8) Saúl y la adivina de Endor (1 Sam. 28)
(9) David después del pecado con Betsabé (1 Sam. 11–12)
(10) David y Amnón (1 Sam. 13)
(11) David y Absalón (1 Sam. 13–15)
(12) David y Saúl (1 Sam. 16–31)
(13) La división entre Pablo y Bernabé (Hech. 13:36-41)

3. Tus estudiantes
   a) Hemos venido abordando el tema del cuidado pastoral, la consejería bíblica y el ministerio a las familias en las iglesias.
   b) Pocos de tus estudiantes tendrán que lidiar con regularidad con los casos

mencionados anteriormente, pero este resumen les dará una base para buscar orientación en la Escritura para la consejería.

c) Algunos de tus estudiantes no serán pastores, sino más bien líderes laicos en una iglesia donde aspiran a realizar funciones pastorales un día. Otros serán diáconos o maestros de escuela dominical, que no tienen planes de servir en ningún puesto ministerial oficial en sus iglesias. Sin embargo, los temas abordados en este módulo son para ellos también; en realidad, estos temas son para todos los creyentes que desean crecer en su utilidad y discipulado personal.

d) Por lo tanto, un componente adicional en la tarea es que tus estudiantes tengan en cuenta cómo todos los creyentes pueden aconsejar a las personas a su alrededor, las cuales puedan estar experimentando cualquiera de estos problemas.

e) Cuando el Señor coloca a alguien en nuestro camino y nos da la oportunidad de compartir una palabra de aliento, consejo, advertencia o corrección, debemos estar preparados para cómo vamos a responder.

f) Reflexionar por adelantado con respecto a algunos de estos temas y sobre lo que la Biblia tiene que decir a cada uno, ayudará a los estudiantes a estar siempre listos para llevar la Palabra de Dios a la necesidad de alguien.

III. Las manos: Finanzas de la iglesia

A. La importancia de administrar los fondos cuidadosamente

1. El manejo de las finanzas de la iglesia puede ser una gran bendición cuando los fondos están llegando según las necesidades para cubrir los gastos cruciales del ministerio, pero son una maldición cuando esto no sucede.

2. Cuando el pueblo de Dios está dando con sacrificio, confiando en que la iglesia administrará con sabiduría sus diezmos y ofrendas, la iglesia es capaz de mantener programas de alcance evangelístico, educación y adoración saludables.

3. Por el contrario, cuando los ingresos de una iglesia no son lo que se necesita, una gran tensión cae sobre el pastor y los miembros, lo cual a menudo provoca acusaciones injustas, métodos de manipulación para aumentar las ofrendas, y limitación o suspensión de los ministerios.

B. Enseñanza bíblica

1. La Biblia provee abundante instrucción con respecto a dar a Dios a través de los diezmos y las ofrendas.

2. Realmente, la única área en la que se nos permite poner a prueba a Dios es el área donde se nos manda a hacerlo.

a) Malaquías 3:10 expresa: «Traed todos los diezmos al alfolí y haya alimento en mi casa; y probadme ahora en esto, dice Jehová de los ejércitos, si no os abriré las ventanas de los cielos, y derramaré sobre vosotros bendición hasta que sobreabunde».

3. Muchos han dicho, apoyados en su creencia y experiencia personales, que simplemente no podemos dar más que Dios.

a) Cuanto más damos para Él y para la extensión de Su reino a través de la iglesia local, más tiende Él a bendecirnos.

b) Esto no es la herejía de la prosperidad; es decir, esto no es dar a Dios *para que* podamos recibir; es dar a Dios *porque* hemos recibido.

C. La función del pastor

1. El ejemplo del pastor

a) Los pastores deben ser ejemplo de sabia mayordomía, no solo en sus hábitos de consumo, sino en dar primero al Señor.

b) Jesús habló de una mayordomía sabia de los talentos; los talentos financieros, y los dones y habilidades espirituales agradan enormemente al Maestro, quien es el verdadero Dueño de todo (Mat. 25:14-30).

c) El pastor debe ser el primero en dar el diezmo.

d) A pesar de que la cantidad que cualquier persona en la iglesia da (incluyendo al pastor) no debe ser un asunto de interés público, en las iglesias pequeñas a menudo esto se da a conocer, y resulta en el modelo de comparación que otros utilizan para su propio nivel de entrega.

e) Además, cuando el pastor mismo diezma, y da con sacrificio, esto se refleja en su actitud hacia los diezmos y ofrendas, expresada en sus sermones y enseñanzas.

2. Financieramente irresprensible (1 Timoteo 3)

   a) Debe ser irreprensible, que gobierne bien su casa, y que tenga buen testimonio entre los de afuera.

   b) Si bien existen otras calificaciones, estas destacan como fundamentales para la administración de los asuntos financieros en la iglesia.

   c) Cuando las finanzas personales del pastor están en orden, los mismos hábitos de manejo del dinero se expresan en la forma en que maneja los fondos de la iglesia, pero lo contrario también es cierto, y los demás lo sabrán.

   d) Enfatiza a tus alumnos la importancia de manejar sus finanzas personales con integridad, pagar las facturas a tiempo y evitar la esclavitud de las deudas.

3. Administración financiera

   a) La función del pastor

      (1) Siempre que sea posible, el pastor debe evitar manejar los fondos o incluso conocer las cantidades que otros miembros de la iglesia están dando.

      (2) Aunque a algunas personas les gusta colocar una contribución monetaria directamente en manos del pastor, con instrucciones para su uso, o con un agradecimiento personal a él por su ministerio, el pastor debe evitar esto.

      (3) Conocer las identidades de los donantes, o las cantidades que cada cual pone en las ofrendas de la iglesia, puede dar lugar a un trato preferencial.

      (4) Del mismo modo, saber quiénes no están dando como pudieran, o los que no son capaces de dar tanto como otros, puede provocar el desdén personal de pastor (Sant. 2:1-4).

      (5) El pastor casi nunca debe tener el control directo de los fondos de la iglesia; no porque no se pueda confiar en los pastores, sino para eliminar cualquier tentación o acusación.

      (6) El pastor no solo debe ser irreprensible en todos los asuntos morales, incluyendo las finanzas, sino que también debe dar esta impresión.

      (7) El pastor no debe tener la responsabilidad de pagarse su propio salario de los fondos de la iglesia o el salario de otros miembros del personal.

      (8) Cada vez que un pastor de una pequeña iglesia deba gastar dinero en nombre de la iglesia (para pagar las facturas de servicios públicos, la compra de materiales de construcción, la compra de alimentos para actividades sociales de la iglesia), él debe obtener y guardar los recibos de las compras, y dar cuentas del dinero.

   b) Estructura de la iglesia

      (1) División de funciones

(a) Un paso esencial para establecer un programa de administración saludable con procedimientos administrativos sólidos para manejar las finanzas de la iglesia es la división de funciones. Esto ayuda a evitar incluso la apariencia de una administración mala o inadecuada del dinero.
(b) División de funciones significa que la persona que recoge la ofrenda no debe ser la misma persona que la cuenta y la deposita en el banco, o la que la guarda para el pago de facturas.
(c) Estas funciones deben ser separadas y divididas entre los ancianos, diáconos, oficiales u otros líderes laicos designados en la iglesia.
(d) La elección de un equipo de finanzas para supervisar este aspecto de las finanzas en la iglesia local es algo sabio.
(e) Las personas designadas pueden pasar los platillos y recibir la ofrenda, pero asegúrate de que sea contada, informada y depositada en el banco por otros. Si bien estas personas pueden servir como miembros del comité de finanzas, no deben ser los mismos individuos; ellos deben dividirse los deberes y las tareas. Si la iglesia mantiene una cuenta corriente para el pago de facturas, la persona que firma los cheques debe ser otro individuo. En los casos en que no exista una cuenta bancaria, la persona que tiene el control sobre en qué se gasta el dinero debe tener un nivel de supervisión por parte de otros, a los que debe dar cuenta.

(2) Malversación
(a) Está muy bien decir que la gente está tratando con el dinero del Señor, y por lo tanto serán honestos en su contabilidad, o Dios se ocupará de ellos de una manera mucho más dura de lo que podríamos hacerlo nosotros, pero esto sería tristemente ingenuo.
(b) Para algunos es demasiado fácil caer en la tentación y desfalcar fondos, por lo que es aconsejable tomar las medidas necesarias para eliminar tantos peligros como sea posible.

(3) Perspectiva bíblica
(a) En 2 Corintios 8, Pablo habla de las finanzas y de cómo algunos creyentes dieron sacrificialmente para una ofrenda recogida para los pobres de Jerusalén.
(b) Él hace hincapié en que dieron por amor y no bajo ningún tipo de coacción. Pablo enfatizó que la idea de la ofrenda, no era empobrecer a nadie para hacer a otros ricos, más bien era asegurarse de que todos tuvieran lo suficiente.
(c) Luego, Pablo y los líderes se aseguraron de que eran irreprochables en la forma que ellos manejaban y entregaban la ofrenda.
(d) Pablo no solo menciona la ayuda de Tito y otros hermanos con el dinero, sino que también hace énfasis en su integridad y servicio fiel, y en la participación de las iglesias en la selección de ellos.
(e) Pablo recalca su preocupación por la transparencia y la rendición de cuentas, «evitando que nadie nos censure en cuanto a esta ofrenda abundante que administramos, procurando hacer las cosas honradamente, no sólo delante del Señor sino también delante de los hombres» (2 Cor. 8:20-21).

(f) Los que fueron seleccionados para el manejo de esta ofrenda fueron hombres de integridad y buena reputación, en quienes se podía confiar.

(g) Los miembros del equipo que maneja las finanzas de una iglesia local deben ser así.

D. Establecimiento de directrices financieras

1. Equipo de finanzas

a) El primer paso es la elección de un equipo de finanzas formado por miembros responsables de la iglesia.

b) El pastor puede o no estar en el equipo, pero no debe controlarlo ni dirigirlo.

c) El equipo será responsable de establecer y mantener los procedimientos y registros de contabilidad.

(1) Hay numerosas maneras de mantener los libros; algunos utilizan programas informáticos de contabilidad, mientras que otros utilizan un libro impreso de contabilidad con créditos y pasivos.

(2) Cualquiera que sea el sistema adoptado, este debe mantenerse actualizado y de acuerdo con los principios de contabilidad generalmente aceptados.

(3) Los requisitos legales y bancarios para las finanzas de la iglesia pueden variar de un país a otro, no obstante para todas las cuestiones financieras el primer punto de contacto debe ser este equipo de finanzas constituido por miembros de la iglesia.

d) Además de recoger, contar, registrar, depositar y aprobar el gasto normal de los fondos, este comité también debe tomar la iniciativa en cuanto a educar a la iglesia sobre la responsabilidad administrativa de cada miembro.

e) El equipo de finanzas debe revisar la situación y la actividad financiera de la iglesia al menos una vez por mes.

(1) También debe crear un inventario de los bienes de la iglesia y los saldos bancarios.

(2) Los informes periódicos deben ser preparados y presentados a la iglesia en las reuniones de los miembros para demostrar una completa transparencia con respecto a los asuntos financieros.

f) La iglesia o el equipo también debe establecer los procedimientos y directrices estándares para el gasto de los fondos.

(1) Para algunos es útil permitir cualquier gasto válido por debajo de una cierta cantidad, para ser reembolsado con un recibo, pero todas las compras por encima de esa cantidad deben obtener la aprobación del comité o de la iglesia.

2. El presupuesto

a) El comité o equipo debe trabajar con el personal con el fin de idear un presupuesto para la iglesia.

b) La cuestión de si se debe llevar a cabo todo el ministerio que se necesita y simplemente orar para que el dinero entre, o ministrar solo en función de la cantidad de dinero que el Señor ha proporcionado, siempre surge en el proceso de elaboración del presupuesto.

c) Independientemente del lugar donde caiga el equilibrio, se debe establecer un presupuesto responsable, y la iglesia debe gastar según su presupuesto.

d) Establecer el presupuesto es simplemente una cuestión de determinar los gastos fijos válidos, tales como el salario del pastor, el alquiler, servicios públicos y gastos de mantenimiento del edificio de la iglesia, y determinar cuándo se producen estos gastos.

e) El costo de los ministerios con los que la iglesia se ha comprometido, o se siente guiada a comenzar, se debe agregar al presupuesto también.

f) El historial reciente de diezmos y ofrendas debe ser utilizado para calcular el ingreso previsto.

g) Al planear el presupuesto anual, deben tenerse en cuenta circunstancias poco comunes o atenuantes como las malas cosechas, la sequía, la economía lenta y los despidos de trabajadores, etc.

h) El presupuesto, con el cálculo fiable de los ingresos que la iglesia espera recibir y sus gastos regulares, se deben equilibrar de forma tal que la iglesia no se comprometa a gastar más de lo que razonablemente prevé recibir a través de los diezmos y las ofrendas.

3. La función de la fe
   a) En términos generales, el equipo y el liderazgo de la iglesia deben estar dispuestos a caminar por fe, confiando en que el Señor proveerá los recursos financieros para los ministerios que Él está guiando a realizar.
   b) Hudson Taylor escribió: «La obra de Dios hecha a la forma de Dios, nunca carecerá de la provisión de Dios».[5]
   c) La clave es el desarrollo de un presupuesto razonable, con un plan de gastos responsable. Puede haber espacio en el presupuesto para la fe, pero elabora el presupuesto sabiamente y mantén los gastos dentro del presupuesto.
4. Administración del presupuesto
   a) La presentación del presupuesto a la membresía debe incluir una explicación de que el presupuesto es simplemente un plan, no una garantía.
   b) Los fondos no se pueden gastar si no están de acuerdo con el plan presupuestado.
   c) Los ministerios necesarios no se podrán llevar a cabo, y las compras planificadas no se harán, si los ingresos presupuestados se están quedando cortos.
   d) El presupuesto es simplemente un plan de cómo el comité y el liderazgo anticipa que se comportarán los ingresos y los gastos en todo el año.
   e) Por lo tanto, votar por el presupuesto debe ser visto como un compromiso personal de fe para apoyar el presupuesto de la iglesia a través de los diezmos y ofrendas, a menos que sea providencialmente impedido.
5. Recoger los diezmos y ofrendas
   a) Las ofrendas y los diezmos deben ser recogidos, contados, registrados, y depositados por el comité o por aquellos a quienes el comité designe.
   b) Todos los pasos de este proceso siempre deben llevarse a cabo con dos o más personas presentes.
   c) Una iglesia saludable con políticas sólidas, liderazgo responsable y miembros educados debe ser capaz de administrar los fondos que Dios provee y hacer todo lo que Él desea que se haga con ellos, y de una forma en que Él sea glorificado.

E. Nota final
   1. Aprende más sobre las congregaciones de tus estudiantes en particular a medida que se relacionan con este tema y las preguntas y preocupaciones que

---

[5] Hudson Taylor, citado en Leslie T. Lyall, *A Passion for the Impossible: The Continuing Story of the Mission Hudson Taylor Began,* (Londres: OMF Books, 1965), 37.

puedan tener sobre cómo identificar a los creyentes suficientemente maduros para que sirvan en el equipo de finanzas y que tengan el entendimiento necesario para desarrollar un presupuesto.

2. Ayúdales a comprender que Dios honrará su deseo de ser fieles en esta área y continua llevándolos hacia una aplicación razonable de este material en su contexto.

Módulo 9 Bosquejo de enseñanza

Silencio y tiempo a solas
Liderazgo en la adoración
Disciplina en la iglesia

I. Introducción del módulo
  A. El ministro cristiano debe estar preparado para:
    1. Poner en práctica el silencio y el tiempo a solas.
      a) Las prácticas bíblicas de silencio y tiempo a solas proporcionan los mejores contextos para la práctica de las disciplinas espirituales personales que hemos estudiado.
    2. Dirigir a sus iglesias en la adoración bíblica de Dios.
      a) Los pastores son los principales líderes de adoración en sus iglesias.
      b) Una teología bíblica de adoración enseña que el liderazgo en la adoración implica mucho más que simplemente hacer anuncios, orar, cantar tres himnos, tomar la ofrenda, escuchar un sermón y cerrar el servicio con un llamado a aceptar a Cristo.
    3. Las pautas bíblicas en cuanto a la práctica de la disciplina de la iglesia en obediencia a las enseñanzas de Cristo.
      a) Jesús deja muy claro lo que se debe hacer cuando una iglesia local se da cuenta de que uno de sus miembros prefiere seguir un estilo de vida de pecado y resiste todos los llamados a arrepentirse, reconciliarse y volver.
      b) La parte práctica ministerial de este módulo tiene por objetivo preparar a los líderes para hacer frente a los miembros que caen en tal pecado y se niegan a arrepentirse.
      c) El deseo ferviente de cualquier iglesia al ejercer la disciplina de la iglesia es el arrepentimiento, la reconciliación y la restauración del pecador.

II. El corazón
  A. Disciplina espiritual personal: Silencio y tiempo a solas
    1. Practicada en el contexto de todas las disciplinas espirituales
      a) La práctica del silencio y el tiempo a solas no es tanto una disciplina espiritual, como el contexto en el que se pueden practicar las disciplinas.
      b) Rob Plummer plantea que estas no son realmente disciplinas espirituales, pero reconoce que algunos creen que sí lo son y él está de acuerdo en que proporcionan un terreno fértil para nutrirlas en nuestra vida.
      c) Donald Whitney define las prácticas del silencio y el tiempo a solas como disciplinas espirituales a practicar. «La disciplina del silencio es la abstención voluntaria y temporal de hablar, de modo que podamos procurar el logro de ciertas metas espirituales... El tiempo a solas es la disciplina espiritual de retirarnos voluntaria y temporalmente a la privacidad con fines espirituales».[1]

[1] Donald S. Whitney, *Spiritual Disciplines for the Christian Life,* ed. rev. (Colorado Springs, CO: NavPress, 2014), 224-225.

   d) Ya sea que consideremos que estas dos prácticas individuales son mandamientos bíblicos o no, practicarlas requiere disciplina, y ambas son beneficiosas para crecer en la piedad.
2. Relación entre el silencio y el tiempo a solas
   a) Estas dos disciplinas aparecen juntas muy a menudo, ya que ambas se refieren a retirarse intencionalmente de la sociedad y el ruido para estar a solas con Dios y tener comunión solo con Él.
   b) A. W. Tozer afirmó: «Lo que viene a nuestra mente cuando pensamos en Dios es lo más importante de nosotros».[2] A veces tenemos que estar solos y tranquilos con el fin de saber esto.
   c) Pero se necesita algo más que estar lejos del ruido nuestro y el de los demás; debemos practicar la presencia de Dios.
   d) Aunque nunca podemos estar lejos de la presencia de Dios (Sal. 139:7,10), a menudo permitimos que las multitudes y la conmoción empujen nuestro conocimiento consciente de Él a una esquina.
   e) La disciplina de aislarnos y separarnos de los demás de forma intencional crea un espacio maravilloso y permite que nuestro espíritu tenga comunión con el Suyo.
3. El contexto para la práctica de estas disciplinas
   a) Sería ideal poder practicar esta disciplina en un entorno campestre, en la belleza natural de la espesura del bosque, o sentado bajo el sol, al lado de un arroyo; pero cuando es necesario, el silencio y el tiempo a solas pueden practicarse incluso en una multitud.
   b) Considera la cultura y el país de tus estudiantes mientras te preparas para impartir este contenido y ayúdales a identificar las diferentes posibilidades para practicar esta disciplina.
   c) El reto de buscar el silencio y el tiempo a solas mientras vivimos en las sociedades humanas es que siempre estamos hablando o nos están hablando, siempre rodeado por otros, y hemos llegado a preferir vivir de esta manera.
   d) El silencio y el tiempo a solas no son normalmente procurados porque despiertan sentimientos de soledad en la mayoría de la gente.
4. El ejemplo de Jesús
   a) Podemos imaginar fácilmente las demandas sobre el tiempo de Jesús en busca de consejo, enseñanza, sabiduría, sanidad, exorcismo, para alimentar a los hambrientos, o solo para disfrutar Su compañía.
   b) A veces, Él se apartaba de todos y pasaba tiempo a solas con Dios (Mat. 4:1; 14:23; Mar. 1:35; Luc. 4:42).
   c) Whitney concluyó acertadamente: «Para ser más como Jesús debemos disciplinarnos con el fin de encontrar los momentos de silencio y tiempo a solas».[3]
   d) Los que han abrazado la sabiduría de la enseñanza de Jesús han experimentado personalmente los beneficios del silencio y el tiempo a solas.
5. El silencio en el servicio de adoración
   a) Muchos de nosotros necesitamos sentirnos incómodos con el silencio el tiempo suficiente para que el silencio se haga amigable.
   b) Necesitamos encontrar la comodidad estando a solas con Él (Hab. 2:20; Sof. 1:7; Zac. 2:13).

---

[2] A. W. Tozer, *Knowledge of the Holy* (Nueva York: HarperOne, 2009), 1.

[3] Whitney, *Spiritual Disciplines*, 225.

   c) Anima a tus estudiantes a considerar de qué manera el tiempo de silencio y la reflexión pueden incorporarse en sus servicios de adoración.
6. La práctica de estas disciplinas.
   a) Ayuda a tus estudiantes a comprender el valor de practicar las disciplinas de silencio y tiempo a solas y que piensen sobre formas en que puedan comenzar.
   b) Quizás la mejor manera sería tomar un período de tiempo más corto en un día, como la hora del almuerzo, un paseo a la parada del autobús, sentarse solo en un autobús, o mientras esperamos una cita, e intencionalmente practicar estas disciplinas.
   c) Tal concentración que el silencio y el tiempo a solas nos proporcionan nos pueden restaurar de manera que ningún otro método puede lograrlo; ningún plan, píldora, placer o persona.
   d) El diseño de Dios en la creación implica un día de descanso; Él nos hizo para disfrutar este alivio y retiro. Jesús llevó a Sus discípulos a un lugar apartado por un tiempo cuando estos se sentían presionados y agobiados (Mar. 6:31).
   e) Él conocía la importancia de esta disciplina, la practicaba, exhortaba a Sus discípulos a practicarla, y promete estar con tus estudiantes cuando ellos lo hagan.
   f) Un lugar específico para la práctica del silencio y el tiempo a solas con el Señor a diario, les ayudará a ser fieles en esta práctica en sus vidas diarias.
   g) La práctica de estas disciplinas, a la misma hora del día, facilitará la regularidad de tus estudiantes en sus esfuerzos.

B. El fruto del Espíritu: Templanza
1. La templanza y las sustancias que alteran la mente.
   a) En Gálatas 5:19-21, Pablo enumera las obras de la carne antes de enumerar los aspectos del fruto del Espíritu que hemos estado estudiando. En esa lista, él declaró la pecaminosidad de la embriaguez.
   b) Dado que las drogas son tan comunes en las culturas contemporáneas en todo el mundo, también podemos aplicar la enseñanza contra la embriaguez a estar bajo la influencia de drogas.
   c) La Escritura nos exhorta a estar llenos del Espíritu en lugar de estar fuera de control y bajo la influencia de cualquier otra cosa. «No os embriaguéis con vino, en lo cual hay disolución; antes bien sed llenos del Espíritu» (Ef. 5:18). Cuando el Espíritu gobierna la vida del creyente, Él nos permite esforzarnos en la templanza.
   d) Toma precauciones para abordar este tema desde la perspectiva redentora, y anima a los estudiantes a entender que si ellos luchan en secreto con este pecado, hay esperanza para superarlo. También podrías identificar aquellos que pueden necesitar más ayuda o consejo con respecto este problema en su propia vida o la de alguien en su congregación.
   e) Ayuda a los estudiantes a ver las implicaciones espirituales de este pecado, ya que muy bien pueden conocer solamente las implicaciones temporales.
2. Una descripción de la templanza.
   a) Para demostrar aún más la enseñanza de Pablo sobre la templanza, dirigimos nuestra atención al siguiente versículo después de su descripción del fruto del Espíritu: «Pero los que son de Cristo han crucificado la carne con sus pasiones y deseos» (Gál. 5:24).
   b) Ese paso de crucificar a nuestro viejo hombre nos permite tener templanza y no ser gobernados por las emociones.

c) Cuando nacimos de nuevo, morimos a nosotros mismos.
d) El Espíritu Santo debe habitar dentro del pastor y prueba de ello debe ser la templanza. Ciertamente, nos damos cuenta de que esta será una lucha de toda la vida, en la que nunca llegaremos a la perfección. No obstante, ayuda a los estudiantes a darse cuenta de la importancia de procurar la templanza.

C. Los pensamientos del pastor: La paz

1. En Filipenses capítulo 4, Pablo solo menciona ocho aspectos de la vida de pensamiento del pastor que se deben cultivar, los cuales hemos estudiado en los módulos 1 al 8: «Por lo demás, hermanos, todo lo que es verdadero, todo lo honesto, todo lo justo, todo lo puro, todo lo amable, todo lo que es de buen nombre; si hay virtud alguna, si algo digno de alabanza, en esto pensad» (Fil. 4:8).
2. En este último módulo nos centramos en lo que la práctica de estos aspectos trae consigo: la paz.
   a) Pablo escribió que si desarrollamos esta vida de pensamiento tendríamos paz.
   b) Pablo escribió el versículo 8, que hemos estado estudiando característica por característica a través de ocho módulos, en el contexto de los versículos 4-9.
   c) Sabemos que Pablo había experimentado personalmente lo que les exhortaba a poner en práctica, porque él les dijo en el versículo 9 que imitaran lo que habían visto en él.
   d) Él les enseñó que este tipo de vida de pensamiento traía como resultado la presencia del Dios de paz y la paz de Dios que guarda nuestros corazones y mentes en Su paz.
3. Recuerda a tus estudiantes que la gente estudia de cerca la vida del pastor.
   a) Él predica sobre lo que ellos deben creer y aconseja cómo deben pensar, y sus oyentes vigilarán su vida para ver si en realidad él lo practica, y cómo lo hace.
   b) Cuando el pastor practica los elementos de la prescripción de Pablo para la paz en el versículo 8, y vive una vida de paz y confianza, él puede predicar de manera poderosa, apoyado sobre la base firme de las promesas de Dios.
   c) Tristemente, en forma similar, cuando él no practica lo que predica y carece de paz en su propia vida, él predica un mensaje más convincente que cualquier cosa que diga cuando da su sermón.
4. La exhortación a permanecer en estas cosas con el fin de desarrollar una vida de pensamiento caracterizada por la paz, no garantiza que la vida de uno esté libre de contiendas o tribulaciones.
   a) Pablo le dijo a Timoteo: «Y también todos los que quieren vivir piadosamente en Cristo Jesús padecerán persecución» (2 Tim. 3:12).
   b) Jesús mismo nos enseñó: «Estas cosas os he hablado para que en mí tengáis paz. En el mundo tendréis aflicción; pero confiad, yo he vencido al mundo» (Juan 16:33).
   c) Y aun en el contexto de los versículos de Filipenses 4 que hemos estado considerando, Pablo continúa diciendo que él mismo ha estado sufriendo, pero «… he aprendido a contentarme, cualquiera que sea mi situación. Sé vivir humildemente, y sé tener abundancia; en todo y por todo estoy enseñado, así para estar saciado como para tener hambre, así para tener abundancia como para padecer necesidad. Todo lo puedo en Cristo que me fortalece» (Fil. 4:11-13).

d) El desarrollo de este tipo de vida de pensamiento no garantiza (ni siquiera insinúa) que no tendrás problemas, sino más bien que tú puedes tener paz en medio de ellos.
e) Como se suele decir: «La paz no es la ausencia de crisis; es la presencia de Cristo».

III. La mente: Liderazgo en la adoración
A. Reseña
1. Guiar al pueblo de Dios en la adoración verdadera no es simplemente reunirlos en el Día del Señor, cantar canciones, leer la Escritura y hablar de un pasaje de la Biblia.
2. Dios es la audiencia y el pastor y el equipo de adoración han de llevar al pueblo de Dios reunido ante Su trono para adorarle.
3. Como líderes de adoración, tenemos que esforzarnos por mantener esa verdad en mente, a través de cada etapa de la planificación y dirección de la adoración colectiva en una iglesia local, y tenemos que recordarlo de forma periódica a nuestros miembros también.
4. Todos los componentes de un servicio de adoración deben ser coordinados para interrelacionarse y armonizar unos con otros. El éxito de este esfuerzo implica la previsión del líder de adoración en la planificación, oraciones fervientes y la guía de Dios.

B. Definición de la adoración
1. Comprensión de la adoración
a) Adoración es declarar el valor de Dios.
b) Se trata de dar a Dios la alabanza, el honor, la devoción, y ofrecerle nuestra vida en servicio por lo que Él es, por Su verdad, santidad, majestad, poder, amor, sabiduría, belleza, compasión, misericordia, gracia, perfección infinita y todo lo que Él es.
c) Como tal, John MacArthur proporciona una definición sucinta: «Adoración es honra y honor dirigidos a Dios».[4]
d) Las palabras del Nuevo Testamento traducidas como *adoración* expresan significados tales como besar reverentemente, postrarse, honrar, venerar u ofrecer un servicio agradable y aceptable.
e) Como Sus hijos, nosotros debemos buscar las cosas que Dios busca.
f) En la Biblia, Jesús dijo que Él vino a buscar y a salvar a los perdidos y que el Padre busca a los que le adoran, en espíritu y en verdad. Por lo tanto, Él nos buscó y nos salvó y nos busca todavía para que lo adoremos (Juan 4:23-24; Luc. 19:10).
g) Vernon Grounds definió la adoración de esta manera: «La adoración implica conocimiento de Dios, temor en Su presencia, darle adoración a causa de sus excelencias y actos, y la afirmación en alabanza a todo lo que Él es y hace».[5]
h) A medida que llegamos a conocer más a Dios, y conocemos más de Él, nuestra adoración debe crecer, junto con un mayor deseo de hacerlo.
i) Si bien el deseo de adorar puede estar presente, el conocimiento necesario para saber cómo adorar correctamente al verdadero Dios, depende por completo de Él.

---

[4] John MacArthur Jr. y la facultad de la Master's College, *Rediscovering Pastoral Ministry: Shaping Contemporary Ministry with Biblical Mandates* (Nashville, TN: Thomas Nelson, 1995), 242.

[5] Vernon Grounds, «Definitions of Worship», *Renewing Worship*, página consultada el 21 de junio de 2016. http://blog.ncbaptist.org/renewingworship/definitions-of-worship.

j) Cada grupo de personas en todo el mundo adora algo, así que ¿cómo podemos saber que estamos en lo correcto en nuestra fe y práctica?

2. La única manera de que podemos conocer profundamente sobre el verdadero Dios, y cómo Él desea ser adorado, es mediante aquello que Él ha elegido revelar: la Biblia.
   a) Al leer el Antiguo Testamento, encontramos numerosas descripciones de lo que se requiere en la adoración a Dios, tanto en el tabernáculo como luego, en el culto del templo.
   b) En el Nuevo Testamento vemos que muchas de esas pautas, tales como sacrificios y los detalles relativos al sacerdocio del templo, ya no se aplican a las iglesias hoy en día.
      (1) John Stott define la adoración de esta manera: «Entonces, ¿qué significa adorar a Dios? Es gloriarse "en Su santo nombre" (Sal. 105:3), es decir, deleitarse en adoración por quien Él es en Su carácter revelado. Pero antes de que podamos gloriarnos en el nombre de Dios, debemos conocerlo. De ahí la conveniencia de la lectura y la predicación de la Palabra de Dios en la adoración pública, y de la meditación bíblica en la devoción privada. Estas cosas no son una intrusión en la adoración; ellas forman el fundamento necesario de la misma. Dios debe hablarnos antes de que tengamos alguna libertad para hablar con Él. Dios debe revelarnos quién es Él antes de que podamos ofrecerle lo que somos en adoración aceptable. La adoración a Dios es siempre una respuesta a la Palabra de Dios. La Escritura dirige y enriquece maravillosamente nuestra adoración».[6]
      (2) No pierdas de vista la conexión crucial que él hace entre conocer la Palabra de Dios y la verdadera adoración.
      (3) James Montgomery Boice, escribió: «Para adorar a Dios debemos conocer quién es Dios, pero no podemos conocer quién es Dios a menos que Dios primero elija revelarse a nosotros. Dios ha hecho esto en la Biblia, razón por la cual la Biblia y las enseñanzas de la Biblia tienen que ser fundamentales en nuestra adoración».[7]
3. La adoración fluye de forma necesaria y natural de alguien que se ha encontrado con el Dios vivo y verdadero, y ha sido cambiado por Él. Sin embargo, no es adoración de cualquier diseño que podemos concebir; solo debemos adorar al verdadero Dios y hacerlo correctamente.
4. Identificación de la falsa adoración
   a) Las religiones falsas, las religiosidades populares y los sistemas de adoración tradicionales con adoración falsa de dioses falsos están muy extendidos por todo el mundo.
   b) Dios nos creó para adorarle, pero el pecado entró y torció ese deseo de forma tal que los hombres y las mujeres ahora adoran todo tipo de cosas en todo tipo de formas (Rom. 1:18-25).
   c) Cuando se trata de a quién y cómo adoramos, hay mucho en juego.
   d) La falsa adoración provoca la ira de Dios.
5. Adoración privada contra adoración colectiva

---

[6] John R. W. Stott, *The Contemporary Christian: Applying God's Word to Today's World* (Downers Grove, IL: InterVarsity Press, 1992), 174.

[7] James Montgomery Boice, *Give Praise to God: A Vision for Reforming Worship,* Philip Graham Ryken, Derek W.H. Thomas y J. Ligon Duncan, eds. (Phillipsburg, NJ: P&R Publishing, 2011), vii.

a) En la parte sobre la mente del módulo 3 abordamos la adoración privada, lo que algunos llaman adoración secreta, para los cristianos individuales. Esta sección del plan de estudios se mueve desde lo anterior a la preparación de nuestros estudiantes para guiar al pueblo de Dios en la adoración colectiva; es decir, cómo diseñar y guiar los servicios de adoración en sus iglesias.
b) Los líderes y autores cristianos piadosos han reconocido desde hace tiempo que tanto la adoración privada como la colectiva son esenciales en la vida de los cristianos para que cualquiera de ellos pueda prosperar.
c) Adorar a Dios en privado se entrelaza con la práctica de Su presencia y el estar en continua comunión con Él. Hacer esto, establece el tono para nuestra perspectiva de la vida en general, y las interrelaciones con los demás, pero lo más importante, es allí donde se aprende a adorar, amar, alabar y darle gracias como una parte regular de nuestro servicio a Él en nuestra vida diaria.
d) Hay una relación simbiótica entre adorar a Dios todos los días en privado y los domingos colectivamente, que da lugar a la realidad de que aquella que no se practica regularmente disminuye la otra.
e) En la adoración colectiva somos capaces de adorar en formas que no son posibles para los creyentes individuales aislados.
f) Debido a que la reunión colectiva para adorar es un mandato bíblico de nuestro Señor, se nos exige obediencia siempre que sea posible (Sal. 95:6; Luc. 6:46; 1 Cor. 14:26; Heb. 10:25).
g) La compasión que vemos en Cristo, la cual procuramos imitar en nuestra propia vida, debe motivarnos a ser comprensivos con los que viven en contextos hostiles al evangelio, bajo amenazas que nosotros mismos no enfrentamos.
h) Los que viven en zonas donde los creyentes pueden reunirse semanalmente deben hacer y responder preguntas tales como:
   (1) «¿Cómo debería ser nuestra adoración?»
   (2) «¿Qué es agradable a Dios?»
   (3) «¿Cómo debemos tratar de guiar a Su pueblo en la adoración semanal?»

6. Principio regulador o principio normativo
   a) Las iglesias evangélicas difieren con respecto a puntos de vista en cuanto a las pautas bíblicas para la adoración colectiva.
   b) Algunos prefieren organizar sus servicios de adoración de acuerdo con el principio regulador, especialmente entre las tradiciones reformadas.
   c) El principio regulador sostiene que la Biblia ha dado el modelo para la adoración y las iglesias contemporáneas deben seguir tan de cerca como sea posible todo lo que allí se revela.
      (1) Los defensores del principio regulador afirman que Aquel quien ha de ser adorado ha determinado y declarado en Su autorevelación (la Biblia) cómo Él desea ser adorado.
      (2) Ellos advierten sobre los peligros de la falsa adoración que surgen al diseñar supuestos servicios de adoración, y argumentan a favor de la sabiduría de observar los modelos bíblicos.
      (3) Los defensores del principio regulador señalan la advertencia de Pablo a los corintios cuando estableció el uso correcto de los dones espirituales, el orden para la observancia de la Cena del Señor, y puso limitaciones en cuanto al rol de la mujer en el culto (1 Cor. 11; 14).

(4) También señalan la advertencia de Pablo a la iglesia en Colosas respecto al error de seguir tradiciones mundanas inventadas por el hombre, y lo aplicó específicamente a las formas de adoración (Col. 2:8).

d) Otras iglesias prefieren ordenar la adoración colectiva de acuerdo con el principio normativo, el cual afirma que cualquier cosa que no esté expresamente prohibida en la Escritura puede admitirse en los servicios de adoración.

(1) Los defensores del principio normativo responden que incluso los defensores del principio regulador no están de acuerdo en cuanto a cuán lejos se ha de aplicar el principio. ¿Debe extenderse a tener templos con alfombras, aire acondicionado, sistemas de sonido, luces eléctricas e instrumentos musicales contemporáneos, ninguno de los cuales podemos encontrar en el Nuevo Testamento?

(2) Algunos del campo normativo acusan de legalismo a los líderes de adoración pertenecientes al principio regulador en su enfoque a la adoración.

(3) Los defensores del principio normativo insisten en que ellos también creen que la Biblia es la autoridad final, pero ya que no les es prohibido ser innovadores, ellos a menudo incorporan elementos contemporáneos, tales como obras dramáticas de teatro, fragmentos de películas populares, presentaciones de PowerPoint con proyectores y danza interpretativa.

e) Los defensores de cada principio apelan a la Biblia para apoyar las razones por las que adoran como lo hacen.

f) Además, dentro de cada principio hay iglesias y líderes de adoración que difieren en los parámetros con respecto a las formas y componentes apropiados de adoración.

g) Preguntas a considerar

(1) Si a las iglesias se les permite hacer cualquier cosa que no está expresamente prohibido en la Biblia durante el curso de sus servicios de adoración, ¿no hay un límite a la libertad?

(2) ¿Estará satisfecho el Dios santo, a quien debemos adorar, con formas de adoración que sirven de tropiezo, incluso a algunos de los adoradores?

(3) ¿Puede un servicio de adoración dominical incluir discursos de políticos locales en lugar de un sermón bíblico, una demostración por un chamán local, la actuación de un equipo de porristas o la proyección de una película popular, todo con el objetivo de atraer multitudes al servicio de adoración?

(4) ¿Establece Dios algún parámetro en Su Palabra para guiarnos en los límites apropiados de la adoración?

C. Los componentes de la adoración colectiva

1. Ligon Duncan resumió la enseñanza bíblica con respecto a lo que las iglesias deben incluir en sus servicios de adoración colectiva en un lema muy útil: «Lee la Biblia, predica la Biblia, ora la Biblia, canta la Biblia y ve la Biblia».[8] La Biblia exhorta a los creyentes a incluir estas formas de adorar a Dios cuando nos reunimos.

---

[8] J. Ligon Duncan III, «Foundations for Biblically Directed Worship», *Give Praise to God,* 65. Por «ver la Biblia», Duncan quiere decir que la vemos en las ordenanzas de la Cena del Señor y el Bautismo, las cuales nosotros consideramos que son las ordenanzas instructivas de la iglesia.

2. Leer la Biblia
   a) Algunas iglesias no leen la Biblia regularmente en los servicios de adoración colectiva, a menos que sea la parte del sermón a ser predicado; mientras que otras iglesias leen un capítulo tanto del Antiguo como del Nuevo Testamento en sus servicios semanales.
   b) Históricamente, la práctica del pueblo de Dios desde Moisés y a través de toda la Biblia fue leer la Escritura públicamente.
   c) Pablo enseñó a sus lectores a hacerlo (Col. 4:16; 1 Tes. 5:27) y exhortó a Timoteo: «Entre tanto que voy, ocúpate en la lectura, la exhortación y la enseñanza» (1 Tim. 4:13).
   d) Debido a que muchos miembros de la iglesia no leen la Biblia todos los días como debieran, escucharla públicamente de forma regular el domingo, les servirá a la vez de instrucción y como un acto de adoración.
   e) Otra razón por la que la lectura pública de la Biblia es beneficiosa es la realidad de que la mayoría de la gente en el mundo no pueden leer o no leen.
3. Predicar la Biblia
   a) Los pastores anhelan predicar la Palabra de Dios a su gente.
   b) El sermón es una parte crucial del servicio de adoración, pero es solo una parte.
   c) En declaraciones concernientes a la importancia de la predicación de la Palabra de Dios en la adoración, R. Albert Mohler escribió: «La simple declaración de John Stott plantea el asunto con valentía, "la predicación es indispensable para el cristianismo". Más específicamente, la predicación es indispensable para la adoración cristiana, y no solo indispensable, sino fundamental».[9]
   d) El contenido de nuestra predicación debe honrar a Dios y guiar a Su pueblo para hacerlo; sin embargo, la tarea de la predicación en la adoración es algo más que el contenido de nuestro mensaje.
   e) No podemos salvar a nadie; esa es la obra de Dios (Juan 1:12-13). Nosotros predicamos la Palabra y el Espíritu la utiliza.
4. Orar la Biblia
   a) La oración en la adoración colectiva a menudo comienza con la invocación, que es esencialmente un clamor a Dios, en el que pedimos y reconocemos Su presencia.
   b) La oración pastoral es un tiempo para la adoración a Dios, donde se le alaba al enumerar Sus atributos, confesar el pecado y darle gracias por todo lo que Él es y hace, y se elevan peticiones de súplica.
   c) Usa la sabiduría y el discernimiento cuando en la oración de intercesión menciones situaciones específicas. Anima a tus estudiantes a usar la discreción al orar en público y nunca revelar algo de carácter personal sin el conocimiento y permiso del individuo.
   d) Las oraciones que se levantan pidiendo el favor de Dios para el progreso del evangelio a través de la plantación de iglesias y por los misioneros de todo tipo, por bendición y guía para los líderes políticos y por bendición para los ministerios de todas las iglesias del área, son ejemplos de oraciones apropiadas en la adoración colectiva.
   e) Las instrucciones de Pablo a Timoteo en cuanto a asuntos de oración deben guiar al pastor en esta oración cada semana (1 Tim. 2:1-8).

---

[9] R. Albert Mohler Jr., «Expository Preaching: Center of Christian Worship», en *Give Praise to God,* 109.

5. Cantar la Biblia
   a) Dios nos ha creado como seres físicos, racionales y emocionales, lo que nos permite adorar a Dios con nuestro cuerpo, mente y emociones.
   b) La música puede conmocionar nuestras almas y el mensaje de una canción nos puede enseñar incluso al mismo tiempo que nos mueve a adorar.
   c) Canciones que se centran en Dios y razones para adorarlo ayudan a Su iglesia al hacerlo.
   d) La música es capaz de tocar y hacer eco en nuestras almas de manera profunda e inexplicable.
   e) Aunque no queremos usar la música para manipular a las masas, podemos emplear su poder juiciosamente.
   f) Ten en cuenta el estilo de música y el contexto del servicio de adoración.
   g) Anima a tus estudiantes para que sean sensibles e incorporen la música y el mensaje que combinen a la perfección con todo el servicio. En algunas iglesias la música tradicional puede ser más eficaz, mientras que en otras lo es la contemporánea.
   h) A través de toda la Biblia se nos modela y ordena cantar en adoración. Para ilustrar:
      (1) Cantad a Dios, cantad; Cantad a nuestro Rey, cantad; Porque Dios es el Rey de toda la tierra; Cantad con inteligencia. (Sal. 47:6-7)
      (2) Cantad a Jehová cántico nuevo; cantad a Jehová, toda la tierra. Cantad a Jehová, bendecid su nombre; anunciad de día en día su salvación. Proclamad entre las naciones su gloria, en todos los pueblos sus maravillas. (Sal. 96:1-3)
      (3) Cantad a Jehová un nuevo cántico, su alabanza desde el fin de la tierra. (Isa. 42:10)
      (4) La palabra de Cristo more en abundancia en vosotros, enseñándoos y exhortándoos unos a otros en toda sabiduría, cantando con gracia en vuestros corazones al Señor con salmos e himnos y cánticos espirituales. (Col 3:16)
   i) Al continuar con nuestra enseñanza de permitir que Jesús sea nuestro modelo y guía en todas las cosas, es alentador ver en la Biblia que Jesús cantó. (Mat. 26:30, Heb. 2:11-12).
6. Ver la Biblia
   a) Nosotros podemos ver las enseñanzas de la Biblia en las ordenanzas. Como se señaló en el módulo 4, las dos ordenanzas de la iglesia son el bautismo y la Cena del Señor.
   b) En el bautismo
      (1) El bautismo representa la muerte del creyente a la antigua forma de vida, su sepultura simbólica con Cristo y su resurrección para caminar en una vida nueva.
      (2) Cuando este cambio sucede en la vida de una persona, la declaración pública del bautismo es el paso inicial a la membresía de la iglesia.
      (3) Enseña a tus estudiantes a asegurarse de hacer hincapié, en cada bautismo que realicen, en que el agua no salva a nadie, la acción de ser bautizado ha de ser una señal externa de una realidad interna.
   c) En la Cena del Señor
      (1) La Cena del Señor es también una ordenanza instructiva que Cristo dio a la iglesia.
         (a) Jesús instituyó la Cena del Señor; esta no fue inventada por Pablo o la iglesia primitiva.

(b) Jesús primero tomó el pan, dio gracias, lo partió y se lo dio a ellos, declarando que representaba Su cuerpo.
(c) Ellos habrían de recibirlo y participar de él para recordarle.
(d) Dijo que la copa era el nuevo pacto que Su sangre estableció.
(e) Cada vez que ellos participen de ella, lo están recordando.
(f) Cuando la iglesia participa de la Cena del Señor declaramos Su muerte hasta que Él venga.

(2) En la Cena del Señor, también llamada Eucaristía o comunión, según algunas tradiciones de la iglesia, los creyentes recuerdan la muerte de Cristo.
(3) Pablo reprendió a la iglesia de Corinto por varios problemas importantes entre ellos, entre los cuales estaba el abuso de la Cena del Señor. (1 Cor. 11:17-26)
(4) Vemos que un servicio de adoración que incorpora todos estos componentes bíblicos apelará a todos los sentidos de una manera poderosa.

D. Metas en la adoración colectiva

1. Enseñanza
   a) Enseñar al pueblo de Dios les lleva a adorar verdaderamente al Dios verdadero.
   b) A través de la oración, la lectura de la Biblia, la predicación, los cantos, la recitación de antiguos credos y la participación en las ordenanzas, enseñamos al pueblo de Dios.
   c) Enseñar a la iglesia de Dios reunida es alimentar el rebaño, y esta enseñanza no solo se realiza a través del sermón.
   d) Lo que la gente cree sobre Dios y cómo deben adorarle se modela para ellos, se enseña, se canta, se ora, y se presenta en innumerables maneras domingo tras domingo.
   e) El objetivo principal para el servicio de adoración del domingo es adorar.
   f) Los aprendices primarios a ser enseñados son miembros de la iglesia, discípulos de Cristo, que están siendo edificados e instruidos para el propósito de la piedad.
2. Evangelización
   a) El propósito de reunir al pueblo de Dios el domingo no es principalmente para el evangelismo, sino más bien para alimentar el rebaño.
   b) Recuerda a tus estudiantes que en el lugar habrá visitantes perdidos, miembros no salvos, y niños que están llegando a la madurez suficiente como para entender el evangelio, y todos escucharán sus sermones.
   c) Los pastores deben permanecer sensibles a la dirección del Espíritu Santo en el liderazgo de la adoración y presentar la obra de Cristo para salvar a los pecadores como parte de cada servicio de adoración.
3. Edificación
   a) La edificación se produce al predicar, enseñar y animarnos unos a otros.
   b) Si bien la edificación también puede referirse a la formación de discípulos individuales, como lo que ocurre en la práctica de las disciplinas espirituales personales que hemos explicado a lo largo de la parte del corazón de cada módulo, en el contexto de la adoración colectiva nos referimos específicamente a la edificación del cuerpo de Cristo.
   c) Pablo enseña en Efesios 4:12 que la edificación del cuerpo es una función principal de los pastores-maestros.
   d) Él enseña en 1 Corintios 14:26 que Dios dio dones espirituales a los creyentes para la edificación de la iglesia.

e) En 1 Corintios 12, Pablo enseña que todos tenemos un papel único que desempeñar en el cuerpo de la iglesia, al igual que cada una las partes de un cuerpo humano tiene una función específica.
f) Al reunirnos colectivamente para la adoración, somos capaces de cumplir con los propósitos de Dios para la edificación.
g) El líder de adoración debe planear y guiar el culto con el objetivo de la edificación en mente.

4. Corrección
a) En el diseño de Dios, la proximidad de los creyentes piadosos no solo es instructiva sino que también es correctiva en la vida cristiana.
b) Somos enseñados y edificados a través de sermones, cantos, lectura de la Escritura y las oraciones del servicio de adoración.
c) Una consecuencia de esta enseñanza es muy a menudo la corrección de una mala teología o actitudes pecaminosas.
d) Los líderes de adoración deben tener la corrección en mente, y recordar que los componentes del servicio de adoración no deben solo informar, sino también reformar.
e) Así como algunas personas han escuchado el evangelio, cuando este iba dirigido a otros, así también la corrección indirecta de creencias, actitudes o aspiraciones erróneas pueden venir a través de tiempos de adoración colectiva.

5. Consuelo
a) Los servicios de adoración son una terapia para muchas personas en la iglesia.
b) Los que viven solos y están necesitados de compañía humana podrían tener pavor a las palabras de cierre de cada servicio.
c) Algunos están confundidos con respecto a las enseñanzas de la Biblia, pues son nuevos en el cristianismo.
d) Al ser nuevos creyentes no tienen a muchos (o a nadie), a los que pueden plantear sus preguntas o inquietudes.
e) A ellos les encantan los servicios de adoración debido al consuelo y paz que experimentan al estar en comunión con otras personas que conocen y aman a Dios.
f) Enseña a tus estudiantes a ser sensibles a aquellos que necesitan consuelo y lo buscan en los servicios que ellos conducen cada semana.

E. El papel de un líder de adoración en la preparación y guía
1. Planificación
a) El corazón
(1) El paso más importante que debes enseñar a tus estudiantes para la preparación del servicio de adoración es preparar, ante todo, su propio corazón.
(2) Ese será sin duda un paso crucial antes de pararse realmente delante de la congregación para guiarlos en la adoración, pero también es de vital importancia en la etapa de planificación.
(3) R. M. M'Cheyne escribió: «Un hombre santo es un arma impresionante en la mano de Dios».[10] Tus estudiantes deben prepararse con el fin de ser esa arma poderosa que Dios va a usar. Para ser así, tienen que tener manos limpias y un corazón puro.

---

[10] Robert Murray M'Cheyne, *Memoir and Remains of the Rev. Robert Murray M'Cheyne* (Londres: William Middleton, 1846), 160.

b) Lección principal
   (1) Debes enfatizar la importancia de armar el servicio de adoración en torno a una lección primaria, y coordinarla con la lección principal del sermón.
   (2) Eso es más fácil cuando el líder de adoración es a la vez el pastor, pero cuando otro predica, entonces el tiempo que se emplea para coordinar todo el servicio con el punto principal del sermón está bien empleado.
   (3) Las canciones que elijan deben ser seleccionadas intencionalmente para guiar a su gente en alabanza y adoración.
   (4) Las lecturas de la Escritura deben reiterar o afirmar el mensaje principal de la música y del sermón también.

c) Sugerencias de los demás
   (1) Anima a tus estudiantes a pedir sugerencias a los demás después de considerar todos los aspectos del servicio, al elegir la lista de las canciones, y al coordinar todo con el sermón.
   (2) Esto es especialmente importante cuando la iglesia es más grande, pues la perspectiva de otro puede compensar los puntos ciegos de uno.
   (3) Cuando sea posible, es útil organizar un equipo de líderes de adoración, compuesto por varios miembros de la iglesia, con el objetivo de ayudar en la coordinación y planificación del servicio de adoración de cada semana.

d) Diez maneras de mejorar el orden de adoración de la iglesia.
   (1) Céntrate en Dios en cada elemento de la adoración.
   (2) Ten un apoyo bíblico claro para todos los elementos de la adoración.
   (3) «... adoremos a Dios como a él le agrada, con temor reverente» (Heb. 12:28, NVI).
   (4) Predica sermones expositivos.
   (5) «... dedícate a la lectura pública de las Escrituras» (1 Tim. 4:13, NVI).
   (6) ¡Ora!
   (7) Haz una suave transición entre los elementos de la adoración.
   (8) Haz todo lo que puedas junto a la congregación.
   (9) Que haya canto congregacional con acompañamiento musical, no música con acompañamiento congregacional.
   (10) Evalúa el servicio de adoración cada semana con varios líderes.[11]

e) Escoger las canciones
   (1) Al elegir las canciones para un servicio de adoración, recuerda que la gente no puede cantar canciones que no conocen.
   (2) Si no es posible utilizar un equipo computarizado para proyectar las palabras, reparte himnarios o imprime en hojas las letras de las canciones.
   (3) Es bueno enseñar canciones nuevas a la congregación, aunque debes limitar el número de canciones nuevas en un servicio.
   (4) El líder de adoración es responsable de guiar a los músicos y a los participantes del culto de una canción a otra, o de una canción a la

---

[11] Donald S. Whitney, «Ten Ways to Improve Your Church's Worship Service», The Center for Biblical Spirituality, página consultada el 21 de junio de 2016. http://biblicalspirituality.org/wp-content/uploads/2011/01/ten-ways-to-improve-your-church.pdf.

siguiente parte del servicio, pero debe abstenerse de predicar mientras lo hace.

(5) Hacer una aplicación espiritual, señalar la lección principal en una canción, o anticipar una lección y preparar el escenario para la siguiente canción está muy bien, pero evita predicar varios sermones (o el mismo sermón varias veces) durante el servicio.

f) El público

(1) Un servicio de adoración no ha de ser un espectáculo para un público compuesto por los miembros de la iglesia, sino que es un tiempo para que tus estudiantes guíen al pueblo de Dios delante de Su trono en adoración.

(2) Como tales, ellos deben traer ante Él lo mejor que poseen para dar. Eso significa que tienen que practicar, que deben procurar la perfección, y que un intento a medias para dirigir sin preparación a un pueblo no honra al Dios de la gloria.

(3) La forma en que nos preparamos, ejecutamos y predicamos dice más sobre nosotros que sobre Él.

(4) Cuando un visitante llega a uno de nuestros servicios de adoración, ¿qué pensará que nosotros creemos con respecto a Dios?

g) Guía

(1) Líderes piadosos

(a) ¿Quiénes son los líderes en un servicio de adoración colectiva? ¿Es solo el pastor u otro miembro del personal ordenado?

(b) El liderazgo de la iglesia da la impresión de que estos líderes representan a la iglesia y que están espiritualmente capacitados para llevar al pueblo de Dios ante Su trono en adoración, porque eso es precisamente lo que están haciendo.

(c) Al estar en la parte delantera del cuerpo de la iglesia, dirigiéndolos en adoración musical, la gente percibe que son el liderazgo de la iglesia, y para la mayoría de las personas la percepción es la realidad.

(d) Los que se paran delante de una congregación del pueblo de Dios, y los guían en canciones de alabanza y adoración, deben ser hombres y mujeres espirituales que Dios ha capacitado y llamado para hacerlo.

(2) Líderes sensibles

(a) Los líderes de adoración deben guiar a la gente a adorar en una armonía que va más allá de la música.

(b) Los estilos de liderazgo inapropiados, que no están en armonía con aquellos reunidos para adorar, pueden destruir cualquier posibilidad de lograr la experiencia de adoración que se desea facilitar.

(3) Líderes preparados espiritualmente

(a) Los líderes de adoración deben prepararse espiritualmente para que puedan ser eficaces.

(b) Cuando estudiamos el trabajo de un pastor, señalamos que este no puede guiar a las ovejas más allá de donde él haya ido, esto también es cierto en el liderazgo de adoración.

(c) Confesar el pecado, corregir los errores, reconciliarse con los demás, y mantener el corazón y las manos limpias son elementos esenciales (Sal. 24:3-4).

(d) Dar lugar al diablo a través de pecados no confesados estorba la adoración.
(e) Dios no mirará con agrado a un corazón que prefiere el pecado ante la santidad.
(f) Un corazón preparado es un corazón que adora.

F. Un servicio de adoración coordinado
1. Dirige a tus estudiantes a través de los servicios de adoración de ejemplo que se proveen en este módulo.
2. Un servicio formal con un boletín impreso no es necesario para adorar a Dios de forma colectiva, pero la oración y la preparación de antemano sí lo son.
3. Algunas de nuestras iglesias se reunían en las casas, otras en portales de tiendas alquilados y otros en cobertizos apenas improvisados al lado de un río o un cruce de caminos.
4. La mayoría de las iglesias no tenían himnarios, proyectores, bancos o pianos; sin embargo, en mi opinión, la simplicidad de los arreglos lejos de restarle a la profundidad de la adoración, la fortalecía.
5. Un estilo litúrgico determinado no es la clave secreta para una gran adoración.
6. Ningún ritual externo puede crear la existencia interior de una adoración sincera, profundidades de amor o adoración a Dios.
7. La ausencia de proyectores para los PowerPoint, teclados electrónicos y sistemas de sonido no son barreras para guiar la adoración.
8. Los líderes de adoración solo necesitan corazones preparados y considerar en oración cómo coordinar y dirigir canciones, oraciones, lecturas de la Escritura, y otros aspectos en armonía con la lección del sermón para guiar a la iglesia en adoración.

G. Práctica del estudiante
1. La tarea práctica para este módulo es que todos los estudiantes preparen un orden del culto de adoración y lo presenten ante el grupo. Ellos deben desarrollar un servicio de adoración que incluya los tipos de oraciones, canciones específicas o himnos, y una explicación de cómo armonizan con el sermón. Los estudiantes deben plantear la lección principal del sermón, citar el pasaje, y el esquema general o el bosquejo. También deben explicar por qué el servicio de adoración que preparan mejoraría la adoración de su congregación. Cada estudiante debe tomar un pasaje o tema de adoración diferente y desarrollar un servicio, y luego presentarlo a los miembros del grupo en los últimos dos días de clase.

IV. Las manos: Disciplina en la iglesia
A. Definición de disciplina en la iglesia
1. La disciplina en la iglesia es un aspecto esencial del ministerio de la iglesia local.
2. Cada pastor tiene que estar preparado para guiar a su iglesia en la comprensión y práctica de la misma.
3. Ideas equivocadas de lo que se entiende exactamente por disciplina de la iglesia han llevado a algunos pastores a echarla a un lado como un vestigio riguroso de una época pasada.
4. Por otro lado, algunas iglesias la utilizan como una manera de «expulsar» a cualquier persona que discrepe con el pastor o con líderes laicos claves, y la ponen en práctica mediante métodos no bíblicos.
5. Mark Dever proporciona una definición y descripción sucintas que podemos utilizar para guiarnos en nuestra comprensión.
a) «La disciplina bíblica en la iglesia fluye directamente de un entendimiento bíblico de la membresía de la iglesia. La membresía marca una línea

divisoria en torno a la iglesia, delimitando a esta del resto del mundo. La disciplina ayuda a la iglesia que vive dentro de esa línea divisoria a permanecer fiel a las mismas cosas que son motivo de trazar esa línea. Esta da sentido a ser miembro de la iglesia, y es otra señal importante de una iglesia saludable».[12]

b) «En términos generales, la disciplina es todo lo que la iglesia hace para ayudar a sus miembros a procurar la santidad y a luchar contra el pecado. La predicación, la enseñanza, la oración, la lectura y memorización de la Biblia, la adoración colectiva, las relaciones de rendición de cuentas y la supervisión piadosa por parte de pastores y ancianos son todas formas de disciplina. A menudo, los teólogos llaman a este tipo de disciplina "disciplina formativa", ya que forma nuestro carácter para ser más como Cristo. En un sentido más estricto, la disciplina es cuando señalamos el pecado a los miembros de la iglesia y los animamos a arrepentirse y buscar la santidad por la gracia de Dios. A menudo, los teólogos llaman a este tipo de disciplina "disciplina correctiva"».[13]

6. Algunos ven el paso de la disciplina en la iglesia como antibíblico, duro y sin amor. La verdad es todo lo contrario; son los mandatos de Cristo y una profunda preocupación por el bienestar eterno de un miembro de la iglesia los que impulsan a una iglesia a dar los pasos de la disciplina.
7. El amor que tenemos por Cristo, Su iglesia, y nuestros hermanos y hermanas en Cristo nos motiva a practicar la disciplina de la iglesia en nuestras congregaciones.

B. Base bíblica
1. El pasaje que nos da la orientación más clara sobre la disciplina correctiva en la iglesia es Mateo 18:15-17.
   a) En este pasaje, Jesús describe los pasos a seguir cuando se trata de restaurar a un hermano en pecado.
   b) El primer paso en la disciplina «exitosa» en la iglesia es cuando el Espíritu Santo hace que alguien sienta una convicción personal de pecado, por ejemplo, a través de la predicación de la Palabra, que trae consigo arrepentimiento, regreso, restitución y reconciliación.
   c) El segundo paso es cuando un hermano o hermana confronta a la persona que peca, quien luego se arrepiente, regresa, restituye y se reconcilia.
   d) El tercer paso es cuando él/ella inicialmente se niega a arrepentirse, por lo que la persona que lo había confrontado regresa con un testigo, y luego se arrepiente, regresa, restituye y se reconcilia.
   e) El cuarto paso es después de no escucharlos y haber sido advertido, el ofensor es presentado ante la iglesia y se toman medidas para sacarlo de la membresía, pero luego se arrepiente, regresa, restituye y se reconcilia.
   f) Sin embargo, si ninguna de estas medidas provoca el arrepentimiento, la iglesia tiene que quitar al pecador no arrepentido de la lista de miembros y tratarlo como a un incrédulo.
2. Otros pasajes dejan claro que los creyentes han de cuidarse y protegerse unos a otros, tratando de mantener o recuperar una vida de santidad.
   a) Pablo, en Gálatas 6:1-2, escribió: «Hermanos, si alguno fuere sorprendido en alguna falta, vosotros que sois espirituales, restauradle con espíritu

---

[12] Bobby Jamieson, *Guarding One Another: Church Discipline*, 9Marks Healthy Church Study Guides (Wheaton, IL: Crossway, 2012), 11.

[13] Ibíd., 17.

de mansedumbre, considerándote a ti mismo, no sea que tú también seas tentado. Sobrellevad los unos las cargas de los otros, y cumplid así la ley de Cristo».

b) Los pasajes «unos a otros» enfatizan que debemos tener una preocupación verdadera por los demás y esto sin duda incluye amonestar a los hermanos que están en una vida de pecado.
   (1) «Porque toda la ley en esta sola palabra se cumple: Amarás a tu prójimo como a ti mismo». (Gál. 5:14)
   (2) «Un mandamiento nuevo os doy: Que os améis unos a otros; como yo os he amado, que también os améis unos a otros. En esto conocerán todos que sois mis discípulos, si tuviereis amor los unos con los otros». (Juan 13:34-35)

C. ¿Por qué practicar la disciplina de la iglesia?
1. En la mayoría de los casos, los pastores entre tus estudiantes servirán en iglesias relativamente pequeñas, en comunidades donde todos se conocen entre sí.
2. Por lo que todo el mundo observa y comenta los estilos de vida pecaminosos de los creyentes.
3. La reputación de Cristo y Su iglesia es una cuestión de comentario público.
4. Dever ofrece cinco motivaciones para que las congregaciones locales practiquen la disciplina correctiva en la iglesia. Él piensa que hacerlo demuestra amor por:
   a) El bien de la persona disciplinada.
   b) Otros cristianos, pues ven el peligro del pecado.
   c) La salud de la iglesia como un todo.
   d) El testimonio colectivo de la iglesia y, por lo tanto, los no cristianos en la comunidad.
   e) La gloria de Dios.[14]
5. Además, Wray ofreció a las iglesias seis razones tanto para la necesidad como para el propósito de la disciplina en la iglesia:
   a) Glorificar a Dios mediante la obediencia a Sus instrucciones para el mantenimiento de un gobierno apropiado de la iglesia.
   b) Recuperar a los ofensores.
   c) Mantener la pureza de la iglesia y su adoración (1 Cor. 5:6-8).
   d) Reivindicar la integridad y el honor de Cristo y de Su religión, al mostrar fidelidad a Sus principios (2 Cor. 2:9;17).
   e) Disuadir a otros de pecar (1 Tim. 5:20).
   f) Evitar dar motivos para que Dios tenga algo contra una iglesia local (Apoc. 2:14-25).[15]

D. Maneras de practicar la disciplina de la iglesia
1. Además del paso final de excomunión de la membresía de la iglesia, hay otros modos menos graves de disciplina de la iglesia. Todos comparten el objetivo final y el deseo ferviente de la restauración del miembro en pecado.
   a) Amonestación privada o pública (Rom. 15:14; Col. 3:16; 1 Tes. 5:14; 2 Tes. 3:14-15; Tito 3:10-11).
   b) Corregir, reprender, convencer o condenar (Mat. 18:15; Ef. 5:11; 1 Tim. 5:20; 2 Tim. 4:2; Tito 1:9,13; 2:15).
   c) Excomunión (Mat. 18:17).[16]

---

[14] Jamieson, *Guarding One Another*, 15.

[15] Wray, *Biblical Church Discipline*, 4.

[16] Ibíd., 5-6.

2. Cada uno de estos pasos desea restaurar al pecador no arrepentido, proteger a la Esposa de Cristo y evitar que el nombre de Cristo sea reprochado.

E. Función de la membresía bíblica de la iglesia

1. Recuerda a tus estudiantes que una iglesia local no es un edificio, sino más bien personas que se reúnen allí para adorar a Dios.
2. Una iglesia se compone de creyentes bautizados que juntos han pactado voluntariamente ser una iglesia, se reúnen de forma regular para escuchar la Palabra de Dios proclamada, para practicar las ordenanzas de la Cena del Señor y el bautismo, y se discipulan unos a otros como un cuerpo de seguidores de Cristo.
3. La Biblia no permite la opción de tener miembros intencionadamente inactivos, es decir, personas que están en la lista, pero que optan por no asistir o no someterse a la autoridad de los ancianos, ni permite a aquellos que están viviendo y practicando el pecado de forma abierta y sin arrepentimiento.
4. Por lo tanto, cuando un creyente cae en pecado, el Espíritu Santo traerá convicción de pecado y este confesará su pecado, se arrepentirá de él, reclamará la sangre de Jesús sobre él y volverá y se reconciliará con Dios (Juan 16:8; 1 Juan 1:7-9).
5. Cuando se hace necesario y apropiado, se hará restitución (Luc. 19:1-10).
6. En el caso de un corazón endurecido, debido a las sucesivas capas de pecado entre él y Dios, el Señor puede usar a otro para confrontar al pecador (2 Sam. 11:1-15; Mat. 18:15-17).
7. Cuando las nueve señales de una iglesia saludable[17] se enseñan, se desarrollan y se practican en el ministerio de la iglesia local, la confrontación debe dar como resultado el arrepentimiento y la restauración.
8. Cuando una persona está viviendo en pecado sin arrepentimiento, sin convicción o remordimiento, incluso cuando es confrontada, esto es señal de un corazón no regenerado (1 Cor 1:18; 2:14; 2 Cor. 4:4).
9. La membresía bíblica de la iglesia se esfuerza por asegurar que solo los creyentes se conviertan en miembros de la iglesia; es decir, solo aquellos que han nacido de nuevo y en quienes mora el Espíritu Santo.
10. Entonces humanamente hablando, la disciplina correctiva en la iglesia es el paso fortuito y triste que da el cuerpo de la iglesia para hacer frente a las acciones confusas de uno de sus miembros; una persona que peca y aunque es confrontada a fondo, con paciencia, con amor, y de forma suplicante por el problema de su pecado, se niega a arrepentirse.
11. Cuando la persona se niega a arrepentirse, la iglesia solo puede suponer que él o ella no ha nacido verdaderamente de nuevo, y debe ser quitada de la membresía.

F. El creyente disciplinado

1. La disciplina en la iglesia no está destinada a los pecadores, si fuera así, ninguno de nosotros estaría en la iglesia la próxima semana; más bien, es para los pecadores impenitentes. En realidad, la impenitencia es la causa de la disciplina.
2. Cada creyente es disciplinado por su pecado. El autor de Hebreos escribió: «Y habéis ya olvidado la exhortación que como a hijos se os dirige, diciendo: Hijo mío, no menosprecies la disciplina del Señor, ni desmayes cuando eres reprendido por él; porque el Señor al que ama, disciplina y azota a todo el que recibe por hijo. Si soportáis la disciplina, Dios os trata como a hijos; porque ¿qué hijo es aquel a quien el padre no disciplina?» (Heb. 12:5-7).

---

[17] 9Marks, «The 9 Marks of a Healthy Church», página consultada el 21 de junio de 2016. http://9marks.org/about.

3. Todo pecado merece castigo y los creyentes son disciplinados cuando pecan.
4. La disciplina de la iglesia es necesaria cuando los demás se sienten ofendidos por las acciones de un pecador en ofensas privadas, cuando la unidad de la iglesia está siendo destruida por facciones que causan divisiones, cuando alguien que se dice ser cristiano practica un pecado escandaloso, y cuando las doctrinas cristianas esenciales son rechazadas.[18]
5. Ese pecador está dando evidencia de ser un no creyente, y los no creyentes que a sabiendas rechazan los mandamientos de Cristo, no pueden ser miembros de la iglesia. Es tan simple y tan bíblico como eso.

G. Preguntas frecuentes

1. *¿Cómo se inicia la práctica de la disciplina en la iglesia cuando otros han cometido los mismos pecados en el pasado, pero no fueron disciplinados?*
   a) Es muy difícil comenzar a practicar la disciplina de la iglesia cuando ha existido un patrón de pecado en la iglesia y no se ha tomado ninguna acción. Rápidamente surgen acusaciones de favoritismo o de trato injusto.
   b) El primer paso es enseñar y predicar sobre las amonestaciones, las enseñanzas y las directrices bíblicas para la disciplina en la iglesia.
   c) Luego, explica que la iglesia no ha sido fiel a su responsabilidad respecto a la membresía bíblica de la iglesia. Algunas iglesias han descubierto que es útil que la congregación vote y adopte una política o estatutos que describen claramente los pasos que se seguirán en los casos de pecado sin arrepentimiento.
   d) Otras se han reconstituido como iglesia y han separado un domingo para ese propósito; y todos los que se unen, o vuelven a unirse, lo hacen con el entendido de que la disciplina bíblica en la iglesia será la política para tratar con el pecado sin arrepentimiento a partir de ese día.
2. *¿Cómo podemos juzgar a los demás cuando nosotros mismos somos pecadores? ¿No dijo Jesús, «No juzguéis, para que no seáis juzgados»? (Mat. 7:1).*
   a) Pablo en realidad reprende a la iglesia de Corinto por no juzgar ni excluir de su membresía a uno que estuvo involucrado en un pecado público horrible (1 Cor. 5:1-2).
   b) En Su mandamiento de «no juzguéis» Jesús estaba haciendo hincapié en que no debemos juzgar con una doble moral, es decir, juzgarnos a nosotros por nuestras intenciones y a los demás por sus acciones. Jesús no estaba diciendo a Sus seguidores que no hicieran distinciones de ningún tipo, porque incluso para discernir entre un hilo negro y otro blanco habría que juzgar en ese sentido.
   c) Jesús espera claramente que nosotros podamos discernir y distinguir, e incluso Él declaró, pocos versículos después del mandamiento de no juzgar, que nosotros conoceríamos a Sus discípulos por el fruto en sus vidas.
3. *¿Debemos practicar la disciplina en la iglesia si la persona quiere arrepentirse?*
   a) La respuesta corta es no.
   b) El pastor sabio y entendido debe interrogar a cada persona en un esfuerzo por discernir si su arrepentimiento es genuino o simplemente es un esfuerzo por evitar la disciplina.
   c) Sin embargo, si se está logrando algún progreso en cuanto al arrepentimiento y al retorno de la persona, la paciencia debe prevalecer.
   d) No debería haber ninguna prisa en disciplinar cuando la persona declara

[18] Wray, *Biblical Church Discipline*, 8-9.

un deseo de dejar el pecado y crecer en santidad.

4. *¿No indica Mateo 18 que solo debes confrontar a alguien en este proceso si han pecado «contra ti»?*
   a) La verdad es que cualquier pecado no es solo contra Cristo, sino también contra Su iglesia, que incluye a todos los creyentes.
   b) Cuando una persona peca, todos estos son ofendidos.
   c) Wray enumera una serie de razones por las que el proceso de Mateo 18 no se limita solo a la víctima ofendida por el pecado directo.
   d) Entre otras, él señala que esto haría absurdo todo el proceso, para la gente fuera de la iglesia no habría ningún recurso en contra de un creyente.
   e) Él observa que el «atar y desatar» se le da a la iglesia para juzgar, no a los individuos (Mat. 18:18).[19]
5. *¿Contradice la disciplina en la iglesia la doctrina de que no se puede perder la salvación? ¿No implica el proceso de disciplina de la iglesia que la persona que es disciplinada no es salva?*
   a) El proceso de disciplina de la iglesia no le quita la salvación a nadie. En realidad, el proceso sería aleccionador para un verdadero creyente y debe dar como resultado el quebrantamiento y el arrepentimiento.
   b) Sin embargo, para un cristiano nominal, uno de nombre solamente, que profesa a Cristo pero que en verdad no ha nacido de nuevo, nunca hubo ninguna salvación que perder.
   c) La farsa de muchos que han hecho una oración, pero nunca han sido regenerados, puede continuar inadvertida cuando los pecadores siguen siendo miembros en plena comunión en las iglesias locales, mientras caminan en pecado sin arrepentimiento.
6. *¿Qué ocurre cuando un miembro excomulgado desea arrepentirse y volver?*
   a) Ese es el objetivo y el deseo del corazón de todo miembro de la iglesia que forma parte en este proceso.
   b) Cuando alguien es sacado de la lista de miembros, pues ya no es considerado un creyente, la persona disciplinada entiende la seriedad de la membresía de la iglesia y de pertenecer a Cristo.
   c) Cuando el proceso en sí mismo, o algún testigo posterior, es utilizado por el Espíritu Santo para traer convicción de pecado o la persona es regenerada, puede volver a la iglesia que lo disciplinó y restaurarse.
   d) El arrepentimiento debe ser tan público como la falta y la disciplina, y la restauración tan firme y sincera como la disciplina.

H. Consejo sabio

1. Nunca olvides que el objetivo de la disciplina de la iglesia no es forzar una agenda o una venganza personal.
   a) Cuando una iglesia disciplina y excomulga a un miembro, se le está tratando como a un incrédulo.
   b) Este es un paso serio que debe ser reservado para los pecadores no arrepentidos que de forma intencional hacen alarde del pecado, testaruda y prepotentemente, en un rechazo decidido a arrepentirse.
2. El pastor solo no puede disciplinar a un miembro.
   a) En las directrices bíblicas para la disciplina de la iglesia que se encuentran en Mateo 18, Jesús dice que el último paso es llevarlo a la iglesia.
   b) En el reproche de Pablo por el hecho de que la iglesia no excomulgó al hombre en pecado, en 1 Corintios 5, él les dice que cuando se reúnan

---

[19] Ibíd., 12-13.

deben sacar a tal hombre.

c) La disciplina de la iglesia no puede ser llevada a cabo por el pastor o por unos pocos líderes selectos, sino que es el último paso de una iglesia que sufre por un miembro que ha demostrado más amor por el mundo que por Cristo. Es un paso colectivo de disciplina.

3. Se cometerán errores, pero cuando los pasos que Jesús ha esbozado se siguen en oración y con amor, la posibilidad de errores se reduce considerablemente.
   a) Sin embargo, asegúrate de guiar a los miembros de tu iglesia a ser conscientes de la posibilidad de malentendidos y errores.
   b) Cuando cometas un error, cométele por la parte de la compasión.
   c) Las decisiones tomadas por las iglesias no sustituyen la autoridad de la Escritura ni los juicios perfectos de Dios.[20]
4. No se debe permitir que el que recibe la disciplina se escabulla silenciosamente para evitarla.
   a) Cuando el proceso ha llegado al punto de excomunión pública, no se debe permitir que el ofensor se retire de la membresía o se una a otra iglesia para evitar la disciplina.
   b) Cuando a la persona que se ha negado a arrepentirse se le dice que el siguiente paso es hacer público el proceso, seguido probablemente por la excomunión del cuerpo, no es raro que la persona huya y se una a otra iglesia o se aísle en un esfuerzo por invalidar el proceso.
   c) Desafortunadamente, algunas iglesias pueden ver esto como un paso misericordioso que les evita el proceso doloroso de la disciplina, y por demás, dan cierre a todo el procedimiento. Aun así, la iglesia debe proseguir con la disciplina en su ausencia.
5. Sin embargo, la disciplina no debe llegar de sorpresa para el disciplinado.
   a) Jesús enseñó claramente los pasos que las iglesias deben seguir, y estos pasos no deben ser juntados en una sola acción.
   b) Se debe brindar toda oportunidad para que la persona pueda arrepentirse y regresar.
   c) Las visitas repetidas, las súplicas persuasivas y las oraciones amorosas deben realizarse siempre que sea posible, y especialmente cuando parecen estar ganando terreno.
   d) La disciplina no es un paso fácil para recortar la lista de la iglesia, deshacerse de los miembros problemáticos, o apagar las voces discrepantes sin el debido proceso.
   e) Más bien es tratar con los pecadores impenitentes de forma bíblica, considerarlos al final como incrédulos, excluirlos de la membresía de la Novia de Cristo, para la salud del Cuerpo, y con la esperanza del arrepentimiento del pecador impenitente.
6. La disciplina correctiva en la iglesia es un paso doloroso para todos los involucrados.
   a) El objetivo de esta medida extrema y la gravedad de su implicación resultante (que la persona culpable ha dado pruebas de no ser un verdadero creyente, y por lo tanto no es un miembro de la iglesia de Cristo) pueden provocar una convicción sorprendente con respecto a las profundidades del pecado en la persona que ha caído.
   b) La disciplina correctiva en la iglesia es un paso doloroso para todos los

---

[20] «The Keys of the Kingdom», Ligonier Ministries, página consultada el 21 de junio de 2016. http://www.ligonier.org/learn/devotionals/the-keys-of-the-kingdom.

involucrados.

c) Se desea fervientemente que la persona disciplinada entonces se arrepienta, regrese, restituya y se reconcilie. El paso de la disciplina correctiva en la iglesia siempre apunta hacia la restauración final de la persona disciplinada; no es un paso punitivo para avergonzar o hacer daño a nada que no sea la carne pecaminosa y la actitud de un corazón endurecido hacia Dios.

d) Que Cristo sea honrado en las formas en que plantamos, discipulamos, pastoreamos y si es necesario, disciplinamos a Su iglesia.